Schülerduden Geschichte

Rechtschreibung und Wortkunde
Ein Rechtschreibwörterbuch für die Sekundarstufe I

Grammatik
Eine Sprachlehre mit Übungen und Lösungen

Bedeutungswörterbuch
Ein Lernwörterbuch mit Bedeutungsangaben und Anwendungsbeispielen zur kreativen Wortschatzerweiterung

Fremdwörterbuch
Ein Nachschlagewerk nicht nur für die Schule

Wörterbuch Englisch
Mit einem deutsch-englischen und einem englisch-deutschen Teil

Lateinisch-Deutsch
Wortschatz für den modernen Lateinunterricht

Kunst
Von der Felsmalerei bis zur Fotografie, von Dürer bis Dix

Musik
Bach und Beatles, gregorianischer Gesang und Hip-Hop

Literatur
Von der Tragödie bis zum Computertext, von Sophokles bis Süskind: die Literatur in ihrer ganzen Vielseitigkeit

Chemie
Von der ersten Chemiestunde bis zum Abiturwissen

Physik
Quarks & Co.: Begriffe und Methoden der Physik

Biologie
Die gesamte Schulbiologie aktuell und zuverlässig

Sexualität
Umfassende Informationen zur Sexualität des Menschen

Erdkunde I
Stadt, Land, Fluss: das Lexikon der Länder, Städte und Regionen. Grundlegendes Erdkundewissen für alle Gelegenheiten

Erdkunde II
Erdbeben, Klimazonen, Strukturwandel: die allgemeine Geographie und ihre Nachbarwissenschaften für den modernen Erdkundeunterricht

Geschichte
Von der Hügelgräberkultur bis zum Hitlerputsch, von der Res publica bis zum Zwei-plus-vier-Vertrag

Wirtschaft
Das Einmaleins der Marktwirtschaft für Schule und Berufsausbildung

Politik und Gesellschaft
Ein zuverlässiges Nachschlagewerk zu Fragen der aktuellen Politik in Zeitung, Fernsehen und Internet

Philosophie
»Logik des Herzens« und kategorischer Imperativ: die wichtigsten Modelle und Schulen

Psychologie
Das Grundwissen der Psychologie und ihrer Nachbarwissenschaften

Informatik
Algorithmen und Zufallsgenerator: das Informationszentrum für Anfänger und Fortgeschrittene

Mathematik I
5.–10. Schuljahr: das Grundwissen umfassend und verständlich erklärt

Mathematik II
11.–13. Schuljahr: das Abiturwissen zum gezielten Nachschlagen und Wiederholen

Schülerduden

Geschichte

4., neu bearbeitete Auflage
Herausgegeben und bearbeitet
von der Redaktion Schule und Lernen

Dudenverlag
Mannheim · Leipzig · Wien · Zürich

Redaktionelle Leitung
Heike Krüger
Herstellung
Andreas Preising
Redaktion
Gerhard Baum, Rainer Jakob, Birgit Staude
Mitarbeiter
Gerhard Baum, Weinheim
Dr. Horst Steinhilber, Gerlingen
Dr. Jochen Zwick, London
Umschlaggestaltung
Sven Rauska, Wiesbaden

Bibliografische Information der Deutschen Bibliothek
Die Deutsche Bibliothek verzeichnet diese Publikation in der Deutschen Nationalbibliografie; detaillierte bibliografische Daten sind im Internet über http://dnb.ddb.de abrufbar.

Das Wort **Duden** ist für Bücher aller Art für den Verlag Bibliographisches Institut & F. A. Brockhaus AG als Marke geschützt.

Das Werk wurde in neuer Rechtschreibung verfasst.

Satz: A–Z Satztechnik GmbH, Mannheim
(PageOne, alfa Media Partner GmbH)
Druck: aprinta, Wemding
Bindearbeit: Sigloch, Blaufelden
Printed in Germany
ISBN 3-411-05414-X

Wo verlief eigentlich der römische Limes? Was unterscheidet die mittelalterliche Stadt von der griechischen Polis? Warum begann die Französische Revolution mit dem Sturm auf die Bastille? Und wofür steht eigentlich die Abkürzung PLO? Auch die vorliegende neu bearbeitete und aktualisierte Auflage des Schülerdudens »Geschichte« ist wieder die verlässliche Informationsquelle zu allen Epochen und Ereignissen der Vor- und Frühgeschichte, der griechischen und römischen Antike, des Mittelalters, der Neuzeit und der Veränderungen der Gegenwart. Der alphabetisch angelegte Band informiert darüber hinaus über historische sowie sozial- und wirtschaftsgeschichtliche Fachbegriffe, bei deren Erläuterung großer Wert auf die Einbindung in größere Zusammenhänge gelegt wurde. Der Schülerduden »Geschichte« wendet sich sowohl an Schülerinnen und Schüler der Sekundarstufen I und II als auch an Lehrer und Studenten sowie an historisch interessierte Laien.

Unter Berücksichtigung neuerer Forschungsergebnisse wurden für diese Auflage zahlreiche Artikel aktualisiert, neue Stichwörter eingeführt und die für die Schülerdudenreihe typischen ausführlichen »Blickpunkte« aufgenommen. Sie behandeln historische Ereignisse und Themen, die im Geschichtsunterricht eine hervorgehobene Stellung einnehmen. Dazu gehören beispielsweise die Reformation, die Industrielle Revolution und die Wiedervereinigung Deutschlands. Diese »Blickpunkte« laden zum Lesen und Nachdenken ein und geben mit Tipps, Literaturangaben und Internetadressen Hinweise für eine vertiefende Beschäftigung mit dem Thema. Sie sind mit einem farbigen Rand gekennzeichnet und stellen Sonderseiten innerhalb des eigentlichen Lexikonteils dar.

Ein Verzeichnis weiterführender Literatur und ein Personenregister mit biografischen Angaben beschließen den Band. Zahlreiche Karten und Grafiken sowie die meist farbigen Abbildungen aus fast durchweg zeitgenössischem Quellenmaterial illustrieren die historischen Begriffe aus den verschiedenen Jahrhunderten und ergänzen den zugehörigen Lexikonartikel.

Nun noch einige *Benutzungshinweise:* Die fett gedruckten Hauptstichwörter sind alphabetisch geordnet. Die Alphabetisierung ordnet Umlaute wie einfache Selbstlaute ein, also ä wie a, ö wie o usw. Das ß wird wie ss eingeordnet. Mehrteilige Hauptstichwörter werden ohne Rücksicht auf Wortgrenzen durchalphabetisiert, sodass sich folgende Reihenfolge ergibt: Generalstände, Genfer Konventionen, Genossenschaft.

Gibt es für einen Sachverhalt oder ein Ereignis mehrere Bezeichnungen (Synonyme), so werden sie nach dem Stichwort in runden

Klammern angegeben, z. B. **Befreiungskriege** (Freiheitskriege) oder **Reichsabschied** (Reichsrezess). Bei vielen Stichwörtern ist die Betonung durch einen untergesetzten Strich (langer Vokal) oder einen untergesetzten Punkt (kurzer Vokal) gekennzeichnet. Aussprachehinweise werden in der international gebräuchlichen Lautschrift angegeben.

Begriffe, die mit dem Stichwort in enger inhaltlicher Verbindung stehen, sind als Unterstichwörter halbfett hervorgehoben, z. B. **Oberacht** unter **Acht.** Ein Verweispfeil (↑) zeigt an, dass ein gesamtes Stichwort oder dass weitere ergänzende Informationen bei einem anderen Stichwort zu finden sind. Besitzt ein Stichwort verschiedene Bedeutungen, so wird dies durch das Symbol ◆ angezeigt. Die im Text verwendeten Abkürzungen sind am Ende des Bandes mit ihren Auflösungen aufgeführt.

Wir würden uns freuen, wenn es uns gelungen wäre, allen Schülerinnen und Schülern sowie allen anderen an Geschichte Interessierten mit dem neuen Schülerduden »Geschichte« ein verlässliches Nachschlagewerk an die Hand zu geben und darüber hinaus das Interesse an Geschichte zu wecken oder zu vertiefen. Für Anregungen und Kritik sind wir dankbar.

Redaktion und Bearbeiter

A

Aachener Frieden: Der A. F. vom 2. Mai 1668 beendete den ↑Devolutionskrieg, den LUDWIG XIV. von Frankreich gegen Spanien um einige niederländische Provinzen führte. Frankreich musste die eroberte Freigrafschaft Burgund abtreten, konnte jedoch seine Eroberungen in Flandern und im Hennegau behalten.

Der A. F. vom 18. Oktober 1748 beendete den ↑Österreichischen Erbfolgekrieg (1740 bis 1748) um die Erbfolge MARIA THERESIAS in den österreichischen Erblanden. Österreich trat Parma und Piacenza an eine Nebenlinie der spanischen Bourbonen ab; sein übriges Gebiet konnte es behaupten mit Ausnahme Schlesiens, das an Preußen fiel. Frankreich gab die britischen Kolonialgebiete in Übersee zurück. Die ↑Pragmatische Sanktion wurde allgemein anerkannt.

Aachener Kongress: 1818 auf Vorschlag Österreichs einberufene Zusammenkunft, um das System der ↑Heiligen Allianz der europäischen Großmächte zu sichern. Österreich, Russland, Preußen und Großbritannien vereinbarten den gemeinsamen Kampf gegen die revolutionären Bewegungen Europas. Frankreich wurde wieder als Großmacht anerkannt; die in Frankreich stehenden Besatzungstruppen wurden abgezogen und die von Frankreich nach den verlorenen ↑Napoleonischen Kriegen zu zahlende Entschädigung herabgesetzt.

Der A. K. stellt den Höhepunkt des Versuchs dar, die »Ruhe der Welt« durch Übereinstimmung aller Großmächte im Sinn einer restaurativen Friedenswahrung in Europa zu erhalten. 1820/21 scheiterte diese Politik bereits aufgrund des britischen Ausscherens aus der Reihe der konservativen Mächte.

ABC-Waffen: ↑Abrüstung.

Abendland (Okzident): Der Begriff A. bezeichnet die geschichtliche und kulturelle Einheit Europas und beinhaltet die Abgrenzung zum Morgenland (auch: Orient), wenngleich dieses das A. mitgeprägt hat.

Als Ursprung der abendländischen Wissenschaft und Kultur gilt das antike Griechenland, als Ursprung der abendländischen (christlichen) Religion das seit etwa 1220 v. Chr. in Palästina lebende jüdische Volk. Träger der Einheit des A. im Mittelalter waren nebeneinander die Päpste als Stellvertreter Gottes im geistlichen Bereich und die Kaiser als Repräsentanten der staatlichen Einheit im weltlichen Bereich. Wesentliche Ideale der abendländischen Kultur (z. B. Humanismus, Einheit der Völker) wurden – in Verbindung mit der Ausdehnung des abendländischen Einflusses über den ganzen Erdkreis – verallgemeinert, auf die gesamte Menschheit übertragen und gewannen weltweite Bedeutung. – Siehe auch ↑Europagedanke.

Abendländisches Schisma: die Spaltung der katholischen Kirche 1378 bis 1417, da zwei bzw. zeitweise sogar drei Päpste gleichzeitig die oberste Gewalt in der Kirche beanspruchten.

Anlass für das A. S. war die nach dem Tod GREGORS XI. 1378 insbesondere vom stadtrömischen Adel gewaltsam vorgebrachte Forderung, nur einen Römer oder zumindest einen Italiener zum Papst zu wählen, um das Papsttum aus dem französischen Einfluss zu lösen (↑Avignonesisches Exil). Der zunächst gewählte URBAN VI. überwarf sich jedoch rasch mit dem Kardinalskollegium. Die 13 nichtitalienischen von insgesamt 16 (überwiegend französischen) Kardinälen erklärten die Wahl URBANS VI. für ungültig und wählten am 20. September 1378 den Franzosen KLEMENS VII. zum neuen Papst, der sich wieder in Avignon niederließ. Diese Doppelwahl stürzte die abendländische Kirche und

A

Gesellschaft in Verwirrung, denn beide Päpste sahen sich als das rechtmäßige Oberhaupt der Kirche an, besetzten frei werdende Ämter mit ihren Anhängern und belegten die Gefolgsleute des anderen mit ↑Bann und ↑Interdikt.

Abendländisches Schisma: Neben konziliaren Bestrebungen förderte das Schisma auch die Ausbildung des Landeskirchen- bzw. Nationalkirchentums. Dennoch bestand der Wunsch, das Schisma zu beseitigen, wie es der Maler dieser Miniatur aus dem 14. Jh. ausdrückt, indem er die Rivalität zweier hoher kirchlicher Würdenträger darstellt, von denen einer handgreiflich verstoßen wird.

Die enge Verbindung zwischen kirchlichen und politischen Ämtern im Spätmittelalter sowie der Versuch der großen Mächte (v.a. des französischen, spanischen und deutschen Königtums), mithilfe des Papsttums den eigenen Einfluss in Europa zu erhöhen, erschwerten die Beilegung des Schismas, die nur durch den Rücktritt beider Päpste oder eine von der Zustimmung aller getragene Neuwahl möglich war. Auch der Tod der beiden in der Doppelwahl von 1378 erhobenen Päpste vermochte das Schisma nicht zu beenden, vielmehr wurde für beide sofort ein Nachfolger gewählt. Erst dem auf Initiative des deutschen Königs SIGISMUND einberufenen ↑Konstanzer Konzil 1414–18 gelang es, mit der Wahl MARTINS V. am 11. November 1417 die Einheit der abendländischen Kirche wiederherzustellen. Das A. S. trug wesentlich zur Unterhöhlung der moralischen Autorität des Papsttums und zur Ausbildung konziliarer Theorien bei (↑Konziliarismus).

Abendmahlsstreit: besonders in der Zeit der Reformation geführte Auseinandersetzung um das rechte Verständnis des Abendmahls, v.a. zwischen LUTHER, der in Brot und Wein den Leib und das Blut CHRISTI gegenwärtig sah, und ZWINGLI, der in Brot und Wein nur Symbole erblickte. Der A. war eine wichtige Ursache für die Auseinanderentwicklung der protestantischen Bekenntnisrichtungen.

Abgeordnetenhaus: allgemein Bezeichnung für eine Volksvertretung, eine parlamentarische Körperschaft. In Preußen wurde 1855–1918 die zweite Kammer (neben der ersten Kammer, dem Herrenhaus) A. genannt; seit 1950 Bezeichnung des Parlaments von Berlin. – Siehe auch ↑ Zweikammersystem.

Ablass: nach der katholischen Lehre die Möglichkeit, die zeitlichen Sündenstrafen (bzw. das drohende »Fegefeuer«) noch zu Lebzeiten durch fromme Werke (z.B. eine vorgeschriebene Anzahl von Gebeten, Teilnahme an einem Kreuzzug) und zunehmend auch durch Geldleistungen zu tilgen. Die dem A. zugrunde liegende theologische Vorstellung, mehr noch die Praxis des Ablasshandels, durch den sich zahlreiche weltliche und geistliche Herren im 15./16. Jh. neue Finanzquellen erschlossen, nahm LUTHER zum Anlass seines reformatorischen Wirkens.

ABM [englisch eɪbiː'ɛm], Abk. für englisch **A**nti-**B**allistic **M**issile »Abfangflugkörper«: Mit der Begrenzung auf jeweils ein ABM-System schränkten die USA und die UdSSR 1972 im **ABM-Vertrag** ihre Fähigkeit ein, mit Abfangflugkörpern Atomraketen abzuwehren. Aus Gründen der Friedenssicherung versicherten sich beide Mächte damit gegenseitig ihrer Verwundbarkeit. Aufgrund der Einschätzung, bestimmte, als »Schurkenstaaten« bezeichnete Staaten, bedrohten mit Raketen die nationale Sicherheit der USA, kündigte Präsident G. W. BUSH am 13. Dezember 2001 den ABM-Vertrag. Dadurch wird der Aufbau eines amerikanischen ↑Raketenabwehrsystems möglich.

Abolitionismus [von englisch abolition »Abschaffung«, »Aufhebung«]: Bewegung in den USA seit den 30er-Jahren des 19. Jh., die aus vornehmlich religiöser Überzeugung auf eine sofortige und entschädigungslose Abschaffung der Sklaverei in den Südstaaten drängte, was 1863 bzw. mit Beendigung des ↑Sezessionskriegs 1865 erreicht wurde. In den Nordstaaten war die Sklaverei bereits 1774 aufgehoben worden.

Abrüstung: im engeren Sinne die Verringerung der Rüstung bis zur vollständigen weltweiten Vernichtung aller Waffen; im weiteren Sinne alle Maßnahmen der Kontrolle, Begrenzung und Verminderung von Rüstung. **Rüstungsbegrenzung, Rüstungskontrolle** und A. zählen zum Bereich der Friedenssicherung, die durch internationale Verträge die Gefahr von Kriegen verringern oder beseitigen soll. Abrüstungsmaßnahmen können verschiedene Formen annehmen: Sie können einseitig vorgenommen oder zwischen mehreren Ländern vereinbart werden; sie können die Herstellung bestimmter Waffen verbieten oder einschränken; sie können die Aufrüstung in bestimmten geographischen Bereichen begrenzen oder vermindern.

Geschichte der Abrüstung: Die Vorstellung einer Welt ohne Waffen findet sich in der Neuzeit insbesondere in der Aufklärung, im Liberalismus und im Sozialismus. Im ↑Pazifismus und in der von ihm getragenen ↑Friedensbewegung nahm die Forderung nach A. einen zentralen Platz ein. Die erste internationale Abrüstungskonferenz fand 1899 in Den Haag statt (↑Haager Friedenskonferenzen). Die vom ↑Völkerbund nach dem Ersten Weltkrieg einberufene Genfer Abrüstungskonferenz (1923–35) scheiterte an der von HITLER geforderten militärischen Gleichberechtigung Deutschlands. Nach dem Zweiten Weltkrieg schlugen in der Zeit des ↑Kalten Krieges alle Bemühungen um A. und Rüstungskontrolle fehl. Unter dem Eindruck wachsender atomarer Bedrohung setzten – besonders nach der ↑Kubakrise – in den 1960er-Jahren internationale Bemühungen im Abrüstungsbereich ein. 1962 traf in Genf die Abrüstungskonferenz der 18 Mächte zusammen, und zwar je fünf Staaten der NATO und des Warschauer Paktes sowie acht ↑blockfreie Staaten. Unter Erweiterung der teilnehmenden Staaten wurde die Konferenz als Abrüstungsausschuss der UN organisiert. Gedrängt von intensiven Bemühungen um Entspannung im ↑Ost-West-Konflikt, kam es in Teilbereichen der Rüstung, besonders in den Bereichen der atomaren, biologischen und chemischen Waffen (**ABC-Waffen**), zum Abschluss von Verträgen. Auf dem Gebiet der Atomwaffenversuche wurden mehrere ↑Teststoppabkommen geschlossen. 1968 vereinbarten die USA, die UdSSR und Großbritannien das Prinzip der Nichtweiterverbreitung von Atomwaffen (↑Nonproliferation). Darüber hinaus wurden ↑atomwaffenfreie Zonen bestimmt. In zweiseitigen Abkommen legten die USA und die UdSSR die Begrenzung ihrer strategischen Atomwaffen (↑ABM, ↑SALT) sowie deren Verringerung (↑START) fest. Der am 25. Mai 2002 von dem amerikanischen Präsidenten G. W. BUSH und seinem Amtskollegen W. PUTIN unterzeichnete Vertrag sieht eine weitere Reduzierung der strategischen Atomwaffen vor. Im INF-Vertrag (↑INF) beschlossen die beiden Weltmächte den völligen Abbau ihrer Mittelstreckenraketen.

Ein weltweites Verbot der Entwicklung, Produktion und Lagerung von biologischen und chemischen Waffen (Verbot der B-Waffen 1972; Verbot der C-Waffen 1993) ergänzten die Abrüstungsbe-

A

mühungen. 1999 trat ein internationaler Vertrag zum Verbot von Antipersonenminen in Kraft.

Abschied: Zusammenfassung der Beschlüsse, die (bis 1654) als ↑Reichsabschied auf einem Reichstag oder (bis ins 19. Jh.) auf einem ↑Landtag (**Landtagsabschied**) gefasst wurden; der A. wurde durch den Kaiser bzw. Landesherrn verkündet.

Absolutismus [von lateinisch absolutus »losgelöst«, »uneingeschränkt«]: Haupttyp der frühneuzeitlichen Monarchie, in der alle die Macht des Monarchen beschränkenden Normen, Einrichtungen und Gewalten aufgehoben waren und somit der Monarch alleiniger Inhaber der obersten staatlichen Gewalt (Souverän) war. Der absolute Monarch beanspruchte völlige Unabhängigkeit im Innern und nach außen: Unabhängigkeit von Recht, Gesetz, Herkommen und bestehenden Institutionen. Er war sein eigener Gesetzgeber, Herr der vollstreckenden Gewalt sowie oberster Gerichtsherr, nur Gott und seinem Gewissen verantwortlich. Der A. postulierte also die Identität von Monarch und Staat.

Das notwendige Instrument zur Verwirklichung des absolutistischen Regimes war die Aufrichtung eines einheitlichen, überall eingreifenden, alles erfassenden fürstlichen Herrschaftsapparates: Zentralisierung von Verwaltung und Justiz, Neuordnung der Staatsfinanzen, staatliche Lenkung der Wirtschaft im Zeichen des ↑Merkantilismus, Kirchenhoheit, Reglementierung des kulturellen Lebens, Organisation des diplomatischen Dienstes, Aufstellung eines stehenden Heeres. Die absolute Monarchie trat an die Stelle des dualistischen ↑Ständestaates, in dem die oberste Gewalt zwischen dem Fürsten und den Ständen geteilt war. Der monarchische Anspruch auf unbeschränkte Herrschaft richtete sich gegen alle Formen einer Mitregierung durch die Stände, insbesondere durch den Adel. Die politische Entmachtung der Stände wurde allerdings nur um den Preis einer Beibehaltung der ständischen Gesellschaftsstruktur mit ihren sozialen Privilegien erreicht.

Der Staat des A. beanspruchte auch eine weitgehende Herrschaft über die Kirche des Landes, aber er war kein konfessioneller Staat, in dem politisches und konfessionelles Interesse eine Einheit bildeten. Der Fürst sollte auch und gerade von der Geltung des konfessionellen Prinzips entbunden sein. Der A. förderte somit die Trennung von Politik und Konfession und die Begründung der Politik auf ein immanentes Staatsinteresse. Dies schloss jedoch nicht aus, dass immer wieder religiöse oder konfessionelle Motive zur Rechtfertigung absolutistischer Herrschaft dienten.

Die absolute Monarchie wurde überwunden durch den nationalen, liberalen und demokratischen Staat des 19. Jh., bereitete ihn aber auch entscheidend vor durch die von ihr geschaffene geographisch-administrative Einheit des Staates und durch die unter ihr vollzogene Bildung eines politisch nivellierten Untertanenverbandes, der die Vorstufe zur staatsbürgerlichen Gesellschaft darstellt.

Das klassische Land des A. war Frankreich. Die in den A. mündende Staatsentwicklung setzte dort bereits im 12. Jh. ein, wurde unterbrochen in der Epoche der Religionskriege, dann v.a. unter RICHELIEU und MAZARIN fortgeführt und erreichte unter LUDWIG XIV. ihren Höhepunkt; seit der Spätzeit LUDWIGS XIV. geriet der A. erneut in die Krise (↑Ancien Régime) und schlug schließlich um in die ↑Französische Revolution. Aus Frankreich stammt mit J. BODIN der bedeutendste zeitgenössische Theoretiker des A.; sein Hauptwerk sind die 1576 erschienenen »Les six livres de la république«.

In Deutschland wurde der A. als ↑aufgeklärter Absolutismus beispielhaft im Preußen FRIEDRICHS II. verwirklicht. Dagegen scheiterte die absolutistische Staatsreform JOSEPHS II. in Österreich. Die deutschen Mittelstaaten bildeten

A

Absolutismus: Als Inbegriff eines absolutistischen Herrschers gilt Ludwig XIV., dem der Ausspruch »L'état c'est moi« (»Der Staat bin ich«) zugeschrieben wird (Gemälde von H. Rigaud, 1694).

sich erst in der Zeit des ↑Rheinbunds zu absoluten Monarchien fort und repräsentierten Spätformen des Absolutismus.

Abstimmungsgebiete: ethnisch gemischte Grenzgebiete des ↑Deutschen Reichs und ↑Deutschösterreichs, in denen 1920/21 – ausgehend von dem Prinzip des ↑Selbstbestimmungsrechts der Völker und aufgrund der Bestimmungen des Versailler Vertrags und des Friedensvertrags von Saint-Germain-en-Laye – Volksabstimmungen über ihre weitere staatliche Zugehörigkeit stattfanden.
A. waren: Nordschleswig, Eupen-Malmedy, die Bezirke Allenstein und Marienwerder, Oberschlesien und das südliche Kärnten. Das Saarland wurde für 15 Jahre der Verwaltung des Völkerbunds unterstellt; danach sollte eine Volksabstimmung über das weitere politische Schicksal entscheiden.

Abt [von aramäisch abbā »Vater«]: Vorsteher einer Mönchsgemeinschaft, im allgemeinen eines Klosters oder einer Abtei. Der A. war nach dem kanonischen Recht aus der Bistumsorganisation seit dem frühen Mittelalter ausgenommen und seit der Zeit des frühen Christentums innerhalb des Klosters mit großen Vollmachten ausgestattet (Gehorsamspflicht der Mönche gegenüber dem A., so z.B. auch bei den ↑Benediktinern). Seit dem Mittelalter waren die Äbte als **Fürstäbte** auch Vorsteher größerer Territorien und übten neben geistlichen auch weltliche Hoheitsrechte aus.

ab urbe condita [lateinisch »seit der Gründung der Stadt (Rom)«], Abk. a.u.c.: Neben der Benennung der Jahre nach den amtierenden Konsuln wurde die Zählung der Jahre a. u. c. in der römischen Kaiserzeit üblich. Sie ist unserer Zeitrechnung »nach Christi Geburt« vergleichbar, da sie von einem festen Anfangsjahr (einer Epoche) ausgeht, das eine einheitliche Einordnung aller späteren (und früheren) Daten ermöglicht. Die traditionelle Chronologie der frühen römischen Geschichte datiert die Gründung Roms auf das Jahr 753 v.Chr.

Achäischer Bund: nach der griechischen Landschaft Achaia benannte, 280 v.Chr. von zunächst nur vier Städten der nördlichen Peloponnes begründete Vereinigung, die sich im 2. Jh. v.Chr. über die gesamte Halbinsel erstreckte. Die Geschichte des A. B. ist v.a. gekennzeichnet durch die Auseinandersetzungen mit Sparta und Ätolien: 225 v.Chr. bei Makedonien Hilfe suchend, konnte der Bund den Krieg gegen Sparta 228–222 v.Chr. gewinnen; der Bundesgenossenkrieg gegen Ätolien zwang ihn weiter unter den Einfluss PHILIPPS V. von Makedonien. Nach dessen Niederlage gegen die Römer suchte der A. B. seit 198 v.Chr. Anlehnung an Rom und konnte so seine Vormachtstellung auf der Peloponnes aufrechterhalten. Nach dem Sieg der Römer (146 v.Chr. mit Zerstörung Korinths) wurde der A. B. aufgelöst und seine Mitglieder wurden in die römische Provinz Macedonia eingegliedert.

Achämeniden: altpersisches Königs-

A

haus, um 700 bis 330 v. Chr. Das im 6. Jh. v. Chr. unter CYRUS II. zum Weltreich (Iran, Vorderasien, Indien, Ägypten) aufgestiegene Reich der A. unterlag ALEXANDER DEM GROSSEN, in dessen Reich es aufging.

Achse Berlin–Rom: von B. MUSSOLINI geprägte Bezeichnung für die politische Zusammenarbeit des nationalsozialistischen Deutschland mit dem faschistischen Italien auf der Grundlage des Vertrags vom 25. Oktober 1936. Die A. B.–R. wurde bekräftigt durch den Beitritt Italiens zu dem gegen die Sowjetunion gerichteten ↑Antikominternpakt (1937) und durch das am 22. Mai 1939 unterzeichnete Militärbündnis (↑Stahlpakt). 1940 trat Japan durch den Dreimächtepakt der A. B.–R. bei (Achse Berlin–Rom–Tokio).

Achsenmächte: seit 1936 Bezeichnung für das Deutsche Reich und Italien, dann auch für Japan und alle mit dem nationalsozialistischen Deutschland verbündeten Staaten.

Acht: Form der (weltlichen) Strafe, die bei dem nur unzulänglich ausgebildeten Justiz- und Vollstreckungswesen in den frühen deutschen Gemeinwesen die Mitwirkung der ganzen Rechtsgemeinschaft, d. h. aller Einwohner eines Gebiets, erforderte. Das Verhängen der A. bewirkte die Recht- und Friedlosigkeit des Geächteten innerhalb des Gebietes des aussprechenden Gerichts – bei der **Reichsacht** im ganzen Reich –, die Isolierung des Geächteten von der menschlichen Gemeinschaft (Verbot jeder Art von Unterstützung einschließlich Obdachgewährung für den Geächteten; wer das Verbot missachtete, verfiel ebenfalls der A.), die Zerstörung, später die Beschlagnahmung (Fronung) seines Besitzes. Jeder hatte das Recht, den Geächteten straflos zu töten.

Achtgründe waren insbesondere der Bruch des ↑Landfriedens, die Nichtbefolgung gerichtlicher Ladungen oder nach Fällung eines Urteils die Weigerung, ein Sühneversprechen abzugeben. Dem Geächteten verblieb eine Frist von »Jahr und Tag«, sich aus der A. zu lösen (z. B. indem er sich freiwillig dem Gericht stellte), andernfalls verfiel er der **Oberacht (Aberacht),** von der eine Lösung nicht mehr möglich war. Seit 1220 war die Reichsacht zudem Folge des Kirchenbanns (↑Bann); der Exkommunizierte wurde »in Acht und Bann getan«.

Achtstundentag: die tägliche Arbeitszeit eines Arbeitnehmers innerhalb einer Sechstagewoche. Neben dem Kampf für einen gerechten Lohn spielte der Kampf für den A., der besonders mit Aktionen zum ↑Ersten Mai gefordert wurde, in der Arbeiterbewegung eine zentrale Rolle. In Deutschland durch den Rat der Volksbeauftragten festgesetzt, setzte sich der A. in den Industrieländern nach 1918 allgemein durch.

Achtundvierziger Revolution: ↑Revolution von 1848/49.

Ackergesetze: Gesetze römischer Politiker (v. a. des 2./1. Jh. v. Chr.) zur Unterstützung der Kleinbauern, deren Existenz durch den zunehmenden Großgrundbesitz (↑Latifundien) gefährdet war. V. a. die Brüder TIBERIUS und GAJUS GRACCHUS bemühten sich, die Ausdehnung großer Güter einzuschränken und Staatsland (↑Ager publicus) neu unter den ärmeren Bauern aufzuteilen, scheiterten aber an der Opposition der vermögenden Schichten.

Action française [französisch aksjõ frãˈsɛːz]: politische Bewegung in Frankreich, die 1898 im Zusammenhang mit der ↑Dreyfusaffäre entstand, im Parlament zwar bedeutungslos blieb, jedoch im Zuge des aufkommenden Faschismus, insbesondere in den 20er-Jahren des 20. Jh., auf die französische Rechte und die intellektuelle Jugend einen beträchtlichen Einfluss ausübte. Die nationalistische A. f. sprach sich für eine autoritär-antiparlamentarische Regierungsform, für eine erbliche Monarchie und für eine Betonung der Weltgeltung Frankreichs aus.

1936 wurde die Organisation der A. f.

von der Volksfrontregierung verboten; nach der französischen Niederlage gegen HITLER unterstützte die A. f. die ↑Vichy-Regierung, weswegen viele ihrer Anhänger als Kollaborateure verurteilt wurden.

Act of Settlement [englisch 'ækt əv 'setlmənt]: eine vom englischen Parlament 1701 festgelegte Thronfolgeordnung, nach der auf WILHELM III. VON ORANIEN und seine Schwägerin und Nachfolgerin ANNA STUART, die beide keine Kinder hatten, das protestantische Haus Hannover (in weiblicher Linie mit JAKOB I. verwandt) den englischen Thron besteigen sollte. Damit wurden die katholischen Stuarts von der Thronfolge ausgeschlossen. Darüber hinaus enthielt der A. of S. in Ergänzung der ↑Bill of Rights weitere konstitutionelle Grundrechte (u.a. die Unabsetzbarkeit der Richter durch die Krone).

Adel: in zahlreichen Kulturen und Epochen vorkommende Sonderung einzelner Familien von der Gesamtbevölkerung, die aufgrund von Geburt, Besitz oder Leistung eine besondere soziale Stellung einnehmen und ein eigenes Standesbewusstsein ausbilden.

Im gesamten abendländisch-europäischen Bereich ist der A. ein bestimmender Faktor der Sozialgeschichte. Bereits in der griechischen ↑Polis übten Adelsgeschlechter maßgeblichen politischen Einfluss aus. Ebenso nahm der Amtsadel der römischen Republik (↑Nobilität, ↑Optimaten) eine zentrale Führungsrolle ein. Im Mittelalter bildete der A. die eigentlich bestimmende Schicht. Zur Entstehung des mittelalterlichen A. gibt es in der historischen Wissenschaft zwei Theorien: Zum einen sollen die Wurzeln bis in die Zeit der Völkerwanderung zurückreichen, als von einzelnen bevorzugten (da bereits bewährten) Kriegerfamilien die Heerführer gestellt wurden, die auch nach der Niederlassung in den neuen Siedlungsgebieten ihre Vorrechte beibehielten und damit über so genannte autonome Adelsrechte verfügten; zum andern wird der Ursprung des A. insofern mit dem Königtum verknüpft, als einzelne Gruppen im Königsdienst aufstiegen und erst vom Königtum ihre Privilegien erhielten (↑Dienstadel). Welcher der beiden Theorien der Vorzug zu geben ist oder wieweit sich beide Ansätze ergänzen, ist schwer zu entscheiden, da die Existenz einer Adelsschicht in vorfränkischer Zeit quellenmäßig nicht fassbar ist.

Erst im Fränkischen Reich trat der A. zusammen mit dem König, den er vielfach aus seinen eigenen Reihen erhob, als Inhaber des Herrschafts- und Verwaltungsmonopols auf. In der Karolingerzeit kam es bereits zu einer Untergliederung des Adelsstandes, der fortan durch verschiedene (soziale) Abstufungen geprägt blieb. Im mittelalterlichen Lehnswesen wurde der niedere dem Hochadel nachgeordnet. Die Abgrenzung des A. nach unten blieb jedoch in der mittelalterlichen Feudalgesellschaft (↑Feudalismus) fließend, sodass seit dem 12./13. Jh. zahlreiche Unfreie als ↑Ministeriale in den Adelsstand gelangten. Dieser Aufstieg wurde durch den Waffendienst ermöglicht, der zunächst adliges Vorrecht war und die mittelalterliche Adelskultur entscheidend prägte; dadurch blieb dem A. ein gewichtiger Einfluss auf die Kriegführung erhalten. Zudem förderte er, besonders in der Blütezeit der ritterlichen Adelskultur im 12./13. Jh., nachhaltig das kulturelle Leben, besonders Kunst und Literatur, und nahm Anteil an der traditionellen kirchlichen Bildung.

Die Vorherrschaft des A. wurde im spätmittelalterlichen Europa zunehmend beschnitten, wirtschaftlich durch das aufsteigende Stadtbürgertum, politisch durch das erstarkende Königtum, das den A. bei unangetasteter sozialer Bevorrechtung nur noch als Ausführungsorgan (Dienstfunktionen in Armee und Verwaltung) in sein monarchisches System einbaute (↑Absolutismus).

Regionale Entwicklungen: Während in den westeuropäischen Ländern (Frankreich, England, Spanien) diese Entwicklung parallel zur Ausbildung eines einheitlichen Nationalstaats verlief, verstärkte sich in Deutschland (ebenso in Italien) aufgrund des Fehlens einer durchsetzungsfähigen Zentralgewalt die territoriale Aufsplitterung. Der Hochadel errang nach und nach die territoriale ↑Landeshoheit, zunächst gegen den Widerstand des landständischen niederen A. und der aus den Reichsministerialen hervorgegangenen ↑Reichsritterschaft. Erst danach setzte auch in Deutschland in den einzelnen Territorien die frühmoderne Staatsbildung im Sinne eines zentralistisch organisierten Beamtenstaats ein. Die Reichsritterschaft vermochte unter dem Schutz des Reichsrechts ihre Sonderstellung und Aufstiegschancen in den geistlichen Fürstenstand zu wahren. Der niedere A. wurde landsässig (d.h., er unterstand dem Landesherrn).

Eine Wende in der Geschichte des mittel- und westeuropäischen A. (mit Ausnahme Großbritanniens) bedeutete die Französische Revolution, die zunächst in Frankreich zur Aufhebung der adligen Vorrechte und zu einer gewaltsamen Dezimierung der Mitglieder des Adelsstands führte. In Deutschland setzte die Auflösung des ↑Heiligen Römischen Reichs deutscher Nation 1803-06 eine Zäsur (↑Reichsdeputationshauptschluss, ↑Rheinbundsakte): Mit der ↑Säkularisation der geistlichen Fürstentümer wurde der Reichsritterschaft zunächst die politisch-wirtschaftliche Grundlage entzogen und 1806 bzw. 1815 wurde sie aller politischen Vorrechte enthoben. 1806 bis 1813 wurden zudem alle jene reichsständischen Geschlechter mediatisiert (↑Mediatisierung), die sich nicht, wie v.a. die Rheinbundfürsten, in selbst zugestandener Souveränität nach dem Austritt aus dem Reichsverband behaupten konnten. Als ↑Standesherren blieben ihnen 1815 bis 1918 die Rechtsstellung als Mitglieder des Hochadels sowie persönliche Vorrechte erhalten. Trotz weitgehender Beseitigung der Privilegien und Einebnung der ständisch gegliederten Gesellschaft konnte der A. gerade im kaiserlichen Deutschland seine gesellschaftliche Vorrangstellung wahren und sich bis zum Ende des Ersten Weltkriegs als Führungsschicht behaupten. 1918 wurden die bis dahin noch bestehenden Vorrechte des A. abgeschafft.

Ädil [von lateinisch aedes »Tempel«]: römischer Magistrat, der v.a. in der römischen Republik die Aufsicht über öffentliche Bauten, den Straßen- und Marktverkehr, über Bäder, Bordelle und Wirtshäuser führte sowie für die Wasserversorgung Roms (einschließlich der Kanalisation und des Feuerwehrwesens) zuständig war. Weiterhin oblag dem Ä. die Sorge für die öffentlichen Spiele, deren Finanzierung er zum Teil aus eigenen Mitteln bestritt. Die ursprünglich auch in seinen Aufgabenbereich fallende Getreideversorgung Roms (cura annonae) wurde in der späten Republik besonderen Beamten übertragen und seit AUGUSTUS von kaiserlichen Verwaltungsbeamten übernommen. In der Kaiserzeit verlor der Ä. zunehmend seine Funktion und wurde zu einem Ehrenamt.

Adoption [von lateinisch adoptare »hinzuerwählen«]: Annahme an Kindes statt. V.a. im römischen Altertum benannten Familien ohne Söhne durch A. einen Erben; vielfach wurden auch Erwachsene adoptiert, um ihnen durch Aufnahme in eine einflussreiche Familie eine politische Karriere zu ermöglichen.

Adoptivkaiser: Bezeichnung für die durch Adoption auf den Thron erhobenen römischen Kaiser zwischen 96 und 180 n.Chr.: NERVA, TRAJAN, HADRIAN, ANTONINUS PIUS, L. VERUS und MARK AUREL. Der Nachfolgeregelung durch Adoption lag der Gedanke zugrunde, dass der Kaiser den geeignetsten Mann als Sohn annahm und damit zum Nachfolger bestimmte; die Nachteile der leiblichen Erbfolge, wie sie in der ↑julisch-claudischen Dynastie und unter den ↑Flaviern deutlich geworden waren, sollten damit vermieden werden. Dieses erstmals von NERVA angewandte Prinzip konnte sich unter seinen Nachfolgern, die wie er keine leiblichen Söhne hatten, zunächst durchsetzen. MARK AUREL jedoch, der als erster der A. wieder einen männlichen Nachkommen hatte, kehrte zum Prinzip der leiblichen Nachfolge zurück.

Aerarium [von lateinisch aes (Genitiv: aeris) »Kupfer«, »Kupfergeld«]: im alten Rom der Staatsschatz und das Urkundenarchiv im Tempel des Saturn, in der römischen Kaiserzeit die Senatskasse, die dem ↑Fiskus, dem kaiserlichen Vermögen, gegenüberstand. Die Verwaltung des A. erfolgte durch ↑Quästoren, später durch ↑Prätoren und ↑Präfekten. Das Dispositionsrecht über das A. stand in republikanischer Zeit und während des ↑Prinzipats allein dem ↑Senat zu; in der Kaiserzeit verringerte sich die Bedeutung des A. jedoch zunehmend, da die ehemals dem A. zufließenden Einkünfte mehr und mehr dem kaiserlichen Fiskus zugeleitet wurden. – Das von AUGUSTUS gegründete **Aerarium militare** war eine Kasse für Pensionszahlungen an die Veteranen.

African National Congress [englisch 'æfrıkən 'næʃnl 'kɔngrəs], Abk. ANC: 1912 von Schwarzafrikanern in Bloemfontein (Republik Südafrika) gegründete politische Bewegung, die bis zu ihrem Verbot 1960 (bis 1990) die Abschaffung der ↑Apartheid mit Mitteln des gewaltlosen Widerstands zum Ziel hatte. Auseinandersetzungen besonders über die Art des Kampfes führten 1959 zur Abspaltung des radikaleren Pan Africanist Congress (PAC). Nach dem Verbot des ANC – sein Exilsitz wurde Lusaka (Sambia) – formierte sich aus seinen Reihen die Untergrundorganisation Umkonto we Sizwe (»Speer der Nation«). Seit 1969 nahm der ANC auch Weiße, Coloureds (Mischlinge) und Asiaten in seine Exilführung auf. Unter N. R. MANDELAS Führung (1962–90 war er inhaftiert; 1991 wurde er zum Präsidenten des ANC gewählt) strebt der ANC, im Unterschied zum PAC, eine multirassische, auf Gleichberechtigung beruhende Gesellschaft an. Bei den Wahlen 1994 und 1999 gewann der ANC die absolute Mehrheit und bildete u.a. mit der ↑Inkatha eine Regierung der Nationalen Einheit.

Afrikafeldzug: Feldzug im Zweiten Weltkrieg von September 1940 bis Mai 1943. Nach dem Kriegseintritt Italiens an der Seite Deutschlands gegen Großbritannien und Frankreich versuchten die ↑Achsenmächte, Ägypten und den Suezkanal zu erobern. Wechselvolle Kämpfe in Libyen, Ägypten und zuletzt in Tunesien endeten 1942 mit einer Niederlage (Schlacht bei Al Alamain).

Ager publicus: Ackerland im Eigentum des römischen Staates, das durch Einziehung eroberter Gebiete und Enteignung privaten Grundbesitzes (↑Proskription) entstanden war. Die Nutzung des A.p. war seit dem 2. Jh. v. Chr. Gegenstand heftiger sozialer Auseinandersetzungen (↑Ackergesetze). Seit CÄSAR wurde der A. p. zur Ansiedlung von Veteranen verwendet. In der Kaiserzeit gehörte er zum kaiserlichen Gut.

Agnaten:
- im römischen Recht alle, die der Gewalt desselben Hausherrn (der ↑Patria potestas) unterstanden.
- im germanischen Recht die über die männliche Linie einer Familie verbundenen Verwandten, die beim Adel ein Anrecht auf Versorgung (↑Apanage) hatten und bei der Veräußerung von Familienvermögen gefragt werden mussten.

Agora: ursprünglich die Volksversammlung der griechischen ↑Polis. Fand diese Versammlung regelmäßig an einem bestimmten Ort statt, ging die Bezeichnung auf diesen über, sodass A. im Allgemeinen den Markt(platz) der antiken Stadt bezeichnet. Die A. war Mittelpunkt der Polis, geschmückt mit Statuen und oft umgeben von prachtvollen Säulenhallen. Dort trieben die Bürger Handel, tauschten Neuigkeiten aus und traten zu (Gerichts-)Versammlungen und

A

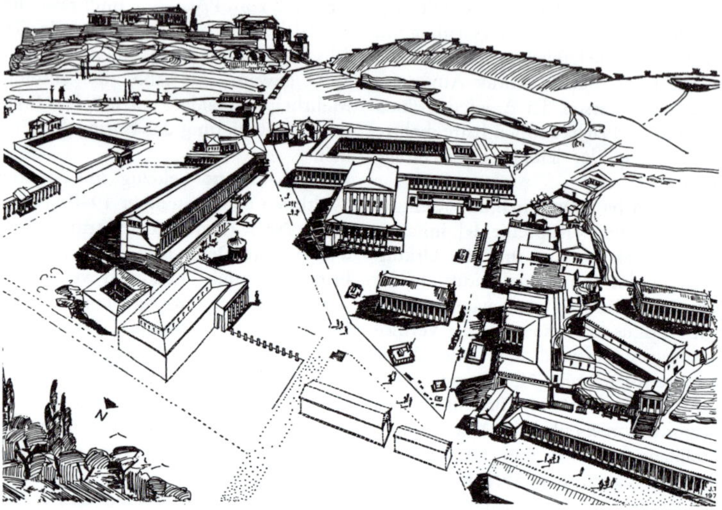

Agora: Die schematische Darstellung zeigt die athenischen Agora aus dem 2. Jh. n. Chr. Der Parthenäenweg führt zur Akropolis (hinten links).

Abstimmungen zusammen (z.B. zum Scherbengericht in Athen). An die A. angrenzend lagen öffentliche Gebäude wie Rathaus und Tempel.

Agrarier: Bezeichnung für die Vertreter wirtschaftspolitischer Interessen der Landwirte in Deutschland, insbesondere für die preußischen Großgrundbesitzer im Deutschen Reich, die sich mit Unterstützung BISMARCKS 1876 organisierten. Ihr Einfluss erreichte seinen Höhepunkt 1893 mit der Gründung des Bunds der Landwirte und in der Weimarer Republik im Reichslandbund von 1920. Politisch wirkten die A. auf der äußersten Rechten, gestützt auf die ostelbischen Junker und die preußischen Konservativen. Als Interessenverband kämpften sie für Schutzzölle, hohe Agrarpreise und Subventionen für verschuldeten Großgrundbesitz. Trotz ihrer Unterstützung für HITLER 1932/33 verloren sie im Dritten Reich sehr schnell ihren Einfluss (v.a. an den Reichsnährstand).

Agrarverfassung: die rechtliche, wirtschaftliche und soziale Ordnung einer bäuerlichen Gesellschaft, v.a. Eigentumsverhältnisse, Siedlungsformen, Bodennutzung, Arbeitsverfassung und Sozialstruktur. Gestaltend auf die A. wirkten das genossenschaftliche und das herrschaftliche Prinzip. Das *genossenschaftliche Prinzip,* das auf der grundsätzlichen Gleichstellung von Gleichberechtigten beruht, äußerte sich im Mittelalter in der Form der Dorfgemeinde (↑Dorf) und der Allmend- und ↑Markgenossenschaft. Das *herrschaftliche Prinzip* ist seit dem Frühmittelalter bis zur ↑Bauernbefreiung des 18./19. Jh. durch die ↑Grundherrschaft bzw. ↑Gutsherrschaft gekennzeichnet.

Zur Ausbildung der Grundherrschaft kam es v.a. in fränkischer Zeit, als weite Teile des Landes in den Händen des Königs, des Adels und des Klerus lagen sowie die zunehmende Bevölkerungsdichte die Landbedürftigen zwang, von jenen unter der Bedingung der Einordnung in das grundherrliche System Land zur Leihe zu nehmen. Entscheidend für die weitere Entwicklung der A. wurden die allmähliche Verfestigung der Besitzrechte, wodurch die freie Verfügungsgewalt des Grundherrn über den Grund und Boden eingeschränkt wurde, sowie die genaue Festsetzung der bäuerlichen Abgaben. Insgesamt lässt sich bis ins Spätmittelalter eine allgemeine Verbesserung der Lage des Bauernstandes feststellen, die nicht zuletzt auch bedingt war durch die ↑deutsche Ostsiedlung: Die den Kolonisten als Anreiz gewährten günstigeren Besitzrechte erzwangen notwendigerweise auch Zugeständnisse der Grundherren, um ein Abwandern der Bauern zu verhindern.

Von der frühen Neuzeit bis zum 18. Jh. verlief die Ausbildung des modernen Fürstenstaates parallel zur Entwicklung einer landesherrlichen Agrarpolitik, die v.a. durch zwei Zielsetzungen bestimmt war: zum einen das Bauerntum gegen die Grund- und Gutsherren zu schützen, zum andern die zahlreichen Ausprägungen der A. zu vereinheitlichen, indem der Landesherr die genossenschaftlichen wie herrschaftlichen Bestimmungen seiner Kontrolle zu unterstellen und zu beeinflussen suchte. Die Gestaltung der A. - soweit es die herrschaftliche Seite betrifft - wurde zunehmend nicht mehr durch eine Auseinandersetzung zwischen Grundherren und Bauern bestimmt, sondern die Rechtssetzung ging auf den Landesherrn als eine über beiden Parteien stehende Instanz über.

Kennzeichnend für die frühe Neuzeit war auch die räumliche Zweigliederung der A. in Deutschland: Während im Süden und Westen das grundherrliche Prinzip bestehen blieb, entwickelte sich im Osten Deutschlands die Grundherrschaft zur Gutsherrschaft. Mit Ausnahme des Ordenslandes Preußen, in dem die Grundlagen für die Ausbildung der Gutsherrschaft bereits in der Kolonisationszeit gelegt worden waren, weiteten sich in Ostdeutschland die gutsherrlichen Eigenwirtschaften im 15./16. Jh. durch Heimfall oder Einziehung wüst (leer) gewordener Stellen aus; weiter verschob sich das Schwergewicht zugunsten der Gutsherren nach dem Dreißigjährigen Krieg mit dem Einsetzen eines planvollen ↑Bauernlegens. Allein die Vergrößerung des Besitzes begründete jedoch noch nicht die Gutsherrschaft, vielmehr kam sie zustande durch die Übertragung politischer Rechte an die Grundherren vonseiten der Landesherren, die aufgrund ihrer Finanznot zu Zugeständnissen gezwungen waren, sodass der einstige Grundherr zur Obrigkeit der Bauern wurde. Die Vergrößerung der Gutswirtschaften verschärfte zudem die Schollenbindung, sodass die Bauern, die einst als Kolonisten besondere Rechte hatten und nur grundherrschaftlich gebunden waren, in eine als Realleibeigenschaft zu bezeichnende Abhängigkeit gerieten (siehe auch ↑Erbuntertänigkeit).

Die Reformen im Zusammenhang mit der ↑Bauernbefreiung lösten im Prinzip die gesamte alte A. sowohl in ihrer genossenschaftlichen wie auch insbesondere in ihrer herrschaftlichen Ausprägung auf.

Die Zweigliederung der A. Deutschlands wirkte jedoch noch bis 1945 fort: Während bei der Ablösung im Süden und Westen die Grundherren vorwiegend finanziell von den Bauern entschädigt wurden und so die Agrarstruktur weitgehend unverändert blieb, war im Osten die Entschädigung durch Land üblich, sodass sich erneut das Gewicht vom Bauernland zum Gutsland hin verschob. Verschieden waren auch die Erbsitten und Erbrechte: Im Osten galt das ↑Anerbenrecht, im Süden und Westen herrschte die ↑Realteilung vor.

Nach 1945 kam es in Deutschland erneut zu einer Umwälzung der A.: Während in den westlichen Besatzungszonen im Rahmen einer ↑Bodenreform neues Siedlungsland für die im Osten vertriebenen Bauern geschaffen wurde, kam es in der Sowjetischen Besatzungszone zur Aufteilung des Großgrundbesitzes in zahlreiche Kleinbauernstellen, die ab 1952 zwangsweise zu landwirtschaftlichen Produktionsgenossenschaften (LPG) zusammengeschlossen wurden; blieb der Boden rein rechtlich gesehen im Eigentum des Einzelnen, so gingen die Nutzungsrechte jedoch an das Kollektiv der LPG über. Im Einigungsvertrag zwischen der Bundesrepublik Deutschland und der DDR (1990) wurden die 1946–49 erfolgten Enteignungen nicht rückgängig gemacht; die Betroffenen erhalten aber Entschädigungsleistungen. – Siehe auch ↑Bauer.

Akzise [von lateinisch accidere »anschneiden«, »vermindern«]: seit dem 13. Jh. in Deutschland nachweisbare Verbrauchsteuer. Die A. war v.a. eine städtische Abgabe auf Vieh, Lebensmittel und Handelswaren und wurde bei der Produktion, beim Verkauf oder am Stadttor erhoben. Seit dem 17. Jh. vom Staat erhoben, verschwand die A. im 19. Jh., wurde jedoch im 20. Jh. in Form von Umsatz- und Verbrauchsteuern neu belebt.

Albigenser: seit dem 12. Jh. Bezeichnung für die aus der ↑Armutsbewegung entstandenen ketzerischen Gruppen in der Umgebung der südfranzösischen Stadt Albi. Die A. gerieten aufgrund ihrer dogmatischen Aufteilung aller Dinge in Gut und Böse, Gott und Teufel (↑Katharer) und wegen ihrer Angriffe gegen die bestehende Kirche in schärfsten Gegensatz zur katholischen Lehre.

Trotz der frühzeitig einsetzenden Bekämpfung durch BERNHARD VON CLAIRVAUX und durch DOMINIKUS sowie durch päpstliche Legaten konnte sich die neue Lehre in Südfrankreich rasch ausbreiten. Bereits 1167 bestanden vier Bistümer: Albi, Toulouse, Carcassonne und Val d'Aran. Ein Großteil des südfranzösischen Adels schloss sich der Bewegung an, die damit auch zu einer politischen Macht wurde. Nach der Ermordung eines päpstlichen Legaten 1209 rief Papst INNOZENZ III. zum Kreuzzug auf, der sich erstmals im Mittelalter gegen eine christliche Glaubensgemeinschaft richtete. Die Auseinandersetzungen zwischen dem Kreuzzugsheer unter SIMON DE MONTFORT und dem südfranzösischen Adel unter dem Grafen von Toulouse und dem König von Aragon führten zunächst für keine der beiden Seiten zum Erfolg. Erst das Eingreifen des französischen Königs LUDWIG VIII. brachte die entscheidende Wende: Das gesamte südfranzösische Gebiet wurde im Frieden von Meaux 1229 der Herrschaft der Krone unterworfen. Doch erst 1244 konnte die letzte Albigenserfestung Montségur erobert werden und erst im 14. Jh. wurde die ↑Inquisition der Albigenserbewegung endgültig Herr.

Durch den unter theologischen Vorwänden geführten Kreuzzug vollzog die französische Monarchie im 13. Jh. ihren entscheidenden Durchbruch südlich der Loire bis zum Mittelmeer, wodurch der Weg zur Beherrschung Okzitaniens, das bislang eine eigene Sprache, Kultur und Tradition ausgebildet hatte, durch das nordfranzösische Königtum geebnet war. Auswirkungen dieser Auseinandersetzungen zwischen Nord- und Südfrankreich reichen bis in die Gegenwart.

Alcáçovas, Vertrag von [portugiesisch al'kasuvaʃ]: Der 1479 zwischen Spanien und Portugal geschlossene Vertrag beendete den Kastilischen Erbfolgekrieg, d.h. den Streit 1474–79 um die Thronfolge in Kastilien zwischen ISABELLA I., Halbschwester des letzten Königs, und dessen Tochter JOHANNA, Nichte von ALFONS V. von Portugal. Portugal verzichtete auf seine Ansprüche auf Kastilien und erhielt Marokko und die südatlantischen Gewässer als Einflussgebiete, während Spanien fortan auf die nord- und mittelatlantische Seefahrt beschränkt sein sollte. Diese Abgrenzung der gegenseitigen Interessensphären gewann entscheidenden Einfluss auf die Aufteilung der später entdeckten amerikanischen Besitzungen.

Alexanderreich: das durch weiträumige Eroberungszüge (↑Alexanderzüge) gebildete Reich des Makedonen ALEXANDER DES GROSSEN. Zur Zeit seiner größten Ausdehnung umfasste es Grie-

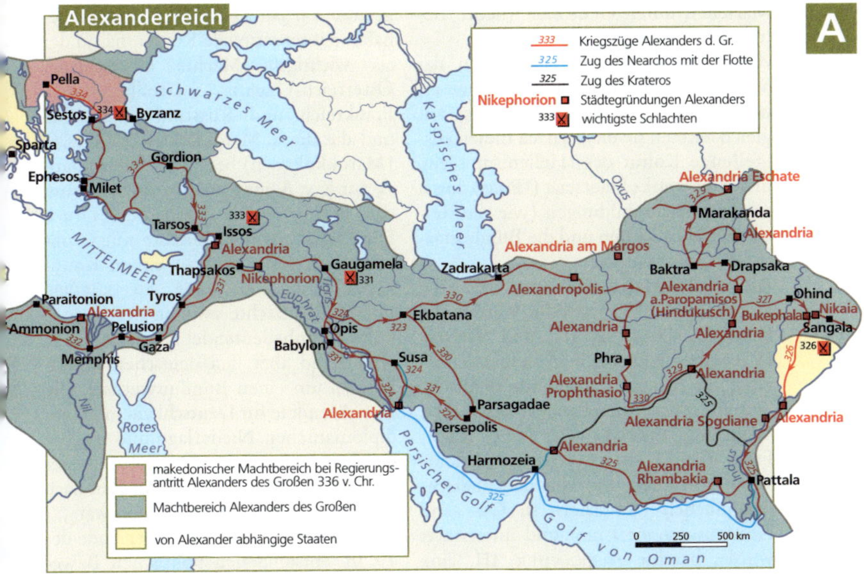

chenland, Kleinasien, Palästina, Ägypten, den Iran und Westindien. Die Errichtung des A. zielte auf die Eroberung der damals bekannten Welt, die zum ersten Mal als geistige und politische Einheit angesehen wurde (Verschmelzung der griechischen und der nichtgriechischen Welt). Alexander wollte in seinem Reich eine einheitliche Verwaltung und ein einheitliches Heerwesen einrichten und eine Verbindung der Griechen mit den Völkern Asiens herbeiführen (Massenhochzeit von Susa 324 v. Chr.). Durch Städtegründungen (z.B. Alexandria in Ägypten) und durch die Verbreitung griechischer Bildung (↑Hellenismus) wurde die Kultur des östlichen Mittelmeerraums entscheidend geprägt. Nach dem Tod Alexanders 323 v. Chr. wurde sein Reich unter verschiedenen Heerführern (↑Diadochen) aufgeteilt.

Alexanderzüge: Kriegszüge des Makedonenkönigs Alexander des Grossen gegen das Reich der Perser 334–324 v. Chr. Die A. begannen mit der Vertreibung der Perser aus Kleinasien 334 (Sieg am Granikos) und dem entscheidenden Sieg bei Issos 333 v. Chr. über den Perserkönig Darius III., der jedoch fliehen konnte. Im folgenden Jahr eroberte Alexander Ägypten, zog anschließend zum Heiligtum des Zeus Ammon in der Oase Siwa, um sich von den dortigen Priestern seinen Herrschaftsanspruch und seine göttliche Abstammung bestätigen zu lassen. 331 v. Chr. wandte er sich erneut gegen das Heer der Perser, das er bei Gaugamela (in der Nähe der heutigen Stadt Arbil im nördlichen Irak) völlig aufrieb. Zunächst verfolgte er Darius, der 330 von eigenen Leuten ermordet wurde, dann dessen Mörder immer tiefer nach Persien hinein und zog schließlich bis ins heutige Afghanistan. 327 begann der Marsch nach Indien, wo Alexander am Hyphais (Fluss im Fünfstromland in Pakistan) von seinem erschöpften Heer zur Umkehr gezwungen wurde. Ein Teil des Heeres fuhr den Indus hinab und gelangte über das Meer zurück nach Babylon; ein anderer Teil zog mit Alexander in verlustreichen

Märschen durch Gedrosien (heute Belutschistan) zurück.

Auswirkungen: Die A. erweiterten das Wissen der Griechen und führten zu einer Veränderung ihres Weltbilds; zugleich leiteten sie die bis nach Indien ausgreifende Kultur des ↑Hellenismus ein, in der der antike Stadtstaat (↑Polis) durch größere Staatenbildungen (wie die Reiche der ↑Diadochen und die Bundesstaaten) abgelöst wurde.

Alexandrinisches Schisma: durch die Doppelwahl 1159 (gewählt wurden die Päpste ALEXANDER III. und VIKTOR IV.) bedingte kirchliche Auseinandersetzung, die sich auf das gesamte politische System des Abendlandes auswirkte. Während VIKTOR IV. von Kaiser FRIEDRICH I. BARBAROSSA, den deutschen Bischöfen und von den deutschfreundlichen Herrschern in Ost- und Nordeuropa anerkannt und unterstützt wurde, brachte ALEXANDER III. eine große antikaiserliche Koalition der norditalienischen Städte und der westeuropäischen Königreiche (Frankreich und England) zustande. Einigung konnte weder auf den zahlreichen Synoden (die Synode in Pavia 1160 entschied sich für VIKTOR IV., die in Tours 1163 für ALEXANDER III.) noch durch die kriegerischen Italienzüge des Kaisers noch nach dem Tod VIKTORS IV. (ihm folgten noch drei weitere Gegenpäpste) erzielt werden. Durch das Scheitern seiner Italienpolitik sah sich FRIEDRICH I. gezwungen, einzulenken und im Frieden von Venedig 1177 ALEXANDER III. anzuerkennen.

Die Bedeutung des A. S. liegt darin, dass erstmals kaiserliche Ansprüche auf Mitbestimmung bei der Papstwahl durch eine Koalition italienischer und westeuropäischer Mächte abgewehrt wurden und dass sich diese Mächte, v.a. Frankreich und England, gegen das deutsche Kaisertum behaupteten und ihm eine empfindliche Niederlage im europäischen Rahmen zufügten.

Algeciras, Konferenz von [spanisch alxe'θiras]: in der südspanischen Stadt Algeciras von Januar bis April 1906 abgehaltene internationale Konferenz, an der als wichtigste Mächte Deutschland, Österreich-Ungarn, Großbritannien, Frankreich und Russland teilnahmen und die die 1. Marokkokrise (1905-06; ↑Marokkokrisen) beendete. Die Initiative zur K. v. A. ging von Deutschland aus, das hoffte, durch politischen Druck Frankreich aus der ↑Entente mit Großbritannien lösen und zu einem Kontinentalbündnis bewegen zu können. Frankreich machte zwar in der Marokkofrage unbedeutende Zugeständnisse, widerstand aber den deutschen Bemühungen um einen Bündniswechsel. Die K. v. A. endete für Deutschland mit einer diplomatischen Niederlage und machte deutlich, wie weit die Isolation des Reichs durch die Politik in der Zeit nach BISMARCK schon fortgeschritten war.

Alldeutsche: Anhänger einer Ende des 19. Jh. entstandenen politischen Bewegung, die eine Stärkung des deutschen Nationalbewusstseins forderte, weil sie auf diese Weise Deutschlands Stellung nach innen und außen stärken zu können glaubte. Die A. organisierten sich 1894 im **Alldeutschen Verband,** der eine aktive Flotten- und Kolonialpolitik unterstützte und für ein weitgehendes Annexionsprogramm während des Ersten Weltkriegs eintrat. Nach 1918 entschiedener Gegner der Weimarer Republik, leistete der Alldeutsche Verband dem Nationalsozialismus ideologische und politische Schrittmacherdienste; 1939 wurde er aufgelöst.

Alleinvertretungsanspruch: ↑Hallsteindoktrin.

Allgemeiner Deutscher Arbeiterverein, Abk. ADAV: 1863 unter Führung F. LASSALLES gegründete erste deutsche Arbeiterpartei, die die Anliegen der deutschen ↑Arbeiterbewegung vorantrieb. Der ADAV schloss sich 1875 mit der Sozialdemokratischen Arbeiterpartei zu der Sozialistischen Arbeiterpartei Deutschlands zusammen (↑Sozialdemokratie).

Allgemeines Landrecht, Abk. ALR: 1794 für die preußischen Staaten erstellte Kodifikation des Zivil- und Strafrechts sowie des Staats- und Verwaltungsrechts; unter dem Großkanzler C. VON CARMER und C. G. SVAREZ bearbeitet.

Das ALR spiegelt in seiner Gliederung nach Adels-, Bürger- und Bauernstand sowie in zahlreichen Einzelvorschriften (z.B. im Gesinderecht und bei der bäuerlichen Untertänigkeit) noch die altständische Gesellschaftsordnung wider. Obwohl dem Monarchen allein die gesetzgebende Gewalt vorbehalten blieb und das zunächst vorgesehene Verbot des Machtspruchs (des unmittelbaren Eingriffs des Königs in Justizentscheidungen) bei der Endfassung des ALR wieder gestrichen wurde, enthielt das ALR bedeutende Beschränkungen der absolutistischen Machtausübung. Insbesondere schützte es Freiheits- und Eigentumsrechte vor staatlichem Zugriff und sicherte die Stellung der Richter. Prägend wirkte das reformerische Denken der Aufklärung und das vernunftrechtlich begründete Streben nach einer systematischen Neuordnung des Rechtsstoffes. Die regionalen und Gewohnheitsrechte behielten zwar weiterhin ihren Vorrang, da diese jedoch nur unvollkommen gesammelt wurden, wurde das ALR in den meisten preußischen Provinzen bis zum In-Kraft-Treten des ↑Bürgerlichen Gesetzbuchs 1900 als das maßgebliche Recht angewandt, soweit es nicht durch neuere Gesetze (so in großen Teilen des Staatsrechts) abgelöst worden war.

Alliierte: die Mitglieder eines formellen Bündnisses (Allianz). Als A. wurden die Verbündeten in den ↑Befreiungskriegen gegen NAPOLEON sowie die Gegner der ↑Mittelmächte im Ersten Weltkrieg und die Gegner der ↑Achsenmächte im Zweiten Weltkrieg bezeichnet. Nach 1945 v.a. Bezeichnung für die Großen Vier (Frankreich, Großbritannien, UdSSR und USA).

Alliierte Hohe Kommission, Abk. AHK: während der Geltungsdauer des ↑Besatzungsstatuts 1949–55 oberstes Kontrollorgan der drei Westmächte (Frankreich, Großbritannien und USA) in der Bundesrepublik Deutschland und den Westsektoren von Berlin. Die AHK löste de facto den Alliierten Kontrollrat ab, dem auch die UdSSR angehörte.

Alliierter Kontrollrat: Nach der Unterzeichnung der Berliner Viermächteerklärung, in der der Alliierte Kontrollrat zur Regierung des in vier Besatzungszonen aufgeteilten Deutschland erklärt wurde, traten die Militäroberbefehlshaber (von links) B. L. Montgomery, D. D. Eisenhower, G. K. Schukow und Jean de Lattre de Tassigny am 5. Juni 1945 vor die Presse.

Alliierter Kontrollrat: auf der Grundlage der Berliner Viermächteerklärung vom 5. Juni 1945 (»Feststellung über das Kontrollverfahren in Deutschland«) am 8. August 1945 erstmals zusammengetretenes oberstes Kontrollorgan in Deutschland, das aus den Oberbefehlshabern der vier Besatzungsmächte Frankreich, Großbritannien, UdSSR und USA bestand. Zum Aufgabenbereich des A. K. gehörte es, alle Deutschland als Ganzes betreffenden Fragen zu entscheiden sowie die Einheitlichkeit des Vorgehens der jeweiligen Zonenoberbefehlshaber

A

in den vier Besatzungsgebieten zu gewährleisten. Die dafür erforderlichen Proklamationen, Direktiven, Erlasse, Befehle und Gesetze mussten einstimmig beschlossen werden, andernfalls konnte jeder Oberbefehlshaber in seinem Besatzungsgebiet nach eigenem Ermessen entscheiden. Angesichts der Unvereinbarkeit der Ziele der britisch-amerikanischen mit der französischen, zunehmend jedoch v.a. mit der sowjetischen Deutschlandpolitik konnte der A. K. seine Aufgaben nur in begrenztem Umfang wahrnehmen. Nachdem der sowjetische Oberbefehlshaber am 20. März 1948 aus Protest gegen die Beschlüsse der Londoner Sechsmächtekonferenz (↑Londoner Konferenzen, Protokolle und Verträge) die Sitzung des A. K. verlassen hatte, endete dessen Tätigkeit ohne formale Auflösung.

Allmende: der Teil der Gemeindeflur, der sich im Gemeineigentum der Dorfbewohner befindet und von ihnen gemeinsam genutzt wird. Die A. bestand meist aus Weide, Wald und Ödland und fand hauptsächlich Verbreitung in Süd- und Südwestdeutschland, in Österreich und der Schweiz. Nutzungsberechtigt waren nur die ansässigen Bauern, doch beanspruchten König und Landesfürsten vielfach ein Verfügungsrecht über die A. und ihre Nutzung. Die A., eine wichtige Einnahmequelle der Gemeinden und oft auch ein Mittel zur Unterstützung unterbäuerlicher Sozialschichten, wurde seit dem Ende des 18. Jh. durch Aufteilung oder Verpachtung an die Dorfbewohner aufgelöst; Reste sind bis heute in der alemannischen Region erhalten.

Allod [von althochdeutsch al »vollständig« und ōt »Besitz«, »Reichtum«]: rechtliche Bezeichnung für einen Besitz, über den der Inhaber volles Eigentumsrecht hat. Das A. stand seit dem frühen Mittelalter im Gegensatz zum Lehnsgut, an dem das Besitzrecht durch das Lehnsverhältnis begründet und begrenzt war. Während in Westeuropa ein durchorganisiertes ↑Lehnswesen die Allodien weitgehend zum Verschwinden brachte (in England gab es seit 1066 keine A. mehr, in Frankreich waren sie, abgesehen von Teilen des Südens, sehr selten), blieb in Deutschland der umfangreiche **Allodialbesitz** des Adels erhalten, sodass dem König in seiner Eigenschaft als oberstem Lehnsherrn nie das gesamte Reichsgebiet unterstand. Da die **Allodialherren** keine lehnsrechtlichen Beziehungen zum König hatten, gewann der Allodialbesitz durch seinen landesherrschaftlichen Ausbau entscheidende Bedeutung für die dualistische mittelalterliche deutsche Verfassungsentwicklung. Die Umwandlung eines Lehens in ein A. (**Allodifikation, Allodifizierung**) gab es bereits im Mittelalter durch »Schenkung zu vollem Eigen«. Die fortschreitende Verselbstständigung der deutschen Reichsfürstentümer seit der frühen Neuzeit entsprach einer faktischen Allodifikation, die rechtlich dann im 18. und 19. Jh. nachvollzogen wurde.

Alvenslebensche Konvention: durch den Generaladjutanten König Wilhelms I., G. von Alvensleben, und den russischen Vizekanzler Gortschakow am 8. Februar 1863 geschlossenes Abkommen, das eine militärische Zusammenarbeit Preußens und Russlands während des zu Jahresbeginn ausgebrochenen polnischen Aufstands festlegte. Beide Regierungen sahen in diesem Aufstand, der die Schaffung eines geeinten Polen anstrebte, eine Bedrohung. Trotz der teilweisen Verwässerung des Abkommens, zu der sich Preußen aufgrund des Drucks aus Frankreich und Großbritannien genötigt sah, erbrachte die A. K., die im Übrigen wegen der baldigen Niederschlagung des Aufstands nicht wirksam wurde, eine Vertiefung der Beziehungen zwischen Russland und Preußen und sicherte Preußen die Neutralität Russlands für die Zeit der deutschen Einigungskriege.

Amendment [əˈmendmənt; englisch »Berichtigung«]: im Recht der USA Gesetzesänderung oder -ergänzung, die (im

Gegensatz zu der Praxis in den meisten europäischen Staaten) nicht in den ursprünglichen Text eingearbeitet, sondern in chronologischer Reihenfolge gesondert angefügt wird. Als A. werden insbesondere die bisher 26 an den Verfassungstext der USA von 1787 sowie die an die Verfassungen der Einzelstaaten angehängten Zusätze bezeichnet.

Amerikanischer Unabhängigkeitskrieg (Amerikanische Revolution): militärische Auseinandersetzungen 1775 bis 1783 zwischen Großbritannien und seinen 13 nordamerikanischen Kolonien (Connecticut, Delaware, Georgia, Maryland, Massachusetts, New Hampshire, New Jersey, New York, North Carolina, South Carolina, Pennsylvania, Rhode Island und Virginia).

Ursachen und Verlauf: Anlass des a. U. waren merkantilistische Wirtschaftsmaßnahmen (z.B. Handelsbeschränkungen) sowie die Steuer- und Abgabenpolitik (Stempelsteuer, Teezoll), die Großbritannien einen finanziellen Ausgleich für die Kosten des Krieges gegen Frankreich in Kanada (↑Siebenjähriger Krieg) bringen sollten. Die Kolonisten sahen darin nicht nur eine wirtschaftliche und finanzielle Belastung, sondern auch ein grundsätzliches verfassungsrechtliches Problem. Da sie im Parlament in London nicht vertreten waren, lehnten sie unter dem Motto »No taxation without representation« (»Keine Besteuerung ohne Parlamentsvertretung«) die Maßnahmen der britischen Regierung ab und boykottierten sie z.B. 1773 mit der so genannten Boston Tea Party, als Kolonisten in Boston Schiffsladungen mit britischem Tee versenkten. Radikalere Kräfte unter den Kolonisten nahmen die britischen Gegenmaßnahmen (u.a. Blockierung des Hafens von Boston) zum Anlass, sich auf weiter gehende Auseinandersetzungen vorzubereiten. Sie bildeten »Sicherheitskomitees« und legten Waffenlager an.

Am 19. April 1775 kam es mit dem Gefecht bei Lexington zu den ersten militä-

Amerikanischer Unabhängigkeitskrieg: Aus Protest gegen den von England unter Berufung auf sein Besteuerungsrecht erhobenen Teezoll vernichteten als Indianer verkleidete britische Kolonisten im Hafen von Boston 18000 Pfund Tee der dort ankernden Schiffe der East India Company. Die sog. Boston Tea Party löste den amerikanischen Unabhängigkeitskrieg aus (kolorierter Stich, 18. Jh.).

A

rischen Auseinandersetzungen. Obwohl die britischen Truppen, verstärkt durch deutsche Söldner, besser ausgerüstet waren, scheiterten sie letztlich an der Taktik der amerikanischen Truppen, die unter dem Oberbefehl G. WASHINGTONS oft in kleinen Einheiten aus dem Hinterhalt operierten (Guerillataktik). So vertrieben die Kolonisten die Briten zunächst aus Boston (17. März 1776) und bereiteten ihnen in der Schlacht bei Saratoga (17. Oktober 1777) eine empfindliche Niederlage. In dem Bewusstsein, dass die militärische Ausweitung des Konflikts das Zeichen für eine Trennung von Großbritannien darstellte, erklärten die 13 Kolonien am 4. Juli 1776 einseitig ihre Unabhängigkeit (↑amerikanische Unabhängigkeitserklärung).

Die einzelnen Kolonien gaben sich eine neue staatsrechtliche Form und schufen eine gemeinsame parlamentarische Institution, den ↑Kongress.

Ausweitung und Beendigung des Konflikts: Der koloniale Unabhängigkeitskrieg weitete sich durch ein amerikanisch-französisches Bündnis (6. Februar 1778) und durch die Unterstützung Spaniens (1779) und der Niederlande (1780) zu einem internationalen Konflikt aus. Darüber hinaus erhielten die Amerikaner wichtige Hilfe von einzelnen Personen, wie dem M. J. Marquis DE LA FAYETTE oder dem preußischen Offizier F. W. VON STEUBEN, der sich große Verdienste um die Organisation ihrer Truppen erwarb. Bei Yorktown (Virginia) gelang es schließlich den Amerikanern und ihren Verbündeten, den entscheidenden Sieg im a. U. zu erzielen (Kapitulation der britischen Truppen am 19. Oktober 1781), der durch den Pariser Frieden vom 3. September 1783 abgeschlossen wurde. Hierin erkannten die Briten die amerikanische Unabhängigkeit an. Allerdings waren die ehemaligen Kolonien erst 1789 in der Lage, nach langen widerstreitenden Debatten die 1787 ausgearbeitete gemeinsame Verfassung zu ratifizieren und damit einen Staat zu bilden.

Amerikanische Unabhängigkeitserklärung (englisch Declaration of Independence): von TH. JEFFERSON verfasste und am 4. Juli 1776 vom Kongress angenommene Erklärung der 13 britischen Kolonien in Nordamerika, in der die staatliche Trennung von Großbritannien und damit eine eigene Staatlichkeit verkündet wurde. In der A. U. wurde dieser Schritt mit Berufung auf die ↑Menschenrechte gerechtfertigt und mit dem Widerstandsrecht gegenüber der Unterdrückung, der sich die Amerikaner durch die britische Regierung ausgesetzt fühlten. Die A. U. hatte großen Einfluss auf die politischen Vorstellungen, die der Französischen Revolution 1789–99 zugrunde lagen.

Amerikanisch-Spanischer Krieg: ↑Spanisch-Amerikanischer Krieg.

Amiens, Friede von [französisch a'mjẽ]: Der F. v. A. beendete am 27. März 1802 im Anschluss an den Frieden von ↑Lunéville (1801) die Feindseligkeiten zwischen Frankreich und Großbritannien, die während des 2. Koalitionskrieges entstanden waren. Großbritannien unterstrich seinen Friedenswillen, indem es weitgehend auf seine überseeischen und mittelmeerischen Eroberungen aus diesem Krieg verzichtete. NAPOLEON räumte zwar Ägypten, festigte aber durch diesen Friedensschluss auch seine überragende Stellung auf dem europäischen Kontinent. Damit markiert der F. v. A. einen Höhepunkt seiner Herrschaft. Der F. v. A. konnte jedoch die politischen Gegensätze der beiden Mächte nicht ausräumen, die dann zum 3. Koalitionskrieg führten.

Amt:

◆ ursprünglich Bezeichnung für den mit einem Lehen (↑Lehnswesen) verbundenen Dienst von Freien oder Unfreien (↑Ministerialen) im Gefolge eines Herrn. Da sich im Mittelalter die Erblichkeit der Lehen und der mit ihnen verbundenen Ämter bei Hof durchgesetzt hatte, schufen die Landesherren zur Verwaltung ihrer Territorien unter Umgehung der alten ↑Hofämter einen neuen Typ des Amtsträgers, den fest besoldeten und absetzbaren ↑Beamten.

◆ seit dem Spätmittelalter Bezeichnung für einen räumlichen Verwaltungsbezirk des entstehenden Territorialstaats. An der Spitze eines A. stand ein **Amtmann,** der zunächst sein A. vom Landesherrn in Form eines Lehens empfing, später auch aus der neu entstehenden Verwaltungsbeamtenschaft genommen wurde.

Anarchismus [von griechisch ánarchos »führerlos«]: Bezeichnung für soziale und politische Denkmodelle und Bewegungen, die jede Art von Autorität (z.B. Staat, Kirche) als Form der Herrschaft von Menschen über Menschen ablehnen und das Zusammenleben auf der Grundlage unbeschränkter Freiheit des Einzelnen nach den Grundsätzen von Gerechtigkeit, Gleichheit und Brüderlichkeit (Solidarität) verwirklichen wollen.

Anarchistisches Gedankengut findet sich bereits in der Antike und bei einigen altchristlichen Sekten, zu Beginn der Neuzeit bei den ↑Täufern und Mennoniten, doch entstammt der Begriff A. selbst dem 19. Jh. und erhielt damals seine bis heute gültige inhaltliche Ausprägung. Die Ausbildung des A. im 19. Jh. lässt sich im Wesentlichen als Reaktion auf den durch die industrielle Revolution ausgelösten sozialen Wandel und die gleichzeitigen politischen Zentralisierungsbestrebungen erklären.

ANC: ↑African National Congress.

Ancien Régime [ãsjẽre'ʒim; französisch »alte Regierungsform«]: Bezeichnung für die politisch-gesellschaftliche Verfassung Frankreichs vor der Revolution von 1789. Das vorrevolutionäre Frankreich war eine absolute Monarchie mit ständisch-feudaler Gesellschaftsordnung (↑Absolutismus). Der König besaß die oberste politische Gewalt, hatte die Stände entmachtet, beherrschte das Land mit einem ganzen System von Institutionen und machte Frankreich immer mehr zu einem zentralistisch regierten Einheitsstaat.

Das Verhältnis zwischen König und Ständen: Der König respektierte die traditionelle Einteilung der Gesellschaft in die drei Stände des Klerus, des Adels und des dritten Standes mitsamt den sozialen Privilegien einzelner Stände, v. a. die Steuerfreiheit von Klerus und Adel. Der König konnte sein politisches Monopol nur dadurch behaupten, dass er die ständisch-feudale Sozialordnung unangetastet ließ. Dennoch suchte der König zugleich die ständisch-feudale Gesellschaft politisch zu funktionalisieren, indem er die einzelnen Stände gegeneinander ausspielte, sie alle von sich abhängig machte, sie in den absolutistischen Staat einordnete. Die Disziplinierung des Adels am königlichen Hof war dafür sinnfällig.

Der König strebte immer mehr danach, die ständischen Privilegien abzubauen, und wendete sich v. a. aufgrund des steigenden Finanzbedarfs des Staates gegen die Steuerfreiheit des Klerus und des Adels. Klerus und Adel wussten ihre sozialen Privilegien zu verteidigen und versuchten sogar, ihren früheren politischen Einfluss wieder herzustellen. Träger der Opposition waren die Parlamente und die obersten Gerichtshöfe, die seit langem weitgehende politisch-administrative Kompetenzen beanspruchten.

Schlüsselstellung des dritten Standes: Der dritte Stand war ein potenzieller Verbündeter des Königs. Allerdings waren die obersten Schichten des dritten Standes ihrerseits bestrebt, an den sozialen Privilegien der beiden ersten Stände zu partizipieren. Dazu kam, dass die Parlamente die Opposition gegen den König mit populären Argumenten führten, durch die sie den dritten Stand zeitweilig auf ihre Seite zu ziehen vermochten. Umgekehrt schreckte der König davor zurück, sich in die totale Abhängigkeit vom dritten Stand zu begeben. Diese Konstellation war seit der Spätzeit LUDWIGS XIV. gegeben, blieb bis zur ↑Französischen Revolution bestehen und wurde schließlich zu deren notwendigen Bedingung. Die Revolution zerstörte die absolute Monarchie und die ständisch-feudale Gesellschaftsordnung und errichtete an ihrer Stelle den Nationalstaat und die bürgerliche Gesellschaft.

Anerbenrecht: für Bauernhöfe geltende Sonderregelung des Erbrechts, durch die eine Zersplitterung der Höfe vermieden werden soll. Nach dem A. fallen Hof und Landbesitz nur einem Sohn, dem **Anerben,** zu, während die anderen Söhne in anderer Form abgefunden werden; meistens geht der Besitz an den ältesten Sohn über (**Majorat**), mancherorts aber auch an den jüngsten Sohn (**Minorat**). Das A. galt seit dem Mittelalter in verschiedenen Regionen Deutschlands als ein gewohnheitsmäßiges Recht , während in anderen Regionen, v.a. in Süddeutschland, die ↑Realteilung, d.h. die Aufteilung des bäuerlichen Besitzes auf alle Erben, vorherrschte. – In der Bundesrepublik Deutschland ist das A. in Ländergesetzen geregelt.

angelsächsische Mission: Im Gefolge der ↑iroschottischen Mission und wie diese vom Gedanken der Heimatlosigkeit als Askese getrieben, kamen seit etwa 680 bis zum Ende des 8. Jh. Angelsachsen zur Mission der noch heidnischen Germanen auf das Festland. Zwar war den Angelsachsen und den Iroschotten der Gedanke der Heimatlosigkeit als Askese gemeinsam, doch lehnten sich die Angelsachsen im Gegensatz zu den iroschottischen Missionaren stark an das Papsttum und den Staat an und stützten ihr Wirken auf die feste Organisation von Bistümern und benediktinischen Klöstern. Zunächst auf die Friesen konzentriert, erreichte die a. M. ihren Höhepunkt mit BONIFATIUS und dehnte sich über Thüringen, Hessen bis nach Bayern aus.

Anglikanische Artikel: 39 Artikel, die die Grundlage der ↑Anglikanischen Kirche bilden und 1571 in England Gesetzeskraft erhielten. Sie sind stark vom ↑Kalvinismus beeinflusst und übertragen unter Zurückweisung des päpstlichen Anspruchs die Rechtsprechung über die englische Kirche dem König.

Anglikanische Kirche: die englische Staatskirche, deren Oberhaupt die englische Krone ist, die die Bischöfe, an ihrer Spitze den Erzbischof von Canterbury, ernennt. Kirchengesetze bedürfen der Genehmigung des Parlaments. Heute ist die A. K. Teil der aus ihr hervorgegangenen **Anglikanischen Kirchengemeinschaft.** Im Bekenntnis steht die A. K. der reformierten Kirche nahe, in Verfassung und Gottesdienst nimmt sie eine Stellung zwischen Protestantismus und Katholizismus ein.

Entstanden ist die A. K. 1534, als HEINRICH VIII. aufgrund der vom Papst verweigerten Scheidung seiner ersten Ehe die Verbindung der englischen Kirche mit dem Heiligen Stuhl löste und sich selbst zum obersten Kirchenherrn in England erklärte (Suprematsakte). ELISABETH I. festigte das Staatskirchentum durch Neuordnung des Gottesdienstes (Common Prayer Book) und des Glaubensbekenntnisses (↑Anglikanische Artikel).

Anjou [französisch ã'ʒu]: Seitenlinien des französischen Königshauses der Kapetinger. Das ältere Haus A. (1246–1435) besaß die Grafschaft Provence, 1265–82 Sizilien, 1265–1435 das Königreich Neapel, 1277–1435 den Titel des Königs von Jerusalem, 1308–86 das Königreich Ungarn und 1370–86 das Königreich Polen. Das jüngere Haus A. (1356–1481) konnte den älteren A. nur die Provence abringen, führte dann aber auch den Königstitel von Neapel-Sizilien, Ungarn, Aragonien und Jerusalem und besaß 1431–73 das Herzogtum Lothringen. 1481 fiel die Grafschaft A. (mit Maine und der Provence) an die Krone zurück.

An mein Volk: Aufruf des preußischen Königs FRIEDRICH WILHELM III. am 17. März 1813 in Breslau zum Kampf gegen NAPOLEON I., nachdem am Tag zuvor die Kriegserklärung an Frankreich erfolgt war. Der Aufruf, in dem die Einheit von Krone, Staat und Nation beschworen wurde, führte zur Bildung eines Volksheeres, freiwilliger Jägerverbände und Freikorps (deren bekanntestes das des Majors A. von Lützow werden sollte), sodass Preußen neben Russland die Hauptlast der ↑Befreiungskriege tragen konnte.

Annalen [von lateinisch annus »Jahr«]: Jahrbücher, in denen streng chronologisch (und daher thematisch ungeordnet) Vergangenes aufgezeichnet ist. Ihre Blüte erlebte die **Annalistik** im antiken Rom und stand dort im Gegensatz zur Historie, der Geschichtsschreibung, die Zusammenhänge darstellen will. Stellen die A. des Frühmittelalters, wie z.B. die in der Zeit Karls des Grossen entstandenen Fränkischen Reichsannalen, noch eine wichtige Geschichtsquelle dar, so verliert die Annalistik seit dem 12. Jh. zunehmend an Bedeutung.

Annaten [von lateinisch annata »Jahresertrag«]: im 13.–15. Jh. die Abgabe des ganzen, später des halben ersten Jahresertrags eines neu besetzten niederen Kirchenamtes (einer Pfründe) an den Papst. Seit dem 15. Jh. wurden als A. alle bei der Neubesetzung einer Pfründe anfallenden Abgaben an die römische Kurie einschließlich der Servitien (Gebühren an die Kardinäle und die Kanzlei) bezeichnet. Die Einziehung der A. wurde v.a. auf den Reformkonzilien heftig kritisiert.

Annexion [von lateinisch annectere »anknüpfen«, »verknüpfen«]: die durch Krieg oder Drohung erzwungene Abtretung fremden Staatsgebiets. Die Satzung der UN verbietet den gewaltsamen Erwerb fremder Territorien.

Annona: im Römischen Reich der Jahresertrag an Feldfrüchten, auch der Vorrat insbesondere an Getreide für die Stadt Rom. Die Sicherstellung der Getreideversorgung Roms (**cura annonae**) gehörte ursprünglich zum Aufgabenbereich der ↑Ädilen, wurde jedoch seit Augustus zur kaiserlichen Aufgabe, für die besondere Beamten, die **praefecti annonae,** eingesetzt wurden.

Annuität [von lateinisch annus »Jahr«]: im Altertum entwickeltes Prinzip, durch Los oder Wahl besetzte Ämter auf ein Jahr zu befristen, um einen Missbrauch der Amtsgewalt zu verhindern.

Anschluss: politisch-historisches Schlagwort für die staatliche Verschmelzung Österreichs mit dem Deutschen Reich nach dem Einmarsch deutscher Truppen am 12. März 1938. Der A. fand in Österreich zunächst Zustimmung. Nach 1945 wurde die Eigenständigkeit Österreichs wieder hergestellt.

Antichrist: nach christlicher Anschauung (v.a. im Mittelalter und in der frühen Neuzeit) der Gegenspieler Christi vor dessen Wiederkunft in der Welt, oft mit dem Teufel in Verbindung gebracht. Als A. wurden vielfach politische und theologische Gegner charakterisiert und so aus der Gemeinschaft der Gläubigen ausgeschlossen.

Antifaschismus: ursprünglich die Bezeichnung für jede Opposition gegen den Faschismus sowie später gegen den Nationalsozialismus (↑Widerstand im Dritten Reich). Von dem A. bürgerlich-liberaler Richtung als Eintreten für Rechtsstaatlichkeit, individuelle Freiheitsrechte und parlamentarisch-demokratische Staatsordnung verstanden; insbesondere von der Komintern und den kommunistischen Parteien in der Zwischenkriegszeit (1918–39) genutzt, um eine Koalition von kommunistischen und nichtkommunistischen (den so genannten »bürgerlichen«) Kräften zu bilden und zur Durchsetzung eigener Zielvorstellungen einzusetzen.

Nach 1945 bildeten sich in den von sowjetischen Truppen besetzten Gebieten **antifaschistische Blocks,** die die Führung der jeweiligen kommunistischen Partei zu sichern suchten. Der Begriff entwickelte sich darüber hinaus zu einem vielfältig eingesetzten Schlagwort.

Antigoniden: Nachkommen des Antigonos I. Monophthalmos, einem der ↑Diadochen; die Dynastie der A. herrschte von 279 v.Chr. bis zur römischen Unterwerfung 168 v.Chr. über

A

den aus dem Alexanderreich hervorgegangenen Teilstaat Makedonien.

Antike: Epochenbezeichnung für das griechisch-römische Altertum von ca. 1000 v. Chr. bis 500 n. Chr., ↑griechische Geschichte, ↑römische Geschichte.

Antikominternpakt: Abkommen zwischen dem Deutschen Reich und Japan vom 25. November 1936 zur Bekämpfung der ↑Komintern und zur Absicherung ihrer Politik gegenüber der Sowjetunion. Geheime Zusatzabkommen verpflichteten beide Vertragspartner zur Neutralität im Falle eines nichtprovozierten Angriffs oder einer Angriffsdrohung durch die Sowjetunion und zum Verzicht auf den einseitigen Abschluss von Verträgen mit Moskau, die nicht dem Geist des A. entsprächen. Dem A. traten u. a. Italien (1937), Ungarn (1939) und Spanien (1939) bei, bei seiner Verlängerung 1941 um weitere fünf Jahre ferner Bulgarien, Dänemark, Finnland, Kroatien, Rumänien, die Slowakei und die Republik China (Nangking-China). Der A. wurde durch die deutsche Kapitulation am 7./8. Mai 1945 aufgelöst.

Antisemitismus: Vorurteile aus religiösem Eifer und Konkurrenzneid entluden sich immer wieder in Judenverfolgungen. Während der Pest als »Sündenböcke« für die Seuche verantwortlich gemacht, wurden häufig jene Juden, die sich nicht taufen ließen, bei lebendigem Leib verbrannt (Holzschnitt, 1493).

Antisemitismus: um 1880 geprägter Begriff für die Ablehnung und Bekämpfung der Juden aus rassischen, religiösen oder sozialen Motiven. Der Begriff A. ist insofern irreführend, als sich die antisemitischen Bestrebungen nur gegen Juden, nicht jedoch gegen andere Semiten (wie z. B. die Araber) richten.

Eine den Juden gegenüber feindliche Einstellung ist bereits in der *Antike* nachweisbar. Da die Juden seit dem 6. Jh. v. Chr. keinen eigenen Staat und seit der Zerstörung des Tempels in Jerusalem (70 n. Chr.) keinen religiösen Mittelpunkt mehr besaßen, lebten sie in der Diaspora (Zerstreuung) bei verschiedenen Völkern. Ihre religiöse Sonderstellung (Glauben an nur einen Gott, bildlose Gottesverehrung, strenge Sitten- und Speisegesetze), die Hand in Hand mit einem starken Zusammengehörigkeitsgefühl der Juden untereinander ging, ließ sie als Fremde erscheinen und zum Ziel von Aggressionen werden. Im Römischen Reich als eine von anderen abweichende Religionsgemeinschaft zunächst toleriert (mit Ausnahme der Jahre 135–138 n. Chr. nach dem Bar-Kochba-Aufstand in Judäa), veränderte sich die Stellung der Juden als das Christentum an Bedeutung gewann (↑Christenverfolgungen). Die Diskrepanz zwischen dem Anspruch des Judentums, gemäß der mosaischen Offenbarung das »auserwählte Volk Gottes« zu sein, und der christlichen Kritik an den Juden als den »Mördern« Christi führte in der Spätantike zu einer Verschärfung der Judenfeindlichkeit.

Mittelalter: Im Gegensatz zur Antike, in der es nur sporadisch zu Judenverfolgungen kam, steigerte sich seit dem Hochmittelalter die feindselige Einstellung gegenüber den Juden. Die mit den Römern auch nach Mitteleuropa gekommenen Juden unterschieden sich zunächst nur wenig von ihrer sozialen Umwelt. Da ihre Betätigung in Landwirtschaft und Handwerk durch Konzilsbeschlüsse immer weiter eingeschränkt wurde und die mittelalterliche Lehnsträgerschaft für Nichtchristen nicht zugänglich war, wandten die Juden sich zunehmend dem

Handel und Geldverleih zu, der den Christen verboten war. Ihre rechtliche Stellung wurde durch Schutzbriefe bestimmt, die vom König an Einzelpersonen, später an die sich selbst verwaltenden jüdischen Gemeinden in zahlreichen Städten verliehen wurden (↑Schutzjuden) und für die die Juden Abgaben an die königliche Kammer zahlten (daher auch die Bezeichnung Kammerknechtschaft). Neben der so geschaffenen rechtlichen Sonderstellung fand die soziale Isolierung der Juden auch sichtbaren Ausdruck in den abgeschlossenen Wohnbezirken der Städte (↑Getto) und in der Kleiderordnung (beides seit dem Konzil von 1215 verbindlich).

Die Judenfeindschaft des Mittelalters fand einen Höhepunkt, als die Kreuzfahrer die nichtchristliche Minderheit besonders in den rheinischen Städten verfolgten. Erneut tauchte der bereits in der Spätantike gegen die Juden erhobene Vorwurf der Hostien- und Reliquienschändung sowie des Ritualmords (Tötung von Christen, um ihr Blut für religiöse Zwecke zu verwenden) auf. Massiven Verfolgungen ausgesetzt war das Judentum auch während der Pestepidemien. Seit der großen Epidemie von 1348–52 fand die Legende der jüdischen Brunnenvergiftung Ausbreitung; mehr als 200 jüdische Gemeinden in Deutschland wurden in einer Welle von Ausschreitungen vernichtet.

18. und 19. Jahrhundert: Auch die Reformation brachte keine grundsätzliche Änderung der judenfeindlichen Einstellung in Deutschland. Erst die von der Aufklärung erhobene Forderung nach rechtlicher und sozialer Gleichstellung der Juden führte im 19. Jh. v. a. in der bürgerlichen Oberschicht zu einer kulturellen Verschmelzung christlicher und jüdischer Elemente, die mit dem Übertritt vieler Juden zum Christentum einherging.

Antisemitismus: Wenige Wochen, nachdem Hitler die Regierungsgewalt erhalten hatte, leiteten die Nationalsozialisten am 1. April 1933 mit einem Aufruf zum Boykott jüdischer Geschäfte, Rechtsanwälte und Ärzte die Verfolgung der Juden in Deutschland ein.

Dennoch prägte sich parallel zu dieser Entwicklung ein sozial und (v. a. im letzten Drittel des 19. Jh.) völkisch-rassisch bestimmter A. aus. Die aufbrechenden sozialen Konflikte der bürgerlichen Gesellschaft wurden auf die Juden übertragen, denen die Fähigkeit zu sozialer Integration abgesprochen wurde. Die dominierende Stellung des Judentums im Finanzwesen führte (trotz der insgesamt überwiegend kleinbürgerlichen Berufsschichtung innerhalb der jüdischen Bevölkerung) zu einer sozial motivierten judenfeindlichen Einstellung, die sich gegen Ende des 19. Jh. durch die rassisch-völkische Komponente verschärfte und sich gleichermaßen gegen assimilierte (angepasste, in ihre christliche Umwelt integrierte) und nichtassimilierte Juden richtete. Pseudowissenschaftliche Lehren von der »Überlegenheit der arischen Rasse« (so der Franzose J. A. GOBINEAU in seinem Werk »Versuch über die Ungleichheit der Menschenrassen«), verknüpft mit popularisierten sozialdarwinistischen Gedanken vom gnadenlosen Überlebenskampf der Völker und Rassen untereinander, fanden weite Verbreitung und Eingang in verschiedene Parteien und Gruppierungen. In fast allen europäischen Ländern breitete sich zum Ende des 19. Jh. der A. aus und kam offen zum Ausbruch in den ↑Pogromen in Russland und in der ↑Dreyfusaffäre in Frankreich.

20. Jahrhundert: Die Verbreitung der (vermutlich von der Ochrana, der russischen, politischen Geheimpolizei) gefälschten »Protokolle der Weisen von Zion«, wonach eine jüdisch-freimaurerische Verschwörung die Weltherrschaft anstrebe, zeigt deutlich die den Juden zugeschobene Rolle als »Sündenböcke« der sozialen und politischen Krise nach dem Ersten Weltkrieg. Verstärkt wurden die antijüdischen Tendenzen auch durch die ostjüdische Einwanderung seit 1918. Von der völkischen und nationalsozialistischen Bewegung bewusst genutzt und forciert, blieb der A. jedoch keineswegs auf diese beschränkt, sondern erfasste auch konservative Kreise, die v.a. an dem in großem Umfang von jüdischen Intellektuellen getragenen modernen kulturellen Leben der Weimarer Republik, das man als zersetzend ansah, Kritik übten.

Der Nationalsozialismus nahm den rassistisch begründeten A. in verschärfter Form in sein Programm auf und setzte ihn ab 1933 mit den Mitteln der Staatsgewalt durch. Die nationalsozialistische Judenpolitik begann mit der Ausschaltung der jüdischen Bevölkerung aus dem politischen Leben (↑Nürnberger Gesetze), die durch die Judenemanzipation erreichte rechtliche Gleichstellung wurde rückgängig gemacht. Über die Reichspogromnacht 1938 führte der Weg der Judenverfolgung zur so genannten Endlösung, der physischen Vernichtung von etwa 5,5 Millionen deutscher und europäischer Juden (↑Konzentrationslager, ↑Auschwitz), eine Entwicklung, die nur denkbar war aufgrund einer antisemitischen Ideologie, die den Juden zum »Untermenschen« und zum »Parasiten« sowie zum Urheber beider Weltkriege erklärte und so zu einem kollektiven Feindsymbol machte. Auch nach dem Ende des Zweiten Weltkriegs ist ein A. als kollektives Vorurteil und als Hintergrund von neonazistischen Ausschreitungen (z.B. Grabschändungen) noch verbreitet.

Anti-Terrorismuskrieg (Anti-Terrorkrieg, Kampf gegen den Terrorismus): der weltweite, unter Einsatz militärischer, politischer und wirtschaftlicher sowie finanzpolitischer und geheimdienstlicher Mittel unter Führung der USA geleitete Kampf gegen extremistische Gruppen und die sie unterstützenden Regime. Anlass war der Angriff islamistischer Selbstmordattentäter aus dem Kreis der von U. BIN LADEN ideologisch inspirierten und geführten Terrororganisation al-Qaida am 11. September 2001: Indem entführte Passagiermaschinen (samt Insassen) in die Zwillingstürme des World Trade Centers und Teile des US-Verteidigungsministeriums (»Pentagon«) in Washington rasten, wurden diese zerstört; dabei fanden etwa 3 000 Menschen den Tod. Die Regierung der USA unter Präsident G. W. BUSH beschloss, das weltweite Netz der al-Qaida und das sie unterstützende Regime der Taleban (»Koranstudenten«) in Afghanistan zu zerschlagen, nahm aber auch bald andere Regime, besonders Irak unter SADDAM HUSAIN, die nach ihrer Einschätzung Terroraktivitäten weltweit unterstützen, in ihren Blick.

Die USA, politisch unterstützt von der ↑NATO, brachten bis Ende September unter Billigung der UN eine große Streitmacht vom Persischen Golf bis zum Indischen Ozean in Position, um das Ta-

Apartheid: Die Rassentrennung in Südafrika führte zu getrennten Wohngebieten von Weißen und Schwarzen. Am Rande der großen Städte entstanden slumartige Townships wie Crossroads bei Kapstadt.

lebanregime und das Terrorzentrum der al-Qaida in Afghanistan zu zerstören. Unter Einschluss islamischer Staaten (besonders Pakistans) schmiedeten sie eine weltweite Allianz gegen den Terrorismus; Russland (und viele GUS-Staaten) sowie China erklärten (aus eigenen Motiven) ihre politische Unterstützung.

Militärisch v.a. von Großbritannien unterstützt, griffen die USA ab 7. Oktober 2001 die Zentren der Taleban (u.a. Kabul und Kandahar) und die terroristischen Ausbildungslager der al-Qaida aus der Luft und von See her mit Raketen und Bomben an. Mit Luftangriffen gegen die Streitkräfte der Taleban unterstützten sie den Vormarsch der Nordallianz, eines Bündnisses von afghanischen Gegnern der Taleban, in Afghanistan. Um die Wende 2001/2002 brach das Talebanregime zusammen. Eine Folge des A. waren ein großer Flüchtlingsstrom, der sich nach Pakistan und Iran ergoss, und viele Ziviltote.

Auf einer in Deutschland anberaumten UN-Konferenz unterzeichneten am 5. Dezember 2001 Delegierte der unterschiedlichen Bevölkerungs- und Interessengruppen Afghanistans ein Abkommen über den Wiederaufbau ihres Landes und die Bildung einer afghanischen Übergangsregierung (↑Petersberger Abkommen). Auf der Basis einer Resolution des UN-Sicherheitsrates am 20. Dezember 2001 entsenden seit dem Jahreswechsel 2001/2002 zahlreiche Staaten eine Sicherheitstruppe nach Kabul zum Schutz der Übergangsregierung. Bis Mitte 2002 kam es zu amerikanisch-britischen Operationen gegen versprengte Talebangruppen.

Apanage [apaˈnaːʒə; französisch von lateinisch appanare »ausstatten«]: Ausstattung nichtregierender Mitglieder einer Dynastie mit Geld oder Landbesitz, um ihnen einen standesgemäßen Lebensunterhalt zu ermöglichen. Die A. konnte auf Lebenszeit oder bis zum Aussterben der apanagierten Linie gewährt werden. Die A. sollte das Krongut gegen Erbteilungen sichern.

Apartheid [afrikaans »Gesondertheit«]: Bezeichnung für die 1948 mit dem Regierungsantritt der National Party for-

A

cierte Politik der Rassentrennung zwischen Weißen, Schwarzen und Coloureds (Mischlingen) sowie später Asiaten in der Republik Südafrika, die bis 1990 das Herrschaftssystem der privilegierten weißen Minderheit sicherte.

Im Zuge der **Großen Apartheid** wurde 1950 mit dem Population Registration Act die Basis für die Zuordnung eines jeden Südafrikaners zu einer der »Rassen« vorgenommen. Auf der Grundlage des Bantustan Authorities Act (1951) und des Group Areas Act (1950) wurden den Schwarzen (Bantus) über die ganze Republik Südafrika verstreute Homelands, d.h. Territorien, zugewiesen, die mit Zwangsumsiedelungen durchgeführt und mit streng angewendeten Passgesetzen überwacht wurden. In den Städten wurden für arbeitende nichtweiße Gruppen bestimmte Wohngebiete, so genannte Townships, eingerichtet. Nur in den Homelands durften die Schwarzafrikaner ihre politischen Rechte ausüben. Sie verloren die südafrikanische Staatsangehörigkeit, wenn ihr Homeland von der Republik Südafrika für unabhängig erklärt wurde wie 1976 die Transkei, 1977 Bophuthatswana, 1979 Venda und 1981 die Ciskei. Die Coloureds und Asiaten besaßen ab 1984 jeweils eigene Parlamente (Kammern).

Die **Kleine Apartheid,** d.h. die gesetzlich verfügte Trennung von Weißen und Nichtweißen in öffentlichen Einrichtungen (Schulen, Krankenhäusern, öffentlichen Verkehrsmitteln), wurde 1985 mit der Aufhebung des Verbots von Ehe und Sexualverkehr zwischen Weißen und Nichtweißen gelockert. 1990 wurde die A. formal aufgehoben. 1991 wurden das Group Areas Act, das Natives' Trust and Lands Act, das 87% des Bodens den Weißen vorbehielt, und das Population Registration Act abgeschafft. 1992 billigte die weiße Bevölkerung die Aufhebung der A. durch eine Volksabstimmung. – Siehe auch ↑African National Congress.

APO: ↑außerparlamentarische Opposition.

Apostolische Majestät: Titel der ungarischen Könige seit dem 11. Jh. (seit STEPHAN I., DEM HEILIGEN); 1758 von Papst KLEMENS XIII. an MARIA THERESIA und ihre Nachfolger als Träger der ↑Stephanskrone verliehen. Mit diesem Titel verbanden sich besondere kirchliche Vorrechte.

Apotheose [von griechisch apothéosis »Vergottung«]: Erhebung eines Menschen zum Gott, die Vergöttlichung eines lebenden oder verstorbenen Herrschers (↑Herrscherkult). Im engeren Sinn bezeichnet A. die Vergöttlichung der römischen Kaiser, die bis ins 3. Jh. n. Chr. durch einen Senatsbeschluss den verstorbenen Herrschern, seit dem ↑Dominat auch den lebenden Herrschern zuteil wurde. Bereits im republikanischen Rom wurden herausragende Persönlichkeiten als Bevorzugte der Götter angesehen, doch wurde erstmals CÄSAR nach seiner Ermordung (44 v. Chr.) zum Gott erhoben; im Verlauf des 1. Jh. n. Chr. wurde die A. der verstorbenen Kaiser selbstverständlich. Mit der Durchsetzung des Christentums als gleichberechtigte Religion des Reichs seit KONSTANTIN DEM GROSSEN wurde die Vergöttlichung des Herrschers aufgehoben und die Stellung des Kaisers durch das byzantinische Zeremoniell (↑Proskynese) gekennzeichnet.

Appeasement [əˈpiːzmənt; englisch »Beschwichtigung«]: kritisch gebrauchte Bezeichnung für die britische Außenpolitik 1933–39, insbesondere für den Versuch der britischen Regierung unter N. CHAMBERLAIN seit 1937, durch Zugeständnisse an Deutschland und Italien den Weltfrieden zu erhalten. Die Appeasementpolitik, die zum Abschluss des ↑Münchener Abkommens führte, endete mit der Besetzung des Restgebiets der Tschechoslowakei (ČSR) durch deutsche Truppen 1939.

Arabische Liga: 1945 begründeter Zusammenschluss von zunächst sieben arabischen Staaten: Ägypten, Irak, Jemen, Libanon, Saudi-Arabien, Syrien und

(Trans-)Jordanien; Sitz: Kairo; erweiterte sich (bis 2002) auf 22 arabische Staaten und um die Palästinensische Befreiungsorganisation (PLO). Die Mitglieder der A. L. sind zu einer friedlichen Beilegung innerarabischer Konflikte und – unter Wahrung der Unabhängigkeit und der Einzelinteressen jedes einzelnen Mitglieds – zu enger politischer und kultureller Zusammenarbeit verpflichtet, die 1950 auch auf eine militärische (insbesondere gegen Israel gerichtete) und seit 1957 auf eine wirtschaftliche Zusammenarbeit ausgedehnt wurde. Politische Differenzen und wirtschaftliche Interessengegensätze zwischen den arabischen Staaten schränkten bislang jedoch die Handlungsfähigkeit der A. L. ein. Der 1979 von Ägypten mit Israel abgeschlossene Friedensvertrag führte zu einem Abbruch der diplomatischen Beziehungen aller Mitglieder der A. L. (mit Ausnahme des Sudan) zu Ägypten und zu einer zeitweiligen Verlegung des Sitzes des Generalsekretariats von Kairo nach Tunis. Seit 1989 ist Ägypten wieder allgemein anerkanntes Mitglied.

Arbeiterbewegung: der organisierte Zusammenschluss der abhängigen Lohnarbeiter mit dem Ziel, ihre wirtschaftliche und soziale Situation zu verbessern sowie gesellschaftlichen und politischen Einfluss zu gewinnen.

Voraussetzungen: Die europäische A. entstand im 19. Jh. vor dem Hintergrund der durch die Industrialisierung zunächst hervorgerufenen sozialen Missstände (Verelendung der Arbeiter durch zu niedrige Löhne, dadurch bedingt Frauen- und Kinderarbeit zur Sicherung des Lebensunterhalts einer Familie, Arbeitszeiten zwischen 14 und 16 Stunden täglich, schlechte Arbeits- und Wohnverhältnisse, keine Absicherung für den Krankheits- oder Todesfall usw.), die im Rahmen der bestehenden politisch-sozialen Ordnung nicht gelöst werden konnten. Anfangs äußerte sich die Unzufriedenheit der Arbeiter in spontanen Protestaktionen (wie 1811/12 die Maschinenstürmer in Großbritannien; ↑Ludditen), führte aber bald zu ersten Zusammenschlüssen der Arbeiter in genossenschaftlichen Selbsthilfeorganisationen und ↑Gewerkschaften.

Arbeiterbewegung: Das Plakat aus der Zeit um 1900 verdeutlicht, auf wessen Schultern aus Sicht der sich immer stärker organisierenden Arbeiter die Last der Welt ruht: Erst die produktive Tätigkeit des Arbeiters ermöglicht Klerus, Kapitalisten und Militär ein unbeschwertes Leben.

Anfänge der Arbeiterbewegung: Politische Ziele vertrat die A. erstmals 1839 in Großbritannien im ↑Chartismus. Das grundlegende politische Programm der A. wurde die im ↑Kommunistischen Manifest (1848) von K. Marx und F. Engels formulierte Lehre (↑Marxismus), die die Notwendigkeit des ↑Klassenkampfs hervorhob und als Ziel eine völlige Umwandlung des wirtschaftlichen und politischen Systems anstrebte. Neben der sozialistischen A. gewann in verschiedenen westeuropäischen Ländern auch eine konfessionell bestimmte christliche A. (↑christlich-soziale Bewegungen) Bedeutung. Während sich die (sozialistischen und christlichen) Gewerkschaften v.a. für wirtschaftliche Verbesserungen einsetzten, entwickelten sich die (sozialistischen) Arbeiterparteien zu Trägern politisch-gesellschaftlicher Neuordnungsziele.

Gründung von Arbeiterorganisationen und -parteien: Als erste sozialistische Arbeiterorganisation wurde 1847 in London der ↑Bund der Kommunisten gegründet. Während diese Vereinigung einer sozialrevolutionären Zielsetzung verpflichtet war, befürwortete die 1848 entstandene (von S. Born geleitete) erste Massenorganisation deutscher Arbeiter, die Allgemeine Deutsche Arbeiterverbrüderung, den Weg sozialer Reformen. Anknüpfend an die Traditionselemente beider Arbeiterorganisationen gründete F. Lassalle 1863 als erste politische Arbeiterorganisation den Allgemeinen Deutschen Arbeiterverein, der sich mit der 1869 von A. Bebel und W. Liebknecht gegründeten Sozialdemokratischen Arbeiterpartei 1875 zur Sozialistischen Arbeiterpartei Deutschlands vereinigte (seit 1890: Sozialdemokratische Partei Deutschlands). Entsprechende Parteien entstanden auch in anderen europäischen Ländern.

Programmatische Entwicklung: Bereits um die Jahrhundertwende wurde in der deutschen ↑Sozialdemokratie die marxistische Grundauffassung von der Revolution des Proletariats mehr und mehr aufgegeben zugunsten einer Politik der Reformen und eines demokratischen Wegs zur Macht. Demgegenüber schlossen sich unter dem Einfluss der russischen Oktoberrevolution 1917 und des von W. I. Lenin vertretenen Konzepts der revolutionären Kaderpartei (in der die Mitgliedschaft nur durch besondere Auswahl erfolgte und zur aktiven Unterstützung der Parteiziele verpflichtete) als Avantgarde (Vorkämpfer der Ideen) der A. mehrere sozialistische Parteien und Splittergruppen 1919 der Komintern an, die zum Zentrum der sich bildenden kommunistischen Parteien wurde. – Siehe auch ↑Internationale.

In Deutschland übernahm nach der Novemberrevolution 1918 die SPD die Regierungsverantwortung und setzte zusammen mit den Gewerkschaften ihre Politik der Integration der Arbeiter in die bestehende Gesellschaftsordnung fort. Trotz wesentlicher sozialpolitischer Reformen gelang es jedoch nicht, die gesellschaftlichen Gegensätze durch grundlegende wirtschaftliche und politische Strukturveränderungen zu beseitigen. Der Nationalsozialismus drängte die A. in die Illegalität, aus der heraus sie zu einem aktiven Teil des Widerstands im Dritten Reich wurde.

Neuanfang: Seit Mai 1945 wurden in Deutschland erneut die organisatorischen Bedingungen für eine legale Betätigung der A., nämlich Arbeiterparteien und Gewerkschaften, geschaffen. In der Bundesrepublik Deutschland schlossen sich 1949 sozialistische und christliche Gewerkschaften im Deutschen Gewerkschaftsbund (DGB) zusammen. Die SPD vollzog 1959 mit dem Godesberger Programm die Wendung von der Klassenpartei zur Volkspartei. Heute sind Arbeiterparteien und Gewerkschaften in den parlamentarischen Demokratien fest in das wirtschaftliche, soziale und politische System eingegliedert.

Arbeiter-und-Soldaten-Räte: im 20. Jh. v.a. in Russland und in Deutschland entstandene revolutionäre Selbstverwaltungsorgane der Arbeiter und/oder Bauern, die zur Grundlage des ↑Rätesystems wurden.

Russland: Die ersten Räte (russisch: Sowjet) bildeten russische Arbeiter während der Revolution 1905. Sie leiteten zunächst die Streikaktionen, entwickelten sich aber zunehmend zu Zentren des politisch-revolutionären Kampfs. Unter dominierender Mitwirkung von Soldaten, d.h. von Arbeitern und Bauern in Uniform, formierten sich in der ↑Februarrevolution 1917 erneut A.-u.-S.-R., die bedeutende politische Macht errangen. Der Petrograder A.-u.-S.-R. wurde neben der Provisorischen Regierung zu einem zweiten konkurrierenden Machtträger. Nach der ↑Oktoberrevolution bildeten die A.-u.-S.-R. die institutionelle Grundlage der neuen Staatsordnung Sowjetrusslands, doch verloren die Räte, die ursprünglich verschiedene politische Richtungen vereint hatten, durch die wachsende Bedeutung der Kommunistischen Partei an politischer Macht.

In *Deutschland* organisierten sich im November 1918 auf der Basis der Betriebe und einzelner Truppenteile A.-u.-S.-R. als Träger der ↑Novemberrevolution. Der Großberliner A.-u.-S.-R. setzte als oberstes Revolutionsorgan für ganz Deutschland einen Vollzugsrat ein, der jedoch den ↑Rat der Volksbeauftragten als eigentliche Regierung bestätigte. Auf der Reichskonferenz aller A.-u.-S.-R. im Dezember 1918 sprach sich die Mehrheit der Räte für allgemeine Wahlen zu einer deutschen ↑Nationalversammlung und damit für ein parlamentarisches Regierungssystem aus. Im Frühjahr 1919 wurden die Räteregierungen mithilfe der bürgerlich-rechtsradikalen Freikorps in einigen Ländern, v.a. in der Räterepublik Bayern, gewaltsam unterdrückt. – Siehe auch ↑Rätesystem.

Archon [griechisch »Herrscher«]: Inhaber des höchsten Staatsamts in einer Reihe griechischer Stadtstaaten. In Athen wurden von den ↑Phylen für jeweils ein Jahr neun Archonten gewählt, denen ursprünglich die Regierung oblag. Nach Ablauf ihrer Amtszeit wurden sie Mitglieder des ↑Areopag. Im Verlauf des 6. und 5. Jh. v. Chr. schwand nach und nach die Bedeutung des **Archontats** (Amt des A.). Nach den Reformen des PERIKLES 457 v. Chr. beschränkten sich ihre Funktionen auf religiöse Aufgaben und die Überwachung der Rechtspflege. Konnten ursprünglich nur Angehörige der obersten Vermögensklasse zum A. gewählt werden, so ermöglichten die Reformen des KLEISTHENES und des EPHIALTES auch den unteren Vermögensklassen den Zugang; seit 457 v. Chr. waren alle athenischen Vollbürger wählbar.

Areopag [von griechisch »Areshügel«]: Hügel westlich der Akropolis von Athen, auf dem die alte Blutgerichtsstätte lag. Der Name des Ortes ging auf die hier tagende Körperschaft, den obersten Gerichtshof, über. Der A., der sich aus den ehemaligen ↑Archonten ergänzte, behandelte schwere Verbrechen und Religionsvergehen, nahm daneben aber auch die Aufsicht über die Amtsführung der Beamten wahr. Im Zuge der Demokratisierung im 5. und 4. Jh. v. Chr. (v.a. durch die Reformen SOLONS und des EPHIALTES) wurde der A. seines politischen Einflusses beraubt und verlor seine Kompetenzen an die Volksversammlung und die Volksgerichte.

Arianismus: nach dem Gemeindevorstand ARIUS aus Alexandria benannte christliche Lehre, nach der CHRISTUS von Gott aus dem Nichts erschaffen und nur als Sohn angenommen worden ist; damit wurde die herrschende Lehre der Dreieinigkeit aufgehoben. Bereits das Konzil von Nizäa (325) verurteilte den A., der sich aber sowohl in der römischen Staatskirche als auch v.a. bei den christianisierten Germanen behaupten konnte: Letzteren eröffnete er einen leichteren Zugang zu der ungewohnten christlichen Gottesvorstellung. Mit dem Übertritt des ersten Frankenkönigs CHLODWIG I. zum katholischen Glauben vollzog die fränkische Führungsschicht den Wechsel vom A. zum Katholizismus, wodurch der A. in der germanischen Welt an den Rand gedrängt wurde. Nach dem Untergang der Vandalen und Ostgoten (im 6. Jh.) sowie der Bekehrung der Westgoten (587) und Langobarden (im 7. Jh.) hatte sich der Katholizismus endgültig gegenüber dem A. durchgesetzt.

Aristokratie [griechisch »Herrschaft der Besten«]:

A

◆ Staatsform, in der die Herrschaft von einer (durch Geburt, Reichtum oder besondere kriegerische oder politische Tüchtigkeit) qualifizierten und privilegierten Minderheit ausgeübt wird. Nach der griechischen Staatstheorie zwischen ↑Monarchie und ↑Demokratie angesiedelt, barg die A. der Staatstheorie zufolge die Gefahr in sich, zur ↑Oligarchie, ↑Plutokratie oder ↑Timokratie zu entarten. Als Herrschaftsform in den griechischen Stadtstaaten bestand die A. bis etwa 600 v. Chr. In der römischen Geschichte kann als aristokratische Ordnung die nach Beendigung der Königsherrschaft von den ↑Patriziern bestimmte Verfassung bezeichnet werden. Im europäischen Mittelalter und in der frühen Neuzeit fand die A. in gewandelter Form Eingang in die italienischen Stadtrepubliken und in die deutschen Reichsstädte.

◆ ↑Adel.

Armada [spanisch »die bewaffnete (Macht)«]: ursprünglich Bezeichnung für eine Streitmacht zu Lande oder Wasser, dann Eigenname der als unüberwindlich geltenden spanischen Flotte, die PHILIPP II. 1588 gegen England aussandte. Brachte die Konkurrenz zwischen England und Spanien im atlantischen Raum bereits genügend Konfliktstoff, so wurde das Kriegsbündnis, das ELISABETH I. 1585 mit den aufständischen Niederlanden gegen Spanien einging, zum Anlass für die offene Konfrontation. Die zahlenmäßig kleinere englische Flotte erwies sich in den drei Seeschlachten vor Südwestengland der A. als taktisch überlegen. Die besiegte A. segelte um Schottland herum heimwärts, erlitt durch die Herbststürme weitere Verluste, sodass von den ursprünglich 129 Schiffen mit 30 000 Mann nur noch 66 Schiffe mit 10 000 Mann nach Spanien zurückkehrten. Mit der Niederlage der A. kündigte sich der Aufstieg Englands zur Großmacht an.

Armer Konrad: Die von Herzog ULRICH von Württemberg zur Tilgung seiner hohen Staatsschulden 1514 eingeführte Vermögenssteuer löste einen Aufstand der Bauern aus (Mai–August 1514), die sich zu Bünden zusammenschlossen und sich wie ihr Anführer PETER GAIS, der sich selbst als A. K. bezeichnet hatte, nannten. Die Herkunft des Namens A. K. gleichsam als Standesname ist ungeklärt. Obwohl die Steuer zurückgenommen wurde, schwelten die Unruhen weiter; die Bauern wandten sich unter Berufung auf das althergebrachte Recht gegen die landesherrlichen Bestrebungen, das Obereigentum an dem freien Gemeinbesitz der ↑Allmenden, der Gewässer, Wälder und Jagden zu beanspruchen und darauf begründet die Nutzungsrechte der Bauern einzuschränken. Nachdem Herzog ULRICH gegen Zugeständnisse an die ↑Landstände deren Unterstützung erhalten hatte (Tübinger Vertrag vom 8. Juli 1514), konnte der Aufstand im August niedergeschlagen werden. – Siehe auch ↑Bauernkrieg.

Armutsbewegung: religiöse Strömung des 11.–13. Jh., die sich zum Ideal der freiwilligen Armut bekannte. »Nackt dem nackten Christus am Kreuze folgen« (ROBERT VON ARBRISSEL) wurde zum verbindenden Leitmotiv der A., die sich teilweise in ihrer radikalen Forderung nach einer wahrhaft armen Kirche der bestehenden Kirchenverfassung entfremdete und in häretische Strömungen (↑Ketzer) einmündete. Durch die Entstehung der ↑Bettelorden wurde die A. größtenteils wieder in die offizielle Papstkirche integriert.

Arpaden: Bezeichnung für die Mitglieder des ungarischen Herrscherhauses Arpád; die A. regierten als Könige von Ungarn seit STEPHAN I., DEM HEILIGEN (997 bis 1038); sie starben 1301 im Mannesstamm aus; die Herrschaft ging 1308 an das Haus ↑Anjou über.

Artes liberales [lateinisch »freie Künste«]: im Mittelalter der Lehrstoff, der an Klosterschulen, später an den Universitäten innerhalb der ↑Artistenfakultät zur Vorbereitung zum Studium der höheren

Fakultäten (Theologie, Recht, Medizin) gelehrt wurde. Die A. l. werden eingeteilt in Grammatik, Rhetorik und Dialektik (Trivium) sowie in Arithmetik, Geometrie, Musik und Astronomie (Quadrivium).

Artistenfakultät: an den mittelalterlichen Universitäten die Fakultät, an der die ↑Artes liberales gelehrt wurden. Unter dem Einfluss des Humanismus wurde die A. zur philosophischen Fakultät erweitert und erhielt den gleichen Rang wie die bisher höher angesehenen Fakultäten der Theologie, Jurisprudenz und Medizin. Die ersten großen A. entstanden in Nordfrankreich im 12./13. Jh. (Paris und Chartres) und breiteten sich von hier über ganz Europa aus.

Asiẹnto [spanisch »Sitz«, »Lage«]: Abkommen, Vertrag; v.a. im 16.–18. Jh. ein öffentlich-rechtlicher Vertrag mit der spanischen Krone, die dem Partner ein wirtschaftliches Monopol auf befristete Zeit überließ. Oft schlechthin als A. bezeichnet wurden die **Asientos de negros,** die Lizenzen auf Importe von Schwarzen nach Amerika, wie sie bis 1640 mit Portugiesen, dann auch mit Genuesen, Niederländern und Franzosen abgeschlossen wurden. Ein A. bot einer Handelsmacht die Möglichkeit, in das sonst wirtschaftlich verschlossene spanische Kolonialreich einzubrechen. So setzte Großbritannien im Frieden von Utrecht 1713 einen A. über die Lieferung von Sklaven durch, der erst 1750 gegen Entschädigung an Großbritannien von Spanien aufgehoben wurde.

Askari [arabisch »Soldat«]: Bezeichnung für die schwarzafrikanischen Soldaten in den ehemaligen deutschen Schutztruppen in Afrika.

Assignaten [von französisch assigner »anweisen«, »zur Zahlung bestimmen«]: frühe Form des Papiergelds in der Zeit der Französischen Revolution. Um die aus der Zeit des Absolutismus bestehende und durch die revolutionären Ereignisse sich noch verschärfende Gefahr des Staatsbankrotts abzuwenden, wurden seit 1790 staatliche Schuldverschreibungen ausgegeben, die zunächst durch den Wert der seit 1789 enteigneten Kirchengüter und königlichen Domänen sowie der von den Emigranten verlassenen Güter garantiert wurden. Diese Deckung der A. durch Grundbesitz nahm im Lauf der Jahre immer mehr ab, da aufgrund des Finanzbedarfs immer mehr A. ohne Rücksicht auf den Wert des garantierenden Grundbesitzes ausgegeben wurden. Die mengenmäßige Ausweitung führte zu einem rapiden Wertverfall der A., zu dem weiterhin die unsichere innere und äußere politische Lage beitrug, sodass 1796 die A. faktisch wertlos geworden waren. Als im Mai 1797 die A. für ungültig erklärt wurden, waren weite Teile der Bevölkerung durch sie verarmt.

Assignaten: Dieses Papiergeld wurde in der Zeit der Französischen Revolution in Umlauf gebracht, um die Finanzmisere Frankreichs zu beheben.

Asylrecht: allgemein das Recht auf Schutz vor Verfolgung. Schon in frühen kulturellen Entwicklungsstufen finden sich Formen des A. im religiösen Bereich. Der Verfolgte erlangte Schutz durch das Betreten heiliger Stätten, durch das Berühren heiliger Personen oder Gegenstände. In der griechischen und römischen Antike war jeder den Göttern geweihte Ort Freistatt; mit dem Christentum wurde das A. auf Kirchen und Klöster übertragen. Besonders im Mittelalter entwickelte sich ein umfangreiches Freistättenwesen mit zahlreichen Asylrechtsregelungen (neben dem kirchlichen und klösterlichen v.a. das städtische A.). Das A. bot einen Ausgleich gegen Faustrecht

und persönliche Rache (↑Fehde), stand jedoch auch einer einheitlichen Rechtsausübung im Wege. Erst gegen Ende des 18. Jh. wurde in Deutschland das A. förmlich abgeschafft.
Heute ist das A. zwar keine Norm des Völkerrechts mehr, doch sind die Aufnahmeländer von Flüchtlingen durch die Genfer Flüchtlingskonvention von 1951 zur Gewährung von Asyl verpflichtet. Die Konvention sichert aber nicht den Anspruch des Einzelnen auf Asylgewährung; sie regelt nur ein gewisses Recht hinsichtlich der Erwerbstätigkeit und der sozialen Sicherheit von anerkannten politischen Flüchtlingen und verbietet, dass ein Flüchtling in Gebiete verbracht wird, in denen sein Leben oder seine Freiheit wegen seiner Rasse, Religion, Staatsangehörigkeit, seiner Zugehörigkeit zu einer bestimmten sozialen Gruppe oder wegen seiner politischen Überzeugung bedroht ist. – In der deutschen Verfassung ist das A. in Artikel 16 als Individualrecht verankert, seit 1993 durch Einfügung des Artikels 16a eingeschränkt.

Atlantikcharta: Erklärung des amerikanischen Präsidenten F. D. ROOSEVELT und des britischen Premierministers W. CHURCHILL vom 14. August 1941 über die Ziele der Kriegs- und Nachkriegspolitik der USA und Großbritanniens. Die A. enthält folgende Grundsätze: Verzicht auf Annexion, Anerkennung des Selbstbestimmungsrechts der Völker bei der Wahl ihrer Regierungsformen und bei der Regelung von Gebietsstreitigkeiten, Wiederherstellung weltwirtschaftlicher Beziehungen auf der Basis der Gleichberechtigung, Freiheit der Meere, Rüstungsbeschränkung und Schaffung eines dauerhaften Systems der kollektiven Sicherheit. Die Grundsätze der A. wurden von den 26 Staaten, die am 1. Januar 1942 in der Deklaration von Washington den Zusammenschluss zu den ↑UN vereinbarten, grundsätzlich anerkannt. Damit wurde die A. zu einem der Grunddokumente der UN.

Atlantikpakt: ↑NATO.

Atlantikwall: im Zweiten Weltkrieg mit großem Material- und Propagandaaufwand 1942–44 errichtete deutsche Bunker- und Befestigungsanlage an der französischen, belgischen und niederländischen Küste. Der nur in einzelnen Abschnitten voll ausgebaute A. sollte eine Großlandung der Alliierten verhindern, wurde jedoch bereits am ersten Tag der alliierten Landung in der Normandie (6. Juni 1944) durchbrochen.

Atomterrorismus: ↑Terrorismus.

atomwaffenfreie Zone (kernwaffenfreie Zone): Gebiet, in dem aufgrund internationaler Abmachungen oder einseitiger Erklärungen keine Kernwaffen hergestellt, stationiert oder eingesetzt werden dürfen (z. B. in der Antarktis und im Weltraum). Vorschläge zur Schaffung a. Z. hat es nach dem Zweiten Weltkrieg für fast alle Gebiete der Erde gegeben. Das erste Abkommen, durch das ein bewohntes Gebiet der Erde zur a. Z. erklärt wurde, ist der 1967 von süd- und mittelamerikanischen Staaten geschlossene Vertrag von Tlatelolco.

Atomwaffensperrvertrag: ↑Abrüstung, ↑Nonproliferation.

Attischer Seebund (Attisch-Delischer Seebund, Delisch-Attischer Seebund): von der Seemacht Athen 478/77 gegründetes Militärbündnis der griechischen Staaten zur Fortsetzung des Kriegs gegen die Perser (↑Perserkriege). Es erhielt seinen Namen nach der Insel Delos, auf der die Bundesversammlungen stattfanden und wo bis 454 v. Chr. die Bundeskasse aufbewahrt wurde. Der A. S. umfasste die Küstenstädte Nordgriechenlands, Ioniens, die Städte Böotiens und der Ägäischen Inseln. Die ursprüngliche Gleichberechtigung der Mitglieder schwand, als Athen begann, seine übermächtige Flotte gegen abfallende Bündnispartner einzusetzen und das Geld des Bundes für eigene Zwecke zu verwenden. Nach dem Kalliasfrieden 448 v. Chr. (zwischen dem A. S. und Persien getroffene Vereinbarung über die Autonomie der kleinasiatischen Griechenstädte, über die Begrenzung der persischen Interessensphäre und den Verzicht Athens auf weitere Angriffe gegen Persien) hatte der Bund seinen Sinn als Kampfbund verloren; es entstand das attische Seereich, das nach dem ↑Peloponnesischen Krieg 404 v. Chr. auseinander brach.

Ein zweiter Bund kleineren Umfangs und mit Gleichberechtigung aller Bündnispartner 378–354 v. Chr. sollte v. a. ein Gegengewicht gegen spartanische Vormachtbestrebungen bilden. Er fand sein Ende durch den Bundesgenossenkrieg (↑Bundesgenossenkriege).

a. u. c.: ↑ab urbe condita.

aufgeklärter Absolutismus: Erscheinungsform des Absolutismus in der zweiten Hälfte des 18. Jh., die durch die Übernahme von Vorstellungen oder Forderungen der Aufklärung in die absolutistische Herrschaftspraxis gekennzeichnet ist. Der a. A. strebte eine fundamentale Reform von Staat und Gesellschaft nach den Prinzipien der Vernunft an, wollte Glaubens- und Meinungsfreiheit, Gleichheit vor dem Gesetz und Rechtsstaatlichkeit verwirklichen, leitete die Liberalisierung der Wirtschaft ein, förderte die Wissenschaften und Künste, suchte das Schulwesen neu zu organisieren und bediente sich zu seiner Rechtfertigung der naturrechtlichen Lehre vom ↑Gesellschaftsvertrag. Die Verbindung von Absolutismus und Aufklärung war durch ihren gemeinsamen Gegensatz gegen Kirche und Konfession möglich. Dem Typ des a. A. entsprachen am ehesten die Herrschaft FRIEDRICHS II., DES GROSSEN, von Preußen und JOSEPHS II. von Österreich.

Aufklärung: siehe S. 40.

Augsburger Bekenntnis (lateinisch Confessio Augustana): 1530 auf dem von Kaiser KARL V. einberufenen Reichstag in Augsburg vorgelegte Bekenntnisschrift der ▶ *Fortsetzung auf S. 43*

Augsburger Bekenntnis: Auf dem Reichstag zu Augsburg am 25. Juni 1530 überreichten die Protestanten ihre Bekenntnisschrift an Kaiser Karl V.

Unter Aufklärung versteht man zum einen eine europäische Epoche im 17. und vor allem im 18. Jh.; zum anderen ist Aufklärung auch eine politisch-moralische Denkhaltung, die sich selbst als nicht abgeschlossenen Prozess im Sinne der historischen Aufklärung versteht.

Die Verbreitung neuer Ideen

Vorläufer der Aufklärung sind in der Renaissance und im Humanismus zu suchen. Der rationalistische Grundsatz des Naturwissenschaftlers und Philosophen R. DESCARTES aus der 1. Hälfte des 17. Jh., nach dem Vernunft und Logik alleinige Richtschnur gegenüber metaphysischen Erklärungen seien, war grundlegend für die Aufklärung. Autonomie der menschlichen Vernunft, das Lösen von kirchlichen Vorschriften und das sich immer klarer herausbildende Ziel, die Gesellschaft zu verändern, waren Merkmale dieser Geistesbewegung.

Der deutsche Philosoph Immanuel Kant (Porträt von Gottlieb Doebler, 1791)

Die Aufklärung ist der Beginn der modernen Geschichte Europas. Sie breitete sich während ihres Verlaufs in verschiedenen Staaten aus. In England setzte sie sich, verknüpft mit Namen wie I. NEWTON, J. LOCKE und D. HUME, zuerst durch. Ihre auf Erfahrungen beruhenden Ideen (Empirismus) griffen die französischen Aufklärer, v.a. die sog. Enzyklopädisten D. DIDEROT, J. LE ROND D'ALEMBERT, CH. DE MONTESQUIEU, VOLTAIRE, A. CONDORCET u.a. auf. Die deutsche Aufklärung schließlich war stärker in die herrschenden Verhältnisse einbezogen als die englische oder gar französische (↑aufgeklärter Absolutismus). Dies erklärt sich aus der politischen Zersplitterung Deutschlands und daraus, dass die Philosophen häufig in Fürstendiensten standen. Ihre wichtigsten Vertreter waren der Pädagoge A. H. FRANCKE, der Dichter G. E. LESSING, der Schriftsteller und Verleger J. H. CAMPE sowie der Philosoph I. KANT.

Immanuel Kant: Was ist Aufklärung?

Die Berliner Akademie fragte in einem Preisausschreiben, was Aufklärung sei. Den ersten Preis bekam der aus Königsberg stammende KANT. Er erklärte: »Aufklärung ist der Ausgang des Menschen aus seiner selbst verschuldeten Unmündigkeit.« Dieser Ansatz gipfelt in der Aufforderung: »Habe Mut, dich deines eigenen Verstandes zu bedienen!« Der Mensch ist demzufolge aufgerufen, sich von Unwissenheit, Aberglauben und Bevormundung zu befreien, mit einem Wort, sich zu emanzipieren. Aufklärung ist also ein Akt der Befreiung, der der Vernunft, Kritik und Toleranz bedarf.

Ein pädagogisches Zeitalter

Im Jahre 1762 veröffentlichte der Schweizer Philosoph J.-J. ROUSSEAU ein Lehrbuch, in dem es um die Erziehung eines Jungen geht: »Émile, oder über die Erziehung«. Darin beschreibt er einen Lehrer, der sich um ein Kind zu kümmern hat. Seine Aufgabe sei es, das Kind von schlechten zivilisatorischen Einflüssen fern zu halten bzw. seine Natürlichkeit und Freiheit so lange wie möglich zu erhalten. Erst in der Jugend sollten Wissen und moralische Werte erworben und

damit gewährleistet werden, dass ein von den gesellschaftlichen Zuständen und von Zivilisation und Kultur unverdorbenes, gleichwohl aber in der Gesellschaft lebenstüchtiges männliches Mitglied menschlicher Gemeinschaft heranwächst. Mädchen wurden von ROUSSEAU und anderen männlichen Aufklärern nur hinsichtlich ihrer späteren Rolle als Ehefrau und Mutter berücksichtigt.
Auch »moralische Wochenschriften« wirkten auf die Erziehung und Bildung, v.a. von Mädchen und Frauen. Seit dem Ende des 17. Jh. wurden Schulen, allerdings nur für »höhere Töchter«, eingerichtet. Für den weitaus größten Teil der Bevölkerung standen lediglich »Elementarschulen« zur Verfügung, die ausschließlich grundlegende Kenntnisse und Fertigkeiten im Lesen, Schreiben und Rechnen einübten. Mehr bot nur die »Lateinschule«, die einer kleinen Auslese von Jungen offen stand. Für Mädchen gab es diese Möglichkeit ebenso wenig wie den Zugang von Frauen zu Universitäten. Wirkliche Bildung war also nur den wenigen vorbehalten, die sich für ihre Kinder einen Privatlehrer leisten konnten. Bezeichnend für das Streben, einen aufgeklärten Menschen zu schaffen, ist die Sammlung des zu dieser Zeit bekannten Wissens in einem für die damaligen Verhältnisse unerhört großen verlegerischen Projekt, nämlich der »Enzyklopädie« (1751–1780, 35 Bände). Dieses Lexikon verbreitete nicht nur Wissen, sondern auch Ansichten und bot Stoff für geistreiche Gespräche.

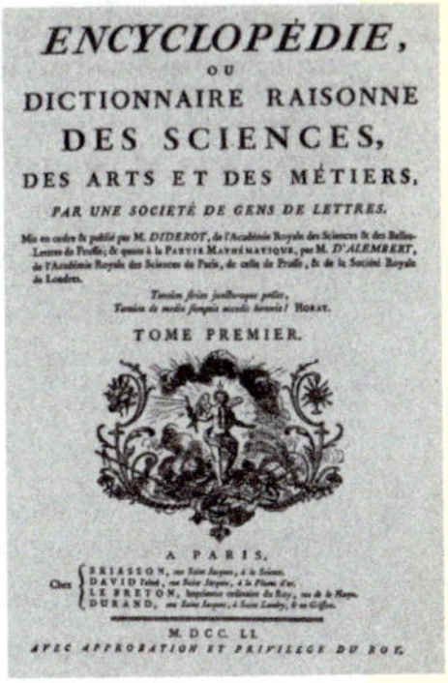
ENCYCLOPÉDIE,
OU
DICTIONNAIRE RAISONNE
DES SCIENCES,
DES ARTS ET DES MÉTIERS,
PAR UNE SOCIETÉ DE GENS DE LETTRES.
TOME PREMIER.
A PARIS,
M. DCC. LI.
AVEC APPROBATION ET PRIVILEGE DU ROY.

Die 35 Bände der »Encyclopédie, ou Dictionnaire raisonné des sciences, des arts et des métiers« von Denis Diderot und Jean Le Rond d'Alembert (Titelblatt von 1751) waren das große Vorbild nachfolgender Enzyklopädien.

Öffentliche Diskussion

Im späten 17. und im ganzen 18. Jh. wurden Akademien gegründet, die die Erforschung von Naturwissenschaften, Sprache und Geschichte förderten. In den Salons meist adeliger Damen traf sich die gelehrte Welt, um aufklärerische Ideen zu diskutieren. Sie waren wegen ihrer Rationalität zunächst durchaus noch eine Stütze des (aufgeklärten) Absolutismus und wurden von den fortschrittlich gesonnenen Kreisen des Adels mitgetragen, da man sich einen administrativen und ökonomischen Nutzen versprach.
Ohne Standesschranken waren die europaweit entstehenden Lesegesellschaften organisiert. Bildung sollte unter den Bürgern verbreitet werden, die sich die damals teuren Bücher und Zeitschriften nicht leisten konnten. Man interessierte sich für naturwissenschaftliche, technische, wirtschaftliche, landwirtschaftliche, gesellschaftliche und philosophische Themen. Über die Anschaffung der aus Mitgliedsbeiträgen finanzierten Bücher und Zeitungen wurde demokratisch entschieden. Man las gemeinsam und diskutierte anschließend. So konnten sich aus den geselligen Zusammenkünften durchaus politische Debattierklubs entwickeln. Ein ähnliches Zentrum der Kommunikation waren Caféhäuser. Diese Mode ging von England, etwas später auch von Frankreich aus. Seit der Mitte des 17. Jh. trafen sich hier Geschäftsleute, Schriftsteller und Journalisten. Das aufklärerische Bürgertum hatte das einst adelige Modegetränk Kaffee für sich entdeckt. Das Kaffeetrinken und das damit einhergehende Gespräch wurden zum öffentlichen Ereignis.

Ideen und Wirkungen

Der heute und zu seiner Zeit bekannteste Aufklärer war VOLTAIRE. Er kämpfte gegen Aberglauben, religiösen Fanatismus, absolutistische Willkür und für Vernunft, Toleranz und Menschenrechte. Er wurde wegen seiner Ideen verfolgt und verehrt. Der preußische König FRIEDRICH II. wurde von ihm stark beeinflusst. Denn die Aufklärung war nicht grundsätzlich antimonarchisch. Im Gegenteil, viele ihrer Vertreter sahen das Ideal der Regierung in einem aufgeklärten Fürsten, der sein Land nach rationalen Grundsätzen lenken und die Bedeutung des Bürgertums für eine solche Politik erkennen sollte.

Die Sitzstatue Voltaires von Jean-Antoine Houdon (1778 ff.) zeigt den Philosophen und Schriftsteller als altersweisen Denker in der antiken Toga eines Gelehrten.

Schon im letzten Jahrzehnt des 17. Jh. warf der englische Arzt, Politiker und Philosoph J. LOCKE einen neuen Blick auf den ↑Gesellschaftsvertrag. Aufgabe des Staates war es demnach, Freiheitsrechte seiner Bürger zu garantieren. LOCKE wollte die Regierung durch eine Trennung von Exekutive und Legislative kontrolliert wissen. Über ein halbes Jahrhundert später entwickelte MONTESQUIEU diesen Gedanken fort und erweiterte die zu teilenden Gewalten um eine dritte, nämlich die Judikative. LOCKES Gedanken über die freiheitliche Gesellschaft wirkten direkt auf die Verfassung der USA. Das Modell der ↑Gewaltenteilung wurde zum Vorbild aller demokratischen Verfassungen bis heute.

Die radikalste demokratische Position vertrat aber J.-J. ROUSSEAU mit seinem Werk »Vom Gesellschaftsvertrag« (1762). Ihm ging es darum, wie der Einzelne mit seinen Bedürfnissen in die Gesellschaft eingegliedert werden kann. Das Ideal ist eine herrschaftsfreie Gesellschaft aus Bürgern, die sich nur den Gesetzen unterstellen, die sie in Volksversammlungen beschließen. Der »Gesellschaftsvertrag« hatte große Bedeutung für die jakobinische Herrschaft während der Französischen Revolution, wurde wichtig für K. MARX und F. ENGELS, beeinflusste die Pariser Kommune (1871) und wurde grundlegend für die Münchener Räterepublik (1919).

KANT verstand die Aufklärung als andauernde Aufgabe: »Wenn denn nun gefragt wird: Leben wir jetzt in einem aufgeklärten Zeitalter?, so ist die Antwort: nein, aber wohl in einem Zeitalter der Aufklärung.« In der Romantik wurde die teilweise Überbetonung der Vernunft in der Aufklärung einer grundsätzlichen Kritik unterzogen. Nach den zwei Weltkriegen im 20. Jh. wurden vollends die Grenzen der Aufklärung sichtbar. ■

Das Deutsche Historische Museum in Berlin (Unter den Linden 2) gibt im Raum 15 vertiefende Einblicke in die Zeit der Aufklärung (*www.dhm.de*).
Das Lessing-Museum in Kamenz (Lessingplatz 3) informiert über Leben und Werk des Dichters.

DÜLMEN, RICHARD VAN: *Die Gesellschaft der Aufklärer. Zur bürgerlichen Emanzipation und aufklärerischen Kultur in Deutschland.* Neuausgabe Frankfurt am Main 1996. ▪ *Lexikon der Aufklärung. Deutschland und Europa,* hg. v. WERNER SCHNEIDERS. Neuausgabe München 2001.

◄ *Fortsetzung von S. 39* Protestanten. Mit Zustimmung LUTHERS von MELANCHTHON verfasst, sollte das A. B. als Verständigungsgrundlage dafür dienen, die Differenzen zwischen Katholiken und Protestanten zu verringern und die Einheit der Kirche und des Glaubens zu bewahren.

Das A. B. legt die reformatorische Lehre dar, lässt jedoch die hauptsächlichen strittigen Punkte (wie päpstliche Gewalt, Ablass, Fegefeuer) unerwähnt; als abzustellende Missstände wurden das Zölibat und das Klostergelübde, die Beichte und die bischöfliche Gewalt genannt sowie eine Neuordnung der Messe und die Darbietung des Weins auch an nicht zum Klerus gehörende Gläubige gefordert (Laienkelch). Die Mehrzahl der protestantischen Reichsstände unterschrieb das A. B., nur Straßburg, Konstanz, Memmingen und Lindau, die – in der Frage des Abendmahls mehr ZWINGLI zuneigend (↑Abendmahlsstreit) – in der **Confessio tetrapolitana** (Vier-Städte-Bekenntnis) ein eigenes Bekenntnis formulierten, und die Schweiz verweigerten die Zustimmung. Das A. B. wurde nach der katholischen Ablehnung zum verbindlichen Bekenntnis des Protestantismus.

Augsburger Interim: ↑Interim.

Augsburger Religionsfriede: nach Verhandlungen König FERDINANDS I. mit den katholischen und protestantischen Reichsständen auf dem Augsburger Reichstag am 25. September 1555 verkündetes Reichsgesetz zur Beendigung der Religionskämpfe. Der A. R. erkannte das ↑Augsburger Bekenntnis als gleichberechtigte Konfession neben dem Katholizismus an (unter Ausschluss der Zwinglianer, Kalvinisten und Täufer). Die weltlichen Reichsstände erhielten nach dem Grundsatz »Cuius regio, eius religio« (lateinisch »wessen Land, dessen Religion«) das Recht, das Bekenntnis ihrer Untertanen zu bestimmen; andersgläubigen Untertanen wurde das Recht auf Auswanderung zugestanden. Die grundsätzlich freie Wahl der Konfessionen galt jedoch nur für die weltlichen Reichsstände. Der **geistliche Vorbehalt,** der ohne Zustimmung der protestantischen Reichsstände in den A. R. aufgenommen worden war, bestimmte, dass ein geistlicher Reichsfürst beim Übertritt zum Augsburger Bekenntnis Amt und Herrschaft verlor. Damit sollte die Säkularisierung der geistlichen Territorien verhindert werden. Der A. R. brachte die Kämpfe der Reformation zum Abschluss und bestätigte die Glaubensspaltung im Reich.

Auguren: römisches Priesterkollegium, das vor wichtigen Unternehmungen den Willen der Götter erkunden sollte, der sich in Blitz, Donner, Vogelflug oder in dem Verhalten heiliger Hühner offenbaren konnte. Besondere Bedeutung wurde der Vogelschau zugeschrieben (**Auspizien**). In der Regel waren den Beamten (↑Magistrate) A. zugeteilt, die als Sachverständige beurteilten, ob Amtshandlungen in Einklang mit dem Willen der Götter standen. Das bis in die Kaiserzeit bestehende Agurenkollegium wurde von der Staatsführung oft als Werkzeug benutzt, um Entscheidungen als göttlichen Willen darzustellen.

Augustiner: nach der Regel des AUGUSTINUS lebende Mönche, 1256 von Papst ALEXANDER V. aus einer Reihe von Eremitenverbänden zu einem neuen Orden zusammengeschlossen. Seit 1567 den ↑Bettelorden zugerechnet, wirkten sie seelsorgerisch in den Städten, wurden hier jedoch von den ↑Dominikanern und ↑Franziskanern übertroffen. Sie erlangten auch in Wissenschaft und Lehre Bedeutung und hatten neben eigenen Klosterschulen auch Lehrstühle an vielen mittelalterlichen Universitäten inne. In Deutschland erreichten die A. geschichtliche Bedeutung v. a. in der Zeit der Reformation: LUTHER war Mitglied des Ordens, dessen Angehörige sich auch in großer Zahl seiner Lehre anschlossen.

Auschwitz: als größter Konzentrations- und Vernichtungslagerkomplex

Auschwitz: Auf der Rampe des größten nationalsozialistischen Konzentrations- und Vernichtungslagers wurden die Ankommenden, v. a. Juden aus allen Teilen Europas, für die Gaskammern »selektiert«.

während der nationalsozialistischen Herrschaft Symbol für den organisatorisch »perfekt« durchgeführten Massenmord v. a. an Juden aus allen Teilen Europas; er ist in dieser Form historisch einmalig. Im Mai 1940 richtete die ↑SS in der polnischen Stadt ein ↑Konzentrationslager (A I-Stammlager) ein, das im Zuge der so genannten ↑Endlösung der Judenfrage durch zwei weitere Hauptlager (A II-Birkenau, A III-Monowitz) und zahlreiche Außen- und Nebenlager erweitert wurde. Neben einem Krematorium im Stammlager entstanden 1943 in A.-Birkenau vier Krematorien; sie bestanden aus je einem Entkleidungsraum für die Opfer, einer mit dem Gift Zyklon B betriebenen Gaskammer sowie einem Raum mit Verbrennungsöfen. Unmittelbar nach der Ankunft der Deportationszüge wurden arbeitsfähige Menschen in die angeschlossenen Arbeitslager »selektiert« (bevor sie später ermordet wurden), die anderen direkt in die Gaskammer geschickt. Bis zur Besetzung des Lagers durch sowjetische Truppen am 27. Januar 1945 wurden in ihm ca. 1 Mill. Menschen vergast. In Deutschland ist der Tag der Befreiung des Lagers ein nationaler Gedenktag. – Der Massenmord an den europäischen Juden war Gegenstand von Verfahren in sechs **Auschwitzprozessen** (zwischen 1965 und 1981) gegen Mitglieder der Lagermannschaft. – Siehe auch ↑Antisemitismus, ↑Wannseekonferenz.

Ausgleich (österreichisch-ungarischer Ausgleich): staatsrechtliche Umwandlung des Gesamtstaats Österreich in die österreichisch-ungarische Monarchie, basierte auf der Vereinbarung von 1867 zwischen Kaiser Franz Joseph I. als König von Ungarn und der im ungarischen Reichstag vertretenen ungarischen Nation.

Für Ungarn bedeutete der A. die endgültige Überwindung des ↑Neoabsolutismus (seit 1848/49): Nachdem der Aufstandsversuch Ungarns gegen das habsburgische Herrscherhaus im Zuge der Revolution von 1848/49 gescheitert war, setzte die Wiener Regierung – gewissermaßen als Strafaktion und entgegen den Bestimmungen der ↑Pragmatischen Sanktion – eine zentralistische Einheitsverfassung für alle habsburgischen Lande durch und hob damit die ungarischen Sonderrechte in Gesetzgebung und Verwaltung wie auch die Einheitlichkeit der ungarischen Länder auf.

Nach den militärischen Niederlagen Österreichs 1859 (↑Risorgimento) und 1866 (↑Deutscher Krieg von 1866) ließ sich diese Verfassungskonstruktion nicht länger aufrechterhalten. Nachdem bereits das ↑Oktoberdiplom 1860 und das ↑Februarpatent 1861 zu einer Lockerung geführt hatten, die jedoch von Ungarn als ungenügend angesehen wurde, kam es 1866 zu Verhandlungen zwischen der kaiserlichen Regierung in Wien und Vertretern des ungarischen Parlaments (v.a. ANDRÁSSY und DEÁK), die in der Vereinbarung von 1867 ihren Abschluss fanden. Danach wurde der bisherige Zentralismus durch einen verfassungsrechtlichen Dualismus ersetzt, der – wieder im Sinne der Pragmatischen Sanktion – zwar die Unteilbarkeit der habsburgischen Lande betonte, Ungarn jedoch als eigenständiges Königreich unter der Dynastie der Habsburger mit eigenständiger Gesetzgebung und Verwaltung anerkannte. Einer gemeinsamen Regelung unterworfen blieben nur die Außenpolitik, das Heerwesen und das darauf bezügliche Finanzwesen. Zu diesen Aufgabenbereichen trug Österreich (Zisleithanien) 70% und Ungarn (Transleithanien) 30% der finanziellen Mittel bei. (1907 verschob sich dieses Verhältnis geringfügig zugunsten Österreichs). Delegationen des österreichischen Reichsrats und des ungarischen Reichstags besaßen das Gesetzgebungs- und Budgetrecht in den beide Teile betreffenden Angelegenheiten. Dafür wurden k.u.k. (kaiserlich-österreichische und königlich-ungarische) Ministerien eingerichtet. Für die Handels- und Zollpolitik sowie für das Geld- und Münzwesen gab es getrennte Verwaltungen.

Mit dem A. entstand jene staatsrechtliche Konstruktion, die bis 1918 als Doppelmonarchie (Österreich-Ungarn) bezeichnet wurde und die von österreichischer Seite als Bundesstsaat, von Ungarn dagegen eher als Staatenbund angesehen wurde. Die Interessen der slawischen Bevölkerungsteile fanden in diesem A. keine Berücksichtigung.

Auspizien: ↑Auguren.

außerparlamentarische Opposition, Abk. APO: zwischen 1966 und 1970 von studentischen und gewerkschaftlichen Gruppen getragene Bewegung, die besonders im Streit um Hochschulreform, Pressekonzentration und Notstandsverfassung gesellschaftliche Reformen durchsetzen wollte. Die Kritik an der Gesellschaft verband die a. O. mit der Ablehnung des militärischen Engagements der USA im Vietnamkrieg.

Austrag: seit dem 13. Jh. die vertragliche Vereinbarung zweier Partner, eventuelle Streitigkeiten einem Schiedsgericht (**Austrägalgericht**) zu unterbreiten. Die Austrägalgerichtsbarkeit gewann im 14. Jh. an Bedeutung, zunächst bei Streitigkeiten zwischen und gegen die Reichsfürsten (↑Reichsfürst), zunehmend aber auch zwischen und gegen die anderen ↑Reichsstände. Nach der Errichtung des ↑Reichskammergerichts (1495) wurde das Austrägalgericht zur unteren Instanz.

Austroslawismus: Die im 19. Jh. entstandene politische Bewegung des A. wurde im Gegensatz zum ↑Panslawismus nur innerhalb der Habsburgermonarchie von Teilen der slawischen Bevölkerung getragen. Mit dem Ausbrechen der Nationalitätenfrage in der Revolution von 1848/49 trat der A. für eine föderalistische Neuordnung der Donaumonarchie nach ethnischen Grundsätzen ein, um den slawischen Bevölkerungsteilen eine eigenständige nationale Entwicklung zu ermöglichen. Dieses Programm stand in Widerspruch zu den russisch-panslawistischen Bestrebungen und trug in erster Linie nur den Forderungen der Tschechen und Slowaken Rechnung, die dieses Programm erst kurz vor dem Ende des Ersten Weltkriegs aufgaben, nicht jedoch den Wünschen der auch in der Habsburgermonarchie lebenden Polen, Kroaten und Slowenen.

Autonomie [von griechisch autónomos »nach eigenen Gesetzen lebend«]: allgemein die Befugnis zur selbstständigen Regelung der eigenen (Rechts-)Verhältnisse. So regeln z.B. Gemeinden, Kör-

A

perschaften und Verbände aufgrund ihrer A. ihre Angelegenheiten selbst durch Satzungen. Ferner steht den Sozialpartnern (Gewerkschaften und Arbeitgebern sowie deren Verbänden) nach Art. 9 Abs. 3 des Grundgesetzes zum Abschluss von Tarifverträgen A. (**Tarifautonomie**) zu. Im politischen Bereich bezeichnet A. das Recht eines Staatswesens auf Selbstorganisation (↑Souveränität) oder kennzeichnet die rechtliche Stellung von Gliedstaaten in einem föderativen Staatsverband (↑Bundesstaat). Im Völkerrecht wird die meist vertraglich gesicherte Selbstverwaltung eines Staatsteils als A. bezeichnet.

Eine Entwicklung des 20. Jh. ist die Sonderstellung im kulturellen Bereich (**Kulturautonomie**), die von manchen Staaten den in ihrem Hoheitsgebiet lebenden Minderheiten gewährt wird (z.B. von Italien den Südtirolern, denen die Verwendung der deutschen Sprache in Schulen, Verwaltung sowie im Rundfunk verfassungsrechtlich garantiert ist).

Avignonesisches Exil: in der Kirchengeschichte die Zeit von 1305 bzw. 1309 bis 1376, als die Päpste in Avignon residierten. Dem A. E. des Papsttums voraus ging der Konflikt zwischen PHILIPP IV. von Frankreich und BONIFATIUS VIII. (↑Unam Sanctam). 1305 wurde nach elf Monate dauernder Wahlversammlung der Franzose KLEMENS V. zum Papst gewählt, der von Anfang an unter dem bestimmenden Einfluss des französischen Königs stand und wegen der unsicheren politischen Verhältnisse in Italien und Frankreich, seit 1309 in Avignon blieb. Auch seine (französischen) Nachfolger (JOHANNES XXII., BENEDIKT XII., KLEMENS VI., INNOZENZ VI. und URBAN V.) residierten in Avignon. Erst GREGOR XI. kehrte 1376 nach Rom zurück. Der starke französische Einfluss auf das Papsttum während des A. E. fügte dem Ansehen der Kirche schweren Schaden zu. Das A. E. und das sich anschließende ↑Abendländische Schisma stürzten die Kirche in eine schwere Krise, die den Ruf nach einer »Reform an Haupt und Gliedern« immer lauter werden ließ (↑Konziliarismus).

Azteken: Indianerstamm Mexikos, der um 1250 n. Chr. aus dem Nordwesten in das Tal von Mexiko einwanderte. 1370 gründeten die A. ihre spätere Hauptstadt Tenochtitlán (heute Mexiko City). Nach dem Zusammenschluss mit zwei weiteren Stadtstaaten zu einem Dreibund zerstörten sie 1430 die Vormachtstellung der Tepaneken über das Tal von Mexiko. In den folgenden hundert Jahren dehnte sich das aztekische Reich (eigentlich das Herrschaftsgebiet des Dreibunds, in dem die A. jedoch zunehmend eine Vormachtstellung einnahmen) aus und erreichte unter MONTEZUMA II. 1502 bis 1520 seinen machtpolitischen Höhepunkt und eine wirtschaftliche Blüte. Die hohen künstlerischen Leistungen der A. bauten auf dem Erbe älterer Kulturen Mexikos auf. Oberste Gottheit der A. war der Sonnen- und Kriegsgott Huitzilopochtli, dem auch Menschenopfer dargebracht wurden. Das Aztekenreich wurde nach der Eroberung durch H. CORTÉS 1519–21 zur spanischen Kolonie, die aztekische Bevölkerung durch die extremen Arbeitsbedingungen in den Gold- und Silberminen vielfach ausgerottet. – Siehe auch ↑frühe Hochkulturen.

B

Badischer Aufstand: Eines der Zentren der ↑Revolution von 1848/49 war das Großherzogtum Baden mit seiner starken demokratischen und liberalen Tradition. Schon im April 1848 rief der Revolutionär F. F. K. F. HECKER gegen die gemäßigte ↑Frankfurter Nationalversammlung die Republik aus, scheiterte aber bereits nach wenigen Tagen. Als im Mai 1849 die Verwirklichung der von der Nationalversammlung beschlossenen Reichsverfassung zu scheitern drohte, erhoben sich die radikal-demokratischen Kräfte Südwestdeutschlands erneut. Großherzog und Regierung flohen und ein revolutionärer Landesausschuss übernahm die Regierungsgewalt. Trotz Unterstützung durch das badische Militär und ausländische Freiwillige unterdrückte preußisches Militär binnen kurzer Zeit den Aufstand durch die Besetzung Badens.

Balance of power ['bæləns əv 'paʊə; englisch »Gleichgewicht der Macht«]: Prinzip der englischen Außenpolitik vom 17. bis 20. Jh., deren Ziel es war, das machtpolitische Gleichgewicht zwischen den europäischen Staaten zu wahren. – Siehe auch ↑Gleichgewicht der europäischen Mächte.

Balfour-Deklaration [englisch 'bælfə-]: Erklärung des britischen Außenministers Lord BALFOUR in einem Brief an den Zionistenführer Lord ROTHSCHILD vom 2. November 1917, in dem britische Hilfe für die Gründung einer »nationalen Heimstätte« (»national home«) der Juden in Palästina zugesagt wurde (↑ Zionismus).

Die B.-D. widersprach anderen Verträgen und Zusagen Großbritanniens, z. B. der Zusage 1916 an den Scherifen von Mekka, HUSAIN, dass Großbritannien als Gegenleistung für die Hilfe gegen die Türken ein arabisches Königreich befürworten werde, dem alle arabischen Gebiete östlich von Ägypten angehören sollten; ebenso war die B.-D. unvereinbar mit dem mit Frankreich abgeschlossenen Abkommen von 1916, das eine Aufteilung des Nahen Ostens in ein britisches und französisches Interessengebiet vorsah. Diese widersprüchlichen Zusagen trugen nach dem Zweiten Weltkrieg entscheidend zur Entstehung des ↑Nahostkonflikts bei.

Balkanfrage: Die B. erwuchs aus der ↑orientalischen Frage und wurde seit Ende des ↑Krimkriegs zu einem internationalen Krisenherd bzw. einer ständigen Bedrohung des Friedens.

Die Spannungen auf dem Balkan wurden verursacht durch das nationalstaatliche Unabhängigkeitsstreben der christlichen Balkanvölker (Serben, Griechen, Bulgaren und Rumänen), die im 15./16. Jh. in das Osmanische Reich eingegliedert worden waren, sowie durch den Versuch Russlands wie auch Österreich-Ungarns, ihren Einflussbereich auf dem Balkan zu vergrößern. Großbritannien schließlich war insofern in die B. verwickelt, als es grundsätzlich an der Erhaltung des Osmanischen Reichs interessiert war, um Russland vom Mittelmeer fern zu halten. Während die Unabhängigkeitsbestrebungen der Balkanvölker gegenüber dem Osmanischen Reich bis zum Vorabend des Ersten Weltkriegs weitgehend erfolgreich waren, scheiterte trotz großer militärischer Erfolge 1877/78 der Versuch Russlands, eine machtpolitisch entscheidende Position auf dem Balkan zu gewinnen, an dem ↑Berliner Kongress. Die Annexion Bosniens und der Herzegowina durch Österreich-Ungarn (formell 1908, bereits seit 1878 jedoch Protektorat) und die ↑Balkankriege führten zu einer Verschärfung der B., die mit dem Attentat von Sarajevo zum auslösenden Moment des Ersten Weltkriegs wurde.

Balkankriege: siehe S. 48.

Ballei [von mittellateinisch ballivus »Verwalter«, »Vogt«]: Verwaltungsbezirk der ↑Ritterorden; fasste mehrere kleinere Verwaltungseinheiten (↑Kommenden) zusammen.

Ballhausschwur: am 20. Juni 1789 im Ballhaus von Versailles durch die Abgeordneten des ↑dritten Standes geleisteter Schwur, nicht eher auseinander zu gehen, bis eine konstitutionelle Verfassung für Frankreich erarbeitet sei. Vorausgegangen waren lange Streitigkeiten über den Tagungs- und Abstimmungsmodus der ↑Generalstände, die dazu führten, dass die Abgeordneten des dritten Standes sich am 17. Juni 1789 zur ↑Nationalversammlung erklärten. – Siehe auch ↑Französische Revolution. – Abb. S. 52.

bandkeramische Kultur (Bandkeramik): älteste Kultur ► *Fortsetzung auf S. 52*

Unter dem Begriff Balkankriege werden zum einen zwei Kriege um die europäischen Gebietsteile des zerfallenden Osmanischen Reichs in den Jahren 1912/13 verstanden. Zum anderen spricht man seit Mitte der 90er-Jahre des 20. Jh. im Zusammenhang mit dem von kriegerischen Auseinandersetzungen begleiteten staatlichen Zerfall des ehemaligen Jugoslawien von den »neuen Balkankriegen«. Sie werfen die Frage nach ihren lang- und kurzfristigen Ursachen auf.

Kulturen und Völker

Der Balkan, ein Bulgarien teilender Gebirgszug, gab einer ganzen Region den Namen. Die Länder Südslawiens (=Jugoslawiens), Bulgarien, Griechenland und der europäische Teil der Türkei, zählen zu den Balkanstaaten. In diesem Raum, v.a. in Südslawien, leben viele Kulturen und Völker.
Schon im 3. Jh. n. Chr. bildete der Fluss Drina die Grenze zwischen West- und Oströmischem Reich, er trennte (zeitweise) Serbien von Kroatien und wurde seit dem ↑Morgenländischen Schisma (1054) zur Grenze zwischen römisch-katholischen und orthodoxen Christen. Von weitreichender Bedeutung ist der Einfluss des sich seit dem 14. Jh. ausbreitenden Osmanischen Reichs, das bis um 1700 Herr über den Balkan war. Die dort beheimateten Völker wurden zu Untertanen. Besonders die orthodoxen Serben verstanden sich jedoch als – auch militärisches – Bollwerk gegen die Türken, unterlagen ihnen aber in der Schlacht auf dem Amselfeld (Kosovo Polje) am 28. Juni 1389. Diese Niederlage bestimmt (paradoxerweise) die nationale Identität der Serben bis heute. Während sich die katholischen Kroaten spätestens seit dem zweiten vergeblichen Sturm der Türken auf Wien (1683; ↑Türkenkriege) an die habsburgische Herrschaft gebunden sahen, kam es in Bosnien und der Herzegowina zu einer bedeutenden Islamisierung. Bosnien und Herzegowina waren bis zu ihrer militärischen Besetzung durch Österreich-Ungarn (1878) (↑Berliner Kongress) eine tragende Säule der türkischen Vormacht auf dem westlichen Balkan.

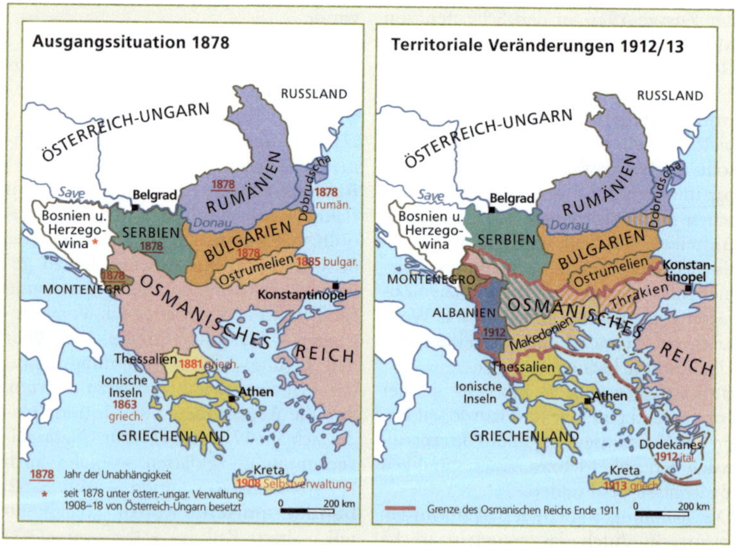

Die Balkankriege 1912/13

Von der Bosnienkrise zum Ersten Balkankrieg (8.10.1912 bis 30.5.1913):
Die Revolution der ↑Jungtürken (1908) ließ Österreich-Ungarn Bosnien und die Herzegowina annektieren, weil es befürchtete, dass die neue türkische Regierung diese Gebiete erneut beanspruchen würde. In dieser »bosnischen Krise« rief das Königreich (seit 1882) Serbien das als Schutzmacht aller slawischen Völker auftretende Russland (↑Panslawismus) um Hilfe, weil in den nun zu Österreich-Ungarn gehörenden Territorien Serben lebten. Österreich siegte mit deutscher Hilfe. Die Stellung Russlands hingegen, des ↑kranken Manns am Bosporus, wurde weiter geschwächt. So löste sich noch 1908 Bulgarien aus dem Osmanischen Reich und erklärte seine Unabhängigkeit. 1911 erklärte darüber hinaus Italien den Türken den Krieg und besetzte deren nordafrikanische Gebiete (Libyen, 1912) und die Inseln des Dodekanes im Ägäischen Meer.
Durch die innen- und außenpolitische Schwächung der Türkei motiviert verbanden sich Serbien und Bulgarien im März 1912 zum ersten Balkanbund, dem auch Griechenland und Montenegro beitraten. Als diese vier Staaten der Türkei den Krieg erklärten, verbanden sie damit das Ziel, v.a. das türkische Makedonien unter sich aufzuteilen. Den Bündnispartnern gelang es, die Türken zu schlagen und ihre europäische Besitzungen auf einen kleinen Gebietsstreifen um Konstantinopel zu beschränken. Der von den Großmächten vermittelte Präliminarfrieden ließ Albanien als neuen Staat entstehen und durchkreuzte die serbischen und montenegrinischen Erwartungen auf einen Zugang zur Adria.
Zweiter Balkankrieg (29.6. bis 10.8.1913):
Im Streit um die Aufteilung Makedoniens zerbrach der Balkanbund. Bulgarien griff Serbien und Griechenland an, unterlag jedoch den bisherigen Bündnispartnern, die zuletzt noch von Rumänien und der Türkei unterstützt wurden. Bulgarien verlor im Frieden von Bukarest (10. August 1913) den Großteil seiner Gewinne aus dem ersten Balkankrieg. Das von Russland unterstützte Serbien war danach stärkste Balkanmacht.

Die Entstehung Jugoslawiens

Mit dem Ende der Balkankriege 1912/13 kam die Region allerdings nicht zur Ruhe. Das Attentat von Sarajevo am 28. Juni 1914 (↑Schwarze Hand) löste den ↑Ersten Weltkrieg aus. Aus der Konkursmasse der österreichisch-ungarischen Doppelmonarchie ging am 1. Dezember 1918 das Königreich der Serben, Kroaten und Slowenen hervor, das von der Pariser Friedenskonferenz (↑Pariser Vorortverträge) anerkannt wurde. Die Veitstags-Verfassung vom 28. Juni 1921, die die Dominanz der Serben festschrieb, führte zur Desintegration der südslawischen Nationen. Kroaten und Slowenen lehnten diese Verfassung von Anbeginn an ab, unterlagen aber der Mehrheit der Serben. Die Verschärfung der Gegensätze v.a. zwischen Kroaten und Serben in den Folgejahren führten schließlich zu politisch motivierten Morden, die 1934 in der Ermordung des serbischen Königs ALEXANDER von Jugoslawien – so der Name des Staates seit 1929 – durch makedonische und kroatische Nationalisten gipfelten.
Erst vor dem Hintergrund der brisanten außenpolitischen Lage – seit dem »Anschluss« Österreichs 1938 gab es eine gemeinsame Grenze mit Deutschland – kam es 1939 zu einem Ausgleich zwischen Kroaten und Serben. Ungarn und Bulgarien hingegen eroberten 1941 zusammen mit deutschen und italienischen Truppen Jugoslawien im Zweiten Weltkrieg. Bis 1945 beherrschte ein fürchterlicher Bürgerkrieg das aufgeteilte Land. Das formell »unabhängige« Kroatien war in Wirklichkeit ein faschistischer Vasallenstaat HITLERS, Serbien deutsch besetzt. Zwischen den verschiedenen, stark ideologisch ausgerichteten Nationalitä-

ten kam es zu Verfolgungen und Massakern, die sich bis heute ins Gedächtnis der Völker gegraben haben. So standen auf der einen Seite die Besatzungsmächte, kroatische Ustascha (radikale Nationalisten), slowenische Heimwehrverbände, von Deutschland abhängige serbische Milizen und sogar muslimische SS-Divisionen. Auf der anderen Seite leisteten großserbische Tschetniks Widerstand, zunächst im Verein mit den kommunistischen Partisanen, seit 1943/44 waren auch sie verfeindet. Anders als bei den übrigen Gruppen kämpften bei den Partisanen TITOS Angehörige aller jugoslawischen Bevölkerungsteile.

Die Rache der Partisanen an ihren Gegnern nach dem Ende des Zweiten Weltkriegs belastete den im November 1945 neu gegründeten Staat, der unter TITOS Führung mit der kommunistischen Ideologie als einigender Klammer die Südslawen einigen sollte. Jugoslawien wurde aus sechs Teilrepubliken gebildet. Trotzdem wollten diese mehr Macht. Die zu Serbien gehörenden Provinzen Woiwodina und Kosovo erhielten einen autonomen Status. Als TITO 1980 starb, brachen in allen Teilen des Staates alte nationalistische Forderungen nach Selbstständigkeit durch.

Die neuen Balkankriege

Der sog. »kleine Krieg« in Slowenien (25. 6.–8. 7. 1991):

Der Zusammenbruch der sozialistischen Staaten in Osteuropa begünstigte sowohl die Opposition gegen die jugoslawische KP als auch den Widerstand gegen das serbische Vormachtstreben innerhalb Jugoslawiens. Die Unabhängigkeitserklärung Kroatiens und Sloweniens am 25. Juni führte zu einem zweiwöchigen Krieg der serbisch dominierten jugoslawischen Volksarmee gegen slowenische Streitkräfte. Ein von der EU vermittelter Waffenstillstand konnte relativ rasch diese kriegerische Auseinandersetzung um die slowenische Autonomie beenden, was dadurch erleichtert wurde, dass in Slowenien nur ca. drei Prozent Serben lebten.

Der Krieg in Kroatien (Juni 1991 bis Januar 1992):

In Kroatien hingegen betrug der Anteil der Serben an der Bevölkerung ca. 13 %, die zudem relativ geschlossen in der Krajina angesiedelt waren. Dieser Minderheit gestand Kroatiens Regierung kein Selbstbestimmungsrecht zu, sodass sie nach der Autonomieerklärung Kroatiens Widerstand leistete, der von der jugoslawischen Volksarmee unterstützt wurde. Erst nachdem die kroatischen Serben große Gebiet erobert hatten, waren sie bereit einen Waffenstillstand abzuschließen, zu dessen Sicherung Blauhelmsoldaten der UN entsandt wurden.

Bosnischer Krieg (April 1992 bis November 1995):

In Bosnien und Herzegowina lebten Serben, Kroaten und bosnische Muslime in gemischten Siedlungsgebieten. Letztere stellten die Bevölkerungsmehrheit. Sie strebten den Erhalt der multiethnischen Siedlungsstruktur gegen die von Serben und Kroaten erstrebten ethnisch »reinen« Gebiete an. Die bosnischen Serben erreichten weitgehend ihre Ziele. Auch die bosnischen Kroaten kamen zu Gebietsgewinnen. Diesmal kamen noch die Gebietsgewinne der Kroaten hinzu. Beide Gruppen schufen vollendete Tatsachen in territorialer Hinsicht, und zwar beide zu Lasten der Bosniaken. Während Kroaten und bosnische Muslime sich schließlich verständigten, strebten die bosnischen Serben weiterhin einen großserbischen Staat an. Das von den USA im November 1995 vermittelte Dayton-Abkommen teilt die Gebiete dem Status quo folgend den verschiedenen Kriegsparteien zu (↑Bosnischer Krieg).

Kosovokonflikt (Februar 1998 bis Juni 1999):

Nachdem der serbische Präsident S. MILOŠEVIĆ 1989 am 28. Juni, zum Jahrestag der Schlacht auf dem Amselfeld, den Kosovo als »Wiege« Serbiens für Serben beansprucht hatte, wurden die Albaner isla-

Gegen die friedliche Demonstration von Kosovo-Albanern gegen den »serbischen Terror« in der Provinzhauptstadt Priština ging die Polizei am 2. März 1998 mit brutaler Gewalt vor.

mischen Glaubens (90% der Kosovaren) zu einem rechtlosen Teil Serbiens. Eine zunächst gewaltfreie Verweigerung wandelte sich zum militärischen Widerstand der »Befreiungsarmee für Kosovo« (UÇK). Die Serben (Rest-)Jugoslawiens reagierten mit Unterdrückung und Vertreibungen. Sanktionen der EU und der UN sowie Drohungen der NATO seit dem Frühjahr 1998 führten nicht zu einer Besserung, Verhandlungsgespräche ein Jahr später scheiterten, sodass sich die NATO ohne UN-Mandat zu einem militärischen Eingreifen zum Schutz der albanischen Bevölkerung des Kosovo legitimiert sah. Die serbisch dominierte Bundesrepublik Jugoslawien lenkte schließlich unter dem Eindruck der NATO-Luftangriffe ein (↑Kosovokonflikt). Berichte aus dem Kosovo zeigen aber, dass die Zukunft dieser Region als multiethnisches Gebilde schwierig ist.

Ausblick

Probleme gibt es beim Zusammenleben der ehemaligen Kriegsgegner v.a. in Bosnien und Herzegowina. In der Woiwodina lebt eine ungarische Minderheit. Die Stabilität des aus den Teilrepubliken Serbien und Montenegro bestehenden Restgebildes Jugoslawien steht in Frage, denn Montenegro strebt unter Hinwendung zum Westen nach mehr Eigenständigkeit. Im März 2002 einigten sich die Vertreter beider Teilrepubliken auf eine lose Union »Serbien und Montenegro«, deren Lebensfähigkeit aber zweifelhaft ist. Viele Regionen des ehemaligen Jugoslawien sind von starken wirtschaftlichen Schwierigkeiten geprägt. Die Beseitigung der Kriegsschäden und der neue Aufbau der Wirtschaft werden besonders durch Landminen und noch scharfes Kriegsgerät der NATO erschwert. ■

»Die Brücke über die Drina. Eine Wischegrader Chronik« (München [dtv]) von 1997 ist ein ebenso spannender wie informativer Roman von Ivo Andrić, dem Nobelpreisträger für Literatur von 1961. Er schlägt einen Bogen vom 16. Jh. bis zum Ersten Weltkrieg und schildert die Mentalität der Bevölkerung Südslawiens. Informationen zur Geschichte Jugoslawiens und der Struktur seiner Nachfolgestaaten bietet *www.home.t-online.de/home/markodu*

KIND, CHRISTIAN: *Krieg auf dem Balkan. Der jugoslawische Bruderstreit. Geschichte, Hintergründe, Motive.* Zürich (Schöningh) 1994. ▪ MØNNESLAND, SVEIN: *Land ohne Wiederkehr. Ex-Jugoslawien. Die Wurzeln des Krieges.* Klagenfurt (Wieser) 1997. ▪ WEITHMANN, MICHAEL W.: *Balkan-Chronik. 2000 Jahre zwischen Orient und Okzident.* Regensburg (Pustet) 31997.

B

Ballhausschwur: Nachdem sich die Abgeordneten des dritten Standes am 17. Juni 1789 zur Nationalversammlung erklärt hatten, ließ Ludwig XVI. ihren Sitzungssaal schließen. Sie versammelten sich daher drei Tage später im Ballhaus, wo sie schworen, erst auseinander zu gehen, wenn sie eine Verfassung ausgearbeitet hätten.

◀ *Fortsetzung von S. 47* der mitteleuropäischen Jungsteinzeit, die sich etwa vom Ende des 5. Jh. bis Ende des 4. Jh. v. Chr. über Ost- und Mitteleuropa bis zum Atlantik ausbreitete. Die b. K. ist benannt nach den typischen, auf rundbogigen Tongefäßen eingeritzten bandartigen Ornamenten (u. a. spiralförmig oder in Mäanderform). Geprägt wurde die b. K. von Bauern, die v. a. fruchtbare Lössgebiete für den Anbau von Gerste, Weizen und Hülsenfrüchten nutzten und wohl auch bereits Schafe, Ziegen, Rinder und Schweine hielten.

Bandungkonferenz: Konferenz vom 18. bis 24. April 1955 in Bandung (Indonesien), an der sich 29 unabhängige asiatische und afrikanische Staaten, vertreten durch ihre Regierungschefs oder Außenminister, beteiligten; Israel, Süd-Korea und Südafrika nahmen nicht teil. Unter der Führung des indischen Ministerpräsidenten Pandit NEHRU und des chinesischen Außenministers CHOU EN-LAI einigten sich die Konferenzteilnehmer trotz unterschiedlicher politischer und ideologischer Einstellungen darauf, einen eigenen neutralen Weg im Ost-West-Konflikt zu suchen, um so die Unabhängigkeit und die eigenständige Entwicklung ihrer Länder zu sichern. Verurteilt wurden ↑Kolonialismus und Rassendiskriminierung, stattdessen sprach man sich für die Unabhängigkeit unterdrückter Völker aus, für eine gewichtigere Rolle der afroasiatischen Staaten in den internationalen Organisationen, für verstärkte Entwicklungshilfe, für Abrüstung und für das Verbot von Kernwaffen. Die Ideen der B. gewannen historische Bedeutung für die Entwicklung des Selbstverständnisses und des politischen Eigenwillens der Länder der ↑Dritten Welt (↑blockfreie Staaten), auch wenn in der Folgezeit die Schwierigkeiten zunahmen, einen Weg zwischen den westlichen Industriestaaten und den Staaten des Ostblocks zu finden, da einige Länder vom Neutralitätskurs abwichen und sich der UdSSR und dem von ihr geführten Ostblock annähern wollten.

Bann:
- im deutschen Mittelalter die königliche Regierungsgewalt (**Königsbann**), die Macht zu gebieten und zu verbieten; der Begriff B. umfasste sowohl das Verbot und Gebot selbst wie auch den Bereich, in dem der B. galt (**Bannbezirk**). Der Königsbann umfasste den **Heerbann** (Einberufung des Heeres), den **Friedensbann** (der König nahm bestimmte Personen oder Sachen unter seinen Schutz und verbot Angriffe auf sie), den **Blutbann** (Ausübung der Kriminalgerichtsbarkeit), den **Verordnungsbann** (Befugnis zum Erlass von Rechtsnormen) und den **Verwaltungsbann** (Exekutivgewalt). Mit dem Absinken der königlichen Macht und der Abgabe von Verwaltungsaufgaben an die Städte und Landesherrn verlor der Königsbann an Bedeutung; die einzelnen Bannrechte gingen auf dem Wege der **Bannleihe** an diese über. Bannrechte konnten sich schließlich auch auf bestimmte Örtlichkeiten und ↑Gerechtsame beziehen (z.B. **Burgbann, Wildbann**) oder im Gewerbebereich (z.B. der **Mühlenbann**) das Monopol eines Grundherrn oder einer Stadt für ihren Umkreis garantieren.
- Besserungsstrafe der katholischen Kirche; der **kleine Bann** schloss von den Sakramenten und Kirchenämtern aus, der **große Bann** zog die Exkommunikation, den Ausschluss aus der Gemeinschaft der Gläubigen, nach sich und hatte seit 1220 auch die Reichsacht (↑Acht) zur Folge.

Bannmeile: im Mittelalter das Gebiet von meist einer Meile (manchmal auch mehrerer Meilen) um einen Ort, innerhalb dessen die unter ↑Bann erlassenen Bestimmungen galten. So durfte z.B. innerhalb der B. einer Stadt kein Fremder Handel oder Gewerbe treiben.
Im modernen Staatsrecht das besonders geschützte Gebiet (**Bannkreis**) um die Gebäude der Gesetzgebungsorgane (in Deutschland um den Bundestag, den Bundesrat und die Länderparlamente) und des obersten Gerichts eines Staates (des Bundesverfassungsgerichts). In diesem Gebiet sind öffentliche Versammlungen und Demonstrationen verboten.

Barbaren [von griechisch bárbaros »der Stammelnde«]: Die Griechen nannten ursprünglich alle Völker, die nicht griechisch sprachen, Barbaren. Damit war zunächst keine Herabwürdigung verbunden. In spätrömischer Zeit ging der Begriff auf Germanen und andere Völker über, die dem Römischen Reich Soldaten stellten. Der Begriff wurde dann sogar gleichbedeutend mit »Soldat« gebraucht. In der Neuzeit erhielt er zunehmend einen abwertenden Sinn.

Baron [von germanisch-französisch baro »Lehnsmann«, »streitbarer Mann«]: in Frankreich und England seit dem 11. Jh. ein unmittelbar der Krone unterstehender hoher Lehnsmann (Kronvasall); in Frankreich bald allgemein Bezeichnung für einen Burg- oder Lehnsherrn und daher ein vom hohen Adel nicht mehr geführter Titel. In Deutschland seit dem 16. Jh. aus Frankreich übernommene Anrede für einen ↑Freiherrn.

Bartensteiner Vertrag: das Bündnis zwischen Russland und Preußen vom 26. April 1807 mit dem Ziel, dem napoleonischen Expansionsstreben entgegenzuwirken, den preußischen Staat in den Grenzen von 1805 wiederherzustellen und in Deutschland eine konstitutionelle Föderation zu bilden, die seine politische Unabhängigkeit sichern sollte. Der B. V. wurde bereits kurze Zeit nach seinem Abschluss durch den Frieden von ↑Tilsit (7. Juli 1807) hinfällig, da Zar ALEXANDER I. vom Bündnis mit Preußen abrückte und den Ausgleich mit NAPOLEON suchte. Doch trat eine seiner Zielsetzungen, eine umfassende antinapoleoni-

Bartholomäusnacht: Dem Massaker unter den französischen Kalvinisten, den Hugenotten, fielen in der Nacht vom 23. auf den 24. August 1572 mehr als 3000 Menschen zum Opfer.

sche Kriegskoalition unter Einschluss Österreichs und Großbritanniens zu bilden, spätestens seit 1812 erneut und diesmal erfolgreicher in Erscheinung (↑Befreiungskriege).

Bartholomäusnacht (Pariser Bluthochzeit): In der Nacht zum 24. August (Bartholomäustag) 1572 wurden auf Betreiben der Königinmutter KATHARINA VON MEDICI die Anführer des hugenottischen Adels, die anlässlich der Hochzeit HEINRICHS VON NAVARRA mit MARGARETE VON VALOIS, der Schwester des französischen Königs KARL IX., in der Hauptstadt versammelt waren, mit Tausenden ihrer Glaubensgenossen ermordet.

Als der Hugenotte Admiral COLIGNY, der ein Eingreifen Frankreichs in den niederländischen Freiheitskrieg gegen Spanien befürwortete, in dem Ringen mit KATHARINA VON MEDICI, die ein solches Eingreifen ablehnte, zu gewinnen drohte, ließ die Königinmutter am 22. August einen Mordanschlag auf ihn verüben, der jedoch scheiterte. Um der geforderten Untersuchung auszuweichen, gab sie mit Zustimmung KARLS IX. den Befehl zum Massenmord. Allein in Paris kamen etwa 3000 Menschen ums Leben, in Frankreich, wo die Verfolgungen noch wochenlang andauerten, dürfte die Zahl der Opfer mindestens 10000 betragen haben. Die mit der Verbindung zwischen HEINRICH VON NAVARRA, der selbst Hugenotte war, und MARGARETE VON VALOIS angestrebte Aussöhnung zwischen Hugenotten und Katholiken war mit der B. gescheitert. – Siehe auch ↑Hugenotten, ↑Hugenottenkriege.

Basileus [griechisch »König«]: in der griechischen Frühzeit in den Stadtstaaten Bezeichnung für den Herrscher, der religiöse, militärische und richterliche Aufgaben wahrnahm. In Athen nach der Zeit der Monarchie trug der vorwiegend mit religiösen Funktionen betraute ↑Archon diesen Titel (**Archon Basileus**). – Im

Mittelalter war B. die offizielle Bezeichnung für die Kaiser im Byzantinischen Reich.

Basken: ↑ETA.

Basler Frieden: Der B. F. vom 22. September 1499 beendete den »Schwabenkrieg« zwischen Kaiser MAXIMILIAN I. und den sich der ↑Reichsreform widersetzenden schweizerischen Eidgenossen. Die Eidgenossen erhielten die Landvogtei für den Thurgau. Von besonderer Bedeutung dagegen war, dass innerhalb der Eidgenossenschaft keine Steuern mehr gezahlt werden mussten und das Reichsgericht seine Zuständigkeit verlor; damit war der Weg der Eidgenossenschaft in die Unabhängigkeit vom Reich geebnet. Der am 5. April 1795 in Basel geschlossene Frieden beendete den Kriegszustand zwischen Preußen und der französischen Republik. Die Bedeutung des im Eigeninteresse und unter Verletzung seiner Reichs- und Bündnispflicht (↑Koalitionskriege) geschlossenen Sonderfriedens Preußens lag u.a. auch in der faktischen völkerrechtlichen Anerkennung des revolutionären Frankreichs und in der Schwächung der europäischen Koalition und des Reichs. Obwohl der B. F. noch keine endgültigen Bestimmungen enthielt, deutete sich hier jedoch bereits die Abtretung der linksrheinischen Gebiete an Frankreich an (↑Lunéville, Friede von), da Preußen auf den Abzug der französischen Truppen aus diesen Gebieten verzichtete. In einem Zusatzabkommen (Basler Vertrag vom 17. Mai 1795) wurde eine von Preußen zu garantierende Neutralisierung des Reichs nördlich der Mainlinie vereinbart. Diese durch den B. F. dokumentierte Haltung Preußens wurde v.a. von Österreich als verräterisch und reichsfeindlich beurteilt.

Basler Konzil: Das letzte der so genannten Reformkonzilien des Spätmittelalters, das 1431–49 stattfand, konnte seinem Anspruch auf eine umfassende Kirchenreform und der Aufgabe, die Einheit der christlichen Kirche wiederherzustellen, nicht gerecht werden. Zwar erreichte das B. K. eine Übereinkunft mit den ↑Hussiten (Prager Kompaktaten, 1433) und erließ eine Reihe von Reformdekreten, unterlag jedoch letztlich dem wieder erstarkten Papsttum und geriet zusehends in die Isolation.
Von Anfang an hatte das B. K. unter der Spannung zwischen dem konziliaristischen Anspruch der Oberhoheit des Konzils über den Papst (↑Konziliarismus) und der päpstlichen Gegenposition gestanden. Die Unvereinbarkeit beider Positionen musste letztlich zum Bruch führen; zum äußeren Anlass dazu wurde die gegen den Willen der Konzilsmehrheit von Papst EUGEN IV. verfügte Verlegung des Konzils von Basel 1437 zunächst nach Ferrara, 1439 nach Florenz (↑Ferrara-Florenz, Unionskonzil von). Die Wahl eines Gegenpapstes durch das B. K. beschwor die Gefahr eines neuerlichen Schismas herauf, sodass die europäischen Mächte, die darüber hinaus ein Übergreifen der in Basel praktizierten innerkirchlichen Demokratie auf den weltlichen Bereich fürchteten, sich gegen das B. K. mit dem Papsttum verbündeten. Vom Kaiser aus Basel vertrieben, löste sich das Konzil 1449 in Lausanne auf.

Basler Programm: Organisationsprogramm, das auf dem ersten, von TH. HERZL nach Basel einberufenen Zionistenkongress (29. bis 31. August 1897) angenommen wurde; Kernpunkt des B. P. war die Forderung, eine öffentlichrechtlich gesicherte Heimstätte der Juden in Palästina zu schaffen, eine Forderung, die bis zur Errichtung des Staates Israel oberste Maxime der zionistischen Bewegung war. – Siehe auch ↑Zionismus.

Bastille [bas'tij; von französisch bâtir »bauen«]: ursprünglich Bezeichnung für eine turmähnliche Festungsanlage, dann nur für die in die Stadtmauer eingebaute achttürmige Festungsanlage im Osten von Paris (1369–89 als Bollwerk gegen die Engländer erbaut). Die B. diente seit 1397 als Staatsgefängnis, in dem vielfach politisch Missliebige auf einfachen Befehl des Königs (↑Lettre de Cachet) ohne Gerichtsverfahren gefangen gehalten wurden. Unter LUDWIG XVI. kaum noch genutzt, wurde ab 1784 ihr Abbruch erwogen. Trotzdem wurde die B. am 14. Juli 1789 als Symbol der absolutistischen Tyrannei gestürmt und anschließend zerstört. Der **Sturm auf die Bastille,** politisch und militärisch ohne Bedeutung, wurde zum Sinnbild für den Sieg der Französischen Revolution und für die Macht des Volkes. Aus dieser Empfindung heraus wurde der 14. Juli zum französischen Nationalfeiertag erklärt.

Bastonade [von italienisch bastone »Stock«]: Stockprügel auf Rücken und Fußsohlen; alte, bis in die Mitte des 19. Jh. übliche orientalische und später auch russische Prügelstrafe.

Bauer: der Eigentümer oder Pächter eines landwirtschaftlichen Betriebs. Kennzeichnend für die Tätigkeit des B. sind Landbebauung und Viehzucht, deren »Entdeckung« zur Wende (neolithische Revolution) in der Geschichte der Menschheit wurde, die ihren Nahrungsbedarf bis zum 6./5. Jt. v. Chr. nur durch Sammeln und Jagen gedeckt hatte. Die bäuerliche Tätigkeit wurde zum wichtigsten Wirtschaftsfaktor und bildete Voraussetzung und Basis für die Entwicklung aller Hochkulturen.

Zunächst in den fruchtbaren Flusstälern des Orients (z. B. im Zweistromland, am Nil) planvoll betrieben, breitete sich der Ackerbau auch nach Europa aus. In Griechenland bestand bereits in früher Zeit eine ausgeprägte Landwirtschaft, deren familienwirtschaftliche Struktur etwa seit dem 5. Jh. v. Chr. durch die Entwicklung zum Großgrundbesitz zerstört wurde, ein Vorgang, der sich in der römischen Republik mit der Ablösung der kleinbäuerlichen Wirtschaften durch die ↑Latifundien wiederholte.

Im *Mittelalter* war das europäische Bauerntum tragendes wirtschaftliches Element und auch zahlenmäßig der bedeutendste der drei Stände, aber fast ohne jeden Anteil am staatlich-politischen Leben. In der Zeit der Völkerwanderung kannten bereits die Germanen neben dem freien, großbäuerlichen Grundbesitz die aus der ↑Gefolgschaft hervorgegangene ↑Grundherrschaft mit einer großen Zahl abhängiger Bauern.

Seit der Karolingerzeit muss innerhalb des Bauernstandes unterschieden werden zwischen Unfreien, die das Land des Domänenherrn bewirtschafteten, halbfreien Pachtbauern, die in bäuerlicher ↑Leihe eine Bauernstelle (↑Hufe) auf dem Land des Grundherrn gegen Leistung an diesen zur Bearbeitung erhielten, und freie B., die Eigentümer ihres Bodens und zum Kriegsdienst verpflichtet waren und deshalb häufig als Wehr- und Rodungsbauern in königlichem Auftrag siedelten.

Bis zum 14./15. Jh. lässt sich eine allgemeine Verbesserung des Lebensstandards und der sozialen Stellung der B. feststellen: Durch Rodung und Binnensiedlung (Landesausbau) sowie v. a. durch die ↑deutsche Ostsiedlung wurde bäuerliches Neuland gewonnen, durch neue Anbaumethoden (verbesserter Einsatz von Zugtieren und Pflug sowie Einführung der ↑Dreifelderwirtschaft) die Erträge gesteigert; trotz eines stetigen Bevölkerungswachstums blieben Hungersnöte bis ins 14. Jh. aus. Einem Teil der unfreien B. gelang die Ablösung der geforderten Frondienste (↑Fronen) durch die Zahlung einer jährlichen Kopfsteuer. Befreiung aus der ↑Leibeigenschaft war möglich durch Anschluss an die Rodungs- und Siedlungsbewegung oder durch Flucht in die Stadt, die nach Jahr und Tag Freiheit versprach (»Stadtluft macht frei«).

Neben der die mittelalterliche ↑Agrarverfassung bestimmenden Grundherrschaft stand das genossenschaftliche Prinzip: die ↑Markgenossenschaft und Dorfgemeinde, die als rechtliche, wirtschaftliche und soziale Gemeinschaft des Dorfes in Selbstbestimmung z. B. die Nutzung der ↑Allmende oder die Flurordnung (↑Flurzwang) regelte.

Im 14. Jh. führten Hungersnöte und Seuchensterblichkeit (Pestepidemien) zur Landflucht und zur Aufgabe von bäuerlichen Stellen (Wüstungen). Sinkende Getreidepreise bei gleichzeitig steigenden Löhnen und Preisen für gewerbliche Güter bedingten weiterhin eine Verschlechterung der Situation der B. Da die festgesetzten Abgaben mit dem Sinken der Kaufkraft des Geldes nicht Schritt halten konnten, strebten die Grundherrn einen Ausgleich ihrer Verluste an, indem sie den B. Sonderabgaben auferlegten und die bäuerliche Autonomie, den Gemeinbesitz und seine Nutzung, einzuschränken versuchten. Unter Berufung auf althergebrachte Rechte setzten sich die B. gegen diese Bestrebungen zur Wehr; nach einzelnen, regionalen Aufstandsbewegungen ab dem 15. Jh. erreichte der Widerstand der B. seinen Höhepunkt und zugleich sein Ende im ↑Bauernkrieg, dessen wirtschaftliche und finanzielle Folgen rasch überwunden werden konnten, nicht jedoch dessen politische und soziale Folgen, nämlich das jahrhundertelange Ausscheiden der B. aus dem politischen Leben.

In der *frühen Neuzeit* brachte der Dreißigjährige Krieg einen erneuten Einschnitt in der Geschichte des Bauerntums; die hohen Bevölkerungsverluste und die Verwüstung weiter Landstriche zwangen die Landesherrn, sich mit Nachdruck den wirtschaftlichen und sozialen Problemen des Bauerntums zuzuwenden: Neben Wiederaufbaumaßnahmen mithilfe staatlicher Unterstützung und Zwangsansiedlung förderte die landesherrliche Politik den Handel mit Agrarprodukten und bemühte sich um eine Sicherung des Bauernstandes durch Schutzmaßnahmen wie z.B. die Regelung des bäuerlichen Erb- und Besitzrechts oder der ländlichen Arbeitsverfassung. Nahezu unberührt hiervon blieb jedoch der Osten Deutschlands, wo sich die Grundherrschaft zur ↑Gutsherrschaft ausweitete.

Vom 18. Jh. bis zur ersten Hälfte des 19. Jh.: Eine grundlegende Änderung der bäuerlichen Verhältnisse trat mit der ↑Bauern-

Bauer: Die Bedingungen des ländlichen Lebens waren regional unterschiedlich wie auch die Formen der Bodennutzung. Viele Bauern waren jedoch einem weltlichen oder geistlichen Grundherrn zu Diensten verpflichtet (Darstellung aus dem 15. Jh.).

befreiung durch die Agrarreformen des 18. und 19. Jh. ein. Während im Westen und Süden die traditionelle Agrarstruktur grundsätzlich erhalten blieb, da hier meist nur Abgaben abzulösen waren, führte die Bauernbefreiung im Osten Deutschlands zu einer nochmaligen Schwächung des Bauerntums, weil die B. sich hier Freiheit und Besitz durch Abtretung eines Drittels oder der Hälfte ihres Landes erkaufen mussten. Dementsprechend konnte sich der Großgrundbesitz weiter ausdehnen. Die verarmten B. dagegen verdingten sich als Tagelöhner oder wanderten in die Städte ab, wo sie einen erheblichen Teil der Industriearbeiterschaft bildeten.
Bereits seit dem 18. Jh. hatte sich auch die bäuerliche Wirtschaftsweise grundlegend verändert: An die Stelle der Dreifelderwirtschaft war die Fruchtwechselwirtschaft getreten und mit dem Anbau von Klee und Futtermitteln eine intensivere Viehhaltung ermöglicht worden. Eine erneute Rentabilitätssteigerung des Bodens brachte die Verwendung von künstlichem Dünger sowie die Einführung von Landmaschinen seit der zweiten Hälfte des 19. Jh. War Deutschland bis dahin im Wesentlichen ein Agrarland, so ging nach 1850 die Bedeutung des Agrarsektors in der wirtschaftlichen Gesamtentwicklung deutlich zurück, wie auch zahlenmäßig die B. nicht mehr die Mehrheit der Bevölkerung bildeten.
Entwicklung seit der zweiten Hälfte des 19. Jh.: Die zunehmende Industrialisierung im 19. und 20. Jh. führte zu tief greifenden gesellschaftlichen Umwälzungen im Bauerntum. Die Einkünfte der Landwirtschaft blieben langfristig gesehen mehr und mehr hinter der Lohnentwicklung in der gewerblichen Wirtschaft zurück. Die B. waren gezwungen, sich außerlandwirtschaftliche Einkünfte zu verschaffen und ihren Betrieb im Nebenerwerb zu bewirtschaften oder aufzugeben. Die staatliche Agrarpolitik versucht nun, durch gezielte Preisstützungen, Marktregulierung und Subventionen die Lage der B. zu verbessern. Der ehemals vorwiegend für den Lebensunterhalt der Familie produzierende Bauernhof (Selbstversorger) ist heute voll in die arbeitsteilige Wirtschaft einbezogen. Die modernen Bauernbetriebe spezialisieren sich auf wenige Erzeugnisse und kaufen die übrigen benötigten Lebensmittel auf dem Markt. Die Erschließung des ländlichen Raums durch Verkehr und Massenkommunikationsmittel hat zu einer Angleichung der bäuerlichen und städtischen Lebensweise geführt.
Mit der Revolutionierung der Agrarverfassung nach der Oktoberrevolution in Russland (1917) und der entsprechenden Umwandlung der Landwirtschaft im sowjetischen Herrschafts- und Einflussbereich (nach 1945) in Ost-, Südost- und Ostmitteleuropa näherten sich die Lebens- und Arbeitsbedingungen der in der Landwirtschaft Tätigen denen des Industriearbeiters an. Seit dem Zusammenbruch der Gesellschaftssysteme nach sowjetischem Muster (1990/91) stehen diese Bedingungen erneut im Zeichen einer tief greifenden Veränderung.

Bauernbefreiung: Loslösung der Bauern aus den herrschaftlichen Bindungen (↑Erbuntertänigkeit, ↑Leibeigenschaft, ↑Guts- bzw. ↑Grundherrschaft) durch die Agrarreformen des 18. und 19. Jh. Durch die B. erhielt der Bauer die persönliche Freiheit, d. h., er konnte seinen Beruf und seinen Wohnsitz frei wählen, ohne Zustimmung seines Herrn heiraten und vor Gericht seine Angelegenheiten selbst vertreten. Außerdem wurden die bäuerlichen Lasten (Abgaben und Dienste) – meist gegen Entschädigung – aufgehoben.
In Deutschland ging der B. der Bauernschutz voran; im 18. Jh. wurde zunächst die Leibeigenschaft aufgehoben und die Höhe der oft unangemessenen bäuerlichen Lasten festgelegt (1777 in Preußen, 1781 in Österreich und 1783 in Baden). Die erste umfassende B. wurde 1761–71 in Savoyen durchgeführt. In Frankreich hob die ↑Nationalversammlung 1789 im

Zuge der Französischen Revolution alle Abhängigkeiten ohne Entschädigung auf. Unter dem Eindruck der Französischen Revolution wurde die B. in vielen deutschen Territorialstaaten beschleunigt, umfasste zunächst aber nur die persönliche Befreiung der Bauern ohne die Ablösung der Lasten (so 1808 in Bayern und 1817 in Württemberg). Durch die ↑stein-hardenbergschen Reformen wurde 1807 in Preußen die Erb- oder Gutsuntertänigkeit und 1811/16 die Gutsherrschaft aufgehoben. Dabei erhielt aber nur ein Teil der Bauern das Recht, sich gegen Abgabe eines Drittels bzw. der Hälfte ihres Bodens der Lasten zu entledigen. Die Mehrheit der preußischen Bauern konnte die Lasten erst 1850 mit einem bis zu 56 Jahre zu zahlenden Geldbetrag ablösen.

Die französische ↑Julirevolution 1830 und die ↑Revolution von 1848/49 bewirkten weitere Gesetze zur Befreiung der Bauern (1831 in Sachsen, 1831/33 in Hannover) bzw. zur Vollendung der B. (so 1848 in Baden, Bayern, Österreich und Württemberg). In Osteuropa erfolgte die B. noch später (1853/54 in Ungarn, 1861 in Russland und 1864 in Rumänien). Die durch die B. für viele Menschen gegebene Möglichkeit der Eheschließung führte zu einem starken Bevölkerungswachstum. Durch die Ablösungsbestimmungen verloren die meisten Bauern jedoch einen bedeutenden Teil ihres Landes oder wurden durch jahrzehntelange Ablösungszahlungen finanziell so stark belastet, dass vielfach der bäuerliche Besitz eine selbstständige Existenz nicht gewährleistete. Viele Bauern waren deshalb gezwungen, als Lohnarbeiter in der Landwirtschaft oder in den sich entwickelnden Industriebetrieben zu arbeiten. Die Grund- oder Gutsherren mussten ihre landwirtschaftlichen Betriebe auf Lohnarbeiter umstellen, hatten aber dadurch sowie durch die Vergrößerung ihres Landes aufgrund der Abtretungen auch die Möglichkeit, moderne Bewirtschaftungsmethoden einzuführen und die Erträge zu steigern. Insgesamt bildete die B. eine der wichtigsten Voraussetzungen für den Übergang von einer durch feudale Strukturen bestimmten zu einer liberalen bzw. kapitalistischen Wirtschaft und Industriegesellschaft.

Bauernkrieg: Aufstand der süd- und mitteldeutschen Bauern sowie einiger städtischer Bürgergemeinschaften 1524/1525. Der B. als erste politisch-soziale Massenerhebung in der deutschen Geschichte war Höhepunkt der seit dem 15. Jh. unter den Bauern schwelenden Unruhen, die bereits in einzelnen, örtlich begrenzten Aufstandsversuchen wie der Bewegung des ↑Armen Konrad oder des ↑Bundschuh zum Ausbruch gekommen waren. Die Bauern wehrten sich v.a. gegen die Ausweitung obrigkeitlicher Herrschaftsrechte, die die Autonomie der Dorfgemeinden einzuschränken drohten, sowie gegen die Ausdehnung der Grundherrschaft und Leibherrschaft und der damit verbundenen Folgen, wie Erhöhung der ↑Fronen und Abgaben. Beriefen sich die Bauern zur Begründung ihrer Forderungen zunächst auf das »alte Recht«, so lieferte die Reformation ihnen ein weiteres, stärkeres Argument, nämlich die Berufung auf das Evangelium als Beweismittel des »göttlichen Rechts«.

Ausdehnung und Verlauf: Seinen Ausgang nahm der B. in der Landgrafschaft Stühlingen im Schwarzwald im Juni 1524 und griff im Dezember auf Oberschwaben über; gleichzeitig bildete sich am Bodensee der Seehaufe und im Donaukreis der Baltringer Haufe. 1525 breitete sich die Aufstandsbewegung weiter über Oberdeutschland, vom Elsass bis in die Steiermark und nach Tirol (ausgenommen Bayern) sowie nach Franken, Thüringen und ins sächsische Erzgebirge aus. Zum Manifest der Aufständischen wurden die ↑Zwölf Artikel der Bauernschaft in Schwaben, in denen die wesentlichen Beschwerden und Forderungen zusammengefasst waren. In gedruckter Form

fanden sie Verbreitung in ganz Deutschland und nahezu alle formulierten Beschwerden der Bauern richteten sich an ihnen aus.
Nach anfänglichen militärischen Erfolgen der einzelnen Bauernhaufen, denen jedoch eine einheitliche Führung fehlte, gelang es ab Mai 1525 dem ↑Schwäbischen Bund unter Georg Truchsess von Waldburg in Oberdeutschland, im Elsass Herzog Anton II. von Lothringen und in Thüringen Landgraf Philipp I. von Hessen durch koordinierte militärische Aktionen die zahlenmäßig überlegenen Bauernhaufen niederzuwerfen. Blutige Gemetzel unter den unterlegenen Bauern und ungemein harte Strafmaßnahmen vonseiten der Landesfürsten folgten der Niederlage.
Die Rolle Luthers: Nach den erhaltenen Reformentwürfen und Forderungen war der B. weder ein Krieg zum Schutz der Reformation noch eine rein soziale Erhebung, sondern der Versuch bäuerlicher Führungsschichten, im Bund mit den Städten und unter Wahrung des bäuerlichen genossenschaftlichen Rechts in das staatliche Leben eingegliedert zu werden. Dabei richteten sich die Hoffnungen der Bauern auf den Kaiser – gegen die Landesfürsten – und auf Luther. Dieser hatte auf die Zwölf Artikel mit einer »Ermahnung zum Frieden« geantwortet und zum Vergleich geraten, allerdings schon hier deutlich gemacht, dass er Selbsthilfemaßnahmen der Bauern ablehne und sie nicht für berechtigt halte, sich bei ihren Forderungen auf das Evangelium zu berufen. Angesichts der Entwicklung in Thüringen, wo die Bewegung unter dem bestimmenden Einfluss der radikalen Theologie Th. Müntzers, des Verfechters einer christlichen Demokratie, stand, stellte sich Luther in seiner Schrift »Wider die räuberischen und mörderischen Rotten der Bauern« (Mai 1525) vorbehaltlos auf die Seite der Obrigkeit. Diese Haltung Luthers war nicht zuletzt die Ursache dafür, dass in den Gebieten, wo die Landesfürsten über die Aufständischen gesiegt hatten, sich die Reformation nicht durchsetzen konnte, da sich gerade die religiös aktiven Bauern und Handwerker enttäuscht von der evangelischen Lehre abwandten und zu Absonderungen ins Sekten- und Täufertum neigten. Vorteil aus dem B. zogen allein die Landesfürsten: Die Bauern wurden in den sich festigenden Territorialstaat eingegliedert und schieden für Jahrhunderte aus dem politischen Leben in Deutschland aus.

Bauernlegen: Bezeichnung für die Einziehung von Bauernstellen mit scheinbar unsicheren Besitztiteln durch Aufkaufen oder Vertreibung. Das Land wurde dem Grund- oder Gutsherrenbesitz zugeschlagen. Zuerst in England im 15. und 16. Jh. praktiziert, begann das B. in den deutschen Territorien v. a. nach dem Dreißigjährigen Krieg und fand seinen Höhepunkt im 17. und 18. Jh. Das Steigen der Agrarpreise garantierte bei Eigenbewirtschaftung höhere Einkommen, als bei Vergabe des Landes an die Bauern durch Zinsen erzielt werden konnten.

Bayerischer Erbfolgekrieg: Auseinandersetzung zwischen Preußen und Österreich 1778/79 nach dem Tod von Maximilian III. Joseph (30. Dezember 1777), des bayerischen Kurfürsten, und dem dadurch bedingten Erlöschen der älteren bayerischen Linie der Wittelsbacher. Kaiser Joseph II. versuchte daraufhin, die bevorstehende wittelsbachsche Ländermassierung infolge der Vereinigung Bayerns mit der Kurpfalz unter Karl Theodor (Erbe aus der pfälzischen Linie der Wittelsbacher) zu verhindern und durch den Erwerb bayerischen Teilgebiets die schlesischen Verluste wieder auszugleichen sowie die habsburgische Machtposition im Reich zu stärken. Unmittelbar nach Abschluss der Wiener Konvention vom 3. Januar 1778 zwischen Joseph II. und Karl Theodor rückten die österreichischen Truppen in Bayern ein. Diesem Vorgehen Josephs II. stellte sich Friedrich II. von

Preußen entgegen, gestützt auf die der kaiserlichen Reichspolitik ebenfalls widerstrebenden Reichsstände. Mit dem Einmarsch preußischer Truppen in Böhmen wurde im Juli 1778 der B. E. eröffnet. Da auf beiden Seiten die Verpflegungsprobleme der Truppen groß waren, wurde der B. E. auch spöttisch als »Kartoffelkrieg« bezeichnet; zu größeren militärischen Auseinandersetzungen kam es nicht. Auf Initiative MARIA THERESIAS sowie auf französische und russische Vermittlung hin wurde am 13. Mai 1779 die Auseinandersetzung zwischen Preußen und Österreich durch den Frieden von Teschen beigelegt.

Beamte: im weitesten Sinne alle von einer übergeordneten Stelle mit einem Amt oder einer öffentlichen Aufgabe Betrauten. Als solche sind B. notwendige Organe jeder staatlichen Ordnung.

In der *griechisch-römischen Antike* entwickelte sich ein Beamtentum im Zuge der Schwächung des Königtums durch die Aristokratie. Diese setzte neben den König oder an die Stelle des Königs im Losverfahren oder durch Wahl Beauftragte aus ihrem Kreis zur Erledigung der Staatsgeschäfte und machte sie einem Rat oder einer Volksversammlung verantwortlich. Erst im Rom der Kaiserzeit entstand zunehmend ein vom Herrscher abhängiges und ihm allein verantwortliches, differenziertes Beamtentum. Die demgegenüber primitiveren Formen der Verwaltung im Frühmittelalter ließen die anfangs mit der römischen Verwaltung übernommenen B. nach der Karolingerzeit beinahe ganz verschwinden.

Erst im *Hochmittelalter* entwickelten die westeuropäischen Staaten, zunächst v. a. die Normannen in England und Sizilien, erneut ein Beamtentum, indem sie auf der Ministerialität (↑Ministerialen) und der Hofgeistlichkeit aufbauten und die beginnende Geldwirtschaft nutzten.

In der *Neuzeit* ermöglichte die zunehmende Bildung des Bürgertums den fürstlichen Landesherrn, rechts- und sachkundige B. zum Aufbau fürstlicher Behörden in Dienst zu nehmen (Fürstendiener). Diese standen zunächst in einem ausschließlichen Treue- und Gehorsamsverhältnis zum Landesherrn. Wie sich jedoch im aufgeklärten Absolutismus das Bild des Fürsten dahingehend wandelte, dass dieser sich als »erster Diener seines Staates« verstand, so wandelte sich auch das Bild und Selbstverständnis des Beamten: Er wurde vom Fürstendiener zum Staatsdiener, dessen Tun und Handeln nicht auf die Durchsetzung partikularer Interessen, sondern auf das allgemeine Wohl ausgerichtet war. Schöpfer eines Beamtentums moderner Prägung war in Deutschland FRIEDRICH WILHELM I., der in Preußen mit der Forderung nach staatswissenschaftlichen Studien den Vorbereitungsdienst regelte, ein Prüfungssystem für den Staatsdienst einführte und ein funktionsfähiges Beamtenwesen aufzubauen begann. Da jedoch kein Staat des 18. Jh. über eine entsprechend gegliederte Verwaltung verfügte noch die Leistungsfähigkeit besaß, um in Zahl und Befähigung genügend fest besoldete und vorgebildete B. in Dienst zu nehmen, standen bis zur Mitte des 19. Jh. B. und ständische Amtsträger nebeneinander.

Schon frühzeitig wurden die B. in Deutschland rechtlich und sozial besonders abgesichert, u. a. durch genaue Laufbahnvorschriften, lebenslängliche Anstellung, feste Besoldung und Alterssicherung (Pension). Im Gegensatz zu dieser kontinentaleuropäischen Form herrschte in Großbritannien und in den USA noch lange Zeit ein Wahlbeamtentum vor: Die B. wurden jeweils direkt vom Volk für einen zuvor festgelegten Zeitraum gewählt.

Bede [niederdeutsch »Bitte«]: Bezeichnung für die seit dem 12. Jh. aufkommende älteste direkte Steuer auf Vermögen, Grundbesitz und Gebäude, die im Gegensatz zur ↑Akzise nicht regelmäßig, sondern aus besonderem Anlass »erbeten« wurde. Bedeutung gewann die B. v. a. in den Städten: Dort stand sie dem

Stadtherrn, in den Reichsstädten dem König zu; Steuerschuldner waren hier zunächst die einzelnen Bürger, später die Städte, die dann die von ihnen an den Stadtherrn entrichteten pauschalierten Beden auf die Bürger umlegten.

Befreiungskriege (Freiheitskriege): Kriege zwischen dem napoleonischen Frankreich und einer Koalition europäischer Mächte 1813–15.

Die Entstehung der Koalition: Die B. nahmen ihren Ausgang von der militärischen Katastrophe des Russlandfeldzugs NAPOLEONS I. 1812 und der daraus resultierenden Bereitschaft des Zaren ALEXANDER I., bestärkt durch den Freiherrn VOM UND ZUM STEIN, den Verteidigungskrieg zur Befreiung Europas von der napoleonischen Fremdherrschaft fortzusetzen. Die Konvention von ↑Tauroggen vom Dezember 1812 leitete die russisch-preußische Zusammenarbeit ein (Vertrag von ↑Kalisch, Februar 1813). Im März 1813 erfolgte die preußische Kriegserklärung an NAPOLEON. Während FRIEDRICH WILHELM III. von Preußen lange gezögert und sich nur allmählich auf die neue Situation eingestellt hatte, ging v.a. nach dem Aufruf ↑An mein Volk eine Welle patriotischer Begeisterung und Opferbereitschaft durch Preußen (E. M. ARNDT, TH. KÖRNER). Durch freiwillige Spenden (»Gold gab ich für Eisen«) konnten Truppen ausgerüstet und verstärkt werden; außerdem wurden Freiwilligenverbände der zumeist akademischen Jugend und Freikorps (u.a. das des Majors VON LÜTZOW) gebildet.

Russland und Preußen konnten nach zum Teil schwierigen Verhandlungen, v.a. auch über territoriale Ansprüche, zunächst nur Schweden und Großbritannien als Verbündete gewinnen. Die deutschen Staaten mit Ausnahme von Mecklenburg-Schwerin blieben auf der Seite NAPOLEONS. Österreich hielt die Lage noch nicht reif für eine endgültige Entscheidung, löste sich jedoch aus der Allianz mit NAPOLEON und übernahm nach den Worten METTERNICHS die Rolle eines bewaffneten Vermittlers.

Der Kriegsverlauf 1813: Noch vor Ende der Verhandlungen mit möglichen Verbündeten im Kampf gegen NAPOLEON kam es zum Frühjahrsfeldzug 1813. Nach anfänglichen Erfolgen der russisch-preußischen Truppen gegen die Reste der ↑Grande Armée kam NAPOLEON mit neuen Kräften nach Deutschland und zwang durch seine Siege am 2. Mai bei Großgörschen und am 20./21. Mai 1813 bei Bautzen die russisch-preußischen Truppen zum Rückzug nach Schlesien. Überraschenderweise erklärte sich NAPOLEON am 5. Juni zum Waffenstillstand von Pleiswitz bereit. Die daraufhin einsetzenden Vermittlungsversuche METTERNICHS scheiterten jedoch an der unnachgiebigen Haltung NAPOLEONS I. Österreich schwenkte in die Front der Napoleongegner ein und erklärte am 12. August 1813 Frankreich den Krieg; gleichzeitig übernahm es die führende Rolle innerhalb der Koalition. In der Völkerschlacht bei Leipzig (16.–19. Oktober 1813) schlug die Koalition nach zunächst wechselndem Kriegsglück auf beiden Seiten NAPOLEON entscheidend.

Der Zusammenbruch der napoleonischen Herrschaft 1813/14: Die napoleonische Herrschaft brach nun in Deutschland zusammen: Die Rheinbundstaaten fielen von NAPOLEON ab und traten der Koalition bei. Bis zum Jahresende 1813 war Deutschland bis zum Rhein befreit; die Niederlande, Dänemark und das Königreich Neapel schlossen sich 1813/14 der Koalition an. Da NAPOLEON Verhandlungen ablehnte, rückten die Koalitionstruppen (mit Ausnahme Schwedens) 1814 in Frankreich ein. Die Uneinigkeit der Verbündeten über das weitere politische Vorgehen gegen NAPOLEON ließ in Châtillon-sur-Seine den nur halbherzig geschlossenen Frieden, in dem ein napoleonisches Frankreich in den Grenzen von 1792 akzeptiert worden war, scheitern. Erst im Vertrag von Chaumont vom 9. März 1814 konnte die Einigkeit unter den Verbündeten wiederhergestellt und der Zusammenschluss Großbritanniens, Österreichs, Russlands und Preußens zur ↑Quadrupelallianz erreicht werden. Als Kriegsziele wurden festgelegt: der Sturz NAPOLEONS und die Rückführung Frankreichs auf die Grenzen von 1792 sowie die Unabhängigkeit der benachbarten Staaten. Nach der Einnahme von Paris am 31. März 1814 durch die Koalitionstruppen dankte NAPOLEON am 6. April ab und wurde nach Elba verbannt. Mit dem ersten ↑Pariser Frieden wurden die B. vorläufig abgeschlossen; eine endgültige Friedensregelung sollte der ↑Wiener Kongress erarbeiten.

Die Rückkehr Napoleons: Noch während der Verhandlungen in Wien kehrte NAPOLEON von Elba zurück (März 1815) und versuchte, wieder die Herrschaft in Frankreich zu übernehmen. Von den erneut zur Quadrupelallianz zusammengeschlossenen Mächten als Usurpator geächtet, wurde NAPOLEON von den Koalitionsarmeen unter WELLINGTON und BLÜCHER endgültig geschlagen und nach Sankt Helena verbannt. WELLINGTON benannte die Entscheidungsschlacht nach dem Dorf Waterloo, BLÜCHER nach dem Gehöft Belle-Alliance. Die seit 1792 (↑Koalitionskriege, ↑napoleonische Kriege) bis 1815 dauernde Kriegsperiode fand ihren Abschluss im Wiener Kongress, der zu einer Neuordnung Europas führte.

Die in den B. vielfach laut gewordenen Forderungen nach einem geeinten deutschen Nationalstaat, nach konstitutioneller Begrenzung der monarchischen Regierungen und nach individuellen Rechten blieben dagegen weitgehend unerfüllt. Dem Patriotismus und der Opferbereitschaft von 1813 folgten der Deutsche Bund und die Restauration im ↑metternichschen System.

Begarden: religiöse Männergemeinschaften, die, von der ↑Armutsbewegung beeinflusst, sich der Krankenpflege, der Leichenbestattung und handwerklichen Tätigkeiten widmeten. Seit dem frühen 13. Jh. erlangten die B. nur in den Niederlanden, in belgischen Städten und im Rheinland einige Bedeutung. Von der Kirche wurden die von der Bettelei lebenden B. der Ketzerei bezichtigt und wie die ↑Beginen verfolgt.

Beginen: religiöse Frauengemeinschaften mit klosterähnlicher Lebensweise; um die Wende des 12. zum 13. Jh. entstanden, breiteten sich die B. von den Niederlanden und Belgien auch in den deutschen Städten mit einer Vielzahl von Niederlassungen aus. Die B. widmeten sich in selbst gewählter Armut karitativen und handarbeitlichen Tätigkeiten. Von der Kirche schon früh der Ketzerei verdächtigt, wurden sie wie die ↑Begarden unterdrückt (Konzil von Vienne 1311). In der Reformation lösten sich die meisten Gemeinschaften der B. auf.

Beisassen (Schutzverwandte): in der mittelalterlichen Stadt ständige, doch grundbesitzlose Einwohner, die nicht das volle Bürgerrecht besaßen, das an Grundbesitz innerhalb der Stadt gebunden war. Eine teilweise Angleichung an die Stellung der Bürger erfolgte durch den **Beisasseneid** (vergleichbar dem Bürgereid), doch blieben den B. das Wahlrecht und das Recht auf Schutz außerhalb der Stadtmauern vorenthalten.

Bekennende Kirche: evangelische Erneuerungs- und Widerstandsbewegung gegen die nationalsozialistisch bestimmte Haltung der »Deutschen Christen« sowie gegen den Nationalsozialismus insgesamt. Als leitende Organe bildeten sich Bruderräte, in denen u. a. auch Persönlichkeiten wie z. B. M. NIEMÖLLER und K. BARTH wirkten. Trotz staatlicher Verfolgung gewann die B. K. erhebliche inner- und außerkirchliche Bedeutung.

Belgrad, Friede von: Friedensschluss vom 18. September 1739, der den ↑Türkenkrieg Russlands und Österreichs (1735–39) beendete. Österreich verlor an die Türkei mit Ausnahme des Banats alle Erwerbungen des Friedens von ↑Passarowitz und wurde auf den Besitzstand von 1699 (Friede von ↑Karlowitz) zurückgedrängt. Gleichzeitig bedeutete der

B

F. v. B. einen schweren Macht- und Prestigeverlust Österreichs auf dem Balkan.

Bellum iustum [lateinisch »gerechter Krieg«]: Vorstellungen von einem gerechten Krieg wurden, obwohl schon in der Frühzeit Roms vorhanden, erstmals von CICERO im 1. Jh. v. Chr. systematisiert: Die formale Rechtmäßigkeit eines Krieges war gegeben, wenn der Gegner eine Genugtuung für das an Rom begangene Unrecht abgelehnt hatte sowie die ↑Fetialen mit Zustimmung des Senats und des römischen Volks feierlich den Krieg erklärt hatten. Voraussetzungen im Sinne des an Rom begangenen Unrechts waren ein Angriff auf Rom oder seine Verbündeten, Vertragsbruch, der Angriff auf römische Gesandte oder auch die Weigerung, Personen auszuliefern, die sich eines Vergehens gegenüber Rom schuldig gemacht hatten.

Erneut stellten AUGUSTINUS und THOMAS VON AQUIN Kriterien für einen nach christlichen Wertmaßstäben gerechten Krieg auf. Danach war ein Krieg dann gerechtfertigt, wenn er von einer rechtmäßigen Regierung aus einem gerechten Grund (Verteidigung gegen schweres Unrecht vonseiten fremder Länder, wenn friedliche Vereinbarungsversuche erfolglos geblieben waren) zur Herstellung eines gerechten Friedens und mit maßvollen Mitteln geführt wurde. – Im modernen Völkerrecht ist der Begriff kaum von Bedeutung.

Benediktiner: Mönchsorden, der sich auf BENEDIKT VON NURSIA zurückführt, der um 529 in Montecassino in Süditalien eine Mönchsgemeinschaft um sich sammelte und ihr eine Regel (**Benediktregel**) gab. Diese verbindet Gebet und Arbeit (ora et labora »bete und arbeite«), fordert strenge Unterordnung unter den ↑Abt, den ständigen Aufenthalt im Heimatkloster und dauernden Gottesdienst. Da die frühmittelalterlichen B. sich zum einen um die Mission kümmerten (z. B. BONIFATIUS), zum an-

Benediktiner: Beim Bau eines Klosters achteten die Benediktiner wie auch die späteren Mönche darauf, dass sich alles Notwendige wie Wasser, Mühle, Garten und die verschiedenen Werkstätten innerhalb der Klostermauern befanden (links). In der Klosterschule wurden junge Männer in Lesen, Rechnen und Schreiben ausgebildet (rechts).

deren an Landesaufbau und Kolonisation teilnahmen, gewannen die B. v.a. für die Ausbreitung des christlichen Glaubens Bedeutung. In den Reformen des BENEDIKT VON ANIANE im 9. Jh., v.a. aber in der ↑kluniazensischen Reform im 10./11. Jh., versuchten die B. an ihren asketischen Ursprüngen festzuhalten und blieben bis ins 12. Jh. der einzige Mönchsorden. Die im Hochmittelalter entstehenden neuen Orden leiteten sich entweder von den B. her (↑Zisterzienser) oder standen in bewusstem Gegensatz zu diesen (↑Bettelorden). Seit dem 15. Jh. schlossen sich die B. zu größeren Verbänden zusammen, unter denen die Kongregation der Mauriner (gegründet im 17. Jh.) besondere Verdienste um die Entstehung der Geschichtswissenschaft erwarb. Durch die Französische Revolution und die ihr folgende Säkularisation hart getroffen, erfolgte im 19. Jh. eine Wiederbelebung des Ordens, der heute noch großen Einfluss in der katholischen Kirche ausübt.

Benefizium [von lateinisch »Wohltat«]:
◆ im mittelalterlichen weltlichen Recht eine Form der Landleihe. Das B. wurde dem Vasallen zu seinem Unterhalt verliehen, wofür dieser militärische Dienste zu leisten hatte (↑Lehnswesen). – Siehe auch ↑Besançon, Reichstag von.
◆ (Pfründe): im katholischen Kirchenrecht ein von der zuständigen kirchlichen Autorität errichtetes Rechtsinstitut, das aus Kirchenamt und nutzungsfähiger Vermögensmasse besteht, deren Ertrag dem Unterhalt des Amtsinhabers dienen soll.

Beneš-Dekrete: Bezeichnung für verschiedene Erlasse (1945) des tschechoslowakischen Präsidenten E. BENEŠ mit Gesetzescharakter und das Amnestiegesetz (1946). Sie ermöglichten die entschädigungslose Enteignung der Sudeten- und Karpatendeutschen sowie der Ungarn wie auch deren Vertreibung aus der Tschechoslowakei. Die B.-D. wurden am 24. April 1946 von dem tschechischen Parlament bestätigt.

Bergbau: Vielfach wurden in Europa bereits in der Stein- und Bronzezeit mit Über- und Untertagebau Kupfer und Edelmetalle gewonnen. Eisenerze wurden seit der Hallstattzeit in Europa gewonnen und in Brennöfen verhüttet. In der griechischen und römischen Antike betrieben der Staat oder konzessionierte Unternehmen mit Sklaven und Soldaten die Bunt- und Edelmetallgruben. Im frühen Mittelalter wurden zunächst Fronarbeiter im B. eingesetzt.

Das erstmals 1158 auf dem ↑Ronkalischen Reichstag kodifizierte **Bergregal** (↑Regalien) gab dem Kaiser das Recht am Abbau aller Mineralien einschließlich des Salzes. Mit den ↑Fürstenprivilegien ging das einträgliche Bergregal an die Landesfürsten über, die gegen eine Abgabe (**Berggefälle**) Genossenschaften oder Geldgeber mit dem Abbaurecht (**Bergfreiheit**) belehnten. Das hohe Risiko des B. (ungewisse Fündigkeit, Gefahr des Wassereinbruchs) und die hohen Erschließungskosten führten in der frühen Neuzeit zur Bildung genossenschaftlicher Gewerke, die in der Art von Aktien sog. Kuxe als Anteilscheine am B. erhielten.

Für die Bergleute brachte der Aufstieg des deutschen B. eine hohe Anerkennung sowie verschiedene Privilegien und Vorformen von Tarifverträgen, Sozialeinrichtungen und gewerkschaftsähnlichen Zusammenschlüssen von Steigern und Knappen (Gedinge).

Im Absolutismus löste das vom Landesherrn favorisierte Direktionsprinzip mit an Bergakademien ausgebildeten Bergbeamten das Gewerkwesen ab, um durch den staatlichen B. die Landesfinanzen zu sanieren. Der gewaltige Kapitalbedarf in der Zeit der ↑Industriellen Revolution ließ jedoch wiederum private Bergbaugesellschaften hervortreten, wobei die Dampfmaschine eine gewaltige Steigerung der Eisenerz- und Steinkohlenförderung durch das selektive Abpumpen des Wassers sowie durch tiefere Schachtanlagen in bisher unerreichbaren Abbaufeldern ermöglichte.

B

Bergpartei (Montagnards): während der Französischen Revolution Bezeichnung für die radikalste Gruppe im ↑Nationalkonvent, wo ihre Mitglieder auf den höher gelegenen Rängen saßen. Die B. war zwar keine in sich geeinte Partei mit einheitlichem Programm, bildete aber eine geschlossene Front gegenüber den gemäßigteren ↑Girondisten. Die berühmtesten Montagnards waren DANTON, MARAT und ROBESPIERRE. Nach 1795 wurden die Mitglieder der B. verfolgt und aus dem politischen Leben ausgeschaltet. – Siehe auch ↑Jakobiner.

Berliner Mauer: Bauarbeiter schließen im Mai 1962, bewacht von einem Volkspolizisten, die durch einen Sprengstoffanschlag beschädigte Mauer an der Bernauer Straße.

Berliner Blockade: die von der UdSSR im Zuge der verschärften Ost-West-Spannung verfügte Sperrung der Land- und Wasserwege für den Personen- und Güterverkehr zwischen Berlin-West und Westdeutschland vom 24. Juni 1948 bis zum 12. Mai 1949. Die B. B. sollte die westlichen Alliierten zur Aufgabe der wirtschaftlichen und politischen Verbindungen von Berlin-West mit den westlichen Besatzungszonen zwingen. Während der B. B. sicherte die ↑Berliner Luftbrücke die Versorgung von Berlin-West.

Berliner Kongress: Zusammenkunft führender Staatsmänner der europäischen Großmächte Großbritannien, Frankreich, Russland, Deutschland, Österreich-Ungarn und Italien sowie der Türkei in Berlin vom 13. Juni bis 13. Juli 1878. Anlass war der Vorfriede von ↑San Stefano (1878), durch den Russland seinen Einfluss auf dem Balkan so vergrößert hatte, dass Großbritannien und Österreich-Ungarn sich in ihren Interessen bedroht fühlten. Unter dem Vorsitz des deutschen Reichskanzlers BISMARCK, der das deutsche Desinteresse am Balkan bekundet hatte, wurde folgender Kompromiss ausgehandelt: Russland verzichtete auf das Protektorat Großbulgarien, das in ein der Türkei tributpflichtiges Fürstentum umgewandelt wurde. Dafür erhielt Russland von Rumänien Teile Bessarabiens, Rumänien selbst wurde ebenso wie Serbien und Montenegro unabhängig. Österreich-Ungarn wurde das Recht zur Okkupation Bosniens und der Herzegowina zugesprochen, Großbritannien erhielt Zypern. Der B. K. steigerte zwar das internationale Ansehen Deutschlands, die Machtminderung jedoch, die Russland hinnehmen musste, bewirkte eine Abkühlung des deutsch-russischen Verhältnisses und eine Verschärfung der russisch-österreichischen Rivalität auf dem Balkan.

Berliner Luftbrücke: Bezeichnung für die Versorgung von Berlin-West auf dem Luftweg durch die westlichen Alliierten vom 26. Juni 1948 bis 12. Mai 1949 während der ↑Berliner Blockade. Entscheidenden Anteil am Gelingen der B. L. hatte der amerikanische General und zeitweilige Stadtkommandant L. D. CLAY.

Berliner Mauer: von der DDR-Regierung mit Zustimmung der Mitglieder des ↑Warschauer Pakts veranlasste Sperrmaßnahmen, die seit dem 13. August 1961 die Sektorengrenze zwischen Berlin-Ost und Berlin-West bis auf wenige kontrollierte Übergänge hermetisch abriegelten. Der Bau der B. M. war Teil einer umfassenden militärisch gesicherten Absperrung der DDR zum Westen mit dem Ziel, den Flüchtlingsstrom zu stoppen. Nach der Lösung der ↑Berlinfrage und der Vereinigung der Deutschen wurde die B. M. 1990 abgerissen.

Berliner Vertrag: ↑Rapallovertrag.

Berlinfrage: die besondere Situation der Stadt Berlin nach 1945, die aus einem Komplex verschiedener politischer, juristischer, ökonomischer und sozialer Probleme resultierte.

Die Entstehung der Berlinfrage: Aufgrund der in den Londoner Protokollen 1944 von den USA, Großbritannien und der UdSSR getroffenen (von Frankreich 1945 akzeptierten) Vereinbarungen und aufgrund der Berliner Viermächteerklärung vom 5. Juni 1945 wurde Berlin von britischen, französischen, amerikanischen und sowjetischen Truppen besetzt und, in vier Sektoren aufgeteilt, der gemeinsamen Verwaltung durch die Alliierte Hohe Kommandantur Berlin unterstellt. Damit wurde die Stadt 1945 keiner der vier Besatzungszonen zugeschlagen, sondern stellte einen besonderen Teil Deutschlands dar. Die Westmächte (wie die UdSSR) hatten somit in Berlin originäre Rechte erworben, die ihnen aufgrund ihres Sieges im Zweiten Weltkrieg zugefallen waren. Die UdSSR räumte den Westmächten zwar Zugangsmöglichkeiten nach Berlin auf dem Land- und Luftweg ein, die Westmächte sahen es aber nicht als notwendig an, diese Angelegenheit im Einzelnen zu regeln. Die wachsenden Spannungen zwischen den Westalliierten und der UdSSR in der Deutschlandpolitik übertrugen sich auch auf die Viermächteverwaltung Berlins. Nachdem die UdSSR bereits im März 1948 den ↑Alliierten Kontrollrat verlassen hatte, stellte sie am 16. Juni auch ihre Mitarbeit in der Alliierten Hohen Kommandantur Berlin ein. Als Reaktion auf die ↑Währungsreform und den Anschluss der Westsektoren Berlins an das Währungs- und Wirtschaftssystem der Westzonen verhängte die UdSSR die ↑Berliner Blockade. Die Sprengung der im sowjetischen Sektor tagenden Stadtverordnetenversammlung durch die SED am 6. September 1948 hatte die Trennung der politischen Selbstverwaltungsorgane der Stadt und damit die Spaltung Berlins zur Folge. Faktisch blieb seit 1948 die Anwendung des Viermächtestatus auf die gemeinsame alliierte Verwaltung der Luftsicherheitszentrale und des Kriegsverbrechergefängnisses im West-Berliner Bezirk Spandau beschränkt.

Die Berlinfrage im Zeichen der Spaltung Deutschlands: Mit der Bildung zweier deutscher Staaten 1949 wurde die Situation Berlins zusätzlich erschwert. Während von der DDR (mit Billigung der UdSSR) Berlin-Ost als Hauptstadt angesehen wurde und dementsprechend die Beschränkungen des Viermächtestatus nach und nach einseitig von der DDR aufgehoben wurden, galten diese Beschränkungen für Berlin-West weiterhin: Im Grundgesetz und in der 1950 mit Billigung der Westmächte geschaffenen Verfassung von Berlin wurde die Stadt zwar zu einem Land der Bundesrepublik Deutschland erklärt, doch setzten die Westalliierten diese Bestimmung außer Kraft und erklärten, dass Berlin »nicht durch den Bund regiert werden« und nicht als Bundesland in die Verfassungsorganisation der Bundesrepublik Deutschland einbezogen werden dürfe. Bundesgesetze mussten in einem formalen Verfahren vom Berliner Abgeordnetenhaus übernommen werden, um auch hier rechtskräftig zu werden, doch konnten die Westalliierten ihr Veto dagegen einlegen (wie z.B. beim Wehrpflichtgesetz).

Die Forderung der UdSSR 1958, Berlin-West in eine entmilitarisierte »freie Stadt« umzuwandeln, wurde, wie auch alle folgenden Versuche, den Viermächtestatus Berlins für ungültig zu erklären, von den Westalliierten zurückgewiesen. Höhepunkt der sich verschärfenden Spannungen war der Bau der ↑Berliner Mauer 1961. Die politischen Vorstöße der UdSSR und der DDR in der Folgezeit zielten auf die Isolierung von Berlin-West von der Bundesrepublik Deutschland. Erst mit dem Viermächteabkommen über Berlin vom 3. September 1971 (am 3. Juni 1972 in Kraft getreten) fand die grundsätzliche Problematik um den Status von Berlin-West einen vorläufigen Abschluss: Das durch Vereinbarungen zwischen beiden deutschen Regierungen und zwischen dem Senat von Berlin-West und der Regierung der DDR ergänzte Vertragswerk bestätigte die Bindung zwischen den Westsektoren Berlins und der Bundesrepublik Deutschland, wobei jedoch erneut darauf hingewiesen wurde, dass Berlin-West kein konstitutiver Teil der Bundesrepublik Deutschland sei und auch nicht von ihr regiert werden dürfe. Darüber hinaus verpflichtete sich die UdSSR, den Transitverkehr ziviler Personen und Güter durch das Gebiet der DDR zu erleichtern und nicht zu behindern sowie Kontakte zwischen Berlin-West und Berlin-Ost sowie der DDR zu ermöglichen.

Das Ende der Spaltung: Auf der Grundlage der Anerkennung des bestehenden Zustands schlugen nunmehr selbst schwere politische Auseinandersetzungen im Ost-West-Konflikt (z.B. die Nachrüstungsdebatte zu Beginn der 1980er-Jahre) in der B. nicht mehr durch. Mit dem Fall der Berliner Mauer (9. November 1989), dem Ende der DDR und der ↑Wiedervereinigung 1990 wurde Gesamt-Berlin Land und Hauptstadt der Bundesrepublik Deutschland.

Bernadotte [französisch bɛrnaˈdɔt]: französisches Geschlecht, dem J.-B. Bernadotte, der spätere schwedische König Karl XIV. Johann (1818–44) entstammte, der das heute noch in Schweden regierende Herrscherhaus begründete.

Besançon, Reichstag von [französisch bəzɑ̃ˈsɔ̃]: Auf dem 1157 in Besançon von Friedrich I. Barbarossa einberufenen Reichstag wurde ein päpstliches Schreiben Hadrians IV. verlesen, in dem er die Übertragung der Machtfülle des Kaisertums als »beneficium« bezeichnete. Der Kanzler Friedrichs I., Rainald von Dassel, übersetzte den mehrdeutigen Begriff (wörtlich »Wohltat«) im Sinne des Lehnsrechts als »Lehen«, eine Übersetzung, die durchaus dem päpstlichen Anspruch auf die Oberhoheit über das Kaisertum entsprach. Die Reichsfürsten lehnten diesen Anspruch der Kurie empört ab, der Kaiser seinerseits wies in einem Antwortschreiben die päpstliche Auffassung zurück und verdeutlichte seine Vorstellung von einem Nebeneinander beider Ansprüche und einem Zusammenwirken von Kaisertum und Papsttum unter Betonung der Unabhängigkeit des Kaisertums von der Kirche. Die Einigkeit von Kaiser und Reichsfürsten in dieser Frage zwang Hadrian IV., offiziell zu erklären, dass der Begriff »beneficium« nicht in der Bedeutung von »Lehen«, sondern von »Wohltat« aufzufassen sei.

Besatzungsstatut: von den drei westlichen Besatzungsmächten USA, Großbritannien und Frankreich einseitig erlassene Regelung des Verhältnisses ihrer Hoheitsorgane zu denen der Bundesrepublik Deutschland.

Das B. trat am 21. September 1949 nach der Konstituierung der Verfassungsorgane der Bundesrepublik Deutschland in Kraft. Es beendete die Militärregierung in den drei westlichen Besatzungszonen; an die Stelle des ↑Alliierten Kontrollrats trat die ↑Alliierte Hohe Kommission. Durch das B. wurde Bund und Ländern die volle gesetzgebende, vollziehende und rechtsprechende Gewalt übertragen. Die Besatzungsmächte behielten sich jedoch die Zuständigkeit u.a. in folgenden Punkten vor: 1. Außenpolitik, Entmilitarisierung, Reparationen, Sicherheit der alliierten Streitkräfte, Industriekontrolle, Überwachung des Außenhandels und der Devisenwirtschaft; 2. für den Fall einer Gefährdung der Sicherheit oder der demokratischen Ordnung die Wiederaufnahme der Ausübung der vollen Gewalt. Durch die Revision des B. vom

6. März 1951 wurden die Vorbehaltsrechte der Besatzungsmächte weiter abgebaut und der Bundesrepublik Deutschland v.a. die Pflege der auswärtigen Beziehungen ermöglicht. Das B. wurde am 5. Mai 1955 mit dem Beitritt der Bundesrepublik Deutschland zur NATO aufgehoben, wenngleich die Alliierten bestimmte Vorbehaltsrechte bis 1990 ausüben konnten.

Besthaupt (mittellateinisch Mortuarium): mittelalterliche Abgabe der Erben eines Hörigen (↑Hörigkeit) an den Herrn, meist das beste Stück Vieh, bei Frauen deren bestes Kleid (Gewandfall). Im Laufe der Zeit nahm die Abgabe den Charakter einer Erbschaftsteuer an, die Naturalleistung wurde in eine Geldleistung umgewandelt.

Bettelorden (Mendikanten): im 13. Jh. im Gefolge der ↑Armutsbewegung entstandene Orden, zu denen v.a. die ↑Franziskaner, die ↑Dominikaner und die ↑Augustiner zählten. Die B. propagierten sowohl für ihre einzelnen Mitglieder als auch für ihre Gemeinschaften die Besitzlosigkeit; ihren täglichen Unterhalt sollten sie sich durch erbettelte Almosen verschaffen. Den B. war bei ihrer Gründung das Ziel gesetzt worden, die vielfach zur Ketzerei tendierende Armutsbewegung wieder fest an die Kirche zu binden. Zu diesem Zweck entfalteten die B. eine lebhafte Agitation v.a. in den Städten, wo sie bald einen festen Rückhalt in der Bevölkerung gewannen.

Biedermeier: Das Wort B. entstammt der Kritik des Realismus an der allgemeinen politischen Haltung und den künstlerischen Ausdrucksformen der Restaurationszeit, wie sie durch die satirische Figur des »Schulmeisters Gottlieb Biedermaier« (von L. EICHRODT und A. KUSSMAUL in den »Fliegenden Blättern« 1855–57) karikiert wurden. Erst Ende des 19. Jh. wandelte sich die Bedeutung ins Positive im Sinne von »gute alte Zeit«. Das B., zeitlich zwischen 1815 und 1848 angesiedelt, wird in Bezug auf die politischen Entwicklungen auch als ↑Restauration oder ↑Vormärz bezeichnet. Die allgemeine nationale Enttäuschung und Hoffnungslosigkeit nach den ↑Befreiungskriegen, die politische Unfreiheit und wirtschaftliche Krisensituation führten vielfach zu einer Abkehr von der Politik, von philosophischen Leitvorstellungen bis hin zum Lebensüberdruss. Das desillusionierte Bürgertum zog sich resignierend in den überschaubaren, unpolitischen häuslichen Bereich oder in kleinere Freundesgruppen zurück.

Bilderstreit: der Streit um Christus-, Marien- und Heiligenbilder und deren Verehrung, im Byzantinischen Reich im 8. und 9. Jh. ausgelöst durch das 730 erlassene Bilderverbot Kaiser LEONS III. Die Konzilien von 787 und 843 sprachen sich jedoch erneut für die Bilderverehrung aus. – Im Abendland verwarf KARL DER GROSSE zwar die Verehrung und Anbetung der Bilder, wandte sich jedoch nicht gegen ihre Anbringung. In der Zeit der Reformation erwachte der B. erneut und mündete in zahlreichen Fällen in einen **Bildersturm,** bei dem bildliche Darstellungen CHRISTI und der Heiligen beseitigt und zerstört wurden.

Bill of Rights [englisch 'bɪl əv 'raɪts]: englisches Staatsgrundgesetz, das 1689 die verfassungsrechtlichen Ergebnisse der ↑Glorious Revolution sicherte. In 13 Artikeln wurde unter Berufung auf bestehendes Recht und unter Hinweis auf entsprechende Rechtsbrüche JAKOBS II. die Macht des Königs eingegrenzt und die des Parlaments gefestigt (u.a. durch den Verzicht der Krone auf Außerkraftsetzung von Gesetzen, auf kirchliche Sondergerichtsbarkeit, auf Besteuerungen und Truppenaushebungen ohne Zustimmung des Parlaments, dessen Wahlen und Redefreiheit garantiert wurden). Darüber hinaus wurden das Petitionsrecht sowie ordentliche Gerichtsverfahren durch Geschworenengerichte gewährleistet. Schließlich regelte das Dokument die Thronfolge, von der die katholischen Stuarts künftig ausgeschlossen blieben. Indem die Zustimmung WIL-

HELMS III. VON ORANIEN und seiner Gemahlin zur Voraussetzung für deren Thronerhebung gemacht wurde, verkörperte die B. of R. zugleich den Sieg des englischen Parlaments über die Krone und leitete die Entwicklung zum ↑Parlamentarismus ein.

Binger Kurverein: die am 17. Januar 1424 geschlossene Einung (im mittelalterlichen Recht eine beschworene Übereinkunft) der Kurfürsten mit dem Ziel, Streitigkeiten untereinander friedlich beizulegen, die ↑Hussiten zu bekämpfen und sich in wichtigen Reichs- und Kirchenangelegenheiten auf eine gemeinsame Handlungsweise zu einigen. Der B. K., der ein kurfürstliches Mitregierungsrecht beanspruchte, war gegen König SIGISMUND gerichtet, blieb jedoch ohne Wirkung, da der König einzelne Kurfürsten auf seine Seite ziehen konnte.

Bioterrorismus: ↑Terrorismus.

Bischof [von griechisch epískopos »Aufseher«]: kirchlicher Würdenträger, der ein bestimmtes Gebiet (Sprengel, ↑Bistum) selbstständig verwaltet oder eine allgemeine leitende Funktion innehat (**Landesbischof**).

Bischofsstadt: Residenz eines ↑Bischofs mit der Bischofskirche (Dom). Im Mittelalter war der Bischof oft auch Stadtherr der gesamten B. oder eines durch Immunität räumlich und rechtlich abgegrenzten Bezirks (↑Domfreiheit) innerhalb einer größeren Stadt.

Bismarcks Bündnissystem: Nach der Gründung des Deutschen Reichs (1871) war die Außenpolitik BISMARCKS auf Erhaltung und Sicherheit des Status quo (der gegebenen territorialen und machtpolitischen Verhältnisse) ausgerichtet. Die »Revanche« (↑Revanchismus) Frankreichs für den verlorenen Krieg 1870/71 und v.a. für den Verlust Elsass-Lothringens fürchtend, strebte BISMARCK die Isolierung Frankreichs und die gleichzeitige Einbindung des Deutschen Reichs in ein umfassendes europäisches Bündnissystem an. Grundlage dafür war die Vorstellung des ↑Gleichgewichts der europäischen Mächte, wechselseitiger Sicherheit, Ablenkung europäischer Gegensätze an die Peripherie (↑Kissinger Diktat vom 14. Juni 1877) und die Furcht vor einem Deutschlands Existenz gefährdenden Zweifrontenkrieg gegen Frankreich und Russland. B. B. (↑Dreikaiserbund 1873 und 1881, ↑Zweibund 1879, ↑Dreibund 1882, ↑Mittelmeerabkommen und ↑Rückversicherungsvertrag 1887) war nicht auf einen Kriegsfall hin konzipiert, sondern sollte die europäische Friedensordnung abstützen. Erst gegen Ende der Kanzlerschaft BISMARCKS wurden in der französisch-russischen Annäherung die Grenzen seines Systems sichtbar.

Mit der Entlassung BISMARCKS (1890) wurden seine Vorstellungen zugunsten eines neuen Kurses aufgegeben. Der neue Reichskanzler G. L. VON CAPRIVI hielt einen Zweifrontenkrieg gegen Frankreich und Russland für unvermeidlich und wollte daher die Bundesgenossen, besonders Österreich-Ungarn, fester an Deutschland binden. So wurde auf seine Veranlassung 1890 der Rückversicherungsvertrag mit Russland nicht mehr erneuert, wodurch Russland frei wurde für ein Bündnis mit Frankreich. B. B. brach endgültig auseinander, als Deutschland Großbritannien durch seine Flottenpolitik brüskierte und die Bündnisverhandlungen (1898–1901) scheitern ließ, ohne die britische Warnung, man werde mit Frankreich und Russland zusammengehen, ernst zu nehmen. Mit dem Abschluss der britisch-französischen ↑Entente 1904 und der ↑Tripelentente mit Russland 1907 war aus der von BISMARCK angestrebten Isolierung Frankreichs eine des Deutschen Reichs geworden.

Bismarcks Sozialgesetzgebung: ↑soziale Sicherheit.

Bistum: kirchlicher Gerichts- und Verwaltungsbezirk, der von einem ↑Bischof geleitet wird; häufig gleichbedeutend mit ↑Diözese.

Bizone: ↑Vereinigtes Wirtschaftsgebiet.

Bismarcks Bündnissystem

B

Björkö, Vertrag von: auf der finnischen Insel Björkö am 25. Juli 1905 von Kaiser WILHELM II. und Zar NIKOLAUS II. unterzeichnetes deutsch-russisches Defensivbündnis, das durch die Einbeziehung Frankreichs zu einem antibritischen Kontinentalblock erweitert werden sollte. Dieser Versuch einer erneuten deutsch-russischen Annäherung scheiterte an der Ablehnung des V. v. B. durch den deutschen Reichskanzler B. H. M. FÜRST VON BÜLOW und durch den russischen Außenminister W. N. LAMSDORF, die den Vertrag für unvereinbar mit den bestehenden Bündnisverhältnissen hielten.

Blaue Division (spanisch División Azul): ein militärischer Verband spanischer Freiwilliger, der während des Zweiten Weltkriegs 1941–43 in der UdSSR auf der Seite Deutschlands kämpfte.

Blitzkrieg: zu Beginn des Zweiten Weltkriegs entstandene Bezeichnung für die innerhalb kurzer Zeit entschiedenen Feldzüge in Polen und Frankreich.

blockfreie Staaten: Staaten, die sich im Ost-West-Konflikt als neutral bezeichneten und weder einem östlichen noch einem westlichen Bündnis angehören wollten. 1961 traten die b. S. erstmals in der Belgrader Konferenz zusammen. Besonders in den UN gewannen die b. S. in der Folgezeit politisches Gewicht, wenn es aufgrund der widerstreitenden Interessen auch zu keinem dauerhaft geschlossenen Handeln der b. S. kam.

Blois, Vertrag von [französisch blwa]: Am 22. September 1504 vereinbarten Kaiser MAXIMILIAN I. und König LUDWIG XII. von Frankreich, CLAUDIA, die Tochter LUDWIGS XII., der keine männlichen Nachkommen hatte, mit dem Enkel MAXIMILIANS I., KARL (V.), zu verheiraten. Als Mitgift wurden dem Paar die Bretagne, das Herzogtum Burgund und Mailand versprochen, das LUDWIG XII. von MAXIMILIAN I. als Lehen erhalten sollte. Als 1505 die Belehnung mit Mailand vollzogen war, verheiratete LUDWIG XII. seine Tochter mit seinem Neffen und Nachfolger FRANZ (I.) VON ANGOULÊME. Trotz dieser persönlichen und politischen Niederlage schloss MAXIMILIAN I. 1508 mit LUDWIG XII. die Liga von ↑Cambrai.

Blut und Eisen: ↑Eisen und Blut.

Bodenreform: Reform des Besitzrechts am Boden mit dem Ziel einer ausgeglicheneren Verteilung. – In Deutschland entstand 1888 der Deutsche Bund für Bodenreform (seit 1898 Bund der deutschen Bodenreformer), dessen Politik 1935 maßgeblich von A. DAMASCHKE bestimmt wurde. Zwar wurde auf Initiative des Bundes in die Weimarer Reichsverfassung der Art. 155 aufgenommen, der das Ziel einer B. bestätigte und auf dessen Grundlage 1920 das Reichsheimstättengesetz beschlossen wurde, eine grundsätzliche B. unterblieb jedoch.

Im Unterschied zu den liberalen Bestrebungen einer B. fordert der Marxismus die Aufhebung aller privaten Besitzrechte am Boden. Mit diesem langfristigen Ziel wurde nach 1945 in der sowjetischen Besatzungszone eine B. durchgeführt, indem der landwirtschaftlich genutzte Boden zunächst durch Aufteilung des Großgrundbesitzes gleichmäßig verteilt und anschließend die bäuerlichen Betriebe zwangsweise zu landwirtschaftlichen Produktionsgenossenschaften (LPG) zusammengeschlossen wurden. In den Westzonen fand auf Druck der westlichen Alliierten und unter Gewährung von Entschädigungen ebenfalls eine B. statt mit dem Ziel, zum einen den Großgrundbesitz zu reduzieren, zum anderen Land für die heimatvertriebenen Bauern zu beschaffen.

Bogomilen (Bogumilen): nach dem bulgarischen (oder makedonischen) Priester BOGOMIL benannte, im 10. Jh. entstandene Sekte auf dem Balkan. Extrem kirchenfeindlich eingestellt, vertraten die B. eine dualistische Lehre. Ausgehend von dem Glauben an das Prinzip des Guten und das des Bösen, vertraten sie die Auffassung, dass die Welt in ihrer materiellen Ausgestaltung vom Prinzip des Bösen beherrscht sei. Dementsprechend forderten die B. die Loslösung von der Welt durch strenge Askese und eine allein geistig bestimmte Religiosität, um so die Vollkommenheit bereits im Diesseits zu verwirklichen. Die B. erreichten ihre größte Anhängerschaft auf dem Balkan im 12./13. Jh. und beeinflussten die Entstehung der Ketzerbewegung in Italien und Südfrankreich. – ↑Katharer, ↑Albigenser.

Böhmische Brüder (Böhmische und Mährische Brüder): vorreformatorische, an JAN HUS (↑Hussiten) anknüpfende religiöse Reformbewegung in Böhmen. Seit 1467 mit Gruppen der ↑Taboriten, Utraquisten und Waldenser in der so genannten Brüderunität vereinigt, bekannten sich die B. B. zu einer Lebensführung nach dem Vorbild CHRISTI (Armut, Ablehnung öffentlicher Ämter und Titel, Verweigerung des Kriegsdienstes). 1609 wurde den B. B. durch den Majestätsbrief Kaiser RUDOLFS II. die öffentliche Religionsausübung gewährt.

Böhmischer Aufstand: politisch und konfessionell begründete Revolte von 1618/19, in der sich v. a. die protestantischen böhmischen Stände gegen die Habsburger erhoben. Der B. A. wandte sich gegen die erwarteten Einschränkungen des bis 1609 errungenen ständischen Übergewichts und der Religionsfreiheit (garantiert durch den Majestätsbrief Kaiser RUDOLFS II.), als der 1617 zum böhmischen König gewählte Erzherzog FERDINAND durch die Unterstützung der Rekatholisierung den Majestätsbrief verletzte. Mit dem ↑Prager Fenstersturz vom 23. Mai 1619 begann der offene Aufstand gegen FERDINAND, den die böhmischen Stände unter Berufung auf ihr Wahlrecht am 22. August 1619 absetzten; als neuen König wählten sie den pfälzischen Kurfürsten FRIEDRICH V. (26./27. August), den man wegen seiner kurzen Regierungszeit auch spöttisch als Winterkönig bezeichnete. Dessen Wahlannahme weitete den B. A. zur Reichssache (Bündnis FERDINANDS mit der ↑Liga) aus und löste den ↑Dreißigjährigen Krieg aus. Der B. A. selbst brach nach der Niederlage des Winterkönigs in der Schlacht am Weißen Berg (8. November 1620) zusammen.

Bojar: zunächst Bezeichnung für den freien Gefolgsmann der russischen Fürsten des Kiewer Reichs, seit dem 12. Jh. für die Angehörigen der gehobenen Schicht in der Gefolgschaft der Fürsten und Teilfürsten und damit für den nichtfürstlichen Adel Russlands. Die B. bildeten zeitweilig eine politisch einflussreiche Gruppe, bis sie ab dem 15. Jh. von den Moskauer Großfürsten gewaltsam entmachtet wurden und im 16./17. Jh. in einem neuen Dienstadel aufgingen.

Bolschewiki [russisch »Mehrheitler«]: von W. I. LENIN und seinen Anhängern innerhalb der Sozialdemokratischen Arbeiterpartei Russlands (SDAPR) (↑Menschewiki) gewählte Selbstbezeichnung, die auf Abstimmungserfolge bei der Besetzung wichtiger Parteigremien auf dem II. Parteikongress 1903 zurückgeht; die B. sprachen sich dort für die Organisation als Kaderpartei (in der die Parteifunktionäre die Masse der Parteimitglieder autoritär in ihrem Sinne lenkten) aus. 1918–52 war die Bezeichnung offizieller Namenszusatz der Kommunistischen Partei Russlands bzw. der Sowjetunion: KPR (B), ab 1925 KPdSU (B).

Bolschewismus: politischer Begriff, abgeleitet von Bolschewiki, bezeichnet die Praxis des Marxismus-Leninismus in der früheren UdSSR, besonders in der Zeit J. W. STALINS. Die Kritiker der marxistisch-leninistischen Herrschaftspraxis verstanden unter B. Einparteienherrschaft sowie Unterdrückung individueller Freiheit und Polizeiterror.

Bonapartismus: eine nach NAPOLEON I. und v. a. nach NAPOLEON III. benannte autoritäre Herrschaftstechnik des 19. Jh., die im Gegensatz sowohl zur monarchisch-absolutistischen wie auch zur bürgerlich-parlamentarischen Herrschaftsform stand und in der die unbeschränkte Herrschaft eines Einzelnen mit plebiszitärer Zustimmung verbunden war. Charakteristisch war ein ungefähres Machtgleichgewicht zwischen agrarisch-konservativen und städtisch-liberalen Bevölkerungsgruppen, die sich beide zunehmend durch die Industriearbeiterschaft bedroht fühlten. Diese Situation forderte das Einverständnis mit einer von der Bürokratie getragenen und vom Militär gestützten Modernisierung von Staat, Gesellschaft und Wirtschaft, die möglichst allen sozialen Gruppen entgegenkommen wollte. Weiterhin bestehende innere Konflikte wurden durch Expansion nach außen abgeleitet.

Ansatzweise auch in der Politik BISMARCKS erkennbar, findet sich die Herrschaftstechnik des B. auch in autoritären Regimen des 20. Jh. wieder.

Bosnischer Krieg: der 1992–95 geführte Krieg zwischen den Nationalitäten der früheren jugoslawischen Provinz Bosnien und Herzegowina: den Muslimen (als nationale Gruppe), den bosnischen Serben und bosnischen Kroaten. Streitpunkt war die staatliche Organisation dieser Region und ihre territoriale Aufteilung unter die drei Nationalitäten. Nach der Ausrufung von Bosnien und Herzegowina zum unabhängigen Staat (1992) suchten die Muslime (43,7 % der Gesamtbevölkerung) die territoriale Geschlossenheit des Staatsgebiets v.a. im Kampf gegen die bosnischen Serben zu wahren. Bestimmt von der Idee der Sammlung aller Serben in einem Staat, gründeten die bosnischen Serben (31,4 % der Gesamtbevölkerung) die »Serbische Republik Bosnien-Herzegowina« als integralen Bestandteil der »Bundesrepublik Jugoslawien« (seit 1991 bestehend aus Serbien und Montenegro). Mit Unterstützung besonders Serbiens eroberten die bosnischen Serben etwa 70 % des Territoriums von Bosnien und Herzegowina. Die bosnischen Kroaten (24,9 % der Gesamtbevölkerung) besetzten Teile der Herzegowina. Im Mittelpunkt der Kämpfe zwischen Muslimen und bosnischen Serben standen neben Sarajevo (1993/94) und dem Gebiet von Bihać (Westbosnien) muslimische Exklaven in Ostbosnien (z. B. Goražde).

Unter dem Begriff »ethnische Säuberungen« vertrieben die bosnischen Serben und Kroaten die jeweils anderen Nationalitäten aus den von ihnen eroberten Gebieten. Es kam auf allen Seiten zu schweren Gräueltaten: Angehörige serbischer Milizen vergewaltigten systematisch muslimische Frauen; Tausende von Menschen fielen Massakern zum Opfer. 1993 wurde mit dem Aufbau des Internationalen Strafgerichts für Verbrecher im ehemaligen Jugoslawien begonnen (↑Kriegsverbrecherprozesse).

Mit einem Handelsembargo gegen die Bundesrepublik Jugoslawien (1994 gelockert) und einem Waffenembargo gegen die Krieg führenden Parteien (durch UN und EU) sowie durch die Entsendung von Blauhelmtruppen (seitens der UN) zum Schutz der Zivilbevölkerung und den Einsatz von NATO-Kampfflugzeugen suchten die internationalen Organisationen ein Ende des Krieges zu erreichen. Die bosnischen Muslime und Kroaten beschlossen 1994 die Gründung eines gemeinsamen Staates. Zunächst bestimmten jedoch weitere Eskalationen den B. K.: 1995 nahmen bosnisch-serbische Truppen Blauhelmsoldaten als Geiseln und eroberten die UN-Schutzzonen Srebrenica und Žepa.

Nach dem militärischen Vorstoß kroatischer Streitkräfte in serbisch besiedelte Gebiete (besonders die Krajina) im August 1995 wendete sich der B. K. zuungunsten der bosnischen Serben, und die USA unternahmen eine neue Friedensinitiative. Am 12. Oktober 1995 trat ein Waffenstillstand in Kraft; mit dem Friedensabkommen von Dayton (Ohio) am 21. November 1995 wurde ein Abkommen paraphiert (am 14. Dezember 1995 in Paris unterzeichnet), das die staatliche Einheit und Souveränität des Landes wahrt und ihm eine Verfassung gibt. Eine

B

Bosnischer Krieg

Ethnische Gliederung Bosnien und Herzegowinas vor Kriegsausbruch 1992

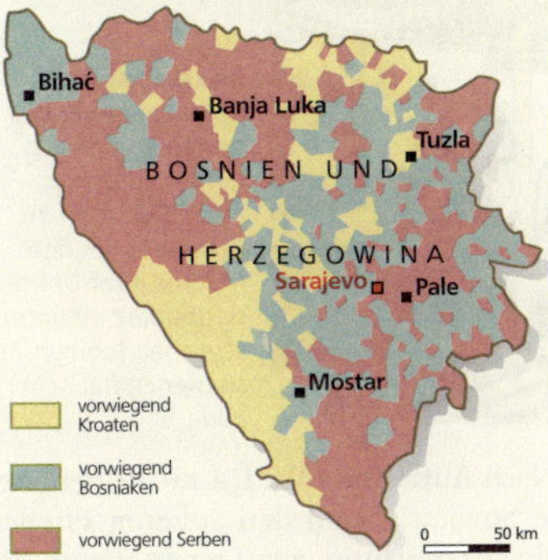

Gebietsaufteilung nach dem Friedensabkommen von Dayton 1995

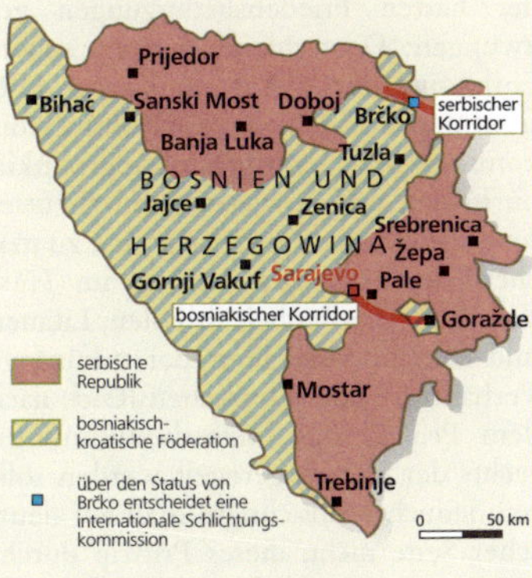

von der NATO geführte multinationale Friedenstruppe soll den Friedensprozess sichern helfen. Bei der Verwirklichung der politischen und zivilen Ziele des Friedensabkommens von Dayton (z.B. die Rückführung der Flüchtlinge in ihre Heimatorte) kam es immer wieder zu Rückschlägen.

Botschafter: ständiger höchster diplomatischer Vertreter eines Landes und persönlicher Repräsentant des Staatsoberhaupts in einem fremden Staat. Dem B. gleichgestellt ist der Vertreter des Papstes, der Apostolische Nuntius.

Boulangismus [französisch bulã'ʒɪsmʊs]: politische Strömung in Frankreich während der 80er-Jahre des 19. Jh., deren Ziel es war, das Ergebnis des ↑Deutsch-Französischen Krieges 1870/71 zu revidieren und Frankreich wieder zu internationaler Geltung als Großmacht zu verhelfen. Wortführer dieser Strömung war G. BOULANGER, Offizier, Mitglied der Kammer und 1886–87 Kriegsminister. Auch nach seinem Tod 1891 blieben die Ziele des B. in Frankreich populär.

Bourbon [französisch bur'bɔ̃] (Bourbonen): französische Dynastie, benannt nach dem Herrschaftssitz Bourbon-l'Archambault. Das Haus B. ist eine Seitenlinie der ↑Kapetinger und wurde durch einen Enkel LUDWIGS IX. von Frankreich, Graf LUDWIG I. von Clermont (1270 bis 1342), begründet, der 1327 zum Herzog von B. erhoben wurde. Die auf seine Söhne zurückgehenden Hauptlinien (eine ältere Linie, erloschen 1521/27, und eine jüngere Linie **Bourbon-Vendôme,** erloschen 1833) teilten sich in zahlreiche Nebenlinien. Die jüngere Linie gelangte mit HEINRICH IV. auf den französischen Thron (1589–1792 und 1814–30), 1830–48 mit LOUIS PHILIPPE die 1660 von ihr abgespaltene Nebenlinie **Orléans.** In Spanien begründete 1700 PHILIPP V., ein Enkel LUDWIGS XIV., die Linie **Bourbon-Anjou** (1808–14, 1868–75 und 1931–75 des Throns enthoben), die 1735–1860 in Neapel-Sizilien und 1748–1859 in Parma-Piacenza ↑Sekundogenituren innehatte.

Bourgeoisie [bʊrʒwa'zi; von französisch bourgeois »Bürger«]: ursprünglich französische Bezeichnung für die soziale Schicht zwischen Adel und Bauernschaft, entsprechend dem deutschen Begriff des ↑Bürgertums. – Im marxistischen Sprachgebrauch bezeichnet B. die herrschende Klasse der kapitalistischen Gesellschaft, die (im Gegensatz zur Arbeiterklasse) die Produktionsmittel besitzt.

Boxer: Mitglieder des Geheimbundes der Boxer bringen gefangen genommene Europäer zu Beamten, um den Mythos ihrer Unbesiegbarkeit zu unterstreichen (zeitgenössischer chinesischer Bilderbogen).

Boxer [an die Vorstellung von boxenden Fäusten anknüpfende Wiedergabe von chinesisch i-ho-ch'üan »Fäuste der Rechtlichkeit und Eintracht«]: Mitglieder eines bereits im 18. Jh. gegründeten chinesischen christen- und fremdenfeindlichen Geheimbundes, der 1900 aus Protest gegen den wachsenden Einfluss ausländischer Mächte mit der Belagerung des Pekinger Gesandtschaftsviertels und mit der Ermordung des deutschen Gesandten von Ketteler den **Boxeraufstand** auslöste; ein internationales Expeditionskorps schlug den Aufstand 1901 nieder. China musste sich in dem von Deutschland, Frankreich, Großbritannien, Japan und den USA diktierten **Boxerprotokoll** zur Bestrafung der Schuldigen und zur Zahlung einer hohen Entschädigung verpflichten.

Breschnew-Doktrin: die von L. I. Breschnew, 1964–81 Generalsekretär der KPdSU, aufgestellte These von der beschränkten Souveränität der Staaten des »sozialistischen Lagers«; sie diente der ideologischen Begründung des Einmarschs von Truppen des Warschauer Pakts in die Tschechoslowakei 1968.

Brest-Litowsk, Friede von: Friedensschluss vom 9. Februar 1918 zwischen den ↑Mittelmächten des Ersten Weltkriegs und der Ukraine, die dadurch als selbstständiger Staat anerkannt wurde, sowie vom 3. März 1918 zwischen den Mittelmächten und Sowjetrussland.

Nach Auffassung W. I. Lenins benötigte Sowjetrussland den äußeren Frieden als »Atempause« zur Durchsetzung des ↑Bolschewismus und zur Festigung der innenpolitischen Verhältnisse und sah sich aus diesem Grunde zur Annahme der harten Friedensbedingungen gezwungen; Deutschland dagegen suchte Entlastung durch Aufhebung der Ostfront und beabsichtigte, die Rohstoffvorkommen und Nahrungsmittelproduktion in den von Sowjetrussland abzutretenden Gebieten für sich nutzbar zu machen. Sowjetrussland musste im F. v. B.-L. auf seine Hoheit in Polen, Litauen und Kurland verzichten, deren künftige Verhältnisse vom Deutschen Reich nach dem Prinzip des ↑Selbstbestimmungsrechts der Völker geregelt werden sollten; jedoch beabsichtigte man auf deutscher Seite nicht, dieses Prinzip durchgängig zu verwirklichen, vielmehr wollte man die abgetretenen Gebiete in einem satellitenähnlichen Verhältnis zu Deutschland halten. Estland und Livland wurden von deutscher Polizei besetzt, die Ukraine und Finnland wurden unabhängig (ferner fielen armenische Gebiete an die Türkei). Mit diesen Gebietsabtretungen verlor Sowjetrussland etwa 75% der Produktion seiner bisherigen Stahl- und Eisenindustrie sowie der Kohlenbergwerke. Darüber hinaus musste es sich in einem Zusatzabkommen zur Zahlung einer Kriegsentschädi-

gung von 6 Mrd. Goldmark verpflichten.
Nach dem deutschen Zusammenbruch im November 1918 wurde der F. v. B.-L. von den Mächten der ↑Entente und von Sowjetrussland für ungültig erklärt.

Breve [von lateinisch brevis »kurz«]:
- Zeugenurkunde des Frühmittelalters.
- im Vergleich mit einer ↑Bulle eine kürzere und weniger feierliche Form der päpstlichen Urkunde.

Briand-Kellogg-Pakt: ↑Kellogg-Pakt.

Briefadel: im Unterschied zum Uradel der durch einen so genannten **Adelsbrief** verliehene Adel. Ursprünglich war die Erhebung einzelner Personen oder ganzer Familien in den Adelsstand Privileg des Souveräns, z. B. des Kaisers. Mit der Erlangung eigener Souveränität 1806 bzw. 1815 hatten alle deutschen regierenden Fürsten bis 1918 das Recht der Nobilitierung und Standeserhebung (↑Adel).

Briganten [italienisch]: Bezeichnung für Aufwiegler, Unruhestifter, auch für Straßenräuber.

Bronzezeit: zwischen Kupfer- und Eisenzeit gelegene Epoche der Vor- und Frühgeschichte, die in Mitteleuropa von etwa 1800 bis 800/700 v. Chr. dauerte und sich von Südosteuropa bis Skandinavien (etwa ab 1500 v. Chr.) ausbreitete. Die B. ist gekennzeichnet durch die Produktion von Bronze (aus Kupfer und Zinn) und deren Verarbeitung zu Waffen, Schmuck und Geräten (z. B. für den Ackerbau), jedoch blieben Stein und Ton weiter in Gebrauch. Neu waren Gussformen, die immer nur einmal verwendet werden konnten (z. B. für Äxte); es entwickelte sich ein ausgedehnter Handel mit Metallen und deren Produkten. Die Menschen der B. lebten überwiegend von Ackerbau und Viehzucht, wobei das Pferd zum Haustier wurde. Siedlungen lagen oft an Seeufern (Pfahlbauten).

Brüsseler Pakt (Brüsseler Fünfmächtevertrag): der Zusammenschluss Frankreichs, Großbritanniens, Belgiens, der Niederlande und Luxemburgs vom 17. März 1948 »zur kollektiven Verteidigung und zur wirtschaftlichen, sozialen und kulturellen Zusammenarbeit«. Der B. P. stellt eine Erweiterung des Vertrags von Dünkirchen, 1947 zwischen Frankreich und Großbritannien abgeschlossen, dar. Mit dem Beitritt Italiens und der Bundesrepublik Deutschland 1954 wurde der B. P. zur ↑Westeuropäischen Union erweitert.

Budget [französisch by'dʒe:] (Etat): der meist für ein Jahr aufgestellte staatliche Haushaltsplan. Öffentlichkeit und parlamentarische Verabschiedung des B. gehören zu den Grundsätzen einer demokratischen Ordnung.

Budgetrecht: das Recht der Volksver-

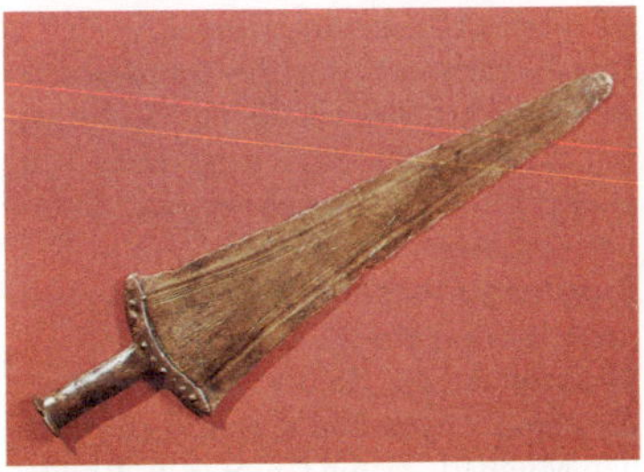

Bronzezeit: Der übergroße Vollgriffdolch der ausgehenden Frühbronzezeit wurde in Lüben (Kreis Deutschkrone) gefunden. Der fast 60 cm lange »Sonnenwagen von Trundholm« (14. Jh. v. Chr.) ist ein Zeugnis eines bronzezeitlichen Sonnenkults. Die Sonnenscheibe auf dem Wagengestell ist auf einer Seite vergoldet, auf der anderen aus Bronze – wohl ein Symbol für den Wechsel von Tag und Nacht.

tretung auf Bewilligung der staatlichen Einnahmen und Ausgaben. Das B. entwickelte sich aus dem Steuerbewilligungsrecht der Stände und nach dem Vorbild des englischen Konstitutionalismus des 19. Jahrhunderts.

Bule [bu'le; von griechisch boulē »Wille«, »Ratschluss«]: Ratsversammlung, eine neben der Volksversammlung regierende Behörde in den griechischen Stadtstaaten. Eine Vorform bildete der Adelsrat des frühen Königtums; in den Oligarchien gehörten der B. meist die ehemaligen Beamten auf Lebenszeit an (in Athen dem ↑Areopag die ehemaligen ↑Archonten). Im Zuge der Demokratisierung trat neben die alte B., die zwar entmachtet, aber beibehalten wurde, eine neue, deren Amtszeit (meist auf ein Jahr) befristet und deren Mitglieder (**Buleuten**) durch Wahl oder Los bestimmt wurden. Aufgaben der B. waren die Beaufsichtigung der Staatsverwaltung und die Ausführung der Volksbeschlüsse. In Athen schuf SOLON neben dem weiterhin bestehenden Areopag eine B. aus 400 Mitgliedern, die durch die Reformen des KLEISTHENES zum »Rat der 500« erweitert wurde.

Bulle [von lateinisch bulla »Kapsel«]: zweiseitig geprägtes rundes Urkundensiegel aus Metall (Gold, Silber oder Blei), das an der Urkunde mit Seiden- oder Hanffäden, aber auch mit Lederriemen befestigt war. **Goldbullen** waren den Herrschern vorbehalten und wurden zur Besiegelung besonders feierlicher und bedeutender Urkunden byzantinischer und abendländischer Kaiser verwendet (↑Goldene Bulle). Die Bezeichnung ging auch auf die Urkunde selbst über, die mit einer solchen B. versiegelt war.

Bulletin [byl'tɛ̃:; französisch zu mittellateinisch bulla »Urkunde«]: Tagesbericht, amtliche Bekanntmachung zur Information der Öffentlichkeit (z.B. Heeresbericht, Krankenbericht). – Auch Titel von Sitzungsberichten oder wissenschaftlichen Zeitschriften.

Bund der Kommunisten: politische Emigrantenorganisation 1847–52. Aus dem deutschen Emigrantenverein in Paris, dem **Bund der Geächteten,** ging 1837 der religiös-sozialistische **Bund der Gerechten** hervor. Zehn Jahre später geriet die Organisation unter den Einfluss von K. MARX und F. ENGELS, die 1847 dem Bund beitraten, der sich nun B. d. K. nannte und die Losung wählte: »Proletarier aller Länder, vereinigt Euch!« Im Auftrag des Bundes verfassten MARX und ENGELS als dessen Programm das ↑Kommunistische Manifest. Während der Deutschen Revolution 1848/49 kämpften die Mitglieder des Bundes, vorwiegend Intellektuelle und Handwerksgesellen, auf der Seite der radikalen Demokraten.

Bundesakte: ↑Deutsche Bundesakte.

Bundesexekution: Gemäß Art. 31 der ↑Wiener Schlussakte in Verbindung mit der Exekutionsordnung von 1820 war dem Deutschen Bund das Recht gegeben, gegen die Regierung eines Mitgliedsstaates vorzugehen, sofern diese sich in Gegensatz zu den Bestimmungen der ↑Deutschen Bundesakte oder zu anderen Bundesbeschlüssen setzte. Mögliche Maßnahmen, um einen Staat zur Einhaltung seiner Bundesverpflichtungen zu zwingen, waren die militärische Besetzung des Landes, die Übernahme der Regierungsgewalt und äußerstenfalls die Absetzung des regierenden Monarchen sowie die Aufhebung bundeswidriger Verfassungsbestimmungen.

Der B. verwandt war die **Bundesintervention** (Art. 26 der Wiener Schlussakte), d.h. die der Regierung eines Mitgliedsstaates zur Abwehr innerer Unruhen erwiesene Bundeshilfe.

Bundesgenossenkriege: Bezeichnung für drei Kriege in der Antike:

1) Krieg Athens 357–355 v. Chr. gegen die vom 2. ↑Attischen Seebund abgefallenen Mitgliedsstaaten Chios, Kos, Rhodos und Byzanz; endete mit der Niederlage Athens in Ionien und der Auflösung des Bundes.

2) Krieg PHILIPPS V. von Makedonien

und des Achäischen Bundes 220–217 v. Chr. gegen den Ätolischen Bund und Sparta; führte angesichts eines römischen Vorstoßes über die Adria zum Frieden von Naupaktos und zu einer vorübergehenden Aussöhnung der Gegner.
3) Krieg Roms gegen seine italischen Bundesgenossen 91–89 v. Chr. (auch **Marsischer Krieg** genannt). Die Bundesgenossen, die die Verteidigungslasten Roms vollständig mitzutragen hatten, forderten dafür die politischen Rechte der Römer, d. h. das volle Bürgerrecht. Als der römische Volkstribun M. LIVIUS DRUSUS, der sich für die Verleihung des Bürgerrechts an die Italiker ausgesprochen hatte, 91 v. Chr. ermordet wurde, gründeten v. a. die Marser in Mittelitalien und die Samniten in Süditalien einen eigenen Staat. Rom lenkte rasch ein: Alle Italiker südlich des Po erhielten das Bürgerrecht (90 v. Chr. die treu gebliebenen, 89 auch die zur Kapitulation bereiten Bundesgenossen). Damit brach der Aufstand der Bundesgenossen weitgehend zusammen.

Bundesheer: Heer des Deutschen Bundes, gegliedert in zehn Armeekorps (aus Preußen, Österreich und Bayern); ein Oberbefehlshaber sollte im Kriegsfall vom »Engeren Rat« der ↑Bundesversammlung gewählt werden.

Bundesintervention: ↑Bundesexekution.

Bundeskanzler: Amtsbezeichnung für den Regierungschef im ↑Norddeutschen Bund 1867–71 (danach ↑Reichskanzler), in der Bundesrepublik Deutschland seit 1949 sowie in Österreich 1920–38 und seit 1945. In der Schweiz wird der Vorsteher der Bundeskanzlei B. genannt.

Bundesländer: allgemein die Gliedstaaten eines ↑Bundesstaates; in der Bundesrepublik Deutschland die teilsouveränen Einzelstaaten (im Grundgesetz nicht als B., sondern als **Länder** bezeichnet). Im Zuge der deutsch-deutschen Vereinigung kamen 1990 zu den elf »alten« B. fünf neue sowie das ehemalige Berlin-Ost hinzu, das heute zum Land Berlin gehört; 1952 waren diese fünf Länder der DDR zugunsten von 14 Bezirken abgeschafft worden. – In Österreich wurden die neun B. 1945 in den alten Grenzen wie-

derhergestellt (der größte Teil der 1938 der Stadt Wien eingemeindeten Orte fielen 1954 an Niederösterreich zurück). – Karte S. 79.

Bundespräsident: in der Bundesrepublik Deutschland Amtsbezeichnung des Staatsoberhaupts. Der B. wird von der ↑Bundesversammlung gewählt und nimmt hauptsächlich repräsentative Funktionen wahr.

Bundespräsidium: im Deutschen Bund 1815–66 der Österreich zustehende Vorsitz in der ↑Bundesversammlung; im ↑Norddeutschen Bund 1867–71 stand dem König von Preußen das B. verfassungsgemäß zu, ebenso nach 1871 im Deutschen Reich, verbunden mit dem Titel »Deutscher Kaiser«.

Bundesrat: Verfassungsorgan eines ↑Bundesstaates, durch das die Gliedstaaten bei der Gesetzgebung und Verwaltung des Bundes mitwirken. – Im ↑Norddeutschen Bund 1867–71 und im Deutschen Reich 1871–1918 die aus 43, nach 1871 aus 58 und nach 1911 aus 61 Mitgliedern bestehende Vertretung der einzelnen deutschen Staaten. Der Vorsitz im B. lag bei dem vom König von Preußen bzw. Deutschen Kaiser ernannten Bundeskanzler bzw. ↑Reichskanzler, der die Regierungsgeschäfte führte. Der B. übte gemeinsam mit dem ↑Reichstag die Reichsgesetzgebung aus: Alle Reichsgesetze mussten nach der Zustimmung durch den Reichstag auch vom B. verabschiedet werden. – In der Bundesrepublik Deutschland seit 1949 die Vertretung der ↑Bundesländer, die bei der Gesetzgebung mitwirkt.

Bundesstaat: Staatenverbindung, in der die staatlichen Kompetenzen zwischen dem Zentralstaat (Bund) und mehreren teilsouveränen Einzelstaaten (↑Bundesländer) in einem ausgewogenen Verhältnis von ↑Föderalismus und ↑Zentralismus aufgeteilt sind.

Bundestag:

◆ im Deutschen Bund 1815–66 der ständige Kongress der Gesandten der deutschen Bundesstaaten, der in Frankfurt am Main tagte und analog zum ehemaligen Reichstag (bis 1806) B. genannt wurde, offiziell aber ↑Bundesversammlung hieß.

◆ in der Bundesrepublik Deutschland die aus Wahlen hervorgegangene Volksvertretung (Parlament), die ihrerseits den ↑Bundeskanzler wählt und gemeinsam mit dem ↑Bundesrat die Gesetzgebung ausübt.

Bundesversammlung:

◆ im Deutschen Bund 1815–66 oberstes Bundesorgan (auch ↑Bundestag genannt), das aus 69 Vertretern der deutschen Staaten gebildet wurde (wobei jedem Staat je nach Größe bis zu vier Stimmen zustanden) und das unter dem ↑Bundespräsidium Österreichs die auswärtigen, militärischen und inneren Angelegenheiten des Bundes regelte. Daneben bestand ein »Engerer Rat« (mit 17 Mitgliedern), in dem die eigentlichen Verhandlungen geführt wurden, deren Ergebnisse der B. vorgelegt wurden.

◆ in der Bundesrepublik Deutschland das Verfassungsorgan, das den ↑Bundespräsidenten wählt. Die B. setzt sich zusammen aus den Abgeordneten des ↑Bundestags und aus einer gleichen Anzahl von Mitgliedern, die von den Volksvertretungen der Länder entsandt werden.

Bundeswehr: Bezeichnung für die militärischen Streitkräfte der BRD. Der Aufbau der B. begann, nachdem sich die BRD in den ↑Pariser Verträgen 1954 zum Eintritt in die ↑Westeuropäische Union und die ↑NATO und zum Aufbau einer Armee verpflichtet hatte. Mit Grundgesetzänderungen 1954 und 1956 wurden die verfassungsrechtlichen Voraussetzungen geschaffen.

Zunächst bestand die B. nur aus Freiwilligen; 1956 wurde durch das Wehrpflichtgesetz die allgemeine Wehrpflicht eingeführt. Im Zuge der Vereinigung beider deutscher Staaten seit 1990 wurden Angehörige, Anlagen, Standorte und Ausrüstung der früheren Nationalen Volksarmee der DDR teilweise in die B.

übernommen und in den neuen Bundesländern aufgebaut.
Aufgaben: Die B. hat den Auftrag, Deutschland und seine Verbündeten zu verteidigen, bei Katastrophen zu helfen, die Integration Europas zu fördern und der internationalen Sicherheit im Einklang mit der Charta der UN zu dienen. Im Zuge der seit der Wiedervereinigung Deutschlands gewachsenen internationalen Verantwortung nahm die B. seit 1991 in Europa und darüber hinaus an verschiedenen friedenserhaltenden oder friedensschaffenden (Militär-)Aktionen der UN- oder NATO teil. Unter heftigen internen Diskussionen setzte die Bundesregierung am 16. November 2001 (Einsatz der Vertrauensfrage) den Einsatz von Bundeswehreinheiten im Rahmen des ↑Anti-Terrorismuskrieges durch.

Bundschuh:
◆ bereits bei den Germanen nachweisbare bis ins 17. Jh. beibehaltene Fußbekleidung, die über dem Fuß gebunden wurde; seit dem 13. Jh. Symbol der Bauernschaft (im Gegensatz zum adligen Stiefel).
◆ in der ersten Hälfte des 15. Jh. Name und Feldzeichen aufständischer Bauernverbände. Der erste große, rasch unterdrückte Bundschuhaufstand 1493 in Schlettstadt richtete sich v. a. gegen das geistliche Gericht und die Juden. Die folgenden Aufstände (1502 Bistum Speyer, 1513 Breisgau, 1517 Oberrhein) standen unter der Führung des Speyerer Bauern JOSS FRITZ. Unter Berufung auf das »göttliche Recht« forderten die Bauern die Aufhebung der ↑Leibeigenschaft und die Freigabe von Jagd- und Fischereirechten. – Siehe auch ↑Bauernkrieg.

Burenkrieg: Konflikt zwischen den südafrikanischen Bundesstaaten Transvaal und Oranjefreistaat und Großbritannien 1899–1902. Britisches Interesse an den Goldvorkommen in Transvaal sowie das Streben nach einem vom »Kap bis Kairo« reichenden Kolonialbesitz veranlassten den britischen Gouverneur der Kapkolonie A. MILNER damit zu drohen, die zahlreichen nach Transvaal ein-

Bundschuh: Seit Ende des 13. Jh. diente der Bundschuh den Bauern, die sich gegen ihre Obrigkeit erhoben, als Feldzeichen (Holzschnitt, 16. Jh.).

Burg

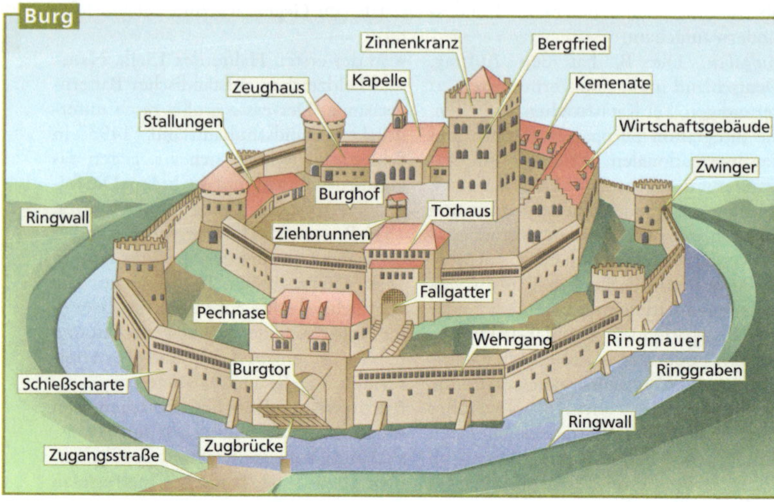

gewanderten Engländer (die so genannten Uitlanders) mit geminderter Rechtsstellung militärisch zu unterstützen. Als Großbritannien 1899 von der Burenrepublik die offizielle Anerkennung seiner Oberhoheit verlangte, zogen die Buren unter ihrem Präsidenten PAUL (»OHM«) KRÜGER im Bunde mit dem benachbarten Oranjefreistaat den Krieg vor. Nach Anfangserfolgen der Buren (60000 Buren gegen 400000 Briten) unterlagen sie schließlich und mussten im Frieden von Vereeniging (31. Mai 1902) die britische Oberhoheit anerkennen. 1907 erhielten sie volle Selbstverwaltung im Rahmen des Empire.

Burg: im keltischen, germanischen und slawischen Bereich durch Mauerwerk, Wall oder Graben gesicherte Zufluchtsstätte (**Fliehburg**) für die Stammesbevölkerung in Kriegszeiten. Im europäischen Mittelalter entwickelte sich aus dieser einfachen Schutzanlage die **Herrenburg,** eine mit besonderer Mauertechnik, Torbauten, Türmen, Magazinen, Zisternen und Wohnräumen kunstvoll ausgestattete Herrschaftsanlage des Adels, die als Residenz, als Wohn-, Verwaltungs- und Amtssitz und zugleich als Befestigungsanlage diente. Im Flachland wurden die B. mit Wassergräben (**Wasserburg**) umgeben, die eine Eroberung verhindern sollten, im bergigen Land wurden sie als **Höhenburg** angelegt.

Das Recht zum Burgenbau galt als eines der königlichen ↑Regalien (Burgregal), das später an die Landesfürsten überging. Gewöhnlich standen die einzelnen B. unter dem Befehl von belehnten ↑Burggrafen, die auch die Gerichtsbarkeit, die Verwaltung und die Verteidigung im Umkreis der B. (**Burgbezirk**) ausübten. Der umgrenzte Bezirk der B. galt als erhöhter Schutzbereich (↑Burgfriede). Durch den **Burgbann** konnte der Burgherr die abhängige Bevölkerung zu unentgeltlichen Bau- und Transportarbeiten sowie zu Verteidigungsmaßnahmen aufbieten. Mit der Erfindung der Feuer- und Geschützwaffen im 16. und v.a. im 17. Jh. entwickelte sich aus der Wohnfunktion der B. das Schloss, aus der Wehrfunktion die Festung.

Bürger: im Mittelalter der freie, vollberechtigte Einwohner einer Stadt, der das Bürgerrecht besaß, das v.a. an städtischen Grundbesitz geknüpft war. Nur der vollberechtigte B. konnte städtischen Handel oder städtisches Gewerbe treiben und hatte Anteil am politischen und sozialen Leben der Stadt.

Außerhalb des Bürgerrechts standen in der spätmittelalterlichen Stadt neben den Juden und den mit Sonderrechten ausgestatteten Klerikern v.a. unterbürgerliche Schichten (Gesellen, Gesinde, Arme) als ↑Beisassen. Während des wirtschaftlichen Höhepunkts der frühneuzeitlichen Stadt begann vorübergehend – gegen den Widerstand des Landadels – der rechtliche Begriff des B. mit allen sozialen Folgen im Südwesten und zum Teil auch im Nordosten Deutschlands auf das flache Land überzugreifen, sei es durch Aufnahme Schutz Suchender, sei es durch Einbeziehung einzelner Personen oder ganzer Gemeinden als Ausbürger oder ↑Pfahlbürger in den städtischen Rechtsverband.

In der Zeit des fürstlichen Absolutismus und des Merkantilismus entstand der neue Begriff des **exemten Bürgers,** der, frei von städtischen, dinglichen oder steuerlichen Lasten, dem Staat diente oder zum unternehmerischen Großbürgertum zählte. Diese Entwicklung leitete zum modernen Begriffsinhalt über. Innerhalb der von der politischen und sozialen Revolution um die Wende zum 19. Jh. geschaffenen Staatsbürgergesellschaft verlor der Bürgerstatus seine ständische Beschränkung, wenn auch in Abwehr des ↑vierten Standes der Begriff des politisch vollberechtigten B. im 19. Jh. meist praktisch noch eingeschränkt wurde durch die Voraussetzung selbstständiger Tätigkeit oder von Grundeigentum (z.B. beim Wahlrecht).

Die Französische Revolution führte zur Gleichsetzung des **Citoyen,** des stimm- und wahlberechtigten B. der Cité (Stadt), mit dem **Staatsbürger.** Darunter versteht man den politisch vollberechtigten Einwohner eines Staates, der die Staatsangehörigkeit durch Geburt oder Einbürgerung erwirbt. – Siehe auch ↑Bürgertum.

Bürgerkönig: Beiname für Louis Philippe, Herzog von Orléans, 1830–48 König von Frankreich; er gründete seine Herrschaft nicht auf das Prinzip der ↑Legitimität, sondern auf den »Willen der Nation«, insbesondere des liberalen Großbürgertums, das ihn 1830 nach dem Sturz Karls X. mithilfe des Zensuswahlrechts zum konstitutionellen Monarchen erhob.

Der Beiname B. spielt auf das positive Verhältnis Louis Philippes sowohl zum Bürgertum als auch zu den Ideen von 1789 an. Durch eine zunehmend reaktionäre Politik entfremdete sich der B. dem Bürgertum und wurde in der ↑Februarrevolution 1848 gestürzt.

Bürgerkrieg: bewaffnete Auseinandersetzung zwischen zwei oder mehreren politischen Gruppierungen in einem Staat um die Herrschaft. Die Abgrenzung des Begriffs B. von anderen Formen gewalttätiger politischer Auseinandersetzung (z.B. ↑Revolution, ↑Putsch, ↑Staatsstreich) ist fließend.

B. traten insbesondere im 20. Jh. auf, z.B. in Russland 1918–22, Spanien 1936–39, China 1946–49, Nigeria 1967–70, Sri Lanka seit 1981/82, Ruanda 1990–94, Bosnien und Herzegowina 1992–95. – Völkerrechtliche Probleme ergeben sich u.a. bei der Anerkennung einer Regierung, die aus einem B. hervorgegangen ist.

Bürgerliches Gesetzbuch, Abk. BGB: Nach der deutschen Einigung 1871 setzte sich die Forderung nach einem einheitlichen Privatrecht durch, das an die Stelle der aus dem Mittelalter überkommenen Zersplitterung in regional unterschiedliche Rechte treten sollte. 1874 bis 1896 erarbeiteten Reichsregierung und Reichstag ein allgemein verbindliches Zivilgesetzbuch, das BGB, das am 1. Januar 1900 in Kraft trat. Das BGB, in dem römische und altdeutsche Rechtstraditionen mit liberal-konservativen Tendenzen des 19. Jh. verschmolzen wurden, gliedert sich in einen allgemeinen Teil, in das Schuld- und Sachenrecht sowie in das Familien- und Erbrecht. Das

BGB ist in wesentlichen Teilen auch in der Bundesrepublik Deutschland noch gültig.

Bürgerrecht: die besondere Rechtsstellung des Bürgers innerhalb eines Gemeinwesens, wodurch dieser sich vom Einwohner unterscheidet. Das B. ist Grundlage der politischen Rechte. In der Antike zunächst nur auf die Stadt bzw. den Stadtstaat bezogen wie auch im Mittelalter nur für die Stadtbürger gültig, ist das B. heute an die Staatsangehörigkeit gebunden, die durch Geburt erworben wird oder auf Antrag verliehen werden kann.

Bürgerrechtsbewegung: alle organisierten Bemühungen um die Durchsetzung von Rechtsgleichheit für unterdrückte Minderheiten sowie von Bürgerrechten (z.B. Wahlrecht). Regionale Schwerpunkte von B. sind oder waren die USA, die Republik Südafrika und die ehemals kommunistischen Staaten Europas. Seit Beginn des 20. Jh. kämpfte in den USA eine B. für die Abschaffung der Benachteiligung der Schwarzen und setzte die Beseitigung der Rassentrennung und eine Bürgerrechtsgesetzgebung (1957) durch, die der schwarzen Bevölkerung die rechtliche Gleichstellung brachte.

In der Republik Südafrika, in der nur die als Weiße bezeichneten Bevölkerungsgruppen die vollen Bürgerrechte besaßen, setzten sich u.a. der ↑African National Congress, der von ihm abgespaltene Congress (PAC) und die Zuluorganisation ↑Inkatha für den Abbau des Systems der ↑Apartheid und die Bürgerrechte der nichtweißen Bevölkerung ein.

In den Staaten des Warschauer Pakts trat z.B. in der Tschechoslowakei die »Charta 77« für die Achtung der Grund- und Menschenrechte ein. In der ehemaligen DDR trug das ↑Neue Forum maßgeblich zum Sturz der SED-Herrschaft bei.

Bürgertum: zunächst Bezeichnung für den in der Stadt ansässigen Bevölkerungsteil, der vom Mittelalter bis zum Ende des 18. Jh. neben Adel und Klerus einen eigenen Stand bildete (↑dritter Stand).

Bürgertum und Entfaltung des mittelalterlichen Städtewesens: Bereits im 9. Jh., verstärkt seit dem 10. und 11. Jh., gewannen die Städte als Konzentrationspunkte der gewerblichen Produktion und des Handels an Bedeutung, die durch die Ausbildung besonderer Marktrechte und durch die Privilegierungspolitik der Herrscher noch gesteigert wurde. Als wirtschaftlich stärkste Gruppe unter den Stadtbewohnern traten die Fernhandelskaufleute hervor, die – oft in ↑Gilden organisiert – eigene Kaufmannsrechte ausbildeten und die Führung im Kampf der städtischen Bevölkerung um kommunale Selbstverwaltung übernahmen, der seit dem 11. Jh. die Geschichte des B. kennzeichnete. Entscheidend wurde dabei der bürgerliche Schwurverband (coniuratio), der die verschiedenen Gruppen der städtischen Bevölkerung, Kaufleute, die in ↑Zünften zusammengeschlossenen Handwerker und die ansässigen ↑Ministerialen des Stadtherrn, zu einer Gemeinschaft einheitlichen Rechts einte.

Das Stadtrecht löste die Bürger aus außerstädtischen herrschaftlichen Bindungen, schuf eine stadteigene Gerichtsbarkeit und regelte Rechte und Pflichten des Einzelnen gegenüber der Bürgergemeinde. Bis zum Ende des 13. Jh. hatte das B. die kommunale Selbstverwaltung weitgehend erkämpft, oft auch die vollständige Befreiung aus der Gewalt des Stadtherrn, und war als ein neuer Stand neben Adel und Kirche getreten, der seit dem Ende des 15. Jh. auch auf Reichs- und Landtagen repräsentiert war.

Wesentliche Bedeutung erlangte das mittelalterliche B. auf wirtschaftlichem und kulturellem Gebiet. Als ausschließlicher Träger des Nah- und Fernhandels spielte das B. die entscheidende Rolle bei der Intensivierung des Marktaustauschs und der Verkehrswirtschaft. Im Zusammenhang damit bildete sich seit dem 14. Jh. in Italien, im 15. Jh. auch in Deutschland eine bürgerliche internationale Hochfinanz heraus, die alle entscheidenden Formen des neuzeitlichen Finanzgeschäfts entwickelte (Bank, Wechsel, Kredit). Dadurch konnte das B. auch als Förderer der Künste in Erscheinung treten.

Das mittelalterliche B. wies eine stark differenzierte soziale Schichtung auf. Die aus Kaufmannschaft und Ministerialität hervorgegangene Oberschicht, das ↑Patriziat, wies in ihrer Lebensweise stark aristokratische Züge auf. Überwiegend in ihren Händen ruhte das Stadtregiment, wogegen besonders im 14. Jh. die in Zünften organisierten Handwerker revoltierten und vielfach eine Beteiligung an der Regierung oder sogar die alleinige Herrschaft der Zünfte erzwangen. Daneben existierte eine breite, politisch einflusslose Schicht lohnabhängiger Stadtbewohner (Gesellen, Tagelöhner) und die Stadtarmut.

Vom traditionellen Bürger zum Staatsbürger: Ein für die moderne Entwicklung wesentlicher Wandel der Situation des B. setzte im Zeitalter des Absolutismus ein. Der Begriff B. umfasste nun nicht mehr nur die rechtlich-politische, durch Bürgereid zusammengeschlossene städtische Gemeinschaft, sondern als »Bürgerliche« wurden auch Personen bezeichnet, die dieses Hauptmerkmal des traditionellen Bürgers nicht mehr aufwiesen, sodass der Begriff B. in erster Linie einen sozialen Stand kennzeichnete. Als Vertreter des technischen und wirtschaftlichen Fortschritts wurde dieses B. auch zum Hauptträger der Aufklärung und (v. a. im 19. Jh.) des Liberalismus. In den »bürgerlichen« Revolutionen des 18. und 19. Jh. erkämpfte das B. als dritter Stand seine soziale Gleichberechtigung gegenüber den privilegierten Ständen Adel und Klerus und damit die Aufhebung der Ständegesellschaft im Verfassungsstaat.

Das Ende der Ständegesellschaft führte zur Vorstellung eines allgemeinen **Staatsbürgertums** in der neuen (staats)bürgerlichen Gesellschaft. Neben dem Begriff des Staatsbürgers (französisch: citoyen) blieb jedoch auch der Begriff des ↑Bürgers als Angehöriger einer bestimmten sozialen Schicht (französisch: bourgeois) bestehen. Von Letzterem, dem Bourgeois, ist die Rede, wenn nunmehr – v. a. in der marxistischen Lehre – das B. als die wirtschaftlich und politisch herrschende Klasse der sich im 19. Jh. entwickelnden Industriegesellschaft bezeichnet und dem besitzlosen Proletariat (nicht mehr dem Adel) gegenübergestellt wird. In der Tat war das besitzende B. zunächst nicht bereit gewesen, die politische Macht an die besitzlosen Volksmassen abzugeben; vielmehr wurden im 19. Jh. durch eine Beschränkung des Wahlrechts politische Rechte an Besitz und Vermögen geknüpft.

Weitere Differenzierung: Auch das B. des 19. und frühen 20. Jh. war nicht einheitlich strukturiert und von anderen Schichten scharf abgegrenzt. Während es z. B. in Großbritannien zu einer allmählichen Angleichung des Adels an das B. kam, orientierte sich in Deutschland v. a. die bürgerliche Oberschicht weiterhin an aristokratischen Wertvorstellungen. Dem durch großes Vermögen und eine entsprechende Machtstellung gekennzeichneten **Großbürgertum** trat ein an Zahl und Bedeutung zunehmendes **Kleinbürgertum** gegenüber, das in seiner Lebensweise und in seinen Wertvorstellungen dem B. verhaftet blieb, dessen Angehörige aber nur über geringe Vermögenswerte verfügten und v. a. an der Wahrung ihrer nur unvollkommen abgesicherten Existenz interessiert waren. Politisch verhielt es sich eher passiv, neigte aber in Krisenzeiten zur Radikalisierung (daher die These vom ↑Faschismus als Radikalismus der Mittelschichten). Dieses Kleinbürgertum stand in engem Kontakt zur Arbeiterschaft und vermittelte ihr jene Wertvorstellungen und Orientierungsmaßstäbe, die man als »bürgerliches Bewusstsein« bezeichnet, und erfüllte damit eine Art gesellschaftlicher Brückenfunktion zwischen »oben« und »unten«. Aufgrund der zunehmenden Differenzie-

B

rung der sozialen Abstufungen in den modernen westlichen Industriegesellschaften lässt sich der Begriff B. heute kaum noch mit sozialökonomischen Kategorien fassen. Die moderne Soziologie verwendet daher das differenziertere Schichtenmodell, in dem von »gehobener« und »unterer« Mittelschicht, nicht mehr aber vom B. die Rede ist.

Burgfriede:

◆ Im Mittelalter war im Bereich ummauerter Anlagen (Burg, Stadt) zur Sicherung des Schutzes und des Friedens die ↑Fehde untersagt, und Friedensbruch wurde streng bestraft.

◆ politisches Schlagwort für die verabredete Einstellung innenpolitischer, v.a. parteipolitischer Auseinandersetzungen zur Überbrückung nationaler Ausnahmesituationen. Erstmals 1914 wurde von WILHELM II. der Verzicht aller Parteien auf den öffentlichen und parlamentarischen Kampf angeregt zugunsten der Konzentration aller Kräfte auf den Ersten Weltkrieg; der B. zerbrach 1917 am wachsenden Widerstand der Sozialdemokraten gegen die Fortführung des Kriegs und mit der Spaltung der SPD.

Burggraf: in mittelalterlichen Burgen und Städten der mit richterlicher Gewalt über die ihm unterstellten Burgmannen ausgestattete militärische Befehlshaber, der im Dienst des Reichs oder eines Landesherrn stand. Da die richterlichen Befugnisse v.a. im Spätmittelalter immer bedeutender wurden, ist der B. oft mit dem ↑Vogt oder ↑Schultheiß identisch.

Burgunderkriege: Bezeichnung für die Feldzüge der schweizerischen Eidgenossenschaft gegen den burgundischen Herzog KARL DEN KÜHNEN 1474–77. Seit 1363 hatten die Herzöge von Burgund ihren Herrschaftsbereich im Süden um die Freigrafschaft Burgund (die Franche-Comté), im Norden um fast den gesamten niederländischen Raum (Artois, Flandern, Seeland, Holland, Brabant, Limburg und Hennegau; die Bistümer Lüttich, Utrecht und Cambrai standen unter burgundischer Schutzherrschaft) und um Luxemburg erweitert. KARL DER KÜHNE strebte nun eine territoriale Verbindung zwischen den niederländisch-luxemburgischen Besitzungen und dem Herzogtum und der Freigrafschaft Burgund an; daher wurden das Elsass und Lothringen vorrangige Zielpunkte seiner Territorialpolitik.

Aus Sorge um die bereits 1469 an KARL DEN KÜHNEN verpfändeten habsburgischen Besitzungen am Oberrhein (Oberelsass und rechtsrheinische Besitzungen) suchte Herzog SIGMUND von Tirol 1474 unter Vermittlung des französischen Königs LUDWIG XI. die Verständigung mit den ehemals gegnerischen Eidgenossen, die ihrerseits eine expansiv auf das Elsass zielende Politik betrieben. Im Bündnis mit dem französischen König erklärten die Eidgenossen im Oktober 1474 KARL DEM KÜHNEN den Krieg.

Nachdem der (aufgrund des burgundischen Einmarsches in das Erzbistum Köln) mit dem Reich entstandene Konflikt beigelegt worden war, rückte KARL DER KÜHNE 1475 in Lothringen ein. Bei dem Versuch, von hier aus gegen die Eidgenossen vorzugehen, wurde er 1476 bei Grandson und Murten geschlagen; er zog sich bis vor Nancy zurück, wo er 1477 im Kampf gegen die vereinigten eidgenössischen, elsässischen und lothringischen Truppen fiel.

Noch im selben Jahr verheiratete Kaiser FRIEDRICH III. gemäß den noch mit KARL DEM KÜHNEN getroffenen Vereinbarungen seinen Sohn MAXIMILIAN mit MARIA, der Tochter und einzigen Erbin des Herzogs, und sicherte damit das burgundische Erbe für das Haus Habsburg. Der Widerstand der Niederlande und LUDWIGS XI. von Frankreich fand ein Ende mit dem Frieden von Senlis 1493, in dem die habsburgische Herrschaft über die gesamten niederländischen Territorien einschließlich Flanderns und des größten Teils des Artois sowie über die Freigrafschaft Burgund anerkannt und lediglich das Herzogtum Burgund an Frankreich abgetreten wurde.

Bürokratie [von französisch bureau »Schreibtisch«, »Amtszimmer«]: seit dem 18. Jh. gebräuchlicher, von Anfang an auch kritisch gemeinter Begriff für eine Organisationsweise insbesondere der staatlichen Verwaltung und für eine Herrschaftsform, die auf dem Beamtentum beruht. B. ist gekennzeichnet durch eine schriftliche Erledigung von Verwaltungsaufgaben nach bestimmten Regeln (Gesetzen, Verordnungen) und mithilfe bestimmter Bürotechniken (Aktenanlage, Registraturen u.a.). Sie stellt einen besonderen, durch eine spezielle Ausbildung sowie durch ein spezielles Amtsethos und Treueverhältnis zum Dienstherrn ausgezeichneten Stand dar. Der Aufbau der B. ist hierarchisch geordnet mit klar abgegrenzten Befehls- und Aufsichtsfunktionen von Vorgesetzten über Untergebene.

Die moderne B. hat ihren Ursprung in der frühen Neuzeit und löste das Prinzip, öffentliche Aufgaben durch Lehnsträger erledigen zu lassen, ab. Im Gegensatz zum ↑Lehnswesen basiert die moderne B. auf einer strengen Trennung von Amts- und Privatsphäre. Die Beamten wurden zunächst nur befristet angestellt und erhielten eine bestimmte Aufgabe zugewiesen. Eine Vererbung der Amtsstellung war nicht möglich. Entschädigt wurden die Beamten in der Regel durch Geldzahlung (Gehalt).

Nach ersten Ansätzen in den Normannenstaaten und in Burgund wurde die B. v.a. durch die absolutistischen Herrscher weiter auf- und ausgebaut und diente insbesondere zur Durchsetzung regelmäßiger Steuereinnahmen in der Finanzverwaltung. Darüber hinaus wurde die B. zu einem wesentlichen Hilfsmittel bei der Überwindung mittelalterlicher feudaler Verhältnisse.

Der Sieg des Bürgertums über die absolutistische Monarchie seit der Französischen Revolution führte, dem neuen Prinzip der ↑Gewaltenteilung folgend, zunächst zur Bindung der B. als Exekutive an das parlamentarische Gesetz. Trotz dieser Begrenzungen erfuhr die B. jedoch eine beträchtliche Stärkung. Nach napoleonischem Vorbild wurde ihr hierarchischer Aufbau reorganisiert. An die Stelle des Kollegialitätsprinzips trat nunmehr generell das monokratische Prinzip, d.h. Besetzung jeder Amtsstelle durch *einen* allein entscheidenden Amtsinhaber. Gegenüber der Verwaltungsgliederung nach geographischen Gesichtspunkten (d.h. nach Provinzen) setzte sich das Fachprinzip durch, d.h. die Verwaltung nach Fachministerien, zunächst die fünf klassischen Ministerien für Inneres, Äußeres, Finanzen, Justiz und Krieg. Später entstanden weitere Fachministerien durch Abspaltung aus dem Innenministerium (z.B. die für Kultur, Handel und Verkehr). Die zunehmende fachliche Spezialisierung und Unentbehrlichkeit der B. führte zu ihrer Verselbstständigung gegenüber dem Dienstherrn. Im 19.Jh. gelang es den Beamten, Privilegien wie lebenslange, praktisch unkündbare Anstellung, Pensionsanspruch und eigene Disziplinarkammern durchzusetzen. Die im Gefolge der Industrialisierung zunehmende Staatstätigkeit führte zum Aufbau weiterer Fachbürokratien, z.B. Gesundheits- und Sozialverwaltung. Auch im nichtstaatlichen Bereich setzte sich das bürokratische Organisationsprinzip durch (Industrie-, Partei- und Gewerkschaftsbürokratien). Der Übergang zur Planwirtschaft in sozialistischen Staaten förderte noch die Verbreitung der Bürokratie.

Der epochale Trend der B. wurde zuerst von dem Soziologen MAX WEBER untersucht und mit einer allgemeinen Entwicklung zur Rationalisierung der gesellschaftlichen Verhältnisse in Zusammenhang gebracht. Dabei standen Vorzüge wie Berechenbarkeit des regelhaften Handelns, Pünktlichkeit, Sachlichkeit und eine von starkem Pflichtgefühl getragene Unbestechlichkeit im Vordergrund der Betrachtung. Heute ist es strittig, wie rational das bürokratische Prinzip starrer Regeleinhaltung wirklich ist.

B

Gefordert werden u.a. mehr Flexibilität in der Verwaltung (z.B. durch Dezentralisierung), bessere Durchschaubarkeit und mehr Bürgernähe. – Siehe auch ↑ Beamte.

Burschenschaft: deutsche Studentenverbindung, die, beeinflusst von den Ideen des »Turnvaters« F. L. Jahn sowie L. Uhlands, 1815 in Jena erstmals die landsmannschaftlich aufgespaltenen Studentenschaften vereinigte und die schon in den ↑Befreiungskriegen entstandenen Vorstellungen von nationaler Einheit und verfassungsrechtlich begründeter staatlicher Ordnung vertrat. Die auf dem ↑Wartburgfest 1817 gegründete Allgemeine Deutsche Burschenschaft wurde nach der Ermordung des Dichters A. von Kotzebue durch den Studenten K. L. Sand 1819 verboten. Diesen Zwischenfall nutzte K. W. Fürst von Metternich zur Durchsetzung der ↑Karlsbader Beschlüsse und diente als Vorwand für die ↑Demagogenverfolgung sowie für die Verschärfung der Zensur.

In der weiteren Entwicklung erstarrte die B. zunehmend in völkisch-nationaler Gesinnung, wirkte nach der Reichsgründung 1871 staats- und gesellschaftserhaltend und stärkte in der Weimarer Republik v.a. die rechtsgerichteten Kräfte. Heute ist die B. ohne politische Bedeutung.

Byzantinisches Reich (Kurzbezeichnung Byzanz): aus dem spätantiken Römischen Reich erwachsenes mittelalterliches Großreich im östlichen Mittelmeerraum. Eine Voraussetzung wurde 330 n.Chr. geschaffen, als Konstantin I. das Herrschaftszentrum des Römischen Reichs in die griechische Stadt Byzanz verlegte, die fortan seinen Namen trug (Konstantinopel). Von der Reichsteilung 395 bis zum Untergang des Weströmischen Reichs 476 wird das spätere B. R. als **Oströmisches Reich** bezeichnet.

Die byzantinischen Kaiser verstanden sich, obgleich griechische und orientalische Tradition das B. R. wesentlich mitgeprägt hatten, als wahrhafte Nachfolger der römischen Kaiser. Seine größte Ausdehnung über nahezu den gesamten Mittelmeerraum erreichte das B. R. im 6. Jh. infolge der Eroberungen Justinians I.; im 15. Jh. war wenig mehr als die Hauptstadt davon übrig geblieben. Die Geschichte des B. R. endete 1453 mit der Eroberung Konstantinopels durch die Türken, die die Stadt am Bosporus unter dem Namen Istanbul zur Hauptstadt des Osmanischen Reichs machten.

Die innere Verfassung des Byzantinischen Reichs: Zahlreiche Kriege und ständige äußere Bedrohung verlangten eine zentrale, straff organisierte Verwaltung des trotz bedeutenden Handels und städtischen Gewerbes vorwiegend agrarisch strukturierten B. R., da nur so die notwendigen Steuergelder eingetrieben und freie Kleinbauern zur Grenzverteidigung herangezogen werden konnten. Die Verdrängung der Kleinbauern durch die Übermacht der Großgrundbesitzer seit dem 11. Jh. trug wesentlich zum Niedergang des B. R. bei. Das auf Veranlassung Justinians im ↑Corpus Juris Civilis kodifizierte ↑römische Recht war ein weiterer Pfeiler des B. R.: Ihm fühlten sich auch die Kaiser verpflichtet, die als »Stellvertreter Gottes auf Erden« zum entscheidenden Integrationsfaktor wurden und im Prinzip unangreifbar waren, da ihre Herrschaft als Ausdruck des göttlichen Willens verstanden wurde.

Die Kaiserkrönung Karls des Grossen im Westen (800) brachte daher eine Erschütterung des byzantinischen Selbstverständnisses mit sich, die nur dadurch überwunden werden konnte, dass man an der Fiktion einer Oberherrschaft des B. R. festhielt. Da Politik und Religion aufs Engste miteinander verknüpft waren, stürzten theologische Streitigkeiten wie z.B. die Frage, ob bildliche Darstellungen Gottes erlaubt seien (↑Bilderstreit), das Reich ins Chaos. Der geistliche Führungsanspruch der römischen Kirche auch gegenüber den Patriarchen des B. R. wurde abgelehnt; 1054 brach

die trotz vielfacher Einigungsbemühungen seither selbstständige orthodoxe Kirche des B. R. mit Rom (↑Morgenländisches Schisma). Da die Patriarchen die von Armee, Senat und Volk Konstantinopels vollzogene Kaiserwahl durch kirchliches Ritual bestätigen mussten, konnten sie sich eine gewisse Selbstständigkeit bewahren; dennoch fand in der Geschichte des B. R. niemals eine Auseinandersetzung zwischen geistlicher und weltlicher Macht statt, die dem ↑Investiturstreit vergleichbar wäre.
Große Bedeutung kommt der hoch stehenden, v.a. städtischen Kultur des B. R. zu, die stets um die Bewahrung der antiken Tradition bemüht war und die die Schrift des griechischen Altertums bis in die Neuzeit überliefert hat.

C

Cahiers de doléances [ka'je də dɔle'ã:s; französisch »Beschwerdehefte«]: Zusammenstellung von Wünschen und Beschwerden, die in Frankreich seit dem 15. Jh. bis zur Französischen Revolution 1789 von den ↑Generalständen dem König vorgelegt wurden. Historisch bedeutsam sind v.a. die C.de d. von 1789, die die Verhältnisse am Vorabend der Französischen Revolution widerspiegeln.

Calvinismus: ↑Kalvinismus.

Cambrai, Friede von [französisch kã'brɛ]: Friedensvertrag vom 5. August 1529, der den zweiten Krieg 1527/28 zwischen Kaiser KARL V. und FRANZ I. von Frankreich beendete; er war von MARGARETE VON ÖSTERREICH, Statthalterin der Niederlande und Tante des Kaisers, und LUISE VON SAVOYEN, Mutter des französischen Königs, ausgehandelt worden (daher auch **Damenfriede**). Im F.v.C. verzichtete FRANZ I. auf seine Ansprüche auf die Niederlande und Italien, und erstmals wurde die Vorherrschaft des Hauses Habsburg in Italien besiegelt. KARL V. seinerseits verzichtete auf das Herzogtum Burgund und gab (gegen hohes Lösegeld) die beiden als Geiseln gestellten Söhne FRANZ' I. frei.

Cambrai, Liga von [französisch kã'brɛ]: am 10. Dezember 1508 abgeschlossenes Bündnis zwischen Kaiser MAXIMILIAN I. und LUDWIG XII. von Frankreich, dem auch der Papst, Spanien und England beitraten; Ziel war es, den italienischen Festlandsbesitz der Republik Venedig zu erobern. Die L.v. C. zerbrach bereits 1510, als der Papst sich mit Spanien und Venedig gegen Frankreich verband.

Camorra: terroristischer Geheimbund in Neapel, der im 19. Jh. ursprünglich politische Ziele verfolgte, seitdem aber zu einer Verbrecherorganisation entartete. Unter König FERDINAND II. geduldet, unter FRANZ II. verfolgt, unterstützte die C. die italienische Einigungsbewegung (↑Risorgimento) und v.a. die Unternehmungen GARIBALDIS.

Camp-David-Abkommen: ↑Nahostkonflikt.

Canossa: Burg am nördlichen Abhang

Canossa: König Heinrich IV. kniet vor Hugo von Cluny und Mathilde von Tuszien, die beide im Konflikt zwischen dem König und dem Papst zu vermitteln suchten (Malerei auf Pergament, um 1114).

C

des Apennin, die v.a. berühmt wurde durch den Bußgang HEINRICHS IV. Der König (und ab 1084 Kaiser) erwirkte hier am 28. Januar 1077 (wesentlich durch die Vermittlung der Burginhaberin MATHILDE von Tuszien) von Papst GREGOR VII. die Lossprechung vom ↑Bann, den der Papst über ihn ausgesprochen hatte. Die persönliche Erniedrigung brachte ihm die politische Handlungsfreiheit zurück, bedeutete aber einen schweren Ansehensverlust für das Kaisertum. Der »Gang nach C.« wurde zum sprichwörtlichen Ausdruck für eine demütigende Kapitulation (BISMARCK 1872: »Nach C. gehen wir nicht – weder geistig noch körperlich!«). – Siehe auch ↑Investiturstreit.

Carolina (lateinisch Constitutio Criminalis Carolina, Abk. C. C. C.): die »Peinliche Gerichtsordnung« KARLS V. von 1532; sie legte als Reichsgesetz Strafverfahrensrecht und materielles Strafrecht (inhaltliche Bestimmung von Straftatbeständen und deren strafrechtlichen Folgen) fest. Durch die so genannte salvatorische Klausel behielten die territorialen Einzelrechte zwar den Vorrang vor der C., wurden jedoch weitgehend nach ihrem Vorbild reformiert. Die C. stellte in den Mittelpunkt des Strafprozesses das Geständnis des Angeklagten, ohne das eine Verurteilung nicht möglich war, das jedoch durch ↑Folter erzwungen werden konnte. Die C. löste damit die alten formalen Beweisarten (Eid, Zeugen, Augenschein und ↑Gottesurteil) ab, barg aber auch zugleich den Keim für die Auswüchse der ↑Inquisitionsprozesse in sich.

Casablanca, Konferenz von: Konferenz der politischen und militärischen Führung der USA und Großbritanniens vom 14. bis 26. Januar 1943 zur Intensivierung der Kriegsanstrengungen und zur Abstimmung ihrer Strategie in Europa und Asien. J. W. STALIN, obwohl eingeladen, lehnte die Teilnahme wegen seiner notwendigen Anwesenheit in der UdSSR als Oberbefehlshaber ab. W. CHURCHILL und F. D. ROOSEVELT vereinbarten die Landung in Sizilien im Sommer 1943 und frühestens für August/September 1943 in Frankreich. In einer anschließenden Pressekonferenz forderte ROOSEVELT die im amtlichen Protokoll nicht genannte bedingungslose Kapitulation Deutschlands, Italiens und Japans.

Cäsaropapismus [gebildet aus »Cäsar« und »Papst«]: allgemein eine Herrschaftsform, in der die höchste kirchliche Gewalt in der Hand des weltlichen Herrschers liegt. Heute wird der Begriff nicht mehr – wie in der historischen Forschung des 19. Jh. – zur Kennzeichnung der Verhältnisse im ↑Byzantinischen Reich angewendet: Dort war der Kaiser zwar zugleich »Stellvertreter Gottes«, die Patriarchen stellten aber zumeist eine eigenständige Kraft dar, wenn auch, anders als im abendländischen Mittelalter, ↑Imperium und ↑Sacerdotium nicht in grundsätzlichem Gegensatz standen.

Cateau-Cambrésis, Friede von [französisch ka'tokãbre'zi]: Der am 3. April 1559 zwischen HEINRICH II. von Frankreich und PHILIPP II. von Spanien geschlossene Friede beendete den seit Beginn des 16. Jh. andauernden Kampf um Italien und Burgund zwischen der französischen Krone und dem (spanischen) Haus Habsburg. Frankreich musste auf alle Rechte in den burgundischen Territorien (Artois, Flandern, Franche-Comté) verzichten und die Herrschaft Spaniens dort anerkennen. Ebenso konnte Spanien seine Herrschaft in Italien festigen und stieg damit zur europäischen Vormacht auf. Der meist als Niederlage Frankreichs gewertete Friede schaltete jedoch – durch die Heirat der Tochter HEINRICHS II., ELISABETH, mit PHILIPP II. (1560) zusätzlich bekräftigt – Spanien als Gegner aus, ein Ergebnis, das angesichts der Umklammerung durch das Haus Habsburg nicht unbedeutend sein konnte. Der Friede von C.-C. wurde erst im ↑Pyrenäenfrieden grundlegend revidiert.

Catilinarische Verschwörung: Nach

seinen erfolglosen Bewerbungen um das Konsulat der Jahre 64 und 63 v. Chr. bereitete LUCIUS SERGIUS CATILINA im August 63 einen Staatsstreich vor, der mit der Ermordung des Konsuls CICERO beginnen sollte. Anhänger fand CATILINA, der in seinem Programm einen allgemeinen Schuldenerlass propagierte, unter den unzufriedenen und verarmten Angehörigen der ↑Nobilität, unter den heruntergekommenen ↑Veteranen, die ihre Abfindungen verbraucht hatten, sowie unter den verschuldeten Handwerkern, Händlern und Bauern. CICERO war über die C. V. unterrichtet und erreichte im Oktober die Erklärung des Staatsnotstandes durch den Senat. Zunächst wurden in Rom CATILINAS Anhänger ausgeschaltet und zum Teil hingerichtet; CATILINA selbst fiel in der Schlacht bei Pistoria (heute Pistoia). Neben den Catilinarischen Reden CICEROS fanden die Ereignisse, die für die unruhige Zeit der ausgehenden römischen Republik kennzeichnend waren, mit SALLUSTS Werk »De coniuratione Catilinae« Eingang in die römische Literatur.

Charta ['karta; lateinisch »Papier«, »Brief«, »Urkunde«]: Im Mittelalter zunächst allgemein in der Bedeutung von »Urkunde« gebraucht, entwickelte sich der Begriff zur Bezeichnung einer Urkunde des Staats- und Völkerrechts.

Charte constitutionnelle [ʃart kɔ̃stitysjɔnɛl; französisch »Verfassungsurkunde«]: eine ohne Mitwirkung einer verfassunggebenden Versammlung vom Monarchen oktroyierte Verfassung; insbesondere Bezeichnung für die von LUDWIG XVIII. den Franzosen 1814 oktroyierte Verfassung, die in der Form an die vorrevolutionären Zustände anzuknüpfen schien, inhaltlich jedoch Errungenschaften der Französischen Revolution übernahm, wie z. B. die Gleichheit vor dem Gesetz, und sich an das englische Verfassungsmodell anlehnte: ein ↑Zweikammersystem mit einer Deputiertenkammer, deren Mitglieder vom König ernannt, und einer Deputiertenkammer, deren Mitglieder nach dem ↑Zensuswahlrecht gewählt wurden. Der König ernannte die nur ihm verantwortlichen Minister und hatte das Recht zur Gesetzesinitiative und -sanktionierung. Der hohe Wahlzensus (500 Francs direkte Steuern; 1830 auf 200 Francs herabgesetzt) begünstigte die adligen Großgrundbesitzer und das reiche Großbürgertum und schloss die Mehrheit der Bevölkerung von der Teilnahme an der politischen Macht aus.

Chartismus [ʃar'tɪsmʊs; von englisch charter »Urkunde«, »Freibrief«]: demokratische Arbeiterbewegung in England 1839–48. Da die Wahlrechtsreform von 1832 die Arbeiter weiterhin von der politischen Mitbestimmung ausschloss, forderte 1839 der Londoner Arbeiterverein unter W. LOVETT in der **People's Charter** allgemeines Stimmrecht, gleichmäßige Wahlbezirke, geheime Abstimmung, jährliche Parlamentswahlen, Diäten für die Abgeordneten und die Abschaffung der Besitzschranken für das passive Wahlrecht. Über die Verwirklichung der politischen Demokratie wollte man zugleich soziale Reformen herbeiführen. Die Bewegung breitete sich rasch im ganzen Land aus, scheiterte letztlich aber am Widerstand des Parlaments und verlor nach 1848 ihren politischen Einfluss zugunsten der erstarkenden Gewerkschaftsbewegung.

Chauvinismus [ʃovi'nɪsmʊs]: Bezeichnung für übersteigerten ↑Nationalismus meist militaristischer Prägung, nach der Gestalt des extrem patriotischen Rekruten Chauvin aus dem Lustspiel »La cocarde tricolore« (1831) der Brüder COGNIARD geprägt. Während der Dritten Republik wurde der Begriff auf republikfeindliche, militaristische Gruppen angewandt. Seither bezeichnet C. über seinen französischen Ursprung hinaus jede extrem nationalistische Haltung.

Chiliasmus [çi'li̯asmʊs, von griechisch chilioi »tausend«]: Der C., dessen Ursprünge im Judentum liegen, trat im Frühchristentum unter dem Einfluss der

Verfolgung als Glaube an ein tausendjähriges Friedensreich auf, theologisch hergeleitet aus der Offenbarung des Johannes (20,1–10). Von AUGUSTINUS umgedeutet auf die Wiederkehr CHRISTI nach 1000 Jahren, erlebte der C. im Hochmittelalter eine erneute Blütezeit (JOACHIM VON FIORE). Von der Reformation verworfen, lebte der C. erneut im 17./18. Jh. auf und fand schließlich Niederschlag in der Französischen Revolution wie auch im Nationalsozialismus (↑Tausendjähriges Reich, ↑Drittes Reich).

Chinesisch-Japanischer Krieg: militärische Auseinandersetzung zwischen China und Japan 1894–95 um den Einfluss in Korea. Die imperialistische Politik Japans nach 1871 richtete sich auch auf das asiatische Festland und geriet dort in Konflikt mit den Machtinteressen Chinas. Vorübergehend konnten die zwischen beiden Staaten bestehenden Spannungen durch den Vertrag von Tientsin 1885 beigelegt werden, in dem sich China und Japan u.a. verpflichteten, keine Truppen nach Korea zu entsenden. Als China im Juni 1894 den koreanischen König mit Truppen unterstützte, um einen Aufstand niederzuschlagen, erklärte Japan China den Krieg. Nach dem Sieg Japans musste China im Frieden von Schimonoseki (17. April 1895) die Unabhängigkeit Koreas anerkennen, Formosa (heute Taiwan) und die Pescadoresinseln an Japan abtreten, eine Kriegsentschädigung zahlen und einige bis dahin verschlossene Häfen und Flüsse für den japanischen Handel öffnen.

Chorherren: Mitglieder der ↑Domkapitel, die, obwohl sie Weltgeistliche waren, zunächst wie Mönche zusammenlebten. Wichtigste Aufgabe der C. waren der gemeinsame Gottesdienst, die Seelsorge sowie Unterricht und Wissenschaft. Unter den C. fanden die **Augustinerchorherren** die weiteste Verbreitung.

Chouans [französisch ʃwã]: Partisanen, die in der Zeit der Französischen Revolution in Maine, der Normandie und Bretagne einen Kleinkrieg für die bourbonische Königsherrschaft und gegen die revolutionären Regierungen Frankreichs führten (**Chouannerie**). Ihre Aktivitäten wurden zu Beginn der napoleonischen Herrschaft (1799) unterdrückt.

Christenverfolgungen: alle Maßnahmen einer staatlichen Macht, die die christlichen Religionsgemeinschaften unterdrücken und das Christentum beseitigen wollen; im engeren Sinn die Versuche des römischen Staates bis ins 4. Jh., die christliche Religion mit Gewalt zu unterdrücken. Grundsätzlich war der römische Staat im religiösen Bereich tolerant, solange eine Religionsgemeinschaft den Staatskult bejahte; nur die Juden waren von der Teilnahme am Staatskult befreit. Unter dem Schutz dieses jüdischen Ausnahmestatus breitete sich das Christentum aus, doch mit der Trennung der christlichen Kirche vom Judentum wurde dieser Schutz aufgehoben.

Der christliche Glaube an nur einen Gott ließ die Christen die römische Religion und den Kaiserkult ablehnen; dies brachte sie in die Gefahr, der mangelnden Loyalität und des ↑Majestätsverbrechens bezichtigt zu werden.

Erstmals kam es zu Maßnahmen gegen die Christen wohl unter NERO, der ihnen den Brand Roms 64 n. Chr. zur Last legte und die für Brandstifter übliche Todesstrafe über sie verhängte. Zwar wurde in der Folgezeit noch nicht aktiv nach den Christen gefahndet, doch drohte ihnen die Todesstrafe, wenn eine Anzeige gegen sie vorlag und sie sich dann weigerten, die römischen Götter anzurufen. Erst SEPTIMIUS SEVERUS (193–211) brach prinzipiell mit dem Prinzip der vereinzelten Christenprozesse und sprach angesichts der wachsenden Ausbreitung des Christentums ein allgemeines Verbot dieser Religion aus. Durch die Edikte des DECIUS (249–251) und des VALERIAN (253–260) wurden die Christen nun systematisch im Römischen Reich verfolgt und überall zum offenen Bekenntnis oder zum Verrat ihres Glaubens gezwungen. Da der innere Friede jedoch auf diese Weise nicht wiederherzustellen war, hob GALLIENUS (260–268) durch zwei Toleranzedikte die Anordnungen des DECIUS und des VALERIAN faktisch auf, sodass das Christentum zumindest geduldet wurde, bis DIOKLETIAN 303/304 erneut die christlichen Religionsgemeinschaften ihrer Kirchen, Schriften und bürgerlichen Rechte beraubte und den Opferzwang für die römischen Götter unter Androhung von Zwangsarbeit und Tod verschärfte. Endgültig wurde den Christen im Toleranzedikt von Mailand (313) die Religionsfreiheit gewährt und das Christentum neben den nichtchristlichen Religionen anerkannt. Durch die Taufe KONSTANTINS I., DES GROSSEN, wurden die Voraussetzungen dafür geschaffen, dass das Christentum 391 unter THEODOSIUS I. zur Staatsreligion wurde.

christliche Parteien: Im 19. Jh. entstanden konfessionelle Parteien aus einer Verteidigungshaltung der Kirchen und ihrer Mitglieder gegenüber der Säkularisierung, Liberalisierung und Demokratisierung von Staat und Gesellschaft seit der Französischen Revolution. Sie vertraten zunächst in erster Linie konfessionell-kirchliche Interessen und wendeten sich insbesondere gegen den Anspruch des modernen Staates, auch die Kirche seiner allumfassenden Macht zu unterwerfen. Diese Zielsetzungen traten v.a. nach dem Zweiten Weltkrieg in den Hintergrund zugunsten gemeinsamer interkonfessioneller Interessen, in erster Linie in der Auseinandersetzung mit dem Faschismus und Kommunismus. An die Stelle des Ideals einer christlichen Staats- und Wirtschaftsgesellschaft trat die Anerkennung des politisch-gesellschaftlichen ↑Pluralismus der modernen Demokratie.

In *Deutschland* kam es nach Vorformen seit 1848 in der Auseinandersetzung mit dem Liberalismus zur Gründung katholischer Parteiorganisationen in Baden (Katholische Volkspartei) und Bayern (Patriotenpartei) und 1870 zur Bildung der Deutschen Zentrumspartei (↑Zentrum), die bis zu ihrer Auflösung 1933 die bedeutendste christliche Partei war. Die erste deutsche protestantische Partei, die Christlich-Soziale Arbeiterpartei, gründete 1878 der Berliner Hofprediger A. STOECKER. Sie erlangte jedoch nur zeitweise Bedeutung.

Unter dem Eindruck der Diskriminierung christlich motivierten Handelns in der Zeit des Nationalsozialismus schlossen sich nach dem deutschen Zusammenbruch 1945 Politiker aller Konfessionen zur Christlich Demokratischen Union (CDU) zusammen. In Bayern bildete sich die Christlich Soziale Union (CSU). Als eine der führenden Parteien der BRD stellte die CDU mit K. ADENAUER (1949–63), L. ERHARD (1963 bis 1966), K. G. KIESINGER (1966–69) und H. KOHL (1982–98) den Bundeskanzler. Die Konfession als Integrationsfaktor in den c. P. ist heute weniger tragend als das Bekenntnis zum Parlamentarismus, zur sozialen Marktwirtschaft und zur europäischen Integration.

In *Österreich* gründete K. LUEGER 1891 die Christlichsoziale Partei (CP), die ursprünglich starke antisemitische Tendenzen zeigte. In der Ersten Republik Österreich (1918–38) war sie in scharfer Auseinandersetzung mit der Sozialdemokratie die führende Partei. Aus ihr ging 1945 die christlich-demokratisch orientierte Österreichische Volkspartei (ÖVP) hervor. Als stärkste Partei bis 1970 stellte sie – bis 1966 in Koalition mit der SPÖ – den Bundeskanzler (u.a. L. FIGL 1945–53; J. RAAB 1953–61; 2000–2002 W. SCHÜSSEL).

In der *Schweiz* bildete sich 1894 die Katholische Volkspartei, aus der nach mehrfachen Neuorganisationen 1970 die Christlichdemokratische Volkspartei der Schweiz hervorging.

In *Frankreich* entstand im 19. Jh. vor dem Hintergrund des ↑Ultramontanismus eine katholisch bestimmte politisch-literarische Bewegung. Kurz vor Ausbruch

C

der Julirevolution (1830) bildete H. F. R. de Lamennais eine katholisch-demokratische Partei. Nach 1850 ging jedoch die Mehrheit der Katholiken zum Bonapartismus, später zum Royalismus über. Nach Annäherung der katholischen Kirche (seit 1887) an die Dritte Republik bildeten sich im 20. Jh. christlich-demokratische Gruppen, z.B. 1924 der Parti Démocrate Populaire (Demokratische Volkspartei). Der 1944 gegründete Mouvement Républicain Populaire (Republikanische Volksbewegung) spielte in der Vierten Republik (1946–58) eine führende Rolle.

christlich-soziale Bewegungen: im 19. Jh. innerhalb der christlichen Kirchen entstandene Bewegungen, die eine Lösung der durch die industrielle Revolution hervorgerufenen sozialen Missstände auf der Grundlage christlicher Wertvorstellungen anstrebten.

In der ersten Hälfte des 19. Jh. begründeten in Deutschland F. von Baader, F. J. von Buss und P. F. Reichensperger mit ihrer Kritik an den Arbeits- und Lebensbedingungen der Industriearbeiter einen sozialen Katholizismus, der durch A. Kolping mit der Gründung eines katholischen Gesellenvereins 1849 seine erste Organisationsform fand. In den 1860er-Jahren entstanden die im ↑Kulturkampf verbotenen christlich-sozialen Arbeitervereine, deren sozialpolitische Forderungen wesentlich von W. E. von Ketteler formuliert wurden. Unter F. Hitze, F. Brandts und G. von Hertling u.a. breitete sich ab 1880 die katholische Sozialbewegung zunehmend aus (Volksverein für das katholische Deutschland, katholische Arbeitervereine und christliche Gewerkschaften, 1870 Gründung der Zentrumspartei). Mit der Enzyklika Leos XIII. »Rerum Novarum« (1891) erhielt die katholische Soziallehre eine erste verbindliche Grundlage, die in den nachfolgenden Enzykliken (»Quadragesimo anno« 1931, »Mater et magistra« 1961 und »Pacem in terris« 1963) weiterentwickelt wurde. Danach fordert die katholische Soziallehre v.a. die Sozialpflichtigkeit des Eigentums, die Umverteilung von Einkommen und Vermögen sowie die Mitbestimmung der Arbeitnehmer.

Die protestantische Sozialbewegung war in Deutschland zunächst durch pietistische Fürsorgetätigkeit gekennzeichnet; christliche »Rettungsanstalten« für Waisen, Verwahrloste und Arbeitslose wurden gegründet. 1826 erneuerte Th. Fliedner mit der Gründung der Kaiserswerther Diakonissenanstalt die weibliche Diakonie. Die Innere Mission J. H. Wicherns (1848) vertrat einen in Wohltätigkeitseinrichtungen wirkenden christlichen Sozialismus, der seine sozialpolitische Ergänzung in den Forderungen V. A. Hubers und R. Todts fand (z.B. Mitbestimmung der Arbeiter), die besonders auf die Gestaltung des sozialen Protestantismus in der zweiten Hälfte des 19. Jh. einzuwirken versuchten. Als Gegenbewegung zur Sozialdemokratie gründete A. Stoecker 1878 die Christlich-soziale Arbeiterpartei und zwei Jahre später den Evangelisch-sozialen Kongress. Im Unterschied zu Stoecker versuchte F. Naumann mit einem Weg »von unten«, Christentum und Sozialismus miteinander zu verbinden. Im 20. Jh. ist der soziale Protestantismus theologisch vertieft und nach 1945 kirchlich institutionell verankert worden.

Chronik [von griechisch chronos »Zeit«]: Form der Geschichtsschreibung, die sich besonders im Mittelalter und im 16./17. Jh. findet. Im Unterschied zu den ↑Annalen fassen die Chroniken größere Zeitabschnitte zusammen und versuchen darüber hinaus, sachliche und ursächliche Zusammenhänge zwischen den Ereignissen und Zeitabschnitten herzustellen.

Civil Law: ↑Common Law.

Civis [lateinisch »Bürger«]: im antiken Rom Bezeichnung für einen Angehörigen der römischen Bürgerschaft (**Civitas Romana**), der als Vollbürger die vom Staat auferlegten Pflichten zu leisten und seine staatsbürgerlichen Rechte wahrzunehmen hatte. Das Bürgerrecht konnte durch Geburt erworben werden, wenn beide Elternteile römische Bürger waren und in gültiger Ehe lebten, ferner durch ↑Freilassung oder durch Verleihung an Einzelpersonen oder Gruppen, so v.a. nach dem Bundesgenossenkrieg (↑Bundesgenossenkriege) an alle Italiker. Im Jahre 212 n.Chr. wurde durch die Constitutio Antoniniana allen freien Reichsuntertanen das römische Bürgerrecht verliehen.

Civitas Dei [lateinisch »Staat (Gemeinde) Gottes«]: eines der Hauptwerke des AUGUSTINUS und zentraler Begriff seiner Geschichtsphilosophie. Nach seiner Auffassung stellt sich die Geschichte dar als Auseinandersetzung zwischen der durch die Gottesliebe konstituierten C. D. und der durch die Selbstliebe geprägten **Civitas terrena** (des irdischen Staates), die letztlich eine **Civitas diaboli** (ein Staat des Teufels) ist. Die C. D. besteht v.a. aus den seligen Engeln und Menschen im Himmel, verwirklicht sich aber auch schon in dem auf Erden wandernden Gottesvolk. Wie weit AUGUSTINUS die sichtbare Kirche mit der C. D. gleichsetzte, ist umstritten. Seine Auffassung hat jedoch das spätere Denken über die Geschichte und v.a. über das Verhältnis von Kirche und Welt (Staat) nachhaltig beeinflusst.

cluniazensische Reform: ↑kluniazensische Reform.

Code civil [französisch kɔdsiˈvil] (Code Napoléon): französisches Zivilgesetzbuch, auf Veranlassung NAPOLEONS I. erarbeitet und am 21. März 1804 veröffentlicht und in Kraft gesetzt. Der C.c. umfasst 2281 Artikel in vier Teilen (Einleitung, 1. Buch: Personenrecht, 2. Buch: Sachenrecht und 3. Buch: Erb-, Schuld-, Ehe-, Güter-, Pfand- und Hypothekenrecht). Der C.c. erfuhr zwar im Lauf der Zeit zahlreiche Änderungen, ist jedoch als solcher auch heute noch gültig. Aufgrund seiner verständlichen Sprache sowie aufgrund seiner aus der Französischen Revolution stammenden und damals als fortschrittlich empfundenen Grundgedanken (Gleichheit vor dem Gesetz, Anerkennung der Freiheit des Einzelnen und des Eigentums, Trennung von Staat und Kirche durch Einführung der obligatorischen Zivilehe) hat der C.c. erheblichen Einfluss auf die Gesetzgebung und Rechtspraxis in Europa ausgeübt.

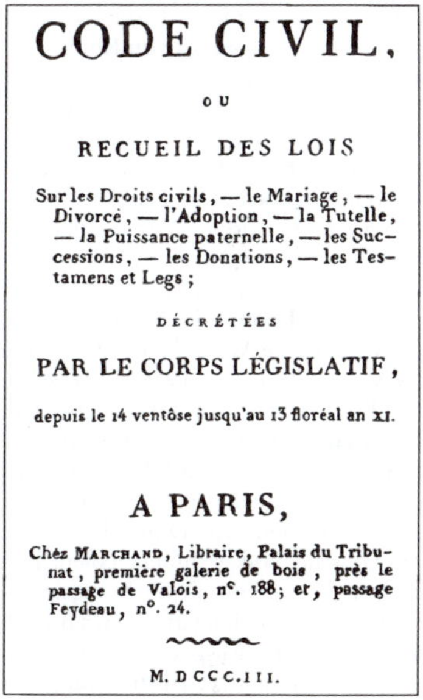
CODE CIVIL,

OU

RECUEIL DES LOIS

Sur les Droits civils, — le Mariage, — le Divorce, — l'Adoption, — la Tutelle, — la Puissance paternelle, — les Successions, — les Donations, — les Testamens et Legs;

DÉCRÉTÉES

PAR LE CORPS LÉGISLATIF,

depuis le 14 ventôse jusqu'au 13 floréal an XI.

A PARIS,

Chéz MARCHAND, Libraire, Palais du Tribunat, première galerie de bois, près le passage de Valois, nº. 188; et, passage Feydeau, nº. 24.

M. DCCC.III.

Code Civil: die Titelseite der ersten gedruckten (vorläufigen) Fassung des Zivilgesetzbuchs von 1803

Codex Iustinianus: ↑Corpus Juris Civilis.

Codex Theodosianus: römische Rechtssammlung aus dem Jahre 438 n.Chr., die im Auftrag des byzantinischen Kaisers THEODOSIUS II. erstellt wurde. Der C. T., der rund 3400 kaiserliche Erlasse seit der Zeit KONSTANTINS I., DES GROSSEN, umfasste, ist heute nur noch teilweise erhalten.

Cognac, Liga von [französisch kɔˈɲak]: am 22. Mai 1526 von FRANZ I. von Frankreich mit Papst KLEMENS VII.,

C

Mailand, Florenz und Venedig geschlossenes Bündnis zur Wiederaufnahme des Kampfes gegen Kaiser KARL V. und zur Aufhebung der Bestimmungen des Friedens von ↑Madrid.

Colonia [lateinisch »Ansiedlung«, »Kolonie«]: in der Antike Bezeichnung für Siedlungen außerhalb Roms und des römischen Bürgergebiets. Nach der Eroberung fremden Gebiets wurde den Unterworfenen ein Teil ihres Landes zurückgegeben, ein Teil jedoch von Rom als C. in Besitz genommen und von römischen Bürgern besiedelt. Aufgabe einer C. war es, das eroberte Land zu sichern und militärische Vorposten zu schaffen, daneben traten jedoch auch Handelsinteressen und die Versorgung der eigenen Bevölkerung mit Land in den Vordergrund.

COMECON, Abk. für englisch **Co**uncil for **M**utual **Econ**omic Assistance »Rat für gegenseitige Wirtschaftshilfe« (Abk. RGW): am 25. Januar 1949 als Reaktion auf die ↑Marshallplanhilfe gegründete Wirtschaftsgemeinschaft der Ostblockstaaten. Dem COMECON gehörten Albanien (es blieb ab 1962 den Tagungen fern), Bulgarien, die DDR, Kuba, die Mongolische Volksrepublik, Polen, Rumänien, die UdSSR, die Tschechoslowakei, Vietnam und Ungarn sowie ab 1964 (als assoziiertes Mitglied) Jugoslawien an. Ziele waren u. a.: Abstimmung der nationalen Wirtschaftspläne, Rationalisierung und Kredithilfe. Mit dem Zusammenbruch der kommunistischen Herrschaftssysteme in Ostmittel-, Ost- und Südosteuropa löste sich der COMECON am 28. Juni 1991 auf.

Comes [lateinisch »Begleiter«]: im Frühmittelalter der Gefolgsmann, dann auch der Vertreter des Königs in Verwaltungs-, Gerichts- und Heeresangelegenheiten, der ↑Graf.

Common Law ['kɔmən 'lɔ:; englisch »gemeines Recht«]: ursprünglich das für England allgemein geltende Recht (im Unterschied zu örtlichen Gewohnheitsrechten), das im Wesentlichen durch die Praxis der Rechtsprechung fortgebildet wurde. Seine wichtigsten Quellen waren seit dem 12. Jh. Rechtsgewohnheiten, Einzelgesetze und – mit zunehmender Bedeutung – das von den Gerichten geschaffene Fallrecht (**Case Law**). Heute bezeichnet der Begriff C. L. das auf der Grundlage dieser Quellen entstandene Gewohnheitsrecht, im Unterschied zu dem vom Parlament erlassenen Gesetzesrecht (**Statute Law**). Es bildet noch immer den Großteil des englischen Rechts, da eine umfassende Kodifikation des Zivil-, Handels-, Verfassungs- und Strafrechts nicht erfolgt ist. Das englische C. L. wurde von den USA und den meisten ehemaligen britischen Kolonien übernommen. Im Gegensatz dazu bezeichnet man die kontinentaleuropäischen Rechte, d. h. die aus dem römischen Recht abgeleiteten Rechtsordnungen, mit dem Begriff **Civil Law.**

Commonwealth ['kɔmənwelθ; englisch »Gemeinwohl«, »Gemeinwesen«]: 1649–60 Name der englischen Republik (**Commonwealth of England**); im 20. Jh. Bezeichnung für die besondere Bindung ehemaliger englischer Kolonien zum Mutterland (seit 1931 offiziell **British Commonwealth of Nations**).

Compiègne, Waffenstillstand von [französisch kɔ̃'pjɛɲ]:

◆ Am 11. November 1918 unterzeichnete in C. die deutsche Delegation unter M. ERZBERGER im Salonwagen des Marschalls FOCH den Waffenstillstandsvertrag zwischen dem Deutschen Reich und den ↑Alliierten. Deutschland musste sich zur sofortigen Räumung der besetzten Gebiete, zur Auslieferung des schweren Kriegsmaterials und zu Aufbauleistungen im ehemaligen Kriegsgebiet sowie zur Annullierung der Friedensverträge von ↑Brest-Litowsk verpflichten.

◆ Nach dem Frankreichfeldzug empfing HITLER am 22. Juni 1940 als Zeichen der Revanche für das Waffenstillstandsabkommen von 1918 am selben Ort und im selben Salonwagen die französische Waffenstillstandskommission. Nach der von Deutschland diktierten Vereinbarung wurde der größte Teil Frankreichs unter deutsche Besatzung gestellt, die französische Armee demobilisiert und fast 2 Mill. französische Soldaten in deutsche Kriegsgefangenschaft genommen.

Comuneros [spanisch komu'nerɔs]: Teilnehmer des spanischen Aufstands 1520/21 gegen König KARL I. (den deutschen Kaiser KARL V.). Der Aufstand wurde hervorgerufen durch den Übergang der Herrschaft auf das Haus Habsburg, das in Spanien die unumschränkte Königsgewalt durchsetzte und das Land mit großer Härte verwaltete. Zunächst von den Städten und Teilen des Adels getragen, weitete sich der Aufstand zur revolutionären Volksbewegung aus. 1521 wurden die C. jedoch bei Villalar besiegt. Als Frankreich diesen Aufstand zur Invasion in Navarra ausnutzte, kam es bald zu einer Aussöhnung zwischen dem König und dem aufständischen Adel.

Confessio Augustana: ↑Augsburger Bekenntnis.

Confoederatio in principibus ecclesiasticis: ↑Fürstenprivilegien.

Constitutio Criminalis Carolina: ↑Carolina.

Containment [kən'teɪnmənt; englisch »Eindämmung«]: Bezeichnung für das 1946/47 vom amerikanischen Außenministerium entworfene außenpolitische Konzept, das davon ausging, dass die UdSSR den Status quo (die gegebenen territorialen und machtpolitischen Verhältnisse) in Europa und Asien nicht durch militärische Aktionen ändern würde, wenn dem sowjetischen Druck gleicher Druck entgegengesetzt und somit der sowjetische Einflussbereich »eingedämmt« werden würde. Die Politik des C. wurde in erster Linie durch die Errichtung militärischer Paktsysteme (NATO, CENTO und SEATO) verwirklicht.

Cordeliers [kɔrdə'lje; französisch »Stricktäger« (Bezeichnung für Franziskanermönche)]: 1790 von radikalen ↑Jakobinern (u.a. J. P. MARAT und G. J. DANTON) gegründete, zunächst im ehemaligen Franziskanerkloster in Paris tagende (daher die Bezeichnung C.) »Gesellschaft der Freunde der Menschenrechte«. Die C. lenkten die für die Französische Revolution entscheidenden Massenerhebungen zur Durchsetzung der Menschenrechte und der Volkssouveränität, bis sie sich 1794 auflösten.

Cordon sanitaire [kɔrdɔ̃sani'tɛːr; französisch »Sicherheitsgürtel«]: 1919 wurde die Bezeichnung C. s. von dem französischen Außenminister S. PICHON verwendet, um die Politik einer Begrenzung der »bolschewistischen Weltrevolution« auf Sowjetrussland zu kennzeichnen. Die Westmächte versuchten damit, Sowjetrussland wirtschaftlich und diplomatisch zu isolieren, indem sie die an Russland angrenzenden Staaten unterstützten bzw. Bündnisse oder Freundschaftsverträge mit ihnen schlossen (z.B. mit Polen, Lettland, Estland, Finnland, Rumänien). Diese Politik wurde vom Deutschen Reich mit dem ↑Rapallovertrag 1922 erstmals durchbrochen und durch den Eintritt der UdSSR in den ↑Völkerbund (1934) beendet.

Corpus Catholicorum [lateinisch »Körperschaft der Katholischen«]: die politische Vertretung der katholischen Reichsstände auf dem Reichstag nach 1648. Der Westfälische Friede bestimmte, dass bei der Behandlung konfessioneller Fragen die Stände auf den Reichstagen in ein C. c. und ein ↑Corpus evangelicorum zur getrennten Beratung auseinander zu treten hätten (↑Itio in partes), ein gültiger Beschluss jedoch nur gefasst werden könne, wenn beide Körperschaften Übereinstimmung erzielten. Das C. C. blieb verfassungsgeschichtlich ohne Bedeutung, da die Interessen der katholischen Stände durch den Kaiser oder durch den Kurfürsten von Mainz, der neben dem Reichstagsdirektorium auch den Vorsitz im C. C. führte, hinreichend gewahrt wurden.

Corpus Evangelicorum [lateinisch »Körperschaft der Evangelischen«]: die

C

politische Vertretung der evangelischen Reichsstände auf dem Reichstag nach 1648. Die Wahrnehmung gesamtprotestantischer Interessen hatte bereits zuvor neben konfessionellen Sonderbündnissen (Schmalkaldischer Bund, Union) zu einer Zusammenarbeit der evangelischen Reichsstände auf dem Reichstag geführt; diese Zusammenarbeit hatte sich nach dem Augsburger Religionsfrieden von 1555 v.a. im Kampf gegen das drohende Übergewicht der katholischen Stände allmählich institutionalisiert. Im ↑Westfälischen Frieden wurde das C. E. als gemeinsames Organ aller evangelischen Stände anerkannt.

Corpus Iuris Civilis [lateinisch »Sammlung des bürgerlichen Rechts«], Abk. CIC: seit dem 16. Jh. übliche Bezeichnung für die von dem oströmisch-byzantinischen Kaiser JUSTINIAN I. vorgenommene Sammlung des damals geltenden Rechts. Das CIC besteht aus vier Teilen:

Institutionen: ein vier Bücher umfassendes amtliches Lehrbuch des Rechts, das 533 als Gesetz verkündet wurde.

Digesten oder **Pandekten:** eine 50 Bücher umfassende Zusammenstellung von Auszügen aus den Werken römischer Juristen (vorwiegend des 1.–3. Jh. n. Chr.), ebenfalls 533 als Gesetz verkündet.

Codex Justinianus: eine Sammlung von Gesetzen der Kaiser HADRIAN bis JUSTINIAN (etwa 117–534 n. Chr.); eine nicht mehr erhaltene Erstfassung trat 529 in Kraft, die endgültige Fassung 534.

Novellen: Bezeichnung für die aus der Zeit nach der Veröffentlichung dieser drei Teile noch bekannten 168 »neuen« Gesetze.

Mit dem Untergang des Römischen Reichs geriet auch das in lateinischer Sprache abgefasste CIC in Vergessenheit; erst gegen Ende des 11. Jh. wieder entdeckt, übte es jedoch bis in die Gegenwart Einfluss auf die Rechtsentwicklung in Europa aus (↑römisches Recht).

Cortes [spanisch und portugiesisch von lateinisch cohors »Gefolge«]: bis zum Beginn des 19. Jh. die Versammlung der ↑Landstände auf der Iberischen Halbinsel; aufgrund der liberalen Verfassung von Cádiz seit 1812 die spanische Volksvertretung mit einem Ein- bzw. (seit 1978) Zweikammersystem.

Crépy, Friede von [französisch kreˈpi]: der am 18. September 1544 geschlossene Friede, der den vierten und letzten Krieg (1542–44) zwischen FRANZ I., König von Frankreich, und Kaiser KARL V. beendete; FRANZ I. verpflichtete sich zur Hilfe gegen die Türken, zur Aufgabe kolonialer Interessen in Amerika sowie zur Einstellung des Kaperkriegs im Mittelmeer gegen Spanien. Wie im Frieden von ↑Cambrai verzichtete der französische König auf das Herzogtum Mailand, der deutsche Kaiser auf Burgund.

Curzon-Linie [englisch kəːzn]: Grenzlinie zwischen Sowjetrussland und Polen, die vom britischen Außenminister Lord CURZON 1920 zur Beilegung des Polnisch-Sowjetischen Krieges vorgeschlagen wurde. Der Vorschlag blieb infolge des polnischen Sieges über Sowjetrussland und der im Frieden von Riga 1921 festgelegten, für Polen günstigeren Grenzziehung zunächst ohne Bedeutung; erst nach dem Zweiten Weltkrieg legte die UdSSR ihre Grenze zu Polen auf der Grundlage der C.-L. fest.

D

Daily-Telegraph-Affäre [englisch ˈdeɪlɪ ˈtelɪgrɑːf-]: Am 28. Oktober 1908 veröffentlichte die Londoner Zeitung »The Daily Telegraph« ein Interview mit Kaiser WILHELM II., in dem dieser erklärte, er stehe mit seiner Freundschaft zu Großbritannien einer Grundströmung in Deutschland entgegen und habe durch seine Politik Großbritannien geholfen, den Burenkrieg zu gewinnen. Von Großbritannien als Provokation empfunden, wurden diese Äußerungen in Deutschland als Ausdruck des »persönlichen Regiments« WILHELMS II. scharf kritisiert, obwohl das Interview in verfassungsmäßig korrekter Form dem Reichskanzler und dem Auswärtigen Amt vorgelegt worden war. In der darauf folgenden Reichstagsdebatte von Reichskanzler B. H. M. von Bülow nur halbherzig verteidigt, versprach der Kaiser, künftig die verfassungsmäßige Verantwortlichkeit zu achten. Die D.-T.-A. trug langfristig dazu bei, die Schwäche des monarchischen Regiments im Kaiserreich sichtbar zu machen und die Entwicklung der Parlamentarisierung des deutschen Verfassungslebens zu stärken.

Danzigfrage: politische Probleme, die sich 1920–39 aus der Sonderstellung Danzigs aufgrund der Bestimmungen des Versailler Vertrags ergaben. Die Errichtung eines polnischen Staates mit freiem Zugang zum Meer führte zur Ausgliederung Danzigs aus dem Deutschen Reich; Danzig wurde zur »freien Stadt« erklärt und unter den Schutz des Völkerbunds gestellt. Die D. wurde in der Zwischenkriegszeit zum ständigen Streitpunkt zwischen Deutschland und Polen, das die Eingliederung der (zu 97 % ihrer Bevölkerung deutschen) Stadt in den polnischen Staatsverband anstrebte. Nach dem deutschen Angriff auf Polen (1939) wieder mit dem Deutschen Reich vereinigt, stand Danzig seit 1945 bis zum Abschluss des Zwei-plus-vier-Vertrags 1990 unter polnischer Verwaltung.

Dauphin [französisch do'fɛ̃:]: seit etwa 1130 Titel der Grafen von Vienne, Herren der Dauphiné (historische Landschaft in den französischen Alpen); nach deren Erwerb durch die französische Krone 1349 Titel des französischen Thronfolgers bis 1791 und 1814–30 (in der Verfassung von 1791 durch **Prince Royal** ersetzt), der das Gebiet als ↑Apanage erhielt.

Dawesplan [englisch dɔ:z-]: Neuregelung der durch den Versailler Vertrag dem Deutschen Reich auferlegten ↑Reparationen. Wachsende Schwierigkeiten infolge der Inflation und der französisch-belgischen Besetzung des Ruhrgebiets 1923 (↑Ruhrkampf) ließen Deutschland den Antrag auf Überprüfung der deutschen Leistungsfähigkeit gemäß Art. 234 des Versailler Vertrags stellen. Unter dem Vorsitz des amerikanischen Wirtschaftspolitikers Ch. G. Dawes arbeitete ein internationaler Sachverständigenausschuss einen Zahlungsplan aus, der auf der Londoner Konferenz (5.–16. August 1924) beschlossen wurde. Danach sollte die deutsche Währung durch amerikanische Kredite stabilisiert werden, und die Reparationszahlungen wurden nach einer Übergangszeit mit allmählich ansteigenden Raten ab 1928/29 auf 2,4 Mrd. Goldmark pro Jahr (zahlbar in Geld- und Sachleistungen) festgesetzt. Da die Aufbringung der Reparationen nur aus Mitteln des Staatshaushalts erneut die Gefahr einer Inflation heraufbeschworen hätte, mussten zur Sicherstellung der Zahlungen Zölle, Steuern sowie die Einkünfte der Reichsbahn verpfändet werden, und der Industrie wurden Schuldverpflichtungen auferlegt. Als Folge davon wurde das deutsche Finanzgebaren internationaler Aufsicht unterstellt. Der D. wurde 1929 durch den ↑Youngplan ersetzt.

Dayton, Friedensabkommen von ['deɪtn]: ↑Bosnischer Krieg.

Declaratio Ferdinandea: schriftliche Erklärung König Ferdinands I. vom 24. September 1555, in der er – entgegen der im ↑Augsburger Religionsfrieden vorgesehenen Verpflichtung der Untertanen, die Konfession des Landesherrn anzunehmen – den protestantischen Landständen in den geistlichen Territorien garantierte, in ihrem evangelischen Bekenntnis unangetastet zu bleiben. Die geistlichen Reichsstände konnten jedoch nicht gezwungen werden, die D. F., die nicht dem Augsburger Religionsfrieden eingegliedert worden war, zu befolgen.

Déclaration des droits de l'homme et du citoyen [deklarasjɔ̃ de 'drwa də 'lɔm e dy sitwa'jɛ̃]: von der französischen Nationalversammlung am 26. August 1789 angenommene »Erklärung der

Menschen- und Bürgerrechte«, die der Verfassung von 1791 vorangestellt wurde. Beeinflusst von der amerikanischen Unabhängigkeitserklärung und von den Verfassungen einzelner britischer Kolonien Nordamerikas, verkündete sie gegen die bestehende Gesellschaftsordnung die Forderung individueller staatsbürgerlicher Gleichheit. Die Französische Revolution leitete damit die entscheidende Diskussion und Forderung der ↑Menschenrechte ein. Fast alle europäischen Verfassungen stützen sich in ihrem Grundrechtskatalog auf diese »Erklärung der Menschen- und Bürgerrechte«.

Declaration of Independence: ↑Amerikanische Unabhängigkeitserklärung.

Decretum Gratiani: um 1140 von dem Mönch GRATIAN verfasstes Lehrbuch des Kirchenrechts, das den Nachweis der Übereinstimmung scheinbar widersprüchlicher kirchlicher Rechtssätze erbringen sollte. Das D. G. bildet den ersten Teil des Corpus Iuris Canonici (↑kanonisches Recht) und war Grundlage für die Entwicklung des Kirchenrechts als selbstständige Wissenschaftsdisziplin neben der Theologie.

Defensor Fidei [lateinisch »Verteidiger des Glaubens«]: Zuerst 1521 von Papst LEO X. an HEINRICH VIII. von England für dessen polemische Schrift gegen LUTHER verliehener Titel, der nach HEINRICHS Abfall von der römischen Kirche 1544 durch das Parlament erneut verliehen und für erblich erklärt wurde.

Dekabristen [von russisch dekabr' »Dezember«]: Teilnehmer des am 26. Dezember 1825 in Petersburg gescheiterten Militärputsches, als nach dem Tod des Zaren ALEXANDER I. am 1. Dezember 1825 aufgrund der scheinbar ungeklärten Thronfolge eine allgemeine Unsicherheit herrschte. Die D. waren durch das Erlebnis der Befreiungskriege von westeuropäischen liberalen Reformideen erfüllte junge Adlige und Offiziere, die sich zunächst in einer legalen Geheimgesellschaft, nach deren Auflösung ab 1822 in zwei illegalen Geheimbünden organisierten: dem gemäßigteren »Nordbund« in Petersburg, der neben der Abschaffung der Leibeigenschaft eine konstitutionelle Monarchie auf föderativer Grundlage anstrebte, und dem radikaleren »Südbund« in der Ukraine, der sich am Modell einer zentralistischen Republik orientierte. Der überstürzt angelegte Aufstand konnte von dem neuen Zaren NIKOLAUS I. rasch unterdrückt werden. Fünf Aufständische wurden zum Tode, der größte Teil der übrigen zu langjähriger Zwangsarbeit in Sibirien verurteilt. V.a. das harte Schicksal der Beteiligten des Aufstandes war in späterer Zeit immer wieder Anlass, die D. als revolutionäre Freiheitshelden zu feiern.

Dekretalen: päpstliche Erlasse, aus denen sich allgemeine Regelungen ergeben (im Unterschied zu Reskripten, die Einzelfälle entscheiden); im weiteren Sinn die mittelalterlichen offiziellen Sammlungen des kirchlichen Rechts insgesamt.

Dekurio (lateinisch Decurio): Mitglied des Rates in Städten römischen und latinischen Rechts im Römischen Reich. Das **Dekurionat** war v.a. den obersten vermögenden Schichten der Landstädte vorbehalten. Nachdem der Dekurionenstand bis ins 3. Jh. n. Chr. die Städte zu wirtschaftlicher und kultureller Blüte geführt hatte, wurden die Dekurionen seit dem 4. Jh. für das Steueraufkommen der Stadt haftbar gemacht und damit oft wirtschaftlich ruiniert.

Delisch-Attischer Seebund: ↑Attischer Seebund.

Demagoge [griechisch »Volksführer«]: Im 5./4. Jh. v. Chr. wurde in Athen ein sich auf die Volksmasse stützender und deren Interessen vertretender Politiker als D. bezeichnet. Jedoch sahen schon antike Kritiker in dem D. auch den Gefühle aufpeitschenden, mehr auf den eigenen Vorteil als auf Wahrung der allgemeinen Interessen bedachten Volksverführer (ARISTOTELES: »D. bedeutet Volksbetörer«). Heute wird der Begriff ausschließlich in diesem negativen Sinn gebraucht.

Demagogenverfolgung: Bezeichnung für die Unterdrückungsmaßnahmen der Gliedstaaten des Deutschen Bundes gegen die Vertreter der liberalen und nationalen, die konstitutionelle Monarchie anstrebenden Bewegung in der Zeit der Restauration (1815–48). Durch den Vollzug der ↑Karlsbader Beschlüsse von 1819 und insbesondere durch die Tätigkeit der Mainzer Zentraluntersuchungskommission zur Aufklärung »revolutionärer Umtriebe und demagogischer Verbindungen« wurde jeder Kritik die legale Basis entzogen.

Demarkationslinie: im Unterschied zur Staatsgrenze eine vorläufig festgelegte Abgrenzung von Hoheitsgebieten.

Demokratie [griechisch »Volksherrschaft«]: eine in den antiken griechischen Stadtstaaten neben der Monarchie, Oligarchie und Aristokratie gebräuchliche Herrschaftsform. In der griechischen D. nahmen alle Vollbürger an den Beratungen und Beschlussfassungen der ↑Polis teil. Als Vollbürger galten jedoch nur selbstständige erwachsene Männer, nicht Frauen, Kinder, Sklaven oder bloße Mitbewohner. Man schätzt, dass nur etwa 10% der Gesamtbevölkerung einer Polis Vollbürger waren (↑griechische Geschichte).

Die Idee der D. wurde mit der antiken Philosophie in das Mittelalter und in die Neuzeit überliefert. Allerdings galt die D. lange Zeit als eine nur in kleinen Gemeinden anwendbare Herrschaftsform (z.B. in den bäuerlichen Landsgemeinden der Schweiz). Erst durch ihre Verbindung mit dem Repräsentativprinzip, bei dem nicht alle Mitglieder eines Verbandes, sondern nur die von ihnen gewählten Repräsentanten entscheiden (**mittelbare** oder **repräsentative Demokratie**), wurde die D. auch in größeren Gemeinschaften möglich. Seit der Französischen Revolution begann sich das Repräsentativsystem in Europa durchzusetzen.

Ebenfalls seit dieser Zeit bildete sich die politische Bewegung der »Demokraten« aus. Sie basiert auf dem Gedanken allgemeiner bürgerlicher Gleichheit und der ↑Volkssouveränität und richtet sich gegen die überkommenen Privilegien der Aristokratie. Demokratische Forderungen dieser Zeit zielten u.a. auf das allgemeine und gleiche Wahlrecht, auf die Unterstellung der Regierung unter ein vom Volk gewähltes Parlament, auf die Bindung der Abgeordneten an den Willen der Wählerschaft (imperatives ↑Mandat) und auf eine Gesetzgebung durch Volksentscheid (**plebiszitäre Demokratie**). V.a. in der Wahlrechtsfrage unterschieden sich demokratische und liberale Bewegung (↑Liberalismus), wie es besonders deutlich in der ↑Revolution von 1848/49 wurde. Die vom Besitzbürgertum getragene liberale Bewegung wollte durch ein Zensuswahlrecht, das sich am Steueraufkommen bemaß, große Bevölkerungskreise von der politischen Beteiligung ausschließen, während die radikalen Demokraten für die Forderung nach einem allgemeinen (Männer-)Wahlrecht standen.

Dieser Gegensatz trat jedoch mit der Durchsetzung des allgemeinen Wahlrechts im weiteren Verlauf des 19. Jh. zurück gegenüber dem, der sich zwischen liberaler und demokratischer Bewegung und den Sozialdemokraten (↑Sozialdemokratie) öffnete. Dieser beruhte auf der Entstehung der ↑Arbeiterbewegung und der Gründung eigener sozialdemokratischer Parteien seit der Mitte des 19. Jh.; während die Liberalen und Demokraten weiterhin die klassischen Freiheitsrechte betonten und für Freihandel und freie Konkurrenzwirtschaft eintraten, forderten die Sozialdemokraten die Sozialisierung der Produktionsmittel und die Berücksichtigung sozialer Grundrechte für die Arbeitnehmerschaft. Höhepunkt dieser Entwicklung war der gegen Ende des Ersten Weltkriegs im Gefolge der russischen Oktoberrevolution auch in Deutschland unternommene Versuch, eine **Rätedemokratie** zu errichten (↑Rätesystem).

Die unterschiedliche Entwicklung in West- und Osteuropa bedingte den Gegensatz von westlicher und östlicher (Volks-)Demokratie. In den westlichen D. hat sich das im 19. Jh. entwickelte Prinzip der Parteienkonkurrenz durchgesetzt. D. wird hier als pluralistische Herrschaftsform verstanden, in der die unterschiedlichen Interessen von Parteien und Verbänden artikuliert werden und ihre Durchsetzung auf dem Wege der Mehrheitsbildung errungen wird. Der Mehrheitsherrschaft gegenüber steht der Schutz individueller Freiheit und der Schutz der Minderheiten durch Grundrechte und Gewaltenteilung, v.a. durch eine unabhängige Rechtsprechung.

Demgegenüber kennen die **Volksdemokratien** keine Parteienkonkurrenz, auch wo andere Parteien neben der kommunistischen zugelassen sind. Die sozialistischen Regierungssysteme beruhen durchweg auf der Vorherrschaft der kommunistischen Partei. Wahlen dienen nur der Bestätigung der bestehenden Herrschaftsverhältnisse. Gewaltenteilung und Minderheitenschutz gibt es ebenso wenig wie die Chance für eine oppositionelle Gruppe, ihre politischen Ansichten zur Geltung zu bringen. Mit der Aufgabe der Hegemonialrolle der UdSSR in Ostmitteleuropa Ende der 80er-Jahre begann sich aber dort die **parlamentarische Demokratie** (mit einer starken Stellung des Parlaments gegenüber der Regierung) durchzusetzen.

Demontage [demɔn'taːʒə; französisch »Abbau«, »Abbruch«]: Aus der Gefährdung des internationalen Währungssystems durch ↑Reparationen nach dem Ersten Weltkrieg zogen die Siegermächte des Zweiten Weltkriegs die Konsequenz, vorwiegend Sach- und Arbeitsleistungen als Entschädigung zu verlangen. Neben der Vernichtung der Rüstungsindustrie sahen das ↑Potsdamer Abkommen von 1945 und der so genannte Industrieniveauplan von 1946 die Beschränkung der Produktionskapazität v.a. der Stahl-, Maschinen- und chemischen Industrie auf das Niveau von 1936/38 durch den Abbau wirtschaftlicher Anlagen in Deutschland vor. Die Demontagepolitik verlief in den Besatzungszonen unterschiedlich: In dem vereinigten britischen und amerikanischen Besatzungsgebiet (Bizone) kam es bereits 1947 zu einer Kürzung der Demontagen um etwa 50%. Demonstrationen der um ihre Arbeitsplätze bangenden Arbeiter und das Einsetzen der Marshallplanhilfe führten 1950 zur Einstellung der D. in der Bundesrepublik Deutschland. In der sowjetischen Besatzungszone bzw. in der DDR demontierte die Sowjetunion bis 1954 und in erheblich größerem Ausmaß, als es die Westmächte in den von ihnen besetzten Gebieten getan haben.

Demos [griechisch »Volk«]: im antiken Griechenland ursprünglich der geschlossen siedelnde Sippenverband, dann Bezeichnung für die durch die Volksversammlung repräsentierte Gesamtgemeinde (insbesondere deren unterste Schicht) wie auch Bezeichnung für die Unterabteilung einer Dorfgemeinde oder eines Stadtbezirks. In letzterer Bedeutung wurden die Demen in Athen Grundlage der Staatsordnung des KLEISTHENES (508 v. Chr.), der mehrere D. zu einer Einheit des Küstenlandes, des Binnenlandes und der Stadt zusammenfasste und dann durch Los einer der zehn neuen lokalen ↑Phylen zuwies. Die D. blieben als Bestandteil der Phyle niederste Verwaltungs- und Gerichtsinstanz.

Deportation [von lateinisch deportare »wegbringen«]: zwangsweise Verschickung von Menschen aus ihren Wohnsitzen in vorbestimmte Aufenthaltsorte außerhalb des geschlossenen Siedlungsgebiets ihres Volkes durch den eigenen Staat oder eine fremde Besatzungsmacht. Die Deportierten bleiben (anders als bei Ausweisung oder Vertreibung) im Machtbereich des Staates, der die D. durchführt.

D. als strafweise Verbannung in Strafarbeitskolonien wurde von den europäischen Mächten seit dem 17. Jh. durchgeführt, z.B. nach Australien, Französisch-Guayana und Sibirien.

D. zur Beseitigung von nationalen, ethnischen oder politischen Minderheiten wurde von der Sowjetunion (z.B. die Ukrainer vor dem Zweiten Weltkrieg) wie auch vom nationalsozialistischen Deutschland angewandt, das während des Zweiten Weltkriegs über 4,5 Mill. Juden und über 1 Mill. Polen zunächst in ↑Gettos, später in Vernichtungslager deportierte. Die D. von Minderheiten im Frieden ist als völkerrechtliche Diskriminierung durch die Allgemeine Menschenrechtskonvention von 1948 verboten; auch die ↑Genfer Konventionen zum Schutze von Kriegsopfern und Zivilpersonen in Kriegszeiten vom 12. August 1949 enthalten ein ausdrückliches Deportationsverbot.

Während des Zweiten Weltkriegs wurde die Bevölkerung besetzter Gebiete zur Zwangsarbeit deportiert. Das nationalsozialistische Deutschland deportierte Millionen Juden und eine große Anzahl von Angehörigen anderer Gruppen (z.B. Roma) zum Arbeitseinsatz; nach der Kapitulation 1945 wurde Deutschland seinerseits verpflichtet, Arbeitskräfte »zum Gebrauch innerhalb und außerhalb Deutschlands« zur Verfügung zu stellen (Proklamation des Alliierten Kontrollrats Nr. 2 vom 20. September 1945). Die Sowjetunion deportierte daraufhin mehrere 100 000 Wissenschaftler, Techniker und Arbeiter. Auch in anderen Diktaturen vor und nach dem Zweiten Weltkrieg war die D. bei der Verfolgung politischer Gegner Praxis.

Deputation [mittellateinisch]: eine Abordnung, die im Auftrag der Gesamtheit eines Kollegiums, einer Versammlung, einer Körperschaft oder Genossenschaft bestimmte Aufgaben erledigen soll.

Seit dem 16. Jh. bestand im Reichstag ein ständiger Ausschuss, die ordentliche **Reichsdeputation,** zusammengesetzt aus dem Kurfürstenkollegium und einem Kollegium aus Mitgliedern der beiden anderen Reichskollegien. Sie tagte bei Dringlichkeit zwischen den Reichstagen auf einem **Reichsdeputationstag,** dessen Beschlüsse (**Reichsdeputationsschluss**) die Geltung von Reichssatzungen hatten. Seit dem Immerwährenden Reichstag (1663) wurden außerordentliche, konfessionell paritätische Reichsdeputationen mit Sonderaufgaben außerhalb des Reichstages betraut. – Auch Landtage und andere ständische Zusammenschlüsse beriefen Deputationstage.

Als **Kaiserdeputation** wird die Abordnung der Frankfurter Nationalversammlung bezeichnet, die dem preußischen König FRIEDRICH WILHELM IV. 1849 die – von diesem abgelehnte – deutsche Kaiserkrone anbot.

Designation [von lateinisch designare »bezeichnen«]: die Bestimmung einer Person für ein Amt, das erst nach dem Ausscheiden oder Tod des Inhabers übernommen werden kann. In der römischen Republik erfolgte die D. der Magistrate durch Volkswahl (in der Zeit zwischen Wahl und Amtsantritt wurde der Magistrat dann als »designatus« bezeichnet). Im Mittelalter hatte der deutsche König das Recht zur D. eines Nachfolgers, doch war dieses Recht weder näher umschrieben noch für das wählende Gremium bindend (↑ Königswahl).

Deutsch-Dänische Kriege: im 19. Jh. geführte Kriege um die staatliche Zugehörigkeit Schleswig-Holsteins.

Der **1. Deutsch-Dänische Krieg** (1848 bis 1850) entzündete sich an dem Versuch Dänemarks, das mit Holstein (das zum Deutschen Bund gehörte) in ↑Realunion verbundene Herzogtum Schleswig (das nicht zum Deutschen Bund gehörte) zu annektieren. Im Rahmen der nationalliberalen Bewegung des 19. Jh. betonten Schleswig und Holstein zunehmend ihre Einheit und strebten verstärkt ihre Eigenständigkeit und den Anschluss an Deutschland an. Als 1848 das dänische Kabinett umgebildet und hauptsächlich

Deutsche Arbeitsfront: ein Propagandaplakat für Reisen mit der Organisation »Kraft durch Freude«, die von der Deutschen Arbeitsfront getragen wurde

mit Eiderdänen (die die Einverleibung Schleswigs »bis zur Eider« in den dänischen Staat und die Auflösung der schleswig-holsteinischen Realunion betrieben) besetzt wurde, erhoben sich am 23./24. März 1848 die schleswig-holsteinischen Stände und bildeten eine provisorische Regierung. Preußen eilte im Auftrag des Deutschen Bundes zu Hilfe, musste jedoch unter britischem und russischem Druck mit Dänemark am 26. August 1848 den Waffenstillstand von Malmö schließen; die provisorische schleswig-holsteinische Regierung wurde zum Rücktritt gezwungen. Endgültig zum Abschluss kam der 1. D.-D. K. im Frieden von Berlin (2. Juli 1850). Das 1. Londoner Protokoll vom 2. August 1850 unterzeichnete Preußen erst in der Folge der ↑Olmützer Punktation und gab damit Schleswig-Holstein preis. Das 2. Londoner Protokoll vom 8. Mai 1852 schrieb u. a. für Schleswig-Holstein die bisherigen territorialen und machtpolitischen Verhältnisse fest.

Im **2. Deutsch-Dänischen Krieg** (1864) standen Preußen und Österreich Dänemark gegenüber, das 1863 die Abmachungen des 2. Londoner Protokolls dadurch brach, dass es eine Verfassung für das ganze dänische Land, einschließlich Schleswig, erließ und auf diese Weise erneut Schleswig von Holstein abzutrennen versuchte. Am 1. Februar 1864 überschritten – wiederum im Auftrag des Deutschen Bundes – preußische und österreichische Truppen die Grenzen Schleswig-Holsteins und zwangen nach Erstürmung der Düppeler Schanzen (starke Befestigungsanlagen bei Düppel) Dänemark zum Frieden von Wien (30. Oktober 1864). Dänemark trat die Herzogtümer Schleswig und Holstein ab, die (bis 1866) unter preußisch-österreichisches Kondominium gestellt wurden.

Deutsche Arbeitsfront, Abk. DAF: nationalsozialistische Organisation, die 1933 an die Stelle der ↑Gewerkschaften trat. Die Bildung der DAF wurde auf dem »1. Kongress der Deutschen Arbeit« in Berlin am 10. Mai 1933 verkündet. Nach 1934 wurde die DAF ein der NSDAP angeschlossener Verband, der dem Reichsorganisationsleiter der NSDAP, R. LEY, unterstand. Die Betriebsräte wurden aufgelöst und durch Funktionäre der DAF ersetzt. Die Mitgliedschaft in der DAF war formal freiwillig, doch wurde auf die Arbeitnehmer ein starker Druck ausgeübt, der DAF beizutreten. Entsprechend der Zielvorstellung, alle an der Wirtschaft beteiligten Kräfte in einem Verband zusammenzuschließen und den Klassenkampf durch die Idee der »nationalsozialistischen Volksgemeinschaft« zu überwinden (so die propagandistische Begründung), konnten neben Angehörigen der ehemaligen Gewerkschaften auch solche der Angestelltenverbände und der Unternehmervereinigungen Mitglieder sein. Die DAF wurde 1945 aufgelöst.

Deutsche Bundesakte: die von den deutschen Staaten während des Wiener Kongresses 1815 ausgehandelte Verfassung des ↑Deutschen Bundes. Die D. B. wurde 1820 durch die ↑Wiener Schlussakte ergänzt.

deutsche Frage: Nach der Auflösung des Heiligen Römischen Reichs 1806 stellte sich die Frage der territorialen, politischen, wirtschaftlichen und kulturellen Organisation der bis dahin in diesem Reich miteinander verbundenen Territorien, ein Problem, das sich v.a. auch durch den Wunsch nach einem deutschen Nationalstaat verschärfte. Der Versuch der ↑Frankfurter Nationalversammlung 1848, ein deutsches Reich auf der Grundlage einer Verfassung mit bürgerlichen Freiheitsrechten zu gründen, scheiterte am Widerstand der im Deutschen Bund zusammengeschlossenen souveränen Fürsten und am ↑Dualismus zwischen Preußen und Österreich, der sich auch in dem Ringen um eine ↑großdeutsche (unter Einschluss Österreichs) oder ↑kleindeutsche (unter Ausschluss Österreichs) Lösung der d. F. offenbarte. Nach dem ↑Deutschen Krieg von 1866 und dem ↑Deutsch-Französischen Krieg 1870/71 löste BISMARCK mit der ↑Reichsgründung 1871 die d. F. im kleindeutschen Sinne.

Nach dem Ersten Weltkrieg stellte sich die d. F. erneut, v.a. als Problem der Angliederung Österreichs (↑Deutschösterreich) und der Revision des Versailler Vertrags. Der sog. Anschluss Österreichs und des Sudetenlands 1938 löste die d. F. zunächst im Sinne großdeutscher Vorstellungen.

Der Zweite Weltkrieg führte in seinem Ergebnis zu einem Ende der staatlichen Einheit Deutschlands. Die d. F. wurde als Problem der nationalen und politisch-sozialen Organisation der Restgebiete des Deutschen Reichs auch eine Frage der internationalen Politik: Parallel zur deutschen Spaltung bildete sich der Gegensatz zwischen der Sowjetunion und den USA heraus und führte in der Folge zur Ausbildung unterschiedlicher politischer und sozialer Systeme. Die zunächst gemeinsame Ausübung der Besatzungsherrschaft durch die Siegermächte wurde nach 1948 abgelöst durch eine Trennung der drei westlichen Besatzungszonen von der sowjetischen Besatzungszone, eine Entwicklung, die mit der Gründung der BRD am 23. Mai 1949 und der DDR am 7. Oktober 1949 endete.

Mit dem ↑Grundvertrag 1972 verzichtete die BRD auf ihren Anspruch, ganz Deutschland zu vertreten (Alleinvertretungsanspruch); beide Staaten akzeptierten ihre beiderseitige Unabhängigkeit und Selbstständigkeit in inneren und äußeren Angelegenheiten. Offen dagegen blieb die Frage der ↑Wiedervereinigung (Wiedervereinigungsgebot des Grundgesetzes) und der deutschen Staatsangehörigkeit, die nach westdeutscher Auffassung eine gesamtdeutsche war.

Die Politik der Entspannung zwischen den Weltmächten, das Ende des Kalten Krieges, der Verzicht der UdSSR auf ihre Hegemonialrolle in Ostmitteleuropa sowie die Demokratisierung v.a. in Polen und Ungarn führten 1989 zum Sturz der kommunistischen Parteidiktatur der SED. Die neu gebildeten Länder der DDR traten 1990 dem Geltungsbereich des Grundgesetzes der BRD nach Artikel 23 GG bei. Mit Zustimmung der »vier Mächte« (↑Zwei-plus-vier-Vertrag) konnte sich der neue gesamtdeutsche Staat am 3. Oktober 1990 konstituieren.

deutsche Kolonien: Bezeichnung für deutsche überseeische Besitzungen. Der Gedanke, d. K. zu schaffen, wurde nach der Reichsgründung 1871 nachhaltig propagiert, sodass 1882 im Zusammenwirken von Industrie, Handel und Banken zur Förderung des kolonialen Gedankens der Deutsche Kolonialverein gegründet wurde (seit 1887 Deutsche Kolonialgesellschaft). Entgegen seiner anfänglichen Haltung wandte sich BISMARCK ab 1884 verstärkt dem Gedanken kolonialen Besitzerwerbs zu, wobei er sich nicht von wirtschaftlichen Motiven leiten ließ, sondern in dem Erwerb von Kolonien v.a. einen Faktor der nationalen Integration sah und sich in seiner Kolonialpolitik am Prinzip des Gleichgewichts der europäischen Mächte orientierte. Die Verwaltung der Kolonien (nach offizieller Bezeichnung bis 1918 Schutzgebiete genannt) sollte nach Möglichkeit durch private Gesellschaften (Kolonialgesellschaften) erfolgen. Bis 1899 wurden jedoch die Schutzgebiete

D

alle in die unmittelbare Reichsverwaltung überführt.
Deutschland besaß in Afrika seit 1884 Deutsch-Südwestafrika mit dem 1890 im ↑Helgoland-Sansibar-Vertrag erworbenen Zugang zum Sambesi (»Caprivizipfel«), seit 1884 Togo und Kamerun und seit 1885 Deutsch-Ostafrika; in Asien und im Pazifischen Ozean seit 1884 Deutsch-Neuguinea (Kaiser-Wilhelm-II.-Land und Bismarckarchipel), seit 1885 die Marshallinseln, seit 1888 Nauru und seit 1899 die Marianen, Karolinen und Palauinseln sowie einen Teil der Samoainseln; mit China schloss Deutschland 1898 einen 99-jährigen Pachtvertrag über das Gebiet von Kiautschou.
Nach dem Ersten Weltkrieg musste Deutschland im Versailler Vertrag auf alle Rechte aus seinen Kolonien verzichten; diese selbst wurden rechtlich als Mandatsgebiete des Völkerbunds (↑Mandat) behandelt, faktisch jedoch dem Kolonialbesitz der Mandatsmächte eingegliedert.

deutsche Ostsiedlung: eine Missions- und Siedlungstätigkeit im Mittelalter, die über die nach der Völkerwanderung entstandene germanisch-slawische Siedlungsgrenze (Elbe-Saale-Böhmerwald-Inn-Salzach) hinausgriff und eine Ausdehnung des Deutschen Reichs nach Osten sowie eine kulturelle Angleichung Ostmitteleuropas (Böhmen, Polen, Ungarn) an Westeuropa bewirkte.
In der *ersten Phase (8.–11. Jh.)* war die d. O. vor allem durch Maßnahmen der Grenzsicherung und durch die christliche Missionierung der Slawen gekennzeichnet, hatte aber noch keine nennenswerte (bäuerliche) Siedlungsbewegung zur Folge. Karl der Grosse legte in den angrenzenden slawischen Gebieten ↑Marken an, in denen eine militärisch-politische Besatzung an zentralen Orten die Grenzsicherung des Reichs übernahm. Die Marken wurden später ausgebaut und stellten die Grundlage für die Erweiterung des Reichs nach Osten dar. Die gleichzeitig in den Marken einsetzende Slawenmission, die zunächst von den Bistümern Salzburg, Verden und Regensburg ausging, führte im 10. Jh. zur Gründung neuer Bistümer in den Marken selbst (z.B. Havelberg, Brandenburg, Oldenburg, Magdeburg); durch den Slawenaufstand von 983 kam die Mission vorübergehend zum Erliegen. In Böhmen, das im 10. Jh. in das Reich eingegliedert wurde, wurde 973 das Bistum Prag gegründet; Polen und Ungarn, die unabhängig blieben, erhielten die Erzbistümer Gnesen (1000) und Gran (1001).
In der *zweiten Phase (12.–14. Jh.)* erfolgte die eigentliche Siedlung deutscher Bauern und Bürger. Die Fürsten der Markengebiete (Holstein, Brandenburg, Mecklenburg, Sachsen) und der angrenzenden Regionen (Pommern, Schlesien) sowie der ostmitteleuropäischen Länder förderten durch großzügige Landzuteilung und günstige rechtliche Bedingungen die Einwanderung deutscher Siedler, um ihre (oft an das Reich angelehnte) Herrschaft zu sichern und ihr Land wirtschaftlich auszubauen (Rodung, Ausbeutung von Bodenschätzen). Die Siedler wurden in den dicht besiedelten Kerngebieten des Reichs meist von einem Siedlungsunternehmer angeworben, der auch die Landvermessung und den Abschluss der Rechtsgeschäfte übernahm. Die Ansiedlung erfolgte »nach deutschem Recht«, das persönliche Freiheit, weit gehende Verfügbarkeit des Besitzes, feste Zinsabgaben statt Dienstleistungen und eigene Gerichtsbarkeit beinhaltete. Die deutschen Rechtsformen drangen über die Regionen deutscher Siedlung hinaus und wirkten prägend für die Rechtsentwicklung ganz Ostmitteleuropas.
Als Folge dieses Landesausbaus setzte in den Gebieten der d. O. ein wirtschaftlicher Aufschwung ein (Vermehrung des Ackerlandes, Rohstoffgewinnung, Verdichtung des Verkehrs- und Siedlungsnetzes). Wo es vorwiegend bäuerliche Siedlungen gab – wie in den östlichen

Gebieten des Reichs und in Preußen –, verschmolzen die deutschen Siedler mit der slawischen Bevölkerung. Dagegen entstanden in Böhmen (Sudetengebiet, Iglau), in Polen und in Ungarn (Siebenbürgen) deutsche Sprachinseln. Insgesamt gesehen hat die d. O. wesentlichen Anteil an der Einbeziehung Ostmitteleuropas in die mittelalterlich-abendländische Kulturgemeinschaft.

Deutscher Bund: auf dem ↑Wiener Kongress 1815 gegründeter Zusammenschluss der souveränen deutschen Fürsten und freien Städte, um, wie es in dem Bundesgrundgesetz, der Deutschen Bundesakte, hieß, die »Erhaltung der äußeren und inneren Sicherheit Deutschlands und (die) Unabhängigkeit und Unverletzlichkeit der einzelnen deutschen Staaten« zu gewährleisten. Der D. B. bestand zunächst aus 38, 1817 aus 39 und zuletzt aus 33 Mitgliedern; ihm gehörten auch die Könige von Großbritannien (für Hannover), von Dänemark (für Holstein) sowie der König der Niederlande (für Luxemburg) an. Der D. B. war ein verfassungsrechtlicher Rahmen, der bis zu seiner Auflösung 1866 die deutschen Staaten in einem lockeren Staatenbund miteinander verband.

Organ des D. B. war die ↑Bundesversammlung (auch Bundestag genannt), die jedoch keine Volksvertretung, sondern ein ständiger Kongress der bevollmächtigten Gesandten der Mitgliedsstaaten war. Die eigentliche Führung des D. B. sollte von einem »Engeren Rat« übernommen werden, in dem die elf größten Staaten je eine, die anderen zusammen sechs Stimmen besaßen. Entscheidungen über Bundeseinrichtungen sowie über Krieg und Frieden mussten von der Bundesversammlung mit Zweidrittelmehrheit, Änderungen der Deutschen Bundesakte einstimmig verabschiedet werden. Nach außen hatte der D. B. Gesandten- und Vertragsrecht; die einzelnen Mitgliedsstaaten durften kein Bündnis schließen, das sich gegen die Sicherheit des D. B. insgesamt oder anderer Mitgliedsstaaten richtete, und durften im Kriegsfall keine Sonderverhandlungen führen. Nach innen, gegenüber ihren Untertanen, waren die Mitglieder des D. B. souverän; zur Entwicklung innerhalb der Gliedstaaten sprach die Bundesakte nur allgemein davon, dass überall »landständische Verfassungen« einzuführen seien. Da die Deutsche Bundesakte weitgehend in die Wiener Kongressakte vom 9. Juni 1815 aufgenommen wurde, wurde sie zu einem Teil internationaler Abmachungen, wodurch wiederum anderen europäischen Mächten die Möglichkeit gegeben war, sich in deutsche Angelegenheiten einzumischen. Ergänzt wurde die Bundesakte durch die ↑Wiener Schlussakte von 1820 und die Kriegsverfassung von 1821/22.

Der D. B. entwickelte nach außen keine eigene Wirkung. Beim Fehlen gemeinsamer Steuer-, Verkehrs- und Wirtschaftseinrichtungen und ohne Entwicklungsmöglichkeiten (da Änderungen der Bundesakte einstimmig beschlossen werden mussten) konnte der D. B. die deutschen Staaten auch nicht zu einer staatsrechtlichen Einheit verbinden. Überdies stand der Bund unter dem Einfluss der beiden Großmächte Österreich und Preußen, die jeweils ihre eigenen Interessen durch den Bund zu verwirklichen suchten. In der Zeit bis 1848 wurde der D. B. unter der Führung Österreichs als Präsidialmacht und in Übereinstimmung mit Preußen zum Instrument des ↑metternichschen Systems und damit zum Vollzugsorgan der Restauration. Der im Vormärz noch verdeckte preußisch-österreichische Dualismus führte nach der ↑Revolution von 1848/49 schließlich zur Auflösung des Bundes. BISMARCK gelang es, Österreich aus dem D. B. zu drängen, indem er zunächst jede Annäherung Österreichs an den ↑Deutschen Zollverein hintertrieb und schließlich die Auseinandersetzungen zwischen den beiden Mächten über das Schicksal Schleswig-Holsteins 1866 zum Anlass nahm, den D. B. zu verlassen. Der ↑Deut-

D

sche Krieg von 1866, der aus dieser Problematik entstanden war, leitete unter der Führung Preußens zum ↑Norddeutschen Bund über.

Deutsche Revolution 1848/49: ↑Revolution von 1848/49.

Deutscher Fürstenbund: Ursprünglich nach den Vorstellungen einer Gruppe weniger mächtiger Reichsfürsten um Herzog KARL AUGUST von Sachsen-Weimar ein Zusammenschluss der Reichsstände zur Abwehr von Übergriffen auf ihre Landeshoheit durch die größeren Reichsstände, v.a. Österreich und Preußen. Die tatsächliche Gründung des D. F. kam am 23. Juli 1785 auf Initiative Preußens zustande, das unter dem erklärten Ziel, die Reichsverfassung und die kleineren Reichsstände zu schützen, in erster Linie den Abbau aller Reste kaiserlich-österreichischer Oberhoheit verstand. Mit der Verlagerung der politischen Schwerpunkte infolge der Französischen Revolution wurde der D. F. bedeutungslos.

Deutscher Krieg von 1866: Der preußisch-österreichische Dualismus um die Führung im Deutschen Bund sowie die Spannungen wegen der seit 1864 unter preußisch-österreichischem Kondominium stehenden Elbherzogtümer Schleswig und Holstein führten 1866 zum D. K. Preußen, verbündet mit Italien, das die österreichischen Truppen im Süden band, erklärte am 14. Juni 1866 Österreich den Krieg, das selbst u.a. von Sachsen, Bayern, Baden, Württemberg, Hannover und Kurhessen unterstützt wurde. Zwar besiegte die österreichische Südarmee die Italiener bei Custoza, die Entscheidung des D. K. fiel jedoch in Böhmen: Nachdem Preußen zuvor Hannover bei Langensalza geschlagen hatte, siegten die nach einem unkonventionellen Plan des preußischen Generalstabschefs H. VON MOLTKE bei Königgrätz konzentrierten preußischen Armeen am 3. Juli 1866 über die österreichische Nordarmee und die mit ihr verbündeten Sachsen. Auf der Grundlage des Vorfriedens von Nikolsburg (26. Juni 1866) wurde im Frieden von Prag (23. August 1866) der Deutsche Bund aufgelöst; Österreich verlor Venetien und alle Rechte in Schleswig-Holstein, das ebenso wie Hannover, Kurhessen, Nassau und Frankfurt am Main von Preußen annektiert wurde. Der D. K. sicherte Preußen die politisch-militärische Führung in Deutschland und führte zur Gründung des ↑Norddeutschen Bundes.

Deutscher Nationalverein: 1859 in Frankfurt am Main gegründete, locker organisierte politische Vereinigung von zumeist liberalen Politikern, die, dem Programm der ↑Erbkaiserlichen Partei folgend, die bundesstaatliche Einigung Deutschlands unter preußischer Führung auf der Basis der Reichsverfassung von 1848/49 anstrebte; 1867 aufgelöst.

Deutscher Orden (Deutscher Ritterorden, Deutschherren): jüngster der drei großen, im Heiligen Land entstandenen ↑Ritterorden des Mittelalters, der 1190 während des 3. Kreuzzugs von Norddeutschen zunächst als Hospitalgenossenschaft gegründet, 1198 in einen geistlichen Ritterorden umgewandelt wurde und der sich zum Kampf gegen die Heiden und zur Verteidigung des Glaubens verpflichtete.

Ausdehnung: Vom Mittelmeerraum, wo der D. O. umfangreichen Besitz erwarb, verlagerte er im 13. Jh. das Schwergewicht seiner Tätigkeit nach Osteuropa: 1225 folgten die Ordensritter einem Ruf Herzog KONRADS von Masowien, der den D. O. gegen die heidnischen Pruzzen (Preußen) ins Culmer Land holte; bis zum Ende des 13. Jh. hatte der D. O. das Pruzzenland erobert, sicherte es strategisch durch Burgen und Städte und baute es durch Ansiedlung bäuerlicher Kolonisten aus Deutschland aus. Durch die Vereinigung mit dem Schwertbrüderorden 1237 fasste der D. O. im Baltikum Fuß und erreichte bis zum Beginn des 15. Jh. seine größte territoriale Ausdehnung (1309 Erwerb Pommerellens mit Danzig, 1346 Estlands, 1398 Gotlands und 1402 der Neumark). Gleichzeitig entwickelte sich der D. O. zu einem wichtigen Produktions- und Handelsfaktor im Ostseeraum.

Innere und äußere Konflikte: Als das heidnische Litauen, das sich wie ein Keil zwischen die preußischen und livländischen Besitzungen des D. O. schob, eine Personalunion mit Polen einging (1386) und zum Christentum übertrat, geriet der D. O. zunehmend in Feindschaft mit Polen. Zu den äußeren Konflikten trat die wachsende Opposition der Stände, v.a. der Bürgerschaften der großen Handelsstädte (Danzig, Thorn, Culm, Königsberg) und des Culmer Adels, die auf eine Teilnahme am Regiment drängten. Dieser innerstaatliche Konflikt trug nicht zuletzt zu der Niederlage des D. O. gegen Polen in der Schlacht bei Tannenberg 1410 bei. Im 1. Thorner Frieden 1411 musste sich der D. O. zu umfangreichen Zahlungen an Polen verpflichten; die daraus resultierenden steuerlichen Belastungen wie auch die erneuten Kämpfe mit Polen verschärften die Auseinandersetzung mit den Ständen, die sich 1440 zum Preußischen Bund zusammenschlossen und sich 1454 Polen unterstellten. Der daraufhin ausbrechende Krieg zwischen dem D. O. und dem mit Polen verbündeten Preußischen Bund (1454 bis 1466) endete mit dem 2. Thorner Frieden 1466: Das Ordensterritorium wurde auf den östlichen Teil Preußens beschränkt und der Oberhoheit des polnischen Königs unterstellt. Hochmeister ALBRECHT VON BRANDENBURG-ANSBACH wandelte 1525 den preußischen Ordensstaat in ein weltliches Herzogtum unter polnischer Lehnshoheit um.

Weitgehend unabhängig davon entwickelte sich der D. O. im Reich, wo er seit dem 13. Jh. v.a. in der Pfalz, im Elsass, in Franken, Thüringen und Schwaben Besitzungen erworben hatte. NAPOLEON I. hob den Orden 1809 in Deutschland auf; FRANZ I. von Österreich ließ ihn heimlich weiter bestehen und erneuerte ihn 1834; **Hoch- und Deutschmeister** war jeweils ein Erzherzog. 1929 in einen geistlichen Orden umgewandelt, wurde dieser 1938/39 vom Nationalsozialismus in Österreich und in der Tschechoslowakei erneut aufgehoben, 1945 jedoch in Österreich wieder errichtet.

Deutscher Reformverein: als Gegengewicht zum kleindeutsch-liberal bestimmten ↑Deutschen Nationalverein 1862 in Frankfurt am Main gegründete politische Organisation, die eine Reform des Deutschen Bundes im großdeutsch-österreichischen Sinne vertrat. Der D. R. löste sich 1866 auf, nachdem sich mit dem Norddeutschen Bund die kleindeutsche Lösung durchgesetzt hatte.

Deutscher Volkskongress: Im Dezember 1947, im März 1948 und im Mai 1949 trat in Berlin eine von der SED gesteuerte **Volksbewegung für Einheit und gerechten Frieden** zusammen. Sie umfasste Delegierte aus Parteien und Massenorganisationen (u.a. aus Gewerkschaften und Jugendverbänden).

Der zweite D. V. im März 1948 lehnte die ↑Marshallplanhilfe ab, erkannte die ↑Oder-Neiße-Linie an und beschloss ein Volksbegehren zur deutschen Einheit. Er wählte zugleich den **Ersten Deutschen Volksrat,** der am 22. Oktober 1948 die Verfassung der Deutschen Demokratischen Republik billigte und am 19. März 1949 formell beschloss. Der vom Dritten D. V. gewählte **Zweite Deutsche Volksrat** (nach einem zugunsten des Führungsanspruchs der SED festgelegten Mandatschlüssel) konstituierte sich am 7. Oktober 1949 als Provisorische Volkskammer der DDR; der Dritte D. V. ging in der »Nationalen Front des demokratischen Deutschland« auf. – Siehe auch ↑Nationale Front.

Deutscher Volksrat: ↑Deutscher Volkskongress.

Deutscher Zollverein: Um den Handel innerhalb des Deutschen Bundes von zollpolitischen Hemmnissen zu befreien, schlossen sich 1834 unter der Führung Preußens Hessen-Darmstadt, Bayern, Württemberg, Kurhessen, Sachsen sowie

D

die thüringischen Staaten zum D. Z. zusammen, dem 1835 auch Baden, Nassau und Frankfurt am Main beitraten. Keimzelle dieses umfassenderen Zollvereins war der Preußisch-Hessische Zollverein von 1828, dem sich nun mehrheitlich die Mitglieder des Bayerisch-Württembergischen Zollvereins und des Mitteldeutschen Handelsvereins (beide 1828 gegründet) anschlossen.

Entscheidend verdient gemacht hatten sich um die Gründung des D. Z. die preußischen Minister VOM UND ZUM STEIN, F. MOTZ und K. G. MAASSEN; der Einfluss der später als wegweisend empfundenen Vorstellungen F. LISTS wird dagegen häufig überschätzt. Die Dauer des Zollvereins wurde zunächst auf acht Jahre festgelegt, danach bis 1866 zweimal um jeweils zwölf Jahre verlängert. Die Mitgliedsstaaten erkannten den 1818 festgelegten, relativ niedrigen preußischen Zolltarif im Außenhandel an und vereinbarten freien Warenverkehr untereinander. Die Zölle erhob jeder Mitgliedsstaat selbst, doch wurden die gesamten Einnahmen des D. Z. im Verhältnis zur Bevölkerungszahl verteilt, sodass auch Mitglieder, deren Außenhandel gering war, finanziell nicht benachteiligt waren. Hauptorgan des D. Z. war die jährliche Generalkonferenz der Bevollmächtigten der Mitgliedsstaaten, auf der Beschlüsse einstimmig verabschiedet werden mussten. Preußen vertrat den D. Z. nach außen.

Die günstige Entwicklung des Handels und Gewerbes sowie die beginnende Industrialisierung ließen die Anziehungskraft des Zollvereins weiter anwachsen. 1854 löste sich der Steuerverein als letzter zollpolitischer Gegner auf: Wie bereits 1842 Braunschweig und Lippe, die ursprünglich ebenfalls dem Steuerverein angehört hatten, traten nun auch Hannover und Oldenburg dem D. Z. bei. Damit umschloss dieser alle deutschen Staaten mit Ausnahme Österreichs, der beiden Mecklenburg und der Hansestädte Hamburg und Bremen.

Nach der Deutschen Revolution 1848/49 wurden Österreichs Vorbehalte gegen den Zollverein wegen seiner Ausrichtung auf ↑Freihandel mit dem aufbrechenden preußisch-österreichischen Dualismus verknüpft: Österreich versuchte mit dem Plan eines protektionistisch ausgerichteten Zollvereins, der ganz Mitteleuropa umfassen sollte und in dem es die Führungsrolle übernehmen wollte, die starke preußische Position im Zollverein in Frage zu stellen. Aufgrund des industriellen und handelspolitischen Gewichts Preußens unterstützten die Mitgliedsstaaten des D. Z., die politisch Österreich zugeneigt waren, diesen Plan jedoch nicht.

Nach dem Sieg Preußens im Deutschen Krieg von 1866 bildete der ↑Norddeutsche Bund eine eigene Zollunion, mit der 1867 die süddeutschen Staaten erneut einen D. Z. vereinbarten; Organe wurden ein allgemein zu wählendes Zollparlament und ein Zollbundesrat, in dem das Mehrheitsprinzip das Einstimmigkeitsprinzip weitgehend ablöste; an die Stelle der früheren Vertragsdauer trat eine halbjährige Kündigungsfrist. Der D. Z. bestand in dieser Form bis zur Gründung des Deutschen Reichs 1871, das dann die Wirtschaftseinheit verfassungsrechtlich verankerte.

Deutsches Reich:

◆ unkorrekte Bezeichnung für ↑Heiliges Römisches Reich (bis 1806).

◆ amtliche Bezeichnung des deutschen Staates 1871–1945.

Die Gründung des D. R. kann nicht auf den 18. Januar 1871, die Ausrufung WILHELMS I. zum Deutschen Kaiser im Spiegelsaal von Versailles festgesetzt werden, sondern vollzog sich in einzelnen Etappen, beginnend bei der ↑Revolution von 1848/49 über den ↑Deutschen Krieg von 1866 und die Gründung des ↑Norddeutschen Bundes 1867 bis zum ↑Deutsch-Französischen Krieg 1870/71. Die Reichsverfassung von 1871, die aus der Verfassung des Norddeutschen Bundes und den Bündnissen

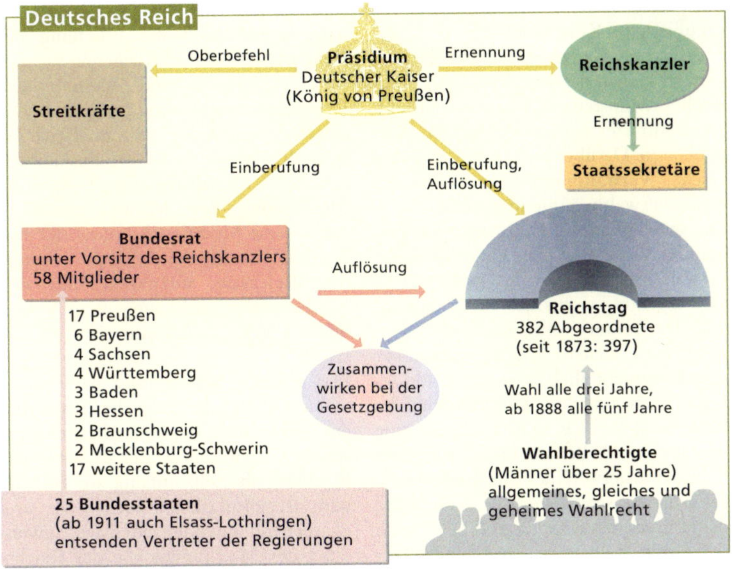

mit den süddeutschen Staaten hervorging, stellte den Endpunkt dieser Entwicklung dar.

Aus historischen Gründen und um die unterschiedlichen Verfassungen der deutschen Einzelstaaten mit dem Einheitsgedanken in Einklang zu bringen, entstand das D. R. als konstitutionell-monarchischer ↑Bundesstaat auf der Grundlage eines Fürstenbundes.

Die Verfassung von 1871 und die besondere Stellung Preußens: Staatsoberhaupt war bis 1918 der preußische König als Deutscher Kaiser. Daneben standen als Bundesfürsten die Regenten der einzelnen Flächenstaaten. Zentrale Organe des D. R. waren der ↑Reichstag mit (seit 1873) 397 direkt gewählten Abgeordneten, der ↑Bundesrat als Vertretung der Einzelstaaten und als Leiter der Exekutive der vom Kaiser berufene, vom Vertrauen des Reichstags unabhängige ↑Reichskanzler, der auch den Vorsitz und die Leitung der Geschäfte im Bundesrat wahrnahm. Der Reichstag hatte das Recht zur Gesetzesinitiative und zur Beschlussfassung, konnte aber nicht das Veto oder die Nichtbehandlung einer Vorlage durch den Bundesrat überwinden; vielmehr bedurften Reichsgesetze der Zustimmung beider Organe. Das Schwergewicht der vollziehenden Gewalt lag bei den Bundesstaaten, die die Reichsgesetze ausführten. Dem Reich stand hierbei nur ein Aufsichtsrecht zu. An der Spitze der Reichsverwaltung stand der Reichskanzler; die obersten Reichsbehörden wurden von Staatssekretären (nicht von Ministern) geleitet.

Innerhalb des D. R., das insgesamt eine Fläche von 540742 km² und (1910) etwa 56,4 Mill. Einwohner umfasste, hatte Preußen mit etwa 65 % der Fläche und etwa 62 % der Bevölkerung von Anfang an ein starkes, auch staatsrechtlich abgesichertes Übergewicht, das v. a. in der Verbindung der Exekutive des Reichs mit der Verwaltung Preußens zum Ausdruck kam. Ihr Kern bestand in der Personalunion zwischen dem Kaiser und dem König von Preußen. In Ausübung seines Oberbefehls über die Streitmacht

des Reichs bediente sich der Kaiser des preußischen Kriegsministers und des preußischen Generalstabs. Der Reichskanzler war in der Regel zugleich preußischer Ministerpräsident und preußischer Minister der auswärtigen Angelegenheiten. Darüber hinaus war der preußische Verwaltungsunterbau für die Reichsverwaltung unentbehrlich.
Die seit Beginn des D. R. strittigen Fragen der Verfügung über die militärische Gewalt, der Grenzen des Budget- und Gesetzgebungsrechts des Reichstags sowie der Verantwortlichkeit der Regierung (des Reichskanzlers) gegenüber dem Parlament blieben bis zum Ende des Kaiserreichs ungelöst. Die Versuche, die Verfassung des D. R. in Richtung auf eine weiter gehende Parlamentarisierung und Demokratisierung des Staatslebens zu reformieren, scheiterten am Widerstand der konservativen Kräfte. Erst 1917, nach dem militärischen Scheitern und angesichts der Ausweglosigkeit der innen- und außenpolitischen Lage, kam es zur Bildung einer erstmals auf das Vertrauen der parlamentarischen Mehrheit gestützten Reichsregierung.
Das Deutsche Reich als parlamentarische Demokratie: Nach der Niederlage im Ersten Weltkrieg, nach der ↑Novemberrevolution 1918, die zum Ende der Monarchie in Deutschland führte, nach dem Verlust großer Teile des Staatsgebiets aufgrund des ↑Versailler Vertrags und unter dem Druck der durch diesen Friedensvertrag auferlegten Beschränkungen legte 1919/20 die Weimarer Nationalversammlung (↑Weimarer Republik) die staatsrechtlichen Grundlagen des D. R. in der Weimarer Reichsverfassung neu fest (↑Weimarer Republik). Das D. R. wurde eine parlamentarische Demokratie mit einem vom Volk gewählten Staatsoberhaupt, dem ↑Reichspräsidenten. Regierungschef war der vom Reichstag gewählte Reichskanzler. Als Ländervertretung fungierte der ↑Reichsrat; der Verfassungsgrundsatz, dass Reichsgesetze durch die Landesbehörden auszuführen seien, wurde beibehalten. Darüber hinaus wurde auch die Erhebung der Reichssteuern der reichseigenen Verwaltung zugewiesen und erstmals eine Reichsfinanzverwaltung geschaffen. Die Gesetzgebungskompetenz im Reich lag beim Reichstag, als Kontrollinstanz gegenüber der Reichsregierung hatte er die Möglichkeit des Misstrauensvotums, wenn diese Macht auch beschränkt war durch die Rechte des Reichspräsidenten, den Reichstag aufzulösen und den Reichskanzler unabhängig vom Votum des Reichstags zu ernennen und zu entlassen.
Die inneren Wirren und parteipolitischen Zwistigkeiten, die die Geschichte der Weimarer Republik bestimmten, spitzten sich immer weiter zu, sodass der Reichstag ab 1930 unfähig zur Bildung von Regierungskoalitionen war und weitgehend durch die extensive Anwendung der Machtbefugnisse des Reichspräsidenten im Bereich der Gesetzgebung (↑Notverordnungen) und der Regierungskontrolle ausgeschaltet wurde. Mit der Zustimmung zum ↑Ermächtigungsgesetz 1933 verzichtete der Reichstag auf seine Rechte.
Das Deutsche Reich während der nationalsozialistischen Herrschaft: Das Jahr 1933 markiert zugleich das Ende der Weimarer Republik und den Beginn der Herrschaft des Nationalsozialismus. Durch die stufenweise Übertragung ihrer Zuständigkeiten auf das Reich wurden die Einzelstaaten »gleichgeschaltet« und der Reichsverwaltung unterstellt. Die Aufhebung der Grundrechte und der Pressefreiheit, die schrankenlose Verfolgung politischer Gegner und insbesondere der jüdischen Bürger wie die Errichtung von ↑Konzentrationslagern kennzeichnen die Wandlung des D. R. in einen Unrechtsstaat.
Außenpolitisch erreichte HITLER bis 1939 die stufenweise Revision des Versailler Vertrags und die Ausdehnung der Grenzen des D. R.: 1935 die Eingliederung des Saargebiets, 1936 die Besetzung

der entmilitarisierten Zone des Rheinlandes (↑Rheinlandbesetzung), 1938 der ↑Anschluss Österreichs, Deutsch-Böhmens und Deutsch-Mährens und 1939 die Eingliederung des Memellandes. Mit Beginn des Zweiten Weltkriegs wurde die territoriale Ausdehnung des D. R. mit dem Anschluss Danzigs (↑Danzigfrage), der Schaffung des abhängigen Generalgouvernements Polen, der Eingliederung Elsass-Lothringens und Eupen-Malmedys sowie der Besetzung weiter Gebiete Europas noch erweitert. Nach der Besetzung fast des ganzen Reichsgebiets durch die Truppen der Alliierten markieren die bedingungslose Kapitulation der deutschen Wehrmacht (8./9. Mai 1945) und die Verhaftung der letzten Reichsregierung am 23. Mai das faktische Ende des Deutschen Reichs.

Rechtslage nach 1945: Am 5. Juni 1945 übernahmen die vier Besatzungsmächte, die USA, Großbritannien, Frankreich und die UdSSR, die Hoheitsgewalt über das D. R. Auf dem nicht fremder Verwaltung unterstellten Gebiet des früheren D. R. entstanden 1949 die Bundesrepublik Deutschland und die DDR. Während letztere die Auffassung vertrat, das D. R. sei 1945 untergegangen, betrachtete sich die Bundesrepublik Deutschland im rechtlichen Sinn als Nachfolgerin des D. R. Seit dem In-Kraft-Treten des ↑Zwei-plus-vier-Vertrags 1990 und der Vereinigung der Länder der DDR mit der Bundesrepublik Deutschland ist diese im rechtlichen Sinne mit dem D. R. identisch.

Deutsch-Französischer Krieg von 1870/71: Den äußeren Anlass zum D.-F. K. gaben die ↑spanische Thronkandidatur eines Mitglieds des Hauses ↑Hohenzollern und die ↑Emser Depesche, auf deren Veröffentlichung in verkürzter Form durch O. von Bismarck Frankreich unter Napoleon III. am 19. Juli 1870 mit einer Kriegserklärung an Preußen reagierte.

Unter Führung des preußischen Generalstabschefs H. von Moltke drang in den ersten Augusttagen die deutsche Armee in Frankreich ein; ein Teil des französischen Heeres wurde bei Metz eingeschlossen; der deutsche Sieg bei Sedan (Kapitulation der Armee von M. Mac-Mahon und Gefangennahme Napoleons III. am 2. September 1870) bedeutete das Ende des französischen Kaiserreichs. Die nach Ausrufung der ↑Dritten Republik (4. September 1870) aufgebotenen Massenheere leisteten den deutschen Truppen wirkungsvollen Widerstand. Die militärische Entscheidung fiel im Januar 1871 vor der seit dem 15. September 1870 von deutschen Truppen eingeschlossenen französischen Hauptstadt Paris. Am 28. Januar 1871 kam es zum Waffenstillstand.

Eine neue französische Nationalversammlung sollte entscheiden, ob und unter welchen Bedingungen Frieden zu schließen sei; sie wählte A. Thiers zum Ministerpräsidenten, der, mit der Führung der Friedensverhandlungen beauftragt, den Vorfrieden von Versailles (26. Februar 1871) unterzeichnete. Am 10. Mai 1871 folgte der Frankfurter Friede, in dem Frankreich Elsass und Lothringen an Deutschland abtrat und sich zur Zahlung von 5 Mrd. Francs als Kriegsentschädigung verpflichtete.

Der D.-F. K. 1870/71 förderte entscheidend die seit 1868 stagnierende deutsche Einigungsbewegung (↑Reichsgründung). Noch während der Belagerung von Paris fand am 18. Januar 1871 in Versailles die Kaiserproklamation statt, die zum bildhaften Ausdruck für die Gründung des Deutschen Reichs wurde.

Deutsch-Französischer Vertrag (Elyséevertrag): Nach seinem Regierungsantritt 1949 arbeitete Bundeskanzler K. Adenauer bereits seit Beginn der 1950er-Jahre zielstrebig an der Aussöhnung mit Frankreich (↑Westintegration). Höhepunkt dieser Bemühungen war der D.-F. V., am 22. Januar 1963 von Bundeskanzler Adenauer und dem französischen Staatspräsidenten Ch. de Gaulle im Elyséepalast zu Paris unterzeichnet.

D

In diesem Vertrag verpflichteten sich beide Staaten zu ständiger Konsultation auf allen Feldern der Politik. Darüber hinaus beschlossen sie einen verstärkten Jugendaustausch, aus dem das **Deutsch-Französische Jugendwerk** hervorging.

Deutschlandlied: Der Text des D. (»Deutschland, Deutschland über alles...«) stammt von H. HOFFMANN VON FALLERSLEBEN (1841), die Melodie (die österreichische Kaiserhymne »Gott erhalte Franz, den Kaiser«) von J. HAYDN (1797). 1922 wurde das D. zur Nationalhymne erklärt, 1933–45 mit dem Horst-Wessel-Lied (»Die Fahne hoch, die Reihen fest geschlossen«) verbunden; 1945 wurde das D. von den ↑Alliierten verboten. Die dritte Strophe des D. (»Einigkeit und Recht und Freiheit...«) gilt seit 1952 als offizielle Hymne der Bundesrepublik Deutschland.

Deutschlandvertrag: der Vertrag über die Beziehungen der Bundesrepublik Deutschland zu den drei westlichen Besatzungsmächten Frankreich, Großbritannien und USA, abgeschlossen am 26. Mai 1952 in Bonn.

Der D. beendete die seit 1945 bestehende Besatzungsherrschaft und regelte die Übertragung der Souveränität an die Bundesrepublik Deutschland, vorbehaltlich der Rechte und Verantwortung der drei Mächte »in Bezug auf Berlin und auf Deutschland als Ganzes einschließlich der Wiedervereinigung Deutschlands und einer friedensvertraglichen Regelung«, sowie das Recht zur Stationierung von Streitkräften. Der D. entstand im Zusammenhang mit den Bemühungen um einen deutschen Beitrag zur Verteidigung des Westens, die auf Betreiben der USA unter dem Eindruck der wachsenden Spannungen zwischen Ost und West in Gang gekommen waren und eine Einbindung und Kontrolle der aufzustellenden deutschen Truppen in der geplanten Europäischen Verteidigungsgemeinschaft (EVG) vorsahen. Das In-Kraft-Treten des D. scheiterte zunächst an der Ablehnung des EVG-Vertrags in der französischen Nationalversammlung 1954. Der D. erlangte am 5. Mai 1955 im Rahmen des Beitritts der Bundesrepublik Deutschland zur NATO und in einer durch die ↑Pariser Verträge 1954 leicht geänderten Form Rechtskraft. Der ↑Zwei-plus-vier-Vertrag löste 1990 den D. ab.

Deutschösterreich: seit der Mitte des 19. Jh. Bezeichnung für das geschlossene deutsche Siedlungsgebiet Österreich-Ungarns. Die Bezeichnung D. entwickelte sich im Rahmen des Nationalitätenstreits, insbesondere aus den deutsch-tschechischen Auseinandersetzungen um die Frage, ob ein tschechisch bestimmter böhmischer Staat innerhalb der Donaumonarchie entsprechend den aus dem Mittelalter stammenden Grenzen der böhmischen Kronländer (also unter Einschluss der so genannten Deutschböhmen) oder unter Absonderung des mehrheitlich deutsch besiedelten Gebiets errichtet werden sollte.

Bei der Auflösung Österreich-Ungarns nach dem Ersten Weltkrieg rief die am 21. Oktober 1918 gebildete provisorische deutsch-österreichische Nationalversammlung unter Berufung auf das Selbstbestimmungsrecht am 12. November die Republik D. aus und erklärte den Anschluss an Deutschland. D. sollte Nieder- und Oberösterreich, Salzburg, Vorarlberg, Tirol, Kärnten, Steiermark sowie das Sudetenland und Südtirol umfassen. Entgegen dem in den ↑Vierzehn Punkten des amerikanischen Präsidenten TH. W. WILSON geforderten ↑Selbstbestimmungsrecht der Völker bestimmten die Siegermächte im Frieden von Saint-Germain-en-Laye (↑Pariser Vorortverträge) vom 10. September 1919 die Errichtung der Republik Österreich ohne das Sudetenland, Südtirol, die Südsteiermark und Teile von Kärnten. Die Führung der Bezeichnung D. wie v.a. auch die Vereinigung mit Deutschland wurden verboten.

Deutsch-Polnischer Grenzvertrag: ↑Oder-Neiße-Linie.

Deutsch-Sowjetischer Nichtangriffspakt (Hitler-Stalin-Pakt): am 23. August 1939 in Moskau unterzeichneter und in Kraft gesetzter, für eine Dauer von zehn Jahren geschlossener Vertrag zwischen dem nationalsozialistischen Deutschland und der Sowjetunion, indem sich beide Partner auch für den Fall, dass sich einer von ihnen zu einem Angriff auf einen dritten entschließen sollte, wechselseitige Neutralität zusagten.
Ein geheimes Zusatzprotokoll beinhaltete für den Fall einer territorialen politischen Umgestaltung Osteuropas die Teilung Polens zwischen beiden Mächten entlang der durch die Flüsse Narew, Weichsel und San bezeichneten Linie, die Einbeziehung Finnlands, Estlands, Lettlands und Bessarabiens in den sowjetischen, die Einbeziehung Litauens mit Wilna in den deutschen Machtbereich. Dieser Vertragsschluss kam den diplomatischen Bemühungen Großbritanniens und Frankreichs zuvor, ihrerseits mit der Sowjetunion einen Beistandspakt zu schließen. Deutschland erhielt dadurch »Rückenfreiheit«. Am 1. September 1939 marschierten deutsche Truppen in Polen ein, wodurch der ↑Zweite Weltkrieg ausgelöst wurde.

deutschvölkische Bewegung: Sammelbegriff für politische Strömungen während des Ersten Weltkriegs und in der Weimarer Republik, die unter antisemitischem Vorzeichen den Kampf für die Erneuerung des deutschen Volks auf »germanischer Grundlage« propagierten, jede Verständigungspolitik mit den Kriegsgegnern ablehnten und gegen die Weimarer Republik opponierten. Die d. B. organisierte sich 1914 in der Deutschvölkischen Partei, die 1918 zum Teil in der Deutschnationalen Volkspartei aufging. Andere deutschvölkische Gruppierungen, in wechselnden Parteien und Bünden zusammengefasst, wurden schließlich von den Nationalsozialisten aufgesogen, zu deren Aufstieg sie als geistige Wegbereiter beitrugen.

Devolutionskrieg: erster Eroberungskrieg LUDWIGS XIV. von Frankreich 1667/68 mit dem Ziel, im Zusammenhang mit der spanischen Erbfolge (↑Spanischer Erbfolgekrieg) einen Teil der spanischen Niederlande zu annektieren. Benannt wurde der Krieg nach dem **Devolutionsrecht,** einem in Flandern, Brabant und der Franche-Comté geltenden privatrechtlichen Brauch, wonach Kinder aus erster Ehe vor denen aus zweiter Ehe erbten. Daraus leitete LUDWIG XIV. nach dem Tod seines Schwiegervaters PHILIPP IV. von Spanien 1665 im Namen seiner Frau MARIA THERESIA, einer Tochter PHILIPPS aus erster Ehe, Ansprüche auf die südlichen Niederlande ab. Er musste sich jedoch nach Bildung einer Tripelallianz zwischen den Niederlanden, England und Schweden im ↑Aachener Frieden vom 2. Mai 1668 mit einigen Eroberungen im Hennegau und in Flandern begnügen.

Dezemvirn [von lateinisch decemviri »zehn Männer«]: im antiken Rom Beamten- oder Priesterkollegium von zehn Männern zur Entlastung der ordentlichen ↑Magistrate. Die **Decemviri legibus scribundis** waren ein im 5. Jh. v. Chr. eingesetztes Kollegium, das das geltende Gewohnheitsrecht (↑Zwölftafelgesetz) aufzeichnete. Die **Decemviri litibus iudicandis** entschieden in der Republik Prozesse, in denen es um den Freiheitsstatus eines Menschen ging. Die **Decemviri agris dandis adsignandis** verteilten die an den Staat gefallenen Ländereien (↑Ager publicus). Die **Decemviri sacris faciundis** waren ein Priesterkollegium von zehn, später fünfzehn Männern (Quindecimviri) zur Überwachung der nach Rom überführten fremden und ausländischen Kulte.

Diadochen [von griechisch »Nachfolger«]: Bezeichnung für die Nachfolger, besonders für die Generäle ALEXANDERS DES GROSSEN, die das ↑Alexanderreich auflösten. Als ALEXANDER 323 v. Chr. ohne Nachkommen starb, begann unter seinen Generälen (ANTIPATER, ANTIGONOS I. MONOPHTHALMOS, PTOLE-

MAIOS, PERDIKKAS, EUMENES, SELEUKOS, LYSIMACHOS, KASSANDER und DEMETRIOS POLIORKETES) ein Kampf um die Macht im Reich. Diese **Diadochenkriege,** die erst 281 v.Chr. endeten, führten seit 306 zur Ausbildung unabhängiger Monarchien. Am Ende dieser Kriege standen vier Territorialreiche nebeneinander, die sich gegenseitig anerkannten: das makedonische Reich des KASSANDER, das Reich des LYSIMACHOS, das Thrakien und Kleinasien umfasste, das Reich des SELEUKOS, zu dem neben dem Ostreich noch Syrien und Mesopotamien gehörten, und das Reich des PTOLEMAIOS, das hauptsächlich Ägypten umfasste.

dialektischer Materialismus, Abk. DIAMAT: ein philosophisches System, das in den gesellschaftskritischen Ideen von K. MARX und F. ENGELS wurzelt (↑historischer Materialismus). Der v.a. von F. ENGELS entwickelte d. M. besagt, dass alle Erscheinungen stofflich (materiell) sind oder aus Stofflichem (Materie) hervorgegangen sind. Natur und Gesellschaft gehen aus einem sich in Gegensätzen bewegenden Prozess hervor. Bestimmt wird dieser Prozess vom »Umschlagen der Quantität in die Qualität«, d.h., nach einer Summe von Veränderungen heben sich Gesellschafts- und Naturzustände auf eine neue Stufe ihrer Existenz, die die vorangegangenen Stufen aufhebt.

Dictatus Papae: Bezeichnung für 27 kurze Leitsätze Papst GREGORS VII., in denen er 1075 seine kirchenpolitische Position zusammenfasste, die zur Grundlage der päpstlichen Politik im ↑Investiturstreit wurden. Aus der von CHRISTUS an PETRUS verliehenen Gewalt zu binden und zu lösen (Matthäus 16, 19) leitete der Papst, der sich als Nachfolger PETRI verstand, nicht nur den Vorherrschaftsanspruch der römischen Kirche ab, sondern auch weit reichende politische Machtbefugnisse. Um die Freiheit der Kirche von staatlichem Einfluss zu erlangen, stellte GREGOR VII. die geistliche Autorität über die weltliche. Dementsprechend sollte dem Papst, der nach eigener Auffassung unfehlbar war, auch das Recht zustehen, den Kaiser abzusetzen und seine Untertanen vom Treueeid zu entbinden. Konnte GREGOR VII. seinen Anspruch auch nur begrenzt in die Tat umsetzen und scheiterte er schließlich persönlich mit seiner Politik, so markiert seine Regierungszeit doch einen Höhe- und zugleich Wendepunkt in der Geschichte des mittelalterlichen Papsttums.

Dienstadel: eine durch ihre Herkunft und ihre Funktion bestimmte Gruppe des Adels, die ihre soziale Stellung dem Dienstverhältnis zu einem übergeordneten Dienstherrn (z.B. dem König) verdankte und sich in gesellschaftlichem Ansehen und bevorzugter Rechtsstellung der jeweils älteren Oberschicht, dem »alten« Adel, annäherte und sich ihm dann einfügte. Dieser Vorgang war abgeschlossen, als Rang und Amt sowie damit verbundene Vorrechte und Einkünfte erblich und nicht mehr mit dem Dienstverhältnis gegeben bzw. genommen wurden, d.h. als aus dem D. ein Erbadel geworden war.

Als D. wird auch die im Merowingerreich aus unfreiem Stand aufsteigende Schicht bezeichnet, deren Kriegs- und Hofdienst auf der Basis des germanischen Gefolgschaftswesens (↑Gefolgschaft) beruhte. Vasallität und ↑Lehnswesen bewirkten einen neuen Adelsbegriff und förderten die Verschmelzung mit den Resten des germanischen Ur- oder Geblütsadels zur neuen fränkischen Reichsaristokratie, dem Hochadel des Mittelalters. – Siehe auch ↑Ministerialen.

Digesten: ↑Corpus Iuris Civilis.

Diktator [von lateinisch dictare »vorsagen«, »befehlen«]:

◆ im republikanischen Rom außerordentlicher Magistrat mit ↑Imperium, der bei Staatsnotstand auf Vorschlag des Senats von einem der beiden Konsuln für höchstens sechs Monate ernannt wurde. Hatte der D. ursprünglich vorwiegend militärische Aufgaben, so wurden seine Kompetenzen seit dem 4. Jh. v. Chr. auf Sonderaufgaben beschränkt. Seit 202 v. Chr. nicht mehr bezeugt, benutzte erstmals wieder SULLA das Amt des D. als verfassungsmäßiges Instrument, um den Staat neu zu ordnen. Die politische Diktatur CÄSARS, die dieser als Grundlage für die Schaffung einer monarchistischen Staatsordnung zu nutzen versuchte, wies in der Struktur mit dem altrömischen Amt nur noch wenig Gemeinsames auf.

◆ in der Neuzeit der Inhaber diktatorischer Gewalt (↑Diktatur).

Diktatur:

◆ Amt des altrömischen ↑Diktators.

◆ Konzentration der politischen Gewalt in der Hand einer einzelnen Person oder einer Personengruppe (Partei, Militär). Die D. kann als befristete verfassungsmäßige Institution zur Überwindung einer inneren und/oder äußeren Krisenlage oder als unbefristete Herrschaft auftreten. Beide Formen entwickelten sich bereits in der römischen Republik (↑Diktator). Die moderne Entwicklung der D. setzte mit der Französischen Revolution ein (↑Jakobiner).

Kennzeichen der modernen D. ist die Aufhebung der ↑Gewaltenteilung (Legislative, Exekutive und Judikative sind in einer Person/Gruppe vereinigt), mit der zugleich auch die Möglichkeit der Kontrolle der Machtausübung ausgeschaltet wird. Dieser Machtkonzentration bei einer Person/Gruppe steht die weit gehende Rechtlosigkeit der Bürger gegenüber. Die moderne D. ist oft ein Einparteienstaat, in dem die Partei- und Staatsämter in Personalunion ausgefüllt werden. Eventuell noch bestehende Volksvertretungen sind dabei reine Zustimmungsorgane.

Diözese [von griechisch dioíkēsis »Distrikt«, »Provinz«]:

◆ im Römischen Reich seit dem späten 3. Jh. n. Chr. eine mehrere Provinzen zusammenfassende Verwaltungseinheit unter der Leitung eines Vicarius.

◆ Amtsbezirk eines ↑Bischofs (↑Bistum).

Diplomatie: Im allgemeinen Sinn Bezeichnung für internationale Beziehungen oder Außenpolitik; im engeren Sinn sowohl die Tätigkeit, die der Vorbereitung außenpolitischer Entscheidungen sowie ihrer Durchführung auf friedlichem Wege dient, als auch die Methode, diese Verhandlungen zu führen.

Schon seit etwa 1400 v. Chr. lassen sich in den Hochkulturen des Vorderen Orients Formen der D. nachweisen. In der griechischen und römischen Antike entwickelte sich ein ausgedehntes Gesandtschaftswesen, im Byzantinischen Reich bereits ein spezieller diplomatischer Dienst. Die Formen der modernen D. wurden im Wesentlichen im 15. Jh. durch die italienischen Stadtstaaten (Florenz, Venedig) und durch die Kurie ausgebildet. Aus der beginnenden Neuzeit, in der die D. allgemein zum Instrument der Außenpolitik wurde, stammen die diplomatischen Regeln (erstmals international einheitlich festgelegt durch das Wiener Reglement 1815 und durch das Aachener Protokoll 1818).

Sprache der diplomatischen Korrespondenz war zunächst Latein, das im 17. Jh. durch Französisch abgelöst wurde. Seit 1919 trat das Englische gleichrangig neben das Französische, nach 1945 gewann auch das Russische zunehmend an Bedeutung. Während die klassische D. in der Zeit vom 17. Jh. bis zum Ende des Ersten Weltkriegs in erster Linie den zwischenstaatlichen Beziehungen diente, spielt seit der Errichtung des Völkerbunds und der UN die diplomatische Vertretung in internationalen Organisationen eine wachsende Rolle.

Direktorium [von lateinisch dirigere »die Richtung bestimmen«, »leiten«]:

◆ seit 1489 Bezeichnung für den Vorsitz in den Reichstagskollegien, den Mainz im ↑Kurfürstenkollegium und Österreich bzw. Salzburg im ↑Reichsfürstenrat wahrnahmen und den die Stadt, in der der ↑Reichstag tagte, innehatte.

◆ (Directoire): oberste Regierungsbehörde (Exekutive) der französischen Republik 1795–99. Gemäß der Verfassung vom 22. September 1794, die die ↑Gewaltenteilung verwirklichte, wurde das fünfköpfige D. von der aus zwei Kammern bestehenden Legislative (vom »Rat der Alten« auf Vorschlag des »Rats der 500«) gewählt. Die Regierung des D. erwies sich jedoch als zu schwach, um sich in den inneren und äußeren Krisen behaupten zu können und kehrte nach dem fehlgeschlagenen Versuch einer konstitutionellen und liberalen Machtausübung 1797 zur diktatorischen Herrschaft zurück und wurde 1799 nach dem Staatsstreich NAPOLÉON BONAPARTES durch das ↑Konsulat ersetzt.

Dispositio Achillea: ↑Hausgesetz der Hohenzollern, am 24. Februar 1473 von Kurfürst ALBRECHT ACHILLES erlassen. Danach erhielt sein ältester Sohn JOHANN CICERO die Kurwürde und die ungeteilte Mark Brandenburg, während den beiden nachgeborenen Söhnen die fränkischen Fürstentümer Ansbach und Kulmbach-Bayreuth zugesprochen wurden. Weitere Erbteilungen und Veräußerungen des Besitzstandes wurden verboten. Die D. A. wurde 1541 zur Norm erhoben.

Dissenters [dɪˈsɛntəz; englisch »Andersgläubige«] (im 19. Jh. auch Nonconformists): im 17. und 18. Jh. Bezeichnung für nicht zur englischen Staatskirche gehörende religiöse Gruppen, in erster Linie für die Anhänger der kalvinistischen Lehre, die seit etwa 1570 auch spöttisch ↑Puritaner genannt wurden. Aus Glaubensgründen und aus Gründen der Kirchenordnung widersetzten sie sich einer Eingliederung in die Kirche von England und forderten deren Reform. In der Zeit CROMWELLS vorübergehend eine der führenden Gruppen, wurden sie seit 1660 verfolgt und entrechtet und wanderten vielfach nach Nordamerika aus. Erst die Toleranzakte von 1689 gewährte ihnen freie Religionsausübung; im 18. und 19. Jh. erreichten sie allmählich die Gleichstellung mit den Anglikanern.

Divus [lateinisch »der Vergöttlichte«]: Bezeichnung für die durch ↑Apotheose nach ihrem Tod zu Göttern erhobenen römischen Kaiser (erstmals für CÄSAR 42 v. Chr.). Der zu den Staatsgöttern aufgenommene D. wurde kultisch verehrt; er erhielt eigene Tempel und Priester.

Doge: Das Gemälde von G. Bellini zeigt den Dogen Giovanni Mocenigo aus einer der bedeutendsten venezianischen Familien (um 1478).

Doge [ˈdo:ʒə; italienisch von lateinisch dux »Führer«]: Bezeichnung für das Staatsoberhaupt der ehemaligen Republiken Venedig und Genua.

In **Venedig** wurde das Amt des D., der aus den Reihen des Adels gewählt wurde, zur Machtbasis einer umfassenden monarchischen Hoheitsgewalt. Nach dem vergeblichen Versuch im 11. Jh., die Dogenwürde erblich zu machen, wurde zunehmend der Amtscharakter betont; seit dem 12. Jh. wurde der D. in seinen Befugnissen mehr und mehr eingeschränkt und an die Beschlüsse der ↑Signoria gebunden. Nach 1310 der Kontrolle und Strafgewalt des »Rates der Zehn« (Gerichtsbehörde der Republik Venedig) unterworfen und seit dem Spätmittelalter auf repräsentative Funktionen beschränkt, erlosch das Amt 1797 mit dem Ende der Republik Venedig.

In **Genua** wurde das Amt des D. erst 1339 geschaffen; nach der Verfassungsänderung 1528 wurde der D. alle zwei Jahre aus den Reihen des Adels und der reichen Bürger gewählt; auch hier auf vorwiegend repräsentative Funktionen beschränkt, wurde das Dogenamt 1797 erstmals und nach einem kurzen Wiederaufleben 1802–05 endgültig aufgehoben.

Dogma [griechisch »Meinung«, »Lehrsatz«]: philosophische und religiöse Lehr- und Glaubenssätze sowie Beschlüsse und Erlasse weltlicher und geistlicher Autoritäten. Im Christentum ist ein D. zunächst eine grundsätzliche, für jeden Christen verbindliche Glaubenswahrheit. Während für die orthodoxen Kirchen die Dogmenbildung mit dem letzten der von ihnen als ökumenisch anerkannten Konzile, dem 2. Konzil von Nicäa (787), beendet wurde, ist in der katholischen Kirche bis heute der Papst als Inhaber des obersten Lehramtes berechtigt, D. zu verkünden. Die evangelischen Kirchen kennen ein D. in dieser Form ebenso wenig wie ein höchstes Lehramt.

Dolchstoßlegende: nach dem Ersten Weltkrieg in Deutschland aufgestellte These, dass der Kriegsausgang nicht auf Fehler der Heeresleitung oder auf die Überlegenheit der Gegner zurückzuführen sei, sondern auf das Versagen der politischen Führung sowie auf die zersetzende Haltung der Sozialisten und Pazifisten. Sie hätten der »im Felde unbesiegten Truppe hinterrücks den Dolch in den Rücken gestoßen«. Trotz sachlicher Unhaltbarkeit wurde diese These zu einem grundlegenden Element der Rechtfertigungsideologie der militärisch verantwortlichen Kreise und wurde von den konservativ-nationalistischen Kräften dazu benutzt, die ↑Novemberrevolution 1918 als Ursache der Niederlage und des Verlustes der deutschen Großmachtstellung anzuprangern und damit zugleich die ↑Weimarer Republik zu bekämpfen.

Domäne [von lateinisch dominium »Herrschaftsgebiet«]: ursprünglich das in der Zeit der Völkerwanderung durch die fränkischen Könige unmittelbar in Besitz genommene Land (**Königsgut**). In den folgenden Jahrhunderten schmolz das Königsgut stark zusammen. Die Erblichkeit der Lehen führte dazu, dass die umfangreichen, nach Lehnsrecht ausgegebenen Gütermassen dem König dauernd entzogen blieben. Der Domanialbesitz verlagerte sich zunehmend vom Reich zu den Territorialstaaten, und es kam seit dem 13. Jh. zu einer Trennung von ↑Reichsgut und königlichem ↑Hausgut. Der landesherrliche Grundbesitz vergrößerte sich durch die Säkularisationen in der Zeit der Reformation und 1803 aufgrund des ↑Reichsdeputationshauptschlusses. Die durch Eigenbewirtschaftung oder Verpachtung der D. erzielten Erträge bildeten bis zur erneuten Trennung von fürstlichem Hausgut und Staatsbesitz Anfang des 19. Jh. eine Haupteinnahmequelle des ↑Fiskus.

Der heute noch landwirtschaftlich genutzte staatliche Grundbesitz ist größtenteils verpachtet oder wird in Form von Staats- und Mustergütern zu Ausbildungszwecken genutzt.

Domesday Book ['du:mzdeɪ 'bʊk; englisch »Gerichtstagsbuch«]: auf Veranlassung WILHELMS DES EROBERERS 1086/87 angelegtes Verzeichnis aller zur Zahlung an die Krone verpflichteten Gutsherrschaften Englands nach ihrem Ertragswert. Nach dem D. B. fielen im Hochmittelalter etwa 25% der Agrareinkünfte Englands an die Krone. Das D. B., das als Grundlage der königlichen Verwaltung und Gerichtsbarkeit diente, ist eine wirtschafts- und sozialgeschichtliche Quelle ersten Ranges.

Domfreiheit: von weltlicher Oberhoheit befreiter, an den Dom unmittelbar angrenzender Bereich (↑Immunität). In den deutschen Städten des Mittelalters behaupteten die Domkirchen, ebenso aber auch viele Stifte und Klöster, die Freiheit von allen weltlichen Abgaben und weltlicher Gerichtsbarkeit sowie das Asylrecht für flüchtige Gesetzesbrecher. Gegen Versuche, die D. einzuschränken, setzte sich der Klerus der Bischofskirchen meist erfolgreich zur Wehr. Die D. im weiteren Sinne erstreckt sich auch auf die von der Domgeistlichkeit abhängigen Personen.

Dominat [von lateinisch dominus »(Haus-)Herr«]: in der Spätantike (284 bis etwa 600 n.Chr.) römische Staats- und Herrschaftsform, die sich aus dem ↑Prinzipat entwickelt hatte. Während die Machtposition des Kaisers als Princeps (»der Erste«) durch das bestehende Recht legitimiert war, stand er als Dominus über Recht und Gesetz.

Als Begriff zur Periodisierung der römischen Geschichte bezeichnet das D. eine Epoche, in der kein Raum mehr war für die Teilnahme freier Bürger an den Staatsgeschäften oder für eine wirkliche Selbstverwaltung von Städten und Gemeinden; alle Entscheidungen wurden vom Kaiser und seiner ständig wachsenden Bürokratie getroffen.

Kennzeichen: Zur Abwehr einfallender Grenzvölker und zur Vermeidung ständiger Thronwirren organisierte DIOKLETIAN Herrschaft und Aufbau des Römischen Reichs neu: In einem Vierkaisersystem (Tetrarchie) leiteten zwei Oberkaiser (Augusti) und zwei Mitkaiser (Caesares) jetzt grenznah Heer und Verwaltung, jeder mit eigenem Amtsbereich und Beamtenstab. Rom als Hauptstadt verlor an Bedeutung, Zentrum wurde die jeweilige Residenz der Kaiser (Trier, Mailand und Ravenna im Westen, Nikomedia, Konstantinopel und Antiochia im Osten). Militär- und Zivilverwaltung waren getrennt, das Heer wurde in ein stationäres Grenz- und ein mobiles Einsatzheer aufgegliedert, die Zahl der Provinzen durch Teilung verdoppelt, u.a. um das nun vereinheitlichte Steuersystem (capitatio und iugatio, »Kopfsteuer« und »Landsteuer«) besser durchsetzen zu können. Um die Versorgung des Heeres und den Eingang der Steuern zu sichern, fassten die Kaiser alle wichtigen Berufe in Zwangskörperschaften zusammen; Kinder mussten den Beruf des Vaters ergreifen oder dessen Funktionen in der Verwaltung übernehmen, die bäuerliche Bevölkerung verlor ihre Freizügigkeit und wurde an die Scholle gebunden. Auch wenn das Vierkaisersystem nach 305 wieder verfiel, blieb die Teilung des Reichs in eine Ost- und eine Westhälfte bestehen; 476 hörte das Westreich zu bestehen auf.

Dominikaner: von DOMINIKUS gegründeter, 1216 durch Papst HONORIUS III. bestätigter Predigerorden. Ursprünglich zur Bekehrung der südfranzösischen Ketzer (↑Albigenser) errichtet, breitete sich der Orden bis zum Ende des 13. Jh. auch in Deutschland aus und entfaltete als erster der mittelalterlichen ↑Bettelorden v.a. in den Städten seine seelsorgerische Tätigkeit. Darüber hinaus beeinflussten die D. durch ihre Ordensschulen nachhaltig das deutsche Geistesleben im 13. und 14. Jh. (ALBERTUS MAGNUS) und stellten die wesentlichen Repräsentanten der deutschen Mystik des 14. Jh. (MEISTER ECKHART, TAULER). Ihr Engagement in der kirchlichen ↑Inquisition seit 1232 steigerte zwar ihren Einfluss, führte aber auch zu Belastungen ihres Ansehens, die sich durch ihren systematischen Ausbau der Hexenprozesse im ausgehenden Mittelalter verstärkten (↑Hexen). Die D. selbst verstanden sich als Stütze des Papsttums und ergriffen im Kampf gegen FRIEDRICH II. und gegen LUDWIG IV., DEN BAYERN, eindeutig deren Partei.

Seit der Wende vom Spätmittelalter zur frühen Neuzeit ging ihre kirchliche und politische Bedeutung zurück, sodass sie in der ↑Gegenreformation die führende Rolle an die ↑Jesuiten abtreten mussten.

Dominium maris Baltici [lateinisch »Herrschaft über das baltische Meer«]: von König SIGISMUND II. AUGUST von Polen 1563 geprägtes Schlagwort zur

Kennzeichnung einer Politik, die auf die Herrschaft über die Handels- und Schifffahrtswege der Ostsee abzielte.
Die Ostsee war seit dem 12. Jh. Drehscheibe des Ost-West-Handels, der vom 13. bis 16. Jh. von der ↑Hanse kontrolliert wurde. Mit dem Niedergang der Hanse und der Auflösung des livländischen Ordensstaates begann der Kampf um die Vorherrschaft in der Ostsee. Schweden und Dänemark versuchten, durch Eroberung wichtiger Küstenstreifen (Häfen, Flussmündungen) den Ostseehandel unter ihre Kontrolle zu bringen, während gleichzeitig Russland den Zugang zum Meer suchte. In zahlreichen Kriegen mit den übrigen Ostseeanrainern (v.a. Dänemark, Polen und Russland) setzte sich Schweden im 17. Jh. im Kampf um das D.m.B. durch; mit den Friedensschlüssen von Stolbowo 1617, Münster und Osnabrück 1648 (↑Westfälischer Frieden) und ↑Oliva 1660 kamen fast alle wichtigen Ostseehäfen in schwedischen Besitz. Im Nordischen Krieg (1700–21, ↑Nordische Kriege) büßte Schweden seine Vormachtstellung im baltischen Raum ein. Seit 1721 baute Russland seine Vormachtstellung im Ostseeraum aus.

Domkapitel: genossenschaftliche Organisation der Weltgeistlichen (im Gegensatz zu den Ordensgeistlichen) an einer Bischofskirche. Das D. als selbstständige Körperschaft bildete sich seit dem Verfall des gemeinschaftlichen Lebens von Bischof und Domklerus heraus. Das meist aus dem Adel stammende D. erlangte im 12. Jh. das ausschließliche Recht zur Bischofswahl und festigte im 13. Jh. seine Stellung so, dass es zum Mitregenten der ↑Diözese aufstieg. Die Eingrenzung der Machtbefugnisse des Bischofs wurde in der Folgezeit durch die ↑Wahlkapitulation festgelegt.

Donaumonarchie: die Bezeichnung für das Kaisertum Österreich (1804–67) bzw. Österreich-Ungarn (1867–1918).

Donauwörther Exekution: Die Unterdrückung der katholischen Minderheit durch die protestantische Mehrheit bei der öffentlichen Religionsausübung in Donauwörth führte 1608 zur ↑Reichsexekution gegen die freie Reichsstadt, die Herzog MAXIMILIAN I. von Bayern vollstreckte. MAXIMILIAN I. annektierte die Stadt als Entschädigung für die bei der Durchführung der Exekution entstandenen Kosten und ließ sie rekatholisieren. Dieses besonders von den Protestanten als Bruch des ↑Augsburger Religionsfriedens empfundene Vorgehen führte zur Lähmung des ↑Reichstages und zur Bildung konfessioneller Schutzbündnisse (↑Union, 1608, ↑Liga, 1609).

Doppelmonarchie: Bezeichnung für die nach dem ↑Ausgleich 1867 staatsrechtlich in ↑Realunion miteinander verknüpften Monarchien Österreich und Ungarn, die verfassungsrechtlich einem gemeinsamen Herrscher unterstanden, dem Kaiser von Österreich, der zugleich auch König von Ungarn war – daher auch die Bezeichnung **kaiserliche und königliche Monarchie** (**k.u.k.**).

Dorf: ländliche Siedlung mehrerer Hausgemeinschaften von ursprünglich landwirtschaftlich, heute zum Teil auch gewerblich oder industriell Beschäftigten.
Im *Frühmittelalter* herrschten als Hauptsiedlungsformen Einzelhof und Weiler, d.h. kleine, unregelmäßige Gruppen von Einzelhöfen, vor. Vereinzelt gab es jedoch in merowingischer und karolingischer Zeit auch schon geregelte Ansiedlungen von Königsfreien auf Königsgut. Mit der wachsenden Bevölkerungszahl im *Hochmittelalter* setzte ein Konzentrationsprozess ein, die Verdorfung, d.h. der Übergang zu dem unregelmäßigen, dichter verbauten **Haufendorf,** aus dem sich die Dorfgemeinde entwickelte.
Daneben finden sich regelmäßige Dorfformen der hochmittelalterlichen Kolonisation: das **Waldhufendorf,** das **Marschhufendorf** und im Bereich der ↑deutschen Ostsiedlung die **Anger-** und **Straßendörfer** zwischen den meist älteren **Rundlingen.**
Die Dorfgenossenschaft regelte als Wirt-

D

schaftsverband die Bodenbestellung in der Dreifelderwirtschaft (↑Flurzwang) und die Nutzung des Gemeinbesitzes (↑Allmende), die Dorfgemeinde als Rechtsverband regelte Streitigkeiten vor dem Dorfgericht. Das Genossenschaftsrecht, das zumeist selbst gesetztes Recht des dörflichen Verbandes war, trat in Konkurrenz mit der durch einen Grundherrn ausgeübten Dorfherrschaft und konnte diese oft zurückdrängen.

die kleiner als eine Hufe waren), die entweder gar nicht oder nur in geringem Maß an den dörflichen Nutzungsrechten beteiligt waren, und der unterbäuerlichen Schicht (Tagelöhner, Dienstboten), deren Angehörige meist keine Gemeindemitglieder waren. Die Mitglieder zu minderem Recht nahmen aber auch an der Gemeindeversammlung teil und waren Glieder der dörflichen Gerichtsgemeinde.

Dorf

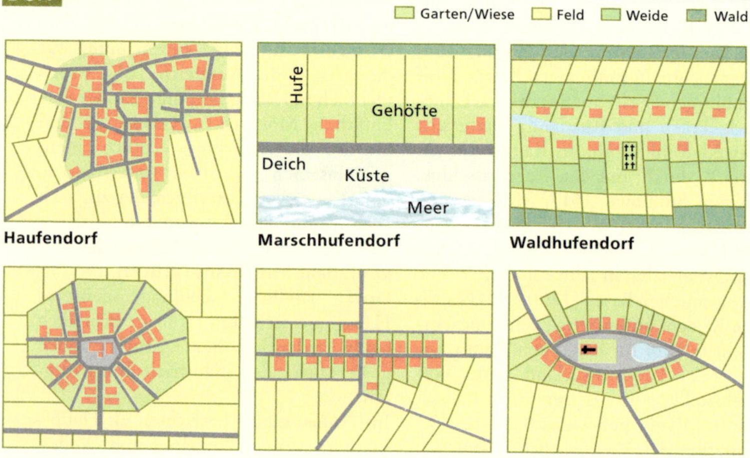

Haufendorf · Marschhufendorf · Waldhufendorf · Rundling · Straßendorf · Angerdorf

Breit war auch das Spektrum der Möglichkeiten, die Dorfobrigkeit (den Dorfvorsteher) zu bestimmen; regional unterschiedlich reichte dieses Spektrum von der freien Wahl durch die Gemeinde (dann wurde der Dorfvorsteher meist als Bürgermeister bezeichnet) bis zur Einsetzung durch den Dorfherrn (den ↑Schultheißen oder Schulzen).

Nach der inneren Struktur und sozialen Schichtung des D. ist zu unterscheiden zwischen vollberechtigten Gemeindemitgliedern, d. h. Inhabern einer vollbäuerlichen Stelle (↑Hufe), die an der Nutzung der ↑Allmende teilhatten, den Besitzern kleinerer Stellen (Nutzflächen,

Seit dem *Spätmittelalter* setzte sich trotz des Widerstands der bäuerlichen Genossenschaften die herrschaftliche Komponente durch; das D. wandelte sich zu einer reinen Verwaltungseinheit. Industrialisierung und Verstädterung veränderten seit dem 19. Jh. die wirtschaftliche und soziale Struktur des D.; immer mehr Bauern nahmen nichtlandwirtschaftliche Nebentätigkeiten auf, und mit zunehmender Mobilität siedelten sich immer mehr Städter in D. an.

Der heutige D. und Stadt umfassende Begriff Gemeinde als Verwaltungsbezirk beseitigte den rechtlichen Unterschied zwischen beiden.

Downing Street [englisch 'daʊnɪŋ 'stri:t]: Straße in London, in der sich der Amtssitz des britischen Premierministers, das Schatzamt und das Foreign Office (Außenministerium) befinden; in übertragener Bedeutung Bezeichnung für die britische Regierung gebraucht.

Dragonaden: Maßnahmen zur gewaltsamen Bekehrung der ↑Hugenotten, die LUDWIG XIV. im Zuge der französischen ↑Gegenreformation einführte. Die Protestanten erhielten gegenüber den Katholiken die doppelte Anzahl an einquartierten Soldaten, die zu Misshandlungen ausdrücklich ermuntert wurden.

Dragoner: Ende des 16. Jh. Bezeichnung für die mit schweren Handfeuerwaffen ausgerüsteten Reitersoldaten, die bis in die Mitte des 17. Jh. meist zu Fuß kämpften. Im 18. Jh. entwickelten sie sich zu einer reinen Kavallarietruppe.

Dreibund: am 20. Mai 1882 abgeschlossenes, bis zum Ersten Weltkrieg mehrfach erneuertes geheimes Verteidigungsbündnis zwischen dem Deutschen Reich, Österreich-Ungarn und Italien. Die vertragschließenden Parteien sicherten sich gegenseitig Unterstützung bei einem Angriff von zwei oder mehreren Großmächten auf einen der Vertragspartner zu; im Falle eines Krieges zwischen einem der Bündnispartner mit einer Großmacht sollten die unbeteiligten Parteien Neutralität wahren. Italien erhielt eine Beistandsgarantie gegen einen französischen Angriff und versprach dafür seinerseits dem Deutschen Reich Hilfe gegen Frankreich.

Der zunächst auf fünf Jahre abgeschlossene D. wurde 1887 erstmals erneuert und zugleich durch zwei Zusatzabkommen ergänzt: 1. Deutschland sagte Italien seine Unterstützung auch im Fall eines französisch-italienischen Konflikts im Mittelmeerraum zu, wo Italien aufgrund der kolonialen Ausdehnung Frankreichs seine Interessen gefährdet sah. 2. Österreich und Italien vereinbarten, auf dem Balkan keine territorialen Veränderungen ohne vorherige Verständigung untereinander und ohne gegenseitige Kompensation vorzunehmen.

Der D. als Teil von ↑Bismarcks Bündnissystem wurde indirekt erweitert durch Rumänien, das 1883 ein Verteidigungsbündnis mit Österreich-Ungarn einging, und durch Großbritannien aufgrund des ↑Mittelmeerabkommens 1887. Seit der Jahrhundertwende wurde der D. zunehmend entwertet durch den italienischen Neutralitätsvertrag mit Frankreich (1902) und die wachsenden italienisch-österreichischen Spannungen auf dem Balkan, die zu dem italienisch-russischen Vertrag von Racconigi (1909) führten; endgültig zerbrach der D. mit der italienischen Neutralitätserklärung 1914 und mit dem italienischen Kriegseintritt an der Seite der Ententemächte 1915.

Dreifelderwirtschaft: In Mitteleuropa wurde seit dem 8. Jh. die Ackerfläche in dreijährigem Turnus zu einem Drittel mit Sommergetreide, zu einem Drittel mit Wintergetreide bestellt, während das letzte Drittel brachlag, wodurch gegenüber früheren Jahrhunderten wesentlich höhere Erträge erzielt wurden, da der

Dreifelderwirtschaft: In der schematischen Darstellung der Dreifelderwirtschaft entspricht den fünf Höfen jeweils ein Feld in der Fläche für die Winter- und Sommerfrucht sowie in der Brache, die jedes Jahr wechselte.

D

Boden mehr Schonung erfuhr. Seit dem 16. Jh. wurden in das Brachfeld Hackfrüchte eingesät, seit dem 18. Jh. Futterkräuter für die Stallfütterung.

Dreikaiserbund: informelles Bündnisverhältnis zwischen dem Deutschen Reich, Österreich-Ungarn und Russland, das bei einem Treffen der drei Monarchen, WILHELM I., FRANZ JOSEPH I. und ALEXANDER II., im September 1872 in Berlin vereinbart worden war und das nach den Vorstellungen BISMARCKS (↑Bismarcks Bündnissystem) v.a. der Isolierung Frankreichs dienen sollte. Auf der Basis dieses Treffens kam es 1873 zu einem in seiner praktischen Bedeutung zweifelhaften deutsch-russischen Militärabkommen und zwischen Russland und Österreich-Ungarn zu einem Konsultativabkommen, dem auch das Deutsche Reich beitrat und in dem die drei Mächte sich im Falle einer europäischen Krise zu gegenseitiger Verständigung über eine gemeinsame Handlungsweise verpflichteten.

Der russisch-österreichische Gegensatz in der ↑Balkanfrage blieb jedoch beherrschend und wirkte sich v.a. nach dem ↑Berliner Kongress 1878 auch auf den D. aus. Dennoch gelang es BISMARCK, 1881 erneut ein Dreikaiserbündnis abzuschließen, in dem sich die drei Bündnispartner Neutralität beim Angriff einer vierten Macht zusicherten. Die sich 1886 erneut zuspitzende Balkankrise ließ den D. endgültig zerbrechen. Das Deutsche Reich suchte Ersatz im ↑Rückversicherungsvertrag.

Dreikaiserjahr: im deutschen Kaiserreich (1871–1918) das Jahr 1888, als der Nachfolger WILHELMS I., FRIEDRICH (III.), nach nur 99-tägiger Regierungszeit starb, sodass WILHELM II. noch im selben Jahr die Herrschaft antrat.

Dreiklassenwahlrecht: ungleiches und indirektes Wahlrecht, v.a. in Preußen zwischen 1849 und 1918 für die Wahl zum Gemeinderat und zur zweiten Kammer des Landtags (ab 1855 Abgeordnetenhaus) gültig. Entsprechend ihrem Anteil am Steueraufkommen wurden die Wähler in drei Klassen unterteilt, wobei jede Klasse eine gleich große Anzahl von Wahlmännern stellte. Dadurch blieb die Stimmabgabe der Masse der Arbeiter aufgrund ihres geringen Steueraufkommens weitgehend wirkungslos, die relativ dünne Oberschicht dagegen verfügte über einen unverhältnismäßig großen Einfluss auf die Zusammensetzung der Repräsentativkörperschaften. Vielfache Versuche einer Reform dieses Wahlrechts scheiterten. Mit der Novemberrevolution 1918 wurde das D. beseitigt.

Dreikönigsbündnis: Vertrag zwischen den Königen von Preußen, Sachsen und Hannover vom 26. Mai 1849. Nach der Auflösung der ↑Frankfurter Nationalversammlung war das D. ein Versuch, unter preußischer Führung ein engeres kleindeutsches Reich zu bilden, das wiederum durch eine Union mit Österreich in einem unauflöslichen Bundesverhältnis stehen sollte. Das D. blieb, obwohl sich ihm weitere deutsche Staaten anschlossen, ein Torso. Bayern und Württemberg fürchteten eine preußische Hegemonie; Sachsen und Hannover, die ihre Teilnahme von dem Beitritt der süddeutschen Staaten abhängig gemacht hatten, hielten nur halbherzig am D. fest und schlossen am 27. Februar 1850 mit Bayern und Württemberg das so genannte Vierkönigsbündnis mit dem Ziel einer Reform des Deutschen Bundes, der Gesamtösterreich umfassen sollte. Dennoch gelang es Preußen, aufgrund des D. ein parlamentarisches Gremium, das ↑Erfurter Unionsparlament, ins Leben zu rufen, das allerdings scheiterte.

Dreißigjähriger Krieg: Bezeichnung für die Epoche von 1618 bis 1648, die in der Zeit selbst **Deutscher Bürgerkrieg** genannt wurde. Mit dieser zeitgenössischen Formel wird auf jene Kampfbündnisse hingewiesen, die sich 1608 als ↑Union der protestantischen und 1609 als ↑Liga der katholischen Reichsstände organisiert hatten. Ziel dieser Ständeverbände war die Garantie von Verfassungsrechten, d.h. die Sicherung der Eigentumsordnung und der religiösen Bekenntnisse auf der Basis des ↑Augsburger Religionsfriedens von 1555. Im Jülich-Kleveschen Erbfolgestreit 1609 prallten beide Bündnisse zum ersten Mal politisch aufeinander und deuteten mit ihren auswärtigen Verbündeten jene Konstellation der Mächte an, die von 1618 an aus einem regionalen Konflikt einen Reichskrieg und dann eine europäische Krise werden ließ.

Man kann in diesem Ringen zwischen »katholischer Nation« und »evangelischer Nation« vier Hauptphasen der politischen und kriegerischen Auseinandersetzungen unterscheiden:

Böhmisch-Pfälzischer Krieg (1618 bis 1623): Anlass war der Aufstand der protestantischen Stände Böhmens gegen absolutistische Bestrebungen des Hauses Habsburg (↑Böhmischer Aufstand) und die Wahl des Kurfürsten FRIEDRICH V. von der Pfalz zum König von Böhmen, die von dem habsburgischen Kaiser und der Liga bekämpft wurde. In der Schlacht am Weißen Berg 1620 verlor der »Winterkönig« Krone und Land. Die Folge war ein grausames Strafgericht gegen die protestantischen Stände, die gewaltsame ↑Gegenreformation in Böhmen, die Eroberung der Pfalz durch TILLY und schließlich mit der »Verneuerten Landesordnung« von 1627 die Errichtung des Absolutismus in Böhmen, der sich mit einigen Veränderungen bis in das Jahr 1848 halten sollte.

Niedersächsisch-Dänischer Krieg (1625 bis 1629): Durch das Haager Konzert von 1625, ein Bündnis zwischen CHRISTIAN IV. von Dänemark, England, den Niederlanden und einigen Reichsfürsten, leidlich gedeckt, griff der Dänenkönig zur Sicherung und Erweiterung seiner Besitzungen im Reich in die schwelende Krise ein. Er wurde bei Lutter 1626 von WALLENSTEIN geschlagen, der für den Kaiser ein von der Liga unabhängiges Heer angeworben hatte. Aus dem Reich vertrieben, ging der Dänenkönig den »Verzichtfrieden von Lübeck« 1629 ein. Mit dem ↑Restitutionsedikt aus dem gleichen Jahr, das die Protestanten zur Rückgabe aller seit 1552 eingezogenen geistlichen Güter verpflichtete, wurde der Protestantismus in seiner materiellen Existenz bedroht. Die von den katholischen Fürsten betriebene Absetzung von General WALLENSTEIN schwächte die Position des Kaisers ebenso, wie die Hilfe und Intervention Schwedens den protestantischen Reichsständen neue Hoffnung auf ein politisches Überleben gab.

ANDREAS GRYPHIUS

Tränen des Vaterlandes/anno 1636

Die Türme ſtehn in Glut, die Kirch iſt umgekehret,
das Rathaus liegt im Graus[1]. Die Starken sind zerhaun,
die Jungfern sind geschänd't. Und wo wir hin nur schaun
ist Feuer, Peſt und Tod, der Herz und Geiſt durchfähret.
Hier durch die Schanz und die Stadt rinnt allzeit frisches Blut.
Dreimal sind schon sechs Jahr, als unsrer Ströme Flut,
von Leichen faſt verstopft, sich langsam fortgedrungen.

1 Sand, Staub.

Dreißigjähriger Krieg: Auszug aus Andreas Gryphius' Sonett »Tränen des Vaterlandes« (1636), in dem er das Grauen des Dreißigjährigen Kriegs schildert

Schwedischer Krieg (1630–35): Durch den Frieden von Stolbowo 1617 hatte Schweden seine Ostflanke gegen das Moskauer Zarentum gesichert und ab 1626 verstärkt begonnen, mit der Landung in Preußen Polen zur Anerkennung der Thronrechte GUSTAVS II. ADOLF zu zwingen, die diesem von seinem katholischen Vetter, dem polnischen König SIGISMUND III., bestritten wurden. Der Konflikt zwischen dem protestantischen und katholischen Zweig des Hauses Wasa endete 1629 in Altmark unter französischer Vermittlung vorerst mit einem Kompromiss. Das gab Schweden die Hand frei, über Stralsund, das sich gegen die kaiserliche Armee un-

ter dem erneut mit umfangreichen Vollmachten ausgestatteten General Wallenstein erfolgreich wehrte, in den Krieg einzugreifen. 1630 landeten die schwedischen Truppen im Oderdelta.

Der schnelle Siegeszug Schwedens durch die nördlichen Regionen des Reichs erreichte seinen Höhepunkt im Sieg bei Breitenfeld 1631 über das Heer der Liga. Gewinne aus dem Verkauf russischen Getreides, preußischer Zölle und französischer ↑Subsidien sicherten den weiteren Kriegszug ebenso wie die geschickte Diplomatie des schwedischen Reichskanzlers A. Oxenstierna, der nach dem Tode Gustavs II. Adolf in der Schlacht bei Lützen 1632 als Direktor des Heilbronner Bundes (des Bündnisses der Schweden mit den protestantischen Ständen des fränkischen, schwäbischen und rheinischen Reichskreises) die Interessen der protestantischen Reichsstände und Schwedens in einer kritischen Phase zu behaupten wusste.

Nach der Niederlage der schwedischen Armee 1634 bei Nördlingen konnte Oxenstierna allerdings die Annäherung der protestantischen Stände an den Kaiser nicht verhindern, der im gleichen Jahr auch Wallenstein, der in eigenmächtige Verhandlungen mit den Schweden getreten war, ächten und ermorden ließ. Mit dem Abschluss des Prager Friedens 1635 zwischen dem Kaiser und den meisten der protestantischen Reichsstände fand man zwar einen Verfassungskompromiss (u.a. Verzicht auf eine weitere Durchführung des Restitutionsedikts und Erlaubnis für den Kaiser, eine Reichsarmee aufzustellen), jedoch kam ein derartiger Vergleich Frankreich in seinem Ringen mit Spanien ungelegen. Der französische Kardinal RICHELIEU ging mit OXENSTIERNA 1635 eine Allianz ein und trat damit aus der Phase der »verdeckten Kriegführung« (durch Subsidienzahlungen) in eine Phase der »offenen Kriegführung«, um Schweden im Reich festzuhalten und den Krieg für seine Machtinteressen zu verlängern.

Schwedisch-Französischer Krieg (1635 bis 1648): Das aktive Eingreifen Frankreichs in das zu großen Teilen schon befriedete Reich diente vornehmlich dazu, die französischen Grenzen nach Osten über Lothringen und das Elsass zu erweitern und sich politischen Einfluss auf das Reich für die Zukunft zu sichern. Nach wechselndem Kriegsglück und nach Erschöpfung der materiellen Mittel fand man sich seit 1640 bereit, Friedensverhandlungen zu führen. Diese Verhandlungen zwischen dem Kaiser, den Reichsständen, Schweden und Frankreich kamen jedoch erst 1644 zustande, begleitet von kriegerischen Aktionen der schwedischen und französischen Armeen, die oft plündernd durch das teilweise völlig erschöpfte Reich zogen und nach dem Motto »Der Krieg ernährt den Krieg« Land und Leute auspressten.

Nach vierjährigen Verhandlungen einigte man sich 1648 in Münster (katholische Seite) und in Osnabrück (protestantische Seite) auf einen »ewigen« und »universellen« Frieden (↑Westfälischer Frieden), den Schweden und Frankreich als Garantiemächte zu sichern hatten. Ihren Staatsmännern war es gelungen, beiden Mächten eine Ordnungsfunktion im Reich und damit in Europa zu sichern, deren Bewahrung das europäische Gleichgewichtsdenken bis zum Ende des Heiligen Römischen Reiches deutscher Nation (1806) entscheidend bestimmen sollte. Mit dem Erwerb insbesondere Pommerns durch Schweden und von Teilen des Elsass durch Frankreich sicherten sich diese Gewinner des D. K. ihre Präsenz in deutschen Angelegenheiten.

Dresdner Frieden: Am 25. Dezember 1745 schloss FRIEDRICH II. von Preußen in Dresden zwei Friedensverträge: einen mit Österreich, der den 2. ↑Schlesischen Krieg beendete und in dem MARIA THERESIA Schlesien als preußischen Besitz anerkannte, dafür aber ihr Gatte, FRANZ I., von Preußen als römisch-deutscher Kaiser akzeptiert wurde; den anderen mit Kurfürst FRIEDRICH AUGUST II. von Sachsen, in dem dieser sich zur Zahlung einer hohen Kriegsentschädigung und zum Verzicht seiner Ansprüche auf Schlesien zugunsten Preußens verpflichtete.

Dreyfusaffäre: schwere innenpolitische Krise Frankreichs, die die seit der Französischen Revolution bestehenden Gegensätze zwischen konservativen (Monarchisten, Adel, Armee, Großbürgertum und Klerus) und radikaldemokratischen Kräften erneut aufriss.

A. DREYFUS, französischer Offizier elsässisch-jüdischer Herkunft und damit bereits in weiten Kreisen in doppelter Hinsicht verdächtig, wurde am 15. Oktober 1894 unter dem Verdacht der Spionage für Deutschland verhaftet, in einem juristisch unhaltbaren Verfahren degradiert und zu lebenslänglicher Verbannung verurteilt. Auch als 1896 ein Generalstabsoffizier namens ESTERHAZY als wahrer Schuldiger erkannt wurde, dauerte es noch drei Jahre, bis ein Revisionsverfahren für DREYFUS eröffnet wurde, in dem er jedoch in offenem Rechtsbruch zu zehn Jahren Festungshaft verurteilt wurde. Erst 1906 wurde er voll rehabilitiert.

Die Öffentlichkeit nahm an der D. lebhaften Anteil; während die antisemitische Presse DREYFUS verleumdete, brandmarkte E. ZOLA in dem offenen Brief »J'accuse« (»Ich klage an«) 1898 Prozess, Verurteilung und die öffentliche Voreingenommenheit gegen DREYFUS. Mit der öffentlichen Diskussion des Falls wurde die D. zu einer innenpolitischen Machtfrage: Die Konservativen fürchteten, durch das Eingeständnis eines Fehlurteils die staatliche Autorität und damit auch ihre eigene Stellung in der sozialen Hierarchie zu gefährden, während die radikaldemokratischen Kräfte die individuelle Rechtssicherheit als das höhere Gut betrachteten.

Dritte Republik: die französische Republik 1870–1940; sie wurde nach dem Sturz NAPOLEONS III. und dem Ende des Zweiten Kaiserreichs am 3. September 1870 ausgerufen.

dritter Stand: Adel und Klerus stehen entsetzt vor dem sich von seinen Ketten des Ancien Régimes befreienden Vertretern des dritten Standes (Karikatur aus der Zeit der Französischen Revolution).

dritter Stand: Bezeichnung für das ↑Bürgertum, das sich seit dem Mittelalter in der Ständeordnung nach Adel und Klerus den dritten Rang gesichert hatte (französisch »tiers état«). Die Französische Revolution wurde nicht zuletzt durch den Anspruch auf die rechtliche Gleichstellung des d. S. mit den bis dahin privilegierten beiden anderen Ständen ausgelöst. Kennzeichnend dafür ist die programmatische Schrift »Qu'est-ce que le tiers état?« (»Was ist der dritte Stand?«) des Abbé SIEYÈS. In der Folgezeit erreichte der d. S. in Europa die politische und rechtliche Gleichstellung mit den beiden oberen Ständen. Die sich mit der industriellen Revolution ausbildende Industriearbeiterschaft wurde zur Unterscheidung von dem besitzenden Bürgertum dann als ↑vierter Stand bezeichnet.

Drittes Reich: Begriff aus der Ideenwelt des ↑Chiliasmus, wonach die Heilsgeschichte sich als Aufstieg durch drei aufeinander folgende Reiche bzw. Zeitalter vollzieht: Nach dem Reich des Vaters (des Gesetzes) und dem Reich des Sohnes (des Evangeliums) folgt das des Heiligen Geistes (der Liebe und der Freiheit). Diese christliche Periodisierung wurde säkularisiert und im 20. Jh. durch A. MOELLER VAN DEN BRUCK zum politischen Schlagwort gemacht; in seinem 1923 erschienenen Buch »Das dritte Reich« prophezeite er nach dem Heiligen Römischen Reich und dem Bismarck-Reich den Beginn eines D. R. Die Nationalsozialisten machten sich diesen Begriff einer politischen Heilserwartung zu eigen, ersetzten ihn jedoch 1939 durch »Großdeutschland« oder »Großgermanisches Reich«. Dennoch wurde der Begriff zu einer allgemeinen Bezeichnung für die Periode der nationalsozialistischen Herrschaft in Deutschland.

Drittes Rom: Begriff der seit dem 15./16. Jh. von den Moskauer Großfürsten/Zaren vertretenen Staats- und Reichsideologie, wonach Moskau die Nachfolge des durch das ↑Morgenländische Schisma (1054) »verlorenen« Rom und von Byzanz (dem zweiten Rom), das 1453 in die Hände der »Ungläubigen« (Osmanen) gefallen war, angetreten habe und der russische Herrscher als eigentlicher Bewahrer des Christentums angesehen wurde. Diese Theorie wurde um 1510 von dem russischen Mönch FILOFEJ formuliert. Die Anknüpfung an die religiöse und politische Tradition des

D

↑Byzantinischen Reiches begründete den imperialen Machtanspruch der russischen Zaren und ein religiös-politisches Sendungsbewusstsein.

Dritte Welt: aus der Zeit des Ost-West-Konflikts stammende Bezeichnung für die wirtschaftlich unterentwickelten Staaten Afrikas, Asiens und Lateinamerikas. Neben der ersten Welt, den »westlichen« Industrienationen, und der zweiten Welt, den (seit 1990/91 nicht mehr existierenden) kommunistischen Staaten des Ostblocks, signalisierte der Begriff D. W. die Existenz einer dritten Kraft (so erstmals auf der ↑Bandungkonferenz 1955 formuliert), die einen Weg zwischen den beiden Machtblöcken suchte und sich in der Bewegung der ↑blockfreien Staaten später organisierte.

Der Ost-West-Gegensatz trat für die Staaten der D. W. jedoch insofern in den Hintergrund, als sie alle Industrienationen – unabhängig von ihrer Zugehörigkeit zum östlichen oder westlichen Block – in die Front der wirtschaftlich mächtigen Länder einordnen, die auf der nördlichen Hemisphäre angesiedelt sind und denen gegenüber das Gefälle der auf der südlichen Halbkugel gelegenen Entwicklungsländer immer größer wird (Nord-Süd-Gefälle). Seit den 1960er-Jahren wurde daher der bündnispolitische Sinn der Bezeichnung D. W. von der entwicklungspolitischen Bedeutung überlagert bzw. durch sie ersetzt (↑Entwicklungsländer). Die wachsende Kluft zwischen westlichen und östlichen Staaten und den »unterentwickelten« Ländern wird als Nord-Süd-Konflikt manifest, in dem die Staaten der D. W. um die wirtschaftliche Verbesserung ihrer Situation als Voraussetzung ihrer politischen Unabhängigkeit kämpfen. Siehe auch ↑Globalisierung.

Dualismus [von lateinisch dualis »von zweien«, »zwei enthaltend«]: historische Bezeichnung für die Doppelherrschaft, für das Nebeneinander von zwei gleichberechtigten Machtfaktoren oder Institutionen innerhalb eines politischen Systems, die entweder zusammenwirken oder gegeneinander arbeiten. So wird das (faktisch oft auch durch Interessengegensätze geprägte) Miteinander von Ständevertretung und Fürst im ↑Ständestaat ebenso als D. bezeichnet wie das verfassungsmäßige Gegeneinander von Parlament und Krone in der konstitutionellen ↑Monarchie. Mit D. im Sinne von politischer Gegensätzlichkeit wird das Ringen zwischen Preußen und Österreich um die Vorherrschaft in Deutschland in der zweiten Hälfte des 18. Jh. sowie 1850–66 bezeichnet, während sich D. im Sinne von übereinstimmenden Interessen in der Zusammenarbeit der beiden Mächte im Deutschen Bund 1815–48 dokumentierte.

Duce ['du:tʃe; italienisch »Führer«]: seit 1922 Titel für den italienischen Regierungschef B. Mussolini und Ausdruck des hierarchischen Führerprinzips innerhalb der faschistischen Partei.

Duma (Staatsduma, Reichsduma): Bezeichnung für die russische Volksvertretung 1905–17 neben dem Reichsrat als erster Kammer, die in dieser Zeit viermal zusammentrat. Im so genannten Oktobermanifest gestand ihr der Zar zwar das Gesetzgebungsrecht zu, behielt sich jedoch das absolute Vetorecht vor. – In der russischen Verfassung von 1993 das Unterhaus, das aus 450 Abgeordneten besteht und für vier Jahre vom Volk gewählt wird. Die zweite Kammer neben der D. bildet der Föderationsrat.

Dunkelmännerbriefe (lateinisch Epistolae obscurorum virorum): 1515 bis 1517 erschienene satirische Schmähschrift gegen den Humanismus. Um den Humanisten J. Reuchlin in seinem Kampf gegen die Kölner Dominikaner zu unterstützen und deren Unbildung und moralische Schwächen zu entlarven, verfassten die Humanisten Crotus Rubianus, U. von Hutten u. a. die D. als fingierte Antwort der Dominikaner auf Reuchlins Schrift »Clarorum virorum epistolae« (»Briefe berühmter Männer«).

D

Duodez [von lateinisch duodecim »zwölf«]: ursprünglich besonders kleine Bücher, deren Format durch das Falten eines vollen Papierbogens in zwölf Blätter (entspricht 24 Seiten) entsteht. In übertragenem Sinn bedeutet D. etwas lächerlich Kleines. Besonders in der deutschen Geschichtsschreibung wurden sehr kleine Staaten **Duodezstaaten** genannt, v.a. dann, wenn sie sich der nationalen Einigung widersetzten.

Durchlaucht: Anrede für fürstliche Personen, 1375 durch KARL IV. den ↑Kurfürsten verliehen, im 17. Jh. den ↑Erzherzögen, 1712 den ↑Reichsfürsten, 1825 durch Bundesbeschluss den mediatisierten ↑Standesherren im Fürstenrang bestätigt. Seit 1844 wurde für regierende Herzöge zur Unterscheidung statt D. die Anrede **Hoheit** verwendet, während die königlichen Prinzen und Prinzessinnen sowie die Großherzöge und der Kurfürst von Hessen den Titel **Königliche Hoheit** führten.

Dynastie [von griechisch dynasteia »Herrschaft«]: Herrscherhaus bzw. fürstlich-hochadlige Familie, in der sich in einem monarchischen Staat die Krone vererbt oder von der dieser Anspruch rechtlich erhoben werden kann.

E

Earl [englisch ə:l]: hoher englischer Adelstitel (entsprechend dem deutschen ↑Graf).

Ebenbürtigkeit: in geburtsständisch gegliederten Gesellschaften Bezeichnung für die gleichwertige Abkunft zweier oder mehrerer Personen und damit für ihre Standes- und Rechtsgleichheit. Vorwiegend beim Adel wurde v.a. bei der Eheschließung auf E. geachtet.

Ecclesia [lateinisch von griechisch ekklēsía »Kirche«]: Einerseits Bezeichnung für das Gebäude, in dem sich die Gläubigen zur Feier des Gottesdienstes versammeln, zum anderen die Gemeinschaft aller Gläubigen, die in ihrer Gesamtheit die E. Gottes darstellen.

Edelfreie (Edelinge): in der deutschen Rechtsgeschichte Bezeichnung für die in höherem Ansehen stehende und durch eine vornehme Abkunft ausgezeichnete Oberschicht der ↑Freien. Im Frühmittelalter durch höheres, oft dreifaches ↑Wergeld hervorgehoben, hoben sich die E. seit dem 11./12. Jh. v.a. vom unfreien Dienstadel (↑Ministerialen) ab.

Edikt [von lateinisch edicere »ansagen«, »bekannt machen«]: in der römischen Antike die öffentliche Erklärung der Beamten (v.a. des ↑Prätors der Stadt Rom) zu Grundsätzen und Maßnahmen ihrer Amtsausübung (v.a. der Rechtspflege). Seit HADRIAN wurden die Edikte kodifiziert und unabänderlich. Neben den Leges (↑Lex) und den Senatsgutachten (senatus consultum) waren die E. die wichtigste Form der Rechtssetzung. In der Spätantike bezeichnet der Begriff E. einen kaiserlichen Erlass, im frühen Mittelalter ein Königsgesetz.

In der Neuzeit wurde die Bezeichnung v.a. von den französischen Königen für ein Gesetz verwendet, das eine einzelne, spezielle Angelegenheit regelt (z.B. das Edikt von Nantes).

Égalité [egali'te; französisch »Gleichheit«]: eine der Losungen der Französischen Revolution. Die Verwirklichung der Gleichheit vor dem Gesetz begann nach dem Sturm auf die Bastille und den Unruhen in der Provinz im August 1789 mit dem Verzicht von Adel und Klerus auf ihre Privilegien. Der Proklamation von Steuergleichheit, Ämter- und Gewerbefreiheit sowie Gleichheit in der militärischen Laufbahn folgte am 26. August die Erklärung der Menschen- und Bürgerrechte. Begrenzt blieb die Verwirklichung sozialer Gleichheit durch das Festhalten am Prinzip des Eigentums: Die Bauern wurden zwar persönlich frei, doch die sachliche Abhängigkeit wurde nur gegen Entschädigung aufgehoben. Die Bürgerrechte galten lange Zeit nicht für Juden und Protestanten.

Die Rassengleichheit wurde durch die Duldung der Sklaverei durchbrochen. Auch das Zensuswahlrecht, das das Besitztum begünstigte, verstieß gegen den Grundsatz der staatsbürgerlichen Gleichheit.

Eger, Landfriede von: auf dem Reichstag in Eger 1389 von König Wenzel verkündeter, zunächst auf die Dauer von sechs Jahren befristeter ↑Landfriede für Bayern, Franken, Meißen, das Rheinland, Schwaben und Thüringen. Durch den L.v.E. wurden die ↑Städtebünde (↑Schwäbischer Städtebund, ↑Rheinischer Städtebund) aufgelöst. Unter dem Vorsitz eines königlichen Landfriedenshauptmanns sollten Landfriedensgerichte, in denen Städte und Fürsten gleichberechtigt vertreten waren, den Landfrieden sichern.

Eidgenossenschaft:

◆ ab dem 11./12. Jh. v.a. in den süd- und westdeutschen Städten meistens gegen den Stadtherrn gerichtete Bündnisse der Bürger, die sich durch Eid zu gegenseitiger Treue und gegenseitigen Beistand verpflichteten.

◆ Die »Schweizerische Eidgenossenschaft« (wie die amtliche Bezeichnung der Schweiz noch heute lautet) entstand in der Wahrung der Reichsunmittelbarkeit und aus der Abwehr der Bürger und Bauern gegen die Bestrebungen der Habsburger, ihre gräflichen, gerichts- und grundherrlichen Rechte zu einer vollständigen Landeshoheit über die schweizerischen Territorien auszubilden.

Die *Anfänge* der E. finden sich in dem ersten lockeren Zusammenschluss der Waldstätte Uri, Schwyz und Unterwalden (1291), der Sage nach auf dem Rütli beschworen (Rütlischwur). Im 14. Jh. weitete sich der Konflikt mit den Habsburgern aus. In der Schlacht bei Morgarten (1315) wurde das habsburgische Ritterheer von den schweizerischen Bauern geschlagen; der noch im selben Jahr erneuerten E. der drei Urkantone schlossen sich Luzern, Zürich, Zug, Glarus und Bern an (Bund der »Acht alten Orte«). Nach der militärisch entscheidenden Schlacht bei Sempach (1386) mussten die Habsburger die Unabhängigkeit der »Acht Orte« vom habsburgischen Territorialstaat anerkennen. Im Verlauf des 15. Jh. bildete sich ein festes Staatssystem heraus, dessen Entwicklung zumindest anfänglich von den deutschen Kaisern, v.a. von den Luxemburgern (gegen die Habsburger), gefördert wurde und sich somit zunächst im Rahmen des Heiligen Römischen Reichs vollzog.

Der Weg in die Unabhängigkeit vom Reich: Erst 1495 kam es zum Bruch mit dem Reich, als die Schweizer, auf alte Reichsprivilegien pochend, eine einheitliche Reichssteuer, die Schaffung eines Reichskammergerichts und die Reichswehrord-

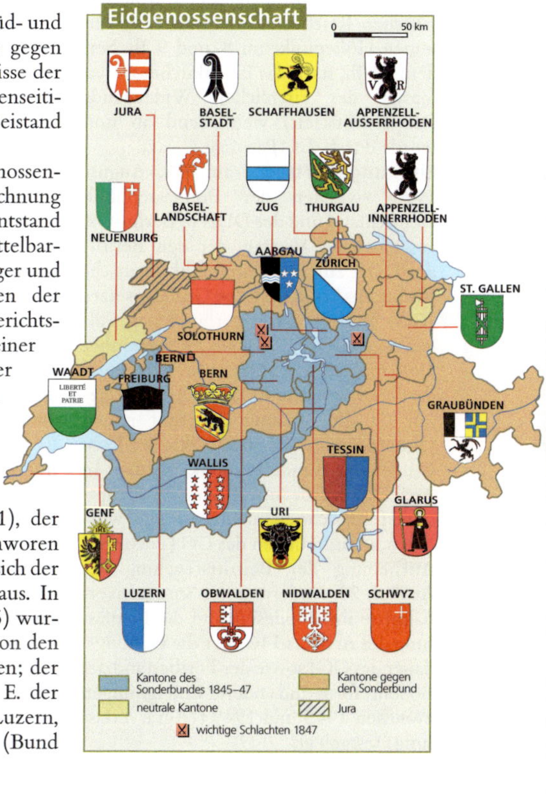

nung ablehnten (↑Reichsreform). Der als Reichskrieg aufgezogene so genannte Schwabenkrieg von 1499 zwischen dem Haus Habsburg und dem ↑Schwäbischen Bund einerseits und der E. andererseits endete mit dem ↑Basler Frieden (1499). Die faktisch erreichte Unabhängigkeit wurde 1648 im ↑Westfälischen Frieden verankert.

Eigenkirche: die auf privatem Grund und Boden stehende und im Eigentum des Grundherrn befindliche Kirche (auch Klöster, Bistümer). Der Grundherr konnte die E. verkaufen, vererben oder verschenken und hatte das volle Verfügungs- und Nutzungsrecht an Vermögen und Einkünften der E. sowie das Recht, ihre Geistlichen zu bestellen und zu entlassen. Das Eigenkirchenwesen, das auch zur Grundlage der ↑ottonisch-salischen Reichskirche wurde, erreichte seinen Höhepunkt im 8. und 9. Jh. Seit dem 12. Jh. starb das Eigenkirchenwesen infolge des kirchlichen Widerstands (↑Investiturstreit) weitgehend ab und wurde durch das ↑Patronat ersetzt.

Einigungsvertrag: am 31. August 1990 zwischen der Bundesrepublik Deutschland und der DDR in Berlin-Ost geschlossener Vertrag, der den Beitritt der DDR zur Bundesrepublik Deutschland nach Artikel 23 des Grundgesetzes (GG) und die damit verbundenen Folgen regelte. Der E., der am 29. September 1990 in Kraft trat, umfasst 45 Artikel und drei umfangreiche Anlagen. Artikel 1 beinhaltet die Bildung der fünf neuen ↑Bundesländer, die am 3. Oktober 1990 Länder der Bundesrepublik wurden. In Artikel 2 wurde u.a. Berlin als Hauptstadt festgeschrieben. In Artikel 4 wurden u.a. Änderungen des GG (Präambel, Aufhebung der Beitrittsregelung des Artikels 23, Änderung der Stimmenverhältnisse im Bundesrat und die Neufassung des Artikels 146 über die Geltungsdauer des GG) sowie der Fortbestand der Bodenreform und anderer Enteignungen zwischen 1945 und 1949 (↑Agrarverfassung) festgelegt.

Einparteienstaat: ein (autoritärer) Staat, in dem durch Aus- oder Gleichschaltung anderer Parteien nur eine Partei (Staatspartei) mit einer meist links- oder rechtsextremen Weltanschauung die politische Macht innehat.

Eisenacher Kongress: Gründungsparteitag der Sozialdemokratischen Arbeiterpartei vom 7. bis 9. August 1869, auf dem sich unter Führung von A. Bebel und W. Liebknecht die demokratischen Arbeitervereine und Teile des von F. Lassalle geführten Allgemeinen Deutschen Arbeitervereins zusammenschlossen. Der E. K. verabschiedete das im Wesentlichen von Bebel ausgearbeitete **Eisenacher Programm,** das die Partei als Zweig der Ersten ↑Internationale definierte und sie sowohl gegen Lasalleaner als auch gegen die bürgerliche demokratische Bewegung abgrenzte. Der E. K. trat für eine demokratische Republik ein, forderte allgemeines und gleiches Wahlrecht, direkte Gesetzgebungsmöglichkeiten für das Volk, die Trennung von Kirche und Staat und im ökonomischen Bereich die Förderung freier Produktionsgenossenschaften, vermied aber die Festlegung auf einen gewaltsamen Umsturz der bestehenden Staats- und Gesellschaftsordnung.

Eisenhower-Doktrin [englisch 'aɪzənhaʊə]: 1957 anlässlich der ↑Suezkrise (1956) von dem amerikanischen Präsidenten D. D. Eisenhower formulierte und vom Kongress beschlossene Grundsatzerklärung, die dem Präsidenten das Recht gab, zur Wahrung lebenswichtiger Interessen der USA in einem Land des Nahen Ostens auch mit militärischen Mitteln einzugreifen, wenn eine dortige Regierung sich vom Kommunismus bedroht fühlte und die USA um Hilfe ersuchte. – Siehe auch ↑Truman-Doktrin.

Eisen und Blut: Teil einer Äußerung Bismarcks am 30. September 1862 vor der Budgetkommission des preußischen Abgeordnetenhauses: »Nicht durch Reden und Majoritätsbeschlüsse werden die großen Fragen der Zeit entschieden – das ist der Fehler von 1848 und 1849 gewesen –, sondern durch Eisen und Blut.«

Eisenzeit: die letzte, der ↑Bronzezeit folgende Epoche der Vor- und Frühgeschichte, die bis in das klassische Altertum hineinreicht. Eisen wurde seit dem 2. Jt. v. Chr. zunächst wegen seines Wertes für Schmuck, ab etwa 1200 v. Chr. für Waffen und Geräte verwendet. Die E. breitete sich von Vorderasien nach Mittel- und Nordeuropa (ab 1100 v. Chr.) sowie Indien und China (5.–3. Jh. v. Chr.) aus.

Die mitteleuropäische E. wird unterteilt in die ↑Hallstattkultur und die ↑La-Tène-Kultur. Eisen wurde an der Oberfläche gefunden oder unter Tage abgebaut, in Schmelzöfen verhüttet und dann geschmiedet, wobei sich die Methoden, besonders der Härtung, verfeinerten, sodass die Waffen aus Eisen sich schließlich gegenüber denjenigen aus Bronze als überlegen erwiesen.

Eiserner Vorhang: politisches Schlagwort, 1946 von W. CHURCHILL geprägt, zur Kennzeichnung der Maßnahmen der UdSSR, mit denen sie ihren Einfluss- und Herrschaftsbereich gegenüber der westlichen Welt abzuriegeln suchte.

Emanzipation [von lateinisch emancipare »in die Selbstständigkeit entlassen«]: Befreiung aus einem rechtlichen, sozialen oder politischen Abhängigkeitsverhältnis bei gleichzeitiger Erlangung von Mündigkeit und Selbstbestimmung.

Im römischen Recht standen Ehefrau und Kinder unter der Gewalt des Ehemannes als des Hausherrn (↑Patria Potestas). Aus diesem Verhältnis wurden die Söhne nur entlassen durch den Tod des Vaters oder durch eine formelle Erklärung des Vaters vor einer Behörde (formelle E.). Auch im mittelalterlichen deutschen Recht waren Ehefrau und Kinder der familienrechtlichen Gewalt (Munt) des Hausherrn unterworfen; dieses Abhängigkeitsverhältnis endete mit dem Tod des Vaters oder mit der Erlangung wirtschaftlicher Selbstständigkeit durch die Söhne.

In der Neuzeit erlangte der Begriff v. a. durch das gegen Ständeordnung und Absolutismus aufbegehrende Bürgertum und der diese Bewegung ideologisch absichernden Aufklärung eine erweiterte politisch-soziale Bedeutung. Die Forderung der Französischen Revolution nach Gleichheit aller Bürger vor dem Gesetz wurde mit dem Übergang zur Industriegesellschaft ausgedehnt auf die politische und soziale Gleichstellung und die Aufhebung der wirtschaftlichen Abhängigkeit der Arbeiter sowie anderer benachteiligter Gruppen. – Siehe auch ↑Judenemanzipation, ↑Frauenbewegung.

Embargo [von spanisch embargar »in Beschlag nehmen«, »behindern«]: die völkerrechtliche Maßnahme eines oder mehrerer Staaten zu dem Zweck, einen anderen Staat zu einem bestimmten Tun oder Unterlassen zu veranlassen. Das E. umfasste ursprünglich das Festhalten fremder Handelsschiffe (Schiffsembargo). Mit einem **Handelsembargo** ist das Verbot gemeint, in den Staat, über den das E. verhängt wurde, Waren zu liefern oder von dort zu beziehen.

Emigration [von lateinisch emigrare »ausziehen«, »auswandern«]: das freiwillige oder erzwungene Verlassen des Heimatlandes aus religiösen, politischen oder rassischen Gründen. Es kommt dann zur E., wenn der jeweilige Staat einzelne Menschen oder Gruppen diskriminiert oder verfolgt oder von seinen Bürgern eine bestimmte Gesinnung fordert, die diese einzunehmen jedoch ablehnen.

Emir [von arabisch »Befehlshaber«]: ursprünglich Titel der arabischen Stammesführer, ab dem 7. Jh. ein allgemeiner arabischer Herrschaftstitel.

Empire:

- [englisch 'empaɪə]: Bezeichnung für das britische Weltreich des 19. Jh., das mit der ↑Entkolonialisierung im 20. Jh. in die Form des ↑Commonwealth übergeleitet wurde.
- [französisch ã'pi:r]: Bezeichnung des Kaisertums NAPOLEONS I. (1804–15;

E

auch des in dieser Zeit vorherrschenden Stils in der Kunst und der Mode) und NAPOLEONS III. (1852–70) sowie für das französische Kolonialreich bis 1939.

Emser Depesche: Telegramm des Geheimrats H. ABEKEN vom 13. Juli 1870 aus Bad Ems, in dem er BISMARCK über die Gespräche des dort zur Kur weilenden preußischen Königs WILHELM I. mit dem französischen Botschafter Graf V. BENEDETTI unterrichtete. BENEDETTI hatte nach dem Verzicht des Erbprinzen LEOPOLD von Hohenzollern-Sigmaringen auf die ↑spanische Thronkandidatur weitergehende preußische Zugeständnisse gefordert, die der König jedoch ablehnte. Die verkürzte Veröffentlichung des Telegramms durch BISMARCK, die den Wortlaut zwar nicht verfälschte, aber seinen Inhalt verschärfte und die Gespräche als diplomatische Niederlage Frankreichs erscheinen ließ, führte am 19. Juli 1870 zur französischen Kriegserklärung an Preußen (↑Deutsch-Französischer Krieg von 1870/71).

Emser Punktation: Ergebnis der Verhandlungen der Deputierten der Erzbischöfe von Köln, Mainz, Trier und Salzburg, die vom 25. Juni bis 25. August 1786 in Bad Ems tagten (**Emser Kongress**). Der Streit um die Rechte der päpstlichen Nuntien (Gesandten) gegenüber den Erzbischöfen führte zur E. P., einem kirchenpolitischen Reformprogramm, das auf der Basis des ↑Episkopalismus größere Selbstständigkeit für die katholische Kirche in Deutschland forderte. Die E. P. scheiterte endgültig, als sich 1790 der Trierer Erzbischof von den Emser Beschlüssen distanzierte.

Encomienda [eŋko'mi̯enda; spanisch »Auftrag«]: in Spanien ursprünglich ein kirchliches Lehen, das einem Angehörigen des niederen Adels verliehen wurde. In den südamerikanischen Kolonien Spaniens wurde verdienten spanischen Kolonisten (den **Encomenderos**) eine Anzahl »Seelen« zur Betreuung, d.h. zur Unterrichtung und Bekehrung, zugeteilt (repartimiento), die dafür als Entgelt einen Tribut zu entrichten hatten, doch entartete die E. hier zu einer Form der unfreien Arbeit neben der Sklaverei. Die Indianer wurden zu Arbeitsleistungen in den Bergwerken und auf den großen Landgütern missbraucht, was trotz zahlreicher Versuche, v.a. des Dominikanermönches LAS CASAS, die Situation der Indianer zu verbessern, zu einem Massensterben der einheimischen Bevölkerung führte. Die bereits 1542 erlassenen so genannten Neuen Gesetze, die eine Abschaffung der E. vorsahen, blieben erfolglos, ebenso das Verbot von 1549, die Tributzahlungen der Eingeborenen in Arbeitsleistungen umzuwandeln. Endgültig wurde das System der E. erst 1720 aufgehoben.

Endlösung der Judenfrage: nationalsozialistische Bezeichnung für den Plan, die europäischen Juden zwangsweise in bestimmten Territorien zu konzentrieren bzw. sie systematisch auszurotten. Nachdem sich verschiedene Aussiedlungspläne (z.B. nach Madagaskar oder die Schaffung eines jüdischen Territoriums in Sibirien) nicht realisieren ließen, wurde am 20. Januar 1942 (Wannseekonferenz) auf Befehl von HITLER durch R. HEYDRICH die E.d.J. im Sinne der systematisch betriebenen physischen Vernichtung des Judentums beschlossen: Die auf etwa 11 Mill. geschätzten europäischen Juden sollten in ↑Konzentrationslager (KZ) verschleppt, zur Zwangsarbeit gezwungen und schließlich die nicht (mehr) arbeitsfähigen Häftlinge durch eigens entwickelte Tötungsmaßnahmen (Vergasung) systematisch ausgerottet werden (↑Auschwitz). Dieser Völkermord an über 5 Mill. Juden ist in der Geschichte ohne Beispiel.

Entdeckungsreisen: Bereits um 1500 v. Chr. setzen die ersten Überlieferungen von E. (v.a. der Ägypter) ein.

Antike: Seit dem 6. Jh. v. Chr. erweiterten die vom Mittelmeer aus Handel treibenden, seefahrenden und kolonisierenden Griechen, Phöniker und Karthager sowie später die Römer das antike Weltbild

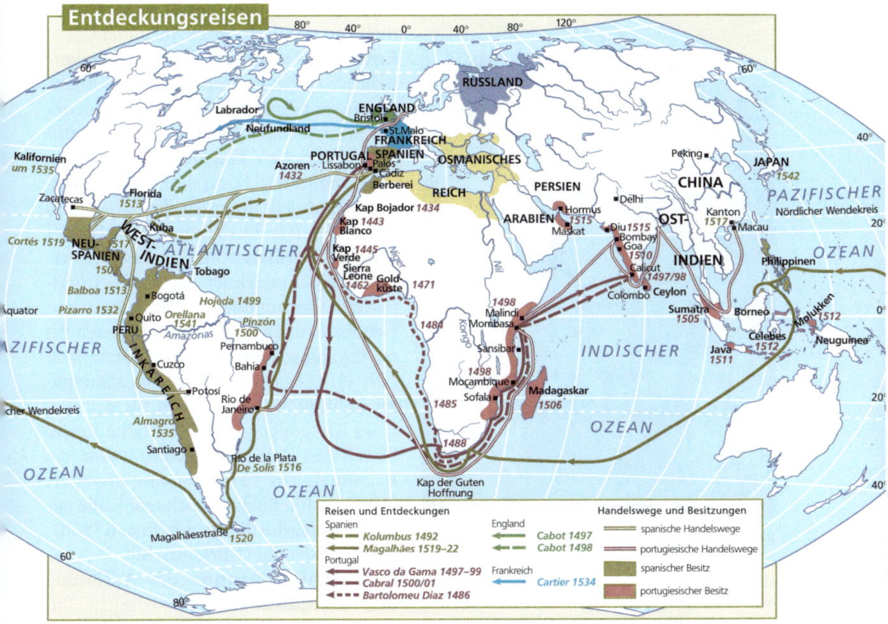

(die Phöniker umsegelten bereits im 6. Jh. v. Chr. Afrika, im 4. Jh. v. Chr. entdeckten die Griechen Britannien und die Nordsee, die ↑Alexanderzüge führten bis über den Indus hinaus). Das römische Weltreich zur Zeit seiner größten Ausdehnung unter TRAJAN hatte Kenntnis von Britannien und der norwegischen Küste, von der Südküste der Ostsee bis Ostpreußen, von der Iberischen Halbinsel und dem Westen des Atlantischen Ozeans bis zu den Kanarischen Inseln, von Nordafrika, Arabien, Indien und China. Mit dem Niedergang des Römischen Reichs gingen jedoch auch viele der bereits gewonnenen Kenntnisse wieder verloren; lediglich die mittelalterliche arabische Geographie, die in der Tradition des PTOLEMÄUS stand, der 150 n. Chr. die geographischen Kenntnisse seiner Zeit zusammengefasst hatte, wahrte ein hohes Niveau (E. in Asien und Afrika).

Im europäischen *Mittelalter* waren es v. a. die Normannen, die auf E. gingen (über das Nordkap und die Färöer bis Island und Grönland) und um 1000 sogar Nordamerika erreichten, doch ging die Kenntnis dieser Entdeckung wieder verloren. Erst der Bericht des MARCO POLO über seine Reisen (1271–95) nach China und bis zum Pazifischen Ozean erweiterte die abendländische Weltkenntnis und wirkte bis zur Zeit des KOLUMBUS.

15. und 16. Jahrhundert: Im Spätmittelalter setzte dann eine neue Phase von E. ein. Verbesserte Schiffbautechnik, Abenteuerlust und der Wunsch, einen neuen Zugang nach Indien und zu den Reichtümern des Orients zu finden, waren neben Forschungs- und Entdeckungsgeist die Antriebskräfte. 1497/98 reiste VASCO DA GAMA nach Indien, 1492 entdeckte KOLUMBUS in spanischen Diensten die Westindischen Inseln, 1498 Südamerika und 1502 Mittelamerika. Spanische Konquistadoren eroberten 1519–43 die indianischen Reiche in Mexiko, Kolum-

E

Entkolonialisierung: Mahatma Gandhi suchte mit Mitteln des gewaltlosen Widerstands Indiens Unabhängigkeit zu erreichen; im Bild Gandhi mit seinen Großnichten auf dem »Salzmarsch« (1930) zum Zeichen des Protests gegen das Salzmonopolgesetz der britisch-indischen Regierung.

bien und Peru und entdeckten 1528 Teile Nordamerikas. 1519–22 umsegelte FERNÃO DE MAGALHÃES die Erde, die Portugiesen entdeckten Malakka, die Molukken, Südchina, Neuguinea und Japan. Gold, Silber, Gewürze und Edelsteine wurden nach Europa gebracht und wirkten nachhaltig auf die europäische Wirtschaftsentwicklung ein.

Die Aufteilung der Erde in eine östliche portugiesische und eine westliche spanische Interessensphäre (Vertrag von ↑Tordesillas 1494) konnte jedoch andere Nationen auf Dauer nicht fern halten. England suchte im Norden einen Weg nach Westen und Osten, und 1577–80 umsegelte Sir FRANCIS DRAKE die Erde zum zweiten Mal.

Das 15. und besonders das 16. Jh., die beiden eigentlichen Jahrhunderte der großen E., öffneten die Welt für Europa und leiteten über zur europäischen Vorherrschaft und zum Zeitalter des ↑Kolonialismus, das erst im 20. Jh. endete.

Entente [ãˈtãːt(ə); französisch »Einvernehmen«]: Bezeichnung für das Verhältnis engen Einverständnisses und weit gehender Interessenidentität in (bestimmten) politischen Fragen zwischen zwei oder mehreren Staaten. Eine E. kann, muss aber nicht ihren Ausdruck in einem formellen Bündnis finden. Der Begriff **Entente cordiale** (»herzliches Einvernehmen«) bezeichnet das einem Bündnis nahe kommende Verhältnis zwischen Großbritannien und Frankreich nach ihrer Einigung über koloniale Differenzen (1904). Kern der E. cordiale wurden später militärische Absprachen für den Fall eines Krieges gegen das Deutsche Reich. Durch den Beitritt Russlands wurde die E. cordiale zur ↑Tripelentente erweitert (1907); schließlich bezeichnete E. die gesamte Kriegskoalition des Ersten Weltkriegs gegen die ↑Mittelmächte.

Entkolonialisierung: die Auflösung der europäischen Kolonialreiche in Übersee seit 1945, die einvernehmlich mit den Kolonialherren erwirkte oder durch bewaffneten Kampf erfolgte Aufhebung der Kolonialherrschaft. Der Zweite Weltkrieg hatte die Position der Kolonialmächte in den überseeischen Gebieten weitgehend geschwächt, sodass einheimische Unabhängigkeitsbewegungen mit der Forderung nach einer eigenen Staatlichkeit wirksam werden konnten. Die E. vollzog sich in einem Zeitraum von nur 30 Jahren; sie bewirkte eine Verschiebung der weltpolitischen Gewichtungen. – Siehe auch ↑Dritte Welt.

Entnazifizierung: der Versuch, das politische und gesellschaftliche Leben in Deutschland und Österreich nach 1945 von Nationalsozialisten und nationalsozialistischen Einflüssen zu befreien. Dies geschah v. a. durch Maßnahmen der alliierten Siegermächte gegen politische Organisationen wie auch gegen Einzelpersonen, die künftig von führenden Positionen im Staat sowie im wirtschaftlichen

und kulturellen Leben fern gehalten werden sollten.
Die E. war auf der Jalta-Konferenz 1945 beschlossen und im ↑Potsdamer Abkommen zu einem Hauptziel der alliierten Besatzungspolitik erklärt worden. Nach den Kontrollratsgesetzen Nr. 2 und Nr. 10 (10. Oktober 1945 bzw. 20. Dezember 1945) sollten die NSDAP und ihre Unterorganisationen sowie angeschlossene Verbände aufgelöst, jede nationalsozialistische Propaganda verboten und die führenden Nationalsozialisten vor Gericht gestellt werden. Das deutsche Volk sollte zur Wiedergutmachung für das unter dem Nationalsozialismus begangene Unrecht an anderen Völkern herangezogen und für die Demokratie gewonnen werden.
Nach einer aus 99 Punkten bestehenden Liste sollten die Betroffenen geprüft und in fünf Kategorien eingestuft werden: 1) Hauptschuldige; 2) Belastete (Aktivisten); 3) Minderbelastete; 4) Mitläufer und 5) Entlastete.
Strafen bzw. Sühneleistungen waren u. a.

MG / PS / G / 9a

MILITARY GOVERNMENT OF GERMANY

Fragebogen

WARNING: Read the entire Fragebogen carefully before you start to fill it out. The English language will prevail if discrepancies exist between it and the German translation. Answers must be typewritten or printed clearly in block letters. Every question must be answered precisely and conscientiously and no space is to be left blank. If a question is to be answered by either "yes" or "no", print the word "yes" or "no" in the appropriate space. If the question is inapplicable, so indicate by some appropriate word or phrase such as "none" or "not applicable" Add supplementary sheets if there is not enough space in the questionaire. **Omissions or false or incomplete statements are offenses against Military Government and will result in prosecution and punishment.**

WARNUNG: Vor Beantwortung ist der gesamte Fragebogen sorgfältig durchzulesen. In Zweifelsfällen ist die englische Fassung maßgebend. Die Antworten müssen mit der Schreibmaschine oder in klaren Blockbuchstaben geschrieben werden. Jede Frage ist genau und gewissenhaft zu beantworten und keine Frage darf unbeantwortet gelassen werden. Das Wort „ja" oder „nein" ist an der jeweilig vorgesehenen Stelle unbedingt einzusetzen. Falls die Frage durch „Ja" oder „Nein" nicht zu beantworten ist, so ist eine entsprechende Antwort, wie z. B. „keine" oder „nicht betreffend" zu geben. In Ermangelung von ausreichendem Platz in dem Fragebogen können Bogen angeheftet werden. **Auslassungen sowie falsche oder unvollständige Angaben stellen Vergehen gegen die Verordnungen der Militärregierung dar und werden dementsprechend geahndet.**

A. PERSONAL / A. Persönliche Angaben

1. List position for which you are under consideration (include agency or firm). — 2. Name (Surname). (Fore Names.) — 3. Other names which you have used or by which you have been known. — 4. Date of birth. — 5. Place of birth. — 6. Height. — 7. Weight. — 8. Color of hair. — 9. Color of eyes. — 10 Scars, marks or deformities. — 11. Present address (City, street and house number). — 12. Permanent residence (City, street and house number). — 13. Identity card type and Number. — 14. Wehrpass No. — 15. Passport No. — 16. Citizenship. — 17. If a naturalized citizen, give date and place of naturalization. — 18. List any titles of nobility ever held by you or your wife or by the parents or grandparents of either of you. — 19. Religion. — 20. With what church are you affiliated? — 21. Have you ever severed your connection with any church, officially or unofficially? — 22. If so, give particulars and reason. — 23. What religious preference did you give in the census of 1939? — 24. List any crimes of which you have been convicted, giving dates, locations and nature of the crimes. —

1. Für Sie in Frage kommende Stellung: Spruchkammer
2. Name [redacted] (Zu-(Familien-)name) Georg (Vor-(Tauf-)name) 3. Andere von Ihnen benutzte Namen oder solche, unter welchen Sie bekannt sind keine
4. Geburtsdatum [redacted].81 5. Geburtsort Bamberg
6. Größe 168 cm 7. Gewicht 110 Pfd 8. Haarfarbe schwarz 9. Farbe der Augen braun

	1 Yes or No / ja oder nein	2 From / von	3 To / bis	4 Number / Nummer	5 Highest Office or rank held / Höchstes Amt oder höchster Rang	6 Date Appointed / Antrittsdatum
41. NSDAP	nein					
42. Allgemeine SS	nein					
43. Waffen-SS	nein					
44. Sicherheitsdienst der SS	nein					
45. SA	nein					
46. HJ einschl. BdM	nein					
47. NSDStB	nein					
48. NSDOB	nein					
49. NS-Frauenschaft	nein					
50. NSKK	nein					
51. NSFK	nein					
52. Reichsb. der deutschen Beamten	nein					
53. DAF	ja	seit Übernahme der Gewerkschaften				
54. KdF	nein					
55. NSV	ja	1.11.37	Aufl.	keine	keines	keines

Entnazifizierung: Zuerst wurden in der amerikanischen Besatzungszone Fragebögen ausgegeben, die der Einteilung der Deutschen in fünf Kategorien dienten; die anderen Besatzungszonen übernahmen dieses Verfahren (Ausschnitt eines Fragebogens).

Freiheitsentzug, Vermögenseinziehung, Berufsverbot und Geldbußen sowie die Aberkennung des aktiven und passiven Wahlrechts. Dieses zunächst nur in der amerikanischen Zone angewandte Verfahren der E. wurde im Oktober 1946 (Kontrollratsdirektive Nr. 38) auch auf die anderen Besatzungszonen übertragen.

Nach der Gründung der beiden deutschen Staaten verlor das Verfahren der E. jedoch rasch an Bedeutung und wurde nach und nach eingestellt, nicht zuletzt, weil es in der deutschen Öffentlichkeit immer mehr in Misskredit geraten war, da die E. einerseits rechtsstaatlichen Grundsätzen oft nicht genügte, andererseits weitgehend wirkungslos blieb. Etwa 98 % der von der E. Betroffenen wurden als Entlastete oder Mitläufer eingestuft.

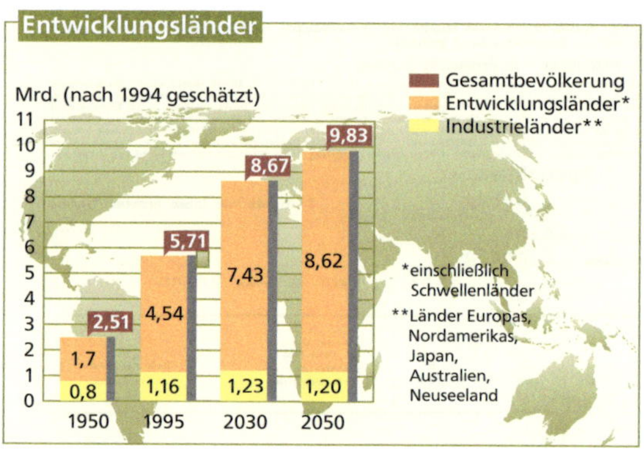

Entspannungspolitik: allgemein eine Politik, die auf den Abbau von politischen und militärischen Spannungen zwischen Staaten und Machtblöcken abzielt, seit den 1960er-Jahren insbesondere auf eine Verminderung der Spannungen zwischen Ost und West (↑Kalter Krieg) durch Vereinbarungen zur Sicherung des Friedens. Maßnahmen der E. sind Vereinbarungen über ↑Abrüstung, aber auch die Intensivierung der politischen, wirtschaftlichen und kulturellen Beziehungen.

Entstalinisierung: im Westen geprägtes Schlagwort, das den nach dem Tod J. W. STALINS 1953 v.a. von N. S. CHRUSCHTSCHOW mit dem XX. Parteikongress der KPdSU (1956) in der UdSSR und ihrem Machtbereich eingeleiteten Prozess der teilweisen Abkehr von den Herrschaftsmethoden STALINS und seiner persönlichen Diktatur (↑Stalinismus) bezeichnet. Der Personenkult und die Terrormaßnahmen der Stalinzeit wurden verurteilt, die eigentliche Ursache jedoch, das Herrschaftsmonopol der Partei, blieb unangetastet.

Entwicklungsländer: zu Beginn der 1950er-Jahre geprägter Begriff für Länder, deren Entwicklungsstand im Vergleich mit dem der Industrieländer niedrig ist. Die Bezeichnung E. korrespondiert mit dem Begriff der ↑Dritten Welt, für deren politisches Selbstverständnis die ↑Bandungkonferenz prägend war. Als Bestimmungsnorm der E. gilt v.a. das hohe Pro-Kopf-Einkommen (Bruttosozialprodukt [BSP] je Einwohner) der Industrieländer. Weitere Entwicklungsindikatoren neben dem BSP je Einwohner sind z.B. die Lebenserwartung bei der Geburt, das Bevölkerungswachstum und die Analphabetenquote. Deren unterschiedliche Gewichtung durch verschiedene Institutionen (UN, Weltbank, das Development Assistance Commitee der OECD) hat dazu geführt, dass es weder eine einheitliche Definition für E. noch eine international verbindliche Länderliste gibt. Vielfach werden darunter alle Länder Afrikas (ohne die Republik Südafrika), Amerikas (ohne die USA und Kanada), Asiens und Ozeaniens (ohne Japan, Australien und Neuseeland) sowie einige europäische Länder gezählt. E., deren Entwicklungsstand so weit fortgeschritten ist, dass sie ver-

mutlich die typischen Merkmale eines E. überwinden können (u.a. Brasilien, Mexiko, Malaysia, Singapur), werden **Schwellenländer** genannt.
Die Position der E. in der Weltwirtschaft ist durch die häufig aus der Kolonialzeit stammende Abhängigkeit von Rohstoffexporten gekennzeichnet. Ihre Exporte unterliegen tendenziellen Preisschwankungen und damit der Verschlechterung der Terms of trade (d.h. dem Quotienten aus dem Importpreis- und Exportpreisindex eines Landes) sowie der schwankenden Nachfrage der Industrieländer. Der hohe Schuldendienst (Zins- und Tilgungszahlungen) für Kredite v.a. von internationalen Organisationen belastet zudem besonders die Schwellenländer.

Enzyklopädisten [von griechisch über lateinisch encyclopaedia »Grundlehre aller Wissenschaften und Künste«]: im weiteren Sinn die nahezu 200 Mitarbeiter an der von DIDEROT und D'ALEMBERT 1751–80 herausgegebenen »Encyclopédie ou Dictionnaire raisonné des sciences, des arts et des métiers«, die das Wissen der damaligen Zeit zusammenfasste. Im engeren Sinn die französischen Philosophen, die die »Encyclopédie« zum Sprachrohr der Aufklärung machten. Neben den Herausgebern gelten ROUSSEAU, VOLTAIRE, MONTESQUIEU, QUESNAY, TURGOT und CONDORCET als bedeutende Vertreter.

Eparch [von griechisch éparchos »Befehlshaber«]: in der römischen Kaiserzeit Amtstitel für höhere Beamte oder Offiziere, oft bedeutungsgleich mit der lateinischen Bezeichnung »praefectus« gebraucht. Im Byzantinischen Reich Titel des Stadtpräfekten von Konstantinopel, der zuständig war für die öffentliche Sicherheit, das Wirtschaftsleben und das Gerichtswesen der Hauptstadt.

Epheben [von griechisch éphēbos »Jüngling«]: in Athen seit dem 4. Jh. v.Chr. Bezeichnung für die wehrpflichtigen jungen Männer im Alter zwischen 18 und 20 Jahren, die als Voraussetzung für die Erlangung des vollen Bürgerrechts eine zweijährige Ausbildungszeit zu durchlaufen hatten. Diese umfasste die Lebensführung der E., ihre körperliche Leistungsfähigkeit sowie ihre religiöse und politische Erziehung.

Ephoren [von griechisch éphoros »Aufseher«]: die fünf höchsten Beamten in Sparta, die jährlich von der Volksversammlung neu gewählt wurden. Ihre Aufgaben bestanden in der Beratung und Kontrolle der Könige, in der Ausübung der obersten Gerichtsbarkeit, in der Aufsicht über die Innenpolitik und die Behörden; ferner beriefen und leiteten sie die Volksversammlung und bestimmten in Zusammenarbeit mit der ↑Gerusia die Außenpolitik. Diese Befugnisse machten das **Ephorat** zur wichtigsten politischen Institution in Sparta, deren Anordnungen sich auch die Könige beugen mussten.

Episkopalismus [von lateinisch episkopalis »bischöflich«]: Bezeichnung für eine Bewegung, die die Kirchengewalt vom Papst stärker auf die Bischöfe verlagern will und die Vorrangstellung des auf einem allgemeinen Konzil versammelten Gesamtepiskopats (Gesamtheit der Bischöfe) gegenüber dem Papst betont. Eine Ausprägung fand der E. in Frankreich im ↑Gallikanismus, in Deutschland im ↑Febronianismus.

Episkopalsystem: in der evangelischen Kirche Anfang des 17. Jh. entwickelte Rechtslehre, die dem Landesherrn als oberstem Kirchenherrn (**summus episcopus**) die Kirchenhoheit in äußeren Dingen als Nachfolger des katholischen Bischofs in den evangelisch gewordenen Gebieten zusprach, während Lehre und Verkündigung der geistlichen Kirchenleitung unterstehen sollten. – Siehe auch ↑landesherrliches Kirchenregiment.

Episkopat: Bezeichnung für das Amt des ↑Bischofs wie auch für die Gesamtheit der Bischöfe oder einer Gruppe von ihnen (z.B. das E. eines Landes).

Epistolae obscurorum virorum: ↑Dunkelmännerbriefe.

Equites [lateinisch »Reiter«, »Ritter«]:

ursprünglich die römischen Reiter (im Unterschied zum Fußvolk), die zunächst ihre Pferde auf Staatskosten erhielten. Seit dem 3. Jh. v.Chr. wurden die E. durch reiche Bürger ergänzt, die Pferd und Ausrüstung selbst stellten. Diese vermögende Schicht erweiterte sich im 2./1. Jh. und wurde neben dem Senatorenstand der zweite Stand (**ordo equester**) im Staat, der alle größeren Handels- und Kapitalgeschäfte (die den Senatoren nicht gestattet waren) in seiner Hand vereinigte. Seit AUGUSTUS in verstärktem Maße zu Verwaltungsaufgaben herangezogen, wurden die E. allmählich zu den Hauptvertretern der kaiserlichen Bürokratie.

Erb|einung: Seit dem 13. Jh. schlossen in Deutschland Familien des Hochadels häufig untereinander Erbschaftsverträge, in denen sie sich wechselseitig für den Fall des Aussterbens eines Hauses die Nachfolge zusicherten (**Erbverbrüderung**). Meist waren mit diesen Verträgen auch die Erben verpflichtende Schutz- und Trutzbündnisse verknüpft, die ebenfalls als E. bezeichnet wurden. - Die E. als Form der Erbengemeinschaft unter den Mitgliedern eines Hauses sah die gemeinsame Verfügung der Erben über das ungeteilte Erbe vor (↑Ganerbe).

Erbfolge: im Staatsrecht die ↑Thronfolge, die auf dem ↑Geblütsrecht beruht. In den heutigen Monarchien wird die staatsrechtliche E. durch Verfassungsgesetze geregelt, während im älteren Recht dem Prinzip der Erbteilung unter allen Söhnen das einer v.a. durch ↑Hausgesetze geregelten E. gegenüberstand.

Erbfolgekriege (Sukzessionskriege): kriegerische Auseinandersetzungen in der Zeit des Ancien Régime (1648 bis 1789) aufgrund von Thronfolgestreitigkeiten nach dem Aussterben eines regierenden Hauses im Mannesstamm, z.B. der ↑Pfälzische Erbfolgekrieg, der ↑Spanische Erbfolgekrieg, der ↑Österreichische Erbfolgekrieg.

Erbkaiserliche Partei: der Zusammenschluss derjenigen Abgeordneten der ↑Frankfurter Nationalversammlung, die am 27. März 1849 mit 267 gegen 263 Stimmen das erbliche Kaisertum in der Verfassung durchsetzten und am 28. März König FRIEDRICH WILHELM IV. von Preußen mit 290 Stimmen bei 248 Enthaltungen zum erblichen Kaiser wählten. Die E. P. war weitgehend identisch mit der kleindeutschen Partei (↑kleindeutsch).

Erbleihe (Erbpacht, Erbzinsrecht): ein erblich gegen Zins an einen Hörigen oder Freien (als **freie Erbleihe**) verliehenes Grundstück, für dessen Nutzung neben den jährlichen Abgaben von dem Beliehenen bei Unfreien stets, bei Freien häufig auch ↑Fronen zu leisten und bei Besitzänderung (sei es zu Lebzeiten des Beliehenen oder bei dessen Tod) eine Gebühr (Laudemium) zu entrichten war. Als günstigster Form der Leihe im Mittelalter und in der frühen Neuzeit kam der E. besondere Bedeutung in der ↑deutschen Ostsiedlung zu.

Erbuntertänigkeit (Gutshörigkeit, Schollenpflichtigkeit): in den Gebieten der ↑deutschen Ostsiedlung im 16. Jh. entstandenes, nach dem Dreißigjährigen Krieg voll ausgebildetes Verhältnis der Bauern zu ihren Grundherren (↑Gutsherrschaft): Die Bauern hatten Besitzrecht zu ungünstigen Bedingungen (steigerungsfähige Abgaben und ↑Fronen), waren in ihrer Freizügigkeit beschränkt, benötigten für Heiraten die Zustimmung des Gutsherrn, und ihre Kinder unterlagen dem Gesindezwang; nach dem Tod eines Bauern durfte die Stelle nicht geteilt, aber auch nicht eingezogen werden (Verbot des ↑Bauernlegens), statt dessen wählte der Gutsherr aus dem Kreis der Erben einen Nachfolger aus. Die Bauern waren somit »Privatuntertanen« des Gutsherrn, was in Einzelfällen so weit ging, dass die Bauern verkauft werden konnten, doch war andererseits der Gutsherr bei Alter und Krankheit der Bauern zur Fürsorge verpflichtet. Die E. wurde erst mit der ↑Bauernbefreiung (in Preußen 1807) aufgehoben.

Erfüllungspolitik: ein außenpolitisches Konzept in der Weimarer Republik, das durch möglichst genaue Erfüllung der Bedingungen des Versailler Vertrags v.a. im Hinblick auf die Reparationszahlungen und Rüstungsbeschränkungen die Unerfüllbarkeit dieser Forderungen demonstrieren wollte, um so eine schrittweise Revision des Versailler Vertrags zu erreichen. Erfolge der E. waren die Neuregelungen des Reparationsproblems durch den ↑Dawesplan 1924 und den ↑Youngplan 1929 sowie der ↑Locarnopakt 1925. Dennoch wurde der Begriff E. im Sinne von »Verzichtspolitik« zum demagogischen Schlagwort der Gegner der Weimarer Republik.

Erfurter Fürstentag: politische Zusammenkunft NAPOLEONS I. mit Zar ALEXANDER I. von Russland und den Fürsten des ↑Rheinbundes in Erfurt (27. September bis 14. Oktober 1808). Durch das hier am 12. Oktober mit Russland geschlossene Bündnis verschaffte sich NAPOLEON Rückendeckung für sein Vorgehen gegen das aufständische Spanien. Zugleich sagte der Zar für den Fall eines österreichischen Angriffs seine Unterstützung zu, wofür er selbst die Zustimmung NAPOLEONS zur russischen Annexion Finnlands und der Donaufürstentümer Moldau und Walachei erhielt. Neben 34 Fürsten waren auch bedeutende Vertreter des deutschen Geisteslebens anwesend (z.B. GOETHE), die den Rahmen abgaben für eine glanzvolle Veranstaltung zur Demonstration der Machtstellung NAPOLEONS.

Erfurter Programm: das 1891 auf dem Erfurter Parteitag beschlossene Grundsatzprogramm der SPD (↑Sozialdemokratie); von K. KAUTSKY im theoretischen Teil, von E. BERNSTEIN im praktischen Teil verfasst; ersetzte das ↑Gothaer Programm von 1875.

Das E. P. ging davon aus, dass die Arbeiterklasse nicht in den Besitz der Produktionsmittel gelangen könne, ohne zuvor in den Besitz politischer Macht gekommen zu sein. Die konkrete Erwartung, die Grundlagen der Gesellschaft durch Wahlrecht und Stimmzettel zu verändern, stand im Widerspruch zur Unsicherheit der Aussage über Gesellschaft und Staat der Zukunft.

Erfurter Unionsparlament: Vom 20. März bis zum 29. April 1850 tagte in Erfurt ein Zweikammerparlament der deutschen Staaten, das die deutsche Verfassungsfrage in kleindeutschem Sinn (↑kleindeutsch) unter preußischer Führung regeln sollte. Alle Staaten, die sich dem ↑Dreikönigsbündnis angeschlossen hatten, entsandten auf der Grundlage des ↑Dreiklassenwahlrechts Abgeordnete in die zweite Kammer, während die erste Kammer durch Vertreter der Regierungen und der Volksvertretungen (jeweils 50%) gebildet wurde.

Da die Demokraten die Wahlen boykottiert hatten, stellten die erbkaiserlich-kleindeutschen Liberalen (↑Erbkaiserliche Partei) die Mehrheit. Am 13. April 1850 nahm das E. U. die so genannte Unionsverfassung an, die bereits am 28. April 1849 von den Partnern des Dreikönigsbündnisses vereinbart worden war. Die Verwirklichung dieser Verfassung scheiterte jedoch am Widerstand Österreichs (↑Olmützer Punktation).

Ermächtigungsgesetz: Gesetz, das (in Notzeiten) die Regierung berechtigt, anstelle des Parlaments Gesetze zu erlassen. Das E. vom 23. März 1933 (»Gesetz zur Behebung der Not von Volk und Reich«), das der Reichstag (gegen die Stimmen der SPD) mit verfassungsändernder Zweidrittelmehrheit annahm, bildete die rechtliche Grundlage der Diktatur des Nationalsozialismus. – Abb. S. 142.

ERP: ↑Marshallplanhilfe.

Erster Deutscher Volksrat: ↑Deutscher Volkskongress.

Erster Mai (Maifeiertag): gesetzlicher Feiertag in vielen Ländern der Erde, von der Zweiten ↑Internationale 1889 als »Kampftag der Arbeit« begründet und seit 1890 mit Massenveranstaltungen begangen.

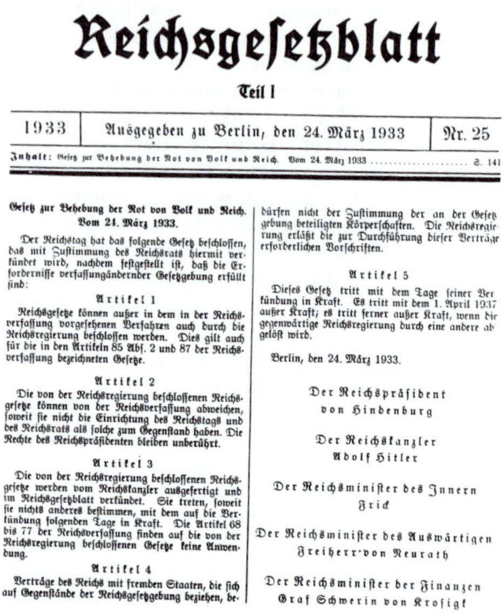

Reichsgesetzblatt

Teil I

1933	Ausgegeben zu Berlin, den 24. März 1933	Nr. 25

Inhalt: Gesetz zur Behebung der Not von Volk und Reich. Vom 24. März 1933 .... S. 141

Gesetz zur Behebung der Not von Volk und Reich. Vom 24. März 1933.

Der Reichstag hat das folgende Gesetz beschlossen, das mit Zustimmung des Reichsrats hiermit verkündet wird, nachdem festgestellt ist, daß die Erfordernisse verfassungändernder Gesetzgebung erfüllt sind:

Artikel 1

Reichsgesetze können außer in dem in der Reichsverfassung vorgesehenen Verfahren auch durch die Reichsregierung beschlossen werden. Dies gilt auch für die in den Artikeln 85 Abs. 2 und 87 der Reichsverfassung bezeichneten Gesetze.

Artikel 2

Die von der Reichsregierung beschlossenen Reichsgesetze können von der Reichsverfassung abweichen, soweit sie nicht die Einrichtung des Reichstags und des Reichsrats als solche zum Gegenstand haben. Die Rechte des Reichspräsidenten bleiben unberührt.

Artikel 3

Die von der Reichsregierung beschlossenen Reichsgesetze werden vom Reichskanzler ausgefertigt und im Reichsgesetzblatt verkündet. Sie treten, soweit sie nichts anderes bestimmen, mit dem auf die Verkündung folgenden Tage in Kraft. Die Artikel 68 bis 77 der Reichsverfassung finden auf die von der Reichsregierung beschlossenen Gesetze keine Anwendung.

Artikel 4

Verträge des Reichs mit fremden Staaten, die sich auf Gegenstände der Reichsgesetzgebung beziehen, bedürfen nicht der Zustimmung der an der Gesetzgebung beteiligten Körperschaften. Die Reichsregierung erläßt die zur Durchführung dieser Verträge erforderlichen Vorschriften.

Artikel 5

Dieses Gesetz tritt mit dem Tage seiner Verkündung in Kraft. Es tritt mit dem 1. April 1937 außer Kraft; es tritt ferner außer Kraft, wenn die gegenwärtige Reichsregierung durch eine andere abgelöst wird.

Berlin, den 24. März 1933.

Der Reichspräsident
von Hindenburg

Der Reichskanzler
Adolf Hitler

Der Reichsminister des Innern
Frick

Der Reichsminister des Auswärtigen
Freiherr von Neurath

Der Reichsminister der Finanzen
Graf Schwerin von Krosigk

Ermächtigungsgesetz: Gegen die Stimmen der Sozialdemokraten und bei Abwesenheit zahlreicher rechtswidrig verhafteter Reichtagsmitglieder wurde das Ermächtigungsgesetz vom 23. März 1933 verabschiedet.

Erster Weltkrieg: der erste unter Beteiligung der meisten Staaten der Erde ausgetragene Krieg (1914 bis 1918).

Hintergrund und Vorgeschichte: Bestimmende Elemente der Politik der europäischen Staaten vor 1914 waren ↑Imperialismus und ↑Nationalismus. Das imperialistische Streben der Großmächte führte zu Spannungen, die sich seit der Jahrhundertwende auch in Europa selbst auswirkten und verschärft wurden durch den Kampf der expandierenden Industrienationen um Rohstoffquellen und Absatzmärkte in Übersee sowie durch eher traditionelle Rivalitäten auf dem Kontinent selbst.

Der seit 1871 bestehende deutsch-französische Gegensatz um Elsass-Lothringen verhinderte eine Verständigung zwischen den beiden Staaten; aus innereuropäischen Machtrivalitäten entstand 1879 der ↑Zweibund zwischen Deutschland und Österreich-Ungarn, 1882 durch Italiens Beitritt zum ↑Dreibund erweitert. Der gleichsam als »Gegenkoalition« 1893/94 abgeschlossene französisch-russische ↑Zweiverband wurde durch ein System bilateraler Absprachen Großbritanniens mit Frankreich (Entente cordiale, 1904) und Russland (1907) zur ↑Tripelentente erweitert. Entscheidend für diese außenpolitische Wendung Großbritanniens war u.a. die deutsche Flottenpolitik (↑Flottengesetze, ↑Flottenrivalität), die dem deutschen Anspruch auf eine eigene »Weltpolitik« ab 1897/98 militärischen Nachdruck verleihen sollte; ein Anspruch, der das von Großbritannien geforderte ↑Gleichgewicht der europäischen Mächte infrage stellte.

Kriegsausbruch: Zum auslösenden Faktor des Krieges wurde jedoch der Krisenherd auf dem Balkan (↑Balkanfrage, ↑Balkankriege), wo Russland im Zeichen des Panslawismus die gegen Österreich-Ungarn und die Türkei gerichteten nationalen Strömungen v.a. in Serbien sowie in Bosnien und Herzegowina unterstützte. Hier spitzte sich der Konflikt zu im Attentat von Sarajevo (28. Juni 1914), das über die so genannte Julikrise zum Ausbruch des Krieges führte.

Nach der Ermordung des österreichischen Thronfolgers FRANZ FERDINAND in Sarajevo lag die Initiative des Handelns zunächst bei Österreich, das Serbien für das Attentat verantwortlich machte. Zu einer militärischen Niederwerfung Serbiens bedurfte Österreich jedoch der deutschen Rückendeckung. Berlin gab Wien die gewünschte Versicherung seiner unbedingten Bündnistreue (propagandistisch als »Nibelungentreue« bezeichnet) und damit gleichsam freie Hand. Am 23. Juli richtete die österreichische Regierung ein Ultimatum an Serbien, das seinerseits zwar auf die einzelnen Forderungen einging, jedoch Vorbehalte hinsichtlich seiner eigenen Souveränitätsrechte machte. Gleichzeitig mobilisierte Serbien, das von Russland Rückendeckung erhielt, seine Armee.

Die am serbischen Konflikt nicht unmittelbar beteiligten Großmächte (Großbritannien, Frankreich und auch Deutschland) wiegten sich zu diesem Zeitpunkt noch in der Hoffnung, eine Ausweitung des Konflikts auf ganz Europa vermeiden zu können. Der britische Außenminister Sir Edward Grey schlug noch am 27. Juli eine Botschafterkonferenz zwischen Großbritannien, Deutschland, Frankreich und Italien vor, die über den österreichisch-serbischen Streitfall entscheiden sollte. In Berlin lehnte man zwar den britischen Plan ab, drängte jedoch Österreich zu unmittelbaren Verhandlungen mit Russland. Österreich dagegen schnitt jeden Vermittlungsversuch ab, indem es am 28. Juli Serbien den Krieg erklärte. Der russischen Teilmobilisierung vom 29. Juli folgte am 1. August die deutsche Kriegserklärung an Russland.

Da Frankreich dem Deutschen Reich keine Neutralitätszusage für den Fall einer deutsch-russischen Auseinandersetzung gab, erklärte Deutschland am 3. August auch Frankreich den Krieg. Der Verletzung der belgischen Neutralität durch den deutschen Einmarsch am 3./4. August, um entsprechend dem ↑Schlieffenplan Frankreich vor einer möglichen Auswirkung seiner Mobilmachung von Norden her zu schlagen, folgte am 4. August der Kriegseintritt Großbritanniens.

Kriegsparteien und Kriegsverlauf: Da Italien als Mitglied des Dreibunds den Bündnisfall nicht erfüllt sah und zunächst neutral

Erster Weltkrieg

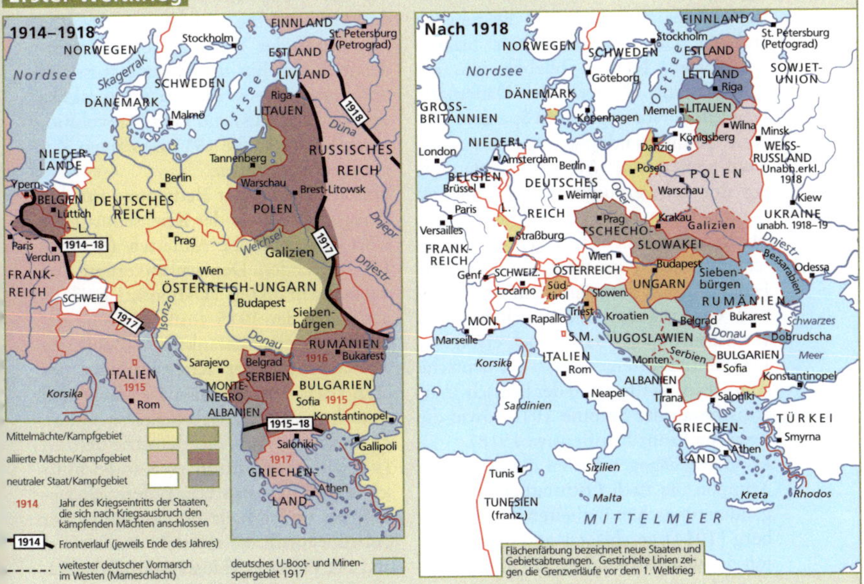

Flächenfärbung bezeichnet neue Staaten und Gebietsabtretungen. Gestrichelte Linien zeigen die Grenzverläufe vor dem 1. Weltkrieg.

E

blieb, standen sich gegenüber: die Mittelmächte, der ursprüngliche Zweibund, erweitert im November 1914 um das Osmanische Reich und im Oktober 1915 um Bulgarien, und zunächst die Tripelentente (Großbritannien, Frankreich und Russland), dazu Serbien, Belgien und Japan, denen sich als Alliierte 1915/16 Italien, 1916 Rumänien und Portugal sowie 1917 die USA, Griechenland, China, Brasilien und die meisten anderen lateinamerikanischen Staaten anschlossen. Neutral blieben u.a. die Schweiz, die Niederlande, Dänemark, Schweden, Norwegen und Spanien. Obwohl Kampfhandlungen auf fast allen Kontinenten und Meeren stattfanden, lag der Schwerpunkt der Kämpfe zu Land in Europa.

Nach anfänglichen Erfolgen der deutschen Offensive im Westen erstarrte die Front für fast vier Jahre im Stellungs- und Grabenkrieg, unterbrochen durch verlustreiche, bis 1918 jedoch erfolglose Durchbruchsoffensiven (so der deutsche Angriff auf Verdun und der britisch-französische an der Somme 1916 sowie die deutsche Frühjahrsoffensive 1918).

Im Osten dagegen hatten die deutschen Truppen die nach Ostpreußen vordringenden russischen Einheiten bei Tannenberg (1914) geschlagen und unterstützten die von Russland hart bedrängte österreichisch-ungarische Armee in Osteuropa; die teils erfolgreichen Durchbruchsoffensiven blieben jedoch ohne kriegsentscheidende Wirkung. An der Südfront konnte sich das österreichische Heer in den Schlachten am Isonzo behaupten und 1917 mit deutscher Unterstützung die italienischen Truppen bis zur Piave zurückwerfen.

Erster Weltkrieg: Im Ersten Weltkrieg wurde erstmals Gas als Mittel der Kriegführung eingesetzt; im Bild durch Gaseinsatz erblindete britische Soldaten.

Als folgenreich erwies sich die Teilnahme des Osmanischen Reichs aufseiten der Mittelmächte, denn es sperrte den Nachschub der Westmächte für das industriell ohnehin unterlegene Russland und verschärfte so die Versorgungskrise im isolierten Russland bis zur revolutionären Situation, die 1917 zu seinem Zusammenbruch führte.

Von entscheidender Bedeutung für den Kriegsausgang war der Kriegseintritt der USA aufseiten der Alliierten (6. April 1917), nachdem Deutschland erneut den uneingeschränkten ↑U-Bootkrieg eröffnet hatte (der 1915 vorübergehend geführte uneingeschränkte U-Bootkrieg war aufgrund der Kriegsdrohung der USA nach dem ↑Lusitania-Zwischenfall zunächst wieder abgebrochen worden).

Zwar konnte sich die deutsche Armee 1917 an der Westfront gegen die britischen und französischen Offensiven behaupten und erhielt Entlastung an der Ostfront durch die russische Revolution und die Friedensschlüsse von ↑Brest-Litowsk, doch standen die Mittelmächte bereits am Rande der physischen und moralischen Erschöpfung.

Die *Kriegswende* trat im Frühsommer 1918 ein, als die mit amerikanischer Unterstützung geführte britisch-französische Gegenoffensive die deutschen Truppen zum Rückzug bis an die Reichsgrenzen zwang. Nachdem am 29. September Bulgarien, am 30. Oktober das Osmanische Reich und am 3. November das sich auflösende Österreich-Ungarn kapituliert hatten, unterzeichnete am 11. November 1918 auch das Deutsche Reich den Waffenstillstand von ↑Compiègne.

Innenpolitische Wechselwirkungen in Deutschland: Die bereits vor Kriegsbeginn bestehenden inneren Spannungen waren zunächst durch den ↑Burgfrieden überspielt worden, doch schlugen sie mit der Dauer des Kriegs und mit dem Schwinden der Erfolgsaussichten zunächst v. a. in der SPD durch (Abspaltung der Unabhängigen Sozialdemokratischen Partei Deutschlands [USPD], 1917). Entsprechend sammelten sich die rechten Kräfte, denen die Kriegführung der Reichsleitung nicht energisch genug war, in der Deutschen Vaterlands-Partei (gegründet 1917). Die Polarisierung zwischen links und rechts führte zum Sturz des Reichskanzlers TH. VON BETHMANN HOLLWEG und ermöglichte die verschleierte Militärdiktatur LUDENDORFFS als faktischem Leiter der Obersten Heeresleitung (OHL).

Waren die Gegensätze zunächst in der Debatte um die deutschen Kriegsziele aufgebrochen, so traten zunehmend die sozialen Gegensätze in den Vordergrund. Die militärische Niederlage setzte die angestauten inneren Spannungen revolutionär frei und mündete in die ↑Novemberrevolution.

Die Frage der Kriegsschuld, die im ↑Versailler Vertrag Deutschland allein zugesprochen wurde, löste eine intensive und lange nachwirkende Kriegsschuldforschung aus. Während man bis in die 1960er-Jahre hinein der Ansicht D. LLOYD GEORGES folgte, dass die europäischen Großmächte in den Krieg »hineingeschlittert« seien, so betont die historische Forschung (v. a. FRITZ FISCHER) seit den 1960er-Jahren den deutschen »Griff nach der Weltmacht« als zwangsläufige Folge der nach Weltgeltung drängenden deutschen Politik nach 1871 (↑Kriegsschuldfrage).

Erzämter: im Heiligen Römischen Reich oberste Reichswürden und v. a. die bei der Königskrönung ausgeübten Ehrenämter, die aus den vier germanisch-fränkischen Hausämtern entstanden waren: ↑Truchsess, ↑Marschall, ↑Schenk und ↑Kämmerer. Seit der Krönung OTTOS I. (936) von höchsten Reichsfürsten ausgeübt, wurden sie mit der Zeit zu Vorrechten bestimmter Territorialfürsten und im 13. Jh. erbliche Reichslehen; **Erztruchsess:** Pfalzgraf bei Rhein, **Erzmarschall:** Herzog von Sachsen, **Erzkämmerer:** Markgraf von Brandenburg, **Erzschenk:** König von Böhmen, **Erzkanzler:** die drei rheinischen Erzbischöfe (Mainz, Köln und Trier). Der Sachsenspiegel brachte die E. erstmals mit der Kurwürde in Verbindung (↑Kurfürsten).

Erzherzog: der seit 1453 reichsrechtlich anerkannte Titel der Herzöge von Österreich, der sie im Rang den auch Erzfürsten genannten ↑Kurfürsten gleichstellte.

Erzkanzler: hoher Kirchenfürst, der ab 965 als ständiger Leiter der Kanzlei für das Reich fungierte. In der Regel wurde er von einem Kanzleibeamten vertreten. Im Reich hatte seit 1044 der Erzbischof von Mainz das Amt des E. inne; er spielte eine besondere Rolle bei der ↑Königswahl und Krönung und war später Vorsitzender des ↑Kurfürstenkollegiums und des ↑Reichstags. Als E. für Italien fungierte seit 1031 der Erzbischof von Köln, für Burgund seit dem 13. Jh. der Erzbischof von Trier.

ETA, Abk. für baskisch **E**uskadi **T**a **A**zkatasuna (»Das Baskenland und seine Freiheit«): baskische Untergrundorganisation, gegründet 1959, kämpft für die Unabhängigkeit der baskischen Minderheit (rund 900 000 Personen) in Spanien. Ihre terroristischen Aktivitäten richten sich v.a. gegen Repräsentanten des Staates. Ihr politischer Arm im baskischen Regionalparlament und in der spanischen Cortes, »Herri Batasuna«, wurde 2002 verboten.

États généraux: ↑Generalstände.

États provinciaux: ↑Provinzialstände.

ethnische Säuberung: im ↑Bosnischen Krieg geprägte, verharmlosende Bezeichnung für die systematische und gewaltsame Vertreibung von Volksgruppen aus ihren Wohngebieten.

ethnisch-separatistischer Terrorismus: ↑Terrorismus.

Etrusker: ein vermutlich im 8. Jh. v. Chr. aus Kleinasien nach Italien eingewandertes Volk, das ältere italische Kulturen überlagerte. Die E. siedelten in der heutigen Toskana; ihr Gebiet zerfiel in zwölf Städte, die von Königen, später vom Stadtadel regiert wurden. Zeitweilig dehnten sie ihre Herrschaft über die Poebene und Mittelitalien aus, auch Rom stand bis etwa 450 v. Chr. unter etruskischen Herrschern. Kelten im Norden, Griechen und Samniten im Süden drängten ihren Einfluss zurück, und schließlich bezwang Rom die einzelnen Städte in langen Kämpfen vom 5. bis 3. Jh. v. Chr. und machte sie, bis auf Veji, das 396 erobert und dem römischen Staatsgebiet eingegliedert wurde, zu römischen Bundesgenossen. Die etruskische Religion wirkte stark auf die Römer, die von den E. die Vogel- und Opferschau (↑Auguren, ↑Haruspex) und die ↑Faszes als Herrschaftssymbol übernahmen.

Eurokorps: ↑Westeuropäische Union.

Europagedanke: siehe S. 148.

Europäische Freihandelsassoziation, englisch European Free Trade Association (Abk. EFTA): 1960 als Antwort auf die Gründung der EWG (↑Römische Verträge) gegründet. Gründungsmitglieder waren: Dänemark, Großbritannien, Norwegen, Österreich, Portugal, Schweden und die Schweiz. Nachdem sich zwischen 1973 und 1995 die meisten Mitglieder der Europäischen Gemeinschaft bzw. der Europäischen Union angeschlossen hatten, verblieben nur wenige Staaten in der EFTA: Island (seit 1970), Liechtenstein (seit 1991), Norwegen und die Schweiz. Sitz der Assoziation ist Genf.

Europäische Gemeinschaften, Abk. EG: gemeinsame Bezeichnung für die 1952 gegründete Europäische Gemeinschaft für Kohle und Stahl (EGKS, ↑Montanunion) sowie die mit den ↑Römischen Verträgen (1957) entstandene Europäische Wirtschaftsgemeinschaft (EWG) und die Europäische Atomgemeinschaft (EURATOM). Seit 1967 erhielten die Gemeinschaften gemeinsame Organe, blieben aber nach wie vor nebeneinander, mit eigener Rechtspersönlichkeit und Zuständigkeit bestehen. Gründungsmitglieder sind: Belgien, die Bundesrepublik Deutschland (seit 1990 einschließlich des Gebietes der früheren DDR), Frankreich, Italien, Luxemburg und die Niederlande. 1972 traten Dänemark, Großbritannien und Irland, 1981 Griechenland, 1986 Spanien und Portugal sowie 1995 Finnland, Österreich und Schweden der EG bei. Mit dem Vertrag von Maastricht (1993) wurden diese Gemeinschaften und ihre Organe zur »ersten Säule« der ↑Europäischen Union. – Siehe auch ↑Europagedanke.

Europäischer Wirtschaftsraum, Abk. EWR: zwischen den Mitgliedern der Europäischen Gemeinschaften (EG; ↑Europäische Union) sowie der Europäischen Freihandelsassoziation (EFTA) 1991 vereinbarte Ausweitung der für den EG-Binnenmarkt geltenden Regeln über den freien Waren-, Dienstleistungs-, Kapital- und Personenverkehr sowie des EG-Wettbewerbsrechts auf die EFTA-Staaten (ohne die Schweiz und Liechtenstein).

europäisches Gleichgewicht: ↑Gleichgewicht der europäischen Mächte.

Europäische Sicherheitskonferenz: ↑KSZE.

Europäische Union, Abk. EU: Mit dem Vertrag von Maastricht (am 1. November 1993 in Kraft getreten), gründeten die Mitglieder der ↑Europäischen Gemeinschaften (EG) die EU als eine »neue Stufe bei der Verwirklichung einer immer engeren Union der Völker Europas«. Die EU wird getragen von drei Säulen: von der EG und ihren Organen (1. Säule), von der »gemeinsamen Außen- und Sicherheitspolitik« (2. Säule) und von der Zusammenarbeit in den Bereichen Justiz und Inneres (3. Säule). Die in ihrer Kompetenz oft erweiterten Organe der EG bzw. der EU sind: Europäisches Parlament, Ministerrat, Europäischer Rat (bestehend aus den Staats- oder Regierungschefs sowie der Europäischen Kommission als Exekutivorgan), Europäischer Gerichtshof und Europäischer Rechnungshof. Auf der Konferenz von Nizza (7./8. Dezember 2000) wurden institutionelle Voraussetzungen (z.B. Neugewichtung der Stimmen im Ministerrat) für die Erweiterung der EU nach Osten geschaffen. Mit unterschiedlicher Geschwindigkeit, je nach dem Stand der von der EU geförderten Wirtschaftsentwicklung, verhandelt die EU mit bis zu zehn Staaten um ▸ *Fortsetzung auf S. 150*

Als Europagedanke wird eine Vielzahl politischer Leitbilder und Ordnungsvorstellungen bezeichnet, die die nationalstaatliche Zersplitterung Europas als Quelle kriegerischer Konflikte überwinden und damit einen Weg zu einer Neuordnung aufzeigen wollen. Weder die Antike noch das Mittelalter kannten einen Europagedanken. Die Herausbildung des europäischen Staatensystems in der Neuzeit und der Zerfall der christlichen Einheit in den Religionskriegen hatten eine Säkularisierung (»Verweltlichung«) des politischen Denkens zur Folge. Der Begriff »Europa« verdrängte den des ↑Abendlandes.

Es entwickelten sich zwei Stränge europäischen Denkens: machtpolitisch die Idee des Gleichgewichts der europäischen Mächte, philosophisch-ethisch die Errichtung einer Rechts- und Friedensgemeinschaft in Europa. Gegen Ende des 19. Jh. unterwarfen Nationalismus und Imperialismus den Europagedanken dem Kalkül nationalstaatlicher Macht.

Oben die Flagge der 1948 gegründeten Europäischen Bewegung. Unten die offizielle Flagge des Europarates und der Europäischen Union.

Eine Idee gewinnt Konturen

Die politische und humanitäre Katastrophe des Ersten Weltkriegs stellte mit großer Dringlichkeit die Frage nach einem dauerhaften Rahmen für den Frieden in Europa. 1924 schlug der Österreicher R. N. Graf Coudenhove-Kalergi, Gründer der Paneuropa-Union (1923), den Zusammenschluss aller demokratischen Staaten Kontinentaleuropas vor, der neben den USA, dem britischen Weltreich und Russland als gleichberechtigte Weltmacht hervortreten sollte. In einer Rede vor dem Völkerbund (1929) und einer Denkschrift (1930) stellte der französische Außenminister A. Briand einen Plan zur engeren Verbindung der europäischen Staaten vor, scheiterte aber an innerfranzösischen und deutschen Widerständen. Das nationalsozialistische Deutschland verletzte den Gedanken eines friedlichen Miteinander in Europa auf das Tiefste.

Europapläne im Widerstand

Angesichts der Entfesselung des Zweiten Weltkriegs durch Deutschland forderte der frühere französische Ministerpräsident L. Blum im Oktober 1939 die Bildung eines föderalen und abgerüsteten Europa. Im Frühjahr 1944 trafen sich in Paris Widerstandsgruppen zu Beratungen über die Zukunft Europas nach der Niederlage Deutschlands. Sie stellten fest, dass der Verzicht auf das Dogma absoluter Staatssouveränität Voraussetzung einer zukünftigen Friedensordnung in Europa sei. Unter Einschluss eines demokratisierten Deutschlands solle Europa bundesstaatlich organisiert werden.

Vom Europagedanken zur Europapolitik

Im September 1946 forderten europäisch-föderalistische Gruppen in Hertenstein (Schweiz) die Errichtung eines europäischen Bundesstaates unter Einschluss der ost- und südosteuropäischen Staaten (»Hertensteiner Programm«). In einer Rede in Zürich schlug der damalige britische Oppositionsführer W. Churchill zur selben Zeit die Gründung eines Europarates vor, an dem sich aber angesichts des sich bildenden sowjetischen Satellitengürtels nur die »freien« Länder des westlichen Europa beteiligen sollten. Mit der Gründung der OEEC (Abk. für Organization of European Economic Cooperation, dt. »Organisation für europäische wirtschaftliche Zusammenarbeit«) wurde die Durchführung der ↑Marshallplanhilfe sichergestellt und die wirtschaftliche Zusammenarbeit Westeuropas vorangetrieben. In Ergänzung dazu konstituierte sich am 5. Mai 1949 der ↑Europarat. In der Folge des ↑Ost-West-Konflikts blieben die Staaten östlich des »Eisernen Vorhangs« vom Einigungsprozess ausgespart.

Vom Ruhrstatut zu den Europäischen Gemeinschaften

Im Gegensatz zu den USA und Großbritannien forderte Frankreich lange Zeit die Lösung des Ruhrgebietes als »deutsche Waffenschmiede« aus dem deutschen Staatsverband. Mit dem ↑Ruhrstatut (1949) sollte dem Aufbau einer neuen deutschen Rüstungsindustrie entgegengewirkt werden. 1950 schlug der französische Außenminister R. SCHUMAN, ein Verfechter des Europagedankens, vor, das Ruhrstatut durch einen gemeinsamen Markt für Kohle und Stahl (↑Montanunion) abzulösen. Mit den ↑Römischen Verträgen setzte sich dieser Prozess fort (↑Europäische Gemeinschaften, Abk. EG). Seit ihrer Gründung hatte die BRD unter Bundeskanzler K. ADENAUER die Politik der europäischen Integration vehement unterstützt (↑Westintegration). Nach dem Scheitern der supranational aufgebauten ↑Europäischen Verteidigungsgemeinschaft entstand im Rahmen der ↑Pariser Verträge auf nationaler Grundlage die ↑Westeuropäische Union.

Der Vorstellung eines europäischen Bundesstaates setzte der französische Staatspräsident C. DE GAULLE den Gedanken eines »Europas der Vaterländer« entgegen. Über eine immer engere Verflechtung der Volkswirtschaften der an Zahl gewachsenen Mitgliedsländer der EG soll – so der Europagedanke heute – die politische Vereinigung vorangetrieben werden. Nach dem Zusammenbruch der Ostblockstaaten (1990/91) erfuhr der Europagedanke mit der Frage der Osterweiterung eine neue Perspektive. Selbst Russland als Nachfolgestaat der UdSSR tritt wieder verstärkt als europäische Macht hervor. ■

Die Sendungen des ursprünglich deutsch-französischen Gemeinschaftssenders »Arte«, der auch mit anderen europäischen Fernsehanstalten Partnerschaften eingegangen ist, ist am Ziel der Völkerverständigung ausgerichtet. Die Nachrichtensendungen beginnen täglich um 19:45 Uhr.

Winston Churchill bei seiner Rede in der Aula der Universität Zürich im September 1946, in der er die Gründung der Vereinigten Staaten von Europa vorschlug.

Ein Besuch des Europäischen Parlaments in Straßburg vermittelt Einblicke in den gegenwärtigen Stand der europäischen Integration.
Zu dem viel diskutierten Thema der europäischen Identität gibt es unter *www.eduvinet.de/eduvinet/geschd.htm* viel Information.

LOTH, WILFRIED: *Der Weg nach Europa. Geschichte der europäischen Integration 1939–1957.* Göttingen (V & R) [3]1996. ■ THIEDE, CARSTEN PETER: *Europa. Werte, Wege, Perspektiven.* Berlin (Presse- und Informationsamt der Bundesregierung) 2000.

E

◂ *Fortsetzung von S. 147* die Aufnahme in ihre Gemeinschaft: Polen, Ungarn und die Tschechische Republik, Litauen, Lettland und Estland, Slowakei und Slowenien sowie Malta und Zypern.
Im Vertrag von Maastricht wurde der Aufbau der **Europäischen Wirtschafts- und Währungsunion** (EWWU) eingeleitet, der institutionell in der Errichtung der **Europäischen Zentralbank** (EZB; Sitz: Frankfurt am Main) mündete. Die EWWU baut auf dem **Europäischen Binnenmarkt** als einem Raum ohne Binnengrenzen auf, in dem der freie Verkehr von Personen, Dienstleistungen und Kapital gewährleistet ist. Zum 1. Januar 2002 löste der Euro in den Mitgliedstaaten der EU (mit Ausnahme Dänemarks, Großbritanniens und Schwedens) die nationalen Währungen als gesetzliches Zahlungsmittel ab.

Europäische Verteidigungsgemeinschaft, Abk. EVG: eine im Pariser Vertrag vom 27. Mai 1952 vorgesehene übernationale Verteidigungsgemeinschaft Belgiens, der Bundesrepublik Deutschland, Frankreichs, Italiens, Luxemburgs und der Niederlande. Die militärischen Grundeinheiten sollten bis zur Divisionsstärke national geschlossen, die höheren Einheiten übernational zusammengesetzt sein; Ausrüstung und Bewaffnung sollten vereinheitlicht werden. Die französische Nationalversammlung lehnte jedoch den Vertrag 1954 ab.

Europarat: eine Organisation europäischer Staaten mit Sitz in Straßburg, gegründet 1949 in London. Sie besteht (Stand: Oktober 2002) aus 44 Mitgliedstaaten. Der E. setzte sich zum Ziel, das gemeinsame europäische Erbe zu wahren, den wirtschaftlichen und sozialen Fortschritt zu fördern sowie Demokratie und Menschenrechte durchzusetzen. Militärische Zuständigkeiten hat der E. nicht.
Organe des E. sind: die Beratende Versammlung (von den nationalen Parlamenten entsprechend der Größe ihres Landes entsandte Abgeordnete), das Ministerkomitee, das Generalsekretariat und der Kongress der Gemeinden und Regionen Europas.
Der E. erlässt keine unmittelbar geltenden Rechtsakte, sondern Entschließungen und Empfehlungen (Konventionen), z.B. zum Schutz der Menschen- und Grundfreiheiten, zu den sozialen Grundrechten, zur Bekämpfung des Terrorismus, zum Datenschutz, gegen Folter, zum Schutz von Minderheiten oder zur Bioethik. Seit 1954 besteht die **Europäische Menschenrechtskommission,** seit 1959 der **Europäische Gerichtshof für Menschenrechte.**

EVG: Abk. für ↑Europäische Verteidigungsgemeinschaft.

Ewiger Landfriede: das Kernstück der Gesetzgebung des Wormser Reichstags 1495 zur ständischen ↑Reichsreform und zum ↑Grundgesetz des Heiligen Römischen Reichs. Der E. L., der im Gegensatz zu früheren ↑Landfrieden dauernde Gültigkeit haben sollte, verbot grundsätzlich die ↑Fehde und drohte dem Friedensbrecher mit Reichsacht (↑Acht). Die Wahrung des E. L. wurde nicht dem König überlassen, sondern die Strafgewalt über Reichsunmittelbare, die in ihren eigenen Gerichten bei Bruch des E. L. seitens ihrer Untertanen urteilten, wurde dem neu geschaffenen ↑Reichskammergericht als oberster Reichsinstanz übertragen.

Exarch [von griechisch éxarchos »Vorsteher«]: in frühbyzantinischer Zeit Titel der Statthalter der Besitzungen des ↑Byzantinischen Reiches in Afrika und Italien (**Exarchate**). Historisch besonders bedeutsam war der E. von Ravenna, dem der Papst bis ins 8. Jh. verwaltungsrechtlich unterstellt blieb.

Exemtion [von lateinisch eximere »herausnehmen«]:
- Befreiung von der ordentlichen Gerichtsbarkeit und Zuerkennung eines besonderen Gerichtsstandes. – Siehe auch ↑Immunität.
- im Kirchenrecht die Herausnahme ei-

ner kirchlichen Institution aus der gewöhnlichen Kirchenorganisation und ihre Unterstellung unter den nächsthöheren Amtsträger.

Exterritorialität: völkerrechtliches Prinzip, nach dem auf bestimmte Personen, Sachen oder Gebiete die innerstaatliche Rechtsordnung nicht angewendet wird. V.a. diplomatische Vertreter unterstehen nicht der Gerichts- und Verwaltungshoheit des Gastlandes, das bei Verletzungen von Rechtsvorschriften nur die Abberufung ins Heimatland verlangen kann.

Extremismus: eine Haltung, die Unbedingtheit und Kompromisslosigkeit in der politischen und gesellschaftlichen Zielsetzung mit der Ausschaltung des Rechtsstaatsprinzips und der gesellschaftlichen Vielfalt (von Meinungen, Zielen, Organisationen), mit Intoleranz und Gewaltbereitschaft (z.B. Anwendung von Terror) verbindet; er steht im Gegensatz zu den Werten der Demokratie und zeigt sich, im Besitz der staatlichen Macht, als Diktatur. Der **Rechtsextremismus** äußert sich in einer rassistisch-elitären, nationalistisch-fremdenfeindlichen Gesinnung. Neben Fremdenhass ist – besonders in Deutschland – der Antisemitismus eine Form des Rechtsextremismus. Unter ideologischer Anknüpfung an den Nationalsozialismus bildeten sich nach dem Zweiten Weltkrieg in Deutschland rechtsextreme Gruppen (z.B. die Sozialistische Reichspartei, 1952 verboten. Gegen die Nationaldemokratische Partei Deutschlands laufen seit 2000 beim Bundesverfassungsgericht Verbotsanträge des Bundestages, der Bundesregierung und des Bundesrats. Der **Linksextremismus** zeigt sich v.a. in einer sozialrevolutionär und zugleich doktrinär verengten Gesellschaftsauffassung, die in unterschiedlicher Form am Marxismus und Marxismus-Leninismus anknüpft. Innerhalb demokratischer Gesellschaften ist die Einordnung radikaler Gruppen als extremistisch oft umstritten.

F

Fabian Society [englisch ˈfeɪbjən səˈsaɪətɪ]: 1883/84 gegründete Vereinigung britischer Intellektueller, die sich selbst zwar als Sozialisten verstanden, jedoch den marxistischen Klassenkampfgedanken ablehnten und soziale Verbesserungen auf verfassungsrechtlichem Weg zu erreichen suchten. Der Name F. S. wurde nach dem römischen Staatsmann und Feldherrn Quintus Fabius Maximus Verrucosus, genannt Cunctator, gewählt, dessen erfolgreiche Taktik (genaue Überlegung, Abwarten des richtigen Moments, fälschlich als schwächliches Zaudern verstanden) den Mitgliedern der F. S. vorbildlich dafür erschien, wie ein Ziel zu erreichen sei. Bereits um die Jahrhundertwende unterstützte die F. S. die heutige Labour Party und wuchs so eng mit der britischen Arbeiterbewegung zusammen. Heute ist die F. S. innerhalb der Labour Party ein intellektueller Arbeitskreis, dem Vorstand und Fraktion überwiegend angehören, sodass der Einfluss der F. S. ihre zahlenmäßige Bedeutung bei weitem übersteigt.

Fahne: an einer Stange befestigtes, ein- oder mehrfarbiges Tuch, das oft auch mit Bildern oder heraldischen Figuren versehen ist. Die F. diente seit der Antike als Kampf- und Siegeszeichen sowie als Herrschaftssymbol und daraus abgeleitet auch als Hoheitszeichen (v.a. als Wahrzeichen der Gerichtsbarkeit). In erster Linie jedoch war die F. militärisches Feldzeichen, um das sich die Mannschaften in und nach dem Kampf sammelten. – Im nichtmilitärischen Bereich dient die F. als Zeichen der Zusammengehörigkeit (z.B. bei Zünften).

Fahneneid: Treue- und Gehorsamseid des Soldaten. Während die mittelalterlichen adligen Ritterheere aufgrund ihrer lehnsrechtlichen Treuepflicht »bei der Fahne blieben«, wurde es zu Beginn der Neuzeit bei den Söldnertruppen üblich, vom einzelnen Söldner einen entsprechenden Eid zu fordern. Im Kaiserreich (1871–1918) war der F. ein reiner Gehorsamseid auf den Kaiser als obersten Kriegsherrn, in der Weimarer Republik wurde der F. geteilt in einen Verfassungs- und einen militärischen Gehorsamseid. In der Zeit des Nationalsozialismus war er wiederum ein rein militärischer Gehorsamseid. In der Bundeswehr verpflichten sich die Soldaten, der Bundesrepublik Deutschland treu zu dienen und das Recht und die Freiheit des deutschen Volkes zu verteidigen.

Fahnenflucht (Desertion): eigenmächtige Entfernung von der Truppe, um sich dem Wehrdienst, besonders bei Kriegen, zu entziehen.

Fahnenjunker: im 17. Jh. Edelleute, die zum Offizier ausgebildet wurden und denen das Tragen der ↑Fahnen anvertraut wurde. Seit 1871 Dienstgradbezeichnung für Offiziersanwärter im Unteroffiziersrang.

Fahnlehen: seit dem Hochmittelalter Bezeichnung für ein weltliches, mit der herzoglichen Amtsgewalt verbundenes Lehen (weltliches Reichsfürstentum). Die Belehnung erfolgte durch den König mit einer Fahne als Sinnbild des Heerbanns (↑Bann) und der Gerichtsbarkeit. Ein F. war unteilbar und musste bei Erledigung binnen Jahr und Tag neu verliehen werden. – Siehe auch ↑Zepterlehen.

Fähnlein: Truppeneinheit im 16. und 17. Jh. mit durchschnittlich 300 Mann.

Falange [faˈlaŋxe; spanisch »Phalanx«] (eigentlich Falange Española Tradicionalista y de las J. O. N. S.): Dem Selbstverständnis nach keine Partei, sondern eine nationale Bewegung, entstand die F. 1934 durch Zusammenschluss der 1933 gegründeten **Falange Española** (»Spanische Phalanx«) mit den 1931 gegründeten **J. O. N. S.** (Abk. für Juntas de Ofensiva Nacional-Sindicalista »national-syndikalistische Angriffsgruppen«). Das Programm der F. war faschistischen und nationalsozialistischen Ideen wie spanischer Tradition gleichermaßen verpflichtet. Bis zum ↑Spanischen Bürgerkrieg politisch weitgehend bedeutungslos, wurde die F. von General FRANCO BAHAMONDE, unter dessen Führung sie seit 1936 stand, 1937 zwangsweise mit anderen, v.a. monarchistischen Parteien und Gruppierungen, vereinigt. Nach dem Zweiten Weltkrieg verlor sie an politischer Bedeutung. Im Zuge der Demokratisierung ab 1975 wurde sie aufgelöst.

Fami̱lia: im *antiken Rom* die der ↑Patria potestas unterstehende Lebensgemeinschaft, zu der außer dem Familienvater (↑Pater familias), der Frau und den Kindern auch alle zum Haus gehörenden Freien und Sklaven, das Vieh, der gesamte Besitz einer Person sowie das Vermögen verstorbener Ahnen gehörten.

Im *Mittelalter* Bezeichnung für einen Herrschaftsverband, z.B. die F. des Königs (der Hof), besonders aber die F. eines Klosters, die sämtliche abhängigen Mitglieder einer Abtei umfasste, die unter der Herrschaft des Abtes standen.

Faschismus: ursprünglich die von B. MUSSOLINI 1919 gegründete politische Bewegung der Fasci di combattimento und ihre Ideologie. Der Ausdruck »Fasci«, von lateinisch fasces »Rutenbündel«, dem altrömischen Symbol der Amtsgewalt, abgeleitet, diente in Italien zwischen den Weltkriegen zur Bezeichnung politischer Gruppenbildungen.

Ideologie: Die neue Bewegung war nationalistisch-militant mit imperialistischen Tendenzen (das Mittelmeer sollte als »mare nostro« unter italienischer Vorherrschaft stehen) sowie antiliberal und antimarxistisch zugleich. Sie entstand aus einer allgemeinen wirtschaftlichen und sozialen Krise der Nachkriegszeit, die von den Parteien des überkommenen parlamentarischen Systems nicht gemeistert wurde, und aus der Enttäuschung nationaler Kreise darüber, dass Italien im Ersten Weltkrieg nicht alle seine Ziele erreicht hatte. Im F. verbanden sich soziale Reformideen (Sozialisierung, Landreform) mit einer Heroisierung der Tat

Faschismus: Italienische Faschisten während des »Marschs auf Rom« in der Nacht vom 27. auf den 28. Oktober 1922; im Vordergrund (mit Krawatte) Benito Mussolini

und des Kampfes, des Rechts des Stärkeren und der Eliteherrschaft (↑Sozialdarwinismus). Die Bewegung fand Widerhall besonders in den von der Krise bedrohten kleinbürgerlichen Schichten und bei der Landbevölkerung. Unterstützt auch durch bürgerliche Kreise, Bürokratie und Kirche, gelangte sie 1922 an die Macht (»Marsch auf Rom«).

Die *Herrschaftsordnung* des F. beruhte 1. auf dem Einparteiensystem und auf dem strenge Unterordnung gebietenden Führerprinzip, 2. auf dem Gedanken des »totalitären Staates« (stato totalitario), der keine Grundrechtsgarantien und Gewaltenteilung kennt und das gesellschaftliche Leben bis hin zur Freizeitgestaltung durch Organisationen (total) zu reglementieren trachtet, und 3. auf der Umwandlung des Parlaments in eine berufsständische Vertretung von Arbeitgeber- und Arbeitnehmerorganisationen (Korporationensystem). Abgesichert wurde diese Herrschaftsordnung durch einen umfangreichen Propaganda- und Terrorapparat, durch die Aufstellung paramilitärischer Verbände sowie durch die Einrichtung einer Geheimpolizei und einer Sondergerichtsbarkeit.

Ausstrahlung: Die neue Herrschaftsordnung fand in der Zwischenkriegszeit viel Beachtung. Sie schien in einer krisenhaften Zeit mit starken gesellschaftlichen Auflösungserscheinungen die Rückkehr zu Stabilität, Ordnung und Autorität und ein neues Gefühl nationaler Gemeinsamkeit zu gewährleisten. Auch in anderen Staaten Europas kam es zu ähnlichen Bewegungen, die eine neue nationale Gemeinschaft gegen Konkurrenzkapitalismus und Egoismus einerseits und gegen Klassenkampf und proletarischen Internationalismus andererseits propagierten. Allen diesen Bewegungen gemeinsam war die Symbolisierung der neuen nationalen Einheit durch eine Partei und einen charismatischen Führer (italienisch: Duce, spanisch: Caudillo), der – bestätigt durch plebiszitäre Akklamationen in Massenveranstaltungen – autoritativ den Willen des Volks verkündete. Verbreitet war auch die Durchsetzung des eigenen politischen Willens mit Terror und Propaganda, die Bejahung des Kampfes und die Ausschaltung der politischen Opposition im Innern sowie nationalistisch-imperialistische Behauptungstendenzen nach außen. Selten allerdings sind diese Bewegungen aus eigener Kraft und auf längere Zeit an die Macht gelangt, außer in Italien v.a. in Deutschland (↑Nationalsozialismus).

Faschismustheorien versuchen den F. als ein allgemeines gesellschaftliches Phänomen zu erklären; die Problematik liegt aber in der geringen Generalisierbarkeit betont nationalistischer, den Traditionen unterschiedlicher Völker verhafteter Bewegungen des F. (so fehlt z.B. dem italienischen F. die den Nationalsozialismus beherrschende antisemitisch-rassistische, auf Ausrottung ganzer Bevölkerungsteile gerichtete Tendenz).

Dem Marxismus gilt der F. als letzter Versuch des Bürgertums, die kapitalistische Ordnung vor der sozialistischen Revolution zu retten. Von dieser Seite werden häufig antikommunistische Maßnahmen generell als »faschistisch« verdächtigt. Von Nichtmarxisten wird dagegen auf die Vergleichbarkeit der modernen Herrschaftstechnik von F. und Kommunismus verwiesen (Totalitarismustheorie, ↑Totalitarismus). Im Gegensatz dazu versuchen die so genannten Mittelstandstheorien die Entstehung des F. aus besonderen Krisensituationen in sich modernisierenden Gesellschaften und aus der Reaktion der in ihrer sozialen Position durch die Krise bedrohten Mittelschichten zu erklären.

Der Ausgang des Zweiten Weltkriegs hat die Entwicklung faschistischer Herrschaftssysteme abgebrochen, doch ist es auch danach noch zu Erscheinungsformen eines ↑Neofaschismus gekommen.

Faschodakrise: Für die Aufteilung Afrikas nach 1880 (bis dahin beschränkte sich der europäische Machtbereich hauptsächlich auf die Küsten) waren auf der Berliner Konferenz 1884/85 die »Spielregeln« festgelegt worden: Maßgeblich sollte das Okkupationsrecht sein, d.h. die ständige Besetzung eines Gebiets. Trotz dieser Abmachung kam es bei der Durchdringung Innerafrikas durch die konkurrierenden europäischen Mächte zu Konflikten wie der F., die entstand, als britische Kolonialtruppen den Oberlauf des Nils unter britische Herrschaft zu bringen versuchten und im September 1898 bei Faschoda (heute Kodok) auf französische Truppen stießen, die den Sudan bereits im Juli 1898 in Besitz genommen hatten. Großbritannien setzte sich über das anerkannte Okkupationsrecht hinweg und forderte die Räumung des Sudans. Angesichts der drohenden Gefahr eines britisch-französischen Kriegs ließ die französische Regierung im November 1898 das Niltal ohne Bedingungen räumen. Das Abkommen vom 21. März 1899 regelte die Besitzverhältnisse am oberen Nil zugunsten Großbritanniens und sicherte Frankreich das Tschadseebecken.

Fasti [lateinisch »Spruchtage«, »Tage des Rechtsprechens«]:

- die Werktage des römischen Kalenders (**Dies fasti**) im Unterschied zu den Feiertagen (**Dies nefasti**).
- römischer Amts- und Festkalender, der die Namenslisten der höchsten Jahresbeamten (**Fasti consulares, Fasti magistratuum**), der Priester (**Fasti sacerdotales**) und Verzeichnisse der römischen Siegesfeiern (**Fasti triumphales**) enthielt. Die Kommentierung der F. führte zur Entwicklung der Jahrbücher und damit zur Grundform der römischen Geschichtsschreibung (↑Annalen).

Faszes: von den Etruskern stammendes, in Rom von den ↑Liktoren getragenes Rutenbündel mit Beil, das die Amtsgewalt der römischen Magistrate und das damit verbundene Recht, zu züchtigen und die Todesstrafe zu verhängen, zum Ausdruck brachte. Seit der Französischen Revolution zusammen mit der Jakobinermütze als Sinnbild des Republikanismus wieder belebt, griff der Faschismus in Italien auf das antike Symbol der F. zurück, die 1926 offizielles Staatssymbol wurden.

Faustrecht: in der älteren Rechtssprache seit dem 15. Jh. Bezeichnung für eine Rechtsordnung, in der Ansprüche durch gewaltsame Maßnahmen des Einzelnen durchgesetzt werden; seit dem 18. Jh. ↑Fehde, in späterer Zeit mit Selbsthilfe gleichgesetzt.

Febronianismus: in Deutschland entstandene kirchenpolitische Richtung. 1763 veröffentlichte der Trierer Weihbischof J. N. VON HONTHEIM unter dem Pseudonym Febronius eine Schrift mit dem Titel »De statu ecclesiae et legitima potestate Romani Pontificis« (»Über die Verfassung der Kirche und die rechtmäßige Gewalt des römischen Bischofs«), in der er sich gegen die kirchliche Oberhoheit des Papstes wandte, zugunsten der Rechte und Freiheiten der Reichskirche. Dies stieß auf den Widerstand von Papst KLEMENS XII. und zahlreicher deutscher Bischöfe. Mit den Einwirkungen der Französischen Revolution fand auch der F. ein Ende.

Februarpatent: das Österreichische Staatsgrundgesetz vom 26. Februar 1861. Das F. löste das ↑Oktoberdiplom (1860) ab, das weder die staatsrechtlichen Vorstellungen v. a. Ungarns noch individualrechtliche Forderungen genügend berücksichtigt hatte. Das F. teilte die Legislative zwischen Krone und den zwei Kammern des Reichsrates (erste Kammer: Herrenhaus mit erblichen und ernannten Mitgliedern, zweite Kammer: Abgeordnetenhaus mit Vertretern der Landtage); gleichzeitig mit dem F. wurden Landesordnungen für die einzelnen Kronländer bestimmt. Da die Länderkompetenzen stark eingeschränkt waren, delegierte Ungarn keine Abgeordneten, sodass auch mit dem F. die verfassungsrechtliche Problematik der Donaumonarchie nicht gelöst werden konnte und erst durch den österreichisch-ungarischen ↑Ausgleich 1867 ein Ende fand.

Februarrevolution:

◆ die am 24. Februar 1848 in Paris ausgebrochene Revolution, die zum Sturz des ↑Bürgerkönigs und zur Errichtung der Zweiten Republik (1848–1852) in Frankreich führte. Die F. weitete sich in Europa zur ↑Revolution von 1848/49 aus.

◆ politische Umwälzung in Russland im März 1917 (nach der in Russland damals gültigen Zeitrechnung im Februar, daher F.). Die F. erzwang die Abdankung der Dynastie Romanow und machte Russland zur Republik. Ausgelöst wurde die F. durch den für Russland katastrophalen Verlauf des Ersten Weltkriegs: Militärische Niederlagen, Verfall der politischen Führung, Hungersnot, Streiks und die Kriegsmüdigkeit der Massen schufen eine innere Krisensituation, die sich im Februar 1917 durch einen Generalstreik in der Hauptstadt Petrograd (früher Sankt Petersburg, 1924–91 Leningrad, seit 1991 wieder Sankt Petersburg) zuspitzte und am 12. März (27. Februar) in eine offene Revolution umschlug. Noch am selben Tag solidarisierte sich die Petrograder Garnison mit den Streikenden, deren Anführer das provisorische Exekutivkomitee des Petrograder Arbeiter-und-Soldaten-Rats ins Leben riefen. Am 14. (1.) März folgte die Gründung von ↑Arbeiter- und Soldaten-Räten (Sowjets).

Ebenfalls am 14. März beauftragte die zuvor vom Zaren vertagte ↑Duma ein provisorisches Exekutivkomitee mit der Weiterführung der Geschäfte und forderte die Einsetzung einer aus ihren Reihen gebildeten und ihr verantwortlichen Regierung. Am 15. (2.) März dankte Zar NIKOLAUS II. für sich und seinen Sohn ab, einen Tag später verzichtete auch sein Bruder MICHAIL als letzter Anwärter auf den Thron. Das weitere Geschehen, in das die ↑Bolschewiki erst mit LENINS Rückkehr nach Petrograd am 16. (3.) April eingriffen, war geprägt durch das Nebeneinanderbestehen von provisorischer Regierung, die die bürgerliche Demokratie repräsentierte, und von den Räteorganen als Vertretung der revolu-

F

tionären Demokratie. Die daraus resultierende Dauerkrise führte schließlich zur ↑Oktoberrevolution.

Fehde: Seit dem 12. Jh. wurde die Fehde durch einen Fehdebrief angekündigt. Im Bild überbringt ein Bote der Stadt Bern einen Fehdebrief (Chronik des Diebold Schilling, 1485).

Fehde: Im Mittelalter gewaltsame Auseinandersetzung zwischen einzelnen Angehörigen des Reichsverbandes. Es gelang im Mittelalter nicht, das Recht auf Gewaltanwendung dem Königtum vorzubehalten. Selbsthilfe (im Frühmittelalter auch in Form der Blutrache) war zugelassen, u.a. weil die Durchsetzung von Gerichtsurteilen nicht gesichert war. Fehdeberechtigt war im Frühmittelalter jeder Freie, im Hoch- und Spätmittelalter jeder Waffenberechtigte, d.h. der Adel, aber auch Städte. Fehdeziel war die Schädigung des Gegners. Die Ansprüche an den Gegner wurden nicht aus der Beute befriedigt, sondern erst in dem die F. abschließenden Sühnevertrag. Fehdehandlungen richteten sich gegen den Besitz des Gegners, besonders gegen dessen abhängige Bauern und Dörfer. Gegen das Fehdewesen wandte sich die Kirche bereits Ende des 10.Jh. mit der Verkündung von ↑Gottesfrieden. Das Königtum nahm seit dem 12. Jh. die Friedensbewegung auf. Die jeweils nur befristet geltenden königlichen ↑Landfrieden verboten bisweilen jegliche Fehdeführung oder gestatteten sie nur ausnahmsweise, wenn eine gerichtliche Klärung verweigert wurde. Gefährdete Personengruppen (Bauern, reisende Kaufleute, Priester sowie Frauen) stellten die Landfrieden unter einen besonderen Schutz. Eröffnet wurde die F. durch einen **Fehdebrief,** eine seit dem 12. Jh. gebräuchliche Formalität, deren Einhaltung ein Gebot des ritterlichen Ehrenkodex war. F. waren bis zum Ausgang des Mittelalters verbreitet, ein endgültiges, aber auf Jahrhunderte noch nicht durchsetzbares Verbot der F. sprach der Reichslandfriede von 1495 (↑Ewiger Landfriede) aus.

Feindstaatenklausel: Vorbehalt in der Charta der UN (Art. 53 und 107), wonach die Siegermächte des Zweiten Weltkriegs bei ihren Maßnahmen gegenüber den ehemaligen Feindstaaten – v.a. Deutschland – teilweise von den Beschränkungen der Charta befreit sind. Mit der Aufnahme der Bundesrepublik Deutschland und der Deutschen Demokratischen Republik in die UN (1973) verlor die F. praktisch ihre Bedeutung. Mit dem Zwei-plus-vier-Vertrag (1990) und dem damit verbundenen Verzicht der vier Siegermächte des Zweiten Weltkriegs auf ihre besondere Verantwortlichkeit für Deutschland ist die F. gegenstandslos geworden.

Feldhauptmann: im Sinne von Anführer, Oberbefehlshaber v.a. in der ersten Hälfte des 16. Jh. Bezeichnung für den obersten Truppen- oder Heerführer, besonders bei den ↑Landsknechten.

Feldwebel (Feldweibel) [von althochdeutsch weibil »Gerichtsbote«]: in den Landsknechtsheeren wichtigste Person nach dem Hauptmann. Der F. leitete nach dessen Anweisungen das Zusammenleben der Soldaten und die militärische Ausbildung der Truppe. In spezieller Verwendung für disziplinarische Angelegenheiten wurde er als **Profoss,** als Vorgesetzter des Trosses als **Hurenweibel,** als juristischer Gehilfe als **Gemeinweibel** bezeichnet.

Felonie [von mittellateinisch fello »Verräter«]: im ↑Lehnswesen der vorsätzliche Bruch des Treueverhältnisses zwischen Lehnsherrn und Lehnsträger; als F. galt seitens des ↑Vasallen insbesondere ein Bündnis mit Gegnern des Lehnsherrn oder die Verweigerung von Gefolgschaftsdiensten (z.B. Verweigerung der Teilnahme an der ↑Heerfahrt), seitens des Lehnsherrn z.B. die Weigerung, das Lehen herauszugeben. F. zog für den Vasallen den Entzug des Lehens in einem lehnsrechtlichen Prozess nach sich.

Femgerichte: seit dem 13. Jh. nachweisbare Bezeichnung für westfälische Gerichte, die vom König den Blutbann (Ermächtigung zur Rechtsprechung über todeswürdige Verbrechen) empfingen, woraus sie eine Zuständigkeit für das ganze Reich folgerten. Die westfälischen F., die bereits in karolingischer Zeit bestanden, waren für ↑Freie zuständig, und nur Freie konnten Richter und Schöffen sein (daher die Bezeichnung **Freigericht** oder **Freistuhl** für das Gericht, **Freigraf** für den Vorsitzenden und **Freischöffen** für die Urteiler). Für das Verfahren galten gewisse Geheimhaltungsvorschriften (daher wurden die F. auch **heimliche Gerichte** genannt); das Urteil (Freispruch oder Tod) wurde sofort vollstreckt. Blieb der Beschuldigte dem Gericht fern, wurde er verfemt (geächtet) und jeder Freischöffe (»Wissende«) war verpflichtet, das Urteil zu vollstrecken. Die F. entfalteten ihre Hauptwirksamkeit im 14./15. Jh., scheiterten dann aber am Widerstand der Landesherren und Städte und schließlich auch am Widerstand des Reichs selbst, doch erst Ende des 18. Jh. wurden sie aufgelöst.

Ferrara-Florenz, Unionskonzil von: Reformkonzil von 1427 bis 1443. Im Gegensatz zum ↑Konstanzer Konzil und zum ↑Basler Konzil stand das U. v. F.-F. ganz im Zeichen des Papsttums: Im Rahmen der Auseinandersetzungen zwischen Papst EUGEN IV. und dem Basler Konzil kam es 1437 gegen den Willen der Mehrheit der Konzilsväter zur Verlegung des Konzils von Basel nach Ferrara (von dort 1439 nach Florenz) durch päpstliches Dekret. Die in Basel verbliebene Mehrheit erneuerte im Gegenzug den Grundsatz von der Oberhoheit des Konzils über den Papst (↑Konziliarismus), setzte EUGEN IV. ab und wählte einen Gegenpapst. EUGEN IV. konnte sich jedoch behaupten und eine in der Folgezeit jedoch wirkungslos gebliebene Union der römischen Kirche mit Griechen, Armeniern (1439) und Jakobiten (1442) herbeiführen. Nicht zuletzt dieser spektakuläre Erfolg verhalf dem Papsttum aus einer lang währenden Krise und verbürgte der Idee des päpstlichen Primats in der Kirche erneuten Erfolg.

Festlandsdegen: politisches Schlagwort, das seit dem 18. Jh. in Publizistik und Geschichtsschreibung auf europäische Kontinentalmächte angewandt wurde, die britische Interessen auf dem europäischen Festland verteidigten.

Festungshaft: seit dem 18. Jh. eine nicht entehrende Freiheitsstrafe (v. a. für Offiziere) bei politischen und militärischen Vergehen.

Fetialen [von lateinisch fetis »Satzung«, »Gesetz«]: ein aus 20 auf Lebenszeit bestellten Mitgliedern bestehendes römisches Priesterkollegium, das die Einhaltung der Formen im völkerrechtlichen Verkehr zu überwachen hatte. Ihre Hauptaufgabe war, im Auftrag des Senats Bündnisse zu schließen und Kriege zu erklären. Seit dem 3. Jh. v. Chr. verloren die F. allmählich an Bedeutung.

Feudalismus [von mittellateinisch feodum, feudum »Lehngut«]: ein wissen-

F

schaftlich in unterschiedlichen Bezügen gebrauchter, unscharf definierter Begriff, der als »féodalité« seit dem 17. Jh. in Frankreich auftauchte und den gesamten Komplex lehnsrechtlicher Normen sowie (v.a. in der heutigen Geschichtswissenschaft) die durch ↑Lehnswesen und ↑Grundherrschaft geprägte Produktionsweise bezeichnet und daraus folgend auch als Epochenbegriff, v.a. für das Mittelalter, verwendet wird.

Ursprung des F. war die seit dem 8. Jh. im Fränkischen Reich vorangetriebene Ausbildung einer gepanzerten Reiterei. Um die im Herrendienst stehenden Krieger wirtschaftlich in die Lage zu versetzen, die aufwendige Ausrüstung eines Panzerreiters zu unterhalten, wurden sie durch die Landleihe mit Grundbesitz ausgestattet. Stand in merowingischer Zeit noch die persönliche Bindung des Vasallen an den König im Vordergrund, in der sich der Gedanke der spätantiken Kommendatio (Ergebung in Schutz und Dienst eines Herrn) mit dem spezifischen Treuebegriff der germanischen ↑Gefolgschaft verband, wurde die Verbindung von Vasallität und Lehen unter den Karolingern zum Regelfall. Lehnsherr und Vasall standen in beschworenem Treueverhältnis. Für die Ausstattung mit dem Lehen und den damit verbundenen politischen, militärischen und gerichtshoheitlichen Vorrechten leistete der Vasall den meist militärischen Lehnsdienst (↑Heerfahrt). Unter den Karolingern wurde der F. insbesondere durch die Belehnung des Hochadels und der hohen Amtsträger aus Königsgut und Kirchenbesitz zur staatstragenden Kraft, bis sich im 9. Jh. bei nachlassender Königsmacht die Erblichkeit der Lehen durchsetzte, sodass diese dem Zugriff des Lehnsherrn zunehmend entzogen wurden.

Die weitere Ausformung des Lehnsrechts zugunsten des Vasallen, die Aushöhlung des Treuegebots und die Verbindung der Amtslehen mit dem Allodialbesitz (↑Allod) des Hochadels führten in Deutschland zur Ausbildung partikularer Herrschaften und letztlich zur Unabhängigkeit der ↑Reichsstände vom Kaiser, während in Frankreich die Lehnshoheit des Königs weitgehend erhalten blieb und der Stärkung zentraler Königsgewalt und der Fortbildung des Lehnssystems zum **Feudalstaat,** einer Vorstufe des Ständestaats, diente.

Feuillants [französisch fœ'jã]: nach dem Versammlungsort im Kloster der Feuillanten (reformierte Zisterzienser) in Paris benannter revolutionärer französischer Klub, der 1791 durch die Mehrheit der ↑Jakobiner gegründet wurde. Während die radikale, dem Druck der ↑Cordeliers folgende jakobinische Minderheit die Abschaffung der Monarchie und Fortsetzung der Revolution erzwingen wollte, wollten die F., Sammelpunkt des liberalen früheren Adels und des Großbürgertums, die Französische Revolution mit der Verfassung von 1791 beenden. Durch den Radikalismus der neu formierten Jakobiner überrollt, wurden die Führer der F. im November 1793 guillotiniert.

Filiation [von lateinisch filia »Tochter«]: Bezeichnung für das Verhältnis von Mutter- und Tochterkloster im Mittelalter; das Mutterkloster hatte weitgehende Hoheitsrechte im Tochterkloster.

Fiskal: Amtsträger, der vor Gerichten die Rechte des Kaisers oder eines Landesherren zu vertreten hatte. Das **Fiskalat** entstand im 13. Jh. unter Kaiser FRIEDRICH II. in Sizilien, in Deutschland ist es seit dem 15. Jh. nachzuweisen. Hier wirkte der F. vor dem ↑Reichskammergericht und vor dem ↑Reichshofrat als Ankläger gegen Übertreter von Reichsgesetzen. Das Fiskalat ist Vorläufer der heutigen Staatsanwaltschaft.

Fiskus [von lateinisch fiscus »Korb«, »Geldkorb«]: Im römischen ↑Prinzipat wurde unterschieden zwischen dem Fiscus Caesaris, dem Vermögen, das dem Herrscher persönlich kraft seines Amtes zustand und über das er privatrechtlich verfügte, und dem ↑Aerarium, dem sons-

tigen Staatsvermögen. Seit DIOKLETIAN wurde das gesamte Staatsvermögen als F. bezeichnet.
Im frühen Mittelalter wurde das dem Herrscher zur Verfügung stehende Vermögen als F. bezeichnet. Seit dem 12. Jh. kam es zur Trennung des F. (↑Reichsgut) vom Privatvermögen der Dynastie (↑Hausgut), das Reichsgut wurde rechtlich selbstständig und der Substanz nach für unveräußerlich erklärt. Ähnlich verlief die Entwicklung in den Territorien: Das Fiskalvermögen wurde dort meist als **Kammergut,** das fürstliche Privatvermögen als Privatschatulle oder Zivilliste bezeichnet. Im 18. Jh. verstand man unter F. die Gesamtheit der staatlichen Einkünfte und das staatliche Finanzvermögen.

Flagellanten [von lateinisch flagellare »geißeln«, »schlagen«] (Geißler): Die schon im 10. Jh. als Bußdisziplin bekannte Selbstgeißelung führte um 1260 von Perugia aus zur ersten Flagellantenbewegung. Als Abwehrmaßnahme gegen die als Gottesgericht vermutete Pest 1348/49 steigerte sich das Flagellantentum zum religiösen Massenwahn und wurde in Deutschland von der ↑Inquisition unterdrückt. Ab dem 17. Jh. nahmen besonders strenge Orden die Selbstgeißelung als Bußhandlung wieder auf.

Flavier: von dem römischen Familiennamen Flavius abgeleitete Bezeichnung für zwei römische Kaiserdynastien. Zur **1. flavischen Dynastie** (69 bis 96 n. Chr.) gehörten VESPASIAN, TITUS und DOMITIAN. Erneut wurde der Name zur Dynastiebezeichnung durch KONSTANTIUS I., den Begründer der **2. flavischen Dynastie** (305–363), zu der KONSTANTIN I., DER GROSSE, KONSTANTIN II., KONSTANS I., KONSTANTIUS II. und JULIAN gehörten.

Flottengesetze: gesetzliche Grundlage zum Ausbau der Flotte im Deutschen Reich. Das 1. deutsche F. von 1898 sah eine beträchtliche Erweiterung der deutschen Flotte vor, um die deutschen Auslandsinteressen zu schützen und die Küsten vor einer Blockade zu sichern (so genannte Ausfallflotte). Die verschärfte außenpolitische Lage führte 1900 zum 2. F., das einen noch weitergehenden Ausbau der Flotte bis 1917 festlegte, sodass für einen möglichen Angreifer das Risiko der eigenen Vernichtung bestehen würde (so genannte Risikoflotte). Das Flottenbauprogramm führte zu erheblichen Spannungen mit Großbritannien, das seine absolute Vorherrschaft auf See infrage gestellt sah (↑Flottenrivalität).

Flagellanten: Die zeitgenössische Miniatur zeigt einen Flagellantenzug 1349. Auf entblößtem Oberkörper geißeln sich öffentlich männliche Flagellanten.

Flottenrivalität: Bezeichnung für das maritime Wettrüsten Großbritanniens und des Deutschen Reichs seit 1898 bis zum Scheitern einer vertraglichen Rüstungsbegrenzung 1912 (↑Haldane-Mission). Die F. war Bestandteil und Ergebnis des imperialistischen Wettlaufs der europäischen Großmächte, außerdem auf beiden Seiten ursächlich mit den Interessen von Schiffbau-, Stahl- und Elektroindustrie verbunden, durch Staatsaufträge die Ertrags- und Beschäftigungslage zu sichern. Seit 1898 begann Großbritannien verstärkt mit dem Bau von Schlachtschiffen mit dem Ziel, dass die britische Flottenstärke stets der gemeinsamen Größe der zwei nächstgrößten

F

Flotten entsprechen solle. Der Aufbau der deutschen Seemacht, der zum Teil auch aus Prestigegründen forciert wurde (WILHELM II.: »Deutschlands Zukunft liegt auf dem Wasser«), stellte die britische Überlegenheit infrage, wurde jedoch in ihrer Bedeutung von Großbritannien weit überbewertet. Dem Deutschen Reich fehlten auf lange Sicht für ein Wettrüsten die Mittel. In der Reihe der Faktoren, die zum Ersten Weltkrieg führten, spielte die F. eine große Rolle, da sie die Isolierung des Deutschen Reichs endgültig machte und die ↑Entente cordiale stabilisierte.

Flugblätter (Flugschriften): nicht gebundene, oft anonyme Druckschriften von begrenztem Umfang mit aktuellem politischen oder satirischen Inhalt. Die ersten F. erschienen kurz nach der Erfindung der Buchdruckerkunst (15. Jh.). Wegen ihrer politischen Bedeutung galten für F. meist besonders strenge Zensurbestimmungen.

Flurzwang: für alle Grundbesitzer einer Gemarkung verbindliche Ordnung, ihr Land zu gleicher Zeit und mit gleicher Frucht zu bestellen. Der F. wurde entweder zwischen den Besitzern vereinbart oder vom Grundherrn befohlen; bedingt war der F. durch verstreuten Besitz (Gemengelage), durch den Mangel an Wegen oder durch Weiderecht auf fremdem Boden.

Föderalismus [von lateinisch foedus »Bündnis«]: seit dem 18. Jh. (v.a. seit MONTESQUIEU) Bezeichnung für ein politisches Gestaltungsprinzip, wonach eine unbestimmte Zahl selbstständiger Einheiten auf der Grundlage eines bündnishaften Zusammenschlusses eine staatliche Gemeinschaft oder eine Gesellschaft als Ganzes bildet. Als Strukturprinzip der Gesellschaft geht der F. von dem Gedanken einer Gliederung in kleine selbstverantwortliche Einheiten aus, die stufenförmig zu immer größeren Einheiten zusammengefasst werden (Individuum–Familie–Gesellschaft).

Im staatlichen Bereich verwirklicht sich der F. modellhaft in Form eines ↑Bundesstaates: Den Einzelstaaten bleibt ein gewisses Maß an Selbstständigkeit erhalten, die sich meist in einem Mitwirkungsrecht bei der Gestaltung und Änderung der Verfassung, in der Teilnahme an der gesamtstaatlichen Willensbildung (insbesondere an der Gesetzgebung) und in gewissen eigenen Kompetenzen ausdrückt, die den Gliedstaaten allein vorbehalten bleiben.

Folgekonferenzen: ↑KSZE.

Folter (Tortur, peinliche Frage): Zufügung von körperlichen (und seelischen) Schmerzen zur Erzwingung einer Aussage. Die F. erlangte überragende Bedeutung im Strafprozess, als zur Verurteilung das Geständnis des Verdächtigen verlangt wurde (↑Inquisitionsprozess). Eingehende Regelungen der F. setzte die ↑Carolina (1532) fest. Abgesehen von der Forderung der Aufklärung, die F. zu beseitigen, wurde auf die F. erst verzichtet, als das Geständnis seine prozessentscheidende Funktion verloren hatte und durch Zeugen und Indizienbeweise ersetzt wurde. Als erster deutscher Staat schaffte Preußen 1740/1754 die F. ab. In den totalitären Staaten des 20. Jh. sind die Vernehmungspraktiken, v.a. gegenüber politisch Verdächtigen, oft der mittelalterlichen F. gleichzusetzen.

Forum [lateinisch »Markt«, »Marktplatz«]: in der Antike der Mittelpunkt Roms (**Forum Romanum**) und jeder von den Römern gegründeten Stadt. Das F. war Sitz aller städtischen Behörden und Regierungsorgane, der Platz für die Volksversammlungen und Zentrum des Geschäftsverkehrs; es entsprach damit in seiner Funktion der griechischen ↑Agora.

Fraktion [von lateinisch fractio »das Brechen«, »der Bruch«]: ständige Gliederung einer Volksvertretung, in der sich politisch gleich gesinnte Abgeordnete (heute meist Angehörige derselben Partei) organisieren; F. besitzen das Recht zur Gesetzesinitiative. Zur Bildung einer F. ist eine bestimmte Zahl von Abgeordneten notwendig. Nach ihrer **Fraktions-**

F

stärke (in der Bundesrepublik Deutschland mindestens 5% der Mitglieder des Bundestags) bemisst sich ihr Anteil in den Ausschüssen des Parlaments.
Entstanden aus den wechselnden Abgeordnetengruppierungen (Klubs) der Honoratiorenparlamente, stellen die F. im modernen Parteienstaat die Bindeglieder zwischen den politischen Parteien und dem Parlament dar. Entgegen dem Prinzip des freien Mandats (die Abgeordneten sind an Aufträge und Weisungen ihrer Wähler und ihrer Partei nicht gebunden, sondern lediglich ihrem Gewissen verantwortlich) bestimmt heute die F. sehr stark die politische Haltung ihrer Mitglieder, v.a. bei Abstimmungen. Ein **Fraktionszwang,** die Verpflichtung eines Abgeordneten zur Einhaltung von Fraktionsbeschlüssen, verbunden mit dem Verzicht auf das Mandat bei Zuwiderhandlungen, ist jedoch verfassungswidrig; dennoch wird häufig Druck auf Fraktionsmitglieder ausgeübt.

Frankenspiegel: vermutlich zwischen 1328 und 1338 in der Wetterau (Hessen) entstandenes Rechtsbuch eines unbekannten Verfassers; die Aufzeichnung des geltenden Gewohnheitsrechts wirkte im fränkischen Rechtsgebiet normierend. Der F. bezeichnet sich selbst als »Kleines Kaiserrecht« (in Unterscheidung zum ↑Schwabenspiegel als dem »Großen Kaiserrecht«). Eingeteilt in vier Bücher, behandelt der F. Gerichtswesen, materielles Recht (Straf- und Zivilrecht), Recht der ↑Ministerialen und der Städte.

Frankfurter Fürstentag: Versammlung der deutschen Monarchen und der Vertreter der freien Städte im August 1863 mit dem Ziel einer Reform des Deutschen Bundes. Die Verhandlungen über entsprechende, v.a. von Österreich ausgehende Vorschläge scheiterten jedoch am Widerstand Preußens.

Frankfurter Nationalversammlung (Paulskirchenparlament): Aufgrund der ↑Revolution 1848/49 trat am 18. Mai 1848 in der Paulskirche zu Frankfurt am Main das erste gesamtdeutsche, frei gewählte Parlament zusammen mit der Aufgabe, dem zu bildenden deutschen

Frankfurter Nationalversammlung: Die erste gewählte Vertretung der Deutschen, die am 18. Mai 1848 in der Frankfurter Paulskirche zusammentrat, stand vor zwei großen Aufgaben: der Bildung eines deutschen Nationalstaats und der Ausarbeitung einer Verfassung.

Nationalstaat eine Verfassung zu geben. Diese Nationalversammlung umfasste 586 Abgeordnete, die zumeist der Schicht des gebildeten Bürgertums angehörten (Juristen, Wissenschaftler, Lehrer). Dabei stand einer gemäßigt liberalen Mehrheit eine starke radikal-demokratische Minderheit gegenüber. Nachdem die F. N. zunächst eine provisorische gesamtdeutsche Regierung unter einem Reichsverweser eingesetzt hatte, verabschiedete sie im März 1849 die von ihr entworfene Reichsverfassung. Die meisten deutschen Staaten, auch Preußen und Österreich, lehnten diese Reichsverfassung jedoch ab und zogen ihre Abgeordneten aus der F. N. zurück. Das übrig gebliebene Rumpfparlament von etwa 100 Radikalen verlegte seinen Sitz nach Stuttgart und wurde am 18. Juni 1849 mit Gewalt aufgelöst.

Frankfurter Wachensturm: Am 3. April 1833 versuchten rund 50 Intellektuelle, meist Burschenschafter (↑Burschenschaft), durch einen Sturm auf die Polizeiwachen in Frankfurt am Main, wo der ↑Bundestag seinen Sitz hatte, eine allgemeine Revolution auszulösen, scheiterten jedoch an der Passivität der Bevölkerung.

Fränkisches Reich: die bedeutendste unter den germanischen Reichsgründungen der Völkerwanderungszeit. Im F. R. wurden die entscheidenden Grundlagen für die politische, soziale und kulturelle Entwicklung Westeuropas (v. a. Deutschlands und Frankreichs) gelegt. *Die Entstehung des Reichs unter den Merowingern:* Vom Gebiet um Maas und Schelde dehnten sich die Franken im 5. Jh. unter ihren Königen CHLODIO und CHILDERICH I. aus dem Geschlecht der ↑Merowinger nach Süden aus. CHLODWIG I. (483–511) führte diese Entwicklung zum Höhepunkt, indem er den Restbestand der römischen Herrschaft in Gallien auflöste, Teile des Westgotenreichs (Aquitanien) und des alemannischen Gebiets eroberte und damit das Fränkische Großreich errichtete. 531 kam das Thüringer- und 531/534 das Burgunderreich hinzu. Die Beseitigung auch der übrigen fränkischen Teilkönige durch CHLODWIG sicherte den Merowingern die unangefochtene Herrschaft. Der Übertritt CHLODWIGS zum katholischen Christentum schuf die Voraussetzung für eine Integration der romanischen Bevölkerung.

Die so gewonnene Stabilität des F. R. wurde jedoch geschwächt durch die häufigen Reichsteilungen, die bereits nach CHLODWIGS Tod ihren Anfang nahmen. Hinzu kamen Spannungen zwischen dem Westteil (Neustrien) und dem Ostteil (Austrien), wobei Austrien durch die Angliederung des restlichen alemannischen Gebiets und Bayerns sein Gewicht verstärken konnte. Schwächend wirkten v. a. auch die Gegensätze zwischen Königtum und Adel, aus dessen Mitte die ↑Hausmeier hervorgingen, die im 7. Jh. die eigentliche Herrschaft im Reich ausübten.

Die Herrschaft der Karolinger: Mit dem Aufstieg der ↑Karolinger begann eine neue Phase der Konsolidierung des Reichs. 751 beseitigte PIPPIN DER JÜNGERE das immer noch bestehende Schattenkönigtum der Merowinger und ließ sich selbst zum König der Franken erheben. Im Zusammenhang damit suchte PIPPIN die Unterstützung des Papsttums, eine Verbindung mit weit reichenden Folgen für den weiteren Verlauf der fränkischen und der gesamteuropäischen Geschichte. Im Vertrag von Quierzy (754) übernahm der fränkische König als Patricius Romanorum (Schutzherr der Römer) den Schutz des Papstes und die Garantie seines Besitzes. Damit waren die Voraussetzungen für die Errichtung des abendländischen Kaisertums durch KARL DEN GROSSEN (800) geschaffen. Die Bemühungen KARLS DES GROSSEN, das Reich durch eine stark zentralisierte Verwaltung zu stabilisieren, hatten keinen dauerhaften Erfolg.

Die Teilung des Reichs: Deutliches Zeichen der Auflösungstendenzen waren die Teilungsverträge der zweiten Hälfte des 9. Jh. Der Vertrag von Verdun 843 wies den Westteil des Reichs KARL DEM KAHLEN, den Ostteil LUDWIG DEM DEUTSCHEN zu. LOTHAR I. erhielt neben Italien und der Kaiserwürde einen Mittelteil, seitdem nach ihm bzw. nach seinem Sohn (LOTHAR II.) »Lotharingien« (Lothringen) genannt. Dieses Mittelreich wurde in den Verträgen von Meerssen (870) und Ribemont (880) aufgeteilt. Nachdem 885–887 noch einmal das Gesamtgebiet des F. R. vereint worden war, verselbstständigten sich die einzelnen Teile endgültig: Westfränkisches Reich (Frankreich), Ostfränkisches Reich (Deutschland), Burgund und Italien.

Die Entstehung des Lehnswesens: Verfassungsgeschichtlich gingen seit der fränkischen Eroberung bedeutsame Wandlungen vor sich. Die Frühzeit zeigte ein starkes Übergewicht der ↑Freien, die auch zum Kriegsdienst verpflichtet waren, daneben gab es aber auch einen einflussreichen Geburtsadel sowie Freie minderen Rechts und Unfreie. Die romanischen Bevölkerungsteile standen gleichberechtigt neben den fränkischen Freien. In der Zeit der Auflösung des F. R. im 9. Jh. trat der bis dahin dominierende Einfluss des Königtums zugunsten der Reichsaristokratie zurück. Die für das Mittelalter bedeutsamste Verfassungsinstitution, das ↑Lehnswesen, entwickelte sich während des 8. Jh.: Bedingt v. a. durch den Wandel der Kriegstechnik (Angriff in geschlossenen Reiterverbänden) und den damit gesteigerten Bedarf an berittenen Berufskriegern, schufen die fränkischen Könige in der Verbindung von Vasallität, Treueid und Vergabe von Landbesitz ein vielfach abgestuftes System von Abhängigkeiten, das die Grundlage für die Feudalordnung des hohen Mittelalters bildete.

Franktireurs [frãti'rœ:rs; von französisch franc-tireurs »Freischützen«]: Bewaffnete Zivilisten, die im ↑Deutsch-Französischen Krieg von 1870/71 auf französischer Seite, im Ersten Weltkrieg

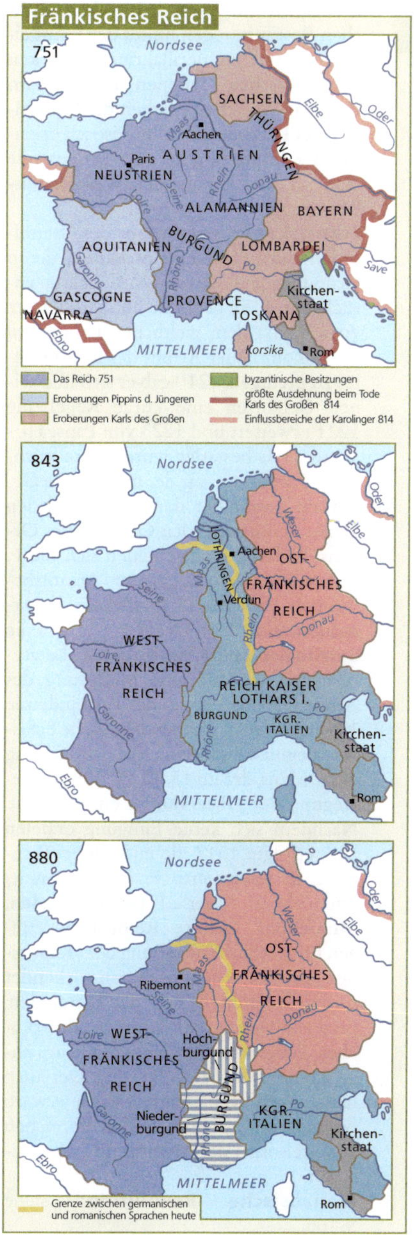

in Belgien entgegen den völkerrechtlichen Bestimmungen hinter der Front einen erbitterten Guerillakrieg im Rücken der deutschen Truppen führten. Im Zweiten Weltkrieg spielten die **Franktireurs et Partisans,** kommunistisch orientierte Kampfgruppen, eine bedeutende Rolle in der französischen Widerstandsbewegung.

Franziskaner: zur Gruppe der ↑Bettelorden zählende Gemeinschaften, deren Gründung auf FRANZ VON ASSISI zurückgeht. 1182 geboren, entsagte FRANZ VON ASSISI dem weltlichen Leben, um in vollkommener Armut das Reich Gottes zu predigen. 1210 gab er sich und seinen Gefährten eine kurze Regel, die 1221 erweitert und 1223 von Papst HONORIUS III. bestätigt wurde. Ihre wichtigste Forderung war der unbedingte Gehorsam gegenüber dem Papst und den Generalministern (den Oberen) des Ordens; dadurch unterschieden sich die F. von anderen Richtungen der ↑Armutsbewegung. Ende des 13. Jh. spaltete der Armutsstreit die F. in zwei Gruppen, in die **Spiritualen** und **Konventualen;** Letztere traten v.a. für eine Milderung des Armutsgebotes ein. Die Pestepidemie 1348–50 und das ↑Abendländische Schisma begünstigten eine Verweltlichung des Ordens, der im 15. Jh. die Reformbewegung der **Observanten** entgegentrat. Nachdem sich keine Einigung erzielen ließ, erfolgte 1517 die endgültige Trennung in reformierte F. (Observanten) und nicht reformierte F. (**Konventualen, Minoriten**). Spätere Reformbewegungen führten zur Entstehung der ↑Kapuziner. Als ein v.a. in den Städten wirkender Orden bemühten sich die bettelnden, predigenden und auch mit handwerklichen Tätigkeiten beschäftigten F. um enge Kontakte zur Bevölkerung. Der auch heute noch bedeutende Orden erwarb besondere Verdienste in den Bereichen der Seelsorge, der Mission und Wissenschaft.

Französische Revolution: siehe S. 166.

Fraternité [fratɛrniˈte; französisch »Brüderlichkeit«]: programmatisches Schlagwort der Französischen Revolution, das als Aufforderung an den ↑dritten Stand galt, sich die Grundgedanken der Aufklärung über die Menschenwürde und die Gleichheit vor dem Gesetz zu Eigen zu machen und für die politische Durchsetzung dieser Prinzipien einzustehen.

Frauenbewegung: siehe S. 172.

Freibauer: Bauer, der sein Gut aus der fränkischen Königsfreiheit oder aus der hochmittelalterlichen Rodungsfreiheit als freies Lehen oder als freies Eigentum besaß und keinem Grundherrn unterstand, auch der Bewohner eines sich selbst verwaltenden, unmittelbar dem Landesherrn unterstehenden so genannten Freidorfs.

Freie: nach den ↑germanischen Volksrechten des frühen Mittelalters der Stand derer, die volle Rechtsfähigkeit und politische Rechte besaßen. Von ihnen unterschieden waren die Minderfreien oder Halbfreien, deren politische Rechte gemindert waren, sowie die Unfreien (Leibeigene), denen keinerlei Rechte zukamen, die aber durch ↑Freilassung in den Stand der F. oder der Minderfreien übergehen konnten. Von den F. hoben sich die ↑Edelfreien ab, die sich zumeist dem ↑Adel annäherten. Große Teile der altfreien bäuerlichen Bevölkerung gerieten im Lauf des Mittelalters durch Zwang oder durch freiwilligen Eintritt in Schutzhörigkeit in immer stärkere Abhängigkeit zu der sich ausbreitenden ↑Grundherrschaft. Parallel dazu entstanden jedoch auch neue Gruppen von F., entweder durch Zuordnung zum Herrscher und Königsdienst (**Königsfreie, Wehrbauern**) oder durch besondere Vergünstigung in Neusiedelgebieten (**Rodungsfreie**). Während in der mittelalterlichen Stadt das ↑Bürgerrecht die persönliche und rechtliche Freiheit garantierte, blieben bis zur ↑Bauernbefreiung des 18. und 19. Jh. breite bäuerliche Schichten unfrei.

freie Städte:
◆ (Freistädte): im Mittelalter eine Reihe von bischöflichen und/oder Hansestädten, die im 13. und 14. Jh., häufig in erbitterten Kämpfen mit ihren Stadtherren, die Unabhängigkeit von diesen erlangten. Von den ↑Reichsstädten unterschieden sie sich dadurch, dass sie von verschiedenen Reichspflichten (↑Heerfahrt, Steuern) befreit waren.
◆ Bezeichnung für die vier Stadtrepubliken Hamburg, Bremen, Lübeck und Frankfurt am Main, die 1815 als einzige nicht mediatisierte Städte Mitglieder des Deutschen Bundes wurden. Frankfurt wurde 1866 von Preußen okkupiert, während Lübeck, Hamburg und Bremen Mitglieder des ↑Norddeutschen Bundes und 1871 des Deutschen Reichs wurden. Lübeck verlor 1937 seine Eigenständigkeit an Preußen, während Bremen dem Reichsstatthalter in Oldenburg unterstellt wurde, aber nach 1945 seine Selbstständigkeit wieder zurückgewann und wie Hamburg ein Land der Bundesrepublik Deutschland wurde.

Freigericht: ↑Femgerichte.

Freigraf: ↑Femgerichte.

Freihandel: Ein außenwirtschaftliches Grundprinzip, das ausgehend von den Vorstellungen der klassischen Nationalökonomie des 18./19. Jh., einen internationalen Güteraustausch fordert, der sich frei von staatlich gesetzten Schranken (wie ↑Schutzzölle, Ein- und Ausfuhrverbote oder entsprechende Beschränkungen) vollzieht. Die Entstehung des F. beruhte auf der Grundlage des Wirtschaftsliberalismus und bedeutete eine Abkehr vom Protektionismus des ↑Merkantilismus. Nach der Freihandelslehre führten die Befreiung des internationalen Güteraustauschs von Kontrollen und Regulierungen und die Durchsetzung des freien Wettbewerbs zu einer internationalen Arbeitsteilung, die aufgrund der unterschiedlichen Ausstattung der einzelnen Länder (z. B. mit Bodenschätzen) zu einem preislich günstigen Angebot und damit zu entsprechend hoher Nachfrage führt, wodurch wiederum eine Ausweitung der Produktion angeregt und fortschreitend größtmöglicher Wohlstand erzielt wird.
Die **Freihandelsbewegung** führte um die Mitte des 19. Jh. zunächst in Großbritannien, dann auch im ↑Deutschen Zollverein und anderen Staaten zum Abbau protektionistischer Handelsbarrieren zugunsten eines unbeschränkteren Güteraustauschs. Die ungleichmäßigen Ausgangsbedingungen der europäischen Handelsländer wie auch ihre unterschiedliche wirtschaftliche Entwicklung schränkten jedoch die Bedeutung des F. ein. Infolge der 1873 beginnenden weltweiten wirtschaftlichen Depression setzte eine Gegenbewegung zum F. ein und führte im Deutschen Reich 1879, in Frankreich spätestens ab 1892, die erneute Hinwendung zum Schutzzoll herbei. Nur Großbritannien, das im Empire über gesicherte Märkte verfügte, blieb bis ins 20. Jh. beim F. Nach dem Zweiten Weltkrieg wurde durch wirtschaftliche Zusammenschlüsse (z. B. Europäische Wirtschaftsgemeinschaft) und Abkommen versucht, den F. (wenn auch regional beschränkt) wieder zu beleben.

Freiheit, Gleichheit, Brüderlichkeit: Losung, die in der Französischen Revolution im Juni 1793 im Klub der ↑Cordeliers aufgestellt wurde. – Siehe auch ↑Liberté, ↑Egalité, ↑Fraternité.

Freiherr: In Deutschland seit dem 11. Jh. ein unter dem ↑Grafen stehender Angehöriger des niederen Adels. Die F. bildeten im Wesentlichen den Stand der älteren, freien Ritter, zu denen die ursprünglich unfreien ↑Ministerialen seit dem 14. Jh. durch landesherrliche oder kaiserliche Bestätigung aufstiegen. Einem Teil der F. gelang es, ihre ↑Reichsunmittelbarkeit zu erhalten (als **Reichsfreiherren** in der ↑Reichsritterschaft).

Freikorps [-ko:r]: für die Dauer eines Krieges bzw. eines Feldzugs unter einzelnen Führern (nach denen die F. meist benannt wurden) mit Ermächtigung des Kriegsherrn ▸ *Fortsetzung auf S. 170*

Mit der Französischen Revolution von 1789 bis 1799 begann das Zeitalter der Moderne. Erstmals wurde in Europa die alte Herrschaftsform des ↑Absolutismus durch demokratische Formen, wie sie in der ↑Aufklärung entwickelt worden waren, abgelöst. Diese erste bürgerliche ↑Revolution wirkte auf die Nachbarstaaten Frankreichs, auf das übrige Europa und strahlte auch direkt auf die Gründung der Republiken in Lateinamerika Anfang des 19. Jh. aus.

Vorrevolution oder Adelsrevolte (1787–1789)

Die Staatsverschuldung der französischen Monarchie, des ↑Ancién Regime, hatte ungeheure Ausmaße angenommen: Allein vom Regierungsantritt LUDWIGS XVI. 1775 bis 1788 hatten sich die Schulden verdreifacht. Gründe dafür war eine Wirtschaftskrise seit 1770, Missernten, der Verlust der französischen Kolonien im ↑Siebenjährigen Krieg und die Verschuldung Frankreichs durch die Unterstützung der britischen Kolonisten im ↑Amerikanischen Unabhängigkeitskrieg.

Um dem Staat notwendige Einnahmequellen zu verschaffen, beabsichtigte Finanzminister C. DE CALONNE, die Steuerprivilegien des ersten und zweiten Standes zu beschränken und die Wirtschaft zu reformieren. Dies misslang, da die dafür einberufene, meist aus adeligen Männern bestehende ↑Notabelnversammlung die Beschneidung ihrer Privilegien ablehnte. Auch die 14 ↑Parlamente Frankreichs, aristokratische Appellationsgerichte, verweigerten ihrem König die Gefolgschaft und widersetzten sich neuen Steuergesetzen. Als letztes Mittel versuchte LUDWIG XVI. nun mit der Einberufung der ↑Generalstände, die seit 1614 nicht mehr zusammengetreten waren, Unterstützung für seine Politik zu finden.

Erste Phase: die konstitutionelle Monarchie

Drei Revolutionen prägten das Jahr 1789:

Abgeordnete aller drei Stände versammelten sich am 5. Mai 1789 in Versailles. Neu war, dass der dritte Stand ebenso viele Delegierte erhielt wie der erste und zweite Stand zusammen, nämlich rund

Die Radierung zeigt die feierliche Prozession zur Eröffnung der Sitzung der Generalstände am 5. Mai 1789.

600. Der Streit, ob nach Ständen oder nach Köpfen abgestimmt werden sollte, führte am 17. Juni 1789 dazu, dass sich der dritte Stand zur Nationalversammlung erklärte. Seine Legitimation bezog er aus der Gewissheit, 96 % der Bevölkerung zu vertreten. Der entscheidende revolutionäre Akt folgte aber drei Tage später mit dem ↑Ballhausschwur der Abgeordneten, »sich niemals zu trennen ..., bis die Verfassung errichtet und auf festen Grundlagen dauerhaft gestaltet wäre«. Mit dieser Revolution der Abgeordneten wurde die Volkssouveränität beansprucht.

Als in der Folge LUDWIG XVI. Truppen um Paris zusammenziehen ließ, fürchtete

die Pariser Stadtbevölkerung ein Komplott des Monarchen mit reformfeindlichen Adligen und die Auflösung der Nationalversammlung. Der Rechtsanwalt C. DESMOULINS rief zu Widerstand und Bewaffnung auf. Die Suche nach Waffen führte die Kleinbürger schließlich zur Bastille, dem Stadtgefängnis von Paris. Es wurde am 14. Juli eingenommen und als verhasstes Symbol des Despotismus am nächsten Tag zerstört. Die Bewegung dehnte sich auf andere große Städte aus. Damit war diese Revolution vom Anliegen von wenigen gebildeten Bürgern zu einer Sache des Volks geworden.
Ergänzt wurden die Revolutionen der Abgeordneten und der Stadtbevölkerungen durch eine Revolution auf dem Land. Über das ganze Jahr 1789 hinweg waren Bauern aufständisch, bewaffneten sich und stürmten im Gefolge der beiden anderen Revolutionen auch Schlösser und Klöster, um Urkunden zu vernichten, die ihre Abhängigkeit dokumentierten.
Der Erfolg dieser drei Revolutionen von 1789 zeigte sich im Beschluss der Nationalversammlung, die feudalen Privilegien abzuschaffen (4./5. August), allerdings nur gegen Zahlung einer Ablösung. Am 26. August verabschiedeten die Abgeordneten zudem die »Erklärung der Menschen- und Bürgerrechte« (↑Menschenrechte), die jedoch Frauen von den politischen Grundrechten ausschloss. Anfang Oktober bewirkte ein Zug von Frauen, dass die Königsfamilie von Versailles ins Pariser Stadtschloss, die Tuilerien, umzog. Fortan standen der König und die Nationalversammlung unter Aufsicht des Volkes von Paris. Den Revolutionen folgte eine Phase, in der eine konstitutionelle Monarchie errichtet wurde, die jedoch nach und nach in eine Krise geriet:
Die Zielrichtung der vom Besitz- und Bildungsbürgertum sowie von aufgeklärten Adligen und Geistlichen bestimmten Anfangsphase der Französischen Revolution war nicht antimonarchisch. So wurde am 3. September 1791 eine Verfassung verabschiedet, die die ↑Gewaltenteilung festschrieb, dem König aber die Exekutive beließ.
LUDWIG XVI. suchte sich am 21. Juni 1791 der für ihn unbefriedigenden Lage durch eine – gescheiterte – Flucht zu entziehen und vom Ausland aus die absolute Monarchie wieder herzustellen. Die Revolution wurde zusätzlich von außen durch die europäischen Monarchien bedroht (↑Koalitionskriege). Diese Faktoren verschärften den Streit um die Staatsform Monarchie oder Republik.
In der nach der neuen Verfassung gewählten Gesetzgebenden Versammlung waren die gemäßigten Bürgerlichen, die die Idee einer konstitutionellen Monarchie vertraten, zwar am stärksten repräsentiert. Die Debatten wurden jedoch immer mehr von den ↑Jakobinern geprägt, die sich in die äußerste Linke (sog.

Am Morgen des 14. Juli 1789 bewaffneten sich in Paris die Volksmassen im Invalidenhaus, um das Symbol der absolutistischen Tyrannei – die Bastille – zu erstürmen (Gemälde von Jean Pierre Houel).

Montagnard [↑Bergpartei]), eine Mitte und die Rechte (Girondisten) gliederten. Zwischen den Jakobinern, die fast alle für eine Republik votierten, und den Anhängern einer konstitutionellen Monarchie befand sich die Masse der unentschiedenen Abgeordneten, die fast die Hälfte des Parlaments ausmachten. Die äußerste Linke der Legislative war das Sprachrohr kleinbürgerlicher Revolutionäre, der ↑Sansculotten, die die Revolution auf der Straße vorantrieben.

Bewaffnet zogen Pariser Marktfrauen am 5. Oktober 1789 nach Versailles und bewirkten den Umzug der Königsfamilie ins Pariser Stadtschloss.

Zweite Phase: die Republik

Die zweite Phase, die mit dem 10. August 1792 einsetzte, ist durch die Ausrufung der Republik und ihre Entartung in die »Schreckensherrschaft« (»Terreur«) gekennzeichnet:

Am 10. August 1792 stürmte das Pariser Volk die Tuilerien. Der König wurde gefangen gesetzt und seines Amtes enthoben. Angst vor royalistischen Aufständen, Angst vor Vergeltungsmaßnahmen der sich seit April 1792 im Krieg mit Frankreich befindlichen Monarchien führten zu den »Septembermorden« an solchen Gefangenen, die als politische Gegner eingestuft wurden.

Auch außenpolitisch trat 1792 mit dem Sieg der Revolutionsarmee über die Heere der Koalition (Kanonade von Valmy) eine Wende ein. Auf dem Hintergrund dieses Ereignisses schien die Radikalisierung der Revolution, wie sie die Montagnards betrieben, nicht mehr notwendig zu sein. Doch genau dies geschah am nächsten Tag. Am 21. September trat ein neues Parlament – der Nationalkonvent – zusammen, der Frankreich zur »unteilbaren Republik« erklärte. Der Konvent machte dem König den Prozess und stimmte mit knapper Mehrheit für die Hinrichtung LUDWIGS XVI. am 21. Januar 1793. Im Juni 1793 verabschiedete der Nationalkonvent eine republikanische Verfassung, der eine radikale Demokratievorstellung mit allgemeinem Männerwahlrecht zugrunde lag. Sie trat nie in Kraft.

Gegen sog. Feinde der Revolution wurden ein Revolutionstribunal und ein ↑Wohlfahrtsausschuss eingesetzt, der diktatorisch an der Spitze des Staats stand. Noch bestehende Reste des Feudalismus wurden ohne Entschädigung abgeschafft. Für Löhne und Preise wurde eine Höchstgrenze festgesetzt, was großen Teilen der Bevölkerung eine Versorgung sicherte. Die allgemeine Schulpflicht wurde eingeführt. Die ↑Levée en masse, – eine Vorform der allgemeinen Wehrpflicht – stärkte die französische Republik. Der grausame Fanatismus dieser Zeit überdeckt aber in der nachträglichen Betrachtung die Errungenschaften.

Ab September 1793 verfolgte der Wohlfahrtsausschuss gnadenlos die – vermeintlichen – Gegner der Revolution. Die Montagnards bekämpften die Girondisten und errichteten die sog. Schreckensherrschaft der Jakobiner. Die Revolution richtete sich nun nicht mehr ausschließlich gegen Aristokraten, sondern auch gegen das Großbürgertum, ja sogar gegen radikale Kleinbürger. Der prominenteste Vertreter der Jakobiner, ROBESPIERRE, legitimierte die Guillotinierungen mit der Pflicht zur Durchsetzung der Revolution gegen innere und äußere

Feinde. Die »Terreur« verfestigte die Diktatur der Jakobiner. Am 9. Thermidor (27. Juli) stürzten die »Thermidorianer« ROBESPIERRE und seine Anhänger. Mit deren Hinrichtung am nächsten Tag endete die Schreckensherrschaft.

Dritte Phase: das Direktorium

Mit der Verfolgung der radikalen Jakobiner und Sansculotten, der wieder hergestellten Wirtschaftsfreiheit, die zur Verschärfung einer Inflation (↑Assignaten) und damit einhergehend zur Stärkung des Sachwerte besitzenden Großbürgertums bzw. zur wieder aufflammenden Armut der lohnabhängigen städtischen Unterschichten führte, ging die Macht an die bürgerlichen Konventsmitglieder der Mitte über. Mit der dritten Verfassung innerhalb von vier Jahren sicherte das Großbürgertum seine wieder erlangte Vorrangstellung im September 1795. Das Zensuswahlrecht wurde wieder eingeführt. Als Exekutivorgan diente das fünfköpfige ↑Direktorium. Seit einem Staatsstreich vom 11. Mai 1798 regierte es diktatorisch, wurde aber seinerseits am 9. November 1799 das Opfer eines Staatsstreichs NAPOLEONS.

Dieser regierte als Erster von drei Konsuln im neu eingerichteten ↑Konsulat, das am 13. Dezember die Konsulatsverfassung erließ. Er erklärte die Revolution für beendet und baute seine Macht aus. Schon 1802 wurde NAPOLEON Konsul auf Lebenszeit, 1804 als NAPOLEON I. Kaiser der Franzosen. Seine Herrschaft war zum einen eine auf die Massen gestützte Militärdiktatur. Zum anderen aber vollendete NAPOLEON die Revolution, indem unter seinem Regime die bürgerlichen Forderungen von 1789 – Freiheit, Rechtssicherheit und Unverletzlichkeit des Eigentums – im ↑Code Civil (1804) garantiert wurden. Auch außenpolitisch begann mit ihm eine neue Epoche in Europa (↑Napoleonische Kriege).

Napoléon Bonaparte (Mitte) und seine Mitkonsuln Jean-Jacques Régis de Cambacérès (links) und Charles François Lebrun (zeitgenössischer Kupferstich).

Die Bedeutung der Französischen Revolution

Die Französische Revolution wirkt bis in die Gegenwart nach. Die Revolution beseitigte die auf Privilegien beruhende Ungleichheit und erreichte die Gleichheit der Bürger vor dem Gesetz. Die Formulierung der ↑Déclaration des droits de l'homme et du citoyen ist die Grundlage für unsere persönliche Freiheit heute. Die Idee vom Volk als Souverän löste die Vorstellung eines Königs von Gottes Gnaden ab. Die statische Ständegesellschaft machte einer dynamischen bürgerlichen Gesellschaft Platz.

Das Deutsche Historische Museum in Berlin (Unter den Linden 2) führt in Raum 16 in die Zeit der Revolution ein. Eine informative Website mit Links zu Bild- und Tonmaterial ist *www.geschichte-com.org/franzoesische_revolution1.htm*

Der spannende historische Roman von Inge Ott »Freiheit« (1996) beschreibt den Aufbruch von vier Jungen und zwei Mädchen aus ihrem Heimatdorf Les Granges im Jahre 1789, um sich in Paris der Französischen Revolution anzuschließen.

KUHN, AXEL: *Die Französische Revolution.* Stuttgart (Reclam) 1999. ▪ SOBOUL, ALBERT: *Kurze Geschichte der Französischen Revolution.* Aus dem Franz. Neuausgabe Berlin (Wagenbach) 2000.

F

◂ *Fortsetzung von S. 165* gebildete Freiwilligenverbände. Bereits im 18. Jh. aufgestellt, gewannen die F. v. a. in den ↑Befreiungskriegen eine zwar weniger militärische, als vielmehr politische Bedeutung im Sinne einer Mobilisierung patriotischer Gefühle. Nach dem Ersten Weltkrieg und nach der Auflösung des kaiserlichen Heeres wurden seit Ende 1918 aus Freiwilligen militärische Formationen gebildet, die im Interesse der Reichsregierung im Baltikum, in Westpreußen und Oberschlesien gegen russische und polnische Verbände kämpften sowie im Reich selbst zur Niederschlagung linksgerichteter Erhebungen eingesetzt wurden. Mit der Bildung der ↑Reichswehr begann die Auflösung der F., die zum großen Teil geschlossen in das neue Heer übertraten. Zahlreiche Mitglieder der F., die in der Mehrzahl republikfeindlich eingestellt waren, traten später der rechtsradikalen Formation der ↑SA bei.

Freilassung: Aufhebung von Herrschaftsrechten über Menschen minderen Rechts (Sklaven, Unfreie). – Bereits im antiken Griechenland kam der F. große Bedeutung zu: Mit der F. erhielt der Sklave eigene Rechtsfähigkeit sowie das Recht, über die eigene Person selbst zu bestimmen; er unterlag gewöhnlich dem Fremdenrecht, konnte durch Volksbeschluss jedoch auch das Bürgerrecht erhalten. Ursprünglich erfolgte die F. formlos oder testamentarisch, seit dem 5. Jh. v. Chr. in einem öffentlichen Verfahren. In Rom erhielt der Akt der F. durch den ↑Prätor rechtliche Anerkennung. In Griechenland erhielt der Freigelassene sofort das römische Bürgerrecht, stand aber weiterhin unter dem Patronat seines Freilassers (↑Patron) und hatte diesem gegenüber bestimmte Pflichten zu erfüllen.

Im europäischen Mittelalter bedeutete entsprechend dem Begriffsverständnis abgestufter Freiheit die F. nicht zwingend die Befreiung von allen Herrschaftsrechten eines Dritten. Der Freigelassene blieb meist in milderen Abhängigkeitsverhältnissen. Als Rechtsinstitut war die F., die in der Neuzeit allgemein nur durch Ausstellung einer Urkunde (**Freibrief**) erfolgte, für die oft erhebliche Gelder gefordert wurden, bis zur Aufhebung der ↑Leibeigenschaft geläufig.

Freisinnige: Anhänger einer politischen Richtung des Liberalismus, die sich um die Mitte des 19. Jh. in Deutschland und in der Schweiz herausbildete und sich v. a. für die Durchsetzung liberaler Grundideen in Staat und Wirtschaft einsetzte, jedoch später, unter dem Eindruck der zunehmenden sozialen Missstände, auch verstärkt sozialreformerische Ideen übernahm. In Deutschland schlossen sich 1884 die Deutsche Fortschrittspartei und die von den Nationalliberalen abgesplitterte Liberale Vereinigung zur Deutschen Freisinnigen Partei zusammen, die als einzige der bürgerlichen Parteien in Opposition zum bismarckschen System blieb. Sie spaltete sich 1893 in die Freisinnige Vereinigung und die Freisinnige Volkspartei, die beide 1910 in der Fortschrittlichen Volkspartei aufgingen. Das Gedankengut der F. lebt in der Schweiz in der Freisinnig-Demokratischen Partei fort, in Deutschland wurde es über die Deutsche Demokratische Partei der Weimarer Republik in die Freie Demokratische Partei (FDP) tradiert.

Fremdenfeindlichkeit: Die feindliche Einstellung gegenüber Menschen, die anhand bestimmter Merkmale (u. a. Herkunft, Aussehen, Sprache, Religion) als nicht zur eigenen Bezugsgruppe gehörig betrachtet werden.

Fremdenlegion (französisch Légion étrangère): erstmals 1831 in Algerien gebildete französische Kolonialtruppe, die sich aus Freiwilligen jeglicher Nationalität zusammensetzte. 1940 aufgelöst, wurde die F. 1946 neu gegründet und in Indochina und Algerien eingesetzt. Mit dem Verfall des französischen Kolonialreichs verlor auch die F. an Bedeutung.

Friede: allgemein ein Zustand ungebrochener Rechtsordnung und der Gewaltlosigkeit; der innerhalb einer Gemeinschaft von Rechtssubjekten (**innerer Friede**) wie auch zwischen solchen Gemeinschaften (**äußerer Friede,** z.B. zwischen Staaten) bestehende Zustand eines geordneten Miteinanders, in dem beim Ausgleich von Interessengegensätzen auf Gewaltanwendung verzichtet wird.

Im griechischen Altertum wurde F. (Eirene) zunächst nur als Gegensatz zum Krieg bestimmt, er war lediglich eine Unterbrechung des durch Krieg gekennzeichneten Normalzustandes. Erst im 5./4. Jh. v. Chr. wurde dem F. eine zentrale Bedeutung für das menschliche Zusammenleben zuerkannt. In der römischen Antike war F. ein Begriff des Vertragsrechts: Der F. beendete den Kriegszustand. Im 1. Jh. n. Chr. wurde die ↑Pax Romana zum rechtlichen Ordnungsbegriff des Römischen Reichs.

Die v.a. von AUGUSTINUS und THOMAS VON AQUIN geprägte mittelalterliche Vorstellung begriff F. als Zustand ungebrochener Rechtsordnung, der die Grundlage für ein Gemeinschaftsleben war. Daher war die Durchsetzung des F. ein Hauptmerkmal jeglicher Herrschaftsausübung und zunächst v.a. an die Person des Königs gebunden. Die Bemühungen des Königtums um einen allgemeinen inneren Reichsfrieden, wie sie v.a. seit dem 12. Jh. einsetzten und mit dem Instrument des ↑Landfriedens die partikularen Gewalten und Herrschaften einzelner Reichsteile zu Friedensbereichen zusammenzuschließen versuchten, hatten jedoch keinen dauernden Erfolg. Erst als in der Neuzeit die Ausübung des Strafrechts ausschließlich auf die landesherrlichen Gewalten übergegangen war, gelang auf territorialstaatlicher Basis die Realisierung eines allgemeinen inneren Friedens.

Mit der Entstehung souveräner Staaten trat verstärkt die universelle Friedensidee in den Vordergrund. V.a. der Humanismus verwarf den Krieg als »naturwidrig« und propagierte eine Friedenspflicht aus dem Geist einer »humanitas christiana«. Ein wichtiger Schritt in der Fortentwicklung des Friedensgedankens waren auch die klassischen Utopien (TH. MORUS, »Utopia«; F. BACON, »Nova Atlantis«; T. CAMPANELLA, »Sonnenstaat«), die durch die Aufnahme des Toleranzprinzips den Übergang zum Denken der Aufklärung anzeigten. Höhepunkt der Diskussion der Aufklärung um das Thema F. bildeten die Beiträge von G. W. LEIBNIZ, VOLTAIRE, J.-J. ROUSSEAU und insbesondere I. KANT. Sein Entwurf »Zum ewigen Frieden« (1795) ist bestimmt durch die philosophisch begründete, unbedingte sittliche Friedenspflicht, die eine Rechtfertigung des Krieges als »Ultima Ratio« ausschließt. Die Konfliktlösung soll durch ein durch Vernunft zu konstituierendes Recht geschehen.

Heute ist der Begriff F. völkerrechtlich negativ definiert als die Abwesenheit von Krieg. Während in der Völkerrechtstheorie des 19. und beginnenden 20. Jh. Krieg und F. noch als »Naturzustände« in den Beziehungen der Völker gleichgewichtig einander gegenüberstanden, setzte sich v.a. seit der Gründung des Völkerbunds die Auffassung durch, wonach jede Verletzung des F. untersagt werden soll. Sie hat heute Eingang in das allgemeine Völkerrecht gefunden und ist für die Mitglieder der UN verbindlich.

Friedensbewegung: Bezeichnung für eine Vielfalt von Organisationen und Institutionen, die bedingungslos für ein friedliches Zusammenleben der Völker eintreten. Im 19. Jh. gaben zunächst die ↑Quäker in den USA (1815) und Großbritannien (1816), später bürgerlich-liberale Kräfte im Zeichen der programmatischen Schrift B. VON SUTTNERS »Die Waffen nieder« (1889) den Anstoß zur Gründung von **Friedensgesellschaften;** 1891 schlossen sich diese im **Internationalen Friedensbüro** (Sitz: Genf) zusammen. Neben bürgerlich-liberalen Persönlichkeiten ▶ *Fortsetzung auf S. 174*

Die Frauenbewegung ist eine organisierte Form des Kampfs der Frauen für ihre Interessen und gegen ihre Benachteiligung auf politisch-rechtlichem, wirtschaftlichem und kulturellem Gebiet. Diese Auseinandersetzung verbindet sich oft mit dem gesellschaftlichen Ziel, sich von geschlechtspezifischen Rollenzuweisungen zu emanzipieren.

Im Geist der Aufklärung

Die Frauenbewegung wurzelt im Ideal der Aufklärung vom freien, selbstbestimmten Menschen und Bürger und in den Leitprinzipien der Französischen Revolution von 1789: »Freiheit, Gleichheit, Brüderlichkeit«. Als die französische Schriftstellerin O. DE GOUGE sah, dass die 1789 proklamierten Menschen- und Bürgerrechte nur als Männerrechte aufgefasst wurden, formulierte sie 1791 die »Déclaration des droits de la femme et de la citoyenne« (»Erklärung der Frauen- und Bürgerinnenrechte«). Dieser Aufbruch zu einer mit den Männern gleichberechtigten Stellung in Staat und Gesellschaft (mit aktivem und passivem Wahlrecht sowie Zulassung zu allen öffentlichen Ämtern) scheiterte aber an dem ausschließlich an der Familie orientierten Frauenbild der jakobinischen Fraktion des Nationalkonvents.

Olympe de Gouges (anonymes zeitgenössisches Porträt)

In den frühen 1830er-Jahren entstand in Frankreich eine radikalfeministische Frauenbewegung, die aus den Gesellschaftstheorien des Frühsozialismus (↑Sozialismus) die Selbstbefreiung der Frau ableitete und die doppelte, d.h. die ökonomische und geschlechtliche Unterdrückung der Frau anprangerte.

Neue Organisations- und Protestformen im 19. Jahrhundert

Die Einbeziehung der Frau in den industriellen Arbeitsprozess gab der Frauenbewegung zusätzliche Anstöße und ließ sie seit 1850 zu einer internationalen Erscheinung werden. Zentrale Forderungen, besonders in den USA und den Staaten Europas, waren das Frauenwahlrecht und die Einbeziehung der Frau in den Bildungs- und Ausbildungsprozess.

In den USA verband sich die Frauenbewegung anfangs mit dem Ziel der Befreiung der Frau als Haussklavin. In Großbritannien setzte die organisierte Frauenbewegung in den 1860er-Jahren ein und gewann um die Wende zum 20. Jh. mit der Suffragettenbewegung (»suffrage«, engl. Abstimmung) einen Höhepunkt frauenkämpferischer Aktivitäten: Sie veranstalteten Großdemonstrationen (mehrere 100000 Teilnehmer), Hungerstreiks oder sprengten politische Versammlungen. In Frankreich wurde im Zuge der Februarrevolution von 1848 die Verbesserung der materiellen Lage der Arbeiterinnen gefordert.

Nach den in der Revolution von 1848/49 aufgekommenen lokalen Frauenvereinen und einer von L. OTTO-PETERS gegründeten überregionalen Zeitschrift etablierte sich die Frauenbewegung in Deutschland mit dem 1865 geschaffenen »Allgemeinen Deutschen Frauenverein«. War die Frauenfrage bis in die 1880er-Jahre als Berufsproblem (u.a. gleicher Lohn für gleiche Arbeit) und als Bildungsproblem verstanden worden, so verlagerte sich seitdem die Diskussion auf Prostitution, Stellung der ledigen Mütter oder Abschaffung der §§218ff. des Strafgesetzbuches (Strafbarkeit des Schwangerschaftsabbruchs). Neben der bürgerlichen Frauenbewegung entstand die von C. ZETKIN geführte sozialistische Frauenbewegung, derzufolge die Befreiung des Proletariates die Befreiung der Frau einschloss. Mit seinem Buch »Die Frau und der Sozialis-

Die radikalen Aktivistinnen in Großbritannien, Suffragetten genannt, forderten u. A. das Frauenstimmrecht. Im Bild Emmeline Pankhurst, die achtmal wegen Vergehens gegen die öffentliche Ordnung, Brandstiftung und anderer Straftaten zu Gefängnisstrafen verurteilt wurde.

mus« (1883) verteidigte A. BEBEL weibliche Erwerbsarbeit gegen frauenfeindliche Tendenzen in der deutschen Arbeiterbewegung als »Lohndrückerei«.

Schwächung und Neuanfang

War der 1910 gegründete »Weltbund für Frauenstimmrechte« noch zur mächtigsten internationalen Organisation angewachsen, spaltete sich die Frauenbewegung im Ersten Weltkrieg in Kriegsbefürworterinnen und Kriegsgegnerinnen. Auch die verfassungsmäßige Verankerung des politischen Hauptanliegens, des Frauenwahlrechts, nach dem Krieg in vielen Ländern führte zur Schwächung der Frauenbewegung. In Deutschland erfuhr sie ferner durch den Nationalsozialismus einen schweren Rückschlag.

In den 1960er-Jahren entstand in den USA und in den Demokratien Europas die sog. Neue Frauenbewegung. Sie gründet in der Überzeugung, dass nur eine Veränderung des Bewusstseins, der Lebens- und Arbeitsformen den Widerspruch zwischen der (inzwischen eingetretenen) formalrechtlichen Gleichstellung und der anhaltenden gesellschaftlichen Diskriminierung (z.B. bei der Entlohnung) lösen könne. Mit den von ihr angestoßenen Aktionen für die Legalisierung des Schwangerschaftsabbruchs begründete A. SCHWARZER in der BRD die Neue Frauenbewegung, die sich später mit der Friedens- und Umweltschutzbewegung verband. In der DDR wurden viele Ziele der Frauenbewegung im Sinne einer politisch gewünschten hohen Frauenerwerbsquote gesetzlich verankert (z.B. im Familien-, Scheidungs-, Arbeits- und Abtreibungsrecht). Eine sich seit den 1970er-Jahren außerhalb des europäisch-amerikanischen Raums entwickelnde Frauenbewegung trifft besonders in islamischen Ländern oft auf entgegengerichtete Traditionen (z.B. die Beschneidung der Mädchen). ■

Informationen zum Abbau von Benachteiligung von Frauen und frauenfördernden Maßnahmen geben Frauen- oder Gleichstellungsbeauftragte aus Kommunen, Bundesländern, vielen Betrieben und Universitäten sowie das Bundesministerium für Familie, Senioren, Frauen und Jugend.

Ihre persönliche Sicht schildert ALICE SCHWARZER in dem Buch »So fing es an. Die neue Frauenbewegung« (Neuausgabe) 1983.

In Kassel (Gottschalkstraße 57) gibt es ein kostenlos nutzbares Archiv der deutschen Frauenbewegung. Im Internet zu finden unter *www.uni-kassel.de/frau-bib.*

FREVERT, UTE: *Frauen-Geschichte. Zwischen bürgerlicher Verbesserung und neuer Weiblichkeit.* Neudruck Frankfurt am Main 1997. ■ GERHARD, UTE: *Unerhört. Die Geschichte der deutschen Frauenbewegung.* Reinbek 23.–25. Tausend 1996. ■ TRAPPE, HEIKE: *Emanzipation oder Zwang? Frauen in der DDR zwischen Beruf, Familie und Sozialpolitik.* Berlin (Akademie-Verlag) 1995.

F

Fronde: 1649 unterwarfen sich die Frondeure – im Bild Angehörige der drei Stände – vorübergehend dem jungen Ludwig XIV. und seiner Mutter.

◂ *Fortsetzung von S.171* (T. LESSING, C. VON OSSIETZKY und K. TUCHOLSKY) traten sozialistisch orientierte Persönlichkeiten (C. ZETKIN, R. LUXEMBURG) als Verfechter einer unbedingten Friedensidee hervor.

Der Gedanke der ↑Abrüstung war bereits vor dem Ersten Weltkrieg ein zentrales Anliegen der F., ein Anliegen, das nach dem Zweiten Weltkrieg infolge der weltweiten Bedrohung durch Atombomben die F. stark antrieb. Vor diesem Hintergrund entstand in Großbritannien die Ostermarschbewegung. In den 1960er-Jahren verband sich die F. in der Bundesrepublik Deutschland mit der ↑außerparlamentarischen Oppostion, in der DDR in den 1980er-Jahren unter dem Leitwort »Schwerter zu Pflugscharen« mit der ↑Bürgerrechtsbewegung.

Friedlosigkeit: im Frühmittelalter der strafweise Ausschluss aus der Gemeinschaft, die dem Menschen Schutz, Sicherheit und Recht verbürgte. Der Friedlose war rechtlos, d.h., man durfte ihn straflos töten, seine Habe fiel an die Erben, seine Frau galt als Witwe, seine Kinder als Waisen. F. trat teils als Folge einer bestimmten Untat, teils aufgrund gerichtlichen Urteils ein. Eine abgeschwächte Form der F. war die ↑Acht.

Fronbote: im Mittelalter der gerichtliche Hilfsbeamte, der die Parteien zu laden und die Urteile zu vollstrecken hatte (oft auch Todesurteile). Bei den größeren Gerichten (v.a. in Sachsen) besaß der F. manchmal in bestimmten Bagatellsachen die selbstständige Gerichtsbarkeit.

Fronde ['frõ:də; französisch »Schleuder«]: Bezeichnung für die oppositionelle Bewegung und den Aufstand des Pariser ↑Parlaments (Gerichtshof), der Bevölkerung von Paris und des französischen Hochadels gegen das absolutistische Königtum 1648–53. Das Beispiel der englischen Revolution vor Augen und die Minderjährigkeit LUDWIGS XIV. nutzend, richtete sich die F. gegen die bereits von RICHELIEU eingeleitete und von MAZARIN fortgesetzte Politik, den Einfluss des Hochadels zugunsten der absoluten Monarchie zu beschneiden. Die in Paris ausbrechenden Barrikadenkämpfe zwangen die königliche Familie 1649 zeitweilig zur Flucht aus der Stadt und zu einer Reihe von Reformversprechen (Friede von Rueil, März 1649). Danach wurde die F. vom

F

Hochadel und Teilen des Klerus fortgeführt, zerfiel jedoch bald aufgrund der widerstreitenden Interessen ihrer Führer. 1652 konnte LUDWIG XIV., ein Jahr später auch MAZARIN nach Paris zurückkehren.

Fronen (Fronden, Frondienste, Scharwerk): Dienstleistungen, die in der Verrichtung körperlicher Arbeit bestanden und die persönlich abhängige Personen, die Besitzer bestimmter Liegenschaften oder die Bewohner eines Bezirks zum Vorteil eines Dritten unentgeltlich zu leisten hatten (↑Grundherrschaft, ↑Gutsherrschaft). Die F. bildeten einen Teil der bäuerlichen Lasten und waren bis zur ↑Bauernbefreiung allgemein üblich. Sie bestanden meist aus Handdiensten der ärmeren ↑Grundholden und aus Spanndiensten (Stellung eines Gespanns) der spannfähigen Bauern. Die F. waren entweder gemessen, d.h. qualitativ und quantitativ genau festgelegt, oder ungemessen. Im Frühmittelalter waren die F. wichtiger Bestandteil der ausgedehnten Eigenwirtschaft des Grundherrn, gingen jedoch mit der Auflösung des Fronhofverbands und mit dem Übergang zur Zinsgutwirtschaft im Westen Deutschlands bis zum 14. Jh. zurück und wurden durch Abgaben ersetzt.

Fronhof (Meierhof): im Rahmen einer mittelalterlichen ↑Grundherrschaft der Herrenhof, d.h. Wohn- und Wirtschaftsgebäude mit Land, der vom Grundherrn selbst oder von seinem Beauftragten, dem Meier oder Schultheiß, verwaltet wurde und der das Zentrum ihm zugeordneter Bauerngüter und Ländereien bildete, die vom Grundherrn zu Lehen ausgegeben waren. Von den bäuerlichen Wirtschaften waren an den F. bestimmte Abgaben und Dienste (↑Fronen) zu leisten. Die Fronhofverfassung war im 8./9. Jh voll ausgebildet; seit dem 12./13. Jh. begann ihr Niedergang.

Frontier ['frʌntɪə; englisch »Grenze«]: die natürliche Grenze zwischen dem noch freien, unbewohnten und dem bereits kulturell erschlossenen Land während der Besiedlung v.a. der USA. Der amerikanische Historiker F. J. TURNER hob 1893 die besondere Bedeutung dieser ständig sich verändernden F. für das soziale und wirtschaftliche Verhalten der nach Westen expandierenden amerikanischen Bevölkerung hervor.

frühe Hochkulturen: siehe S. 176.

Führer: dem Militärwesen entstammender Begriff, der auf den gesellschaftlichen und religiösen Bereich übertragen wurde. Der F. organisiert und kontrolliert die Handlungen einer Gruppe und bewirkt durch seine Person den Zusammenhalt der Mitglieder. Das **Führerprinzip** steht im Gegensatz zu den Werten einer demokratischen Organisation. Psychologisch und ideologisch bedeutsam wurde der Begriff im Nationalsozialismus; angeblich im Rückgriff auf altgermanische Traditionen und unter Verletzung verfassungsrechtlicher Bestimmungen galten Loyalität und Untergebenheit nur der Person HITLERS, »des Führers«. Der Ausdruck F. symbolisiert den irrationalen, auf Unterwerfung des Einzelnen unter den Befehl HITLERS ausgerichteten Charakter des Nationalsozialismus.

fünfte Kolonne: Schlagwort zur Bezeichnung politischer Gruppen, die in Krisenzeiten oder während eines Kriegs im Interesse einer auswärtigen Macht politische Ziele verfolgten. Der Begriff f. K. entstand 1936 während des Spanischen Bürgerkriegs, als einer der Führer des Aufstands gegen die Republik, General MOLA, auf die Frage, welcher seiner vier Truppenverbände (»Kolonnen«) das von den Republikanern verteidigte Madrid einnehmen würde, antwortete, dass dies in erster Linie von den (getarnten) Anhängern des Aufstands in Madrid, die er als f. K. bezeichnete, geleistet werde.

Fürst [von althochdeutsch furisto »Erster«, »Vorderster«]: seit dem Mittelalter Bezeichnung für die höchste Schicht des Adels, die durch ihre besondere Königsnähe an der Herrschaft über das Reich teilhatte. Die F. hatten das Recht der Königswahl und die ► *Fortsetzung auf S. 179*

Hochkulturen entstanden erstmals Ende des 4. vorchristlichen Jahrtausends: das pharaonische Ägypten im Niltal und Mesopotamien am Unterlauf der Flüsse Euphrat und Tigris im heutigen Irak und in Syrien. Weitere bildeten sich um 2300 bzw. 1600 v. Chr. in den Einzugsgebieten des Indus im heutigen Pakistan, die sog. Harappakultur, und des Hoangho (Gelber Fluss) im China der Shangdynastie auf. In Mittelamerika gelten die Kulturen der Maya im südlichen Tiefland des Golfs von Mexiko (ca. 1000 v. Chr. bis 10. Jh. n. Chr.) und der ↑Azteken (seit ca. 1200–1521 n. Chr.) in der zentralmexikanischen Hochebene als frühe Hochkulturen, in Südamerika das Reich der ↑Inka (1350–1533 n. Chr.). Ob auch die kretisch-minoische Kultur (2600 bis ca. 2000 v. Chr.) dazuzählt, ist umstritten.

Hochkulturen heben sich von den jungsteinzeitlichen Ackerbaukulturen, die ihnen zeitlich vorausgingen, durch eine Reihe von Merkmalen ab, darunter eine entwickelte Staatlichkeit, eine weit gehende soziale Differenzierung und hoch entwickelte Kulturtechniken wie Schrift und Mathematik.

Die Entstehung der ersten Staaten – Zufall?

Die frühen Hochkulturen waren isolierte, seltene Phänomene, deren Aufkommen im Grunde geringe Wahrscheinlichkeit hatte, bedenkt man, dass es die Menschheit in ihrer langen Vorgeschichte immer vermied, sich in Staaten zusammenzufinden. Man hat ihre Entstehung davon abgeleitet, dass die Hochkulturen der alten Welt in Schwemmlandgebieten entstanden waren. Die Fruchtbarkeit des Landes und die künstlichen Bewässerungssysteme konnten nicht nur die Existenz einer großen Zahl von Menschen über Generationen hinweg sicherstellen, sondern band diese Menschen auch in einer engen ökologischen Symbiose an das Territorium, das sie bewirtschafteten. Dies wurde besonders deutlich in dem engen grünen Bereich des von Wüste umgebenen Niltals. Die Bewohner eines solchen sozioökologischen »Käfigs« konnten relativ leicht einer permanenten, zentralisierten staatlichen (Zwangs-)Gewalt unterworfen werden.

Stadtkulturen

Alle Hochkulturen – am wenigsten noch Ägypten – waren ausgeprägte Stadtkulturen. Kennzeichnend für die Städte mit bis zu mehreren Hunderttausend Einwohnern waren monumentale Großbauten als zeremonielle Zentren wie die mesopotamischen Stufentempel, die Zikkurat. Dagegen befanden sich die ägyptischen Pyramiden als eine Art Totentempel in der Wüste, am Rande des bewohnbaren Landes. Sie zählen immer noch zu den gewaltigsten Bauten der Menschheit.

Um solche Bauwerke zu errichten, musste eine große Zahl von Menschen von der Feldarbeit freigestellt und aus gehorteten Überschüssen ernährt werden. Getreidespeicher sind daher eine für Hochkulturen typische Gebäudeform, häufig sind sie Teil

Die ursprünglich dreistufige Zikkurat der sumerischen Stadt Ur wurde Ende des 3. Jts. v. Chr. für den Mondgott Nanna, den Stadtgott von Ur, erbaut und bis ins 6. Jh. v. Chr. immer wieder erneuert.

der Tempel wie in Mesopotamien oder der Paläste wie in Knossos auf Kreta. Die Stadtanlage zeigt oft einen hohen Grad an Planung. Die Städte der Induskultur, der chinesischen Shangdynastie oder die Aztekenhauptstadt Tenochtitlán waren durch ein Netz von Straßen bzw. Kanälen schachbrettartig gegliedert. Die mesopotamischen Städte beeindrucken durch ihre mächtigen Stadtmauern.

Das alte Ägypten ist ein frühes Beispiel einer hoch entwickelten und sozial differenzierten Agrargesellschaft. Die Landvermessung gilt als Erfindung der Ägypter und diente zur Berechnung der Grundsteuer (Wandmalerei aus dem Grab des »Ackervorstehers des Amun« Menena in Theben-West, aus der Zeit Thutmosis IV.).

Eine Gesellschaft mit starker sozialer Differenzierung

Während sich die prähistorischen Gesellschaften dezentral über Verwandtschaftsgruppen (Klans) organisierten, sind Hochkulturen hierarchisch aufgebaut mit deutlich ausgeprägten Status- und Besitzunterschieden. An der Spitze stand ein König, der wie der ↑Pharao oder der Inkafürst die Inkarnation eines Gottes sein konnte (↑Theokratie) oder auf andere Weise (Charisma) ausgezeichnet war. Darunter versammelte sich eine Funktionselite aus Priestern, Beamten und Kriegern. Die obersten Ränge der Verwaltung und politischen Führung waren der Oberschicht vorbehalten. Bauern und Landarbeiter bildeten die Masse der Bevölkerung und führten ein Leben am Rande des Existenzminimums. Am Ende der sozialen Hierarchie standen die Sklaven, die vor allem in kriegerischen Gesellschaften zahlreich waren, besonders in jenen, die wie die Shang und die Azteken Menschenopfer darbrachten. Der erwirtschaftete Überschuss an Nahrungsmitteln begünstigte die Entstehung spezialisierter Berufe: Handwerker, Erzeuger von Prestigegütern (Schmuck, Waffen), Ärzte, Künstler und Kaufleute.

Die wichtigsten Bereiche des Wirtschaftslebens, die Produktion von Nahrungsmitteln und der Fernhandel mit Grundstoffen und Prestigegütern, unterlagen weitgehend staatlicher Verwaltung. Diese zog Steuern in Form von Getreidabgaben ein und kümmerte sich um Vorratshaltung und Wiederverteilung der Güter. Das geschah in Ägypten durch einen Apparat schreibkundiger Beamter, in Mesopotamien durch die Tempel.

Effizienz durch Dokumentation und Kommunikation

Um effektiv zu sein, entwickelten alle Hochkulturen ein Rechensystem, standardisierte Maße und Gewichte und eine Schrift. Später diente die Schrift auch anderen Zwecken: zur Dokumentation von Gerichtsprozessen oder historischen Ereignissen – also zur Regierungspropaganda –, für religiöse oder naturwissenschaftliche Texte oder zur Korrespondenz. Nur die Inkas kannten keine Schrift, beschäftigten aber Gedächtnisspezialisten und bedienten sich zur Übermittlung von Nachrichten eines Schriftersatzes in Form von verknoteten Schnüren, Quipu genannt. Eine weitere wichtige Kulturtechnik, die Mathematik, diente ebenfalls der Verwaltung, zusammen mit der Astronomie und dem Kalender: Sie spielte auch eine Rolle für religiös-magische Praktiken.

Die in eine Stele in Keilschrift eingemeißelte Gesetzessammlung des babylonischen Königs HAMMURAPI (um 1700) verdeutlicht, wie wichtig Kommunikationsmittel zur Stabilisierung staatlicher Herrschaft sind. Waren Gesetze schriftlich fixiert, konnte der in ihnen enthaltene königliche Machtanspruch ohne Abstriche im gesamten Reich einheitlich durchgesetzt werden. Ein anderes beeindruckendes Beispiel ist das 15000 km lange Straßennetz der Inkas, das der schnellen Übermittlung und Verbreitung von Nachrichten sowie der Versorgung von Truppen diente.

Entwicklung und Bedeutung der Hochkulturen

Die politische Geschichte der frühen Hochkulturen verlief unterschiedlich. Ägypten konnte seine politische Einheit über Zeiten des Zerfalls und der Fremdherrschaft hinweg über mehr als 3000 Jahre bis zur Eingliederung in das Römische Reich bewahren. Das geographisch exponiertere Mesopotamien hatte ebenso wie das China der Shang eine bewegtere und kriegerische Geschichte. In beiden Fällen wurde die dominierende politische Formation von Grenzvölkern beerbt. Die Akkader und später die Assyrer folgten den Sumerern in Mesopotamien, die Chou- der Shangdynastie in China. Dabei blieben die erreichten kulturellen Standards jedoch erhalten.

Zu den großen Leistungen einer Hochkultur gehört oft die Entwicklung eines eigenen Kalendersystems; abgebildet ist ein fast 4 m hoher aztekischer Kalenderstein.

Während die Induskultur um 1800 v. Chr. aus der Geschichte verschwand und die Mayakultur seit dem 8. Jh. n. Chr. einen Niedergang erlebte – die Gründe sind jeweils ungeklärt –, brachen die Reiche der Azteken nach dem Zusammenstoß mit den kleinen Truppen der spanischen Konquistadoren Anfang des 16. Jh. beinahe widerstandslos zusammen. War die Spitze der Herrschaftspyramide beseitigt oder verunsichert, stürzte das gesamte System, dessen Schlussstein der Herrscher war, ein. Dagegen übernahmen die fremden Eroberer Ägyptens die Kultur des Landes und ihre Könige wurden selbst Pharaonen.

Die Hochkulturen beschleunigten die historische Entwicklung im Vergleich mit vorherigen Epochen deutlich. Als besonders wirkungsmächtig erwiesen sich die nahöstlichen Hochkulturen von Ägypten und Mesopotamien. Ihre Errungenschaften wurden von den Zivilisationen der Griechen und Araber zu rationalen Instrumenten zur Beherrschung der innern und äußeren Welt entwickelt, die bis heute in Gebrauch sind. ■

In den Museen verschiedener europäischer Hauptstädte findet man v. a. Überreste vorderasiatischer Hochkulturen: Ägyptisches Museum (Berlin) sowie die vorderasiatische Abteilung im Pergamon-Museum (Berlin), British Museum (London), Louvre (Paris).

HERZOG, ROMAN: *Staaten der Frühzeit. Ursprünge und Herrschaftsformen.* München ²1998. ▪ OLIPHANT, MARGARET: *Atlas der Alten Welt. Eine atemberaubende Reise zu den Hochkulturen der Menschheit.* Lizenzausgabe München 2000. ▪ *Die siebzig großen Geheimnisse der alten Kulturen,* hg. v. BRIAN FAGAN. Frankfurt am Main 2001.

◂ *Fortsetzung von S. 175* Pflicht, bei Entscheidungen in Angelegenheiten des Reichs mitzuwirken. War die Schicht der F. zunächst nach unten nicht völlig abgeschlossen, so entstand im 12. Jh. ein geschlossener Reichsfürstenstand (↑Reichsfürst), dem nach den ↑Fürstenprivilegien FRIEDRICHS II. im 13. Jh. auch die Landesherrschaft in den Territorien zufiel. Aus den F. bildete sich im 13. Jh. der engere Kreis der Königswähler (↑Kurfürsten) heraus. Weltliche und geistliche Reichsfürsten hatten Sitz und Stimme im Reichstag.

Fürstabt: Titel eines Abtes, der zum Reichsfürstenstand gehörte. Der Titel geht zurück auf die merowingisch-karolingische Reichsreform, die nur Äbte von Benediktinerklöstern mit Reichsgut ausstattete. Sie gewannen im Spätmittelalter auf dem Reichstag die ↑Virilstimme. Von den Fürstabteien und F. sind die reichsunmittelbaren Abteien (mit **Reichsäbten**) zu unterscheiden, die im Reichstag mit ↑Kuriatstimmen auf der Rheinischen und Schwäbischen ↑Prälatenbank saßen.

Fürstbischof: im Heiligen Römischen Reich Titel der Bischöfe im Fürstenrang. Der Titel entwickelte sich seit dem Frühmittelalter aus Herrschafts- und Hoheitsrechten, aus der Verwaltung von Reichsgut und aus dem Reichsdienst durch Angehörige der Geistlichkeit in der ↑ottonisch-salischen Reichskirche. Der ↑Investiturstreit und das ↑Lehnswesen förderten die Einbeziehung der Bischöfe in den Reichsfürstenstand; die »Confoederatio cum principibus ecclesiasticis« von 1220 (↑Fürstenprivilegien) schloss diese Entwicklung ab.

Fürstenbank: ↑Reichsfürstenrat.

Fürstenbund: ↑Deutscher Fürstenbund.

Fürstenprivilegien: zwei Reichsgesetze Kaiser FRIEDRICHS II. aus den Jahren 1220 und 1231/32. In der **Confoederatio cum principibus ecclesiasticis** (»Bündnis mit den geistlichen Fürsten«), das FRIEDRICH II. 1220 auf Drängen der geistlichen Fürsten erließ, um damit die Königswahl seines Sohnes HEINRICH (VII.) zu sichern, wurden diesen Fürsten in ihren Territorien eine Reihe wichtiger ↑Regalien (wie das Münz-, Markt-, Zoll- und Befestigungsrecht) sowie eine eigene Gerichtsbarkeit überlassen, Rechte, die faktisch schon seit geraumer Zeit von diesen Fürsten ausgeübt wurden. Im **Statutum in favorem principum** (»Gesetz zugunsten der Fürsten«), das 1231 von HEINRICH (VII.) erlassen und 1232 von FRIEDRICH II. bestätigt wurde, wurden die gleichen Rechte nun auch den weltlichen Fürsten zugebilligt; daneben trug dieses Gesetz noch eine deutliche Spitze gegen die Städte, denen die Ausdehnung ihres Besitzes und ihrer Gerichtsbarkeit auf die ländliche Umgebung, die Aufnahme von ↑Pfahlbürgern und die Bildung von ↑Städtebünden untersagt wurde. Über die Bedeutung der F. für den Niedergang der Königsmacht im Reich bestehen in der Geschichtswissenschaft kontroverse Interpretationen.

Fürstenspiegel: Schriften, die Regeln für das Handeln eines Fürsten aufstellen, teils als Lebensbeschreibung eines idealen Herrschers, teils als allgemeine Darstellung von Pflichten und Tugenden eines Herrschers. Gelegentlich dienten F. auch als Anleitung zur Erziehung junger Fürsten. Blütezeit der F. war das 16. Jh., seit dem 18. Jh. wurden sie allmählich von den ↑politischen Testamenten abgelöst. Berühmte F. sind: XENOPHONS »Kyropädie« (um 362 v. Chr.), THOMAS VON AQUINS »De regimine principum« (1265/66), ERASMUS VON ROTTERDAMS »Institutio principis christiani« (1517), MACHIAVELLIS »Il principe« (1532), FÉNELONS »Télémaque« (1699) und WIELANDS »Goldener Spiegel« (1772).

Fürstentum: im Mittelalter das Herrschaftsgebiet eines Angehörigen des Fürstenstandes, in der Neuzeit reichsunmittelbares Territorium mit einem Fürsten als Oberhaupt. Im Frühmittelalter entsprach der allgemeinen Bezeichnung eines hohen Adligen als ↑Fürst kein regional zu verstehender Begriff F., da die Personengruppe der Fürsten auf den König bezogen oder als Führungsschicht eines Stammes verstanden wurde. Die meist Herzogtümer genannten Einheiten waren der ursprüngliche Typ des F. Erst mit der Herausbildung eines Reichsfürstenstandes konnte der Begriff F. auf die Besitzungen der weltlichen und geistlichen Fürsten übergehen. Kennzeichen des F. war es, zwar ein Glied des Reichs, aber nicht Eigentum des Reichs zu sein.

Fürstprimas: Titel, der 1806 durch die Rheinbundakte dem Reichsfreiherrn K. Th. von Dalberg als Präsident der Bundesversammlung und Kanzler des Rheinbundes verliehen wurde.

Füsilier [von französisch fusil »Flinte«, »Gewehr«]: ursprünglich Bezeichnung für die unter Ludwig XIV. mit Steinschlossgewehren ausgerüsteten Soldaten, später allgemeine Bezeichnung für die v.a. zur Führung des Schützengefechts bestimmte leichte Infanterie.

G

G-8: Treffen der acht wichtigsten Industriestaaten, ↑Weltwirtschaftskonferenz.

Gallikanismus: kirchenrechtliches und staatsrechtliches Lehrsystem, das die Grundlage des vom 15. Jh. bis 1789 in Frankreich bestehenden ↑Staatskirchentums bildete. Entstanden unter dem Einfluss der spätmittelalterlichen Reformkonzilien (↑Konziliarismus, ↑Episkopalismus), schränkte der G. den päpstlichen Einfluss auf die französische Kirche zugunsten weitgehender Kontroll- und Eingriffsrechte der Bischöfe und des Königs in kirchliche Angelegenheiten ein. Durch die **Pragmatische Sanktion von Bourges** (1438) erstmals zum Staatsgesetz erhoben, fand der G. seine endgültige Form 1682 in der Erklärung der **Gallikanischen Freiheiten** (formuliert in den vier Gallikanischen Artikeln), in der u.a. die Oberhoheit des Konzils über den Papst festgelegt wurde, d.h., dass die päpstlichen Entscheidungen der Zustimmung der Gesamtkirche bedürfen. Das seit der Französischen Revolution geltende Prinzip der Trennung von Staat und Kirche entzog dem G. seine Basis.

Gallischer Krieg: der von Cäsar als Prokonsul und Statthalter der Provinzen Gallia Cisalpina und Gallia Transalpina (Narbonensis) 58–51 v.Chr. gegen das noch freie Gallien geführte Krieg. Auslösendes Moment war die Wanderungsbewegung der Helvetier nach Westen, vermutlich unter dem Druck nachrückender anderer germanischer Völker; als die Helvetier auf ihrem Zug die Äduer, Bundesgenossen Roms, bedrängten, schlug Cäsar sie bei Bibracte. Nach dem Sieg über den Swebenkönig Ariovist im gleichen Jahr (58 v.Chr.) setzte Cäsar die Eroberung Galliens fort, die 56 v.Chr. so weit abgeschlossen war, dass in den folgenden Jahren über Gallien hinausführende Unternehmen durchgeführt werden konnten (die beiden Rheinübergänge 55 und 53 v.Chr. sowie Expeditionen nach Britannien 55 und 54 v.Chr.). Nachdem Cäsar die ganz Gallien erfassende Erhebung unter Vercingetorix 52 v.Chr. niedergeworfen hatte, konnte das Land ab 51 als endgültig befriedet angesehen werden.

Gan|erbe: Mitglied einer Erbengemeinschaft, die nur gemeinsam die mit einem Erbe verbundenen Rechte ausüben und nutzen durfte. Voraussetzung v.a. bei bäuerlichen Ganerbschaften war häufig eine gemeinsame Haushaltsführung, während es in adligen Kreisen oft zu einer Nutzteilung des rechtlich als Gesamteigentum weiter bestehenden Erbes und zu getrennten Haushalten kam.

Gasteiner Konvention: Vertrag vom 14. August 1865 zwischen Preußen und Österreich, der die gemeinsame Verwaltung der beiden Elbherzogtümer Schleswig (von Preußen verwaltet) und Holstein (von Österreich verwaltet) regelte, die beide seit dem 2. Deutsch-Dänischen

Krieg 1864 (↑Deutsch-Dänische Kriege) unter preußisch-österreichischer Oberhoheit standen. Die G. K. proklamierte Kiel als Bundeshafen für die geplante Flotte des Deutschen Bundes; Preußen erhielt Durchgangsrechte und das Recht zum Bau eines Kanals durch Holstein. Österreich trat gegen finanzielle Entschädigung das Herzogtum Lauenburg an Preußen ab. Die G. K. konnte zwar für kurze Zeit das gespannte Verhältnis zwischen Preußen und Österreich überdecken, doch blieben die Gegensätze bestehen und führten zum ↑Deutschen Krieg von 1866.

Gau:

◆ in germanischer Zeit der von einem oder mehreren Sippenverbänden oder einem Stammesteil besiedelte Raum, oft der Herrschaftsbereich eines Unterkönigs (Gaukönig).

Die Neueinteilung Galliens durch die Römer brachte einerseits eine Zusammenlegung der zahlreichen Kleingaue zu Großgauen, gleichsam Landkreise mit einem Verwaltungsmittelpunkt, andererseits eine Verkleinerung der Gaue bis zur teilweisen Gleichsetzung mit dem Dorf. Im westfränkischen Reichsteil wurde der G. als Verwaltungsbezirk beibehalten, daneben galt im Ostfränkischen Reich der Begriff G. auch für Burg- und Königsgutsbezirke und Gerichtssprengel.

◆ territoriale Organisationseinheit der NSDAP; der G. umfasste ein Land, eine Provinz oder einen Regierungsbezirk.

Gaullismus [französisch goˈlɪsmʊs]: Bezeichnung für die Gesamtheit der politischen, sozialen, wirtschaftlichen und kulturellen Ideen in Frankreich, die CH. DE GAULLE seit 1940 verfocht und die zur Grundlage der politischen Bewegungen wurden, die sich zur Unterstützung seiner Ziele bildeten (in einem festen organisatorischen Rahmen 1944–53 und erneut ab 1958).

Der G. wurde 1958 mit der Rückkehr DE GAULLES zur Macht und mit der Einführung der gaullistisch geprägten Verfassung zum tragenden Element der Fünften Republik. Gestützt auf ein ↑Präsidialsystem mit stark plebiszitären Zügen, vertritt der G. nach innen eine Wirtschafts- und Sozialpolitik mit starker staatlicher Einflussnahme und Fürsorge. Außenpolitische Handlungsmaxime ist die Wiederherstellung und Wahrung der nationalen Größe und Unabhängigkeit Frankreichs. Der Rücktritt DE GAULLES (1969) löste längerfristig eine Krise des G. aus. Seit Mitte der 70er-Jahre organisierte sich dieser neu (**Neogaullismus**).

Gaullismus: Angesichts der sich abzeichnenden französischen Niederlage (Besetzung von Paris durch deutsche Truppen am 14. Juni 1940) rief General Ch. de Gaulle am 18. Juni 1940 von London aus über Rundfunk die Franzosen auf, den Widerstand gegen die Achsenmächte fortzusetzen. In der Folgezeit trat er an die Spitze der Résistance und entwickelte seine Ideen zur Neugestaltung Frankreichs nach dem Krieg.

Gaza-Jericho-Abkommen: ↑Nahostkonflikt.

Geblütsrecht: im Mittelalter das Anrecht der Blutsverwandten einer Herrscherfamilie, die Nachfolge anzutreten oder zum Herrscher gewählt zu werden. Das in vorchristlichen Vorstellungen von dem besonderen Heil der Königssippe wurzelnde G. konnte sich zum Erbrecht wandeln, aber auch durch das Prinzip der freien Wahl zurückgedrängt werden. – Siehe auch ↑Königswahl.

Gefolgschaft: bei den Germanen ein Beziehungsverhältnis zwischen einem

G

mächtigen Herrn (dem König) und Freien, die durch **Gefolgschaftseid (Kommendation)** ein persönliches Treueverhältnis zu ihrem Herrn eingegangen waren. Der Gefolgsmann (auch Degen genannt) verpflichtete sich zu Dienstleistungen, die eines Freien würdig waren (meist Kriegsdienst); der Herr sicherte dafür den Lebensunterhalt des Gefolgsmannes, seit dem Frühmittelalter meist durch die Vergabe eines Lehens. In der Zeit der Völkerwanderung blühte das Gefolgschaftswesen auf und wurde zu einer Wurzel des ↑Lehnswesens.

Gegenkönig: der dem herrschenden König entgegengestellte, von einer Gruppe der Fürsten gewählte König; in der deutschen Geschichte des Mittelalters kam es zur Aufstellung eines G. v.a. in der Zeit seit dem Investiturstreit bis zur Regelung der Königswahl durch die ↑Goldene Bulle (1356), die die Wahl eines G. kaum noch zuließ.

Gegenreformation: erstmals 1776 von dem Göttinger Juristen J. S. Pütter verwendeter Begriff für die Rückführung protestantischer Gebiete zum Katholizismus in der Zeit vom ↑Augsburger Religionsfrieden (1555) bis zum ↑Westfälischen Frieden (1648), später auch als Epochenbegriff für diesen Abschnitt der deutschen Geschichte verwendet. Bei dem Vorgang der G. ist zu unterscheiden zwischen religiös bestimmter, innerer Erneuerung der katholischen Kirche und vorwiegend politisch bestimmter, mit staatlichen Machtmitteln gewaltsam vorgenommener Rekatholisierung.

Die zunächst im Heiligen Römischen Reich einsetzende G. (entsprechend dem unterschiedlichen Verlauf der Reformation in anderen europäischen Ländern setzte auch die G. hier erst später ein) stützte sich seit 1555 auf das ↑Ius reformandi aller weltlichen Landesherren bzw. auf die Schutzklausel des geistlichen Vorbehalts, wie sie beide im Augsburger Religionsfrieden verankert waren. Während um 1555 nur noch etwa 10% der Bevölkerung des Reichs katholisch waren, hatte sich der Anteil bis 1629, dem Höhepunkt der G. (↑Restitutionsedikt) wieder auf fast 40% erhöht. Eine bedeutende Rolle spielten dabei der 1540 gegründete Orden der ↑Jesuiten und die in der Volkspredigt tätigen ↑Kapuziner. Vorkämpfer der G. waren Herzog Albrecht V. von Bayern (ab 1568), gefolgt von den geistlichen Fürstentümern (zuerst Fulda und Würzburg), und die Habsburger (v.a. in Innerösterreich).

Die G. führte als Teil der allgemeinen politischen Konfessionalisierung in den als Religionskrieg beginnenden ↑Dreißigjährigen Krieg, an dessen Ende mit dem Westfälischen Frieden 1648 der G. reichsrechtlich ein Ende gesetzt wurde. Im übrigen Europa wurde im 17. Jh. Polen von den Jesuiten vollständig für den Katholizismus zurückgewonnen. In Frankreich wurde die G. wirksam in den ↑Hugenottenkriegen und gipfelte in der Aufhebung des Edikts von ↑Nantes 1685, was zu einer Auswanderung eines Großteils der ↑Hugenotten führte. Dagegen scheiterte die G. in England und in Schweden.

Geheimdienste: staatliche Organisationen, die vorwiegend geheime Informationen militärischer, politischer, wirtschaftlicher und wissenschaftlicher Natur sammeln und auswerten, die auch Sabotage und Spionage betreiben sowie der Sabotage- und Spionageabwehr dienen. Dabei wird in den meisten Staaten zwischen militärischen und politischen G. unterschieden; v.a. Letztere wirken oft auch im Innern eines Staates, um eine mögliche Bedrohung des bestehenden staatlichen Systems auszuschalten.

Den G. mit der ältesten organisatorischen Tradition besitzt Großbritannien, den Secret Service, dessen Anfänge bis ins 14. Jh. zurückreichen und neben dem noch Scotland Yard und G. der Marine und des Heeres bestehen. In Frankreich nehmen das Deuxième Bureau und die Sûreté Nationale geheimdienstliche Funktionen wahr, in den USA die Cen-

tral Intelligence Agency (CIA) und das Federal Bureau of Investigation (FBI). In der UdSSR entstanden als Nachfolgeorganisationen der zaristischen Ochrana die Tscheka (Außerordentliche Kommission), die staatliche politische Verwaltung (GPU), das Volkskommissariat für Innere Angelegenheiten (NKWD), das Ministerium für Innere Angelegenheiten (MWD) und das Komitee für Staatssicherheit (KGB). Nach dem Zerfall der UdSSR (1991) organisierten sich die G. in ihren Nachfolgestaaten (v.a. in Russland) neu.
Im Deutschen Reich war bis 1918 die Abteilung III B des Großen Generalstabs mit geheimdienstlichen Aufgaben betraut, deren Nachfolge die dem Reichswehr-, ab 1935 dem Reichskriegsministerium zugeordnete Abwehr übernahm; nach 1933 traten neben die Abwehr Abteilungen der ↑Gestapo und des Sicherheitsdienstes der ↑SS, die ab 1939 nach und nach dem Reichssicherheitshauptamt zugeordnet wurden. Die Nachfolge des militärischen G. Fremde Heere Ost übernahm unter amerikanischer Regie 1945 die Organisation Gehlen, aus der 1956 der Bundesnachrichtendienst (BND) hervorging. Daneben besteht in (der Bundesrepublik) Deutschland (seit 1950) das Bundesamt für Verfassungsschutz und der Militärische Abschirmdienst (MAD). In der DDR verband die ↑Stasi die Sicherung der SED-Herrschaft mit Auslandsspionage.

Geheime Staatspolizei: ↑Gestapo.

Geißler: ↑Flagellanten.

geistliche Fürsten: im Heiligen Römischen Reich (bis 1803) hohe Geistliche, die dem Reichsfürstenstand angehörten. In der ↑ottonisch-salischen Reichskirche wurden die g. F. als Helfer des Königs in der Regierung des Reiches bevorzugt und vermehrt mit Reichsgut und -rechten ausgestattet. Der ↑Investiturstreit leitete die Angleichung an die weltlichen Fürsten ein. Durch die neue Form der Investitur und durch Einbeziehung in das Lehnssystem wurde das Reichskirchengut mehr und mehr dem Reichsgut entfremdet (↑Zepterlehen).

geistlicher Vorbehalt: ↑Augsburger Religionsfriede.

Geld: Die Miniatur aus dem späten 14. Jh. zeigt die Geschäftigkeit in einem italienischen Bankhaus. Im oberen Raum werden die Goldtruhen aufbewahrt und die Münzen gezählt, im unteren Bildabschnitt werden Einlagen oder Überweisungen getätigt.

Geld: allgemeines Tausch-, Zahlungs- sowie Wertaufbewahrungs- und Wertbemessungsmittel im Waren- und Dienstleistungsverkehr.
Die Ausdehnung von Tauschgeschäften und Handel erforderte einen Wertmaßstab, ein **Rechengeld,** für die getauschten Waren. Dies geschah z.B. in Mesopotamien bereits im 4./3. Jt. v.Chr. durch Umrechnung aller Forderungen in Silber. Die Bezahlung selbst erfolgte jedoch meist in Getreide. In anderen Kulturen

wurde mit Vieh (lateinisch: pecus »Vieh«, daher auch pecunia »Geld«) gerechnet.

Wegen seiner Haltbarkeit und beliebigen Teilbarkeit in kleinere Einheiten setzte sich v.a. Metall (besonders Gold, Silber) als G. in Gestalt der **Münze** (Dukaten, Gulden, Pfennig u.a.) durch. Die Notwendigkeit, für bestimmte Unternehmungen und Bedürfnisse, G. zu leihen sowie die unterschiedliche Bewertung des G. ließ im Mittelalter das Bankwesen entstehen. Neben der Münze wurde seit dem 17.Jh. das von seinem eigenen Materialwert unabhängige, aber an dem ihm zugeordneten Metallwert (v.a. Gold, Silber) gebundene Papiergeld als Zahlungsmittel immer wichtiger. Im Rahmen des Lehnswesens führte die Verleihung des Münzprägerechts zu einer starken Aufsplitterung des Münzwesens (↑Münzhoheit). In der Neuzeit zog der Staat das **Währungsmonopol** an sich. Im 20.Jh. wurde die Bindung des Papiergeldes z.B. an das Gold aufgegeben. Neuerdings hat sich die bargeldlose Zahlweise in Form von Karten (z.B. Telefonkarte) durchgesetzt.

Geleit: Begleitung (meist durch bewaffnetes Gefolge) zum Schutz von Reisenden vor drohenden Gewalttätigkeiten (Raub und Überfall). Ursprünglich königliches Hoheitsrecht (↑Regalien), ging im 13.Jh. das **Geleitrecht** auf die Landesherren über. Der von dem Reisenden oft durch Zahlung eines **Geleitgeldes** erworbene Anspruch auf G. wurde in einem **Geleitbrief** bestätigt. – Das einem Angeklagten zugesagte **freie (sichere) Geleit** gewährte ihm unbehinderten Zu- und Abgang zum Gericht.

Gemeiner Pfennig: Bezeichnung für die auf dem Wormser Reichstag 1495 beschlossene, auf vier Jahre beschränkte Reichssteuer, die zur Deckung der Kosten des ↑Reichskammergerichts und der von König MAXIMILIAN I. bewilligten Reichshilfe dienen sollte.

gemeines Recht: allgemein geltendes Recht eines Staates, im Gegensatz zum besonderen (partikularen) Recht bestimmter Provinzen oder Personen. In Deutschland versteht man seit der Ordnung des ↑Reichskammergerichts (1495) unter »des Reichs gemeinen Rechten« meist das römische Privat- und Prozessrecht, doch konnte der Begriff auch auf das Völker-, Straf- oder Lehnsrecht bezogen sein. Das g.R. behielt in Deutschland Vorrang bis zum In-Kraft-Treten des ↑Bürgerlichen Gesetzbuches (1900).

Gemeinschaft Unabhängiger Staaten, Abk. GUS: eine 1991 von zwölf souveränen Staaten in Osteuropa, Kaukasien und Mittelasien gegründete Staatenverbindung.

Gendarm [ʒanˈdarm; von französisch gens d'armes »bewaffnete Männer«]: ursprünglich die Edelleute, die dem französischen König als Leibwache dienten, seit der Mitte des 15.Jh. Bezeichnung für die Angehörigen der schweren Reiterei in den europäischen Heeren. Im 19.Jh. war die **Gendarmerie** die militärisch organisierte Land- und Feldpolizei.

General [von lateinisch generalis »allgemein«]: Bezeichnung für einen Angehörigen der höchsten militärischen Dienstgradgruppe, seit dem 15.Jh. als Bezeichnung des Höchstkommandierenden entstanden durch die Verkürzung von französisch **Capitain génerál;** in Deutschland ähnlich aus **Generaloberst** verkürzt.

Generalgouvernement [-guvɛrnəmã]: Bezeichnung für den von der deutschen Wehrmacht im ↑Zweiten Weltkrieg besetzten Teil Polens.

Generalplan Ost: Plan H. HIMMLERS zur Zwangsumsiedlung von Polen, Tschechen, Weißrussen und Ukrainern nach Sibirien (50 Mill. Menschen).

Generalstaaten: erstmals 1464 von Herzog PHILIPP DEM GUTEN von Burgund nach französischem Vorbild einberufene allgemeine Landesvertretung seiner niederländischen Besitzungen. Von den französischen ↑Generalständen unterschieden sich die G. dadurch, dass sie aus bevollmächtigten Abgesandten der ↑Provinzialstände mit weisungsgebundenem Mandat bestanden. Ursprünglich nur zur Bewilligung außerordentlicher Steuern eingesetzt, konnten sie 1477 mit dem Großen Privileg ihre Rechte bedeutend erweitern (u.a. das Verbot jeglicher Kriegführung des Landesherrn ohne Zustimmung der G.).

Nach der Spaltung der 17 Provinzen der Niederlande 1579 in den Teil der Union von Arras und die sieben aufständischen Provinzen der Union von Utrecht (↑Niederländischer Aufstand) wurden die Generalstände der aufständischen Provinzen nach der Trennung von Spanien zu den G. schlechthin. Seit 1585 tagten diese G., in denen jede Provinz eine Stimme hatte, in Den Haag und übernahmen 1593 in Rivalität mit den Trägern der Statthalterwürde die Regierung. Zu ihren Aufgaben gehörten v.a. die Außenpolitik, die oberste Finanzverwaltung, die Sorge für Heer und Flotte sowie die Herrschaft über die Generalitätslande (die während des Freiheitskampfs besetzten südlich angrenzenden Provinzen, die sich nicht der Utrechter Union angeschlossen hatten und nicht in den G. vertreten waren). Wichtige Beschlüsse konnten die G. nur einstimmig fassen. Der Ratspensionär, der von den Ständen der Provinz Holland gewählte höchste Beamte, gehörte ständig zu den Deputierten der G. sowie zu den Mitgliedern der ständigen Ausschüsse (Polizei-, Finanz- und Marinerat). Der Name G. wurde von diesem Regierungsorgan auf die Niederlande selbst übertragen.

Nach der Teilnahme am 1. Koalitionskrieg (↑Koalitionskriege) gegen Frankreich wurden die Niederlande von den Franzosen besetzt, und am 1. März 1796 mussten die G. ihre Befugnisse an die Nationalversammlung der von NAPOLEON I. geschaffenen Batavischen Republik abtreten. – Mit der Verfassung von 1814 ging der Name G. auf das niederländische Parlament über.

Generalstab: Einrichtung in nahezu allen Armeen der Welt zur Vorbereitung und Durchführung militärischer Operationen; der G. besteht aus ausgewählten und ausgebildeten Offizieren.

Generalstände: allgemein die Versammlung der Stände (↑Landstände) mehrerer Territorien eines Herrschers. So waren die **États généraux** in Frankreich bis zur Französischen Revolution 1789 die Versammlung von Vertretern der drei Stände, des Adels, des Klerus und der städtischen Körperschaften des ganzen Landes. 1302 erstmals berufen, erlangten die G. über ihr Recht der Bewilligung allgemeiner Steuern hinaus nur um die Mitte des 14. Jh. und zu Beginn des 15. Jh. sowie im 16. Jh. unmittelbar vor und während der Hugenottenkriege größere Bedeutung. Die letzten G. vor der Revolution tagten 1614, danach wurden sie durch das absolutistische Königtum völlig ausgeschaltet. Ihre Wiederberufung 1789 führte zur ↑Französischen Revolution.

Genfer Konventionen: in Genf geschlossene völkerrechtliche Verträge. Ausgehend von den Hilfsmaßnahmen des Schweizer Kaufmanns H. DUNANT in der Schlacht von Solferino 1862 und der Gründung des Roten Kreuzes traten die europäischen, ab 1906 auch außereuropäische Mächte den Abmachungen bei, die grundsätzliche Fragen des internationalen humanitären Kriegsrechts regeln. In den Vereinbarungen von 1864, 1906, 1919 und 1949 verpflichteten sich die Unterzeichnerstaaten im Falle eines Konflikts zum Schutz der Verwundeten, der Kriegsgefangenen, des Sanitätspersonals und der Zivilbevölkerung. Vereinbarungen zum Seekrieg ergänzten die ↑Haager Landkriegsordnung. Ein Abkommen von 1977 regelt den Status von Untergrundkämpfern unter rassistischer und kolonialer Herrschaft sowie die Einschränkung der Flächenbombardierungen.

Genossenschaft: im alten deutschen Recht die Gemeinschaft derer, die an bestimmten Sachen oder Rechten und damit verbundenen Pflichten teilhatten. Die Mitglieder einer G. nutzten das Ge-

nossenschaftsgut nicht als fremde, sondern als eigene Sache (d.h., die G. stand den einzelnen Mitgliedern nicht als Dritter gegenüber), Schuldner war die G. und zugleich jeder Genosse. Die G. war als Personenverband entweder auf dem Prinzip der Gleichrangigkeit aller Genossen (Beschlüsse konnten nur einstimmig gefasst werden) oder auf Unterordnung (**herrschaftliche Genossenschaften,** z.B. die grundherrlichen Hofgenossenschaften) aufgebaut.

Im Hochmittelalter begann die Entwicklung der G. zur Körperschaft; damit wurde die G. zur selbstständigen Einheit, die bestimmte Interessen ihrer Mitglieder verfolgte und als Trägerin eigener Rechte und Pflichten auftrat, die sich von denen der Mitglieder unterschieden. Diese Entwicklung wurde verstärkt durch die Rezeption des ↑römischen Rechts. Erst der absolutistische Staat untersagte die freie Verbandsbildung; zur Gründung war eine staatliche Erlaubnis erforderlich (**Konzessionssystem**), und der Staat behielt sich ein Aufsichtsrecht vor.

Im 19. Jh. entwickelte sich unter dem Eindruck wirtschaftlicher und sozialer Machtungleichgewichte die moderne Genossenschaftsbewegung, der zwei ineinander verwobene Prinzipien zugrunde lagen: Selbsthilfe und Gesellschaftsreform. Zum einen verstanden sich die G. als demokratisch organisierte Zusammenschlüsse kleiner, »ohnmächtiger« wirtschaftlicher (produzierender oder konsumierender) Interessenträger (v.a. Bauern, Handwerker und Arbeiter) gegen die wirtschaftliche Macht der heranwachsenden Großindustrie, zum andern wollten sie, ausgehend von sozialethischen Gemeinwohl- und sozialistischen Demokratievorstellungen, das Profitprinzip aushöhlen und Formen gemeinsam verwalteter Vermögen und Wirtschaftsaktivitäten realisieren. So entstanden im 19. Jh. **Produktivgenossenschaften** (v.a. der Handwerker), **Konsumgenossenschaften,** die den ärmeren Schichten preisgünstige Einkaufsmöglichkeiten schaffen sollten, sowie **Kreditgenossenschaften** zur Kapitalbeschaffung für Handwerk und Landwirtschaft. Heute betreiben G. auch zunehmend Geschäfte mit Nichtmitgliedern.

Gẹns [von lateinisch »Geschlecht«, »Sippe«]:

◆ im antiken Rom ein Verband zwischen Staat und Familie, dessen Angehörige (**Gentilen**) sich auf die Abstammung von einem gemeinsamen Ahnherrn, der öfters ein Heros oder Gott war, beriefen und einen gemeinsamen **Gentilnamen** führten (z.B. der Name Julius bei Gaius Julius Cäsar). Der Ursprung der Gentes, die rechtlich nur den ↑Patriziern zustanden, ist nicht gesichert, auch ging ihre möglicherweise hervorragende Bedeutung innerhalb des römischen Staats der Frühzeit später zurück. Wichtig blieb die Gentilordnung beim Erbrecht, beim Schutz von Unmündigen und Frauen sowie bei der Vormundschaft über Geisteskranke.

◆ im Mittelalter Bezeichnung für einen politisch organisierten Verband, v.a. die germanischen Stämme, die in der Zeit der Völkerwanderung ihre feste Ausprägung erfuhren.

Gentry [englisch 'dʒentrı]: Bezeichnung für den im 13. Jh. entstandenen niederen Adel in England, der seit dem Ende des 16. Jh. große politische Bedeutung gewann. Als der Hochadel (Nobility) aufgrund wirtschaftlicher Veränderungen an Macht und an sozialem Prestige verlor und – dadurch bedingt – sich zunehmend aus dem politischen Leben zurückzog, übernahm die G. in den Grafschaften die entscheidenden administrativen und richterlichen und im Unterhaus die politischen Funktionen. Diese Gewichtsverschiebung war jedoch weniger durch die ältere bzw. reiche G., die ritterbürtigen **Knights,** bestimmt als vielmehr durch die rasch anwachsende Zahl der nichtritterlichen **Squires.** Besonders diese ebenfalls durch einen Mindestrentenbesitz qualifizierte zweite Gruppe der G. bildete in stetem Auf- und Abstieg die Nahtstelle zwischen Freisassen (↑Freibauer) und Hochadel, zwischen Landbesitzern und Kaufmannschaft. Durch die Aufnahme besonders finanzkräftiger Schichten des Bürgertums in die G. veränderte diese ihren Charakter zunehmend ins Unternehmerische und bildete v.a. im 18. und 19. Jh. die mittelständische Führungsschicht.

Gerechtsame: in der älteren deutschen Rechtssprache häufig gebrauchtes Wort, das eine Berechtigung (↑Privileg) oder eine Verpflichtung (Abgabe) bezeichnet, die an ein Grundstück gebunden war und mit diesem vererbt oder veräußert werden konnte.

Gerichtsverfassung: Die G. regelt die Zuständigkeit, den inneren Aufbau der rechtsprechenden Organe sowie ihr Verhältnis zueinander. Die Ausbildung einer G. hängt eng mit der staatlichen Entwicklung zusammen. Grundsätzlich galt die Rechtsprechung bis ins 19. Jh. als ein Teil allgemeiner Hoheitsrechte und konnte dementsprechend in jedem Gewaltverhältnis begründet sein: Der König übte die Gerichtsbarkeit über sein Volk, der Fürst über seine Vasallen, der Grundherr über seine Bauern (↑Patrimonialgerichtsbarkeit), der Leibherr über seine Leibeigenen, Gemeinden und Verbände über ihre Mitglieder (zur Frage der Zuständigkeiten: ↑hohe Gerichtsbarkeit, ↑niedere Gerichtsbarkeit). Eine Unterscheidung zwischen Straf- und Zivilgerichtsverfahren war der mittelalterlichen G. zunächst unbekannt; diese Trennung setzt erst im 14. Jh. ein, als für Strafsachen der ↑Inquisitionsprozess entstand. Das Gericht selbst bestand im Frühmittelalter aus der Versammlung wehrfähiger Männer (Umstand); diese Versammlung, die auf einem besonderen Platz, der umhegten Mal- oder Thingstatt, zusammentrat, fand unter dem Vorsitz des Thingmannes das Urteil. Bereits in fränkischer Zeit setzte jedoch eine Entwicklung ein, in der die Rechtsfindung von dem vereinigten Thingvolk auf spezielle Urteilsfinder überging. So bildete sich das mittelalterliche Kollegialgericht heraus, bestehend aus einem Richter als prozessleitendem Vorsitzenden ohne Stimmrecht und meist sieben oder zwölf Urteilern (Geschworenen, Schöffen), die ursprünglich die Entscheidung einstimmig finden mussten. Der Richter war staatlicher Amtsträger, die Urteiler gewählte Vertreter der Gerichtsgemeinde. Mit dem Entstehen einer Wissenschaft vom Recht im Spätmittelalter änderten sich die Funktionen des Richters und der Schöffen. Seine alte Stellung als Vorsitzender behielt der Richter am längsten in den obersten Gerichten (z.B. der Kammerrichter im Reichskammergericht, die

Gerichtsverfassung: Auf einem zentralen Platz des Dorfes wie unter der Dorflinde wurde die niedere Gerichtsbarkeit ausgeübt: Dem prozessleitenden Schulzen standen beratende Schöffen zur Seite; Kläger und Beklagte brachten ihre Zeugen mit (Schweizer Bildchronik, 1513).

G

Hofrichter in den territorialen Hofgerichten), während die Urteilsfindung dort mehr und mehr von Rechtsgelehrten übernommen wurde. In den unteren Gerichten dagegen verloren die Schöffen allmählich an Bedeutung, die Aufgabe der Urteilsfindung fiel dem Richter zu. Seit dem 15. Jh. setzte in Deutschland auch eine erst im 19. Jh. abgeschlossene Reform der G. ein: Rechtsmittel wurden zugelassen und ein geordneter Instanzenweg zu einem obersten Gericht geschaffen (im Reich zum ↑Reichskammergericht, in den Territorien zu den fürstlichen ↑Hofgerichten).

Im Heiligen Römischen Reich gelang es dem Königtum nicht, die Gerichtsbarkeit zum Kernstück zentraler Reichsgewalt auszubauen. Die seit dem 13. Jh. zunehmende Verselbstständigung der Fürsten verstärkte den Dualismus zwischen der Gerichtsbarkeit des Königs und der Gerichtsbarkeit der aufsteigenden Landesherren. Die Bedeutung der Reichsjustiz verringerte sich; die Gerichtsbarkeit ging weitgehend in die Hand der reichsständischen Landesherren über.

Während im Deutschen Bund keine gemeinsame G. bestand, entwickelte sich seit der Reichsgründung 1871 eine einheitliche staatliche G. und Rechtspflege (u. a. 1871 Einführung des Reichsstrafgesetzbuchs und 1877 des Gerichtsverfassungsgesetzes, 1879 Gründung des ↑Reichsgerichts in Leipzig, 1900 In-Kraft-Treten des ↑Bürgerlichen Gesetzbuchs).

germanische Volksrechte: Rechtsaufzeichnungen (v. a. über straf- und prozessrechtliche Bestimmungen) germanischer Stämme aus dem 5. bis 9. Jh., meist in lateinischer Sprache (z. B. die Lex Visigothorum für die Westgoten, das Edictum Theodorici für die Ostgoten, die Lex Burgundionum für die Burgunder, der Edictus Rothari für die Langobarden und die Lex Salica für die Franken). Der den Germanen fremde Gedanke, die bisher nur mündlich überlieferten Gewohnheiten schriftlich niederzulegen und durch königliche Satzungen weiterzubilden, wie auch die Übernahme einzelner römischer Rechtseinrichtungen war bedingt durch die Begegnung der germanischen Stämme mit dem ↑römischen Recht.

Gerusia: Ältestenrat in Sparta, bestehend aus 28 zunächst lebenslang, später jährlich neu gewählten über 60 Jahre alten Männern (**Geronten**) und den beiden Königen. Zu ihren Befugnissen gehörte die Rechtsprechung, die Vorbereitung der Volksversammlung und das Recht, politische Entscheidungen der Volksversammlung aufzuheben. Seit dem 6. Jh. v. Chr. wurde die Bedeutung der G. durch das Ephorat (↑Ephoren) eingeschränkt.

Geschichte: G. meint ebenso ein vergangenes Geschehen wie dessen Erforschung und Darstellung, ist damit zugleich synonym mit **Geschichtswissenschaft,** verknüpft also ein Objekt und ein Subjekt, das Betrachtete und den Betrachter. Dieser doppelte Sinn bringt eine Grundtatsache von G. zum Ausdruck: dass Vergangenheit nicht als unabhängig vom Historiker vorgestellt werden kann, sondern erst durch ihn existiert, durch seine Erkenntnisleistung wirklich wird. Geschichte ist Denken der Geschichte. Wir haben ein Wissen von der Vergangenheit, weil wir sie uns immer von neuem vergegenwärtigen. Den Anstoß dazu gibt jeweils ein aktuelles Problem oder Interesse, unser durchgängiges Bedürfnis, uns über die historischen Bedingungen der Gegenwart zu orientieren, zu erfahren, woher wir kommen, um zu ermessen, wohin wir gehen. G. ist daher immer unsere eigene G., ein Akt menschlicher Selbsterkenntnis, Selbstverständigung, Identitätsfindung. Es kann infolgedessen nicht die eine vollständige und endgültige G. geben, sondern nur verschiedene Geschichten, die durch die jeweilige Perspektive des Historikers bestimmt sind.

Die *Geschichte der Geschichtsschreibung* liefert von diesem Wechsel der Perspektiven eine anschauliche Vorstellung: Der mittelalterliche Mönch schreibt Heilsgeschichte, der humanistische Gelehrte verfasst Geschichtswerke nach dem Muster der antiken Historiographie, der aufgeklärte Philosoph des 18. Jh. betreibt Zivilisations- und Kulturgeschichte, der nationalliberale deutsche Historiker des 19. Jh. erzählt die Geschichte der deutschen Nation. Die Entstehung der modernen Industriegesellschaft motiviert zur Sozialgeschichte.

Dementsprechend verweist die *Vielfalt thematischer und methodischer Ansätze* in der gegenwärtigen Geschichtswissenschaft auf die Vielfalt möglicher historischer Problemstellungen. Weltgeschichte, Nationalgeschichte, Landesgeschichte, politische Geschichte, Verfassungsgeschichte, Kirchengeschichte, Sozial- und Wirtschaftsgeschichte, Ideengeschichte, verstehende und erklärende Geschichtsbetrachtung, Ereignisgeschichte und Strukturgeschichte, Erzählung und Theorie: Alle diese Formen, unter denen G. heute bearbeitet wird, haben ihren Ursprung in unterschiedlichen Erkenntnisinteressen. Andererseits gilt, dass der Begriff der G. auf menschliche G. beschränkt bleibt, dass also Erdgeschichte oder Naturgeschichte nicht unter ihm gefasst sind; freilich sind hier die Grenzen neuerdings durchaus fließend geworden, wie etwa die gelegentliche Annäherung geschichtswissenschaftlicher und naturwissenschaftlicher Methoden zeigt.

Die Frage nach historischer Objektivität: Wie ist angesichts der Perspektivität der G. und einer derartigen Relativierung überhaupt zuverlässige historische Erkenntnis möglich? Es hat niemals an Skeptikern gefehlt, die der G. die Möglichkeit zur Objektivität und damit den Charakter einer Wissenschaft schlechthin abgesprochen haben. In der Tat ist G. bis zur Aufklärung vorwiegend pragmatische, d.h. lehrhafte, unmittelbaren praktischen Interessen dienende G., in der Theorie und Praxis prinzipiell zusammenfallen und damit Parteilichkeit an die Stelle der Objektivität tritt. Beispiele pragmatischer oder parteilicher G. begegnen uns auch in der Gegenwart.

Gleichwohl hat die moderne Geschichtswissenschaft, wie sie sich an der Wende vom 18. zum 19. Jh. erstmals in Deutschland ausgebildet hat, eine Reihe von Verfahren entwickelt, die, ohne die Perspektivität der G. infrage zu stellen, ein Höchstmaß an Objektivität garantieren. Im Zentrum der Wissenschaftspraxis stehen v.a. gewisse Grundsätze der Kritik und Interpretation der historischen Quellen, von denen sich keine historische Objektivität beanspruchende Forschung ausschließen kann. Entscheidendes Kriterium ist allerdings wiederum ein subjektiver Faktor: die Einstellung oder Gesinnung des Historikers. Historische Objektivität wird primär bedingt durch ein Interesse des Historikers an Objektivität, das aus seinem Bedürfnis nach historischer Orientierung folgt. Ohne dieses Interesse müssen jene von der modernen Geschichtswissenschaft entwickelten Verfahren wirkungslos bleiben. Die Möglichkeit historischer Objektivität steht also nicht im Widerspruch zur Perspektivität der G., sondern geht im Gegenteil aus ihr selbst hervor.

Geselle: Mitarbeiter eines Handwerksmeisters nach ordnungsgemäß (durch Anfertigen eines **Gesellenstücks**) absolvierter Lehrzeit. Der G. lebte zumeist im Haushalt des Meisters in einer patriarchalisch-herrschaftlichen Arbeitsgemeinschaft. Mehrjährige Wanderschaft und die Ablegung eines Meisterstücks waren Vorbedingung dafür, selbst Meister und damit wirtschaftlich selbstständig zu werden; diese Möglichkeit wurde mit der Erstarrung des Zunftwesens seit dem 14. Jh. zunehmend eingeschränkt und stand nur noch Meistersöhnen oder G., die eine Meisterwitwe heirateten, offen.

Gesellschaftsvertrag: Kernstück aller politischen Theorien, die den Ursprung des Staats auf den freiwilligen Zusammenschluss der Individuen und die Entstehung staatlicher Gewalt auf einen Vertrag des Volks mit dem Herrscher (Herrschaftsvertrag) zurückführen. Man unterscheidet bei dem G. den **Vereinigungsvertrag,** durch den sich die Einzelnen zu einem geordneten Macht- und Rechtszustand, d.h. zum Staat, zusammenschließen, und den **Unterwerfungsvertrag,** durch den die Einzelnen die Staatsgewalt einem Herrscher übertragen. Mithilfe dieses gedanklichen Modells ließen sich durchaus unterschiedliche politische Systeme begründen.

Die mittelalterliche Staatstheorie leitete von dem Vertragsgedanken v.a. das Recht auf Widerstand gegen eine »vertragsbrüchige« Staatsgewalt ab (MANEGOLD VON LAUTENBACH, MARSILIUS VON PADUA). Die Lehre vom G. im eigentlichen (neuzeitlichen) Sinn beginnt mit TH. HOBBES (»Leviathan«), der – ausgehend von einem durch den »Krieg aller gegen alle« gekennzeichneten Naturzustand – das Sicherheitsbedürfnis der Menschen als Anlass für den im G. festgelegten Rechtsverzicht des Einzelnen zugunsten eines unbeschränkten Herrschers sieht und damit die Schaffung des souveränen Staats des monarchischen Absolutismus begründet. Bei J. LOCKE (»Two treatises of government«) ist Zweck des G. die Garantie von Freiheit, Leben und Eigentum der Bürger; dementsprechend entwickelt er das Bild eines Verfassungsstaats im Sinne des Liberalismus. J.-J. ROUSSEAU fordert in seinem »Contrat social« die Unterwerfung des Einzelwillens unter den allgemeinen Willen (Volonté générale), der auf das allgemein Beste gerichtet, jedoch nicht identisch mit dem jeweils auf Privatinteressen abzielenden Willen aller (Volonté de tous) ist.

Gesetzgebung: die Formulierung und Aufstellung von Rechtssätzen, die allgemein verbindlich sind.

Im antiken Rom erfolgte die G. durch Volksbeschluss, seit dem Prinzipat durch Senatsbeschluss und zunehmend durch kaiserlichen Erlass. Abweichend vom antiken wie auch vom modernen Verständnis beinhaltete G. im Mittelalter weniger die Schaffung neuer Rechtsregeln als vielmehr die Sicherung und Bewahrung vorhandenen Rechts; diese Aufgabe fiel in erster Linie dem Herrscher zu. In der ersten großen Phase der G., vom ausgehenden 5. bis zur Mitte des 9. Jh., entstanden die ↑germanischen Volksrechte, in denen sich die Aufzeichnung von ↑Weistum mit herrschaftlichen Satzungen vereinigte. Trat bereits in den ↑Kapitularien das Element des königlichen Gebots deutlicher hervor, so traten die allgemeinen Rechtsvorschriften im Hochmittelalter bis zur Mitte des 12. Jh. zunehmend hinter das Gewohnheitsrecht und das ↑Privileg zurück, im Vordergrund standen also Einzelakte, bezogen auf einzelne Personen.

Erst die Rezeption des ↑römischen Rechts wandelte auch die Auffassung von der G.; wie der Begriff ↑Lex nicht mehr die Rechtsordnung insgesamt, sondern das herrscherliche Gesetz bezeichnete, ging die Gesetzgebungsbefugnis in die Hand des Herrschers über. Entsprechend der Vielzahl der Herrschaften vervielfältigte sich jedoch auch die Gesetzgebungsbefugnis nach verschiedenen Trägern von Obrigkeit in Reich und Kirche, Territorium, Stadt und Grundherrschaft. Mit dem sich herausbildenden Ständestaat war die G. des Herrschers zunehmend auf die Zustimmung der Stände angewiesen (im Reich der Kaiser auf die Reichsstände, in den Territorien der Landesherr auf die Landstände). Im Zeitalter des Absolutismus wurde die G. ausschließliches monarchisches Herrschaftsrecht, die ständische Mitsprache schrittweise ausgeschaltet. Die konstitutionelle Monarchie des Liberalismus des 19. Jh. realisierte (trotz Einschränkung durch das ↑monarchische Prinzip) im Vollzug der ↑Gewaltenteilung die Mitwirkung der Volksvertretungen, in deren alleinige Kompetenz das Gesetzgebungsrecht in der parlamentarischen Demokratie überging.

G

Gestapo, Abk. für **Ge**heime **Sta**ats**po**lizei: die nach Umformung der politischen Polizeiorgane der Weimarer Republik entstandene politische Polizei des nationalsozialistischen Regimes. Bereits im Frühjahr 1933 begannen H. GÖRING in Preußen und H. HIMMLER und R. HEYDRICH in Bayern mit dem Aufbau der G., die 1936 mit der Ernennung HIMMLERS zum Chef der gesamten deutschen Polizei und mit dem organisatorischen Zusammenschluss der G. mit der Kriminalpolizei zur Sicherheitspolizei unter HEYDRICH reichseinheitlich organisiert wurde.
Aufgabe der G. war die Entdeckung und Verfolgung aller Handlungen, die das nationalsozialistische Regime als politische Vergehen und Verbrechen definierte, sowie der vorbeugende Kampf gegen tatsächliche oder angebliche Gegner. Die Organe der G. konnten ohne Bindung an Recht und Gesetz und ohne einer wirksamen Kontrollinstanz unterworfen zu sein ihre Aktionen durchführen. So konnte die G. so genannte Schutzhaft in Gefängnissen und Konzentrationslagern verhängen, Gefangene unter dem Vorwand einer »verschärften Vernehmung« foltern und im Rahmen einer »Sonderbehandlung« auch hinrichten. Sie richtete eigene Arbeitserziehungslager ein, war für die Bewachung der ausländischen Zivilarbeiter und Kriegsgefangenen zuständig, beteiligte sich an Deportationen und mit ihren Einsatzgruppen auch an der Massenvernichtung der Juden. Der Internationale Militärgerichtshof in Nürnberg erklärte die G. zur verbrecherischen Organisation.

Getto: erstmals im 16. Jh. für Venedig belegte Bezeichnung für abgeschlossene jüdische Wohnviertel. Etwa seit dem 11. Jh. wurden von christlicher Seite Bestimmungen erlassen, die das Zusammenleben von Christen und Juden verboten. Es entstanden mit Mauern umgebene Judenviertel, die nachts durch Tore geschlossen wurden. Mit der Erlangung der Bürgerrechte seit dem Ende des 18. Jh. entfiel in Europa der Zwang für die Juden, in G. zu leben; gleichzeitig strebten diese zunehmend eine Eingliederung in das allgemeine politische, soziale und kulturelle Leben an.
In der Zeit des Nationalsozialismus wurden in den besetzten Ostgebieten in verschiedenen Großstädten die Juden erneut in G. gezwungen, wo sie zur Arbeit zwangsverpflichtet und von dort in die Vernichtungslager abtransportiert wurden.

Geusen [niederländisch, von französisch gueux »Bettler«]: Bezeichnung für einen Bund niederländischer Adliger, die am 5. April 1566 der Statthalterin MARGARETE VON PARMA eine gegen die ↑Inquisition und v. a. gegen die entsprechenden Dekrete des ↑Tridentinums gerichtete Bittschrift übergaben. K. VON BERLAYMONT, der Präsident des Finanzrats, soll diese Adligen als »Bettler« angekündigt haben. Die verächtliche Bezeichnung G. wurde bald als Ehrenname angenommen und später auf alle Teilnehmer am ↑Niederländischen Aufstand übertragen.

Gewaltenteilung: die Trennung der Staatsgewalt in drei Teilgewalten – Legislative (gesetzgebende Gewalt), Judikative (rechtsprechende Gewalt) und Exekutive (ausführende Gewalt) – und ihre Zuweisung an voneinander unabhängige Staatsorgane zur Verhinderung von Machtmissbrauch und zur rechtsstaatlichen Sicherung der bürgerlichen Freiheiten.
Bereits die antiken und mittelalterlichen Staatslehren unterschieden diese drei Gewalten, doch wurde die G. als grundlegendes Ordnungs- und Strukturprinzip moderner Verfassungen erst von der politischen Aufklärung formuliert (v. a. J. LOCKE, MONTESQUIEU). Seit 1776/87 Bestandteil der Verfassungswirklichkeit der USA, erhielt die G. in der Französischen Revolution 1789 in der ↑Déclaration des droits de l'homme et du citoyen grundgesetzlichen Charakter und in den Verfassungen von 1791 und 1795 Reali-

G

tät. Grundlegend wurde das Prinzip der G. auch für die Ausgestaltung der meisten europäischen Monarchien zu demokratischen Rechts- und Verfassungsstaaten im 19. Jh. und für die parlamentarischen Demokratien des 20. Jahrhunderts.

Gewerbefreiheit: Das deutsche Wirtschaftsleben war bis ins 19. Jh. von Zunftzwängen bestimmt. Zunftordnungen unterbanden jede Form eines wirtschaftlichen Wettbewerbs, sie begrenzten die Anzahl der Meistergesellen und setzten die Menge der zu verarbeitenden Rohstoffe fest. Zudem behinderten sie die Entwicklung von Manufakturbetrieben. Dem setzten die Befürworter der G. den Grundsatz der freien Konkurrenz eines privaten Unternehmertums entgegen, d.h. die Forderung, unabhängig von Zunftbestimmungen oder staatlichen Auflagen ein Gewerbe auszuüben. Die seit 1869 für ganz Deutschland erlassenen Gewerbeordnungen schränken die G. v.a. in den Bereichen der Gesundheit und der Sicherheit ein.

Gewẹre: im germanisch-deutschen Recht die tatsächliche Verfügungsgewalt über eine Sache, von der meist in einem symbolischen Akt Besitz ergriffen wurde (↑Investitur). Die G. äußert sich bei beweglichen Sachen im Besitz, bei Liegenschaften in der Nutzung.

Gewerkschaften: Interessenorganisationen von Arbeitnehmern zur Förderung ihrer Arbeits- und Lohnbedingungen. Der Name G. leitet sich her von den Gewerken, den Bergwerksgenossenschaften des Mittelalters. Mit dem Aufkommen des industriellen Fabriksystems und einer zahlenmäßig starken Lohnarbeiterschaft setzte im 19. Jh. eine Entwicklung ein, die über Arbeitervereinigungen und Berufsfachverbände zur modernen Industriegewerkschaft führte. Die Tätigkeit der G. wurde anfänglich stark behindert, u.a. durch ein generelles Koalitionsverbot; dies trug andererseits zu ihrer frühen Politisierung bei.

Die G. erschienen in Europa zunächst als (politische) **Richtungsgewerkschaften** mit unterschiedlicher Programmatik. Während die »wirtschaftsfriedlichen« **gelben Gewerkschaften** Kampfmaßnahmen zur Durchsetzung ihrer Forderungen ablehnten, propagierten die **syndikalistischen Gewerkschaften** Massenstreiks und direkte Aktionen gegen die Staatsgewalt mit dem Ziel einer grundsätzlichen gesellschaftlichen Umgestaltung (↑Syndikalismus).

In *Deutschland* verfolgten die 1890 in der Generalkommission (seit 1919 im Allgemeinen Deutschen Gewerkschaftsbund, ADGB) zusammengefassten »freien G.« in enger Anlehnung an die SPD sozialistische Ziele über eine schrittweise Veränderung der Arbeitsbedingungen und der gesellschaftlichen Machtverhältnisse. Eine Verbesserung der Arbeitsverhältnisse und mehr soziale Gerechtigkeit innerhalb des bestehenden Systems strebten auch die aus katholischen und evangelischen Arbeitervereinen 1891 entstandenen christlichen G. an, die der Zentrumspartei nahe standen.

Die Aufhebung des Koalitionsverbots ließ die G. bald zu Großorganisationen mit vielen Tausenden von Mitgliedern und einer umfangreichen Bürokratie (Gewerkschaftsfunktionäre) anwachsen. Ihre Anerkennung als Vertretung der Arbeitnehmerschaft erreichten sie in Deutschland jedoch erst während des Ersten Weltkriegs und v.a. 1918 durch die Gründung der »Zentralarbeitsgemeinschaft der industriellen und gewerblichen Arbeitgeber und Arbeitnehmer Deutschlands«. Den G. gelang es nun, den Achtstundentag und die Anerkennung von Kollektivvereinbarungen über Arbeitsbedingungen (Tarifverträge) sowie die Einführung von Betriebsräten durchzusetzen.

Die für die G. in der Weimarer Republik erfolgreiche Entwicklung nahm mit der Machtergreifung der Nationalsozialisten 1933 ein jähes Ende. Die G. wurden aufgelöst und ihr Vermögen an die nationalsozialistische ↑Deutsche Arbeitsfront übertragen.

Nach 1945 kam es zu einer Neugründung der G. in Form von **Einheitsgewerkschaften,** um die lähmende Rivalität von Richtungsgewerkschaften zu vermeiden, die es heute noch in anderen europäischen Staaten gibt. In Deutschland existieren 15 Einzelgewerkschaften, die nach dem Industrieverbandsprinzip organisiert sind, d.h., die Mitgliedschaft richtet sich hier nach der Industriebranche, in der ein Arbeitnehmer tätig ist, nicht nach seiner beruflichen Funktion wie z.B. beim Fachverbandsprinzip.

Die Einzelgewerkschaften sind in einem Dachverband, dem Deutschen Gewerkschaftsbund (DGB), zusammengefasst. Neben ihm gibt es noch den Deutschen Beamtenbund (DBB) sowie den Christlichen Gewerkschaftsbund. Im Gegensatz zu den G. in kommunistischen Ländern, die als »Transmissionsriemen« des Staats- und Parteiwillens in die Arbeiterschaft wirken, verstehen sich die G. der Demokratien als Gegenmacht, als Förderer von Arbeitnehmerinteressen. Mit ihrer Politik haben diese G. in Deutschland große Erfolge erzielt (z.B. die Einführung der 40-Stunden-Woche, stetige Lohnerhöhungen, Urlaubsverlängerung, Mitbestimmung).

Gewohnheitsrecht: Rechtsregeln, deren Geltung ohne staatlichen Setzungsakt auf lang anhaltender Übung beruht. Während das G. im modernen Verständnis außer der langen Übung noch eine besondere Rechtsüberzeugung der Beteiligten voraussetzt, unterschied das mittelalterliche Rechtsdenken nicht so scharf zwischen G. und bloßer Gewohnheit ohne Rechtscharakter. Bis in die frühe Neuzeit war der Großteil des geltenden Rechts G.; die Grenzen zum gesetzten Recht waren aber fließend.

Ghibellinen [italienisch gibɛˈliːnən] (Guelfen): italienische Parteibezeichnungen, die erstmals 1215 anlässlich eines innerstädtischen Konflikts in Florenz nachweisbar sind; sie gehen zurück auf den Kampf des Welfen (Guelfen) OTTO IV. und des Staufers FRIEDRICH II. (Ghibellinen, nach dem staufischen Gut Waiblingen benannt), um die Anhänger beider Seiten zu kennzeichnen. Ende des 13. Jh. waren die Namen in der Bedeutung Ghibellinen »Kaiserliche«, Guelfen »Päpstliche« in ganz Oberitalien verbreitet, verloren jedoch allmählich diesen Sinn und bezeichneten städtische Fraktionen: Ghibellinen »Adel«, Guelfen »Volkspartei«; in dieser Bedeutung vereinzelt bis ins 17. Jh. lebendig.

Gilde: seit dem 8. Jh. nachweisbare genossenschaftliche Vereinigung, die ihren Mitgliedern Rechtsschutz und Fürsorge gewährte und außerdem religiösen und geselligen Zwecken diente. Eine überwiegend religiös bestimmte G. wurde später zur Bruderschaft, eine mehr handwerkliche G. zur Zunft (↑Zünfte). Die Kaufmannsgilden befassten sich mit der Förderung und dem Schutz des Handels. Das Eigenrecht der G. trug zur Bildung des späteren ↑Stadtrechts bei. Seit dem 15./16. Jh. verloren die G. an Bedeutung.

Giovine Italia [ˈdʒoːvine iˈtaːli̯a; italienisch »Junges Italien«]: von G. MAZZINI 1831 in Marseille gegründeter Geheimbund zur Errichtung eines republikanisch-demokratischen Einheitsstaats in Italien. Nach dem gescheiterten Aufstand von 1834 verlor die G. I. zunehmend an Bedeutung.

Girondisten [französisch ʒirɔ̃ˈdɪstən]: politische Gruppierung insbesondere des liberalen Bürgertums während der Französischen Revolution, benannt nach der Abstammung ihrer herausragenden Führer (u.a. BRISSOT, CONDORCET, ROLAND) aus dem Département Gironde (Südwestfrankreich). Die republikanische Auffassungen vertretenden G., die v.a. in der ersten Phase der Revolution erhebliche Bedeutung gewannen, stimmten für die Abschaffung der Monarchie in Frankreich, gerieten aber ab 1793 zunehmend in Gegensatz zu den sich immer stärker radikalisierenden ↑Jakobinern, da sie nicht bereit waren, deren staatswirtschaftliche Zwangsmaß-

G

nahmen mitzutragen. Während der Schreckensherrschaft ROBESPIERRES 1793/94 wurden zahlreiche G. verhaftet und hingerichtet.

Gladiatoren [von lateinisch gladius »Schwert«]: speziell ausgebildete römische Berufskämpfer, die in öffentlichen Spielen, die vom Kaiser oder städtischen Beamten für das Volk veranstaltet wurden, gegeneinander oder gegen wilde Tiere kämpften. Die G. wurden zwar gut bezahlt, jedoch aufgrund ihrer Herkunft (Sklaven, verurteilte Verbrecher, Kriegsgefangene) nur gering geachtet.

Gladiatoren: ein Gladiator im Kampf mit einem Panther (Mosaik um 300 n. Chr.)

Glaubensfreiheit: ↑Religionsfreiheit.

Gleichgewicht der europäischen Mächte: Prinzip in den außenpolitischen Beziehungen der europäischen Mächte, durch das die ↑Hegemonie eines Staates oder einer Staatengruppe vermieden werden sollte.

Die Vorstellung entstand ursprünglich in der italienischen Staatenwelt des 13. bis 16. Jh. (als Begriff vermutlich von F. GUICCIARDINI geprägt) und wurde von hier auf ganz Europa übertragen. Sämtliche Versuche einzelner Staaten (v.a. Spaniens, Schwedens und Frankreichs) im 16. bis 18. Jh., in Europa über einen längeren Zeitraum hinweg eine hegemoniale Position aufzubauen, scheiterten. Als sich im Laufe des 18. Jh. fünf Mächte (↑Pentarchie) herausgebildet hatten, die auf die politische Entwicklung des Kontinents entscheidenden Einfluss besaßen, nämlich Großbritannien, Frankreich, Russland, Österreich und Preußen, wurde das Gleichgewichtsprinzip allmählich zu einem ungeschriebenen außenpolitischen Gesetz, auf dessen Anwendung bis ins 20. Jh. hinein insbesondere Großbritannien achtete. So scheiterten NAPOLEONS I. Bemühungen, eine französische Hegemonie in Europa zu errichten, v.a. an der britischen Gleichgewichtspolitik, die es andererseits Frankreich auch ermöglichte, eine politische Position wie vor der Revolution als Gegengewicht zu den deutschen Großmächten und Russland einzunehmen.

Der Erste Weltkrieg markiert das Ende des Gleichgewichtsprinzips. Mit dem Eingreifen der USA wurden dem Prinzip seine Grundlagen entzogen, da nunmehr auch außereuropäische Interessen wirksam wurden. Dem Prinzip des G. d. e. M. folgte jedoch das Bemühen, es durch ein System der kollektiven Sicherheit (↑Völkerbund) zu ersetzen. Als Ergebnis des Zweiten Weltkriegs entstand im Zeichen des Ost-West-Konflikts ein bipolares Gleichgewicht zwischen den beiden Weltmächten USA und Sowjetunion. Seit dem Zerfall der Sowjetunion (1991) bemüht sich die internationale Diplomatie um ein neues Gleichgewicht der Kräfte in Europa.

Gleichheit: allgemeines Gerechtigkeitsprinzip, das von der politisch-gesellschaftlichen und der rechtlich-sozialen Grundüberzeugung ausgeht, dass alle Menschen »gleich geboren sind und gleich bleiben«.

Die Ursprünge dieser Vorstellung reichen bis in die Antike zurück. Die ständisch gegliederte mittelalterliche Gesellschaft kannte nur gestufte G. bzw. Sonderrechte. Erst in den politischen Theorien der Aufklärung im 18. Jh. wurde die aus dem ↑Naturrecht folgende Überzeugung der natürlichen G. aller Menschen vertreten. Verfassungsrechtlich wurde der Gleichheitsgrundsatz erstmals in der ↑Amerikanischen Unabhängigkeitserklärung (1776) als Menschen- und Grundrecht formuliert. Neben Freiheit und Brüderlichkeit wurde die G. (↑Égalité) in der Französischen Revolution Grundlage der 1789 proklamierten ↑Déclaration des droits de l'homme et du citoyen sowie Basis der europäischen Verfassungsbewegung und des Rechtsstaates. Als eine der Grundlagen der modernen Demokratien beinhaltet der Gleichheitsgrundsatz, dass alle Menschen ohne Unterscheidung nach Geschlecht, Rasse, Glaube, Herkunft und politischer Anschauung vor dem Gesetz gleich sind. Seit der Mitte des 19. Jh. wurde der zunächst v.a. rechtlich gefasste Gleichheitsgedanke auch auf den gesellschaftlichen und sozialen Bereich übertragen (↑Sozialismus).

Gleichschaltung: politisches Schlagwort während der nationalsozialistischen Machtergreifung 1933, das die (weitgehende oder vollständige) Aufhebung des politisch-gesellschaftlichen ↑Pluralismus zugunsten der nationalsozialistischen Bewegung und ihrer Ideologie bezeichnete. Wichtige Etappen waren u.a. die Gleichschaltung der Länder (1933/34) durch Übertragung der Hoheitsrechte der Länder auf das Reich, die Aufhebung der Gewerkschaften (↑Deutsche Arbeitsfront) im Mai 1933, das Gesetz gegen die Neubildung von Parteien (Juli 1933) sowie die G. von Rundfunk und Presse (September/Oktober 1933).

Gleiwitz, Überfall auf den Sender: ↑Zweiter Weltkrieg.

Globalisierung: Bezeichnung für die zunehmende Entstehung weltweiter Märkte für Waren, Kapital und Dienstleistungen sowie die damit verbundene internationale Verflechtung der Volkswirtschaften. Der Globalisierungsprozess der Märkte wird v.a. durch neue Technologien im Kommunikations-, Informations- und Transportwesen sowie neu entwickelte Organisationsformen der betrieblichen Produktionsprozesse vorangetrieben. Weltweite Datennetze, Satellitenkommunikation, computergestützte Logistik und hoch entwickelte Verkehrsmittel lösen Arbeit und Produktion, Produkte und Dienstleistungen von den nationalen Standorten und ermöglichen es den Unternehmen, die für sie günstigsten Produktions- bzw. Lieferstandorte auszuwählen und ihre Aktivitäten weltweit zu koordinieren. In steigendem Maße werden dadurch Angebot und Nachfrage aus der ganzen Welt zusammengefasst und die Preisbildung wird vereinheitlicht.
Die erste, 1998 in Frankreich gegründete Nichtregierungsorganisation Attac (frz. Association pour une Taxation des Transactions financières pour l' Aide aux Citoyens, dt. Verband für Besteuerung von Finanztransaktionen zum Zweck der Bürgerhilfe) wendet sich gegen die von der G. geschaffenen wirtschaftlichen Strukturen. Neben der Besteuerung von Devisengeschäften fordert sie die Demokratisierung von Weltbank, Internationalem Währungsfonds und Welthandelsorganisation.

Glockenbecherkultur: vor- und frühgeschichtliche Epoche, die von der späten Jungsteinzeit in die frühe ↑Bronzezeit hinüberreicht; die G. verbreitete sich seit dem 3. Jt. v. Chr. von der Iberischen Halbinsel nach Nordafrika sowie nach West-, Mittel- und Nordeuropa (dort ab etwa 1900 v. Chr.). Typisch für die G. sind die namengebenden Tongefäße in Glockenform mit feinen, waagerecht umlaufenden Verzierungen. Bezeugt ist die G. im Wesentlichen durch Gräber. Besonders hinsichtlich der Form der Totenbestattung weisen die verschiedenen regionalen Formen der G. große Unterschiede auf. Im südwestlichen Europa wurden die Toten in der Regel unter großen Steinen bestattet (↑Megalithkul-

G

tur), in Mitteleuropa in einfachen Erdgräbern in hockender Haltung mit dem Gesicht nach Osten.

Glorious Revolution ['glɔ:rɪəs revə'lu:ʃən; englisch »glorreiche Revolution«]: Bezeichnung für den ohne Blutvergießen (daher »glorreich«) bewirkten Sturz des englischen Königs JAKOB II. und den nachfolgenden Thronwechsel. Nach dem Scheitern der englischen Republik und der Restauration der Monarchie 1660 versuchten die englischen Könige erneut, ihre Machtposition nach dem Vorbild des kontinentalen Absolutismus auszubauen. Als der katholische JAKOB II. ein stehendes Heer aufzubauen begann, die Parlamentswahlrechte änderte, offen den Katholizismus unterstützte und sich außenpolitisch eng an LUDWIG XIV. von Frankreich anschloss, führte dies zu einem Zusammenwirken der bislang konkurrierenden parlamentarischen Gruppen der ↑Whigs und ↑Tories, die nun beide die Grundlagen der englischen Verfassung bedroht sahen. Gemeinsam forderten sie WILHELM VON ORANIEN und seine Gemahlin MARIA, eine protestantische Tochter JAKOBS II., auf, die Herrschaft zu übernehmen. Nach der Landung WILHELMS am 11. November 1688 floh JAKOB II. nach Frankreich, das fortan die Ansprüche der Stuarts unterstützte.

Indem zunächst ein provisorisch einberufenes Parlament diese Flucht als Abdankung interpretierte, regelte es die Thronfolge neu und definierte zugleich durch das Staatsgrundgesetz der ↑Bill of Rights die eingeschränkte Verfassungsposition der Krone im Verhältnis zum siegreichen Parlament.

Glossatoren [von griechisch glossa »Zunge«, »Sprache«]: Bezeichnung für die italienischen Rechtsgelehrten des 12. und 13. Jh. (v.a. in Bologna), die das überlieferte ↑römische Recht des ↑Corpus Iuris Civilis durch kommentierende Erläuterungen (**Glossen**) verständlicher machten und vereinheitlichten.

Godesberger Grundsatzprogramm: ↑Sozialdemokratie.

Goldene Bulle: Bezeichnung für das 1356 unter KARL IV. erlassene bedeutendste Grundgesetz des Heiligen Römischen Reichs, benannt nach dem Goldsiegel (↑Bulle). Die G.B. ist in 31 Kapitel

Glorious Revolution: Nachdem Wilhelm von Oranien die Bill of Rights unterzeichnet hatte, die dem englischen Parlament wichtige Rechte sicherte, empfing er die Krone (Kupferstich, 1790).

Goldene Bulle: Seite aus einer der erhaltenen Originalhandschriften mit Goldsiegel (Wien, Haus-, Hof- und Staatsarchiv)

gegliedert und wurde in ihrem ersten Teil (Kapitel 1–23) auf dem Nürnberger Reichstag im Januar, in ihrem zweiten Teil (Kapitel 24–31) auf dem Reichstag in Metz im Dezember 1356 verkündet. Das Kernstück bilden die Kapitel 1–7, die die herausgehobene Rechtsstellung der ↑Kurfürsten festlegen und ihnen das Recht der ↑Königswahl sichern. Das bereits bestehende Kurkollegium aus sieben Mitgliedern wurde beibehalten und eindeutig auf die Erzbischöfe von Mainz, Köln und Trier, den König von Böhmen, den Pfalzgrafen bei Rhein, den Herzog von Sachsen und den Markgrafen von Brandenburg festgelegt. Die Wahlausschreibung und die Durchführung der Wahl oblag dem Erzbischof von Mainz, dem ↑Erzkanzler des Reichs, der auch als Letzter seine Stimme abgab und damit wahlentscheidend wirken konnte. Als Ort der Wahl wurde Frankfurt am Main festgelegt, als Krönungsort Aachen. Um jeglichen Streit um die Kurwürde auszuschließen, bestimmte die G. B., dass das Kurland unteilbar sei und die Vererbung nach dem Recht der Erstgeburt (↑Primogenitur) erfolgen solle. Die ebenfalls in der G. B. vorgesehene jährliche Beratung der Kurfürsten mit dem Kaiser über Fragen der Reichspolitik wurde nicht verwirklicht. Die G. B., deren oberster Zweck es war, eindeutige Königswahlen zu sichern und Doppelwahlen auszuschließen, blieb bis 1806 in Kraft.

Goldene Horde: tatarisch-mongolisches Reich des 13. bis zum Ende des 15. Jh. in Osteuropa und Westsibirien. Aus dem ursprünglichen Herrschaftsgebiet Batu Khans, eines Enkels Dschingis Khans, an der Mündung der Wolga dehnte sich das Reich der G. H. mit der Eroberung der altrussischen Fürstentümer aus und erreichte in der ersten Hälfte des 14. Jh. seine größte Ausdehnung bis nach Europa und Kleinasien hinein.

Golfkrieg: gleich lautende Bezeichnung für zwei Kriege am Persischen Golf:

Der **1. Golfkrieg** (1980–88) zwischen Irak und Iran wurde im September 1980 ausgelöst durch den Einmarsch irakischer Streitkräfte in die iranische Provinz Khusistan. Anlass des Kriegs war der irakische

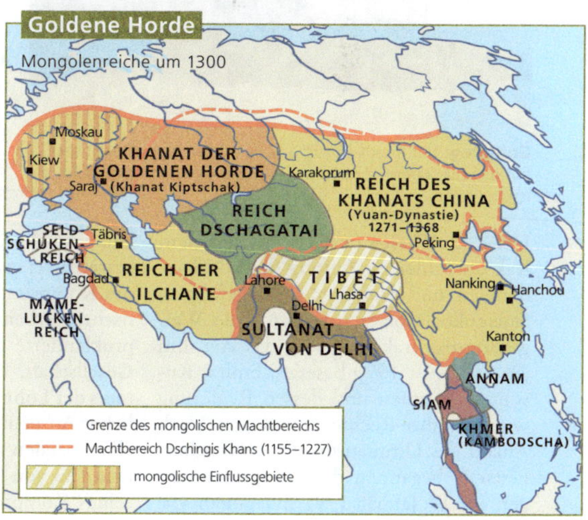

G

Versuch einer Grenzkorrektur im Bereich des Schatt el-Arab, Hintergrund die Rivalität beider Staaten um die politische Führung der Region am Persischen Golf. Beide Staaten sahen sich in ihren Gesellschaftsvorstellungen bedroht, der Irak durch die fundamentalistisch-islamische Ordnung im Iran, der Iran durch die sozialistisch-laizistische Ordnung im Irak. Nach anfänglichen militärischen Erfolgen des Irak konnte der Iran – unter Verkündung des Heiligen Kriegs – in vielen Großoffensiven die irakischen Truppen zurückdrängen. Die Gefährdung der Transportwege für das in der Golfregion geförderte Erdöl führte zu amerikanischen, britischen und französischen Flottenbewegungen im Persischen Golf. Nach langwierigen Verhandlungen unter Vermittlung der UN kam es 1988 zum Abschluss eines Waffenstillstands.

Golfkrieg: Vor ihrem Abzug aus dem besetzten Kuwait setzten die irakischen Truppen im 2. Golfkrieg kuwaitische Ölquellen in Brand.

Der **2. Golfkrieg** (1991) zwischen dem Irak und einer im Auftrag der UN handelnden und von den USA geführten Staatenkoalition wurde durch die Weigerung des Irak ausgelöst, das von ihm am 2. August 1990 besetzte Emirat Kuwait zu räumen und dessen Regierung wieder in ihre Rechte einzusetzen. Nach Ablauf des Ultimatums des UN-Sicherheitsrats begannen die Kampfhandlungen am 17. Januar 1991 mit einem v.a. von den USA durchgeführten Luftkrieg gegen Ziele im Irak und gegen irakische Stellungen in Kuwait. Mit Raketenangriffen auf Israel suchte der Irak die gegnerische Koalition zu spalten, d.h. die arabischen Staaten zum Verlassen dieser Koalition zu bewegen. Im Februar 1991 eroberten die Landstreitkräfte der Anti-Irak-Koalition Kuwait. Nachdem der Irak alle Forderungen des Sicherheitsrates der UN anerkannt hatte, kam es am 28. Februar 1991 zum Waffenstillstand.

Gonfaloniere [italienisch »Bannerträger«, »Schutzherr«]: in Italien bis in die zweite Hälfte des 19. Jh. gebräuchliche Bezeichnung für das Stadtoberhaupt. Der **Gonfaloniere della chiesa** (Bannerträger des Heiligen Stuhls) war ein von den Päpsten seit Ende des 13. bis zum 17. Jh. verliehener Ehrentitel an Landesherren und Fürsten, die Bundesgenossen und Schützer der Kirche waren. Der **Gonfaloniere di compagnia** (Bannerträger der Bürgermiliz) bezeichnete seit Mitte des 13. Jh. den militärischen Befehlshaber in den italienischen Kommunen. Der **Gonfaloniere della giustizia** (Bannerträger der Gerechtigkeit) war im Mittelalter als Leiter der Verwaltung Amtsträger in den italienischen Städten.

Gothaer Programm: auf dem Vereinigungskongress des Allgemeinen Deutschen Arbeitervereins und der Sozialdemokratischen Arbeiterpartei in Gotha 1875 angenommenes Kompromissprogramm der Sozialistischen Arbeiterpartei Deutschlands. Es proklamierte als Ziele die sozialistische Gesellschaft, die Abschaffung des Systems der Lohnarbeit, die Aufhebung jeglicher Ausbeutung sowie die Beseitigung aller sozialen und politischen Ungleichheit. Das von MARX und ENGELS wegen seines Kompromisscharakters kritisierte

Programm wurde 1891 durch das ↑Erfurter Programm ersetzt. – Siehe auch ↑Sozialdemokratie.

Gottesfriede: seit Ende des 10. Jh. von der Kirche gebotener Schutz für bestimmte Personengruppen (Geistliche, Pilger, Schutzlose wie Witwen und Waisen) und bestimmter Objekte (Kirchen, Klöster und deren Grundbesitz), um dem Überhandnehmen der ↑Fehde durch Androhung von Kirchenstrafen entgegenzuwirken. Im 11. Jh. verband sich der G. mit der ↑Treuga Dei. Der G. wurde seit dem 12. Jh. von der Landfriedensbewegung abgelöst (↑ Landfriede).

Gottesgnadentum: aus der seit dem 8. Jh. in Herrschertitulaturen üblichen Demutsformel »von Gottes Gnaden« (lateinisch: Dei gratia) abgeleitete Vorstellung von der göttlichen Qualität des Königtums. Die von göttlicher Gewalt abgeleitete Herrschaft war an das göttliche Recht gebunden, hatte es zu sichern und zu vertiefen. Missachtung dieser Verpflichtung begründete ein Widerstandsrecht gegen den Herrscher. In der frühen Neuzeit wandelte sich die Auffassung vom G. zur Übersteigerung der neu formulierten Fürstensouveränität (↑Absolutismus). Mit der Lehre von der ↑Volkssouveränität und vom Gesellschaftsvertrag in der Aufklärung setzte die Kritik am G. ein.

Gottesurteil: im Mittelalter gerichtliches Beweismittel beim Fehlen von Tatzeugen, bei dem der Ausgang einer bestimmten Handlung über Schuld oder Unschuld eines Angeklagten entschied. Es gab zweiseitige (Zweikampf von Kläger und Beklagtem) und einseitige G. (Feuerprobe des Beklagten).

Göttinger Sieben: die Göttinger Professoren W. E. ALBRECHT, F. CH. DAHLMANN, H. EWALD, G. GERVINUS, J. und W. GRIMM und W. WEBER, die im November 1837 unter Berufung auf ihren Verfassungseid gegen die unrechtmäßige Aufhebung des Staatsgrundgesetzes des Königreichs Hannover durch ERNST AUGUST II. protestierten und daraufhin entlassen wurden. Die liberale öffentliche Meinung feierte sie als Helden eines rechtmäßigen Widerstands.

Gouverneur [französisch guvɛrˈnøːr; von lateinisch gubernator »Steuermann«]:

◆ (Zivilgouverneur): in Frankreich während des 16. Jh. der militärische Oberbefehlshaber, der im 17. Jh. aber zugunsten des Intendanten entmachtet wurde. – In den USA der oberste Exekutivbeamte eines Gliedstaates. – Die Bezeichnung G. für den obersten Exekutivbeamten einer Kolonie geht auf die spanische bzw. portugiesische Kolonialverwaltung zurück. Nach der Entdeckung Amerikas wurde der Titel jenen verliehen, die über ein Gebiet die Regierungs- und Justizgewalt ausübten.

◆ (Militärgouverneur): oberster Befehlshaber in einer Festung oder Garnison.

Graf: im Frühmittelalter königlicher Amtsträger (lateinisch ↑Comes) in einem bestimmten Gebiet (**Grafschaft**), in dem er zur Durchsetzung königlicher Gewalt eingesetzt worden war. Die absetzbaren G. erweiterten ihren Amtsbereich allmählich auch auf gerichtliche und polizeiliche Befugnisse und waren militärische Befehlshaber, die das Aufgebot (Heerbann) durchführten und die Mannschaft der Grafschaft im Feld befehligten. Das anfangs freie Recht des Königs auf Ernennung der G. wurde bereits im 7. Jh. eingeschränkt auf den Kreis der jeweils eingesessenen Grundherren; damit wurde des Grafenamt von Hofdienst und Krone gelöst. Entscheidend für die weitere Entwicklung der G. von Amtsinhabern zu Landesherren waren die Umwandlung des Amtes in ein Lehen und das sich seit Ende des 9. Jh. durchsetzende Prinzip der Erblichkeit der Lehen. Die G. gehörten zunächst durchgängig dem hohen Adel an, und ein Teil von ihnen, dem es gelang, eine reichsunmittelbare Herrschaft auszubilden, blieb auch nach dem späten Mittelalter noch Mitglied des Reichsfürsten-

G

stands. Ein großer Teil jedoch wurde landsässig.

Grande ['grandə; spanisch »groß«, »bedeutend«]: Bezeichnung für Angehörige der obersten Klasse des spanischen Adels. Sie bildete sich im Hochmittelalter im Königreich Kastilien aus und wurde auf Verwandte des Königshauses und die größten Grundbesitzer angewandt. 1520 wurden sie offiziell als Hochadel mit besonderen Vorrechten am Hof bestätigt.

Grande Armée [grãdar'me; französisch »große Armee«]: Bezeichnung für die aus Truppen mehrerer Nationen bestehenden Heere NAPOLEONS I., die 1805 zur Invasion in Großbritannien aufgestellt wurden und die 1806/07 gegen Preußen kämpften, sowie für das 453 000 Mann zählende Heer, das 1812 gegen Russland in Marsch gesetzt wurde.

Gravamina [lateinisch »Beschwerden«]: im 15./16. Jh. Beschwerden bei Reichstagen und Konzilien (»G. der deutschen Nation wider den römischen Hof«) über kirchliche Missstände im Heiligen Römischen Reich; sie betrafen Pfründenhäufungen, Missbräuche bei der Besetzung kirchlicher Stellen, päpstliche Abgaben, Missbräuche im Ablasswesen und die Willkür im kirchlichen Prozessverfahren. LUTHER griff diese Klagen in seiner Schrift »An den christlichen Adel deutscher Nation« auf. Auch nach der Reformation wurden bis ins 18. Jh. vom deutschen katholischen Klerus G. gegen die Kurie vorgebracht.

griechische Geschichte: siehe S. 202.

griechische Kolonisation: die Ausbreitung der Griechen im gesamten Mittelmeerraum (8.–6. Jh. v. Chr.), v. a. aber in Unteritalien, Sizilien und Nordafrika; griechische Städte (z. B. Milet) gründeten zahlreiche Tochterstädte an den Küsten der nördlichen Ägäis und des Schwarzen Meers sowie Südfrankreichs und Ostspaniens.

großdeutsch: während der ↑Revolution von 1848/49 Bezeichnung für diejenige politische Gruppierung in der ↑Frankfurter Nationalversammlung, die das Ziel der Einigung Deutschlands unter Einschluss möglichst aller deutschen Gebiete (d. h. auch der deutschen Gebiete Österreichs) verfolgte. Sie setzte sich v. a. aus Österreichern, Vertretern der süddeutschen Staaten, Katholiken und Anhängern des Bundesstaatsgedankens (Föderalisten) zusammen. Erst als die österreichische Politik die Erhaltung des österreichischen Gesamtstaates durchsetzte, unterlagen die Großdeutschen der eine ↑kleindeutsche Lösung anstrebenden Erbkaiserlichen Partei. Nach der Reichsgründung vorübergehend in den Hintergrund gedrängt, lebte der großdeutsche Gedanke v. a. nach dem Zusammenbruch der Donaumonarchie (1918) wieder auf. Er wurde vorübergehend durch den »Anschluss« Österreichs an das nationalsozialistische Deutschland verwirklicht (1938–45).

Große Depression: Bezeichnung für die im Sommer 1873 einsetzende Verlangsamung des wirtschaftlichen Wachstums in Europa, die erst 1895/96 durch die bis zum Beginn des Ersten Weltkriegs anhaltende Aufschwungsphase beendet wurde. Die G. D. war gekennzeichnet durch Stagnation (verringerte Investitionsneigung der Unternehmer, sinkende Aktienkurse, rückläufige Güternachfrage), Preisverfall und Schrumpfung in Einzelbereichen (auch bedingt durch den verstärkten Konkurrenzdruck). In der Forschung ist umstritten, ob die Gesamtheit der industriellen Wachstumsstörungen dieser Zeit unter dem Epochenbegriff G. D. zusammengefasst werden kann. Auf Deutschland wirkte sich der Konjunktureinbruch nach der überschäumenden Konjunktur der ↑Gründerjahre ernüchternd aus. Zu den politischen Folgeerscheinungen werden heute v. a. die Diskreditierung des Liberalismus als politisch-wirtschaftliches Ordnungssystem, die wachsende Revolutionsfurcht und Unsicherheit der Mittelschichten, der völkische Antisemitismus und v. a. der Übergang zu ↑Schutzzöllen 1879 gezählt. Die Frage

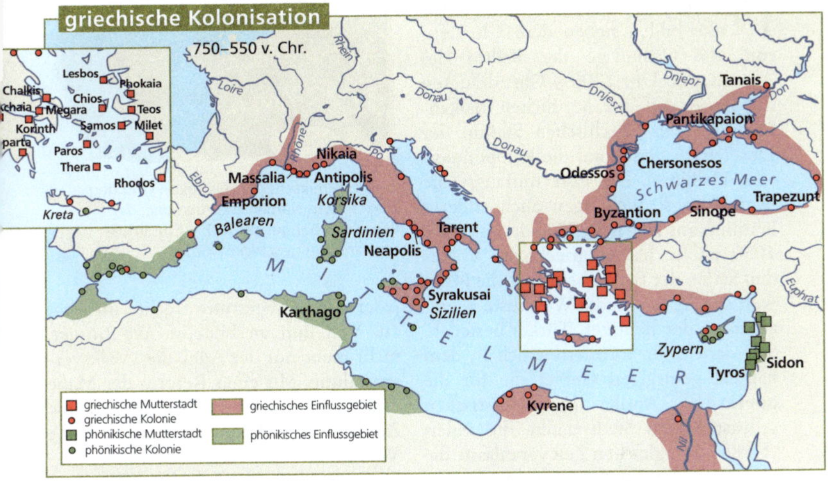

der ursächlichen Beziehung von G. D. und Kolonialexpansion nach 1880 (↑ Imperialismus) ist bis heute nicht endgültig geklärt.

große Koalition: Regierungsbündnis meist zwischen den beiden stärksten Parteien im Parlament, bei dem nur eine Minderheit kleiner Parteien in der ↑Opposition bleibt. G. K. werden geschlossen, um die parlamentarische Gesetzgebung auf möglichst breiter Grundlage zu sichern. In der Bundesrepublik Deutschland und in Österreich kam es zur Bildung g. K. auf Bundes- (in Deutschland: 1966–69 g. K. aus CDU/CSU und SPD unter Bundeskanzler K. G. KIESINGER) und Landesebene.

Großwesir: Titel des höchsten Amtsträgers im Osmanischen Reich. Der nur dem ↑Sultan unterstellte G. leitete in dessen Auftrag die Regierungsgeschäfte; als Titel 1922 abgeschafft.

Gründerjahre: Bezeichnung für die Jahre vom Ende des ↑Deutsch-Französischen Kriegs von 1870/71 bis zum Beginn der ↑Großen Depression (1873), die durch einen starken wirtschaftlichen Aufschwung gekennzeichnet war. Ursachen dieses Konjunkturaufschwungs waren eine allgemein optimistische Grundstimmung infolge des siegreichen Kriegs, ein Nachfrageüberhang wegen der Produktionseinschränkungen und des Materialverschleißes während des Kriegs, weitgehender Zollabbau und Errichtung eines nationalen Großwirtschaftsraums sowie die französischen Kriegsentschädigungen in Höhe von 5 Mrd. Goldfrancs, die dem Reich eine rasche Rückzahlung seiner Anleihen ermöglichten und darüber hinaus zu einer erheblichen Geldmengenausweitung führten. Die Gründung zahlreicher Aktiengesellschaften (zwischen 1871 und 1873 insgesamt 843), gefördert durch ein 1870 erlassenes Gesetz, das den Konzessionszwang aufhob und nur eine Registrierungspflicht verankerte, war eine Folge des Aufschwungs, der andererseits jedoch von einer ungesunden Spekulationspolitik und von rücksichtsloser Ausnutzung des individuellen Vorteils begleitet war. Die G. endeten 1873 mit einem allgemeinen Kurssturz und einer anhaltenden Konjunkturschwächung.

Grundgesetz:

◆ früher gebräuchliche Bezeichnung für Verfassung (**Staatsgrundgesetz**) oder für einzelne, verfassungsrechtlich bedeutsame Gesetze.

▸ *Fortsetzung auf S. 205*

Die Leistungen der griechischen Antike bilden neben dem Christentum die Grundlage der Kultur des Abendlands. Um 1200 v.Chr. drängten die Illyrer auf der nördlichen Balkanhalbinsel den griechischen Stamm der Dorer nach Süden auf die Peloponnesische Halbinsel. Das löste umfangreiche Wanderungsbewegungen auch anderer Stämme aus (dorische Wanderung). Bis 1050 v.Chr. hatten griechische Völker den Süden der Balkanhalbinsel, die Inselwelt der Ägäis und die Westküste Kleinasiens in der heutigen Türkei besiedelt. Seit dem 8. Jh. formierten sich in dem kargen, gebirgigen Gebiet die für die griechische Antike charakteristischen selbstständigen Stadtstaaten, die Poleis (↑Polis). Zur gleichen Zeit veranlasste die Zunahme der Bevölkerung eine ↑griechische Kolonisation im Mittel- und Schwarzmeerraum.

Obwohl die griechische Welt geographisch und politisch zersplittert war, verloren die Griechen nie das Bewusstsein ihrer Zusammengehörigkeit. Ausschlaggebend dafür waren die gemeinsame Lebensform des freien und für das Gemeinwesen mitverantwortlichen Bürgers, die Sprache und die Literatur, insbesondere die Epen Homers, gemeinsame religiöse Feste wie die ↑Olympischen Spiele und Kultorte wie der Apollontempel auf Delphi, den man wegen des Orakels aufsuchte, sowie der allen Griechen gemeinsame Götterhimmel, das Pantheon.

■ Politik als Gemeinschaftsaufgabe

Bereits in der frühen Polis war die ursprüngliche ↑Monarchie in den meisten Fällen von der ↑Aristokratie abgelöst. Nach sozialen Spannungen kam es im 6. Jh. zu politischen Reformen, zunächst in Athen durch Solon, der 594 zu einem ↑Archon, einem höchsten Regierungsbeamten, gewählt worden war. Er befreite große Teile der Bauern von Schulden und Schuldknechtschaft, gliederte die Bürgerschaft auf der Grundlage der Ernteerträge in vier Klassen und wies jeder Klasse abgestufte Rechte im Staat zu. Von nun an bildeten alle Bürger, nicht mehr nur der Adel, die ↑Volksversammlung. Mit einer Reform der Maße und Gewichte verbilligte Solon die Ausfuhren aus Athen und belebte so die Wirtschaft.

Eine Keramikscherbe (Ostrakon) mit dem eingeritzten Namen des Aristides, der vom Scherbengericht 482 v. Chr. in die Verbannung geschickt wurde.

Die Reformen des Kleisthenes (509–507 v.Chr.) führten die attischen Bürger weiter auf den Weg zur ↑Demokratie. Mit der von ihm ausgearbeiteten Verfassung wurden die Athener nach drei Regionen eingeteilt: nach dem Stadtgebiet, der Küste und dem Binnenland. Jede Region unterteilte er in zehn Teile, wodurch 30 Bezirke (Demos) entstanden. Je einen Bezirk aus der Stadt, der Küste und dem Binnenland fasste er zu einer Einheit, der sog. ↑Phyle, zusammen. Jede Phyle entsandte – unabhängig von Geburt oder Vermögen – 50 Vertreter in die ↑Bule (»Rat der 500«), die außerdem für ein Zehntel des Jahres als ↑Prytanen die Regierung Athens stellten. Alle wichtigen Sachentscheidungen trafen die freien Bürger Athens, d.h. alle Männer außer Sklaven und Auswärtigen (↑Metöken), durch Abstimmung in der Volksversammlung. Frauen hatten außerhalb des Hauses und der Familie fast keine Rechte. Jeder männliche Bürger konnte hingegen jedes Amt bekleiden, mit Ausnahme des Amts des ↑Strategen, für das militärische Erfahrung verlangt wurde. Um die Konzentration von Macht zu verhindern, wurden die meisten Ämter kollegial ausgeübt und wechselten nach einem Jahr. Außerdem konnte man

mit dem ↑Ostrazismus gegen unerwünschte Politiker vorgehen.
Athen wurde zur reichsten und mächtigsten Stadt in Griechenland und seine demokratische Verfassung wurde von vielen Städten übernommen. Immer wieder kam es jedoch zu einem Wechsel der Regierungsform, der ↑Tyrannis, wenn sich Einzelne mithilfe einflussreicher Interessengruppen zum Alleinherrscher aufwarfen.
Eine Besonderheit Spartas stellt das Doppelkönigtum dar. Die Könige, deren Macht seit dem 8. Jh. durch fünf gewählte ↑Ephoren zunehmend eingeschränkt wurde, bildeten mit 28 Geronten die ↑Gerusia. Sparta hatte sich seit dem 8. Jh. nach und nach den südlichen Peloponnes unterworfen. Die Bevölkerung Lakoniens blieb zwar weitgehend eigenständig, doch war ihnen (↑Perioken) ebenso wie den ↑Heloten, den versklavten Bewohnern Messeniens, die Teilnahme an der Volksversammlung verwehrt. Der Zwang, sich gegenüber der zahlenmäßig weit größeren Schicht der Heloten zu behaupten, führte zu einer allgemeinen Militarisierung des Lebens, die schon mit dem 7. Lebensjahr einsetzte. Ihre militärische Schlagkraft verdankten die Spartiaten den in geschlossener Schlachtordnung kämpfenden ↑Hopliten. Wie die reichen Adeligen besaßen auch sie Ackerland – weshalb sich die Spartiaten als »die Gleichen« bezeichneten – und nahmen gleichberechtigt an der Volksversammlung teil.

Athen gegen Sparta

In der 1. Hälfte des 5. Jh. wurde Griechenland durch die ↑Perserkriege erschüttert. Aus den Anstrengungen, das östliche Großreich zurückzuschlagen, gingen v. a. Athen und Sparta, die die militärische Hauptlast getragen hatten, gestärkt hervor. Unter Perikles (443–429 v. Chr.) erlebte Athen eine Blütezeit (»Perikleisches Zeitalter«). Es nutzte die Chance, seine Schutzfunktion gegenüber den Griechenstädten in Kleinasien und der Ägäis zu einer Hegemonie auszubauen. Innenpolitisch führten Ephialtes, nach seiner Ermordung 461 Perikles, eine Verfassungsreform herbei, die u. a. die Vollmachten des ↑Areopags beschnitt und das Archontat für die dritte Klasse öffnete. Die Beamten- und Richterstellen wurden besoldet, um sie der gesamten Bürgerschaft zugänglich zu machen. Als Instrument der politischen und ökonomischen Vormachtstellung Athens entstand der ↑Attische Seebund. Unter Führung der Landmacht Sparta stand der ↑Peloponnesische Bund dagegen. Die Spannungen zwischen beiden Mächten eskalierten im ↑Peloponnesischen Krieg (431–404 v. Chr.), aus dem Sparta zwar als Sieger, die gesamte griechische Welt jedoch geschwächt hervorging. Das ebnete den Weg für das nordgriechische

Die Tyrannenmörder waren Identifikationsfiguren der athenischen Demokratie. Die Statuengruppe, die die Ermordung des Tyrannen Hipparchos 514 v. Chr. durch Harmodios (rechts) und seinen Liebhaber Aristogeiton zeigt, stellten die Athener 477/76 v. Chr. inmitten der Agora auf (römische Kopien nach Bronzestatuen der Bildhauer Kritios und Nesiotes).

Königtum Makedonien, das nach dem Sieg bei Chaironea 338 v. Chr. die Vorherrschaft in Griechenland errang.

Religion, Kunst und Wissenschaft

Die Bedeutung der griechischen Antike, besonders Athens, für das europäische Geistesleben kann kaum überschätzt werden. Die Philosophen SOKRATES (470–399), PLATON (427–347) und ARISTOTELES (384–322) haben unser Denken bis heute geprägt. Auch die Ursprünge anderer moderner Wissenschaften liegen in Griechenland: Geschichte, Geographie, Medizin, Mathematik.
Bis ins 6. Jh. waren die Götter als unsterbliche Wesen mit übernatürlichen Fähigkeiten angesehen worden, die sowohl für Naturphänomene als auch für menschliche Leidenschaften verantwortlich gemacht wurden. Als Maßstab für das richtige Verhalten galten jedoch die Gesetze der Polis, die deshalb in hohen Ehren gehalten wurden. Die Griechen lösten das Denken aus seiner Verpflichtung gegenüber den Göttern und machten es zu einem Instrument des freien Geistes, v. a. der Philosophie. Wie sie, deren ideale Form der Dialog war, war auch die Literatur in soziale Tätigkeiten eingebettet: Gedichte dienten der Geselligkeit, und das griechische Theater entwickelte sich aus den Festspielen zu Ehren des Gottes Dionysos.

Blick auf die Akropolis von Athen; rechts liegt der Pergamontempel, links die Eingangshalle in die Akropolis, die Propyläen.

Die Formensprache der griechischen Baukunst blieb bis ins 19. Jh. in Gebrauch. Im Unterschied zu den prächtigen öffentlichen Gebäuden, z.B. dem Parthenontempel auf der Akropolis von Athen, blieben die Privathäuser dem griechischen Ideal der Einfachheit verpflichtet. Eng verbunden mit der Baukunst war die Plastik, die den idealen menschlichen Körper in freier, harmonischer Bewegung darstellt. Malerei findet sich v. a. als Dekoration auf Gefäßen.

Das Weiterwirken der griechischen Antike

ALEXANDER DER GROSSE trug die griechische Kultur in den gesamten östlichen Mittelmeerraum und bis nach Zentralasien (↑Alexanderzüge). Die Nachfolgestaaten des ↑Alexanderreichs bewahrten die griechische Kultur (↑Hellenismus). Später wurde das ↑Römische Reich Erbe und Mittler der griechischen Antike. Nach dessen Zusammenbruch gerieten die Leistungen der Griechen in Europa in Vergessenheit, kamen jedoch seit dem 13. Jh. durch Vermittlung arabischer und jüdischer Gelehrter erneut in Umlauf. In der ↑Renaissance gelangte die griechische Antike zu höchstem Ansehen. ■

Eine unterhaltsame Darstellung der griechischen Welt bietet Joachim Fernaus Buch »Rosen für Apoll. Die Geschichte der Griechen« (2000).
Ein lohnendes Internetportal ist *www.niester.de/g_antike/griechen/griechen/html*

BORBEIN, ADOLF H.: *Das alte Griechenland.* Lizenzausgabe München 1998. ▪ RACHET, GUY: *Lexikon der griechischen Welt.* Neuausgabe Düsseldorf 2002.

◄ *Fortsetzung von S. 201* ◆ die vom ↑Parlamentarischen Rat am 8. Mai 1949 verabschiedete und nach Annahme durch die Länderparlamente (mit Ausnahme Bayerns) am 23. Mai 1949 verkündete und am 24. Mai 1949 in Kraft getretene Verfassung der Bundesrepublik Deutschland (Abkürzung GG). Der Anstoß zur Schaffung des G. ging von den drei westlichen Besatzungsmächten aus, die am 1. Juli 1948 die Ministerpräsidenten der westdeutschen Länder aufforderten, eine verfassunggebende Versammlung einzuberufen. Der von den elf Landtagen gewählte Parlamentarische Rat trat am 1. September 1948 in Bonn zusammen, wobei fünf Vertreter Berlins mit beratender Stimme teilnahmen.

Die Regelungen des G. entstanden aus der bewussten Abkehr von der nationalsozialistischen Diktatur und aus dem Bestreben, die Fehler der Weimarer Reichsverfassung (↑Weimarer Republik) zu vermeiden. Dazu gehören u. a. die Garantie der Grundrechte (Art. 1–19 GG), die die Gesetzgebung, die vollziehende Gewalt und die Rechtsprechung als »unmittelbar geltendes Recht« binden, die Einschränkung der Befugnisse des Staatsoberhaupts (des Bundespräsidenten) sowie andererseits die Stärkung der Stellung des Bundeskanzlers und die Errichtung des Bundesverfassungsgerichts, das dem Schutz der Grundrechte und der verfassungsmäßigen Ordnung dienen und die Verfassungs- und Rechtmäßigkeit der staatlichen Gewaltausübung gewährleisten soll. Darüber hinaus soll durch das Verbot, die Verantwortung durch eine weite Gesetzgebungsermächtigung (↑Ermächtigungsgesetz) auf die Bundesregierung abzuwälzen, die Funktion des Parlaments (des Bundestags) als zentrales politisches Entscheidungsorgan erhalten bleiben. Unter leidenschaftlichen innenpolitischen Diskussionen, entfacht durch den schweren Missbrauch staatlicher Macht in der Zeit des Nationalsozialismus, verabschiedete der Bundestag 1968 Regelungen (**Notstandsverfassung**) für den äußeren Notstand (Verteidigungs- und Spannungsfall) und den inneren Notstand (innere Unruhen und Naturkatastrophen). Mit diesem Gesetzgebungsakt erloschen die Eingriffsrechte der Alliierten.

Das bewusst nicht als Verfassung bezeichnete und nicht von einer vom Volk gewählten verfassunggebenden Nationalversammlung ausgearbeitete G. war zunächst als Übergangslösung bis zu einer Wiedervereinigung Deutschlands gedacht (Präambel, Artikel 23 und 146). Mit dem Beitritt der DDR zum Geltungsbereich des G. aufgrund des Artikels 23 am 3. Oktober 1990 und der damit erreichten Vereinigung der Deutschen ist das G. die Verfassung Gesamtdeutschlands.

Grundgesetze des Heiligen Römischen Reichs: Reichsgesetze, die für die Entwicklung der Reichsverfassung ausschlaggebend waren und bis zum Ende des Reichs (1806) galten: die ↑Goldene Bulle (1356), der ↑Ewige Landfriede (1495), die kaiserlichen ↑Wahlkapitulationen (seit 1519), die Reichskammergerichtsordnung (↑Reichskammergericht) und die Reichsexekutionsordnung (1555; ↑Reichsexekution), der ↑Augsburger Religionsfrieden (1555), der ↑Westfälische Frieden (1648), die Reichshofratsordnung (1654; ↑Reichshofrat) und der ↑Reichsdeputationshauptschluss (1803).

Grundherrschaft: Teilbereich adliger, kirchlicher und königlicher Herrschaft, der die europäische Agrar-, Sozial- und Verfassungsgeschichte vom Frühmittelalter bis zur Bauernbefreiung des 18. und 19. Jh. entscheidend bestimmte. Die landwirtschaftliche Nutzfläche wurde nicht vom Besitzer, dem **Grundherrn**, direkt bewirtschaftet, sondern an Bauern ausgegeben, die entweder unfrei (hörig) oder wirtschaftlich von ihrem Herrn abhängig waren. Die G. umfasste nur selten ein großes Gebiet mit fest umrissenen Grenzen, sondern lag über weite Flächen verstreut. Zentrum war der ↑Fronhof,

G

ein adliger oder klösterlicher Herrschaftssitz, an den die Bauern landwirtschaftliche Produkte oder Geld abführten; hinzu kamen Arbeitseinsätze (↑Fronen) auf dem herrschaftlichen Land (Salland).

Grundherrschaft: Der Grundherr (rechts) besaß nicht nur Grund und Boden, sondern auch Verfügungsgewalt über unfreie Bauern, die im Frondienst das Land bestellten (Heidelberger Bilderhandschrift des Sachsenspiegels, um 1325).

Innerhalb seiner G. hatte der Grundherr nicht nur wirtschaftliche und soziale Vorrechte, sondern besaß auch die niedere Gerichtsbarkeit (↑Patrimonialgerichtsbarkeit). Im Spätmittelalter wurde das Land zunehmend an die Bauern verpachtet, und der Grundherr lebte vom Pachtzins (überwiegend Geldabgaben). Eine fortentwickelte Form der G. war die seit dem 15. Jh. v. a. in Ostmitteleuropa vorherrschende ↑Gutsherrschaft.

Grundholder: im Mittelalter der von einem Grundherrn Abhängige, sowohl der Hörige (↑Hörigkeit) als auch der Erbzinspächter (↑Erbleihe).

Grundrechte: Die Vorstellung von G., die dem Menschen von Natur aus zu eigen sind (↑Menschenrechte, ↑Naturrecht), findet sich bereits in der Antike, ohne jedoch politische oder soziale Bedeutung zu erlangen. Im Mittelalter verbanden sich antike Naturrechtsphilosophie und christliche Staatsphilosophie sowie germanische Volksrechtstradition und bildeten die Grundlage von zunächst ständisch beschränkten G. gegenüber dem Herrscher. Die berühmteste mittelalterliche Grundrechtsverbriefung ist die ↑Magna Charta von 1215.

Die reformatorische Lehre von der Freiheit des christlichen Gewissens gab begrenzte Anstöße in der Entwicklung der Grundrechtsideen, doch wurde der entscheidende Schritt zur Deklaration der individuellen und damit der modernen G. erst im 17. Jh. in England im Kampf gegen die Stuarts und in den Auseinandersetzungen um die Religionsfreiheit vollzogen: Über die ↑Petition of Right von 1628 führte der Weg zur verfassungsrechtlichen Anerkennung individueller G. in der ↑Habeaskorpusakte 1679 und in der ↑Bill of Rights 1689. Erneut erlangten die G. Bedeutung in Nordamerika, als die Einzelstaaten bei der Trennung von Großbritannien die G. verfassungsgesetzlich zusammenfassten (Virginia Bill of Rights, 1776); 1790 wurden sie als Zusatzartikel I–X der Verfassung von 1789 angefügt. Unter dem Einfluss des nordamerikanischen Vorbilds und der Ideen der Aufklärung (Voltaire, Montesquieu, Rousseau) wurde in der Französischen Revolution am 26. August 1789 das klassische Dokument der G. in der Erklärung der Menschen- und Bürgerrechte proklamiert (↑Déclaration des droits de l'homme et du citoyen). Sie beeinflusste die folgenden Rechts- und Staatstheorien sowie die Grundrechtskodifikationen des 19. Jh., die die G. zumeist in der Form von Bürgerrechten garantierten. So sah die Frankfurter Nationalversammlung (in der sich der Terminus G. für Deutschland durchsetzte) in ihrem Entwurf einer Reichsverfassung einen ausführlichen Katalog von »Grundrechten des deutschen Volkes« vor. Anknüpfend an diese Tradition enthielt die Weimarer Reichsverfassung von 1919 einen Katalog von G. und Grundpflichten (auch sozialer Natur). Vom Nationalsozialismus als Relikte des liberalen Staats 1933 beseitigt, wurden die G. im ↑Grundgesetz der Bundesrepublik Deutschland (Art. 1–19) erneut garantiert.

Grundvertrag (Grundlagenvertrag): Kurzbezeichnung für den am 21. Dezember 1972 geschlossenen und am 21. Juni 1973 in Kraft getretenen Vertrag über die Grundlagen der Beziehungen zwischen der BRD und der DDR; er wurde 1990 durch den ↑Einigungsvertrag abgelöst. Der G. bildete den Höhepunkt der Deutschland- und Ostpolitik der Regierung Brandt-Scheel. Ziele des G. waren: normale gutnachbarliche Beziehungen zwischen der Bundesrepublik Deutschland und der DDR auf der Grundlage der Gleichberechtigung und unter Beachtung der beiderseitigen Unabhängigkeit, Selbstständigkeit und territorialen Integrität. Neben der Einrichtung von Ständigen Vertretungen am Sitz der jeweiligen Regierungen erklärten beide Staaten ihre Bereitschaft, im Zuge der Normalisierung ihrer Beziehungen praktische und humanitäre Fragen zu regeln (v.a. durch Erleichterungen im Reiseverkehr gewann der G. praktische Bedeutung). Probleme gab es jedoch sehr rasch wegen der unterschiedlichen Auffassungen der Vertragspartner über die Frage der Staatsangehörigkeit und über die Geltung der Bestimmungen für Berlin (West). Das Bundesverfassungsgericht bestätigte am 31. Juli 1973 die Verfassungsmäßigkeit des G., wies jedoch nachdrücklich auf das im Grundgesetz verankerte Wiedervereinigungsgebot sowie das Selbstbestimmungsrecht aller Deutschen hin. – Siehe auch ↑Wiedervereinigung.

Gruppe Ulbricht: Am 30. April/1. Mai 1945 flogen im Auftrag STALINS zehn deutsche Kommunisten, geführt von W. ULBRICHT, in das von sowjetischen Truppen eroberte Berlin und begannen dort mit dem Aufbau kommunistischer Einflusszonen.

Guelfen: ↑Ghibellinen.

Guerilla [geˈrɪl(j)a; von spanisch guerra »Krieg«]: während des spanischen Unabhängigkeitskriegs 1808–14 (↑Napoleonische Kriege) entstandene Bezeichnung für den Kleinkrieg, den irreguläre Einheiten der einheimischen Bevölkerung gegen eine Besatzungsmacht (oder auch im Rahmen eines Bürgerkriegs) führen; auch Bezeichnung für diese Einheiten selbst bzw. ihre Mitglieder.

Guillotine [gɪjoˈtiːnə]: von dem französischen Arzt J. I. GUILLOTIN entwickelte und während der Französischen Revolution 1792 eingeführte Maschine zur schnelleren und schmerzloseren Vollstreckung der Todesstrafe durch Enthauptung.

GUS: ↑Gemeinschaft Unabhängiger Staaten.

Gutsherrschaft: Bezeichnung für eine vom 15. bis Ende des 19. Jh. in Ostmitteleuropa (im deutschen Raum v.a. in Preußen) vorherrschende fortentwickelte Form der ↑Grundherrschaft. Kennzeichen der G. sind der ausgedehnte, abgerundete Besitz (im Gegensatz zu dem v.a. im südwestlichen Deutschland oft anzutreffenden grundherrschaftlichen Streubesitz), die rechtlich herausragende Stellung des Gutsherrn gegenüber seinen ↑Hintersassen sowie die ökonomisch beherrschende Stellung der herrschaftlichen Gutswirtschaft im Dorfverband. Der **Gutsherr,** meist ein Adliger, war örtlicher Gerichtsherr (↑ Patrimonialgerichtsbarkeit), wodurch aus einem ursprünglich privatrechtlichen ein öffentlich-rechtliches und damit oft auch gesellschaftliches Abhängigkeitsverhältnis entstand. Ursache für die Ausbildung der G. waren u.a. die umfangreichen Rodungs- und Neuerschließungsarbeiten durch die Gutsherren, die Aneignung herrenlosen Landes und schließlich die Rationalisierung der Landwirtschaft. Hinzu trat nach dem Dreißigjährigen Krieg ein systematisches ↑Bauernlegen. Im Verlauf der ↑Bauernbefreiung wurde die politische und rechtliche Seite der G. weitgehend abgebaut, die wirtschaftliche Vorherrschaft des Großgrundbesitzes blieb jedoch bestehen. Erst 1927 wurden

G

in Deutschland die Gutsbezirke durch Gesetz aufgelöst.

Gutshörigkeit: ↑Erbuntertänigkeit.

Gymnasium [von griechisch gymnos »nackt«]: im antiken Griechenland Bezeichnung für Übungs- und Wettkampfanlagen zur körperlichen Erziehung und vormilitärischen Ausbildung der Jugend, später nach Aufhebung der allgemeinen Wehrpflicht (etwa 400 v.Chr.) zunehmend auch Stätten der musischen bzw. geistigen Bildung. – In der Neuzeit eine Bildungseinrichtung, die seit dem 19. Jh. zum Erwerb der Hochschulreife (Abitur) führt.

H

Haager Friedenskonferenzen: die 1899 und 1907 auf Initiative des russischen Zaren NIKOLAUS II. bzw. des amerikanischen Präsidenten TH. ROOSEVELT in Den Haag abgehaltenen internationalen Konferenzen, die sich eine umfassende Friedenssicherung zum Ziel gesetzt hatten. Die Ergebnisse blieben hinter den Erwartungen zurück; erreicht wurden jedoch Vereinbarungen über das Kriegsrecht (↑Haager Landkriegsordnung) und die Einrichtung einer internationalen Schiedsgerichtsbarkeit mit dem Ständigen Schiedshof in Den Haag, dessen Inanspruchnahme allerdings nicht obligatorisch war und der nach dem Zweiten Weltkrieg nicht wieder in Anspruch genommen wurde (Konkurrenz durch den Sicherheitsrat der UN und den Internationalen Gerichtshof).

Haager Landkriegsordnung, Abk. HLKO: auf den Haager Friedenskonferenzen von 1899 und 1907 erarbeitete Gesetze und Regeln des Landkriegs. Die HLKO bedeutet eine teilweise schriftliche Niederlegung des damaligen Völkergewohnheitsrechts. Der erste Abschnitt definiert den Begriff des Krieg Führenden und regelt die Rechtsstellung der Kriegsgefangenen; im zweiten Abschnitt werden bestimmte Mittel zur Schädigung des Feindes (z.B. Verwendung von Gift) verboten, und die Rechtsstellung der Spione und Parlamentäre sowie der Waffenstillstand werden behandelt; der dritte Abschnitt garantiert der Bevölkerung eines besetzten Gebiets eine Reihe von Rechten (u.a. Schutz des Privateigentums). Ergänzende und weiterführende Vorschriften enthalten die ↑Genfer Konventionen.

Habeaskorpusakte: Mit den lateinischen Worten »habeas corpus« (du habest den Körper) beginnt in der englischen Rechtssprache der Befehl, einen Verhafteten seinem Richter vorzuführen. Das bereits in der ↑Magna Charta und der ↑Petition of Rights ausgesprochene Recht auf Schutz des Bürgers vor willkürlichen Verhaftungen wurde in der Konfliktsituation des Jahres 1679 erneut vom englischen Parlament in der H. definiert: Kein englischer Untertan konnte hiernach ohne gerichtliche Untersuchung in Haft gehalten werden. Verstöße gegen diesen Grundsatz wurden unter Strafe gestellt. Das Parlament konnte aber dieses Grundrecht in Ausnahmefällen zeitweilig außer Kraft setzen.

Habsburger: europäische Dynastie, seit Mitte des 10. Jh. am Oberrhein als schwäbisches Dynastengeschlecht nachweisbar. Der Aufstieg der H., die im Elsass, am Oberrhein und zwischen Aare und Reuß Güter besaßen, begann mit der Wahl RUDOLFS I. zum Römischen König (1273) und der Belehnung seiner Söhne ALBRECHT (I.) und RUDOLF mit den Herzogtümern Österreich und Steiermark (1282). Das Ziel, die habsburgischen Stammlande im Südwesten mit dem neuen Besitz im Südosten zu verbinden, gelang im Ringen v.a. mit den ↑Luxemburgern und ↑Wittelsbachern bereits im 14. Jh. Damit wurde die Grundlage für die ↑Hausmacht der H. geschaffen, für deren Herrschaftskomplex seit dem 15. Jh. die Bezeichnung **Haus Österreich** gültig wurde. Im Kampf mit den Eidgenossen gingen jedoch im 14. und 15. Jh. die althabsburgischen schweizerischen Besitzungen verloren, wie den H. auch die Behauptung der Reichskrone nicht gelang. Erst durch die dynastische Heiratspolitik FRIEDRICHS III. und MAXIMILIANS I. bzw. durch die Wiedergewinnung der Krone des Heiligen Römischen Reichs, deren Träger die H. (außer 1742–45) bis 1806 blieben, vollzog sich der Aufstieg des Hauses Österreich zur europäischen Großmacht.

Nach der Trennung der **spanischen** und der **deutschen Linie** der Gesamtdynastie nach der Abdankung KARLS V. (1556) bestimmte die spanische Linie mit PHILIPP II. den Höhepunkt der Macht des Gesamthauses, während den deutschen H. erst seit dem Großen Türkenkrieg (1683–99) die österreichische Großmachtbildung gelang. Trotz der zahlreichen Verwandtenehen zwischen beiden Linien konnten die H. nach dem Erlöschen der spanischen Linie (1700) nur die europäischen Nebenländer des spanischen Erbes gewinnen (↑Spanischer Erbfolgekrieg). Die ↑Pragmatische Sanktion 1713 sollte beim Aussterben der althabsburgischen Dynastie im Mannesstamm die Unteilbarkeit des Herrschaftskomplexes des Hauses Österreich sichern. Durch die Ehe MARIA THERESIAS mit dem Herzog von Lothringen, dem späteren Kaiser FRANZ I. STEPHAN, entstand die als **Habsburg-Lothringen** bezeichnete Dynastie. Sie erfuhr eine Ausweitung durch die Errichtung der Sekundogenitur im Großherzogtum Toskana und der Tertiogenitur in Modena (Haus **Österreich-Este**) bis zu ihrer Beseitigung 1859 im ↑Risorgimento. Die Errichtung eines österreichischen Kaisertums 1804 durch FRANZ II. (I.) war eine Zäsur in der Geschichte der Habsburgermonarchie. 1918 endete die Herrschaft der H. mit dem Thronverlust KARLS I.

Hagana [hebräisch »Selbstschutz«]: Selbstschutzorganisation der jüdischen Gemeinschaft in Palästina zur Zeit des britischen Mandats, 1920 aus früheren Einrichtungen entstanden und wie diese zur Abwehr arabischer Übergriffe auf jüdische Siedlungen gedacht. Mit der Gründung des Staates Israel 1948 wurde die H. zu dessen Armee erklärt.

Hakenkreuz: gleichschenkliges Kreuz mit vier in gleiche Richtung weisenden, rechtwinkligen, spitzwinkligen oder abgerundeten Armen; seit frühgeschichtlicher Zeit als mythisch-religiöses Zeichen in Europa, Asien, seltener in Afrika und Mittelamerika nachweisbar. Seit Ende des 19. Jh. von völkisch-antisemitischen Gruppen in Deutschland und Österreich als »arisches« Symbol angesehen und verwendet, wurde es von den Nationalsozialisten als Kennzeichen der NSDAP übernommen; 1935–45 Teil der deutschen Flagge. Auch nach seinem Verbot 1945 wird das H. von neofaschistischen Bewegungen verwendet.

Haldane-Mission [englisch ˈhɔːldeɪn]: die Bemühungen des britischen Kriegsministers R. B. HALDANE während seines Besuchs in Berlin im Februar 1912, ein Abkommen zur Verlangsamung des deutschen Flottenbauprogramms mit dem Reichskanzler TH. VON BETHMANN HOLLWEG abzuschließen, ein Abkommen, das jedoch der Kaiser und Großadmiral A. VON TIRPITZ ablehnten. Sie forderten von Großbritannien zunächst ein Neutralitätsabkommen, was HALDANE mit Rücksicht auf Russland und Frankreich ablehnen musste. Ein daraufhin von Deutschland vorgeschlagener Nichtangriffspakt, dem eine deutsche Rüstungsbegrenzung folgen sollte, wurde ebenfalls von der britischen Regierung abgelehnt. Die H.-M. war der letzte Versuch einer Verständigung zwischen Deutschland und Großbritannien vor dem Ersten Weltkrieg. – Siehe auch ↑Flottenrivalität.

Hallstattkultur: nach dem Gräberfeld bei Hallstatt (Oberösterreich) benannte erste Epoche der europäischen ↑Eisenzeit. Die H. entwickelte sich aus der ↑Urnenfelderkultur der Bronzezeit etwa um 700 v. Chr., breitete sich von Ostfrankreich bis zur Balkanhalbinsel aus und

H

wurde im 5. Jh. v. Chr. von der ↑La-Tène-Kultur abgelöst. Für die Zeit der H. lässt sich eine stärkere gesellschaftliche Differenzierung feststellen in einen Reiteradel (erkennbar an so genannten Fürstengräbern mit reichen Beigaben, in der Regel neben Burgen bzw. befestigten Häusern befindlich) und eine vermutlich von diesem Adel abhängige Bauernschaft. Durch einen Klimawechsel bedingte höhere Ernteerträge, Eisenverhüttung, Salzbergbau und ein ausgedehnter Handel begünstigten vermutlich den Aufstieg einer Adelsschicht.

Hambacher Fest: Vom 27. bis zum 30. Mai 1832 kamen neben Akademikern auch viele Handwerker und Arbeiter zum Hambacher Schloss und forderten ein freies und geeintes Deutschland (zeitgenössische Lithographie).

Hallsteindoktrin: nach dem damaligen Staatssekretär im Auswärtigen Amt, W. Hallstein, benannter, 1955 formulierter Grundsatz der Außenpolitik der Bundesrepublik Deutschland, dem zufolge diese (aufgrund ihres demokratisch legitimierten Alleinvertretungsanspruchs für das gesamte deutsche Volk) zu keinem Staat – mit Ausnahme der Sowjetunion –, der diplomatische Beziehungen zur DDR unterhielt, solche aufnahm; bereits aufgenommene Beziehungen wurden, wie im Fall Jugoslawiens (1957) und Kubas (1963), wieder abgebrochen. Zu Beginn der 1970er-Jahre wurde die H. aufgegeben.

Halsbandaffäre: Skandal am französischen Hof 1785/86 um eine Betrugsaffäre, in der es um ein Juwelenhalsband für Königin Marie Antoinette ging und in die Mitglieder des Hofes und des Klerus verwickelt waren. Die H. trug dazu bei, dass das Ansehen des Königtums am Ende des Ancien Régime noch weiter erschüttert wurde.

Halsgericht: seit dem 13. Jh. Bezeichnung eines Gerichts mit Zuständigkeit zur Aburteilung schwerer Verbrechen, die mit Leib- und Lebensstrafen bedroht waren (↑ hohe Gerichtsbarkeit).

Hambacher Fest: von den Pfälzer Demokraten Ph. J. Siebenpfeiffer und J. G. A. Wirth veranlasste erste deutsche Massenkundgebung (etwa 30 000 Menschen) für die Einheit und Freiheit Deutschlands vom 27. bis 30. Mai 1832 auf dem Hambacher Schloss bei Neustadt an der Weinstraße. Der Deutsche Bund antwortete auf das H. mit weiterer reaktionärer Unterdrückungspolitik (↑Demagogenverfolgung).

Handel: im weiteren Sinn jeder Austausch von Gütern, im engeren die Beschaffung von Waren und deren Verkauf. Scheint ein Austausch von Gütern in kleinem Rahmen bereits in vor- und frühgeschichtlicher Zeit stattgefunden zu haben, so ermöglichten am ehesten (bereits im 4. Jt. v. Chr.) die klimatischen und geographischen Bedingungen zwischen Persischem Golf und Mittelmeer die Entwicklung eines ausgeprägten H. (v. a. im Babylonischen Reich, im Reich der Chaldäer und im Persischen Reich). Seit dem 3. Jt. v. Chr. begannen sich im Mittelmeerraum Machtzentren auszubilden, die stärker dem Meer zugekehrt waren als die Reiche des Alten Orients (z. B. die Kreter, später die Phöniker und

Assyrer im östlichen, die Karthager im westlichen Mittelmeer). Die östlichen Mittelmeerreiche wurden abgelöst durch den Aufstieg Griechenlands; besonders die Eroberungen unter ALEXANDER DEM GROSSEN (↑Alexanderreich) brachten eine gewaltige Erweiterung des Weltverkehrs und den Anschluss weiter Gebiete Asiens und Afrikas an das griechische Handelssystem. Das aufstrebende Römische Reich übernahm das bereits bestehende Handelssystem; die besondere Bedeutung der Römer für den H. lag jedoch nicht nur darin, dass sie mit römischem Recht und einem System einheitlicher Münzen, Maße und Gewichte die Grundlage für einen geregelten Warenaustausch im Mittelmeerraum schufen, sondern auch das in Provinzen organisierte und durch Straßen erschlossene Binnenland in das Handelssystem einbezogen. Die Reichweite des H. in dieser Zeit erstreckte sich bis nach Afrika, Indien und China.

Der Niedergang des Römischen Reichs, verbunden mit dem Rückgang der Geldwirtschaft, ließ auch den H. zunächst zurückgehen, doch entwickelten sich im Hochmittelalter v. a. mit dem aufblühenden Städtewesen neue Fernhandelsverbindungen, die einerseits über den Persischen Golf bis nach Indien und China, andererseits durch Europa in den slawischen Osten führten. Die seit dem 12. Jh. durch die ↑Kreuzzüge wieder verstärkten Handelsbeziehungen zur Levante und das erneut aufblühende Fernhandelssystem, dessen Grundlagen nicht zuletzt die von Mitteleuropa nach Osten und Südosten ausgreifende Siedlungsbewegung (↑deutsche Ostsiedlung) und der Aufstieg der ↑Hanse waren, wurden begleitet von einer Reihe von Neuerungen, aus denen v. a. die des Schiffbaus, des Kanal- und Schleusenbaus, die Erschließung der Alpenpässe, aber auch die Zunahme der Schriftlichkeit mit der Ausbildung der doppelten Buchführung, die Entstehung von ↑Handelsgesellschaften sowie die Ausbildung eines See- und Handelsrechts hervorzuheben sind. Der Vorstoß zu den atlantischen Inseln, die Entdeckung des Seewegs nach Ostindien und die Entdeckung Amerikas durch Portugiesen und Spanier verschoben die Zentren des H. von Italien und Mitteleuropa zunächst nach Spanien und Portugal, deren überseeisches Handelsmonopol im 18. Jh. jedoch die britischen ↑Handelskompanien an sich zogen.

Um die Wende des 18./19. Jh. machten sich die südamerikanischen Kolonien, den USA folgend, weitgehend von ihren europäischen Mutterländern unabhängig, die sich in Europa nach 1815 mehr und mehr auf den ↑Freihandel einstellten. Die durch die industrielle Revolution bewirkte Steigerung der gewerblichen Produktion, die Umwälzungen im Verkehrs- und Nachrichtenwesen sowie im Geld- und Kreditwesen und der Abbau der Zollschranken schufen die Voraussetzungen für die Ausweitung und Verflechtung des Welthandels, wobei Großbritannien seine führende Rolle behauptete. Gleichzeitig erhielt das Streben nach neuen Kolonien als Rohstoffquellen und Absatzmärkte wieder Auftrieb (↑Imperialismus). Diese Ausweitung des Welthandels war begleitet von einer zunehmenden Spezialisierung sowie von einer schärferen Trennung von Einzel- und Großhandel.

Hatte bereits der Erste Weltkrieg das bisherige Handelsgefüge erschüttert, so leitete der Ausbruch der ↑Weltwirtschaftskrise 1929 eine Politik ein, durch die das System der vielseitigen Handelsbeziehungen durch den bilateralen Tausch Ware gegen Ware und durch wachsenden ↑Protektionismus ersetzt wurde. Nach dem Zweiten Weltkrieg entwickelte sich der H. durch den erweiterten Zahlungs- und Dienstleistungsverkehr zu einer umfassenden Außenwirtschaft. Neben den USA gewannen die Europäische Union (EU) und Japan großes Gewicht in der Weltwirtschaft. Unter Führung der UdSSR waren die kommunistischen Staaten 1949–91 im ↑COME-

CON zusammengeschlossen. Mit der Neuformulierung der Ziele des Allgemeinen Zoll- und Handelsabkommens (englische Abk. GATT), an dessen Stelle 1995/96 die Welthandelsorganisation (englische Abk. WTO) als eigenständige Sonderorganisation der Vereinten Nationen trat, sollen die handelspolitischen Möglichkeiten der Staaten der Dritten Welt verbessert werden.

Handelsgesellschaften: Jakob Fugger, der Bankier der Päpste wie auch der Kaiser Maximilian I. und Karl V. (mit seinem Buchhalter, links), schuf mit den Beteiligungen am ostindischen Gewürzhandel und am europäischen Erzbergbau ein Handelsimperium.

Handelsgesellschaften: bereits im Mittelalter im Bereich des Handels gebildete Gemeinschaftsunternehmen; sie organisierten sich entweder als (vorübergehende) Vereinigung von Personen oder in der Form einer (gelegentlichen) finanziellen Geschäftsbeteiligung, die im Laufe der Entwicklung zu vertraglich abgesicherten Dauereinrichtungen wurden. H. entstanden dort, wo die finanziellen Einsatzmöglichkeiten eines Einzelnen nicht mehr ausreichten.

Die älteste Form der Gesellschaftsbildung ist die **Commenda** (von lateinisch commendare »anvertrauen«), die Kapitalbeteiligung an einem Handelsunternehmen, die sich zunächst in Italien ausbildete und die Funktion hatte, die Risiken des gefahrvollen Seehandels auf mehrere Beteiligte zu verteilen. Im Zuge dieser Entwicklung entstanden Kreditverhältnisse, bei denen ein Seehandelskaufmann nicht gegen Zins, sondern für einen Gewinnanteil arbeitete, während der Geldgeber im Hintergrund blieb. Im 15. und 16. Jh. erhielt diese Form der Geldanleihe in Italien insofern Dauercharakter, als das jeweils existierende Geschäftsvermögen vom Privatvermögen abgetrennt wurde. Daraus entwickelte sich die neuzeitliche Form der **Kommanditgesellschaft** (KG), in der ein oder mehrere Gesellschafter mit ihrem gesamten Vermögen haften (Komplementäre), die übrigen Gesellschafter jedoch nur über den Betrag ihrer Einlage haftbar sind (Kommanditisten).

Die Commenda trat im norddeutschen Seeverkehr unter der Bezeichnung **Sendeve, Wedderlegginge** oder **Furlegung** seit dem späten Mittelalter in Erscheinung. Auch hier entwickelte sich diese Form der H. aus den Bedürfnissen der Risikoverminderung und der Kapitalverstärkung. Demgegenüber entstand die **offene Handelsgesellschaft** eher aus dem Interesse an der Erweiterung personaler Verfügbarkeiten in der Leitung von Handelsgeschäften. Ihr Ursprung lag offenbar in der doppelten Funktion des Familienverbands als Lebens- und Produktionsgemeinschaft, wodurch die offene H. den für sie typischen solidargemeinschaftlichen Charakter erhielt: Jeder Teilhaber haftete mit seinem gesamten Vermögen. Bekannteste Beispiele für diese offene H. sind die der Fugger und Welser. Eine neue Form der H. entwickelte sich seit dem 16. Jh. mit dem Aufkommen der privilegierten Überseegesellschaften (↑Handelskompanien).

Handelskompanien: Handelsgesellschaften, die, mit Privilegien, Monopolen und oft auch mit territorialen Hoheitsrechten ausgestattet, im Zeitalter des Merkantilismus (16.–18. Jh.) den Welthandel beherrschten. Hervorgegangen aus Selbsthilfeorganisationen der Kaufleute, die mit einem bestimmten Gebiet Handel trieben und sich zusammengeschlossen hatten, um gemeinsame Handelsprivilegien mit fremden Orten zu erstreben (z.B. die ↑Hanse), entwickelten sich die H. zunächst in England im 16. Jh. durch Zusammenlegung der Kapitalien der Einzelkaufleute und durch staatliche Begünstigung. Diese Verbindung privater und staatlicher Interessen entstand, um in gemeinsamer Anstrengung den spanisch-portugiesischen Monopolanspruch im Überseehandel zu brechen. Günstige Gewinnaussichten ließen die Zahl der englischen H. anwachsen (Levantekompanie 1591, Ostindische Kompanie 1600, Afrikakompanie 1618). Dem englischen Beispiel folgten die Niederländer (Vereinigte Ostindische Kompanie 1602, Westindische Kompanie 1621) und vom Beginn des 17. Jh. bis zur Mitte des 18. Jh. Frankreich, die skandinavischen Staaten und Preußen. In der Verfolgung der Handelsinteressen errichteten die H. überseeische Küstenstützpunkte, aus denen sich die Anfänge des europäischen Kolonialismus entwickelten. Mit der Ablösung des Merkantilismus zu Beginn des 19. Jh. verloren die H. an kommerzieller Bedeutung, wenngleich die Handelsbeziehungen, die sie entwickelt hatten, bestehen blieben.

Handfeste: in der älteren Rechtssprache eine Urkunde, insbesondere im Mittelalter und in der frühen Neuzeit ein feierliches ↑Privileg, durch das z.B. ein Landesherr seinen Ständen ihre Verfassung gewährte. Von besonderer Bedeutung ist die **Culmer Handfeste,** in der den Städten Culm und Thorn 1233 ihr besonderes Recht verliehen wurde; dieses Stadtrecht war Vorbild für die meisten Städte des ↑Deutschen Ordens.

Handwerk: im Unterschied zur Industrie, die mit einem hohen Anteil von Maschinenarbeit auf Massenproduktion ausgelegt ist, ein handwerkliches Gewerbe, für das eine kleine Betriebsgröße, geringe Technisierung und ein bestimmter Berufsweg typisch ist.

Bereits in der Steinzeit lassen sich erste, im weitesten Sinn handwerkliche Tätigkeiten des Menschen nachweisen, nämlich die primitive Bearbeitung des in der Natur vorgefundenen Materials. Der Übergang zur Sesshaftigkeit brachte zugleich eine Steigerung der technischen Errungenschaften: Der Mensch lernte, das Metall zu verwenden. Mit zunehmender landwirtschaftlicher Produktivität, die eine Mehrproduktion über den unmittelbaren Eigenbedarf hinaus ermöglichte, setzte eine erste Form der Arbeitsteilung ein: Das H. löste sich aus der Hauswirtschaft und begann ebenfalls, über den Eigenbedarf hinaus zu produzieren. Damit waren die Grundlagen für die Ausbildung eines Handels geschaffen, das H. wurde zum Gewerbe.

In der Antike wurde das H. ausschließlich von Sklaven betrieben, da ihr Einsatz am billigsten war. Noch im Frühmittelalter findet man unfreie Handwerker auf grundherrlichen Höfen, daneben aber auch schon ein freies H. in den Städten und auf dem Land. Mit dem Aufblühen des Städtewesens im Hochmittelalter organisierten sich die einzelnen H. in ↑Zünften. Zu überörtlichen Handwerkervereinigungen kam es vereinzelt im 14. Jh. Neben den Kaufleuten waren die Handwerker wesentlicher Bestandteil des ↑Bürgertums im Mittelalter und bildeten eine selbstständige soziale Einheit mit eigenen Regeln und Normen und innerer Hierarchie (Verhältnis Meister–Geselle–Lehrling). Dabei war der Arbeitszusammenhang vom Lebenszusammenhang noch nicht getrennt. Die Herstellung erfolgte weiterhin mit relativ einfachen Werkzeugen, ohne Maschineneinsatz und blieb an persönliche Erfahrung geknüpft. Seit der frühen Neuzeit vollzog sich in gewissen Handwerksbereichen (z.B. Leineweber) ein Über-

gang vom produzierenden und selbstverkaufenden H. zum ↑Verlagssystem.
Durch die Entstehung von ↑Manufakturen im 18. Jh. geriet das H. in eine schwere Krise, die im 19. Jh. durch das Aufkommen industrieller Produktionen noch verstärkt wurde (↑Industrielle Revolution). Die Einbeziehung maschineller Hilfsmittel in den Arbeitsprozess, die Entstehung von Fabriken und der Beginn der Automation bewirkten die Trennung von Arbeits- und privatem Lebensbereich, das persönliche Verhältnis wurde durch Lohnarbeit ersetzt. Mit der Einführung der ↑Gewerbefreiheit wurde der Zunftzwang abgeschafft. Als Reaktion hierauf bildete sich die **Handwerkerbewegung,** die v. a. in der Deutschen Revolution 1848/49 aktiv wurde und die Wiederherstellung der Selbstverwaltung des H. forderte. Dies wurde in Deutschland erst Ende des 19. Jh. mit der Errichtung von Handelskammern und Innungen erreicht. Obwohl die industrielle Produktion das H. in weiten Bereichen zurückgedrängt hat, hat das H. seine Stellung in der Volkswirtschaft behalten.

Hanse [von althochdeutsch hansa »Bund«, »Schar«]: im Mittelalter Bezeichnung für Gemeinschaften von Kaufleuten im Ausland zu gemeinsamer Vertretung von Handelsbelangen sowie zu gegenseitigem Schutz. Die Ursprünge der H. liegen in der Privilegierung regional bestimmter deutscher Kaufmannsgenossenschaften im Ausland, so z. B. die kölnische H. in London (Stalhof, etwa seit 1157), die lübische und hamburgische zu Brügge und die H. auf Gotland (seit 1161). Gegen Ende des 13. Jh. entwickelten sich die Einzelgenossenschaften zu einer gesamtdeutschen kaufmännischen Vertretung, in der alle Kaufleute gleichberechtigt und gleichzeitig die Interessen ihrer Heimatstädte im Ausland vertraten. Die Städtebünde z. B. zwischen Hamburg und Lübeck (1241) und zwischen Visby, Lübeck und Riga (1283) sowie der Übergang der politischen Führung der H. von Gotland an Lübeck (etwa 1299) leiteten die Blütezeit der H. ein, in der sie nahezu den gesamten Ostseehandel kontrollierte. Die führende Rolle Lübecks wurde durch seine günstige Lage an der Ostsee und durch den 1398 fertig gestellten Stecknitzkanal von der Trave zur Elbe bestimmt. Er verkürzte die Fahrzeit zwischen Nord- und Ostsee und umging die dänische Kontrolle am Kattegat. Begünstigt und verstärkt wurde der Einfluss der H. durch die ↑deutsche Ostsiedlung im 12. und 13. Jh., sodass sich die Gemeinschaft in ihrer Blütezeit von Brügge in Flandern bis nach Nowgorod in Russland und vom norwegischen Bergen bis ins europäische Binnenland erstreckte.
Der Handel wurde mithilfe fester Niederlassungen (**Kontore**) abgewickelt, die sich mit ihren Stapelplätzen, Lagerhallen und Häfen bald zu Handelsmissionen der **Hansestädte** im Ausland entwickelten. Bevorzugte Handelsgüter im Osten waren Pelzwerk, Honig, Wachs und Holz, in Flandern insbesondere Tuche und am Stalhof in London Wolle. In Norwegen und Schweden war die H. besonders an Fischen interessiert, für deren Konservierung das Salz in Lüneburg und Halle, aber auch in Frankreich eingekauft wurde. Insgesamt gehörten etwa 90–100 Städte wechselnd und mit Unterbrechungen der H. an. Zum politischen Machtfaktor im Norden Europas wurde die H. durch die erfolgreiche Abwehr dänischer Angriffe.
Erst die erstarkende Konkurrenz der Niederländer und später auch der Engländer im Seehandel leitete den Niedergang der H. ein. In Schweden verlor die H. durch die seit 1523 erstarkende Königsmacht der Wasa an Bedeutung. Außerdem wurden die Hansestädte durch den zunehmenden Druck der Territorien und die unterschiedlichen Interessen einzelner Gruppierungen innerhalb der Gemeinschaft selbst erheblich geschwächt. Gegen Ende des 16. Jh. bereits als Machtfaktor ausgeschaltet, wurde die hansische Tradition nach dem Dreißig-

jährigen Krieg nur noch von Lübeck, Hamburg und Bremen fortgeführt.

Harappakultur: nach dem zuerst erforschten Hauptausgrabungsplatz Harappa (Pandschab, Pakistan) benannte ↑frühe Hochkultur, die etwa vom 4. bis 2. Jt. v. Chr. bestand. Sie wurde früher wegen ihrer Hauptverbreitung im Industal auch als **Induskultur** bezeichnet. Die H. ist gekennzeichnet durch eine einheitliche Bauplanung (rechtwinkliges Straßennetz, gebrannte Lehmziegel als Baumaterial u. a.), große Getreidespeicher, öffentliche Hieroglyphenschrift und ein einheitliches Maß- und Gewichtssystem. Charakteristisch sind künstlerisch anspruchsvolle kleine Siegel aus Speckstein mit eingeschnittenen Tierdarstellungen, kultischen Szenen und Schriftzeichen.

Haruspex [lateinisch »Eingeweideschauer«]: etruskischer »Seher«, der aus Wunderzeichen, Blitzschlägen und besonders aus den Eingeweiden der Opfertiere im öffentlichen und privaten Bereich die Zukunft deutete. Die Haruspices wurden bei besonderen Anlässen nach Rom gerufen, ihr Spruch musste jedoch vom Senat bestätigt werden.

Harzburger Front: der Zusammenschluss von Deutschnationaler Volkspartei (DNVP), ↑Stahlhelm, der Vereinigung Vaterländischer Verbände und der NSDAP auf einer Tagung in Bad Harzburg am 11. Oktober 1931. Ziel dieses Treffens war die Demonstration der Einigkeit der »nationalen Opposition« im Kampf gegen die Regierung Brüning. Zu den Forderungen der H. F. gehörten die Aufhebung der Notverordnungen, der Rücktritt der Regierung sowie Neuwahlen in Preußen und im Reich; die H. F. erklärte sich ihrerseits zur Bildung einer Regierungskoalition bereit, doch scheiterte sie als politisches Bündnis an der Rivalität ihrer Führer A. HITLER, A. HUGENBERG und F. SELDTE. Die Wiederbelebung der H. F. im Januar 1933 diente HITLER lediglich als Kulisse für seine scheinbar legale ↑Machtergreifung.

Hauptmann: früher der Anführer eines selbstständigen Truppenteils; er stand in den Landsknechtsheeren an der Spitze eines ↑Fähnleins (Oberbefehlshaber war der ↑Feldhauptmann). Als Führer einer Kompanie hieß der H. im 17. und 18. Jh. auch Kapitän.

Hausgesetz (Hausvertrag): seit dem 14. Jh. von Familien des Hochadels gesetzte Norm, die privatrechtliche Fragen für die betreffende Familie abweichend vom gemeinen Recht regelte. Das H. wurde nicht vom Oberhaupt der Familie einseitig verkündet, sondern bedurfte der Zustimmung der ↑Agnaten bzw. des Kaisers, im 19. Jh. des jeweiligen Souveräns. Beispiele von H. sind die ↑Dispositio Achillea (1473) und die ↑Pragmatische Sanktion (1713).

Hausgut: allgemein Bezeichnung für den gesamten Besitz einer Familie; im Unterschied zum ↑Reichsgut bezeichnete das H. speziell den erblichen Privatbesitz des Geschlechts, das den König stellte. Auf das H. gründete sich die ↑Hausmacht der mittelalterlichen Könige.

Hausmacht: im Mittelalter jene Territorien, die sich im erblichen Besitz einer Fürstenfamilie befanden.

Nach dem Aussterben der Salier 1125 wurde die Trennung von Reichsgut und salischem Hausgut zum Problem. Erst die frühen Staufer betrieben dann wieder eine ausgedehnte **Hausmachtpolitik** vom südwestdeutschen bis zum böhmischen Raum; in Norddeutschland betrieb HEINRICH DER LÖWE sächsisch-welfische Hausmachtpolitik. Vor allem nach dem Interregnum war die Bildung einer H. die wichtigste Voraussetzung der Wahlkönige, um sich gegen die Interessen der landesherrlichen Fürsten durchzusetzen. Ihre letzte und stärkste Ausprägung erfuhr die Hausmachtpolitik unter den Kaisern KARL IV. (Luxemburger) und FRIEDRICH III. (Habsburger).

Hausmeier (Majordomus): ursprünglich bei den Franken und anderen germanischen Völkern der Vorsteher des königlichen Hauswesens und der ↑Domänen, seit etwa 600 im Fränkischen Reich Führer des kriegerischen Gefolges. Als H. verdrängten die ↑Karolinger allmählich die merowingischen Könige und ergriffen 751 selbst die Krone.

Hausvertrag: ↑Hausgesetz.

Heerfahrt (Kriegszug): im Mittelalter der Kriegsdienst der Reichsvasallen (gegenüber der landesherrlichen ↑Landfolge), v.a. der Italienzug zur Kaiserkrönung (↑Romfahrt). Die Pflicht zur H. (**Heerfolge**) als Teil der Lehnsfolge konnte durch Geld abgelöst werden.

Heerkönig: Sonderform einer Königsherrschaft, die ihre Berechtigung von der Führung eines freiwillig zustande gekommenen Heeresgefolges (fast stets in Verbindung mit Landnahme) ableitete, z.B. bei den germanischen Stämmen der Völkerwanderungszeit.

Heerschildordnung: im deutschen Mittelalter die unterschiedlichen Abstufungen der lehnsrechtlichen Bindungen innerhalb des Adels. Die H. bestimmte, wessen ↑Vasall man werden durfte, ohne seinen »Schild« (Rang) in der Lehnshierarchie zu verringern (↑Lehnswesen). Die H. war seit dem 12. Jh. in sieben Stufen unterteilt: 1) König, 2) geistliche Fürsten, 3) Laienfürsten, 4) Grafen und Freiherren, 5) Ministerialen, 6) deren

Mannen, 7) die übrigen ritterbürtigen Leute mit nur passiver Lehnsfähigkeit (Einschildige).

Hegemonie [griechisch »Oberbefehl«]: Bezeichnung für die Vorherrschaft eines Staates, die formal-staatsrechtlich oder durch zwischenstaatliche Verträge abgesichert sein, aber auch allein auf strategischem, wirtschaftlichem oder kulturellem Übergewicht eines Staates über andere beruhen kann.

In der klassischen griechischen Staatenwelt bestand seit dem ↑Peloponnesischen Krieg die H. Spartas (404–371 v. Chr.), dann Thebens (371–362/338 v. Chr.), später Makedoniens und Roms. In der Neuzeit fand das Konkurrenzprinzip des abendländischen Staatensystems einen Ausgleich im Widerstreit von H. und Gleichgewicht. Die spanische, auf dem süd- und mittelamerikanischen Reichtum beruhende und über die Verbindungen des Hauses Österreich (↑Habsburger) in Europa wirkende H. wurde durch die Katastrophe der ↑Armada 1588 bereits infrage gestellt. Mit MAZARIN und LUDWIG XIV. folgte die Epoche französischen Hegemoniestrebens, das im Verlauf des 18. Jh. von der Interessenpolitik des ↑Gleichgewichts der europäischen Mächte, v. a. Großbritanniens, abgefangen wurde, mit der Französischen Revolution und den ↑Napoleonischen Kriegen jedoch Europa noch einmal beherrschte. Während ab 1815 die britische Weltmachtstellung unbestritten bestand, erwuchs aus der kleindeutschen Reichsgründung 1871 die halbhegemoniale Machtstellung des Deutschen Reichs in Europa. Das Zeitalter der Weltkriege 1914–45 endete mit der Zerstörung des europäischen Staatensystems und der Entstehung eines neuen, von der H. der atomaren Weltmächte USA und UdSSR beherrschten Weltsystems. Nach dem Zusammenbruch der UdSSR (1990/91) behielten die USA allein weltpolitisches Gewicht.

Heilige Allianz: auf Veranlassung des russischen Zaren ALEXANDER I. am 26. September 1815 von ihm, von Kaiser FRANZ I. von Österreich und König FRIEDRICH WILHELM III. von Preußen unterzeichnete Absichtserklärung, sich in ihrer Innen- und Außenpolitik durch die Prinzipien der christlichen Religion (Liebe, Gerechtigkeit, Frieden und Brüderlichkeit) leiten zu lassen. Der österreichische Kanzler METTERNICH korrigierte den ursprünglichen Entwurf dahingehend, dass er ihm den Charakter eines Bündnisses aufprägte, indem er die christliche Brüderlichkeit allein auf die Monarchen bezog und daraus ein Solidaritätsversprechen ableitete, das zu einer Stabilisierung der politischen Verhältnisse der nachnapoleonischen Ära beitragen sollte (↑metternichsches System). Der H. A. traten in der Folgezeit alle europäischen Mächte mit Ausnahme Großbritanniens und des Heiligen Stuhls bei.

Heiliges Römisches Reich Deutscher Nation: Zu den Insignien des Heiligen Römischen Reichs Deutscher Nation gehörte die Krone; im Bild die für Otto I., den Großen, vermutlich 962 gefertigte Kaiserkrone.

Heiliges Römisches Reich Deutscher Nation: seit dem Kölner Reichsabschied von 1512 gebräuchliche Gesamtformel für den Herrschaftsbereich des abendländischen Römischen Kaisers und der in ihm verbundenen Reichsterritorien vom Mittelalter bis 1806.

Fortführung der Tradition des Römischen

H

Reichs: Das »Heilige Reich« (Sacrum Imperium) galt in seiner Erweiterung als »Heiliges Römisches Reich« (Sacrum Romanum Imperium) seit der Mitte des 12. Jh. in erster Linie als Herrschaftsbereich, der von der »Heiligen Römischen Kirche« (Sancta Romana Ecclesia) getrennt war und in Anlehnung an das römische Kaiserrecht JUSTINIANS I. seine eigene Rechts- und Machtsphäre betonte. Oberhaupt war der ↑Kaiser, dessen Titel und Funktionen im Gegensatz zu den Königen universell angelegt waren, nämlich als weltliches Oberhaupt der gesamten Christenheit. Mit der Kaiserkrönung KARLS DES GROSSEN im Jahre 800 durch Papst LEO III. wurde die Übertragung der Universalmacht des römischen Kaisertums in kirchlichen Formen »von den Griechen an die Franken« vorgenommen (↑Renovatio Imperii) und später an die Deutschen weitergegeben, als OTTO I. 962 die Kaiserkrone erwarb (↑Translatio Imperii). Damit begann eine ununterbrochene Verbindung des deutschen Königtums mit dem universellen römischen Kaisertum, die sich trotz der Kämpfe mit dem Papsttum und der Auseinandersetzungen mit den deutschen Reichsfürsten und Ständen sowie mit nichtdeutschen Bewerbern um die Kaiserkrone bis 1806 halten konnte.

Der Zusatz »Deutscher Nation« bezieht sich demnach einmal auf die Herkunft des Kaisers »deutscher Zunge«, dann auch auf die »deutschen Lande« eines Römischen Reichs, das sich in zahlreiche einzelstaatliche Gebilde aufgespalten hatte und damit auf Länder und Stände deutscher Nation reduziert blieb, unter die gelegentlich auch italienische Territorien gerechnet werden konnten.

Von der Rechtslage und Verfassung her war dieses Reich ein Wahlreich (↑Kurfürsten), dessen Einzelbestimmungen in der ↑Goldenen Bulle von 1356 festgelegt wurden. Hinzu kamen in den nachfolgenden Jahrhunderten zahlreiche weitere ↑Grundgesetze des Heiligen Römischen Reichs. Dieses kumulierende Verfassungssystem verlieh dem Reich einen eigentümlichen Charakter, der im 17. Jh. nicht ganz berechtigt den Vorwurf eines »Monstrums« (S. PUFENDORF) aufkommen ließ. Tatsächlich hat die vertragliche Dreiteilung zwischen dem Kaiser, den ursprünglich sieben Kurfürsten und dem ↑Reichstag trotz großer innerer Belastungen (↑Reformation und ↑Dreißigjähriger Krieg) und äußerer Bedrohungen (↑Türkenkriege) nicht nur Schwächeperioden erlebt. Auch wenn das ↑Reichskammergericht in seiner Recht sprechenden Tätigkeit langsam war, so bot es doch zusammen mit der Reichsverfassung nicht selten einen wirksamen Rechtsschutz für viele bedrohte Stände, Korporationen und Einzelpersonen. Die vorhandene Verfassungsgarantie erschwerte es den Territorialfürsten, in ihrem Herrschafts- und Zuständigkeitsbereich einen patrimonialen Absolutismus einzuführen. Dies gelang erst, als Kaiser FRANZ II. 1806 unter dem Druck NAPOLEONS I. die Kaiserkrone niederlegte und damit den Reichsfürsten freie Hand in ihren Territorien gab.

Das H. R. R. D. N. galt trotz seiner faktischen Machtlosigkeit nach innen und außen bei vielen Zeitgenossen, v.a. im 18. Jh., als ein Hort der »deutschen Freiheit« (↑Libertät), als Inbegriff einer »ewigen Republik« (MONTESQUIEU) und als ein System regionaler Autonomie und weit gehender Dezentralisierung. Die Abwertung dieser Form von Staatlichkeit als anachronistisch entstand in Deutschland u.a. unter dem Eindruck der Niederlagen in den ↑Koalitionskriegen, aber auch aus der nationalstaatlichen, mit liberalen und demokratischen Gesellschaftsvorstellungen verbundenen Bewegung nach 1815.

Heimatvertriebene: Angehörige einer nationalen, religiösen oder politischen Minderheit, die aus ihrer Heimat durch Ausweisung oder ↑Deportation vertrieben oder zur Flucht gezwungen wurden. Vertreibungen und Zwangsumsiedlungen gehen auf nationalstaatliche Vorstellungen des 19. Jh. zurück und wurden bereits Anfang des 20. Jh. auf dem Balkan praktiziert. Die nationalsozialistische Politik der Unterdrückung nationaler Minderheiten und die Pläne für die Schaffung eines einheitlichen deutschen Siedlungsraums in Ost- und Mitteleuropa (unter Vertreibung der einheimischen Bevölkerung) führten nach dem Zweiten Weltkrieg gleichsam als Vergeltungsmaßnahme zur Vertreibung der Deutschen aus Ostmitteleuropa. Dabei lassen sich zwei Phasen unterscheiden: 1. die in der Endphase des Zweiten Weltkriegs von den deutschen Behörden verfügte Evakuierung bzw. die durch den sowjetischen Vormarsch veranlasste Flucht etwa der Hälfte der deutschen Bevölkerung aus den deutschen Ostgebieten; 2. die fast vollständige Ausweisung oder teilweise Zwangsumsiedlung der in den deutschen Ostgebieten und den deutschen Siedlungsgebieten im Ausland verbliebenen Deutschen in den Jahren unmittelbar nach 1945, die auf Beschlüsse der Konferenzen von Teheran, Jalta und Potsdam zurückging. Zwar wurde im ↑Potsdamer Abkommen eine Umsiedlung in »geordneter und humaner Weise« gefordert, doch wurde diese Vereinbarung von Ende 1945 bis 1947 nicht eingehalten.

Heimfall: der Rückfall eines Gutes bei erbenlosem Tod des Inhabers, im bäuerlichen Bereich an die Dorfgenossenschaft (↑Dorf), bei größeren Landkomplexen, die im mittelalterlichen Lehnsrecht gebunden waren, an den König. Der Herrscher konnte Güter des ↑Vasallen auch bei Treuebruch (↑Felonie) an sich bringen.

Helgoland-Sansibar-Vertrag: Vertrag vom 1. Juli 1890 zwischen dem Deutschen Reich und Großbritannien, durch den Kolonialstreitigkeiten beider Staaten in Afrika bereinigt wurden. Deutschland verzichtete in Afrika auf Gebietsansprüche (v.a. Anerkennung der britischen Kolonialherrschaft über Sansibar) und erhielt dafür von Großbritannien Helgoland. Der in Deutschland heftig umstrittene Vertrag wurde der unmittelbare Anlass für die Gründung des Alldeutschen Verbands (↑Alldeutsche).

Hellenismus: Bezeichnung für die Epoche vom Tode ALEXANDERS DES GROSSEN (323 v.Chr.) bis zum Ende der Ptolemäerherrschaft in Ägypten (30 v.Chr.). Auf politischem Gebiet ging die Vormacht von Stadtstaaten wie Athen, Sparta oder Theben auf Flächenstaaten

Hellenismus: Die Stadt Pergamon in Kleinasien war ein Zentrum griechisch-hellenistischer Kultur. Der Skulpturenfries am Sockel des im 2. Jh. v. Chr. errichteten Pergamonaltars zählt zu den Hauptwerken hellenistischer Kunst. Der Ausschnitt zeigt Athena als Schutzgöttin von Pergamon im Kampf mit einem Giganten.

wie das Reich der Seleukiden in Vorderasien, der Ptolemäer in Ägypten und den ↑Achäischen Bund in Griechenland über. Herausragend sind die kulturellen Leistungen dieser Epoche. ALEXANDER DER GROSSE (↑Alexanderreich, ↑Alexanderzüge) und seine Nachfolger siedelten Griechen in vielen, zum Teil neu gegründeten Städten in Asien und Ägypten an, wodurch sich die griechische Sprache und Kultur in der östlichen Mittelmeerwelt verbreitete; gleichzeitig drangen orientalische Religionen und wissenschaftliche Erkenntnisse in das griechische Geistesleben ein. Im 2. Jh. v. Chr. erreichte das hellenistische Gedankengut auch Rom. Von Spanien bis nach Indien, vom Kaspischen Meer bis zu den Nilschwellen fand die griechische Sprache Verbreitung.

Im Zeitalter des H. entstanden, v. a. durch ARISTOTELES und seine Schüler, Einzelwissenschaften wie Zoologie, Botanik, Staatsrechtslehre und Philologie. An neu gegründeten Bibliotheken und Bildungsstätten (wie dem Museion in Alexandria, dem kulturellen Mittelpunkt der hellenistischen Welt) sammelten, edierten und kommentierten Philologen die Werke klassischer griechischer Schriftsteller (HOMER, SOPHOKLES, EURIPIDES). Die sprachliche Einheit der Gelehrtenwelt machte z. B. den Austausch astronomischer Beobachtungen von verschiedenen Orten aus möglich. Auch die Ausbreitung des Christentums wäre ohne die griechische Koine (»Gemeinsprache«), in der das Evangelium und die Apostelbriefe abgefasst waren, nicht denkbar gewesen.

Heller: seit Ende des 12. Jh. zunächst in Schwäbisch Hall geprägte kleine Silber-, später Kupfermünze, die sich allgemein durchsetzte und v. a. im süddeutschen Raum bis ins 19. Jh. Gültigkeit hatte.

Heloten [griechisch »Unterworfene«]: die im Verlauf der dorischen Wanderung unterworfenen Achäer sowie die später von Sparta unterworfenen Messenier. Als Staatssklaven, deren Freilassung und Verkauf verboten war, waren die H. an den Spartiaten gehörenden Grund und Boden gebunden und schufen durch Zahlung eines Grundzinses von bis zu 50% die wirtschaftliche Grundlage für das militärische Leben des spartanischen Kriegeradels. Jährliche förmliche Kriegserklärungen an die H. ermöglichten, sie straflos zu töten. Die H. versuchten in mehreren Aufständen im 5. Jh. v. Chr. vergeblich, sich zu befreien.

Heppenheimer Programm: Am 10. Oktober 1847 trafen in Heppenheim 18 führende süd- und westdeutsche Liberale (H. VON GAGERN, D. HANSEMANN u. a.) zusammen und formulierten als Antwort auf das radikale ↑Offenburger Programm die politischen Zielsetzungen des gemäßigten Liberalismus. Neben Pressefreiheit und Schwurgerichten wurde die Schaffung eines deutschen Nationalstaates angestrebt: Für die dem ↑Deutschen Zollverein angehörenden Staaten wurde ein deutsches Parlament und eine gemeinsame Regierung gefordert. Das sozialpolitische Programm trat in den Hintergrund.

Herdsteuer: vom Mittelalter bis ins 19. Jh. eine Abgabe, die nach Herden (Haushaltungen) erhoben wurde. Die Feuerstätte war Kriterium für ein bewohntes und bewirtschaftetes Anwesen. »Eigenes Feuer« oder »eigener Rauch« war die Vorbedingung für die Aufnahme in eine Siedlungsgemeinschaft, z. B. in eine Dorfgemeinde. Die in Geld oder Naturalien geleistete H. war oft die Ablösung von ↑Fronen oder Kriegsdiensten. Auch andere Abgaben wurden aufgrund ihrer Erhebungsart als H. bezeichnet.

Herold [germanisch-französisch »Heereswalter«]: an Königs- und Fürstenhöfen ein besonderer Stand von Dienstmannen, die durch ihre Wappen- und Personenkenntnis die Berechtigung der Ritter zur Teilnahme an Turnieren prüften, als Schiedsrichter das Turnier leiteten und wichtige Funktionen beim Hofzeremoniell wahrnahmen.

Heros [griechisch]: Bezeichnung eines

gottähnlichen Menschen, eines Halbgottes, der nach einem Mythos aus der Verbindung eines Gottes bzw. einer Göttin mit einem Menschen hervorgegangen war. Nach einem heldenhaften Leben wurde er unter die Götter versetzt und erlangte die Fähigkeit, den Menschen aus eigener Macht Hilfe zu leisten. Dem H. war ein eigener Kult (**Heroenkult**) gewidmet.

Herrenbank: bei den ständischen ↑Landtagen die Bank des Herrenstandes (alle über den Rittern stehenden Angehörigen des Adels), geschieden von der Ritterkurie; auch die Bank der Adligen bei Hofgerichten (neben der gelehrten Bank der Juristen) oder in Kollegien, in denen bürgerliche und adlige Räte gesonderte Sitzreihen einnahmen.

Herrschaft: die Ausübung von Macht über Untergebene und Abhängige durch Machtmittel. – Im mittelalterlichen Verständnis war H. legitim nur in Bezug auf das im Prinzip über Herrscher und Beherrschten stehende Recht, dem beide in gleichem Maße unterworfen und verpflichtet waren. Der Ursprung mittelalterlicher Herrschaftsausübung lag in der **Hausherrschaft** (der Gewalt des Hausherrn), aus der sich die bestimmende Herrschaftsform der ↑Grundherrschaft ableitete, die ein wesentlicher Grundzug des staatlichen Lebens bis in die Neuzeit blieb. Diese Form der H. ist eng verknüpft mit der sozialen Schicht des ↑Adels, aus dem sich auch die führenden Schichten der Kirche rekrutierten, sodass für weite Bereiche des mittelalterlichen Verfassungslebens von einer Adelsherrschaft gesprochen werden kann, in deren Rahmen die H. des Königs nur eine Sonderform darstellt. Charakteristisch für die Frühzeit ist die Begründung der H. auf Personalverbände (↑Personenverbandsstaat) und ihr Band der gegenseitigen Treue. Mit der Ausbildung des ↑Lehnswesens fand diese Herrschaftsform ihre spezifische mittelalterliche Ausprägung.

Dagegen ist das Spätmittelalter seit dem 13. Jh. bestimmt von der Ablösung des Personalitätsprinzips durch das ↑Territorialitätsprinzip, durch die Ausbildung der ↑Landesherrschaft als Keimzelle frühmoderner Staatlichkeit bei gleichzeitigem Aufkommen des Ständewesens (↑Ständestaat).

Das ganze Mittelalter ist gekennzeichnet durch das Nebeneinanderbestehen und Ineinandergreifen verschiedener und durch das Privilegienrecht noch differenzierter Typen von H., wodurch es sich von dem Prinzip der einheitlichen Staatsgewalt der modernen Zeit scharf abhebt, das erst mit der Aufklärung und nach der Französischen Revolution zur Geltung kam. Erst seit dem 18./19. Jh. lässt sich H. als institutionalisierte Macht erfassen, die – bedingt durch ein Neuverständnis von H., Staat und Gesellschaft – einem Prozess der Rationalisierung und der Überprüfung ihrer Legitimitätsgrundlagen unterliegt und auch zu anderen Herrschaftsformen (zur ↑Demokratie, aber auch zur ↑Diktatur) geführt hat.

Herrschaftsverträge: vertragliche Übereinkünfte zwischen Herrschern und Ständen. Mit dem Aufkommen des Ständewesens seit dem 13. Jh. wurden die H. stets von den Ständen erzwungen. In die Form fürstlicher Privilegien gefasst, garantierten die H. durch die ausdrückliche Bestätigung ständischen Widerstandsrechts Freiheitsrechte der Stände und Vereinbarungen über die Ausübung staatlicher Herrschaft mittels ständischer Teilhabe. Die in ständischen Auseinandersetzungen mit dem Absolutismus entwickelte Vertragstheorie der H. mündete seit dem 16. Jh. in die naturrechtlichen Lehren vom ↑Gesellschaftsvertrag.

Herrschaftszeichen: ↑Insignien.

Herrscherkult: die sakrale Verehrung des Herrschers, der als machterfüllter Mensch und sichtbarer Gott, Sohn eines Gottes oder göttlicher Erwählter galt und neben seinen herrscherlichen Funktionen meist diejenige des obersten Priesters innehatte. Ein H. findet sich bereits in den altorientalischen Hochkulturen, am ausgeprägtesten wohl in Ägypten, wo sichtbare Zeugen des H. bis heute die Pyramiden als Grabbauten der Pharaonen sind. Teilweise von ägyptischen Vorstellungen beeinflusst war die göttliche Verehrung der Nachfolger ALEXANDERS DES GROSSEN. Rom sah im **Kaiserkult,** dessen Verweigerung als todeswürdiges Verbrechen galt, ein Mittel zum Zusammenhalt seines Reichs. AUGUSTUS wurde nach seinem Tod vom Senat zum Gott erhoben (↑Divus). Erstmals CALIGULA verlangte schon zu Lebzeiten göttliche Verehrung, und unter AURELIAN wurde die bereits von DOMITIAN verwendete Formel »Herr und Gott« (dominus et deus) offiziell verwendet. Der Abbau dieses H. begann mit KONSTANTIN I., DEM GROSSEN, unter christlichem Einfluss.

In den germanischen Reichsbildungen der Völkerwanderungszeit und des frühen Mittelalters legitimierten die Könige ihre Herrschaft durch Abkunft von Göttern. Dieses Königsheil germanischen Ursprungs verschmolz mit dem sakralen Charakter, den auch das Christentum dem König und Kaiser beimaß, indem es die Krönung als Sakralakt gestaltete (↑Gottesgnadentum).

Hertensteiner Programm: ↑Europagedanke.

Herzog: in germanischer Zeit ein gewählter oder durch Los unter den Fürsten bestimmter Heerführer für die Dauer eines Kriegszugs, in merowingischer Zeit ein den Grafen übergeordneter Beamter (**Amtsherzog**) mit v.a. militärischen Aufgaben. Seit dem 7. Jh. entwickelte sich daraus dort, wo ethnische Einheiten (Stämme) an der Wahl mitwirkten, **Stammesherzogtümer,** die erblich wurden und königliche Macht anstrebten. Um die Macht der Stammesherzöge der Reichsgewalt wieder unterzuordnen, begann das Königtum unter OTTO I. den Kampf um ihre Umwandlung in Amtsherzogtümer, indem die Selbstständigkeit der Herzöge eingeschränkt, ihr territorialer Besitz verringert oder geteilt wurde. Daneben wurde im ottonisch-salischen Reichskirchensystem ein Gegengewicht aufgebaut. Mit der Zerschlagung der Herzogtümer HEINRICHS DES LÖWEN durch FRIEDRICH I. BARBAROSSA (1180) schien dieser Prozess erfolgreich abgeschlossen, und mit der Errichtung von **Territorialherzogtümern,** deren Grundlage nicht mehr die Herrschaft über einen Stamm, sondern über ein Gebiet war, wurde ein Weg eingeschlagen, der zur völligen Territorialisierung des Reichs führte.

Hexen: im Volksglauben weibliche Wesen, die mit magischen schädigenden Kräften ausgestattet sind. H. als zauberkundige Frauen sind auch vor- und nichtchristlichen Religionen bekannt und erscheinen in Märchen und Sagen meist als körperlich missgebildete Gestalten mit bösem Blick oder mit einem entstellenden Muttermal. Den H. nachgesagt wurden Kinderraub, Tierverwandlung, Vampirismus, Giftmischerei und Wetterbeeinflussung. Von solchen allgemeinen Vorstellungen unterscheidet sich der mittelalterliche Hexenbegriff dadurch, dass er sie mit Elementen des Dämonenglaubens (Teufelspakt) und Straftatbeständen der Ketzerei verband. Der Glaube an die Realität solcher Vorstellungen setzte jedoch in breitem Maße erst im 13. Jh. ein und steigerte sich im 15./16. Jh. zum Hexenwahn, der zur groß angelegten und systematischen **Hexenverfolgung** führte, der v.a. Frauen, aber auch Männer zum Opfer fielen. So genannte »weise Frauen«, zu denen auch Hebammen gehörten, waren besonders bedroht. Soziale Erschütterungen, die Ausbreitung von Seuchen (Pest) und Missernten trugen dazu bei wie auch die wissenschaftlich-systematische Verfestigung des Dämonen- und Zauberglaubens durch die Scholastik (v.a. THOMAS VON AQUIN).

Wenn auch bereits die germanischen Volksrechte den Straftatbestand der Hexerei kannten, so setzte die systematische

Hexenverfolgung erst mit der Bulle »Summis desiderantes affectibus« (1484) ein, in der Papst INNOZENZ VIII. die ↑Inquisition und Bestrafung von H. fordert. Der von den Dominikanern H. INSTITORIS und J. SPRENGER verfasste »Hexenhammer« (1487) fasste die verschiedenen Gesichtspunkte des Hexenglaubens und der Zaubereidelikte zusammen und gab dem weltlichen Strafrichter, der später die Hexenprozesse führen sollte, das für die Gerichtspraxis maßgebliche Gesetzbuch. Als verfahrensrechtliche Neuerungen wurden vom »Hexenhammer« eingeführt die Denunziation anstelle der Anklage und die Anwendung der so genannten Hexenprobe (ein entsprechend der Praxis der ↑Gottesurteile entwickeltes Mittel zur Erkennung von H., z.B. die Wasserprobe, bei der die Angeklagte im Wasser versinken musste, sofern sie unschuldig war) und der Folter im Beweisverfahren. Der von Theologen und Juristen ohne Verteidigungsmöglichkeit der Betroffenen geführte Prozess endete meist mit der Verurteilung zum Tode durch Verbrennen. Ihren Höhepunkt erreichten die Hexenprozesse in der Zeit zwischen 1590 und 1630, doch fanden derartige Verfahren bis ins 18. Jh. statt (der letzte Hexenprozess wurde 1793 in Posen geführt).

Nach ersten vorsichtigen Versuchen von Kritik an den Hexenprozessen bereits im 16. Jh. waren es v.a. der Jesuit F. VON SPEE, der in der »Cautio criminalis contra sagas« (anonym 1631) die Unmenschlichkeit und Rechtswidrigkeit des Verfahrens und die Konsequenzen des Hexenwahns aufzeigte, sowie der niederländische reformierte Theologe B. BECKER, der mit seinem Buch »Die bezauberte Welt« (1691–93) als erster prinzipiell Stellung gegen den Hexenglauben in seiner Gesamtheit bezog, und der Hallenser Jurist und Philosoph CH. THOMASIUS, der entscheidend zur Beseitigung der Hexenprozesse beitrug.

Hidalgo [spanisch i'ðdalɣo]: ursprünglich kastilische Adelsklasse, seit dem 13. Jh. allgemein ein Adliger. Die ↑Reconquista prägte Haltung und Lebensweise der Hidalgos, die später auch den Hauptteil der ↑Konquistadoren bildeten. Seit dem 15. Jh. Titel des niederen spanischen Adels.

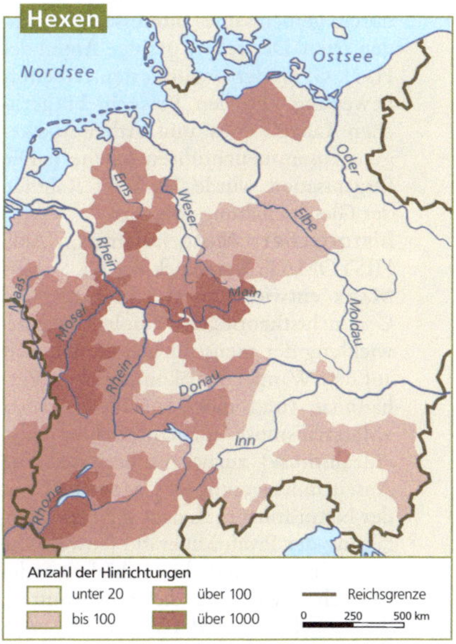

Hindenburgprogramm: Bezeichnung für die von der Ende August 1916 eingesetzten 3. Obersten Heeresleitung unter P. VON HINDENBURG und E. LUDENDORFF getroffenen Maßnahmen zur Steigerung der Rüstungsproduktion. Binnen eines Jahres wurden die Munitionsherstellung verdoppelt und die Waffenproduktion verdreifacht. Zur zentralen Leitung der Kriegswirtschaft wurde in Zusammenarbeit mit Industrie und militärischer Führung ein Kriegsamt mit weit gehenden Vollmachten geschaffen.

Hintersassen: von einem Grundherrn abhängige Bauern, die nicht gerichtsfähig waren (vor Gericht hinter ihrem Herren saßen) und zumeist auch kein volles Recht in der Gemeinde (insbesondere an der ↑Allmende) hatten.

H

Hirsch-Dunckersche Gewerkvereine: 1868 durch M. Hirsch und F. Duncker gegründete Gewerkschaftsorganisation, die politisch dem Linksliberalismus nahe stand, sozial den Selbsthilfegedanken aufgriff und den Grundsatz vertrat, dass die Arbeiter und Unternehmer durch gemeinsame Interessen verbunden seien. Der relativ geringe Anteil der H.-D. G. an der organisierten Arbeiterbewegung ließ den Versuch, bürgerlichen Liberalismus und Arbeiterbewegung zusammenzuführen, scheitern. Die Organisation wurde 1933 im Rahmen der Gleichschaltung aufgelöst.

historischer Materialismus, Abk. HISTOMAT: Kernstück der v.a. von K. Marx entwickelten Gesellschafts- und Geschichtstheorie, der zufolge die Entwicklung der menschlichen Gesellschaft auf den Wandel der ökonomischen Verhältnisse (und nicht auf Ideen, daher »Materialismus« im Unterschied zum »Idealismus«) zurückzuführen sei. Die Auseinandersetzung des Menschen mit der Natur führt nach dem h. M. zur Entfaltung der Produktivkräfte (sowohl die geistigen und physischen Fähigkeiten des Menschen wie auch die Arbeitsmittel), die, ausgehend von der Vorstellung einer Entwicklung von der Primitivität zur Vollkommenheit, in einem stufenweisen Prozess fortschreiten. Die mit der schrittweisen Verbesserung der Produktionsmittel (der Werkzeuge und Arbeitstechniken) verbundene Veränderung der Produktionsverhältnisse (d.h. der Beziehungen, die die Menschen bei der Produktion, dem Austausch und der Verteilung von Gütern miteinander eingehen) bestimmt als Basis den gesellschaftlichen Überbau (z.B. Recht, Religion, Ideologie, politische Verhältnisse, Kunst und Kultur).

Geschichtsauffassung: Der h. M. betrachtet die gesamte menschliche Geschichte als eine Stufenfolge ökonomisch bedingter Gesellschaftsformationen, die von einem Urkommunismus zunächst zu Klassengesellschaften führt, in denen sich die herrschende Klasse den durch Produktionsfortschritte von der arbeitenden Bevölkerung erzielten Überschuss ausbeuterisch aneignet. Die Entwicklung der Produktivkräfte führt somit zu Klassengegensätzen und Klassenkämpfen, aus denen immer neue Gesellschaftsformationen erwachsen (Sklavenhaltergesellschaft, Feudalismus, Kapitalismus), bis diese Periode der Menschheitsgeschichte durch die sozialistische Revolution überwunden wird (↑Sozialismus). In ihr übernimmt erstmals die unterdrückte Klasse die Herrschaft (Diktatur des Proletariats). Die Klassenunterschiede, für deren Existenz in der neuen Überflussgesellschaft keine historische Notwendigkeit mehr besteht, verschwinden in der neuen, alle ökonomischen Möglichkeiten und menschlichen Fähigkeiten entfaltenden Gemeinschaft des ↑Kommunismus.

historische Schule: in Auseinandersetzung mit den Prinzipien der Französischen Revolution in Deutschland entstandene rechtsphilosophische Lehrmeinung. Statt das Recht aus allgemein gültigen Prinzipien der Vernunft (↑Naturrecht) abzuleiten, gründete sie es auf die geschichtlich gewachsenen Volksrechte der einzelnen Nationen. Das Recht darf demzufolge nicht neu gesetzt, sondern nur in Anknüpfung an bestehende Rechte reformiert werden. Unter dem Eindruck der Lehre J. G. Herders entwickelte F. C. von Savigny die Grundzüge dieser konservativen Rechtsauffassung in seiner Schrift »Vom Beruf unserer Zeit für Gesetzgebung und Rechtswissenschaft« (1815) und begründete damit die die deutsche Rechtswissenschaft des 19. Jh. prägende historische Rechtsschule.

Hitlerjugend, Abk. HJ: Jugendorganisation der NSDAP, 1926 aus der »Großdeutschen Jugendbewegung« hervorgegangen. Unter dem Reichsjugendführer der NSDAP (seit 1933 »Jugendführer des Deutschen Reichs«), B. von Schirach, wurde sie zwischen 1931 und

1940 zu einer Massenorganisation ausgebaut, deren Mitgliederzahl von 100000 Ende 1932 auf 3,5 Mill. Mitte 1933 gesteigert wurde. Vor allem durch die zwangsweise Eingliederung anderer Jugendverbände erreichte sie bis Ende 1938 etwa 8,7 Mill. Mitglieder. Durch das Reichsgesetz über die HJ vom 1. Dezember 1936 wurde der totale Anspruch des nationalsozialistischen Regimes auf die geistige und sittliche Erziehung der Jugend begründet und machte sie zur zentralen, dem Elternhaus und der Schule gegenüber bevorzugten Organisation. Seit März 1933 wurde die HJ offen in den Dienst der »vormilitärischen Ertüchtigung« gestellt. Zur HJ im engeren Sinne gehörten die 14- bis 18-jährigen Jungen. Die gleichaltrigen Mädchen bildeten den **Bund Deutscher Mädel** (BDM). Im **Deutschen Jungvolk** (DJ) bzw. im **Deutschen Jungmädelbund** wurden die 10- bis 14-Jährigen erfasst. Die seit 1940 von A. AXMANN geleitete HJ wurde 1945 von den Besatzungsmächten als nationalsozialistische Organisation aufgelöst.

Hitlerputsch: Versuch A. HITLERS und General E. LUDENDORFFS, am 8./9. November 1923 in Bayern die Macht an sich zu reißen und mit einem Marsch auf Berlin die Regierung Stresemann zu stürzen. Die ähnliche Ziele verfolgende, anfangs überrumpelte bayerische Regierung unter G. VON KAHR gab in der Nacht zum 9. November den Befehl zur Unterdrückung des Staatsstreichs. Der Demonstrationszug der NSDAP am 9. November durch die Münchener Innenstadt wurde vor der Feldherrnhalle (daher auch »Marsch zur Feldherrnhalle«) durch die bayerische Polizei gewaltsam aufgelöst. In dem folgenden Hochverratsprozess wurde HITLER zu Festungshaft verurteilt. Nach der ↑Machtergreifung wurde der 9. November zum »Tag der nationalen Erhebung« hochstilisiert.

Hitler-Stalin-Pakt: ↑Deutsch-Sowjetischer Nichtangriffspakt.

Hochkommissar (Hoher Kommissar): im Völkerrecht Bezeichnung für eine internationale Behörde (bzw. deren obersten Leiter), der von einer Staatengemeinschaft spezielle Aufgaben übertragen wurden (z.B. der H. von Danzig, der vom Völkerbund eingesetzt wurde; ↑Danzigfrage). Als Hohe Kommissare wurden auch die von den drei westlichen Besatzungsmächten eingesetzten drei Mitglieder der Alliierten Hohen Kommission bezeichnet.

Hochkulturen: im Gegensatz zu so genannten primitiven Kulturen ländlich-agrarwirtschaftlicher Gesellschaften Bezeichnung für Kulturkreise verschiedener historischer Epochen, die sich durch entwickelte Formen technischer Naturbeherrschung, komplexe Mechanismen und Institutionen der sozialen und politischen Herrschaftsordnung sowie durch anspruchsvolle intellektuelle (philosophische) Denk- und Kommunikationssysteme und künstlerische Leistungen (Literatur, Musik, bildende Kunst) auszeichnen. Mitunter sind die Merkmale der H. nur in den Herrschaftszentren oder in urbanen Zentren der Gesellschaften festzustellen. In Ägypten, Mesopotamien und Kreta entwickelten sich ↑frühe Hochkulturen; weitere befanden sich am Indus und Hoangho (Stromkulturen) sowie in Süd- und Mittelamerika (↑Azteken, ↑Inka).

Hof:

◆ Bauernhof, im engeren Sinne ein geschlossenes Gut, das ungeteilt und dauernd in der Hand seines Besitzers, des Hofbauern, bleibt.

◆ Haushaltung eines Fürsten und seiner Familie sowie die fürstliche Residenz. Der H. stellte das Machtzentrum des beherrschten Gebietes dar und wanderte in der Frühzeit – an die Person des Herrschers gebunden – mit diesem von Ort zu Ort (Reisekönigtum), bis er vom Spätmittelalter an mit festen Residenzen verbunden blieb. Aus den Verhältnissen der germanischen Zeit, in der die zum Teil unfreie ↑Gefolgschaft den H. bildete, sowie aus den ↑Hofämtern entwickel-

H

te sich ein um den Herrscher zentrierter Verwaltungs- und Herrschaftsapparat, aus dem die meisten modernen Staatsbehörden hervorgegangen sind.

Hofämter: die schon zur Zeit der fränkischen Herrscher bestehenden vier altgermanischen Hausämter: ↑Truchsess, ↑Marschall, ↑Kämmerer und ↑Schenk. Seit OTTO I. wurden sie von den höchsten Reichsfürsten ausgeübt und wandelten sich zu erblichen Ehrenämtern (↑Erzämter). Dagegen wurden z.B. in Frankreich die H. von ernannten und vom König abhängigen Hofbeamten verwaltet, aus denen später die Minister wurden.

Hoffahrt (Hofdienst): im Mittelalter die Verpflichtung der ↑Vasallen, an bestimmten Terminen an den ↑Hof des Lehnsherrn zu kommen, wo sie diesem beim ↑Hoftag und bei Gericht zu dienen hatten.

Hofgericht: mittelalterliches Gericht an einem Herrenhof (z.B. am Hof des Grundherrn, der über seine abhängigen Bauern richtete). Besondere Bedeutung erlangte das H. des Königs, in dem der König ursprünglich oberster Richter, die hohen Adligen Beisitzer waren. Sämtliche Kompetenzen wurden allmählich Beauftragten, im 15. Jh. besonders ausgebildeten Juristen übertragen. Das H., das sich nicht durchsetzen konnte, wurde im Zuge der Reichsreformbewegung 1495 ins ↑Reichskammergericht überführt.

Hofjuden (Hoffaktoren): seit dem 14. Jh. der an einem Fürstenhof tätige Jude, der v.a. für die Erledigung wirtschaftlicher Aufgaben zuständig und mit Sonderprivilegien ausgestattet war; er trat insbesondere nach dem Dreißigjährigen Krieg als Hofbankier in Erscheinung, der den steigenden Finanzbedarf des absolutistischen Staates deckte. Die meisten H. traten zum Christentum über.

Hofkanzlei: zunächst zeitweise, ab 1620 endgültig von der ↑Reichshofkanzlei getrennte Verwaltungs-, Finanz- und Justizbehörde für die österreichischen Erblande. Daneben hatten einzelne Länder der österreichisch-ungarischen Monarchie eigene H., die bis 1802 mit der österreichischen in der Vereinigten H. zusammenwuchsen, die bis 1848 oberste Verwaltungsbehörde der Monarchie war.

Hofkapelle (lateinisch Capella Regia): im Mittelalter die Pfalzkapelle, der königliche Reliquienschatz und die Gemeinschaft der Geistlichen des Königshofes. Die Hofgeistlichen waren neben religiösen Aufgaben v.a. für das Urkundenwesen zuständig und standen unter der Leitung eines Erzkaplans, der seit dem 9. Jh. auch Leiter der Reichskanzlei war (↑Erzkanzler). Im 9. und 10. Jh. kamen die meisten geistlichen Fürsten (Bischöfe) aus der H. Mit der Ausgliederung der Kanzlei im 12. Jh. aus der H. verlor diese an Bedeutung.

Hofkriegsrat: die von FERDINAND I. 1556 errichtete, bis 1848 bestehende österreichische Zentralbehörde für die Heeresverwaltung und Grenzverteidigung, bei der auch das Oberkommando über die im Feld stehenden Armeen lag.

Hofrat: im Spätmittelalter von einzelnen Landesherren gebildetes beratendes Kollegium; seit dem 16. Jh. oberste Verwaltungs- und Justizbehörde in den deutschen Territorien, von der in der Regel seit dem 17. Jh. selbstständige Zentralbehörden abgesondert wurden. – In Österreich noch heute ein Ehrentitel.

Hoftag: im Mittelalter an den Höfen der Fürsten (oft zu hohen Kirchenfesten) einberufene Versammlung der Würdenträger und Vasallen, auf der Beschlüsse gefasst und Gesetze erlassen wurden. Aus dem H., der zunächst nur beratende Funktion hatte, entwickelten sich später die ständischen Vertretungen wie der ↑Reichstag und der ↑Landtag.

hohe Gerichtsbarkeit (Hochgerichtsbarkeit): für Todes- und Verstümmelungsstrafen zuständige Gerichtsbarkeit (**Blutgericht**), die im Mittelalter als Königsrecht galt, nach und nach aber an Landesfürsten und Städte verliehen und in der Neuzeit als Teil der Landeshoheit angesehen wurde.

Hoheit: ↑Durchlaucht.

Hoheitsrechte: ↑Majestätsrechte, ↑Regalien.

Hoheitszeichen: Zeichen, mit denen ein Staat seine Hoheit sichtbar macht und bekundet, z.B. Flaggen, Wappen, Standarten, Siegel oder Grenzzeichen. H. dürfen nur von staatlichen Stellen verwendet werden.

Hohe Kommission: ↑Sowjetische Kontrollkommission.

Hohenzollern: deutsche Dynastie, seit 1061 als **Zollern** (Mitte des 16. Jh. durch den seit 1350 angenommenen Namen H. ersetzt) nachweisbares schwäbisches Dynastengeschlecht, das sich ab 1214 in eine fränkische (später brandenburgpreußische) und in eine schwäbische Linie aufteilte.

Die auch nach der Reformation katholische schwäbische Linie zählte bis zum Beginn der Neuzeit zu den führenden Dynastengeschlechtern Südwestdeutschlands. Sie teilte sich 1575 in die 1623 in den Reichsfürstenstand erhobenen Linien **Hohenzollern-Hechingen** (1869 erloschen) und **Hohenzollern-Sigmaringen.** Durch einen Erbvertrag mit den brandenburg-preußischen H. 1695/1707 und durch Anlehnung an NAPOLEON I. entging sie 1803/06 der ↑Mediatisierung, trat aber 1849 ihre Souveränitätsrechte an Preußen ab (so genannte Hohenzollernsche Lande, 1850–1945 preußischer Regierungsbezirk).

Die seit der Reformation evangelische fränkische Linie baute bis Ende des 14. Jh. Ansbach und Bayreuth zu einer bedeutenden Territorialherrschaft aus, wurde 1363 in den Reichsfürstenstand erhoben und erhielt 1417 die brandenburgische Kurwürde. Die Unteilbarkeit der Markgrafschaft Brandenburg und die Errichtung der fränkischen Sekundo- bzw. Tertiogenituren wurde durch Hausgesetze gesichert (↑Dispositio Achillea 1473).

Die brandenburgischen Hohenzollern (Kurlinie) hatten 1618 das Herzogtum Preußen als polnisches Lehen erhalten (**Brandenburg-Preußen**). Den Aufstieg der H. zur deutschen und europäischen Vormachtstellung markierten v.a. die Regierungszeit des Großen Kurfürsten FRIEDRICH WILHELM und – nach Erwerb des Königstitels 1701 durch FRIEDRICH I. – die der beiden Könige FRIEDRICH WILHELM I. (1713–40) und FRIEDRICH II. (1740–86). 1871–1918 waren die Könige von Preußen zugleich Deutsche Kaiser. Als WILHELM II. 1918 abdankte, endete das hohenzollernsche Haus Brandenburg-Preußen.

Hohe Pforte: nach der Eingangspforte des Sultanspalasts in Konstantinopel (heute Istanbul) entstandene Bezeichnung für die Regierung (insbesondere für das Außenministerium) des Osmanischen Reichs.

Holländischer Krieg: ↑Niederländisch-Französischer Krieg.

Holocaust ['hɔləkɔ:st; englisch »Massenvernichtung«; eigentlich »Brandopfer«, von griechisch holókaustos »völlig verbrannt«]: Tötung einer großen Zahl von Menschen. Die Bezeichnung wird besonders auf den Genozid an den Juden während der Herrschaft des Nationalsozialismus in Deutschland angewendet.

Homerule ['hoʊmru:l; englisch »Selbstregierung«]: Schlagwort, mit dem im 19. Jh. eine Politik bezeichnet wurde, die im Rahmen des britischen Empire die nationale Selbstständigkeit Irlands nicht durch Gewalt, sondern auf parlamentarischem Wege zu verwirklichen suchte.

Homo novus [lateinisch »neuer Mensch«]: im alten Rom Bezeichnung für einen meist aus dem Ritterstand stammenden Mann, der als Erster seiner Familie in den ↑Senat aufgenommen wurde und durch Erlangung des Konsulats die ↑Nobilität seiner Familie begründete; von den seit Generationen der Nobilität angehörenden Mitgliedern oft als nicht ebenbürtig betrachtet.

Honvéd ['honve:d; ungarisch »Vaterlandsverteidiger«]: 1848 geprägte Be-

H

zeichnung für ungarische Freiwillige, seit dem österreichisch-ungarischen Ausgleich 1867 auf die ungarische Landwehr angewendet, 1919–45 Bezeichnung für die gesamte ungarische Armee.

Hoover-Moratorium [englisch 'hu:vɔ-]: der vom amerikanischen Präsidenten H. C. Hoover ausgehende und von den Alliierten und Deutschland im Juni/Juli 1931 angenommene Vorschlag, die Rückzahlung von Kriegsschulden unter den Alliierten sowie die deutschen Reparationszahlungen für ein Jahr auszusetzen. Ziel dieser Maßnahme war es, die ↑Weltwirtschaftskrise in den Griff zu bekommen; darüber hinaus hatte die Verlautbarung der deutschen Reichsregierung vom 6. Juni 1931, dass sie die Reparationsverpflichtungen aus dem ↑Youngplan möglicherweise nicht mehr erfüllen könne, zu Kapitalflucht und zum Abzug kurzfristiger ausländischer Kredite aus Deutschland geführt, sodass ein weiterer Zusammenbruch des internationalen Zahlungsverkehrs drohte. Das H.-M. setzte faktisch den Youngplan außer Kraft.

Hopliten [von griechisch hóplon »Gerät«, »Kriegsgerät«, »Harnisch«]: Bezeichnung für schwer bewaffnete Truppen als Kern des griechischen Heeres seit dem 7. Jh. v. Chr. Sie waren zum Einsatz in geschlossenem Verband (↑Phalanx) bestimmt. Die H. rekrutierten sich aus den vollberechtigten Bürgern, die für ihre gesamte Rüstung (**Panhoplia**) selbst aufkommen mussten.

Hörigkeit: Bezeichnung für das Abhängigkeitsverhältnis zwischen Grundherrn und abhängigen Bauern (↑Grundherrschaft). Im Unterschied zum Leibeigenen war der Hörige nur in Verbindung mit dem Grund und Boden abhängig, den er bearbeitete. Er musste Frondienste leisten und Grundzinsen zahlen; zusammen mit dem Land konnte er verkauft werden (so genannte **Schollengebundenheit**). Durch die ↑Bauernbefreiung wurde jede H. aufgehoben

Hoßbachniederschrift: Gedächtnisprotokoll von Hitlers Wehrmachtsadjutanten, Oberst F. Hossbach, über eine Besprechung Hitlers am 5. November 1937 mit dem Reichsaußenminister, dem Reichskriegsminister sowie den Oberbefehlshabern des Heeres, der Marine und der Luftwaffe, in der Hitler seinen »unabänderlichen Entschluss« zur Raumerweiterung durch militärische Maßnahmen spätestens in den Jahren 1943–45 bekannt gab, ein »blitzartiges« Vorgehen gegen die Tschechoslowakei und Österreich aber schon 1938 für möglich hielt.

Hottentottenaufstand: Aufstand der Hottentotten gegen die deutsche Kolonialverwaltung von Deutsch-Südwestafrika im Jahre 1904. Zwar konnte die deutsche Schutztruppe die Hauptkräfte des H. 1905 schlagen, doch zog sich der Aufstand als Kleinkrieg bis in das Jahr 1909 hin. Die durch den H. verursachte finanzielle Belastung ließ kritische Stimmen (v. a. der Sozialdemokraten und des Zentrums) im Reichstag laut werden. Nach Ablehnung des kolonialen Nachtragshaushalts durch den Reichstag wurde dieser im Dezember 1906 aufgelöst und am 25. Januar 1907 neu gewählt (**Hottentottenwahl**).

Hubertusburg, Friede von: die am 15. Februar 1763 zwischen Preußen und Österreich bzw. Preußen und Sachsen in dem Jagdschloss Hubertusburg unterzeichneten Friedensverträge, die den ↑Siebenjährigen Krieg beendeten. Der F. v. H. bestätigte erneut die Bestimmungen des ↑Dresdner Friedens von 1745; Österreich verlor endgültig Schlesien und die Grafschaft Glatz an Preußen, das sich damit als Großmacht (neben Großbritannien, Frankreich, Österreich und Russland) etablierte.

Hufe: im Mittelalter Sammelbegriff für die zum Lebensunterhalt notwendige Hofstätte der bäuerlichen Familien mit Ackerland und Nutzungsrecht an der ↑Allmende. Die H. bildete seit fränkischer Zeit die Grundeinheit für die Zumessung von Diensten (↑Fronen) und

H

Abgaben an die Grundherrschaft. Ursprünglich kein festgelegter Maßbegriff, betrug ihre Durchschnittsgröße 7–10 ha. Die **Königshufe** (**fränkische Hufe**) für Siedler, v.a. im Bereich der ↑deutschen Ostsiedlung, hatte doppelte Größe. Erst im Hochmittelalter kam es (außer in Niedersachsen) zur Erbteilung von H.; die Inhaber einer **Vollhufe** wurden Vollbauern genannt (daneben gab es **Halb-** und **Viertelhufen**). Die Hauptveränderung der Hufenordnung vollzog sich erst seit dem 15./16. Jh. durch die Entwicklung der staatlichen Grundsteuer: Die H. war nun weniger eine bäuerliche Wirtschaftseinheit, sondern vielmehr eine fiskalische Berechnungseinheit, die eine systematische Besteuerung ermöglichte.

Hügelgräberkultur: eine Kulturstufe der ↑Bronzezeit, die im 16.–14. Jh. v. Chr. in Mitteleuropa von Frankreich bis Ungarn verbreitet war und nach der Bestattungsform benannt wurde: Über einem auf dem Rücken, in einem Baumsarg oder einer Steinkiste liegenden Toten wurde ein meist weithin sichtbarer Hügel aufgeschüttet. Gab es diese Grabform bereits in früherer wie auch noch in späterer Zeit, so sind die Gräber der H. durch spezifische Grabbeigaben (Bronzewaffen und -schmuck) gekennzeichnet.

Hugenotten [französisch, entstellt aus »Eidgenossen«]: Bezeichnung für die französischen Protestanten seit dem Eindringen des ↑Kalvinismus in Frankreich in der Mitte des 16. Jh. Obwohl auch Familien des hohen Adels zu den H. übertraten, dauerte ihr Kampf um die Anerkennung ihres Glaubens, ihrer bürgerlichen Rechte und ihrer politischen Stellung fast zwei Jahrhunderte. Das Edikt von Saint-Germain-en-Laye 1562 gewährte den H. – wenn auch stark eingeschränkt – die Duldung ihres Glaubens. Der Bruch dieses Edikts und das an den H. verübte Blutbad von Vassy (1562) veranlassten sie zur Gegenwehr in den ↑Hugenottenkriegen (1562–98).

Bereits im Friedensedikt von Amboise 1563 wurde dem Adel und jeweils einer Stadt eines jeden Regierungsbezirks eine begrenzte Freiheit der Religionsausübung zugestanden, der übrigen Bevölkerung Gewissensfreiheit als Befreiung vom Zwang zur Teilnahme am katholischen Gottesdienst. Darüber hinaus wurden ihnen 1570 für zwei Jahre vier Sicherheitsplätze eingeräumt (u.a. La Rochelle). Nach den Verfolgungen von 1572 (↑Bartholomäusnacht) gaben sich die – v.a. unter dem Adel und in den Städten verbreiteten – H. eine Organisation für Krieg und Frieden mit Gesetzgebung, Heer, ständischer Vertretung sowie politischer und kirchlicher Verwaltung. 1576 setzten sie durch, dass sie als geschlossene Macht mit fast den gleichen Rechten der katholischen Kirche und dem französischen Staat gegenüberstanden.

Die von päpstlicher Seite unterstützte Heilige Liga (Bündnis des katholischen Adels) veranlasste jedoch HEINRICH III., im Edikt von Nemours 1585 alle Rechte der H. aufzuheben, den evangelischen Gottesdienst zu verbieten und die Rückkehr zum Katholizismus oder die Emigration zu fordern. Den damit eingeleiteten 8. und letzten Hugenottenkrieg be-

Hügelgräberkultur: Wertvolle Hilfe beim Auffinden von Hügelgräbern bietet die Luftbildarchäologie; im Bild Gräber bei Sillsbury Hill (England).

endete das Edikt von ↑Nantes 1598, in dem HEINRICH IV. die Rechte der H. erneut ordnete. Erst unter RICHELIEU, dem die Macht der H. bei dem von ihm betriebenen Aufstieg Frankreichs zur europäischen Großmacht im Wege stand, verloren sie ihre politische Stellung. Nach Bezwingung von La Rochelle wurden den H. im so genannten Gnadenedikt von Nîmes 1629 die politischen Sonderrechte genommen, die »Sicherheitsplätze« in offene Städte umgewandelt, jedoch ihre religiösen Freiheiten im bisherigen Umfang belassen. Der Kampf gegen die H. setzte unter LUDWIG XIV., zunächst durch Beschränkung ihrer Freiheiten und Rechte, dann durch die Aufhebung des Edikts von Nantes (Revokationsedikt von Fontainebleau, 1685) ein. Die reformierten Geistlichen mussten das Land verlassen, die Auswanderung von Laien dagegen wurde bestraft. Dennoch flohen Hunderttausende nach Großbritannien, in die Vereinigten Staaten, die Niederlande, die Schweiz und nach Deutschland.

In Brandenburg ermöglichte der Große Kurfürst FRIEDRICH WILHELM durch das Edikt von Potsdam 1685 ganzen Gemeinden der H. die Ansiedlung und den Aufbau eines eigenen Kirchen- und Schulwesens, wobei er auch auf die Nutzung ihrer gewerblichen Kenntnisse und wirtschaftlichen Tüchtigkeit bedacht war. In Frankreich hielten sich die H. in der Verborgenheit, bis die Französische Revolution auch die Glaubensfreiheit brachte.

Hugenottenkriege: die 1562–98 zwischen der katholischen Partei und den ↑Hugenotten Frankreichs entbrannten acht konfessionellen Bürgerkriege, an deren Anfang das von FRANÇOIS I. DE LORRAINE, Herzog von Guise, am 1. März 1562 veranstaltete Blutbad von Vassy stand. Die Hugenotten unterlagen sowohl im **1.** (1562/63) und **2.** (1567/68) wie auch im **3. Hugenottenkrieg** (1568–1570); sie erreichten aber bereits im Edikt von Amboise 1563 eine an bestimmte Orte gebundene Kultusfreiheit, die im Frieden von Saint-Germain-en-Laye 1570 erweitert wurde. Trotz der Ermordung zahlreicher Hugenottenführer in der ↑Bartholomäusnacht kam es zum **4.** bis **8. Hugenottenkrieg** (1572/73, 1574–76, 1576/77 und 1579/80).

HENRI I. DE LORRAINE, Herzog von Guise, gründete 1576 nach dem 5. H. die Heilige Liga, unter deren Einfluss König HEINRICH III. 1585 den 8. H. begann, nachdem er im Edikt von Nemours alle den Hugenotten eingeräumten Rechte widerrufen hatte.

Sein Nachfolger, HEINRICH IV. (HEINRICH VON NAVARRA), ehemals selbst Hugenotte, beendete 1598 mit dem Edikt von ↑Nantes die H. Dennoch setzten nach dem Tod HEINRICHS IV. (1610) neuerliche Hugenottenverfolgungen ein, die endgültig erst mit der Französischen Revolution aufhörten.

Hulde: zum einen Bezeichnung für die Gnade im Verhältnis des Herrn zu seinem Mann und Untergebenen, zum anderen die Treue des Mannes gegenüber dem Herrn, wobei »Hulde schwören« einen allgemeinen Treueid bedeutete, im Lehnsrecht den das Lehnsverhältnis begründenden Lehnseid. Die H. wurde seit dem 11. Jh. zur umfassenden Beschwörung der gesamten Treuepflichten.

Huldigung: staatsrechtlich das Treuegelöbnis der Untertanen an ihren Herrn, meist vollzogen durch den Untertaneneid. Im Heiligen Römischen Reich begnügte sich der König/Kaiser mit dem Eid der ↑Reichsstände. Besonderes Gewicht erhielt die H. in den deutschen Territorien; beim Regierungswechsel musste dem neuen Landesherrn der Treueid geleistet werden (**Erbhuldigung**).

Humanismus [von lateinisch humanus »menschlich«]: im engeren Sinn Bezeichnung der philologischen, kulturellen und wissenschaftlichen Bewegung des 14. bis 16. Jh., des **Renaissancehumanismus.** Er wendete sich zum Zweck einer von der

Hundertjähriger Krieg: Jeanne d'Arc verkündete dem französischen Thronerben, dem Dauphin, ihre Mission, ihn in Reims zur Krönung zu führen, und bestärkte die französischen Truppen im Kampf um die französische Krone (Bildteppich, 15. Jh.).

kirchlichen Dogmatik befreiten und diesseitigen Lebensgestaltung gegen die ↑Scholastik, indem er die Wiederentdeckung und Pflege der lateinischen bzw. römischen Sprache, Literatur und Wissenschaft forderte. Die umfassendere Epochenbezeichnung ↑Renaissance wird manchmal synonym mit H. verwendet. Von Italien ausgehend breitete sich der H. nach Frankreich, Spanien, England, den Niederlanden und nach Deutschland aus. Der teils stärker als die italienischen Vorbilder christlich orientierte H. in Deutschland hatte großen Einfluss auf die Reformation. Ihren Höhepunkt erreichte der deutsche H. mit ERASMUS VON ROTTERDAM. Der H., der über gelehrte Zirkel in den Städten und an Fürstenhöfen hinaus auch Eingang in die Universitäten fand, leitete v.a. die Trennung von Bildung und Religion ein. Entgegen dem Selbstverständnis seiner Vertreter stellte der H. jedoch noch keinen Bruch mit dem Mittelalter dar; das Denken des H. und der Renaissance fand noch nicht zur »vernünftigen« Selbstständigkeit im Sinne der Aufklärung, auch wenn er Elemente (z.B. Kampf gegen Aberglaube und dogmatische Verhärtung) enthielt, die die Aufklärung vorbereiten halfen.

Als **Neuhumanismus** (zweiter H.) wird die humanistische Bewegung seit ca. 1750 und die damit verbundene erneute Hinwendung zum klassischen Altertum bezeichnet. Der Neuhumanismus war zugleich eine Blütezeit künstlerischer Erneuerung.

Hundertjähriger Krieg: kriegerische Auseinandersetzungen zwischen England und Frankreich um die Vorherrschaft in Frankreich und schließlich in ganz Westeuropa von 1357 bis 1453. Nach dem Aussterben der Kapetinger 1328 machte der englische König EDUARD III. dem in Frankreich regierenden

H

Haus Valois die Thronfolge streitig; der sich anschließende Krieg wurde in Frankreich ausgetragen, wo England noch zahlreiche Besitzungen hatte. Erst JEANNE D'ARC verhalf dem französischen Widerstand zum Erfolg; 1453 endete der Krieg, aber erst 1475 kam es zum Frieden von Picquigny, in dem England alle französischen Besitzungen außer Calais einbüßte.

Der H. K. brachte Frankreich eine lange Epoche großer Verwüstungen und innerer Unruhe, verhalf dem französischen Königtum nach dem Sieg über England jedoch zu einer hervorragenden Stellung innerhalb des europäischen Mächtesystems des Spätmittelalters.

Hussitenkriege: Die Verbrennung von Jan Hus am 6. Juli 1415 löste in Böhmen schwere Unruhen aus und mündete in die Hussitenkriege (kolorierter Holzschnitt, 1536).

Hundert Tage: Bezeichnung für den Zeitraum zwischen der Landung NAPOLEONS I. in Frankreich (1. März 1815) nach seiner Verbannung auf Elba und seiner endgültigen Niederlage bei Belle-Alliance (18. Juni 1815).

Husaren [ungarisch »Räuber«]: Nach dem Vorbild des ungarischen Reiteraufgebots des 15. Jh. stellten v. a. in der zweiten Hälfte des 17. Jh. und im 18. Jh. die europäischen Heere leichte Reitertruppen auf.

Hussiten: von dem tschechischen Reformator JAN HUS (um 1370–1415) abgeleiteter Name für verschiedene kirchenreformerische Bewegungen in Böhmen. Gemeinsames religiöses Symbol war der Laienkelch (das Trinken von Messwein bei Messe und Abendmahl durch nicht zum Klerus gehörende Gläubige). Dabei können zwei Gruppen voneinander unterschieden werden:

1) die **Kalixtiner** (oder **Utraquisten**), deren von Adligen und Bürgern unterstützte Forderungen die so genannten Vier Prager Artikel von 1420 zusammenfassen (freie Predigt, Laienkelch, Säkularisation des Kirchenguts und Rückkehr zur apostolischen Armut, strenge Kirchenzucht im Klerus);

2) die ↑**Taboriten,** die darüber hinaus chiliastische (↑Chiliasmus) und sozialrevolutionäre Motive zur Geltung brachten (Aufrichtung des Reiches Gottes durch das Schwert, Ablehnung kirchlicher Einrichtungen).

Der Prager Aufstand vom 30. Juli 1419 und die am 17. März 1420 verkündete Kreuzzugsbulle Papst

MARTINS V. gegen die Ketzer eröffneten die ↑Hussitenkriege. Das ↑Basler Konzil erkannte 1433 die Prager Kompaktaten an und einigte sich unter dem zeitweiligen Zugeständnis des Laienkelchs mit den utraquistischen Hussiten (↑ Böhmische Brüder).

Hussitenkriege: Bezeichnung für die aus dem Aufstand der ↑Hussiten resultierenden Feldzüge 1419–36. Der Prager Aufstand vom 30. Juli 1419 war ausgelöst worden durch die hussitenfeindlichen Maßnahmen König WENZELS und weitete sich unter König SIGISMUND, den die Böhmen für die Hinrichtung von JAN HUS verantwortlich machten und daher als König ablehnten, zum offenen Krieg aus.

Zusätzlich verschärft wurde der Konflikt durch den Aufruf Papst MARTINS V. 1420 zum Kreuzzug gegen die Hussiten. König SIGISMUND erklärte gegen sie den Reichskrieg. Ab 1426/27 führten die Hussiten den Krieg auch offensiv mit Einfällen in Österreich, Bayern, Franken, Meißen, Kurmark und Pomerellen. Die 1433 begonnenen Friedensverhandlungen auf dem ↑Basler Konzil führten am 30. November 1433 zum Abschluss der Prager Kompaktaten (eine modifizierte Form der Vier Prager Artikel), die von den ↑Taboriten jedoch abgelehnt wurden. Erst der Sieg des utraquistischen Adels über die Taboriten bei Lipany (30. Mai 1434) bedeutete das Ende der H. und machte den Weg frei für die Rückkehr König SIGISMUNDS nach Böhmen (1436).

I

Iden [lateinisch]: im altrömischen Kalender in den Monaten März, Mai, Juli und Oktober der 15., in den übrigen Monaten der 13. Monatstag.

Illyrismus [nach Illyrien, einer Landschaft an der östlichen Adria]: in den Jahren 1830–50 in Kroatien bestehende Bewegung, die versuchte, alle südslawischen Völker zu einigen. Politisch zwar erfolglos, gingen vom I. doch kulturelle Impulse aus (serbokroatische Sprachreform). Der I. wirkte weiter im ↑Panslawismus und als Vorläufer der aktiven südslawischen Einigungsbewegungen ab der zweiten Hälfte des 19. Jahrhunderts.

Immediat [von lateinisch »unmittelbar«]: im staatlichen Bereich eine Person oder Behörde, die der obersten staatlichen Instanz direkt untersteht. **Immediateingaben** und **Immediatvorstellungen** werden direkt bei der obersten Instanz, meist beim Staatsoberhaupt, vorgebracht. Ein **Immediatgesuch** wendet sich unmittelbar an das Staatsoberhaupt. Das **Immediatvortragsrecht** berechtigt einen Minister, dem Staatsoberhaupt direkt, unter Umgehung des Regierungschefs, Probleme vorzutragen. Dieses zu Beginn des 19. Jh. in Deutschland eingeführte Recht wurde verschiedentlich eingeschränkt, z.B. durch die Kabinettsorder vom 8. September 1852 in Preußen; ihre von Kaiser WILHELM II. 1890 geforderte Aufhebung stieß auf den Widerstand BISMARCKS und trug zu seiner Entlassung bei.

Immediatstände: im Heiligen Römischen Reich Bezeichnung für die Stände mit ↑Reichsunmittelbarkeit, im Gegensatz zu den mediaten Landständen.

Immunität [von lateinisch immunis »frei« (von Leistungen)]:

- Sonderrechtsstatus weltlicher und kirchlicher Institutionen und Personen sowie ihrer Güter zur Befreiung von herrschaftlicher Gewalt. In ihren Wurzeln bis in die Spätantike reichend, wurde I. als Befreiung von finanziellen Belastungen und insbesondere von der ordentlichen Gerichtsbarkeit seit dem 7. Jh. als ↑Privileg v.a. an Kleriker verliehen. I. im engeren Sinn bezeichnete auch den Bezirk, für den eine besondere Privilegierung galt (↑ Domfreiheit).
- Im *Staatsrecht* unterscheidet man materielle I. (↑Indemnität) und formelle I. Die formelle I. sichert den Abgeordneten des Bundes- oder Landtags vor straf-

rechtlicher Verfolgung, außer wenn er auf frischer Tat oder im Laufe des folgenden Tages festgenommen wird. Da die I. ein Recht des Parlaments, nicht des einzelnen Abgeordneten ist, kann nur das Parlament die I. aufheben, der Abgeordnete selbst kann nicht darauf verzichten (**parlamentarische Immunität**). Das Prozesshindernis der I. endet mit dem Mandat. – Im *Völkerrecht* bezeichnet die **diplomatische Immunität** das Recht der diplomatischen Vertreter, von der Gerichtsbarkeit und Zwangsgewalt des Gaststaates ausgenommen zu sein (↑Exterritorialität).

Impeachment [ɪmˈpiːtʃmənt; englisch »Anklage«]: allgemein Antrag einer parlamentarischen Körperschaft auf Amtsenthebung und Bestrafung. Speziell Bezeichnung für das in der Verfassung der USA vorgesehene Verfahren, mit dem der Präsident, der Vizepräsident und Beamte des Bundes aus dem Amt entfernt werden können. Das Repräsentantenhaus entscheidet mit einfacher Mehrheit über die Anklageerhebung, der Senat tagt als Gericht und kann den Betroffenen mit Zweidrittelmehrheit für schuldig und amtsenthoben erklären.
1868 scheiterte ein I. gegen den amerikanischen Präsidenten A. JOHNSON. Das gegen R. NIXON eingeleitete I. wurde 1974 wegen seines vorzeitigen Rücktritts eingestellt. 1999 scheiterte ein Amtsenthebungsverfahren gegen Präsident B. CLINTON (wegen Meineids und Behinderung der Justiz in einer Sexaffäre).

Imperator [von lateinisch imperare »anordnen«, »befehlen«]: ursprünglich Bezeichnung für einen römischen Beamten, der das militärische Kommando innehatte, dann auch Ehrentitel eines Beamten, der nach einem Sieg von seinen Soldaten zum I. ausgerufen und später vom Senat als solcher anerkannt wurde. Seit AUGUSTUS war I. Namensbestandteil der römischen Kaiser. KARL DER

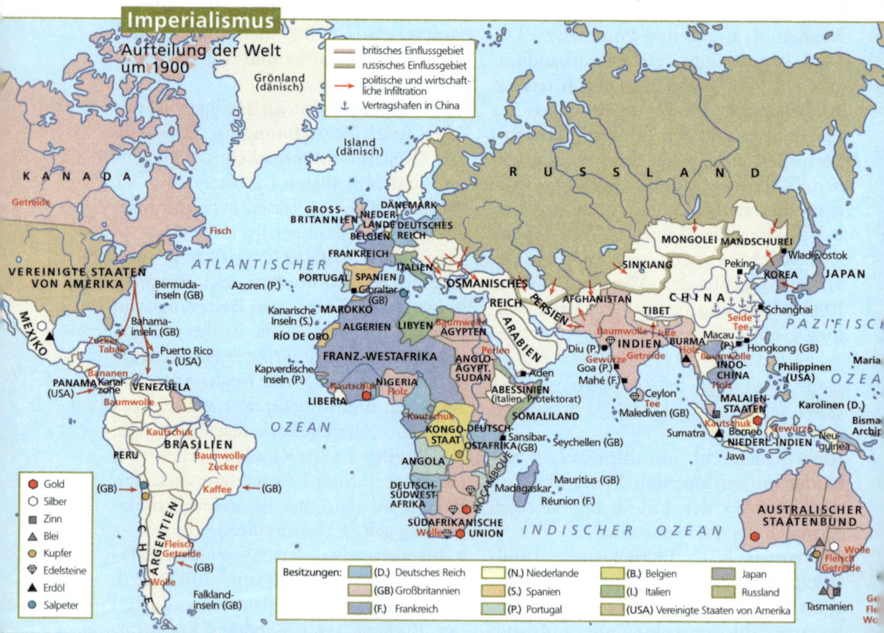

Grosse und die ihm nachfolgenden abendländischen Kaiser führten in Anknüpfung an das antike Kaisertum den Titel **Imperator Romanorum.** – Siehe auch ↑Kaiser, ↑Römischer König.

Imperialismus [von lateinisch imperialis »die Staatsgewalt betreffend«]: politisch-ökonomisches Herrschaftsverhältnis mit dem Ziel, die Bevölkerung eines fremden Landes mit politischen, ökonomischen, kulturellen und ideologischen Mitteln zu beeinflussen, auszubeuten und direkt oder indirekt zu beherrschen.

Die »klassische« Zeit des Imperialismus: Von den britischen Liberalen 1876 als Kampfparole gegen B. Disraeli und dessen Politik geprägt, bezeichnet der Begriff v.a. die Expansionspolitik Großbritanniens, Frankreichs, Russlands und Deutschlands sowie der USA und Japans insbesondere in Afrika und Asien im letzten Drittel des 19. Jh. bis zum Ersten Weltkrieg. Diese Expansionspolitik war gekennzeichnet durch die zum Teil gewaltsame territoriale Ausdehnung und Machterweiterung durch den Erwerb von Kolonien und durch die Sicherung von Einflussgebieten mit dem Ziel, neue Rohstoffquellen und Absatzmärkte für die heimische Industrie zu erschließen. Die auf Kosten der vorwiegend nichtweißen Bevölkerung durchgeführte faktische Aufteilung der Erde unter den imperialistischen Mächten wurde in Europa und in den USA gerechtfertigt durch fragwürdige Thesen von der »Überlegenheit der weißen Rasse« und mit der angeblichen Notwendigkeit größeren »Lebensraums« sowie gestützt durch nationale und zivilisatorische Sendungsideologien.

Die Vorstellung vom I. als einer auf ausschließlich ökonomischen Ursachen beruhenden Entwicklung (Lenin: I. als höchste Steigerung des Kapitalismus) trifft sicherlich nicht zu. Während z.B. in China durch aufgezwungene Handelskonzessionen politischer Einfluss in begrenzte ökonomische Vorteile umgesetzt werden konnte, entwickelten sich die afrikanischen Kolonien weitgehend nicht zu profitablen Märkten. Problematisch und in der Gegenwart umstritten ist die Frage, inwieweit der I. eine eigenständige Industrialisierung und Wohlstandsentwicklung in den abhängigen Gebieten behindert hat. Darüber hinaus wirkte der I. – v.a. im Deutschen Reich – integrierend auf die immer deutlicher werdenden sozialen Gegensätze der im Zuge der Industrialisierung komplexer gewordenen Gesellschaften. Der extrem gesteigerte Nationalismus der imperialistischen Mächte führte zum erbitterten Ringen um die noch »freien« Territorien; einen Höhepunkt erreichte dieser Wettlauf in den 1890er-Jahren mit dem Vorstoß sämtlicher Großmächte nach Ostasien und in den pazifischen Raum. Die Rivalität der imperialistischen Mächte untereinander wird deutlich an kriegerischen Auseinandersetzungen wie dem ↑Spanisch-Amerikanischen Krieg 1898, dem ↑Burenkrieg 1899–1902, dem Aufstand der ↑Boxer, dem ↑Chinesisch-Japanischen Krieg 1894/95 und dem ↑Russisch-Japanischen Krieg 1904/05, aber auch an den ↑Balkankriegen 1912/13 und dem Ersten Weltkrieg.

Für die Zeit nach dem Ersten Weltkrieg bis 1945 spricht die Forschung von einer *Ära des »verschleierten« Imperialismus:* In Deutschland versuchte der Nationalsozialismus durch die Unterwerfung Kontinentaleuropas und der Sowjetunion einen europäischen »Lebensraum« unter der Hegemonie des »Großdeutschen Reichs« zu schaffen und entfesselte damit den Zweiten Weltkrieg. Ähnliche Ziele verfolgten das faschistische Italien und Japan.

Aus dem Zweiten Weltkrieg gingen die USA und die UdSSR als Weltmächte hervor. Im Zeichen des Ost-West-Konflikts wies die Außenpolitik beider Staaten gegenüber den von ihnen geführten Blöcken imperialistische Züge auf. Schufen sich die USA auf der Basis von Marktwirtschaft und liberaler Demokratie im westlichen Europa und Japan Einflussbereiche, so baute die UdSSR im östlichen Europa ein von ihr ideologisch und machtpolitisch abhängiges Herrschaftsgebiet auf (↑Ostblockstaaten). Ihr Anspruch als Führungsmacht des »sozialistischen Lagers« führte zum Konflikt mit der Volksrepublik China. Trotz der nach 1945 einsetzenden ↑Entkolonialisierung blieben viele der unabhängig gewordenen Staaten besonders in wirtschaftlicher Abhängigkeit von den früheren Kolonialmächten. Die Erstarrung des politischen Systems und der Niedergang der Wirtschaft, begleitet von gescheiterten Reformversuchen, führte 1990/91 zum Zusammenbruch der UdSSR und ihres Herrschaftssystems.

Imperium [von lateinisch imperare »anordnen«, »befehlen«]:

◆ allgemein Bezeichnung für die Herrschaftsgewalt Roms (Imperium Populi Romani), später für den Herrschaftsbereich des römischen Staates, des Imperium Romanum (↑römische Geschichte).

◆ die Amts-, v.a. die militärische Kommandogewalt der (Pro-) ↑Konsuln und der (Pro-) ↑Prätoren sowie der Inhaber außerordentlicher Kommandos; ferner die Gewalt der römischen Kaiser, die diese zum militärischen Oberbefehl und zur Verwaltung der Provinzen berechtigte (**Imperium proconsulare**).

◆ im Mittelalter die Machtkompetenz des ↑Kaisers, der sakrale Züge trug und zumeist als weit über den realen Machtbereich des Kaisers hinausgehend gedacht wurde (der Kaiser als Oberhaupt der gesamten Christenheit). In den Auseinandersetzungen zwischen I. und ↑Sacerdotium (v.a. im ↑Investiturstreit) wurde die Sakralität dieses I. infrage gestellt.

Imperium Romanum: ↑römische Geschichte.

Indemnität [von lateinisch indemnitas »Schadloshaltung«]:

◆ Straflosigkeit eines Abgeordneten für seine politische Tätigkeit im Parlament, in dessen Ausschüssen und in den Fraktionen (z.B. wegen seines Abstimmungsverhaltens). Die I. kann im Gegensatz zur ↑Immunität weder vom Parlament aufgehoben werden, noch endet sie mit dem Mandat des Abgeordneten.

◆ nachträgliche parlamentarische Entlastung der Regierung für verfassungswidrige oder im Ausnahmezustand ergriffene Maßnahmen.

Diese nach englischem Vorbild im 19.Jh. auf dem Kontinent eingeführte Praxis wurde besonders bekannt durch die Annahme der **Indemnitätsvorlage** von 1866, durch die der preußische Landtag nachträglich die Haushaltsüberschreitungen der Regierung ab 1862 billigte (↑preußischer Verfassungskonflikt).

Indochinakrieg: ↑Vietnamkrieg.

Indogermanen (Indoeuropäer): im 19.Jh. geprägter Begriff für ein Urvolk (mit gemeinsamer, sprachwissenschaftlich erschlossener Sprache), aus dem sich zahlreiche Stämme entwickelt haben, von denen der östlichste die Inder, der westlichste die Germanen waren. Heimat der I. war vermutlich das Gebiet zwischen Mitteleuropa und Südrussland. Etwa seit 2000 v.Chr. begannen die I., sich sprachlich aufzuspalten. Man unterscheidet nach der Aussprache des Wortes für »Hundert« die so genannten Kentum-Sprachen im Westen und die Satem-Sprachen im Osten. Im Zuge der weiteren Ausdehnung der I. vermischte sich ihre Sprache mit derjenigen der ansässigen Bevölkerung, und es entstanden die iranischen, indischen, hethitischen, italischen, keltischen, germanischen, slawischen und baltischen Sprachen sowie das Griechische. Viele Sprachgruppen entwickelten sich zu modernen Sprachen weiter, während andere ausstarben (z.B. das Hethitische).

V.a. mithilfe der Sprachforschung lässt sich das Leben der I. des späten 3. Jt. v.Chr. teilweise rekonstruieren: Die I. kannten Gold, Silber und Kupfer und gebrauchten als Waffen v.a. Streitaxt, Pfeil und Bogen. Grundlage des Wirtschaftslebens waren Viehzucht und später Ackerbau; individuelles Eigentum an

Grund und Boden kannten die I. nicht. Die Gesellschaft war von patriarchalisch organisierten Großfamilie geprägt.

Industrielle Revolution: siehe S. 238.

INF [aɪen'ef], Abk. für englisch **i**ntermediate-range **n**uclear **f**orces: Bezeichnung für Mittelstreckenraketen, die mit nuklearen Sprengköpfen versehen sind. 1987 beschlossen die USA und die UdSSR einen Vertrag über den vollständigen Abbau von INF mit Reichweiten von 500 bis 5 500 km bis zum Jahr 1991.

Infant [von spanisch zu lateinisch infans »kleines Kind«] (weibliche Form Infantin): seit dem 13. Jh. Titel der königlichen Prinzen und Prinzessinnen in Spanien und Portugal.

Inflation [von lateinisch inflatio »das Sichaufblasen«, »Aufschwellen«]: Bezeichnung für eine länger anhaltende Preissteigerung bzw. für eine Wertminderung des Geldes, die einen Kaufkraftverlust bedeutet; eine I. wird u. a. durch eine übermäßige Ausweitung der Geldmenge verursacht. Entsprechend der Geschwindigkeit, in der das Geld an Kaufkraft verliert, spricht man von **schleichender** oder **galoppierender Inflation.** Die Bezieher fester Einkommen oder Gläubiger erleiden Verluste, die Besitzer von Sachwerten (die im Preis steigen) sowie Schuldner werden durch eine I. begünstigt. Auf das volkswirtschaftliche und auch auf das politische und soziale Gefüge wirkt sich eine I. negativ aus.

I. unterschiedlichen Ausmaßes lassen sich bereits seit der Antike nachweisen. Weit reichende Auswirkungen in der jüngeren Geschichte hatte die I. in Deutschland nach dem Ersten Weltkrieg (Höhepunkt 1923). Ihre Ursachen liegen überwiegend in der Kriegsfinanzierung durch Staatsanleihen während des Kriegs und in der staatlichen Geldschöpfung nach dem Krieg, um einen Staatsbankrott abzuwenden. Die I. bedrohte insbesondere den Mittelstand (Angestellte, Beamte, Handwerker, kleinere Unternehmer) in seiner Existenz und trug dazu bei, dass dieser Bevölkerungsteil für die Propaganda des Nationalsozialismus anfällig wurde.

Preisstopp und Rationierung im Zweiten Weltkrieg führten in Deutschland zu einer zurückgestauten I., die durch die ↑Währungsreform 1948 überwunden wurde. Die schleichende I. in den westlichen Industriestaaten ist seit dem Ende des Zweiten Weltkriegs bei der weltweiten Verflechtung der Volkswirtschaften untereinander mit nationalen Maßnahmen nur schwer zu bekämpfen.

Inflation

1914–1923		1 US-$ = Reichsmark
Juli	1914	4,2
Januar	1919	8,9
Juli	1919	14,0
Januar	1920	64,8
Juli	1920	39,5
Januar	1921	64,9
Juli	1921	76,7
Januar	1922	191,8
Juli	1922	493,2
Januar	1923	17972,0
Juli	1923	353412,0
August	1923	4620455,0
September	1923	98860000,0
Oktober	1923	25260208000,0
15. November	1923	4200000000000,0

Inka: ein südamerikanischer Indianerstamm der Quechua-Sprachgruppe. Der Name I. war ursprünglich ein Herrschertitel und wurde später auf den ganzen Stamm übertragen. Die seit etwa 1200 n. Chr. im Hochtal von Cuzco (Peru) ansässigen I. unterwarfen sich seit dem 15. Jh. ein Reich, das schließlich von Südkolumbien über Ecuador, Peru, Bolivien und Nordargentinien bis Mittelchile reichte. Der Inka HUAINA CÁPAC teilte dieses Reich unter seine Söhne HUÁSCAR und ATAHUALPA auf, deren Erbstreitigkeiten den Spaniern unter F. PIZARRO 1531–33 die Eroberung Perus erleichterten.

An der Spitze der streng ständisch gegliederten Gesellschaft ▸ *Fortsetzung auf S. 241*

Die Industrielle Revolution war der bedeutendste Einschnitt in der Geschichte des Menschen seit seiner Sesshaftwerdung in der Jungsteinzeit (↑Steinzeit). Steht diese für den Wandel von einer Jäger- und Sammlerkultur zu einer agrarisch geprägten Lebensweise, so bezeichnet jene den durch wissenschaftlich-technischen Fortschritt bewirkten Übergang von der Agrar- zur Industriegesellschaft.

Hierbei sind zwei Begriffe zu unterscheiden: Man versteht, erstens, unter »Industrieller Revolution« den Höhepunkt technologischer, ökonomischer und gesellschaftlicher Veränderungen. Wegen der Schnelligkeit der Entwicklungen und deren tief greifender Wirkungen auf alle Lebensbereiche des Menschen ist der Begriff der Revolution durchaus gerechtfertigt. Direkt an diese Phase des schnellen Umbruchs schloss sich, zweitens, eine Phase der langfristigen Entwicklung, genannt Industrialisierung, an, die das in der Umbruchphase Erreichte zu festigen suchte.

Als Urform aller späteren Dampflokomotiven gilt die von George Stephenson und seinem Sohn Robert konstruierte »Rocket«.

England und die Geburt der Industriellen Revolution

Am Anfang standen technische Erfindungen, die seit dem frühen 18. Jh. aufkamen. Den Durchbruch bedeutete die Erfindung der Dampfmaschine von J. Watt. Die Dampfkraft ersetzte die Wasserkraft. Die Koppelung der Dampfmaschine mit Arbeitsmaschinen wurde zunächst in der Textilindustrie genutzt. Bald schon war aber ein Kreislauf in Gang gebracht, der die wirtschaftliche Nutzung noch beschleunigte. Die Kohleförderung wurde mithilfe dampfgetriebener Entwässerungspumpen optimiert. Mit dem nun vermehrt gewonnenen Rohstoff Kohle ließen sich noch mehr Maschinen antreiben, die zunehmend aus Eisen gefertigt wurden, einem weiteren für die Industrialisierung wichtigen Rohstoff. Für den Transport zunächst der Rohstoffe wurden seit Beginn des 19. Jh. Lokomotiven auf Schienen eingesetzt, die bald auch die von Pferden gezogenen Kutschen im Güter- und Personenverkehr und die Kanalschifffahrt verdrängten, sodass sich rasch ein Netz von Eisenbahnlinien über Großbritannien legte. Bezeichnend für diese Entwicklung ist, dass das Vorbild aller Dampflokomotiven – die »Rocket« – 1825 von einem Bergwerksingenieur (G. Stephenson) für den Einsatz im Bergwerk konstruiert worden war.

Zwischen 1770 und 1820 verzeichnete die britische Wirtschaft ein enormes Wachstum und wurde zur konkurrenzlosen Macht auf den europäischen Märkten. Doch warum war Großbritannien in dieser Beziehung bevorzugt? Sein Aufstieg zu einer großen Kolonialmacht hatte zu einer großen Ansammlung von Geldmitteln, der sog. Kapitalakkumulation, bei britischen Unternehmern geführt. Dieses Kapital investierten Letztere in Erfindungen und technische Entwicklungen, in den Betrieb von Bergwerken und in die Gründung von Fabriken.

In diesen rund 50 Jahren gab es ein enormes Wachstum der Bevölkerung und damit einen immensen Anstieg des Arbeitskräfteangebots. Von 1750 bis 1850 nahm die Bevölkerung von ca. acht Mill. auf ca. 21 Mill. zu. Ursachen dafür sind die verbesserten hygienischen Bedingungen, eine damit verbundene geringere Sterblichkeit, v.a. bei Kindern, und eine Zunahme der Geburtenrate. Die besseren Lebensbedingungen waren aufgrund eines gestiegenen Lebensmittelangebots möglich geworden, das wiederum auf eine Pro-

duktionssteigerung in der Landwirtschaft dank der Umsetzung neuer wissenschaftlicher Erkenntnisse zurückging.
Die Seemacht Großbritannien konnte mit der damals größten Handelsflotte der Welt Handel unter dem Schutz seiner Kriegsflotte treiben. Begünstigend wirkten auch die politisch stabile Situation und der einheitliche Binnenmarkt.

Verspätete Industrialisierung in Deutschland

In der politischen und wirtschaftlichen Rückständigkeit liegen die Gründe der erst um 1835 einsetzenden Industrialisierung Deutschlands, das politisch-staatlich zersplittert war. Die deutschen Fürsten hielten an dem veralteten merkantilistischen Wirtschaftssystem (↑Merkantilismus) fest. Der Handel war durch Binnenzölle erschwert. Es fehlte inländisches Kapital; den Wettbewerb um ausländisches Kapital verloren deutsche Unternehmer oft gegen die übermächtige britische Konkurrenz.
In einer Verbindung aus politischem ↑Liberalismus und ↑Freihandel forderte der Nationalökonom F. LIST schon 1819 die Abschaffung der Zollgrenzen im innerdeutschen Verkehr. Nach regionalen Vorstufen wurde schließlich 1834 der ↑Deutsche Zollverein gegründet.
Ab Mitte der 1830er-Jahre begannen nun auch deutsche Unternehmen mit der Aufstellung von Maschinen. Motor des Fortschritts war, mehr noch als in Großbritannien, die Eisenbahn. Sie diente nicht nur dem Transport von Rohstoffen und Gütern, sondern stieß die Erzeugung der zum Eisenbahnbau und -betrieb notwendigen Rohstoffe erst an. Innerhalb von dreißig Jahren verzehnfachte sich die Eisenerzeugung, was von der Steinkohleproduktion noch deutlich übertroffen wurde. So war Deutschland kurz vor der Gründung des Deutschen Reichs 1870/71 im Prozess der Industrialisierung weit voran geschritten.

Deutschland holt auf

Mit der Reichsgründung erwuchs Großbritannien in Deutschland ein Konkurrent auf dem Weltmarkt. Das Deutsche Reich erzielte im Vergleich mit Großbritannien dreifach höhere Wachstumsraten in der Industrieproduktion. Die britische Regierung reagierte darauf mit einer Kennzeichnungspflicht für deutsche Waren mit dem bekannten »Made in Germany« (1887), das schon bald von einer abwertend gemeinten Bezeichnung zu einem Qualitätsmerkmal wurde.
Das Wirtschaftswachstum war in einem Aufschwung des deutschen Ingenieurwesens begründet, das schon seit Beginn der Industriellen Revolution in Deutschland an Schulen und Universitäten staatlich gefördert worden war. Jetzt – im letzten Drittel des 19. Jh. – trugen diese Bemühungen Früchte: In den Bereichen Chemie, Pharmazie, Elektrizität und Optik gewann Deutschland aufgrund der technischen Entwicklungen seiner Wissenschaftler und Ingenieure eine große Überlegenheit über seine wirtschaftlichen Konkurrenten.

Die Fabrik auf Burg Wetter an der Ruhr ist eine der ältesten deutschen Maschinenfabriken. Friedrich Harkort richtete in der Burg 1819 eine mechanische Werkstatt ein, 1826 kam der Hochofen dazu (Gemälde von Alfred Rethel, 1834).

Die ↑Große Depression – in Deutschland auch als »Gründerkrise« bekannt – traf Deutschland nicht so stark wie Großbritannien. Das Deutsche Reich übertraf ab etwa 1900 das Geburtsland der Industriellen Revolution in der wirtschaftlichen Gesamtproduktion. Mit Ausnahme von Großbritannien, den Niederlanden und Dänemark ging die Wirtschaftskrise mit einem Abbau des Freihandels durch die Erhebung von ↑Schutzzöllen einher. Diesem Protektionismus der Nationalstaaten entsprach eine Tendenz zur Unternehmenskonzentration. Typisch für die deutsche Wirtschaft war hierbei die Bildung von Konzernen, wie z.B. Krupp, Thyssen und Mannesmann.

■ Die soziale Frage

Die Kehrseite der Industriellen Revolution und des Bevölkerungswachstums waren eine grundlegende Veränderung des sozialen Gefüges, eine zunehmende Verstädterung, eine Verschlechterung der Arbeitsbedingungen und daraus resultierend die Verelendung großer Massen der Arbeiter. Unter verschiedenen Vorzeichen versuchten sich Unternehmer, Kirchen und die ↑Arbeiterbewegung an der Lösung der ↑sozialen Frage. Seit BISMARCKS Sozialgesetzgebung (ab 1883) ist sie Gegenstand staatlicher Sozialpolitik (↑soziale Sicherheit).

Viele Museen geben Gelegenheit, die Veränderungen der Industriellen Revolution nachzuerleben: Deutsches Museum (Verkehrszentrum) München, Deutsches Historisches Museum Berlin (Raum 19), Deutsches Technikmuseum Berlin, Landesmuseum für Technik und Arbeit Mannheim, Verkehrsmuseum Dresden, Deutsche Bahn Museum Nürnberg, Rheinisches Industriemuseum (sechs Standorte im Rheinland), Technisches Museum Wien u.A.

GÖBEL, WALTER: *Abiturwissen Industrielle Revolution und soziale Frage.* Stuttgart (Klett) [7]2000. ■ HENNING, FRIEDRICH-WILHELM: *Die Industrialisierung in Deutschland. 1800 bis 1914.* Paderborn [9]1995.

◂ *Fortsetzung von S. 237* stand der Inka als sakraler Herrscher und Sohn der Sonne. Die Herrschersippe und die Mitglieder des eigentlichen Inkastammes besetzten alle wichtigen Stellen in Armee und Verwaltung. Die Angehörigen der unterworfenen Stämme waren zu hohen Abgaben verpflichtet. Auf bewässerten Ackerterrassen wurden Mais und Kartoffeln angebaut, Fleisch lieferten Meerschweinchen; Lamas und Alpakas dienten als Lasttiere und zur Wollgewinnung. Bedeutende kulturelle Leistungen der I. waren das Kunstgewerbe (Textilien, Keramik), die Architektur (Festungen, Paläste, Tempel) und Infrastruktur (Straßen mit Hängebrücken, Staudämme, Wasserleitungen, Terrassenanlagen) sowie Astronomie und Musik. Als Schriftersatz dienten Knotenschnüre (Quipu). Die I. verehrten zunächst einen Schöpfergott, der in der Spätzeit durch die als Gott gedachte Sonne verdrängt wurde. Der nach dem Tod vergöttlichte Herrscher galt als sein Sohn, dessen Hauptfrau verkörperte die Mondgöttin. Daneben verehrten die I. zahlreiche numinose Kräfte, die nach ihrer Vorstellung in Bäumen, Quellen, Sternbildern u.a. ihren Sitz hatten. – Siehe auch ↑frühe Hochkulturen.

Inkạtha (eigentlich Inkatha yeNkululeko yeSizwe): politische, überwiegend von Zulus getragene Organisation in der Republik Südafrika, 1922 als **Inkatha kaZulu** von König SALOMON gegründet, war bis 1990 Einheitspartei des Homelands KwaZulu (↑Apartheid). Nach 1990 organisierte sie sich als **Inkatha Freedom Party.** Unter Führung von G. M. BUTHELEZI stand sie in gemäßigter Opposition zum Apartheidregime. Sie war oft in blutige Kämpfe mit dem ↑African National Congress (ANC) verwickelt. Nach Abschaffung des Apartheidsystems und den ersten Wahlen auf der Basis des allgemeinen, gleichen, geheimen und freien Wahlrechts trat sie 1994 in die vom ANC geführte »Regierung der Nationalen Einheit« ein.

innere Kolonisation: die Urbarmachung bisher ungenutzten Landes innerhalb eines besiedelten Gebiets, im Mittelalter von der karolingischen Zeit bis zur Mitte des 14. Jh. v.a. durch Rodung, aber auch durch Eindeichung und Trockenlegung von Mooren und Sümpfen.

Inquisition [von lateinisch inquisitio »Untersuchung«]: Untersuchung durch kirchliche Institutionen (und daraufhin durchgeführte staatliche Verfolgung) gegen Ketzer zur »Reinerhaltung« des Glaubens, benannt nach dem dabei angewandten Verfahren (↑Inquisitionsprozess). Während das Christentum in der Frühzeit nur geistliche Bußmittel und den Ausschluss aus der Kirchengemeinschaft kannte, setzten mit der Bevorzugung des Christentums als Reichsreligion Zwangsmaßnahmen gegen Ketzer ein. Im hohen Mittelalter wurde die Ketzerei zunehmend als Gefährdung der Kirche angesehen und die I. daher als eine besondere Einrichtung ausgebildet. Das Konzil von Toulouse 1229 regelte das Verfahren und die Bestrafung der Ketzer; GREGOR IX. nahm den Bischöfen die I. aus der Hand, richtete 1231/32 die päpstliche I. ein und steigerte durch die Zentralisierung ihre Wirksamkeit. Als **Inquisitoren** wurden v.a. ↑Dominikaner eingesetzt. Kaiser FRIEDRICH II. verfügte 1220 die Hilfe des Staates bei der Ketzerverfolgung und verschärfte 1224 die Bestimmung durch Androhung der Todesstrafe (Verbrennung) für hartnäckige und rückfällige Ketzer.

Folgendes Vorgehen wurde üblich: Aufforderung an die Ketzer, sich freiwillig zu stellen, und an die übrigen Gläubigen, ihrer Anzeigepflicht zu genügen; eine Untersuchung mit dem Ziel des Schuldbekenntnisses, wobei die Namen von Denunzianten und Zeugen nicht genannt wurden und ein Verteidiger nicht zugestanden wurde. 1352 genehmigte INNOZENZ VI. die Anwendung der ↑Folter. Die Strafen reichten von Kirchenstrafen (z.B. Bußübungen) über Güterkonfiskationen bis zur Überantwortung

I

an die weltlichen Instanzen zur Vollstreckung des Todesurteils durch Verbrennen. Die I. kam in erster Linie in südlichen Ländern und in Frankreich zur Geltung. In Spanien wurde die I. seit 1478 eine staatliche Einrichtung unter einem **Großinquisitor;** ein charakteristisches Merkmal der spanischen I. waren die Autodafés. Dagegen erlangte die I. in England nur vorübergehend unter MARIA I., DER KATHOLISCHEN, Bedeutung; in Deutschland trat sie bis etwa zur Mitte des 15. Jh. (bis zu den Hexenprozessen) in den Hintergrund. Die I. bestand in einigen Ländern bis in die erste Hälfte des 19. Jh. fort, hatte jedoch bereits seit dem 17. Jh. an Bedeutung verloren.

Inquisitionsprozess: im Spätmittelalter aufgekommene Form des Strafprozesses, wobei die Verfolgung von Straftaten (im Unterschied zum Anklageverfahren) von Amts wegen geschah. Das Gericht untersuchte in einem ohne persönliche Anhörung des Angeklagten geführten Prozess, ob eine Straftat begangen worden war und ob mit dem oft durch Folter erpressten Geständnis als wichtigstem Beweismittel ein Verdächtiger der Täter war. Das v.a. durch die ↑Carolina verbreitete Inquisitionsverfahren hielt sich, modifiziert v.a. durch den Verzicht auf die Folter, bis ins 19. Jahrhundert.

Insignilen [lateinisch »Abzeichen«]: Herrschafts- oder Standeszeichen, die anzeigen, dass der Träger bestimmte, anderen nicht zustehende Rechte besitzt und daher besondere Würde und Achtung beansprucht. Zu den ältesten I. zählt der gerade **Stab** als Zeichen der unparteilichen Rechtsprechung, der bis in die Neuzeit in verschiedenen Abwandlungen fortlebt. Die erste Stelle unter den abendländischen Herrschaftszeichen nimmt die **Krone** ein, unter der die deutschen Kaiser seit OTTO I. eine Mitra als Zeichen ihrer sakralen Würde trugen. Neben der Krone ist der **Thron** ein schon im Altertum bekanntes Herrschaftszeichen. Die Sella curulis, ein tragbarer Faltstuhl, kam in der römischen Republik den Oberbeamten zu (↑kurulische Beamte) und wurde auch von den römischen Kaisern und hohen Beamten benutzt. Der Thron blieb auch bei den Herrschern des Mittelalters und der Neuzeit ein Symbol ihrer Herrschaft.
Eine besondere Stellung kommt den ↑Reichsinsignien zu, den bis zum Ende des Heiligen Römischen Reichs deutscher Nation 1806 benutzten Herrschaftszeichen der deutschen Könige und Kaiser. Als selbstständige Symbole des Reichs betrachtet, wurden sie auch als »Das Reich« bezeichnet.

Instleute (Insten): in der ostdeutschen ↑Gutsherrschaft bis ins 19. Jh. Bezeichnung für ständig beschäftigte landwirtschaftliche Arbeiter. Sie hatten keinen eigenen Grundbesitz, konnten aber Land pachten und darauf in beschränktem Umfang eine Eigenwirtschaft betreiben.

Intelligenzija: um 1860 entstandene Bezeichnung für die radikale, revolutionäre geistige Elite der russischen Bildungsschicht, die zum Träger der kritischen Auseinandersetzung mit dem System des Zarismus wurde und eine wichtige Rolle bei seiner Beseitigung spielte.

Intendant: im Frankreich des ↑Ancien Régime wichtigster Verwaltungsbeamter in den Provinzen. Seit Anfang des 17. Jh. ein dauerhaftes Herrschaftsinstrument des Absolutismus, verdrängten sie die alten ständischen Repräsentanten des Königs, die ↑Gouverneure. Unter den I., die häufig dem Bürgertum entstammten, waren oft bedeutende Reformer (z.B. A. R. J. TURGOT).

Interdikt [lateinisch »Verbot«]: im Mittelalter Kirchenstrafe, die einzelnen Personen oder ganzen Regionen die Teilnahme an gottesdienstlichen Handlungen untersagte.

Interim [lateinisch »einstweilen«, »inzwischen«]: allgemein eine vorläufige Regelung; in der Reformationszeit Bezeichnung für Beschlüsse, die das Verhältnis zwischen Protestanten und Katholiken bis zu einer endgültigen Regelung einstweilen bestimmen sollten (z.B.

das Regensburger I. 1541, das Augsburger I. 1548 und das Leipziger I. 1548). Die 26 Artikel des **Augsburger Interims** verlangten die weitgehende Wiedereinführung der katholischen Zeremonien, bewilligten den Protestanten bis zu einem künftigen Konzil jedoch Laienkelch und Priesterehe; strittige Glaubensfragen wie Fegefeuer, Ablass und die politisch brisante Frage der eingezogenen Kirchengüter blieben unerwähnt. Dieser Versuch KARLS V., nach dem ↑Schmalkaldischen Krieg die bereits bestehenden unterschiedlichen Glaubensauffassungen wieder zu vereinheitlichen, indem man den Protestanten durch Zugeständnisse die Rückkehr zur alten Kirche erleichterte, scheiterte am Widerstand der katholischen und protestantischen Seite. Mit dem ↑Augsburger Religionsfrieden von 1555 wurde das I. außer Kraft gesetzt.

Internationale: Vereinigung sozialistischer Parteien und Gewerkschaften im internationalen Rahmen mit dem Ziel, die theoretischen Grundlagen sowie die praktischen Möglichkeiten der ↑Arbeiterbewegung zu erarbeiten und zu diskutieren. Auseinandersetzungen über den Weg, den die Arbeiterbewegung einzuschlagen habe, führten zwischen 1864 und 1938 zu fünf Anläufen, die I. als eine ständige, arbeitsfähige Institution einzurichten und zu erhalten.

Der **Ersten Internationale,** der 1864 unter maßgeblichem Einfluss von MARX und ENGELS gegründeten Internationalen Arbeiterassoziation (IAA), gehörten Mitglieder aus 13 europäischen Ländern und den USA an. Sie strebte die »Emanzipation der Arbeiterklasse durch die Arbeiterklasse selbst« und »die Vernichtung aller Klassenherrschaft« (MARX) an. Gegen MARX' Forderung, zentralistisch geführte Arbeiterparteien zu errichten, wandte sich die antiautoritäre (anarchistische) Gruppierung um BAKUNIN, sodass es 1872 zu einer Spaltung, 1876 zur Auflösung der Ersten I. kam.

Die **Zweite Internationale,** 1889 in Paris gegründet und ihrem Selbstverständnis nach marxistisch ausgerichtet, war eine lose Vereinigung der einzelnen Parteien, die in ihrer Strategie und Taktik selbstständig blieben. Seit etwa 1900 wurde die Zweite I. belastet durch Auseinandersetzungen zwischen den radikalen Vertretern des Klassenkampfs und den so genannten Reformisten, die zur Zusammenarbeit auch mit nichtsozialistischen Regierungen bereit waren, um die materielle Situation der Arbeiter zu verbessern. Der Erste Weltkrieg, bei dessen Ausbruch sich fast alle Parteien für die »Vaterlandsverteidigung« und den ↑Burgfrieden mit den Regierungen aussprachen, sprengte die Zweite Internationale. Die 1919 neu belebte Zweite I. vereinigte sich mit der Internationalen Arbeitsgemeinschaft Sozialistischer Parteien (der **Zweieinhalbten** oder **Wiener Internationalen**) 1923 zur **Sozialistischen Arbeiter-Internationale,** einer Vereinigung sozialistischer und sozialdemokratischer Parteien, die jedoch 1940 aufgelöst wurde. Als Nachfolgeorganisation wurde 1951 die noch heute einflussreiche **Sozialistische Internationale,** ein Zusammenschluss der sozialdemokratischen und sozialistischen Parteien der Welt, gegründet.

Ebenfalls 1919 wurde von LENIN als kommunistisches Gegenstück zur Zweiten die **Dritte Internationale** geschaffen (↑Komintern; ↑Kominform), deren Auf lösung 1943 STALIN im Interesse des Bündnisses mit den Westmächten verfügte. Die 1938 von L. TROTZKI gegründete **Vierte Internationale** besteht noch heute.

Internationale, Die: Kampflied der sozialistischen Arbeiterbewegung; der französische Text von 1871 wurde 1888 vertont; bis 1943 Nationalhymne der Sowjetunion.

internationale Brigaden: militärische Freiwilligenverbände während des ↑Spanischen Bürgerkriegs, die auf republikanischer Seite 1936–39 kämpften. Die i. B. setzten sich zunächst aus Freiwilligen zahlreicher Nationen zusam-

I

men – insgesamt etwa 40000 Mann, davon etwa 5000 Deutsche und Österreicher (mit mehr als 50% Kommunisten) –, ergänzten sich im Kriegsverlauf aber auch mit Spaniern. Es gab fünf i. B., innerhalb deren einzelne Nationen ihre Bataillone formierten. Aufgrund militärischer Erfahrung und Disziplin wurden die i. B. zu einer wichtigen Stütze der spanischen Republik.

Internationales Friedensbüro: ↑Friedensbewegung.

Internationales Strafgericht für Ruanda: ↑Kriegsverbrecherprozesse.

Internationales Strafgericht für Verbrechen im ehemaligen Jugoslawien: ↑Kriegsverbrecherprozesse.

Interregnum [lateinisch »Zwischenherrschaft«]: Bezeichnung für die Zeit zwischen Tod, Absetzung oder Abdankung eines Herrschers und der Inthronisation seines Nachfolgers.

Im Römischen Reich wurde beim Tod beider ↑Konsuln ein **Interrex** (Zwischenkönig) bestimmt, der nur fünf Tage im Amt bleiben durfte und danach einen neuen Interrex benennen musste. Dieses Verfahren wurde so lange angewandt, bis die neuen Konsuln gewählt waren.

Im Mittelalter wird v.a. die Zeit zwischen dem Ende der Stauferherrschaft (Tod KONRADS IV. 1254) und dem Beginn der Herrschaft der Habsburger (RUDOLF I., ab 1273) als I. oder »kaiserlose Zeit« bezeichnet. Während dieser Periode, in der es allerdings gewählte Könige gab, stärkten die Partikulargewalten ihre Macht. Erst durch die Goldene Bulle von 1356 wurde festgelegt, dass in der Zeit eines I. der Pfalzgraf bei Rhein für den fränkischen und der Herzog von Sachsen für den sächsischen Reichsteil als Reichsverweser zu fungieren hatten.

Intervention [von lateinisch intervenire »dazwischentreten«, »sich einschalten«]: im Völkerrecht die wirtschaftliche, politische oder militärische Einmischung eines Staates in die inneren oder äußeren Angelegenheiten eines anderen souveränen Staates. Die nicht vom Sicherheitsrat der UN beschlossene oder gebilligte militärische I. ist völkerrechtswidrig.

Intifada: ↑Nahostkonflikt.

Invasion [von lateinisch invadere »eindringen«, »angreifen«]: militärische Operation einer Krieg führenden Partei zur Einnahme oder Rückeroberung feindlichen bzw. vom militärischen Gegner besetzten Gebiets.

Investitur [von lateinisch investire »einkleiden«]: Einsetzung in ein Amt, in Eigentum oder Besitz. Im Lehnsrecht bezeichnete I. den Akt der Belehnung eines ↑Vasallen, im mittelalterlichen Kirchenrecht die Einsetzung eines Priesters in seine geistlichen Befugnisse und weltlichen Besitzrechte. Aufgrund des Eigenkirchenwesens (↑Eigenkirche) nahmen auch weltliche Kirchenherren die I. der Priester vor. Der deutsche König verlieh seit dem 10. Jh. die Reichsbistümer und Abteien (↑ottonisch-salische Reichskirche). Das ↑Wormser Konkordat beschränkte das Investiturrecht des Königs 1122 auf die Vergabe des weltlichen Amtsbesitzes an die Priester.

Investiturstreit: Der I. war eine tief greifende Krise der frühmittelalterlichen Welt gegen Ende des 11. Jh., bei der es um die Abgrenzung kirchlicher von weltlicher Macht ging.

Vorgeschichte: Durch die Eingliederung der Kirche und des Papsttums in die ↑ottonisch-salische Reichskirche wurde zunächst die Reform der Kirche vorangetrieben, die sich in der Folgezeit zum Streit über die Abgrenzung geistlicher Belange von der politischen Macht ausweitete. Hatten sich die Kirchenreformer (↑kluniazensische Reform) anfangs auf den innerkirchlichen Bereich beschränkt, so protestierten sie schon bald gegen Einflussnahmen der Herrscher auf die Kirchenverwaltung und Synoden. Dieser größer werdende Gegensatz zwischen weltlicher und geistlicher Macht entzündete sich im Heiligen Römischen Reich an der Frage der Bischofseinsetzung durch den König (der ↑Investitur), die im Frühmittelalter selbstverständlich war. Von diesem Herrschaftsrecht des Kaisertums war in ottonisch-salischer Zeit auch das Papsttum betroffen, das seine Existenz vielfach den Kaisern verdankte und sich rechtlich auf die Stufe eines Reichsbistums herabgedrückt sah. Das Papsttum richtete sich zunächst gegen das römisch-deutsche Kaisertum; daher spielten sich die Auseinandersetzungen hauptsächlich im Reich ab, während die anderen europäischen Mächte nur am Rande berührt wurden.

Konfliktausbruch und -verlauf: 1075 untersagte Papst GREGOR VII., der in seiner Programmschrift, dem ↑Dictatus Papae, den päpstlichen Anspruch auf Vorherrschaft theoretisch untermauerte, dem späteren Kaiser HEINRICH IV. das Investiturrecht auf den Mailänder Erzstuhl. Als HEINRICH IV. seinen Kandidaten trotzdem durchsetzte, kam es in der Folgezeit zu schweren Auseinandersetzungen. GREGOR VII. konnte dabei auf eine deutsche Fürstenopposition zählen, bannte HEINRICH und stieß ihn damit aus der christlichen Gemeinschaft aus. Dadurch wurde HEINRICH IV. zum Bußgang nach ↑Canossa gezwungen (1077), wo der Papst den König vom Bann löste.

HEINRICH IV. gelang es schließlich, sich gegen seine Widersacher und den Gegenkönig RUDOLF VON RHEINFELDEN durchzusetzen, 1080 sogar einen Gegenpapst zu erheben und GREGOR VII. aus Rom zu vertreiben, doch kam der Konflikt unter Papst URBAN II. und Kaiser HEINRICH V. erneut zum Durchbruch. Die Verhandlungen zwischen Kaiser und Papst drehten sich in der Folge v.a. um die Investiturfrage, die für den Papst ihre wesentliche Rolle behielt, und um die Frage der Verwaltung der Reichsgüter durch die Reichskirche (↑Regalien), die für die kaiserliche Machtsicherung entscheidende Bedeutung hatte. Ihren Abschluss fanden diese Gespräche im ↑Wormser Konkordat 1122, einem Kompromiss beider Positionen.

Auswirkungen: Die entscheidende Bedeutung des I. liegt in der tiefen ideologischen Krise, in die die mittelalterliche Welt erstmals versetzt wurde. Die Einheit von Kirche und Welt war zerstört, der Gegensatz zwischen der höchsten geistlichen Autorität, dem Papst, und dem weltlichen Schützer der Christenheit, dem Kaiser, hatte jeden Christen zu einer persönlichen Entscheidung gedrängt. – Siehe auch ↑Staat und Kirche.

Investiturstreit: Papst und Kaiser leiteten ihre Herrschaft direkt von Christus her. Der Streit um die Investitur von Bischöfen und Äbten wurde im 11. Jh. zum grundsätzlichen Konflikt zwischen geistlicher und weltlicher Gewalt.

IRA, Abk. für **I**rish **R**epublican **A**rmy »Irisch-Republikanische Armee«: nationalistische Organisation, gegründet 1919; kämpfte 1919–21 für die Loslösung Irlands aus dem britischen Staatsverband. Nach Errichtung des Freistaates Irland (1922) schloss sich der größte Teil ihrer Mitglieder der neuen irischen Armee an; eine Minderheit bekämpfte im Untergrund den Verbleib Nordirlands bei Großbritannien. Gestützt von ihrem politischen Arm, der Sinn Féin, verfolgte die IRA seit 1969 als selbsternannte Vertreterin katholischer Interessen in Nordirland mit terroristischen Mitteln ihre Ziele weiter. Als ihr Sprachrohr beteiligte sich Sinn Féin 1998 am Abschluss eines Friedensabkommens (↑Nordirlandkonflikt).

iroschottische Mission: Missionsbewegung irischer Mönche im 6. und 7. Jh. zur Christianisierung der auch nach dem Übertritt ihres Königs CHLODWIG I. zum Christentum (wahrscheinlich 498) noch überwiegend heidnischen Franken. Die im 5. Jh. in Irland unter PATRICK (dem »Apostel Irlands«) eingewanderten Mönche wirkten, vom Ideal der asketischen Heimatlosigkeit getrieben, zunächst in Britannien und kamen von dort auf den Kontinent, wo sie von Gallien über das alemannische Bodenseegebiet nach Oberitalien zogen. In Gallien wirkte v. a. COLUMBAN D. J., der um 590 in Burgund das Kloster Luxeuil gründete und dessen strenge Mönchsregel erst seit dem 7. Jh. durch jene der ↑Benediktiner verdrängt wurde. Fortgesetzt wurde das Werk der Iroschotten durch die ↑angelsächsische Mission.

Irredenta [von italienisch Italia irredenta »unerlöstes Italien«]: im späten 19. Jh. bis zum Ersten Weltkrieg politische Bewegung zur »Erlösung« jener italienischsprachigen Gebiete, die nach der italienischen Einigung 1861/66 unter fremder Herrschaft verblieben waren. Die I., die sich als Fortsetzung des ↑Risorgimento verstand, strebte v. a. die Loslösung der bei Österreich-Ungarn verbliebenen und teilweise von Italienern bewohnten Gebiete Trient, Triest, Istrien und dalmatinische Küste an.

Isolationismus [lateinisch »Absonderung«]: die Haltung eines Staates, der sich außenpolitisch von der internationalen Politik, insbesondere durch Vermeidung von Bündnissen, fern hält. Der I. war vor dem Ersten Weltkrieg v. a. ein Grundsatz der amerikanischen Außenpolitik (↑Monroedoktrin). Der Eintritt der USA in den Ersten Weltkrieg unterbrach vorübergehend diese Politik, die jedoch bei gleichzeitig aktivem handels- und finanzpolitischem Engagement in Europa in der Zwischenkriegszeit gegenüber dem Völkerbund und der Abrüstungskonferenz weitergeführt wurde und erst seit 1945 als überwunden gilt.

italienische Einigungsbewegung: ↑Risorgimento.

Itio in partes [lateinisch]: Trennung einer Versammlung in die auf ihr anwesenden Parteien oder Stände, deren Einzelbeschlüsse übereinstimmen müssen, soll ein Gesamtbeschluss gültig werden. Von Bedeutung war die konfessionsbedingte I. in p. im ↑Reichstag nach 1648 (bis 1806). Die Folge dieser Bestimmung des ↑Westfälischen Friedens war die Ausbildung der konfessionellen Reichsstände ↑Corpus Evangelicorum und ↑Corpus Catholicorum.

Ius reformandi [lateinisch »Reformationsrecht«]: das im ↑Augsburger Religionsfrieden 1555 anerkannte, 1648 nur geringfügig eingeschränkte Recht der Landesherren und Reichsritter, in ihrem Gebiet die Konfession zu bestimmen.

J

Jahrmarkt: im Mittelalter in erster Linie ein Fernhandelsmarkt von oft überregionaler Bedeutung. Er wurde meist in Anlehnung an Patroziniumsfeste (Namenstage der Heiligen, denen die am Ort ansässige Kirche geweiht war) abgehalten, wobei der kirchliche Schutz der Pilger auch auf den J. ausgedehnt wurde (daher auch ↑Messe genannt).

Jakobiner: der wichtigste politische Klub der Französischen Revolution, benannt nach seinem Versammlungsort, dem Kloster Saint Jacques in Paris. Der im Mai 1789 gegründete Klub vertrat zunächst eine gemäßigte Politik. Nach der Flucht des Königs spaltete sich die an der konstitutionellen Monarchie festhaltende Mehrheit ab (↑Feuillants). Den reorganisierten Klub beherrschten zunächst die ↑Girondisten, deren Politik jedoch die Gegnerschaft der radikalen Republikaner unter den J. unter ROBESPIERRE (↑Bergpartei) provozierte, die 1792/93 mit Erfolg die ↑Sansculotten gegen Monarchie und Girondisten führten. Die J. organisierten 1793/94 die Diktatur des ↑Wohlfahrtsausschusses, der zu einem der wichtigsten Organe der Schreckensherrschaft der J. wurde. Interne Streitigkeiten trugen im Frühjahr 1794 mit zum Sturz ROBESPIERRES und zur Schließung des Klubs bei.

Jalta-Konferenz (Krimkonferenz): vom 4. bis 11. Februar 1945 zwischen W. CHURCHILL (Großbritannien), F. D. ROOSEVELT (USA) und J. W. STALIN (UdSSR) abgehaltene (nach Teheran 1943) zweite Gipfelkonferenz zum Zweck der Vereinbarung politischer und militärischer Maßnahmen zur Beendigung des Zweiten Weltkriegs und zur Gründung der ↑UN. Die UdSSR verpflichtete sich auf der J.-K. zum Kriegseintritt gegen Japan nach der deutschen Kapitulation, sicherte sich jedoch dafür eine beträchtliche Ausdehnung des eigenen Einfluss- und Machtbereiches (u.a. die Kurilen, Südsachalin, den Status quo in der Äußeren Mongolei, Anrechte in der Mandschurei, der Inneren Mongolei und bei den pazifischen Häfen).

Die *Vereinbarungen für die Neugestaltung Europas* waren am bedeutsamsten: Aufteilung des Deutschen Reichs in vier Besatzungszonen und Mitwirkung Frankreichs im ↑Alliierten Kontrollrat; Entmilitarisierung und Entnazifizierung Deutschlands, Einsetzung einer alliierten Reparationskommission und Anerkennung der sowjetischen Forderung nach Reparationen in Höhe von 20 Mrd. US-$ als Verhandlungsgrundlage; Festlegung der ↑Curzon-Linie als Ostgrenze Polens sowie Einigkeit über »einen bedeutenden Gebietszuwachs« Polens im Norden und Westen; Umbildung der kommunistischen Provisorischen Regierung Polens »auf breiterer demokratischer Grundlage« zu einer Provisorischen Regierung der Nationalen Einheit sowie die Bildung einer jugoslawischen Provisorischen Einheitsregierung durch J. TITO und J. ŠUBAŠIĆ. Der v.a. von amerikanischer Seite unternommene Versuch, eine Abstimmung der Politik der drei Großmächte zur Lösung der politischen und wirtschaftlichen Probleme des befreiten Europa in Übereinstimmung mit demokratischen Grundsätzen vorzunehmen, scheiterte an der willkürlichen Ausdehnung des sowjetischen Einflussbereichs auf Ostmittel- und Südosteuropa.

Jalta-Konferenz: die »großen Drei« der Anti-Hitler-Koalition in Jalta; vorne sitzend von links nach rechts: W. Churchill, F. D. Roosevelt und J. W. Stalin

Janitscharen [von türkisch »neue Streitmacht«]: im 14. Jh. gebildete Kerntruppe des Sultans des Osmanischen Reichs. Im 17. Jh. gewannen die J. (etwa 10000 Mann stark) erheblichen Einfluss auf die Politik; 1826 im Zuge einer Heeresreform aufgelöst.

Jesuiten: 1534 von IGNATIUS VON LOYOLA gegründeter, 1540 vom Papst bestätigter Orden, der v.a. in der ↑Gegenreformation tätig war.

Die J. betrachteten es als ihr vorrangiges Aufgabenfeld, den katholischen Glauben durch Predigt, Katechese (Glaubensverkündigung) und Spendung der Sakramente (z.B. Beichte) zu verbreiten. Entgegen landläufiger Ansicht zeichnete

J

sich der Orden durch ein gewisses Maß an innerer Toleranz und weltlicher Ausrichtung bei gleichzeitig strenger Disziplin in der Einhaltung von Exerzitien (geistliche Übungen zur Besinnung auf die Grundlagen des christlichen Lebens) aus. Die einzelnen Mitglieder ordneten sich freiwillig in die Ordenshierarchie ein bzw. dieser unter. Ziel war die Herstellung der Einheit von Welt und Kirche unter der Oberherrschaft des Papstes, dem allein sich der Orden unterordnete; das Gelübde des Gehorsams gegenüber dem Papst gehörte zu den Ordensverpflichtungen.

Von Beginn an erbitterte Gegner der Reformation – zu deren Bekämpfung sie ursprünglich vom Papsttum verpflichtet wurden –, gewannen die J. als Erzieher und Beichtväter an Fürstenhöfen politischen Einfluss und wurden deswegen (nicht nur von kirchlicher Seite) angefeindet. Papst KLEMENS XIV. verfügte 1773 die Aufhebung des Ordens (nur in Preußen und Russland blieb das Verbot unbeachtet). Er restituierte sich im 19. Jh.; Schwerpunkte der Tätigkeit sind heute die Mission, die pädagogische Arbeit und der gelehrte Unterricht (Hochschulen).

Johanniterorden: eine Ordensgemeinschaft, deren Ursprung auf das 1048 zur Pflege von Kranken und Pilgern gegründete Spital in Jerusalem zurückgeht. Die Johanniter erhielten um 1150 unter RAIMUND VON PUY eine erste Regel: Ab 1137 übernahmen sie die Aufgaben des bewaffneten Grenzschutzes gegen die Moslems und wurden damit zum geistlichen ↑Ritterorden im eigentlichen Sinn. Nach dem Fall Akkons 1291 zogen die Johanniter nach Zypern und von dort aus nach Rhodos, wo sie einen souveränen Ritterstaat errichteten. Vom Konzil von Vienne (1312) erhielt der J. große Teile der Güter des aufgelösten ↑Templerordens zugesprochen. 1523 verloren die Johanniter Rhodos, erhielten jedoch von Kaiser KARL V. Malta als Lehen (daher auch der Name **Malteserorden,** den der in der Reformation katholisch gebliebene Teil des Ordens weiterführte).

Jom-Kippur-Krieg: ↑Nahostkonflikt.

Josephinismus: im engeren Sinn die reformerische Staatskirchenpolitik Kaiser JOSEPHS II. (v.a. in der Zeit von 1780–90), deren geistige Wurzeln antipäpstliche religiöse Bewegungen und die aus der Naturrechtslehre stammende Idee von der schrankenlosen Souveränität des Staates waren. Die weit reichenden Maßnahmen – wie das **Toleranzpatent** von 1781 über die Glaubensfreiheit, die strikte Unterordnung der Kirche unter die Staatsgewalt und die Lösung des Klerus von Rom bei gleichzeitiger Bindung an den Staat – blieben nicht ohne Widerstand.

Im weiteren Sinne bezeichnet J. die in Österreich von der theresianischen Zeit bis weit ins 19. Jh. wirkende Ausprägung des ↑aufgeklärten Absolutismus, die neben dem kirchlichen auch den sozialen und administrativen Bereich betraf (u.a. rechtliche Gleichstellung aller Untertanen, Zentralisierung der Verwaltung, Justizreform, Abschaffung der Leibeigenschaft und Gründung von Wohlfahrtseinrichtungen).

Judenemanzipation: die ausgehend vom Toleranzgedanken der Aufklärung allmähliche Aufhebung der rechtlichen Beschränkungen und der gesellschaftlichen Sonderstellung der Juden. Die Gleichstellung der Juden setzte – von Rückschlägen unterbrochen – in West- und Mitteleuropa im ausgehenden 18. Jh. ein (z.B. das Toleranzpatent JOSEPHS II. 1781, die Forderung der Französischen Revolution nach Gleichheit aller Bürger vor dem Gesetz, die Gewährung des städtischen bzw. staatlichen Bürgerrechts in Preußen 1808 bzw. 1812) und war nach dem Wegfall der restlichen Beschränkungen in den deutschen Staaten einschließlich Österreichs 1847/49 erreicht. Dagegen unterblieb die J. im Zarenreich fast völlig.

Judenverfolgung: ↑Antisemitismus.

Julirevolution: Erhebung der Pariser

Julirevolution: Nach dem Aufstand der Pariser Bevölkerung vom 27. bis 29. Juli 1830 (im Bild) erhoben sich auch die Menschen in Brüssel, Antwerpen und Warschau sowie in mehreren deutschen Städten und setzten sich für eine Stärkung der Volkssouveränität ein (Nürnberger Bilderbogen).

Bevölkerung vom 27. bis zum 29. Juli 1830, die als Höhepunkt des Konflikts zwischen der bourbonischen Restauration und der liberalen Kammermehrheit zum Sturz KARLS X. und zur Proklamation LOUIS PHILIPPES von Orléans zum »König der Franzosen« führte (↑Bürgerkönig). Ausgelöst wurde die J. durch die von KARL X. am 25. Juli 1830 unterzeichneten verfassungswidrigen Verordnungen (**Juliordonnanzen**), die wesentliche Bestimmungen der ↑Charte constitutionnelle von 1814 verletzten (Aufhebung der Pressefreiheit, Wahlrechtsänderung, Auflösung der Kammer). Die J. sicherte dem Großbürgertum den bestimmenden politischen und gesellschaftlichen Einfluss, der die Julimonarchie (1830–48) charakterisierte. Darüber hinaus wurde die J. Ausgangspunkt revolutionärer Erhebungen und verfassungsstaatlicher Bestrebungen auch im übrigen Europa.

julisch-claudische Dynastie: erste römische Kaiserdynastie, die über ihren Gründer AUGUSTUS mit den Juliern, über dessen Stief- und Adoptivsohn TIBERIUS mit den Claudiern verwandt war. Durch diese Verbindung mit zwei alten Patriziergeschlechtern der römischen Republik schien das julisch-claudische Haus besonders berufen, den Übergang zu ↑Prinzipat und Kaisertum möglichst konfliktlos zu vollziehen. Die Herrschaft dieser Dynastie endete mit dem Selbstmord NEROS (68 n. Chr.), nachdem das augusteische Prinzipat zur Willkürherrschaft ausgeartet war.

Junges Deutschland:
◆ literarische Bewegung des 19. Jh., die auch politisch brisante Themen vom liberalen und demokratischen Standpunkt aus behandelte. Als führende Vertreter gelten H. HEINE, L. BÖRNE, K. GUTZKOW, L. WIENBARG. 1835 verbot der Bundestag die Schriften dieser Gruppe.
◆ von Burschenschaftern und Journalisten gebildete deutsche Abteilung der von G. MAZZINI in der Schweiz 1834 gegründeten politischen Geheimorganisation Junges Europa, die in allen europäischen Staaten die nationale Revolution vorbereiten sollte.

Jungtürken: um 1860 im Osmanischen Reich entstandene, meist von Militärs getragene Bewegung, die sowohl politi-

J

sche Reformvorstellungen im westlichen Sinne (u.a. ein konstitutioneller Staatsaufbau) als auch eine expansive Außenpolitik und nationalistische Unterdrückung der Minderheiten anstrebte. Den J. gelang es 1908 teilweise, 1913 endgültig, gegen den Sultan zu putschen und die Macht zu übernehmen. Innen- und außenpolitische Belastungen sowie schließlich der Erste Weltkrieg ließen jedoch keine ständige Reformpolitik zu. Eine abgewandelte Fortsetzung der jungtürkischen Bestrebungen brachte der ↑Kemalismus.

Junkertum: Bezeichnung für den grundbesitzenden Adel Brandenburg-Preußens, der, ursprünglich eine militärische Führungsschicht, im Spätmittelalter mit Landbesitz in den Gebieten östlich der Elbe ausgestattet wurde und daraus in der frühen Neuzeit die ↑Gutsherrschaft entwickelte. Seine ständischen Mitregierungsrechte gab das J. im 17. Jh. auf zugunsten der Erweiterung seiner Herrschaft über die bäuerliche Bevölkerung, sicherte sich im 18. Jh. jedoch durch Besetzung militärischer und bürokratischer Schlüsselstellungen die Vorherrschaft im Staat. Das Eindringen bürgerlicher Besitzer in die Großgrundbesitzerklasse, die gesinnungsmäßige Angleichung des Bürgertums an die feudalen Strukturen und die Verbindung zwischen J. und Industrie bildeten im Deutschen Reich die Grundlage der weiter bestehenden Führungsstellung des J. Durch seinen fast geschlossenen Widerstand gegen die Weimarer Republik begünstigte das J. die nationalsozialistische Machtergreifung, verlor im Dritten Reich jedoch weitgehend seinen politischen und gesellschaftlichen Einfluss. Seine wirtschaftliche Grundlage verlor das J. mit der Vertreibung 1945 und mit der ↑Bodenreform in dem sowjetisch besetzten Gebiet.

Junta ['xʊnta; spanisch »Versammlung«, »Rat«]: seit der Neuzeit in Spanien, Portugal und Lateinamerika Bezeichnung einerseits für die Zentralorgane einer Aufstandsbewegung, andererseits für Verwaltungsbehörden, aber auch für Staatsorgane. In neuerer Zeit wird der Begriff oft mit negativem Akzent v.a. auf Militärregierungen angewandt.

K

Kabinett: Bezeichnung für die Gesamtheit der Minister einer Regierung. Das K. berät in **Kabinettssitzungen** und kann wichtige Fragen gegenüber dem Staatsoberhaupt oder Parlament zu Kabinettsfragen machen, von deren Entscheidung die Entlassung bzw. der Rücktritt des K. oder einzelner Minister abhängig ist (Vertrauensfrage).

Die Bezeichnung K. kam seit dem 17. Jh. für die Räte auf, die den Landesfürsten direkt unterstützten und schließlich ein von den Zentralbehörden unabhängiges Gremium bildeten. Dies führte zu einer Art Doppelregierung, da die absolutistischen Fürsten das Kabinettssystem nutzten, um ihre monarchische Selbstregierung gegenüber den Ressortministern durchzusetzen. Nachdem in Preußen das Kabinettssystem 1807/08 durch den Freiherrn VOM STEIN beseitigt (↑stein-hardenbergsche Reformen) und ein Staatsministerium aus einzelnen Fachressorts zur einzigen obersten Regierungsbehörde wurde, gewann es erneut Bedeutung durch die Einrichtung von Zivilkabinett, Militärkabinett und Marinekabinett (1889); auf diese Weise konnten v.a. die Vertreter der militärischen Interessen einen bedeutenden und unkontrollierbaren Einfluss auf das Staatsoberhaupt ausüben. Ein teilweises Fortbestehen des alten Kabinettssystems zeigt sich auch darin, dass noch im 19. Jh. die Minister mit dem Recht des Immediatvortrags (↑Immediat) beim Monarchen **Kabinettsminister** hießen (im Unterschied zu den Konferenzministern, die nur an den Beratungen des Ministerkollegiums teilnahmen).

Kabinettsjustiz: Bezeichnung für die

Ausübung der Gerichtsbarkeit oder für sonstiges Eingreifen in den Gang der Rechtspflege durch den Landesherrn aus dessen Kabinett. V.a. im Absolutismus häufig geübt, wurde die K. erst im liberalen Rechtsstaat des 19. Jh. durch das Prinzip der ↑Gewaltenteilung ausgeschaltet.

Kabinettskriege: europäische Kriege im Zeitalter des Ancien Régime (1648 bis 1789), die mit begrenzter Zielsetzung und Schonung von Menschen und Sachwerten (aus Rücksicht auf die Staatswirtschaft) geführt wurden.

Kadettenpartei: russische politische Partei, die sich eigentlich als **Konstitutionelle Demokratische Partei** bezeichnete. Die K. setzte sich für das allgemeine Wahlrecht, für eine Parlamentarisierung sowie für Agrar- und Sozialreformen ein. 1906 stärkste Fraktion in der Duma, trat sie nach der ↑Februarrevolution 1917 in die Provisorische Regierung ein. Nach der ↑Oktoberrevolution wurde die K. von den ↑Bolschewiki verboten.

Kadi [arabisch]: Richter in islamischen Ländern, der an die Auslegung des Gesetzes durch den ↑Mufti gebunden ist. In der Türkei wurde diese Bindung 1922 aufgehoben. In den heutigen arabischen Staaten ist K. die Amtsbezeichnung des Richters.

Kaiser: höchster weltlicher Herrschertitel, entstanden aus dem Namen Cäsar, dem Beinamen der K. des antiken Römischen Reichs, die die Kaisertitel ↑Imperator und Augustus führten. Während das antike Kaisertum in der westlichen Reichshälfte 476 n. Chr. erlosch, bestand es im Byzantinischen Reich bis 1453 fort. Im Westen schuf Karl der Grosse 800 in Rivalität zum byzantinischen Kaisertum als Erneuerung des weströmischen das abendländische Kaisertum (↑Renovatio imperii). Ein neues Element bildete dabei jedoch bis ins Spätmittelalter das seit 823 unbestrittene Krönungsrecht des Papstes, verbunden mit dem Krönungsort Rom. Mit der Kaiserkrönung Ottos I. 962 wurde das Kaisertum und die Reichsidee Karls des Grossen auf das deutsche Reich übertragen (↑Translatio imperii) und war in der Folge an den gewählten deutschen König gebunden.

Das Selbstverständnis und die Bedeutung des Kaisertums waren bis zum Ende des Hochmittelalters vor allem geprägt durch seine Verbindung mit dem Papsttum (der K. als Schutzherr der Kirche) und durch seinen universalen Führungsanspruch im Abendland. Die weltlich-geistliche Einheit zerbrach im ↑Investiturstreit, doch dauerte die theoretische und machtpolitische Auseinandersetzung zwischen K. und Papst um die abendländische Vorrangstellung bis ins 14. Jh. an. Parallel dazu wurde der päpstliche Anspruch auf die Bestätigung des Römischen Königs und auf die Kaiserkrönung zurückgewiesen und die deutsche Königswahl 1356 durch die ↑Goldene Bulle reichsgrundgesetzlich festgelegt. Die Trennung der beiden universalen Mächte zeigte sich auch äußerlich: 1530 wurde Karl V. als letzter K. vom Papst gekrönt, und zwar nicht in Rom, sondern in Bologna; schon 1508 hatte Maximilian I. ohne Kaiserkrönung den Titel **Erwählter Römischer Kaiser** angenommen. Damit schwand endgültig der Universalitätsanspruch des Römischen K., dem die westeuropäischen Monarchien bereits seit dem 13. Jh. den Anspruch auf völkerrechtliche Gleichstellung ihrer Herrscher mit dem K. entgegenstellten.

Die dennoch fortdauernde Geltung des Römischen K. in seiner obersten Rangstellung zeigt das Streben v.a. der französischen Könige vom Spätmittelalter bis zu Napoleon I. nach dem Römischen Kaisertum. Noch vor Ende des Heiligen Römischen Reichs 1806 schuf Napoléon Bonaparte 1804 ein erbliches Kaisertum der Franzosen, der letzte Römische K. Franz II. 1804 im Gegenzug das österreichische Kaisertum.

Kalẹnden: im altrömischen Mondkalender der erste Tag des Monats, an dem der zuständige Priester den Eintritt des Neumondes beobachtete und die Mo-

K

natsdauer verkündete, indem er angab, ob fünf oder sieben Tage bis zu den ↑Nonen zu zählen seien.

Kalisch, Vertrag von: Mit dem am 26./27. Februar 1813 in der polnischen Stadt Kalisch vereinbarten Vertrag schlossen sich Preußen und Russland zu einer militärischen Offensiv- und Defensivallianz gegen NAPOLEON I. zusammen. Der Vertrag sah die Wiederherstellung Preußens nach dem Stand von 1806 vor, zwar unter Verzicht auf das Großherzogtum Warschau, aber entschädigt durch norddeutsche Gebiete mit Ausnahme Hannovers. Nach der Konvention von ↑Tauroggen führte der Vertrag von K. endgültig zu einer eindeutigen Stellungnahme Preußens gegen NAPOLEON und band Russland an diesen Kampf. – Siehe auch ↑Befreiungskriege.

Kalter Krieg: ein zunächst durch die amerikanische politische Publizistik 1947 (W. LIPPMANN) eingeführter Begriff, der die Spannungen zwischen den USA und der UdSSR über die Gestaltung der Nachkriegspolitik, insbesondere gegenüber Deutschland und Ostmitteleuropa, zu charakterisieren suchte. Diese Spannungen hielten etwa bis 1955 an und wurden dann durch den Versuch beiderseitiger Entspannungspolitik abgelöst. Der Begriff K. K. erfuhr in der Folge teilweise eine Bedeutungserweiterung, um bewusst geführte ideologische Auseinandersetzungen zu beschreiben, die zumindest verbal an den Rand des »heißen« Krieges grenzten. Dadurch wurde dieser Begriff zu einem umfassenderen Ausdruck für eine spezifische zwischenstaatliche Konfliktform. – Siehe auch ↑Ost-West-Konflikt.

Kalvinismus: zusammenfassende Bezeichnung für die Vielzahl der reformierten Kirchen, die auf die Lehre J. CALVINS zurückgehen; dabei werden oft auch andere, v.a. die von U. ZWINGLI begründeten reformierten Kirchen einbezogen. Die im Consensus Tigurinus 1549 festgelegte Form des reformierten kalvinistischen Glaubens breitete sich noch zu Lebzeiten CALVINS über die Schweiz, Frankreich (siehe auch ↑Hugenotten), die Niederlande, England, Schottland, Polen, Ungarn, Siebenbürgen sowie über die Pfalz und das Niederrheingebiet aus. Nach CALVINS Tod 1564 ging jedoch die Einheitlichkeit verloren; in Deutschland z.B. entfernten sich die Reformierten v.a. unter dem Einfluss PH. MELANCHTHONS vom ursprünglichen K. Weltweite Bedeutung gewann der K. dagegen durch die ↑Puritaner in England, Schottland und Nordamerika.

Kernpunkt der kalvinistischen *Lehre* (und wichtiges Unterscheidungsmerkmal zur Lehre M. LUTHERS) ist die Vorstellung, dass Gott von Anfang an jeden Einzelnen zur Gnade oder Verdammnis vorherbestimmt habe (**Prädestinationslehre**); zwar kennt der Einzelne seine Bestimmung nicht, doch darf er auf Gnade hoffen, wenn er in ständiger Bußbereitschaft und durch Erfüllung seiner irdischen Pflichten zur Verbesserung der Welt beiträgt. Entsprechend wird das gesamte öffentliche und private Leben des Einzelnen, seine Bestätigung und Behauptung (auch in Politik und Wirtschaft) zum »Gottesdienst«. Diese Auffassung veranlasste denn auch den Soziologen M. WEBER zu der These, dass der K. wesentlich zur Entstehung des »kapitalistischen Geistes« beigetragen habe.

Kamarilla [kama'rɪlja; spanisch »Kämmerchen«]: Bezeichnung für eine Hof- bzw. Günstlingspartei, die ohne verfassungsmäßige Befugnis oder Verantwortung unkontrollierten Einfluss auf einen Herrscher ausübt.

Kameralismus [von lateinisch camera »Kammer«, im Sinne von »für den fürstlichen Haushalt zuständige Behörde«]: besonders in Deutschland ausgeprägte Sonderform des ↑Merkantilismus im 17. und 18. Jh., die nach den Zerstörungen des Dreißigjährigen Kriegs den planmäßigen Ausbau der Wirtschaft im eigenen Lande betrieb (v.a. durch Förderung der Landwirtschaft und der ↑Manufakturen sowie durch eine Politik der Bevölkerungsvermehrung und Neuansiedlung). Kennzeichnend für den K. war die volle Ausnutzung der Absatzmöglichkeiten auf dem Binnenmarkt bei weitgehendem Verzicht auf den Außenhandel.

Kamikaze [von japanisch »göttlicher Wind«]: japanische Freiwilligen-Fliegerverbände 1944/45, die unter Selbstaufopferung versuchten, durch Vernichtung v.a. von Flugzeugträgern die drohende amerikanische Invasion zu verhindern.

Kamisarden: Bezeichnung für die ↑Hugenotten der Cevennen und des Languedoc, die sich nach dem Erlass des Revokationsedikts von Fontainebleau 1685 in bewaffneten Aufständen erhoben. Im Cevennenkrieg 1702–10 wurden sie von königlichen Truppen niedergeworfen.

Kämmerer: ursprünglich eines der alten ↑Hofämter, später ein ↑Erzamt (gebunden an das Kurfürstentum Brandenburg). Seit fränkischer Zeit oblag dem K. die Aufsicht über den königlichen Schatz sowie die Sorge für Wohnung und Kleidung des Hofes. Über die Verwaltung der Einnahmen des Fürsten wurde der K. zum Leiter des Finanzwesens, v.a. in den deutschen Territorien. Im Reich wie auch an anderen europäischen Höfen verlor der K. diese Funktion an den Schatzmeister und behielt nur die Aufsicht über die Gemächer und den Dienst beim Monarchen selbst.

Kammergut: ↑Fiskus.

Kammerknechtschaft: Bezeichnung für den Rechtsstatus der jüdischen Minderheit im Mittelalter. Während die rechtliche Stellung der Juden zunächst durch das kaiserliche Privileg in Form von Schutzbriefen gekennzeichnet war, stellte sie HEINRICH IV. unter dem Eindruck der durch die Kreuzzugsbewegung ausgelösten Judenverfolgungen im Reichslandfrieden von 1103 unter kaiserlichen Schutz. Damit galten die Juden neben Frauen, Klerikern und Kaufleuten als schutzbedürftig und verloren das Waffenrecht. FRIEDRICH II. erweiterte 1236 ein Privileg der Wormser Juden auf alle Juden des Reichs, in dem sie als Knechte der kaiserlichen Kammer (servi camerae) bezeichnet wurden. Sie waren nun persönlich und wirtschaftlich vom Kaiser abhängig, zu dessen Hoheitsrechten die Erhebung einer besonderen Judensteuer zählte. Dieses **Judenregal** konnte je nach den finanziellen Bedürfnissen des Kaisers verkauft oder verliehen werden und ging mit der ↑Goldenen Bulle 1356 an die Kurfürsten über. Die Entwicklung zu einem Sonderrecht für Juden war damit abgeschlossen.

Kampf gegen den Terrorismus: ↑Anti-Terrorismuskrieg.

kanonisches Recht: Der griechische Begriff kanón bezeichnete ursprünglich die »Richtschnur«, das »Maß« für Glauben und Leben des Christen und wird seit dem 4. Jh. auch für die Beschlüsse der Synoden verwandt, die in **Kanonessammlungen** zusammengestellt wurden. Seit dem Mittelalter wurden alle von kirchlichen Organen und vom Papst ausgehenden Gesetze dem k. R. zugeordnet. Mit der Fortentwicklung des Kirchenrechts durch das ↑Decretum Gratiani und die ↑Dekretalen wurde die kirchliche Rechtssammlung seit 1580 amtlich als **Corpus Iuris Canonici** bezeichnet. Das gesamte hierin enthaltene Recht wird in der Rechtsgeschichte dem k. R. zugerechnet; im weiteren Sinne umfasst es auch das geltende, 1917 durch ein Gesetzbuch (**Codex Iuris Canonici**) neu gefasste innerkirchliche Recht der katholischen Kirche.

Kanton:

- kleinere Verwaltungseinheit (z.B. in Luxemburg, Frankreich und Belgien); früher auch ein Rekrutierungsbezirk (↑Kantonsystem).
- in der Schweiz die 23 Gliedstaaten der Eidgenossenschaft. Die Verfassungen der K. bedürfen der Zustimmung des Bundes, werden aber andererseits vom Bund gewährleistet.

Kantonsystem (Kantonverfassung): Militärverfassung und System in Bran-

K

denburg-Preußen zur Rekrutierung von Soldaten (1733–1814). Durch das **Kantonreglement** FRIEDRICH WILHELMS I. 1733 wurde der Staat in Bezirke (Kantone) aufgeteilt und diese je einem Regiment zugeordnet. Alle Männer, die nicht vom Kriegsdienst befreit waren (meist Angehörige der bäuerlichen Bevölkerung), waren zum Dienst in dem zu ihrem Bezirk gehörenden Regiment verpflichtet (eine Vorform der allgemeinen Wehrpflicht).

Kanzlei: Behörde eines weltlichen oder geistlichen Fürsten oder einer Stadt, der die Ausfertigung der Urkunden und die Durchführung des Schriftverkehrs oblagen. Kanzler war in merowingischer Zeit der Referendarius, die Schreiber hießen Cancellarii oder Notarii. Seit dem 8./9. Jh. wurde für den Vorstand der mit der ↑Hofkapelle verbundenen K. der Titel ↑Kanzler üblich. In den Fürstenstaaten wurde seit dem Spätmittelalter die K. die wichtigste Fachbehörde, der Kanzler zum ersten juristisch gebildeten Fachbeamten. Seit dem 16. Jh. entwickelten sich aus der K. zwei selbstständige Behörden, der Rat (↑Hofrat) und das ↑Hofgericht.

Kanzler: im Mittelalter der in der Urkundenausfertigung tätige Hofgeistliche. Der K. wurde unter den Ottonen der eigentliche Leiter der Reichskanzlei (↑Hofkapelle). Auch die landesherrlichen Kanzleien des Spätmittelalters wurden von einem K. geleitet. – Für die Neuzeit siehe ↑Bundeskanzler, ↑Reichskanzler.

Kapetinger: ein französisches Königsgeschlecht rheinfränkischer Herkunft; sicher bezeugt sind die K. seit ROBERT DEM TAPFEREN († 866), nach dem die ersten drei Generationen **Robertiner** genannt werden. ROBERTS Söhne ODO VON PARIS und ROBERT I. wurden gegen die bis 987 in Westfranken/Frankreich regierenden ↑Karolinger 888 bzw. 922 zu Königen gewählt; endgültig löste das Geschlecht die karolingische Dynastie 987 mit der Wahl HUGO CAPETS, der dem Haus seinen Namen gab, ab und regierte in Frankreich ununterbrochen bis 1328, danach noch in Nebenlinien (Valois bis 1589, ↑Bourbon bis 1792 und nach der Französischen Revolution 1814–30, Orléans 1830–48).

Kapitalismus: Wirtschafts- und Gesellschaftsordnung der Neuzeit, in der die wirtschaftlichen, sozialen und politischen Verhaltensweisen und Beziehungen der Menschen sowie deren Organisation und Institutionen wesentlich von den Interessen derjenigen bestimmt werden, die über das Kapital verfügen.

Folgende *Merkmale* charakterisieren den K.: 1) Privateigentum an Produktionsmitteln (Maschinen, Kapital); 2) Ausrichtung aller wirtschaftlichen Vorgänge am Prinzip der Gewinnmaximierung (z. B. mittels rationeller Planung und Arbeitsteilung); 3) Produktion für einen Markt, wobei das Spiel von Angebot und Nachfrage den Verkaufspreis bestimmt; 4) Gegensatz von Kapital und Arbeit (einer Minderheit von Eigentümern an Produktionsmitteln steht eine Mehrheit von abhängigen Lohnarbeitern gegenüber), der auch in den politischen und sozialen Bereich (Herrschafts- und Machtverhältnisse) hineinwirkt. Soziale Merkmale und Voraussetzungen des K. sind u. a.: 1) die Bestimmung der sozialen Position des Einzelnen durch seine Stellung im Produktionsprozess; 2) die Ablösung ständisch gebundener durch rechtlich freie Lebensformen, wodurch zwar die soziale Mobilität erhöht, gleichzeitig aber auch die Sicherheit fester Sozialbindungen beseitigt wird; 3) die Betonung des individuellen Erwerbsstrebens.

Entwicklungsphasen: Nach W. SOMBART werden drei Entwicklungsphasen des K. unterschieden: 1) Der **Frühkapitalismus** (etwa ab 1500) wies nur ansatzweise und vereinzelt (z. B. im Handel) kapitalistische Merkmale auf, und die ständisch gebundenen Produktionsweisen wurden nur punktuell durchbrochen. Der Staat war zum Teil Initiator und Förderer dieser Entwicklung. 2) Erst mit dem **Hochkapitalismus** (ab Ende des

18. Jh.) traten die Elemente des K. deutlich hervor: Es vollzog sich die Industrialisierung (↑Industrielle Revolution), die merkantilistische Bevormundung durch den Staat wich der Handels- und Gewerbefreiheit. 3) Im **Spätkapitalismus** (ab Ende des 19. Jh.) vollzog sich die Ausweitung zur Weltwirtschaft, indem der K. über Europa hinausgriff. Gezwungen durch die sozialen Folgen der Industrialisierung, griff der Staat zunehmend korrigierend in Wirtschaft und Gesellschaft ein, um den Lebensstandard und die soziale Sicherheit breiter Bevölkerungsschichten zu garantieren.

Kapitol:
- einer der sieben Hügel Roms, in der Frühzeit Zufluchtsort der Bevölkerung, ab dem 6. Jh. v. Chr. das religiöse Zentrum Roms. Hier opferten die Konsuln bei Amtsübernahme, die Feldherren vor Auszug zum Krieg, hier endeten die Triumphzüge und fanden die Eröffnungssitzungen des Senats sowie Volksversammlungen statt.
- das Parlamentsgebäude der USA in Washington (erbaut 1793). Nach ihm wurden auch die in den Bundesstaaten entstandenen Parlamentsgebäude K. genannt.

Kapitularien: nach der Einteilung in Kapitel benannte Königsgesetze der ↑Karolinger, die für das ganze Reich oder für einzelne Reichsteile als Ergänzung der Stammesrechte Geltung hatten oder Anweisungen an Königsboten und Grafen darstellten. Erlassen aufgrund der Banngewalt des Königs, bedurften sie bei Eingriffen in die Stammesrechte der Zustimmung des Adels und wurden auf Reichsversammlungen veröffentlicht.

Kapitulation: völkerrechtlich die förmliche Erklärung der Einstellung aller militärischen Kampfhandlungen und Überantwortung der militärischen Gewalt an den Kriegsgegner.

Kapp-Lüttwitz-Putsch: rechtsradikaler Umsturzversuch gegen die deutsche Reichsregierung in Berlin vom 13. bis 17. März 1920, der von dem der deutschen Vaterlandspartei angehörenden Politiker W. KAPP gemeinsam mit General W. Freiherr VON LÜTTWITZ initiiert und von den Freikorpssoldaten der Brigade Ehrhardt durchgeführt wurde. Anlass des K.-L.-P. war die Verfügung der Regierung gemäß den Bestimmungen des ↑Versailler Vertrags, die Freikorpsverbände (↑Freikorps) aufzulösen. Um die Regierung zu zwingen, diesen Auflösungsbefehl rückgängig zu machen, marschierte die Brigade Ehrhardt auf Befehl von LÜTTWITZ nach Berlin.

Kapp-Lüttwitz-Putsch: Am 13. März 1920 marschierten Truppen im Auftrag rechtsradikaler Kreise mit der kaiserlichen Reichskriegsflagge in Berlin ein.

Da die Reichswehr zunächst der Reichsregierung den Schutz versagte, floh diese aus Berlin. KAPP bildete daraufhin eine neue provisorische Regierung, in der er selbst das Reichskanzleramt, VON LÜTTWITZ das Wehrministerium übernahm. Diese Regierung brach bereits nach vier Tagen zusammen, da es ihr weder gelang, die Ministerialbürokratie, die Arbeiterschaft und die Reichswehrführung für sich zu gewinnen noch einen gegen sie ausgerufenen Generalstreik mit Gewalt zu unterdrücken. Zwar war damit

K

der K.-L.-P. gescheitert, doch zeigte er deutlich die Gefährdung der Weimarer Republik durch radikale politische Kräfte.

Kapuziner: In der ersten Hälfte des 16. Jh. entstandener Reformorden, Zweig der Franziskanerobservanten (↑Franziskaner). Unter der Führung von MATTHÄUS VON BASCIO und LUDWIG VON FOSSOMBRONE strebten die K. eine genaue Befolgung der von FRANZ VON ASSISI erlassenen Regel an (Armut und Betonung des Eremitenlebens). 1528 erreichten sie teilweise, 1619 die endgültige Selbstständigkeit. Besonders aktiv waren die K. in der Gegenreformation und seit dem 17. Jh. in der Mission.

Karfreitagsabkommen: ↑Nordirlandkonflikt.

Karlisten: Seit 1833 Bezeichnung für die Anhänger des Thronprätendenten Don CARLOS und seiner Nachfolger, die das politische und soziale Leben in Spanien erneut auf die Grundlage der absoluten Monarchie und der klerikalen Formen der Kirche stellen wollten. In den ↑Karlistenkriegen unterlag die Bewegung ihren innenpolitischen Gegnern. Im ↑Spanischen Bürgerkrieg stand sie aufseiten General FRANCO BAHAMONDES; 1937 zwangsweise mit der ↑Falange vereinigt.

Karlistenkriege: Drei Kriege (1833–39, 1847–49 und 1872–76) der ↑Karlisten. Nach dem Tod FERDINANDS VII. (1814 bis 1833) erhoben seine Witwe MARIA CHRISTINE als Regentin für ihre dreijährige Tochter ISABELLA und sein Bruder Don CARLOS gleichzeitig Anspruch auf den Thron. Der Konflikt löste einen Bürgerkrieg aus, der sich mit Unterbrechungen bis in die 70er-Jahre des 19. Jh. hinein erstreckte. Hinter die Regentin stellten sich die gemäßigten Liberalen und die Radikalen; Don CARLOS dagegen wurde von der Kirche, den Befürwortern der absoluten Monarchie und den katalanischen, baskischen und aragonesischen Regionalisten unterstützt. Es war gleichzeitig ein Kampf um die Vorherrschaft der konservativen Kirche gegenüber dem Liberalismus wie auch der Versuch der alten spanischen Provinzen, sich von der zentralistisch regierenden Monarchie zu lösen. Konnten sich die Parteigänger ISABELLAS auch zunächst durchsetzen (ISABELLA II. regierte als Königin von Spanien 1843–68/70), so erschütterten die andauernden Gegensätze das innere Gefüge der Monarchie und führten 1868 zur Absetzung der Königin. Erst ihr Sohn ALFONS XII. konnte, nachdem 1874 die Monarchie wiederhergestellt worden war, das Land befrieden.

Karlowitz, Friede von: am 26. Januar 1699 nach dem Ende des ↑Türkenkriegs 1683–99 geschlossener Friede Österreichs, Polens und Venedigs mit dem Osmanischen Reich, der dieses endgültig nach Südosteuropa zurückwarf und den Aufstieg Österreichs zur europäischen Großmacht vorbereitete.

Karlsbader Beschlüsse: 1819 nahm der österreichische Kanzler METTERNICH die Ermordung A. VON KOTZEBUES durch den Burschenschafter K. L. SAND zum Anlass, Maßnahmen gegen die politische Opposition an den deutschen Universitäten zu ergreifen. Nach vorbereitenden Gesprächen mit der preußischen Regierung in Teplitz fanden vom 6. bis 31. August 1819 in Karlsbad Ministerkonferenzen unter Teilnahme der wichtigsten deutschen Staaten statt, deren Beschlüsse dann am 20. September 1819 vom ↑Bundestag als vier Gesetze »gegen demagogische Umtriebe« (↑Demagogenverfolgung) verabschiedet wurden: 1) Überwachung der Universitäten und Verbot der ↑Burschenschaften; 2) Pressezensur; 3) Einrichtung einer polizeilichen Untersuchungsbehörde; 4) gesetzliche Voraussetzung für das Eingreifen des Bundes bei Unruhen in den Einzelstaaten.

Karolinger: frühmittelalterliche fränkische Herrscherfamilie aus dem Mosel-Maas-Raum, benannt nach KARL DEM GROSSEN (768–814). Die K. gingen aus einer Verbindung führender Adelsfamilien des Fränkischen Reichs hervor, waren zunächst als ↑Hausmeier Verwalter der merowingischen Könige (↑Merowinger) und gelangten mit PIPPIN III. (751–768) schließlich selbst zum Königtum, unter KARL DEM GROSSEN 800 sogar zum römischen Kaisertum. War ihr Reich durch das Überleben nur jeweils eines männlichen Nachfolgers zunächst eine Einheit geblieben, so wurde es jedoch 840 unter den Söhnen LUDWIGS DES FROMMEN (814–840) geteilt; karolingische Könige regierten im mittleren Reichsteil (Lothringen/Italien) noch bis 869, in Westfranken/Frankreich bis 987 (eine Seitenlinie stellte bis ins frühe 11. Jh. die niederlothringischen Herzöge) und in Ostfranken/Deutschland bis 911.

Kaschmirkonflikt: ein Konflikt zwischen Indien und Pakistan um Kaschmir. Nachdem bei der Teilung Britisch-Indiens im August 1947 indische Truppen den südöstlichen Teil Kaschmirs und pakistanische Truppen dessen nordwestlichen Teil (Azad Kashmir) besetzt hatten, vermittelten die UN einen Waffenstillstand (1. Januar 1949), entsandten eine Beobachtergruppe an die Demarkationslinie zur Überwachung des Waffenstillstandes und schlugen eine Volksbefragung in ganz Kaschmir vor. Im Vertrauen auf die muslimische Bevölkerungsmehrheit fordert Pakistan, das als Staat die Muslime des indischen Subkontinents vereinigen will, seitdem vergeblich eine Volksbefragung in beiden Teilen Kaschmirs.

Es entwickelte sich ein indisch-pakistanischer Dauerkonflikt, der mehrfach in heiße Kriegsphasen (u.a. 1965 und 1971) umschlug oder zu Unruhen führte. Ein Angriff islamistischer Terroristen am 13. Dezember 2001 auf das indische Parlament in Neu-Delhi löste um die Jahreswende 2001/2002 erneut eine schwere Krise aus, die die Kontrahenten, die anders als in der Vergangenheit inzwischen über Atomwaffen verfügen, an den Rand eines Krieges führte.

Kasernierte Volkspolizei: ↑Nationale Volksarmee.

Kastell [von lateinisch castrum »Schanzlager«]: römisches befestigtes Truppenlager, besonders zur Aufnahme kleinerer militärischer Einheiten an der Grenze.

Katakọmben [von griechisch-lateinisch kata cumbas »in der Talsenke«]: in vielen Städten der antiken Welt, u. a. in Rom, errichtete unterirdische Grabanlagen. K. entstanden in Rom mit dem Übergang von der Brand- zur Körperbestattung im 2. Jh. n. Chr., ihre Belegung währte bis 410 n. Chr. Die Benutzung der K. als christliche Zufluchtsstätte ist stark legendär gefärbt. Die weit verzweigten Anlagen wurden in das weiche Tuffgestein gegraben, vom Hauptgang aus höhlten die Fossores (lateinisch »Totengräber«) Seitengänge aus, in denen in seitlichen Nischen die Toten bestattet wurden. War eine Ebene belegt, grub man die Gänge tiefer, sodass viele K. mehrere Stockwerke haben. Eine kleine Marmortafel in der Mauer, mit der man die Nische verschloss, gab den Namen und das Alter des Toten an. Im frühen Mittelalter genossen die K. als Grabstätten christlicher Märtyrer besondere Verehrung, gerieten aber dann bis zur Neuzeit in Vergessenheit.

Kạtharer [griechisch »die Reinen«]: aus dem östlichen Mittelmeerraum stammende größte mittelalterliche Ketzerbewegung, die seit der Mitte des 12. Jh. auf Westeuropa übergriff und sich kirchlich-politisch v. a. in Südfrankreich und Norditalien verbreitete (als Gruppen fassbar v. a. in den ↑Albigensern und Waldensern). Auf dem Katharerkonzil von Saint-Félix-de-Caraman bei Toulouse 1167 setzte sich eine Zweigötterlehre (Dualismus) durch, nach der zwei Prinzipien (Gut und Böse, Gott und Teufel, Himmel und Hölle) gleichberechtigt die Welt regierten. Nur die Vollkommenen (perfecti), z. T. auch die gläubigen Mitläufer (credentes) hätten sich für das Prinzip des Guten entschieden und seien des Heils gewiss. Ihre großen Erfolge errangen die K. durch ihr asketisches und vorbildliches Leben und durch die Einbeziehung von Laien in Gottesdienst und Sakramentsverwaltung. Der katholischen Kirche, als »Satanskirche« bekämpft, setzten die K. eine eigene Bistumsorganisation entgegen, wählten jedoch keinen Papst. Seit dem Anfang des 13. Jh. verstärkte die römische Kirche ihre Auseinandersetzung mit den K. und stützte sich dabei zum Teil auf mächtige Herren (so z.B. in den Albigenserkriegen), zum Teil aber auch auf eine Neubelebung katholischer Grundsätze, besonders durch DOMINIKUS und seinen Orden (↑Dominikaner). Die dominikanische ↑Inquisition konnte erst um 1300 den Widerstand der K. brechen.

Kathedersozialismus: seit den 60er-Jahren des 19. Jh. hervorgetretene Richtung innerhalb der deutschen Nationalökonomie und Staatslehre, die im Staat eine Institution zur Heranbildung ethischen Empfindens sah und die Verpflichtung des Staates beschrieb, durch Sozialpolitik den Anteil der ärmeren Schichten am Sozialprodukt zu vergrößern und die sozialen Spannungen zu beheben, die als Folge der ↑Industriellen Revolution entstanden waren. K. ist eine polemische Anspielung darauf, dass sich im Verein für Sozialpolitik, zu dem sich die Anhänger des K. formierten, v.a. Professoren fanden. Wichtige Impulse gingen vom K. v.a. für BISMARCKS Sozialreformen aus.

Kaudinisches Joch: Während des 2. Samnitenkrieges 321 v. Chr. mussten in der Nähe der Kaudinischen Pässe zwischen Capua und Benevent vier gefangene römische Legionen unter einem Joch aus gegeneinander gestellten Speeren hindurchgehen, um sich zu retten. Danach wurde K. J. zur Bezeichnung für eine demütigende Unterwerfung.

Kẹllogg-Pakt (Briand-Kellogg-Pakt): nach den damaligen Außenministern Frankreichs und der USA, A. BRIAND und F. B. KELLOGG benannter, am 27. August 1928 in Paris durch das Deutsche Reich, die USA, Belgien, Frankreich, Großbritannien, Italien, Japan, Polen und die Tschechoslowakei unterzeichneter völkerrechtlicher Vertrag, mit dem der Krieg als Mittel zur Lösung internationaler Streitfälle verurteilt wurde. Diesem **Kriegsächtungspakt** traten zahlreiche Staaten, auch die UdSSR, bei (Gesamtzahl schließlich 63). Nach den Bestimmungen des K.-P. ist jeder Krieg, der nicht der Selbstverteidigung oder der Durchführung international beschlossener Sanktionen dient, verboten. Bestimmungen über Maßnahmen gegen einen möglichen Aggressor enthielt er nicht. Die im K.-P. aufgestellten völkerrechtlichen Regeln gewannen v.a. nach dem Zweiten Weltkrieg bei der Aburteilung deutscher und japanischer Politiker Bedeutung (↑ Nürnberger Prozesse).

Kemalismus: politische Bewegung, die ausgehend von dem türkischen Politiker und Staatspräsidenten KEMAL ATATÜRK nach der Niederlage des Osmanischen Reichs im Ersten Weltkrieg eine an westlichen Gesellschaftsvorstellungen orientierte Erneuerung der Türkei anstrebte.

kernwaffenfreie Zone: ↑atomwaffenfreie Zone.

Ketzer (Häretiker): Person, die sich in ihren Glaubensauffassungen nicht im Rahmen der kirchlichen Normen bewegt. Dieser Rahmen wird seit frühchristlicher Zeit von einer institutionalisierten Amtskirche festgelegt, sodass das Phänomen der **Ketzerei (Häresie)** ursächlich mit der Kirchenorganisation zusammenhängt, die dann auch für eine Verfolgung der K. mit geistlichen oder weltlichen Mitteln sorgte. Der Begriff K. entstand wahrscheinlich aus einer Verballhornung des Namens ↑Katharer.

Khan [türkisch]: mongolischer Fürstentitel, der in den moslemischen Nachfolgestaaten des Mongolenreichs in Zentralasien zum Titel der regierenden Fürsten wurde. In Persien verwendete man seit dem 16. Jh. K. als Titel der hohen Würdenträger des Staates.

Khedive [von persisch-türkisch »Herr«]: 1867–1914 Titel der Vizekönige von Ägypten.

K

Kienthal-Konferenz: ↑Zimmerwalder Konferenz.

Kinderkreuzzug: innerhalb der Kreuzzugsbewegung 1212 von der französischen Stadt Vendôme und den Rheinlanden ausgehender Zug von mehreren Tausend Kindern, aber auch Erwachsenen, die von Marseille aus ins Heilige Land ziehen wollten, um dort kampflos das Grab CHRISTI zu erobern. Bedingt waren derartige Vorstellungen durch den Glauben an die Erwähltheit dieser »Ärmsten und Reinsten«. So war bereits beim 4. Kreuzzug der Armutsgedanke herausgestellt worden. Die meisten Kinder kamen unterwegs durch Hunger und Krankheit um, ein Teil wurde in Palästina gefangen genommen und in die Sklaverei verkauft.

Kipper und Wipper: ursprünglich Spekulanten, die »kippten und wippten«, d.h. mittels Münzwaage übergewichtige Münzen aussonderten, um sie mit Edelmetallgewinn einzuschmelzen; dann auch solche, die mit gleichem Ziel vollwertige Geldsorten gegen unterwertige auswechselten. Beides galt als verbrecherische ↑Münzverschlechterung und erfolgte in Deutschland zunehmend ab etwa 1590. Mit steigendem Silberpreis gaben immer mehr Münzherren, um den Kleingeldmangel der wachsenden Wirtschaft zu steuern, zur Senkung der Münzkosten Scheidemünzen mit ungesetzlich verringertem Feingehalt aus, besonders auch bei gesteigertem Geldbedarf in Kriegszeiten. Unmittelbare Folge war das Verschwinden des vollwertigen Geldes vom Markt und zunehmende Inflation, v.a. zu Beginn des Dreißigjährigen Kriegs (**Erste Kipperzeit,** 1619–22) und nochmals in den Kriegen des späten 17. Jh. (**Zweite Kipperzeit,** etwa 1675 bis 1695).

Kirchenkampf: Epochenbegriff für die Geschichte der Kirchen im nationalsozialistischen Deutschland. Voraussetzung des K. war die zum Teil von den Kirchen verkannte antichristliche Grundhaltung des Nationalsozialismus.

Der Konflikt zwischen *evangelischer Kirche* und Staat sowie innerhalb der evangelischen Kirche brach offen aus, als sich HITLER mit dem Eingreifen in die Kirchenwahlen 1933 klar mit den Zielen der Deutschen Christen identifizierte, die ein nationalkirchliches und rassistisch bestimmtes Christentum vertraten und eine Synthese mit der Ideologie des Nationalsozialismus suchten. Im Gegenzug bildete sich 1933/34 die ↑Bekennende Kirche. Damit kam es zu einer faktischen Spaltung des Deutschen Evangelischen Kirchenbundes. Die Bemühungen der Deutschen Christen, die evangelische Kirche zu dominieren, scheiterten ebenso wie Einmischungsversuche des Staates, der 1937 den Verwaltungsapparat des Kirchenbundes an sich ziehen wollte. Bis 1945 dauerten die ständigen Auseinandersetzungen innerhalb der Gemeinden und die Schikanen von Staat und Partei an, die v.a. gegen die Bekennende Kirche gerichtet waren.

Obwohl das Verhältnis zwischen nationalsozialistischem Staat und *katholischer Kirche* zunächst durch das ↑Reichskonkordat vom 20. Juli 1933 geregelt schien, kam es zunehmend zu staatlichen Übergriffen auch auf die Kirche (u.a. Verhaftungen und Verbote kirchlicher Organisationen, Einschränkung der kirchlichen Presse). Von einer innerkirchlichen Spaltung blieb diese jedoch verschont.

Aus beiden Kirchen gingen trotz der Unterdrückungsmaßnahmen zahlreiche Persönlichkeiten des ↑Widerstands im Dritten Reich hervor.

Kirchenstaat: ehemaliges Herrschaftsgebiet des Papsttums in Italien, dessen Kern das sich seit dem 4. Jh. entwickelnde **Patrimonium Petri** (der Grundbesitz der katholischen Kirche in Mittel- und Süditalien) bildete.

Zunächst der Oberhoheit des byzantinischen Kaisers unterstellt, zwang die Expansionspolitik der Langobarden das Papsttum zu dem folgenreichen Bündnis mit dem ↑Fränkischen Reich (↑Pippinsche Schenkung). Die Schutzherrschaft

K

der fränkischen bzw. deutschen Kaiser garantierte zwar den Bestand des K., doch trugen die daraus abgeleiteten kaiserlichen Herrschaftsansprüche wesentlich zur Entstehung des Gegensatzes zwischen Kaiser und Papst bei. Obwohl mit dem Sturz der ↑Staufer (1266/68) die Gefahr der Umklammerung des K. gebannt und die kaiserliche Oberhoheit hinfällig war, konnte der K. sich nicht festigen, sondern geriet im 14. Jh. während des ↑Avignonesischen Exils in Verfall. Auch die Rückkehr Papst GREGORS XI. nach Rom (1376/77) sicherte noch nicht die Wiederherstellung der päpstlichen Autorität im K.; erst nach der Überwindung des ↑Abendländischen Schismas (1417) wurden die Renaissancepäpste endgültig zu Herren des K. und gestalteten ihn im 16. Jh. zu einem zentralistisch organisierten Staatswesen um.

Wie die übrigen italienischen Staaten wurde auch der K. bis Ende des 18. Jh. abhängig von den um die Vorherrschaft in Italien ringenden Großmächten. Von der Expansion des napoleonischen Frankreich in Italien erfasst, wurde der schon 1797 durch Gebietsabtretungen verkleinerte K. 1798 zur **Römischen Republik** erklärt und 1809 in das Königreich Italien eingegliedert. 1815 fast vollständig wiedererrichtet, konnte er sich im ↑Risorgimento nur noch bis 1870 behaupten und wurde danach dem italienischen Nationalstaat eingegliedert. Durch die ↑Lateranverträge entstand 1929 der K. in Form der **Vatikanstadt** neu.

Kirche und Staat: ↑Staat und Kirche.

Kissinger Diktat: nach dem Kurort Bad Kissingen benannte Grundgedanken über die Außenpolitik des Deutschen Reichs, die BISMARCK am 15. Juni 1877 während seines dortigen Aufenthalts niederschrieb. Der durch die Mittellage Deutschlands bedingte »Albdruck« möglicher Bündnisse gegen das Deutsche Reich erfordere eine Politik, durch die die bestehenden Spannungen zwischen den europäischen Mächten, v.a. zwischen Russland und Österreich sowie Großbritannien und Frankreich, erhalten bleiben sollten, sodass sie sich nicht untereinander gegen Deutschland verbünden könnten, sondern vielmehr – mit Ausnahme Frankreichs – auf das Reich angewiesen und an Deutschland gebunden seien. – Siehe auch ↑Bismarcks Bündnissystem.

Klassenkampf: zentraler Begriff des ↑historischen Materialismus, der die menschliche Geschichte als eine Geschichte des Gegensatzes zwischen Besitzenden und Besitzlosen und des Kampfs zwischen diesen beiden Klassen postuliert. Im ↑Kapitalismus als dem entscheidenden Stadium findet der K. zwischen Eigentümern (Kapitalisten) und Nichteigentümern an Produktionsmitteln statt. Als siegende Klasse werde sich das Proletariat erweisen, das zunächst die Herrschaft (Diktatur des Proletariats) übernehmen werde, um dann die bisherige Klassengesellschaft in eine klassenlose zu überführen.

klassisches Altertum (Antike): ↑griechische Geschichte, ↑römische Geschichte.

kleindeutsch: während der ↑Revolution von 1848/49 Bezeichnung für diejenige politische Gruppierung, die eine Einigung Deutschlands unter preußischer Führung bei gleichzeitigem Ausschluss Österreichs anstrebte (weitgehend identisch mit der ↑Erbkaiserlichen Partei). Dieses Programm wurde v.a. von norddeutschen protestantischen Liberalen vertreten. In der ↑Frankfurter Nationalversammlung setzte sich zwar die k. Konzeption durch, die später auch die Grundlage für die Erfurter Union (↑Erfurter Unionsparlament) wurde, konnte aber in veränderter Form erst durch die Reichsgründung 1871 unter BISMARCK verwirklicht werden.

Klerus: in der katholischen Kirche die Gesamtheit der Träger der Kirchengewalt (**Kleriker**) im Unterschied zu den ↑Laien. Die Aufnahme in den K. vollzieht sich durch die Weihe und verbindet sich mit bestimmten Rechten (Ausübung von Kirchenämtern) und Pflichten (u.a. Zölibat). Der K. unterteilt sich in Weltklerus (Priester) und Klostergeistliche.

Kli|ent [von lateinisch cliens »Schutzbefohlener«]: im antiken Rom eine nicht rechtsfähige Person, für die ein ↑Patron, ein reicher und mächtiger Bürger, die Vertretung vor Gericht und den Schutz in der Öffentlichkeit übernahm. Das Klientenwesen reichte bis in die Frühzeit der römischen Geschichte zurück und entwickelte sich vermutlich aus den Abhängigkeiten landarmer Kleinbauern von den patrizischen Großbauern. Die **Klientel** (die Gesamtheit der Klienten), rechtlich und religiös geschützt, stellte eine halbfreie Zwischenklasse dar, die aus einem Hörigkeits- oder Abhängigkeitsverhältnis oder aus freiwilliger Unterstellung unter den Schutz eines Patrons erwachsen war, und bildete bis zum Ende der Republik ein wichtiges Element des politischen und sozialen Lebens. Das Verhältnis zwischen K. und Patron war gekennzeichnet durch gegenseitige Treue und Hilfeleistung; für den Rechtsschutz und für wirtschaftliche Vorteile war der K. zur Gefolgschaft und zur Unterstützung des Patrons, v.a. bei dessen politischer Karriere, verpflichtet.

Klimagipfel: ↑Weltklimakonferenzen.

Klimaschutz: ↑Weltklimakonferenzen.

Kloster [von lateinisch claustrum »das Abgeschlossene«]: eine Ansammlung von Sakral-, Wohn- und Wirtschaftsgebäuden, die von Mönchen oder Nonnen für ihr von der Welt abgeschiedenes, dem Gottesdienst gewidmetes Leben genutzt werden. Besonders im Mittelalter waren die K. wichtig für die Schriftkultur und für das ganze kulturelle und geistige Leben überhaupt. Sie prägten ebenso die wirtschaftliche Entwicklung. Mittelbar übten sie über Klosterreformen Einfluss bis in die höchsten kirchlichen Ebenen (↑kluniazensische Reform) und auf die Politik aus (↑Investiturstreit). Im Zusammenhang mit Reformation und Aufklärung wurden viele Klöster aufgehoben (↑Säkularisation).

kluniazensische Reform: eine der wichtigsten mittelalterlichen Reformbewegungen des benediktinischen Mönchtums (↑Benediktiner) seit dem 10. Jh., die als vorrangiges Ziel die Freiheit der Klöster und Bistümer von der weltlichen Gewalt (↑Libertas ecclesiae) anstrebte. Ausgangspunkt der Bewegung war das Kloster **Cluny** (Burgund), dem von Herzog Wilhelm I. von Aquitanien in der Gründungsurkunde von 910 diese Freiheit gewährt worden war. Das Kloster war nur dem Papst unterstellt und hatte das Recht, seinen ↑Abt selbst und frei, ohne fremde Einmischung zu wählen.
Die Reformer wendeten sich gegen die Verweltlichung der Geistlichen, insbesondere aber gegen die Verwaltung von Kirchenämtern durch Laien. Dieses Gedankengut fand im Laufe des 10. und 11. Jh. weite Verbreitung und leistete einen wesentlichen Beitrag zur gedanklichen Vorbereitung des ↑Investiturstreits und der Kirchenreformbewegung des Hochmittelalters. Ermöglicht wurde die Verbreitung durch die Bildung einer Kongregation, d.h. durch die Gründung zahlreicher Tochterklöster, die dem Abt von Cluny unterstellt waren und die die Ordnungen und Vorschriften des Mutterklosters übernahmen. Darüber hinaus besetzten zahlreiche Kluniazenser hohe kirchliche Ämter bis hinauf zum Heiligen Stuhl. Dadurch wurde die k. R. zur bestimmenden hochmittelalterlichen Mönchsbewegung. Zusätzliche historische Bedeutung erhielt sie durch ihr Eintreten für die mittelalterlichen Friedensbemühungen (↑Treuga Dei) und bei der Vorbereitung der Kreuzzüge.

Knẹsset [hebräisch »Versammlung«]: das Parlament des Staates Israel.

Koadjutor [lateinisch »Mithelfer«]: im katholischen Kirchenrecht Bezeichnung für den mit besonderen Vollmachten ausgestatteten Gehilfen eines kirchlichen Amtsträgers. In der frühen Neuzeit bestimmte v.a. ein Bischof sehr häufig sei-

K

nen K. und legte damit schon seine Nachfolge fest.

Koalition: zweckgerichtetes, befristetes oder unbefristetes Bündnis unabhängiger Partner. Im Zeitalter der Nationalstaaten wurden v.a. Allianzen zwischen Staaten als K. bezeichnet. Seit 1918 beschreibt der Begriff K. die Zusammenarbeit verschiedener politischer Parteien in der Regierung oder in einem Wahlbündnis. – Siehe auch ↑große Koalition, ↑Weimarer Koalition.

Koalitionskriege (im französischen Sprachgebrauch Revolutionskriege): vier Kriege wechselnder europäischer Verbündeter zwischen 1792 und 1807, die sich gegen die Ergebnisse der Französischen Revolution und NAPOLEONS Vorherrschaft wendeten.

Der **1. Koalitionskrieg** (1792–97) begann, nachdem die ↑Pillnitzer Konvention 1791 den ↑Girondisten den Vorwand zur Auslösung des expansiv geführten Krieges gegen die monarchischen Staaten gegeben hatte (französische Kriegserklärung vom 20. April 1792). Nach anfänglichen Erfolgen mussten sich die preußisch-österreichischen Truppen nach der Kanonade von Valmy am 20. September 1792 zurückziehen; die französischen Truppen besetzten bis Ende 1792 die südlichen österreichischen Niederlande und drangen bei Mainz über den Rhein vor. Nach der französischen Kriegserklärung 1793 an Großbritannien wie auch Spanien schlossen sich diese dem preußisch-österreichischen Bündnis an, das erweitert wurde durch den Beitritt der Vereinigten Republik der Niederlande, Sardiniens, Neapels und der Toskana (1. Koalition). Zusätzlich wurde Frankreich der Reichskrieg erklärt.

Anfängliche Erfolge der Koalition wurden nach der französischen ↑Levée en masse zunichte; Frankreich besetzte die gesamten österreichischen Niederlande sowie linksrheinische Reichsgebiete und errichtete anstelle der Vereinigten Republik der Niederlande die Batavische Republik. Im ↑Basler Frieden 1795 wurden Preußen und Spanien neutralisiert. Trotz z.T. erfolgreicher österreichischer Gegenoperationen gelang es der französischen Armee unter NAPOLÉON BONAPARTE, die Österreicher v.a. in Oberitalien zu schlagen und die erste Phase der republikanischen Staatsbildungen zu erzwingen. Im Frieden von Campoformio (1797) musste Österreich im Tausch gegen Venetien links der Etsch, Istrien und Dalmatien auf die österreichischen Niederlande, Mailand, Modena und Mantua verzichten und der Abtretung des linken Rheinufers an Frankreich zustimmen.

Im **2. Koalitionskrieg** (1798–1801/02) konnte Großbritannien 1798 durch den Seesieg über NAPOLÉON BONAPARTE bei Abukir (1. August 1798) die britische Seeherrschaft im Mittelmeer sichern. Nachdem der ↑Rastatter Kongress ergebnislos beendet worden war, schlossen 1798/99 Russland, Österreich, Großbritannien, Neapel, Portugal und die ↑Hohe Pforte die zweite antifranzösische Koalition, die nach dem Rückzug Russlands aus dem Bündnis 1799 auseinander fiel. Nach seiner Rückkehr aus Ägypten und der Machtübernahme als Erster Konsul errang NAPOLEON Siege über die Österreicher in Italien bei Marengo (14. Juni 1800) und in Süddeutschland bei Hohenlinden (3. Dezember 1800), die 1801 zum Frieden von ↑Lunéville führten, durch den Frankreich das gesamte linke Rheinufer und weitere Gebiete in Italien erhielt. Großbritannien, durch diese Entwicklung isoliert, schloss erst 1802 den Frieden von ↑Amiens.

3. Koalitionskrieg (1805): Der anhaltend expansive Druck Frankreichs 1803/1804 auf die Schweiz, Deutschland und Spanien und die Invasionspläne NAPOLEONS gegen die britische Insel führten nach vergeblichem Werben um Preußen 1805 zur dritten Koalition mit Großbritannien, Schweden, Russland und Österreich. NAPOLEON reagierte mit einem direkten Schlag gegen Österreich und besetzte am 13./14. November

Koalitionskriege: Am 20. September 1792 trafen das französische und das österreichisch-preußische Heer bei Valmy nordöstlich von Châlons-sur-Marne aufeinander. Nach stundenlangem ergebnislosen Artillerieduell (»Kanonade«) zogen die Österreicher und Preußen ab.

1805 Wien. Trotz des britischen Seesiegs bei Trafalgar am 21. Oktober 1805 schlug NAPOLEON die vereinigten russischen und österreichischen Truppen entscheidend in der Dreikaiserschlacht bei Austerlitz am 2. Dezember 1805. Nach dem für Österreich harten Frieden von ↑Preßburg setzte NAPOLEON die Gründung des ↑Rheinbunds und die Auflösung des Heiligen Römischen Reichs durch. Russland gab nach der Schlacht bei Austerlitz seine gegen Frankreich gerichtete Bündnis- und Militärpolitik zunächst auf.

Der **4. Koalitionskrieg** (1806–07) begann mit dem überstürzten Erlass des preußischen Kriegsmanifests am 9. Oktober 1806 gegen NAPOLEON, das dieser mit einem schnellen Vormarsch seiner Truppen aus dem süddeutschen Raum beantwortete und Preußen in der Doppelschlacht von Jena und Auerstedt (14. Oktober 1806) vernichtend schlug. Ein preußisch-russischer Sieg bei Preußisch-Eylau (7./8. Februar 1807) und eine verspätete preußisch-russische Koalition konnten NAPOLEONS Entscheidungssieg von Friedland (14. Juni 1807) nicht mehr verhindern. Mit dem Frieden von ↑Tilsit erzwang NAPOLEON eine beträchtliche Verkleinerung Preußens. Nach dem Sieg über Österreich, der Unterwerfung Preußens und dem Bündnis mit Russland in Tilsit stand er auf der Höhe seiner Macht, die er in den ↑Napoleonischen Kriegen zu festigen suchte.

Koblenzer Manifest: Aufruf von Herzog KARL WILHELM FERDINAND von Braunschweig, dem Oberbefehlshaber der preußisch-österreichischen Streitkräfte im 1. Koalitionskrieg (↑Koalitionskriege), vom 25. Juli 1792, der gegen das revolutionäre Frankreich gerichtet war; darin drohte er mit der Zerstörung von Paris, falls der königlichen Familie Schaden zugefügt werde. Der überhebliche und aggressive Ton des K. M. führte jedoch zu einem Anwachsen der revolutionären Stimmung in Frankreich und forderte den nun tatsächlich erfolgenden Sturz des französischen Königtums am 10. August 1792 heraus.

Kodex Hammurapi: die wichtigste Rechtssammlung des Alten Orients, die auf einem Inschriftenstein und auf einigen Tontäfelchen überliefert ist. Der Kodex des Babylonierkönigs HAMMURAPI (18. Jh. v. Chr.) enthält 282 Rechtssätze,

K

in denen zumeist anhand von Beispielen Regeln des Straf-, Zivil- und Handelsrechts aufgestellt wurden.

Kodex Hammurapi: oberer Abschluss der Gesetzesstele König Hammurapis. Der Herrscher weiht seine Gesetzessammlung dem Sonnengott Schamasch.

Kodifikation: die Darstellung des gesamten Rechts oder eines geschlossenen Rechtsgebiets in einem systematisch geordneten Gesetzbuch (**Kodex**). Nach Ansätzen in der Spätantike (↑Corpus Iuris Civilis) und im Mittelalter ermöglichten erst das moderne Naturrecht bzw. der Rechtspositivismus des 19./20. Jh. systematische Anlagen. Historische Beispiele sind das ↑Allgemeine Landrecht, der französische ↑Code civil sowie das deutsche ↑Bürgerliche Gesetzbuch.

Koerzition [lateinisch »Zähmung«]: Zwangsmaßnahmen der römischen ↑Magistrate gegenüber Bürgern, provinzialen Untertanen und Sklaven, um Gehorsam gegen die Staatsgewalt zu erzwingen oder aufrechtzuerhalten. Koerzitionsmaßnahmen reichten von der Pfändung bis zur Kapitalkoerzition (Hinrichtung), die jedoch seit 300 v. Chr. römischen Bürgern gegenüber nicht erlaubt war.

Kognaten [lateinisch »Mitgeborene«]: allgemein die Blutsverwandten; die Verwandtschaft beruht auf der gemeinsamen Abstammung von einem Mann oder einer Frau, im engeren Sinne die von weiblicher Seite nachweisbaren Blutsverwandten.

Kohorte [von lateinisch cohors »Haufe«, »Schar«]: seit der Heeresreform des Gajus Marius (Konsul 104–100 v. Chr.) römischer Truppenverband von etwa 600 Mann Stärke; die K. umfasste drei ↑Manipel und bildete die taktische Grundeinheit der aus zehn K. bestehenden ↑Legion.

Kokarde: im 18. Jh. in Frankreich verwendetes schleifenartiges militärisches Feldzeichen. In der Französischen Revolution wurde es Vorschrift, eine dreifarbige gefaltete Rosette in den Nationalfarben Blau-Weiß-Rot an der Kopfbedeckung zu tragen, die weiße K. wurde als Zeichen der Monarchisten verfolgt.

Kollaboration [von lateinisch collaborare »mitarbeiten«]: Im Zweiten Weltkrieg in dem von deutschen Truppen besetzten Frankreich entstandener Begriff, der die freiwillige, gegen die Interessen der eigenen Nation gerichtete Zusammenarbeit mit der deutschen Besatzungsmacht bezeichnet.

Kölner Wirren (Kölner Kirchenstreit, Kölner Ereignis): Konflikt zwischen der katholischen Kirche und dem preußischen Staat 1836–41 um die religiöse Erziehung der Kinder aus konfessionellen Mischehen. Der Kölner Erzbischof Droste zu Vischering wandte sich gegen den von seinem Vorgänger mit der preußischen Regierung vereinbarten Brauch, die Kinder im Bekenntnis des Vaters erziehen zu lassen, und forderte generell ihre katholische Erziehung. Ihren Höhepunkt erreichten die K. W. 1837 mit der Verhaftung des Erzbischofs. Die K. W., die wesentlich zur Politisierung des deutschen Katholizismus beitrugen, wurden durch das Einlenken des preußischen Königs FRIEDRICH WILHELM IV. beigelegt.

Kolonat: im Römischen Reich auf der Pacht beruhende Form der landwirtschaftlichen Nutzung privaten und öffentlichen Bodens. Der K. entstand seit dem 1. Jh. n. Chr., als aufgrund des Sklavenmangels die Latifundienwirtschaft (↑Latifundien) zurückging. Das Ackerland wurde nun in zunehmendem Maße Kleinpächtern (**Kolonen**) zur Verfügung gestellt, die als Gegenleistung Geld und (als die Schuldenlast der Kolonen sich vergrößerte, da sie oft auf den kleinen Parzellen keinen Gewinn erwirtschaften konnten) Naturalabgaben zu entrichten hatten. Die Bindung an den Grundherrn wurde immer stärker, sodass die Kolonen zwar persönlich frei, aber an die Scholle gebunden und zu Kopfsteuer und ↑Fronen verpflichtet waren. Diese Form der Grundhörigkeit bestand im Fränkischen Reich weiter bis ins 9. Jahrhundert.

Kolonialismus: Politik eines Staates, die auf Erwerb, Erhaltung und Ausbeutung (meist) überseeischer Besitzungen in Verbindung mit der Beherrschung fremder Völker ausgerichtet ist. Der K. der Neuzeit begann mit den Entdeckungen im 15. Jh. Die ersten Kolonialmächte (Portugal und Spanien) unterwarfen Süd- und Mittelamerika und errichteten Stützpunkte an den Küsten Afrikas und Asiens, wobei Rohstoffausbeutung und der Missionsgedanke wesentliche Triebfedern waren. Gleichzeitig diente der K. dazu, den europäischen Führungsanspruch der expandierenden Mächte materiell und politisch abzustützen, sodass seit dem 17. Jh. verstärkt England und die Niederlande, seit dem 18. Jh. auch Frankreich den Besitz von überseeischen Kolonien anstrebten. Seinen Höhepunkt erreichte der K. im Zeitalter des ↑Imperialismus (1870–1914), als die europäischen Großmächte sich im Wettlauf um unerschlossene Gebiete Rohstoffe, Absatzmärkte und Auswanderungsmöglichkeiten zu sichern suchten.

Der nach dem Ersten Weltkrieg zunächst nur zögernd eingeleitete Prozess der ↑Entkolonialisierung setzte sich nach 1945 weltweit durch, doch hinterließ der K. in den neu entstandenen Staaten der Dritten Welt grundlegende Probleme,

Kolonialismus: Carl Peters als Kommissar des Deutschen Reichs für das Kilimandscharogebiet auf Inspektionsreise. Schwere Vorwürfe wegen Willkür gegenüber den Einheimischen führten 1897 zu seiner Entlassung.

K

die ursächlich mit der Praxis des K. zusammenhängen: Künstlichkeit der Grenzen, mangelnde »nationale« Integration, wirtschaftliche Monokulturen und unzureichende Industrialisierung sowie die Zerstörung der kulturellen Identität. Mit dem Prozess der Entkolonialisierung unmittelbar verbunden ist das Aufkommen des **Neokolonialismus:** Nicht nur bedingt durch die militärisch-strategischen Zielsetzungen der Großmächte USA und UdSSR, sondern auch durch die zwangsläufigen wirtschaftlichen und kulturellen Verknüpfungen mit den alten Kolonialmächten gerieten die Staaten der Dritten Welt in neue Abhängigkeiten.

Kolonie: allgemein jedes von einer fremden Macht abhängige Gebiet, im Rahmen der Siedlungsgeschichte auch die außerhalb der Heimat gegründete Niederlassung; im engeren Sinn die seit den Entdeckungen von den europäischen Staaten in Übersee erworbenen Besitzungen. – Siehe auch ↑Kolonialismus.

Kominform, Kurzwort für **Kom**munistisches **Inform**ationsbüro: 1947 auf Betreiben STALINS gegründete Organisation, die die Arbeit der wichtigsten kommunistischen Parteien koordinieren und kontrollieren sollte. Das K. bekämpfte v.a. die jugoslawische Form des ↑Kommunismus (Titoismus). Im Zuge der Entstalinisierung wurde es 1956 aufgelöst.

Komintern, Kurzwort für **Kom**munistische **Intern**ationale: 1919 auf Betreiben LENINS erfolgter internationaler Zusammenschluss der Parteien und Gruppen der äußersten Linken zur Dritten ↑Internationale mit dem Ziel der Weltrevolution zur Errichtung der Diktatur des Proletariats. Im Gegensatz zur Zweiten Internationale sollte die K. eine straff organisierte »Weltpartei« mit nationalen Sektionen (Abteilungen) sein, wurde jedoch nach 1924 den Interessen der Sowjetunion unterworfen und der Führung der KPdSU unterstellt. 1943 wurde die K. im Interesse des Bündnisses der UdSSR mit den Westmächten aufgelöst.

Komitat [von lateinisch comes »Graf«]: ungarischer Verwaltungsbezirk, eingerichtet im 10. Jh. durch König STEPHAN I. nach dem Muster der deutschen Grafschaften. An der Spitze des K. stand als Verwaltungsbeamter, Richter und Heerführer ein vom König ernannter Beamter (**Gespan**). Seit dem 13. Jh. schränkten die K. die Königsmacht ein und erhielten im 14. Jh. die Gebietshoheit. Im österreichischen Staatsverband waren sie 1848–67 Verwaltungseinheiten ohne eigene Befugnisse, ab 1867 mit beschränkter Selbstverwaltung.

Komitilen [koˈmitsiən; von lateinisch comitia »Zusammenkunft«]: im antiken Rom die Versammlungen der stimmberechtigten römischen Bürger, in denen die Beamten gewählt, Gesetze erlassen, über Krieg und Frieden entschieden und über Strafanklagen abgestimmt wurde. Man unterschied drei Arten: 1. die **Kuriatkomitien,** die noch in die Königszeit zurückreichten und im Wesentlichen sakrale Funktionen ausübten (Bekräftigung bestimmter Staatsakte, z.B. die Amtseinführung der Magistrate); 2. die nach ↑Zenturien und den fünf Vermögensklassen gegliederten **Zenturiatkomitien,** die über politische Entscheidungen (Krieg und Frieden, Wahl der höchsten Magistrate, Gesetzesbeschlüsse, Aburteilung von Staatsverbrechen) abstimmten, indem zunächst innerhalb der einzelnen Zenturien eine Mehrheitsbildung stattfand und dann jede Zenturie eine einzige Stimme abgab; 3. die **Tributkomitien,** in denen die Bürger gemäß ihrer Einteilung in einzelne Bezirke (↑Tribus) über die Wahl der niederen Magistrate abstimmten, jedoch im Lauf der Zeit in steigendem Maße die Gesetzgebung an sich ziehen konnten. Das Komitialverfahren wurde in allen Stadien durch die Magistrate beherrscht, die die einzelnen K. einberiefen, Anträge zur Abstimmung stellten, die Versammlungen leiteten und auch das Recht hatten, diese vorzeitig abzubrechen; den K. selbst stand keinerlei Initiativrecht zu.

Kommendation [lateinisch »Empfehlung«]:

- im Rom der Kaiserzeit Wahlvorschlag des Prinzeps an die Volksversammlung bzw. an den Senat.
- in fränkischer Zeit ein Ergebungsakt (Einlegen der Hände in die des Herrn), durch den ein Mann ein ↑Vasall wurde.

Kommende [von lateinisch commendare »anvertrauen«, »übergeben«]: bei den geistlichen ↑Ritterorden die kleinste Einheit der Ordensverwaltung, geleitet von einem Verwalter, dem Komtur (daher auch **Komturei**).

Kommunismus: seit dem 19. Jh. Bezeichnung für politische Bewegungen und den von ihnen meist auf dem Weg der Revolution angestrebten Zustand einer herrschaftsfreien Gesellschaft, deren Mitglieder durch gemeinschaftliche Verwaltung der Güter und durch die Aufhebung des Privateigentums, zumindest an den Produktionsmitteln, gleichgestellt sind. Solche politischen Bestrebungen bestanden seit der Französischen Revolution, organisiert in verschiedenen Geheimbünden (z.B. N. F. BABEUFS »Verschwörung der Gleichen« 1796, W. WEITLINGS »Bund der Gerechten« 1837). Der Begriff K. selbst entstand etwa um 1840 (E. CABET) und fand rasch Verbreitung. 1847 wurde der ↑Bund der Kommunisten gegründet, dem K. MARX und F. ENGELS mit dem ↑Kommunistischen Manifest eine Programmschrift gaben. Hierin versuchten sie, Ansätzen von M. HESS folgend, die kommunistische Utopie als Ziel der gesellschaftlichen Entwicklung der Menschheit wissenschaftlich zu begründen (↑historischer Materialismus, ↑Marxismus). Das Wirken von MARX und ENGELS beeinflusste nachhaltig die sozialistische ↑Arbeiterbewegung und die sich aus ihr entwickelnden Parteien und Organisationen.

Die Entstehung kommunistischer Parteien: Erst die Abwendung der pragmatisch-reformerisch gesinnten Mehrheit der ↑Sozialdemokratie von den revolutionär-utopischen Vorstellungen des K. führte zu Beginn des 20. Jh. zur Abspaltung des linken Flügels und zur Gründung kommunistischer Parteien.

Neben den ↑Bolschewiki in Russland entstanden bedeutende Parteiorganisationen u.a. in Deutschland (1918/19), Frankreich (1920), Italien (1921) und China (1921). Nach Errichtung eines Staats- und Gesellschaftssystems im Zuge der ↑Oktoberrevolution (1917) in Russland diente der Begriff K. auch als Bezeichnung der entsprechenden Herrschaftsverhältnisse. Nach dem Ersten Weltkrieg formierten sich die kommunistischen Parteien in der ↑Komintern unter Führung der Kommunistischen Partei der Sowjetunion (KPdSU) und unter Anerkennung des ↑Marxismus-Leninismus als der verbindlichen Parteidoktrin. Nach Auflösung der Komintern (1943) verbanden sich diese Parteien 1947 im ↑Kominform.

Gegen Ende des Zweiten Weltkrieges schuf sich die UdSSR in ihrem westlichen Vorfeld (↑Eiserner Vorhang) ein von ihr ideologisch und machtpolitisch abhängiges Herrschaftssystem (↑Ostblockstaaten) nach dem Muster der ↑Volksdemokratie. Auch in der Sowjetischen Besatzungszone Deutschlands entstand 1946 aus dem von der Besatzungsmacht erzwungenen Zusammenschluss von KPD und SPD als diktatorische Trägerin des Staatswillens und des Marxismus-Leninismus die Sozialistische Einheitspartei Deutschlands (SED). Mit sowjetischer Unterstützung ging die chinesische KP 1949 im chinesischen Bürgerkrieg als Siegerin hervor.

Gegen den bestimmenden Herrschaftsanspruch des sowjetischen K. wandten sich in verstärktem Maße andere kommunistische Parteien, die mit ihren Vorstellungen über den Weg zum K. und über seine Ausformung erheblich vom K. sowjetischer Richtung abwichen, z.B. der Maoismus in China, der Titoismus in Jugoslawien. Der **Eurokommunismus**

K

westeuropäischer kommunistischer Parteien suchte pluralistische Denkansätze mit dem kommunistischen Gesellschaftsmodell zu verbinden. Der Versuch des Generalsekretärs der KPdSU M. S. GORBATSCHOW (1985–1991), durch einen »Umbau« (russisch »Perestroika«) des gesellschaftlichen Systems der UdSSR und durch eine größere öffentliche Durchschaubarkeit der Entscheidungsprozesse (russisch »Glasnost«) die bürokratisch erstarrte Einparteienherrschaft zu reformieren, mündete 1989/90 in den Zusammenbruch der kommunistischen Herrschaftssysteme in Europa und 1991 in den Zerfall der Sowjetunion.

Kommunistisches Manifest: von K. MARX und F. ENGELS im Auftrag des ↑Bundes der Kommunisten 1847 verfasste, 1848 unter dem Titel »Manifest der Kommunistischen Partei« veröffentlichte Programmschrift, die erstmals die marxistische Theorie zusammenfasste. Ausgehend von der Vorstellung, dass die Geschichte eine Geschichte von Klassenkämpfen sei (↑historischer Materialismus), wird als Ziel der kommunistischen Bewegung die Aufhebung des Privateigentums und die Errichtung einer klassenlosen Gesellschaft genannt. Das K. M. schließt mit dem Aufruf: »Proletarier aller Länder, vereinigt Euch!«

Kondominium: Gebiet, das unter der gemeinsamen Herrschaft mehrerer Staaten steht. – Im Mittelalter die gemeinsame Verfügung mehrerer Herren über ein Besitztum zur Vermeidung einer Erbteilung oder einer Vereinigung wichtiger Besitzteile in einer Hand.

Kondottiere [kɔndɔ'ti̯e:rə; von italienisch condotta »Sold«]: ein italienischer Heerführer, der im 14./15. Jh. seine auf eigene Rechnung angeworbenen Söldnertruppen den Fürsten und Städten zur Verfügung stellte. Nur vertraglich gebunden, aber nicht Untertanen der Krieg führenden Macht, hatten die Kondottieri eine unabhängige Stellung inne, die sie oft nutzten, um neben militärischer auch politische Macht zu erlangen.

Konföderierte Staaten von Amerika: Bund der 1860/61 von den USA abgefallenen Südstaaten (South Carolina, Georgia, Florida, Alabama, Mississippi, Louisiana, Texas, Virginia, North Carolina, Tennessee und Arkansas), gegen den die in der Union verbliebenen Nordstaaten den ↑Sezessionskrieg führten. Die K. S. v. A., die ihrem Selbstverständnis nach einen eigenen Staatsverband bildeten (Verabschiedung einer eigenen Verfassung, Wahl eines eigenen Präsidenten, J. DAVIS), wurden nach dem militärischen Zusammenbruch 1865 wieder der Union angeschlossen. Der Wiederaufbau des durch den Krieg zerstörten Landes durch die Nordstaaten (Reconstruction, 1866–77) führte zu deren Vorherrschaft in den Südstaaten und zu einer grundlegenden Veränderung der Sozialstruktur, die überwiegend auf Großgrundbesitz und Sklaverei aufgebaut war. Diese Entwicklung belastete das Nord-Süd-Verhältnis weiterhin erheblich.

Kongokonferenz: auf belgische Anregung von BISMARCK einberufene Konferenz von 14 Mächten, die vom 15. November 1884 bis zum 26. Februar 1885 in Berlin tagte und eine »Generalakte« (**Kongoakte**) verabschiedete: Das gesamte Kongobecken wurde neutralisiert, Handels- und Schifffahrtsfreiheit gefordert, der Sklavenhandel verboten und der »Unabhängige Kongostaat« als Eigentum König LEOPOLDS II. von Belgien anerkannt. Die K. verhinderte in vorübergehendem deutsch-französischem Einvernehmen ein britisches Kolonialmonopol in Zentralafrika.

Kongokrise: Am 30. Juni 1960 entließ Belgien seine Kolonie Kongo als Republik Kongo (heute: Demokratische Republik Kongo) in die Unabhängigkeit. Nach der Bildung einer Regierung unter Ministerpräsident P. LUMUMBA meuterten Anfang Juli die kongolesischen Streitkräfte. Um die Gefahr einer belgischen Intervention abzuwehren, rief LUMUMBA die UN zu Hilfe, um die staatliche Ordnung zu stabilisieren. Es gelang ihr aber nicht, die Abspaltung der reichen Bergbauprovinz Katanga (heute: Shaba) und die Ausrufung eines unabhängigen Staates dort unter Präsident M. TSCHOMBÉ zu verhindern.

Nach einem Putsch gegen LUMUMBA im September 1960 unter Führung des Generalstabschefs J. MOBUTU lieferte dieser LUMUMBA an Katanga aus, wo dieser im Juni 1961 ermordet wurde. Bei einem Vermittlungsversuch zwischen der neuen Zentralregierung unter C. ADOULA und TSCHOMBÉ kam der UN-Generalsekretär D. HAMMARSKJÖLD bei einem Flug nach Katanga im September 1961 unter ungeklärten Umständen ums Leben. Mit Rückendeckung der USA erzwang die UN im Januar 1963 die Wiedereingliederung Katangas in die Republik Kongo.

Kongress [von lateinisch congressus »Zusammenkunft«]:

◆ allgemein eine Tagung oder Versammlung; im 18./19. Jh. eine außerordentliche internationale Zusammenkunft, v.a. zur Festsetzung von Friedensbedingungen (z.B. Wiener Kongress 1814/1815, Berliner Kongress 1878).

◆ die gesetzgebende Körperschaft der USA, die sich aus dem ↑Repräsentantenhaus und dem ↑Senat zusammensetzt.

König: nach dem ↑Kaiser der Träger höchster staatlicher Gewalt oder der höchste Repräsentant in der ↑Monarchie. Das Königtum gab es zu allen Zeiten (z.B. im antiken Sparta und im vorrepublikanischen Rom). Das mittelalterliche Königtum im germanischen Bereich entstand in der Zeit der Völkerwanderung, als sich die Führungsrolle der Heerführer verfestigte (↑Heerkönig). Zunächst wurde der K. von einer adligen Führungsschicht gewählt (im Reich bis in die Neuzeit), auch wenn die Wahl oft nur eine Bestätigung der Nachfolge in der jeweiligen Königsfamilie war, der germanischen Vorstellungen zufolge übernatürliche Fähigkeiten anhafteten (↑Geblütsrecht). Der K. musste den Heilsvorstellungen seines Volkes gerecht werden, um sich als Herrscher behaupten zu können.

Mit der Christianisierung Europas wurde die germanische Heilsvorstellung durch christliches Gedankengut überlagert (↑Gottesgnadentum). Mit der Vorstellung, dass der K. sein Reich von Gott erhalten und es auch in dessen Sinne zu regieren habe, erhielt die Kirche verstärkten Einfluss auf Königserhebungen und -krönungen. Die königliche Stellung beruhte auf der Machtbasis im eigenen Reich: Im Früh- und Hochmittelalter waren Adel und Kirche durch das ↑Lehnswesen fest an das Königtum gebunden und mussten Dienste für Reich und K. erbringen. Später war der Herrscher stärker auf sein ↑Hausgut und das ↑Reichsgut angewiesen, das in den verschiedenen europäischen Reichen unterschiedlich groß war. Während das Reichsgut in Deutschland unter den wechselnden Herrscherfamilien verfiel, gelang es v.a. den westeuropäischen Monarchen, ihre Machtgrundlage zu festigen und auszubauen und das Königtum in der eigenen Familie auf die Söhne zu vererben. Diese Erblichkeit sicherte königliche Rechte, während die Wahlmonarchie zu vielfältigen Rücksichtnahmen gegenüber Wählergruppen und zur Aufgabe königlicher Machtstellungen führte. Mit dem endgültigen Verzicht des deutschen K. auf die Kaiserkrönung in Rom verschmolz das deutsche Königtum faktisch mit dem Kaisertum.

Im Zeitalter des Absolutismus erwarben auch einzelne Reichsfürsten den Königstitel für ihre außerhalb des Reichsverbands liegenden Territorien (z.B. FRIEDRICH III. von Brandenburg 1701 den Titel eines K. in Preußen). Nach dem Ende des Heiligen Römischen Reichs wurden 1806 Bayern, Württemberg und Sachsen, 1815 Hannover zu Königreichen.

Königswahl: Prinzip der Nachfolgeregelung in monarchischen Herrschaftssystemen; der ↑König wird von einer Wahlkörperschaft, entweder dem Adel oder Teilen des Adels unter Mitwirkung von Geistlichen gewählt. Im Fränkischen Reich erfolgte die K. auf der Basis des ↑Geblütsrechts, das in der Regel die Erbfolge der königlichen Familie sicherte. Auch im Heiligen Römischen Reich überwog bis zum Ende der Stauferzeit das Geblütsrecht, wenn es auch verschiedentlich zur Wahl von Gegenkönigen kam. Erst seit dem ↑Interregnum setzte sich das freie Königswahlrecht der ↑Kurfürsten durch, das 1356 in der ↑Goldenen Bulle gesetzlich geregelt wurde und bis 1806 gültig blieb. Die Bevorzugung der Habsburger beruhte auf deren Vormachtstellung. – Siehe auch ↑Thronfolge.

Konjunktur: Bezeichnung für die seit Beginn der ↑Industriellen Revolution zunächst in Europa und den USA periodisch wiederkehrenden Nachfrage- und Produktionsschwankungen einer Volkswirtschaft oder eines wirtschaftlich verflochtenen Großraums.

Innerhalb eines **Konjunkturzyklus** unterscheidet man vier Phasen: 1) **Aufschwung** (gekennzeichnet durch Anstieg von Auftragseingang und Produktion, verbesserte Kapazitätsauslastung, steigende Beschäftigungszahl und gegenüber den Löhnen stärker steigende Gewinne); 2) **Hochkonjunktur** (steigende Preise und Löhne, hohe Kreditzinsen, lange Lieferfristen und Vollbeschäftigung); 3) **Abschwung** (sinkende Aufträge und Produktion, abnehmende Investitionen, langsamer steigende Preise, noch relativ hoher Lohnzuwachs bei steigender Arbeitslosenzahl); 4) **Krise** oder **Depression** (noch stärkerer Rückgang der Aufträge und der Produktion, hohe Arbeitslosigkeit, zunehmende Konkurse und Investitionsunlust).

Konjunkturtheoretiker unterscheiden zwischen langen Wellen von etwa 50–60 Jahren, mittleren Wellen von etwa 7–10 Jahren und kurzen Wellen von etwa $3^1/_2$ Jahren. J. A. SCHUMPETER stellte drei lange Wellen fest und führte ihre Ursachen auf das Übergewicht folgender Leitsektoren in der Wirtschaft als Folge technischer Neuerungen zurück: In der ersten Welle 1787–1843 waren Träger der Entwicklung v. a. die Baumwollindustrie, der Kohlebergbau, die Eisen- und Stahlindustrie und das Verkehrswesen; die zweite Welle 1843–94 war gekennzeichnet durch die Entwicklung in den Bereichen Eisenbahn, Spinnereien und Webereien, Bergbau, Eisengewinnung, durch die Entstehung von Großstädten und ersten großen Banken auf dem europäischen Festland; die dritte Welle ab 1895 wurde v. a. getragen von der Elektrizitätswirtschaft, der Eisenindustrie, dem Verkehrswesen (Entwicklung von Kraftwagen und Flugzeugen), der Chemie und dem Maschinenbau.

Die eigentlichen Konjunkturbewegungen sind jedoch die mittleren Wellen, die sich ebenso wie die kurzen Wellen seit dem Ersten Weltkrieg nicht mehr mit der Regelmäßigkeit des 19. Jh. nachweisen lassen. Dies hängt v. a. mit den staatlichen Eingriffen in den Konjunkturverlauf zusammen, deren Ziele Preisstabilität und Vollbeschäftigung bei stetigem Wirtschaftswachstum sind. Erforderlich wurde die staatliche **Konjunkturpolitik,** weil wirtschaftliche Krisensituationen in der modernen Industriegesellschaft soziale Spannungen hervorrufen oder verstärken, die weit reichende politische Folgen haben können (z. B. begünstigte die ↑Weltwirtschaftskrise die Machtübernahme des Nationalsozialismus).

Konkordat [von lateinisch concordare »übereinstimmen«]: Vertrag zwischen der römisch-katholischen Kirche (repräsentiert durch den Heiligen Stuhl) und einem Staat, in dem beide Seiten ihr Verhältnis zueinander umfassend regeln. Gegenstand eines K. können Absprachen über den staatlichen Schutz der Kirchen, der Tätigkeit ihrer Geistlichen und des Kirchenvermögens, über Fragen der theologischen Ausbildung, über Staatsleistungen und Kirchensteuern sein. K. gelten heute als völkerrechtliche Verträge.

Konkordi|enbuch: 1580 veröffentlichte Sammlung lutherischer Bekenntnisschriften, darunter u.a. LUTHERS Kleiner und Großer Katechismus, das ↑Augsburger Bekenntnis und dessen von MELANCHTHON verfasste Apologie (Verteidigungsrede), die ↑Schmalkaldischen Artikel und die zur Beilegung innerlutherischer Lehrstreitigkeiten entwickelte **Konkordienformel** (1577).

Konquistadoren [kɔŋkɪstaˈdoːrən; von spanisch conquistador »Eroberer«]: die v.a. spanischen Eroberer Mittel- und Südamerikas im 16.Jh.; durch die von ihnen durchgeführten Expeditionen wurden die indianischen Reiche erobert und spanischer Herrschaft unterworfen.

Konservatismus (Konservativismus): eine geistig-politische Grundrichtung, die sich die Erhaltung überlieferter Institutionen und Wertvorstellungen zum Ziel setzt, was deren Anpassung an veränderte Verhältnisse einschließen kann.

Verschiedene Konzepte: Der K., der als bewusstes politisches Konzept in der Auseinandersetzung mit den Prinzipien und Ereignissen der Französischen Revolution entstand, erfuhr in verschiedenen Situationen eine unterschiedliche Ausprägung. So setzte 1790 E. BURKE in seiner Schrift »Reflections on the Revolution in France« erstmals dem Bestreben der französischen Revolutionäre, aus den Prinzipien der Vernunft eine neue, freiheitliche Staats- und Gesellschaftsordnung abzuleiten, die durch Tradition legitimierte, auf einer gegliederten Gesellschaft fußende, historisch gewachsene freie englische Verfassung entgegen. In Frankreich führte Graf J. DE MAISTRE die Autorität des Königs wieder auf ihren göttlichen Ursprung zurück, verband sie mit der gestuften Ordnung einer Aristokratie und unterwarf darüber hinaus den Staat der Autorität des Papstes. In Deutschland trugen neben dem Einfluss BURKES v.a. der Schweizer K. L. VON HALLER (»Restauration der Staatswissenschaften«) und A. MÜLLER (»Elemente der Staatskunst«) zur Ausbildung des politischen K. bei. Auf dem Gebiet der Rechtswissenschaft entwickelte die ↑historische Schule die Grundlagen einer konservativen Staats- und Rechtsordnung.

Entwicklung: Zentral für die politische Lehre des K. des frühen 19.Jh. waren die Unantastbarkeit der erblichen monarchischen Gewalt von Gottes Gnaden, die durch keine geschriebene Verfassung eingeengt werden sollte, die historisch gewachsenen, unverjährbaren Vorrechte des Adels sowie die Verbindlichkeit der christlichen Moraltheologie für den Staat, der durch den Bund von ↑Thron und Altar geprägt war. Die ↑Heilige Allianz sollte eine gesamteuropäische politische Ordnung garantieren. Von dieser Position aus bekämpfte der K. alle nationalen, liberalen und demokratischen Bestrebungen und drängte dabei die mehr auf Anpassung abzielende Richtung (z.B. des Freiherrn VOM UND ZUM STEIN) in den Hintergrund.

Deutschland: Auch in der 2. Hälfte des 19.Jh. blieb der K. trotz der Veränderungen durch die ↑Industrielle Revolution in Preußen, das die deutsche Entwicklung nach 1871 stark prägte, im Wesentlichen an die Interessen des Großgrundbesitzes, der protestantischen Kirche, der hohen Beamtenschaft und des Offizierskorps gebunden. Nach dem Zusammenbruch des Kaiserreichs begünstigte er durch seine Republikfeindlichkeit den Nationalsozialismus. Erst nach 1945 erfolgte unter dem Eindruck der nationalsozialistischen Diktatur im Rahmen von CDU und CSU die Hinwendung zu den Prinzipien des liberalen Rechtsstaates, wobei das System der sozialen Marktwirtschaft zur Bewältigung ökonomischer und gesellschaftlicher Probleme entwickelt wurde. Der K. richtete sich nun v.a. gegen sozialistische Gesellschaftsordnungen.

Österreich und Schweiz: Bei der Österreichischen Volkspartei wie auch der Christlichdemokratischen Volkspartei der Schweiz verbinden sich christlich-demokratische und konservative Elemente (↑christliche Parteien).

Im Unterschied zu Deutschland verschmolzen in *Frankreich* seit der Dritten Republik (seit 1870) K. und Republikanismus, in *Großbritannien* dehnten die britischen Konservativen, als Partei 1832 aus der Parlamentsgruppe der ↑Tories hervorgegangen, im 19. Jh. ihre politische Basis von den Landbesitzern auf die Mittelklasse aus. Nach dem ersten Höhepunkt ihrer Macht unter Premierminister B. DISRAELI (1874–80) führten die Konservativen, im Bündnis mit den liberalen Unionisten 1885–1905 an der Regierung, Reformen der Sozialgesetzgebung durch, betrieben eine koloniale Expansionspolitik (↑Empire) und knüpften mit Frankreich die »Entente cordiale« (↑Entente). Zwischen den beiden Weltkriegen stellten sie fast ausschließlich den Premierminister und führten im Zweiten Weltkrieg unter Premierminister W. CHURCHILL (1940–45) eine Kriegskoalition v.a. mit der ↑Labour Party.

Nach dem Zweiten Weltkrieg bestimmten sie maßgeblich die britische Politik: 1951–1964 unter den Premierministern W. CHURCHILL, A. EDEN, H. MACMILLAN und A. DOUGLAS-HOME, von 1970 bis 1974 unter E. HEATH sowie 1979–1997 unter MARGARET THATCHER und J. MAJOR. Nach der Aufgabe des britischen Weltreichs im Zuge der ↑Entkolonialisierung führte die Gestaltung der britischen Europapolitik immer wieder zu heftigen innerparteilichen Spannungen.

Ende der 1960er-Jahre kam unter dem Eindruck der Reform- und Emanzipationsbewegung der Studentenbewegung ein **Neokonservativismus** auf, der eine verstärkte Orientierung an traditionellen ethisch-moralischen Werten und eine hohe Leistungsbereitschaft betont sowie nach den unbedingt gültigen Kategorien von Leistung und Ertrag soziale Ungleichheit rechtfertigt.

Konstantinische Schenkung (lateinisch Donatio Constantini): eine auf den Namen Kaiser KONSTANTINS I., DES GROSSEN, gefälschte Urkunde, in der dieser die Vorherrschaft der römischen Kirche festgelegt, Papst SILVESTER I. die Herrschaft über die Stadt Rom, Italien und die römischen Provinzen im Westen des Reiches übertragen, ihm die kaiserlichen Insignien verliehen und den Laterанpalast geschenkt habe. Die Fälschung entstand im 8./9. Jh., galt im Mittelalter als echt und diente in der Auseinandersetzung mit dem Kaisertum den Päpsten als Beweismittel, die kaiserliche Oberhoheit zu bestreiten, sowie zur Belegung päpstlicher Herrschaftsrechte in Italien. Erst in der Zeit des beginnenden Humanismus wurde der Beweis der Fälschung (LORENZO VALLA, NIKOLAUS VON KUES) geführt, der im 19. Jh. auch von der kirchlichen Geschichtsschreibung akzeptiert wurde.

Konstanz, Friede von: 1183 zwischen FRIEDRICH I. BARBAROSSA und den oberitalienischen Städten geschlossener Friedensvertrag, der die Kämpfe des Kaisers mit dem ↑Lombardenbund vorläufig beendete. FRIEDRICH I. erkannte die städtische Selbstverwaltung in Norditalien und den Lombardenbund an und verzichtete auf die meisten kaiserlichen Rechte, erhielt dafür jedoch bedeutende finanzielle Zugeständnisse und die formale Anerkennung der kaiserlichen Oberhoheit.

Konstanzer Konzil: 1414–18 abgehaltenes allgemeines Konzil, das bedeutendste der spätmittelalterlichen Reformkonzilien, einberufen auf Initiative König SIGISMUNDS durch Papst JOHANNES XXIII., der sich seine allgemeine Anerkennung gegenüber den rivalisierenden Päpsten GREGOR XII. und BENEDIKT XIII. erhoffte. Aufgaben des K. K. waren: die Beilegung des ↑Abendländischen Schismas (»causa unionis«), die Überwindung der Ketzerei (»causa fidei«) und eine Reform der Kirche (»causa reformationis«). Über die »causa fidei« entschied das K. K. mit der Verurteilung der hussitischen Lehre und dem

Todesurteil gegen deren führenden Vertreter J. Hus (↑Hussiten). In der Diskussion um eine Kirchenreform gewannen die Vertreter der konziliaren Idee die Oberhand und setzten wichtige Entschließungen zur Beschränkung des Papsttums durch (regelmäßige Abhaltung von Konzilien und Oberhoheit derselben über den Papst). Nach der Absetzung bzw. Rücktrittserklärung der drei Päpste wurde mit der Wahl Martins V. (1417) die Kirchenspaltung überwunden.

Konstitutionalismus: die Verfassungstheorie des ausgehenden 18. und des 19. Jh., die sich an der in England mit der ↑Glorious revolution 1688/89 begründeten Staats- und Regierungsform der konstitutionellen Monarchie orientierte. Grundlegendes Prinzip des K. ist die Lehre von der ↑Gewaltenteilung. Im Gegensatz zum Absolutismus ist das ↑monarchische Prinzip im K. durch eine verbindlich festgelegte Verfassung (**Konstitution**) eingeschränkt. Der Monarch bleibt zwar oberstes Staatsorgan, ihm zur Seite gestellt ist jedoch ein Parlament, das an der Gesetzgebung mitwirkt. Die Rechtsprechung soll von unabhängigen Gerichten geübt werden. Der im K. noch relativ starke Einfluss des Monarchen auf die Regierung wurde im Laufe der Entwicklung zugunsten des Parlaments immer weiter zurückgedrängt.

konstruktives Misstrauensvotum: nach Artikel 67 GG das Recht des Bundestags, dem Bundeskanzler das Misstrauen dadurch auszusprechen, dass er mit der Mehrheit seiner Mitglieder einen Nachfolger wählt und den Bundespräsidenten ersucht, den Bundeskanzler zu entlassen. Im Gegensatz zum einfachen Misstrauensvotum, das nur die Abwahl eines Regierungschefs oder eines Ministers zum Ziel hat, ohne die Nachfolgefrage zu regeln, soll das k. M. nur dann zur Entlassung des Regierungschefs und damit zum Rücktritt der gesamten Regierung führen, wenn sich im Parlament eine neue Regierungsmehrheit findet. Ziel dieser Regelung ist es, eine kontinuierliche Regierungsarbeit zu gewährleisten und rein negative Mehrheiten, wie sie z. B. in der Weimarer Republik häufig waren, zu verhindern.

Das erste k. M. in der Geschichte der Bundesrepublik am 27. April 1972 brachte die CDU/CSU-Opposition gegen Bundeskanzler W. Brandt (SPD) ein. Das Zweite vom 1. Oktober 1982 markierte den Koalitionswechsel der FDP von der SPD zur Union; H. Kohl löste H. Schmidt als Bundeskanzler ab.

Konsul [von lateinisch consulere »sich beraten«, »überlegen«]:

◆ oberster Beamter der römischen Republik, auf den Rechte und Pflichten des Königs übergingen. Um Machtmissbrauch zu vermeiden, wurden stets zwei K. pro Jahr gewählt, die völlig gleichgestellt und nur gemeinsam handlungsfähig waren. Die K. waren mit dem ↑Imperium, der obersten militärischen und zivilen Befehlsgewalt, ausgestattet (imperium consulare). Im Kriegsfall oblag ih-

konstruktives Misstrauensvotum: Am 27. März 1972 scheiterte im deutschen Bundestag in Bonn das konstruktive Misstrauensvotum gegen den damaligen Bundeskanzler Willy Brandt.

K

nen die Heerführung. Die Regierung der Stadt führten sie mithilfe des ↑Senats, zu ihrem Kompetenzbereich zählten die Gerichtshoheit, das Recht der Senatorenernennung, das Recht, den Senat und die Volksversammlung einzuberufen, diese Versammlungen zu leiten, Gesetzesanträge zu stellen und Wahlen abzuhalten. Ursprünglich ein der ↑Nobilität vorbehaltenes Amt, wurde das **Konsulat** seit 363 v. Chr. auch für plebejische Familien zugänglich. Die Ausdehnung des Römischen Reichs und die dadurch gestiegenen Anforderungen an die bislang nur für die Regierung der Stadt eingerichtete Verwaltung führten dazu, dass die K. nach Ablauf ihrer einjährigen Amtszeit als ↑Prokonsuln für ein weiteres Jahr dem römischen Staat als Heerführer oder Provinzstatthalter zur Verfügung standen.

◆ im Mittelalter die regierenden Beamten der Stadtkommunen Italiens und Südfrankreichs. Sie leiteten, meist auf ein Jahr gewählt, Verwaltung, Militär und Rechtsprechung, wurden aber von Volksversammlung und Rat der Stadt kontrolliert. Seit dem 13. Jh. wurden sie in den meisten italienischen Städten durch den ↑Podesta verdrängt, in Frankreich wurden sie zu Organen des Königs.

◆ in Frankreich zur Zeit des ↑Konsulats (1799–1804) Träger der Exekutive.

◆ offizieller Vertreter eines Staates in einem anderen Staat ohne vollen diplomatischen Status, dessen Funktion überwiegend im wirtschaftlichen Bereich liegt und häufig einem Staatsangehörigen des Empfangsstaats übertragen wird.

Konsulat:

◆ allgemein das Amt des Konsuls.

◆ die Zeit vom Sturz des ↑Direktoriums (9. November 1799) bis zur Errichtung des Ersten Kaiserreichs in Frankreich (18. Mai 1804) sowie für das in dieser Zeit regierende Staatsoberhaupt, das bis 1802 aus zwei weiteren Konsuln neben NAPOLÉON BONAPARTE bestand, der dieses Amt 1802–04 allein und auf Lebenszeit innehatte.

Kontinentalsperre: Bezeichnung für die von NAPOLEON I. am 21. November 1806 eingeleitete Wirtschaftsblockade des (weitgehend unter französischem Einfluss stehenden) europäischen Kontinents gegen Großbritannien, das seinerseits 1807 unter Ausnutzung seiner Seeherrschaft allen neutralen Schiffen das Anlaufen französischer Häfen verbot. Da seit der Niederlage der französischen Flotte bei Trafalgar 1803 eine militärische Unterwerfung Großbritanniens ausgeschlossen war, versuchte NAPOLEON mit der K., Großbritannien wirtschaftlich zu zwingen, die napoleonische Vorherrschaft anzuerkennen und sich zum Frieden mit Frankreich bereit zu erklären.

Die wirtschaftlichen Konsequenzen der ohnehin durch Lizenzen und Schmuggel vielfach durchbrochenen K. waren überwiegend negativ; während die fehlende Konkurrenz des britischen Handels verschiedenen Branchen zugute kam (v. a. dem Textilgewerbe), verschärfte sich in den Getreide exportierenden Ländern die Agrarkrise durch Absatzschwierigkeiten. Die britische Wirtschaft wurde zwar geschädigt, doch erreichte NAPOLEON nicht sein Ziel, Großbritannien zum Frieden zu zwingen. Durch die Absage Russlands erschüttert, brach die K. mit NAPOLEONS Niederlage in den Befreiungskriegen 1813 zusammen.

Kontribution:

◆ ursprünglich Bezeichnung für jede Steuer, seit dem 15. Jh. für die zu militärischen Zwecken verwendete direkte Steuer und die Grundsteuer.

◆ die von einer Besatzungsmacht von der Bevölkerung des besetzten Gebiets zwangsweise erhobene Geldleistung, entweder als Strafmittel (seit 1949 als Kollektivstrafe völkerrechtlich verboten), als Repressalie oder als Ausgleich für die der Besatzungsmacht entstandenen Besatzungskosten.

Konvention [von lateinisch »Zusammenkunft«, »Übereinkunft«]: zwischenstaatlicher Vertrag zur Einhaltung bestimmter völkerrechtlicher Grundsätze (z.B. ↑Genfer Konventionen).

Konzentrationslager, Abk. KZ: Massenlager, die Elemente des Arbeits-, Kriegsgefangenen- und Internierungslagers (Lager, in dem zivile Personen eines gegnerischen Staates festgehalten werden) sowie Elemente des Gefängnisses und des ↑Gettos vereinigen.

Im nationalsozialistischen Staat wurden auf der Grundlage der Notverordnung vom 28. Februar 1933 politische Gegner (auch vermeintliche) wie Kommunisten, Sozialdemokraten u.a. ab März 1933 in polizeiliche »Schutzhaft« genommen. Ab 1935 war Ziel von »Schutzhaft« und »vorbeugender Haft« nicht nur die Ausschaltung aller Regimegegner, sondern auch aller Personengruppen, die aus ideologischen (z.B. Bibelforscher, Geistliche), rassischen und nationalen (Juden, Polen, Emigranten) oder aus »sozialen« Gründen (»Arbeitsscheue«, »Gewohnheitsverbrecher«, Homosexuelle) zu »Volksschädlingen« deklariert wurden. Ab 1938 wurde der Zwangsarbeitseinsatz für Projekte der ↑SS und später für die Rüstungsindustrie ein wesentlicher Zweck der Konzentrationslager.

Das erste KZ war 1933 bei Dachau errichtet worden, bis März 1944 bestanden insgesamt 22 KZ mit 165 angeschlossenen Arbeitslagern (u.a. Buchenwald, Oranienburg bzw. Sachsenhausen, Bergen-Belsen, Theresienstadt, ↑Auschwitz), die seit 1934 unter der Leitung der SS standen. Die Mehrzahl der seit Kriegsausbruch neu Inhaftierten waren Angehörige besetzter Länder. Insgesamt befanden sich während der nationalsozialistischen Herrschaft 7,2 Mill. Häftlinge in KZ. In den meisten KZ wurden »wissenschaftliche« Versuche an Häftlingen durch SS-Ärzte durchgeführt. V.a. ab 1943 kam es zu Massentötungen von Geisteskranken, kranken Häftlingen, Polen und sowjetischen Kriegsgefangenen. Ab 1941 wurden zur so genannten ↑Endlösung der Judenfrage **Vernichtungslager** (neben Auschwitz: Treblinka,

K

Bełżec, Majdanek, Sobibór, Culm) eingerichtet; sie unterschieden sich institutionell und in ihrer Zuständigkeit von den KZ. Nur Auschwitz und Majdanek waren Arbeits- und Vernichtungslager zugleich. In den Vernichtungs- und Konzentrationslagern fanden bis 1945 mindestens zwischen 5 und 6 Mill. jüdische und mindestens 500000 nichtjüdische Häftlinge den Tod.
Den nationalsozialistischen KZ ähnelnde Einrichtungen wurden nach 1945 in lateinamerikanischen Diktaturen und unter der Militärjunta in Griechenland errichtet; in der UdSSR existierten KZ in der Form so genannter Arbeitslager.

Konzil [von lateinisch concilium »Versammlung«]: Versammlung von Bischöfen und anderen kirchlichen Amtsträgern zur Erörterung und Entscheidung von Glaubensfragen und zur Gesetzgebung von kirchlichen Angelegenheiten. Das **ökumenische** oder **allgemeine Konzil,** das im 1. Jt. vom Kaiser und seit Beginn des 2. Jt. vom Papst berufen wurde, repräsentiert die allgemeine Kirche und besitzt nach katholischem Verständnis in seinen Glaubensentscheidungen Unfehlbarkeit.

Konziliarismus: die gegen den päpstlichen Anspruch auf Vorherrschaft in Lehre und Rechtsprechung gerichtete Auffassung, dass das ↑Konzil die höchste Instanz der Kirche sei und sie durch das allgemeine Konzil vertreten werde. Die Wurzeln der konziliaren Theorie reichen bis ins 12. Jh. zurück und wurden von Marsilius von Padua und Wilhelm von Ockham im 14. Jh. weiterentwickelt. Von entscheidender Bedeutung für die spätmittelalterliche Ausformung der konziliaren Theorie und ihre Umsetzung, die Abhaltung von allgemeinen Konzilien zur Regelung innerkirchlicher Streitigkeiten und zur Durchsetzung von notwendigen Reformen, war die Situation, in der sich die Kirche zur Zeit des ↑Abendländischen Schismas befand: Die Beschlüsse des ↑Konstanzer Konzils und des ↑Basler Konzils degradierten die Päpste von Herren zu Dienern der Kirche. Entsprechend rief der K. den Widerstand der Päpste hervor, aber ebenso der weltlichen Gewalten, die die demokratischen Tendenzen des K. als bedrohlich empfanden, sodass die konziliare Bewegung schließlich einer weitgehenden Restauration der päpstlichen Vorherrschaft unterlag.

Koreakrieg: Bezeichnung für die Kampfhandlungen (1950–53) in Korea zwischen der Demokratischen Volksrepublik Korea (Nord-Korea) sowie Streitmächten der Republik Korea (Süd-Korea) und einer Streitmacht der UN.
Am 25. Juni 1950 überschritten überraschend nordkoreanische Streitkräfte die Demarkationslinie am 38. Breitengrad und überrannten Süd-Korea. Die südkoreanischen Truppen wurden auf Geheiß des amerikanischen Präsidenten H. S. Truman von amerikanischen See- und Luftstreitkräften unter General D. MacArthur unterstützt, der auch die auf Beschluss des Sicherheitsrats der UN (in Abwesenheit des sowjetischen Delegierten) aufgestellten UN-Truppen befehligte. Durch die Gegenoffensive der UN-Truppen wurden die nordkoreanischen Verbände zunächst zurückgedrängt, doch bewirkte das Eingreifen von »Freiwilligenverbänden« aus der Volksrepublik China eine Stabilisierung der Front unmittelbar nördlich des 38. Breitengrads. Die Forderung D. MacArthurs nach (notfalls atomarer) Bombardierung der chinesischen Nachschubbasen führte im April 1951 zu seiner Entlassung.
Nach zweijährigen Waffenstillstandsverhandlungen wurde der K. durch das Abkommen von Panmunjon (27. Juli 1953) beendet, durch das die Grenze zwischen beiden Landesteilen auf dem 38. Breitengrad festgelegt, eine entmilitarisierte Zone geschaffen und eine neutrale Überwachungskommission eingesetzt wurde.

Korinthischer Bund: Bezeichnung für das 480 v. Chr. gegen Persien (↑Perserkriege) abgeschlossene Bündnis der Griechen, nach dem zentralen Versammlungsort Korinth benannt. – Nachdem PHILIPP II. von Makedonien in der Schlacht von Chaironeia (338 v. Chr.) die Griechen besiegt hatte, vereinigte er sie, nun unter makedonischer Vorherrschaft, erneut in einem Staatenbund.

korporativer Staat: ↑Ständestaat.

Kosạken: ab der 2. Hälfte des 15. Jh. am Unterlauf des Dnjepr und des Don entstandene Gemeinschaft von russischen und ukrainischen Bauern, die ihre Heimat aus Protest gegen die Grundherren verlassen hatten und ein Leben in der Steppe führten. Seit dem 18. Jh. bildeten die K. im russischen Heer Reiterverbände, die als besonders zarentreu galten.

Kosovokonflikt: Im Zuge des Nationsbildungsprozesses auf dem Balkan im 19. Jh. betrachteten die Serben den Kosovo in Erinnerung an die Schlacht auf dem Amselfeld (Kosovo Polje, 1389) als Wiege Serbiens (Kosovomythos); die Albaner, Mehrheitsbevölkerung im Kosovo, beriefen sich seitdem immer stärker auf das Selbstbestimmungsrecht. Nachdem der serbische Staatspräsident S. MILOŠEVIĆ 1989 die zwischen 1948 und 1974 dem Kosovo gewährten Autonomierechte unter Mobilisierung des serbischen Nationalismus aufgehoben hatte, steigerten sich die ethnischen Spannungen. Bewaffnete Aktivitäten der UÇK (Abk. für »Ushtria Çlirimtare Kosoves«, albanisch »Befreiungsarmee für Kosovo«) lösten brutale Gegenreaktionen serbischer Polizei- und Militärformationen gegen die albanische Bevölkerung im Kosovo aus (v. a. Vertreibung aus ihren angestammten Wohngebieten).

Nach dem Scheitern von Verhandlungen (Februar/März 1999) zwischen Vertretern der Kosovo-Albaner und der serbischen Regierung führte die NATO die von ihr (im Falle des Fehlschlags von Verhandlungen) angedrohten Luftschläge (März bis Juni 1999) gegen jugoslawische Militärstandorte, Truppenbewegungen, Regierungs- und Kommunikationszentren sowie Verkehrseinrichtungen und Industrieanlagen durch. Im Rahmen der »Allied Forces« waren amerikanische, britische, französische und deutsche Kampfflugzeuge an diesem Luftkrieg beteiligt, bei dem es jedoch auch viele zivile Opfer zu beklagen gab. Die NATO konnte zwar ihr unmittelbares Kriegsziel (Abzug der jugoslawischen Militär- und Polizeieinheiten aus dem Kosovo) erreichen, musste aber während ihres Einsatzes die Vertreibung von 863 000 Kosovo-Albanern durch serbische Polizei- und Militärkräfte hinnehmen. Nach Beendigung des Kriegs und der Stationierung einer NATO-Friedenstruppe, den »Kosovo Forces« (Abk. KFOR), konnten die Vertriebenen in ihre Wohnorte zurückkehren.

Von Februar bis Juli 2001 kam es auch im benachbarten Makedonien zu Kämpfen zwischen makedonischen Polizeikräften und der UÇK. Nachdem beide Seiten im Friedensabkommen von Ohrid (13. August 2001) die staatsrechtliche Stellung der Albaner Makedoniens und ihre Sprache verfassungsrechtlich aufgewertet hatten, begann unter der Assistenz von NATO-Einheiten (3 000 Mann unter Beteiligung der Bundeswehr) die ebenfalls in Ohrid vereinbarte Entwaffnung der UÇK und ihre Auflösung. Seit Ende September 2001 verblieb unter deutscher Führung ein kleines NATO-Kontingent (600 Mann) in Makedonien. Am 15. September 2002 konnten friedliche Wahlen abgehalten werden.

Kraft durch Freude, Abk. KdF: 1933 gegründete Organisation der ↑Deutschen Arbeitsfront zur (staatlich gelenkten) Urlaubs- und Freizeitgestaltung aller Bevölkerungsschichten.

Kranker Mann am Bọsporus: geringschätzige Bezeichnung für den ↑Sultan bzw. das Osmanische Reich seit dem erzwungenen Rückzug aus Ostmitteleuropa seit dem 18. Jahrhundert.

Kreis: ↑Landkreis, ↑Reichskreis.

Kreisauer Kreis: 1942 entstandene, nach dem Gut Kreisau H. J. Graf VON MOLTKES benannte Gruppe von Gegnern des Nationalsozialismus, die sich

K

zum Christentum als Basis »für die sittliche und politische Erneuerung« nach einem Sturz der nationalsozialistischen Herrschaft bekannte. Generelles Ziel war ein konservativ-sozialer Ausgleich zwischen den einzelnen Bevölkerungsgruppen, eine überschaubar gegliederte politische Ordnung des Reichs mit einer Delegierung der Macht von unten nach oben durch indirekte Wahlen. Mit dem Fehlschlag des Attentats vom ↑Zwanzigsten Juli 1944 brach auch die Arbeit des K. K. zusammen.

Kreml: 1485–95 wurde unter dem Zaren Iwan III. der Moskauer Kreml mit einer steinernen Mauer (2,25 km) aus rotem Backstein mit zahlreichen Türmen umgeben (Bildchronik, 16. Jh.).

Kreml: befestigter, burgartiger Stadtteil russischer Städte im Mittelalter, Zentrum der Verteidigung und zugleich Ort der Hauptbauten von Verwaltung und Kirche. Am bedeutendsten ist der K. in Moskau, der seit dem 15. Jh. bis zu PETER I. Residenz der Zaren war; seit 1918 erneut Regierungssitz, daher auch übertragen Bezeichnung für die offizielle Politik der UdSSR und (seit 1990/91) Russlands.

Kremsier, Reichstag von: Der im Juli 1848 aus allgemeinen Wahlen hervorgegangene österreichische Reichstag wurde nach der Niederschlagung des Oktoberaufstands von Wien in die mährische Stadt Kremsier verlegt. Angesichts der Bedrohung der demokratischen Errungenschaften fanden sich Deutsche und Slawen zusammen und erarbeiteten einen Kompromiss zur Neugliederung Österreichs, der den Nationen und den historischen Provinzen gleichermaßen eine Existenzmöglichkeit geben sollte. Praktische Auswirkungen hatte dieser Vorschlag ebenso wenig wie die in liberalem Geist ausgearbeiteten Grundrechte, da vor ihrer endgültigen Annahme der Reichstag am 4. März 1849 zur Verkündung der von der Wiener Regierung oktroyierten Verfassung gezwungen und aufgelöst wurde.

kretisch-minoische Kultur: nach dem sagenhaften König Minos benannte Kultur der Insel Kreta in der vorgriechischen ↑Bronzezeit, die etwa vom 3. Jt. v. Chr. bis 1100 v. Chr. dauerte und in drei Perioden aufgeteilt wird: eine frühminoische (3. Jt. bis 2000), eine mittelminoische (etwa 2000–1550) und eine spätminoische (1550–1375).

Die mittelminoische Periode ist die Zeit der älteren Paläste (Knossos, Phaistos), die Mittelpunkte von Städten waren und als fürstliche Residenzen und Sitz der kultischen Oberherrschaft und einer zentralistischen Verwaltung dienten. Straßennetz, steinerne Brücken, Kanalisations- und Entwässerungseinrichtungen, der Palast- und der Schiffsbau zeigen bereits eine hoch stehende Technik. Einer Katastrophe (Erdbeben?) um 1645, die besonders Knossos und Phaistos traf, folgte der Wiederaufbau, begleitet von einem künstlerischen und wirtschaftlichen Aufschwung, der jedoch durch eine weitere Katastrophe um 1450 beendet wurde. In der Zeit von 1400 bis 1100 wanderten Mykener ein und brachten ihre Kultur mit. Grundlage der k.- m. K. scheint die Verbindung der sozialen und religiösen Ordnung gewesen zu sein, als deren Zentrum Knossos gilt. V.a. der Kult einer Mutter- und Fruchtbarkeitsgöttin ist in vielen Wandmalereien nachweisbar. – Siehe auch ↑frühe Hochkulturen.

Kreuzfahrerstaaten: Herrschaftsgründungen der Kreuzfahrer in der Folge der ↑Kreuzzüge im 11.–13. Jh.; als K. entstanden die Grafschaften Edessa (1098–1146) und Tripolis (1102–1289) und das Fürstentum Antiochia (1098 bis 1268). Nach der Einnahme Jerusalems 1099 wurde GOTTFRIED IV. von Niederlothringen (GOTTFRIED VON BOUILLON) zum »Beschützer des Heiligen Grabes« gewählt, nach seinem Tod nahm sein Bruder BALDUIN den Titel eines »Königs von Jerusalem« an. Gegenseitige Rivalitäten schwächten die K. und leisteten dem Erstarken des Islam Vorschub.

Kreuzzüge: siehe S. 280.

Krieg-in-Sicht-Krise: außenpolitische Krise, ausgelöst durch das französische Militärgesetz vom März 1875, das durch eine Reform des Heerwesens die Möglichkeit zu einer raschen militärischen Verstärkung schuf. Darauf reagierte BISMARCK mit einem von ihm initiierten Zeitungsartikel in der »Post« vom 8. April 1875: »Ist Krieg in Sicht?«. Obwohl BISMARCK selbst kurz darauf einen deutschen Präventivkrieg gegen Frankreich prinzipiell ablehnte, wurde diese Möglichkeit von seinen Mitarbeitern weiter erörtert. Großbritannien und Russland intervenierten daraufhin diplomatisch zugunsten Frankreichs.

Kriegsschuldfrage: allgemein die Frage nach der Schuld für die Verursachung eines Krieges, die politisch bedeutsam v.a. für den Ersten und Zweiten Weltkrieg wurde.

Erster Weltkrieg: Die Festlegung alleiniger deutscher Kriegsschuld in Art. 231 des ↑Versailler Vertrags führte zunächst zu dem Versuch der deutschen Kriegsschuldforschung, die deutsche Schuldlosigkeit nachzuweisen. Auch die nichtdeutsche Geschichtswissenschaft distanzierte sich bis 1939 von der Behauptung alleiniger deutscher Kriegsschuld bis zum Standpunkt einer Gesamtverantwortung aller späteren Kriegsmächte. Nach dem Zweiten Weltkrieg griff die Forschung die Frage der Kriegsschuld von 1914 erneut auf. Besonders nach der von F. FISCHER ausgelösten Diskussion (Fischer-Kontroverse) Anfang der 1960er-Jahre wird auch von deutschen Historikern von einer erheblichen deutschen Mitschuld ausgegangen.

Zweiter Weltkrieg: Die ↑Nürnberger Prozesse gegen die Hauptkriegsverbrecher hatten die Verantwortung des Deutschen Reichs für den Zweiten Weltkrieg so deutlich gemacht, dass sich fast zwangsläufig die These von der nationalsozialistischen »Entfesselung« des Zweiten Weltkriegs (W. HOFER) ergab. Heute ist es in der wissenschaftlichen Forschung unumstritten, dass der Ausbruch des Zweiten Weltkriegs Alleinschuld des nationalsozialistischen Deutschland ist.

Kriegsverbrecherprozesse: Seit 1993 führt das vom UN-Sicherheitsrat eingerichtete **Internationale Strafgericht für Verbrechen im ehemaligen Jugoslawien** (mit Sitz in Den Haag, Niederlande) gegen Politiker und Generäle des früheren Jugoslawien Prozesse wegen Verletzungen des humanitären Völkerrechts, Verbrechen gegen die Menschlichkeit und Völkermord. 2001 lieferte die serbisch-jugoslawische Teilregierung den früheren Präsidenten S. MILOŠEVIĆ an das Gericht aus.

Seit 1995 untersucht ein ebenfalls von der UN eingerichtetes **Internationales Strafgericht für Ruanda** (Sitz: Arusha, Tansania) Massenmorde, die 1994 in Ruanda an etwa einer Million Menschen begangen worden sind.

Krimkrieg: militärischer Konflikt Russlands mit dem Osmanischen Reich, Großbritannien und Frankreich 1853/54 bis 1856. Ursache war v.a. die ↑orientalische Frage, die sich durch den Zerfall des Osmanischen ▸ *Fortsetzung auf S. 283*

Die Kreuzzüge des Hochmittelalters waren von der Kirche sanktionierte militärische Unternehmungen mit dem Ziel, Jerusalem und das Heilige Land für die Christenheit zu gewinnen. Mit den religiösen Motiven verbanden sich materielle Interessen. Als Kreuzzüge galten auch Unternehmungen wie der ↑Wendenkreuzzug gegen heidnische Slawen östlich der Elbe, die vernichtende Strafmaßnahme gegen die aufsässigen Stedinger Bauern in Norddeutschland (1234), die Bekämpfung der ↑Albigenser sowie einige Feldzüge im Rahmen der ↑Reconquista.

Die Grausamkeit der Kreuzzüge veranschaulicht diese Darstellung der Belagerung von Nikaia im Jahre 1097: Die Kreuzfahrer beschießen mithilfe einer Wurfmaschine die belagerte Stadt mit den abgeschlagenen Köpfen ihrer Feinde.

Gute Aussichten: geistliches Heil und weltliches Glück

Ausgelöst wurde die Kreuzzugsbewegung durch das Vordringen der Seldschuken im Vorderen Orient. Damit war zum einen christlichen Pilgern der Zugang nach Jerusalem mit seinen heiligen Stätten (v.a. Grab Christi) erschwert, zum anderen bedrängte dieses türkische Volk das Byzantinische Reich in Kleinasien, das daraufhin im Westen um Beistand bat. Papst Urban II. ließ sich diese Gelegenheit, sich als Führer der Christenheit in Szene zu setzen, nicht entgehen: Auf der Synode von Clermont 1095 rief er wortgewaltig zur Heerfahrt nach Palästina auf, um die Christen und die heiligen Stätten im Orient zu befreien. »Gott will es« lautete die Losung. Der Zeitpunkt für ein solches Unternehmen war günstig. Im 11. Jh. hatten kirchliche Reformbewegungen das Interesse an der spirituellen Dimension der christlichen Religion verstärkt, und so muss bereits der versprochene Ablass der Sünden und die bevorzugte Aufnahme ins Himmelreich Grund genug gewesen sein, als Krieger-Pilger nach Jerusalem zu fahren. Von Bedeutung war auch, dass aufgrund eines Anstiegs der Bevölkerung in Europa das zu verteilende Land für die wachsende Nachkommenschaft des Adels knapp wurde. Mit der Aussicht auf Beute und Land zogen die Kreuzfahrer plündernd und teils grausam gegen die einheimische Bevölkerung in das Heilige Land.

Wechselndes Kriegsglück und andauernde Rivalitäten

Der 1. Kreuzzug (1096–99) war militärisch der erfolgreichste. 1099 nahmen die Kreuzfahrer Jerusalem. In Palästina, Syrien und Kleinasien entstanden als Feudalstaaten nach westlichem Muster ↑Kreuzfahrerstaaten (↑Lehnswesen).

Nach der Eroberung des Kreuzfahrerstaats Edessa 1144 rief Bernhard von Clairvaux den deutschen und französischen König zum 2. Kreuzzug (1145–49) auf. Als Sultan Saladin die Kreuzritter vernichtend schlug und nach der Eroberung Jerusalems 1187 alle christlichen Spuren an Felsendom und al-Aksa-Moschee tilgen ließ, nahmen Kaiser Friedrich I. Barbarossa sowie der König von Frankreich, Philipp August, und von England, Richard Löwenherz, das Kreuz. Als jedoch Friedrich Barbarossa, der Anführer des 3. Kreuzzugs

Der Krak des Chevaliers in Westsyrien ist ein wichtiges und gut erhaltenes Beispiel der Festungsarchitektur des 12./13. Jahrhunderts. Mit solche Befestigungsanlagen sicherten die Kreuzfahrer im östlichen Mittelmeerraum den während der Kreuzzüge errungenen Herrschaftsanspruch.

(1189–92), 1190 im Fluss Saleph (heute: Türkei) ertrank, verhinderte die Rivalität des englischen und französischen Königs ein gemeinsames Vorgehen und Jerusalem blieb in muslimischer Hand.

Dass die Kreuzzüge unter Führung der mächtigsten Könige Europas standen, belegt ihr gewachsenes Prestige. Wer Jerusalem und das Heilige Land kontrollierte, durfte die Führung der gesamten Christenheit beanspruchen. Daraus erklärt sich, dass die Kreuzzüge durch andauernde Rivalitäten geprägt waren: Das Byzantinische Reich, wichtigster Verbündeter der Kreuzfahrer im Osten, war mit seinem imperialen Anspruch zugleich ein Rivale des deutschen Kaisers und der europäischen Könige. Der Papst in Rom wiederum hoffte darauf, das ↑Morgenländische Schisma zwischen römisch-katholischer und griechisch-byzantinischer Kirche rückgängig machen zu können und als alleiniges Oberhaupt einer Einheitskirche aus den Kreuzzügen hervorzugehen.

Mit dem Aufruf zum 4. Kreuzzug 1198 demonstrierte INNOZENZ III. den Anspruch des Papsttums auf die geistige Urheberschaft an den Kreuzzügen und auf politische Führung. Der folgende Kreuzzug von 1202 bis 1204 wurde jedoch vom venezianischen Dogen ENRICO DANDOLO aus Handelsinteressen gegen Konstantinopel umgelenkt. Die Kreuzfahrer, die die byzantinische Hauptstadt 1203/04 mit großem Beutegewinn eroberten, errichteten mithilfe der Venezianer das sog. Lateinische Kaiserreich, das sich bis 1261 halten konnte.

Vor dem 5. Kreuzzug machte der ↑Kinderkreuzzug von sich reden, an dem einfache Menschen aus dem Volk – nicht nur Kinder – beteiligt waren. Der Zug gelangte bis nach Rom und zerfiel kläglich nach seinem Scheitern. Der 5. Kreuzzug (1228–29) unter der Führung des vom Papst zunächst zum Kreuzzug verpflichteten, dann exkommunizierten Kaisers FRIEDRICH II. war vom Kampf zwischen Kaiser und Papst um die Vorherrschaft in Italien überschattet. FRIEDRICH gelang es jedoch durch Verhandlungen mit dem Sultan, Jerusalem und Teile Palästinas zurückzugewinnen. Der 6. Kreuzzug (1248–54) unter der Führung König LUDWIGS IX., DES HEILIGEN, von Frankreich war durch den erneuten Verlust Jerusalems veranlasst, hatte jedoch Ägypten zum Ziel. Das Unternehmen scheiterte, ebenso wie der 7. Kreuzzug (1270), in dem LUDWIG den Tod fand. Gegen Ende des 13. Jh. waren sämtliche Eroberungen der Kreuzfahrer im Orient, zuletzt die Küstenstadt Akko (1291), verloren.

■ Historische Wirkung

· Obwohl das 200-jährige »Großunternehmen« ohne dauerhaften Erfolg geblieben war, waren die Kreuzzüge für Europa überaus folgenreich. Sie trugen zur Blüte und Verfeinerung der Ritterkultur (↑Ritter) bei: Was bislang nur für Fürsten galt – die Verpflichtung zum Schutz der Armen, Witwen und Waisen – wurde nun auch Ideal des einfachen Ritters.

· Die Verbindung zwischen Kriegerstand und Christentum führte zu der Entstehung der geistlichen ↑Ritterorden.

· Aus dem kulturell höher stehenden Orient gelangte der Sinn für eine verfeinerte Lebensart nach Europa und mit ihm Wörter wie »Sofa« und »Matratze«. Auch das Wiederauftauchen im Westen verloren gegangenen, in der arabischen Welt jedoch bewahrten Kulturwissens der griechischen Antike wird mit den Kreuzzügen in Verbindung gebracht: Die Schriften des ARISTOTELES sowie antiker und arabischer Mathematiker gelangten über Spanien und Sizilien nach Europa, wo das lange, relativ friedliche Nebeneinander arabischer, jüdischer und christlicher Kultur mehrsprachige Gelehrte hervorbrachte.

· Die Kreuzzüge beeinflussten das Verhältnis von Religion und Gesellschaft: In der Zeit der Kreuzzüge entstanden Ketzer- und kirchliche Reformbewegungen und mit ihnen die ↑Inquisition.

· Der soziale Ausschluss der Juden verstärkte sich: Noch bevor sich das erste Ritterheer gesammelt hatte, war eine Menge einfacher Leute beiderlei Geschlechts, die von umherziehenden Predigern angeführt wurden, den Rhein hinunter gezogen. Ihre Kreuzzugsbegeisterung äußerte sich darin, dass sie die Juden, die »Christusmörder«, gleich im eigenen Land vernichten wollten.

· Während die Kreuzzüge im Westen als Konfrontation zwischen dem Christentum und seinen Feinden wahrgenommen wurden, galten sie in dem mit größeren kulturellen und ökonomischen Ressourcen ausgestatteten Orient kaum mehr als Fortsetzung der Grenzkriege mit Byzanz. Doch schwächten die Kreuzzüge den Gedanken der religiösen Toleranz im Orient, die Idee des Dschihad, des heiligen Kriegs, gewann an Boden.

· Politisch trugen die Kreuzzüge ebenso zur Schwächung des Papsttums wie des Kaisertums bei, jene Mächte, die den Gedanken der Universalität des Christentums mit imperialen Ansprüchen verbunden hatten. Die Kreuzzüge schwächten auch Byzanz. Das machte den Weg frei für die türkischen Osmanen, die 1493 Konstantinopel einnahmen und anschließend auf den Balkan vordrangen.

· Gestärkt wurden dagegen die Positionen der italienischen Städte, besonders Venedigs, im Handel und in der Finanzwirtschaft.

· Als erste Expansions- und Kolonisierungsunternehmen Europas weisen die Kreuzzüge auf das Zeitalter der Entdeckungen im 15. und 16. Jh. voraus (↑Entdeckungsreisen). Auch die Missionierungs- und Kolonisierungsaktivitäten des ↑Deutschen Ordens im Baltikum stehen in diesem Zusammenhang.

· Während der Aufklärung verloren die Kreuzzüge ihr Ansehen. Sie galten fortan als Zeugnis der Verblendung einer barbarischen Epoche. Die arabischen Eliten hingegen beziehen sich noch heute auf SALADINS Rückeroberung Jerusalems. Während der ↑Suezkrise von 1956 war in der ägyptischen Presse vielfach vom Kreuzzug der Engländer und Franzosen von 1191 die Rede. ■

Ein empfehlenswertes Internetportal ist *www.kreuzzuege.franks-themen.de*

BARTH, REINHARD: *Taschenlexikon Kreuzzüge.* München 1999. ■ MAYER, HANS EBERHARD: *Geschichte der Kreuzzüge.* Stuttgart [9]2000. ■ RUNCIMAN, STEVEN: *Geschichte der Kreuzzüge.* Sonderausgabe München 33.–35. Tausend 2001.

◂ *Fortsetzung von S. 279* Reichs und die daraus resultierenden Interessengegensätze der Großmächte, v.a. Russlands und Großbritanniens, im zweiten Viertel des 19. Jh. krisenhaft zuspitzte.
1853 verlangte Russland von der Hohen Pforte, allen christlichen Untertanen des Sultans eine privilegierte Stellung und die russische Schutzherrschaft zu garantieren. Als dies die Pforte mit britischer Unterstützung ablehnte, besetzten im Juli russische Truppen die Donaufürstentümer Moldau und Walachei. Nach den Kriegserklärungen der Pforte (29. September 1853) und der Westmächte (28. März 1854) führten am 14. September 1854 auf der Krim gelandete britisch-französische Truppen mit der Einnahme der bis 9. September 1855 belagerten Festung Sewastopol die militärische Entscheidung herbei. Sie wurde begleitet von einem gegen den Willen der deutschen Mittelstaaten geschlossenen Bündnis der Westmächte mit Österreich, das ohne Kriegseintritt durch seine drohende Haltung russische Kräfte band. Das vor dem totalen, v.a. wirtschaftlichen Ruin stehende Russland musste im Frieden von Paris (30. März 1856) auf das Donaudelta verzichten; die christlichen Untertanen des Sultans wurden unter den Schutz sämtlicher Großmächte gestellt; darüber hinaus musste sich Russland zur Entmilitarisierung des Schwarzen Meeres verpflichten (↑Meerengenfrage). Die Niederlage im K. hatte die gewaltigen Mängel des russischen Staatswesens offenbart (unterentwickelte Verkehrs- und Verwaltungseinrichtungen, Korruption) und bewirkte innenpolitisch eine Epoche umfassender Reformen.

Kronstadter Aufstand: Die Unzufriedenheit der Arbeiterschaft mit der materiellen Lage und mit der Bevormundung des gesamten öffentlichen Lebens durch die bolschewistische Parteiführung führte im Februar und März 1921 zu umfangreichen Streiks in Petrograd (früher Sankt Petersburg, 1924–91 Leningrad, seit 1991 wieder Sankt Petersburg) und zu einem spontanen Aufstand der Matrosen in Kronstadt, das seit der Revolution von 1905 eine Hochburg der Bolschewiki gewesen war. Die Aufständischen forderten freie Wahlen und klagten die Einparteiendiktatur der Bolschewiki an. Am 18. März 1921 schlug die Rote Armee den Aufstand blutig nieder.

Krönung: feierliche Einsetzung eines Herrschers in seine Rechte und Würden durch Aufsetzen der Krone, oft verbunden mit kirchlicher Salbung und Eidesleistung durch den Herrscher, sowie anschließende ↑Huldigung der Fürsten und des Volks. Die deutschen Könige wurden in Aachen, ab 1562 in Frankfurt am Main vom Erzbischof von Köln bzw. Mainz gekrönt; die **Kaiserkrönung** erfolgte in der Regel durch den Papst in Rom.

Krügerdepesche: Glückwunschtelegramm Kaiser WILHELMS II. vom 3. Januar 1896 an den Präsidenten der Südafrikanischen Republik (Transvaal), P. KRÜGER, nach der erfolgreichen Abwehr eines britischen Überfalls. Die K., mit der das Deutsche Reich eine militärisch und politisch nicht einlösbare Beschützerrolle für die Burenrepublik zu übernehmen schien, galt in Großbritannien als feindseliger Akt und belastete das Verhältniss zwischen Großbritannien und dem ↑Dreibund.

Krụmpersystem: ein im preußischen Heer 1808–12 praktiziertes System, Rekruten kurzfristig auszubilden und vorzeitig zu entlassen, wodurch unter Umgehung der im Pariser Vertrag von 1808 festgesetzten Höchststärke der Armee (42 000 Mann) eine Reserve von 150 000 Mann geschaffen wurde.

KSZE, Abk. für **K**onferenz über **S**icherheit und **Z**usammenarbeit in **E**uropa: Die Konferenz wurde in Helsinki im Juli 1973 von 33 europäischen Staaten sowie von Kanada und den USA eröffnet, in Genf von September 1973 bis Juli 1975 fortgesetzt und in Helsinki am 1. August 1975 mit der Unterzeichnung der selbstverpflichtenden **Schlussakte von Hel-**

sinki beendet: In drei »Körben« behandelt diese die Prinzipien der zwischenstaatlichen Beziehungen (Korb I), die Zusammenarbeit u.a. in Wirtschaft, Wissenschaft und Umwelt (Korb II) sowie die Pflege menschlicher Kontakte zwischen den Staaten und freien Informationszugang (Korb III). Besonders Korb III hatte starken Einfluss auf die Entwicklung der Bürgerrechtsbewegung in Ostmittel-, Südost- und Osteuropa. Die zur Überprüfung der KSZE-Beschlüsse zwischen 1977 und 1994 anberaumten **Folgekonferenzen** trugen stark zum Entspannungsprozess im Ost-West-Konflikt bei. Auf der Nachfolgekonferenz in Budapest nannte sich die KSZE in Organisation für Sicherheit und Zusammenarbeit in Europa (↑OSZE) um.

aller sowjetischen Raketen und Abschussanlagen und verhängte eine Seeblockade um Kuba. Am 28. Oktober erklärte sich CHRUSCHTSCHOW zum Abzug dieser Waffensysteme bereit. Als Gegenleistung sagten die USA zu, keine weitere Invasion gegen Kuba zu unternehmen. (1961 war ein von der CIA geplanter und von der amerikanischen Regierung unterstützter Invasionsversuch von Exilkubanern in der Schweinebucht [spanisch: Bahía de Cochinos] unternommen worden, um den kubanischen Staatschef F. CASTRO zu stürzen; die Aktion scheiterte jedoch.) Die K. hatte die Großmächte an den Rand eines Krieges geführt und machte die Notwendigkeit einer ↑Entspannungspolitik deutlich.

k. u. k.: ↑Doppelmonarchie.

Ku-Klux-Klan: Mitglieder des Geheimbundes mit der für sie typischen weißen Kutte und der über das ganze Gesicht gezogenen Kapuze. Die absolute Gehorsamspflicht sowie Eid und Weihe mit Fluchdrohung sollen den ordensähnlichen Charakter des Bundes unterstreichen.

Kubakrise: den Weltfrieden bedrohende Konfrontation der USA und der UdSSR, die den Höhe- und zugleich Wendepunkt des ↑Kalten Krieges darstellte, ausgelöst durch die Stationierung sowjetischer Mittelstreckenraketen auf Kuba 1962. Der amerikanische Präsident J. F. KENNEDY verlangte am 22. Oktober 1962 den Abbau und die Rückführung

Ku-Klux-Klan [ku:klʊks'kla:n, englisch kju:klʌks'klæn]: zwei terroristische Organisationen im Süden der USA. Der erste als Zusammenschluss weißer Farmer 1865 gegründete Geheimbund kämpfte gegen die Aufhebung der Sklaverei und gegen das Wahlrecht für Schwarze. Die meist nächtlichen Aktionen der in weißer Kapuzentracht gekleideten Mitglie-

der des K.-K.-K. waren oft mit Brandstiftung, Auspeitschungen und Fememorden verbunden; sie richteten sich v.a. gegen emanzipierte Schwarze und radikale Republikaner. Bei seiner Auflösung 1869 (1870 und 1871 durch Bundesgesetze) umfasste der K.-K.-K. 550000 Mitglieder.
Der zweite, 1915 gegründete und nur äußerlich an den ersten anknüpfende K.-K.-K. richtete sich primär gegen religiöse, rassische und ethnische Minderheiten (Katholiken, Juden, Schwarze, Iren) sowie Repräsentanten der städtischen Zivilisation. 1924/25 erreichte der Klan mit 4 bis 5 Mill. Mitgliedern den Höhepunkt seiner Macht. In den 1960er-Jahren bekämpfte er (mit etwa 30000 bis 40000 Mitgliedern) v.a. die Rassenintegration.

Kulturkampf: von R. VIRCHOW Anfang 1873 gebrauchte Bezeichnung für die nach der Reichsgründung 1870/71 beginnende Auseinandersetzung zwischen Staat, Parteien und katholischer Kirche speziell in Preußen um eine neue Abgrenzung zwischen Staat und Kirche. Der Widerstand der katholischen Kirche und des Zentrums richtete sich gegen den Anspruch des Staates auf Omnipotenz (Allgewalt) im kulturpolitischen Bereich, gegen die kleindeutsche Reichsgründung unter preußisch-protestantischer Hegemonie und wurde durch die Frontstellung Papst PIUS' IX. gegen Liberalismus, ↑Laizismus und Pluralismus gestützt. Mit einer Reihe von staatlichen Maßnahmen (u.a. 1871 die Aufhebung der katholischen Abteilung im Kultusministerium und der »Kanzelparagraph«, der eine den öffentlichen Frieden bedrohende Erörterung staatlicher Angelegenheiten durch Geistliche in Ausübung ihres Amtes mit Gefängnis bedrohte, 1872 das Schulaufsichtsgesetz und das Verbot des Jesuitenordens, die Einführung der Zivilehe) versuchte O. VON BISMARCK, die Machtstellung der katholischen Kirche zu untergraben, doch gingen Zentrum und Katholizismus aus dem K. gestärkt hervor (Verdopplung der Wählerzahlen in Preußen 1873 und im Reich 1874). Erst 1879 kam es auf Bemühen BISMARCKS und durch die flexiblere Haltung Papst LEOS XIII. zu einem allmählichen Ausgleich.
Von den staatlichen Maßnahmen überdauerten den K. nur staatliche Schulaufsicht, Kanzelparagraph, Zivilehe und bis 1917 das Jesuitengesetz. Der K. belastete das politische Leben im Deutschen Reich und trug nachhaltig zur Verschärfung der Gegensätze zwischen den gesellschaftlichen Gruppen bei.

Kulturrevolution: Grundkonzept und Zielsetzung kommunistischer Kulturpolitik, erstmals 1917/21 von W. I. LENIN entworfen. Als Begriff v.a. für die im Herbst 1965 von der chinesischen KP unter MAO ZEDONG eingeleitete Massenbewegung bekannt. Durch den Bruch mit westlichen und traditionellen chinesischen Denk- und Lebensweisen sollte über eine Veränderung des Bewusstseins der neue »sozialistische« Mensch geschaffen werden. Den anschließenden bürgerkriegsähnlichen Zuständen (Rote Garden) trat die Armee entgegen, sodass sich die Verhältnisse 1967 stabilisierten. Heute gilt die K. als überwunden.

Kuomintang [chinesisch »Nationale Volkspartei«]: chinesische Partei, die 1912 aus der von SUN YATSEN 1907 gegründeten Geheimgesellschaft **Tung-meng-hui** (»Schwurbrüderschaft«) hervorgegangen war. 1913 unter der Militärdiktatur zunächst aufgelöst, wurde die K. 1923 mit sowjetischer Hilfe wieder aufgebaut und schloss sich mit der Kommunistischen Partei Chinas (KPCh) zur nationalen Einheitsfront zusammen (1923–27). Nach dem Bruch des Kuomintanggenerals CHIANG KAI-SHEK mit dem kommunistischen Bündnispartner kam es 1927–37 zum Bürgerkrieg, bis 1937 auf Betreiben MAO ZEDONGS eine neue Einheitsfront zwischen K. und KPCh zustande kam, um die Bedrohung durch den japanischen Angriff (Japanisch-Chinesischer Krieg 1937–45) ab-

K

zuwenden. Nach der japanischen Niederlage 1945 scheiterten jedoch die Verhandlungen über eine Koalitionsregierung mit der KPCh, es brach erneut der Bürgerkrieg aus (1945–49), in dessen Verlauf die K. ganz aus Festlandchina vertrieben wurde. 1949 errichtete sie unter CHIANG KAI-SHEK eine Militärregierung auf der Insel Taiwan.

Kurfürsten [von mittelhochdeutsch kur »Wahl«]: Wähler des deutschen Königs. Wurden bereits im Frühmittelalter die Herrschererhebungen in Form von Wahlen durch den Adel vorgenommen, so verdichtete sich die zur Wahl berechtigte Fürstengruppe im 11./12. Jh. und wurde im Lauf des 13. Jh. zu einem festen Wahlkörper (**Kurfürstenkollegium**), der dem Königtum gegenübertrat. 1356 legte KARL IV. in der ↑Goldenen Bulle das Mehrheitswahlprinzip der sieben Kurfürsten (neben den Erzbischöfen von Mainz, Trier und Köln als geistliche Fürsten der Pfalzgraf bei Rhein, der Markgraf von Brandenburg sowie die Herren von Böhmen und Sachsen) als Grundgesetz des Heiligen Römischen Reichs fest und verbriefte das Recht der K., sich zu versammeln und über die Reichspolitik zu beraten (↑Kurverein).

Kurfürstenkollegium (Kurkollegium): Bezeichnung für die Gesamtheit der ↑Kurfürsten sowie für die im 15. Jh. entstandene erste ↑Kurie des ↑Reichstags, die sich vom ↑Reichsfürstenrat getrennt hatte.

Kuriatstimme: diejenige Stimme in einem Kollegium (Kurie), die von einem Stimmberechtigten nur mit anderen zusammen als Gesamtstimme abgegeben werden kann. Im ↑Reichstag des Heiligen Römischen Reichs hatten K. im ↑Reichsfürstenrat die Reichsgrafenbänke (Wetterauische, Schwäbische, Fränkische und Westfälische Grafenbank) und die Rheinischen und Schwäbischen Prälatenbänke. – Im engeren Rat der ↑Bundesversammlung des Deutschen Bundes waren die Kleinstaaten zu sechs K. vereinigt.

Kurie:

◆ im Heiligen Römischen Reich die auf ↑Reichstagen und ↑Landtagen getrennt beratenden Vertreter der Reichs- bzw. Landstände; auf dem Reichstag das ↑Kurfürstenkollegium, der ↑Reichsfürstenrat und das Kollegium der ↑Reichsstädte.

◆ (Römische Kurie): Bezeichnung für alle vom Papsttum ausgebildeten Organe, Behörden und Gremien mit Sitz in Rom (seit dem 11. Jh.). Die K. übt die weltlichen Hoheitsrechte im ↑Kirchenstaat, die geistlichen über die gesamte katholische Kirche aus.

Kurlande: die Reichslehnsgebiete der ↑Kurfürsten, mit denen die **Kurwürde**

Kurfürsten: Kaiser Maximilian II. mit dem Kurfürstenkollegium; links die drei geistlichen Kurfürsten, die Erzbischöfe von Köln, Mainz und Trier; rechts die vier weltlichen Kurfürsten, der König von Böhmen (Erzschenk), der Pfalzgraf bei Rhein (Erztruchsess), der Herzog von Sachsen (Erzmarschall) und der Markgraf von Brandenburg (Erzkämmerer) (Holzschnitt, 16. Jh.)

verbunden war; nach der Goldenen Bulle unteilbar und (sofern weltlich) nur nach dem Erstgeburtsrecht vererbbar.

kurulische Beamte: im antiken Rom ↑Magistrate, denen die **Sella curulis,** ein elfenbeinerner Klappstuhl, zustand, auf der sie Platz nahmen, wenn sie zu Gericht saßen oder Volksversammlungen oder Senatssitzungen leiteten. Unter den alljährlich gewählten Magistraten gehörten zu den k. B. die kurulischen (im Unterschied zu den plebejischen) Ädilen, alle Prätoren und die beiden Konsuln.

Kurverein (Kurfürstentag): Zusammenschluss der ↑Kurfürsten zur Beratung von Reichsangelegenheiten und entsprechenden Beschlussfassungen, wozu sie vor allem die ↑Goldene Bulle von 1356 berechtigte.

Kurverein von Rhense: Am 16. Juli 1338 schlossen sich die ↑Kurfürsten (mit Ausnahme des böhmischen) in Rhense bei Koblenz zur Verteidigung des Reichsrechts und ihrer Kurrechte, v. a. gegen päpstliche Ansprüche, zusammen. Die Kurfürsten ergriffen für LUDWIG IV., DEN BAYERN, Partei, indem sie in einem Rechtsspruch festsetzten, dass der von ihnen oder ihrer Mehrheit zum Römischen König Gewählte ohne päpstliche Anerkennung oder Bestätigung (Approbation) rechtens den Königstitel führe.

Kyotoprotokoll: ↑Weltklimakonferenzen.

KZ: ↑Konzentrationslager.

L

Labour Party ['leɪbə 'pɑːtɪ]: 1900 gegründete, aus der britischen Gewerkschaftsbewegung hervorgegangene britische Arbeiterpartei. Sie versteht sich als sozialistische Partei, die ihre Ziele nicht durch Revolution, sondern mit demokratisch-parlamentarischen Mitteln durchsetzen will. Nach geringen Anfangserfolgen gelang der L. P. nach dem Ersten Weltkrieg der Durchbruch, wobei sie anstelle der Liberalen zur zweiten großen englischen Partei wurde. 1923 stellte sie mit R. MACDONALD zum ersten Mal den Premierminister, 1929 war sie erstmals stärkste Partei. Nach 1945 leitete sie unter C. ATTLEE den Aufbau des britischen Wohlfahrtsstaats ein.

Laibach, Kongress von: vom Januar bis Mai 1821 in Laibach (Ljubljana) tagende Konferenz europäischer Mächte. Der Kongress beschloss entgegen den Einwänden Frankreichs und der italienischen Staaten die bewaffnete Intervention Österreichs in Piemont und Neapel im Auftrag der ↑Heiligen Allianz. Frankreich und Großbritannien nahmen daraufhin an der Konferenz nicht mehr teil. Parallel zur Besetzung Neapels, wo am 15. Mai 1821 das Königtum wieder errichtet wurde, schlugen die österreichischen Truppen im April einen im Februar ausgebrochenen Aufstand in Piemont-Sardinien nieder.

Laie: im Kirchenrecht der im Unterschied zum ↑Klerus Ungeweihte. **Laienbrüder** sind Mitglieder einer Klostergemeinschaft, die nur ein Gelübde ablegen, aber keine Weihe erhalten; sie verrichten in erster Linie handwerkliche Dienste. **Laienäbte** waren im Besitz von Klostereinkünften, ohne die geistlichen Weihen zu besitzen.

Laieninvestitur: Einsetzung von Klerikern in ihr Amt durch Laien, v. a. die Einsetzung hoher kirchlicher Würdenträger durch Inhaber der weltlichen Macht.

Laissez-faire-Prinzip [lɛse'fɛːr; von französisch laissez faire »lasst machen«, »lasst gehen«]: in Ablehnung des ↑Merkantilismus entstandene Forderung des Liberalismus nach einer Wirtschaftsordnung ohne Eingriffe des Staates.

Laizismus: im 19. Jh. in Frankreich entstandene Bezeichnung für das sich v. a. seit der Französischen Revolution durchsetzende Bestreben, den Einfluss von Kirche und Religion auf das öffentliche Leben einzuschränken oder auszuschalten. Von Papst PIUS IX. abgelehnt, wurde der L. im 19. Jh. zum festen Bestandteil liberaler und demokratischer Forderungen.

Landesfreiheiten: die zwischen Landesherren und ↑Landständen ausgehandelten Rechtsnormen sowie die Rechte und Freiheiten (↑Privilegien) der Landstände innerhalb eines Territoriums.

landesherrliches Kirchenregiment: Nach der Reformation nahmen in den protestantischen Territorien die Landesherren Rechte zur Regelung der äußeren Kirchenbelange wahr (im Unterschied zu den mit dem geistlichen Amt verbundenen geistlichen Rechten). Die im ↑Augsburger Religionsfrieden aufgehobene bischöfliche Jurisdiktionsgewalt wurde auf den Landesherrn übertragen (später als **Summepiskopat** bezeichnet). Zur Aufsicht über die kirchlichen Angelegenheiten setzten die Landesherren u.a. Visitationskommissionen ein, aus denen später die Konsistorien hervorgingen. Die Landesherren hatten außerdem die Pflicht zur Erhaltung der kirchlichen Ordnung und das ↑Ius Reformandi. Der ↑Westfälische Frieden fixierte den Bekenntnis- und den Besitzstand an Kirchengütern nach der Lage im »Normaljahr« 1624. Das l.K. führte im Absolutismus zu weit reichenden Eingriffen der staatlichen Macht in kirchliche Bereiche.

Landesherrschaft: seit dem Hochmittelalter im Heiligen Römischen Reich entstandene Herrschaftsgewalt über ein räumlich fest umgrenztes Territorium. Die Ursprünge der L. liegen in der adligen Hausherrschaft (↑Allod) sowie in der ↑Grundherrschaft. Die Verleihung von ↑Regalien und die Überlassung der Landfriedenswahrung verschafften den späteren Landesherren in den Gebieten ihrer Herrschaft eine obrigkeitliche Stellung; festigend wirkte auch das Erblichwerden der Lehen.

Die erste reichsgrundgesetzliche Bestätigung dieser Entwicklung der L. erfolgte in den ↑Fürstenprivilegien Kaiser FRIEDRICHS II. (1220 und 1231/32) zugunsten der geistlichen und weltlichen Fürsten. Die ↑Goldene Bulle 1356 steigerte die L. der Kurfürsten erheblich und wurde Ansporn auch für die anderen Reichsstände.

Der Wandel vom Personenverbandsstaat zum Flächenstaat bestimmte die deutsche staatliche Entwicklung bis ins 17. Jh. und war vom Streben der Landesherren nach Vereinigung aller Hoheitsrechte zur vollen Landeshoheit bestimmt, die ihnen 1648 zuerkannt wurde.

Landeshoheit: im Heiligen Römischen Reich die einheitliche obrigkeitliche Gewalt eines Landesherrn, die in den Territorien seit dem 14. Jh. auf der Grundlage der ↑Landesherrschaft durch Summierung einzelner Hoheitsrechte v.a. gegenüber ständischen Sondergewalten und -rechten durchgesetzt wurde. Die Anerkennung der L. als selbstständige territoriale Herrschaftsgewalt erfolgte im ↑Westfälischen Frieden 1648. Dies schuf mit dem gleichfalls zuerkannten Recht, eigene Heere aufzustellen, und dem reichsständischen Bündnisrecht die Grundlagen moderner Staatlichkeit, führte bis 1806 aber nicht zur Souveränität, die im Reich allein dem Kaiser zukam.

Landfolge: im Mittelalter die Verpflichtung aller wehrfähigen freien Männer zum Kriegsdienst, zur Verfolgung von Rechtsbrechern und zur Hilfeleistung bei Katastrophen.

Landfriede: in Anschluss an den ↑Gottesfrieden seit dem 12. Jh. ein öffentlich-rechtlicher Schutz gegen den Missbrauch der ↑Fehde. Der L. erlaubte Fehde nur, soweit sie rechtzeitig und förmlich angekündigt wurde, und stellte schutzbedürftige Institutionen (z.B. Kirchen) und Personen (Geistliche, Frauen, Kaufleute, Bauern) unter Schutz. Zur Wahrung des zunächst zeitlich begrenzten L. wurden Strafen festgesetzt, im Spätmittelalter Sondergerichte auf Reichsebene und in den Territorien gebildet. Die Anordnung des L. blieb dem Kaiser vorbehalten. Anfangs zeitlich befristet, wurde 1495 der ↑Ewige Landfriede auf dem Wormser Reichstag verkündet, der jedoch die ständigen Adelsfehden und die mangelnde Zentral- und Polizeigewalt der Reichsregierung nicht beseitigen konnte.

Landgericht: im frühen Mittelalter das für eine Grafschaft zuständige Hochgericht (↑hohe Gerichtsbarkeit), dessen Kompetenzen zunehmend auf die ↑niedere Gerichtsbarkeit eingeschränkt wurden. Besondere Bedeutung hatten die kaiserlichen L. in Schwaben und Franken, die kaiserliche Lehen waren und kraft kaiserlicher Autorität Recht sprechen konnten.

Landgraf: seit dem 12. Jh. Titel für die Vertreter königlicher Rechte in Gebieten, in denen dem König die herzogliche Gewalt selbst zustand (z. B. Thüringen) bzw. in denen sie zugunsten des Reichs eingeschränkt werden konnte (z. B. Elsass). Ursprünglich vom König mit der ↑hohen Gerichtsbarkeit belehnt, war der L. vorsitzender Richter des ↑Landgerichts, seit dem 13. Jh. Landesherr einer **Landgrafschaft.** Neben der wichtigen Landgrafschaft Thüringen entstanden u. a. Landgrafschaften in Hessen, im Herzogtum Schwaben, am Bodensee und auf dem Gebiet der späteren Schweiz.

Landkreis: Bezeichnung für Gebietskörperschaften und Träger der öffentlichen Verwaltung zwischen Land und Gemeinden, im 16./17. Jh. als Selbstverwaltungskörperschaften der Stände entstanden, im Zeitalter des Absolutismus jedoch mehr und mehr zu staatlichen Verwaltungsbezirken mit fester Organisation umgewandelt. Die Vertreter der ↑Landstände bildeten den **Kreistag** als Beschlussorgan, über diesem stand der **Kreisdirektor** (auch **Landrat** genannt), der von den Ständen gewählt und vom Landesherrn bestätigt oder auch oft selbstständig berufen wurde. Der Landrat nahm so eine Doppelstellung als Vertreter der Kreisstände und als landesherrlicher Verwaltungsbeamter ein. Diese Doppelfunktion der L. als Selbstverwaltungskörperschaften und zugleich als staatliche Verwaltungsbezirke auf der unteren Ebene blieben im Wesentlichen bis 1945 in Kraft. In den einzelnen deutschen Ländern trugen die L. unterschiedliche Bezeichnungen, z. B. **Bezirk** in Baden, **Amtshauptmannschaft** in Sachsen, **Oberamt** in Württemberg, **Bezirksamt** in Bayern.

Landrecht: im Mittelalter das ländliche Recht, das aus dem Stammes- und Volksrecht hervorging und im Unterschied v. a. zum Lehnsrecht und zu besonderen Rechtskreisen (z. B. dem Hofrecht oder dem Recht einzelner Dorfgemeinden) trat. Im späten Mittelalter und zu Beginn der Neuzeit wurde das zumeist als ↑Gewohnheitsrecht mündlich überlieferte L. zunehmend von den Obrigkeiten aufgezeichnet, der Rechtsstoff dabei neu geordnet und geändert. Bis 1806 wurde das L. als Partikularrecht dem (übergeordneten) Reichsrecht (↑gemeines Recht) gegenübergestellt. Ende des 19. Jh. wurde die Bezeichnung L. durch das Bürgerliche Gesetzbuch abgelöst.

Landsasse (Landsiedel): im Spätmittelalter freie Person, die geringe Abgaben leisten musste; laut ↑Sachsenspiegel ein kleiner Grundbesitzer, der nicht in rechtlicher Abhängigkeit stand. **Landsässig** – im Gegensatz zu reichsunmittelbar – nannte man bis 1806 jeden Adligen, der nicht direkt dem Kaiser, sondern einem Landesherrn unterstellt war.

Landsknechte: Ende des 15. bis Ende des 16. Jh. Bezeichnung für in »kaiserlichen Landen« geworbene ↑Söldner, die das ritterliche Militärwesen ablösten. Geworben durch den vom Kriegsherrn bestellten ↑Feldhauptmann als militärischen Führer und wirtschaftlichen Unternehmer, bildete das ↑Fähnlein mit ca. 500 L. unter dem Hauptmann für die Dauer des Soldverhältnisses die Grundeinheit. Mehrere Fähnlein konnten zum Regiment unter dem Oberst zusammengefasst werden. Bei eigener Bewaffnung erhielt der L. einen festen Monatssold; die ausbleibende Zahlung war legaler Dienstverweigerungsgrund. Ohne Soldvertrag wurden die L. als **Gartbrüder** (von frühneuhochdeutsch garten »als

Landstreicher umherziehen«), die bettelnd und stehlend durch das Land zogen, ein soziales Problem. Im 17. Jh. wichen sowohl der Name als auch die Einrichtung der Landsknechtsheere den neuen Formen des staatlich gebundenen Söldners und entwickelten sich die ↑stehenden Heere des Absolutismus.

Landstände: in dem sich seit dem 13. Jh. ausbildenden ↑Ständestaat dem Landesherrn gegenübertretende, durch Geburt (Adel), Beruf (Geistlichkeit) oder rechtliche Stellung (Städte) zusammengeschlossene Gruppen eines Territoriums. Die L. gliederten sich in einen ersten Stand der Prälaten (Geistlichkeit), den zweiten Stand der Herren (landsässiger Adel), die sich teilweise streng von den einfachen Rittern als dem dritten Stand unterschieden, den vierten Stand der Ämter und Städte und in wenigen Gegenden (z.B. Tirol, Breisgau, Kempten, Ortenau, Friesland) das Bauerntum als fünften Stand. Diese Stände versammelten sich als ↑Landtag. Aufgrund ihrer dem Landesherrn geschuldeten Treue waren die L. zu Rat und Hilfe verpflichtet; jede außerordentliche Hilfeleistung (Steuer, Kriegsdienst) jedoch bedurfte ihrer Zustimmung, die sie in Verhandlungen mit dem Fürsten erteilen konnten. Das Steuerbewilligungsrecht wurde v.a. zum Hebel für Festigung und Ausbau ihrer politischen Macht. Besonders seit dem 15./16. Jh. weiteten sie ihre Kompetenzen aus mit der Durchsetzung eines nahezu unbegrenzten Beschwerderechts, mit der Mitwirkung bei der Gesetzgebung und bei Entscheidungen über Krieg und Frieden. Bei jedem Regierungswechsel leisteten die L. dem neuen Landesherrn den Treueid (Erbhuldigung) und erhielten von ihm die Bestätigung ihrer Freiheitsrechte, gegen deren Verletzung sie das Recht auf Widerstand in Anspruch nahmen. Die dualistische Grundstruktur des Ständestaats kommt hierin deutlich zum Ausdruck. Mit dem Aufbau des auf eine einheitliche Gesellschaft von Untertanen abzielenden absolutistischen Staates strebten die Fürsten eine politische Entmachtung der L. an, die allerdings vor der Französischen Revolution nirgendwo voll erreicht wurde. Nach 1815 wurden in Art. 13 der ↑Deutschen Bundesakte für alle Bundesstaaten **landständische Verfassungen** in Aussicht gestellt, doch knüpften sich an diesen Begriff im 19. Jh. bereits Elemente des modernen Repräsentativsystems, das sich schließlich durchsetzte.

Landtag: die Versammlung der ↑Landstände in den landesherrlichen Territorien des Heiligen Römischen Reichs seit dem Spätmittelalter, gegliedert in die ↑Kurien der Herren, Ritter, Prälaten, Städte und – in einigen Landschaften – der Bauern. Alle Kurien traten auf dem L. gemeinschaftlich auf, um die Vorschläge des Landesherrn entgegenzunehmen. Die Beratung und Beschlussfassung erfolgte in den einzelnen Kurien, wobei der Kurie der Ritterschaft und der Städte wegen ihrer militärischen und wirtschaftlichen Bedeutung das meiste Gewicht zukam. Die Berufung des L. stand meist allein dem Landesherrn zu; nur in wenigen Territorien hatten die Stände das Recht, sich ohne Aufforderung des Landesherrn zu versammeln. Als im 19. Jh. das ständische Prinzip zurückgedrängt wurde, blieb die Bezeichnung L. erhalten und bezog sich nach der Aufhebung der letzten landständischen Verfassung 1918 auf gewählte Volksvertretungen (**Länderparlamente**).

Landwehr (Landsturm): ursprünglich das Aufgebot aller wehrfähigen Männer bei feindlichem Angriff. In Preußen seit 1813/14 alle nicht dem ↑stehenden Heer angehörenden Männer zwischen dem 17. und 40. Lebensjahr, seit der Heeresreform von 1860 vom stehenden Heer gelöst und nur die gedienten Reservisten bis zum 39. Lebensjahr umfassend.

landwirtschaftliche Produktionsgenossenschaften: ↑Agrarverfassung.

Lange Kerls: volkstümliche Bezeichnung für das von FRIEDRICH WILHELM I.

von Preußen seit 1707 aufgestellte 1. Bataillon des 1. Garderegiments zu Fuß, das aus besonders großen Soldaten bestand, für die der König erhebliche Summen ausgab; von FRIEDRICH II. nach 1740 aufgelöst.

Langer Marsch: Zug der chinesischen Roten Armee unter MAO ZEDONG von Jiangxi nach Shaanxi 1934/35. Als der Kuomintang-General CHIANG KAI-SHEK versuchte, die 1931 in Jiangxi gegründete chinesische Sowjetrepublik zu erobern, zog sich im Oktober 1934 die Rote Armee mit 90000 Mann zurück und zog auf dem Marsch über etwa 12000 km durch elf Provinzen. Im Oktober 1935 erreichten die Hauptkräfte mit nur noch 7000 Mann Shaanxi. Dort bauten sie mit später angekommenen weiteren etwa 23000 Mann ein neues Stützpunktgebiet auf. Der L. M. gilt heute als Symbol für den Kampfes- und Siegeswillen MAO ZEDONGS.

Langes Parlament: das am 3. November 1640 zusammengetretene englische Parlament, das in der Folge zum Zentrum des revolutionären Widerstands gegen König KARL I. wurde. Wegen seiner nahezu ununterbrochenen dreizehnjährigen Sitzungsdauer ist es als L. P. in die Geschichte eingegangen. Grundlage dafür war ein von diesem Parlament verabschiedetes Gesetz des Jahres 1641, das entgegen aller Verfassungstradition jegliche Vertagung oder Auflösung dieses Parlaments ohne dessen eigene Zustimmung verbot. Nachdem es im englischen Bürgerkrieg den König besiegt hatte, zerfiel es in zwei Parteien, die gemäßigten Presbyterianer und die radikaleren Independenten, welche im Bunde mit der Armee 1648 eine Säuberung durchführten, wodurch die presbyterianischen Abgeordneten ausgeschlossen wurden. Als Rumpfparlament verurteilte es den König zum Tode und ließ ihn hinrichten (30. Januar 1649). Nach der Abschaffung der Monarchie und des Oberhauses stand es noch weitere vier Jahre an der Spitze des englischen Commonwealth, bis es am 24. April 1653 durch O. CROMWELL gewaltsam aufgelöst wurde.

La-Tène-Kultur: eine Kanne aus Bronze aus dem Grabfund von Waldalgesheim

Laren: altrömische Schutzgötter, die im privaten Bereich die Familie, im öffentlichen Bereich die Wege und die Reisenden zu Lande und zu Wasser, die Stadt und den Staat beschirmten.

La-Tène-Kultur [la'tɛːn]: Im späten 6. Jh. v. Chr. entwickelte sich aus der westlichen ↑Hallstattkultur die La-T.-K. als zweite Stufe der mitteleuropäischen ↑Eisenzeit, die sich von Nordfrankreich und der Schweiz aus nach Osten und Westen verbreitete und von den Kelten getragen wurde. Große Burganlagen und befestigte Städte belegen politische Zusammenschlüsse. Unter dem italisch-etruskischen Einfluss begann sich eine Schrift zu entwickeln (Eigentumsmarken, Münzen). Die gesellschaftliche Differenzierung der Hallstattkultur setzte sich fort, wie an den reich ausgestatteten Fürstengräbern und dem sich bildenden Priesterstand (Druiden) zu erkennen ist.

Lateranverträge: eine Sammelbezeichnung für die am 11. Februar 1929 zwischen Italien und dem Heiligen Stuhl geschlossenen Verträge, die das Verhältnis zwischen katholischer Kirche und italienischem Staat regelten. Der eigentliche L. hat die Gründung des souveränen Staates Vatikanstadt mit dem Papst als Oberhaupt zum Inhalt und garantierte damit die Souveränität des Heiligen Stuhls in internationalen Beziehungen. Darüber hinaus wurde das ausschließliche Eigentum des Heiligen Stuhls an verschiedenen Kirchen und Palästen im italienischen Staatsgebiet von Rom anerkannt. Das ↑Konkordat zwischen katholischer Kirche und dem italienischen Staat bestätigte die katholische Religion als Staatsreligion. Die L. wurden in der italienischen Verfassung von 1947 bestätigt.

Latifundilen [von lateinisch latus »breit«, »ausgedehnt« und fundus »Grundstück«]: im antiken Italien seit der 1. Hälfte des 2. Jh. v. Chr. die Anhäufung von Grundbesitz in den Händen der senatorischen Oberschicht. Die rationellen und von Sklaven bewirtschafteten L. ruinierten durch ihre Konkurrenz die Kleinbauern. In der Kaiserzeit führte der Mangel an Sklaven zur Landvergabe an Teilpächter (↑Kolonat).

Latiner: im Altertum die Bewohner von Latium, das sich in der Antike im Süden von Rom bis Terracina erstreckte, im Osten vom Apennin und den Monti Lepini begrenzt wurde und in den Albaner Bergen seinen Mittelpunkt hatte. Die L. hatten etwa seit 1100 v. Chr. Latium besiedelt. Im 6. Jh. v. Chr. erhielt Rom das Übergewicht über die L., die sich zu Beginn des 5. Jh. von Rom lossagten und den **Latinischen Städtebund** gründeten. Nach der sagenhaften Schlacht am See Regillus (499 oder 496, nördlich von Frascati) und unter dem Druck der Volsker- und Äquergefahr schlossen L. und Römer ein Bündnis. Nach dem Abfall von Rom 386 und einem neuen Bündnis 358 führte der zunehmende römische Druck zum Aufstand der L. im **Latinerkrieg** 340–338, der mit der Niederlage der L., der Auflösung des Bundes und teilweiser Verleihung des römischen Bürgerrechts an die L. endete. Im Bundesgenossenkrieg (↑Bundesgenossenkriege) erhielten 89 v. Chr. schließlich alle L. das römische Bürgerrecht.

Legalität [von lateinisch legalis zu lex »Gesetz«]: die Staatsphilosophie der Aufklärung; insbesondere I. KANT, definierte L. als die äußere, formale Übereinstimmung der Handlung eines Einzelnen oder des Staates mit konkreten gesetzlichen Ordnungen ohne Berücksichtigung der inneren Einstellung des Handelnden zum Recht und ohne Berücksichtigung seiner Handlungsmotive (im Gegensatz zur Moralität). Die Staatstheorie des frühen 19. Jh. entwickelte für den parlamentarischen Gesetzgebungsstaat den **Legalitätsgrundsatz,** nach dem der Staat nur auf der Grundlage allgemeiner Gesetze tätig werden darf. Dieser Grundsatz diente zugleich zur Rechtfertigung für staatliche Herrschaftsausübung im Gesetzgebungsstaat, da hier – der Idee nach – die Herrschaft von Menschen über Menschen durch die Herrschaft der Gesetze abgelöst wird, an deren Zustandekommen der einzelne Bürger als Teil des Souveräns mitwirkt. In diesem Sinn ersetzt die L. die dynastische ↑Legitimität des absoluten Fürstenstaats. Für den Rechtspositivismus, der nur auf das ordnungsgemäße Zustandekommen der Gesetze Wert legt, fallen L. und Legitimität zusammen.

Legat [von lateinisch legare »eine gesetzliche Verfügung treffend«, »als Gesandten senden«]:

◆ römischer Begriff für einen eigenen oder fremden Gesandten in diplomatischer Mission, dem besondere Ehrenrechte zustanden. Im militärischen Bereich Führungsgehilfe des Oberbefehlshabers.

◆ im Mittelalter und in der Neuzeit Gesandter des Papstes mit umfassenden Vollmachten, seit dem 11./12. Jh. meist ein Kardinal.

Legion [von lateinisch legere »sammeln«, »auslesen«]: römischer Truppenverband, der anfangs das gesamte Bürgerheer umfasste, später ein Teilverband, in ↑Manipel und ↑Zenturien gegliedert. Seit der Heeresreform des GAJUS MARIUS (1. Jh. v. Chr.) bestand eine L. aus zehn ↑Kohorten zu je drei Manipeln. Die Stärke der im Wesentlichen aus Fußsoldaten (**Legionären**) bestehenden L. wechselte (im 2. Jh. v. Chr. etwa 6000 Mann, im 4. Jh. n. Chr. etwa 1000). Die militärische Befehlsgewalt, das ↑Imperium, lag bei den ↑Konsuln oder den ↑Prätoren, seit der Kaiserzeit führte in Provinzen mit mehr als einer L. ein kaiserlicher ↑Legat den Oberbefehl. Die Anzahl der L. wuchs mit der Expansion des Römischen Reichs auf 25 zur Zeit des AUGUSTUS und im 3./4. Jh. auf 70.

Legion Condor: Bezeichnung für die Gesamtheit der auf Veranlassung HITLERS im ↑Spanischen Bürgerkrieg 1936 bis 1939 aufseiten FRANCOS eingesetzten deutschen Streitkräfte, deren Stärke bis zu 5500 Mann betrug.

Legisten [von lateinisch leges »Gesetze«]: im Mittelalter Rechtsgelehrte, die das weltliche Recht (↑römisches Recht) interpretierten, im Unterschied zu den Kirchenrechtlern.

Legitimität [von lateinisch legitimus »rechtmäßig«]: Begründung der Rechtmäßigkeit eines Staats und seines Herrschaftssystems durch Grundsätze und Wertvorstellungen, die – im Unterschied zur ↑Legalität – mit dem Ursprung der staatlichen Ordnungsgewalt verknüpft sind. Vom Mittelalter bis ins 18. Jh. war monarchische Herrschaft durch das ↑Gottesgnadentum legitimiert, dem die Aufklärung mit der Lehre vom ↑Gesellschaftsvertrag und von der ↑Volkssouveränität jedoch die Grundlage entzog. Die erbmonarchische L., die Begründung der Herrschaft auf das Erbrecht, wurde im 19. Jh. zur Grundlage des ↑monarchischen Prinzips. Die L. der modernen repräsentativen Demokratie beruht auf den Prinzipien der Volkssouveränität und des modernen ↑Rechtsstaats.

Lehen (Beneficium, Feudum): im Mittelalter Bezeichnung für Nutzungsrechte an einer fremden Sache, gegründet auf eine Verleihung durch den Eigentümer, den **Lehnsherrn,** oder die Sache selbst, besonders Grundbesitz (**Landlehen**), aber auch ein Amt (**Amtslehen**) und in späterer Zeit alle möglichen Würden und Rechte. Entsprechend der Belehnungszeremonie hießen die L. der weltlichen Fürsten ↑Fahnlehen, die der geistlichen ↑Zepterlehen.

Lehnsgericht (Lehnshof): mittelalterliches Gericht des Lehnsherrn, das über die Lehnsstreitigkeiten zwischen Lehnsherrn und Lehnsmann sowie der ↑Vasallen untereinander entschied. Den Vorsitz führte der Lehnsherr; als Schöffen traten mindestens sechs Vasallen auf.

Lehnsrecht: die dem ↑Lehnswesen zugrunde liegenden Rechtsregeln, die im Heiligen Römischen Reich im 13. Jh. in den Spiegelrechtsbüchern (z. B. ↑Sachsenspiegel, ↑Schwabenspiegel) neben dem allgemeinen Landrecht aufgezeichnet wurden. Daraus ergibt sich folgendes Bild: Der Belehnung ging zunächst ein **Lehnsvertrag** voraus, d. h. eine Abmachung, in der sich der Lehnsherr verpflichtete, ein bestimmtes Gut zu Lehen zu geben. Das Lehnsverhältnis wurde durch den **Lehnseid** (↑Hulde) und durch die ↑Investitur begründet. Seit dem 13. Jh. bezeugte und bestätigte ein **Lehnsbrief** den Belehnungsakt, den er schließlich ersetzte. Der Lehnsmann (d. h. der Beliehene), der sich zu Treue und Dienst verpflichtete, war zu lebenslanger Nutzung des Lehens berechtigt,

L

doch setzte sich schon früh – auch rechtlich – die Erblichkeit der Lehen durch, sodass sie nur bei ↑Felonie entzogen werden konnten. Der Tod des Lehnsherrn (Herrenfall) oder des Lehnsmanns (Mannfall) machte stets die Nachsuchung um Lehnserneuerung erforderlich (Mutung). Die Pflicht des Lehnsmannes, beim Herrenfall den neuen Lehnsherrn anzuerkennen, nannte man **Lehnsfolge.** Beim Mannfall hatten zunächst nur lehnsfähige ↑Agnaten, später auch Seitenverwandte Folgerecht. Auf ein bald frei werdendes Lehen (↑Heimfall) konnte eine Lehnsanwartschaft erteilt werden. Voraussetzung der Lehnsfähigkeit waren Ritterbürtigkeit, Vollbesitz der Ehre und Waffenfähigkeit; später wurden auch städtische Gemeinden, Bürger und Frauen lehnsfähig.

Lehnswesen: Staats- und Gesellschaftsordnung, die sich im 8. Jh. im Fränkischen Reich entwickelte und zur Grundlage des mittelalterlich-abendländischen ↑Feudalismus wurde. Die Ausbildung des L. hing ursächlich mit der Ablösung des Volksheeres durch ein berittenes Berufskriegerheer zusammen. Das L. beruhte auf dem Verhältnis von Lehnsleuten und Lehnsherren, dem **Lehnsverband,** und war in der Hauptsache durch zwei Elemente gekennzeichnet: zum einen durch die Vergabe eines ↑Lehens durch den **Lehnsherrn** an einen ↑Vasallen, d.h. einen **Lehnsmann,** wofür dieser zu Dienst und Treue verpflichtet war, zum andern durch die Verschmelzung der Kommendation (der Ergebung in den Schutz und Dienst eines Herrn) mit dem Treuebegriff der germanischen ↑Gefolgschaft, der beide Seiten, Lehnsherrn und Lehnsmann, gleichermaßen band. Die mittelalterliche Gesellschaft war so als ↑Personenverbandsstaat organisiert, an dessen Spitze der König/Kaiser stand, der als oberster Lehnsherr an die obersten Vasallen, die **Kronvasallen,** Land verlieh, das diese wiederum als **Afterlehen** an **Aftervasallen** weiterverleihen konnten (↑Heerschildordnung). In diesem Aufbau der **Lehnspyramide** war der König durch die Kronvasallen von den Aftervasallen und Untertanen getrennt. Während es dem westeuropäischen, v.a. dem französischen und englischen Königtum im Hochmittelalter gelang, durch direkte königliche Herrschaft über die Untervasallen eine Verselbst-

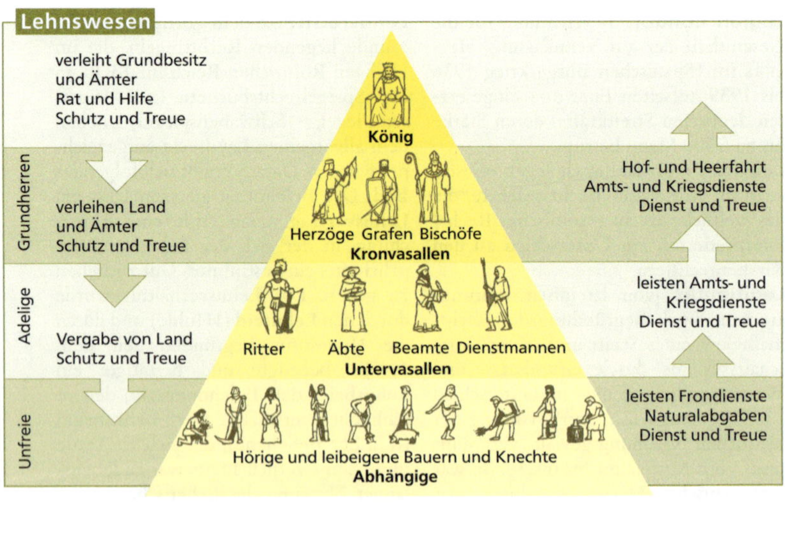

ständigung der partikularen Gewalten zu verhindern, führten im Reich zunehmende Verleihung von ↑Regalien, die Erblichkeit der Lehen und **Doppelvasallität** (die Häufung von Lehen verschiedener Herren auf einen Vasallen) sowie der ↑Leihezwang zu einer Stärkung der partikularen Kräfte und zur Ausbildung von ↑Landesherrschaften. Mit der zunehmenden Geldwirtschaft, der Verdrängung der Ritter durch Söldnerheere und dem Eindringen Bürgerlicher in die Verwaltung verlor das L. seit dem Ausgang des Mittelalters an Bedeutung, wenn auch das Heilige Römische Reich verfassungsrechtlich bis 1806 ein Lehnsstaat blieb.

Leibeigenschaft: die weitestgehende Form der rechtlichen und persönlichen Abhängigkeit v.a. der bäuerlichen Bevölkerung von einem Grundherrn. Die L. ging von den Eltern auf die Kinder über und bedeutete neben Frondiensten und Grundzinsen eine Reihe von weiteren (Natural-)Leistungen bei Heirat, Erbfall u.a.; darüber hinaus unterlagen die **Leibeigenen** der schrankenlosen Verfügungsgewalt des Grundherrn und unterstanden der grundherrlichen Gerichtsbarkeit. Bereits in der Zeit des ↑Bauernkriegs einer der Gründe des Widerstands, verschärfte sich die L. in den ostelbischen Gebieten zur ↑Erbuntertänigkeit, bis die L. mit der ↑Bauernbefreiung im 18./19. Jh. aufgehoben wurde.

Leihe: bis zur ↑Bauernbefreiung das Nutzungsrecht der Bauern an den von ihnen nach der Beleihung bewirtschafteten Grundstücken eines Grundherrn (**Landleihe**). Die Bauern schuldeten dafür Geld und/oder Naturalabgaben bzw. ↑Fronen. Aufseiten des Bauern konnte die L. vererbbar sein (**Erbleihe**), auf Lebenszeit oder für eine bestimmte Zeit gelten. Von der **freien Leihe** (ohne wirtschaftliche Abhängigkeit) wurde die niedere **unfreie Leihe** unterschieden, die den Bauern in die ↑Grundherrschaft einbezog.

Leihezwang: erstmals im ↑Sachsenspiegel formulierter Grundsatz des Lehnsrechts im Heiligen Römischen Reich, dass der König ein erledigtes ↑Fahnlehen binnen Jahr und Tag wieder ausgeben müsse und das Gut nicht an die Krone bringen dürfe. Der reichsrechtlich nie sanktionierte L. wurde bereits seit 1180 faktisch ausgeübt.

Leih-Pacht-System (Lend-Lease-System) [lend'li:s 'sɪstm, engl.]: die von den USA ab März 1941 im Zweiten Weltkrieg getroffenen Maßnahmen zur Versorgung der Alliierten mit wichtigen Kriegs- und Zivilgütern ohne Bezahlung. Bis 1946 wurden Lieferungen und Kredite in Höhe von etwa 50 Mrd. US-Dollar geleistet, wovon mehr als die Hälfte auf Großbritannien und rd. 11 Mrd. auf die UdSSR entfielen (Rückzahlung von lediglich 17 %).

Leipziger Disputation: theologisches Streitgespräch vom 27. Juni bis 16. Juli 1519 zwischen LUTHER und KARLSTADT einerseits und dem die römisch-katholische Kirche vertretenden Theologen J. ECK andererseits, dessen Hauptthema die Bedeutung des Papstamtes war. LUTHER zog die Heilsnotwendigkeit der päpstlichen Vorherrschaft in Zweifel und bestritt die Irrtumslosigkeit von Konzilien. Außerdem bekannte er, dass unter den auf dem ↑Konstanzer Konzil 1415 verurteilten Sätzen von J. HUS auch dem Evangelium gemäße gewesen seien. Damit konnte LUTHER der Ketzerei bezichtigt werden.

Leipziger Montagsdemonstrationen: von September 1989 bis März 1990 von der Bürgerrechtsbewegung getragene Demonstrationen gegen das SED-Regime in der DDR, später zugleich für die Wiederherstellung der deutschen Einheit. – Abb. S. 296.

Leninismus: ↑Marxismus-Leninismus.

L'État c'est moi [leta sɛ'mwa; französisch »Der Staat bin ich«]: LUDWIG XIV. zugeschriebener Ausspruch, der als Devise des monarchischen Absolutismus gilt, nämlich die Identifizierung von Staat und Herrscher und damit die aus-

Leipziger Montagsdemonstrationen: Am 18. November 1989 fand die erste genehmigte Demonstration statt, an der 50 000 Menschen teilnahmen.

schließliche Konzentration der staatlichen ↑Souveränität in der Person des Monarchen.

Lettre de Cachet [lɛtrədaka'ʃɛ; französisch »Siegelbrief«]: geheimer, im Namen des französischen Königs geschriebener und besiegelter Haftbefehl, mit dem ohne ordentliches Gerichtsverfahren eine Einweisung in die ↑Bastille angeordnet wurde; in der Französischen Revolution 1790 abgeschafft.

Levạnte [italienisch »(Sonnen-)Aufgang«]: die Länder des östlichen Mittelmeerraums, die seit dem Mittelalter durch intensiven Handelsaustausch (im Gefolge der Kreuzzüge) mit den italienischen Stadtstaaten (Genua, Pisa, Florenz, Venedig u. a.) geprägt sind.

Levée en Masse [ləveã'mas]: im August 1793 beschlossen ↑Nationalkonvent und ↑Wohlfahrtsausschuss auf Antrag von L. Carnots, dem für Militärfragen zuständigen Wohlfahrtsausschussmitglied, die Einführung einer allgemeinen Wehrpflicht aller nicht verheirateten 18- bis 25-jährigen Männer. Die von revolutionär-patriotischer Begeisterung getragenen Massenheere erwiesen sich in den ↑Koalitionskriegen und den ↑Napoleonischen Kriegen oft als den gegnerischen ↑stehenden Heeren überlegen.

Lever [lə've:; französisch »das Aufstehen«]: Morgenaufwartung bei einem absolutistischen Fürsten, v. a. am französischen Hof des 17./18. Jh.; diese Zeremonie diente einmal als Gunsterweisung gegenüber dem Adel, zum anderen als Mittel der Machtdemonstration.

Lẹx [lateinisch »Gesetz«]: in der römischen Republik das unter Mitwirkung des Volks zustande gekommene Gesetz (**Lex publica,** im Unterschied zu der nur Privatpersonen rechtsgeschäftlich bindenden **Lex dicta**). Als **Lex rogata** bezeichnete man ein Gesetz, das von den ↑Magistraten, v. a. den ↑Konsuln, der Volksversammlung (↑Komitien) zur Abstimmung vorgelegt wurde. Ein Gesetz, das von einem vom Volk ermächtigten Magistrat erlassen wurde, hieß **Lex data.** Bereits im 3. Jh. v. Chr. trat an die Stelle der L. vielfach das ↑Plebiszit. Sowohl die L. als auch das Plebiszit wurden nach dem antragstellenden Magistrat bzw. ↑Volkstribun benannt. Zu Beginn der Kaiserzeit erhielten die Beschlüsse des

Senats Gesetzeskraft, doch bestätigte dieser bald nur noch Anträge des Kaisers, der eine eigene Gesetzgebung entwickelte. Mit DIOKLETIAN wurden alle Entscheidungen des Kaisers als des alleinigen Gesetzgebers als Leges bezeichnet. Seit dem Frühmittelalter bezeichnet L., anders als das mündlich überlieferte ↑Gewohnheitsrecht, das geschriebene Recht.

Lẹx Sa̱lica [lateinisch »salisches Gesetz«]: Stammesrecht der salischen Franken, das bekannteste der ↑germanischen Volksrechte. Nach der vermutlich unter CHLODWIG I. entstandenen Erstfassung des so genannten Pactus Legis Salicae (6. Jh.) entstanden zahlreiche Neubearbeitungen bis zur karolingischen L. S. von 802/803. Gegenstand der L. S. ist v. a. das Straf- und Prozessrecht.

Liberalismus: politische Bewegung, deren geistige Wurzeln bis in die Aufklärung und die Gesellschaftsphilosophie des 17. und 18. Jh. zurückreichen (LOCKE, MONTESQUIEU, KANT sowie das neuzeitliche ↑Naturrecht). Als politische Gruppierung trat der L. zu Beginn des 19. Jh. auf.

Grundvorstellungen: Der L. betont die Freiheit und die Selbstbestimmung des Individuums. Verfassungspolitisch wendet er sich gegen die Bevormundung der Bürger im Staat und – im 19. und beginnenden 20. Jh. – gegen die Privilegien des Adels. Er tritt ein für die Anerkennung der ↑Menschenrechte, verstanden als Freiheitsrechte des Einzelnen (Grundrechtskatalog), v. a. für Gewissens- und Religionsfreiheit, Meinungs- und Pressefreiheit, Freizügigkeit, ↑Gewerbefreiheit und Gleichheit vor dem Gesetz. Von ihm ging – historisch gesehen – die Überwindung des Absolutismus im Rechts- und Verfassungsstaat des 19. Jh. aus. Neben der Durchsetzung der Menschenrechte stand von Anfang an auf dem Programm des L. die Durchsetzung des Repräsentativsystems, die parlamentarische Beteiligung der Bürger an der Gesetzgebung, die Einrichtung von Geschworenengerichten und die ↑Gewaltenteilung, um den Missbrauch der Staatsgewalt durch eine gegenseitige Kontrolle verschiedener Gewaltträger zu verhindern.

Wirtschaftspolitisch verfocht der L. – in der Frühphase seiner Entwicklung gegenüber der staatlichen Interventionswirtschaft des ↑Merkantilismus und gegenüber dem mittelalterlichen Zunftsystem – die freie Marktwirtschaft in der Annahme, dass eine von staatlicher Bevormundung und von gesellschaftlichen Schranken befreite Konkurrenzwirtschaft am ehesten zur Förderung des gesellschaftlichen Wohlstands und zu einem allgemeinen harmonischen Ausgleich führe. Daher vertritt er das ↑Laissez-faire-Prinzip und den Grundsatz der Nichteinmischung des Staates.

Entwicklung: Die Forderungen und Vorstellungen des Liberalismus in der 1. Hälfte des 19. Jh. zeigten eine enge Beziehung zum ↑dritten Stand, dem ↑Bürgertum. Anfänglich vertrat der L. überwiegend ein Wahlrecht, das nur den besitzenden und gebildeten Schichten Vorrechte einräumte (Zensuswahlrecht). Demgegenüber setzten sich die radikalliberalen Demokraten ab der Mitte des 19. Jh. mit der Forderung nach dem allgemeinen Wahlrecht durch. In der Verfestigung der politischen Richtungen in verschiedenen Parteiorganisationen während der 2. Hälfte des 19. Jh. wurde die Spaltung des L. in einen mehr an nationalen Zielen orientierten Zweig und in einen betont gesellschaftspolitischen Zweig deutlich.

Während der erstgenannte oft mit konservativen Kräften zusammenarbeitete, hielt der letztere an den Grundforderungen des L. strikt fest und entwickelte in den einzelnen Staaten Europas zu unterschiedlichen Zeiten auch sozialpolitische Programme (**Linksliberalismus**). Zu Beginn des 20. Jh. arbeiteten diese Kräfte mit den Parteien der Sozialdemokratie zusammen. Das Anschwellen des Faschismus in Europa zwischen den Weltkriegen führte zu einem starken Verlust an liberalem Einfluss auf die Gesellschaft. Nach dem Zweiten Weltkrieg erlebte der L. in Staaten mit einer freiheitlichen Verfassung eine Neubelebung. Die neuen Formen des Liberalismus (**Neoliberalismus**) gehen nicht mehr von der Vorstellung einer natürlichen Harmonie in Freiheit lebender Menschen aus, sondern sie begreifen die freiheitliche Wirtschafts- und Gesellschaftsordnung als ein System, das durch bestimmte Regeln geschaffen und gesichert werden muss (**Ordoliberalismus**), wozu soziale Reformen gehören. Liberales Gedankengut fand darüber hinaus auch in anderen Parteien Eingang.

In *Deutschland* traten bereits in der ↑Frankfurter Nationalversammlung (1848/49) zwei Strömungen hervor: die gemäßigten Liberalen (Reformen im Sinne des ↑Konstitutionalismus) und die Radikalen (Revolution nach demokratischen Vorstellungen). 1859 fanden sich die verschiedenen liberalen und demokratischen Strömungen im ↑Deutschen Nationalverein zusammen. Unter dem Eindruck der bismarckschen Einigungspolitik schlossen sich jene Liberale, die zu Kompromissen mit den Konservativen bereit waren, zur Nationalliberalen Partei (1867–1918) zusammen. Unter der Bezeichnung ↑Freisinnige bildeten sich Parteien, die für die konsequente Durchsetzung liberaler Grundideen eintraten. In der Weimarer Republik vertrat die Deutsche Volkspartei (DVP) v.a. schwerindustrielle Interessen, die Deutsche Demokratische Partei (DDP) hingegen sozialpolitische Ziele. Im Vorfeld der Machtergreifung HITLERS verloren beide Parteien an Rückhalt in der Bevölkerung. Nach dem Zweiten Weltkrieg vereinigten sich 1948 die verschiedenen Strömungen in der Freien Demokratischen Partei (FDP); im Osten Deutschlands mussten sich die Liberalen dem Führungsanspruch der SED unterwerfen.

In der *Schweiz* wird die liberale Tradition v.a. von der Freisinnig-Demokratischen Partei (FDP) vertreten. – In *Österreich* vertraten die Liberalen in der Zeit der Donaumonarchie die Einheit der Monarchie gegenüber den Selbstständigkeitsbestrebungen der slawischen Nationalitäten und setzten im Konflikt mit den Klerikalen kirchenpolitische Gesetze durch. Mit dem Zusammenschluss aller liberalen Kräfte mit den Deutschnationalen (1910) im Deutschen Nationalverband begann jene Verquickung nationaler und liberaler Tendenzen, die auch nach dem Zweiten Weltkrieg die Freiheitliche Partei Österreichs (FPÖ) prägte, von der sich 1993 das Liberale Forum (LF) trennte.

In *Großbritannien* ging die Liberal Party aus den ↑Whigs hervor. Mit ihr verbanden sich 1859 die bürgerlichen Radikalen der »Manchesterpartei« (↑Manchestertum). Unter dem Premierminister W. GLADSTONE stellte sie innere Reformen in den Vordergrund (Wahlrechtsreform, allgemeine Schulpflicht) und suchte die »irische Frage« (↑Homerule) zu lösen. Mit D. LLOYD GEORGE stellte sie in der Zeit des Ersten Weltkriegs noch einmal den Premierminister. Seit Beginn der 1920er-Jahre wurde sie von der Labour Party in den Hintergrund gedrängt.

In *Frankreich* trug das liberale Bürgertum das Regime des »Bürgerkönigs« LOUIS PHILIPPE (1830–48). Seit der Revolution von 1848 verband sich der L. in Frankreich mit der republikanischen Bewegung und setzte 1870 die Gründung der Republik durch. Im Zeichen unterschiedlicher, oft kontroverser Akzente (bürgerlich-radikal oder liberal-konservativ) nahm er v.a. in der Dritten Republik (1870–1940) und in der Vierten Republik (1946–58) eine Schlüsselstellung ein.

In *Italien* trug der L. im 19. Jh. die nationale Einigungsbewegung des ↑Risorgimento. Nach 1880 löste sich die liberale Parlamentsmehrheit in wechselnde Gefolgschaften einzelner politischer Führer auf. Infolge des Anwachsens der Sozialisten verloren die Liberalen die parlamentarische Mehrheit und schlossen sich nach Errichtung der faschistischen Diktatur (1922) der Opposition an. 1942 bildete sich eine neue Liberale Partei, die in der Republik (seit 1948) jedoch nur eine untergeordnete Rolle spielte.

Libertas ecclesiae [lateinisch]: »Freiheit der Kirche« von weltlicher Gewalt. Die Forderung nach L.e. wurde in der mittelalterlichen Kirchenreformbewegung des 10. und 11. Jh. erhoben.

Libertät [von lateinisch libertas »Freiheit«]: seit der Reformationszeit Schlagwort für die Freiheitsrechte der ↑Reichsstände, mit denen sie ihre Unabhängigkeitsbestrebungen gegenüber einer Zentralgewalt des Kaisers zu begründen suchten. Instrument im Ringen der Reichsstände um die »teutsche Libertät« und um die Ausweitung dieser Freiheitsrechte waren seit 1519 die ↑Wahlkapitulationen, in denen der Kaiser die Freiheitsrechte der Reichsstände garantierte. Wesentliches Merkmal der Freiheit der deutschen Reichsstände im 16. Jh. war die Glaubensfreiheit: Seit dem ↑Augsburger Religionsfrieden von 1555 konnten sich die Reichsstände frei für eine der beiden im Reich zugelassenen Konfessionen entscheiden, in der ihnen ihre Untertanen folgen mussten (↑Ius reformandi). Der Konflikt über die Auslegung des Augsburger Religionsfriedens weitete sich im Verlauf der zweiten Hälfte des 16. Jh. zu einem Verfassungskonflikt zwischen Kaiser und Reichsständen aus, der zuerst mit politischen, dann mit militärischen Mitteln ausgetragen wurde. Der ↑Westfälische Friede 1648 legte endgültig den ständischen Dualismus im Reich fest, indem er die Reichsstände nicht nur an der Ausübung der Hoheitsrechte im Reich beteiligte, sondern auch verfassungsrechtlich die innen-, außen- und religionspolitische L. der Reichsstände verankerte. Damit war ein wichtiger Grundstein für die eigenstaatliche Entwicklung der Territorien gelegt.

Liberté [libɛrˈte; französisch »Freiheit«]: im Selbstverständnis der Träger der Französischen Revolution und wirkungsgeschichtlich die bedeutendste der drei revolutionären Losungen L., ↑Égalité, ↑Fraternité, die, verstanden als natürliches Recht, als Freiheit, alles zu tun, was keinem anderen schadet, das Hauptthema der ↑Déclaration des droits de l'homme et du citoyen wurde. Den individuellen Freiheitsrechten (des Gewissens, der Meinungsäußerung) entsprachen politische (Volkssouveränität, Wahlprinzip, Gewaltentrennung) und ökonomische Freiheitsrechte (z.B. Unverletzlichkeit des Eigentums).

Liga: fürstliche Bündnisse v.a. vom 15. bis ins 17. Jh.; seit der Reformationszeit meist für Bündnisse katholischer Staaten oder Stände, v.a. jedoch für die im Sommer 1609 gegen die protestantische ↑Union zur Verteidigung des Landfriedens und der katholischen Religion gebildete katholische L., der mit Ausnahme des Hauses Österreich und Salzburgs fast alle katholischen Stände angehörten. Die L. unterstützte Kaiser FERDINAND II. bei der Niederwerfung des ↑Böhmischen Aufstands. Eigentliche Machtstütze des Kaisers zu Beginn des ↑Dreißigjährigen Kriegs, wurde sie ab 1626 zunehmend von WALLENSTEINS Armee in den Hintergrund gedrängt, bis sie im Frieden von Prag 1635 aufgelöst wurde.

Liktoren: im antiken Rom Amtsdiener, die den höheren ↑Magistraten mit den ↑Faszes voranschritten und daneben untergeordnete Dienstgeschäfte versahen.

Limes [lateinisch »Grenzweg«, »Grenzwall«]: in der römischen Kaiserzeit die befestigte Reichsgrenze. Die Anlage des L. seit dem 1. Jh. n. Chr. diente ursprünglich v.a. der Kontrolle des Vorfelds und der mit der Zeit zunehmenden Wanderungsbewegung verschiedener Stämme. Der L. wurde im 2. und 3. Jh. entsprechend der nun nötigen Schutzfunktion weiter ausgebaut, vermochte aber seit der Zeit MARK AURELS nicht mehr standzuhalten. Die Grenzbefestigung passte sich den regionalen Gegebenheiten an: Der **niedergermanische Limes** bestand aus einer Reihe von Befestigun-

L

gen am Rheinufer mit rückwärtigem Straßensystem. Der **obergermanische Limes,** von der Mündung des Vinxtbaches (zwischen Bad Hönningen und Rheinbrohl) nach Einbeziehung von Taunus und Wetterau mainaufwärts bis zur Linie Wörth am Main–Bad Wimpfen führend, stammte aus flavischer Zeit und wurde unter ANTONINUS PIUS auf die Linie Miltenberg–Lorch vorgeschoben. Der **rätische Limes** an der Linie Lorch–Gunzenhausen–Eining war seit ANTONINUS PIUS mit Steintürmen befestigt; die Anlage einer steinernen Mauer unter CARACALLA wurde nicht vollendet. Der im Norden Britanniens unter HADRIAN errichtete L., der **Hadrianswall,** war die am besten ausgebaute lineare Befestigung. Der Sicherung Afrikas diente ein über weite Strecken ausgebautes Grabensystem mit Kastellen und Straßenanlagen. Durch eine Kette von Festungen, Militärlagern und Kastellen wurden die Grenzen an der mittleren und oberen Donau gesichert. Fast in allen Fällen war die eigentliche Wachfunktion einheimischen Auxiliartruppen (Hilfstruppen) und aufgenommenen Barbaren übertragen, während die römischen Legionen im rückwärtigen Gebiet stationiert waren.

Linke: aus der nach 1814 üblichen Sitzordnung der französischen Deputiertenkammer entstandene Bezeichnung für jene Parteien, die eine weit reichende Änderung der politischen und sozialen Verhältnisse anstrebten und – vom Präsidentenstuhl aus gesehen – links saßen.

Linksextremismus: ↑Extremismus.

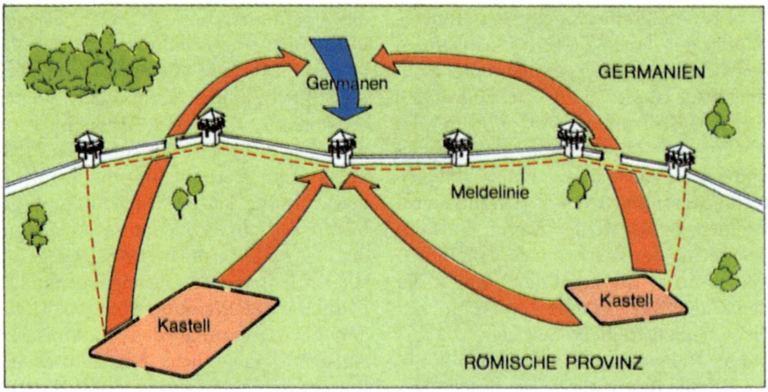

Limes: In seiner Vollendung bestand der rätische Limes aus einer 2–3 m hohen Grenzmauer, der obergermanische Limes aus Holzpalisaden mit Wall und Graben. Bestandteil beider Limesformen waren im Abstand von 500 m stehende Wachtürme. Beim Auftauchen feindlicher Germanenkrieger gaben die Wachposten Rauchzeichen, mit denen die im Hinterland liegenden größeren Truppenteile alarmiert wurden.

Liten: in fränkischer Zeit Halbfreie, die an ihren Grund und Boden gebunden und ihrem Herrn zur Leistung von Diensten und zur Zahlung eines Kopfzinses verpflichtet waren. Seit dem Ende des 9. Jh. verschmolzen die L. mit anderen Halbfreien zur Gruppe der Hörigen (↑Hörigkeit).

Locarnopakt (Locarnoverträge): am 16. Oktober 1925 in Locarno abgeschlossenes und am 1. Dezember 1925 in London unterzeichnetes Sicherheitsabkommen. Um dem Sicherheitsbedürfnis Frankreichs Rechnung zu tragen, regte die deutsche Regierung – unterstützt von Großbritannien – nach Beendigung des ↑Ruhrkampfs einen regionalen Sicherheitspakt zur Garantie der deutschen Westgrenzen an. Deutschland, Belgien und Frankreich verzichteten in dem von Großbritannien und Italien als Garantiemächten mitunterzeichneten Hauptvertrag auf eine gewaltsame Revision der deutsch-belgischen wie auch der deutsch-französischen Grenze. Darüber hinaus enthielt das Vertragswerk ein Schiedsabkommen zwischen Deutschland einerseits sowie Belgien, Frankreich, Polen und der Tschechoslowakei andererseits, das eine friedliche Regelung anstehender Streitfragen vorsah.

Lombardenbund: 1167 geschlossenes Bündnis oberitalienischer Städte, das sich gegen die Politik Kaiser FRIEDRICHS I. in Reichsitalien und gegen die Beschlüsse des ↑Ronkalischen Reichstags (1158) richtete. Ziel des L. war die Erhaltung und Wiederherstellung der Selbstständigkeit der oberitalienischen Städte und die Beseitigung der deutschen Oberherrschaft. Nach einer Niederlage FRIEDRICHS I. bei Legnano (1176) und einem anschließenden Waffenstillstand kam es zum Frieden von ↑Konstanz (1183). Der L. wurde u.a. gegen FRIEDRICH II. erneuert, der ihn trotz seines Sieges bei Cortenuova 1237 nicht unterwerfen konnte.

Londoner Konferenzen, Protokolle und Verträge:

Londoner Konferenz 1831: Die Signatarmächte der Wiener Kongressakte bestätigten am 26. Juli die Unabhängigkeit Belgiens und garantierten seine Neutralität. Die Verletzung der belgischen Neutralität durch den Einmarsch deutscher Truppen 1914 zog den Eintritt Großbritanniens in den Ersten Weltkrieg nach sich.

Londoner Protokolle 1850 und 1852: Im 1. Protokoll (2. August 1850) forderten am Ende des 1. Deutsch-Dänischen Krieges (↑Deutsch-Dänische Kriege) Österreich, Großbritannien, Frankreich, Russland, Schweden und Norwegen die Erhaltung des dänischen Gesamtstaats, garantierten aber nicht dessen Integrität. Preußen unterzeichnete erst in der Folge der ↑Olmützer Punktation. Im 2. Protokoll (8. Mai 1852) regelten die Signatarmächte des 1. Protokolls die Thronfolge im Gesamtstaat Dänemark zugunsten Prinz CHRISTIANS (IX.), nachdem er zugesichert hatte, die territorialen und machtpolitischen Verhältnisse der Herzogtümer Schleswig und Holstein nicht zu verändern.

Londoner Geheimvertrag 1915: am 26. April zwischen der ↑Tripelentente und Italien vor dessen Eintritt in den Ersten Weltkrieg gegen die ↑Mittelmächte geschlossener Vertrag. In einem Abkommen über die Kriegsziele bei Ausschluss eines Sonderfriedens wurden Italien der Gewinn von Südtirol, Triest, Istrien und Dalmatien sowie Territorialgewinne in Afrika in Aussicht gestellt.

Londoner Konferenzen 1921: Die Konferenzen über die Fragen der ↑Reparationen endeten mit dem **Londoner Ultimatum,** das eine deutsche Reparationsschuld von 132 Mrd. Goldmark und eine jährliche Abgabe von 26% auf die Ausfuhr festsetzte; das Londoner Ultimatum wurde am 11. Mai bei Androhung der Ruhrbesetzung vom Deutschen Reich angenommen.

Londoner Konferenz 1924: Die vom 5. bis 16. August tagende Konferenz beschloss den ↑Dawesplan.

Londoner Abkommen 1945: Durch das am 8. August getroffene Abkommen der vier Siegermächte des Zweiten Weltkriegs (USA, Großbritannien, Frankreich, UdSSR) über das Vorgehen gegen die Hauptkriegsverbrecher der ↑Achsenmächte wurde das »Internationale Militärtribunal zur Aburteilung der Kriegsverbrechen und der Verbrechen gegen den Frieden und die Menschlichkeit« errichtet und sein Verfahren und die Grundsätze seiner Rechtsprechung geregelt (↑Nürnberger Prozesse).

Londoner Sechsmächtekonferenz 1948: Auf der vom 23. Februar bis 5. März und vom 20. April bis 1. Juni unter erstmaliger Teilnahme der Beneluxstaaten tagenden Konferenz über die ↑deutsche Frage einigten sich Frankreich, Großbritannien und die USA auf eine gemeinsame staatliche Ordnung für die westlichen Besatzungszonen und verabschiedeten die Londoner Empfehlungen, die eine internationale Kontrollbehörde für das Ruhrgebiet sowie eine militärische Sicherheitsbehörde vorsahen und den Aufbau der politischen und wirtschaftlichen Organisation Westdeutschlands erörterten. Der Inhalt der Londoner Empfehlungen wurde in die Frankfurter Dokumente übernommen, durch die die Ministerpräsidenten der westdeutschen Länder ermächtigt wurden, eine verfassunggebende Versammlung einzuberufen.

Londoner Vertrag 1953 (Londoner Schuldenabkommen): völkerrechtliche Regelung der Anerkennung und Tilgung der deutschen Auslandsschulden seit dem Ersten Weltkrieg durch die BRD gegenüber anderen Staaten. Die Gewährung der vollen Souveränitätsrechte an die Bundesrepublik Deutschland machte die Klärung der Frage nötig, ob sie als Rechtsnachfolgerin des Deutschen Reichs anzusehen sei; die Rechtsnachfolge hatte sich auch auf die öffentlichen und privaten Schulden des Deutschen Reichs und seiner Bürger zu erstrecken. Nachdem die Bundesrepublik grundsätzlich zugestimmt hatte, war es die Aufgabe der Londoner Schuldenkonferenz, den Umfang und die Rückzahlung der Auslandsschulden zum Gegenstand eines Vertrags zu machen. Darin wurde die Gesamtverpflichtung der BRD auf 14,45 Mrd. DM festgelegt.

Lord: Titel und Anrede des englischen hohen Adels, der ↑Peers; der Titel L. steht auch den anglikanischen Bischöfen, die von Amts wegen Peers sind, zu. Darüber hinaus erscheint der Titel L. in Verbindung mit zahlreichen Amtstiteln (Erster Lord der Admiralität, Erster Lord des Schatzamtes, Lordkanzler u.a.).

Los-von-Rom-Bewegung: eine papstfeindliche Bewegung, die mit der 1897 ausgegebenen Parole »Los von Rom!« die Lösung der Österreicher von der römisch-katholischen Kirche und den Übertritt zum Protestantismus propagierte. Die v.a. von den Deutschnationalen getragene Bewegung hatte ihre Ursache in den Nationalitätenkämpfen seit 1897 und dem Zusammengehen der katholischen Volkspartei mit den Nationalbewegungen der slawischen Völker der Monarchie.

Louisdor [lui'do:r; französisch »Goldludwig«]: französische Goldmünze, eingeführt 1640 und geprägt bis 1793 mit dem Brustbild des jeweiligen Königs. Als Handelsmünze gewann der L. auch im Ausland, besonders in Deutschland, weite Verbreitung und wurde von zahlreichen Fürstenhöfen nachgeahmt.

Loyalisten [von französisch loyal »gesetzestreu«, »regierungstreu«]: eigentlich die Anhänger König JAKOBS II. von England (1685–88), die ihn in seinen Bestrebungen, das Land zu rekatholisieren, unterstützten (auch Jakobiten genannt). – Im ↑Amerikanischen Unabhängigkeitskrieg (1775–83) die Kolonisten, die für ein Verbleiben bei Großbritannien eintraten.

Lückentheorie: In der Zeit des ↑preußischen Verfassungskonflikts regierte BISMARCK nach der Ablehnung des Budgetgesetzes für 1863 nach der so genannten L., wobei er die Auffassung vertrat, dass bei einem in der Verfassung nicht geregelten Streitfall zwischen Regierung und Parlament die Regierung befugt sei, nach eigenem Ermessen zu handeln. Danach konnte die Regierung das gescheiterte Haushaltsgesetz durch eigene Ansätze der einzelnen Etats ersetzen.

Ludditen: Maschinenstürmer in Großbritannien zu Beginn des 19. Jh. Infolge wachsender Arbeitslosigkeit aufgrund der Einführung von Maschinen in der Textilindustrie zerstörten 1811 in Nottingham und Umgebung organisiert operierende Gruppen von arbeitslosen Handwerkern in nächtlichen Unternehmungen Webstühle und Spinnmaschinen. Sie beriefen sich dabei auf einen gewissen N. Ludd, der Ende des 18. Jh. in Leicestershire zwei Strumpfwirkgeräte zerstört haben soll. Die Bewegung breitete sich aus und erreichte trotz scharfer Verfolgungsmaßnahmen (1813 Massenhinrichtungen und Deportationen in York) 1816 einen Höhepunkt. Danach verlor sie infolge des allgemeinen wirtschaftlichen Aufschwungs an Bedeutung.

Lunéville, Friede von [französisch lyne'vil]: 1801 zwischen Frankreich und Kaiser Franz II. für Österreich und das Heilige Römische Reich geschlossener Friede, der zusammen mit dem Frieden von ↑Amiens (1802) den 2. Koalitionskrieg (↑Koalitionskriege) beendete. Die Batavische, die Helvetische und die Ligurische Republik wurden von Österreich anerkannt sowie deutsche linksrheinische Gebiete an Frankreich abgetreten.

Lusitania-Zwischenfall: Die Versenkung des britischen Passagierschiffs »Lusitania« am 7. Mai 1915 durch ein deutsches U-Boot verschärfte, da sich auf dem Schiff auch über 100 Amerikaner befanden, die antideutsche Stimmung in den USA, die zwar noch nicht den Kriegseintritt der USA gegen das Deutsche Reich zur Folge hatte, jedoch die militärischwirtschaftliche Unterstützung der Kriegsgegner Deutschlands populär machte.

Lustrum: in der römischen Religion ein Sühneopfer, das rituell Böses bannen und Gutes gewährleisten sollte. Ein L. brachten die ↑Zensoren nach Abschluss ihrer Tätigkeit dar; daher wurde auch ein Zeitraum von fünf Jahren L. genannt.

Luxemburger: europäische Dynastie; das ältere Haus der **Lützelburger** erlosch bereits 1136. Das jüngere Haus der L. entstand durch dynastische Verbindungen mit den Herzögen von Limburg; diesen L. gelang der Aufstieg zum Römischen Königtum/Kaisertum (ab 1308) und 1310 der Gewinn der böhmischen Wenzelskrone. Als die L. 1437 im Mannesstamm ausstarben, löste sich ihr Herrschaftskomplex aufgrund dynastischer Verbindungen v.a. mit den ↑Habsburgern auf.

Luxemburg-Krise: die politische Krise von 1867, die durch den Versuch Napoleons III. ausgelöst wurde, als Ausgleich für die preußische Machterweiterung im ↑Deutschen Krieg von 1866 Luxemburg durch Kauf vom niederländischen König, der gleichzeitig Großherzog von Luxemburg war, zu erwerben. Hatte Bismarck ursprünglich Napoleon III. gegenüber keine direkt ablehnende Haltung zu erkennen gegeben, so riet er, nachdem das Vorhaben an die Öffentlichkeit gedrungen war und der niederländische König Wilhelm III. die Übergabe Luxemburgs, das dem Norddeutschen Bund nicht beigetreten war, von der Zustimmung Preußens abhängig gemacht hatte, vom Verkauf ab, lehnte aber gleichzeitig auch den vom Kriegsminister H. von Moltke geforderten Präventivkrieg gegen Frankreich ab. Die Londoner Konferenz der Großmächte (1. Mai 1867) brachte eine Kollektivgarantie für die Unabhängigkeit und Neutralität des Großherzogtums Luxemburg.

M

Maastricht, Vertrag von: ↑Europäische Union.

Machiavellismus: Bezeichnung für eine Politik, die sich bedenkenlos über moralische Werte hinwegsetzt und sich nicht scheut, ihre Ziele mithilfe von Betrug, Irreführung, Intrige oder Gewalt durchzusetzen. Der Begriff M. geht auf den florentinischen Politiker und Staatstheoretiker N. Machiavelli zurück, aus dessen Veröffentlichungen (v.a. »Il principe«, deutsch »Der Fürst«, 1513) die Nachwelt glaubte, solche Prinzipien herauslesen zu können (u.a. Friedrich II. von Preußen in seinem »Antimachiavell«). Dabei wird jedoch verkannt, dass Machiavellis Schriften im zeitgenössischen Kontext (äußere Schwäche und innerer Zerfall der italienischen Stadtstaaten) stehen. Es ging ihm nicht um das Prinzip des Bösen in der Politik schlechthin, sondern um die Frage nach den Voraussetzungen für eine dauerhafte politische Herrschaft, die wiederum Vorbedingung für die Erhaltung des Staatswesens ist. Dabei führten ihn seine empirisch-systematischen Untersuchungen zu der Erkenntnis, dass entscheidendes Kriterium, um Politik gestalten und durchsetzen zu können, politische Macht sei.

Machtergreifung: nationalsozialistische Bezeichnung für die Ernennung A. Hitlers zum Reichskanzler durch den Reichspräsidenten Paul von Hindenburg am 30. Januar 1933 und für den Prozess der Umwandlung des demokratisch-parlamentarischen Systems der Weimarer Republik zur Einparteien- und Führerdiktatur (↑Nationalsozialismus).

Madrid, Friede von: Friedensvertrag vom 14. Januar 1526 zur Beendigung des ersten Kriegs zwischen Kaiser Karl V. und Franz I. von Frankreich. Franz I., der seit der Schlacht von Pavia (24. Februar 1525) Gefangener des Kaisers war, musste in dem von Karl V. diktierten Frieden auf das Herzogtum Burgund, seine Ansprüche in Italien und die Herrschaft über Flandern und Artois verzichten; ferner verpflichtete er sich zur Heirat mit der Schwester Karls V., Eleonore von Portugal. Nach Überstellung seiner beiden Söhne als Geiseln wurde Franz I. freigelassen, widerrief kurz darauf diesen Vertrag und schloss das Kriegsbündnis der Liga von ↑Cognac, musste aber 1529 im Frieden von ↑Cambrai erneut die 1526 unterzeichneten Bedingungen bestätigen.

Mafia: im 18. Jh. in Sizilien entstandener Geheimbund, der in der Zeit der Fremdherrschaft und der schwachen Staatsgewalt dem Selbstschutz diente und zum Teil autonomistische Ziele anstrebte (für Neapel: ↑Camorra). Gestützt auf verwandtschaftliche und auf die durch die Abhängigkeit einer Klientel gegebenen Beziehungen, entwickelte sich die M. vielfach zum örtlichen Ordnungsfaktor und eigentlichen Herrschaftsträger, der seine Macht auch oft unter Gewaltandrohung gegenüber der Bevölkerung und unter erpresserischem Druck auf Verwaltung, Polizei und Justiz durchsetzte. Im Zuge der italienischen Einwanderung im 19. Jh. in die USA gelangt (dort auch Cosa Nostra genannt), ist die M. heute zum Inbegriff der internationalen organisierten Kriminalität geworden.

Maginotlinie [französisch maʒiˈno-]: nach dem französischen Kriegsminister A. Maginot benanntes, 1929–32 gebautes Befestigungssystem an der Nordostgrenze Frankreichs. Die M. wurde 1940 von den deutschen Truppen umgangen.

Magister Equitum [lateinisch »Reiteroberst«]: in der römischen Republik vom ↑Diktator für sechs Monate ernannter Befehlshaber der Reiterei, der zugleich Stellvertreter des Diktators sowohl in Rom als auch im Felde war.

Magistrate [von lateinisch magister »Vorsteher«, »Leiter«]: im antiken Rom die gewählten, ehrenamtlich tätigen Beamten. Im Unterschied zum modernen Berufsbeamten wurden die römischen M. in republikanischer Zeit vom Volk gewählt, amtierten nur ein Jahr (↑Annuität) und empfingen kein Gehalt. Sie hatten Amtskollegen, denen sie, wie untergeordneten M. auch, Amtshandlungen verbieten konnten (ohne Kollegen und insofern unumschränkt war der ↑Diktator, der v. a. in Kriegs- oder Krisenzeiten von einem ↑Konsul ernannt wurde und sein Amt lediglich sechs Monate lang ausübte). Für die mit der Magistratur verbundenen Amtsgeschäfte waren grundsätzlich alle Amtskollegen zuständig; einzelne, selbstständige Geschäftsbereiche wurden nur von Fall zu Fall gebildet. Alle M. mit Ausnahme der ↑Volkstribunen und der ↑Ädilen konnten innerhalb und außerhalb Roms tätig sein und – bis 81 v. Chr. – neben zivilen auch militärische Aufgaben übernehmen. Jährlich gewählt wurden die Konsuln, die ↑Prätoren, Ädilen, Volkstribune und ↑Quästoren. Nicht jährlich, aber regelmäßig wurden die ↑Zensoren gewählt. Mit der Zeit erhielten alle M. (als letzte die Quästoren) das Recht, in den ↑Senat aufgenommen zu werden.

Promagistrate waren »anstelle von Magistraten« nur außerhalb Roms als Feldherren oder Statthalter der Provinzen beschäftigt. Normalerweise beschloss der Senat, einen M. über dessen Amtsjahr hinaus als Promagistrat weiter zu verwenden; doch konnten die Promagistraturen auch durch Volksbeschluss an private Bürger vergeben werden.

In der Kaiserzeit ging die Bedeutung der Magistratswahl durch das Volk verloren; die Wahlentscheidung fiel in Vorwahlen der Senatoren und Ritter und wurde vom Kaiser (z.B. durch Vorlage eigener Kandidatenliste) erheblich beeinflusst. Keine M. waren die vom Kaiser ernannten und besoldeten Beamten der kaiserlichen Verwaltung. – Im Mittelalter aufgenommene Bezeichnung für die Beamten der städtischen Selbstverwaltung (↑Rat).

Magna Charta (lateinisch Magna Charta Libertatum »große Urkunde der Freiheiten«): das wichtigste englische Grundgesetz. 1215 nutzten aufständische englische Barone die Schwäche der Monarchie zur Festigung ihrer eigenen Stellung. Am 15. Juni 1215 bestätigte König JOHANN I. OHNE LAND den Vertretern des Adels und der Kirche in 63 Artikeln ihre angestammten Vorrechte. Ursprünglich Dokument des feudalen Widerstandsrechts, enthielt die M. C. jedoch zugleich einige zentrale allgemeine Rechtsgrundsätze (z.B. wurde in Art. 39 jedem Freien zugestanden, dass er nicht willkürlich verfolgt, sondern nur durch seine Standesgenossen und nach dem Gesetz des Landes abgeurteilt werden darf) und definierte darüber hinaus generell die politischen Beziehungen zwischen König und ↑Vasallen als ein beide Seiten bindendes Rechtsverhältnis. So konnte diese Urkunde, die immer wieder von nachfolgenden Königen bestätigt wurde, v.a. in der Zeit der Verfassungskämpfe des 17. Jh. als Staatsgrundgesetz interpretiert und im Laufe der Zeit zum zentralen Bestandteil der ungeschriebenen englischen Verfassung werden.

Magnaten [von lateinisch magnus »groß«]: Bezeichnung für die Mitglieder des polnischen und ungarischen Hochadels. In Ungarn bildeten die M. zusammen mit hohen geistlichen und weltlichen Würdenträgern die **Magnatentafel** (die erste Kammer) im Reichstag.

Magyarisierung [ungarisch madʒa-]: Prozess der Angleichung der nichtmagyarischen Bevölkerung Ungarns an die Magyaren (Ungarn). Die seit Beginn des 19. Jh. zunächst ohne Zwang verlaufende M. wurde in der zweiten Jahrhunderthälfte durch staatliche Maßnahmen betrieben, v.a. durch die alleinige Zulassung des Ungarischen als Amtssprache und an den Schulen; das Bekenntnis zum Magyarentum wurde Voraussetzung für einen beruflichen Aufstieg. Durch diese zwangsweise M. wurden die nichtmagyarischen Teile der Bevölkerung Ungarns (v.a. Deutsche, Rumänen und Kroaten) benachteiligt.

Mahdi-Aufstand [arabisch 'maxdi]: gegen die ägyptisch-britische Hegemonie im Sudan gerichteter Aufstand (1881 bis 1898), dessen Führer sich als **Mahdi,** d.h. als Erneuerer des Islam, bezeichnete; Höhepunkt des M.-A. war 1885 die Eroberung Khartums.

Maifeiertag: ↑Erster Mai.

Mailänder Edikte (Toleranzedikte von Mailand): ein den Christen entgegenkommendes religionspolitisches Programm von 313 n. Chr., auf das sich die römischen Kaiser KONSTANTIN I., DER GROSSE, und LICINIUS einigten; es ging über das Toleranzedikt des Kaisers GALERIUS von 311 hinaus und sicherte v.a. die Freiheit des Gottesdienstes und die Rückgabe der konfiszierten Güter zu. – Siehe auch ↑Christenverfolgungen.

Mainlinie: die durch den Main markierte Grenzlinie zwischen Nord- und Süddeutschland, im 19. Jh. oft als Scheidelinie des preußischen und des österreichischen Einflussbereichs gefordert. 1866/67 wurde die M. zur Südgrenze des ↑Norddeutschen Bundes erklärt, doch wurde sie schon vor der formellen Gründung des Reichs wirtschaftlich durch den ↑Deutschen Zollverein und militärpolitisch durch Bündnisse Preußens mit süddeutschen Staaten relativiert.

Mainzer Reichslandfriede: von Kaiser Friedrich II. am 15. August 1235 auf einem Hoftag zu Mainz erlassenes Reichsgesetz, das neben einer Einschränkung des Fehdewesens (↑Fehde) die Straffung der Reichsgewalt und die Sicherung der ihr verbliebenen Hoheitsrechte zum Ziel hatte. Der M. R. bildete insofern ein Gegengewicht zu den ↑Fürstenprivilegien, als er die darin den Fürsten verbrieften Rechte als lediglich zur Ausübung überlassen, d. h. als grundsätzlich bei der Reichsgewalt verblieben, erklärte.

Majestät [von lateinisch maiestas »Größe«, »Erhabenheit«, »Hoheit«]: im Römischen Reich Bezeichnung für die Hoheit und Würde der Götter, die Erhabenheit des römischen Volks gegenüber anderen Völkern und die Hoheit des Staates gegenüber den Bürgern (**Maiestas populi Romani**), später die des Kaisers gegenüber den Untertanen (**Maiestas principis**). Als kaiserlicher Ehrentitel wurde M. seit der Spätantike gebraucht und von den karolingischen Kaisern, in der Neuzeit auch von Königen übernommen.

Majestätsbrief: von Kaiser Rudolf II. am 9. Juli 1609 den katholischen und protestantischen Ständen und den königlichen Städten Böhmens unter Ausschluss eines ↑Ius reformandi verbrieftes Recht freier Religionsausübung, freien Kirchen- und Schulbaus und der besonderen Rechtsvertretung durch Wahl protestantischer Defensoren (Verteidiger des protestantischen Bekenntnisses).

Majestätsrechte: ursprünglich alle dem Herrscher zustehenden Rechte, v. a. die ↑Regalien. Mit der Entwicklung der deutschen Territorialstaaten gingen die ehemaligen M. als (staatliche) **Hoheitsrechte** an diese über. Sie sind grundsätzlich unveräußerlich und umfassen das Recht auf Gesetzgebung, Gerichtsbarkeit, Landesverteidigung, auswärtige Bündnisse, Polizeigewalt; diese Hoheitsrechte schließen Rechte bezüglich der Wasser- und Landstraßen ein. Von diesen staatlichen Hoheitsrechten zu unterscheiden sind die an die Person des Fürsten gebundenen M. wie das Recht auf Unverletzlichkeit, das Recht auf Titel, Insignien, auf militärische Ehrungen u. a.; umstritten ist die Abgrenzung zwischen M. und persönlichen Rechten des Fürsten, z. B. beim Recht auf Ordensverleihungen, beim Gnadenrecht oder beim Recht auf Standeserhöhungen.

Majestätsverbrechen (lateinisch crimen laesae maiestatis): im antiken Rom Verbrechen gegen die Sicherheit und Würde der Republik bzw. des Kaisers, seit der fränkischen Zeit jedes gegen den König, seit der ↑Goldenen Bulle auch gegen die Kurfürsten und das Reich gerichtete Verbrechen (z. B. Untreue oder Verrat). Später ausgedehnt auf alle gegen die deutschen Territorialfürsten gerichteten Handlungen, wurde im ↑Allgemeinen Landrecht das M. vom Hoch- und Landesverrat durch die Bezugnahme auf die Person des Herrschers unterschieden.

Makedonische Kriege: drei von der römischen Republik gegen Makedonien geführte Kriege, durch Philipp V. von Makedonien und dessen Hegemonialpolitik (Bündnis mit Hannibal) während des 2. Punischen Kriegs (↑Punische Kriege) ausgelöst.

Der **1. Makedonische Krieg** (215–202 v. Chr.) wurde von Rom zusammen mit Ätolern, Elis, Sparta, Messenien und Pergamon geführt und endete mit dem Verzicht Makedoniens auf das Bündnis mit Karthago in den Friedensschlüssen von Naupaktos 205 und Phoinike (Epirus). Im **2. Makedonischen Krieg** (200–197

v. Chr.), ausgelöst durch die makedonische Eroberung ptolemäischer Besitzungen in Thrakien und Kleinasien, verlor PHILIPP nach der Schlacht bei Kynoskephalai 197 v. Chr. seinen Einfluss und seine Besitzungen in Griechenland und Kleinasien. Der **3. Makedonische Krieg** (172/171–168 v. Chr.) war ein Präventivkrieg Roms gegen PHILIPPS Sohn PERSEUS; der Sieg der Römer bei Pydna bedeutete das Ende des makedonischen Reichs.

Malteserorden: ↑Johanniterorden.

Malthusianismus: von dem britischen Sozialforscher TH. R. MALTHUS (1798) aufgestellte Bevölkerungstheorie, nach der die Zahl der Menschen schneller (in geometrischer Reihe: 2 4 8 16) als die zur Verfügung stehenden Nahrungsmittel (in arithmetischer Reihe: 2 4 6 8 10) zunimmt. Daher setzt der Nahrungsmittelspielraum dem Bevölkerungswachstum eine natürliche Grenze, sodass nach dem M. durch gesetzliche und soziale Maßnahmen die Bevölkerungsvermehrung eingeschränkt werden muss.

Die Kritik am M. richtet sich v. a. gegen die unterstellte mathematische Gesetzmäßigkeit: Weder entwickelt sich das Wachstum der Bevölkerung in allen Gesellschaften gleichmäßig, noch lässt sich eine arithmetische Zunahme der Nahrungsmittel beweisen. So widersprechen z. B. die Bevölkerungsentwicklung und die Nahrungsmittelproduktion der fortgeschrittenen Industrienationen den Gesetzen des M. Allerdings ist die aus ihm abgeleitete Forderung nach einer Geburtenkontrolle angesichts des großen Bevölkerungswachstums v. a. in der Dritten Welt auch heute aktuell.

Mamelucken: ursprünglich Militärsklaven türkischer, kaukasischer oder slawischer Herkunft, die seit dem 9. Jh. in den islamischen Ländern einen großen Teil der Heere stellten, in Ägypten und Syrien zur herrschenden Oberschicht aufstiegen und ab 1250 das Sultanat von Kairo zu einem der mächtigsten Staaten des Vorderen Orients machten. Durch den Sieg bei Ain Dschalut 1260 wehrten sie den Ansturm der ↑Goldenen Horde ab, gegen Ende des 13. Jh. beseitigten sie die letzten Stützpunkte der ↑Kreuzfahrerstaaten in Syrien und Palästina. 1517 verloren die M. ihr Reich an die Osmanen, blieben aber als Feudalherren weiterhin bestimmender Faktor, bis sie 1811 auf Befehl MEHMET ALIS einem Massaker zum Opfer fielen.

Mamertiner: kampanische Söldner des Tyrannen von Syrakus, AGATHOKLES, die nach dessen Tod (289 v. Chr.) Messina besetzten und das ganze östliche Sizilien mit Raubzügen heimsuchten. Nach der Niederlage gegen HIERON II. von Syrakus (zwischen 270 und 264 v. Chr.) riefen sie zunächst die Karthager, dann die Römer zu Hilfe und lösten so den 1. Punischen Krieg (↑Punische Kriege) aus.

Manchestertum [englisch ˈmæntʃɪstə-]: Bezeichnung für eine extreme Richtung des wirtschaftlichen Liberalismus im frühen 19. Jh. mit seinem Zentrum in der englischen Stadt Manchester. Im M. wurde das freie Spiel der wirtschaftlichen Kräfte ohne jegliche staatliche Eingriffe als Grundprinzip der wirtschaftlichen Ordnung gefordert, wobei v. a. die soziale Frage völlig in den Hintergrund trat. – Siehe auch ↑Laissez-faire-Prinzip.

Mandarin: aus dem Portugiesischen übernommene europäische Bezeichnung für die chinesischen Staatsbeamten, die die politische und soziale Führungsschicht des chinesischen Kaiserreichs bildeten. Die M. stammten fast ausschließlich aus den lokal führenden Familien und gelangten in ihr Amt durch Ablegung einer Staatsprüfung oder auch durch Ämterkauf. Mit der Abschaffung des traditionellen Prüfungssytems 1905 und mit der Revolution 1911/12 brach der traditionelle chinesische Beamtenstaat und der Stand der M. zusammen.

Mandat [von lateinisch mandare »übergeben«, »anvertrauen«]:

◆ Amt und Auftrag eines Abgeordneten

M

Manufaktur: eine Spielkartenmanufaktur in Paris mit Blick auf Seine und Louvre

im Parlament; im Repräsentativsystem gilt im Gegensatz zum **imperativen Mandat** (d.h. Bindung des Abgeordneten an die Weisungen seiner Partei, seiner Wähler oder einer Interessengruppe) das **freie Mandat,** dem zufolge ein Abgeordneter an keine Weisungen gebunden ist (Art. 38 GG).

◆ (Mandatsgebiet): Bezeichnung für die nach dem Ersten Weltkrieg von einigen Siegermächten unter Aufsicht des Völkerbundes verwalteten ehemaligen deutschen Kolonien sowie die von der Türkei abgetretenen Gebiete Vorderasiens. Die M. durften nicht annektiert werden und mussten uneigennützig verwaltet werden. Das Mandatssystem wurde 1946 vom Treuhandsystem der UN abgelöst.

Manipel [von lateinisch manipulus »eine Hand voll«]: Unterabteilung der römischen ↑Legion, gegliedert in zwei ↑Zenturien zu je 60 bis 80 Mann. Mit der Heeresreform Kaiser HADRIANS wurde die M. abgeschafft und statt dessen die Zenturie zur taktischen Einheit.

Manufaktur [von lateinisch manu facere »mit der Hand machen«]: Frühform des industriellen Betriebs, in dem der Produktionsprozess gekennzeichnet war durch bereits weitgehende Spezialisierung und Arbeitsteilung sowie durch Serienfertigung bei jedoch nur geringem Einsatz von Maschinen. Das Manufakturwesen, das im 17./18. Jh. seine Blüte erlebte, wurde v.a. im Absolutismus gefördert und diente der kapitalintensiven, rationellen und oft technisch aufwendigen Produktion von Waren, die von den Zünften nicht bewältigt werden konnte. Der Übergang zur Industrie ist v.a. in der ersten Hälfte des 19. Jh. fließend.

Maquis [ma'ki:; nach dem französischen Begriff für das Buschwaldgebiet des Mittelmeerraums]: Bezeichnung für (v.a. französische) Partisanengruppen, die sich nach 1940 bildeten und in unzugänglichen Gebieten Zuflucht suchten. Die M., zunehmend abhängig von den Organisationen der ↑Résistance, kämpften mit Angriffen auf Transportwege und Sabotageakten gegen die deutsche Besatzung.

Mare nostro [italienisch »unser Meer«]: im imperialistischen Italien des 19. Jh. und bei G. D'ANNUNZIO Bezeichnung für die Adria; vom italienischen Faschismus erweitert auf das Mittelmeer (die alte römische Bezeichnung **Mare nostrum** aufnehmend) als Ausdruck des Anspruchs auf Vorherrschaft in diesem Raum.

Mark (Grenzmark): in karolingischer und ottonischer Zeit Bezeichnung für

Grenzräume im Vorland des eigentlichen Reichs, die der militärischen Sicherung des Reichsgebiets dienten und einem ↑Markgrafen unterstanden. Unter den Karolingern entstanden im Westen die **Bretonische Mark,** im Südwesten die **Spanische Mark** sowie im Südosten die **Mark Friaul** und die **Pannonische Mark.** Die Einfälle der Slawen und Ungarn ab dem Ende des 9. Jh. veranlassten OTTO I., das Markensystem zu erneuern und v.a. im Osten auszubauen. Aus den ottonischen Marken gingen später die **Markgrafschaft Brandenburg,** die **Markgrafschaft Meißen** (später Sachsen) und aus der bayerischen **Ostmark** (ab 1156) das Herzogtum Österreich hervor.

Marketẹnder: bis zum Beginn des 20. Jh. Bezeichnung für Händler, die die Truppen bei Manövern und im Krieg begleiteten und Nahrungs- und Genussmittel sowie Bedarfsartikel verkauften. Schon im Altertum und im Mittelalter verbreitet, waren sie von großer Bedeutung, solange die Soldaten ihre Verpflegung selbst beschaffen mussten.

Markgenossenschaft: Verband mehrerer Dörfer zur gemeinsamen Nutzung von Wald und Weide. Die M. entstand im Hoch- und Spätmittelalter, als die wachsende Beanspruchung des ursprünglich frei genutzten Waldes eine Abgrenzung der jeweiligen Nutzungsräume erforderlich machte. Bereits früh verminderte sich jedoch die Zahl der M. durch Umwandlung der Mark in ↑Allmenden einzelner Dörfer oder ihre Verteilung an die einzelnen Markgenossen; vereinzelt hat sich die M. jedoch bis ins 20. Jh. erhalten.

Markgraf: seit KARL DEM GROSSEN Befehlshaber einer ↑Mark mit dem Befestigungsrecht, dem Recht des Aufgebots und des militärischen Oberbefehls sowie der Gerichtsbarkeit über die Markgrafschaft. Aufgrund dieser durch die Aufgabe der Grenzsicherung bedingten Machtbefugnisse konnten einige M. eine herzogähnliche Stellung aufbauen und eine den höchsten Reichsfürsten gleiche Machtstellung erlangen.

Markt [von lateinisch mercatus »Handel«, »Markt«]: Platz, an dem Verkäufer und Käufer, Erzeuger und Verbraucher von Gütern sich zu Handelszwecken treffen. Der **Marktplatz** war in der antiken Stadt zugleich auch Standort von Veranstaltungen des öffentlichen Lebens (↑Agora, ↑Forum). Nach der Völkerwanderung bildeten die M. Elemente des aufblühenden Städtewesens, meist angelegt an günstigen Küstenplätzen, Schnittpunkten wichtiger Straßen und Flussübergängen sowie in der Nähe politischer und religiöser Zentren. Die Marktplätze bildeten meist den Mittelpunkt der Stadt, um den herum neben Patrizierhäusern die wichtigsten Verwaltungs- und Wirtschaftsgebäude errichtet wurden. – Siehe auch ↑Messe.

Marktrecht: das Recht, einen ständigen ↑Markt, einen Wochen- oder ↑Jahrmarkt abzuhalten. Das M. zu verleihen, stand seit der fränkischen Zeit dem König zu (**Marktregal**); darüber hinaus war es das besondere Recht, das an einem Marktort und für seine Besucher galt. Markt und Marktbesucher standen unter einem Sonderfrieden (**Marktfrieden**), Streitigkeiten aus dem Marktverkehr wurden von eigenen **Marktgerichten** entschieden. Der **Marktherr** (König, Bischof, Fürst) garantierte die Freiheit des Handelsverkehrs sowie die Sicherheit der Wege (↑Geleit); er erleichterte ferner den Handel durch Einrichtung von Münzen. Als Entgelt erhob er von den Marktbesuchern einen **Marktzoll.** Zunächst galt das M. nur für die Zeit des Markts, für die engere Marktstätte und für die Marktbesucher. Etwa seit dem 11. Jh. galt es im ganzen Marktort für alle Bewohner und Besucher ohne zeitliche Beschränkung und wurde damit zu einer der wichtigsten Wurzeln des ↑Stadtrechts.

Marktzwang: von dem Inhaber des ↑Marktrechts unter Strafandrohung getroffene Anordnung, innerhalb der städ-

M

tischen Bannmeile mit bestimmten Waren (v.a. Lebensmitteln) nur auf dem Markt zu handeln.

Marokkokrisen: internationale Krisen, durch die die Beziehungen zwischen den Großmächten im europäischen Staatensystem vor dem Ersten Weltkrieg verschärft wurden, ausgelöst durch das gleichzeitige Streben Deutschlands und Frankreichs nach einer »friedlichen Durchdringung« Marokkos, d.h. der Ausdehnung ihres Einflusses mit politischen und wirtschaftlichen Mitteln. Der Versuch der deutschen Regierung, mit der Landung Kaiser WILHELMS II. in Tanger 1905 die seit 1904 verstärkt einsetzende französische Expansion in Marokko zu verhindern, führte zur **1. Marokkokrise.** Sie wurde mit der Konferenz von ↑Algeciras 1906 beigelegt. 1909 wurden in einem weiter gehenden Vertrag die deutschen ökonomischen Interessen abgesichert; nach der Besetzung von Fès 1911 durch französische Truppen löste die deutsche Regierung durch die Entsendung des Kanonenboots »Panther« nach Agadir (»Panthersprung«) die **2. Marokkokrise** aus, die durch das Marokko-Kongo-Abkommen 1911 beigelegt wurde. Dieses besiegelte das französische Protektorat über Marokko und gestand Deutschland dafür die Vergrößerung Kameruns durch Teile Französisch-Äquatorialafrikas zu.

Marquis [französisch mar'ki:]: französischer Adelstitel, im Rang zwischen Graf und Herzog, zurückgehend auf das Amt des ↑Markgrafen; entsprechende Titel in Italien **Marchese,** in Spanien **Marqués** und in Großbritannien **Marquess.**

Marschall: als einer der Inhaber der vier germanischen Hausämter zuständig für die Stallungen (auch **Stallgraf**) und die Versorgung der Pferde bei den wechselnden Aufenthalten des Hofes. Seine Befugnisse wurden schließlich ausgedehnt auf Quartierbeschaffung für den gesamten Hofstaat (**Hofmarschall**) und mit dem Aufkommen der Ritterheere auf den Oberbefehl im Krieg (später **Feldmarschall**). Auch das Marschallamt folgte der Entwicklung der Hausämter im Reich zu ↑Erzämtern. Als **Landmarschall** bezeichnete man bis 1918 das Amt des Landtagspräsidenten in einigen deutschen Territorien (Mecklenburg, Brandenburg sowie einige österreichische Kronländer).

Marseillaise [französisch marzɛ'jɛ:zə]: Von CLAUDE J. ROUGET DE LISLE verfasst und vertont, wurde das Lied erstmals am 30. Juli 1792 von einem Freiwilligenbataillon aus Marseille beim Einzug in Paris gesungen. Es verbreitete sich rasch als Revolutions- und Freiheitslied und wurde zunächst 1795, endgültig 1879 zur französischen Nationalhymne.

Marsfeld: im antiken Rom die Ebene zwischen dem Tiberbogen und der Via Flaminia, die als Exerzierplatz für die römische Miliz und als Versammlungsplatz für die Zenturiatkomitien diente.

Marshallplanhilfe (englisch European Recovery Program »Europäisches Wiederaufbauprogramm«, Abk. ERP): amerikanisches Hilfsprogramm für Europa nach dem Zweiten Weltkrieg, das auf einen Vorschlag des amerikanischen Außenministers G. C. MARSHALL (**Marshallplan**) zurückgeht, der eine planmäßige und systematische Wiederherstellung und Neuordnung der wirtschaftlichen Verhältnisse in Europa vorsah, die v.a. folgenden Zwecken dienen sollte: Hunger und Elend in Europa zu beseitigen, für die USA leistungsfähige Handelspartner zu gewinnen und die Einigung Europas vorzubereiten sowie ein weiteres Vordringen des Kommunismus zu verhindern. Die 1948 vom Kongress verabschiedete M., die ursprünglich auch den Ländern des Ostblocks zugedacht war, von diesen aber abgelehnt wurde, bestand aus Sachlieferungen und Krediten; die Hilfe kurbelte den wirtschaftlichen Wiederaufbau an, insbesondere auch in der Bundesrepublik Deutschland, die bis 1957 1,7 Mrd. US-$ erhielt, die v.a. der Grundstoffindustrie, der Landwirtschaft, dem Verkehrswesen und dem Wohnungsbau, der Forschung und der Exportförderung zugute kamen.

Marsischer Krieg: ↑Bundesgenossenkriege.

Marxismus: allgemeine Bezeichnung für die von K. MARX und F. ENGELS mit der Lehre vom ↑historischen Materialismus begründete Betrachtungsweise der menschlichen Gesellschaft. Auf dieser Basis versteht sich der M. als Anleitung zur Lösung der im Zuge der Industriellen Revolution des 19. Jh. entstandenen ↑sozialen Frage. Darüber hinaus stellte ENGELS die Lehre vom historischen Materialismus in den umfassenderen Rahmen des ↑dialektischen Materialismus. Um sich vom utopischen Sozialismus abzugrenzen, sprachen MARX und ENGELS vom wissenschaftlichen ↑Sozialismus.

In der zweiten Hälfte des 20. Jh. versuchten unterschiedliche Strömungen des **Neomarxismus,** die Analysen und Prognosen des M. unter den gesellschaftlichen Bedingungen des »Spätkapitalismus« und unter dem Eindruck der gesellschaftlichen Fehlentwicklungen im Machtbereich des ↑Marxismus-Leninismus neu zu gewichten.

Marxismus-Leninismus: Bezeichnung für die offizielle Doktrin des orthodoxen ↑Kommunismus. Sie basiert auf dem ↑dialektischen Materialismus und dem ↑historischen Materialismus. Grundlage ist die Kritik der politischen Ökonomie, d.h. eine Interpretation der sozioökonomischen Strukturen und Entwicklungen besonders des Kapitalismus. Der M.-L. stellt eine Weiterentwicklung des Marxismus v.a. durch W. I. LENIN dar, der angesichts einer von den Prognosen des historischen Materialismus abweichenden Entwicklung diesen durch einige Hilfskonstruktionen ergänzte: durch die Imperialismustheorie (die Ausbeutung der Kolonien zur Erklärung des ausgebliebenen Zusammenbruchs des Kapitalismus), durch eine von der marxschen Theorie abweichende Revolutionstheorie (der Sturz des Kapitalismus in einer ökonomisch rückständigen Gesellschaft statt in der am weitesten entwickelten Gesellschaft zur Erklärung des Eintritts der sozialistischen Revolution in Russland) und durch die Theorie von der Kaderpartei (eine Partei von Berufsrevolutionären als Avantgarde des Proletariats), die, organisiert nach den Prinzipien des demokratischen Zentralismus (u.a. Wählbarkeit aller leitenden Organe von unten nach oben, unbedingte Verbindlichkeit der Beschlüsse der höheren Organe für die unteren), die Revolution und den Aufbau des Sozialismus durchführt. Diese Parteitheorie dient v.a. zur Rechtfertigung der Herrschaft (»der führenden Rolle«) der kommunistischen Partei in der sozialistischen Gesellschaft. Zu diesem Zweck wurde vom M.-L. das marxistische Prinzip der Parteilichkeit (die klassenmäßige Gebundenheit der Theorie) zur Bindung an den Willen der kommunistischen Partei und ihrer Führung umgedeutet und damit die marxistische Philosophie zur Herrschaftsideologie einer neuen Diktatur gemacht.

Märzfeld: Bezeichnung für die im März stattfindende Heeresversammlung im Fränkischen Reich, der vom König politische Fragen, zum Teil auch Gesetze zur Beschlussfassung vorgelegt wurden. PIPPIN DER JÜNGERE verlegte das M. 755 in den Mai (**Maifeld**), KARL DER GROSSE in den Sommer; seit Kaiser LUDWIG I. nicht mehr einberufen.

Märzrevolution: ↑Revolution von 1848/49.

Maschinenstürmer: In der Frühphase der ↑Industriellen Revolution zerstörten (Heim-)Arbeiter und Handwerker Spinnmaschinen, Webstühle u.a., da sie in der Einführung der Maschinen die Ursache für ihre materielle Not sahen. V.a. in Großbritannien (siehe auch ↑Ludditen), in geringerem Umfang auch in Deutschland, verband sich die Bewegung der M. mit allgemeinen, durch Krisen im Agrarbereich und im Gewerbe hervorgerufenen Notständen. – Siehe auch ↑Weberaufstand.

Maya: indianische Völker- und Sprachfamilie, die eine der ältesten, höchstentwickelten Kulturen Lateinamerikas hervorbrachte; ihre Anfänge lassen sich bis 1000 v. Chr. zurückverfolgen. Ihren Höhepunkt erreichte die Mayakultur vom 4.–9. Jh. n. Chr. im Tiefland von Guatemala und auf der Halbinsel Yucatan. Dieses Gebiet wurde im 10. Jh. aus bisher noch nicht geklärten Ursachen verlassen. Eine zweite Blüte auf dem Hochland im Norden vom 11. bis 15. Jh. zeigte bereits deutliche Verfallserscheinungen und eine Angleichung an die mexikanische Kultur.

Während der klassischen Zeit war das Gebiet der M. politisch in eine Reihe von Stadt- und Territorialstaaten mit erblichen Fürsten aufgeteilt. Zentren waren weitläufige Städte, die Schnittpunkte des Handels, aber auch religiöse und Verwaltungsmittelpunkte waren. Wirtschaftliche Grundlage war der Ackerbau, daneben gab es jedoch auch spezialisierte Kunsthandwerker, deren hoch entwickelte und künstlerisch wertvolle Erzeugnisse v. a. für das Herrscherhaus, den Adel und die Tempel bestimmt waren. Die Tempel, die weitgehend dem Ahnenkult der Herrscherfamilie dienten, waren Mittelpunkt der Städte und auf bis zu 60 m hohen künstlichen Stufenpyramiden errichtet. Die überlieferten Dokumente der Bilderschrift sind bis heute nur zum Teil entziffert. Besonders hoch entwickelt war die Rechenkunst im Dienste des Kalenders, die Chronologie. Zur Zeit der Eroberung durch die Spanier war das Reich der M. in zahlreiche sich befehdende Staaten zerfallen. Nachfahren der M. leben heute noch hauptsächlich als Bauern in Mexiko und Guatemala. – Siehe auch ↑frühe Hochkulturen.

mediat: einem Staatsoberhaupt nicht unmittelbar untergeordnete Person bzw. Behörde. Im Heiligen Römischen Reich Herrschaften oder Besitzungen, die dem Kaiser als oberstem Lehnsherrn nicht unmittelbar, sondern über einen Zwischenlehnsherrn mittelbar (**reichsmittelbar**) verbunden waren (z. B. die ↑Landstände).

Mediatisierung: Verlust bzw. Entzug einer immediaten Stellung, im Heiligen Römischen Reich die Aufhebung der ↑Reichsunmittelbarkeit eines ↑Immediatstandes durch seine Unterwerfung unter die Landeshoheit eines anderen weltlichen Reichsstandes und Einverleibung seines Territorialbesitzes in dessen Reichsterritorium. Stark strukturändernd wirkten v. a. die M. im Auflösungsprozess des Heiligen Römischen Reichs vom ↑Reichsdeputationshauptschluss 1803 (M. kleinerer weltlicher ↑Reichsstände und fast aller ↑Reichsstädte) bis zur ↑Rheinbundsakte 1806 (M. auch der ↑Reichsritterschaft). Die mediatisierten Häuser erreichten in der Deutschen Bundesakte 1815 nur die Anerkennung als ↑Standesherren, nicht jedoch die Wiederherstellung als regierende Häuser.

Meerengenfrage: internationale Streitfrage und Interessenkonflikt zwischen dem Osmanischen Reich bzw. der Türkei, Russland bzw. der Sowjetunion, Großbritannien und Frankreich um das Durchfahrtsrecht, v. a. für Kriegsschiffe, durch die Dardanellen und den Bosporus. Seit dem 18. Jh. wurde immer wieder versucht, die M. als zentralen Bestandteil der ↑orientalischen Frage in Verträgen zu regeln. Doch erst das **Meerengenabkommen** von Montreux 1936 brachte unter Bekräftigung des »Grundsatzes der Freiheit der Durchfahrt und der Schifffahrt in den Meerengen« eine bislang dauerhafte Lösung.

Megalithkulturen: eine Sammelbezeichnung für west- und nordeuropäische Kulturgruppen v. a. des 3. Jt. v. Chr., die durch Errichtung von Monumenten aus **Megalithen** (einzeln oder in Gruppen aufgestellte, meist unbearbeitete Steinblöcke für Grab- und Kultanlagen) gekennzeichnet sind. Im weiteren Sinne werden auch verschiedene Kulturen außerhalb Europas als M. bezeichnet. Aus den gemeinsamen Grundzügen (z. B.

meistens Kollektivbestattungen) werden weitgehend einheitliche Glaubensvorstellungen erschlossen, deren Entstehung im Vorderen Orient vermutet wird. Gegen Ende des 3. Jt. v. Chr. wurden die M. von Kulturgruppen abgelöst, die durch Einzelbestattung gekennzeichnet sind.

Mehrheitssozialisten (Mehrheitssozialdemokraten): bis 1922 Bezeichnung für die in der SPD verbliebene Mehrheit der Sozialdemokraten nach Abspaltung der Sozialdemokratischen Arbeitsgemeinschaft 1916 und der Bildung der Unabhängigen Sozialdemokratischen Partei Deutschlands (USPD) 1917. – Siehe auch ↑Sozialdemokratie.

Megalithkulturen: Stonehenge ist eine 12 km nördlich von Salisbury (Grafschaft Wiltshire, Südengland) gelegene megalithische Anlage, die etwa ab 2 800 v. Chr. als Wall- und Grabenring mit zwei Eingangssteinen angelegt wurde.

Meier: Amtsträger zunächst oft hörigen Standes, der vom ↑Fronhof aus das Salland (das unmittelbar zum Fronhof gehörende, ursprüngliche Familiengut des Grundherrn) bewirtschaftete, die abhängigen Bauernstellen (↑Hufe) beaufsichtigte und deren Abgaben einzog. Der M. erhielt als Entgelt eine oder mehrere Hufen, Bezüge in Naturalien und/oder Geld und hatte Anspruch auf ↑Fronen der ihm unterstellten Bauern. Vielfach wirkte er auch an der grundherrlichen Gerichtsbarkeit mit, mancherorts wurde er zum Dorfvorsteher. – Siehe auch ↑Hausmeier.

Meierrecht (Meierhofsleihe, Meierpacht): Bezeichnung für ein Pachtrecht, das sich mit dem Aufstieg vieler ↑Meier in die Ministerialität entwickelte. Um dem Streben der Meier nach der Erblichkeit ihres Amtes und der dadurch drohenden (zum Teil auch verwirklichten) Entfremdung der Grundherrschaft zu begegnen, griff ein Teil der Grundherren zu dem Mittel, den Meiern den ↑Fronhof (einschließlich der Dienste und Abgaben der von diesem abhängigen Bauern) gegen jährliche Geldleistungen zu leihen.

Melfi, Konstitutionen von: 1231 von Kaiser FRIEDRICH II. in Melfi (Apulien) für das Königreich Sizilien erlassene Gesetze, in denen das Straf- und Prozessrecht sowie v. a. das Verwaltungsrecht kodifiziert wurde. Die feudalen und städtischen Rechte wurden weitgehend aufgehoben, stattdessen königliche Amtsträger (Beamte) mit verschiedenen Aufgabenbereichen und königliche Richter eingesetzt. Ziel dieses ersten systematischen Gesetzbuchs des Mittelalters war die Herstellung der Rechtseinheit und der Aufbau eines zentralistisch gelenkten einheitlichen Reichs.

Mendikanten: ↑Bettelorden.

Menschenrechte: Rechte, die jedem Menschen unabhängig von seiner Stellung in Staat, Gesellschaft, Beruf, Religion und Kultur zustehen. Auch Hautfarbe, Geschlecht, Sprache, Weltanschauung und nationale oder soziale Herkunft können die M. nicht einschränken. Zu ihnen zählen das Recht auf Gleichheit, auf Unversehrtheit, auf Eigentum, auf Meinungs- und Glaubensfreiheit sowie auf Widerstand gegen Unterdrückung.

M

Die Auffassung, dass die M. nicht vom Staat nach Maßgabe seiner Verfassung verliehene, sondern überstaatliche vorkonstitutionelle Rechte sind, die dem Menschen von Natur aus zukommen, steht im Zusammenhang mit der Entwicklung des ↑Naturrechts und ist weitgehend identisch mit der Entwicklung der ↑Grundrechte von der ↑Magna Charta 1215 über die ↑Habeaskorpusakte 1679, die ↑Bill of Rights 1689, besonders die ↑Amerikanische Unabhängigkeitserklärung 1776 bis zur ↑Déclaration des droits de l'homme et du citoyen der Französischen Revolution von 1789 und bis zur Menschenrechtsdeklaration der Kommission für Menschenrechte der UN.

Bereits in der Spätantike wurde das Problem der M. und ihre Begründung aus der »allgemeinen Natur des Menschen« thematisiert. Erst im Zuge der Auflösung der politischen und gesellschaftlichen Ordnung des Mittelalters jedoch wurden zu Beginn der Neuzeit die M. zum Instrument des politischen Kampfs und zum Mittel zur Sicherung der Freiheit des Individuums gegenüber dem Staat. Zwar hat die Idee der M. im 20. Jh. international eine Stärkung erfahren, die Verletzung der M. in Folge von Krisen, Kriegen, diktatorischer Herrschaft und ethnischer Diskriminierung wie auch als Rassendiskriminierung und als Diskriminierung von Frauen bleibt jedoch allgegenwärtige Praxis.

Das Grundgesetz der Bundesrepublik Deutschland bekennt sich in Art. 1 zu »unverletzlichen und unveräußerlichen M. als Grundlage jeder menschlichen Gemeinschaft, des Friedens und der Gerechtigkeit in der Welt«.

Menschewiki [russisch »Minderheitler«]: Bezeichnung für die gemäßigte, am Prinzip der demokratisch organisierten Massenpartei festhaltende Gruppe der Sozialdemokratischen Arbeiterpartei Russlands, die bei der Abstimmung über die zukünftige Organisation der Partei auf dem II. Parteikongress 1903 der von LENIN geführten Gruppe, den ↑Bolschewiki, unterlag.

Merkantilismus [zu lateinisch mercari »Handel treiben«]: zusammenfassender Begriff für die im Einzelnen durchaus unterschiedlichen wirtschaftstheoretischen Ideen und wirtschaftspolitischen Maßnahmen des 17. und 18. Jh. in Europa. Aufgrund der Vorstellung, die Lage einer Volkswirtschaft hänge von der Menge des in ihr zirkulierenden (Metall-)Geldes ab (F. BACON: Geld ist »wie Mist, der nur dann Gutes tut, wenn er ausgestreut wird«), stand im Vordergrund der merkantilistischen Überlegungen die Frage, wie eine größtmögliche Ausstattung mit Geld zu erreichen sei. Die Merkantilisten sahen als ein Mittel hierfür besonders den Überschuss an Warenausfuhren gegenüber den Wareneinfuhren (aktive Handelsbilanz) eines Landes an, wodurch Geld aus dem Ausland hereinströmen und ein Abfluss dorthin vermieden würde. Dementsprechend galt als Faustregel, die Ausfuhr hochwertiger und damit teurer Güter zu begünstigen und entsprechend die Einfuhr solcher Güter zu verhindern. Solche reglementierenden Vorstellungen konnten, verbunden mit einem Abbau des Zunftdenkens, nur vom Staat durch zollpolitische Maßnahmen, Handelsprivilegien und Monopole verwirklicht werden.

Der M. erfuhr in den einzelnen Ländern eine unterschiedliche Ausprägung. In England und in den Niederlanden, den wirtschaftlich am weitesten fortgeschrittenen Ländern, wurde das Gewicht merkantilistischer Maßnahmen auf die Gestaltung und Abwicklung des Außenhandels gelegt. Unter dem Finanzminister J.-B. COLBERT schuf der Staat in Frankreich aus absolutistischer Machtvollkommenheit die Voraussetzungen für den Auf- und Ausbau umfangreicherer manufakturieller Produktion (z. B. Seidenwaren) und entwickelte gleichzeitig ein entsprechendes außenhandelspolitisches Instrumentarium (Colbertismus). In Deutschland ging es v.a. darum, die schweren Schäden des Dreißigjährigen Kriegs zu beheben, der auch eine weitgehende ökonomische Rückständigkeit bedingt hatte. Neben der Absicht, Gewerbe und Handel zu intensivieren, wurde verstärkt auch Peuplierungspolitik (Maßnahmen zur Erhöhung der Bevölkerungszahl) betrieben und die Landwirtschaft gefördert, um eine wirtschaftliche Belebung und damit monetäre Ausstattung der Volkswirtschaft zu erreichen (siehe auch ↑Kameralismus). Wurde die Handelsbilanztheorie zur vornehmlichen Begründung für den M. schon Ende des 18. Jh. von einem Komplex wirtschaftstheoretischer Einsichten abgelöst, so blieb doch bis in die Gegenwart hinein, trotz einer starken Bewegung zugunsten des ↑Freihandels (seit dem 19. Jh.), in vielen Ländern der Grundsatz, die inländische Wirtschaft vor negativ empfundenen Außenhandelseinflüssen (u.a. Konkurrenz) staatlicherseits durch ein Schutzzollsystem zu unterstützen, bestehen (**Neomerkantilismus**).

Merowinger: fränkisches Königsgeschlecht des Frühmittelalters, der Überlieferung nach von MEROWECH abstammend; im 5. Jh. Kleinkönige eines salfränkischen Teilstammes um Tournai, später Cambrai. Die ersten aufgrund von Quellen nachweisbaren M. sind CHLODIO († UM 460) und CHILDERICH I. († UM 482). Dessen Sohn CHLODWIG I. (um 482–511) wurde durch die Beseitigung der anderen fränkischen Könige und durch die Unterwerfung fast ganz Galliens zum Begründer des ↑Fränkischen Reichs. Das germanische Prinzip des Nachfolgerechts aller Königssöhne führte jedoch ab 511 zu immer neuen Reichsteilungen und Kämpfen zwischen den Teilkönigen. V.a. seit dem 7. Jh. verloren die M. zunehmend ihre Macht an den Adel, besonders an die ↑Hausmeier, wenngleich ihre mythisch-sakrale Bedeutung noch lange gültig blieb, sodass erst CHILDERICH III. 751 von seinem Hausmeier PIPPIN III., DEM JÜNGEREN, (↑Karolinger) gestürzt wurde.

Messe: Märkte, die seit dem frühen Mittelalter, v.a. aber seit dem 11./12. Jh. anlässlich kirchlicher Festtage an wichtigen Verkehrsknotenpunkten nach dem Gottesdienst abgehalten wurden (daher ging der Begriff M. von dem Gottesdienst auf die Verkaufsschau über). Die Messebesucher unterstanden dem Schutz des Königs und der Kirche; den Messeorten wurden **Messeprivilegien** verliehen. Die früheste M. war die von Saint-Denis (seit etwa 629). Auf den M. in der Champagne handelten Kaufleute aus ganz Europa vom 12.–14. Jh. mit Produkten des Orients, flämischen und Brabanter Tuchen, Leinwand, Rauchwaren und Rohstoffen des Nordens. Gleichzeitig wurden diese Messeorte Zentren des Geld- und Kreditwesens. Nach dem Niedergang der M. in der Champagne blühten die M. in den flandrischen Städten Brügge und Gent, später in Lyon, Paris, Padua und Brabant (v.a. Antwerpen) auf. Zwischen Europa und den Levanteländern vermittelten Venedig und Genua den Handelsverkehr. Im Heiligen Römischen Reich erhielt Frankfurt am Main 1240 Messeprivilegien, Leipzig 1268. Seit 1330 gewann die Frankfurter M. durch die Einführung einer zusätzlichen Frühjahrsmesse internationale Bedeutung, wurde aber im 18. Jh. von den Leipziger M. übertroffen, die den östlichen und den westlichen Handel verbanden. Die **Verkaufsmessen** (auch **Warenmessen** genannt), die ihre Bedeutung bis ins 19. Jh. behielten, wandelten sich mit der Industrialisierung, dem aufkommenden Ausstellungswesen und der Modernisierung des Verkehrs zu **Mustermessen.**

Messenische Kriege: Kämpfe Spartas zur Unterwerfung Messeniens, der fruchtbaren Landschaft im Südwesten der Peloponnes. Der **1. Messenische Krieg** (letztes Drittel des 8. Jh. v. Chr.) endete mit der teilweisen Unterwerfung Messeniens. Nach dem **2. Messenischen**

M

Krieg (um die Mitte des 7. Jh.) wurden die Messenier, die zum Teil nach Kalabrien und Sizilien ausgewandert waren (Messena, heute: Messina), von den Spartanern zu ↑Heloten, zu rechtlosen Ackerbauern, gemacht. Der Aufstand der Heloten 464–454 v. Chr. wurde Anlass für den **3. Messenischen Krieg.** 369 v. Chr. wurde mithilfe Thebens der Staat Messenien neu gegründet.

Metöken [griechisch »Mitbewohner«]: im antiken Griechenland Bezeichnung der besonders in Handelsstädten und Wirtschaftszentren zahlreich ansässigen Fremden, die v. a. in Handel und Gewerbe tätig waren. Der Metöke, der durch Fürsprache eines Bürgers in **Metökenlisten** eingetragen wurde, erhielt damit das Wohnrecht und das Recht, Prozesse zu führen, musste aber eine Kopfsteuer entrichten. Am Staatsleben nahmen die M. nicht teil und konnten auch keinen Grundbesitz erwerben.

metternichsches System: schlagwortartige Bezeichnung für die von dem österreichischen Staatsmann K. W. Fürst von Metternich zu Beginn des 19. Jh. betriebene Politik zur Erhaltung der politischen und sozialen Ordnung Europas, wie sie auf dem ↑Wiener Kongress 1814/15 in vorrevolutionärem Sinne restauriert worden war (siehe auch ↑Restauration). Die auf die ererbte Autorität der Monarchen (monarchische ↑Legitimität) begründete Friedensordnung war äußerlich gesichert durch das ↑Gleichgewicht der europäischen Mächte (v. a. der fünf Großmächte Österreich, Russland, Preußen, Frankreich und Großbritannien). Darüber hinaus wurde auch jeder innenpolitische Versuch einer Veränderung der Verhältnisse durch gemeinsame militärische Intervention der Großmächte, Polizeimaßnahmen und Zensur verhindert.

Demzufolge blieben insbesondere in Deutschland königliche Verfassungsversprechen unerfüllt, wurden demokratisch-republikanische Ideen mit polizeistaatlichen Mitteln bekämpft, die Hoffnung auf eine nationale Einigung enttäuscht.

Zwischen 1815 und der ↑Revolution von 1848/49 bildeten sich in Opposition zum m. S. zahlreiche Reformbewegungen, deren Forderungen in dem Wunsch nach Schaffung eines Nationalstaats auf parlamentarischer Grundlage zusammentrafen. Anstöße dafür gingen von den Befreiungsbewegungen und -kämpfen der Griechen, Spanier, Italiener und Polen aus, die das m. S. ebenso wenig zu verhindern vermochte wie die französische ↑Julirevolution von 1830. Metternich selbst wurde als Symbol von Unterdrückung und Unfreiheit am 13. März 1848 beim ersten Ansturm der Revolution gestürzt.

Migration: siehe S. 318.

Militärdiktatur: besondere Form der ↑Diktatur, bei der die oberste Gewalt durch Militärpersonen ausgeübt wird. Die M. basiert auf der Verbindung des Oberbefehls über die Streitkräfte mit einer von gesetzlichen Bindungen weitgehend losgelösten Regierungsgewalt.

Militärgrenze: Bezeichnung für die ab 1522/26 im österreichischen Restungarn gegen das Osmanische Reich mit v. a. kroatischen und serbischen Flüchtlingen errichtete Verteidigungslinie, die bis Ende des 17. Jh. von der Adria bis zur Drau verlief, später nach den ↑Türkenkriegen 1683–1739 an die Nordwestgrenze Dalmatiens und des osmanischen Bosnien vorverlegt wurde. Das grundlegende Organisations- und Verfassungsstatut von 1739 gestand den Bewohnern der M. zum Teil Selbstverwaltung und Steuerfreiheit zu. Seit der Mitte des 19. Jh. wurde die M. schrittweise aufgelöst.

Militarismus: allgemein die Übertragung militärischer Wertvorstellungen, Denk- und Verhaltensweisen auf nichtmilitärische Lebensbereiche. Typische Merkmale des M. sind eine positive Bewertung des Kriegs, die Vorrangigkeit der Rüstungs- und Verteidigungspolitik gegenüber anderen Bereichen staatlicher Politik, die bevorzugte Stellung der

Angehörigen des Militärs in Staat und Gesellschaft, die Übertragung hierarchischer militärischer Strukturen und der Grundsätze von Befehl und Gehorsam auf zivile Bereiche bis hin zur Erziehung der Kinder und Jugendlichen in militärischem Geist. Der Vorwurf des M. wurde besonders gegen die preußisch-deutsche Militär- und Staatsorganisation seit den 1860er-Jahren erhoben, besonders im Ersten Weltkrieg. Der Nationalsozialismus griff auf militaristische Traditionen Deutschlands zurück.

Militärkabinett: in vielen Monarchien dem Herrscher als oberstem Kriegsherrn unmittelbar unterstehende Behörde für Heeresangelegenheiten, v.a. für personelle Fragen. Besondere Bedeutung erlangte das M. im Deutschen Reich, das unter WILHELM II. Instrument des »persönlichen Regiments« des Kaisers war.

Militärregierung: völkerrechtlich die in einem besetzten Gebiet zur Wahrnehmung der hoheitsrechtlichen Befugnisse und Ausübung der gesamten Staatsgewalt von der Besatzungsmacht eingesetzte oberste Behörde. Die M. unterliegt den Regeln und Schranken der ↑Haager Landkriegsordnung und der ↑Genfer Konventionen. – Allgemein auch Bezeichnung für eine aus Militärs bestehende, meist nach einem Militärputsch gebildete Regierung (**Militärjunta,** siehe auch ↑Militärdiktatur).

Miliz [von lateinisch militia »Kriegsdienst«, »Gesamtheit der Soldaten«]: im Gegensatz zum ↑stehenden Heer nicht ständige Streitkräfte, die in Friedenszeiten unter der Führung nur weniger ständiger Kader (Berufsoffiziere) in einer kurzen Dienstzeit und periodischen Übungen ausgebildet, jedoch erst im Kriegsfall vollzählig aufgestellt werden.

Minderheiten: Bevölkerungsgruppen, die sich von der Mehrheit durch bestimmte Merkmale wie Rasse, Religion, Zugehörigkeit zu einem anderen Volk, Moral, soziale Funktion u.a. unterscheiden und deshalb oft, zumeist aufgrund von Vorurteilen, der Diskriminierung durch die Mehrheit unterliegen. Hieraus sich ergebende Feindseligkeiten können bis zur Ausrottung der M. führen.

Das Minderheitenproblem taucht im Völkerrecht mit dem Aufkommen des Nationalstaatsgedankens und der Herausbildung des ↑Selbstbestimmungsrechts der Völker auf. Bis zum Ersten Weltkrieg war die Minderheitenfrage v.a. ein Problem des Staatsrechts gewesen. Nach 1918 entstand auf der Grundlage von Verträgen ein kollektiv gesichertes Minderheitenrecht. Allerdings fand der von W. WILSON vertretene allgemeine Grundsatz des **Minderheitenschutzes** keinen Niederschlag in der Satzung des Völkerbundes. Die danach neu geschaffenen oder vergrößerten Staaten wurden jedoch 1919 zu Minderheitenschutzverträgen veranlasst. Auch die Friedensverträge mit den besiegten Staaten enthielten Vorschriften über den Minderheitenschutz. Diese Abkommen zielten sowohl auf eine Nichtdiskriminierung der Angehörigen von M. hinsichtlich ihrer politischen und persönlichen Freiheitsrechte als auch auf eine positive Unterstützung der M. durch den Staat (z.B. Finanzierung von Minderheitenschulen u.a.). Die Vertreibungs-, Umsiedlungs- und Vernichtungsaktionen während und unmittelbar nach dem Zweiten Weltkrieg warfen das Problem der M. erneut auf. Zwar werden in demokratischen Staaten die M. durch die in der Verfassung verankerten Menschenrechte besonders geschützt, doch konnte bisher keine weltweite Übereinkunft zum Schutz von M. geschaffen werden.

Minister [von lateinisch minister »Diener«, »Gehilfe«]: Mitglied einer Regierung. Die M. sind zugleich auch Leiter eines Ministeriums mit Ausnahme der M. ohne Geschäftsbereich und der M. für besondere Aufgaben, die zwar einen (begrenzten) ministeriellen Sachauftrag haben, jedoch nur über ein kleines »politisches Büro« verfügen.

Der Titel eines M. war seit dem 17. Jh. im Wesentlichen ▸ *Fortsetzung auf S. 321*

Die Geschichte der Menschheit ist eine Geschichte der Migration (lat. Wanderung). Man unterscheidet Binnenmigration sowie Auswanderung (Emigration) und Einwanderung (Immigration). Ein weiteres Unterscheidungskriterium ist, ob sich die Migration auf Einzelne bezieht oder ob es sich um Migration größerer Einheiten (Völker, Stämme, Angehörige bestimmter Konfessionen) handelt, ob sie freiwillig und erzwungen ist und ob eine Migration einmalig oder eine wiederkehrende, zeitlich begrenzte Wanderung (z.B. Nomaden, Saison- und Wanderarbeiter) ist.
Unterschiedlich sind auch die Ursachen von Migrationsbewegungen: Es können »natürliche« Anlässe wie Naturkatastrophen, Klimaveränderungen, Wasserverknappung, Bevölkerungsüberschuss u.Ä. sein oder Ursachen, die auf gesellschaftlicher Verantwortung wie Krieg, Armut, Unterentwicklung und Landflucht (↑Entwicklungsländer), politischer und religiöser Verfolgung beruhen. Jüngere Migrationsbewegungen werden zudem von gesellschaftlichen und technologischen Entwicklungen mitgeprägt, z.B. von der Verbesserung der Verkehrsmittel, der verbreiteten Kenntnis über die Attraktivität bestimmter Länder u.a. durch Massenkommunikationsmittel. Dementsprechend kann man sog. Druck- und Sogfaktoren (Push- und Pull-Faktoren) auseinander halten: Bei Ersteren handelt es sich um Faktoren wie Menschenrechtsverletzungen, Bedrohung von Minderheiten, (Bürger-)Krieg, Armut, Arbeitslosigkeit und Hunger, Verelendung und Umweltprobleme, die Menschen dazu bewegen oder zwingen, sich anderswo bessere (Über-)Lebensbedingungen zu suchen. Sogfaktoren sind Hoffnungen, Erwartungen, Versprechungen und Angebote, die Migrationswilligen bestimmte Ziele attraktiv erscheinen lassen.

■ Überblick

Am Beginn der historischen Entwicklung Europas stehen die Einwanderungsbewegungen in Griechenland und Italien sowie die vielfachen Veränderungen der politischen Geschichte, der Siedlungsräume und der kulturellen Grenzen durch neu hinzugewanderte Menschen und Bevölkerungsgruppen (↑Völkerwanderung, normannische, arabische, osmanische und christliche Expansion) im Mittelalter und der frühen Neuzeit; zu ihnen zählt auch die durch ↑Antisemitismus veranlasste Judenverfolgung. Neben Wanderschaft und unstetem Leben aufgrund von Kriegen, Armut, Hunger, Naturkatastrophen und Bevölkerungsüberschuss war das Spätmittelalter von der sich auch in den Kreuzzügen äußernden christlichen Pilger- und Wallfahrtstradition geprägt.
Eine Zäsur stellt die Entdeckung Amerikas dar, von der neue Impulse zur Migration ausgingen. In einer ersten großen Migrationswelle bis zum 18.Jh. wanderten ca. 2–3 Mill. Europäer nach Übersee aus, während gleichzeitig ca. 7,5 Mill. Sklaven aus Afrika verschleppt wurden. Die zweite große Migrationsbewegung setzte im 19.Jh. ein. Ihre Voraussetzungen waren die Französische Revolution, die ↑Industrielle Revolution und die ↑soziale Frage. Insgesamt wanderten im 19.Jh. ca. 29 Mill. Menschen von Europa nach Übersee aus. Dieser Zeitraum war zudem von einer Binnenwanderung zuvor ungekannten Ausmaßes geprägt und auch die Arbeitsmigration trat erstmals in beträchtlichem Umfang in Erscheinung.
Das 20.Jh. ist durch eine abnehmende Bevölkerungszahl in den Industriestaaten Westeuropas und Nordamerikas gekennzeichnet, dem in Afrika und Asien ein starker Bevölkerungsanstieg gegenübersteht. Europa verlor in der Folge seine Bedeutung als Auswanderungsregion und ist bis heute ein Zielgebiet von Einwanderungsbestrebungen.
An Beispielen von Ab- und Zuwanderungen in der deutschen Geschichte werden im Folgenden wesentliche Merkmale von Migration umrissen.

Deutsche wandern erst nach Osten, dann nach Westen aus

Als sog. Siebenbürger »Sachsen« siedelten Deutsche im Zuge der ↑deutschen Ostsiedlung um 1150 im damaligen Königreich Ungarn. Im zaristischen Russland wurden Deutsche besonders seit dem ausgehenden 17. Jh. bis zum Beginn des 19. Jh. als Fachleute für Bergbau, Rüstung, Handwerk, später auch für Fein- und Kunsthandwerk und als Lehrer und Professoren angeworben. Katharina die Grosse siedelte v.a. Ausländer, darunter viele Deutsche, als Kaufleute, kleine Gewerbetreibende und Bauern in menschenarmen Gebieten an der Wolga und am Schwarzen Meer an. Ihnen wurde finanzielle Hilfe, zeitweilige Steuerfreiheit (je nach Leistung), eigene Rechtsprechung, freie Religionswahl und die Entbindung vom Militärdienst garantiert.

Vor der ↑Amerikanischen Unabhängigkeitserklärung von 1776 wanderten nur wenige Deutsche nach Nordamerika aus. Sie verließen ihre durch Kriege zerstörte Heimat, in der immer mehr Menschen verarmten. Oder sie suchten, meist in Pennsylvania, eine Möglichkeit ihren Glauben zu leben, was ihnen nach dem ↑Westfälischen Frieden nicht mehr möglich war.

Im 18. Jh. wurde die Auswanderung durch gezielte Anwerbungen, z.B. für den Eisenbahnbau, für Glasfabriken und die Landwirtschaft, ergänzt. Für die Auswanderer gab es aber nicht nur Chancen, sondern vielfältige Risiken, angefangen von der Überfahrt bis hin zu Krankheit, oft damit verbundener Armut und Tod. In Briefen deutscher Ausgewanderten wurde den Daheimgebliebenen aufgrund seiner wirtschaftlichen und politischen Freiheiten ein positives Amerikabild überliefert, sodass im 19. Jh. vor dem Hintergrund von Missernten, Hungerkrisen und Arbeitslosigkeit eine Massenauswanderung in Gang kam. Ihr Höhepunkt war um 1850 erreicht. Von nun an emigrierten mehr Deutsche nach Nordamerika als in den Osten. Weitere Spitzen waren für die 1860er- und für die 1880er-Jahre zu verzeichnen. Die deutsche Hochphase der Industrialisierung ab dem Ende der 1880er-Jahre ließ diese Auswandererflut abrupt abebben. Erst in den Krisenjahren der Weimarer Republik stiegen die Zahlen der deutschen

Große Wanderungsbewegungen der letzten 500 Jahre

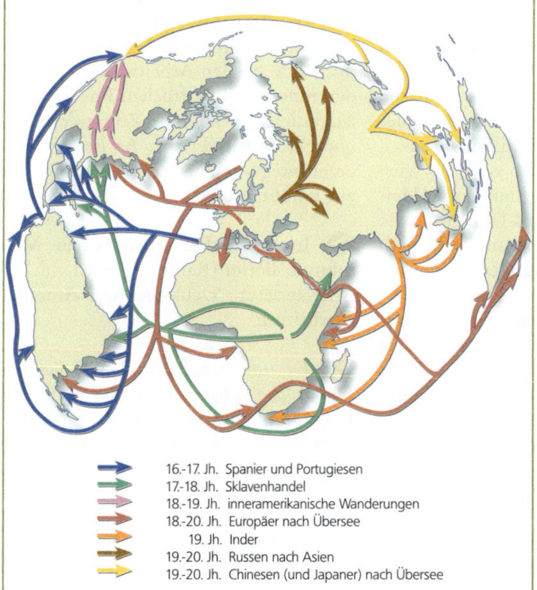

Immigranten in die USA wieder kurzfristig an.

Einwanderer in Deutschland

Seit dem letzten Drittel des 16. Jh. und verstärkt gegen Ende des 17. Jh. kamen französische ↑Hugenotten als Glaubensflüchtlinge und gern gesehene Textilfachleute. Auch FRIEDRICH DER GROSSE verfolgte im 18. Jh. eine sog. »Peuplierungspolitik« in menschenarmen Gebieten seines preußischen Königreichs. Parallel zur Auswanderung in die USA übten ab ca. 1850 die industrialisierten Städte Deutschlands eine große Anziehungskraft auf Binnenwanderer aus: Die sog. »Ruhrpolen« zogen aus preußischen Gebieten in den Westen.

Während des Zweiten Weltkriegs wurden Angehörige unterjochter Völker als ↑Zwangsarbeiter nach Deutschland deportiert, wo sie ihr Schicksal mit Kriegsgefangenen und KZ-Häftlingen teilen mussten und nach dem Sieg der Alliierten als »displaced persons« in ihre Herkunftsländer entweder freiwillig zurückkehrten, oder – im Falle von Menschen aus der Sowjetunion – oft dazu gezwungen wurden. Gegen Ende des Krieges und nach 1945 flohen Deutsche aus den ehemaligen deutschen Ostgebieten, aus Polen, der Tschechoslowakei, Ungarn und Jugoslawien oder sie wurden Opfer von Vertreibungen (↑Heimatvertriebene, ↑Beneš-Dekrete). Sie wurden v.a. in der amerikanisch, britisch und sowjetisch besetzten Zone angesiedelt.

Eine je nach politischer Lage unterschiedlich starke sog. »Republikflucht« und die genehmigte Übersiedlung aus der DDR vermehrten die Zuwanderung in die BRD. Das sog. ↑Wirtschaftswunder in der BRD brachte einen erhöhten Arbeitskräftebedarf mit sich, der zwischen 1955 und 1973 mit der Anwerbung ausländischer Arbeiter gedeckt wurde. Nach dem Rückgang der Flüchtlinge aus der DDR durch den Bau der Berliner Mauer warb man mehr »Gastarbeiter« an. Für die DDR fand Migration fast ausschließlich als Abwanderung der eigenen Bevölkerung statt.

Viele Nachkommen der Ostsiedler früherer Jahrhunderte zogen seit der Mitte der 1980er-Jahre in die BRD zurück. Gründe waren die Unterdrückung von Sprache und Kultur sowie Ressentiments z.B. der Russen gegen die als »Faschisten« bezeichneten Deutschstämmigen, die nach dem Überfall HITLERS auf die Sowjetunion 1941 innerhalb der Sowjetunion aus ihren alten Siedlungsgebieten deportiert worden waren.

Die Zunahme der Asylbewerber um die Mitte der 1980er-Jahre, die vor Armut, ethnischer Verfolgung, Bürgerkriegen, kultureller und religiöser Benachteiligung sowie geschlechtlich bedingter Diskriminierung bis hin zur körperlichen Verstümmelung Zuflucht suchen, wurde 1993 mit der Neufassung des Art. 16 des Grundgesetzes zurückgedrängt.

Ausblick

Die »Festung Europa« schottet seit den 1990er-Jahren ihre Grenzen und Küsten ab. Migrationsforscher fordern aber mit Blick auf den Arbeitsmarkt und auf den innergesellschaftlichen Frieden eine Migrationspolitik mit Zuwanderungsquoten, Erhaltung des Asylrechts und einer Integration der Zuwanderer bis hin zur Einbürgerung. ■

Im Deutschen Historischen Museum in Berlin (Raum 22) wird v.a. die Auswanderung Deutscher nach Amerika anschaulich.

Deutsche im Ausland – Fremde in Deutschland. Migration in Geschichte und Gegenwart, hg. v. BADE, KLAUS J. München (Beck) [3]1993. ■ *Kleines Lexikon der ethnischen Minderheiten in Deutschland,* hg. v. SCHMALZ-JACOBSEN, CORNELIA. München (Beck) 1997. ■ MEIER-BRAUN, KARL-HEINZ: *Deutschland, Einwanderungsland.* Frankfurt am Main (Suhrkamp) 2002.

◄ *Fortsetzung von S. 317* den Inhabern der obersten Staatsämter vorbehalten, v.a. den Gesandten sowie den Leitern der Fach- und Provinzialministerien, die sich im Absolutismus aus dem ↑Kabinett entwickelten. Dabei wurde anfänglich unterschieden zwischen **Kabinettsministern,** den regelmäßigen Beratern des Fürsten und Leitern der Politik, und den **Konferenzministern,** die an Kabinettssitzungen ohne Stimmrecht teilnahmen. Bis zur Einführung des parlamentarischen Regierungssystems in Deutschland 1918 waren die M. ausschließlich dem Monarchen verantwortlich, der sie nach freiem Ermessen ernannte und entließ. Während die (nicht in Kraft getretene) Reichsverfassung von 1849 ein kollegiales Reichsministerium vorgesehen hatte, war im ↑Norddeutschen Bund 1867–71 und im ↑Deutschen Reich 1871–1918 lediglich der Bundeskanzler bzw. Reichskanzler M. im staatsrechtlichen Sinn; ihm unterstanden »Staatssekretäre« (nicht M.), die die einzelnen Reichsämter (nicht Ministerien) nach seinen Weisungen leiteten.

Ministerialen [von lateinisch ministerialis »im (fürstlichen) Dienst Stehender«, »Beamter«]: im Fränkischen Reich die Oberschicht unfreier Dienstmannen (Dienstleute) im Hof-, Verwaltungs- und Kriegsdienst (siehe auch ↑Dienstadel); seit dem 11. Jh. jener besondere Geburtsstand unfreier, aber ritterlich lebender Dienstleute, die gegen Gewährung eines Dienstlehens zuerst in den geistlichen Herrschaften ritterliche Dienste leisteten, später als Vögte oder Burggrafen und Landrichter zur Verwaltung des Reichsgutes und, in den Herzogtümern, der Landesgüter herangezogen wurden und schließlich die Erblichkeit ihrer Lehen gewannen.

Im Königsdienst (**Reichsministerialen**) wurden sie als Reichsbeamte Stütze der salischen und besonders der staufischen Reichspolitik. Die fortschreitende Angleichung an den Stand der ↑Edelfreien und die Feudalisierung (↑Feudalismus), seit dem 12. Jh. auch der freiwillige Übertritt verarmter Edelleute unter Vorbehalt von Freiheitsrechten in die Ministerialität hoher Herren führten im 13./14. Jh. zum Aufgehen der M. im niederen Adel; sie wurden so zum Kern des Ritterstandes, soweit nicht einzelnen der Aufstieg in den Hochadel gelang.

Ministerium für Staatssicherheit: ↑Stasi.

Ministerpräsident: in vielen Staaten Bezeichnung für den Regierungschef. In Deutschland seit dem 19. Jh. Bezeichnung für den Leiter der Landesregierung (in Preußen seit 1848). Im Deutschen Reich hieß der M. (mit Ausnahme der Zeit von Februar bis August 1919) ↑Reichskanzler. – In den Ländern der BRD (in Berlin, Bremen und Hamburg unter eigenen Bezeichnungen) führt der M. die Landesregierung.

Minnesang: Liebeslyrik der ritterlich-höfischen Laienkultur, wie sie v.a. im 12.–14. Jh., beeinflusst von den provenzalischen Troubadours, in Deutschland Verbreitung fand. M. war vom Dichter (**Minnesänger**) gestaltete Vortragskunst, deren Anlass oft gesellschaftliche Ereignisse (z.B. Reichstage) waren. Thema war die Minne (Liebe) zu einer Frau. Im Unterschied zur Frühphase des M. war die Frau der **hohen Minne** (etwa 1170–1190/1200) nicht mehr Partnerin, sondern die (meist verheiratete) unerreichbare Herrin, die nicht mehr erobert, sondern der nur noch entsagend gedient werden durfte. Dieser Frauendienst war zum einen beeinflusst vom zeitgenössischen Marienkult, zum andern spiegelten sich in ihm die höfischen Sozialverhältnisse wider. Dem Dienst an der Herrin entsprach die Verpflichtung des Vasallen gegenüber seinem Lehnsherrn, die notwendigen Tugenden (v.a. Treue) sind die gleichen. Mit WALTHER VON DER VOGELWEIDE, dem wohl bekanntesten Minnesänger, wurde die hohe Minne von der **niederen Minne** abgelöst, bei der die begehrenswerte und

M

durchaus erreichbare Frau angesprochen wird.

minoische Kultur: eine vorgriechische Kultur auf der Insel Kreta, ↑kretisch-minoische Kultur.

minoische Kultur: Gefäß in Gestalt eines Stiers aus dem Palast zu Knossos. Der Stier spielte als Opfer für die »große Mutter« oder Fruchtbarkeitsgöttin eine wichtige Rolle.

Minoriten: ↑Franziskaner.

Mir: Bezeichnung für die bäuerliche Dorf- bzw. Landgemeinde in Russland. Aus der gemeinsamen Steuerhaftung der Gemeinde gegenüber dem Grundherrn und dem Zaren entwickelte sich seit dem 14. Jh. das Prinzip des Gemeinschaftsbesitzes aller Nutzflächen. Das Gemeindeland und die Steuerlast wurden in regelmäßigen Abständen von der Dorfversammlung, der meist alle erwachsenen Männer angehörten, in der Regel nach Familiengrößen neu verteilt. Dieses System, das eine intensive Landnutzung und den Austritt von Gemeindemitgliedern aus dem M. verhinderte, wurde auch nach der ↑Bauernbefreiung (1861) beibehalten. Einen allmählichen Abbau des M. sahen die Agrargesetze (1907) von P. A. Stolypin vor, endgültig aufgelöst wurde er jedoch erst in der Revolution von 1917.

Misstrauensvotum: Verfahren in parlamentarischen Regierungssystemen, durch das ein Parlament eine Regierung durch ausdrückliche Bekundung des Misstrauens stürzt. Der Regierung bleibt als Gegenmaßnahme entweder der vorzeitige Rücktritt, die Vertrauensfrage oder die Auflösung des Parlaments. Diese letzte Lösung wird in den meisten parlamentarischen Systemen vorgesehen, um den Wählern die Entscheidung im Streit zwischen Regierung und Parlament zu überlassen. – Siehe auch ↑konstruktives Misstrauensvotum.

Mita [Ketschua]: Form der Zwangsarbeit im Inkareich, die von den Spaniern im 16. Jh. übernommen und v. a. in Peru angewandt wurde, um für den Abbau der Silbererze Arbeitskräfte in ausreichender Zahl zur Verfügung zu haben. Die zur M. verpflichteten Provinzen waren gezwungen, eine große Anzahl indianischer Arbeiter zu stellen. Der Arbeitslohn wurde zwar behördlich festgelegt, war aber erheblich niedriger als die Löhne freiwilliger Arbeitskräfte. Die Umgehung der ohnehin nur geringen staatlichen Schutzbestimmungen und die Strapazen in den Bergwerken führten zu einem Massensterben der indianischen Arbeiter, vielfach auch ihrer Familien auf den langen Anreisewegen in das Bergwerksgebiet. So verringerte sich die Bevölkerung der 16 zur M. verpflichteten Provinzen (zum Teil auch durch Flucht der Indianer) von etwa 81 000 bei Einführung der M. 1574 auf etwa 10 000 im Jahre 1683.

Mithridatische Kriege: drei Kriege zwischen dem Römischen Reich und König Mithridates VI. von Pontos.
Mit dem Versuch, seinen Herrschaftsbereich in Kleinasien auszudehnen und Griechenland zu gewinnen, löste Mithridates den **Ersten M. K.** (89–84) aus. Vom römischen Feldherrn L. C. Sulla besiegt, gab Mithridates die eroberten Gebiete (v. a. die römische Provinz Asia) wieder heraus. Im **Zweiten M. K.** (83–81) besetzte Mithridates Kappadokien. Im **Dritten M. K.** (74–63) wurde Mithridates zunächst von L. L. Lucullus, schließlich von G. Pompejus Magnus endgültig besiegt.

Mittelalter: geschichtliche Epoche, die allgemein zwischen der Zeit der Völkerwanderung (3.–5. Jh.) und der Reformation (16. Jh.) angesiedelt und in Früh- (5.–9./11. Jh.), Hoch- (9./11. bis

Mita: Das System der Zwangsarbeit im Inkareich wurde von den spanischen Kolonialherren übernommen.

13./14. Jh.) und Spätmittelalter (13./14. bis 16. Jh.) unterteilt wird. Die Epochengrenzen sind fließend und werden zuweilen auch nach hinten versetzt, sodass die Epochen Mohammeds und Karls des Grossen (7./8. Jh.) sowie der Französischen Revolution (18. Jh.) als Marksteine für Beginn und Ende des M. genannt werden. Der Begriff M. entstand in der frühen Neuzeit bei den Humanisten und bezeichnet seit dem 17. Jh. – meist in abschätzigem Sinn – die Zwischen- oder Übergangszeit von der alten zur neuen Geschichte.

Im **Frühmittelalter** entwickelte sich die mittelalterliche Kultur und Gesellschaft auf den Grundlagen des klassischen Altertums (↑römische Geschichte) und des Christentums, das sich in dieser Zeit in ganz Europa durchzusetzen begann. Die wesentlichen gesellschaftlichen Veränderungen gegenüber der Antike vollzogen sich in den germanischen Reichsgründungen der Völkerwanderungszeit (↑Fränkisches Reich), aus denen die soziale Differenzierung von Freien und Unfreien, Adel und Hörigen, Kirche (Klerus) und Welt herrührte, die in den folgenden Jahrhunderten noch durch zahlreiche Nuancen erweitert wurde (Aufstieg zahlreicher Unfreier in den Adel, zunehmende Bedeutung des Bürgertums). Dabei wirkte das ↑Lehnswesen als Klammer von Herrschaft und Abhängigkeit und dadurch als verbindendes Element verschiedener sozialer Schichtungen. Grundlagen des sich entwickelnden adligen und kirchlichen Herrschaftssystems waren im wirtschaftlichen Bereich v.a. die ↑Grundherrschaft und die feudalen Abhängigkeitsverhältnisse (↑Feudalismus).

Im **Hochmittelalter** (etwa 1050 bis Anfang des 16. Jh.) traten in zunehmendem Maß die städtische Handwerkerproduktion und der Fernhandel hinzu. Dadurch wurden auch soziale Umschichtungen ermöglicht, da manchen Bürgern und Kaufleuten der gesellschaftliche Aufstieg aufgrund ihres Reichtums geebnet war. Trotzdem blieb das M. politisch durch die absolute Vorherrschaft des adligen und monarchischen Prinzips geprägt; der König stand an der Spitze der jeweiligen Lehnspyramide (↑Lehnswesen), von der alle politische und rechtliche Gewalt ausging. Die mittelalterlichen Gemeinwesen waren zudem von einer theoretischen Einheit von Staat und Kirche, Kaisertum/Königtum und Papsttum bzw. universaler katholischer Kirche geprägt. Diese Einheit erhielt im ↑Investiturstreit einen schweren Stoß.

Im **Spätmittelalter** zerbrach die Einheit von Staat und Kirche unter dem Einwirken sozialer Aufstände (↑Bauernkrieg), aufgrund grundlegender wirtschaftlicher Veränderungen (beginnender ↑Merkantilismus), von Umwälzungen des naturwissenschaftlichen und geographischen Weltbilds (Entdeckungen neuer Länder und Kontinente) und des Auseinanderfallens der Kirche des Abendlands in der ↑Reformation.

Mitteleuropagedanke: im Zusam-

M

menhang mit der ↑deutschen Frage entstandenes politisches Schlagwort für eine zur Hegemonie tendierende deutsch-österreichische Blockbildung. Der M. entwickelte sich mit der antinationalen und antirevolutionären Zielsetzung des ↑Metternichschen Systems in Auseinandersetzung mit der Bildung europäischer Nationalstaaten. Auch nach 1866 in der Bündnispolitik BISMARCKS (↑Dreibund) lebendig, spielte der M. bis in die Zeit des Nationalsozialismus eine Rolle.

Mittelmächte: Bezeichnung für die im Ersten Weltkrieg verbündeten Staaten Deutsches Reich und Österreich-Ungarn (wegen ihrer Mittellage zwischen den Gegnern in West- und Osteuropa), später auch für ihre Bündnispartner Osmanisches Reich und Bulgarien.

Mittelmeerabkommen: zwei zwischenstaatliche Vereinbarungen von 1887 zur Sicherung des Status quo (d.h. der bestehenden territorialen und machtpolitischen Verhältnisse) im Balkan- und Mittelmeerraum.

Am 12. Februar 1887 verpflichteten sich Großbritannien und Italien, denen sich am 24. März auch Österreich-Ungarn anschloss (Mittelmeerdreibund), die bestehenden Machtverhältnisse im Mittelmeer aufrechtzuerhalten (die Sicherung des britischen und italienischen Einflusses im Mittelmeer, Dardanellendurchfahrt). Am 12./16. Dezember 1887 vereinbarten dieselben Mächte die Aufrechterhaltung des Status quo im Orient und die Sicherung der Unabhängigkeit des Osmanischen Reichs (Orientdreibund).

Beide Abkommen waren nicht Verträge im eigentlichen Sinn, da sie jeweils nur durch geheimen Notenaustausch der Partner zustande kamen. Sie erloschen, als Großbritannien Anträge auf Erneuerung 1895 und 1896 ablehnte. Die Vereinbarungen waren wichtige Ergänzungen zu ↑Bismarcks Bündnissystem, da sie Großbritannien dem ↑Dreibund näher brachten und Österreich-Ungarn gegenüber Russland stärkten. BISMARCK förderte ihr Zustandekommen, schloss sich ihnen aber wegen des gegen Russland gerichteten Inhalts aus Rücksicht auf den deutsch-russischen ↑Rückversicherungsvertrag nicht an.

Monarchie [von griechisch »Alleinherrschaft«]: im Unterschied zur ↑Aristokratie und ↑Demokratie diejenige Staatsform, in der ein Einzelner, der **Monarch,** die Herrschaft ausübt. Von der älteren ↑Tyrannis und der modernen ↑Diktatur, die ebenfalls Alleinherrschaften sind, unterscheidet sich die M. durch ihre in religiösen und charismatischen Vorstellungen verankerte Legitimation. Diese beruht auf sakraler Bindung, entweder in der Form des Gottkönigtums als göttlicher Verehrung des Monarchen (z.B. in Altägypten und im ↑Hellenismus) oder in der Form der christlichen M., nach der der Herrscher der Beauftragte oder das Werkzeug Gottes ist (siehe auch ↑Gottesgnadentum). Die Nachfolge in der M. wird durch Wahl (↑Königswahl) oder durch Erbnachfolge geregelt, der einmal gewählte Monarch herrscht lebenslänglich.

Nach dem Kriterium der Machtbefugnis wird in der Neuzeit zwischen absoluter, konstitutioneller und parlamentarischer M. unterschieden. Die **absolute Monarchie** wurde zur vorherrschenden Staatsform in den kontinentaleuropäischen Staaten des 16. bis 18. Jh. (↑Absolutismus). Ihre Leistung bestand in der Umwandlung des mittelalterlichen Feudalstaates mit seiner Vielzahl konkurrierender kirchlicher, adliger und städtischer Gewalten zum modernen, zentralistisch organisierten Militär-, Wirtschafts- und Verwaltungsstaat. Wenn auch die absolute M. ihr Ziel, die politisch-rechtliche Gleichstellung aller Untertanen nicht erreicht hat, so schuf sie doch die Voraussetzung für staatsbürgerliche Gleichheit.

Die **konstitutionelle Monarchie** nahm unter Weiterführung vorabsolutistischer Traditionen (wie der Beschränkung der monarchischen Gewalt durch das Mitentscheidungsrecht der Stände) seit dem

17. Jh. von England ihren Ausgang, wo sich bereits früh das Prinzip der ↑Gewaltenteilung entwickelte. Sie wurde im 19. Jh. die vorherrschende Staatsform auf dem Kontinent. In den deutschen Ländern sicherte bis 1918 das gegen die demokratisch-konstitutionellen Ideen von 1789 entwickelte ↑monarchische Prinzip dem monarchischen Gedanken den Vorrang vor allen Ansprüchen der Volksvertretung. In der **parlamentarischen Monarchie,** die in Großbritannien zu Beginn des 19. Jh. aus der konstitutionellen M. hervorging, übt der Monarch nur noch repräsentative Funktionen aus.

monarchisches Prinzip: verfassungsrechtlicher Grundsatz, nach dem die alleinige und einheitliche Staatsgewalt in der Hand des Monarchen liegt, der seine Befugnisse durch eine Verfassung verbindlich beschränken kann, die Verfassung jedoch immer nur Begrenzung, niemals Grundlage der Staatsgewalt des Monarchen ist. Im Gegensatz dazu benötigen die Stände bzw. die Volksvertretungen einen verfassungsrechtlichen Titel für jedes politische Mitwirkungsrecht. Das m. P. wurde 1820 in der ↑Wiener Schlussakte (Art. 57) verankert und war tragendes Element des deutschen ↑Konstitutionalismus bis zu Beginn des 20. Jahrhunderts.

Monarchomạchen: seit Beginn des 17. Jh. Bezeichnung für eine Gruppe von Staatstheoretikern und politischen Publizisten, die in Frankreich während der ↑Hugenottenkriege für eine Einschränkung der fürstlichen Gewalt zugunsten der Stände durch ↑Herrschaftsverträge eintraten. Dominierendes Thema war das Problem der Absetzung und Tötung tyrannischer Herrscher, insbesondere nach der ↑Bartholomäusnacht (1572). Das von den M. geforderte Widerstandsrecht leitete sich, konfessionell gesehen, aus der Gegnerschaft zum katholischen Königtum und, sozialgeschichtlich betrachtet, aus dem Wunsch nach Bewahrung ständisch-adliger Rechte gegenüber der fürstlichen Zentralgewalt ab. Auch in der schottischen Reformation, bei J. ALTHUSIUS und dem spanischen Jesuiten J. DE MARIANA kam die Position der M. zum Tragen.

Mönchtum: an den Idealen Armut, Ehelosigkeit und Gehorsam orientierte asketische Lebensform von Männern und Frauen, die einzeln oder in Gemeinschaft, meist in **Klöstern,** ein ausschließlich religiös bestimmtes Leben führen wollen. Das frühe abendländische M. war teilweise missionarisch ausgerichtet (↑iroschottische Mission, ↑angelsächsische Mission); prägend wurde die Gebet und Arbeit verbindende Ordensregel der ↑Benediktiner. In der Folge der Reformbewegungen des Hochmittelalters (↑kluniazensische Reform, ↑Armutsbewegung) entstanden Reformorden (↑Zisterzienser, ↑Bettelorden), die ↑Ritterorden sowie mönchsähnliche Gemeinschaften wie die ↑Begarden und ↑Beginen. Im 16./17. Jh. waren die ↑Jesuiten und die ↑Kapuziner Träger der Gegenreformation.

Monroedoktrin [englisch ˈmʌnroʊ]: die am 2. Dezember 1823 von Präsident J. MONROE dargelegten Prinzipien der amerikanischen Außenpolitik. Mit ihnen wandte er sich sowohl gegen die Absichten der ↑Heiligen Allianz, in Südamerika für Spanien zu intervenieren, als auch gegen russische Expansionsbestrebungen an der nordamerikanischen Pazifikküste. Aus dem Grundgedanken der M., strikte politische Trennung der Alten und der Neuen Welt, ergaben sich folgende Aussagen: 1. Die amerikanische Hemisphäre ist kein Kolonisationsgebiet für europäische Mächte mehr; 2. jeder Versuch der Einmischung in ein Gebiet der amerikanischen Hemisphäre wird als Gefahr für die Sicherheit des ganzen Kontinents angesehen; 3. die USA ihrerseits mischen sich nicht in die inneren Angelegenheiten Europas ein. Jener ↑Isolationismus wurde das ganze 19. Jh. durchgehalten und erst mit dem Eintritt der USA in den Ersten Weltkrieg aufgegeben. Die Politik, nichtamerikanischen Einfluss vom

M

amerikanischen Kontinent fernzuhalten, bestimmt dagegen bis in die Gegenwart die Außen- und Sicherheitspolitik der USA.

Montagnards: ↑Bergpartei.

Montanmitbestimmung: Nach 1945 erreichten die Gewerkschaften in Nordrhein-Westfalen bei der britischen Besatzungsmacht, dass die Aufsichtsräte der unter britischer Kontrolle stehenden Unternehmen der Montanindustrie (Kohle, Eisen und Stahl) mit je fünf Aktionärs- und Arbeitnehmervertretern sowie einem neutralen Mitglied besetzt wurden (**paritätische Mitbestimmung**). Unter dem Druck eines Streikaufrufs einigten sich der 1949 gegründete Deutsche Gewerkschaftsbund (DGB) und die Regierung der Bundesrepublik Deutschland auf eine Festschreibung der bisher geübten Mitbestimmung (Gesetz vom 21. 5. 1951), die jedoch auf die Montanindustrie beschränkt wurde; die Ausweitung der M. auf andere Industriezweige gelang den Gewerkschaften nicht, die Diskussion ging jedoch weiter und fand ihren Niederschlag im **Mitbestimmungsgesetz** von 1976.

Montanunion (Europäische Gemeinschaft für Kohle und Stahl): Teilorganisation der Europäischen Gemeinschaften; sie bildet den Anfang der europäischen Integration, die auf den »Schumanplan« zurückgeht. Die M. wurde 1951 zwischen Belgien, der BRD, Frankreich, Italien, Luxemburg und den Niederlanden als überstaatliche Gemeinschaft zur Errichtung eines gemeinsamen Marktes für Kohle und Stahl für 50 Jahre begründet. Mit der M. wurden die direkten Kontrollbefugnisse der Siegermächte des Zweiten Weltkriegs über die Ruhrindustrie abgelöst. – Siehe auch ↑Europagedanke, ↑Westintegration.

morganatische Ehe [von lateinisch matrimonium ad morganaticam »Ehe auf bloße Morgengabe«]: im europäischen Hochadel bis ins 20. Jh. Bezeichnung für eine nicht standesgemäße Ehe, bei der die vermögens- und erbrechtliche Stellung der unebenbürtigen Frau und der Kinder durch einen Ehevertrag festgelegt wurden. Auch **Ehe zur linken Hand** genannt, da die Frau bei der Trauung an der linken Seite des Mannes stand.

Morgenländisches Schisma: Trennung der lateinischen und griechischen Christenheit seit dem Jahre 1054 in katholische und orthodoxe Kirche. Bereits seit Jahrhunderten war es in der christlichen Kirche zu scharfen Auseinandersetzungen in theologischen Fragen (Gottessohnschaft CHRISTI und dessen Rolle in der Dreieinigkeit, Abendmahlsverständnis, Priesterehe u. a.), v. a. jedoch über die Rolle des Papsttums und des griechischen Patriarchen gekommen, von denen sich keiner dem anderen unterordnen wollte. Diese Spannungen erreichten in der Reformbewegung der römischen Kirche am Vorabend des ↑Investiturstreits einen Höhepunkt, als Kardinal HUMBERT VON SILVA CANDIDA ohne ausdrückliche Billigung des regierenden Papstes den Patriarchen MICHAEL KERULLARIOS 1054 bannte und jener seinerseits den Bann über die Anhänger HUMBERTS aussprach. Obwohl bereits im Mittelalter Versuche zur Beseitigung der Kirchenspaltung unternommen und am 7. Dezember 1965 die gegenseitige Bannung formell aufgehoben wurde, dauert das Schisma bis heute an.

Morgenthau-Plan: von dem amerikanischen Finanzminister H. MORGENTHAU 1944 vorgelegter Plan, nach dem Deutschland nach dem Ende des Zweiten Weltkriegs zu einem Agrarland gemacht werden sollte. Der M.-P. sah u. a. vor: Entmilitarisierung, Verkleinerung und Teilung des Landes in einen norddeutschen und einen süddeutschen Staat, Internationalisierung des Ruhrgebiets, des Rheinlands, Westfalens, der Nordseeküste und des Nord-Ostsee-Kanals, Demontage von Industrieanlagen und Bergwerksstilllegungen. Obwohl der amerikanische Präsident F. D. ROOSEVELT am 22. September 1944 seine bereits erteilte Unterschrift zurückzog, hat

Münchener Abkommen: nach der Unterzeichnung des Abkommens; im Vordergrund von links nach rechts: A. N. Chamberlain (Großbritannien), É. Daladier (Frankreich), A. Hitler (Deutschland) und B. Mussolini (Italien)

der M.-P. die amerikanische Nachkriegspolitik zunächst wesentlich beeinflusst.

Morisken [spanisch »(getaufte) Mauren«]: Bezeichnung für die nach der ↑Reconquista in Spanien zurückgebliebenen Mauren, die 1502 zur Annahme des Christentums gezwungen wurden.

Moskauer Vertrag: am 12. August 1970 in Moskau von der Bundesrepublik Deutschland und der UdSSR geschlossener Vertrag über Gewaltverzicht und territoriale Unverletzlichkeit aller Staaten in Europa auf der Grundlage der bestehenden Grenzen. In einem »Brief zur deutschen Einheit« stellt die Bundesrepublik Deutschland jedoch fest, dass der Vertrag nicht im Widerspruch zu ihrem Ziel stehe, auf einen Friedenszustand in Europa hinzuwirken, in dem das deutsche Volk in freier Selbstbestimmung seine Einheit wieder erlangt. Der M. V. trat am 3. 6. 1972 in Kraft. – Siehe auch ↑Ostpolitik.

Mufti [arabisch »Entscheider«]: islamischer Rechtsgelehrter, der Gutachten zu einzelnen Rechtsfällen erstellt. Er hat zu entscheiden, ob eine ihm vorgelegte Frage im Sinne des islamischen Rechts zu bejahen oder zu verneinen ist.

Mullah [türkisch molla, persisch mula, arabisch al-mawla »Herr«, »Patron«]: der Titel eines islamischen Rechts- oder Religionslehrers.

Münchener Abkommen: am 29. und 30. September 1938 in München abgeschlossener Vertrag zwischen dem Deutschen Reich, Großbritannien, Italien und Frankreich, durch den die ↑Sudetenkrise beendet und die durch die ultimativen Forderungen A. HITLERS an die Tschechoslowakische Republik (ČSR) entstandene Kriegsgefahr zunächst beseitigt wurde. Das M. A. verfügte (ohne Beteiligung der ČSR), dass die überwiegend von Deutschen bewohnten Grenzgebiete Böhmens (Sudetengebiete) an das Deutsche Reich abgetreten werden sollten. Die so genannte Resttschechei wurde unter Missachtung des M. A. 1939 von Deutschland besetzt.

Munizipium: in der Antike einstmals selbstständige, dann in den römischen Staatsverband mit oder ohne Stimmrecht eingegliederte Gemeinde, die zur Übernahme staatlicher Aufgaben verpflichtet war. 338 v. Chr. wurden die latinischen Städte Munizipien mit, die kampanischen ohne Stimmrecht, teils mit voller, teils mit beschränkter Selbstverwaltung; 90/89 v. Chr. erhielten alle Orte südlich des Po das Vollbürgerrecht.

Münster und Osnabrück, Friede von: ↑Westfälischer Frieden.

Munt [von althochdeutsch »Schutz«, »Schirm«]: im germanischen Recht das Vertretungs- und Schutzverhältnis, das sich aus der Hausgewalt des Familienoberhaupts über die Familienmitglieder ableitete und sich v. a. in der Gerichtsbarkeit des Hausvaters äußerte, die bis zur Tötung, Verstoßung und Veräußerung gehen konnte, aber andererseits diesen zu Haftung und Schutz der in seiner M. Stehenden verpflichtete. Aus der M. konnten die Töchter durch Heirat, die Söhne spätestens mit der Begründung einer eigenen Hausgewalt ausscheiden. Unter den Begriff der M. fielen auch das Verhältnis des Herrn zum Hörigen und Freigelassenen, die Vogtei über Fremde und Kirchen sowie die **Königsmunt**, in der die Kaufleute standen.

Münzdelikte: Vergehen, Straftaten im Münzwesen. **Falschmünzerei** begeht derjenige, der Geld nachmacht. **Münzverfälschung** bezeichnet die Veränderung echten Geldes, um ihm den Schein eines höheren Wertes oder der Fortdauer seiner Geltung zu verleihen, mit ↑Münzverschlechterung ist die Verringerung des Edelmetallwerts einer Münze gemeint.

Falschmünzerei war im Altertum fast stets mit dem Tode bedroht. Mittelalterliche und frühneuzeitliche Strafmaße schwankten je nach Schwere des Falles zwischen Feuertod und Handabhauen.

Münzfuß: gesetzliche Bestimmung über Werteinheit, Bezeichnung, Gewicht und Metallgehalt einer Münze.

Münzgewinn (Schlagschatz): der Reingewinn, der sich in der Münzprägung aus der Differenz zwischen den Münzkosten und dem (in der Regel höheren) Kurswert der fertigen Münze ergibt und der früher dem Landesherrn (dem Münzherrn), heute dem Staat zufließt. Der M. ist umso größer, je unedler und damit billiger das Münzmetall ist; der Wunsch, den M. zu steigern, war im älteren Münzwesen ein häufiger Antrieb zur ↑Münzverschlechterung.

Münzhoheit: Die Miniatur aus der Spiezer Chronik zeigt die Arbeit in einer Münzwerkstatt: Die erhitzten Metallbarren (links im Hintergrund) werden in kleine Stücke zerlegt (Arbeiter links), dann mittels eines Prägestempels geprägt (Arbeiter rechts) und von einer Frau (Mitte) den amtlichen Münzprüfern (rechts im Hintergrund) übergeben. Im Vordergrund weitere Gerätschaften. Im Gegensatz zur heutigen Zeit existierten im Mittelalter noch keine Währungsgrenzen. In den Münzschätzen aus dem 10.–12. Jh. sind Münzen allein aus 150 Münzstätten.

Münzhoheit: das Recht des Staates, das Münzwesen zu regeln, insbesondere Gestalt, Gewicht, Material und Menge der umlaufenden Münzen zu bestimmen und sie zu prägen. Die M. lag in der Antike beim Staat und ging in der römischen Kaiserzeit auf den Kaiser über. Im Zerfallsstadium des Römischen Reichs blieb die prinzipielle M. des römischen bzw. oströmischen Kaisers insofern bestehen, als sich die Germanenreiche lange auf bloße Nachprägung kaiserlicher Münztypen beschränkten, ohne abweichende eigene Münzen zu wagen. Die Münzen der Merowingerzeit entglitten weitgehend der staatlichen Kontrolle, worauf die karolingische Münzordnung eine straffe Erneuerung der kaiserlichen bzw. königlichen M. durchzuführen suchte. Seitdem blieb die M. theoretisch beim Reich, wurde aber durch umfangreiche Verleihung des Münzrechts (**Münzregal**) seit dem 10. Jh. durchbrochen, sodass sie seit dem 13. Jh. praktisch nicht mehr zur Geltung zu bringen war. Entsprechend schwierig gestaltete sich das Ringen um eine Reichsmünzordnung im 16. Jh. Mit dem Untergang des Heiligen Römischen Reichs 1806 ging die M. endgültig an die nun souveränen Fürsten und Städte über, die sich durch Münzverträge aber freiwilligen Beschränkungen unterwarfen. 1867 zog der Norddeutsche Bund, 1871 das Deutsche Reich die uneingeschränkte M. an sich.

Münzverschlechterung: die Verringerung des Edelmetallgehalts der Münzen bei gleichem Nennwert. Seit dem Altertum ist die M. ein Mittel der Staatsfinanzierung. Der ständige Bargeldmangel im späten Mittelalter und in der frühen Neuzeit ließ die Landesherren immer wieder zur M. greifen, um den Hofstaat und die von ihnen unterhaltenen Truppen besser finanzieren zu können. V. a. im Dreißigjährigen Krieg wurden die Gelder oft durch M. beschafft. – Siehe auch ↑Kipper und Wipper.

Musen: bei den Griechen die Schutzgöttinnen der Künste, die als Töchter des Zeus und der Mnemosyne galten. Jeder Muse wurde ein bestimmtes Gebiet zugeschrieben, das unter ihrem Schutz stand: Kalliope (heroische Dichtung), Melpomene (tragische Dichtung), Thalia (komische Dichtung), Euterpe (Lyrik), Terpsichore (Chorlyrik und Tanz), Erato (Liebesdichtung), Polyhymnia (Hymnendichtung), Klio (Geschichtsschreibung) und Urania (Sternkunde).

Musketier: ursprünglich der mit der **Muskete** (Handfeuerwaffe mit Gabelstütze) ausgerüstete Soldat; bis zum Ende des Ersten Weltkriegs v. a. Bezeichnung für den einfachen Soldaten bei den Infanterieregimentern.

Mystik [von griechisch myein »sich schließen«]: in fast allen Religionen zu findende Form von Anschauung und Verhalten, die v. a. durch folgende Merkmale gekennzeichnet ist: Das Ziel des Verhaltens des Mystikers richtet sich auf eine erfahrbare Verbindung mit der Gottheit bis hin zu einer als »Vereinigung« bzw. Identität mit ihr erlebten Nähe; dieses Ziel wird mithilfe verschiedener bewusstseinserweiternder Praktiken wie u. a. Kontemplation, Meditation, Askese angestrebt. Im Mittelalter bezeichnet M. eine v. a. in Deutschland breite Volksmassen ergreifende Strömung, die in Widerspruch zur katholischen Lehre geriet und einen stark sozialkritischen Einschlag hatte. Bedeutendste Vertreter der deutschen M. waren MEISTER ECKHART, J. TAULER und H. SEUSE.

Die M. beeinflusste den Protestantismus sowie die Philosophie und Literatur (z. B. romantische Naturphilosophie).

N

Nachfolgestaaten: Bezeichnung für Staaten, die die historisch-politischen und/oder rechtlichen Verpflichtungen eines zeitweise de facto nicht bestehenden oder untergegangenen Staates freiwillig oder gezwungenermaßen übernehmen. Besonders werden als N. bezeichnet die 1918 auf dem Gebiet der österreichisch-ungarischen Monarchie entstandenen Staaten Österreich, Ungarn und Tschechoslowakei sowie die Staaten, die Gebietsteile der alten Monarchie zugesprochen bekamen, wie Rumänien, Polen und Jugoslawien, da sie sämtliche österreichisch-ungarischen Staatsschulden anteilsmäßig übernahmen; Italien war von dieser Regelung ausgenommen.

Nachtwächterstaat: eine F. LASSALLE zugeschriebene spöttische Bezeichnung für das Staatsideal des klassischen Libera-

N

lismus, nach der die Funktionen des Staates auf den bloßen Schutz der Person und des Eigentums beschränkt sein sollten.

Nahostkonflikt: siehe S. 332.

Nantes, Edikt von [französisch nã:t]: vom französischen König HEINRICH IV. am 13. April 1598 zur Beendigung der ↑Hugenottenkriege erlassenes Edikt, welches das katholische Bekenntnis als Staatsreligion bestätigte und eine weitere Ausbreitung des Protestantismus in Frankreich unmöglich machte, aber den Hugenotten Gewissensfreiheit, örtlich begrenzte Kultfreiheit, volle Bürgerrechte sowie die Einrichtung von ca. 100 »Sicherheitsplätzen« zusicherte. Deren wichtigster war La Rochelle. Kardinal RICHELIEU widerrief 1629 die politischen Bestimmungen des E. v. N. (v. a. Entzug der »Sicherheitsplätze«). LUDWIG XIV. hob es 1685 durch das Revokationsedikt von Fontainebleau ganz auf. 5000 Hugenotten verließen daraufhin La Rochelle.

Napoleonische Kriege: die nach den ↑Koalitionskriegen (1792–1806/07) von Kaiser NAPOLEON I. zur Behauptung seiner imperialen Hegemoniepolitik in Europa geführten Kriege 1807/08–12. Im Oktober 1807 besetzte eine französische Armee Portugal, das mit Großbritannien verbündet, nicht der Kontinentalsperre beigetreten war. Die anschließende Besetzung Spaniens sowie die erzwungene Abdankung der ↑Bourbonen in Bayonne zugunsten JOSEPH BONAPARTES (Mai 1808) führten zum **spanischen Unabhängigkeitskrieg** (1808–14), der, als Kleinkrieg geführt, den Franzosen empfindliche Verluste bereitete und militärisch nicht gewonnen werden konnte. Darüber hinaus hatte er Signalwirkung v. a. für die deutsche Erhebung gegen die napoleonische Herrschaft.

Die **Erhebung Österreichs,** das mit preußischer und russischer Hilfe rechnete, begann am 9. April 1809; etwa gleichzeitig begann der ↑Tiroler Freiheitskampf. Die Dreiteilung der österreichischen Armee (Stoßrichtung zugleich nach Polen, Italien und Bayern) erleichterte NAPOLEON die Gegenoffensive. Zwar erlitt dieser bei Aspern und Eßling (am 21./22. Mai 1809) seine erste militärische Niederlage, konnte diese jedoch bei Wagram (5. Juli 1809) wieder ausgleichen. Österreich, von den anderen Mächten allein gelassen, musste am 14. Oktober 1809 den Frieden von ↑Schönbrunn schließen, durch den es nach erheblichen territorialen Verlusten eine von Frankreich abhängige Macht zweiten Ranges wurde.

Im **Russlandfeldzug** (1812) suchte NAPOLEON die Entscheidung über seine Kontinentalherrschaft, nachdem das russisch-französische Bündnis von 1807 (Friede von ↑Tilsit) an den wachsenden Spannungen seit 1809 zerbrochen war: Einerseits hatte NAPOLEON durch die Vergrößerung des Herzogtums Warschau, die Förderung der schwedischen Thronkandidatur J.-B. BERNADOTTES sowie durch seinen Druck, den russisch-türkischen Krieg von 1806–12 abzubrechen, die russischen Interessen berührt, andererseits hatte ALEXANDER I. die ↑Kontinentalsperre missachtet und Bündnisse mit Großbritannien (1810) und Schweden (1812) geschlossen.

Der ohne Kriegserklärung von NAPOLEON im Sommer 1812 mit der doppelt überlegenen französischen ↑Grande Armée geführte Angriff war zunächst weder durch die russische Hinhaltetaktik noch durch die Abwehrschlacht bei Borodino (7. September 1812) aufzuhalten; am 14. September 1812 besetzten französische Truppen Moskau. Aus der russischen Verweigerung von Friedensverhandlungen, dem durch den Brand von Moskau und durch den Einbruch des Winters erzwungenen Rückzug (seit 19. Oktober) und aus dem Widerstand in dem von ALEXANDER verkündeten Vaterländischen Krieg erwuchs die schwere Niederlage der Grande Armée (Übergang über die Beresina vom 26. bis zum 29. November). NAPOLEON kehrte allein nach Paris zurück, während die preußisch-russische Konvention von

Napoleonische Kriege: der Weg Napoleons auf der militärischen Leiter zum »Großherrscher« in Europa und der Niedergang seiner Herrschaft nach den Niederlagen seiner Armeen in Spanien, Russland und Deutschland. Am Ende wartet der Galgen auf ihn – so offensichtlich der Wunsch des Karikaturisten (1814).

↑Tauroggen die ↑Befreiungskriege einleitete.

Narodniki [russisch »Volkstümler«, »Volksfreunde«]: Anhänger einer sozialistischen Bewegung in Russland (etwa 1860–95), die sich v.a. aus Intellektuellen rekrutierte, die »unters Volk« gingen, um dieses aufzuklären. Unter Rückgriff auf Elemente des utopischen Sozialismus und auf die agrarische, als alte slawische Form eines »Urkommunismus« angesehene Dorfkommune ↑Mir strebten die N. eine sozialistisch-kommunistische Erneuerung Russlands unter Umgehung des Kapitalismus an. Während die Vorstellungen der N. von den russischen Marxisten seit 1880 abgelehnt wurden, orientierten sich die ↑Sozialrevolutionäre nach 1900 erneut an ihren Zielen.

Nation [von lateinisch natio »das Geborenwerden«, »Volks(stamm)«, »Geschlecht«]: eine politische Großgruppe, die durch die Gemeinsamkeit von Abstammung, Wohngebiet, Sprache, Religion, Kultur, Geschichte sowie Rechts- und Gesellschaftsordnung gekennzeichnet ist. Nicht immer jedoch sind alle diese Merkmale vorhanden (mehrsprachige Nationen, z.B. die Schweiz; Fehlen eines gemeinsamen Staates, z.B. bei den Deutschen vor 1871 und zwischen 1949 und 1990), oder ein Merkmal überwiegt (z.B. die Religion beim Judentum); entscheidend ist, dass die Angehörigen einer N. von deren Anders- und Besonderssein im Vergleich zu allen anderen N. überzeugt sind (**Nationalbewusstsein**). N. sind demnach keine vorgegebenen, unwandelbaren Größen, sondern das Ergebnis geschichtlicher Prozesse.

Ebenso unterliegt der Begriff N. selbst Wandlungen: Während der in Ost- und Mitteleuropa entwickelte ethnische Nationenbegriff die staatenlose N. meint, deren Angehörige v.a. an der gemeinsamen Sprache und Kultur zu erkennen sind (**Kulturnation**), kannte der in Westeuropa verbreitete politische Nationenbegriff nur die **Staatsnation,** die unter Vernachlässigung ethnischer Unterschiede innerhalb eines schon vorhandenen Staates entsteht, d.h. Staat und N. können synonym verwendet werden. Seit dem 19. Jh. trat zunehmend die Forderung nach einem **Nationalstaat** in den Vordergrund, ▸ *Fortsetzung auf S. 336*

Der Nahostkonflikt ist ein Konflikt zwischen Israel, seinen arabischen Nachbarn und der palästinensischen Bevölkerung um die staatliche Gestaltung Palästinas, das 1920–1948 britisches ↑Mandatsgebiet war. Zuvor war es Teil des Osmanischen Reichs gewesen. Seit seinem Entstehen ist der Nahostkonflikt durch ein Knäuel von nationalistischen, ethnisch-religiösen und demographischen Motiven geprägt und ist zugleich mit weltpolitischen Konflikten verflochten.

Jüdische Siedler in Palästina

Im Zeichen des ↑Zionismus hatte sich seit den 1880er-Jahren in Palästina eine nach Eigenstaatlichkeit strebende jüdische Siedlergemeinschaft gebildet. Sie wurde darin 1917 durch die britische Zusage bestärkt, sie bei der Schaffung einer »nationalen Heimstätte« für die Juden in Palästina zu unterstützen (↑Balfour-Deklaration). Die jüdischen Siedler gerieten seitdem immer stärker in Auseinandersetzungen mit der eingesessenen palästinensisch-arabischen Bevölkerung, die sich zu einem Kampf zweier Nationen um dasselbe Land entwickelten (↑Palästinafrage). Die bittere Erfahrung des Holocaust, ohne eigenen Staat Verfolgungen schutzlos ausgeliefert zu sein, verstärkte den Wunsch vieler europäischer Juden, in einem jüdischen Staat Schutz zu finden. Am 29. November 1947 beschlossen die UN, das Mandatsgebiet in einen jüdischen und arabischen Staat zu teilen. Gleichzeitig mit dem Verzicht Großbritanniens auf sein Palästinamandat (14. Mai 1948) rief D. Ben Gurion, der Vorsitzende der Jewish Agency, der obersten Behörde der jüdischen Siedlergemeinschaft, den Staat Israel aus.

Am 14. Mai 1948 proklamierte David Ben Gurion im Stadtmuseum von Tel Aviv den Staat Israel mit den Worten: »Gleich allen anderen Völkern ist es das natürliche Recht des jüdischen Volkes, seine Geschicke unter eigener Hoheit selbst zu bestimmen.«

Der junge Staat Israel behauptet sich

Im Palästinakrieg (15. Mai 1948 bis 15. Januar 1949) versuchten Armeen aus Ägypten, Jordanien, Irak, Libanon und Syrien, Palästina zu besetzen. Jüdischen Selbstschutzverbänden (u.a. ↑Hagana) gelang es jedoch, 77% des früheren Mandatsgebiets, d.h. mehr, als der UN-Teilungsplan einem jüdischen Staat zugestanden hatte, als israelisches Staatsgebiet zu behaupten. Den Palästinensern verblieb der westlich des Jordan gelegene Teil des früheren Mandatsgebiets, die Westbank, einschließlich des Ostteils von Jerusalem, und ein schmaler Streifen um die Stadt Gaza im Süden des umstrittenen Gebiets, der Gazastreifen. Die Westbank wurde von Jordanien annektiert, der Gazastreifen von Ägypten verwaltet. Zwischen 500000 und 700000 Palästinenser flohen aus den von Israel behaupteten Gebieten oder wurden aus ihnen vertrieben.

Versuche, den Konflikt durch Krieg zu lösen

Unter Führung Ägyptens stellten die arabischen Staaten Israel verstärkt als

Staat infrage: durch Unterstützung der palästinensischen Untergrundkämpfer (Fedajin), die militärische Operationen gegen israelische Siedlungen ausführten, durch Militärallianzen und durch wirtschaftliche Abschnürung. So ließ NASSER 1956 und 1967 den Golf von Tiran für die israelische Schifffahrt sperren und damit die Seeroute Israels nach Asien und Afrika blockieren.

Um sich gegen diese Bedrohungen wirksam zu schützen, baute Israel eine starke Armee auf. In zwei Präventivkriegen, im Sinaifeldzug (29. Oktober bis 6. November 1956) und im Sechstagekrieg (5. bis 11. Juni 1967) konnte es seine Existenz offensiv behaupten. Im Sinaifeldzug führte es seinen Angriff auf Ägypten im Schatten der britisch-französischen Intervention am Suezkanal (↑Suezkrise), im Sechstagekrieg erwehrte es sich einer Allianz aus Ägypten, Jordanien und Syrien. Es besetzte dabei den Gazastreifen, die Sinaihalbinsel, die Westbank (einschließlich Ostjerusalems) und die (syrischen) Golanhöhen. Bis heute leben rund drei Millionen geflüchtete oder vertriebene Palästinenser in UN-Aufnahmelagern in der Westbank, in Jordanien, im Gazastreifen, in Libanon und Syrien.

Seit etwa 1955 bemühten sich die UdSSR und ihre Verbündeten um den Aufbau einer Einflusssphäre im Nahen Osten. Sie unterstützten besonders Ägypten, Syrien und Irak mit Waffenlieferungen. Die USA, die in Israel bis heute einen Stützpfeiler ihrer Nahostpolitik sehen, fördern dieses politisch und militärisch. Mit einem überraschenden Angriff Ägyptens und Syriens auf Israel am jüdischen Jom-Kippur-Fest im Oktober 1973 (Jom-Kippur-Krieg) verlor der jüdische Staat zum ersten Mal die militärische Initiative und geriet vorübergehend in Bedrängnis. Die daraufhin einsetzenden Bemühungen der USA führten unter US-Außenminister H. A. KISSINGER zu Truppenentflechtungsabkommen zwischen Israel einerseits sowie Ägypten und Syrien andererseits.

Der Aufstieg der PLO

Mit dem Zusammenschluss der ↑palästinensischen Befreiungsbewegungen zur ↑Palästinensischen Befreiungsorganisation (PLO) 1964 erwuchs Israel ein Gegner, der den alleinigen Anspruch auf ganz Palästina erhob und ihn politisch und militärisch durchzusetzen bestrebt war. Angesichts der Niederlage Ägyptens im Sechstagekrieg konnte sich die PLO, ab 1969 geführt von J. ARAFAT, aus der ägyptischen Bevormundung lösen. Der Versuch der PLO, in Jordanien die Monarchie (König HUSAIN II., 1952–99) zu stürzen und dieses Land –

auf das sich der palästinensische Anspruch als ein Teil Palästinas ebenfalls bezog – zu ihrer politischen Basis auszubauen, wurde im September 1970 von königstreuen Truppen blutig niedergeschlagen. Im Zeichen dieses für die PLO »schwarzen Septembers« verübten palästinensische Aktivisten 1972 ein blutiges Attentat auf die israelische Mannschaft bei den Olympischen Spielen in München. 1974 verzichtete Jordanien auf die Westbank zugunsten der PLO.

Veränderte Mächtekonstellation

Unter Vermittlung des US-Präsidenten J. CARTER verständigten sich in Camp David (ein Landhaus der US-Regierung) 1978 der ägyptische Präsident A. AS-SADAT (1970–81; ermordet) und der israelische Ministerpräsident M. BEGIN (1977–83) auf ein Rahmenabkommen zur Lösung des Nahostkonflikts. Mit dem In-Kraft-Treten des gleichzeitig abgeschlossenen Friedensvertrags (1979; u.a. Rückzug Israels von der Sinaihalbinsel) schied Ägypten aus der antiisraelischen Front aus, isolierte sich aber (zeitweilig) in der arabischen Welt. 1979 trat die Islamische Republik Iran als neuer unversöhnlicher Gegner Israels auf den Plan. 1982–85 griff der jüdische Staat in den libanesischen Bürgerkrieg (1975–91) ein und vertrieb zum Schutz seiner nördlichen Siedlungen die PLO-Kämpfer aus dem südlichen Libanon und die PLO-Zentrale aus Beirut.

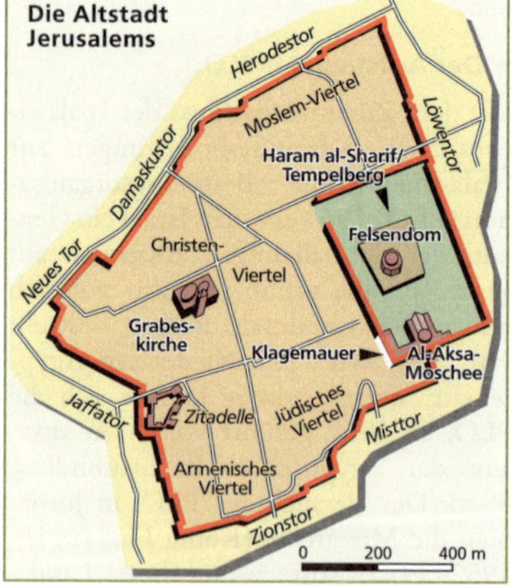

Die Erklärung ganz Jerusalems zur Hauptstadt Israels (1980), obwohl Jerusalem im Tempelbergbezirk neben zahlreichen Symbolen der jüdischen Religion auch solche des Islams aufweist, verschärfte die Spannungen mit den Palästinensern. Die seit 1977 unter Berufung auf das biblische Israel fortschreitende, aber auch in Israel umstrittene Besiedlung der Westbank und des Gazastreifens führte dort 1987 zum Aufstand (↑Intifada). Kritiker dieser Siedlungspolitik weisen darauf hin, dass diese gegen die 4. Genfer Konvention von 1948 verstößt.

1990/91 versuchte der Irak unter seinem Präsident SADDAM HUSAIN nach dem Ende des Ost-West-Konflikts vergeblich, die Palästinafrage in den (2.) Golfkrieg hineinzuziehen.

Der Osloer Friedensprozess – ein Fehlschlag

Nach monatelangen Geheimverhandlungen unter norwegischer Vermittlung einigten sich Israel und die PLO in Oslo auf die gegenseitige Anerkennung (9./10. September 1993) sowie auf ein Rahmenabkommen (Gaza-Jericho-Abkommen, 13. September 1993) zur palästinensischen Selbstverwaltung und zum Rückzug der israelischen Truppen aus dem Gebiet von Gaza und Jericho. In Zusatzabkommen, abgeschlossen zwischen 1994 und 1999, wurden etappenweise Umfang und Rechte des palästinensischen Autonomiegebiets sowie der Abzug israelischer Militäreinheiten aus weiteren Orten der Westbank vereinbart, dieser wurde aber u.a. aus Rücksicht auf die rund 175000 Siedler immer wieder verzögert. Gegenüber der begrenzten Rechte der palästinensischen Autonomiebehörde auf dem Gebiet der inneren Verwaltung blieb Israel weiterhin für die äußere Sicherheit zuständig. 1996 wurde J. ARAFAT Präsident des erstmals gewählten Autonomierats und Vorsitzender der Autonomiebehörde. Unter dem Eindruck dieser Entwicklung des Nahostkonflikts schloss Jordanien 1995 mit Israel einen Friedensvertrag.

Mit einer Intifada (»Erhebung«) gegen die israelische Besatzung in der Westbank und im Gazastreifen greifen Palästinenser mit Steinen und Molotowcocktails die israelischen Sicherheitskräfte an. Das Bild zeigt eine Demonstration in Ostjerusalem am 21. Dezember 1987.

Die Ermordung des israelischen Ministerpräsidenten I. RABIN 1995 durch einen israelischen Attentäter bzw. die ablehnende Haltung seines Amtsnachfolgers B. NETANJAHU warf die Friedensbemühungen zurück. Nach dem Scheitern der von US-Präsident B. CLINTON vermittelten Camp-David-Gespräche an den Kernproblemen – Jerusalemfrage, Rückkehr der palästinensischen Flüchtlinge und die israelische Besiedlungspolitik – im September 2000 rückte die Umsetzung des 1988 einseitig von der PLO ausgerufenen unabhängigen Staates Palästina in weite Ferne. In dieser angespannten Lage löste der Besuch des Tempelbergs durch A. SHARON (seit März 2001 israelischer Ministerpräsident) und seiner Sicherheitskräfte die (2.) Intifada (al-Aksa-Intifada) aus. Israelische Gegenschläge sowie militante, von Selbstmordattentaten unterstützte Übergriffe radikaler Palästinensergruppen (v.a. »Hamas« und »Dschihad« [Heiliger Krieg]) führten 2001/2002 zu kriegsähnlichen Kampfhandlungen und stürzten den Friedensprozess in eine tiefe Krise. Im Schatten terroristischer Angriffe islamistischer Extremisten auf Ziele in den USA am 11. September 2001 gewann der Nahostkonflikt weitere Dynamik. Die internationale Diplomatie, v.a. die UN, die EU, die USA und Russland sowie die arabischen Staaten, sieht sich daher zu intensiven Vermittlungsaktionen veranlasst, die die Parteien aus der militärischen Konfrontation herausführen und den Nahostkonflikt im Sinne einer Zweistaatenlösung beilegen sollen.

Ein ausgewogenes Angebot zur Geschichte des Konflikts sowie zu den unterschiedlichen Positionen der Palästinenser, der israelischen Regierung (in englischer Sprache), der israelischen Friedensbewegung »Peace Now« und der UN bietet *www.histomat.ch/links/nahostlinks.htm*

Frieden im Nahen Osten? Chancen, Gefahren, Perspektiven, hg. v. ANGELIKA VOLLE u.a. Bonn 1997. ▪ *Der israelisch-arabische Konflikt,* hg. v. der Bundeszentrale für Politische Bildung. Bonn [6]1999. ▪ ROTTER, GERNOT und FATHI, SCHIRIN: *Nahostlexikon. Der israelisch-palästinensische Konflikt von A–Z.* Heidelberg 2001. ▪ WATZAL, LUDWIG: *Feinde des Friedens. Der endlose Konflikt zwischen Israel und den Palästinensern.* Berlin 2001. ▪ KRÄMER, GUDRUN: *Geschichte Palästinas.* München 2002.

◂ *Fortsetzung von S. 331* einem Staat, der nicht mehr das Ergebnis von Territorialpolitik ist, sondern nur durch die in ihm sich organisierende N. legitimiert wird; der Nationalstaatsgedanke diente v.a. als Rechtfertigung für die Gründung neuer Staaten (Einigung Deutschlands und Italiens, Wiederherstellung Polens, Auflösung des Osmanischen Reichs und der Habsburgermonarchie).

Nationale Front: 1949–89/90 Zusammenschluss aller politischen Parteien und Massenorganisationen der DDR, unter Führung der SED. Die N. F. benannte die Wahlkandidaten und stellte eine Einheitsliste für die Wahlen auf.

Nationale Volksarmee: die Streitkräfte der DDR, 1956 hervorgegangen aus der 1952 geschaffenen **Kasernierten Volkspolizei** und den seit 1950 getarnt aufgebauten See- und Luftstreitkräften. Am 28. 1. 1956 wurde sie in die »Vereinigten Streitkräfte des Warschauer Paktes« aufgenommen und unterstand ihrem Oberbefehl. Die N. V. verstand sich als »sozialistische Armee«, die unter Führung der SED ihren revolutionären Klassenauftrag im Staat erfüllt. 1962 wurde die allgemeine Wehrpflicht eingeführt. Im Zuge der Vereinigung Deutschlands hörte die N. V. zu bestehen auf.

Nationalgarde:

◆ (Garde nationale): in Frankreich 1789–1871 (mit Unterbrechungen) im Bedarfsfall aufgebotene Bürgerwehr; 1870/71 als **Mobilgarde** (Garde mobile) der Armee angegliedert.

◆ (National Guard): den Gouverneuren der einzelnen Bundesstaaten in den USA unterstehende Miliz, die bei inneren Unruhen vom Präsidenten eingesetzt werden kann und ihm im Kriegsfall unterstellt ist. Seit 1933 ist die N. eine Reserve der regulären Streitkräfte.

Nationalhymnen: im Gefolge der Französischen Revolution und ihres Kampfliedes, der ↑Marseillaise, sich ausbreitende patriotische Gesänge mit (meist) populären Melodien, die als Ausdruck des nationalen Selbstverständnisses gelten und bei feierlichen politischen und sportlichen Anlässen gespielt und gesungen werden. N. sind z.B. in England/Großbritannien »God save the King (Queen)«, in den USA »The star-spangled banner«, in Deutschland seit 1922 das ↑Deutschlandlied (seit 1949 die dritte Strophe), in der DDR lautete der Anfang »Auferstanden aus Ruinen«.

Nationalismus: übersteigertes Nationalbewusstsein, das nur die Macht und Größe der eigenen Nation gelten lässt und daher oft zur Unterdrückung und Missachtung anderer Nationen führt. N. tritt unter wechselnden historischen, politischen und sozialen Bedingungen in vielfältigen Erscheinungsformen auf und ist an keine bestimmten Gesellschafts- oder Staatsformen gebunden. Ein in Vorformen spätestens seit der Renaissance nachweisbares Nationalbewusstsein gewann seit der Französischen Revolution an Bedeutung. Das Nationalbewusstsein der Völker Europas, die noch keinen eigenen Nationalstaat besaßen, orientierte sich zunächst an der Sprache und Kultur, der Abstammung sowie ihrer historischen Rolle im Verhältnis zu anderen Völkern und führte zu den Nationalstaatsgründungen des 19./20. Jh. (siehe auch ↑Nation). Der N., der die eigene Nation absolut setzt (siehe auch ↑Chauvinismus) und damit andere Nationen bedroht, war typisch für die Zeit des ↑Imperialismus sowie für die Zeit zwischen den Weltkriegen. Auch im italienischen Faschismus und deutschen Nationalsozialismus war der N. eine der wesentlichen Triebfedern zur Rechtfertigung von Unterdrückung und Ausbeutung anderer Nationen.

Angesichts der Bemühungen um eine wirtschaftliche und politische Einigung trat der N. in Europa nach dem Zweiten Weltkrieg in den Hintergrund, trat aber nach Ende des Ost-West-Konflikts – besonders auf dem Balkan – mit großer Schärfe wieder hervor. In verschiedenen Ländern Afrikas und Asiens ist der N. jedoch noch ein Mittel sozialer Integration und innerer Stabilisierung zur Überwindung früherer oder noch bestehender kolonialer Abhängigkeiten.

Nationalität: staatsrechtlich in der Bedeutung von Staatsangehörigkeit oder Volkszugehörigkeit verwendet; im Völkerrecht Bezeichnung für eine nationale Minderheit innerhalb eines Staates.

Nationalkirche: Bezeichnung für eine rechtlich vom Papst unabhängige Kirche einer Nation, die jedoch im Unterschied zur Staatskirche auch gegenüber dem Staat institutionell selbstständig bleiben kann. Forderungen nach einer von Rom unabhängigen N. wurden z.B. im ↑Gallikanismus und insbesondere in der ↑Anglikanischen Kirche verwirklicht.

Nationalkomitee Freies Deutschland: auf sowjetische Veranlassung am 12./13. Juli 1943 in Krasnogorsk bei Moskau gegründete Organisation von deutschen Kriegsgefangenen und kommunistischen deutschen Emigranten (u.a. W. PIECK, W. ULBRICHT, J. R. BECHER, E. WEINERT), die im September 1943 durch die Gründung des **Bundes Deutscher Offiziere** (BDO), einem Zusammenschluss der kriegsgefangenen deutschen Offiziere der bei Stalingrad zerschlagenen 6. Armee, zur Bewegung **Freies Deutschland** erweitert wurde. Ziel war es, die deutsche Wehrmachtsführung oder eine innerdeutsche Opposition zum Sturz HITLERS zu veranlassen und damit die Beendigung des Kriegs zu ermöglichen. Zunehmend verlor das N. F. D. jedoch im Rahmen der sowjetischen Deutschlandpolitik an Gewicht; es leistete nur noch Zuliefererdienste für die im Frühjahr 1945 nach Deutschland zurückkehrenden Initiativgruppen deutscher Kommunisten und wurde am 2. November 1945 in Lunjowo bei Moskau aufgelöst. Zahlreiche ehemalige Angehörige des N. F. D. wurden in Schlüsselstellungen der Sowjetischen Besatzungszone eingesetzt, andere – darunter General W. VON SEYDLITZ, ehemaliger Präsident des BDO und Vizepräsident des N. F. D. – wurden bis 1950 von sowjetischen Kriegsgerichten wegen angeblicher Kriegsverbrechen zu langjährigen Haftstrafen verurteilt.

Nationalkonvent:

- verfassunggebende Versammlung in der Französischen Revolution (20. September 1792 bis 26. 10. 1795), die am 22. September 1792 die Französische Republik proklamierte, deren Verfassung jedoch aufgrund innen- und außenpolitischer Schwierigkeiten nicht in Kraft gesetzt wurde.
- in den USA Bezeichnung für den seit 1832 alle vier Jahre stattfindenden Kongress der Parteien, dessen Delegierte von den Parteiorganisationen der Einzelstaaten bestimmt worden sind; er wählt den Präsidentschaftskandidaten und dessen Stellvertreter und verabschiedet das Wahlprogramm.

nationalrevolutionärer Terrorismus: ↑Terrorismus.

Nationalsozialismus: siehe S. 338.

Nationalverein: ↑Deutscher Nationalverein.

Nationalversammlung: eine Versammlung gewählter Volksvertreter, die meist als Folge einer Revolution mit dem Ziel der Verfassungsgebung zusammentritt. Das klassische Muster dafür lieferte die französische **Assemblée Nationale** 1789, die 1792 durch den ↑Nationalkonvent abgelöst wurde. Auch nach der ↑Februarrevolution 1848/49 sowie bei der Errichtung der Dritten Republik 1871 und der Vierten Republik 1946 traten in Frankreich N. zusammen. In der deutschen Geschichte erfolgte 1848/49 die Berufung der ↑Frankfurter Nationalversammlung, in Preußen die einer verfassunggebenden N., 1919 die der Weimarer Nationalversammlung (↑Weimarer Republik).

NATO, Abk. für englisch **N**orth **A**tlantic **T**reaty **O**rganization »nordatlantische Vertragsorganisation« (Nordatlantikpakt, Nordatlantische Gemeinschaft): mehrseitiges Verteidigungsbündnis auf der Grundlage des Nordatlantikvertrags vom 4. April 1949, ▶ *Fortsetzung auf S. 341*

Unter der Bezeichnung Nationalsozialismus wird die nach dem Ersten Weltkrieg in Deutschland entstandene Bewegung verstanden, die die Mobilisierung einer politischen Massenbasis zum Ziel hatte, sowie die auf ihr gründende Diktatur von 1933 bis 1945.

Die Ideologie

Der Nationalsozialismus besaß keine in sich geschlossene Doktrin, sondern fasste Tendenzen zusammen, die Vorstellungen des 19. Jh. entstammten: ein militanter Nationalismus und eine Rassenlehre (die Deutschen als Angehörige einer »Herrenrasse«, ↑Rassismus), deren besonderes Merkmal ein schrankenloser ↑Antisemitismus war. Die rassistische Ideologie wurzelte in einer Umdeutung des ↑Sozialdarwinismus (»Kampf ums Dasein«) und wurde in einem nach Weltmachtstellung ausgreifenden Imperialismus (Eroberung von »Lebensraum«) übersteigert. Propagandistischer Ausgangspunkt war dabei angesichts der Niederlage Deutschlands im Ersten Weltkrieg eine Revancheidee (Kampf gegen das »Diktat von Versailles«) und die »Kriegsschuldlüge«.

Als Feindbilder galten Marxismus, Liberalismus, Freimaurertum und politischer Katholizismus. Die anfänglichen sozialistischen Anteile der Ideologie spielten bald keine Rolle mehr. Statt Klassenkampf und gesellschaftlicher Auseinandersetzung zwischen Arbeitgebern und Arbeitnehmern forderte der Nationalsozialismus die »Volksgemeinschaft«. Nach dem Vorbild des italienischen Faschismus war diese einem »Führer« untergeordnet.

Mit großem Propagandaaufwand suchten die Nationalsozialisten v. a. auf Parteitagen, ihrer Herrschaft ein kultisches Gepräge zu geben (Reichstag der NSDAP 1935 in Nürnberg).

Der Aufstieg zur Partei

Seine parteipolitische Plattform fand der Nationalsozialismus zunächst in der 1919 gegründeten Deutschen Arbeiterpartei (DAP), einer antimarxistischen, antisemitischen und völkischen Organisation, 1920 in Nationalsozialistische Arbeiterpartei (NSDAP) umbenannt. In ihr gewann A. HITLER ab 1921 als Vorsitzender eine beherrschende Stellung. Er arbeitete ein Programm aus, das auch später unverändert blieb. Die braun uniformierten Männer der paramilitärischen ↑SA betrieben unter Anwendung von Terror die »Eroberung der Straße«. Im November 1923 schlug ein Aufstandsversuch gegen die Reichsregierung fehl (↑Hitlerputsch). Die NSDAP wurde verboten, HITLER zu Festungshaft verurteilt. In seiner Haft schrieb er den ersten Band von »Mein Kampf«.

Nach seiner vorzeitigen Freilassung (1924) und der Wiederzulassung der NSDAP schlug HITLER trotz seiner Ablehnung des parlamentarischen Systems eine Taktik ein, über gewählte Mehrheiten formal legal die Macht zu erlangen und so das demokratische System zu zerstören. Zwischen 1925 und 1929 gelang es der NSDAP, über München hinaus auch in anderen Teilen Deutschlands Fuß zu fassen, besonders in Berlin. Dabei suchte sie zeitweilig die Zusammenarbeit mit anderen nationalistischen Gruppen (↑Harzburger Front). Mit einer grenzenlosen Polemik gegen den ↑Youngplan wusste sich HITLER als der entschlossenste Verfechter deutscher Interessen darzustellen. Angesichts der Weltwirtschaftskrise und der sie begleitenden Arbeitslosigkeit wurde seine Partei bei den Reichstagswahlen von 1932 mit einem Stimmenanteil von 37,3% stärkste Reichstagsfraktion. Von den gleichzeitigen Wahlerfolgen der KPD erschreckt, drängten Angehörige der Wirtschaft und des Militärs den Reichspräsidenten P. VON HINDENBURG, HITLER zum Reichskanzler zu ernennen, der am 30. Januar 1933 eine auf das Notverordnungsrecht des Reichspräsidenten gestützte Regierung bildete.

Wie hier auf dem Platz vor der Berliner Staatsoper fanden am 10. Mai 1933 unter Proklamation der »zwölf Thesen wider den undeutschen Geist« in den deutschen Universitätsstädten Bücherverbrennungen statt.

Die Errichtung der Diktatur

Einen Tag nach dem ↑Reichstagsbrand setzte HITLER (27. Februar 1933) mit der Notverordnung »Zum Schutz von Volk und Staat« formal die Grundlage für die Außerkraftsetzung der Grundrechte und für die Verfolgung politischer Gegner (besonders der Kommunisten) und anderer missliebiger Personen. Mit Bespitzelungen, Verhaftungen, Wohnungsdurchsuchungen ohne richterliche Anordnung, Zeitungszensur u.a. wurde der Rechtsstaat bereits mit diesem ersten Schritt nachhaltig beschädigt. Neue Delikte wurden geschaffen und für Hochverrat wurde die Todesstrafe eingeführt, von der die Gerichte ausgiebig Gebrauch machten.

Gestützt auf die von der NSDAP und den Deutschnationalen errungene Mehrheit im Reichstag bei den Wahlen vom 5. März 1933 und mit Zustimmung der bürgerlichen Parteien – die NSDAP hatte die absolute Mehrheit mit 43,9% verfehlt – setzte HITLER das ↑Ermächtigungsgesetz (23. März 1933) durch, das die Basis seiner Diktatur bildete. Alle konkurrierenden Parteien wurden aufgelöst, Gewerkschaften und Arbeitgeberverbände in der ↑Deutschen Arbeitsfront zwangsvereinigt, die Länder des Reichs und gesellschaftliche Verbände sowie Rundfunk und Presse gleichgeschaltet (↑Gleichschaltung). Mit der Niederschlagung des angeblich geplanten ↑Röhm-Putschs war die »Machtergreifung« abgeschlossen. Später wurde die aus der Reichswehr hervorgegangene ↑Wehrmacht dem Oberbefehl HITLERS unterworfen.

Der NS-Staat

Gestützt auf die ↑SS und die ↑Gestapo, entwickelte der NS-Staat mit der Errichtung von Konzentrationslagern, in die politische Gegner und andere missliebige Personen eingeliefert wurden, ein System totaler Herrschaft (↑Totalitarismus). Nach dem Tod VON HINDENBURGS (1934) ließ sich HITLER als Führer und Reichskanzler huldigen.

Durch gezielte nationalistische Propaganda – erkennbar u.a. in dem Tag von ↑Potsdam, der Heraushebung des NS-Staats als ↑Drittes Reich und der auf Massenwirkung berechneten Reichsparteitage in Nürnberg – konnte das nationalsozialistische System weite Kreise der Bevölkerung in seinen Bann ziehen. Unter starker propagandistischer Wirkung nach innen betrieb HITLER eine aggressive Politik der Revision des Versailler Vertrags: u.a. den Einmarsch deutscher Truppen in das entmilitarisierte Rheinland (↑Rheinlandbesetzung, 1936) unter Bruch internationaler Verträge. Nachdem es ihm gelungen war, neue Bündnisse zu schließen (Begründung der ↑Achse Berlin–Rom, 1936), ging er zu einer expansiven Politik über, die nach dem »Anschluss« Österreichs und der Eingliederung des Sudetenlands (1938), der Errichtung des sog. Protektorats von Böhmen und Mähren (März 1939) am 1. September 1939 in den ↑Zweiten Weltkrieg führte. Er war von einer von langer Hand geplanten Wirtschafts- bzw. Rüstungspolitik vorbereitet.

■ Vernichtungspolitik

Mit dem Aufruf zum Boykott jüdischer Geschäfte und der Vertreibung jüdischer Beamter aus dem Staatsdienst (1933) begann in Deutschland die Judenverfolgung. Sie setzte sich fort über die Diskriminierung der deutschen Juden als Menschen und Bürger (↑Nürnberger Gesetze, 1935) bis hin zu gewalttätigen Ausschreitungen v.a. der SA und SS gegen die deutschen Juden und ihre Einrichtungen in der ↑Reichspogromnacht (1938). In dieser Zeit verschärfte das NS-Regime auch seine Maßnahmen zur wirtschaftlichen Entrechtung der Juden und zu ihrer persönlichen Verarmung. Nach der Eingliederung Österreichs und dem Beginn des Zweiten Weltkriegs setzte die Judenverfolgung in allen vom NS-Regime kontrollierten Gebieten Europas ein. Mit der auf der ↑Wannseekonferenz (1942) organisierten ↑Endlösung der Judenfrage erreichte die bereits angelaufene Vernichtungspolitik gegenüber den europäischen Juden in den ↑Konzentrationslagern des Ostens ihren Höhepunkt. Insgesamt fielen dem Genozid zwischen 5 und 6 Mill. Menschen zum Opfer.

Auf der Grundlage der Nürnberger Gesetze wurden auch Sinti und Roma seit Oktober 1939 aus Deutschland nach Polen umgesiedelt und v.a. in das KZ Auschwitz deportiert, wo sie 1944 ermordet wurden. Auch Homosexuelle, Obdachlose und Bibelforscher fielen dem nationalsozialistischen Rassenwahn zum Opfer.

■ Das Ende

Dem ↑Widerstand im Dritten Reich gelang es nicht, das NS-System von innen her zu stürzen. Nach ihrem Sieg verboten die Siegermächte die NSDAP und ihre Organisationen, stellten ihre Spitzen, sofern sie nicht Selbstmord begangen hatten (u.a. HITLER), als Kriegsverbrecher vor Gericht (↑Nürnberger Prozesse) und suchten belastete Personen aus dem politischen Leben zu entfernen (↑Entnazifizierung). ■

Die Dokumentation »Gedenkstätten für die Opfer des Nationalsozialismus«, hg. von der Bundeszentrale für Politische Bildung, beschreibt alle Gedenkstätten.

In Berlin befindet sich entlang der Niederkirchnerstraße die Open-Air-Ausstellung »Topographie des Terrors«.

Das Dokumentationszentrum auf dem Gelände der Nürnberger Reichsparteitage gibt einen Einblick hinter die Kulissen von Führerkult und Nazipropaganda.

KERSHAW, IAN: *Hitler,* 2 Bände. Stuttgart 1998–2000. ▪ *Nationalsozialismus,* hg. v. der Bundeszentrale für Politische Bildung, 2 Bände. Neuausgabe München 2000. ▪ THAMER, HANS-ULRICH: *Verführung und Gewalt. Deutschland 1933–1945.* Taschenbuchausgabe Berlin (Siedler) 1998.

◄ *Fortsetzung von S. 337* Gründungsmitglieder waren: Belgien, Dänemark, Frankreich, Großbritannien, Island, Italien, Kanada, Luxemburg, Niederlande, Norwegen, Portugal, USA. Später traten bei: 1952 Griechenland und Türkei, 1955 die Bundesrepublik Deutschland (seit 1990 unter Einschluss der neuen Bundesländer), 1982 Spanien, 1999 Polen, Tschechien und Ungarn. Nicht Mitglied der integrierten Stäbe der NATO sind Frankreich (seit 1966) und Spanien (seit Beitritt).

Organisation und Zielsetzung: Oberstes politisches Organ ist der ständige Rat (**Nordatlantikrat**), dem alle Mitgliedsländer angehören und der unter dem Vorsitz des **Generalsekretärs** zusammentritt. Oberstes militärisches Organ ist der **Militärausschuss,** dem die Stabschefs der an der militärischen Struktur des Bündnisses beteiligten Länder angehören. Ziel ist die gemeinsame Abwehr feindlicher Aggressionen gegen einen oder mehrere Bündnispartner in Europa und Nordamerika. Als Nordatlantische Gemeinschaft sieht das Bündnis neben dem Militärischen ein ständiges gemeinsames Vorgehen auf politischem, wirtschaftlichem und kulturellem Gebiet vor.

Geschichte: Die NATO entstand vor dem Hintergrund des Ost-West-Konflikts und sollte der als Bedrohung empfundenen militärischen Präsenz der Sowjetunion in Europa ein Gegengewicht entgegensetzen. Das militärstrategische Konzept der massiven Vergeltung, wonach jeder Angriff auf einen Mitgliedsstaat mit einem atomaren Gegenschlag beantwortet werden sollte, wurde 1967 abgelöst von dem der »angemessenen Reaktion«: Im Verteidigungsfall sollten zunächst konventionelle, bei einer Steigerung des Konflikts taktische und im schlimmsten Fall strategische Atomwaffen eingesetzt werden. Angesichts des Endes des Ost-West-Konflikts verabschiedeten die Organe des Bündnisses 1991 ein »neues strategisches Konzept«. Danach sieht sich die NATO als »Stabilisierungsfaktor« in Europa. Nach der Auflösung des Warschauer Pakts (1991) bezog das Bündnis die früheren Mitgliedstaaten oder deren Nachfolgestaaten im Rahmen der »Partnerschaft für den Frieden« (1994) in sein Sicherheitskonzept ein und integrierte Russland am 28. Mai 2002 mit der Schaffung des NATO-Russland-Rates; in diesem Gremium sind die 19 NATO-Mitgliedstaaten und Russland in verschiedenen Politikfeldern (v. a. im Kampf gegen den Terrorismus) gleichberechtigt vertreten.

Im ↑Bosnischen Krieg (1992–95) suchte die NATO im Auftrag der UN durch Kampfeinsätze von Luftstreitkräften UN-Sanktionen durchzusetzen. Ohne UN-Mandat führte sie 1999 einen Luftkrieg gegen Jugoslawien, um dessen Politik der ethnischen Säuberungen im Kosovo (gegen die dortige albanische Bevölkerung) zu unterbinden (↑Kosovokonflikt). Nach dem Ende der Kampfhandlungen entsandte sie sowohl nach Bosnien und Herzegowina als auch in den Kosovo Truppen zur Sicherung des Waffenstillstands.

Nach dem Angriff terroristischer Kräfte auf New York und Washington (11. September 2001; ↑Terrorismus) erklärte die NATO – offiziell am 2. Oktober 2001 – nach Artikel 5 des NATO-Vertrags erstmals den Bündnisfall.

Naturalwirtschaft: Wirtschaftsform, die in starkem Maße auf Eigenproduktion beruht und in der der Güterverkehr vorwiegend durch Tausch (Ware gegen Ware) abgewickelt wird, ebenso werden Abgaben (z. B. an den Grundherrn) in Naturalien geleistet.

Naturrecht: Bezeichnung für Rechtsgrundsätze, die sich aus dem göttlichen Willen bzw. einer für unveränderlich gehaltenen Natur des Menschen oder aus dem richtigen Gebrauch der Vernunft ableiten (**Vernunftrecht**) und über dem (vom Menschen gesetzten) positiven Recht bestehen. Dabei wird dem N. (im Gegensatz zum historisch bedingten po-

N

sitiven Recht) absolute, d.h. eine von historischen Bedingungen unabhängige Gültigkeit zugesprochen, sodass es einerseits zur Begründung, andererseits aber auch als kritischer Maßstab des positiven Rechts und der politischen Ordnung herangezogen werden kann.
Bereits im *klassischen Altertum* wurde die Natur (Physis) als ursprünglich, absolut und normsetzend dem menschlichen Gesetz (Nomos) gegenübergestellt, dessen Gültigkeit auf bloßer Konvention beruhe (so z.B. HERAKLIT). Bereits hier lassen sich jedoch zwei unterschiedliche Ansatzpunkte unterscheiden, die auch für die spätere Geschichte des N. kennzeichnend waren: Während eine Richtung von der Triebhaftigkeit der menschlichen Natur ausging und unter Bezug auf den Selbsterhaltungstrieb das Recht des Stärkeren auf Durchsetzung seines Willens als der Natur entsprechend rechtfertigte (u.a. die frühen Sophisten), setzte z.B. PLATON diesem Modell die Vorstellung einer vernunftbeherrschten, auf Kommunikation angelegten Natur des Menschen entgegen (Gegensatz von voluntas [lateinisch »Willen«] und ratio [lateinisch »Vernunft«]).
Mit dem Christentum trat im *Mittelalter* der Schöpfergott als Urheber des die Weltordnung bestimmenden N. auf. Dieses N. (der göttliche Wille) schlägt sich als Reflex des Schöpfungsplans im Bewusstsein des Menschen nieder, wobei jedoch schon die Kirchenväter primäres und absolutes N. vor dem Sündenfall (d.h. Übereinstimmung des menschlichen mit dem göttlichen Willen) von einem sekundären und relativen N. nach dem Sündenfall unterschieden. THOMAS VON AQUIN führte die vernunftorientierte Theorie des N. weiter: Da die Teilhabe der vernünftigen Menschennatur an der göttlichen Vernunft durch den Sündenfall nur erschwert, nicht aber ausgeschlossen sei, seien die obersten Prinzipien des N. durch die Vernunft einsehbar. Demgegenüber vertraten die Nominalisten einen voluntaristischen Ansatz: Erstmals formulierte WILHELM VON OCKHAM als »natürliche Rechte« Leben, Freiheit und Eigentum, die später bei J. LOCKE als säkularisierter Naturrechtsbegriff zum Kernstück seiner Staatstheorie wurden.
17. und 18. Jahrhundert: Im Zuge der Säkularisierung des N. wurde verstärkt die Triebhaftigkeit der menschlichen Natur betont, v.a. von HOBBES, der alle Eigenschaften letztlich auf den Trieb zur Selbsterhaltung zurückführte und ein natürliches Recht jedes Einzelnen dazu voraussetzte, das im Naturzustand seine Grenze findet in der größeren Stärke des Gegners und den »Krieg aller gegen alle« bedingt. Die Beendigung des Naturzustands durch vollständigen Rechtsverzicht zugunsten des absoluten Souveräns im ↑Gesellschaftsvertrag wurde notwendig, der Staat wurde zur Bedingung des Überlebens. Die zunehmende Herauslösung des N. aus der Theologie leitete den Übergang zur Aufklärung ein. Zwar wurde auch hier – wie bereits im antiken Denken – der Gesellschaftstrieb zur Ursache des Gesellschaftsvertrags; da Unrecht ist, was eine Gemeinschaft vernünftiger Menschen verletzt, wurde mit der Vernunft als Erkenntnisquelle das N. zum Vernunftrecht, das auch dann gilt, wenn Gott nicht existieren sollte. Parallel dazu erfolgte die Positivierung des N. aufgrund der Übernahme naturwissenschaftlicher Methodologie. Der Naturbegriff verwandelte sich in den Gesetzesbegriff der neuzeitlichen Naturwissenschaft. THOMASIUS und CH. WOLFF versuchten, von obersten Prinzipien aus ein vollständiges, alle Rechtsgebiete umfassendes System von exakten, absolut gültigen Grenzen abzuleiten. Diese Entwicklung wurde erst beendet, als die von MONTESQUIEU erneut betonte, klimatisch und kulturell bedingte Relativität auch des N. zur Ausbildung einer historischen Betrachtungsweise führte.
Die sich im *19. Jahrhundert* ausbildende ↑historische Schule verneinte das Beste-

hen allgemein verbindlicher, über dem positiven Recht stehender Rechtsgrundsätze und leitete damit den dem N. gegenüber feindlichen Rechtspositivismus ein. Die historische Erfahrung der nationalsozialistischen Diktatur ließ in Deutschland erneut die Frage nach der Bindung der staatlichen Gewalt an ein überpositives Recht laut werden. Daher bindet Art. 1 GG die staatliche Gewalt wieder an unveräußerliche Rechtsprinzipien.

Nauạrch [griechisch »Befehlshaber der Schiffe«]: in griechischen Staaten Bezeichnung für den mit dem Befehl über die Flotte betrauten Magistrat, der zum Teil auch mit politischen und diplomatischen Funktionen ausgestattet war.

Navigationsakte: 1651 durch das englische Parlament beschlossenes Gesetz zur Förderung der englischen Schifffahrt. Danach durften Importe nur auf englischen oder Schiffen des Erzeugerlandes transportiert werden. Die englische Küstenschifffahrt und der Handel der englischen Kolonien blieben ausschließlich englischen Schiffen vorbehalten. Die politische Zielsetzung dieser Maßnahme war die Ausschaltung des bis dahin führenden niederländischen Zwischenhandels. Zugleich sollten die wirtschaftlichen Bindungen der englischen Kolonien an das Mutterland gefestigt werden. Der erste Seekrieg Englands gegen die Niederlande war Folge dieser Maßnahme. Die N. wurde im 17. Jh. mehrmals ergänzt und erst 1849/54 endgültig aufgehoben.

Nẹmesis: bei den Griechen Begriff und (seit HESIOD) vergöttlichte Personifikation des sittlichen Rechtsgefühls und der gerechten Vergeltung, die menschliche Überheblichkeit (Hybris) straft.

Neoabsolutismus: Bezeichnung für das unter Kaiser FRANZ JOSEPH I. in Österreich errichtete Regierungssystem zwischen dem Widerruf der oktroyierten Verfassung von 1849 (↑Kremsier, Reichstag von) durch den Staatsstreich 1851 und dem Erlass des ↑Oktoberdiploms 1860. Das zentralistische, faktisch absolutistische System mit reaktionärer Ausrichtung von Verwaltung, Justiz und Polizei verschärfte die sich zunehmend auf die Nationalitätenfrage konzentrierende innenpolitische Problematik.

Neofaschismus: von den Anhängern des ↑Faschismus getragene politische Bewegung in Italien nach dem Sturz MUSSOLINIS; allgemein Bezeichnung für rechtsradikale Bewegungen, die in Zielsetzung und Ideologie an die Epoche des Faschịsmus und Nationalsozialismus anknüpfen. Während der italienische N. sich seit 1946 mit dem Movimento Sociale Italiano (MSI) im Parteienspektrum behauptete, konnte der parteipolitisch nicht einheitliche **Neonazismus** in der Bundesrepublik Deutschland nur kurzzeitige Wahlerfolge erzielen.

NEP, Abk. für russisch **N**owaja **E**konomitscheskaja **P**olitika [»Neue ökonomische Politik«]: 1921 von LENIN eingeführtes Wirtschaftsprogramm, das 1927/28 von STALINS 1. Vierjahresplan abgelöst wurde. Es trug entscheidend zur wirtschaftlichen Erholung Sowjetrusslands bei. Die NEP erlaubte u.a. den Bauern, ihre überschüssigen Erträge (gegenüber dem abzuführenden Soll) auf dem freien Markt zu verkaufen. Sie ermöglichte staatliche Konzessionen an Privatpersonen (vielfach Ausländer) zur Gründung industrieller Unternehmen.

Nepotismus [von lateinisch nepos »Enkel«, »Neffe«]: Bevorzugung von Verwandten (**Nepoten**) bei der Vergabe von Ämtern durch weltliche und geistliche Machthaber. Der päpstliche N. erreichte seinen Höhepunkt im 15. bis 17. Jh. (Schaffung von selbstständigen Fürstentümern aus Gebieten des Kirchenstaats).

Neue Ära: Bezeichnung für die Ende 1858 mit dem Amtsantritt des späteren Königs WILHELM I. als Prinzregent einsetzende wirtschafts- und nationalpolitische Neuorientierung der preußischen Politik. Sie wurde von den Liberalen mit großen Hoffnungen (auf »moralische Eroberungen« Preußens in Deutschland) begrüßt, geriet jedoch bereits 1859 in eine zum ↑preußischen Verfassungskonflikt führende Krise, da es zwischen den eine parlamentarische Regierungsform anstrebenden Liberalen und dem König, der starr an den Rechten der preußischen Krone festhielt, keine Verständigung gab.

Neue Frauenbewegung: ↑Frauenbewegung.

Neue Ökonomische Politik: ↑NEP.

Neuer Kurs: Bezeichnung für die durch Kaiser WILHELM II. und Reichskanzler L. VON CAPRIVI nach der Ablösung O. VON BISMARCKS 1890 verkündete, jedoch bald wieder aufgegebene Neuorientierung der deutschen Innenpolitik, v. a. im sozialen Bereich, wo durch weitere Sozialreformen eine Aussöhnung der Arbeiterschaft mit der Monarchie erreicht werden sollte.

Neues Forum, Abk. NF: am 9. 9. 1989 in Grünheide (bei Berlin) u. a. von B. BOHLEY und J. REICH gegründete Bürgerrechtsbewegung in der DDR. Sie entwickelte sich zur stärksten Oppositionsbewegung des Herbstes 1989 und trug wesentlich zur friedlichen Revolution in der DDR bei.

Neues Ökonomisches System: Nach dem Bau der ↑Berliner Mauer (1961) suchte die SED die Bevölkerung der DDR durch eine Reform des Wirtschaftssystems (1963) zur Mitarbeit im Staat zu gewinnen. Im Rahmen der »Vereinigung volkseigener Betriebe« (VVB) sollten die volkseigenen Betriebe größere Handlungsspielräume erhalten. Die arbeitende Bevölkerung sollte durch leistungsbezogene Löhne und Prämien motiviert werden. Die Reform sollte die Schwierigkeiten des zentralen Planungssystems durch Elemente wirtschaftlichen Wettbewerbs überwinden.

Neuilly-sur-Seine, Friedensvertrag von [nœ'jisyr'sɛn]: ↑Pariser Vorortverträge.

Neutralität: völkerrechtlich geregelter Zustand der Unparteilichkeit eines Staates in bewaffneten Auseinandersetzungen zwischen anderen Staaten oder anerkannten Krieg führenden Parteien eines Bürgerkriegs. Die N. entfaltet ihre Wirkung im Kriegszustand; sie ist zu trennen von der politischen oder ideologischen N. (Enthaltung ideologischer Stellungnahmen) im Frieden, die als Vorbereitung der N. wirken kann.

Neuzeit: Bezeichnung für die an das Mittelalter anschließende Epoche; als Periodisierungsbegriff auf den Hallenser Philologen und Historiker CH. CELLARIUS zurückgehend und zunächst aus der europäischen Geschichte abgeleitet, wurde der Begriff durch die Einbeziehung der Entdeckungsfahrten zu allgemeiner Bedeutung (als eine neue Phase der Weltgeschichte) erweitert.

Anfang der Neuzeit: Lange Zeit wurden die Entdeckung Amerikas 1492 und der Beginn der Reformation LUTHERS 1517 als Anfang der N. betrachtet, doch sind bereits vor diesem Zeitpunkt wichtige Grundzüge des neuen Zeitalters erkennbar, sodass man bereits die Jahre zwischen 1450 und 1500 als »Schwellenzeit«, d. h. als Übergangszeit vom Mittelalter zur N., ansetzt.

Kennzeichen der Neuzeit sind zunehmende Schriftlichkeit in allen Bereichen, Aufhebung der Einheit der mittelalterlichen Kirche, Säkularisierung des politischen und kulturellen Lebens, eine rational-analytische Betrachtungsweise im politischen, wirtschaftlichen und gesellschaftlichen Bereich sowie ein zunehmend rational-zweckgebundenes Verhalten. Die mittelalterlichen universalen Ordnungsvorstellungen, die durch den religiösen Alleingeltungsanspruch des Papsttums und durch die universale Herrschaftsidee des römisch-deutschen Kaisertums gekennzeichnet waren, wurden endgültig durch den Westfälischen Frieden 1648 aufgehoben. An ihre Stelle traten Staatssysteme, die sich überwiegend als Ordnungen von Nationalstaaten bildeten (wenn auch z. B. die Verwirklichung des Nationalstaats in England und Frankreich bereits im 14. Jh., in Deutsch-

land und Italien erst im 19. Jh. erreicht wurde).
Der moderne Nationenbegriff ist eng mit dem für die neuzeitliche Staatengeschichte zentralen Begriff der Souveränität verbunden, wobei zunächst unumstrittener Träger der Souveränität das Königtum war, dessen zentrale Herrschaftsgewalt durch die Bindung an göttliches und Naturrecht gerechtfertigt wurde. Neben der den fürstlichen und monarchischen Absolutismus des 16. bis 18. Jh. begründenden Theorie entwickelte sich als zweiter Ansatz die auf dem Gedanken der Volkssouveränität (v.a. vertreten durch J.-J. ROUSSEAU) und der Gewaltenteilung (J. LOCKE, MONTESQUIEU) beruhende Staatslehre, die die Grundlage für die moderne demokratische Entwicklung bildet.
Die z.T. die tatsächlichen staatlichen und gesellschaftlichen Entwicklungen deutenden Theorien waren v.a. durch ein starkes emanzipatorisches Moment gekennzeichnet, wobei es sich zunächst in erster Linie um eine Emanzipation des Bürgertums gegenüber dem Adel handelte. Das Bürgertum war in der Stadtkultur und in der schnell wachsenden Geldwirtschaft der N. zu Reichtum und Macht gekommen. Dennoch bedeutete die Wirtschaftsmacht des Bürgertums noch nicht das Ende der seit dem Mittelalter bestehenden Vorherrschaft des Adels und der Geistlichkeit.
Zäsuren: Einen wichtigen Einschnitt markieren die politischen und wirtschaftlichen Umwälzungen der Französischen Revolution von 1789. In ihr gelangten eine Reihe von geistigen und gesellschaftlich-emanzipatorischen Tendenzen zum Durchbruch, die schon seit der Mitte des 15. Jh. angelegt waren. Vorbereitet durch die Philosophie des Rationalismus und der Aufklärung, begann mit der Aufhebung der feudal-klerikalen Privilegien in Frankreich 1789 zugunsten der bürgerlichen Gleichheit und Freiheit gleichsam ein neues, »bürgerliches« Zeitalter.
Die allgemeine Verwirklichung der bürgerlichen Revolutionsideen von 1789 erlitt jedoch zunächst im Zuge der industriellen Revolution einen Rückschlag, da Freiheit und Gleichheit für die während der Industrialisierung entstandenen Massen des Proletariats kaum zu erreichen waren. Die Industriearbeiterschaft musste sich erst organisieren, um ihre soziale Situation zu verbessern. Aus der Erkenntnis dieser Notwendigkeit heraus entwickelte K. MARX den »wissenschaftlichen Sozialismus«. Die von MARX erwartete klassenlose Gesellschaft sollte durch die Selbstvernichtung des Kapitalismus entstehen, der an seinen inneren Widersprüchen zugrunde gehen werde. Diese gesetzmäßige Entwicklung wurde durch W. I. LENIN zum Programm der proletarischen Weltrevolution verändert (Marxismus-Leninismus), deren Anfang die russische Oktoberrevolution von 1917 sein sollte. Diese veränderte grundsätzlich die Machtverhältnisse zwischen den großen Mächten und war der Beginn einer ideologischen Blockbildung zwischen Ost und West, sodass das Jahr 1917 für die Untergliederung der N. einen weiteren wichtigen Einschnitt bildet.
Diese Zäsur kommt auch darin zum Ausdruck, dass die USA als Großmacht in den Weltkrieg eintraten. Das Schwergewicht der weltpolitischen Macht lag nun nicht mehr in Europa oder nicht mehr in Europa allein. Darüber hinaus setzte der Erste Weltkrieg Entwicklungen frei, die auf eine allmähliche Emanzipation der vom Kolonialismus und Imperialismus der europäischen Mächte im 19. Jh. erschlossenen und eroberten Überseegebiete hinausliefen. Die jüngste Phase der N., die mit dem Jahre 1917 beginnt, wird als **Zeitgeschichte** bezeichnet.

New Deal ['nju: 'di:l; englisch »neue Handlungsweise«, »neue Politik«]: Bezeichnung für die wirtschaftspolitischen Maßnahmen und Reformen, mit denen Präsident F. D. ROOSEVELT die Folgen der ↑Weltwirtschaftskrise in den USA zu überwinden suchte.

Die erste Phase (1933–35) hatte besonders die direkte Belebung der Wirtschaft zum Ziel: Arbeitsbeschaffungsprogramme (u.a. eine Art freiwilliger Arbeitsdienst) bei gleichzeitiger Verringerung

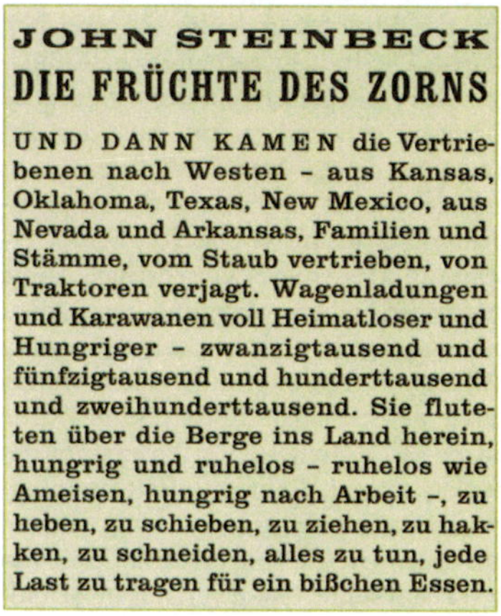

JOHN STEINBECK

DIE FRÜCHTE DES ZORNS

UND DANN KAMEN die Vertriebenen nach Westen - aus Kansas, Oklahoma, Texas, New Mexico, aus Nevada und Arkansas, Familien und Stämme, vom Staub vertrieben, von Traktoren verjagt. Wagenladungen und Karawanen voll Heimatloser und Hungriger - zwanzigtausend und fünfzigtausend und hunderttausend und zweihunderttausend. Sie fluteten über die Berge ins Land herein, hungrig und ruhelos - ruhelos wie Ameisen, hungrig nach Arbeit -, zu heben, zu schieben, zu ziehen, zu hakken, zu schneiden, alles zu tun, jede Last zu tragen für ein bißchen Essen.

New Deal: In seinem Roman »Die Früchte des Zorns« (1939) zeigt J. E. Steinbeck am Beispiel der nach Kalifornien ziehenden Wanderarbeiter die Entwurzelung, Armut und Ausbeutung der einfachen Menschen in der Depressionszeit, der mit dem Reformprogramm des New Deal begegnet wurde.

der Überproduktion in Industrie (Arbeitszeitverkürzung, Erhöhung der Mindestlöhne, Einschränkung der Konkurrenz) und Landwirtschaft (staatlich prämierte Verringerung der Anbauflächen). Angesichts der weitgehenden Erfolglosigkeit dieser Maßnahmen und wachsender Widerstände sah die zweite Phase des N. D. (1935–38) wesentlich tiefer greifende Reformen vor: 1935 schufen neue Gesetze die Grundlage für eine Stärkung der Gewerkschaften und für eine Alters-, Unfall- und Arbeitslosenversicherung; die Steuerprogression wurde erhöht und mit einem Gesetz zur Entflechtung der großen Energiekonzerne den monopolistischen Tendenzen entgegengewirkt. Zwar reichten die Impulse, die der N. D. der amerikanischen Wirtschaft und Gesellschaft gab, nicht aus, die Folgen der Weltwirtschaftskrise zu überwinden, dennoch stellte der N. D. Weichen für die Entwicklung der USA zum modernen Sozialstaat.

NGO: ↑Non-Governmental Organization.

Nibelungentreue: seit der Reichstagsrede des Reichskanzlers von Bülow am 29. März 1909 verbreitetes politisches Schlagwort für die unbedingte Bündnistreue des Deutschen Reichs zu Österreich-Ungarn, geprägt vor dem Hintergrund der durch die österreichische Annexion Bosniens ausgelösten Krise. Die N. wurde v.a. im Ersten Weltkrieg zu einem viel zitierten Schlagwort.

Nichtangriffspakt: zwischen zwei oder mehreren Staaten geschlossener Vertrag, in dem sich die Vertragspartner gegenseitig zusichern, bei der Lösung von Konflikten auf die Anwendung von Gewalt zu verzichten oder im Falle eines Krieges mit anderen Staaten im Verhältnis zueinander neutral zu bleiben.

Nichteinmischung: nach allgemeinem Völkerrecht die Pflicht eines Staates, sich Eingriffen in die inneren Angelegenheiten eines anderen Staates zu enthalten. Sie gilt nicht für von den UN beschlossene Maßnahmen bei Bedrohung oder Bruch des Friedens.

Nichtregierungsorganisation: ↑Non-Governmental Organization.

niedere Gerichtsbarkeit: im Mittelalter und der frühen Neuzeit die mit minderen Rechtsstreitigkeiten und leichteren Straftaten befasste Gerichtsbarkeit. Noch früher als die ↑hohe Gerichtsbarkeit ging im Heiligen Römischen Reich die n. G. vom König an die Landesfürsten, in weit stärkerem Maße aber an Städte, Grundherrschaften (↑Patrimonialgerichtsbarkeit) und Dörfer über.

Niederländischer Aufstand: der gegen die spanische Herrschaft gerichtete Aufstand der nördlichen Niederlande. Die auf den Ausbau einer absoluten Fürstenherrschaft ausgerichtete Politik Philipps II. von Spanien verstärkte den politischen und finanziellen Druck auch in den Niederlanden, der besonders stark von Adel und Städten empfunden wurde. Hinzu kam die religiöse Unterdrückung, nachdem die Reformation (v.a. der Kalvinismus) in den Niederlanden Eingang gefunden hatte. Militärische Lasten, Ketzeredikte sowie die zunehmende Einschränkung ständischer Freiheiten trieben Adel und Städte zum Aufstand, auch wenn die Generalstatthalterin MARGARETE VON PARMA 1564 ihren Berater, Kardinal A. P. DE GRANVELLE, entließ, gegen den sich die Opposition des um WILHELM I. VON ORANIEN und L. Graf VON EGMOND gescharten hohen Adels vornehmlich richtete. Der niedere Adel schloss sich 1566 zusammen und bat die Statthalterin vergeblich um Mäßigung der kirchlichen Strafedikte, Aufhebung der Inquisition, Wiederherstellung der ständischen Rechte und Religionsfreiheit. – Siehe auch ↑Geusen.

Im gleichen Jahr entlud sich die religiöse Unzufriedenheit des Volks in einem Bildersturm. Daraufhin übernahm 1567 der Herzog VON ALBA die Generalstatthalterschaft und versuchte, durch Zwangsmaßnahmen und Hinrichtungen (u.a. EGMOND und HORNE) die Unruhen zu unterdrücken, doch führte seine Willkürherrschaft 1568 zur offenen Erhebung der Niederlande unter Führung WILHELMS I. VON ORANIEN (Beginn des **Achtzigjährigen Kriegs**). Die Abberufung ALBAS 1573 brachte eine vorübergehende Festigung der spanischen Herrschaft, doch führte die erneute Verschärfung v.a. der konfessionellen Gegensätze 1579 zum Zusammenschluss der königstreuen wallonischen Provinzen in der Union von Arras, während die sieben nördlichen Provinzen die Union von Utrecht bildeten, die sich 1581 vom spanischen König lossagte und seit 1587 als Republik der Vereinigten Niederlande (↑Generalstaaten) den Kampf gegen Spanien bis 1648 weiterführte. Erst im ↑Westfälischen Frieden erreichte die Republik der Vereinigten Niederlande die Anerkennung ihrer Unabhängigkeit von Spanien und schied formell aus dem Heiligen Römischen Reich aus.

Niederländisch-Französischer Krieg (Holländischer Krieg): der zweite Eroberungskrieg LUDWIGS XIV. von Frankreich gegen die Republik der Vereinigten Niederlande 1672–1678/79. Unterstützt durch England und die Bischöfe von Köln und Münster, erzielten die Franzosen rasche Anfangserfolge. Ab 1673/74 weitete sich der Krieg zum europäischen Konflikt aus, in dem Kaiser LEOPOLD I., Spanien, Brandenburg (das im Kampf gegen das mit Frankreich verbündete Schweden ab 1675 Erfolge erzielte) und ab 1677/78 auch England an der Seite der Niederlande standen.

Der Krieg wurde durch die Friedensschlüsse von Nimwegen beendet: Im Separatfrieden vom 11. August 1678 konnten die Niederlande im Wesentlichen ihren Besitzstand wahren und die Räumung ihres Gebiets durch die Franzosen erreichen. Der Friedensvertrag mit Spanien vom 17. September 1678 brachte für Frankreich die Franche-Comté und 15 Grenzfestungen in den spanischen Niederlanden. Durch den Friedensschluss vom 5. Februar 1679 zwischen Frankreich, Schweden und dem Heiligen Römischen Reich kamen Freiburg im Breisgau und eine Reihe elsässischer Städte an Frankreich.

Nikolsburg, Vorfriede von: Der am 26. Juli 1866 geschlossene Friedensvertrag beendete den ↑Deutschen Krieg von 1866. Preußen zwang Österreich, seine Hegemonie in Norddeutschland anzuerkennen, verzichtete aber auf territorialen Gewinn zulasten Österreichs. Entgegen den Vorstellungen König WILHELMS I. drängte BISMARCK auf den Friedensschluss, um französischen und russischen Kompensationsforderungen zuvorzukommen, andererseits Österreich durch diese Friedensbedingungen als künftigen Bundesgenossen zu gewinnen. Der V. v. N. wurde somit zum Symbol eines maßvollen Friedens.

N

Nizza, Konferenz von: ↑Europäische Union.

Nobilität: im antiken Rom der nach Beendigung des Ständekampfs im 3. Jh. v. Chr. aus ↑Patriziern und ↑Plebejern entstandene republikanische Amtsadel. Zur N. gehörten die Konsuln und deren Nachkommen in männlicher Linie, sodass sie von den führenden Senatorenfamilien gebildet wurde. – Siehe auch ↑ Homo novus.

Nonen [von lateinisch nonus »der Neunte«]: im altrömischen Kalender Bezeichnung für den neunten Tag vor den ↑Iden (diese mitgezählt).

Non-Governmental Organization [englisch nɔngʌvnmentlɔ:gənaɪˈzeɪʃn], Abk. NGO (Nichtregierungsorganisation): Bezeichnung für nicht staatliche Träger der Entwicklungshilfe (zur Unterstützung von ↑Entwicklungsländern). In der BRD gibt es über 200 NGO, darunter Kirchen und politische Stiftungen.

Nonproliferation [englisch nɔnprəlɪfəˈreɪʃn]: angloamerikanische Bezeichnung für die Nichtweitergabe von Kernwaffen und der zu ihrer Herstellung erforderlichen Produktionsmittel durch die Atommächte. Das Prinzip der N. ist Gegenstand des 1968 zwischen den USA, Großbritannien und der UdSSR abgeschlossenen Atomwaffensperrvertrags, der neben etlichen anderen Staaten 1969 auch von der Bundesrepublik Deutschland unterzeichnet wurde. Frankreich und China traten diesem Vertrag 1992 bei.

Norddeutscher Bund: Bundesstaat von 22 Mittel- und Kleinstaaten sowie freien Städten nördlich der ↑Mainlinie, der nach Auflösung des Deutschen Bunds, von BISMARCK beabsichtigt, als Ergebnis des ↑Deutschen Kriegs von 1866 entstand und eine wichtige Zwischenstufe im Prozess der Entstehung des ↑Deutschen Reichs bildete.

Wirtschaftlich und militärisch stand der N. B. unter der faktischen und der durch die am 17. April 1867 verkündete, am 1. Juli 1867 in Kraft getretene Verfassung auch institutionell verankerten Hegemonie Preußens. Durch den ↑Deutschen Zollverein waren auch die süddeutschen Staaten mit dem N. B. verbunden, durch das System der militärischen Schutz- und Trutzbündnisse wurden ihre Streitkräfte für den Kriegsfall unter den Oberbefehl des Königs von Preußen gestellt. Der N. B. war als Provisorium gedacht, da die abwartende Haltung der süddeutschen Staaten, aber auch der Widerstand Frankreichs 1866 den Weg zu einer kleindeutschen Lösung der ↑deutschen Frage versperrte. Die liberalen und föderalistischen Elemente des N. B. kamen den süddeutschen Staaten entgegen, die unverkennbare Tendenz zur Absicherung der preußischen Hegemonie war Ausdruck der Reichsgründung »von oben«. Zu Beginn des ↑Deutsch-Französischen Kriegs von 1870/71 schlossen sich die süddeutschen Staaten dem N. B. an, der 1870 den Namen Deutsches Reich annahm und dessen Verfassung im Wesentlichen in die Reichsverfassung von 1871 übernommen wurde.

Nordirlandkonflikt: Bei der Bildung der katholisch geprägten unabhängigen Republik Irland 1920 trennte die britische Regierung die mehrheitlich von Protestanten bewohnten nordirischen Provinzen (Ulster) ab und gab ihnen im Rahmen einer Union mit Großbritannien Autonomie. Innerhalb Nordirlands steigerten sich seit den 1960er-Jahren die konfessionellen und sozialen Spannungen zwischen den einen gesamtirischen Staat fordernden Katholiken und den Protestanten, die den Verbleib im britischen Staatsverband wünschten; die Gegensätze entluden sich in gewaltsamen Auseinandersetzungen. Mit terroristischen Mitteln kämpfte auf katholischer Seite die ↑IRA, auf protestantischer die UDA (Abk. für Ulster Defense Association). Am Karfreitag 1998 schlossen Vertreter von acht nordirischen Parteien (protestantischer und katholischer Ausrichtung) sowie Großbritanniens und der Republik Irland ein Friedensabkom-

men. Den Kern des **Karfreitagsabkommens** bildet die Vereinbarung, demzufolge die staatliche Zugehörigkeit Nordirlands vom Willen seiner Bevölkerung abhängt. Bei den Wahlen vom 25. Juni 1998 erreichten die Unterzeichnerparteien eine klare Mehrheit im Regionalparlament.
Die neue Regierung unter D. TRIMBLE (ab Dezember 1999) trat nach Kontroversen in der Frage der Entwaffnung der paramilitärischen Verbände (v.a. der IRA) im Juli 2001 zurück, ließ sich jedoch nach einem Einlenken der IRA in der Entwaffnungsfrage im November 2001 wieder ins Amt wählen.

Nordische Kriege: Kriege des 17. und 18. Jh. um die Vormachtstellung im Ostseeraum.

1. Nordischer Krieg (1655–60): Nach der Abdankung CHRISTINES von Schweden erhob der polnische König und Wasapross JOHANN II. KASIMIR Anspruch auf den schwedischen Thron, woraufhin KARL X. GUSTAV – zunächst im Bündnis mit Brandenburg und Russland – in Polen einfiel. Da die schwedischen Erfolge machtpolitische Veränderungen im Baltikum befürchten ließen, schlossen sich Dänemark und Kaiser LEOPOLD I. Polen an, ebenso wechselten Russland und der Große Kurfürst, dem Polen 1657 die Souveränität in Preußen zuerkannte, die Fronten. Schweden konnte zunächst mit einem Überraschungsangriff 1658 Dänemark zur Abtretung großer Gebiete in Südschweden und Norwegen zwingen. Nachdem die antischwedische Koalition eine erfolgreiche Offensive in Jütland und Pommern begonnen hatte, drängten England und Frankreich, die die schwedische Großmacht in der Ostsee erhalten sehen wollten, zum Frieden. Nach dem Tod KARLS X. 1660 wurde der Friede von ↑Oliva unterzeichnet, in dem Schweden seine Stellung im Baltikum halten konnte.

2. Nordischer Krieg (1700–21): 1699 wurde die Vormachtstellung Schwedens im Ostseeraum durch ein offensives Bündnis Russlands, Dänemarks und Polen-Sachsens an drei Fronten gefährdet. Am 28. August 1700 zwang der schwedische König KARL XII. zunächst die Dänen zum Frieden von Travendal und schlug dann die Russen bei Narwa (am 30. November 1700). Anschließend wandte er sich gegen den in Livland eingedrungenen AUGUST II. von Polen-Sachsen und zwang ihn im Frieden von Altranstädt 1706 zum Verzicht auf die polnische Krone. Zar PETER I. jedoch besiegte 1709 mit seinem reorganisierten russischen Heer den in der Ukraine eingefallenen KARL XII. in der entscheidenden Schlacht bei Poltawa, verhalf AUGUST II. zur Rückkehr auf den polnischen Thron und eroberte Livland und Estland. Während der schwedische König das Osmanische Reich zum Eingreifen in den Krieg bewog, traten nach dem Ende des ↑Spanischen Erbfolgekriegs 1715 Hannover und Preußen wegen unerfüllter Gebietsforderungen der antischwedischen Koalition bei. Die Schweden wurden aus Norddeutschland verdrängt und mussten, nachdem KARL 1718 in Norwegen gefallen war, ihre baltischen und norddeutschen Besitzungen 1719 bis 1721 in den Friedensschlüssen mit Preußen und Hannover, Dänemark und Russland abtreten. Damit hatte Schweden seine Stellung als Großmacht verloren. Mit einem Zugang zur Ostsee war der eigentliche Gewinner des Kriegs Russland, das in der Folgezeit zur neuen Großmacht aufstieg.

Nord-Süd-Konflikt: ↑Dritte Welt.

Normannen: Bezeichnung für diejenigen ↑Wikinger, die sich in Nordfrankreich niederließen und von dort aus nach England und Süditalien übergriffen. Auf dem Kontinent und in England verschiedentlich besiegt, wurden die N. durch den Vertrag von Saint-Clair-sur-Epte 911 als Vasallen des französischen Königs in der Normandie ansässig. 1066 erfolgte die Eroberung Englands durch Herzog WILHELM von der Normandie (Schlacht bei Hastings). Seit 1016 traten die N. in

N

Unteritalien als Söldner auf. 1057–85 unterwarf ROBERT GUISCARD hier die Reste des byzantinischen Besitzes sowie die langobardischen Fürstentümer; sein Bruder ROGER I. vertrieb 1061–91 die Sarazenen aus Sizilien. ROGER II. vereinigte 1130 die beiden Herrschaftsbereiche zum Königreich Sizilien, das in der zweiten Hälfte des 12. Jh. seine größte Blüte erlebte und 1194 an die Staufer überging.

Normannen: Die Miniatur aus dem »Greater Chronicle« (13. Jh.) zeigt die normannischen Könige Englands (von links oben im Uhrzeigersinn): Wilhelm I., der Eroberer (die Überfahrt aus der Normandie wird durch das Boot in seiner rechten Hand symbolisiert), Wilhelm II., Heinrich I. und Stephan von Blois.

Die N. erwiesen sich als geschickte Staatsgründer; in England überlagerten sie die angelsächsische Kultur und schufen hier wie in der Normandie einen straff zentralisierten Lehnsstaat; in Sizilien entfaltete sich ein Feudal- und Beamtenstaat. Das Lehnsrecht der N., bei dem (in Sizilien und in der Normandie) die Doppelvasallität fehlte und die verwandtschaftlichen Bindungen große Bedeutung hatten, war stark vom germanischen Sippen- und Gefolgschaftsdenken geprägt.

Notabeln [von lateinisch notabilis »bemerkenswert«, »auffallend«]: im Ancien Régime des 17. und 18. Jh. Bezeichnung für Mitglieder einer vom König aus der privilegierten Oberschicht meist aller drei Stände einberufenen ↑Notabelnversammlung. Im 19. Jh. allgemeine Bezeichnung für Männer von Amt, Vermögen und Bildung.

Notabelnversammlung (französisch Assemblée des Notables): in Frankreich die seit dem 15. Jh. erweiterten Ratsversammlungen des Königs, deren Mitglieder (↑Notabeln) im Gegensatz zu den gewählten ↑Generalständen vom König ernannt wurden. Ohne das Recht der Steuerbewilligung der absolutistischen Politik weniger hinderlich, wurden sie häufiger einberufen als die Generalstände, doch schalteten die Könige nach 1626/27 auch diese ständische Mitsprache aus, bis der drohende Staatsbankrott von 1787 zu ihrer erneuten Einberufung zwang. Ihre Ablehnung einer Reform der Steuerprivilegien und einer Erweiterung der Rechte des dritten Standes trug zum Ausbruch der Französischen Revolution bei.

Notstandsverfassung: ↑Grundgesetz, ↑außerparlamentarische Opposition.

Notverordnungen: gesetzesvertretende Verordnungen, mit der die Regierung aufgrund verfassungsrechtlicher oder gesetzlicher Ermächtigung in Fällen besonderer Dringlichkeit oder bei akuten Notsituationen dem Bereich der Gesetzgebung vorbehaltene Materien ohne vorherige Mitwirkung des Parlaments regeln kann.

In der konstitutionellen Monarchie des 19. Jh. dienten die N. nicht allein der Behebung von Notständen, sondern zugleich auch als Instrument des monarchisch-bürokratischen Staates, um im Fall des Konflikts zwischen Exekutive und Volksvertretung die Macht zugunsten des ↑monarchischen Prinzips zu er-

halten oder zu verschieben. Im Allgemeinen jedoch mussten die N. als »provisorische Gesetze« nachträglich von den Kammern gebilligt werden.
Besondere Bedeutung erlangten N. in der Anfangs- und Endphase der Weimarer Republik. Die Weimarer Reichsverfassung von 1919 bot die Möglichkeit zu N. aufgrund von ↑Ermächtigungsgesetzen bzw. auf der Grundlage des Art. 48. Dieser so genannte Diktaturparagraph ermächtigte den Reichspräsidenten, die zur »Wiederherstellung der öffentlichen Sicherheit und Ordnung« erforderlichen Maßnahmen zu treffen, die Streitkräfte einzusetzen und die wichtigsten Grundrechte vorübergehend außer Kraft zu setzen. Die große Ermessensfreiheit, die damit dem Reichspräsidenten bzw. einer Regierung seines Vertrauens eingeräumt wurde, sollte nur eine rasche Überwindung der revolutionären Erschütterungen im Gefolge des verlorenen Weltkriegs ermöglichen, doch wurden die N. mit der Zuspitzung der Krise der Weimarer Republik seit 1930 unter Aufhebung der Gewaltenteilung zum eigentlichen Regierungsinstrument und trugen wesentlich zur Zerstörung der Weimarer Republik sowie zur Errichtung und zur Sicherung der nationalsozialistischen Herrschaft bei.

Novemberrevolution: Revolution im Deutschen Reich ab November 1918, die die Monarchie stürzte und im Endergebnis zur Errichtung der parlamentarischen Republik führte. Die N. war unmittelbare Folge der militärischen Niederlage des Deutschen Reichs im Ersten Weltkrieg, des Ausbleibens bzw. der Verspätung innerer Reformen und der wirtschaftlichen Notlage insbesondere auf dem Gebiet der Ernährung.
Verlauf: Der Anstoß ging von den meuternden Matrosen der Hochseeflotte aus (29. Oktober 1918 in Wilhelmshaven, 3./4. November in Kiel), die einen letzten, strategisch aussichtslos erscheinenden Einsatz der Kriegsmarine verhindern wollten und im Kaiser den eigentlichen

8. Extraausgabe. Sonnabend, den 9. November 1918

Vorwärts
Berliner Volksblatt.
Zentralorgan der sozialdemokratischen Partei Deutschlands.

Arbeiter, Soldaten, Mitbürger!

Der freie Volksstaat ist da!
Kaiser und Kronprinz haben abgedankt!
Fritz Ebert, der Vorsitzende der sozialdemokratischen Partei, ist Reichskanzler geworden und bildet im Reiche und in Preußen eine neue Regierung aus Männern, die das Vertrauen des werktätigen Volkes in Stadt und Land, der Arbeiter und Soldaten haben. **Damit ist die öffentliche Gewalt in die Hände des Volkes übergegangen. Eine verfassunggebende Nationalversammlung tritt schnellstens zusammen.**
Arbeiter, Soldaten, Bürger! Der Sieg des Volkes ist errungen, er darf nicht durch Unbesonnenheiten entehrt und gefährdet werden. Wirtschaftsleben und Verkehr müssen unbedingt aufrecht erhalten werden, damit die Volksregierung unter allen Umständen gesichert wird.
Folgt allen Weisungen der neuen Volksregierung und ihren Beauftragten. Sie handelt im engsten Einvernehmen mit den Arbeitern und Soldaten.

Hoch die deutsche Republik!

Der Vorstand der Sozialdemokratie Deutschlands.
Der Arbeiter- und Soldatenrat.

Novemberrevolution: In Übereinstimmung mit dem Arbeiter- und Soldaten-Rat von Berlin veröffentlichte der Vorstand der SPD nach Proklamation der Republik am 9. November 1918 einen Aufruf, der dem Deutschen Reich über die Wahl einer verfassunggebenden Nationalversammlung den Weg zu einer parlamentarischen Republik wies und damit der Errichtung einer Räterepublik eine Absage erteilte.

Grund dafür sahen, dass trotz des deutschen Waffenstillstandsangebots die Kampfhandlungen fortdauerten. Von der Küste griff die Meuterei auf die großen Städte des Binnenlandes über. In Berlin verkündete am 9. November Reichskanzler Prinz MAX von Baden unter dem Druck der Massen eigenmächtig den Thronverzicht WILHELMS II., und der sozialdemokratische PH. SCHEIDEMANN proklamierte aus Sorge vor dem Radikalismus der USPD und des ↑Spartakusbundes und gegen den Willen des Parteiführers F. EBERT die deutsche Republik, während K. LIEBKNECHT kurz danach die »freie sozialistische Republik« ausrief. Am 10. November ging WILHELM II. auf den Rat P. VON HINDENBURGS ins niederländische Exil; binnen kurzem wurden alle übrigen deutschen Bundesfürsten widerstandslos gestürzt. Träger der N. waren die sich spontan bildenden ↑Arbeiter-und-Soldaten-Räte, deren radikale Minderheit mithilfe des Spartakusbundes und von Teilen der USPD das Ziel eines ↑Rätesystems verfocht. Dagegen suchten die ↑Mehrheitssozialisten (SPD) die Errichtung einer parlamentarischen Demokratie durch baldige Einberufung einer Nationalversammlung zu sichern. Nachdem EBERT am 9. November die Wahrnehmung der Geschäfte des Reichskanzlers von Prinz MAX von Baden übernommen hatte, setzte sich im ↑Rat der Volksbeauftragten schließlich die Politik der SPD durch. Der Termin zur Wahl einer Nationalversammlung wurde auf den 19. Januar 1919 festgelegt. Nach der Niederschlagung des Spartakusaufstands im Januar 1919, ermöglicht durch F. EBERTS Pakt mit der bisherigen Obersten Heeresleitung, schloss die Wahl EBERTS zum Reichspräsidenten (11. Februar 1919) und die Bildung einer parlamentarischen Reichsregierung (13. Februar) die N. im engeren Sinn ab. Die späteren revolutionären Bewegungen v.a. in Berlin, Mitteldeutschland, Bayern und im Ruhrgebiet (März bis Mai 1919) unterschieden sich in ihrer proletarisch-antiparlamentarischen Zielsetzung klar von der Novemberrevolution.

Nürnberger Gesetze: Bezeichung für das »Reichsbürgergesetz« und das »Gesetz zum Schutz des deutschen Blutes und der deutschen Ehre« (»Blutschutzgesetz«) vom 15. September 1935, die der Reichstag anlässlich des Nürnberger Parteitags der NSDAP 1935 einstimmig verabschiedete. Danach sollten die vollen politischen Rechte zukünftig nur den Inhabern des »Reichsbürgerrechts« zustehen, das neben die »Reichs- und Staatsangehörigkeit« trat und nur an Staatsangehörige »deutschen oder artverwandten Blutes« verliehen wurde. Das »Blutschutzgesetz« verbot bei Zuchthaus- bzw. Gefängnisstrafe die Eheschließung sowie außereheliche Beziehungen zwischen Juden und »Staatsangehörigen deutschen oder artverwandten Blutes«, untersagte bei Gefängnis und/oder Geldstrafe Juden die Beschäftigung »arischer« Dienstmädchen unter 45 Jahren u.a. Die N. G. leiteten die systematische Verwirklichung des antisemitischen Programms der NSDAP ein (siehe auch ↑Antisemitismus) und schufen für die bereits 1933 begonnenen Verfolgungsmaßnahmen eine juristische Absicherung.

Nürnberger Prozesse: Gerichtsverfahren, die 1945–49 von einem Internationalen Militärgerichtshof bzw. von amerikanischen Militärgerichten in Nürnberg zur Ahndung von nationalsozialistischen Straftaten durchgeführt wurden. Auf der Grundlage des Londoner Abkommens 1945 (↑Londoner Konferenzen, Protokolle und Verträge) bildeten Frankreich, Großbritannien, die USA und die UdSSR einen Internationalen Militärgerichtshof mit vier Richtern, vor dem am 18. Oktober 1945 in Berlin die Anklage gegen die »Hauptkriegsverbrecher« eingereicht wurde. Dieser Hauptprozess gegen 22 Angeklagte schloss mit zwölf Todesurteilen und mit Haftstrafen zwischen zehn Jahren und lebenslänglich. Im Fall der als verbrecherisch angeklagten Gruppen und Organisationen kam es im Hauptprozess zur Verurteilung von SS, Sicherheitsdienst, Gestapo und Führungskorps der NSDAP, nicht jedoch von Reichsregierung, Generalstab, Oberkommando der Wehrmacht und SA.

Im Anschluss an den Nürnberger Hauptprozess fanden 1946–49 ebenfalls in Nürnberg zwölf Nachfolgeprozesse vor amerikanischen Militärgerichten statt, bei denen mit 177 Einzelpersonen bestimmte politische, militärische oder wirtschaftliche Führungsgruppen angeklagt waren (u.a. Ärzte wegen medizinischer Versuche an Häftlingen und Kriegsgefangenen, hohe Justizbeamte wegen Rechtsbeugung und rechtswidriger Ver-

Nürnberger Prozesse: Im Prozess gegen die »Hauptkriegsverbrecher« (Angeklagte hinter der Barriere), der vom 20. November 1945 bis zum 1. Oktober 1946 dauerte, ergingen gegen zwölf der Angeklagten Todesurteile: gegen M. Bormann (in Abwesenheit), H. Frank, W. Frick, H. Göring, A. Jodl, E. Kaltenbrunner, W. Keitel, J. von Ribbentrop, A. Rosenberg, F. Sauckel, A. Seyss-Inquart und J. Streicher, andere erhielten hohe Gefängnisstrafen; drei Angeklagte wurden freigesprochen.

folgung von Juden und Gegnern des Nationalsozialismus, Angehörige des Wirtschafts- und Verwaltungshauptamtes der SS als der Verwaltungsbehörde von Konzentrationslagern, Industrielle wegen Beschäftigung ausländischer Zwangsarbeiter und KZ-Häftlingen, mehrere Reichsminister wegen Verbrechen gegen den Frieden). Von 24 Todesurteilen wurden zwölf vollstreckt, 35 Angeklagte wurden freigesprochen, die verhängten Haftstrafen bis 1956 aufgehoben.

Waren die Kriegsverbrechen (wie Mord und Misshandlung von Kriegsgefangenen und Zivilpersonen, Deportation der ausländischen Zivilbevölkerung, Plünderung) vom geltenden Völkerrecht definiert und stand die Zulässigkeit ihrer Ahndung durch die Sieger außer Frage, so war jedoch zweifelhaft, ob nach dem bis 1945 geltenden Völkerrecht HITLERS Angriffskriege als »Verbrechen gegen den Frieden« strafbar waren. Unbestritten blieb dagegen der Begriff der »Verbrechen gegen die Menschlichkeit«, der grundsätzlich schon immer strafbare Handlungen umfasste. Obwohl die N. P. ein beträchtliches Element »politischer Justiz« enthielten (Nichtbeteiligung deutscher Richter, Verurteilung ausschließlich deutscher Kriegsverbrechen) und daher im Rahmen der ↑Entnazifizierung nur von begrenzter Wirkung waren, stellen sie doch einen wichtigen Markstein in der Entwicklung des Völkerrechts, v.a. hinsichtlich der Behandlung von Kriegsverbrechen, dar.

O

Oberhaus: allgemein Bezeichnung für die erste Kammer eines Parlaments, wenn es aus zwei Kammern besteht (↑Zweikammersystem). Im deutschen Sprachgebrauch die übliche Bezeichnung für das **House of Lords,** die erste Kammer des britischen Parlaments.

Oberkommando der Wehrmacht, Abk. OKW: von Februar 1938 bis Mai

1945 oberste Kommandodienststelle für alle drei Wehrmachtsteile (Heer, Kriegsmarine, Luftwaffe).

Oberpräsident: in Preußen im 17./18. Jh. der vom Monarchen ernannte, nur ihm verantwortliche oberste Beamte einer Provinz; 1808–10 und seit 1815 Verwaltungschef der preußischen Provinzen und Vorgesetzter der Regierungspräsidenten; 1934–1945 Vertreter der Reichsregierung in den Provinzen und auf Parteiebene meist zugleich Gauleiter.

Oberste Heeresleitung, Abk. OHL: im Ersten Weltkrieg die oberste militärische deutsche Kommandobehörde mit dem Chef des Generalstabs des Feldheeres an der Spitze (1914 H. von Moltke, 1914–16 E. von Falkenhayn, 1916 bis 1918 P. von Hindenburg).

Oberster Sowjet: nach der Verfassung der UdSSR das höchste Organ des Staates, durch das die gesetzgebende Gewalt ausgeübt wurde. Es bestand aus zwei Kammern, dem **Unionssowjet** (in Wahlkreisen gewählte Abgeordnete) und dem **Nationalitätensowjet** (Abgeordnete der Unionsrepubliken), und wurde alle vier Jahre gewählt.

Obrigkeit: in der ständischen Ordnung des Mittelalters und der absoluten und konstitutionellen Monarchie Bezeichnung für die mit legitimen Mitteln nicht absetzbaren Träger der weltlichen und geistlichen Regierungsgewalt.

Obrigkeitsstaat: gegen Ende des 19. Jh. aufgekommene polemische Bezeichnung für die monarchisch-autoritäre deutsche Staatsordnung mit ihren starken bürokratischen Strukturen (Beamtenstaat) und der sie charakterisierenden Allianz von ↑Thron und Altar. Dem O. wurde das Ideal des Volksstaats entgegengestellt, das im Wesentlichen mit dem demokratischen Gedanken der ↑Volkssouveränität begründet wurde. Nach der Novemberrevolution 1918 wurden die letzten verfassungsmäßigen Reste des O. beseitigt, wenngleich seine Traditionen in antiparlamentarischen und antidemokratischen Tendenzen weiter fortlebten.

Ochlokratie [griechisch »Pöbelherrschaft«]: Begriff der griechischen Staatstheorie bei Platon und Aristoteles, der die zur Herrschaft der Massen entartete Demokratie bezeichnet.

Oder-Neiße-Linie: Staatsgrenze zwischen Deutschland und der Republik Polen; sie wurde im deutsch-polnischen Grenzvertrag (unterzeichnet am 14. November 1990, in Kraft getreten am 16. Januar 1992) völkerrechtlich verbindlich festgelegt.

Entstehung: Nachdem Hitler 1939 im Zuge der Absicherung der stufenweisen militärischen Expansion des Deutschen Reichs mit der UdSSR die Teilung Polens und die ↑Curzon-Linie als zukünftige sowjetisch-polnische Grenze vereinbart hatte, koppelte Stalin auf der alliierten Gipfelkonferenz in Teheran 1943 und auf der ↑Jalta-Konferenz 1945 die Nachkriegsregelung der Ostgrenze Polens an die Festlegung seiner Westgrenze. Die USA und Großbritannien stimmten dabei prinzipiell einer Westverschiebung Polens in den Raum zwischen Curzon-Linie und Oder zu. Bei den Beratungen in Potsdam 1945 versuchte Churchill vergeblich, Stalins Zustimmung zu einer Grenzziehung entlang der Glatzer Neiße zu gewinnen. Der endgültige deutsch-polnische Grenzverlauf entlang der Lausitzer Neiße, der im ↑Potsdamer Abkommen festgelegt wurde, sollte durch einen Friedensvertrag mit Deutschland sanktioniert werden, doch setzte Stalin die O.-N.-L. mit der Übergabe der von der Roten Armee besetzten deutschen Ostgebiete an Polen faktisch noch vor der Potsdamer Konferenz durch. Im Görlitzer Abkommen (6. Juli 1950) erkannte die DDR, im Warschauer Vertrag (7. Dezember 1970) die Bundesrepublik Deutschland (in ihren damaligen Grenzen) die O.-N.-L. an. Im Prozess der Vereinigung der beiden deutschen Staaten bekräftigte die »Gemeinsame Entschließung« von Bundestag und Volkskammer (21. Juni 1990) die Unverletzlichkeit der Grenze und den Verzicht auf Gebietsansprüche. – Siehe auch ↑Zwei-plus-vier-Vertrag.

Offenburger Programm: Katalog politischer Forderungen, der am 12. September 1847 auf einer von der radikalen badischen Opposition veranstalteten Volksversammlung zu Offenburg verabschiedet wurde. Die wichtigsten Forderungen waren: Presse- und Religionsfreiheit, Schutz vor staatlicher Willkürjustiz, Versammlungsrecht, Volksbewaffnung, Steuer- und Bildungsreform, Reform der Rechtspflege, Aufhebung aller Standesvorrechte und eine nationale Volksvertretung. In der ↑Revolution von 1848/49 bestimmte das O. P. die Politik der Radikalen.

öffentliche Meinung: Gesamtheit der gegenüber Staat und Gesellschaft formulierten, prinzipiellen und aktuellen Ansichten der Bürger. Solche Ansichten werden vielfach von staatlichen Institutionen und Parteien, Gewerkschaften, Verbänden oder von den Massenmedien formuliert und in die Öffentlichkeit getragen. Der Begriff ö. M. wurde geprägt von der Staatsphilosophie der Aufklärung und zuerst politisch bedeutsam im amerikanischen Unabhängigkeitskrieg und während der Französischen Revolution; MONTESQUIEU fasste ihn als »esprit général« (»allgemeiner Geist«, »Volksgeist«) auf, ROUSSEAU als »volonté générale« (»allgemeiner Wille«) und der Amerikaner TH. PAINE als »commonsense« (im übertragenen Sinn: gesunder Menschenverstand). Bereits zuvor gab es ähnliche Begriffe, so z.B. im antiken Rom die »vox populi« (»Stimme des Volkes«), an der sich v.a. in der Kaiserzeit die Herrscher zu orientieren vorgaben, oder im europäischen Mittelalter der »Konsensus« (»Übereinstimmung«) mit der überwiegenden und herkömmlichen Meinung, der bei der Festlegung von Rechtssätzen nach Ansicht der Juristen zu berücksichtigen war.

Okkupation [lateinisch »Besetzung«]: im Völkerrecht die Begründung der Gebietshoheit eines oder mehrerer Staaten in einem bisher herrschaftslosen Land oder in einem Territorium, das zum Staatsgebiet eines anderen Staates gehört; die O. kann durch friedliche (meist auf Vertrag beruhende) oder kriegerische Besetzung erfolgen.

Oktoberdiplom: am 20. Oktober 1860 von Kaiser FRANZ JOSEPH I. erlassenes österreichisches Staatsgrundgesetz. Es ersetzte den ↑Neoabsolutismus durch eine stark eingeschränkte Legislative (Mitwirkung der ständischen Landtage und des aus ihren Delegierten gebildeten Reichsrats) und durch Einführung eines administrativen Föderalismus (Wiederherstellung der vorrevolutionären ungarischen Verfassung und Erlass einzelner Landesstatuten); 1861 durch das ↑Februarpatent abgelöst.

Oktoberrevolution: durch die gewaltsame bolschewistische Machtübernahme am 7. November 1917 (nach der in Russland damals geltenden Zeitrechnung am 25. Oktober) in Petrograd (Sankt Petersburg) eingeleitete politisch-soziale Umwälzung in Russland, deren innerrussische wie weltweite Bedeutung in der Errichtung einer neuartigen politischen und gesellschaftlichen Ordnung bestand und später zur Zweiteilung der Welt im Ost-West-Konflikt führte.

Erstarken der Bolschewiki nach der Februarrevolution: Als es den in der ↑Februarrevolution konstituierten neuen Machtträgern in Russland, der Provisorischen Regierung und dem Petrograder ↑Sowjet, nicht gelang, die elementaren Forderungen der breiten Bevölkerung (Friede, Brot und Land) zu erfüllen, nahmen die Aufstände landhungriger Bauern zu, die sich gewaltsam Boden und Besitz der Gutsherren, des Staates und der Kirche aneigneten. Aus den anschließenden Unruhen des Sommers 1917 kristallisierten sich die ↑Bolschewiki als einzige politische Kraft heraus, die der Provisorischen Regierung den bedingungslosen Kampf ansagte. Von zugkräftigen politischen Losungen begleitet (»Alle Macht den Sowjets«, »Alles Land den Bauern«, »Frieden um jeden Preis«), erklärten sie bereits auf dem Ersten Altrussischen Sowjetkongress im Juni 1917 ihre Absicht, die Macht im Lande allein zu übernehmen.

Oktoberrevolution: Am 7. November (25. Oktober) 1917 wurde das Winterpalais in Petrograd, der Sitz der Provisorischen Regierung, erstürmt.

Nach dem gescheiterten Putsch im Juli, der Verfolgungsmaßnahmen auslöste und Lenin zur Flucht nach Finnland zwang, erhielten sie v.a. nach der vereitelten Revolte des Generals Kornilow Ende August bzw. Anfang September starken Zulauf und errangen in den Sowjets von Petrograd und Moskau erstmals eine Mehrheit. Angesichts des Autoritätsverfalls der Provisorischen Regierung beschloss das Zentralkomitee der bolschewistischen Partei am 23. (10.) Oktober 1917 auf Drängen Lenins, den Umsturz am Tag des Zusammentritts des Zweiten Altrussischen Sowjetkongresses durchzuführen.

Revolution und Maßnahmen nach der Regierungsübernahme: Dementsprechend ließ L. D. Trotzki, der eigentliche Organisator der Aufstandsaktion, in seiner Eigenschaft als Vorsitzender des kurz zuvor geschaffenen Militärrevolutionären Exekutivkomitees des Petrograder Sowjets am 6. November (24. Oktober) 1917 alle wichtigen Punkte der Hauptstadt durch bolschewistische Truppen und bewaffnete Arbeitermilizen (Rote Garden) besetzen und am 7. November (25. Oktober) das Winterpalais, den Sitz der Provisorischen Regierung, stürmen. Deren Mitglieder wurden bis auf den rechtzeitig geflohenen Ministerpräsidenten A. F. Kerenski verhaftet. Am gleichen Tag bestätigte der Zweite Altrussische Sowjetkongress einen bolschewistischen Rat der Volkskommissare unter Vorsitz Lenins als neue Regierung. Diese erließ am folgenden Tag ihre beiden ersten, für die Gewinnung eines Rückhalts bei Bauern und Soldaten entscheidenden Dekrete über die entschädigungslose Enteignung allen gutsherrlichen Landes und über einen sofortigen Friedensschluss. Nachdem der bolschewistische Aufstand nach blutigen Kämpfen am 15. (2.) November auch in Moskau siegreich war, festigte die neue Regierung ihre Position mithilfe einer Reihe repressiver Maßnahmen: Aufhebung der Pressefreiheit, Gründung einer »Allrussischen Außerordentlichen Kommission zum Kampf gegen konterrevolutionäre Sabotage« (Tscheka), gewaltsame Auflösung der am 25. (12.) November 1917 gewählten verfassunggebenden Versammlung, in der die Bolschewiki nur über 175 der insgesamt 707 Sitze verfügten.

Nachdem die aussichtslose militärische Lage den Abschluss des Friedens von ↑Brest-Litowsk mit den Mittelmächten erzwungen hatte, behauptete sich die am 10. Juli 1918 gegründete Russische Sozialistische Föderative Sowjetrepublik (RSFSR) in einem blutigen Bürgerkrieg von Mai 1918 bis Ende 1920.

oktroyierte Verfassung [französisch oktroa'ji:rtə]: Bezeichnung für eine einseitig vom Staatsoberhaupt ohne Beteiligung des Parlaments erlassene Verfassung, so z.B. die am 5. Dezember 1848 von König FRIEDRICH WILHELM IV. von Preußen erlassene preußische Verfassung oder die am 4. März 1849 von Kaiser FRANZ JOSEPH I. gegen das Verfassungsprojekt des Reichstags von ↑Kremsier verkündete Verfassung für das Kaisertum Österreich sowie für das am 20. Oktober 1860 erlassene ↑Oktoberdiplom und das am 26. Februar 1861 erlassene ↑Februarpatent.

Oligarchie [griechisch »Herrschaft der wenigen«]: Bezeichnung für die Herrschaft einer kleinen Gruppe (z.B. von Familien), die ihre Macht aus eigennützigen Interessen gebraucht; in der griechischen Staatstheorie als Verfallsform der ↑Aristokratie beschrieben. Im heutigen Sprachgebrauch werden Herrschaftsformen als oligarchisch bezeichnet, wenn trotz formaldemokratischer Herrschaftslegitimation und Gleichberechtigung die tatsächlichen Entscheidungen von eng begrenzten Gruppen gefällt werden.

Oliva, Friede von: am 3. Mai 1660 im Kloster Oliva (bei Danzig) zwischen Schweden einerseits und Polen mit seinen beiden Verbündeten Brandenburg und Österreich andererseits abgeschlossener Friedensvertrag, der nach dem Tod KARLS X. GUSTAV von Schweden zunächst die schwedische Expansion beendete. Die polnischen Wasa entsagten allen Ansprüchen auf die schwedische Krone, Schweden behielt Estland mit Ösel und fast ganz Livland. – Siehe auch ↑Nordische Kriege.

Olmützer Punktation: am 29. November 1850 in Olmütz von Preußen und Österreich geschlossener Vertrag, der einen Schlussstrich unter den Versuch König FRIEDRICH WILHELMS IV. von Preußen zog, die in der Frankfurter Nationalversammlung gescheiterte deutsche Einheit unter preußischer Führung auf antirevolutionärem Wege zu verwirklichen (↑Dreikönigsbündnis).

Anlass der offenen Krise wurde die kurhessische Frage: Kurfürst FRIEDRICH WILHELM hatte gegen Verfassungsforderungen seiner Stände, obwohl Mitglied der Erfurter Union, Hilfe bei dem von Österreich erneut zusammengerufenen ↑Bundestag erbeten. Die auf österreichisches Betreiben hin beschlossene ↑Bundesexekution führte dazu, dass sich in Hessen preußische und (im Auftrag des Bundes) bayerische Truppen gegenüberstanden. Unter dem Druck Russlands und angesichts seiner eigenen militärischen Unterlegenheit verzichtete Preußen auf seinen Widerstand, erklärte sich darüber hinaus zu gemeinsamem Vorgehen mit Österreich in der schleswig-holsteinischen Angelegenheit bereit (↑Deutsch-Dänische Kriege) und leitete seine Rückkehr in die Frankfurter Bundesversammlung ein. Damit stellte die O. P. die österreichische Machtposition im Deutschen Bund scheinbar wieder her und brachte Preußen einen Prestigeverlust, verschärfte aber auch den Gegensatz der beiden deutschen Führungsmächte, dessen Beilegung sie eigentlich dienen sollte. – Siehe auch ↑Deutscher Krieg von 1866.

Olympiade:

◆ im antiken Griechenland Bezeichnung für den Zeitraum von vier Jahren, der mit dem Jahr der Spiele in Olympia begann. Grundlage war die Namensliste der Sieger (**Olympioniken**), die erstmals um 400 v.Chr. zusammengestellt und dann weitergeführt wurde und von 776/775 v.Chr. bis 221/222 n.Chr. reicht.

◆ schon in der Antike gebräuchliche Bezeichnung für die Olympischen Spiele.

Olympische Spiele: im Abstand von vier Jahren stattfindende Festspiele mit sportlichen Wettkämpfen, die im antiken Griechenland ab 776 v.Chr. bezeugt sind. Die Spiele wurden in Olympia zu Ehren des Zeus veranstaltet. Die Teilnahme war den freien Griechen vorbehalten,

O

zunächst den Bewohnern der Peloponnes, später nahmen Angehörige aller griechischen Stämme, auch aus den Kolonien, teil. Im Zuge der Christianisierung verbot Kaiser THEODOSIUS I. 393 die O. S. als heidnische Götterverehrung.
Die O. S. der Neuzeit wurden durch den Franzosen P. Baron DE COUBERTIN wieder belebt und erstmals 1896 in Athen ausgetragen; sie finden seitdem alle vier Jahre entsprechend der antiken ↑Olympiade statt.

Olympische Spiele: Zum Fünfkampf zählte bei den Olympischen Spielen der Antike neben Diskus, Weitsprung, Speerwurf und Ringen der Stadionlauf über 192 m (griechische Vasenmalerei, 4. Jh.).

Opiumkrieg: der britisch-chinesische Krieg 1840–42, mit dem die Periode der Unterwerfung Chinas unter die v. a. wirtschaftlichen Ansprüche westlicher Mächte begann. 1839 hatte die chinesische Regierung ein totales Opiumverbot erlassen und den Konsum, den Anbau und Handel von Opium unter Todesstrafe gestellt, um das Volk vor den verheerenden Folgen des Opiumgenusses zu schützen und um das Abfließen des Silbers, mit dem das Opium bezahlt werden musste, ins Ausland zu unterbinden. Auslösendes Moment des O. war die Vernichtung von 20 000 Kisten mit über 1 000 t Opium, deren Herausgabe ein kaiserlicher Kommissar von den Briten erzwungen hatte. Die Überlegenheit der Briten zwang die Chinesen zum Friedensvertrag von Nanking 1842, in dem China Hongkong abtreten, fünf Vertragshäfen öffnen und feste Import- und Exporttarife mit Großbritannien vereinbaren musste.

Oppidum: ursprünglich lateinische Bezeichnung für altitalische Burgen, bei CÄSAR Bezeichnung für keltische Fluchtburgen; durch Bevölkerungskonzentration und soziale Differenzierung wurde die Burgsiedlung zur Stadt, der Begriff O. zum übergeordneten Begriff für jede stadtähnliche Siedlung.

Opposition [von lateinisch opponere »entgegensetzen«, »einwenden«]: die der Regierung gegenüberstehenden Gruppen sowohl im Parlament als auch außerhalb (↑außerparlamentarische Opposition).
Im ↑parlamentarischen Regierungssystem spielt die parlamentarische O. eine wichtige Rolle als Kontrolleur und Kritiker der Regierungsmehrheit. Zu diesem Zweck mit besonderen parlamentarischen Minderheitsrechten ausgestattet, ist sie für eine freiheitliche, auf der Idee der Parteienkonkurrenz gründende Demokratie unerlässlich; in Diktaturen dagegen gilt sie als unerwünscht und wird verfolgt.
Eine parlamentarische O. entstand zuerst in Großbritannien, wo sich seit Beginn des 18. Jh. die zum großen Teil bürgerlichen ↑Whigs und die Vertreter des Adels, die ↑Tories, gegenüberstanden. Auch heute noch geht das Verständnis von O. auf die von H. S. J. BOLINGBROKE 1736 entwickelte Theorie zurück, wonach eine wirksame O. eine politische Alternative entwickeln und sich als zukünftige Regierung darstellen müsse. Den Rang einer Verfassungsinstitution erreichte die O. in den kontinentaleuropäischen Staaten erst mit der Ablösung der Regierungsform der konstitutionellen Monarchie durch die parlamentarische Demokratie.

Optimaten [von lateinisch optimates »zu den Besten gehörig«]: im antiken Rom, besonders zur Zeit der ausgehenden Republik seit den Parteikämpfen der

Gracchenzeit (ausgehendes 2. Jh. v.Chr.), Bezeichnung für jenen Teil der Senatsaristokratie, der sich im Gegensatz zu den ↑Popularen zur Senatsherrschaft bekannte und sich damit als konservative staatstragende Schicht verstand. – Siehe auch ↑römische Geschichte.

Orden:

◆ klösterliche Gemeinschaften, deren Mitglieder sich zu den drei Gelübden des Gehorsams, der Armut und der Keuschheit verpflichten und unter einem gemeinsamen Oberen und nach einer gemeinsamen Lebensordnung (Regel) leben. Nach ihren Mitgliedern unterscheidet man männliche und weibliche O. sowie Priester- und Laienorden.

◆ im weiteren Sinne Vereinigungen, deren Mitglieder mit bestimmten Zielen bzw. Aufgaben nach festgesetzten Regeln leben. Im Verlauf der Jahrhunderte wurde der Begriff von den Gemeinschaften auf die Abzeichen dieser Gruppen übertragen.

Weltliche O. entstanden zuerst als geistliche ↑Ritterorden im hohen Mittelalter. Seit dem 14. Jh. entwickelten sich vorwiegend auf nationaler Grundlage O., die an einen Souverän als Großmeister (den Ordensherrn) gebunden und die immer zahlenmäßig beschränkt waren, z.B. der Hosenbandorden in England 1348, der O. vom Goldenen Vlies in Burgund 1429.

Orden: Pour le mérite, ein von Friedrich II. gestifteter Orden

Daneben entstanden im 17./18. Jh. Verdienst- und Tapferkeitsorden (z.B. der preußische Orden »Pour le mérite« 1740, der russische Georgsorden 1769, die Ehrenlegion in Frankreich 1802).

Heute verleihen fast alle Staaten der Welt O. Das Deutsche Reich hatte bis 1918 keine eigenen O., es gab nur die O. der deutschen Bundesstaaten, und auch die Weimarer Republik verlieh keine O.; dagegen wurden vom nationalsozialistischen Deutschland der Deutsche Adlerorden und der Deutsche Nationalorden für Kunst und Wissenschaft gestiftet. – Ehrenzeichen und Medaillen, oft auch als O. bezeichnet, gelten nicht als O. im eigentlichen Sinne.

Ordo [lateinisch »Reihe«, »Ordnung«, »Rang«]: im antiken Rom Bezeichnung für die Zugehörigkeit zu einem bestimmten Stand, z.B. Ordo senatorius (Senatorenstand).

orientalische Frage: Bezeichnung für den Interessenkonflikt der europäischen Großmächte in der ersten Hälfte des 19. Jh. beim Niedergang des Osmanischen Reichs. V.a. das Streben Russlands, daraus territorialen Gewinn zu ziehen, mobilisierte Frankreich und Großbritannien, wobei die ↑Meerengenfrage in den Vordergrund rückte. Das britisch-österreichische Interesse an der Unabhängigkeit und an der territorialen Integrität des Osmanischen Reichs gegenüber Frankreich und Russland verhinderte eine das ↑Gleichgewicht der europäischen Mächte gefährdende Lösung der o. F. durch eine oder zugunsten einer Einzelmacht; es führte 1840 im Londoner Viermächtevertrag zum Schutz des ↑Kranken Mannes am Bosporus. Die o. F. mündete 1853/54 in den ↑Krimkrieg; danach verengten sich die Auseinandersetzungen zur ↑Balkanfrage.

Oslo-Abkommen: ↑Nahostkonflikt.

Ostblockstaaten: vor dem Hintergrund des ↑Ost-West-Konflikts geprägte Bezeichnung für die 1945–90/91 von der Sowjetunion beherrschten Staaten im östlichen Europa.

Im Innern waren sie nach sowjetischem Vorbild organisiert (alleiniger Führungsanspruch der jeweiligen kommunistischen Partei; der Marxismus-Leninismus

Österreichischer Erbfolgekrieg: Nach Übernahme der Regierung der österreichischen Erblande 1740 sah sich Maria Theresia den Erbansprüchen verschiedener europäischer Herrscher ausgesetzt. Im Bild das österreichische Herrscherpaar Maria Theresia und Franz I. mit ihren Kindern vor der Kulisse von Schloss Schönbrunn. Erzherzog Joseph (II.) ist als Thronfolger besonders hervorgehoben (rechts vorne).

als alleingültige Herrschaftsideologie). In der internationalen Politik vertraten sie den Kurs der sowjetischen Partei- und Staatsführung. Nach Auflösung des Kominform waren die O. wirtschaftlich durch das ↑COMECON, militärisch durch den ↑Warschauer Pakt, politisch durch die unabdingbare Ausrichtung der kommunistischen Parteien auf die KPdSU mit der UdSSR eng verbunden. Die ↑Entstalinisierung (ab 1956), der ↑Prager Frühling (1968) bedrohten auch das feste Gefüge des »Ostblocks«. Zur Rechtfertigung der Vormachtstellung der Sowjetunion formulierte Generalsekretär L. Breschnew die These von der »begrenzten Souveränität« der sozialistischen Staaten (↑Breschnew-Doktrin). Mit dem Reformprogramm M. Gorbatschows in der Sowjetunion (ab 1985) und dem späteren Verzicht auf die Breschnew-Doktrin, begleitet von einem Demokratisierungsprozess (ab 1989) in den O., löste sich der »Ostblock« auf.

Osterbotschaft: auf Betreiben des Reichskanzlers Th. von Bethmann Hollweg erfolgter Erlass Kaiser Wilhelms II. vom 7. April 1917, durch den im Ersten Weltkrieg für die Zeit nach dem militärischen Sieg die Reform des preußischen ↑Dreiklassenwahlrechts und zusätzliche Verfassungsreformen angekündigt wurden. Die O. sollte die Propaganda der Ententemächte in diesem Punkt entkräften und Auswirkungen der russischen ↑Februarrevolution abfangen.

Österreichischer Erbfolgekrieg: der trotz internationaler Absicherung der ↑Pragmatischen Sanktion (1713) nach dem Tode Kaiser Karls VI. ausgebrochene europäische Krieg 1740–48, ausgelöst durch den Angriff Preußens auf Schlesien (↑Schlesische Kriege), der Frankreich mit dem Ziel der Aufteilung

Österreichs an die Seite Preußens führte. Durch eine Koalition mit Kursachsen und den Kurfürsten von Bayern, Köln und der Pfalz erreichte Frankreich 1742 die Wahl des bayerischen Kurfürsten KARL VII. zum Römischen Kaiser gegen MARIA THERESIAS Gemahl FRANZ (I.) STEPHAN; 1743 gewann Frankreich auch Spanien als Koalitionspartner. Eine Wende brachte der Kriegseintritt Großbritanniens, Sardiniens und der Generalstaaten 1742/43 aufseiten des bis dahin isolierten Österreich. Nach der von Großbritannien vermittelten Beendigung des 1. Schlesischen Kriegs 1742 weitete sich der Kriegsschauplatz von Bayern, Böhmen und Mähren nach Oberitalien, ins Elsass und in die österreichischen Niederlande aus.
Die Erneuerung des französisch-preußischen Bündnisses beim Ausbruch des 2. Schlesischen Kriegs 1744, die im Januar 1745 durch die Quadrupelallianz Großbritanniens, der Niederlande, Österreichs und Sachsens beantwortet wurde, markiert die zweite Phase des Ö. E.; mit dem Ausscheiden Bayerns im Frieden von Füssen (22. April 1745) nach dem Tod KARLS VII. und der Kaiserwahl FRANZ' I. STEPHAN 1745 entwickelte sich der Ö. E. zuungunsten Preußens, doch konnte FRIEDRICH II. Schlesien im ↑Dresdner Frieden (Dezember 1745) behaupten. Mit der französischen Offensive in Oberitalien und den Niederlanden verlagerte sich der Konflikt: Frankreich und Großbritannien traten als Hauptgegner hervor, unterstützt von Spanien einerseits und Österreich, Sardinien und den Generalstaaten andererseits. Der ↑Aachener Frieden von 1748 bestätigte die Großmacht Österreichs und die Pragmatische Sanktion. Im ↑Siebenjährigen Krieg lebte der britisch-französische Machtkampf wieder auf.

österreichisch-ungarischer Ausgleich: ↑Ausgleich.

Ostkolonisation: ↑deutsche Ostsiedlung.

Ostpolitik: im Allgemeinen die Außenpolitik der Bundesrepublik Deutschland gegenüber den kommunistischen Staaten in Mittel- und Osteuropa; im Besonderen die Vertragspolitik der sozialliberalen Regierung unter Bundeskanzler W. BRANDT (1969–74; Außenminister W. SCHEEL). Gegenüber der von Bundeskanzler K. ADENAUER betriebenen O. (↑Hallsteindoktrin) leitete sie eine grundlegende Neuorientierung ein. Sie erkannte die machtpolitischen Gegebenheiten in Europa und die dort bestehenden Grenzen an, um den Entspannungsprozess im Ost-West-Konflikt zu fördern, hielt dabei aber an der Viermächteverantwortung für Deutschland als Ganzes und für Berlin insbesondere (↑Berlinfrage) fest. Zugleich wollte sie den Zusammenhalt der Deutschen als Nation durch vermehrte Kontaktmöglichkeiten zwischen ihnen fördern. Auf dieser Basis schloss die deutsche Bundesregierung 1970 den ↑Moskauer Vertrag und den ↑Warschauer Vertrag, 1971 das Transitabkommen (mit der DDR) zur Sicherung des Verkehrs zwischen dem Bundesgebiet und Berlin-West, 1972 den ↑Grundvertrag und den Verkehrsvertrag (u.a. Reiseerleichterungen zwischen den Menschen der beiden deutschen Staaten) und 1973 den ↑Prager Vertrag.
Die innenpolitisch stark kontrovers diskutierte O. trug maßgeblich zur Einberufung der Europäischen Sicherheitskonferenz (↑KSZE) bei.

Ostrazismus [griechisch »Scherbengericht«]: im antiken Griechenland Form der Volksabstimmung mittels einer Tonscherbe (**Ostrakon**) über eine zehnjährige Verbannung von Bürgern ohne Verlust von Vermögen und Ehrenrechten im Fall gefährdeter politischer Ordnung; nachweisbar v.a. in Athen, aber auch in anderen Städten. Die Einführung des O. in Athen durch KLEISTHENES ist nicht gesichert, da der erste bekannte Fall erst aus dem Jahr 488 v.Chr. stammt. Ursprünglich gegen Anhänger der Tyrannis gedacht, diente der O. zur Ausschaltung missliebiger Politiker (u.a. THEMISTOKLES, KIMON, THUKYDIDES).

Oströmisches Reich: ↑Byzantinisches Reich.

Ost-West-Konflikt: der nach dem Zweiten Weltkrieg bis 1989/90 die Weltpolitik beherrschende politisch-ideologische und militärisch-machtpolitische Gegensatz zwischen den östlichen Staaten mit kommunistischer Wirtschafts- und Staatsstruktur (Planwirtschaft, Herrschaftsmonopol der jeweiligen kommunistischen Partei) und den westlichen Staaten mit marktwirtschaftlicher Wirtschafts- und parlamentarisch-demokratischer Staatsverfassung.

Die Geschichte des O.-W.-K. kann in vier Phasen eingeteilt werden: 1) Entstehung und erster Höhepunkt bis zum Ende des Koreakriegs (22. Juli 1953): Die Kriegskoalition zwischen den USA und der UdSSR gegen das Hitlerregime zerbrach 1946/47 in den Auseinandersetzungen um eine gemeinsame Deutschlandpolitik sowie um den kommunistischen Umsturz in der Tschechoslowakei und den kommunistischen Aufstand in Griechenland (↑Kalter Krieg). 2) Verfestigung des Konflikts zwischen 1953 und 1962: In dieser Zeit zerbrach angesichts des fortschreitenden Wettrüstens die Hoffnung auf eine Veränderung der politischen Weltlage. Mit der Errichtung der ↑Berliner Mauer 1961 und der Bereinigung der ↑Kubakrise 1962 wurde deutlich, dass keine Seite gewillt war, die bestehenden Machtverhältnisse zu ihren Ungunsten verändern zu lassen. 3) Nach 1962 traten die beiden Supermächte und Systeme (↑NATO und ↑Warschauer Pakt) in Abrüstungsverhandlungen ein und leiteten bei Aufrechterhaltung des ideologischen Gegensatzes über zur Entspannungspolitik der 1970er-Jahre. 4) Die Steigerung des sowjetischen Nuklearpotenzials sowie der sowjetische Angriff auf Afghanistan (1979) führten im Bereich der NATO zu Nachrüstungsbeschlüssen, die allerdings mit Vorschlägen zur ↑Abrüstung verbunden wurden. Die Abrüstungsvorschläge des sowjetischen Generalsekretärs M. GORBATSCHOW förderten seit Mitte der 1980er-Jahre eine allseitige Verhandlungsbereitschaft und führten zu einer spürbaren Verminderung des beiderseitigen Nuklearpotenzials. Die mit den sowjetischen Abrüstungsinitiativen verbundene Reformpolitik scheiterte jedoch im Sinne einer Erneuerung der sowjetischen Gesellschaft und löste statt dessen den Zerfall des Ostblocks und der UdSSR aus. Mit dieser Entwicklung schwand der Ost-West-Konflikt.

OSZE, Abk. für **O**rganisation für **S**icherheit und **Z**usammenarbeit in **E**uropa: hervorgegangen aus der ↑KSZE, versteht sich als »regionale Abmachung der UN«. Sie ist ein wesentliches Instrument der Friedenssicherung in Europa. Sie entsendet Militärbeobachter in Krisengebiete, berät beim Aufbau demokratischer Institutionen und engagiert sich beim Schutz nationaler Minderheiten. Die Staats- und Regierungschefs der Mitgliedsstaaten (55 Vollmitglieder) treffen sich alle zwei Jahre, die Außenminister jedes Jahr.

Ottonen: Dynastie Römischer Könige und Kaiser, benannt nach dem dreimal vorkommenden Herrschernamen Otto; die O. gingen aus dem Adelsgeschlecht der **Liudolfinger** hervor. Die O. regierten seit der Königswahl HEINRICHS I. 919 bis 1024 das ostfränkisch-deutsche Reich. Den O. folgten die ↑Salier auf dem Thron.

ottonisch-salische Reichskirche: Die Hoheit des frühmittelalterlichen germanischen Königtums über seine Landeskirche wurde unter den Ottonen im Verlauf des 10. Jh. zur Grundlage für die Herausbildung einer festgefügten Reichskirche. Das Eigenkirchenwesen (↑Eigenkirche) und königliche Hoheitsrechte legitimierten die weltliche Oberherrschaft über Bischöfe und Äbte. Da die Bistümer nicht erblich waren und deshalb nicht in die Hände eines dynastisch ausgerichteten Adels gelangen

konnten, stattete das Königtum ohne Furcht vor Entfremdung des Reichsgutes die Reichsbischöfe und Äbte mit weltlichen Herrschaftsrechten, Territorien und Reichsämtern aus. Es entstand ein Wirkverbund, der es dem König ermöglichte, über die aus Adelssippen stammenden Bischöfe auch große Teile des mächtigen Adels für die Anerkennung seiner Autorität zu gewinnen. In vielen Einzelfällen bildete dieser Klerus aber auch eine starke Stütze des Königtums gegen den weltlichen Adel.
Die vom Herrscher eingerichtete ↑Hofkapelle war Ausbildungsstätte für den kirchlichen Nachwuchs, der aus der sozialen Führungsschicht des Reichs stammte.
Der königliche Zugriff auf die Bistümer und Reichsabteien, der die ↑Investitur der kirchlichen Würdenträger im Rahmen des Lehnswesens sicherte (mit Bischofsstab, Ring, Treueid und Huldigung), beruhte auf der faktischen Vormachtstellung des Herrschers und auf dessen Verhältnis zum Papst. Die Kaiserpolitik OTTOS I. trug dem Rechnung, indem er den Heiligen Stuhl in die Reichskirche eingliederte. Nach dem 962 erlassenen Privilegium Ottonianum durfte der rechtmäßig gewählte Papst erst nach seinem Treueid gegenüber dem Kaiser geweiht werden. Dadurch konnte das ottonische und salische Kaisertum zahlreiche päpstliche Kandidaten durchsetzen oder nichtgenehme Päpste absetzen. Dieses System war aber nur als Einheit weltlicher und geistlicher Interessen lebensfähig. Diese Einheit zerbrach im ↑Investiturstreit, in dem durch das Verbot der Laieninvestitur (Einsetzung von Klerikern in ihr Amt durch Laien, v.a. die Einsetzung hoher kirchlicher Würdenträger durch Inhaber der weltlichen Macht) die Grundlage der Reichskirchenordnung zerstört und die Vorstellung zweier unabhängiger Sphären, der geistlichen und der weltlichen, entwickelt wurde. – Siehe auch ↑Zweigewaltenlehre.

P

Pair [pɛːr; französisch zu lateinisch par »gleich«]: französischer Ehrentitel, v.a. mit Gerichtsprivilegien verbunden, bis 1789 nur Angehörigen des Hochadels vorbehalten. Die **Pairie** entwickelte sich aus der Funktion der Kronvasallen als Urteilsfinder im Fürstengericht und aus ihrer Beiziehung zu Rat und Hilfe im königlichen Hofgericht. Seit dem Ende des 12. Jh. gab es sechs bzw. sieben geistliche P. (der Erzbischof von Reims, seit 1690 auch der von Paris sowie die Bischöfe von Langres, Châlons-sur-Marne, Laon, Noyon und Beauvais) und zunächst sechs weltliche P. (die Herzöge von Burgund, Normandie und Guyenne, die Grafen von Flandern, Champagne und Toulouse). Während sich durch Heimfall an die Krone die Zahl der weltlichen P. verringerte, wurden andererseits neue Pairien geschaffen, sodass es 1789 38 weltliche Pairien (seit 1506 mit dem Herzogstitel verbunden) gab. Die Französische Revolution schaffte sie ab, doch wurden sie 1814 durch die Charte constitutionnelle neu errichtet. Die vom König entweder auf Lebenszeit oder erblich ernannten 200 P. bildeten die **Pairskammer,** die als oberster Staatsgerichtshof, jedoch ohne selbstständiges politisches Gewicht, fungierte. 1830 wurde die Erblichkeit der Pairie abgeschafft, mit der ↑Februarrevolution 1848 die Pairskammer völlig beseitigt; an ihre Stelle trat 1851 der Senat.

Palästinafrage: Bezeichnung für die Probleme der territorialen und staatlichen Organisation in Palästina zwischen Arabern und Juden. Die Forderung des ↑Zionismus seit 1897, eine »öffentlichrechtlich gesicherte Heimstätte in Palästina« für das jüdische Volk zu schaffen, wurde durch die ↑Balfour-Deklaration von 1917 unterstützt und vom Völkerbund 1922 bestätigt. Unter britischem Mandat 1920/22–48 führten massive, zeitweise durch Quoten eingeschränkte jüdische Einwanderung nach Palästina seitens der ansässigen Araber zu Unruhen, die von der Forderung nach einem unabhängigen arabischen Staat Palästina 1936–39 begleitet wurden.

Nach Ablehnung der Mandatsverwaltung durch Araber und Juden wurde die P. vor die UN gebracht. Am 29. November 1947 empfahl diese eine Zweiteilung des Landes bei wirtschaftlicher Einheit und Internationalisierung Jerusalems. Diese Teilungsempfehlung führte nach Erlöschen des britischen Mandats und nach Abzug der britischen Truppen aus Palästina zur Ausrufung des Staates Israel und in der Folge zu einer Vertiefung der Gegensätze zwischen den arabischen Staaten und Israel. Über ihre regionalen Bezüge hinaus entwickelte sich die P. zu einem Konflikt mit weltpolitischen Perspektiven, zum ↑Nahostkonflikt.

Mit dem Ende des Ost-West-Konflikts erreichte der Nahostkonflikt, mithin auch die P., eine neue Phase. Mit der Grundsatzerklärung über eine Teilautonomie der Palästinenser im Gazastreifen und in der Stadt Jericho (**Gaza-Jericho-Abkommen,** 13. September 1993) sollte der erste Schritt in eine palästinensische Staatlichkeit erfolgen. Das **Rahmenabkommen** vom 29. April 1994 gab dem zukünftigen Autonomiegebiet begrenzte Befugnisse auf wirtschaftlichem Gebiet (Zoll, Steuern, Landwirtschaft, Industrie und Tourismus). Das Abkommen über die politische Teilautonomie (4. Mai 1994) sowie das **Interimsabkommen** (auch **Taba-Abkommen**) vom 24. September 1995 bestimmte Umfang und Zahl der einzelnen autonomen Teilgebiete sowie die Verwaltungskompetenzen der neuen Autonomiebehörde. In der Folgezeit gaben die israelischen Militär- und Zivilbehörden ihre Befugnisse zugunsten der neu eingerichteten palästinensischen Verwaltung ab. Auf der Basis des Interimsabkommens wählten die Palästinenser in den Autonomiegebieten 1996 erstmals als Legislativorgan einen Palästinenserrat (88 Mitglieder) mit

Palästinafrage: Aus den Wahlen zu einem Palästinenserrat, die am 20. Januar 1996 stattfanden, ging der Führer der PLO, Jasir Arafat, als Präsident hervor. Wahlplakate kündigten die Wahlen an.

J. ARAFAT an der Spitze. In den Abkommen von **Wye** (23. Oktober 1998) und **Scharm-el-Scheich** (4. September 1999) machten beide Seiten unter dem Leitgedanken »Land gegen Sicherheit« weitere Zugeständnisse.

Die zögerliche oder ausbleibende Umsetzung der Abkommen durch Israel, das Scheitern der Camp-David-Konferenz (11.–25. Juli 2000) und die im Oktober 2000 einsetzende 2. Intifada lösten massive militärische Offensiven seitens Israels aus. Unter internationaler Vermittlung wurde die Grenzfestlegung eines palästinensischen Staates auf die politische Tagesordnung von 2005 gesetzt.

Palästinakrieg: ↑Nahostkonflikt.

palästinensische Befreiungsbewegungen: Organisationen arabischer Palästinenser, die das Ziel verfolgen, einen ganz Palästina umfassenden Staat zu errichten. Im Kampf gegen Israel entwickelten sie eine Guerillastrategie: Angriffe kleiner, verdeckt operierender Gruppen (»Fedajin«) von den arabischen Nachbarstaaten Israels aus gegen Ziele in Israel; neben Überfällen griffen die p. B. auch zum Mittel der Flugzeugentführung. Die p. B. rekrutieren sich aus den Lagern der palästinensischen Araber in den arabischen Nachbarstaaten Israels. Die stärkste Befreiungsorganisation ist »al-Fatah« (arabisch »Sieg«); weitere Gruppen sind: »Volksfront zur Befreiung Palästinas« und die »Demokratische Front zur Befreiung Palästinas«. Mit der ↑Palästinensischen Befreiungsorganisation wurde 1964 eine Dachorganisation als Repräsentantin aller palästinensischen Araber gegründet.

Palästinensische Befreiungsorganisation (englisch Palestine Liberation Organization, Abk. PLO): Dachverband arabisch-palästinensischer Organisationen, gegründet 1964, mit Sitz in Tunis, seit 1994 in Gaza. Die PLO fordert die Errichtung eines arabisch-palästinensischen Staates im Bereich des früheren britischen Mandats Palästina. Nach der Proklamation des »Arabischen Staates Palästina« war die PLO im Exil die Trägerin der Organe dieses Staates; ihr Exekutivkomitee fungierte seitdem als Ministerrat, dessen Vorsitzender (J. ARAFAT) als Präsident Palästinas.

Palatin (lateinisch Palatium): einer der sieben Hügel Roms, auf dem die Stadt der Sage nach von Romulus gegründet wurde und wo später der Kaiserpalast stand (ebenfalls Palatium genannt, was zur allgemeinen Bezeichnung für Palast wurde). Im Mittelalter bezeichnete Palatium die ↑Pfalz, der P. (lateinisch Comes palatinus) war der ↑Pfalzgraf.

Pallium [lateinisch »Mantel«, »Überwurf«]: im antiken Rom aus Griechenland übernommener, von Männern getragener, mantelartiger Umhang. – In der katholischen Kirche eine päpstliche und erzbischöfliche Insignie, die über dem Messgewand als Band um die Schultern gelegt wird. Durch die Vergabe des P. (für das ein **Palliengeld** zu entrichten ist) entscheidet der Papst über die Anerkennung eines gewählten Bischofs.

Pamphlet: eine meist auf Einzelereignisse des politischen, gesellschaftlichen oder literarischen Lebens bezogene polemische Schrift, die vorzugsweise persönlich attackierend, weniger sachbezogen argumentierend gefasst ist. In England seit dem 14. Jh. zunächst eine Einzelschrift geringeren Umfangs, dann eine gedruckte Flugschrift (siehe auch ↑Flugblätter), v.a. in den Niederlanden im 16. und 17. Jh., gelangte die Form über Frankreich um 1760 nach Deutschland. Heute kennzeichnet der Begriff P. jede für unbegründet erachtete essayistische Polemik in allen Publikationsorganen.

Panathenäen: von den Athenern jährlich im Sommer abgehaltenes Stadtfest, das etwa 565 v.Chr. eingeführt und zu Ehren der Stadtgöttin Athene begangen wurde. Im Abstand von vier Jahren wurden die P. mit besonderem Glanz gefeiert; Höhepunkte waren eine Prozession zur Akropolis, die symbolische Übergabe eines Kleids an die Statue der Göttin und die Austragung von Wettkämpfen.

Panduren [ungarisch]: im 17. und 18. Jh. Bezeichnung für Soldaten der österreichischen Armee, die im Kleinkrieg in Ungarn eingesetzt waren; später wurden sie Teil der regulären Armee.

panem et circenses [lateinisch »Brot und Zirkusspiele«]: nach JUVENAL der Anspruch des Volks auf Lebensunterhalt und Vergnügen, den die römischen Kaiser zu erfüllen hatten, wollten sie sich seine Gunst erhalten.

Pangermanismus: in den Jahren nach 1860/70 auftauchendes, dem Begriff Panslawismus nachgebildetes Schlagwort, das zunächst ein allen Völkern germanischer Abstammung gemeinsames Stammes- oder Nationalbewusstsein bezeichnete, dann auch zur Bezeichnung der Bestrebungen diente, alle Deutschsprachigen in einem Staat zusammenzufassen. – Siehe auch ↑Alldeutsche.

Panslawismus: Bezeichnung für die Bestrebungen nach einem politischen und kulturellen Zusammenschluss aller Slawen; entstanden bei den kleinen, unter Fremdherrschaft stehenden slawischen Völkern als Ausdruck des Anlehnungsbedürfnisses an Russland als einzige slawische Macht. Als Begriff zunächst für die slawische Sprachenverwandtschaft eingeführt, bekam der P. bei den Westslawen in den 30er-Jahren des 19. Jh. politische Stoßkraft und enthielt bereits in dieser Zeit auch Wünsche nach nationaler Staatswerdung der slawischen Stämme. Zugleich wurden in Russland Ideen über den Vorzug der slawischen Völker vor den anderen und über eine russische Hegemonie in der slawischen Welt entwickelt. Angesichts der schwierigen inneren Lage Russlands nach den Reformen der 60er-Jahre des 19. Jh. wurde der P. innenpolitisch zum Mittel der Ablenkung politischer Aktivitäten nach außen; dies zeigte sich v. a. in den Forderungen nach einer slawischen Föderation unter russischer Führung. Der russische P. wurde immer mehr zum Mittel des russischen ↑Imperialismus auf dem Balkan. Das Misstrauen gegen die russischen Hegemoniebestrebungen sowie die Gegensätze zwischen den einzelnen slawischen Völkern erwiesen sich als Haupthindernis für eine Einigung der Slawen.

Papismus: abwertende Bezeichnung für Hörigkeit gegenüber dem Papst; daneben für den Katholizismus insgesamt.

Papsttum: Amt und Institution des Oberhaupts der katholischen Kirche, des Papstes, der nach katholischer Glaubenslehre von CHRISTUS eingesetzt und Nachfolger des Apostels PETRUS im römischen Bischofsamt ist.

Vom Frühmittelalter bis zur universalen Herrschaft unter Innozenz III.: Bereits in den ersten nachchristlichen Jahrhunderten trat der (zunächst durchaus umstrittene) Vorranganspruch des Bischofs von Rom zunehmend deutlich hervor und wurde im Frühmittelalter zum universalen Geltungsanspruch des P. in der (lateinischen) Kirche ausgebaut. Auch nach dem Ende des Weströmischen Reichs blieb das P. Teil der römischen, nunmehr byzantinischen Reichskirche, doch die Entfremdung zwischen Rom und dem durch Kriege und Religionswirren erschütterten Ostreich, das Italien nicht mehr zu schützen vermochte, schritt fort; das P. verselbstständigte sich zunehmend und entzog sich unter HADRIAN I. (772–795) endgültig der Herrschaft des oströmischen Kaisers bei gleichzeitiger Anlehnung an die fränkischen Könige und Ausbau des weltlichen Herrschaftsgebiets des P. (↑Kirchenstaat). Mit der Kaiserkrönung KARLS DES GROSSEN 800 begann die folgenreiche Verbindung zwischen P. und Kaisertum (↑Kaiser, ↑Translatio imperii). Die religiöse Trennung von Ostrom, angebahnt durch Konflikte zwischen West- und Ostkirche, die durch kirchenrechtliche Fälschungen wie die ↑Konstantinische Schenkung verschärft wurde, wurde 1054 mit dem ↑Morgenländischen Schisma vollzogen.

Nach dem Niedergang der karolingischen Macht gewann das P. zunächst größere Selbstständigkeit und konnte seine Vorrangstellung sowohl gegenüber der weltlichen Macht (Durchsetzung des päpstlichen Richteramts über weltliche Herrscher) als auch innerhalb der Kirche festigen, geriet in der Folgezeit jedoch zunehmend in die Abhängigkeit des stadtrömischen und mittelitalienischen Adels. Eine Wende bahnte sich an mit dem Eingreifen OTTOS I. (siehe auch ↑ottonisch-salische Reichskirche), mit der Erneuerung der römischen Kaiserwürde 962 und dem Erstarken der Reformbewegung in der Kirche (↑kluniazensische Reform). Vor dem Hintergrund der Reformbewegung begann der unmittelbare Aufstieg des P. zur geistlichen Macht im Abendland. Mit der fortschreitenden Durchsetzung des Reformprogramms wuchs der Drang nach Freiheit und Unabhängigkeit des P. (↑Libertas ecclesiae), das nicht einem Reichskirchensystem eingegliedert sein, sondern über allen Reichen stehen wollte. Die Gegensätzlichkeit der Auffassungen von königlicher und päpstlicher Gewalt führte unter GREGOR VII. zum Konflikt mit Kaiser HEINRICH IV. und zum ↑Investiturstreit. Der Machtanspruch GRE-

GORS VII. kam zum Ausdruck im ↑Dictatus Papae (1075), der u.a. das Recht des Papstes auf Absetzung des Kaisers und die Lösung der kaiserlichen Untertanen vom Treueeid beanspruchte.

Im Vordergrund der zweiten großen Auseinandersetzung des P. mit dem Kaisertum unter den Staufern im 12./13. Jh. standen die kaiserliche Hoheit in Italien, dann der päpstliche Widerstand gegen die Vereinigung des Normannenerbes Sizilien mit dem staufischen Kaisertum. In der »geistlichen Weltherrschaft« INNOZENZ' III. erreichte das mittelalterliche P. den Höhepunkt seiner Macht. Mit der Bekämpfung häretischer Bewegungen und der damit verbundenen Verschärfung der ↑Inquisition sowie der Leitung des 4. Kreuzzugs unterstrich er u.a. die päpstliche Führungsstellung.

Innerkirchliche Erschütterungen und Emanzipationsbestrebungen der weltlichen Macht: Nach dem Scheitern BONIFATIUS' VIII. (↑Unam sanctam) geriet das P. zunehmend unter französischen Einfluss (↑Avignonesisches Exil). Immer deutlicher wurde der Verfall der (übersteigerten) päpstlichen Autorität, aber auch das Emanzipationsbestreben der weltlichen gegenüber der geistlichen Macht. Das ↑Abendländische Schisma 1378–1417 schädigte weiter das Ansehen des P. Verschärft wurde die Krise der kirchlichen Verfassung durch den ↑Konziliarismus. Das ↑Konstanzer Konzil stellte die Einheit der Kirche wieder her, doch blieb das zunehmend drängende Problem der Kirchenreform ungelöst, sodass mit dem öffentlichen Hervortreten LUTHERS 1517 und der Reformation die abendländische Einheit der Kirche aufgehoben wurde und die universale Geltung des P. schwand. Doch verhalf die Reformation schließlich der katholischen Reform zum Durchbruch. Durch neue Orden, besonders die ↑Jesuiten, v.a. aber durch das ↑Tridentinum (1545–63) wurde das Wiedererstarken des Katholizismus eingeleitet. – Siehe auch ↑Gegenreformation.

Beginn des säkularen Zeitalters: Trotz innerer Festigung des P. wurde seine politische Schwäche im Zeitalter des fürstlichen Absolutismus und der Aufklärung immer deutlicher. Zwischen dem an überholten Rechten und Ansprüchen festhaltenden P. und dem sich überall ausbildenden ↑Episkopalismus und Staatskirchentum (in Frankreich der ↑Gallikanismus, in der deutschen Reichskirche der ↑Febronianismus, in den habsburgischen Ländern der ↑Josephinismus) kam es zu heftigen Auseinandersetzungen. Der Französischen Revolution stand das P. feindlich gegenüber, ebenso lehnte es im 19. Jh. u.a. Liberalismus, Sozialismus, Pressefreiheit, Religions- und Gewissensfreiheit ab (siehe auch ↑ Ultramontanismus). Zwar gelang es dem 1. Vatikanischen Konzil 1869/70 mit seiner Definition des päpstlichen Primats und Universalepiskopates unter Einschluss der lehramtlichen Unfehlbarkeit in Glaubens- und Sittenlehren, die päpstliche Autorität neu zu festigen, doch führten im 20. Jh. Reformabsichten bedeutender Theologen zu neuen innerkirchlichen Kämpfen.

Nach dem Ausgang des Ersten Weltkriegs sah sich das P. mit christentumsfeindlichen Tendenzen konfrontiert, so mit den totalitären Systemen des Faschismus und Nationalsozialismus sowie mit dem Kommunismus. Konkordate des Heiligen Stuhls mit Italien (↑Lateranverträge, 1929) und mit Deutschland (↑Reichskonkordat, 1933) sollten zur Festigung der katholischen Kirche in den einzelnen Ländern beitragen. Die weitgehend unkritische Haltung des P. gegenüber totalitären Regimen zeigte sich u.a. in dem fehlenden Widerstand PIUS' XII. gegenüber der nationalsozialistischen Judenverfolgung.

Nach dem Zweiten Weltkrieg begann unter dem Pontifikat JOHANNES' XXIII. (fortgeführt von seinen Nachfolgern) ein erneutes Bemühen um innerkirchliche Reformen, dessen Ausdruck v.a. das 2. Vatikanische Konzil (1962–65) wurde.

P

Pariser Bluthochzeit: ↑Bartholomäusnacht.

Pariser Friede: Bezeichnung für mehrere in Paris unterzeichnete Friedensverträge:

1) Vertrag vom 10. Februar 1763 zwischen Großbritannien und Portugal einerseits sowie Frankreich und Spanien andererseits, der den ↑Siebenjährigen Krieg in Übersee beendete.

2) Vertrag vom 3. September 1783 zwischen Großbritannien und den USA zur Beendigung des ↑Amerikanischen Unabhängigkeitskriegs; Großbritannien erkannte die Unabhängigkeit der 13 Vereinigten Staaten von Amerika an.

3) Zwei Friedensverträge zwischen den Partnern der Quadrupelallianz (von Chaumont) und Frankreich zur Beendigung der ↑Befreiungskriege: Im 1. P. F. vom 30. Mai 1814 wurde Frankreich auf die Grenzen vom 1. Januar 1792 beschränkt; der 2. P. F. vom 20. November 1815 sicherte Frankreich hingegen nur die Grenzen des Jahres 1790 zu.

4) Vertrag vom 30. März 1856 zwischen dem Osmanischen Reich, Großbritannien, Frankreich und Sardinien einerseits und Russland andererseits sowie den nicht am Krieg beteiligten Staaten Preußen und Österreich zur Beendigung des ↑Krimkriegs. Hauptpunkte waren eine gemeinsame Garantie der Unabhängigkeit und des Gebietsbestands des Osmanischen Reichs, die Abtretung des südwestlichen, an den nördlichen Mündungsarm der Donau grenzenden Bessarabien an das Fürstentum Moldau durch Russland, die Internationalisierung der Donau und die Entmilitarisierung des Schwarzen Meeres.

5) Vertrag vom 10. Dezember 1898 zwischen den USA und Spanien zur Beendigung des ↑Spanisch-Amerikanischen Kriegs: Spanien musste u. a. Kuba, Puerto Rico, Guam sowie die Philippinen an die USA abtreten.

6) Fünf Friedensverträge vom 10. Februar 1947 zwischen den Alliierten des Zweiten Weltkriegs sowie Rumänien, Italien, Ungarn, Bulgarien und Finnland. Sie enthielten neben Grenzregelungen politische, wirtschaftliche und militärische Bestimmungen.

Pariser Kommune: patriotische und sozialrevolutionäre Bewegung der Pariser Bevölkerung im Gefolge der sozialen und nationalen Krise Frankreichs nach seiner Niederlage im ↑Deutsch-Französischen Krieg von 1870/71. Widerstand gegen den Vorfrieden mit Deutschland und Opposition der Republikaner gegen die unsoziale Politik der konservativ-monarchisch gesinnten Mehrheit der Nationalversammlung, die das Großbürgertum und die friedensbereite Provinzbevölkerung repräsentierte, führten am 18. März 1871 zum Aufstand. Die Regierung A. Thiers flüchtete nach Versailles, in der von deutschen Truppen belagerten Hauptstadt übernahm das Zentralkomitee der Nationalgarde die Regierungsgewalt. Die Ende März durchgeführten Wahlen zur Kommune und zum Kommunerat machten die bestimmende Rolle des Kleinbürgertums (v.a. Bildungsbürgertum, Handwerk und Handel) in der P. K. deutlich. Diese Konstellation schlug sich auch in den folgenden Beschlüssen nieder: Neben einer Reihe sozialer Maßnahmen (z.B. Stundung von Wechseln, Erlass von Mietschulden), die die Eigentumsordnung jedoch grundsätzlich unangetastet ließen, führte man vordringlich die Trennung von Staat und Kirche durch. Von vornherein durch die Aufspaltung in mehrere Gruppierungen (radikale und gemäßigte Sozialisten, Jakobiner) geschwächt, erlag nach wachsenden Grausamkeiten auf beiden Seiten die P. K. in der »blutigen Woche« (21.–28. Mai) dem Ansturm der Regierungstruppen, wobei etwa 25000 Kommunarden getötet wurden. In der Folgezeit wurde die französische Arbeiterbewegung systematisch unterdrückt, und erst 1880 konnte die Mehrheit der sozialistischen Emigranten aufgrund einer Amnestie zurückkehren. Vor allem von Marx, Bebel und Lenin ist die P. K. als

Arbeiteraufstand interpretiert und als Modell gepriesen worden, wenn dies auch der Realität nicht entspricht.

Pariser Verträge 1954: die am 23. Oktober 1954 in Paris von sieben westeuropäischen Staaten sowie Kanada und den USA unterschriebenen Verträge, die die Besatzungsherrschaft der Westmächte in der Bundesrepublik Deutschland beendeten und zu deren Einbeziehung in die ↑NATO führten. Folgende Einzelverträge sind zu unterscheiden: 1. Protokoll über die Beendigung des Besatzungsregimes; 2. Vertrag über das Stationierungsrecht ausländischer Streitkräfte in der Bundesrepublik Deutschland; 3. Protokoll über den Beitritt der Bundesrepublik Deutschland zum ↑Brüsseler Pakt, wodurch die ↑Westeuropäische Union begründet wurde. Die P. V. traten am 5. Mai 1955 in Kraft.

Pariser Vorortverträge: Sammelbezeichnung für die in einzelnen Pariser Vororten abgeschlossenen Friedensverträge zwischen der ↑Entente und den ↑Mittelmächten nach dem Ersten Weltkrieg: der ↑Versailler Vertrag und die Verträge von Saint-Germain-en-Laye, Neuilly-sur-Seine, Trianon und Sèvres.
Der **Friede von Saint-Germain-en-Laye,** am 10. September 1919 von Österreich und den Ententemächten unterzeichnet, schloss sich eng an den Versailler Vertrag an. Österreich musste auf den Anschluss an das Deutsche Reich verzichten (siehe auch ↑Deutschösterreich), der Trennung von Ungarn zustimmen, die neuen Staaten Tschechoslowakei, Polen und Jugoslawien sowie Gebietsverluste (v. a. in Südtirol) anerkennen.
Der **Friede von Neuilly-sur-Seine** vom 21. November 1919 beendete den Ersten Weltkrieg für Bulgarien, das die besetzten Gebiete wieder abtreten musste und durch die Übergabe Südthrakiens an Griechenland vom Ägäischen Meer abgeschnitten wurde.
Am 4. Juni 1920 wurde der **Friede von Trianon** mit Ungarn als einem Rechtsnachfolger der Donaumonarchie abgeschlossen. Ungarn verlor fast zwei Drittel seines Staatsgebiets an Rumänien, Jugoslawien und die Tschechoslowakei.
Der **Friede von Sèvres** wurde am 10. August 1920 mit der Türkei abgeschlossen und sah neben der Demobilisierung und Internationalisierung der Meerengen die Beschränkung der Türkei auf Kleinasien und einen Rest europäischen Festlandes vor; von der türkischen Nationalbewegung KEMAL ATATÜRKS nicht anerkannt.

paritätische Mitbestimmung: ↑Montanmitbestimmung.

Parlament [von französisch parlement »Unterhaltung«, »Erörterung«]:
- ◆ im Frankreich des Ancien Régime Bezeichnung für die aus dem mittelalterlichen königlichen Hofgericht hervorgegangenen Juristenkollegien, die seit der Mitte des 13. Jh. in Paris einen ständigen, fest besoldeten Gerichtshof bildeten, der bald zur obersten Berufungsinstanz wurde. Das Pariser P. entwickelte aus der Befugnis, königliche Erlasse rechtsgültig in Register einzutragen, das Recht, sie vorher zu prüfen bzw. erforderlichenfalls Einspruch zu erheben. Im 17. und 18. Jh. mehrmals von der Krone entmachtet, wurde das Pariser P. im 18. Jh. zum stärksten Gegner des absoluten Königtums. Die 13 P. der Provinz und das Pariser P. wurden 1790 von der Nationalversammlung als Relikt des Feudalismus aufgelöst.
- ◆ in demokratischen Verfassungsstaaten das aus allgemeinen Wahlen hervorgegangene oberste Staatsorgan, in dem das Staatsvolk durch gewählte Abgeordnete, die als Vertreter des ganzen Volks gelten und darum an Aufträge und Weisungen ihrer direkten Wähler nicht gebunden sind, repräsentiert wird und dem verfassungsrechtlich ein selbstständiger und maßgeblicher Einfluss auf die staatliche Willensbildung garantiert ist. Zentrale Kompetenzen des P. sind die Gesetzgebungs- und Budgethoheit, die Kontrolle von Regierung und Verwaltung, in ↑par-

P

lamentarischen Regierungssystemen die Möglichkeit zum Sturz der Regierung. Bei einer Gliederung des P. in zwei Kammern (Zweikammersystem) wird in besonderem Maße neben dem Prinzip der Nationalrepräsentation mittels allgemeinen Wahlrechts die Berücksichtigung föderalistisch-regionaler und/oder ständischer Gesichtspunkte bei der parlamentarischen Willensbildung ermöglicht. Dabei kann die Mitgliedschaft in einer dieser Kammern nach anderen Kriterien als durch allgemeine Wahlen zustande kommen (z.B. Ernennung, Geburt oder regionale Delegation). – Zur Geschichte ↑Parlamentarismus.

Parlamentarischer Rat: Versammlung, die 1948/49 in Bonn das ↑Grundgesetz erarbeitete. Der P. R. setzte sich aus 65 Abgeordneten zusammen, die mit Rücksicht auf den vorläufigen Charakter des Grundgesetzes nicht direkt gewählt, sondern aus den Parlamenten der Länder und Stadtstaaten der westlichen Besatzungszonen Deutschlands entsandt wurden. Ihm gehörten je 27 Vertreter der CDU/CSU und der SPD, 5 Vertreter der FDP und je 2 Vertreter der Deutschen Partei (DP), der Kommunistischen Partei Deutschlands (KPD) und des Zentrums an. Berlin entsandte 5 Vertreter mit beratender Stimme. Zum Präsidenten wurde K. ADENAUER gewählt. Nach Auseinandersetzungen zwischen CDU/CSU und SPD über die Auflagen der Besatzungsmächte sowie über Finanzverfassung und Zentralisierungsumfang verabschiedete der P. R. das Grundgesetz am 8. Mai 1949 gegen die Stimmen der DP, der KPD, des Zentrums und 6 Abgeordneter der CSU.

parlamentarisches Regierungssystem: auf einer engen Verbindung von ↑Parlament und Regierung beruhendes Regierungssystem. Als Mindestvoraussetzung gilt die Abhängigkeit der Regierung vom Vertrauen der Parlamentsmehrheit; darüber hinaus sind in der Regel auch die Mitglieder der Regierung Angehörige des Parlaments. Das p. R. entstand in England im 18. Jh. und setzte sich in vielen anderen Staaten seit dem 19. Jh. durch. Im p. R. regiert nicht das Parlament selbst, die Regierung bleibt selbstständig. Sie besitzt vielfach sogar das Recht zur Parlamentsauflösung als Gegengewicht zum parlamentarischen ↑Misstrauensvotum. Die parlamentarische Regierung ist eine Parteienregierung. Einfach ist die Regierungsbildung im Zweiparteiensystem, da klare und meist stabile Mehrheitsverhältnisse herrschen. Um im Mehrparteiensystem eine von der parlamentarischen Mehrheit getragene Regierung zu bilden, sind (außer bei absoluter Mehrheit einer Partei) Koalitionsabsprachen notwendig. Instabile Koalitionen führen häufig zu einer instabilen Regierung. Die Bedeutung des p. R. liegt in der Unterscheidung von Regierungsmehrheit und ↑Opposition sowie in der Chance der Opposition, selbst zur Mehrheit zu werden (Möglichkeit eines friedlichen Regierungswechsels).

Parlamentarismus: im weiteren Sinne eine Regierungsform, in der ein gewähltes Repräsentativorgan (↑Parlament) zentrales Beschlussorgan ist; im engeren Sinne das ↑parlamentarische Regierungssystem.

Bereits im 13. Jh. wurde der Große Rat der englischen Könige als Parlament bezeichnet; erst in der Mitte des 19. Jh. jedoch wurde aus der historischen Bezeichnung des britischen Repräsentativorgans eine generelle Bezeichnung für alle repräsentativen, in der Regel gewählten Körperschaften; bis dahin wurden die historischen Namen (Reichstag, Generalstaaten, Landstände) verwendet. Die Wurzeln des P. reichen bis in die spätmittelalterlichen Auseinandersetzungen zwischen Krone und Ständen zurück; als politische Bewegung gehört der P. jedoch in den Zusammenhang der bürgerlichen Emanzipation von Absolutismus und Feudalismus. Gestützt auf das Prinzip der ↑Volkssouveränität, sollte über das Parlament (nicht mehr verstanden als Ständevertretung, sondern als

Nationalrepräsentation) die Macht der monarchisch gebildeten Exekutive eingeschränkt und letztlich von einer parlamentarischen Regierung übernommen werden.

Am frühesten setzte sich der P. in England/Großbritannien durch und griff mit der Französischen Revolution auf Kontinentaleuropa über. In Süddeutschland entwickelte sich im Zeichen des Frühkonstitutionalismus in der ersten Hälfte des 19. Jh. ein ↑Zweikammersystem nach britischem Vorbild, das teilweise an die Tradition landständischer Vertretungen anknüpfte. Preußen folgte diesem Beispiel 1848/50. Eine deutsche Nationalrepräsentation verwirklichte sich, wenn auch nur vorübergehend, erstmals 1848 in der ↑Frankfurter Nationalversammlung. Nachdem der Reichstag des Norddeutschen Bundes 1867 und das Zollparlament 1868 Vorstufen gebildet hatten, wurde mit dem auf allgemeinem und gleichem Wahlrecht beruhenden ↑Reichstag des Deutschen Reichs von 1871 der P. auf nationaler Ebene verwirklicht. Gemeinsam mit dem Reichstag übte der ↑Bundesrat als föderalistisch strukturiertes Organ die Gesetzgebung aus. Erst die Bindung der Reichsregierung 1918 an das Vertrauen des Parlaments und die Weimarer Reichsverfassung (↑Weimarer Republik) gaben dem Reichstag Einfluss auf Bildung und Sturz der Regierung, während der Reichsrat als Organ der Länder an Gewicht verlor.

Parlamentarismus: König Eduard I. berief 1295 das so genannte »Model Parliament« ein (Buchmalerei, um 1524). Diese Bezeichnung verweist auf die Umwandlung des königlichen Rates, der »Curia Regis« in eine Institution, die erstmals als Parlament bezeichnet werden kann und als repräsentative Ständeversammlung gedacht war. Die niedrigeren Bevölkerungsschichten waren allerdings nicht vertreten.

Mangelnde parlamentarische Traditionen und strukturelle Unangepasstheit des deutschen Parteiensystems führten in den Erschütterungen und Konflikten der Nachkriegszeit und der Weltwirtschaftskrise zu einer Krise des P. schlechthin. Sie brachte den Sieg des radikal antiparlamentarischen und antipluralistischen Nationalsozialismus. Diese Krise des P. erfasste fast alle Staaten Mittel-, Süd- und Südosteuropas mit gleichfalls nur geringer oder keiner parlamentarischen Tradition. Erst nach 1945 festigte sich der P. in Europa außerhalb des sowjetischen Machtbereichs wieder; zudem fand er im Zuge der Entkolonialisierung weltweite Ausdehnung, konnte sich jedoch in vielen jungen Staaten der Dritten Welt wegen fehlender sozialer und politischer Grundlagen nicht behaupten. Mit dem Zerfall der kommunistischen Systeme in Europa erlebte das Prinzip des P. einen neuen Aufschwung. Andererseits er-

P

scheint heute unter den Bedingungen des komplexen und bürokratisch strukturierten Sozial-, Rechts- und Verwaltungsstaats die Kontrollfunktion des Parlaments gefährdet.

Partei [von lateinisch pars »Teil«, »Anteil«]: allgemein eine Gruppe von Gleichgesinnten; im politischen Bereich der organisierte Zusammenschluss von Bürgern mit gemeinsamen sozialen Interessen und politischen Vorstellungen über die Gestaltung der staatlichen, gesellschaftlichen und wirtschaftlichen Ordnung mit dem Ziel der Übernahme, der Behauptung bzw. der Kontrolle der Herrschaft im Staat. Merkmale heutiger politischer P. sind: 1) dauerhafte Organisation; 2) das Streben nach Durchsetzung von politischen Zielen, die in Parteiprogrammen oder Wahlplattformen definiert werden, allgemeiner Natur sind, aber nur von einem Teil der Bevölkerung gestützt werden und für die die P. in der Bevölkerung werben; 3) die Bereitschaft und der Wille zur Übernahme von Führungsfunktionen im Staat.

Das moderne Parteiwesen entwickelte sich mit dem ↑Parlamentarismus und ist eine Konsequenz im Prozess der Ablösung der monarchischen Souveränität des absolutistischen Staates durch die ↑Volkssouveränität des parlamentarischen Systems. Nach dem Vorbild der britischen ↑Tories und ↑Whigs entstanden P. in Europa während des 19. Jh., wobei die Klubs der Französischen Revolution (z.B. Girondisten, Jakobiner) als Vorläufer zu werten sind. Zu Beginn der modernen Parteiengeschichte herrschte der Typus der bürgerlichen **Honoratioren-** oder **Repräsentationsparteien** vor, die organisatorisch lediglich durch die Parlamentsfraktion bzw. durch periodisch konstituierte Wahlkomitees hervortraten. Diese wurden seit dem letzten Drittel des 19. Jh. mit fortschreitender Erweiterung des Kreises der Wahlberechtigten und mit der Liberalisierung des Vereins- und Versammlungsrechts durch Massenparteien zurückgedrängt, die bürokratische Parteiorganisationen auf kommunaler, regionaler und nationaler Ebene aufbauten. Vor allem nach dem Zweiten Weltkrieg entwickelten sich aus den Massenparteien **Volksparteien,** die sich bemühen, durch weit gefächerte Programme möglichst viele Wähler und dadurch eine regierungsfähige Mehrheit zu gewinnen. Bei ihnen wird der interne Ausgleich der vielfältigen von ihnen vertretenen Interessen zu einem ständigen Problem.

Aufgrund unterschiedlicher politischer Zielvorstellungen haben sich verschiedene parteipolitische Richtungen herauskristallisiert. Bereits im Vormärz bildeten sich, noch ohne organisatorische Verfestigung, die wichtigsten parteipolitischen Richtungen von ↑Konservatismus, ↑Liberalismus und ↑Sozialismus aus, die sich in und nach den europäischen Revolutionen von 1848/49 endgültig als P. der ↑Rechten, der Mitte bzw. des Zentrums und der ↑Linken formierten (**Weltanschauungsparteien**). Die Industrialisierung führte im Zusammenhang mit der Entwicklung der ↑Arbeiterbewegung zur Bildung von proletarischen Arbeiterparteien (**Klassenparteien**). Als Reaktion auf Siege republikanischer Bewegungen wurden **monarchistische Parteien** mit dem Ziel der monarchistischen Restauration gegründet. Aus religiös-konfessionellen Gegensätzen zwischen modern-liberalem Staat und Kirche entstanden die **konfessionellen Parteien** (↑christliche Parteien).

Moderne Demokratien sind Parteienstaaten; in ihnen werden die Organisation und Arbeitsweise von Parlament und Regierung durch P. bestimmt. Grundsätzlich verschieden können jedoch die Parteiensysteme sein, je nachdem, ob sie auf dem Prinzip der Parteienkonkurrenz beruhen oder nicht. In Systemen mit Parteienkonkurrenz unterscheidet man **Zweiparteiensysteme** (mit klarer Alternative zwischen Regierung und Opposition) und Mehrparteiensysteme mit Zwang zur Bildung von Koalitionen.

Systeme ohne Parteienkonkurrenz sind entweder offene **Einparteiensysteme** (z.B. in der früheren UdSSR) oder verborgene (mit mehreren P., aber dem verfassungsmäßig festgelegten Führungsanspruch einer P. und Wahlen nach einer Einheitsliste, so in der ehemaligen DDR). Die staatsrechtliche Stellung der P. in der Bundesrepublik Deutschland ist durch das Grundgesetz geregelt. Während die Weimarer Reichsverfassung die P. nicht erwähnte, bestimmt Art. 21 GG, dass sie bei der politischen Willensbildung des Volks mitwirken, ihre Gründung frei ist und ihre innere Ordnung demokratischen Grundsätzen entsprechen muss.

Partikularismus [von lateinisch pars »Teil«]: im Allgemeinen abwertende Bezeichnung für das Bestreben einer (territorial umgrenzten) Bevölkerungsgruppe, ihre wirtschaftlich, kulturell und historisch bedingten Sonderinteressen zu wahren bzw. durchzusetzen. In einem ↑Bundesstaat wird ein gewisses Maß an P. grundsätzlich zugestanden und, sofern die partikularen Interessen nicht auf eine Abspaltung vom bisherigen Staatsverband abzielen (↑Separatismus), als ↑Föderalismus, in einem Einheitsstaat als ↑Regionalismus bezeichnet.

Partisanen [von französisch partisan aus italienisch partigiano »Parteigänger«, »Verfechter«]: Personen, die sich außerhalb einer offiziellen militärischen Organisation (Armee, Miliz) freiwillig an zwischen- oder innerstaatlichen bewaffneten Auseinandersetzungen beteiligen. Das Partisanenwesen im modernen Sinn bildete sich erst im 19. Jh. heraus (z.B. die ↑Franktireurs im Deutsch-Französischen Krieg von 1870/71).

Pascha [türkisch »Exzellenz«]: auf Lebenszeit verliehener Titel für hohe militärische und zivile Würdenträger im Osmanischen Reich; 1934 in der Türkei, 1973 in Ägypten abgeschafft.

Passarowitz, Friede von: am 21. Juli 1718 zwischen Kaiser KARL VI. und Venedig einerseits und Sultan AHMAD III. andererseits geschlossener Friedensvertrag, nach dem das Osmanische Reich das Banat sowie einen Grenzstreifen in Nordbosnien, Nordserbien mit Belgrad und die Kleine Walachei an Österreich abtreten musste. Venedig dagegen musste die Peloponnes, die es 1715 von den Osmanen erobert hatte, aufgeben. – Siehe auch ↑ Türkenkriege.

Pataria [italienisch]: Spottbezeichnung für eine radikale religiöse Laienreformbewegung im 11. Jh. in Mailand (wegen ihrer Herkunft nach dem Mailänder Trödelmarkt benannt), die sich gegen die aristokratische Herrschaft und adlige Reichskirche wandte und die kommunale Selbstverwaltung einleitete.

Patent [von lateinisch (littera) patens »landesherrlicher offener Brief«]: bis ins 19. Jh. offen versandter Brief oder offen versandte gesiegelte Urkunde von öffentlichem Interesse, Urkunde zur Verleihung von Rechten an Einzelpersonen (z.B. Offizierspatent) oder an Personengruppen (z.B. Toleranzpatent zur Gewährung von Religionsfreiheit); auch obrigkeitliche Bekanntmachung für die Allgemeinheit (z.B. ↑Februarpatent).

Paterfamilias [lateinisch »Vater der Familie«]: im römischen Recht das Familienoberhaupt, dem die uneingeschränkte Gewalt im Haus und über die Familie zustand und der die priesterliche Aufgabe der Verehrung der Götter wahrnahm.

Patria Potestas [lateinisch »väterliche Gewalt«]: bei den Römern ursprünglich die Gesamtgewalt des ↑Paterfamilias, später v.a. die Gewalt über seine ehelichen und adoptierten Kinder sowie deren legitime Abkömmlinge. Die P. P. enthielt ursprünglich das Recht über Leben und Tod der Hausangehörigen (in der Republik zur Strafgewalt abgeschwächt). Für Delikte der Hausangehörigen haftete der Hausherr, konnte sich aber mit der Auslieferung des Schädigers befreien. Die P. P. endete mit dem Tod des Hausherrn oder der Entlassung aus der väterlichen Gewalt. – Siehe auch ↑Emanzipation.

P

Patriarch [griechisch »Erzvater«]: seit dem frühen Mittelalter Titel besonderer Bischöfe, zunächst auf die P. von Rom, Konstantinopel, Alexandria, Antiochia und Jerusalem beschränkt, dann auch von anderen Bischöfen, v.a. der orthodoxen Kirchen, übernommen.

Patrimonialgerichtsbarkeit: Gerichtsbarkeit, die der Grundherr über seine Grundhörigen ausübte und die diesem erblich zustand. Im Mittelalter entstanden, beschränkte sich die P. zunächst auf Streitigkeiten zwischen Herrn und Hörigen oder der Hörigen untereinander (siehe auch ↑Hörigkeit). Wo die Hörigen in Leibeigenschaft gerieten, wurde das Patrimonialgericht für sie das allgemeine Gericht in allen Angelegenheiten. Vor allem seit der Französischen Revolution zunehmender Kritik ausgesetzt, wurde die P. im Zuge der ↑Bauernbefreiung in Deutschland im 19. Jh. aufgehoben.

Patriziat [von lateinisch patres »Väter«]: im antiken Rom die Gemeinschaft der ↑Patrizier. – In der europäischen Stadt vom Mittelalter bis zur Auflösung der ständischen Ordnung die Oberschicht des ↑Bürgertums, die dem niederen Adel ebenbürtig war und gegenüber der übrigen städtischen Bevölkerung, von der sie sich als eigener Stand absonderte, politische Vorrechte, v.a. die Ratsfähigkeit, beanspruchte. Die Anfänge des P. liegen bei den für die Ausbildung der kommunalen Selbstverwaltung gegenüber dem Stadtherrn wichtigen Gruppen, die sich vornehmlich aus reich gewordenen Fernhändlern, Ministerialen des Stadtherrn und zugezogenen Landadligen zusammensetzten. Das oligarchische Stadtregiment des P. wurde durch die Zunftkämpfe des 14. Jh. erschüttert; die Ausbildung fürstlicher Territorialstaaten engte den Wirkungsbereich des P. weiter ein.

Patrizier [von lateinisch patres »Väter«]: im antiken Rom die Nachkommen der in der Frühzeit der Republik mit der senatorischen Ratsfähigkeit ausgezeichneten Geschlechter- und Sippenhäupter, der »patres«, die den aus den großen Grundbesitzern bestehenden römischen Blutsadel, das **Patriziat,** bildeten. In der späten Königszeit stellten sie den Kreis der Berater des Herrschers und wurden so zur ökonomisch und politisch führenden Schicht, die zu Beginn des 5. Jh. v. Chr. das Königtum verdrängte. Die P. übernahmen ausschließlich die Staatsführung durch den patrizischen Senat und die patrizischen ↑Konsuln und bildeten allein das römische Staatsvolk im eigentlichen Sinne. Durch Pflege besonderer Kulte (die P. allein hatten die Priestertümer inne) sowie durch Herleitung von göttlichen Ahnherren schlossen sich die P. von der übrigen Bevölkerung ab. Gegen diese ausschließliche Herrschaft der P. stellten sich im Ständekampf die ↑Plebejer, die bis 287 v. Chr. politische Gleichberechtigung erlangten, obwohl einige Vorrechte der P. gewahrt blieben. Die Zahl der P. ging im Laufe der Zeit immer mehr zurück, sodass seit AUGUSTUS vornehme plebejische Geschlechter wiederholt in das Patriziat aufgenommen werden mussten, wodurch es weiter an Charakter und Bedeutung verlor. – Im Mittelalter die Vertreter des ↑Patriziats.

Patron [von lateinisch pater »Vater«]: im römischen Recht der durch ein gegenseitiges Treueverhältnis mit dem ↑Klienten verbundene Schutzherr. – Siehe auch ↑Patrozinium.

Patronat:

◆ Würde des ↑Patrons gegenüber dem ↑Klienten. – Siehe auch ↑Patrozinium.

◆ (Patronatsrecht): Gesamtheit von Vorrechten und Pflichten des Schutzherrn einer Kirche, v.a. das Recht der Besetzung von Kirchenämtern. Mit dem Eigenkirchenwesen (↑Eigenkirche) ging das ursprünglich dem Bischof zustehende P. häufig auf Laien, v.a. den weltlichen Adel, über. Im Kampf gegen die Laienrechte im ↑Investiturstreit wurde die Herrschaft des Eigenkirchenherrn beschränkt, insbesondere hinsichtlich der Besetzung kirchlicher Ämter: Er behielt

Pauperismus: Während der Hungersnot der Jahre 1845–48 verließen 1,17 Mill. Iren, ein Siebtel der Gesamtbevölkerung, ihre Insel. Die meisten von ihnen wanderten in die USA aus.

lediglich ein Vorschlagsrecht (Präsentationsrecht), die eigentliche Verleihung der geistlichen Befugnisse erfolgte durch den Bischof.

Patrozinium [lateinisch »Beistand«, »Schutz«]:

◆ in der altrömischen Gesellschaft aus dem Verhältnis des Großbauern zu seinen rechtsunfähigen ↑Klienten entstandenes gegenseitiges Schutz- und Treueverhältnis, das sich durch die Entstehung des römischen Weltreichs auf ganze Gemeinden und Provinzen ausweitete, die sich einflussreiche römische Magistrate zur Vertretung ihrer Angelegenheiten in Rom zu ↑Patronen nahmen. In der Spätantike standen die Kolonen (↑Kolonat) im P. des Großgrundbesitzers.

◆ die Schutzherrschaft eines Heiligen über eine Kirche.

Paulskirche: ehemals evangelische Kirche in Frankfurt am Main, 1789–1833 erbaut, diente der ↑Frankfurter Nationalversammlung als Tagungsort.

Pauperismus [von lateinisch pauper »arm«]: in Europa Massenarmut in der Zeit von etwa 1800 bis 1850, hervorgerufen durch starkes Bevölkerungswachstum bei fehlenden neuen Arbeitsmöglichkeiten sowie besonders in Deutschland durch die Veränderungen des Gesellschaftsgefüges im Gefolge der ↑Bauernbefreiung und der Aufhebung des Zunftzwangs. Auf dem Land gekennzeichnet durch sehr arme Kleinbauern und Tagelöhner ohne regelmäßige Arbeit, in den Städten durch arbeitslose Handwerker, verstärkte sich der P. durch Missernten und Hungersnöte in den 40er-Jahren des 19. Jh. Mit dem Durchbruch der ↑Industriellen Revolution um die Mitte des 19. Jh. wurde der P. gemildert; unter dem Schlagwort der ↑sozialen Frage wurde die Bekämpfung der Armut zunehmend als Aufgabe von Staat und Gesellschaft betrachtet.

Pax Romana [lateinisch »römischer Friede«]: Bezeichnung für die durch Rechtsnormen und ethische Grundwerte sowie durch Sicherheit für den Einzelnen charakterisierte Friedensordnung des Römischen Reichs, v. a. im 1. Jh. n. Chr. Die P. R., wegen der vom Kaiser garantierten Wohlfahrt auch **Pax Augusta** genannt, fand ihren programmatischen Ausdruck in der Verehrung der meist mit Ölzweig, Lorbeer und Füllhorn (v. a. auf Münzen) dargestellten Pax als Göttin, der 13–9 v. Chr. in Rom die Ara Pacis Augustae (Altar des augusteischen Friedens) errichtet wurde.

Pazifismus: Grundhaltung, die bedingungslos Friedensbereitschaft fordert, jede Gewaltanwendung kompromisslos

P

ablehnt und damit in letzter Konsequenz zur Kriegsdienstverweigerung führt. Die unbedingte Friedensbereitschaft ist die Triebfeder der im 19. Jh. entstandenen ↑Friedensbewegung.

Pearl Harbor [englisch 'pə:l 'hɑ:bə]: amerikanischer Marinestützpunkt auf der Hawaii-Insel Oahu. Am 7. Dezember 1941 überfielen Einheiten der japanischen Luftwaffe ohne vorherige Kriegserklärung P. H. und versenkten oder beschädigten acht Schlacht- und elf weitere Kriegsschiffe, konnten aber das strategische Ziel, die Ausschaltung der amerikanischen Pazifikflotte, nicht erreichen. Der Überfall führte zur vollen Unterstützung der auf Eintritt in den Zweiten Weltkrieg gerichteten Politik ROOSEVELTS durch die Öffentlichkeit der USA. Der Verdacht, der Präsident habe in Kenntnis der Angriffsabsichten Japans rechtzeitige Abwehrmaßnahmen unterlassen, erhärtete sich nicht.

Peer [pɪə; englisch von lateinisch par »gleich«]: Angehöriger des britischen Hochadels mit Recht auf Sitz und Stimme im Oberhaus. Die Peerswürde wurde im frühen Mittelalter nur auf Zeit durch königliche Einberufung zum Parlament und aufgrund von Lehnsbesitz, seit JAKOB I. endgültig durch königliches Patent als erbliche Würde des ältesten Sohnes verliehen. Die weltlichen P. werden nach der Zeit der Verleihung unterschieden in Peers of England (vor der Union mit Schottland 1707), Peers of Great Britain (bis zur Union mit Irland 1801) und Peers of the United Kingdom (seit 1801). Geistliche P. sind die Erzbischöfe von Canterbury und York sowie 24 Bischöfe. Bis zum Ende des 18. Jh. gab es rund 200 P., danach wurde die Verleihung der Peerswürde als Mittel im politischen Machtkampf eingesetzt, um die Mehrheitsverhältnisse zugunsten der Regierung zu verändern. Die Zahl der P. stieg dadurch auf über 900.

Peloponnesischer Bund: im 6. Jh. v. Chr. von den Spartanern geschaffener Kampfbund aus Stadtstaaten, die v. a. auf der Halbinsel Peloponnes lagen; auch Korinth gehörte dem P. B. an. Der Bund beschränkte sich auf gemeinsame Kriegführung unter dem Oberbefehl Spartas nach gefasstem Bundesbeschluss. Wurde von der Bundesversammlung ein Antrag abgelehnt, stand es den Bündnispartnern frei, selbstständig, sogar gegeneinander Krieg zu führen. Im Peloponnesischen Krieg (431–404 v. Chr.) standen dem P. B. Athen und seine Verbündeten gegenüber. Sein Ende fand der Bund nach der Niederlage Spartas gegen Theben (371 v. Chr.).

Peloponnesischer Krieg: Auseinandersetzung Athens und des ↑Attischen Seebunds mit Sparta 431–404 v. Chr. und Höhepunkt des nach den ↑Perserkriegen entstandenen Dualismus der beiden Großmächte. Der Krieg begann mit spartanischen Einfällen in Attika (**Archidamischer Krieg,** nach dem spartanischen König ARCHIDAMOS II.), auf die Athen entsprechend dem Kriegsplan des PERIKLES und unter Preisgabe des eigenen Umlands durch Zerstörungsaktionen an der Küste der Peloponnes reagierte. Abfallversuche der Bundesgenossen des Attischen Seebunds wurden unterdrückt (Lesbos 427), die Bundessteuern 424 von KLEON verdreifacht. Allgemeine Kriegsmüdigkeit führte 421 zu dem von beiden Seiten unaufrichtig geschlossenen Nikiasfrieden auf der Basis des Status quo.

Die athenische Unterstützung eines antispartanischen Bündnisses, der Überfall auf Melos 416 und der Sizilienfeldzug 415–413 leiteten die zweite Phase des P. K. ein (**Dekeleisch-Ionischer Krieg**). Das athenische Scheitern vor Syrakus und die durch Verrat des Atheners ALKIBIADES ermöglichte Besetzung Dekeleias durch Sparta (413) führten zu einem spartanisch-persischen Hilfsvertrag (412), der Sparta den Aufbau einer eigenen Flotte erlaubte. Weitere athenische Niederlagen hatten den vorübergehenden Zusammenbruch der demokratischen Verfassung in Athen zur Folge

P

(411/410). Das neuerliche Auftreten des ALKIBIADES zugunsten Athens (410 bis 407) brachte im Seekrieg keine Wende; 404 musste Athen kapitulieren. Der Attische Seebund wurde aufgelöst und eine oligarchische Regierung (Dreißig Tyrannen) in Athen eingesetzt. Die Zerstörung der athenischen Vormachtstellung durch das zu einer ähnlichen Rolle unfähige Sparta war eine der Ursachen für immer neue Auseinandersetzungen und für den politischen Verfall Griechenlands. – Siehe auch ↑griechische Geschichte).

Penaten: römische Hausgötter, die als Götter der »Vorratskammer« im Innern des Hauses wohnten und Einheit und Bestand der Familie gewährleisteten. Sie wurden zusammen mit den ↑Laren am häuslichen Herd verehrt. Daneben gab es die das römische Volk beschirmenden Staatspenaten, die im Tempel der Herdgöttin ↑Vesta verehrt wurden.

Pentagon [zu griechisch pentagōnos »fünfeckig«]: Bezeichnung für das auf fünfeckigem Grundriss 1941/42 errichtete Gebäude des Verteidigungsministeriums der USA, auch für das Verteidigungsministerium als Institution.

Pentarchie [griechisch »Fünfherrschaft«]: Bezeichnung für ein Fünfmächtesystem, v. a. für die von ca. 1750 bis zum Ersten Weltkrieg Europa beherrschenden fünf Großmächte Großbritannien, Frankreich, Österreich, Preußen bzw. Deutsches Reich und Russland.

Peregrinus: römische Bezeichnung für denjenigen Freien, der kein römischer Bürger war und somit der Rechtsordnung des Staates, aus dem er stammte, nicht jedoch der römischen unterstand.

Perestroika [russisch »Umbau«]: von M. S. GORBATSCHOW nach seinem Amtsantritt (1985) als Generalsekretär der KPdSU eingeleitete Reform, die die sowjetische Gesellschaft im Sinne stärkerer Eigenverantwortung und Produktivität modernisieren sollte. Die P. sollte begleitet werden von einer größeren Offenheit (russisch »Glasnost«) der gesellschaftlichen Diskussion.

Periöken [von griechisch »Umwohner«]: von den Spartanern gebrauchte Bezeichnung für ihre Stammesgenossen, die in Berg- und Küstengebieten Lakoniens angesiedelt waren. Die P. besaßen gegenüber den in Sparta selbst wohnenden Bürgern geringere Rechte (z. B. keinen Zutritt zur Volksversammlung).

Perserkriege: Das Relief vom Königspalast aus der Zeit Dareios' I. zeigt Soldaten der persischen Leibwache in typischer Bewaffnung um 490 v. Chr.

Perserkriege: die Auseinandersetzungen der Griechen mit dem Perserreich 490–449/448 v. Chr., verursacht durch den persischen Expansionsdrang sowie durch die athenische Unterstützung für die von Persien abfallenden kleinasiatischen Griechen (Ionischer Aufstand, 500–494 v. Chr.). Eine persische Flottenexpedition endete mit der Niederlage bei Marathon 490 v. Chr. gegen die von MILTIADES geführten Athener und Platäer (Spartas Haltung war zu diesem Zeitpunkt abwartend). Damit trat Athen neben Sparta an die Spitze der griechischen Mächte. Trotz des Landsiegs bei Marathon wandte sich Athen (v. a. auf Betreiben von THEMISTOKLES) in den folgenden Jahren in verstärktem Maße dem Flottenbau zu. Die gleichzeitige Aufrüstung der Perser führte zum Zusammenschluss fast aller griechischen

Staaten (einschließlich Spartas und seiner Bundesgenossen). Der Versuch der Spartaner unter LEONIDAS, den persischen Vormarsch 480 an den Thermopylen aufzuhalten, endete mit einer Niederlage. Jedoch erzwang (nach Aufgabe Athens, das von den Persern verwüstet wurde) THEMISTOKLES die entscheidende und siegreiche Seeschlacht im Sund von Salamis Ende September 480. 479 wurde das persische Landheer bei Platäa endgültig vernichtet; im selben Jahr folgte ein weiterer griechischer Sieg über die persische Flotte bei Mykale.

Nach den Siegen über die Perser wurde der Gegensatz zwischen Athen und Sparta immer deutlicher, und in den folgenden Jahren bildete sich nach dem Ausscheiden Spartas aus der Kriegführung der ↑Attische Seebund unter athenischer Führung vornehmlich auf Bitten von Inselgriechen und der nach dem Abfall von Persien besonders gefährdeten Griechen Kleinasiens. Nach der Vernichtung der persischen Flotte 466 (465?) vor der Mündung des Eurymedon und nach dem gescheiterten antipersischen Engagement des Bundes in Ägypten (460, 454) sowie einem weiteren athenischen Seesieg bei Salamis (450) kam es 449/448 v.Chr. zum Kalliasfrieden zwischen dem Persischen Reich und dem Attischen Seebund. Der Kalliasfrieden sah Autonomie der kleinasiatischen Griechenstädte, Begrenzung der persischen Interessensphäre und den athenischen Verzicht auf weitere Angriffe gegen Persien vor.

Personalunion: eine Staatenverbindung, die im Gegensatz zur ↑Realunion nur durch die Gemeinsamkeit des Monarchen (ohne Ausbildung gemeinsamer Staatsorgane) besteht; völker- und staatsrechtlich bleiben die Teile selbstständig. Beispiele für eine P. sind die Verbindung von Sachsen und Polen unter AUGUST II., DEM STARKEN, 1697–1706 und 1709–33, sowie von Großbritannien und Hannover, 1714–1837.

Personenverbandsstaat: in der Verfassungsgeschichte Bezeichnung für den mittelalterlichen Staat, der – im Gegensatz zum Flächenstaat (↑Territorialstaat) – in erster Linie nicht auf der Herrschaft über ein Gebiet, sondern über einen Verband von Personen beruhte. Diese Herrschaft basierte im Wesentlichen auf persönlichen Abhängigkeitsverhältnissen.

Petersberger Abkommen: zwei nach Petersberg bei Königswinter (Bonn) benannte Abkommen:

- Das zwischen K. ADENAUER und den Alliierten Hohen Kommissaren (↑Alliierte Hohe Kommission) geschlossene Abkommen vom 22. November 1949 führte zu einer ersten Revision des Besatzungsstatuts durch die teilweise oder vollständige Beendigung der ↑Demontage, eine erweiterte deutsche Gesetzgebung zur Entflechtung von Industriekonzernen, Aufnahme der BRD in die Internationale Ruhrbehörde, ihr Beitritt zum Europarat, Wiederaufnahme von Handels- und konsularischen Beziehungen zu den westlichen Ländern.
- Die Teilnehmer der am 27. November einberufenen UN-Konferenz zur Regelung des politischen Neubeginns in Afghanistan (↑Anti-Terrorismuskrieg) unterzeichneten am 5. Dezember 2001 einen Vertrag, demzufolge H. KARSAI am 22. Dezember 2001 die Regierungsgeschäfte für sechs Monate aufnahm. Eine außerordentliche Ratsversammlung afghanischer Stämme (Loya Jirga) am 10. Juni 2002 bestätigte u.a. KARSAI als Staatsoberhaupt. Innerhalb einer anschließenden zweiten Übergangszeit von 18 Monaten soll eine verfassunggebende Loya Jirga einberufen werden. Während des Übergangsprozesses garantiert eine internationale Sicherheitstruppe unter UN-Mandat (ISAF) die Sicherheit in der Hauptstadt Kabul.

Peterspfennig: im Mittelalter bis zum 15./16. Jh. in verschiedenen Ländern zugunsten des Papstes erhobene Steuer, die eine besondere Verehrung des heiligen Petrus zum Ausdruck brachte oder für ein bestehendes Schutzverhältnis geleistet wurde, von der Kurie aber auch als Zeichen päpstlicher (Lehns-)Oberhoheit interpretiert wurde. Heute Bezeichnung für die freiwilligen Gaben der Gläubigen aus allen Ländern zugunsten des Papstes und der päpstlichen Verwaltung.

Petition of Right [englisch pɪˈtɪʃn əv ˈraɪt]: 1628 vom englischen Parlament König KARL I. vorgelegte Bittschrift um Bestätigung folgender Rechte: Verzicht des Königs auf Steuererhebung ohne parlamentarische Bewilligung, auf Zwangseinquartierungen, auf Anwendung des Kriegsrechts sowie auf willkürliche Verhaftungen. Zwar ohne unmittelbare Gesetzeskraft, war damit doch das politische Programm des Parlaments zur Einschränkung der königlichen Staatsgewalt formuliert, wie es dann durch die englischen Revolutionen 1642–60 und 1688/89 (siehe auch ↑Glorious Revolution) durchgesetzt wurde. Die P. of R. steht in der Tradition von der ↑Magna Charta 1215 über die ↑Habeaskorpusakte 1679 bis zur ↑Bill of Rights 1689.

Petitionsrecht: das Recht jedes Einzelnen, sich mit Bitten oder Beschwerden an Behörden, Volksvertretung, Staatsoberhaupt oder Regierung zu wenden (in der deutschen Verfassung: Art. 17 GG). Das P. hat historische Vorläufer in dem Recht der Stände, dem Landesherrn Beschwerden (↑Gravamina) vorzutragen und die Bewilligung von Geldern von dem Erlass bestimmter Gesetze und der Bestätigung bestimmter Rechte abhängig zu machen. Als eine der wichtigsten Forderungen des Liberalismus wurde das P. bereits im Reichsverfassungsentwurf von 1849, in der Reichsverfassung von 1871 und der Weimarer Reichsverfassung von 1919 als Grundrecht verankert.

Pfaffenkrieg: Bezeichnung für den Versuch ULRICH VON HUTTENS und FRANZ VON SICKINGENS sowie anderer Reichsritter, die Stellung des (katholischen) Klerus im Reich zu erschüttern. Die vom sozialen Abstieg bedrohten Ritter hatten sich der evangelischen Lehre angeschlossen und strebten eine Reform des Reichs mit Enteignung der geistlichen Gebiete an. In der Art von Raubrittern griffen sie 1522 v.a. das Erzbistum Trier an, wurden aber 1523 endgültig geschlagen.

Pfahlbürger: um 1200 auftauchende Bezeichnung für Leute, die das Bürgerrecht einer Stadt erlangten, aber nicht innerhalb der Mauern wohnten, sondern vor und hinter den das Außenwerk bildenden Pfählen. War das Pfahlbürgertum für die Stadt eine Möglichkeit zur Ausweitung ihres Machtbereichs, so wurde es von den Landesherren wegen des Verlustes steuerlicher und militärischer Leistungen bekämpft (Verbot z.B. in den ↑Fürstenprivilegien Kaiser FRIEDRICHS II. und in der ↑Goldenen Bulle).

Pfalz [von lateinisch palatium]: im Mittelalter auf Königsgut angelegte, über das ganze Reich verstreute, meist befestigte Wohnstätten mit dazugehörigem Wirtschaftshof, die dem reisenden König als Aufenthaltsort dienten (**Königs-** oder **Kaiserpfalz**) und in denen oft Hoftage abgehalten wurden. In staufischer Zeit wurde die P. zu einem mit ↑Ministerialen besetzten Verwaltungsmittelpunkt von Reichsland. Bedeutende karolingische P. waren u.a. Aachen und Ingelheim, in ottonischer Zeit Quedlinburg und Magdeburg und in staufisch-salischer Zeit Goslar und Gelnhausen.

Pfalzgraf: in fränkischer Zeit zunächst Beisitzer oder in Stellvertretung des Königs Vorsitzender im Königsgericht. Mit dem Anwachsen der Geschäfte bildete sich für weniger wichtige Rechtsfälle ein eigenes Gericht des P. aus. Unter den Ottonen wurden in den Stammesherzogtümern erneut Pfalzgrafschaften errichtet, die als königliches Gegengewicht zu den Herzögen für die Verwaltung des ↑Reichsguts und die Rechtspflege verantwortlich waren. Besondere Bedeutung gewann der lothringische P. (durch Verlagerung seines Besitzes vom Nieder- zum Mittelrhein später als **Pfalzgraf bei Rhein** tituliert): Er wurde Kurfürst, Erztruchsess, ↑Reichsverweser bei Thronva-

P

kanz und war der Theorie nach Richter über den König.

Pfälzischer Erbfolgekrieg: 1688–97 zwischen Frankreich und dem Heiligen Römischen Reich geführter Krieg, ausgelöst durch die Erbansprüche auf pfälzische Gebiete, die LUDWIG XIV. für seine Schwägerin ELISABETH CHARLOTTE (LISELOTTE) VON DER PFALZ, Herzogin von Orléans und Schwester des 1685 kinderlos verstorbenen pfälzischen Kurfürsten KARL II., erhob. Nach dem Einmarsch französischer Truppen u.a. in die Pfalz und die drei geistlichen Kurfürstentümer 1688 stellte sich die Wiener Große Allianz zwischen Kaiser LEOPOLD I., den Niederlanden und England (1689) sowie Spanien und Savoyen (1690) den neuerlichen Expansionsbestrebungen Frankreichs entgegen. 1689 verwüsteten französische Truppen die Pfalz, wurden aber 1693 zurückgedrängt.

Französischen Erfolgen 1690–93 in den Niederlanden stand der englisch-niederländische Seesieg vor La Hogue 1692 gegenüber. Auf dem durch den Kriegseintritt Savoyens entstandenen italienischen Schauplatz sowie in Spanien konnte sich die französische Armee behaupten, dennoch musste LUDWIG XIV. 1697 im Frieden von Rijswijk seine katalanischen und niederländischen Eroberungen preisgeben, ferner auf Lothringen, rechtsrheinische Eroberungen und Ansprüche in der Pfalz verzichten, behielt aber das 1681 besetzte Straßburg und das Elsass.

Pfründe: ↑Benefizium.

Phalanx [griechisch »Balken«]: antike Schlachtformation, die als geschlossene Front Schwerbewaffneter (↑Hopliten) kämpfte und in einzelnen Abteilungen nebeneinander operierte; besonders durch PHILIPP II. von Makedonien zu beachtlicher Stoßkraft gebracht.

Pharao [von hebräisch aus altägyptisch per-o »großes Haus«]: ursprünglich Bezeichnung für den ägyptischen Königspalast, seit Mitte des 2.Jt. v.Chr. Titel des ägyptischen Königs. Der P. regierte in der Frühzeit als Inkarnation des Falkengottes Horus die Welt, später galt er als Sohn des Sonnengottes Re. Die Maat, die rechte Weltordnung, wurde durch ihn verwirklicht, nur er besaß magische Fähigkeiten und vollzog den Kult der Götter. Im Tode wurde er in der Vorstellung der Ägypter zu Osiris, dem Vegetationsgott, der alljährlich stirbt und wiederersteht und über die Toten richtet.

Der P. residierte verborgen in der Abgeschiedenheit seines Palastes. Dort lag

Pfälzischer Erbfolgekrieg: Französische Truppen verwüsteten 1689 Speyer.

auch das Zentrum der Verwaltung, geleitet von schreibkundigen Beamten. Trat der P. aus dem Palast heraus, so erschien er dem Volk als gegenwärtiger Gott und vollbrachte wiederholt göttliche Taten. Die im Laufe der geschichtlichen Entwicklung vom 3. bis 1. Jt. v. Chr. veränderte Stellung des P. lässt sich an den Grabbauten ablesen: Galten seinem Totenkult im Alten Reich (2620–2040 v. Chr.) gewaltige Pyramiden, so überflügelten im Mittleren Reich (2040–1551 v. Chr.) Tempelbauten für Götter die bescheidenen Ziegelpyramiden, am Ende standen versteckte Felsgräber der Pharaonen im Neuen Reich (1551–711 v. Chr.). Ähnlich grenzten Priester und Beamte in einem vielschichtigen Prozess die Machtfülle des P. allmählich ein. – Siehe auch ↑frühe Hochkulturen.

Philippika: Bezeichnung für die Reden des DEMOSTHENES 349–341 v. Chr. gegen König PHILIPP II. von Makedonien, gehalten mit dem Ziel, Athen auf den Machtzuwachs des Makedonenkönigs hinzuweisen und zu Gegenmaßnahmen zu veranlassen, da die Herrschaft PHILIPPS eine Bedrohung sowohl der athenischen Freiheit als auch Griechenlands insgesamt bedeute. – In Anlehnung daran nannte CICERO seine 14 Reden, die er 44/43 v. Chr. gegen MARCUS ANTONIUS hielt, »Philippicae«. Ziel dieser Reden war es, die Cäsarmörder zu unterstützen und zu legitimieren und MARCUS ANTONIUS zum Staatsfeind erklären zu lassen, damit die alte römische Republik wiederhergestellt werden könne.

Phyle ['fy:lə; griechisch »Stamm«]: in der griechischen Frühzeit ursprünglich der Stammesverband, dann die größte politische und militärische Einheit in der Untergliederung eines griechischen Stadtstaates (↑Polis). Die ursprünglich vier P. in Athen wurden durch die Verfassungsreform des KLEISTHENES 508 v. Chr. aufgelöst, und im Rahmen einer territorialen Neugliederung wurde eine aus zehn P. bestehende Ordnung geschaffen. Kleinste Verwaltungseinheit innerhalb der P. war der ↑Demos. Die P. stellten je einen ↑Strategen und entsandten je 50 Vertreter in die auf 500 Mitglieder erweiterte ↑Bule. Jede dieser zehn Gruppen von Phylenvertretern führte jeweils für 36 Tage die Amtsgeschäfte und hatte den Vorsitz in der Bule inne (↑Prytanen).

Pharao: Zu den reichen Grabbeigaben Tut-ench-Amuns, eines Pharaos der 18. Dynastie während des Neuen Reichs, zählte auch die prächtige Goldmaske.

Physiokraten [von griechisch phýsis »Natur« und krateĩn »herrschen«]: eine Gruppe vornehmlich französischer Wirtschaftstheoretiker in der zweiten Hälfte des 18. Jh., die erstmals ein geschlossenes volkswirtschaftliches System schufen und sich im Interesse der natürlichen Harmonie des Wirtschaftslebens gegen staatliche Eingriffe in die Wirtschaft im Sinne des ↑Merkantilismus wandten. Ihre Grundgedanken entwarf F. QUESNAY 1758 in der Schrift »Tableau économique«. Geprägt von Rationalismus, Individualismus und dem Naturrecht ihrer Zeit, wollten die P. im Rahmen eines aufgeklärt-absolutistischen Regierungssystems die bestehende unvollkommene Ordnung von Wirtschaft und Gesellschaft (Ordre positif) einer vollkommenen und natürlichen Ordnung (Ordre naturel) annähern.

Das Kernstück ihrer Theorie, die Annahme, dass allein die Landwirtschaft zum Zuwachs des Volksvermögens beitrage, wurde ergänzt durch QUESNAYS Modell eines Wirtschaftskreislaufs, in dem die drei sozialen Klassen frei von außerökonomischen Einflüssen in Kaufgeschäfte miteinander treten und dabei die Reproduktion des eingesetzten Betriebskapitals bewirken. Ihrem Gesellschaftsmodell legten die P. einen ausschließlich ökonomisch definierten Klassenbegriff zugrunde, der dem damaligen Standesbegriff entgegengesetzt war. Als allein produktive Klasse galt die in der Landwirtschaft tätige Bevölkerung; zweite, nur teilweise produktive Klasse waren die Grundeigentümer (Adel, Kirche, König), die die Grundrenten in Umlauf setzten und damit zum Zuwachs des Volksvermögens beitrugen. Alle anderen Erwerbsgruppen wurden als unproduktive Klasse eingeordnet. Der Verbesserung des Ordre positif galten die Reformpläne zur Änderung der landwirtschaftlichen Betriebsverfassung (Schaffung von Großbetrieben) und eine Freigabe der Getreideausfuhr, um ein höheres Getreidepreisniveau zu erreichen. Die Steuerpläne der P. sahen die Besteuerung lediglich des Reinertrags der Grundeigentümer vor.

In ihrem Bemühen um eine Überwindung der Wirtschafts- und Gesellschaftskrise Frankreichs rüttelten die P. mit ihren Plänen zwar an der Privilegienordnung des ↑Ancien Régime (z.B. an der Steuerfreiheit des Adels), die Verhältnisse wurden jedoch nicht grundsätzlich infrage gestellt. Zwar wurden die P. schon bald durch die klassische Schule der Nationalökonomie (A. Smith) verdrängt, doch nahm die spätere Wirtschaftstheorie z.B. die Kreislauftheorie, die Vorstellung von der Reproduktion des Kapitals, und das Beispiel einer ersten volkswirtschaftlichen Gesamtrechnung auf.

Pia̧sten: polnisches und schlesisches Herrschergeschlecht, benannt nach ihrem Stammvater, dem Herzog Piast († um 890), der die polnischen Stämme zusammengefasst haben soll. Herzog Mieszko I. nahm das Christentum an, sein Sohn Bolesław I. wurde erster König von Polen. Die Reihe der piastischen Könige von Polen schloss 1370 mit dem Tod Kasimirs III.

Pietismus [von lateinisch pietas »Frömmigkeit«]: gegen Ende des 17. Jh. entstandene, bis ins 18. Jh. wirksame religiöse Bewegung des deutschen Protestantismus. Ziel des P. war eine Erneuerung der Kirche, eine »neue Reformation«, die sich aus einem in der Praxis des christlichen Lebens und Handelns eines jeden Einzelnen bewährenden Glauben und einer Vertiefung der Frömmigkeit entwickeln sollte. Ausgangspunkt und zugleich richtungweisend für den P. war Ph. J. Speners Schrift »Pia desideria« (1675). Die Führung der Bewegung übernahm die 1691 gegründete Universität Halle mit A. H. Francke, der zur Verwirklichung der pädagogischen und missionarischen Ziele des P. die Franckeschen Stiftungen gründete (bestehend aus einer Armenschule mit Waisenhaus, einem Pädagogium für Adlige mit Internat, einer Bürgerschule und einer Lateinschule für Bürgerkinder mit Internat sowie einer Höheren Mädchenschule).

Pilgerväter (englisch Pilgrim Fathers): die englischen ↑Puritaner, die zur freien Religionsausübung zuerst in die Niederlande, 1620 schließlich auf der »Mayflower« nach Nordamerika auswanderten. In Massachusetts gelandet, gründeten sie die Kolonie Plymouth, die durch den wachsenden Zustrom von Puritanern zur Keimzelle Neuenglands wurde. Ein Teil der amerikanischen Oberschicht, v.a. aus Neuengland, empfindet sich noch heute als Nachkommenschaft der Pilgerväter.

Pillnitzer Konvention: von Kaiser Leopold II., dem preußischen König Friedrich Wilhelm II. und dem Grafen von Artois, dem späteren französischen König Karl X., am 27. August 1791 im Schloss von Pillnitz bei Dresden abgegebene Erklärung, in der die Fürsten ihre Solidarität mit der französischen Monarchie bekundeten, ein militärisches Eingreifen aber von den übrigen europäischen Mächten abhängig machten.

Die P.K. führte zur Bildung der 1.Koalition gegen das revolutionäre Frankreich. – Siehe auch ↑Koalitionskriege.

Pilum [lateinisch]: Wurfspieß der römischen Legionäre von etwa 2m Länge.

Pippinsche Schenkung: im Zusammenhang mit dem Bündnis des Papsttums mit den Franken und den Langobardenfeldzügen des fränkischen Königs PIPPIN III. (754/756) erfolgte Schenkung bestimmter von den Langobarden besetzter, vorher römisch-byzantinischer Gebiete an den Papst. Diese Schenkung schuf die Grundlage des Kirchenstaats. Während nach fränkischer Auffassung die Oberhoheit des Königs bzw. Kaisers erhalten blieb, vertrat das Papsttum den Standpunkt, dass die P.S. eine Art Rückerstattung der bereits durch die (gefälschte) ↑Konstantinische Schenkung garantierten Rechtsansprüche sei.

Piraterie (Seeräuberei): auf hoher See durch die Besatzung oder die Fahrgäste eines privaten Schiffs zu privaten Zwecken an einem anderen Schiff begangene rechtswidrige Gewalttaten; seit dem Genfer Übereinkommen über die hohe See von 1958 bezeichnet der Begriff P. auch Gewaltakte, die durch die meuternde Besatzung eines staatlichen oder Kriegsschiffs begangen werden. – P. gibt es seit den Anfängen der Schifffahrt und des Seehandels. Nur selten durch umfassende Gegenmaßnahmen (z.B. der Seeräuberkrieg des POMPEJUS 67 v.Chr. oder der Zug Kaiser KARLS V. gegen Tunis 1535) bekämpft, wurde im Gegenteil die P. oft von den großen Mächten unterstützt und in Dienst genommen. So geschahen im 16.Jh. die Überfälle englischer Schiffe unter der Führung von Sir FRANCIS DRAKE auf spanische Silberflotten in halboffiziellem Auftrag der englischen Krone. Im 17.Jh. trieben die **Flibustier** oder **Bukanier,** Freibeuter der Westindischen Inseln und Mittelamerikas, in französischem und englischem Auftrag P. und plünderten spanische Küstenorte, bis sie Anfang des 18.Jh. unterdrückt wurden. Die **Barbaresken,** die in Nordafrika, in der Berberei, eigene Sultanate bzw. Emirate aufgebaut hatten (Algier, Tunis und Tripolis), trieben ihr Unwesen zur See vom 16. bis 19. Jh. gleichsam unter der Oberhoheit des Osmanischen Reichs. Seit der Begründung des modernen Völkerrechts durch H. GROTIUS zu Beginn des 17.Jh. wurden alle Staaten zur Bekämpfung der P. ermächtigt, doch bis heute fallen Menschen (z.B. zahlreiche Boatpeople in Südostasien) Piratenüberfällen zum Opfer.

Plantagenet [englisch plæn'tædʒɪnɪt]: zunächst Beiname des Grafen GOTTFRIED V. von Anjou (1113–51), abgeleitet von seiner Helmzier, dem Ginsterbusch (lateinisch: planta genista). Sein Sohn HEINRICH bestieg 1154 als HEINRICH II. den englischen Thron und begründete damit das englische Königshaus P., das bis 1399 (Sturz RICHARDS II.) in direkter Linie, bis 1485 in den Nebenlinien **Lancaster** und **York** regierte (siehe auch ↑Rosenkriege); es erlosch im Mannesstamm mit EDWARD, Earl of Warwick (hingerichtet 1499).

Plebejer [von lateinisch plebs »das niedere, ungebildete Volk«]: im antiken Rom Angehörige der großen Masse der Bürger, die neben den privilegierten ↑Patriziern und frühzeitig gegen sie standen. Die P. waren zwar rechtlich gleichgestellt, aber politisch vom öffentlichen Leben ausgeschlossen, sodass sie einen eigenen Staat im Staate mit besonderen Beamten, den ↑Volkstribunen und den für das plebejische Sonderheiligtum der Ceres zuständigen plebejischen Ädilen, bildeten. Im Lauf der Zeit stiegen viele P. ökonomisch auf und erreichten in den Ständekämpfen seit dem 4. Jh. v.Chr. nach und nach auch die politische Gleichberechtigung; sie bildeten wie die Patrizier eigene Geschlechter und verschmolzen mit diesen zum Amtsadel der ↑Nobilität. Der Begriff P. schränkte sich dadurch auf das arme Volk in Rom ein.

Plebiszit [von lateinisch plebiscitum »Volksbeschluss«]:

P

◆ im alten Rom ursprünglich der in den rechtlich außerhalb des Staatswesens stehenden Sonderversammlungen der ↑Plebejer (concilia plebis) gefasste Volksbeschluss, der nur den plebejischen Teil des römischen Volkes verpflichtete und vielfach ein dem P. entsprechendes Gesetz der ↑Komitien erwirken sollte. Mit dem Abschluss des Ständekampfs erhielt 287 v. Chr. das P. durch die Lex Hortensia Gesetzeskraft und band das Gesamtvolk, sodass man seit dem 3. Jh. v. Chr. immer mehr Gesetze in Form von P. erließ.

◆ im modernen *innerstaatlichen Recht* die unmittelbare Abstimmung der Stimmbürger über bestimmte Fragen. Das P. als Mittel der direkten Demokratie steht im Gegensatz zur Vertreterwahl als Ausdruck der indirekten Demokratie. Manipuliert kann das P. auch der Diktatur dienlich sein. Das P. wird von einem Teil der Stimmbürger eingeleitet (**Volksbegehren**) oder von staatlichen Instanzen selbst. Die Problematik des **Volksentscheids (Referendum)** in der repräsentativen Demokratie liegt darin, dass er nur Ja-Nein-Stellungnahmen und keine differenzierte Bewertung der zur Abstimmung gebrachten Fragen zulässt.

Völkerrechtlich bezeichnet das P. die Abstimmung der Bevölkerung eines bestimmten Gebietes über Gebietsveränderungen, wobei die stimmberechtigten Bürger in der Regel darüber zu entscheiden haben, ob sie im bisherigen Staat verbleiben oder die Staatsangehörigkeit wechseln wollen. In neuerer Zeit erfolgten P. aufgrund des Versailler Vertrags von 1919 in den ↑Abstimmungsgebieten.

Plebs: im alten Rom Bezeichnung zuerst für die Gesamtheit der ↑Plebejer, dann für das arme Volk.

Pluralismus: Ursprünglich sollte der politische Begriff P. gegenüber der Bindung des Bürgers an den Staat die enge Bindung auch an andere Gruppen betonen; der Staat selbst wurde nur als ein Verband unter anderen begriffen. Nach dem Selbstverständnis westlicher Demokratien ist P. heute **die** Ordnungsform ihrer Gesellschaften. Dabei geht man weniger vom Individuum aus als vielmehr von einer Vielzahl frei gebildeter politischer, wirtschaftlicher, religiöser, ethnischer und anderer Interessengruppen, die untereinander in Konkurrenz stehen und um politischen und gesellschaftlichen Einfluss ringen.

Der Theorie des P. liegt die Annahme zugrunde, dass sich dieser Prozess nicht in der Form eines ungeordneten Kampfs mit allen Mitteln vollzieht, sondern in der Form eines konstruktiven, auf Kompromissen aufbauenden Geschehens mit dem Ziel eines zufrieden stellenden Gleichgewichtszustandes aller Interessen. Dabei wird jedoch nicht angenommen, dass sich dieser Prozess naturhaft von selbst steuert und zu einer utopischen Harmonie führt, sondern man erwartet vom Staat, dass er Mängel in diesem Konkurrenzsystem aufspürt und regulierend eingreift (z. B. durch Unterstützung von Minderheiten und zur Vertretung ihrer Interessen nicht fähigen Gruppen). E. FRAENKEL, der nach 1945 wesentlich zur Theoriebildung des P. beitrug, betont v. a. die »Notwendigkeit eines generell akzeptierten Wertkodex (...), der neben verfassungsrechtlichen Verfahrensvorschriften auch ein Minimum an regulativen Ideen generellen Charakters enthalten« müsse.

Plutokratie [griechisch »Geldherrschaft«]: eine Herrschaftsform, in der die Macht von Gruppen ausgeht, deren Einfluss hauptsächlich auf ihrem wirtschaftlichen Reichtum beruht. P. kann z. B. durch ↑Zensuswahlrecht institutionalisiert sein oder indirekt durch die Abhängigkeit politischer Entscheidungsträger von Interessengruppen ausgeübt werden.

Podestạ [italienisch von lateinisch potestas »Herrschaft«]: im 12. und 13. Jh. in den nord- und mittelitalienischen Städten ein zur Wahrung der Unparteilichkeit von außen berufener, an die Stelle der Konsuln tretender Adliger, dem Verwaltung, Rechtsprechung und Heerwesen unterstanden. Das Amt des vom Volk gewählten oder vom Kaiser ernannten P. war ursprünglich befristet, wurde später jedoch erblich und entwickelte sich zur ↑Signoria.

Pogrom [russisch]: im zaristischen Russland Bezeichnung für eine mit Plünderungen und Mord verbundene Judenverfolgung, meist eingeleitet von staatlichen Stellen; im 20. Jh. allgemein Bezeichnung für eine Ausschreitung gegen Mitglieder nationaler, religiöser oder rassischer Minderheiten. – Siehe auch ↑Reichspogromnacht.

Polemarch [griechisch »Führer im Krieg«]: Titel der mit der Leitung des Militärwesens und mit dem Heereskommando beauftragten Beamten in den antiken griechischen Stadtstaaten. In Athen war der P. einer der Archonten (↑Archon); seine militärische Funktion übernahmen im 5. Jh. v. Chr. die ↑Strategen.

Polis [griechisch »Stadt«]: Bezeichnung für das altgriechische politische Gemeinwesen, die Stadtgemeinde. Begünstigt durch die geographische Zersplitterung Griechenlands in voneinander durch Meer und Berge getrennte Landschaften sowie Inseln, entstanden im 8.–6. Jh. v. Chr. zahlreiche voneinander unabhängige Stadtgemeinden mit einem Hauptort als Zentrum und je nach Lage mit größerem oder kleinerem Landgebiet. Ein befestigter Burgberg (**Akropolis**) diente als Zufluchtsort und Standort von Heiligtümern; in der Unterstadt mit der ↑Agora als wirtschaftlichem und politischem Zentrum lebten die Bürger.

In der Frühzeit hatten Könige und der lokale Adel die politische Leitung inne. In einem längeren, nicht in allen Einzelheiten erhellten Prozess errang in Athen und anderen Poleis während des 6.–5. Jh. v. Chr. die wehrfähige Bevölkerung das Recht zur Teilhabe an den politischen Gremien, d. h. an Volksversammlung, Rat, Ämtern und Gericht (↑Demokratie). An diese Staatsform, in der jeder Bürger für fast jedes Amt qualifiziert ist, denkt man, wenn man vom Zeitalter der P. spricht. Nicht eingeschlossen in die Teilhabe an der Macht waren ortsansässige Nichtbürger (↑Metöken, ↑Periöken), Frauen und Sklaven. Poleis finden sich auch dort, wo die Griechen an den Randgebieten des Mittelmeers siedelten.

Während die P. als Siedlungstyp bis zum Ausgang des Römischen Reichs Bestand hatte, schwand die Selbstständigkeit der Städte infolge kriegerischer Verwicklungen untereinander sowie mit nichtgriechischen Mächten (z. B. Persern, Karthagern); seit dem 4. Jh. v. Chr. kam es u. a. auch zu Städtebünden. In den hellenistischen Großstaaten und im Römischen Reich bewahrten die Poleis nur lokale Selbstbestimmung. – Siehe auch ↑griechische Geschichte.

Politbüro, Kurzwort für **Polit**isches **Büro**: das oberste politische Führungsorgan kommunistischer Parteien; seine Mitglieder werden vom ↑Zentralkomitee gewählt und entscheiden alle Grundsatzfragen der Politik.

politische Gefangene: aus politischen, ethnischen oder religiösen Gründen Verfolgte, denen oppositionelle Tätigkeit mit friedlichen oder gewaltsamen Mitteln vorgeworfen wird. Zu den p. G. gehören auch Inhaftierte, die aufgrund ihrer Zugehörigkeit zu einer Minderheit verfolgt werden. Die Gefangenenhilfsorganisation Amnesty International gibt die Zahl der p. G. mit einigen hunderttausend in etwa 80 Ländern an.

politisches Testament: seit dem 16. Jh. übliches schriftliches Vermächtnis eines Fürsten oder Staatsmanns an seinen Nachfolger. Während zunächst in Anlehnung an die mittelalterlichen ↑Fürstenspiegel allgemeine Erörterungen der Herrschertugenden und Ermahnungen zu christlicher Regierung überwogen, begann sich im 17. Jh. die Darstellung der politischen Anschauungen und Regierungsgrundsätze des Verfassers durchzusetzen, verbunden mit Ausführungen über einzelne Problemkreise.

polnische Frage: Bezeichnung für die Probleme, die die Versuche einer Wie-

dereinrichtung polnischer Eigenstaatlichkeit nach der Auflösung der Adelsrepublik durch die ↑Polnischen Teilungen mit sich brachten. Bereits auf dem ↑Wiener Kongress 1814/15 wurden die Hoffnungen der polnischen Patrioten enttäuscht, als anstelle des von NAPOLEON I. 1807 errichteten Herzogtums Warschau nicht ein souveräner polnischer Nationalstaat proklamiert wurde, sondern ein Königreich Polen (»Kongresspolen«), das in Personalunion mit Russland verbunden war. Durch die großen Aufstände gegen die Teilungsmächte Russland, Österreich und Preußen im 19. Jh. blieb die p. F. im Bewusstsein der westeuropäischen Liberalen lange lebendig; in den einzelnen Landesteilen Polens entwickelte sich ein alle Bevölkerungsschichten erfassendes Nationalgefühl. Die Proklamierung eines Königreichs Polen durch die Mittelmächte im Ersten Weltkrieg (November 1916) und die Ausrufung der Republik Polen (November 1918) lösten die p. F. Nach der Zerschlagung des polnischen Staates im Zweiten Weltkrieg aufgrund des Hitler-Stalin-Pakts (↑Deutsch-Sowjetischer Nichtangriffspakt) wurde er 1945 auf veränderter territorialer Grundlage wieder errichtet (↑Curzon-Linie, ↑Oder-Neiße-Linie).

Polnischer Korridor (Danziger Korridor, Weichselkorridor): Bezeichnung für den 30 bis 90 km breiten Gebietsstreifen zwischen Pommern und der Weichsel, den das Deutsche Reich im Versailler Vertrag 1919 an Polen abtreten musste, um Polen einen Zugang zur Ostsee zu schaffen. Er umfasste den größten Teil der ehemaligen Provinz Westpreußen sowie Teile Pommerns und trennte die Freie Stadt Danzig und Ostpreußen vom Deutschen Reich. Polen musste den ungehinderten Bahn-, Schiffs-, Post-, Telefon- und Telegrafenverkehr durch den P. K. sicherstellen. Während die Regierungen der Weimarer Republik auf eine gewaltlose Regelung der deutsch-polnischen Grenzprobleme hinarbeiteten, waren HITLERS seit 1938 in ultimativer Form gestellten Forderungen nach Rückgliederung Danzigs an das Deutsche Reich und den Bau einer exterritorialen Straßen- und Bahnverbindung durch den P. K. (gegen eine formale Grenzgarantie) wesentliche Faktoren für den Ausbruch des Zweiten Weltkrieges.

Polnischer Thronfolgekrieg (Polnischer Erbfolgekrieg): europäischer Krieg 1733–1735/38 um die Thronfolge in Polen nach dem Tode AUGUSTS II., DES STARKEN, in dem der Kaiser und Russland die Kandidatur des sächsischen Kurfürsten FRIEDRICH AUGUST II. unterstützten, Frankreich aber die Kandidatur des früheren polnischen Königs STANISLAUS I. LESZCZYŃSKI, des Schwiegervaters LUDWIGS XV., betrieb. Im polnischen Reichstag gewann STANISLAUS 1733 die Mehrheit, doch erzwangen russische und sächsische Truppen die Anerkennung FRIEDRICH AUGUSTS als König AUGUST III. von Polen (1734).

Europäische Dimension gewann der P. T. dadurch, dass Frankreich, Spanien und Sardinien den Krieg gegen Österreich in Italien und am Rhein erfolgreich fortsetzten. Die polnischen Anhänger von STANISLAUS mussten bis Mai 1735 den Russen weichen. Im Wiener Frieden von 1735/38 verzichtete STANISLAUS zugunsten AUGUSTS III. auf die polnische Krone und erhielt dafür die Herzogtümer Bar und Lothringen.

Polnische Teilungen: die schrittweise Zerschlagung Polens durch die Nachbarmächte Österreich, Preußen und Russland 1772–95.

Der wachsende Einfluss Russlands in Polen und Russlands erfolgreiches Vorgehen im Türkenkrieg 1768–74 sowie die Aussicht auf territoriale Kompensationen bewogen Preußen und Österreich, sich an der **1. Polnischen Teilung** (preußisch-österreichisch-russischer Vertrag vom 5. August 1772) zu beteiligen. Polen musste umfangreiche Gebiete an die drei Mächte abtreten, blieb aber als Polen-Litauen noch ein lebensfähiger Staat. Als Reaktion auf die in der polnischen Verfassung von 1791 eingeleiteten Staatsreformen, die die Zentralgewalt stärken sollten, intervenierten Russland und Preußen militärisch und schlossen am 23. Januar 1793 einen 2. Teilungsvertrag (**2. Polnische Teilung**). Das verbleibende Gebiet war heterogen zusammengesetzt und wies keine natürlichen Grenzen mehr auf. Am 24. Oktober 1795 (**3. Polnische Teilung**) wurden die noch bei Polen verbliebenen Restgebiete endgültig zwischen den drei Mächten aufgeteilt.

Polnisch-Sowjetischer Krieg: 1920/21 zwischen dem mit der »Ukrainischen Nationalrepublik« verbündeten Polen und Russland geführten Krieg um die Grenzziehung zwischen beiden Staaten. Der Frieden von Riga (18. März 1921) legte die Grenzlinie von 200 bis 300 km östlich der ↑Curzon-Linie fest.

Pomerium [lateinisch]: im alten Rom die sakrale Stadtgrenze, an der außen das militärische Kommando, innen die Gewalt der ↑Volkstribunen endete.

Pontifex maximus [lateinisch »größter Wegebahner«]: sakraler Titel, den in altrömischer Zeit der Vorsteher des Priesterkollegiums trug. AUGUSTUS nahm den Titel 12 v. Chr. an, die römischen Kaiser behielten ihn bis zu GRATIAN bei. In die päpstliche Titulatur wurde der Titel erstmals um die Mitte des 5. Jh. von Papst LEO I. aufgenommen.

Popolanen [von italienisch zu lateinisch populus »Volk«]: in den nord- und mittelitalienischen Städten seit Ende des 12. Jh. bestehende Organisation des Mittelstandes (mit militärischen, administrativen und Recht sprechenden Funktionen) zur Beschränkung der Macht des Adels. Die Führung der P. übernahm ab 1244 der **Capitano del popolo,** dessen Amt dem des ↑Podesta ähnlich war. Von beiden nahm die ↑Signoria ihren Ausgang.

Popularen [von lateinisch populus »Volk«]: im antiken Rom mit der Reformbewegung der Gracchen 133 v. Chr. aufkommende politische Kampfbezeichnung der ↑Optimaten für diejenigen Mitglieder der ↑Nobilität, die ihre tatsächlichen oder scheinbaren volksfreundlichen Ziele unter Umgehung des Senats allein mithilfe der ↑Komitien durchzusetzen versuchten. – Siehe auch ↑römische Geschichte.

P

Potsdam, Tag von: Mit einem Festakt am 21. März 1933 in der Potsdamer Garnisonskirche, mit dem der am 5. März neu gewählte Reichstag konstituiert wurde, versuchte HITLER, das Anknüpfen des Nationalsozialismus an militärische und politische Traditionen Preußens zu dokumentieren. Der T. v. P., bewusst auf den Jahrestag der Eröffnung des ersten Reichstags nach der Gründung des Deutschen Reichs gelegt, sollte die Abkehr vom »Geist von Weimar« und die erneute Hinwendung zum »Geist von Potsdam« bekunden und diente v. a. der Anbindung konservativer und monarchistischer Kreise an den Nationalsozialismus. Zwei Tage später verabschiedete der Reichstag das ↑Ermächtigungsgesetz.

Potsdamer Abkommen: das am 2. August 1945 auf der ↑Potsdamer Konferenz verfasste Abschlusskommuniqué, das die von den USA, der UdSSR und Großbritannien zur Regelung der Nachkriegsprobleme gefassten Beschlüsse enthielt, denen auch Frankreich am 7. August 1945 mit Vorbehalt zustimmte. Das P. A. legte u. a. die politischen und wirtschaftlichen Grundsätze für die Behandlung des besiegten Deutschen Reichs seitens der Siegermächte fest. Der »deutsche Militarismus und Nazismus« sollten »ausgerottet« und alle notwendigen Maßnahmen getroffen werden, »damit Deutschland niemals mehr seine Nachbarn oder die Erhaltung des Friedens in der ganzen Welt bedrohen« könne. Dem deutschen Volk wurde zugesichert, dass es sein Leben auf einer demokratischen und friedlichen Grundlage von neuem aufbauen und zu gegebener Zeit seinen Platz unter den freien Völkern der Welt wieder einnehmen könne.
Das P. A. regelte die militärische Besetzung Deutschlands, die Vernichtung des deutschen Kriegspotenzials, die Entmilitarisierung, die ↑Entnazifizierung, die Verfolgung und Aburteilung der Kriegsverbrecher, die Erneuerung des Erziehungs- und Gerichtswesens, die Entwicklung von örtlichen Selbstverwaltungen und bestimmte eine politische und wirtschaftliche Dezentralisierung.
Die deutsche Wirtschaft wurde alliierter Kontrolle unterstellt, wobei Deutschland als eine wirtschaftliche Einheit behandelt werden sollte. Einzelheiten der deutschen Reparationszahlungen wurden festgelegt.
Vorbehaltlich einer endgültigen Regelung der territorialen Fragen in einem Friedensvertrag wurden die Städte Königsberg und das angrenzende Gebiet unter die Verwaltung der UdSSR gestellt, und eine vorläufige West- und Nordgrenze Polens wurde festgelegt (siehe auch ↑Oder-Neiße-Linie). Die Ausweisung Deutscher aus Polen, der Tschechoslowakei und Ungarn wurde unter der Voraussetzung einer humanen Durchführung ausdrücklich gebilligt.
Zur Fortsetzung der notwendigen Vorbereitungsarbeiten für eine endgültige Friedensregelung sah das P. A. die Bildung eines Rats der Außenminister der fünf Großmächte Großbritannien, UdSSR, China, Frankreich und USA vor.

Potsdamer Konferenz: vom 17. Juli bis 2. August 1945 zwischen H. S. TRUMAN, J. STALIN und W. CHURCHILL bzw. C. ATTLEE (ab 28. Juli 1945) in Potsdam abgehaltene letzte Gipfelkonferenz der »großen Drei« der so genannten Anti-Hitler-Koalition des Zweiten Weltkriegs mit der Aufgabe, nach Beendigung der Feindseligkeiten die politischen, territorialen und wirtschaftlichen Fragen in Europa zu klären sowie die Beendigung des Kriegs im Fernen Osten zu beschleunigen. Zu diesem Zweck richteten TRUMAN, CHURCHILL und CHIANG KAI-SHEK am 26. Juli ein Ultimatum an Japan, in dem die bedingungslose Kapitulation gefordert wurde. Im Fall der Ablehnung legte die P. K. in einem Geheimabkommen den Kriegseintritt der UdSSR gegen Japan fest. Die Ergebnisse der P. K. wurden in einem Protokoll (**Potsdamer Deklaration**) festgehalten und im ↑Potsdamer Abkommen veröffentlicht.

Prager Fenstersturz: Der Prager Fenstersturz am 23. Mai 1618 wurde zum auslösenden Moment des Böhmischen Aufstands und des Dreißigjährigen Kriegs.

Präfẹkt [von lateinisch praefectus »Vorgesetzter«]: ein allgemeiner römischer Amtstitel und daher für verschiedene Ränge des militärischen wie des zivilen Dienstes v.a. in der Kaiserzeit verwendet. Der **Praefectus Urbis,** der Stadtpräfekt Roms (ein bereits frührömisches Amt, unter AUGUSTUS neu eingerichtet), hatte gerichtliche Befugnisse und sorgte als Chef von drei Polizeikohorten für Ruhe und Ordnung; er war direkt dem Kaiser unterstellt, ebenso wie der **Praefectus aegypti** (ab 30 v.Chr.), der Statthalter Ägyptens. Für die Versorgung Roms mit Getreide und Lebensmitteln (↑Annona) war ein eigener P. verantwortlich; der **Praefectus Vigilum** (ab 6n.Chr.) war Kommandant der hauptstädtischen Feuerwehr und von Teilen der Polizei. – Heute bezeichnet der Titel den obersten Verwaltungsbeamten eines Départements (in Frankreich) bzw. einer Provinz (in Italien).

Prager Fenstersturz:

◆ Bezeichnung für den Sturm auf das Rathaus in der Prager Neustadt am 30. Juli 1419, bei dem Ratsherren aus dem Fenster geworfen wurden. Der P. F. wurde durch hussitenfeindliche Maßnahmen König WENZELS ausgelöst und leitete die ↑Hussitenkriege ein.

◆ Aus Protest gegen die z. T. gewaltsame Rekatholisierungspolitik der Habsburger in Böhmen warfen die Führer der protestantischen, antihabsburgischen Partei am 23. Mai 1618 zwei kaiserliche Statthalter aus dem Fenster des Hradschin, um so den offenen Aufruhr der Stände hervorzurufen. Der P. F. stand am Beginn des ↑Böhmischen Aufstands, der den ↑Dreißigjährigen Krieg auslöste.

Prager Frühling: Bezeichnung für die in der Tschechoslowakei im Januar 1968 einsetzenden Versuche, einen »Sozialismus mit menschlichem Antlitz« aufzubauen. Durch die militärische Intervention von fünf Staaten des ↑Warschauer Pakts am 21. August 1968 wurden die Liberalisierungs- und Demokratisierungsbestrebungen gewaltsam unterbunden.

P

Prager Vertrag: am 11. Dezember 1973 in Prag zwischen der Bundesrepublik Deutschland und der damaligen Tschechoslowakischen Sozialistischen Republik geschlossener Vertrag. Beide Seiten bekräftigen darin die Nichtigkeit des ↑Münchener Abkommens und die Unverletzlichkeit der beiderseitigen Grenzen. Der Vertrag trat 1979 in Kraft.

Pragmatische Sanktion: allgemein Edikt oder Grundgesetz zur Regelung einer bedeutsamen Staatsangelegenheit. Am bekanntesten ist das habsburgische ↑Hausgesetz vom 19. April 1713, durch das Kaiser KARL VI. die habsburgischen Länder für unteilbar und untrennbar erklärte und die Erbfolge für den Fall des Aussterbens des habsburgischen Mannesstammes klärte. Zuerst sollten seine beiden Töchter bzw. deren Nachkommen, dann die Töchter JOSEPHS I. und schließlich alle anderen von LEOPOLD I. abstammenden Habsburgerinnen erbberechtigt sein. Der P. S. stimmten die Landstände der Territorien einschließlich Siebenbürgens und Ungarns zu, sodass sie am 6. Dezember 1724 als Grundgesetz proklamiert werden konnte. Unter z. T. großen Zugeständnissen erreichte KARL VI. auch die Anerkennung der P. S. durch die Fürsten des Heiligen Römischen Reichs (mit Ausnahme Bayerns) sowie der übrigen europäischen Mächte. Dennoch verhinderte die P. S. nicht den Angriff Preußens auf Schlesien 1740 (↑Schlesische Kriege) und den ↑Österreichischen Erbfolgekrieg.

Prälatenbank: im Heiligen Römischen Reich auf dem ↑Reichstag das zur geistlichen Bank gehörende Kollegium der nicht gefürsteten Prälaten und Äbte reichsunmittelbarer Abteien, das im ↑Reichsfürstenrat ab 1653 zwei ↑Kuriatstimmen innehatte (Schwäbische und Rheinische P.). Auf Landtagen die Kurie des geistlichen Standes.

Prämonstratẹnser: 1120 in Prémontré bei Laon von NORBERT VON XANTEN gegründeter Orden für Kleriker, der sich in den ersten hundert Jahren seines Bestehens rasch ausbreitete. Entstanden aus der Kirchenreformbewegung des 12. Jh., widmeten sich die P. der Kolonisation der Ostgebiete, der Förderung der Landwirtschaft und der Pfarrseelsorge. Reformation, Französische Revolution und ↑Säkularisation brachten den P. große Verluste, von denen sich der Orden seit dem 19. Jh. wieder langsam erholte.

Pranger: Bezeichnung für den Ort, an dem der Verurteilte der Öffentlichkeit zur Verspottung und Demütigung zur Schau gestellt wurde. Der P. tauchte etwa seit 1200 in mehreren europäischen Ländern gleichzeitig auf; in Deutschland fand er allgemeine Verbreitung etwa seit 1400. Im 19. Jh. wurde der P. abgeschafft.

Präsident: allgemein Vorsitzender; Repräsentant und Leiter von Parteien und Verbänden, Verwaltungsbehörden, Gerichten, parlamentarischen Gremien u. a.; auch Titel des Staatsoberhaupts einer Republik. – Siehe auch ↑ Bundespräsident, ↑Reichspräsident, ↑Staatspräsident.

Präsidialsystem: Regierungssystem der repräsentativen Demokratie, das durch eine strikte Trennung von Regierung (Exekutive) und Parlament (Legislative) gekennzeichnet ist. Der Präsident als Spitze der Exekutive wird in der Regel vom Volk direkt, nicht vom Parlament gewählt. Er ist vom Vertrauen des Parlaments unabhängig und kann deshalb auch von diesem nicht abgewählt werden. Ebenso ist er aber selbst nicht befugt, das Parlament aufzulösen. Dem Präsidenten steht keine Gesetzesinitiative zu, er kann lediglich ein suspensives (aufschiebendes) Veto gegen Gesetzesbeschlüsse einlegen. Die Regierungsmitglieder sind allein ihm verantwortlich. Im P. drückt sich in besonderem Maße der Gedanke der ↑Gewaltenteilung aus. Beispielhaft ausgeprägt ist das P. in den USA. Von vielen Staaten Südamerikas übernommen, artete es dort jedoch häufig zur **Präsidialdiktatur** aus.
Elemente des P. vermischten sich in der Weimarer Republik mit dem ↑parlamen-

tarischen Regierungssystem: Der direkt gewählte ↑Reichspräsident, der allerdings nicht zugleich Chef der Exekutive war, verfügte mit dem in der Weimarer Reichsverfassung (↑Weimarer Republik) festgelegten Recht, den ↑Reichskanzler zu ernennen und zu entlassen, den Reichstag aufzulösen und den Ausnahmezustand zu verhängen, über so viel Macht, dass er in der Endphase der Weimarer Republik (1930–33) mit den Kanzlern H. BRÜNING, F. VON PAPEN und K. VON SCHLEICHER ein System der **Präsidialkabinette** etablieren konnte.

Prätendent: Anwärter auf ein ihm ganz oder zeitweilig vorenthaltenes Erb- oder Wahlamt; v.a. das Haupt einer ehemals herrschenden Dynastie, das Ansprüche auf einen Thron geltend macht (**Thronprätendent**).

Prätor [von lateinisch praetor »der (dem Heer) Voranschreitende«]: im antiken Rom in der ausgehenden Königszeit wohl der Heermeister (**Praetor maximus**) des Königs, ein Amt, aus dem in der Zeit der Republik der ↑Diktator hervorging. In republikanischer Zeit der zweithöchste Beamte (↑Magistrat) mit der Kompetenz der Rechtsprechung. Der **Praetor urbanus** (Stadtprätor) war für Prozesse unter römischen Bürgern, der **Praetor peregrinus** für solche zwischen römischen Bürgern und Fremden zuständig.

Prätorianergarde (lateinisch praetoriae cohortes): Bezeichnung der von AUGUSTUS zum eigenen Schutz aufgestellten Truppe; seit 23 n. Chr. in Rom stationiert, wurde die P. ein wichtiger politischer Faktor: Sie griff häufig bei Thronwirren in die Führungskämpfe ein, indem sie den Kaiser ausrief. Nachdem bereits DIOKLETIAN ihren Einfluss beschränkt hatte, löste KONSTANTIN I. sie 312 n. Chr. auf.

Präventivkrieg: Bezeichnung für einen Krieg, der eröffnet wird, um dem sicher oder vermeintlich bevorstehenden Angriff eines Gegners zuvorzukommen.

Premierminister (Premier): Bezeichnung für den Regierungschef, z.B. in Frankreich und Großbritannien.

Preßburg, Friede von: am 26. Dezember 1805 zwischen Frankreich und Österreich geschlossener Friede, der den 3. Koalitionskrieg (↑Koalitionskriege) beendete. Österreich musste Venetien, Istrien und Dalmatien an das von NAPOLEON I. geschaffene Königreich Italien, das restliche Vorderösterreich an Bayern, Baden und Württemberg abtreten, an Bayern außerdem Tirol, Vorarlberg sowie die Bistümer Brixen, Trient, Eichstätt und Passau, während Österreich von FERDINAND III. von Toskana (im Tausch gegen das bayrische Würzburg) das Kurfürstentum Salzburg erhielt. Ferner musste Österreich der Erhebung Bayerns und Württembergs zu Königreichen und der Erhebung Badens zum Großherzogtum zustimmen.

preußischer Verfassungskonflikt: Konflikt in Preußen zwischen Krone und Regierung einerseits und Abgeordnetenhaus andererseits, ausgelöst durch den vom Prinzregenten (seit 1861 König WILHELM I. von Preußen), Kriegsminister und Militärkabinett 1860 vorgelegten Gesetzentwurf zu einer Heeresreform, der neben organisatorischen Neuregelungen v.a. eine Verstärkung der Armee in Friedenszeiten vorsah.

Das Abgeordnetenhaus stimmte 1860 und 1861 unter grundsätzlichen Vorbehalten gegenüber der Heeresreform insgesamt der als jeweils einjähriges Provisorium begonnenen Neuorganisation des Heerwesens zu. Nach der Gründung der liberalen Deutschen Fortschrittspartei 1861, die nach Wahlsiegen im Dezember 1861 und Mai 1862 die Heeresreform zum Anlass nahm, eine Verstärkung des parlamentarischen Budgetrechts und eine parlamentarische Regierung zu fordern, und nach der Entlassung der liberalen Minister, die gleichzeitig das Ende der ↑Neuen Ära bedeutete, war eine Einigung nicht mehr möglich.

Die so entstandene Krise des Staates wurde nur notdürftig mit der Ernennung

P

Prinzipat

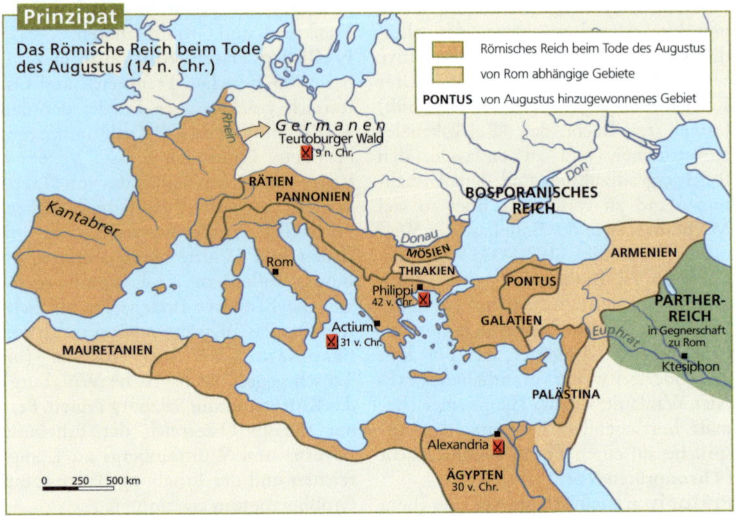

BISMARCKS zum preußischen Ministerpräsidenten am 8. Oktober 1862 gelöst, der auf der Grundlage der ↑Lückentheorie regierte. Nach der Ablehnung der Kriegskredite 1864 durch das Abgeordnetenhaus bewirkten BISMARCKS außenpolitische Erfolge jedoch einen Umschwung in der öffentlichen Meinung, sodass Fortschrittspartei und linkes Zentrum in den Landtagswahlen 1866 starke Stimmverluste hinnehmen mussten. Darüber hinaus spaltete sich von der Fortschrittspartei endgültig die Nationalliberale Partei ab, die die Zusammenarbeit mit BISMARCK suchte. Der p. V. wurde politisch mit dem preußischen Sieg im Deutschen Krieg von 1866, staatsrechtlich mit der Annahme der Indemnitätsvorlage (↑Indemnität) im preußischen Landtag beendet. Die Krone ging aus dieser Machtprobe gestärkt hervor.

Primogenitur: Erbfolge, in der der Erstgeborene (meist der erstgeborene Sohn) das Erbe antritt, oft verbunden mit der Bestimmung der Unteilbarkeit eines Gutes oder Landes; zuerst durch die ↑Goldene Bulle 1356 für die deutschen Kurfürstentümer festgelegt, dann auch von anderen Ländern durch ↑Hausgesetze übernommen (z.B. in Brandenburg 1473 durch die ↑Dispositio Achillea).

Prinz [von lateinisch princeps »im Rang der Erste«, »Gebieter«], weibliche Form **Prinzessin:** Titel der nicht regierenden Mitglieder der regierenden Fürstenhäuser in Deutschland, nach 1806 auch der mediatisierten Fürstenhäuser. Der Thronfolger wird **Erb-** oder **Kronprinz** genannt, in den Kurfürstentümern hieß er **Kurprinz.** Als **Prinzgemahl** bezeichnet man den Ehemann einer regierenden Fürstin. **Prinzregent** wird der zur Regentschaft berufene Verwandte des Monarchen genannt.

Prinzeps [von lateinisch princeps »der Erste«, »Vornehmste«]: antike römische Bezeichnung für die führenden Adligen fremder Staatswesen sowie des eigenen Staates. Der P. besaß keine staatsrechtlich verankerte Stellung, sondern wurde kraft der durch seine Leistungen erworbenen Autorität als solcher anerkannt. Der **Princeps Senatus,** der gewählte Vorsitzende des ↑Senats, hatte das Recht der ersten Stimmabgabe. AUGUSTUS wählte P. als inoffiziellen Titel, um seine Stellung in der von ihm geschaffenen Staatsform, dem ↑Prinzipat, von Diktatur und Königtum abzuheben.

Prinzipat: Bezeichnung für die von AUGUSTUS seit 27 v. Chr. geschaffene römische Staatsform, die formell die Republik wiederherstellen sollte, in der er jedoch als erster Bürger, als ↑Prinzeps, die eigentliche Herrschaft ausübte.

Die Machtstellung des Prinzeps beruhte zum einen auf seiner »auctoritas«, seiner herausgehobenen Autorität und seinem Ansehen, zum anderen auf der Häufung von Amtsgewalten (nicht der Ämter selbst) in seiner Person, nämlich auf dem prokonsularischen ↑Imperium und auf der ↑Tribunicia Potestas sowie auf dem Oberbefehl über das Heer. Aufgrund des umfangreichen Privatvermögens und der Einnahmen aus den kaiserlichen Provinzen, des ↑Fiskus, übernahm er finanzielle Lasten für den Staat, die Besoldung für Heer und Flotte, die Getreideversorgung Roms, die Ausrichtung von Spielen u.a. Im Sinne der Klientel (↑Klient) verpflichtete sich der Prinzeps die Reichsbevölkerung durch Treueid zur Gefolgschaft, wie er auch die Soldaten durch jährlichen Eid an sich band. Mit der Übertragung des Imperium proconsulare wurden dem Prinzeps die kaiserlichen, mit der Erweiterung zum Imperium proconsulare maius 23 v. Chr. auch die senatorischen Provinzen unterstellt. Die Tribunicia Potestas räumte ihm das Recht ein, mit Senat und Volk zu verhandeln, und sicherte ihm nicht zuletzt die Unverletzlichkeit (Sacrosanctitas) eines Volkstribunen zu. Darüber hinaus nahm der Prinzeps eine Sonderstellung im Senat ein (Princeps Senatus), konnte außerordentliche Sitzungen einberufen und schriftliche Anträge stellen.

Diese AUGUSTUS noch einzeln und zum Teil nacheinander verliehenen Gewalten wurden mit der Festigung dieser Staatsform durch die Lex de Imperio vom Senat jeweils pauschal dem Kaiser übertragen. Das Problem der staatsrechtlich nicht möglichen Vererbung der Gewalten und damit der Stellung eines Prinzeps wurde dadurch gelöst, dass der regierende Prinzeps schon zu Lebzeiten einen Nachfolger auswählte und diesen mit den entsprechenden staatsrechtlichen Vollmachten (v.a. dem Imperium proconsulare und der Tribunicia Potestas) ausstatten ließ. Das P. führte zunächst zur Konsolidierung des Reichs und zum Aufblühen von Kunst und Literatur, entwickelte sich jedoch im 3. Jh. n. Chr. zur Militäranarchie (↑Soldatenkaiser) und ging im 4. und 5. Jh. in das ↑Dominat über.

Prinzipat: Augustus schuf 27 v. Chr. eine neue Staatsform, das Prinzipat (Marmorstatue, zwischen 20 und 17 v. Chr.).

Privileg [von lateinisch privilegium »Sonderrecht«]: Bezeichnung für die einem Einzelnen oder einer Gruppe gewährte, vom allgemeinen Recht abweichende Sonderstellung sowie für die darüber ausgestellte Urkunde (**Freibrief**).

P

P. konnten auf Dauer oder auf Zeit verliehen werden.
Seit dem 9. Jh. bis in die frühe Neuzeit war das Erteilen von P. das bedeutendste Herrschaftsmittel und Recht, dessen sich König und Landesherren bedienten. Dabei konnte es sich um Befreiung oder um Zuteilung von teilweise finanziell nutzbaren Rechten wie Gerichtsbarkeit, Zölle, Münzen, Zehnte, Gerechtsame aller Art und Pflicht zur Heeresfolge handeln. Durch P. wurden ↑Immunitäten geschaffen, die Einrichtung von Märkten ermöglicht, Gilden, Zünfte und Städte bevorrechtigt; Dienstadel, Juden, fahrende Kaufleute, Scholaren und Landstände erhielten P. Noch im absolutistischen Staat wurden Konzessionen für das Betreiben eines Gewerbes als P. erteilt. Mit der Beseitigung der Stände und der unterschiedlichen Rechtsordnungen in der Folge der Französischen Revolution gingen auch die P. unter.

Prohibition [von lateinisch prohibere »verhindern«, »verbieten«] (Alkoholverbot): das Verbot von Herstellung, Transport und Verkauf alkoholischer Getränke, in den USA durch Bundesgesetz 1920–33 in Kraft. Die P. führte v.a. in den so genannten Goldenen Zwanziger Jahren (Golden twenties) zu Schmuggel, illegaler Herstellung und gesetzeswidrigem Verkauf von Alkohol in enormem Umfang und eröffnete eine neue Ära des organisierten Gangstertums (beispielhaft ist die Geschichte von AL CAPONE). – Eine gemäßigte Form der P. (z.B. durch hohe Konsumsteuern, Kontingentierungen, Verkauf nur in staatlichen Läden) zur Prävention von Alkoholismus gibt es v.a. in Skandinavien.

Proklamation: allgemein Erklärung, Bekanntmachung oder Aufruf. Auch Bezeichnung für die Ausrufung eines Herrschers, einer Regierung oder eines Staates (z.B. die **Kaiserproklamation** 1871); Appelle der Regierung oder des Herrschers an die Bevölkerung (z.B. ↑An mein Volk) oder auch die rechtsverbindlichen Anordnungen einer Besatzungsmacht. Im Verkehr zwischen Staaten sind P. Mitteilungen der Regierungen über gemeinsame Grundsätze und Ziele.

Prokonsul: von SULLA 81/80 v. Chr. eingeführter Titel für die ↑Konsuln, die nach Ablauf ihres Amtsjahrs in Rom als Statthalter in die Provinzen gingen und für die dort notwendige Militärbefehlsgewalt mit einem Imperium proconsulare (↑Imperium) ausgestattet waren, das

Prohibition: Aufgrund der Prohibition mussten amerikanische Schnapsbrenner ihre Alkoholvorräte vernichten (Aufnahme aus Chicago, 1928).

beim Überschreiten des ↑Pomeriums erlosch. Das Amt des P. entstand aus der Verlängerung des militärischen Kommandos über das Amtsjahr hinaus, sodass die P. als Privatleute stellvertretend für einen Konsul (lateinisch: pro consule) das Kommando innehatten.

Prokurator: in der römischen Kaiserzeit Titel für kaiserliche leitende Beamte der Hof- und Reichsverwaltung, dann auch für die Statthalter kleinerer Provinzen. Die P. bildeten ein Gegengewicht zu den senatorischen Beamten.

Proletariat:

◆ im antiken Rom Bezeichnung für diejenige Gruppe von Bürgern, deren schätzbares Vermögen den niedrigsten Zensussatz der 5. Vermögensklasse nicht erreichte. Die Proletarier waren von Steuern und vom Heeresdienst befreit und hatten gewissermaßen als einzigen Besitz ihre Nachkommenschaft (lateinisch: proles). Das P. wuchs durch die Kriege des 3. und 2. Jh. v. Chr., rekrutierte sich aus dem verarmten bäuerlichen Mittelstand und strömte in Rom zusammen. Nach dem Scheitern des Versuchs der Gracchen, das P. wieder landansässig zu machen, wurden die Proletarier als Freiwillige in das Heer eingestellt.

◆ Der historische Materialismus versteht unter P. die mit dem ↑Kapitalismus entstandene Klasse der Lohnarbeiter (im Gegensatz zur herrschenden Klasse, der ↑Bourgeoisie), die zwar im Unterschied zu den Leibeigenen rechtlich frei sind, aber über keine eigenen Produktionsmittel verfügen. Da das P. am deutlichsten den Widerspruch zwischen Arbeit und Kapital erleide, werde es, nachdem es sich seiner Lage bewusst geworden sei, zum Träger der Revolution.

Proporz: Verteilung von Sitzen und Ämtern nach dem Stärkeverhältnis z. B. von Parteien, Konfessionen, Volksgruppen, Regionen oder Interessenverbänden.

Proprätor: im Römischen Reich ab 81/80 v. Chr. der Statthalter einer Provinz nach seinem Amtsjahr als ↑Prätor in Rom (siehe auch ↑Prokonsul); in der Kaiserzeit Statthalter kaiserlicher Provinzen mit proprätorischem ↑Imperium.

Proskription [von lateinisch proscriptio »öffentliche Bekanntmachung«]: im antiken Rom die auf Tafeln erfolgende Bekanntmachung von Geächteten, die unter Einziehung ihres Vermögens für vogelfrei erklärt wurden. Die Tötung von Proskribierten wurde prämiert, und ihre Nachkommen wurden von der Ämterlaufbahn ausgeschlossen. Der P. bedienten sich 82/81 v. Chr. SULLA und 43 v. Chr. die Verbündeten des 2. ↑Triumvirats gegenüber ihren Gegnern.

Proskynese [von griechisch »Verehrung«, »Anbetung«]: Niederstrecken und Berühren des Bodens mit der Stirn als Geste der extremen Ehrerbietung und der Selbsterniedrigung, in abgeschwächter Form auch als Beugen beider Knie und als Fußkuss üblich. Die P. war im Alten Orient weit verbreitet und wurde in das Zeremoniell des hellenistischen, spätrömischen und byzantinischen Kaisertums übernommen.

Protektionismus: Schutz der einheimischen Produktion gegen die Konkurrenz des Auslandes durch Maßnahmen der Außenhandelspolitik (z. B. ↑Schutzzölle, Devisenbewirtschaftung, Einfuhrbeschränkungen und -verbote). Ziele des P. sind Vollbeschäftigung, Schutz der inländischen Industrie und weitgehende wirtschaftliche Unabhängigkeit vom Ausland. **Agrarprotektionismus** wird wegen der besonderen Situation der Landwirtschaft in vielen Ländern betrieben.

Protektor: allgemein der Beschützer, Schirmherr, Förderer. NAPOLEON I. führte nach der Rheinbundsakte von 1806 den Titel »P. des Rheinbundes«; im ↑Protektorat Böhmen und Mähren übte ein »Reichsprotektor« die Herrschaft aus.

Protektorat: Bezeichnung für die Schutzherrschaft eines oder mehrerer Staaten über einen anderen sowie für den unter Schutzherrschaft stehenden Staat selbst. Die Schutzmacht vertritt

P

und schützt den abhängigen Staat nach außen, auch dessen innere Angelegenheiten sind in einem gewissen Maß der Aufsicht und Beeinflussung der Schutzmacht unterworfen, jedoch behält der abhängige Staat völkerrechtlich seine Selbstständigkeit. P. entstanden in der Regel durch Verträge, gelegentlich aber auch durch einseitige Erklärung der Schutzmacht. Die Errichtung von P., die später häufig in Kolonien umgewandelt wurden, war eines der Hauptinstrumente des europäischen Kolonialismus in Afrika und Asien.

Protektorat Böhmen und Mähren: von den Nationalsozialisten eingeführte Bezeichnung für die von HITLER ihrer Souveränität beraubten und dem Deutschen Reich 1939 eingegliederten (im ↑Münchener Abkommen als »Resttschechei« bezeichneten) tschechischen Gebiete.

Protestantismus: die Gesamtheit der maßgeblich von der ↑Reformation bestimmten christlichen Kirchen und Bewegungen. Die Bezeichnung Protestanten geht zurück auf die Protestation (den Einspruch) der evangelischen Stände auf dem 2. Reichstag von Speyer 1529 gegen das Verbot der Reformation. Der P. umfasste zunächst alle theologischen Richtungen und konfessionellen Gruppen auf evangelischer Seite im 16. Jh. (Luthertum, ↑Kalvinismus, den von ZWINGLI, MELANCHTHON u.a. geprägten P.). Neben den drei großen Zweigen des P. entwickelten sich zahlreiche kleinere protestantische Glaubensgemeinschaften.

Der P. bewirkte politische und soziale Veränderungen und Umwälzungen. So brach die Reformation mit der Überordnung des Priester- und Mönchsstandes über den Laienstand. Die Abschaffung der Pfründen und Klöster bot die Mittel zu einer intensiven Kranken- und Armenpflege und zum Ausbau von Schulen und Universitäten. Da es anfänglich noch keine evangelischen Gemeindeorganisationen gab, übernahm der evangelische Landesherr oder Rat der Stadt die Kirchenleitung (↑landesherrliches Kirchenregiment); dieses endete in Deutschland erst nach dem Ersten Weltkrieg. Die Mitwirkung der Laien an der Leitung der Kirche, im 16. Jh. noch ein revolutionärer Gedanke, entwickelte sich im Bereich des Kalvinismus.

Provinz:

- im antiken Rom zunächst der Amtsbereich der obersten Beamten, nach Erwerb außeritalischer Gebiete seit dem 3. Jh. v. Chr. das Land, das von römischen Statthaltern verwaltet wurde. Diese P. galten als Untertanengebiet, ihre Bewohner hatten nicht das römische Bürgerrecht und waren meistens abgabenpflichtig. 27 v. Chr. wurden die P. in **senatorische** und **kaiserliche Provinzen** aufgeteilt, bis unter DIOKLETIAN diese Unterschiede aufgehoben wurden.
- nach römischem Vorbild in zahlreichen Ländern Bezeichnung für staatliche Verwaltungsbezirke, bei deren Bildung oft natürliche Gegebenheiten, ethnische Gesichtspunkte und die historische Entwicklung berücksichtigt wurden.
- kirchliche Verwaltungseinheit (**Kirchenprovinz**).

Provinzialstände:

- (États provinciaux): im Frankreich des Ancien Régime die Ständevertretung der einzelnen Provinzen im Gegensatz zu den ↑Generalständen. Im 14. Jh. voll ausgeprägt, erwarben die P. das Steuerbewilligungsrecht und behaupteten sich in den so genannten Pays d'état (u.a. Bretagne, Provence und Languedoc) bis zur Französischen Revolution; die Pays d'élection unterstanden der königlichen Steuerverwaltung.
- in Preußen 1823 für die in einzelnen Provinzen geschaffenen Vertretungskörperschaften mit beschränkten Mitbestimmungsrechten, in denen meist der grundbesitzende Adel das Übergewicht hatte. 1847 wurden die P. zum Vereinigten Landtag nach Berlin einberufen, ohne allerdings ein wirkliches Gesamtparlament Preußens darstellen zu können. Die 1875–88 geschaffenen Provinzial-

ordnungen lösten die alten P. auf, an ihre Stelle traten die **Provinziallandtage,** deren Abgeordnete von den Stadt- und Landkreisen gewählt wurden.

Prytanen: in Athen seit den Reformen des Kleisthenes je 50 Ratsmitglieder aus einer ↑Phyle, die die Amtsgeschäfte der ↑Bule leiteten; sie amtierten jeweils für ein Zehntel des Jahres nach erloster Reihenfolge. Prytane war auch der Titel der höchsten Magistrate in griechischen Stadtstaaten.

Ptolemäer: nach dem Stammvater Ptolemaios I. Soter, einem Feldherrn Alexanders des Grossen (↑Diadochen), benannte hellenistische Herrscherdynastie, die Ägypten von 323 v. Chr. (Tod Alexanders) bis 30 v. Chr. (Selbstmord der letzten Ptolemäerin Kleopatra VII.) regierte. Sämtliche Nachfolger des seit 305 den Königstitel führenden Ptolemaios I. Soter hießen ebenfalls Ptolemaios. Der letzte war Ptolemaios XV., der Sohn Kleopatras VII. und Cäsars.

Publicani: seit dem 3. Jh. v. Chr. Bezeichnung für private Geschäftspartner des römischen Staates für Heereslieferungen, Pacht von staatlichen Einkünften und Staatsbesitz; ihre Funktionen wurden in der Kaiserzeit mehr und mehr von Beamten übernommen.

Punische Kriege: drei Kriege Roms gegen die Karthager (Punier), durch die Rom die Herrschaft im westlichen Mittelmeer und die ersten Besitzungen außerhalb Italiens erlangte.

Der **1. Punische Krieg** (264–241 v. Chr.) begann mit dem Streit der ↑Mamertiner von Messina mit Syrakus. Die Mamertiner suchten sowohl bei Rom als auch bei Karthago Hilfe, sodass sich die ursprünglich örtliche Auseinandersetzung zum Kampf zwischen Rom und Karthago um Sizilien entwickelte. Um der Überlegenheit der Karthager zur See standhalten zu können, sah sich die Landmacht Rom zum Bau einer Kriegsflotte gezwungen. Nach jahrelangen wechselvollen Kämpfen fiel mit dem römischen Seesieg bei den Ägadischen Inseln 241 Sizilien an Rom und wurde 228/227 als Provinz eingerichtet. Im selben Jahr wurden auch Sardinien und Korsika zur römischen Provinz, die Rom 237 unter Ausnutzung eines karthagischen Söldneraufstandes besetzt hatte. Um die erlittenen Einbußen auszugleichen, bauten die Karthager im erzreichen Spanien ihre Herrschaft aus; in einem Vertrag zwischen Rom und Karthago (226 v. Chr.) wurde der Ebro als Grenze der Interessensphären festgelegt.

Als Hannibal vertragswidrig den Ebro überschritt, löste er den **2. Punischen Krieg** (218–201) aus. Hannibal zog über die Alpen, fiel in Italien ein und schlug die Römer 217 am Trasimenischen See und 216 bei Cannae. Daraufhin fielen mehrere italienische Bundesgenossen von Rom ab. 215 schloss Philipp V. von Makedonien ein Bündnis mit Hannibal, das Anlass für den 1. Makedonischen Krieg (↑Makedonische Kriege) wurde. Trotz der römischen Niederlagen, 211 auch in Spanien, gelang Rom schrittweise die Unterwerfung der abgefallenen Bundesgenossen und die Rückeroberung Spaniens (211–206); mit dem Friedensschluss mit Philipp V. 205 waren die Voraussetzungen für Scipio Africanus, den Älteren, für die Landung in Afrika (204) geschaffen. Hannibal, 203 nach Afrika zurückgekehrt, wurde 202 bei Zama von Scipio geschlagen. Im folgenden Frieden von 201 wurde Karthago politisch und militärisch entmachtet, musste Spanien abtreten, seine Flotte ausliefern, ungeheure Kriegsentschädigungen zahlen und sich verpflichten, ohne Genehmigung Roms auch in Afrika keinen Krieg zu führen und Gebiete, auf die der numidische König Anspruch erhob, abzutreten.

Als sich 149 v. Chr. Karthago gegen die Übergriffe der Numider erhob, kam es zum **3. Punischen Krieg,** der seine tiefere Ursache in der Furcht Roms vor der wirtschaftlichen Macht Karthagos hatte.

P

Der Krieg endete mit der Zerstörung Karthagos 146 v.Chr. und der Errichtung der römischen Provinz Afrika.

Punktation: im Völkerrecht meist verbindliche Festlegung der Hauptpunkte eines künftigen zwischenstaatlichen Vertrages (z.B. ↑Olmützer Punktation).

Puritaner: zunächst die spöttisch gebrauchte Bezeichnung für Vertreter einer kirchlichen Reformbewegung in England seit der zweiten Hälfte des 16.Jh. Die P. wollten die Kirche von allen unbiblischen, katholisierenden Resten reinigen und zeichneten sich durch eine ethisch rigorose Haltung, verbunden mit einer einfachen Lebensführung aus. Unter ELISABETH I. traten die P. stärker in der Kritik an gottesdienstlichen Formen und kirchlichen Lehrgehalten hervor. Ihre Trennung von der Staatskirche und die damit verbundene politische Opposition führten zur Emigration großer Teile der P. nach Nordamerika (siehe auch ↑Pilgerväter). Nach CROMWELLS Sieg im englischen Bürgerkrieg zur Macht gelangt, vertrieben die P. zahlreiche anglikanische Pfarrer aus ihren Gemeinden, beseitigten das Bischofsamt und schlossen vorübergehend die Theater. Nach der Wiederherstellung der Macht der ↑Stuarts wurden die P. ihrerseits Verfolgungen ausgesetzt und aus dem öffentlichen Leben zurückgedrängt. Puritanisches Gedankengut, wie v.a. die Forderung nach einer Trennung von Staat und Kirche, Gewissensfreiheit und Toleranz, prägte nicht nur das kirchliche, sondern auch das politische, kulturelle und wirtschaftliche Leben Englands.

Putsch: Umsturz oder Umsturzversuch zur Übernahme der Staatsgewalt, durchgeführt von (meist militärischen) Gruppen, die (im Gegensatz zum ↑Staatsstreich) vorher nicht Teilhaber an der Macht waren.

Pyrenäenfriede: der zwischen Frankreich und Spanien am 7.November 1659 geschlossene Friede, der den seit 1635 geführten Krieg beendete. Spanien trat die Grafschaften Roussillon und Cerdaña nördlich der Pyrenäen ab, die nun die Grenze bildeten, ferner Teile des Artois, des Hennegau, von Flandern und Luxemburg und verzichtete auf die Gebiete, die Frankreich im ↑Westfälischen Frieden von Österreich erhalten hatte. Frankreich selbst gab den unter seinem Einfluss verbleibenden Herzögen von Lothringen, Savoyen und Modena ihre Besitzungen zurück. Ein mit dem P. gekoppelter Heiratsvertrag zwischen LUDWIG XIV. und der spanischen Königstochter MARIA THERESIA eröffnete dem Haus ↑Bourbon die Aussicht auf das Erbe der spanischen Habsburger (siehe auch ↑Spanischer Erbfolgekrieg). Der P. beendete die spanisch-habsburgische Vormachtstellung in Europa und schuf zugleich die Ausgangsposition für die Vorherrschaft Frankreichs.

Pyrrhussieg: Bezeichnung für einen verlustreichen, zu teuer erkauften Sieg, benannt nach König PYRRHUS von Epirus, der 280 v.Chr. der Stadt Tarent gegen die Römer zu Hilfe kam, dabei aber so verlustreiche Siege erfocht, dass sie fast einer Niederlage gleichkamen.

Q

Quadrupelallianz: im neuzeitlichen europäischen Staatensystem Bündnis von vier Mächten v.a. zur Aufrechterhaltung eines Mächtegleichgewichts, z.B. die **Quadrupelallianz von Warschau** 1745 zwischen Österreich, Sachsen, Großbritannien und den Niederlanden mit dem Ziel, im ↑Österreichischen Erbfolgekrieg Schlesien zurückzugewinnen, die **Quadrupelallianz von Chaumont** 1814 zwischen Österreich, Russland, Preußen und Großbritannien zur Weiterführung der ↑Befreiungskriege und Wiederherstellung einer gegen die Französische Revolution gerichteten Friedensordnung im Sinne der ↑Heiligen Allianz und die **Quadrupelallianz von London** 1840 zwischen Großbritannien,

Russland, Preußen und Österreich zum Schutz des Osmanischen Reichs.

Quai d'Orsay [französisch kedɔr'sɛ]: Bezeichnung für den Sitz des französischen Außenministeriums am linken Ufer der Seine in Paris und die Institution selbst.

Quäker [englisch »Zitterer«]: ursprünglich Spottname, später Selbstbezeichnung für Anhänger einer mystisch-spiritualistischen, antikirchlichen Bewegung, die in England um die Mitte des 17. Jh. entstanden war. Wegen der Ablehnung der Staatskirche, radikaler moralischer Forderungen und ihrer Konsequenzen (Verweigerung des Eids, Ablehnung des Kriegsdienstes) wurden die Q. verfolgt und zur Emigration gezwungen (v.a. von Bedeutung für die Besiedlung der nordamerikanischen Kolonien).

Quästor [von lateinisch quaestor »der Untersucher«]: römischer ↑Magistrat; zunächst waren die Q. Untersuchungsrichter mit Strafgerichtsbarkeit in Mordfällen, dann von den ↑Konsuln als Gehilfen ernannte, ab der Mitte des 5. Jh. vom Volk gewählte Jahresbeamte. Anfänglich gab es zwei, ab 421 v. Chr. mit dem Zutritt der Plebejer zur Quästur vier Q. (u.a. für Staatskasse und Kriegskasse); wegen zunehmender Verwaltungsaufgaben wurde die Zahl der Q. von SULLA 81/80 v. Chr. auf 20 erhöht. Die **Quästur** war in der Republik das niedrigste Amt und konnte nach dem 30., in der Kaiserzeit nach dem 25. Lebensjahr bekleidet werden. Seit SULLA gelangten die Q. nach Ablauf des Amtsjahres automatisch in den ↑Senat.

Quietismus [von lateinisch quietus »ruhig«, »zurückgezogen«]: mystische Strömung des Katholizismus v.a. im 17. Jh., die ein völliges Aufgehen in Gott anstrebte, wobei das Mittel dazu eine verinnerlichte, stark individuell geprägte Frömmigkeit sein sollte. Religionsgeschichtlich ist der Q. den Anschauungen der ↑Beginen und ↑Begarden und Teilen der ↑Täufer verwandt. Aus dogmatischen und moraltheologischen Gründen wurde der Q. von der katholischen Kirche heftig bekämpft.

Quirinal: einer der sieben Hügel Roms; der **Palazzo del Quirinale** war vom 16. bis 18. Jh. Sommerresidenz der Päpste, 1870–1946 königlicher Palast, heute Sitz des italienischen Staatspräsidenten.

Quislinge: oft synonym gebrauchte Bezeichnung für Kollaborateure mit dem Deutschen Reich während des Zweiten Weltkriegs (siehe auch ↑Kollaboration). Der Begriff geht auf den norwegischen Offizier und Politiker V. A. L. QUISLING zurück, der Ende 1940 A. HITLER die präventive Besetzung Norwegens vorschlug und nach deren Durchführung 1940 für wenige Tage Ministerpräsident und 1942–45 Chef einer »nationalen Regierung« in Abhängigkeit von einem deutschen Reichskommissar wurde. QUISLING wurde 1945 verhaftet und wegen Hoch- und Landesverrats zum Tode verurteilt.

R

Radikalismus [von lateinisch radix »Wurzel«]: Bezeichnung für politische Richtungen, die die bestehenden Verhältnisse von Grund auf ändern wollen; heute oft zur Diffamierung des politischen Gegners benutzt.

Zuerst wurden in Großbritannien gegen Ende des 18. Jh. die Anhänger einer entschiedenen Reform des Wahlrechts als Radikale bezeichnet. In Frankreich legten sich die Republikaner seit 1835 den Parteinamen Radikale zu. Ähnlich trat der deutsche R. des Vormärz und der Deutschen Revolution 1848/49 für die demokratische Republik auf der Basis gesellschaftlicher Reformen ein (z.B. G. STRUVE, J. FRÖBEL).

Der sich gegen Ende des 19. Jh. entwickelnde **Rechtsradikalismus** war von einer gegen die Prinzipien der Aufklärung und der Französischen Revolution gerichteten antidemokratischen Zielsetzung geleitet; sein extremster Ausdruck

R

waren der Faschismus und Nationalsozialismus im 20. Jahrhundert.

Auf der Linken verdrängten die ↑Arbeiterbewegung und ihre theoretische Ausprägung, der ↑Marxismus, im letzten Drittel des 19. Jh. die bürgerlichen Demokraten zur Mitte und galten nun als radikal (**Linksradikale**). Mit der Ausbreitung der Arbeiterbewegung, den Reformen in Staat und Gesellschaft und der verfassungsmäßigen Verankerung der Demokratie wurden die radikalen Positionen der sozialdemokratischen Arbeiterbewegung abgebaut. Doch hatte sich inzwischen mit dem ↑Kommunismus, theoretisch begründet durch den ↑Marxismus-Leninismus, eine neue linksradikale Bewegung entwickelt.

RAF, Abk. für **R**ote-**A**rmee-**F**raktion: linksextremistische terroristische Vereinigung, die Ende der 1960er-Jahre aus der Gruppe um A. BAADER und U. MEINHOF hervorging. Die RAF versuchte, durch Attentate gegen Einrichtungen und Personen des öffentlichen Lebens (u.a. Ermordung des Arbeitgeberpräsidenten H.-M. SCHLEYER, 1977, und des Vorstandssprechers der Deutschen Bank A. HERRHAUSEN, 1989) die Grundordnung der Bundesrepublik Deutschland umzustoßen und sozialrevolutionäre Ziele durchzusetzen. In den 1980er-Jahren unterstützte die DDR-Führung das Untertauchen von RAF-Mitgliedern, die nach dem Zusammenbruch der DDR verhaftet wurden. 1998 gab die RAF ihre Selbstauflösung bekannt.

Raketenabwehrsysteme: Waffensysteme zur Abwehr im Anflug befindlicher gegnerischer Raketenwaffen. Der Abwehr strategischer Interkontinentalraketen (Raketen über 5500 km Reichweite) dient das System ↑ABM (↑SALT). 1993 verzichtete die USA unter Präsident B. CLINTON auf die Fortführung des von Präsident R. REAGAN 1983 eingeleiteten Forschungsprogramms zur Entwicklung eines R. im Weltraum (**SDI,** Abk. für Strategic Defense Initiative, »Initiative zur strategischen Verteidigung«).

Rapackiplan [ra'patski]: in einer Rede vor der UN-Vollversammlung am 2. Oktober 1957 dargelegter Plan des damaligen polnischen Außenministers A. RAPACKI, der ein Verbot der Herstellung und Stationierung von Atomwaffen und ihrer Träger in Polen, der Tschechoslowakei und in beiden Teilen Deutschlands vorsah. Der Plan wurde von westlicher Seite abgelehnt, da durch ihn das militärische Gleichgewicht in Europa zugunsten der in konventioneller Rüstung überlegenen Staaten des ↑Warschauer Pakts verschoben worden wäre.

Rapallovertrag: am 16. April 1922 in dem italienischen Seebad Rapallo bei Genua geschlossener Vertrag zwischen dem Deutschen Reich und Sowjetrussland, in dem beide Seiten auf Ersatz von Kriegskosten und -schäden verzichteten, die beiderseitigen diplomatischen Beziehungen normalisiert und die Wirtschaftsbeziehungen intensiviert wurden. Der R. sollte einer drohenden deutschen Isolierung auf der Weltwirtschaftskonferenz in Genua entgegenwirken und dem Reich einen größeren außenpolitischen Spielraum verschaffen, ohne eine einseitige Orientierung nach Osten vorzunehmen. Auch für Sowjetrussland bot der R. eine Möglichkeit, aus seiner politischen Isolierung (siehe auch ↑Cordon sanitaire) herauszutreten. Der R. wurde 1926 durch den Berliner Vertrag erneuert und blieb bis 1933 Grundlage der deutschen Politik gegenüber der Sowjetunion.

Rassismus: Weltanschauung, die in den verschiedenen menschlichen Rassen nicht nur nach biologisch-physischen Merkmalen unterschiedene Gruppen sieht, sondern ein kulturelles, soziales, ökonomisches oder politisches Über- bzw. Unterordnungsverhältnis herstellen will. In Anlehnung an CH. R. DARWIN behauptete man die kulturelle Überlegenheit einzelner Rassen und erklärte sie aus den Gesetzen der Evolution. Obgleich erwiesenermaßen derartige

Übertragungen biologischer Entwicklungen auf die politisch-historische Entwicklung der Menschheit falsch sind, fand der R. v.a. dort reichen Nährboden, wo bestimmte Bevölkerungsgruppen diskriminiert wurden, um eigene Machtpositionen zu behaupten bzw. zu erlangen; so diente der R. insbesondere den expansiven Bestrebungen des ↑Imperialismus und ↑Kolonialismus. Ins Extrem gesteigert war der R. in der Rassenideologie und -politik des ↑Nationalsozialismus.

Rastatter Kongress: Verhandlungen in Rastatt vom 9. Dezember 1798 bis 23. April 1799 zwischen Frankreich und dem Heiligen Römischen Reich, in deren Verlauf das Reich in die Abtretung des linken Rheinufers an Frankreich einwilligte. Die territorialen Einbußen der weltlichen Reichsfürsten sollten durch ↑Säkularisation der geistlichen Fürstentümer ausgeglichen werden; damit sollten die Reichsfürsten stärker an Frankreich gebunden und Österreichs Stellung geschwächt werden. Durch den Ausbruch des 2. Koalitionskriegs (↑Koalitionskriege) wurde der Kongress abgebrochen.

Rat: Bezeichnung für das kollegiale Gesetzgebungs- und Verwaltungsgremium, das sich im 13. Jh. mit der Durchsetzung der städtischen Selbstverwaltung herausbildete (**Stadtrat**), sowie für dessen Mitglieder (**Ratsherren**).

Vorläufer waren die entweder von der Bürgergemeinde jährlich neu gewählten Stadtgeschworenen oder vom Stadtherrn eingesetzten Stadtschöffen, die die Aufsicht über den Markt sowie über Gewerbe und Zünfte führten. Zunächst setzte sich der R. aus Angehörigen des ↑Patriziats, aus stadtsässigen Adligen und Ministerialen, vorwiegend aber aus reichen Kaufleuten zusammen, die die **ratsfähigen Geschlechter** bildeten. Gegen die Herrschaft dieser Oberschicht wandte sich im 14./15. Jh. das in Zünften organisierte Handwerk und forderte eine Teilhabe am Stadtregiment. Dadurch kam es oft zu einer Aufspaltung des R. in einen großen oder äußeren und einen kleinen, inneren R., dem die eigentlichen Amtsgeschäfte oblagen und in dem sich zumeist die Geschlechterherrschaft behaupten konnte.

Mit der Eingliederung der Städte in die sich herausbildenden Territorialstaaten schränkten die Landesherren die städtische Selbstverwaltung ein und ersetzten den R. durch kleinere Kollegien, die **Magistrate,** die sich aus vom Landesherrn ernannten Beamten zusammensetzten.

Im Hochmittelalter entwickelte sich aus den beratenden Versammlungen der Fürsten und Könige in zahlreichen Ländern der ↑Staatsrat zu einer ständigen Regierungsbehörde (siehe auch ↑Hofrat), bis er, nach Einrichtung der Ministerien, zu einer beratenden oder auch nur formalen Institution verblasste.

Rat der Volksbeauftragten: provisorische deutsche Regierung vom 10. November 1918 bis 19. Februar 1919; der R. d. V. war eine von der Vollversammlung der Berliner ↑Arbeiter-und-Soldaten-Räte bestätigte Koalition aus SPD und USPD unter den Vorsitzenden F. Ebert und H. Haase; die USPD-Politiker verließen am 29. Dezember den R. d. V., an ihre Stelle rückten SPD-Politiker nach. Das Regierungsprogramm vom 12. November sah grundsätzliche Reformen vor und versprach, ein »sozialistisches Programm zu verwirklichen«. Nach der Wahl zur Weimarer Nationalversammlung (↑Weimarer Republik) vom 19. Januar 1919 übergab der R. d. V. die Macht an diese.

Rätesystem: ein Herrschaftssystem, das – ausgehend von der Idee der unmittelbaren Demokratie im politischen und wirtschaftlichen Bereich (Wirtschaftsräte) – stufenförmig von unten nach oben aufgebaut ist. Die untersten Einheiten (Betriebs-, Wohn- und Verwaltungseinheiten) wählen **lokale Räte,** diese wiederum **regionale Räte** bis hin zum gesamtstaatlichen **Zentralrat.** Diese Räte sind an die Weisungen und Aufträge ih-

R

rer Wähler gebunden, unterliegen ferner einer dauernden Kontrolle durch ihre Wählerschaft, sind ihr jederzeit verantwortlich und jederzeit von ihr abwählbar (imperatives Mandat). Die Räte als einzige Staatsorgane besitzen auf jeder Ebene die volle Gewalt, d.h., sie vereinigen in sich die gesetzgebende, die Recht sprechende und die ausführende Gewalt; damit steht das R. im Gegensatz zum Prinzip der ↑Gewaltenteilung.

Rätesystem: Mit Hinweis auf die Benachteiligung der Arbeiterklasse durch das parlamentarische System rief die Kommunistische Arbeiterpartei zum Boykott der Wahlen zur Nationalversammlung am 19. Januar 1919 auf; sie selbst stand für den Aufbau eines sozialistischen Staates auf der Basis von Räten.

Die Vorstellungen des R. gehen auf P. J. PROUDHON und auf K. MARX zurück, der in der ↑Pariser Kommune 1871 Ansätze einer zukünftigen Herrschaft des Proletariats zu erblicken meinte. Das Konzept des R. wurde u.a. von W. I. LENIN weiterentwickelt. Ansätze zur Ausbildung eines R. traten im 20. Jh. v.a. beim Zusammenbruch staatlicher Institutionen auf, so z.B. die ↑Arbeiter-und-Soldaten-Räte in Russland nach der ↑Februarrevolution von 1917 und in Deutschland 1918/19.

Rat für gegenseitige Wirtschaftshilfe: ↑COMECON.

Raubritter: Ritter, die durch den wirtschaftlichen und militärischen Umbruch im 14. und 15. Jh. (Ablösung der Naturalwirtschaft durch die Geldwirtschaft, Aufkommen der ↑Landsknechte und Söldnerheere) in Not gerieten, sodass sie versuchten, durch ↑Fehden und Raub ihren sozialen Status zu erhalten.

Reaktion: im politisch-sozialen Bereich Bezeichnung für den Versuch, überholte gesellschaftliche Verhältnisse gegen (reformerische oder revolutionäre) Änderungsabsichten zu verteidigen. Welche Auffassungen und Verhältnisse jeweils als überholt anzusehen sind, ist bei den verschiedenen sozialen Gruppen und politischen Richtungen umstritten. – In der deutschen Geschichte wird die Zeit vom Scheitern der Revolution von 1848/49 bis zum Beginn der ↑Neuen Ära in Preußen 1858 als **Reaktionszeit** bezeichnet.

Realpolitik: ein von A. L. VON ROCHAU (»Grundsätze der R. ...«, 1853) geprägter Begriff, der in bewusster Abgrenzung zur (gescheiterten) »Ideenpolitik« der Frankfurter Nationalversammlung 1848/49 entstand und zum Leitbegriff der Reichsgründungsepoche und der späten Bismarckzeit wurde. Er beschreibt eine Politik, die vom Möglichen ausgeht, auf abstrakte Programme verzichtet und stattdessen die politischen Ziele an den realen Gegebenheiten ausrichtet.

Realteilung: Bezeichnung für die gleichmäßige Aufteilung des bäuerlichen Grundbesitzes unter den Erben; die R. führte besonders in Südwestdeutschland zur Zersplitterung des bäuerlichen Besitzes. – Siehe auch ↑Anerbenrecht.

Realunion: Staatenverbindung, die im Gegensatz zur ↑Personalunion verfassungsrechtlich durch das gemeinsame monarchische Staatsoberhaupt und durch gemeinsame staatliche Institutionen dauerhaft, wenn auch zwischen staatsrechtlich selbstständigen Staaten begründet ist (z.B. Österreich-Ungarn 1867–1918).

Rechte: aus der nach 1814 üblichen Sitzordnung (in Blickrichtung des Präsidenten) der französischen Deputiertenkammer übernommene Bezeichnung für die konservativen Abgeordneten, die an der Bewahrung überkommener Vorstellungen und Normen orientiert sind. – Siehe auch ↑ Linke.

Rechtsbücher: im deutschen Mittelalter private Sammlungen des geltenden Rechts, die später das Ansehen von Gesetzen erlangten; von großer Bedeutung waren der ↑Frankenspiegel, der ↑Schwabenspiegel und der ↑Sachsenspiegel.

Rechtsextremismus: ↑Extremismus.

Rechtsstaat: ein Staat, dessen Tätigkeit vom Recht bestimmt und begrenzt wird. Im R. sind alle Staatsorgane gemäß der Verfassung verpflichtet, das von der Volksvertretung gesetzte Recht zu verwirklichen, dieses Recht durch ihre eigene Tätigkeit nicht zu beeinträchtigen und sich der Kontrolle unabhängiger Richter zu unterwerfen.

Die Entwicklung der Rechtsstaatsidee: Bereits PLATON und ARISTOTELES hatten gefordert, dass nicht Menschen, sondern Gesetze den Staat beherrschen sollen, und auch im Mittelalter wurde der Gedanke vertreten, dass der Staat die Aufgabe habe, das Recht zu wahren. Zu Beginn des 19. Jh. wurde die Forderung nach dem R. als Gegenbegriff zum alles reglementierenden absolutistischen Wohlfahrtsstaat zum Anliegen des Liberalismus: Der Staat sollte dem Recht den Vorrang einräumen und seine Staatsgewalt zugunsten der Freiheit seiner Bürger einschränken. Diese wird v.a. durch die Anerkennung von Grundrechten gesichert. Ferner stehen alle staatlichen Handlungen unter dem Gebot der Rechtssicherheit, d.h., sie sollen klar und widerspruchslos sein, berechenbar und messbar für den Bürger, der ihnen unterworfen ist. Im späten 19.Jh. verengte sich der Gedanke des R. auf den formalen Gesichtspunkt: Die Gesetzmäßigkeit der Verwaltung (d.h. deren Bindung an die Gesetze) und ihre gerichtliche Kontrolle werden zum alleinigen Bestimmungsmerkmal für den Rechtsstaat.

Dieser **formale Rechtsstaat** wird zum Gesetzesstaat: Als Gesetz gilt, was im parlamentarischen Verfahren beschlossen ist, wobei der Gesetzgeber keinerlei Schranken unterworfen ist. Auch die in der Verfassung garantierten Grundrechte stehen dem Gesetzgeber zur Disposition. Diesem formalen R. steht der **materielle Rechtsstaat** gegenüber, in dem die Staatsgewalt neben der formalen Bindung an Recht und Gesetz v.a. an eine über bestehende Gesetze hinausgehende oder ihnen gar widersprechende Gerechtigkeit gebunden ist. In der Bundesrepublik Deutschland wurden nach 1945 mit dem Grundgesetz zwar die formalen Prinzipien des R. beibehalten, diese wurden jedoch als Instrumente der Sicherung des materiellen Rechts verstanden, als dessen erste Aufgabe die Anerkennung der Menschenwürde – als eines dem Staat vorgegebenen Werts – und deren Sicherung und Entfaltung im Grundgesetz genannt werden.

Reconquista [rekɔnˈkɪsta; spanisch »Wiedereroberung«]: die Rückeroberung der ab 711 von den Mauren besetzten Iberischen Halbinsel durch christliche Heere. Die R. begann im 8.Jh., ausgehend von den christlichen Rückzugsgebieten Asturiens, erreichte ihre eigentliche Stoßkraft ab dem 11.Jh. und fand im 13.Jh. mit der Eroberung von Córdoba (1236), Sevilla (1248) und Cadiz (1267) ihren Höhepunkt. Als einziges muslimisches Reich in Spanien konnte sich bis 1492 Granada behaupten.

Reformation: siehe S. 404.

Reformatio Sigismundi: Titel einer 1439 von einem unbekannten Autor verfassten Flugschrift, die sich als Reformprogramm Kaiser SIGISMUNDS ausgab. Hussitisches Gedankengut aufnehmend, übte die R. S. Kritik an den kirchlichen Missständen jener Zeit und erklärte die Leibeigenschaft als ▸ *Fortsetzung auf S. 407*

Unter dem Begriff »Reformation« (lateinisch reformatio »Umgestaltung«, »Erneuerung«) versteht man im Allgemeinen die Erneuerung, die Reform der Kirche. Im engeren Sinne ist damit die von M. LUTHER angestoßene Bewegung gemeint, die zu einer von LUTHER unbeabsichtigten Kirchenspaltung führte. Die Reformation ging aus dem Humanismus hervor und bezeichnet im Zusammenwirken mit diesem und der ↑Renaissance den Beginn der Frühen Neuzeit. Sie führte zur inneren Erneuerung der katholischen Kirche (↑Gegenreformation) seit dem Konzil von Trient 1545–1563 (↑Tridentinum), doch die universale Kirche des Mittelalters war zerbrochen und das Reich endgültig in territoriale Fürstentümer zersplittert.

Missstände in der katholischen Kirche

Seit dem Spätmittelalter wurden Rufe nach einer Erneuerung der Kirche laut. Aberglauben auf der einen und Verweltlichung auf der anderen Seite hatten zu einer immer weiter um sich greifenden Abkehr v.a. des hohen, aber auch des niederen Klerus von den geistlichen Aufgaben geführt. Mit den Päpsten der Renaissance verstärkte sich diese Tendenz noch. Sie führten ein Leben in Luxus, waren eher Fürsten oder gar Feldherren denn geistliche Oberhäupter der Kirche.

Die kirchlichen Würdenträger benötigten immer mehr Geld. Große Summen flossen nach Rom, geistliche Ämter wurden gegen Geld verschachert und der ↑Ablass als wirtschaftliche Einnahmequelle missbraucht. Ab 1514 blühte unter Papst LEO X. – einem Medici – ein regelrechter Ablasshandel, um den Neubau der Peterskirche zu finanzieren.

95 Thesen

LUTHERS Anschlag seiner Thesen (d.h. Behauptungen, Streitsätze) an das Portal der Wittenberger Schlosskirche am 31. Oktober 1517 war der Beginn der Reformation. Der äußere Anlass dafür war LUTHERS Widerspruch gegen den Ablassprediger J. TETZEL. Mit den 95 Thesen wollte LUTHER mit Theologen in eine gelehrte Diskussion über die Missstände in der Kirche im Allgemeinen und den Ablasshandel im Besonderen eintreten. Daher sind sie auch in lateinischer Sprache abgefasst. Doch die Ereignisse nahmen einen anderen Verlauf, als LUTHER es gewollt hatte. Die Thesen wurden ins Deutsche übersetzt und mithilfe von Druckern in wenigen Wochen in ganz Deutschland verbreitet.

Dieser Holzschnitt von Hans Holbein d. J. (um 1524) zeigt Papst Klemens VII., der einen regen Ablasshandel trieb. Die Praxis dieses Handels, die den Gläubigen gegen Bezahlung eine Verkürzung des Fegefeuers versprach, veranlasste Martin Luther, seine 95 Thesen zu formulieren.

Nach LUTHERS Meinung befreite ein Ablass nicht von göttlicher Strafe, da er weltlicher Natur sei. Der Mensch werde demgegenüber durch so genannte »Werke der Liebe« gebessert. Erlösen aber könne ihn nur die Gnade Gottes. Die geradezu revolutionäre Tragweite dieser Gedanken lag darin, dass die Verantwortung für sein Leben und sein Seelenheil ins Gewissen des einzelnen Menschen gelegt wurde. Dies entspricht einer Verinnerlichung der Religion gegen die Institution Kirche. Alleinige Quelle göttlichen Willens war LUTHER die Bibel, nicht aber der Papst und seine Auslegung der Heiligen Schrift. Vielmehr ging LUTHER vom Priestertum aller Gläubigen aus.
Wegen dieser Ideen leitete die Kirche einen Ketzerprozess ein, der 1521 im Bann des Papstes gegen LUTHER gipfelte. Auf dem Reichstag zu Worms im selben Jahr lehnte LUTHER den Widerruf seiner Lehren ab. Als Folge davon wurde die Reichsacht über ihn verhängt. Kurfürst FRIEDRICH III., DER WEISE, von Sachsen ließ LUTHER jedoch auf die Wartburg in Sicherheit bringen, wo der Theologe innerhalb eines Jahres das Neue Testament ins Deutsche übersetzte. Seine 1534 abgeschlossene Übersetzung der gesamten Bibel wurde zur Grundlage der neuhochdeutschen Schriftsprache.

Der Bauernkrieg

Auch bei den von ihrem Grundherrn abhängigen Bauern dieser Zeit fielen LUTHERS Gedanken auf fruchtbaren Boden. LUTHER ging von einer doppelten Natur des Menschen aus. Dieser sei als geistiger Mensch in Glaubensfragen frei, als leiblicher Mensch habe er jedoch in weltlichen Angelegenheiten eine Gehorsamspflicht gegenüber seinem Herrn. LUTHERS in der Schrift »Von der Freiheit eines Christenmenschen« (1520) dargelegten Vorstellungen bezogen die Bauern allerdings fälschlich auf ihre rechtliche und soziale Lage.
Ausdruck fand diese Interpretation in den ↑Zwölf Artikeln der Bauernschaft. Die Bauern sahen sich durch altes Gewohnheitsrecht und durch die Bibel zu Erhebungen gegen die Fürsten legitimiert. Bauernunruhen, die es schon seit dem 14. Jh. gegeben hatte, flammten verstärkt 1524 wieder auf und führten 1525 zum ↑Bauernkrieg, der allerdings keinen inneren Zusammenhalt besaß. Das Kerngebiet der Aufstände einzelner Bauernheere in Oberschwaben weitete sich ins Elsass und in die Pfalz, sowie nach Franken und Thüringen aus.

Martin Luther (Porträt aus der Werkstatt Lucas Cranachs d. Ä., 1528)

LUTHER wandte sich schließlich »wider die räuberischen und mörderischen Rotten der Bauern« (1525), verteidigte die Obrigkeit als gottgewollte Ordnung und rief die Fürsten dazu auf, die Bauern zu bekämpfen. Die in der Heerführung unerfahrenen Bauernhaufen unterlagen in verschiedenen Schlachten. Ihre siegreichen Herren hielten ein furchtbares Strafgericht mit Massenhinrichtungen und Verurteilungen zu hohen Strafgeldern und Wiedergutmachungen..

Religion und politische Macht

Trotz der Ächtung LUTHERS und des Verbots der Reformation im Wormser Edikt (1521) breitete sich die Reformation weiter aus, v. a. in Nord- und Mitteldeutschland, weniger stark in den süddeutschen Reichsstädten, in Württemberg, Böhmen, Österreich und Bayern. Viele Landesherren missachteten das Wormser Edikt und unterstützten die Reformation, durchaus nicht nur aus religiösen Gründen. Die protestantischen

Landesfürsten (↑Protestantismus) unterwarfen sich die reformierte Kirche in ihrem Gebiet und nutzten sie zur Sicherung ihrer Herrschaft und Eigenständigkeit gegenüber dem Kaiser. Auch sahen sie sich zur ↑Säkularisation katholischen Besitzes legitimiert, was einen immensen wirtschaftlichen Vorteil bedeutete. Luther selbst sah in den Fürsten evangelischen Glaubens als »Notbischöfen« die Garanten seiner Vorstellung von Kirche. Auch die Haltung des katholischen Kaisers Karl V. war von machtpolitischem Taktieren geprägt. Obwohl er Herrscher eines mächtigen Weltreichs war, in dem »die Sonne nicht unterging« – es umfasste die habsburgischen Stammlande, Neapel, Sizilien und Spanien samt seiner überseeischen Besitzungen –, wurde seine Macht durch Kämpfe gegen Frankreich, die Türken und die lutherischen Fürsten geschwächt.

Obwohl ein entschiedener Gegner der Reformation, verfolgte er ihr gegenüber eine wechselnde Taktik. Wenn der Kaiser die protestantischen Herren im Kampf gegen seine außenpolitischen Feinde benötigte, stärkte das die Reformation. Außenpolitische Erfolge Karls V. brachten wiederum Rückschläge für die Reformation. Trotz dieses Taktierens und der militärischen Entscheidung im ↑Schmalkaldischen Krieg zu seinen Gunsten unterlag Karl V. schließlich einem Komplott protestantischer Fürsten mit Frankreich und dankte 1556 ab.

Beendigung der Religionskämpfe

Schon 1555 erkannte sein Bruder und Nachfolger Ferdinand I. den ↑Augsburger Religionsfrieden an, der die Gleichberechtigung von lutherischem und katholischem Glauben festlegte, nicht aber die anderer reformierter Konfessionen, wie die des Schweizers U. Zwingli (↑Abendmahlsstreit) und die des Franzosen J. Calvin (↑Kalvinismus). Die Fürsten konnten bestimmen, welches Bekenntnis in ihrem Land gelten sollte. Die Untertanen mussten ihren Landesherrn in dieser Entscheidung folgen oder auswandern. Auch geistliche Fürsten konnten zum evangelischen Glauben übertreten. Sie verloren dann jedoch ihr Amt, ferner blieb ihr Land katholisch. In den protestantischen Territorien wurde die Position des Landesherrn durch das ↑landesherrliche Kirchenregiment gestärkt. ■

Vertiefende Einblicke geben das Reformationsgeschichtliche Museum in 06886 Wittenberg, das Geburts- und Sterbehaus Luthers in 06295 Eisleben sowie die Bauernkriegsmuseen in 71032 Böblingen und 99974 Mühlhausen.

Friedenthal, Richard: *Luther. Sein Leben und seine Zeit.* Taschenbuchausgabe München [8]1996. ▪ Moeller, Bernd: *Deutschland im Zeitalter der Reformation.* Göttingen [4]1999.

◄ *Fortsetzung von S. 403* unvereinbar mit der christlichen Freiheit. Die Abschaffung des ↑Zehnten und der Zinsen wurde verlangt und eine Reform des weltlichen und geistlichen Standes gefordert. Die Forderungen der R. S. wurden im ↑Bundschuh und im ↑Bauernkrieg wieder aufgenommen.

Reformverein: ↑Deutscher Reformverein.

Regalilen [von lateinisch regalis »dem König zukommend«]: Bezeichnung für die vom König stammenden Rechte. Der Begriff war in Deutschland zunächst enger gefasst und bezog sich nur auf das Reichskirchengut und die königlichen Rechte daran. Die sich im 12. Jh. durchsetzende weiter gehende Definition umfasste die Verfügung über die hohen Ämter, über das Reichsgut, Herrschaftsrechte und finanziell nutzbare Rechte (z. B. Marktrechte, Zölle, Steuern). Im Prinzip unveräußerlich, konnten die R. vom König an Fürsten und Städte zur Nutzung vergeben werden. Das erstarkende Fürstentum konnte in Deutschland immer mehr R. an sich ziehen und für den Ausbau seiner Landeshoheit einsetzen.

Unter **Regalienrecht** im engeren Sinne ist das Recht des Königs auf die Einnahmen aus einem Erzbistum, Bistum oder einer Reichsabtei bei Vakanz zu verstehen. Der heftigen Kritik der Kirche nachgebend, verzichteten OTTO IV. (1209) und FRIEDRICH II. (1213) teilweise auf dieses Recht.

Regentschaft: stellvertretende Herrschaftsausübung für einen Monarchen, falls dieser minderjährig, regierungsunfähig oder außer Landes ist. Wer die R. ausübt, ist durch Erbfolgegesetz, Verfassung oder andere Anordnungen festgelegt, durch die auch ein **Regentschaftsrat** (Kollegium) vorgesehen sein kann. – Siehe auch ↑Reichsverweser.

Regierung [von lateinisch regere »lenken«, »herrschen«]: Staatsorgan, das die richtunggebenden und leitenden Funktionen in einem politischen System ausübt; seit der Entwicklung des modernen Verfassungsstaats und der verfassungsrechtlichen Verankerung der ↑Gewaltenteilung die Spitze der vollziehenden Gewalt in einem Staat. Die Regeln, nach denen eine R. bestellt wird, und die Befugnisse, die eine R. besitzt, sind abhängig vom jeweiligen politischen System. Ursprünglich umfasste die R. das Staatsoberhaupt und die Spitzen der Ministerien. Vorläufer waren die Berater im Kabinett des absolutistischen Fürsten, aus denen sich die Ressortminister und Ministerien entwickelten.

Je nach verfassungsrechtlichen Bestimmungen unterscheidet man heute zwischen **Einparteienregierung** (nur von einer Partei getragen) und **Koalitionsregierung** (von mehreren Parteien getragen), zwischen **Einmannregierung** (z. B. der Präsident der USA) und **Regierungskollegium,** das aus dem vom Staatsoberhaupt ernannten oder vom Parlament gewählten Regierungschef (z. B. Premierminister, Ministerpräsident, Kanzler) und dessen Ministern besteht. – Siehe auch ↑Kabinett.

Regime [re'ʒiːm(ə); französisch von lateinisch regimen »Lenkung«, »Leitung«]: Herrschaftssystem, meist mit negativem Akzent zur Bezeichnung einer autoritären Regierungsform gebraucht.

Regionalismus: Bezeichnung für das Bewusstsein der besonderen Eigenart der Bewohner einer bestimmten Region und für alle Bestrebungen, diese Eigenart zu wahren bzw. eine bestimmte Region innerhalb eines übergreifenden politischen Verbandes kulturell, wirtschaftlich, sozial und politisch zu fördern. Der moderne R. entwickelte sich in der Opposition zum Zentralismus und hat insofern seine Entsprechung im ↑Föderalismus. – Siehe auch ↑Partikularismus, ↑Separatismus.

Regnum et Sacerdotium: ↑Sacerdotium.

Reich: Herrschaftsbereich meist eines Königs oder Kaisers, in der Regel mit großer Ausdehnung über mehrere Stämme oder Völker und häufig mit hegemo-

R

nialer Tendenz. So spricht man von den Reichen des Altertums (z.B. Perserreich, Römisches Reich). Das in der Völkerwanderungszeit entstandene Fränkische Reich wurde im 10. Jh. in das Westfränkisch-Französische und das Ostfränkisch-Deutsche Reich geteilt, das – ab 1033 die Reiche Deutschland, Italien und Burgund umfassend – in Anknüpfung an das antike Römische Reich die Bezeichnung Imperium Romanorum übernahm (ab 1254 Sacrum Romanum Imperium; ↑Heiliges Römisches Reich Deutscher Nation). Um einer historisch ausgerichteten nationalen Idee Ausdruck zu geben, nannte sich der 1871 gegründete deutsche Nationalstaat ↑Deutsches Reich.

Reichsabschied (Reichsrezess): seit 1497 übliche Zusammenfassung der gesamten Beschlüsse eines Reichstags in der Form eines Vertrags zwischen Kaiser und Reichsständen. Der letzte R. (**Jüngster Reichsabschied**) erfolgte am 17. Mai 1654, da der Reichstag ab 1663 permanent tagte. Die Beschlüsse dieses Immerwährenden Reichstags wurden nun als **Reichsschluss** durch kaiserliches Dekret verkündet.

Reichsabt: ↑Fürstabt.

Reichsacht: ↑Acht.

Reichsämter: die obersten Verwaltungsbehörden des Deutschen Reichs 1871–1918, Vorläufer der Reichsministerien der Weimarer Republik. Die R. wurden unter der politischen Verantwortung des Reichskanzlers von Staatssekretären, nicht von Ministern geleitet.

Reichsbanner Schwarz-Rot-Gold: politischer Kampfverband in der Weimarer Republik, 1924 gegründet. Formell überparteilich, setzten sich seine Mitglieder (1932: 3,5 Mill.) zu großen Teilen aus Anhängern der SPD zusammen. Der R. verstand sich als Schutzwehr der republikanischen Ordnung. 1933 wurde er verboten und aufgelöst.

Reichsdeputationshauptschluss: der am 25. Februar 1803 gefasste Beschluss eines Reichstagsausschusses, die Reichsdeputation (↑Deputation), der die durch den Frieden von ↑Lunéville gebotenen Entschädigungen deutscher Fürsten für den Verlust ihrer an Frankreich fallenden linksrheinischen Gebiete festsetzte. Zu diesem Zweck wurde die ↑Säkularisation sämtlicher reichsunmittelbarer geistlicher Fürstentümer sowie die ↑Mediatisierung der Reichsstädte (bis auf sechs) und anderer kleiner reichsunmittelbarer Herrschaften (z.B. der ↑Reichsritterschaft) beschlossen. Von dieser Auflösung profitierten neben Preußen v.a. die süddeutschen Fürstentümer Baden, Bayern und Württemberg, die Frankreich dadurch als Verbündete gewann (↑Rheinbund). Mit dieser großen politischen »Flurbereinigung« markierte der R. zugleich den Beginn der Auflösung des ↑Heiligen Römischen Reichs Deutscher Nation.

Reichsdeutsche: in der Zeit der Weimarer Republik und des Nationalsozialismus Bezeichnung für Inhaber der deutschen Staatsangehörigkeit, die innerhalb der Grenzen des Deutschen Reichs lebten, im Unterschied zu den im Ausland lebenden deutschen Staatsangehörigen (Auslandsdeutsche) und den Deutschen fremder Staatsangehörigkeit (Volksdeutsche).

Reichsexekution: im **Heiligen Römischen Reich** durch die **Reichsexekutionsordnung** von 1555 geregelte militärische Durchführung von Urteilen des ↑Reichskammergerichts (z.B. bei Landfriedensbruch) durch das Aufgebot eines oder mehrerer ↑Reichskreise.

Im **Deutschen Reich** nach dem nie angewandten Art. 19 der Reichsverfassung von 1871 Bezeichnung für Zwangsmaßnahmen, die vom Kaiser auf Beschluss des Bundesrats gegen ein Bundesmitglied, das seine Bundespflichten verletzte, durchgeführt werden sollten. Entsprechende Vollmachten hatte auch der Reichspräsident aufgrund Art. 48 der Weimarer Reichsverfassung von 1919. – Siehe auch ↑Bundesexekution.

Reichsfreiherr: ↑Freiherr.

Reichsfürst: seit fränkischer Zeit Angehöriger der durch wirtschaftliche und politische Macht sowie durch Königsnähe bestimmten Spitzengruppe des Adels. Nach 1180 erfolgte die Erhebung in den **Reichsfürstenstand** durch den König mit Zustimmung der übrigen Reichsfürsten. Die ↑Reichsstandschaft war gebunden an den Besitz eines reichsunmittelbaren Territoriums. – Siehe auch ↑Reichsunmittelbarkeit.

Reichsfürstenrat (Fürstenrat, Fürstenbank): in Auseinandersetzung mit dem Kurfürstenkollegium im 15. Jh. entstandene Kurie des Reichstags, in der sich die ↑Virilstimmen führenden Reichsfürsten sowie die ↑Kuriatstimmen führenden ↑Reichsgrafen, die reichsständischen Herren und die nicht gefürsteten Prälaten vereinigten. Der R. handelte die Reichsabschiede mit dem Kurfürstenkollegium aus, ehe sie dem Reichsstädtekollegium vorgelegt wurden. Er gliederte sich in eine geistliche Bank, geführt von Salzburg, und eine weltliche, geführt von Österreich.

Reichsgericht: Bezeichnung für jene obersten Gerichte im Heiligen Römischen Reich und im Deutschen Reich, die trotz prinzipieller Gerichtshoheit der einzelnen Territorien und Länder als Gerichte auf Reichsebene für bestimmte Delikte und als Berufungsinstanzen eingerichtet waren.

Im *Heiligen Römischen Reich* existierte als R. das ↑Reichshofgericht. Es wurde von dem 1495 eingerichteten ↑Reichskammergericht und dem 1498/1527 gegründeten ↑Reichshofrat abgelöst. Diese R. existierten mit den territorial in ihrer Zuständigkeit begrenzten Reichsuntergerichten (z.B. in Nürnberg, später Ansbach, in Würzburg und Rottweil) bis 1806.

Im *Deutschen Reich* war die Justizhoheit fast ausschließlich Sache der Bundesstaaten, doch wurde 1879 das R. mit Sitz in Leipzig geschaffen. Es entstand als Revisionsinstanz in Straf- und Zivilsachen zur Gewährleistung der Einheitlichkeit der Rechtsprechung im gesamten Deutschen Reich. Die Mitglieder des R. wurden vom Kaiser (nach 1918 vom Reichspräsidenten) auf Vorschlag des Bundesrats (bzw. des Reichsrats) ernannt. Sie waren richterliche Beamte auf Lebenszeit und genossen die richterliche Unabhängigkeit. Durch die Weimarer Reichsverfassung wurde die Zuständigkeit des R. insofern erweitert, als 1920 ein mit dem R. verbundener **Staatsgerichtshof** eingerichtet wurde, der als Organ der Verfassungsgerichtsbarkeit insbesondere für Streitigkeiten zwischen Reich und Ländern zuständig war. Durch Gesetz vom 24. April 1934 wurde dem R. die erst- und letztinstanzliche Zuständigkeit für Hoch- und Landesverrat und ähnliche Delikte entzogen und auf den ↑Volksgerichtshof übertragen.

Reichsgraf: im Heiligen Römischen Reich Titel der reichsunmittelbaren Grafen; nach der Abschließung des engeren Reichsfürstenstandes (1180) von der Mediatisierung durch die Reichsfürsten bedroht, wurden die R. von den einzelnen Herrschern gefördert (z.B. Erweiterung der Gruppe durch Verleihung der Reichsgrafenwürde) und bildeten mit den reichsständischen Herren (abgeschlossen 1653) im ↑Reichsfürstenrat die Wetterauische, Schwäbische, Fränkische und Westfälische Reichsgrafenbank.

Reichsgründung 1871: im engeren Sinne die Ereignisse von 1870/71, die zur Bildung des ↑Deutschen Reichs und zur Kaiserproklamation in Versailles am 18. Januar 1871 führten; im weiteren Sinne der seit 1848/49 eingeleitete Prozess der kleindeutschen Nationalstaatsbildung. – Siehe auch ↑ deutsche Frage. – Abb. S. 410.

Reichsgut: im Heiligen Römischen Reich Grundbesitz des Reichs, der dem König zum Unterhalt des Hofes und für seine Regierungstätigkeit zur Verfügung stand; seit dem 13. Jh. unterschied man zwischen dem ↑Hausgut der Herrscherfamilie und dem R. (**Königsgut**). Neben das unter unmittelbarer königlicher Ver-

Reichsgründung 1871: Am 18. Januar 1871 rief Friedrich I., Großherzog von Baden, im Spiegelsaal des Schlosses zu Versailles den preußischen König Wilhelm zum Deutschen Kaiser aus. Zuvor hatte Bismarck (in weißer Kürassieruniform) die Proklamation verlesen (Gemälde von A. Werner).

fügungsgewalt verbleibende R. traten das ausgegebene **Reichslehnsgut** und das **Reichskirchengut.** Seit 1281 musste der König bei Veräußerung des R. die Kurfürsten um ihre Zustimmung bitten.

Reichshofgericht: im Mittelalter das königliche ↑Hofgericht mit dem Römischen König oder dessen Stellvertreter (↑Reichsvikar) als oberstem Richter und sieben Beisitzern; das R. konnte alle Rechtssachen an sich ziehen, war jedoch im Allgemeinen für die Rechtssachen der Reichsunmittelbaren und die Reichsgut und Reichsrechte betreffenden Klagen zuständig. Im Spätmittelalter stark eingeschränkt, wurde es 1456 aufgelöst.

Reichshofkanzlei: die 1502 aus der Vereinigung der dem Erzbischof von Mainz als Reichserzkanzler unterstehenden Reichskanzlei und der Hofkanzlei der habsburgischen Erblande hervorgegangene Kanzlei. Mit der Kanzleiordnung FERDINANDS I. 1559 konnte der Erzkanzler seine Vorstellungen von der Reichskanzlei als zentraler Reichsbehörde zunächst durchsetzen, doch wurde 1620 wieder eine besondere österreichische ↑Hofkanzlei gebildet.

Reichshofrat: als Gegengewicht gegen das ↑Reichskammergericht 1498 bzw. 1527 errichtetes oberstes kaiserliches Gericht für die habsburgischen Erblande und für das Heilige Römische Reich, das sowohl der politischen Beratung des Kaisers als auch der Ausübung seiner richterlichen Gewalt dienen sollte. Der R. galt als ausschließlich zuständig für Reichslehnssachen, Kriminalsachen von Reichsunmittelbaren und Streitigkeiten über kaiserliche ↑Reservatrechte und Privilegien. Den Vorsitz führte der Kaiser oder der Reichshofmarschall, seit der Reichshofratsordnung von 1559 ein Reichshofratspräsident. Das Kollegium aus 18 vom Kaiser ernannten Räten setzte sich aus einer Herrenbank (Adel) und einer Gelehrtenbank zusammen. Beratungen und Entscheidungen fanden im Plenum statt. Bei Uneinigkeit der Richter urteilte der Kaiser. Der R. löste sich beim Tod des Kaisers auf und wurde vom nachfolgenden Herrscher neu eingerichtet. Die Institution des R. bestand bis zum Ende des Heiligen Römischen Reichs 1806.

Reichsinsigni|en: Herrschaftszeichen der mittelalterlichen Römischen Könige und Kaiser, deren Besitz den Inhaber als legitimen Herrscher auswies. Zu den R. gehörten im engeren Sinne Krone, Reichsapfel, -zepter und -schwert, im weiteren Sinne die **Reichskleinodien** (Krönungsornat, Handschuhe und Heiligtümer, denen auch die von HEINRICH I. erworbene Heilige Lanze zugerechnet wird). Die R. werden seit 1805 in Wien aufbewahrt.

Reichskammergericht: neben dem kaiserlichen ↑Reichshofrat oberstes Gericht im Heiligen Römischen Reich; 1495 im Zusammenhang mit der Verkündung des ↑Ewigen Landfriedens von den Reichsständen durchgesetzt, knüpfte es an das königliche Kammergericht an, das sich im 15. Jh. neben dem Hofgericht gebildet hatte. Finanziert wurde das R. neben kaiserlichen und reichsständischen Beiträgen zunächst durch den ↑Gemeinen Pfennig, ab 1548 durch regelmäßige Beiträge der Stände (Kammerzieler). Das R. stand unter der Leitung eines vom Kaiser ernannten, dem hohen Reichsadel angehörenden **Kammerrichters;** die Geschäfte führten zwei bis vier Präsidenten, bis zu 50 Beisitzer (Assessoren) und eine eigene Kanzlei.

Das R. war zuständig für Landfriedensbruch, Missachtung der Reichsacht, für alle Fiskalsachen, Zivilklagen gegen Reichsunmittelbare und für Besitzstreitigkeiten unter diesen. Es war die oberste Berufungsinstanz aller Gerichte aus den Territorien. Die Schwerfälligkeit des schriftlich geführten Prozesses, die häufige Unterbesetzung des R. sowie die Möglichkeit der Reichsstände, bei allen sie betreffenden Prozessen an den ↑Reichstag als letzte Instanz zu appellieren, schränkten seine Wirkungsmöglichkeiten ein. Trotz all dieser Mängel trug das R. zur Erhöhung der Rechtssicherheit im Reich und in den Territorien bei.

Reichskanzlei: Reichsbehörde, die sich 1878/79 aus dem 1867 errichteten Bundeskanzleramt des Norddeutschen Bundes und dem (ab 1871) Reichskanzleramt des Deutschen Reichs entwickelte und bis 1945 existierte. Aufgaben der R. waren Information und Beratung des Reichskanzlers (ab 1918 auch des Reichskabinetts) und die Abwicklung seines Verkehrs mit den Leitern der Reichsämter bzw. Ministerien.

Reichskanzler: im *Heiligen Römischen Reich* bis 1806 Bezeichnung für den Erzkanzler.

Im *Deutschen Reich* 1871–1918 höchster, vom Kaiser ernannter Regierungbeamter und einziger Minister des Reichs. Er war zugleich der Vorsitzende des Bundesrats, (von einigen Ausnahmen abgesehen) preußischer Ministerpräsident und preußischer Außenminister. Zusammen mit dem Kaiser bestimmte er die Richtlinien der Politik. Die Anordnungen des Kaisers (außer militärische Kommandosachen) bedurften der Gegenzeichnung des R., der dadurch die Verantwortung übernahm. Vom Vertrauen des Reichstags war er nicht abhängig.

In der *Weimarer Republik* der Leiter der Reichsregierung. Die doppelte Abhängigkeit des R. aufgrund der Verfassung (↑Weimarer Republik), seine Verantwortlichkeit gegenüber dem Reichstag und seine Ernennung und Entlassung durch den Reichspräsidenten, verhinderte die Herausbildung einer eigentlichen Kanzlerverfassung und trug wesentlich zur Strukturkrise des Weimarer Parlamentarismus bei. Von 1930 an stützten sich die R. zunehmend auf den Reichspräsidenten (Präsidialkabinette). Mit der Berufung HITLERS zum R. 1933 ging das ↑Präsidialsystem in die Diktatur über.

Reichskirche: im Heiligen Römischen Reich reichsunmittelbare kirchliche Institution, wobei man zwischen höheren (Bistümer, Abteien) und niederen (Stifte, Pfarrkirchen, Kapellen) R. unterscheidet. Im weiteren Sinn wird als R. im Mittelalter und in der frühen Neuzeit auch ein umfassendes Netz von Bistümern und Abteien eines Reiches bzw. Staates verstanden, das meist straff organisiert und auf den Willen des Herrschers ausgerichtet war. – Siehe auch ↑ottonisch-salische Reichskirche.

Reichskommissar: im Deutschen Reich zwischen 1871 und 1945 Beauftragter der Reichsregierung (in der Weimarer Republik auch des Reichspräsidenten) für die Erfüllung von zeitlich unbegrenzten oder befristeten besonderen Verwaltungsaufgaben. Nach 1933 wurden R. auch im Zuge der nationalsozialistischen Machtergreifung, weiterhin bei der Eingliederung neuer Gebiete in das Reich und im Zusammenhang mit der Expansion des Deutschen Reichs im Zweiten Weltkrieg eingesetzt.

Reichskonkordat: das zwischen dem Heiligen Stuhl und dem Deutschen Reich am 20. Juli 1933 unterzeichnete, am 10. September 1933 ratifizierte und in Kraft getretene ↑Konkordat. Das R. legte zentrale Fragen im Verhältnis zwischen Staat und Kirche fest (u. a. Rechtsstellung des Klerus, Besetzung kirchlicher Ämter, besonders der Bischofsstühle, und Religionsunterricht). Es war v. a. wegen seiner politischen Funktion umstritten, da es einerseits dem Hitlerregime außen- wie innenpolitischen Prestigegewinn verschaffte, zum anderen den deutschen Katholizismus gegenüber dem Totalitätsanspruch des Nationalsozialismus in die Defensive drängte. Tatsächlich hielt der nationalsozialistische Staat das R. nicht ein, wogegen der Papst mit der Enzyklika »Mit brennender Sorge« (1937) protestierte; immerhin bewährte es sich für die katholische Kirche als Rechtsgrundlage im ↑Kirchenkampf.

Reichskreis: im Zuge der Reichsreform unter MAXIMILIAN I. geschaffene Bezirke, die das Heilige Römische Reich 1500 in sechs, ab 1512 in zehn Bezirke einteilte: den Bayerischen, Burgundischen, Fränkischen, Kurrheinischen, Niedersächsischen, Niederrheinisch-Westfälischen, Oberrheinischen, Obersächsischen, Österreichischen und Schwäbischen R.; davon ausgeschlossen blieben Böhmen, Mähren, Schlesien, die Lausitz und Preußen, ferner die Reichsdörfer und die Herrschaften der Reichsritter. Aufgaben der R. waren ursprünglich die Wahl von Delegierten zum ↑Reichsregiment und zum ↑Reichskammergericht, später die Wahrung des Landfriedens, die Aufsicht über Münze und Zoll, die Aufstellung der Kreiskontingente zum Reichsheer, die Aufbringung von Reichssteuern, die Durchführung von Reichspolizeiordnungen und allgemeine polizeiliche Maßnahmen. Die R. stellten in dem sich immer mehr zersplitternden Reich ein Element der Einheit dar.

Reichspogromnacht: auf Initiative von J. GOEBBELS zurückgehender Pogrom in der Nacht vom 9. zum 10. November 1938, in dessen Verlauf bei angeblich spontanen Kundgebungen 91 Juden ermordet, fast alle Synagogen und mehr als 7000 in jüdischem Besitz befindliche Geschäfte im Gebiet des Deutschen Reichs zerstört oder schwer beschädigt wurden. Anlass dieser antisemitischen Ausschreitungen (im nationalsozialistischen Sprachgebrauch **Reichskristallnacht**) war die Ermordung eines Mitglieds der deutschen Botschaft in Paris, E. E. VOM RATH, durch H. GRYNSZPAN am 7. November 1938. Der nationalsozialistischen Führung diente diese Tat als Vorwand für den Versuch, die jüdischen Mitbürger durch massive Gewaltmaßnahmen zur Emigration zu bewegen. Eine Sondersteuer in Höhe von 1 Mrd. Reichsmark, die Verhaftung von etwa 30 000 Juden und ihre zeitweilige Einweisung in Konzentrationslager ergänzten die Terroraktionen der R., die eine neue Phase in der gewaltsamen Verwirklichung des antisemitischen Programms der NSDAP und auf dem Weg zur ↑Endlösung der Judenfrage bildete.

Reichspräsident: Staatsoberhaupt des Deutschen Reichs 1919–34. Der unmittelbar vom Volk für eine Amtsdauer von sieben Jahren gewählte R. stand gemäß der Weimarer Reichsverfassung neben dem ↑Reichstag und in Konkurrenz zu diesem. Er hatte den Oberbefehl über die Reichswehr, das Recht zur Auflösung des Reichstags, zur Ernennung und Entlassung des ↑Reichskanzlers und zur Verhängung des Ausnahmezustands nach Art. 48. – Siehe auch ↑Notverordnungen.

Während der erste Reichspräsident, F. EBERT (1919–25), seine Kompetenzen nutzte, um die Republik zu stabilisieren, diente unter seinem Nachfolger P. VON HINDENBURG (1925–34) die Machtfülle des R. der Einrichtung der autoritären Präsidialkabinette und der Machtergreifung durch die Nationalsozialisten. Nach HINDENBURGS Tod 1934 vereinigte HITLER die Ämter des R. und des Reichskanzlers auf sich und nannte sich »Führer und Reichskanzler«.

Reichsrat: in der **Weimarer Republik** 1919–34 die Vertretung der Länder bei der Gesetzgebung und Verwaltung des Reichs. Der R. setzte damit die Tradition des ↑Bundesrats von 1867 bzw. 1871 fort. Die Mitglieder des R. (zuletzt 60) waren Vertreter der Regierungen ihrer Länder, in Preußen (mit 26 Stimmen am stärksten vertreten) wurden sie jedoch zur Hälfte von den Provinzialverwaltungen gestellt. Der R. konnte auf Gesetzgebung und Verwaltung Einfluss nehmen, hatte gegenüber den vom Reichstag beschlossenen Gesetzen aber nur ein suspensives (aufschiebendes) Veto.

In **Österreich** 1851–60 nichtrepräsentative beratende Körperschaft, 1860/61 bzw. 1861–65 durch das ↑Oktoberdiplom bzw. ↑Februarpatent geschaffenes konstitutionelles Vertretungsorgan für das Kaisertum Österreich mit Herrenhaus und Abgeordnetenhaus; 1867–1918 für Österreich wieder eingeführt, wobei das Abgeordnetenhaus ab 1873 direkt nach Klassenwahlrecht, ab 1907 nach allgemeinem, gleichem, direktem und geheimem Wahlrecht (für Männer) gewählt wurde.

Reichsreform: spätmittelalterliche Bestrebungen, die Funktionsfähigkeit des Heiligen Römischen Reichs nach dem Untergang des staufischen Kaisertums wiederherzustellen und die hierzu notwendigen Behörden zu schaffen. Die R. scheiterte an den gegensätzlichen Forderungen von Kaiser und Ständen.

Ging es dem Kaisertum um Verbesserung der Zentralinstanzen, um höhere Steuern und um die Hilfe der Stände für ein Reichsheer, das gegen die Türken eingesetzt werden sollte, so verlangten die Stände Mitspracherechte in der Regierung des Reichs und Einschränkungen kaiserlicher Machtbefugnisse. Die ab 1442 erlassenen Reformgesetze, die zunächst die Fehde verboten und ein ordentliches Gerichtswesen aufbauen sollten, scheiterten an dem mangelnden Durchsetzungsvermögen des Reichsoberhaupts und an der fehlenden Bereitschaft der Stände und Territorien, sich Reichsgesetzen zu unterwerfen.

Während in der Regierungszeit Kaiser FRIEDRICHS III. die Bemühungen um die R. zum Erliegen gekommen waren, wurde sein Sohn MAXIMILIAN I. gezwungen, ständische Forderungen, die der Mainzer Erzbischof BERTHOLD VON HENNEBERG erhob, auf den Reichstagen in Worms (1495) und Augsburg (1500) anzuerkennen. 1495 wurde ein ↑Ewiger Landfriede verkündet und für alle größeren Rechtsstreitigkeiten das ↑Reichskammergericht eingerichtet, ferner eine allgemeine Reichssteuer (↑Gemeiner

Pfennig) erhoben und das Reich in ↑Reichskreise eingeteilt. 1500 wurde dem Kaiser sogar ein ↑Reichsregiment beigeordnet. Zwar scheiterten die Reformen an der mangelnden Durchsetzbarkeit, an den fehlenden organisatorischen Voraussetzungen, am Widerstand des Reichsoberhaupts und am Misstrauen der auf Wahrung ihrer Rechte bedachten Reichsfürsten, schufen aber dennoch den Rahmen für die Regierbarkeit des Reichs bis 1806.

Reichsregiment: zeitweise die oberste Regierungsgewalt im Heiligen Römischen Reich, entstanden aus den ständischen Forderungen unter BERTHOLD VON HENNEBERG, dem Erzbischof von Mainz, an Kaiser MAXIMILIAN I. Das **Erste Reichsregiment** (1500–02) übernahm die volle Regierungsgewalt im Reich und löste den Kaiser faktisch ab. Das **Zweite Reichsregiment** (1521–30) gestand Kaiser KARL V. den Ständen für seine Abwesenheit von Deutschland 1521 zu. In beiden Fällen scheiterte diese ständische Regierung vor allem an ihrem mangelnden Durchsetzungsvermögen, an fehlenden Geldern und Beamtenapparaten und an der geringen Bereitschaft der Reichsfürsten und des Kaisers, sich dem R. unterzuordnen.

Reichsritterschaft: der v.a. aus den ↑Ministerialen hervorgegangene niedere Adel in Schwaben, Franken und am Rhein, der eine reichsunmittelbare Stellung erreichen bzw. behaupten konnte. Im 14./15. Jh. in ↑Ritterbünden zusammengeschlossen, hatten sich die Ritter erfolgreich allen staatlichen Organisationsversuchen und Steuerforderungen widersetzt, bis die Reichstürkensteuer 1542 den Anstoß zu einer dauerhaften Organisation in drei aufeinander aufbauenden Ebenen gab: 15 Orte (Kantone), drei Ritterkreise (Schwaben, Franken, Rheinstrom) und die gesamte R., die jedoch keine ↑Reichsstandschaft hatte. Da sie nicht in die ↑Reichskreise einbezogen war, stellte sie keine Kontingente zur Reichsarmee, sondern verhandelte direkt mit dem Kaiser über ihre Steuern. Mit seiner Hilfe suchte sie ihre Selbstständigkeit zu verteidigen und zählte so durchweg zu seinen treuesten Anhängern im Reich. Trotz der Übergriffe der Landesherren konnte sie bis 1803/06 der ↑Mediatisierung entgehen.

Reichsstädte: im Mittelalter die reichsunmittelbaren, königlichen Städte, die auf ↑Reichsgut oder ↑Hausgut der Herrscher oder auch auf kirchlichem Grund vom König errichtet und nur ihm zu Diensten und Abgaben verpflichtet waren. Von diesen R. im eigentlichen Sinn sind zu unterscheiden die ↑freien Städte sowie die **Reichsvogteistädte,** in denen der König nur die Vogtei (↑Vogt) besaß, die Stadtherrschaft aber von der Kirche ausgeübt wurde, auf deren Grund die Stadt errichtet war. Die bereits im Mittelalter verfließenden Grenzen verschwammen in der Neuzeit weiter, sodass freie Städte und R. vielfach unter der Bezeichnung **Freie Reichsstädte** zusammengefasst wurden. Kennzeichen der R. war die ↑Reichsstandschaft; ihr Stimmrecht war lange umstritten, seit 1489 erschienen sie jedoch im Reichstag als geschlossene Kurie (**Reichsstädtekollegium,** geteilt in Schwäbische und Rheinische Städtebank). 1803 wurden alle R. außer Augsburg, Frankfurt am Main, Nürnberg, Bremen, Hamburg und Lübeck mediatisiert. Nach den Napoleonischen Kriegen blieben eigenständige Mitglieder des Deutschen Bundes nur Frankfurt am Main (1866 preußisch) und die drei Hansestädte Lübeck (1937 zu Preußen), Hamburg und Bremen.

Reichsstände: im Heiligen Römischen Reich bis 1806 die ↑Reichsfürsten, ↑Reichsgrafen, Reichsprälaten (Angehörige der ↑Reichskirche), ↑Reichsstädte, die ↑Reichsstandschaft besaßen und damit zusammen mit dem Kaiser das Reich repräsentierten. Die R. mussten persönlich oder durch Vertreter an den Reichstagen teilnehmen, die vom Reichstag bewilligten Steuern aufbringen und Truppenkontingente zum Reichsheer stellen.

Zunehmend gelang es ihnen, die eigene Landeshoheit auszubauen.

Reichsstandschaft: im Heiligen Römischen Reich das aus der ↑Reichsunmittelbarkeit (außer für die Reichsritter und die Reichsdörfer) erwachsende Recht zur Führung einer Virilstimme oder zur Beteiligung an einer Kuriatstimme im ↑Reichstag. Die Erhebung in den Reichsfürsten- oder Reichsgrafenstand begründete R. nur dann, wenn auch die Aufnahme in das Kollegium des Reichstags erfolgte.

Reichstag: Bezeichnung für verschiedene Repräsentativorgane mit legislativen Funktionen.

Im **Heiligen Römischen Reich** bis 1806 die Vertretung der ↑Reichsstände gegenüber dem Kaiser, die aus den ↑Hoftagen entstanden war. Zur festen Institution entwickelte sich der R. im Zusammenhang mit den Bemühungen um die ↑Reichsreform im 15. Jh.; ab 1489 gliederte er sich in drei ↑Kurien: ↑Kurfürstenkollegium, ↑Reichsfürstenrat und Reichsstädtekollegium (↑Reichsstädte). Die Kompetenzen des R. waren verfassungsrechtlich nicht eindeutig abgegrenzt, erstreckten sich aber gewohnheitsrechtlich seit dem Spätmittelalter auf die Rechtspflege, den Abschluss von Verträgen, die Erhebung von Steuern, die Veränderung der Reichsverfassung und auf die Entscheidung über Krieg und Frieden. Dem umständlichen Abstimmungsverfahren zufolge berieten die Kurien getrennt, wobei sich die beiden höheren Kollegien zunächst miteinander und dann mit dem Städtekollegium, dessen Stimmrecht lange umstritten war, verständigten. Hatten sich die Kollegien in ihrer Gesamtheit auf ein Reichsgutachten (Consultum Imperii) geeinigt, so wurde dieses durch kaiserliche Sanktion zum ↑Reichsabschied. Die Geltung des Mehrheitsprinzips ließ sich nicht völlig durchsetzen, nachdem im Westfälischen Frieden 1648 festgelegt worden war, dass in allen die Religion berührenden Fragen nur die gütliche Vereinbarung zu gelten habe (↑Itio in Partes). Die R. der Reformationszeit (1521–55) waren für die Reichsgeschichte von großer Bedeutung; danach war die Arbeit des R. durch konfessionelle Konflikte gelähmt. Ab 1663 tagte der R. als Gesandtenkongress permanent (**Immerwährender Reichstag**) in Regensburg; er löste sich am 1. August 1806 auf.

Im **Norddeutschen Bund** 1867–71 und im **Deutschen Reich** 1871–1945 wurde der R. aufgrund des allgemeinen, gleichen, geheimen und direkten Wahlrechts von Männern, ab 1919 auch von Frauen als Volksvertretung gewählt. Verfassungsrechtlich bis 1918 neben dem ↑Bundesrat Legislativorgan (mit diesem stand ihm auch das Budgetbewilligungsrecht zu), hatte der R. das Recht zur Gesetzesinitiative und zur Beschlussfassung, ohne dass er jedoch das Veto oder die Nichtbehandlung durch den Bundesrat überwinden konnte. Der R. konnte vom Kaiser aufgelöst werden. Bis 1918 war der ↑Reichskanzler dem R. formell nicht verantwortlich.

Der R. der Weimarer Republik 1919–33 hatte nicht nur mehr Gesetzgebungskompetenzen, sondern besaß als Kontrollinstanz gegenüber der Reichsregierung die Möglichkeit des Misstrauensvotums, wobei diese Macht durch die Rechte des ↑Reichspräsidenten, den R. aufzulösen und den Reichskanzler unabhängig vom R. zu ernennen und zu entlassen, beschränkt war. Ab 1930 unfähig zur Bildung von Regierungskoalitionen, wurde der R. weitgehend durch die extensive Anwendung der Machtbefugnisse des Reichspräsidenten in Legislative (siehe auch ↑Notverordnungen) und Regierungskontrolle ausgeschaltet. Mit der Zustimmung zum ↑Ermächtigungsgesetz verzichtete der R. 1933 auf seine Rechte. Er bestand ab Sommer 1933 als Einparteienparlament weiter, dessen Funktion in den wenigen Sitzungen bis 1942 (letzter Zusammentritt) in der Akklamation zu Regierungsakten lag.

Reichstagsbrand: die Zerstörung des

Reichstagsgebäudes in Berlin am Abend des 27. Februar 1933 durch Brandstiftung. Die Urheberschaft war lange umstritten. Weder die nationalsozialistische These einer kommunistischen Verschwörung noch umgekehrt die These der Brandstiftung durch die SA mit Wissen GÖRINGS lassen sich beweisen. Die Alleintäterschaft des niederländischen Kommunisten M. VAN DER LUBBE, der 1933 aufgrund seines Geständnisses zum Tode verurteilt und hingerichtet wurde, gilt heute als weitgehend gesichert. Politisch bedeutsam war der R. dadurch, dass er als Anlass für die Notverordnung des Reichspräsidenten »zum Schutz von Volk und Staat« vom 28. Februar 1933 diente (↑Notverordnungen), die besonders die wichtigsten Grundrechte der Weimarer Reichsverfassung aufhob und im Prozess der »Machtergreifung« einen weiteren Schritt zum Aufbau der nationalsozialistischen Willkürherrschaft darstellte.

Reichsunmittelbarkeit: Im Heiligen Römischen Reich besaßen die R. Personen und Körperschaften, die nicht der Landeshoheit eines Fürsten (Landesherrn), sondern unmittelbar dem Kaiser, der Reichsverwaltung und Reichsgerichtsbarkeit unterstanden. Dazu gehörten die ↑Reichsstände, ↑Reichsritterschaft, Reichsdörfer und Reichsbeamte (↑Immediatstände).

Reichsverweser: Titel des während der ↑Revolution von 1848/49 von der ↑Frankfurter Nationalversammlung bis zur vorgesehenen Kaiserwahl bestellten Inhabers der Zentralgewalt, Erzherzog JOHANN von Österreich.

Reichsvikar: im Heiligen Römischen Reich der Stellvertreter des Königs bei Thronvakanz, Minderjährigkeit oder längerer Abwesenheit des Herrschers. Zeitweise nahm der Papst das Recht der Besetzung oder auch das Reichsvikariat selbst in Anspruch, v.a. für Italien. Die ↑Goldene Bulle 1356 überging den päpstlichen Anspruch stillschweigend und bestimmte für Deutschland im Bereich des fränkischen Rechts den Pfalzgrafen bei Rhein, im sächsischen Rechtsgebiet den Kurfürsten von Sachsen als R. Eine endgültige Abgrenzung der beiden Bereiche erfolgte aber erst 1750. Zu den Kompetenzen der R. gehörte, dass sie während des ↑Interregnums eine eigene Gerichtsbarkeit (anstelle des suspendierten ↑Reichshofgerichts) wahrnahmen und Belehnungen vornahmen, mit Ausnahme von Fahn- und Zepterlehen; die Urteile des Reichskammergerichts wurden in ihrem Namen gefällt.

Reichswehr: amtliche Bezeichnung für die Streitkräfte des Deutschen Reichs ab 1921 (1919–21 bestand die **Vorläufige Reichswehr**) bis zur Einführung der allgemeinen Wehrpflicht und dem Aufbau der deutschen ↑Wehrmacht 1935. Laut Versailler Vertrag, der die Beibehaltung von Luftstreitkräften untersagte, sollte die R. aus Heer und Marine mit einer maximalen Stärke von 100000 bzw. 15000 Mann (einschließlich Offiziere) bestehen. Da sie sich aus Berufssoldaten zusammensetzen musste, lieferte sie für die spätere Aufrüstung unter A. HITLER besonders gut ausgebildete Kader. Den Oberbefehl über die R. hatte der Reichspräsident, mit dem der Reichswehrminister die Befehlsgewalt ausübte. Im Wesentlichen in Übereinstimmung mit den Reichsregierungen erhöhte die R. in den 1920er-Jahren ihr militärisches Potenzial durch geheime Aufrüstung, u.a. in Kooperation mit der Roten Armee.

Reislaufen [von mittelhochdeutsch reise »Feldzug«]: im Mittelalter und der frühen Neuzeit Bezeichnung für den besoldeten Kriegsdienst unter einem fremden Herrn; vom 13. bis zum 18. Jh. besonders in der Schweiz üblich, wurde es 1859 durch Bundesbeschluss untersagt.

Religionsfreiheit (Glaubensfreiheit): das Recht des Einzelnen, seinen Glauben frei zu wählen, sich einzeln oder in Gemeinschaft dazu zu bekennen und diesen Glauben auszuüben (in Deutschland durch Art. 4 GG verfassungsrechtlich garantiert).

Die schrittweise Durchsetzung der R. begann in Deutschland mit dem Kampf der lutherischen Reichsstände gegen Kaiser KARL V. und fand einen ersten Abschluss im ↑Augsburger Religionsfrieden, der die reichsrechtliche Anerkennung der protestantischen Stände garantierte. Diese zunächst nur das lutherische Bekenntnis einschließende Regelung wurde 1648 auch auf den Kalvinismus ausgedehnt, sodass ab dieser Zeit drei Konfessionen im Reich mit Beschränkung auf die jeweiligen Territorien R. besaßen.

Vorbereitet durch die Aufklärung und beginnend mit den staatskirchenrechtlichen Ordnungen des frühen 19. Jh., trat zum Prinzip der korporativen R. Zug um Zug das Prinzip der individuellen R. hinzu, wobei der Staat die Gleichstellung der Konfessionen überwachte, die Glaubens- und Gewissensfreiheit garantierte und den Konfessionswechsel erlaubte. Unter dem Einfluss des Liberalismus und den Gedanken der Revolution von 1848/49 erfolgte mit dem Einschnitt des ↑Kulturkampfs ein Auseinandertreten von ↑Staat und Kirche ohne völlige Aufgabe der Bindungen. Über die Weimarer Reichsverfassung fand die R. als Grundrecht Eingang in das Grundgesetz der Bundesrepublik Deutschland.

Renaissance: siehe S. 418.

Renovatio Imperii, Renovatio Imperii Romanorum [lateinisch »Erneuerung des Reiches«]: mittelalterliche Formel für die mit religiösen Vorstellungen verknüpfte Idee der Erneuerung der spätantik-römischen Reichstradition. KARL DER GROSSE verstand sie nach seiner Kaiserkrönung in einem christlich-universalen Sinn. Für OTTO III. verbanden sich die antike und die christliche Romidee (Rom als »Haupt der Welt« und als Stadt der Apostel PETRUS und PAULUS) zum politischen Programm. Unter den Staufern bezog der Erneuerungsgedanke das ↑römische Recht ein.

Rentamt: seit dem späten Mittelalter landesherrliche Finanzbehörde (hauptsächlich Einkünfte aus ↑Domänen) unter einem **Rentmeister** (**Rentamtmann**). Später Behörde zur Verwaltung der grundherrschaftlichen Einnahmen.

Reparationen [von lateinisch reparatio »Wiederherstellung«]: seit dem Ersten Weltkrieg geläufige Bezeichnung für die (Geld-, Sach- oder Arbeits-)Leistungen, die einem besiegten Staat zur Behebung der Kriegsschäden (und -kosten) vom Siegerstaat bzw. von den Siegerstaaten meist im Rahmen eines Friedensvertrags auferlegt werden. Die R. dienen sowohl der Wiedergutmachung, als auch der Schwächung der Wirtschaftskraft und damit zugleich des militärischen Potenzials des besiegten Staates.

Aufgrund des so genannten Kriegsschuldartikels 231 des Versailler Vertrags wurde das Deutsche Reich (und ähnlich die übrigen Mittelmächte) nach dem Ersten Weltkrieg ► *Fortsetzung auf S. 421*

Renovatio imperii: Das Evangeliar Ottos III. zeigt den Kaiser in reichem Ornat und mit kostbarer Krone auf dem Thron. Er hält das dem antiken Kaisertum entlehnte adlergekrönte Zepter und den mit einem Kreuz verzierten Reichsapfel, der die christlich-universale Herrscheridee verkörpert. Auch die weltlichen und geistlichen Würdenträger unterstreichen die doppelte Stütze seiner kaiserlichen Herrschaft.

Der Begriff Renaissance (frz. »Wiedergeburt«) bezeichnet im weiteren Sinne geistige Erneuerungsbewegungen. Im engeren Sinne verbindet man mit Renaissance eine Epoche, die in Italien um die Mitte des 14. Jh. begann und unter Rückgriff auf die Antike versuchte, Geist und Menschenbild des Mittelalters zu überwinden. Die Charakterisierung »finsteres« Mittelalter als ein Zwischenstadium zwischen der bewunderten Antike und der wieder den antiken Geist aufnehmenden Gegenwart ist eine Erfindung von Gelehrten der Renaissance.

Der Träger der Renaissancekultur war eine gebildete städtische Oberschicht, die nicht nur aus dem Adel, sondern zunehmend aus dem Bürgertum bestand. Die griechisch-lateinische Bildung war sowohl ihr inhaltliches als auch methodisches Vorbild; ihr Motto war »ad fontes« (»[zurück] zu den Quellen«). Aus der Beschäftigung mit dem Altertum gingen neue Impulse hervor, sodass die Renaissance als Schwelle zu einer neuen Epoche gilt, in der der Mensch die geistige Wendung zur Neuzeit vollzieht und sich aus der mittelalterlichen Gebundenheit mit Kirche und feudaler Ordnung löst.

In seiner Abhandlung »Der Fürst« (1513) fragt N. Machiavelli nach den Bedingungen erfolgreicher Politik und wendet sich unter Rückgriff auf die antike Ethik gegen die Jenseitsgerichtetheit des Mittelalters (Palazzo Vechio, Florenz).

Im Zentrum stand nun der sich seine Welt selbst gestaltende vernunftbegabte Mensch, der mithilfe von Wissenschaften, Künsten und Politik selbst zum Schöpfer und gleichzeitig deren Gegenstand wurde. Diese Zeit des Übergangs bis zum 16. Jh. wird als Zeitalter der Renaissance oder des Renaissancehumanismus bezeichnet.

Humanisten

Den neuen, an der Idealvorstellung der Antike orientierten Menschen galt es zu schaffen. Leitbild war die auf Natürlichkeit, Vernunft und umfassende Bildung gegründete Persönlichkeit, die sich im Einklang mit sich und der Umwelt befand. Verwirklicht sahen die Gelehrten dies in der »humanitas« der lateinischen Schriften (v.a. CICEROS). Sie nannten sich selbst daher Humanisten.

Der Humanismus ist die Keimzelle der Renaissance, ist aber nicht deckungsgleich mit dieser. Er bezeichnet eine am Christentum orientierte Bewegung, die von Italien ausgehend hauptsächlich in eher nördlichen Ländern, wie England, den Niederlanden und Deutschland, mit einer stark wissenschaftlichen und theologischen Ausrichtung Fuß fasste und große Auswirkungen auf die ↑Reformation hatte.

Der Geburtsort der Renaissance: Italien

Insbesondere in Oberitalien war die Stadtkultur weit entwickelt. Das wirtschaftlich erstarkte Bürgertum, darunter v.a. die Familie der Medici in Florenz, hielt auch die Politik in der republikanischen Regierung des Stadtstaates in Händen. Der Reichtum und die politische Macht sollten ihren Abglanz im Stadtbild von Florenz finden. So engagierten sich die Medici im 14./15. Jh. als einflussreiche Mäzene. Florenz band so die besten Künstler und Gelehrten seiner Zeit und wurde zu einem viel bewunderten »neuen Athen«.

Die Dichter der italienischen Renaissance pflegten antike Formen, wie z.B. die Satire, das Epigramm und den literarischen Dialog, schöpften aber auch Neues. Das Sonett und die Novelle traten von Italien aus ihren Siegeszug in andere Länder an. Berühmte Dichter dieser Epoche sind DANTE ALIGHIERI, PETRARCA und BOCCACCIO.

Die bildenden Künstler Italiens traten

nun, anders als im Mittelalter, als eigenständige Persönlichkeit hervor, waren nicht mehr zwangsläufig in Zünfte und Klostergemeinschaften eingebunden und verstanden sich als Künstler, nicht mehr als Handwerker; deshalb signierten sie auch Gemälde.
In der Architektur lösten Kuppelbauten die himmelwärts strebende Senkrechten der Gotik ab. Im frühen 15. Jh. wurde die Zentralperspektive in der Malerei entwickelt, Skulpturen bekamen eine Seiten- und Rückansicht, Porträts spiegeln individuelle Züge und die Umwelt wird als Hintergrund von Gemälden und in einer eigenständigen Landschaftsmalerei fassbar. Ermöglicht wurden die natürlichen Darstellungen des Menschen nicht nur durch das Studium der Antike, sondern auch aufgrund anatomischer Kenntnisse. Die Renaissancekünstler nutzten andere Künste und die Wissenschaften, wobei viele sich eigener Forschungen bedienen konnten. Vielfach waren sie Doppel- oder Mehrfachbegabungen wie BRUNELLESCHI, GHIBERTI, ALBERTI, BRAMANTE, BOTTICELLI, MICHELANGELO und RAFFAEL. Sie alle aber überragte der »uomo universale« (Universalmensch) LEONARDO DA VINCI. Er war zugleich Maler, Bildhauer, Architekt, Ingenieur, Naturforscher, Erfinder, Philosoph und Kunsttheoretiker.

Bildung

Durch humanistische Studien an antiken Autoren wurde in Schulen und Universitäten zu mehr Selbstständigkeit und neuem Wissen angeleitet. Auf der Grundlage des Christentums entwickelten sich dort Meinungen, die die offizielle Religion aufgrund historisch-kritischer Quellenvergleiche als dogmatisch erkannten. Die Überlieferung der biblischen Texte, aber auch Gedanken solcher heidnischer Philosophen aus griechischer und römischer Antike, die man als Vordenker der christlichen Religion betrachtete, erregten das Interesse dieser neuen Zeit.

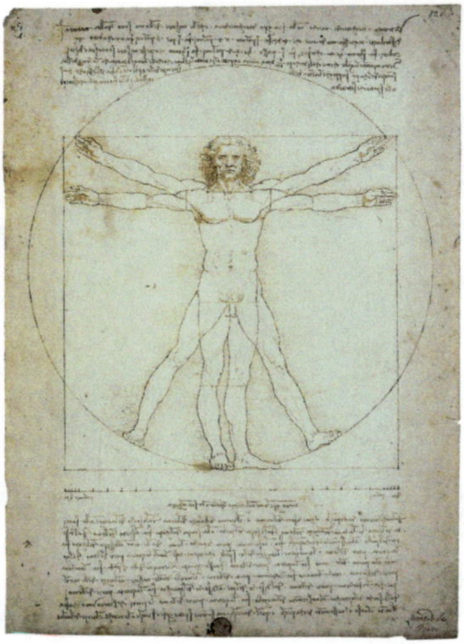

Leonardo da Vincis »Studie der menschlichen Proportionen nach Vitruv« verdeutlicht die Rückbesinnung auf antike Vorbilder, das Interesse an der Natur und die Vorstellung vom Menschen als Mittelpunkt der Welt.

Auch handfeste wirtschaftliche Interessen förderten die Bildung. Für Handel und Verwaltung wurde die Schriftkultur immer wichtiger. Neben die bestehenden sog. Lateinschulen traten deshalb z.B. auch »deutsche« Schulen. Um sich für den Besuch einer Universität zu qualifizieren reichten Letztere allerdings nicht aus.
Zwar waren schon ab etwa 1400 die griechische Sprache gelehrt und die Schriften griechischer Philosophen und Dichter erforscht worden, doch der Fall des zweiten Rom, des christlichen Byzanz, 1453 an die Türken war ein einschneidendes Ereignis, in dessen Folge das Studium der alten Griechen einen Aufschwung nahm: Aus Byzanz emigrierte Gelehrte gründeten zwar schon um 1440 die Platonische Akademie in Florenz. Die Eroberung der auch Konstantinopel genannten Stadt löste die Flucht vieler gebildeter Griechen und Byzantiner mit ihren Bibliotheken nach Westen aus. In Byzanz

Nach N. Kopernikus' heliozentrischer Auffassung umkreisen die Gestirne die Sonne (Darstellung der »Harmonia Macrocosmica« von Christoph Cellarius, 1660). Sie löste die christlich-mittelalterliche Vorstellung ab, derzufolge die Erdkugel das Zentrum des Universums sei.

war das antike Erbe über Jahrhunderte bewahrt worden. Das äußere politische Geschehen des Falls der Metropole Byzanz traf auf ein Klima wohlwollenden Interesses gegenüber der Antike in Italien. Nicht nur Philosophie, Sprachwissenschaften und Literatur profitierten von den neu gewonnenen Einsichten, sondern insbesondere auch die Mathematik und Naturwissenschaften.

Die für den Westen neuen Handschriften weckten den Wunsch nach Vervielfältigung. Sie wurden zunächst in mittelalterlicher Manier handschriftlich kopiert. Dann kam der Renaissance die Erfindung des Buchdrucks mit beweglichen Lettern durch J. GUTENBERG in Mainz um 1450 zu Hilfe. Es war zwar bereits der Druck mit Platten in Asien und Europa bekannt. Doch erst GUTENBERG beendete mit seiner revolutionären Idee die Handschriftenkultur und ermöglichte den Druck hoher Auflagen.

Das Zeitalter der Entdeckungen

Antike Klassiker hielten teilweise auch Überraschungen in Form astronomischer und geographischer Erkenntnisse bereit. Schon im dritten vorchristlichen Jahrhundert war die Kugelgestalt der Erde bekannt. Diese Theorie versuchten nun mithilfe neuer Karten und durch bessere nautische Kenntnisse ermöglicht Seefahrer zu beweisen (↑Entdeckungsreisen). Der bekannteste dieser Versuche führte KOLUMBUS 1492 zur Entdeckung der sog. Neuen Welt, Amerikas, obwohl sich KOLUMBUS selbst in Indien wähnte. Mit der »Teilung der Welt« im Vertrag von ↑Tordesillas (1494) wurde bereits das Zeitalter des Kolonialismus eröffnet. ■

Im Raum 6 des Deutschen Historischen Museums in Berlin kann man mit den Augen eines Menschen jener Zeit die Welt um 1500 entdecken.
Eine Website, z.T. mit interaktiven Elementen, zum Genie von LEONARDO ist *www.mos.org/leonardo/index.html*

DRESDEN, SAMUEL: *Humanismus und Renaissance.* München 1968. ▪ *Die Renaissance. Die Rückwende zur Antike,* hg. v. DENYS HAY. Eltville am Rhein 1986.

◀ *Fortsetzung von S. 417* zu R. verpflichtet. Nachdem auf der Ententekonferenz in Paris im Januar 1921 erstmals eine Gesamtforderung in Höhe von 226 Mrd. Goldmark festgestellt worden war, wurde zwar das deutsche Gegenangebot auf der 1. Londoner Konferenz 1921 (30 Mrd. Goldmark) abgelehnt, auf der 2. Londoner Konferenz 1921 aber die Höhe der R. auf 132 Mrd. Goldmark (in 37 Jahresraten) zuzüglich einer jährlichen Abgabe von 26% auf die deutsche Ausfuhr festgelegt.

Der ↑Dawesplan 1924 regelte die Höhe der jährlichen Zahlungen neu ohne Fixierung einer Gesamthöhe der R., die dann im ↑Youngplan 1929 auf 34,9 Mrd. Goldmark in 59 Jahresraten festgelegt wurde. Das ↑Hoover-Moratorium 1931 leitete die Lösung der Reparationsfrage ein. Die in Lausanne 1932 beschlossene Endregelung (3 Mrd. Reichsmark Schlusszahlung in Schuldverschreibungen) wurde nicht mehr vollzogen.

Aus der Gefährdung des internationalen Währungssystems durch die R. nach dem Ersten Weltkrieg wurde nach 1945 die Konsequenz gezogen, vorwiegend Sach- und Arbeitsleistungen zu verlangen. Im Potsdamer Abkommen 1945 einigten sich die alliierten Siegermächte, ihre Reparationsforderungen hauptsächlich aus den jeweiligen Besatzungszonen und dem deutschen Auslandsvermögen zu befriedigen. Die UdSSR erhielt darüber hinaus Anspruch auf 15% der ↑Demontagen in den westlichen Besatzungszonen. Aufgrund des Pariser Reparationsabkommens 1946 regelte eine Interalliierte Reparationsagentur (IARA) in Brüssel die Verteilung der westdeutschen R. auf die westlichen Alliierten. Das Londoner Schuldenabkommen 1953 (↑Londoner Konferenzen, Protokolle und Verträge) bedeutete praktisch das Ende der deutschen Reparationszahlungen an die westlichen Alliierten. Die UdSSR verzichtete ab 1954 auf weitere Reparationsleistungen der DDR.

Repetundenprozess [lateinisch repetere »auf Schadenersatz klagen«]: im antiken Rom Prozess gegen Amtspersonen (v.a. der Provinzverwaltung), die ihr Amt zur persönlichen Bereicherung (z.B. durch Erpressung, Unterschlagung von Geldern) ausgenutzt hatten. Ab 149 v.Chr. bestand in Rom für die R. ein ständiger Geschworenengerichtshof.

Repräsentantenhaus: Parlamentskammer; das R. der USA setzt sich aus Abgeordneten der verschiedenen Wahlkreise zusammen, die als parlamentarische Versammlung neben dem ↑Senat an der Gesetzgebung mitwirken und die Regierungs- und Verwaltungstätigkeit kontrollieren. – Siehe auch ↑Kongress.

Repräsentativsystem: politisches System, in dem die politische Herrschaft (z.B. Gesetzgebung und Regierungstätigkeit) durch gewählte Volksvertreter (**Repräsentanten**) und von ihnen abhängige Organe wahrgenommen wird. Die heute überwiegende Form des R., der ↑Parlamentarismus, zeichnet sich durch den Anspruch aus, ein System indirekter ↑Demokratie zu sein, und basiert auf der Überzeugung, dass ein zahlenmäßig großes Volk die von ihm ausgehende Gewalt nur durch Übertragung, also nicht direkt, ausüben könne. Mit der Möglichkeit des ↑Plebiszits wird das R. allerdings zuweilen durchbrochen. Nach der Theorie demokratischer R. repräsentieren die Abgeordneten die gesamte Nation und sind deshalb an Aufträge und Weisungen ihrer Wähler nicht gebunden (freies ↑Mandat). Mit der Einbindung der Abgeordneten in eine Partei und mit der Forderung nach Fraktionsdisziplin wird dieses Prinzip jedoch oft eingeschränkt.

Reptilienfonds: Sonderfonds, der nach dem Sieg Preußens im ↑Deutschen Krieg von 1866 u.a. über das Königreich Hannover und das Kurfürstentum Hessen-Kassel aus dem Privatvermögen der beiden enteigneten Fürsten dieser Staaten gebildet wurde; er diente u.a. dazu, die öffentliche Meinung zu beeinflussen. Der R. war dem Budgetrecht des Reichstags und damit parlamentarischer Kontrolle entzogen. Zu seinem Namen kam der R., als BISMARCK 1869 die Agenten der beiden Fürsten als »bösartige Reptilien« bezeichnete, deren gegen Preußen gerichtete Aktivitäten mit eben diesem R. bekämpft werden sollten.

Republik [von lateinisch res publica »Gemeinwesen«, »Staat«]: Staatsform, in der das Volk (↑Demokratie) oder ein Teil desselben (z.B. ↑Oligarchie) die souveräne Macht besitzt und deren oberstes Staatsorgan nur auf Zeit bestellt bzw. gewählt wird. Im Unterschied zu dem in der Antike und im Mittelalter verwendeten Begriff ↑Res publica wird seit der Französischen Revolution die Bezeichnung R. für eine von der ↑Monarchie unterschiedene Staatsform gebraucht; sie besteht heute v.a. als **parlamentarische Republik** (die Regierung ist abhängig vom Parlament), **präsidiale Republik** (die Regierung ist abhängig vom Präsidenten) oder als **sozialistische Republik** (Räte- oder Volksrepublik).

Reservatrechte: im Heiligen Römischen Reich (bis 1806) die Rechte des Kaisers, die er ohne Mitwirkung des Reichstags ausüben konnte (z.B. Erteilung von Privilegien). Im Deutschen Reich 1871–1918 Bezeichnung für die Sonderrechte, die den süddeutschen Staaten und den Hansestädten bei ihrem Eintritt ins Reich gewährt wurden (z.B. eigene Post- und Eisenbahnverwaltung; Oberbefehl des bayerischen Königs über die Landestruppen im Frieden).

Résistance [französisch rezis'tã:s]: Bezeichnung für die französische Widerstandsbewegung gegen die deutsche Besatzungsmacht im Zweiten Weltkrieg sowie gegen die Politik H. P. PÉTAINS im unbesetzten Teil Frankreichs. Die ab 1940 v.a. von CH. DE GAULLE von London aus organisierte R. entwickelte ein wirksames Spionagenetz, band durch Sabotageakte und Streiks die deutschen Truppen und störte teilweise empfindlich die Verkehrsverbindungen.

Res publica [lateinisch »öffentliche Sache«]: Im Gegensatz zur Res privata (»die Angelegenheit des Einzelnen«) war die R.p. nach der Definition CICEROS die »Sache des Volkes« (res publica est res populi), eine alle römischen Bürger angehende Angelegenheit. Der Begriff umfasste sowohl das Staatsvolk als auch das Staatsgebiet sowie die Organisation der staatlichen Ordnung. Zwar trat die R.p. selbst nicht als Trägerin staatsrechtlicher Funktionen auf – diese wurden im Namen von »senatus populusque Romanus«, im Namen des römischen Senats und Volks, ausgeübt –, doch war sie eng mit den Begriffen Recht (ius), Gesetz (lex) und Freiheit (libertas) verknüpft.

Die R.p. setzte ↑Senat, ↑Magistrate und Volksversammlungen (↑Komitien) voraus, die Gesetze gaben und Beamte wählten. Besondere Bedeutung gewann der Begriff im Kampf gegen große Einzelpersönlichkeiten, die sich zum Alleinherrscher aufschwingen konnten (z.B. gegen CÄSAR). So verkündete auch AUGUSTUS, der Begründer des ↑Prinzipats, er habe die R.p. wiederhergestellt, obwohl die alten verfassungsrechtlichen Grundsätze aufgehoben worden waren (↑römische Geschichte). – Im Mittelalter wurde der Begriff **Res publica (christiana)** als Gemeinwesen im Sinne der christlichen Welt verstanden.

Restauration [von lateinisch restaurare »wiederherstellen«]: allgemein Bezeichnung für die Wiederherstellung vorrevolutionärer Verhältnisse; im Besonderen die Zeit von der Neuordnung Europas durch den ↑Wiener Kongress 1814/15 bis zu den Revolutionen von 1830 und 1848. Grundprinzip der R. war die Rückkehr zur vorrevolutionären ↑Legitimität, ohne dass jedoch die tief greifenden sozialen, rechtlichen und territorialen Wandlungen, die die Französische Revolution und die napoleonische Neuordnung Europas hinterlassen hatten, vollständig rückgängig gemacht wurden. Nach dem Vorbild der französischen ↑Charte constitutionnelle von 1814 enthielten die mitteleuropäischen Verfassungen wie auch die ↑Deutsche Bundesakte das ↑monarchische Prinzip.

Restitutionsedikt: von Kaiser FERDINAND II. am 6. März 1629 auf dem Höhepunkt seiner Macht ohne Hinzuziehung des Reichstags erlassenes Gesetz. Es verfügte die Restitution (Rückgabe) derjenigen geistlichen Güter innerhalb der Territorien und der reichsunmittelbaren Stifte an die katholischen Herren, die seit 1552 (Passauer Vertrag) bzw. 1555 (↑Augsburger Religionsfriede) in protestantische Hände gefallen waren. Gleichzeitig verbot es den ↑Kalvinismus im Reich. Das R. trug zum Eingreifen Schwedens und Frankreichs in den ↑Dreißigjährigen Krieg bei, blieb letztlich jedoch folgenlos, da im ↑Westfälischen Frieden 1648 für die geistlichen Güter das Normaljahr 1624 festgelegt wurde und die Reformierten als Konfession Anerkennung fanden.

Reunionen [von französisch réunion »Wiedervereinigung«]: Frankreichs Annexionen von Gebieten des Heiligen Römischen Reichs und der spanischen Niederlande zwischen 1679 und 1681; dabei wurde Anspruch auf alle Gebiete erhoben, die mit den v.a. 1648 an Frankreich gefallenen Territorien in Verbindung gestanden hatten. Mit der Durchführung des Verfahrens waren seit 1679 eigens gegründete **Reunionskammern** in Besançon, Breisach, Metz und Tournai beauftragt. Mömpelgard, das Elsass sowie weite Teile pfälzischer und rheinischer Gebiete und Teile der südlichen spanischen Niederlande kamen unter französische Hoheit. Ohne Rechtsvorwand erfolgte 1681 die Unterwerfung Straßburgs. Im Frieden von Rijswijk 1697 (↑Pfälzischer Erbfolgekrieg) gab LUDWIG XIV. alle R. bis auf das Elsass und Straßburg zurück.

Revanchismus [von französisch revanche »Vergeltung«]: Bezeichnung für eine nach Vergeltung für angeblich oder wirklich erlittenes Unrecht strebende Außenpolitik. R. zielt auf die Rückgewinnung sowohl verloren gegangener Gebiete als auch auf die Aufhebung von Verträgen. Der Begriff wurde zuerst auf die Haltung Frankreichs nach dem preußischen Sieg im Deutschen Krieg von 1866 und dem Verlust Elsass-Lothringens 1871 angewendet.

Revisionismus: Bezeichnung für Bestrebungen, den ↑Marxismus an veränderte gesellschaftliche Bedingungen anzupassen. Die als R. bezeichnete Lehre wurde um die Jahrhundertwende von dem Sozialdemokraten E. BERNSTEIN begründet und verstand sich als theoretische Rechtfertigung für die Praxis des Reformismus, d.h. für eine Politik, die den ↑Sozialismus nicht auf dem Wege der Revolution, sondern ausschließlich durch Reformpolitik erreichen wollte. Die Lehre wurde zunächst parteiamtlich verdammt, doch die Praxis der ↑Sozialdemokratie entsprach ihr weitgehend.

Revolution: Umwälzung der politischen und gesellschaftlichen Verhältnisse in einem Staat; gelegentlich werden auch entsprechende Vorgänge in anderen Bereichen als R. bezeichnet (z.B. eine »technische R.«). Im weiteren Sinne versteht man unter R. längere Phasen eines kulturellen Umbruchs, wie z.B. der Übergang von der Jäger- und Sammlerkultur zur sesshaften Ackerbaukultur in der Jungsteinzeit oder die industrielle R. im 19.Jh. In diesem Sinne gebraucht, unterscheidet sich der Begriff kaum von dem der Evolution, der Entwicklung durch allmählichen Wandel.

Im engeren Sinn ist R. der politische und in der Regel gewaltsame Umbruch, der von einer oppositionellen Elite inszeniert und vielfach von breiten Volksschichten mitgetragen wird (**Revolution von unten**). Die Umwälzung bedeutet im politischen Bereich den Übergang der Staatsgewalt von einer Gruppe zur anderen. Sie geht bei der R. von einer Gruppe aus, die bisher weder im Besitz der Staatsgewalt war, noch Anteil an ihr hatte. Der tiefe Bruch mit der alten (Rechts-)Ordnung unterscheidet die R. von der Reform; die Umgestaltung der politischen

R

und vielfach auch sozialen Verhältnisse unterscheidet sie auch vom bloßen ↑Staatsstreich, ↑Putsch oder von der Palastrevolution. Gelegentlich spricht man auch bei durchgreifenden Reformmaßnahmen durch die etablierten Träger der Staatsgewalt von R. (**Revolution von oben**). R. kann nicht nur in der Veränderung sozialer Verhältnisse, sondern auch in der Abschüttelung von Fremdherrschaft bestehen (**nationale Revolution**).
Revolutionsforschung: Das Interesse an der R. wurde durch eine auffällige Anhäufung von Erscheinungen dieser Art in der neueren Geschichte erweckt (z.B. 1688 die ↑Glorious Revolution in England, 1789 die ↑Französische Revolution, 1830 und 1848 die europäischen Revolutionen (↑Revolution von 1848/49), 1917 die russische ↑Oktoberrevolution). Für den Marxismus handelt es sich dabei um Erscheinungen, die durch einen grundlegenden Wandel der Produktionsverhältnisse entstanden sind. In ihrem Gefolge bemühen sich die durch den Wandel gesellschaftlich erstarkten Klassen (zunächst das Bürgertum, später das Proletariat), die politischen und sozialen Verhältnisse gegen den Widerstand der bisher Herrschenden revolutionär, d.h. meist gewaltsam, den neuen ökonomischen Gegebenheiten anzupassen. Diese Entwicklungsphase werde andauern, bis die proletarische »Weltrevolution« sich überall durchgesetzt habe (daher auch die Idee der »permanenten Revolution«). Die so genannten sozialistischen R. widersprechen allerdings diesem Schema: Es waren keine R. des Proletariats. Dies hat marxistische Theoretiker gelegentlich veranlasst, dem Proletariat überhaupt ein »revolutionäres Bewusstsein« abzusprechen und dafür einen neuen Träger (z.B. Intellektuelle) zu suchen.
Die nichtmarxistische Revolutionsforschung versucht dagegen, die modernen R. als gewaltsame Umbrüche, hervorgerufen durch Spannungssituationen in einer sich rasch modernisierenden Welt, zu verstehen. Dabei wurde festgestellt, dass R. häufig erst in der Phase einer allmählichen Besserung durch (verspätete) Reformmaßnahmen einsetzen und dass sie selten von den revolutionären Eliten planvoll bis zum Ende gesteuert werden, sondern diese selbst den Veränderungen zum Opfer fallen (G. BÜCHNER: »Die Revolution frisst ihre eignen Kinder«). Als **Konterrevolution** werden die R. bezeichnet, die sich um die Wiederherstellung gerade abgeschaffter Verhältnisse bemühen (im Marxismus alle R., die nicht in das vorgegebene Entwicklungsschema passen).

Revolutionskriege: ↑Koalitionskriege.

Revolution von 1848/49: siehe S. 426.

Rex (weibliche Form Regina): lateinische Bezeichnung für König; in der Anfangszeit der römischen Geschichte Bezeichnung für die vermutlich etruskischen Herrscher über Rom, deren Königtum mit der Vertreibung des TARQUINIUS SUPERBUS (der Überlieferung nach 509 v.Chr.) und mit der Errichtung der Adelsrepublik (↑Res publica) der ↑Patrizier endete. Seitdem galt das Königtum als schlechte, die Freiheit bedrohende Regierungsform (etwa gleichbedeutend dem griechischen Begriff der Tyrannis) und wurde der Vorwurf, den Titel eines R. führen zu wollen, zum Instrument der politischen Propaganda (z.B. gegen CÄSAR). Dennoch lebte der Titel fort im Interrex (↑Interregnum) und im Rex Sacrorum, dem Opferkönig, der die ursprünglich vom König vollzogenen Opfer ausführte. – Bis in die Neuzeit war der Titel R. Teil von Königstitulaturen (z.B. nannte sich der König von Spanien Rex catholicus, der König von Frankreich Rex christianissimus).

RGW: ↑COMECON.

Rheinbund: Bezeichnung für zwei Zusammenschlüsse vornehmlich west- und süddeutscher Staaten unter französischer Führung.
Der **1. Rheinbund (Alliance du Rhin)** 1658–68 wurde v.a. mit dem Ziel gegründet, den ↑Westfälischen Frieden zu sichern und gegenüber Österreich einen

selbstständigen Machtfaktor zu bilden, doch sah sich der Bund zur Anlehnung an Frankreich gezwungen und verstärkte damit dessen Einfluss im Reich.

Der **2. Rheinbund (Confédération du Rhin)** 1806–13 war eine Konföderation von zunächst 16 deutschen Fürsten unter französischem Protektorat, mit deren Hilfe NAPOLEON I. den französischen Herrschaftsbereich in Mitteleuropa festigte (↑Rheinbundsakte). Die Rheinbundstaaten erklärten am 1. August 1806 ihren Austritt aus dem Heiligen Römischen Reich, das am 6. August 1806 mit der Niederlegung der römischen Kaiserwürde durch FRANZ II. sein förmliches Ende fand. Nach der Niederlage Preußens traten in rascher Folge bis 1808 zahlreiche weitere Staaten dem R. bei. Innenpolitisch führte die Gründung des R. zur Zurückdrängung ständischer, provinzialer, lokaler und feudaler Sonderrechte und zu Reformen im Bereich von Verfassung und Verwaltung, Wirtschaft und Finanzen. Als »Revolution von oben« erfolgte eine regional jedoch höchst unterschiedlich ausgeprägte Modernisierung der deutschen Staaten. Durch den Anschluss der meisten Mitgliedstaaten an das preußisch-russisch-österreichische Bündnis zu Beginn der ↑Befreiungskriege fand der R. im Oktober 1813 ein Ende.

Rheinbundsakte: am 12. Juli 1806 von 16 deutschen Fürsten und NAPOLEON I. in Paris unterzeichneter Vertrag, durch den sich jene von Kaiser und Reich lossagten, ihre Souveränität erklärten und unter dem Protektorat des französischen Kaisers den 2. ↑Rheinbund bildeten. Zentrale Bestimmung der R. war die Errichtung einer Offensiv- und Defensivallianz, die festlegte, dass jeder Krieg auf dem europäischen Festland »allen Teilen gemeinsam« sein sollte. NAPOLEON I. konnte danach für seine Feldzüge auf die Truppen der Rheinbundstaaten zurückgreifen. Die Realisierung der in der R. vorgesehenen Bundesverfassung kam nicht zustande.

Rheinischer Städtebund: zwei Zusammenschlüsse rheinischer Städte im 13. und 14. Jh. Der 1. R. S., der sich aus dem »Ewigen Bündnis« zwischen Mainz und Worms vom Februar 1254 entwickelte, wurde am 13. Juli 1254 auf zehn Jahre gegen die Zollwillkür der Territorialherren als Landfriedensbund für die Aufrechterhaltung des Mainzer Reichslandfriedens von 1235 im Interregnum beschlossen. Er zählte 1256 bereits 70 Städte zwischen Zürich, Regensburg, Lübeck und Aachen; auch zahlreiche geistliche und weltliche Fürsten schlossen sich an. Im Februar 1255 von König WILHELM (von Holland) anerkannt, zerfiel er bei der Doppelwahl von 1257.

Der 2. R. S. vom 20. März 1381 war gegen die Ritterbünde gerichtet. Nach schweren Niederlagen 1388 wurde die Städtevereinigung durch den Landfrieden von ↑Eger abgelöst.

Rheinlandbesetzung: Am 7. März 1936 gab HITLER den Befehl zum Einmarsch von drei Bataillonen der Wehrmacht in die laut Versailler Vertrag entmilitarisierte Zone des Rheinlandes. Sie hatten den Befehl, sofort umzukehren, falls Frankreich und Belgien zu militärischen Gegenmaßnahmen schreiten würden. Am selben Tag kündigte HITLER den Locarnopakt und schlug einen neuen Nichtangriffspakt, Rüstungsbeschränkung in der Luftwaffe und die deutsche Rückkehr in den Völkerbund vor. Außer einer verbalen, durch Frankreich und Belgien veranlassten Verurteilung der R. durch den Völkerbund erfolgte keine wirksame Reaktion, da Großbritannien in Anerkennung der deutschen Revisionsforderungen seine Mitwirkung versagte.

Risorgimento [risɔrdʒiˈmento; italienisch »Wiedererstehen«]: Bezeichnung für die auf die Herstellung der politischen Einheit Italiens gerichteten Bestrebungen des 19. Jh., als Epochenbegriff die Zeit von 1815–70.

Vorgeschichte: Im Zuge der Restaurierung der vornapoleoni- ▶ *Fortsetzung auf S. 429*

Unter der Revolution von 1848/49 wird eine Reihe revolutionärer Aufstände in mehreren europäischen Ländern verstanden. Nach ihrem Schauplatz wird sie einschränkend auch als »Deutsche Revolution«, nach ihrer Verlaufszeit als Märzrevolution bezeichnet. Wegen nochmals heftig aufflammender Unruhen im April und Mai 1849 wird sie auf die Dauer der beiden Jahre 1848 und 1849 festgelegt.

Ausgangslage

Anders als die ↑Französische Revolution von 1789 bis 1799 kämpfte die bürgerliche Revolution von 1848/49 in Deutschland auch um die staatlich-nationale Einheit. Denn Deutschland war in der Zeit zwischen dem ↑Wiener Kongress (1814/15) und der Märzrevolution in eine Vielzahl von Staaten zersplittert. Ausdruck fand dieses Streben im »Lied der Deutschen« (1841) des Dichters A. H. HOFFMANN VON FALLERSLEBEN, dessen dritte Strophe noch heute die Nationalhymne Deutschlands ist. Neben, und oft Hand in Hand mit dem nationalen Gedanken, setzten sich liberale und demokratische Vorstellungen durch. Auf dem Wiener Kongress war der ↑Deutsche Bund ins Leben gerufen worden, nachdem 1806 das ↑Heilige Römische Reich Deutscher Nation untergegangen war. Ziel war die Wiederherstellung der vorrevolutionären Zustände der Zeit vor der Französischen Revolution (↑metternichsches System). Damit war aber vor allem ein Klima der Unterdrückung und Bevormundung (↑Demagogenverfolgung) geschaffen worden. Liberale, die begeistert in die Befreiungskriege gegen NAPOLEON I. gezogen waren, waren von der nachfolgenden ↑Restauration enttäuscht. Ein Teil des Bürgertums wandte sich resigniert von der Politik ab und schuf sich seine private Idylle (↑Biedermeier). Andere hielten an ihren Vorstellungen fest, seien es nationale oder liberale, die auf die Errichtung einer konstitutionelle Monarchie gerichtet waren, oder seien es demokratische, die eine republikanische Verfassung notfalls auch mit einer Revolution durchzusetzen bereit waren. Sie zeigten sich 1832 erstmals öffentlich auf dem ↑Hambacher Fest.

Ausschnitt aus Adolph von Menzels 1848 gemaltem Bild von der Bestattung der bei den Kämpfen vom 18. und 19. März 1848 Getöteten – sie hießen bald »Märzgefallene« – im Berliner Friedrichshain.

Der revolutionäre Funke springt über

Das Streben nach veränderten politischen Verhältnissen hatte sich vor allem in Südwestdeutschland 1847/48 im ↑Offenburger Programm niedergeschlagen. Eine große europäische Wirtschaftskrise seit 1845, die auch zu Hungersnöten führte, verstärkte die große Unzufriedenheit in der Bevölkerung.

Im März sprangen die Unruhen von Frankreich (↑Februarrevolution) auf Wien (13. März) und Berlin (18. März) über. Der Sturz des österreichischen Staatskanzlers METTERNICH wurde am 16. März in Berlin bekannt. Unter dem Druck der revolutionären Stimmung musste der preußische König FRIEDRICH WILHELM IV. Pressefreiheit zugestehen und einen Nationalstaat – unter preußischer Vorherrschaft – mit gesamtdeutscher Verfassung versprechen. Als es am nächsten Tag zu Schüssen in eine friedliche Menschenmenge kam, entwickelten sich Barrikadenkämpfe, die ca. 200 bis 300 Menschenleben (»Märzgefallene«) forderten, v.a. Arbeiter und Handwerker. Der König zog seine Truppen zurück.

In allen Staaten des Deutschen Bundes meldeten sich nun revolutionäre Bewegungen vehement mit ihren »Märzforderungen« zu Wort. Sie lauteten überall auf Grundrechte, Wahlrecht, Geschworenengerichte, Verfassungen, Bürgerheer und gesamtdeutsche Regierung. Die Märzrevolution führte zwar nicht zum »Sturz von Thronen« (nur LUDWIG I. von Bayern trat zurück), wohl aber zum Sturz von Regierungen. Alle deutschen Fürsten gaben – vorübergehend – nach. Sie setzten sog. »Märzminister« ein und brachen damit der Revolution die Spitze ab.

Die radikale Forderung aus den Reihen des am 31. März in Frankfurt am Main zusammengetretenen Vorparlaments nach der Bildung eines Exekutivausschusses, einer Art Revolutionsregierung, die ständig tagen sollte, konnte sich nicht durchsetzen. Stattdessen setzte HEINRICH VON GAGERN Wahlen zur Nationalversammlung und die Auflösung des Vorparlaments durch. Die enttäuschten Demokraten F. HECKER und G. VON STRUVE suchten dies mit einem Bauernaufstand in Baden rückgängig zu machen und eine Republik zu erkämpfen. Ihr Aufbegehren wurde jedoch von badischen und hessischen Regierungstruppen blutig niedergeschlagen.

Nationalversammlung in der Paulskirche

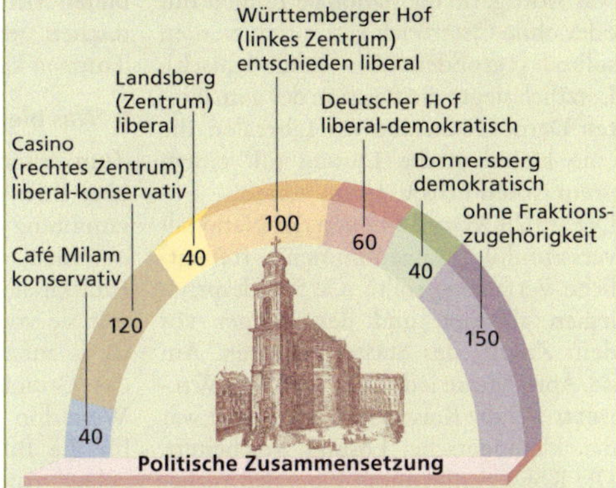

Berufe der Abgeordneten und ihrer Stellvertreter

46 Landwirte	37 mittlere Beamte
35 Kaufleute	94 Professoren
14 Fabrikanten	30 Lehrer
4 Handwerker	39 Geistliche
44 ohne Berufsangabe	106 Advokaten
18 Offiziere	23 Ärzte
11 Diplomaten	10 Bibliothekare, Verleger, Buchhändler
110 Richter/Staatsanwälte	20 Schriftsteller
115 höhere Verwaltungsbeamte	35 sonstige Akademiker
21 Bürgermeister	

Die Frankfurter Nationalversammlung

Überall, auch in den Zentren der deutschen Macht – Wien und Berlin – wurde die Wahl zur Nationalversammlung geduldet. Sie war die erste gesamtdeutsche freie Wahl, allerdings auf das besitzende Bürgertum beschränkt. Da es keine organisierten Parteien im heutigen Sinne gab, enstand ein sog. Honoratiorenparlament von Männern, die entweder schon Ämter innehatten, bekannt oder gebildet waren. Arbeiter und Angestellte, die die Revolution in der Anfangsphase vorangetrieben hatten, waren kaum vertreten. Am 18. Mai 1848 trat die Nationalversammlung in der Frankfurter Paulskirche zusammen. Sie war mit zwei grundlegenden Aufgaben betraut: Erarbeitung einer Verfassung und Bildung eines deutschen Nationalstaats. Verfechtern einer Republik standen Anhänger einer konstitutio-

nellen Monarchie gegenüber. Außerdem war strittig, ob die nationale Einheit mit oder ohne Österreich geschaffen werden sollte (↑großdeutsch, ↑kleindeutsch). Letztlich siegte die Position der gemäßigten Demokraten und der Liberalen, die eine kleindeutsche Lösung mit einem preußischen Erbkaisertum vorsah.
Die am 28. März 1849 von der Nationalversammlung angenommene freiheitliche Verfassung sollte u.a. Standesprivilegien abbauen und den Bürger vor dem Zugriff des Staates schützen. Am 28. April lehnte jedoch FRIEDRICH WILHELM IV. die Kaiserkrone ab. Damit war die kleindeutsche Lösung gescheitert. Die Konservativen und Liberalen verließen das Paulskirchenparlament, die radikale Linke blieb. Um sich der Auflösung durch die wieder erstarkter Fürsten zu entziehen, beschloss die Nationalversammlung, ihren Sitz nach Stuttgart zu verlegen. Schon im Juni wurde dieses Rumpfparlament aufgelöst.
Die Revolution in Österreich wurde unterdrückt, wobei der Abgeordnete ROBERT BLUM standrechtlich erschossen wurde (9. November 1848).

■ Der Kampf um die Verfassung

Im westlichen Preußen, in Sachsen, in der Pfalz und in Baden brach im Mai 1849 erneut eine Revolution aus, die die Anerkennung der Verfassung zum Ziel hatte. Volksvereine, eine Vorform von Parteien, bereiteten diese radikal-demokratische Revolution vor, die auch sozialpolitische Forderungen erhob: kostenlosen Unterricht, eine staatlich geregelte Altersversorgung, eine progressive Einkommensteuer und die Ablösung aller Feudallasten. Am 12./13. Mai solidarisierten sich Soldaten mit Militäraufständen in Lörrach, Rastatt und Karlsruhe mit den radikalen Demokraten. Die Revolution besaß auch Revolutionstruppen, die der Nationalversmmlung von 1848 gefehlt hatten. In Baden wurde erstmals nach einem allgemeinen (Männer-)Wahlrecht gewählt und eine provisorische republikanische Regierung gebildet. Am 23. Juli mussten die Aufständischen jedoch vor den preußischen Truppen kapitulieren.

■ Was bleibt von der Revolution?

Zum ersten Mal hatte die Bevölkerung über ihre Vertreter in der Nationalversammlung an der Staatsgewalt teilgenommen. Obwohl die Verfassung des Paulskirchenparlaments nie in Kraft trat, war sie von weitreichender Bedeutung, da sie auf die Weimarer Verfassung und das Grundgesetz der BRD einwirkte. Weiterhin wurde 1848 der Grundstein für die Bildung der heutigen Parteien gelegt. Auch das Ideal des Bürgers in Uniform – ein Bürgerheer sollte die demokratische Kontrolle des Militärs sicherstellen –, die deutsche Arbeiterbewegung, die bis 1848 nur im Ausland existierte, und die deutsche Frauenbewegung gehen auf diese Zeit zurück.
Belastend für die deutsche Geschichte aber war der Verlust an Demokraten und Liberalen. Viele von ihnen resignierten in Gefängnissen, wurden hingerichtet oder wanderten aus, v.a. in die USA. ■

Die »Erinnerungsstätte für die Freiheitsbewegungen in der deutschen Geschichte« (76437 Rastatt, Herrenstraße 18) bietet bei freiem Eintritt einen glänzenden Überblick über die Revolutionsgeschichte von 1848/49.
In dem Roman »1848 – Die Geschichte von Jette und Frieder« (1997) erzählt Klaus Kordon vor dem Hintergrund der revolutionären Ereignisse der Jahre 1847/48 die Liebesgeschichte zweier Berliner Jugendlicher.

HEIN, DIETER: *Die Revolution von 1848/49.* München ²1999. ▪ *Revolution von 1848,* hg. v. der Bundeszentrale für Politische Bildung. Bonn 1999. ▪ SIEMANN, WOLFRAM: *Die deutsche Revolution von 1848/49.* Lizenzausgabe Darmstadt 1997.

◂ *Fortsetzung von S. 425* schen Ordnung Italiens durch den ↑Wiener Kongress 1815 schwanden die Hoffnungen auf nationale Selbstbestimmung und Einheit. So entstanden wieder das Königreich beider Sizilien unter den Bourbonen, der Kirchenstaat, das durch die ehemalige Ligurische Republik vergrößerte Königreich Sardinien; Vormacht wurde jedoch Österreich, dem das neu geschaffene Königreich Lombardo-Venetien zufiel und das durch Nebenlinien in Parma-Piacenza, Modena und dem Großherzogtum Toskana vertreten war. Die Restauration auch der alten Rechts-, Verfassungs- und Gesellschaftsordnung v.a. in den habsburgischen Staaten stieß auf den Protest insbesondere des aufsteigenden Handel und gewerbetreibenden Bürgertums.

1831 gründete G. Mazzini die ↑Giovine Italia, die über revolutionäre Aktionen und eine Mobilisierung der öffentlichen Meinung einen republikanischen Einheitsstaat erreichen wollte; dem standen Vorstellungen von einer konstitutionellen italienischen Staatenkonföderation unter dem Papst als Oberhaupt (z.B. V. Gioberti) sowie – hauptsächlich von liberal-konservativer Seite vertreten (C. Cavour) – von einem Königreich Italien unter der Führung Sardiniens gegenüber.

Kampf gegen die Herrschaft Österreichs und der Bourbonen: Der erfolglose Kriegszug Sardiniens gegen Österreich (Niederlagen bei Custoza 1848 und bei Novara 1849) sowie die gescheiterten republikanischen und demokratischen Erhebungen 1848/49 im Kirchenstaat, in der Toskana und Venetien verdeutlichten die Vergeblichkeit der Hoffnungen auf ein »Italia farà da se« (»Italien schafft es allein«). In der Folgezeit stellte sich Sardinien an die Spitze der Einigungsbewegung und versicherte sich im Vertrag von Plombières 1858 französischer Hilfe, bevor es 1859 von neuem den Krieg gegen Österreich eröffnete und bis 1860 den Anschluss von Parma-Piacenza, Modena

Risorgimento: Mit dem Einzug in Palermo am 27. Mai 1860 und dem Sieg über die Streitkräfte des Königreichs Neapel-Sizilien war eine wichtige Etappe der italienischen Einigungsbestrebungen erreicht.

und der Toskana erreichte. Die Zustimmung Frankreichs war bereits 1858 mit der Abtretung Nizzas und Savoyens erkauft worden.

Im Mai 1860 landete G. Garibaldi mit einem Freiwilligenkorps auf Sizilien; die Eroberung der Insel und Unteritaliens führte zum Untergang des bourbonischen Königreichs und zur Angliederung an das neu entstehende Italien. Nach der Besetzung der Marken und Umbriens durch sardinische Truppen blieb lediglich auf Druck Frankreichs der auf Latium beschränkte Kirchenstaat ausgespart, außerdem das habsburgische Venetien.

Am 17. März 1861 wurde das *Königreich Italien* offiziell proklamiert. Entgegen den Hoffnungen der für eine verfassunggebende Versammlung plädierenden Linken vollzog sich die Einigung Italiens letztlich als »königliche Eroberung«, d.h. als schrittweise Übertragung der sardinischen Verfassungs- und Verwaltungsordnung auf das übrige Italien (bis 1946). Ein hohes ↑Zensuswahlrecht (wahlberechtigt waren 1861 nur 1,9% der Bevölkerung) beschränkte die politische Repräsentation auf eine schmale konservativ-liberale Oberschicht.

Venetien und der Kirchenstaat: Diese beiden zunächst noch offenen territorialen Probleme fanden in der Folgezeit eine Lösung: Durch die Teilnahme Italiens am ↑Deutschen Krieg von 1866 aufseiten Preußens gelang der Erwerb Venetiens. Schwieriger gestaltete sich die so genannte Römische Frage um den Kirchenstaat. Erst der Abzug französischer Truppen aus Rom nach dem Ausbruch des Deutsch-Französischen Kriegs von 1870/1871 erlaubte die Einnahme der Stadt (20. September 1870), der Restkirchenstaat wurde annektiert und Rom zur Hauptstadt (1865–71 Florenz) erklärt. Der dadurch ausgelöste Konflikt mit der Kirche führte zu einer Entfremdung breiter katholischer Schichten und belastete das nun endgültig geeinte Italien zusätzlich zu den durch die unterschiedliche Wirtschafts- und Sozialstruktur im Norden und Süden des Landes hervorgerufenen Spannungen.

Ritter: der beritten und in der Regel gepanzert kämpfende Krieger; im antiken Rom die Reiter (↑Equites), die sich zu einem eigenen Stand entwickelten.

Im Mittelalter der Angehörige des Ritterstandes, der nicht nur durch die Gleichartigkeit der militärischen Funktion seiner Mitglieder bestimmt war, sondern mehr noch durch die Gemeinsamkeit der spezifisch ritterlichen Lebensform. Spätestens seit dem 11. Jh. traten neben die adligen Vasallen unfreie ↑Ministerialen, die ebenfalls den als ehrend angesehenen Waffendienst zu Pferde leisteten, der ihnen eine Möglichkeit zum sozialen Aufstieg bot. Entscheidend wurde, dass es ihnen gelang, die Lehnsfähigkeit durchzusetzen und auf der Grundlage der erhaltenen Lehen Herrschaftsrechte auszuüben. Die sich als Leistungsstand unabhängig von der älteren geburtsständischen Ordnung bildende Ritterschaft umfasste somit im Heiligen Römischen Reich (anders als z.B. in Frankreich) edelfreie R. und R. ministerialischer Herkunft.

Ritterliche Ethik: Das sie einigende Band bestand in dem besonderen Standesethos, das seine eigentliche Ausprägung unter dem Einfluss der Kreuzzugsbewegung erfuhr. Im Mittelpunkt der ritterlichen Tugendlehre standen die mit Klugheit gepaarte Tapferkeit, Treue, Gerechtigkeit, die auch »milte« (auf Rache verzichtende Milde) und Selbstbeherrschung umfasste. Diese Tugenden galt es im Geiste der »mâze« (Selbstbescheidung) und der »staete« (Beständigkeit) zu verwirklichen. Besondere Bedeutung kam der höfischen Minne zu (siehe auch ↑Minnesang); sie erforderte ein hohes Maß an »zuht« und ließ den R. die edle Haltung finden, die ihm zur »êre« gereichte. Den Höhepunkt ihrer gesellschaftlichen Geltung erlangten die R. in staufischer Zeit, in der sie Träger einer neuen Laienkultur wurden und das Rittertum zum Inbegriff adligen Lebens wurde.

Im Zusammenhang mit den Kreuzzügen nahm insbesondere BERNHARD VON CLAIRVAUX das ritterliche Ideal auf und führte es als Dienst am Glauben (»militia Christi«) weiter, womit der Ritterdienst einer neuen Bewertung unterworfen wurde. Neben das weltlich-höfische Rittertum trat somit ein mönchisch-asketisches, das in den ↑Ritterorden des 12. Jh. seine Ausprägung fand.

Sozialer Niedergang: Wirtschaftliche Not sowie strukturelle Änderungen im Militärwesen ließen die Bedeutung der R. absinken und führten im Spätmittelalter zum Unwesen der ↑Raubritter. Zusammenschlüsse in ↑Ritterbünden im 14. Jh. wurden häufig zu einer Gefahr der öffentlichen Ordnung und deshalb von der Reichsverwaltung verboten. Im Unterschied zur ↑Reichsritterschaft, der die ↑Reichsstandschaft nicht zuerkannt wurde, gelang es der Ritterschaft in den Territorien, als landständische Ritterschaft, vertreten in den Ritterbänken, ihren politischen Einfluss über das Mittelalter hinaus geltend zu machen.

Ritterbünde: Einungen der Ritterschaft v. a. in Südwestdeutschland im 14./15. Jh., ursprünglich nur zur gegenseitigen Hilfe bei ↑Fehden; infolge der Verarmung des Ritterstandes erweiterte sich die Zielsetzung der R. auf Verteidigung der ritterlichen Interessen gegen Fürsten und Städte. Insbesondere der Gegensatz zu den wirtschaftlich aufstrebenden, sich gleichsfalls in Bünden organisierenden Städten (siehe auch ↑Städtebünde) führte zu militärischen Auseinandersetzungen; 1382 unterlagen die R. dem 2. Rheinischen Städtebund und dem Schwäbischen Städtebund. Die schon in der Goldenen Bulle 1356 verbotenen R. hatten im 15. Jh. nur noch geringe regionale Bedeutung.

Ritterorden: besonders in der Zeit der ↑Kreuzzüge entstandener geistlicher Kriegerstand. Den drei Mönchsgelübden unterworfen, wollten die R. das Ideal des »miles christianus« (des christlichen Ritters) verwirklichen und waren daher auch ständisch streng begrenzt. Als bedeutendste R. entstanden der ↑Templerorden, der ↑Johanniterorden und der ↑Deutsche Orden. Die einem **Hoch-, Groß-** oder **Deutschmeister** unterstehenden Mitglieder bildeten meist drei Klassen: Ritter, Ordenskapläne und dienende Brüder. Verwaltungseinheiten waren u. a. ↑Ballei und ↑Kommende.

Ritterorden: Die Teilnahme an den Kreuzzügen war ritterliche Pflicht. Die Buchmalerei zeigt, wie sich die Johanniter auf die Verteidigung von Rhodos vorbereiten. Die Stadt war Sitz des Johanniterordens und wurde 1523 von den Osmanen erobert.

Röhm-Putsch: von der nationalsozialistischen Propaganda verbreitete Bezeichnung für die angeblichen Putschpläne der ↑SA, die als Vorwand sowie als Rechtfertigung für die von HITLER befohlene Ermordung zahlreicher Führer der SA und politischer Gegner am 30. Juni 1934 dienten. Die zum Millionenheer angewachsene SA beanspruchte unter ihrem Stabschef E. RÖHM Einfluss auf die innenpolitische Entwicklung und verfolgte

R

das Ziel, ein Volksheer auf der Grundlage der SA zu bilden, in dem die ↑Reichswehr aufgehen sollte. Diese Vorstellungen RÖHMS trafen auf entschiedenen Widerstand der Führung der Reichswehr und führten zu einem für HITLER nicht ungefährlichen Konflikt. In dieser Lage schlug sich HITLER auf die Seite der Reichswehr und ließ am 30. Juni 1934 RÖHM und andere Führer der SA, aber auch missliebige unbeteiligte Politiker (u.a. K. VON SCHLEICHER, G. STRASSER) verhaften und kurz darauf ermorden.

Romanow: russische Zarendynastie, hervorgegangen aus einem alten Bojarengeschlecht, die 1613 bis 1730 in direkter Linie, seit 1730 in einer Nebenlinie in Russland regierte und im Laufe der ↑Februarrevolution 1917 gestürzt wurde.

Romfahrt: Bezeichnung für die Heerfahrt der deutschen bzw. Römischen Könige von OTTO I. bis FRIEDRICH III. nach Rom zur Kaiserkrönung durch den Papst. Die Reichsfürsten waren zur Teilnahme an der Romfahrt verpflichtet, von der sie sich allerdings schon 1158 durch eine Geldzahlung lösen konnten.

römische Geschichte: siehe S. 434.

Römischer König (lateinisch Rex Romanorum): seit 1125 Titel des deutschen Königs vor der Kaiserkrönung, seit 1508 des zu Lebzeiten des Kaisers gewählten Nachfolgers (bis 1806).

römisches Recht: das Recht des römischen Staates von den Anfängen der römischen Bürgergemeinde bis zum Untergang des Weströmischen Reichs im 5. Jh. n. Chr.; im engeren Sinn das von dem oströmischen Kaiser JUSTINIAN I. im 6. Jh. n. Chr. im ↑Corpus Iuris Civilis (CIC) zusammengefasste Recht.

Das r. R. beruhte v.a. auf dem ↑Zwölftafelgesetz (um 450 v. Chr.), dem Amtsrecht der ↑Prätoren (↑Edikt) und schließlich dem Kaiserrecht. Die im Römischen Reich als eigenständige Fachwissenschaft entstandene Rechtslehre entwickelte insgesamt für das Zivilrecht Begriffe und Grundsätze, die dem Rechtsgebrauch ein hohes Maß an innerer Folgerichtigkeit und Berechenbarkeit gaben. Das r. R. wirkte über die Antike hinaus, v.a. durch das Corpus Iuris Civilis, das gegen Ende des 11. Jh. in Oberitalien wieder entdeckt und in der Folge von ↑Glossatoren und Kommentatoren bearbeitet wurde. Seit dem 15. Jh. wurde es in Deutschland von gelehrten Richtern und Räten als an zweiter Stelle nach dem jeweiligen einheimischen Recht geltendes Recht angesehen. Als gemeines (allgemein im Reich geltendes) und stärker systematisiertes Recht beeinflusste es die Aufzeichnung des zersplitterten einheimischen Rechts und konnte es häufig verdrängen. Im 19. Jh. neuerlich systematisch bearbeitet, galt das r. R. in Deutschland bis zum In-Kraft-Treten des Bürgerlichen Gesetzbuches 1900 fort.

Römisches Reich: ↑römische Geschichte.

Römische Verträge: Am 25. März 1957 wurden in Rom die Verträge über die Gründung der Europäischen Atomgemeinschaft (EURATOM) und der Europäischen Wirtschaftsgemeinschaft (EWG) von Belgien, der Bundesrepublik Deutschland, Frankreich, Italien, Luxemburg und den Niederlanden unterzeichnet und damit die Rechtsgrundlage für die heutige ↑Europäische Union gelegt.

Ronkalischer Reichstag: im November 1158 von FRIEDRICH I. BARBAROSSA einberufener Reichstag auf den Ronkalischen Feldern (in der Poebene, nordwestlich von Piacenza), dem traditionellen Sammelplatz der deutschen Heere vor dem Zug nach Rom, auf dem die Reichsrechte (↑Regalien) in Oberitalien neu festgestellt wurden. Alle Herren und Städte mussten auf ihre Regalien verzichten, falls sie deren Verleihung nicht nachweisen konnten. Ziel war es, die deutsche Königsherrschaft in Italien wiederherzustellen, doch musste der Kaiser im Frieden von ↑Konstanz 1183 auf die Durchführung der Beschlüsse des R. R. verzichten.

Rosenkriege: Bezeichnung für die Thronfolgekriege in England 1455–85 zwischen den beiden Seitenlinien des Hauses ↑Plantagenet, den Herrscherhäusern Lancaster (rote Rose im Wappen) und York (weiße Rose seit 1485).

Rosenkriege: Die Kombination aus weißer und roter Rose im Tudor-Wappen symbolisiert die Aussöhnung der Lancaster mit den York.

Der Kriegsverlauf, der zunächst das Haus York begünstigte (1461), war gekennzeichnet durch zahlreiche Schlachten, gewalttätige Handstreiche und Gefangennahmen. Er wurde in erster Linie von den Privatheeren der beiden Herrscherhäuser und den Verbänden der mit ihnen verbündeten Adelsgeschlechter geführt. Die Masse des Volkes stand abseits und litt mehr unter der Führungslosigkeit des Landes als unter den Kriegen selbst. Die Entscheidung fiel 1485, als HEINRICH TUDOR, Graf von Richmond, der mütterlicherseits vom Hause Lancaster abstammte, RICHARD III. in der Schlacht bei Bosworth besiegte. RICHARD III. fiel im Kampf.
Durch HEINRICH TUDOR, der als HEINRICH VII. den Thron von England bestieg, kam das Haus ↑Tudor an die Macht. Eine allgemeine Befriedung des Landes erreichte HEINRICH VII. durch seine Vermählung mit ELISABETH, der ersten Tochter EDUARDS IV. und Erbin des Hauses York.
HEINRICH VII. verteidigte sein Königtum erfolgreich gegen alle Rivalen. Die Aristokratie war aus den R. so geschwächt hervorgegangen, dass im ersten Parlament HEINRICHS VII. nur noch 29 weltliche Lords vertreten waren. Dies führte zu einer erheblichen Stärkung der ↑Gentry und v.a. des Königtums.

Rote Armee: bis zum Februar 1946 Bezeichnung für die Sowjetarmee, die Streitkräfte der früheren UdSSR (**Rote Arbeiter- und Bauernarmee**). Die R.A. ging aus den Roten Garden des Jahres 1917, d.h. aus den proletarischen Militärorganisationen in den großen Städten und Industriegebieten des revolutionären Russland hervor und wurde offiziell am 23. Februar 1918 als Freiwilligenarmee gegründet. In der Anfangsphase von TROTZKI geprägt, erreichte die R.A. nach wechselvoller Geschichte (u.a. Behauptung gegen die »Weißen« im Bürgerkrieg 1918–21, Zusammenarbeit mit der deutschen Reichswehr 1921/22–1933, »Säuberung« der Führungskader in der Stalinzeit der 1930er-Jahre) den Höhepunkt ihrer Kampfkraft in der Abwehr des deutschen Überfalls vom 22. Juni 1941 (Großer Vaterländischer Krieg). 1944/45 war sie der Garant für die Ausdehnung des sowjetischen Machtbereichs auf die von ihr befreiten bzw. besetzten Staaten Ostmittel- und Südosteuropas.

Rote-Armee-Fraktion: ↑RAF.

Rote Khmer: kommunistisch orientierte Guerillabewegung in Kambodscha; errichtete 1975 unter POL POT ein Terrorregime, dem zwischen einer und zwei Mill. Menschen zum Opfer fielen; 1979 durch vietnamesische Truppen gestürzt.

Rotten Boroughs ['rɔtn 'bʌrəz; englisch »verfallene Wahlkreise«]: Seit dem Mittelalter besaßen in England neben den Grafschaften auch bestimmte städtische Gemeinden (boroughs) das Recht, Abgeordnete in das Unterhaus zu entsenden. Da oft nur ein kleiner Kreis von Bürgern das Wahlrecht besaß und Bevölkerungsverschiebungen zu weitgehender Entvölkerung mancher Gemeinden führten, kam es dazu, dass v.a. im 18.Jh. oft eine extrem geringe Anzahl von Stimmen zur Wahl eines Parlamentsabgeordneten ausreichte (z.B. in Old Sarum sieben Stimmen); damit waren die Voraussetzungen für zahlreiche Manipulationen geschaffen. Auf der anderen Seite existierten große Städte wie Manchester, Birmingham und Leeds, die nicht im Unterhaus vertreten waren. Erst die Wahlrechtsreform von 1832 beseitigte diese R.B., die auch **Pocket Boroughs** (»Taschenwahlkreise«) genannt wurden.

Die römische Geschichte reicht von der Gründung der Stadt Rom über das von ihr begründete Staatswesen bis in die Spätantike. Der Sage nach gingen aus der Verbindung des Kriegsgottes Mars mit der Liebesgöttin Venus die Zwillinge Romulus und Remus hervor, die von einer Wölfin aufgezogen wurden. An der Stelle, an der sie von Hirten gefunden wurden, wurde 753 v. Chr. die Stadt Rom erbaut. Sie wurde nach Romulus, der seinen Bruder im Streit erschlagen hatte, benannt. Die römische Geschichtsschreibung setzt erst am Ende des 3. Jh. v. Chr. ein. Doch nach archäologischen Zeugnissen und Rekonstruktionen fassten etruskische Könige (↑Etrusker) die seit dem 10./9. Jh. besiedelten Hügel Palatin, Quirinal, Kapitol und Esquilin um 650 zu einer Stadt unter dem Namen »Roma« zusammen. Die Sippenoberhäupter (↑Gens) verschmolzen mit dem etruskischen Adel zum Geburtsadel der ↑Patrizier.

Die römische Republik

Nach Abschaffung des Königtums 509 v. Chr. (↑Res publica) wählten die Patrizier zwei ↑Konsuln als oberste Beamte (↑Magistrate), höchstes Organ war der ↑Senat. Die große Masse der Bürger, die ↑Plebejer, die von ↑Volkstribunen vertreten wurden, setzten in einem mehr als zwei Jahrhunderte dauernden Ständekampf gegen die Patrizier ihre Beteiligung an der politischen Führung des Staates durch. 363 setzen sie die Kodifizierung des geltenden Rechts im ↑Zwölftafelgesetz durch, 300 den Zugang zum Konsulat. Mit der Gleichsetzung der von den ↑Komitien beschlossenen Gesetze (↑Lex) und der von den Volkstribunen durchgeführten ↑Plebiszite erreichte der Ständekampf sein Ziel. Die grundbesitzenden Patrizier und die vermögenden Plebejer verschmolzen zur ↑Nobilität.

Das Wahrzeichen Roms ist bis heute die Bronzestatue der römischen Wölfin. Antonio del Pollaiuolo fügte in der Renaissancezeit das Zwillingspaar der sagenhaften Stadtgründer Romulus und Remus hinzu.

In Kriegen gegen die Latiner, Etrusker und Samniten gewann Rom die Kontrolle über Mittelitalien, im Kampf gegen die Kelten die Küste Umbriens. In verlustreichen Auseinandersetzungen griff Rom auch im südlichen Italien ein (u. a. gegen Tarent). Durch rechtlich unterschiedlich gestaltete Verpflichtungen (u. a. ↑Colonia, ↑Munizipium) band es Verbündete und Unterworfene an sich. Die Expansion im Mittelmeerraum (264–133) entsprach nicht einem zielgerichteten Plan, sondern ergab sich aus nicht vorberechneten Umständen und der römischen Vorstellung vom Krieg als Wiederherstellung verletzten Rechts.

Außerhalb der italienischen Halbinsel stieß Rom auf Karthago, die mächtige Handelsstadt der Punier in Nordafrika. Im Verlauf der ↑Punischen Kriege geriet die römische Herrschaft in eine schwere Existenzkrise (Niederlage bei Cannae 216 gegen HANNIBAL), gewann aber mit dem Sieg des P. C. SCIPIO bei Zama (202) wieder die Oberhand. Seit 215 griff Rom auch in innergriechische Streitigkeiten ein. Unterstützt von den kleineren griechischen Staaten gegen die Hegemoniebestrebungen Makedoniens gewann es aber selbst die Herrschaft dort (↑Makedonische Kriege). Das Imperium Romanum umspannte nun den gesamten Mittelmeerraum.

Die rapide Ausdehung des Römischen Reichs wirkte ins Innere zurück: Die Bauern, die die Hauptlast der Kriege getragen hatten, sanken, wirtschaftlich ruiniert, zum ↑Proletariat herab. Die Nobilität hatte hingegen große ↑Latifundien

Ein entwaffneter gegnerischer Fürst unterwirft sich unter den römischen Feldzeichen dem Feldherrn. Das Relief aus der Zeit Mark Aurels befindet sich am Konstantinsbogen in Rom. Rechts daneben eine Barbarenstatue aus der Zeit des Kaisers Trajan.

erlangt, die von Sklaven bewirtschaftet wurden. Mit ↑Ackergesetzen (133 und 123/122) suchten die Volkstribunen T. und G. GRACCHUS vergeblich, der Verarmung entgegenzuwirken. Aus besitzlosen, aus der Staatskasse besoldeten Proletariern rekrutierte G. MARIUS ein Berufsheer, rief damit aber das Problem der Veteranenversorgung hervor. Im Marsischen Krieg (↑Bundesgenossenkriege) erstritten die Bundesgenossen Roms, die die militärischen Lasten voll mitzutragen hatten, das römische Bürgerrecht.

Eng verbunden mit der Bedrohung römischer Interessen in Kleinasien und Griechenland durch König MITHRIDATES VI. von Pontos (↑Mithridatische Kriege) eskalierten in den 80er-Jahren die gesellschaftlichen Spannungen zum Bürgerkrieg zwischen den ↑Optimaten, die unter Führung von L. C. SULLA für die traditionellen Rechte des Senats eintraten, und den ↑Popularen, die mit MARIUS an der Spitze für Veränderungen kämpften und 87–84 in Rom eine Schreckensherrschaft ausübten. Nach seiner Rückkehr von seinem Feldzug gegen MITHRIDATES VI. stürzte SULLA den MARIUS und seine Gefolgschaft. 74–73 wurde die Republik erneut erschüttert durch einen Aufstand der Sklaven unter Führung des SPARTAKUS.

In den folgenden Jahrzehnten bestimmten zwei »Dreimännerbünde« die Geschicke Roms. Im ersten ↑Triumvirat, begründet von G. J. CAESAR, G. POMPEJUS MAGNUS und M. L. CRASSUS (60), setzte sich nach anfänglich gemeinsamer Frontstellung gegen den Senat CAESAR durch, nachdem er 58–51 Gallien erobert (↑Gallischer Krieg) und im Bürgerkrieg gegen die Pompejaner (49–45) die alleinige Macht in Rom gewonnen hatte. Unter dem Verdacht, die Königswürde anzustreben, wurde er am 15. März 44 im Senat ermordet. Im Kampf gegen die Caesarmörder bildete sich 43 das zweite Triumvirat. Nach dem Ausscheiden LEPIDUS' besiegte OCTAVIANUS den ANTONIUS in der Schlacht bei Actium (31 v. Chr.).

Die Kaiserzeit

Mit der Errichtung des ↑Prinzipats stellte G. OCTAVIANUS, dem der Senat den Titel »Augustus« (lat. »der Erhabene«) verlieh, den inneren Frieden (»Pax Augusta«) wieder her. Kunst und Literatur blühten auf. Nach der Eingliederung Ägyptens (30 v. Chr.) wurde das Reich v. a. nach Norden erweitert: in den Alpenraum und sein nördliches Vorland und den Balkan bis zur Donau; der Versuch, Germanien zwischen Rhein und Elbe zu erobern, scheiterte (↑Varusschlacht).

Nachfolger des AUGUSTUS als Prinzeps waren bis 68 die untereinander verwandtschaftlich verbundenen TIBERIUS, CALIGULA, CLAUDIUS und NERO (julisch-claudisches Haus). Nach den Wirren des ↑Vierkaiserjahres (69) verfolgte die Dynastie der Flavier (69–96) v. a. wieder eine Politik der Grenzsicherung: Niederschlagung des jüdischen Aufstands (66–70) und Baubeginn des ↑Limes im germanischen Raum. Unter Kaiser TRAJAN (98–117 n. Chr.) erreichte das Imperium

Die »Gemma Augustea« zeigt Augustus über der Erde thronend (die Frauenfigur rechts unten), links kehrt der erfolgreiche Tiberius von einem Kriegszug auf dem Triumphwagen heim. Im unteren Bildabschnitt wird die Unterwerfung der Barbaren gezeigt.

Romanum seine größte Ausdehnung: Es umfasste Westeuropa von Spanien bis zum Rhein einschließlich Englands, Südost- und Südeuropa bis zur Donau, dazu Teile Rumäniens (Dakien), die heutige Türkei bis zum Oberlauf des Tigris, Syrien, Palästina und die nordafrikanischen Länder bis zum Wüstengürtel. Unter den sog. ↑Adoptivkaisern traten die griechisch bestimmten Provinzen gleichberechtigt neben die lateinisch orientierten. Vom ↑Hellenismus getragen, entstand ein kosmopolitisch orientiertes Weltreich.

Die Dynastie der Severer (193–235) herrschte despotisch. Unter Kaiser CARACALLA erhielten 212 alle freien Reichsbewohner das römische Bürgerrecht. 235–285 folgten die ↑Soldatenkaiser. 285 schuf DIOKLETIAN mit dem ↑Dominat eine neue Herrschaftsform, das Vierkaisersystem, das den inneren Zusammenhalt des Reichs stärken sollte, langfristig aber dessen Teilung Vorschub leistete. Nach mehreren reichsweiten Verfolgungen der Christen (Verweigerung der göttlichen Verehrung des Kaisers) förderte KONSTANTIN I. das Christentum (↑Mailänder Edikte), das THEODOSIUS I. 380/381 für alle Reichsangehörigen für verbindlich erklärte. 395 wurde das Römische Reich unter die Söhne des THEODOSIUS, HONORIUS und ARKADIOS, in ein Weströmisches und ein Oströmisches Reich geteilt. Im 5. Jh. löste sich infolge der Germaneneinfälle das Westreich (bis 475/476) auf. Das Oströmische Reich bestand als ↑Byzantinisches Reich bis 1453 weiter.

Die kulturellen und wissenschaftlichen Leistungen prägten nachhaltig die abendländische Kultur. Wichtigster Träger der Kontinuität im Mittelalter war zunächst v. a. die Kirche, die insbesondere die lateinische Sprache pflegte. Die Wiederentdeckung des ↑römischen Rechts im 12. Jh. und des römischen Denkens in der ↑Renaissance wirkt bis in die Neuzeit.

Das Kolossalbildnis des Kaisers Konstantin – allein das Kopffragment misst 2,60 m – stellt den Herrscher in seiner erhabenen Majestät dar (Maxentiusbasilika am Forum Romanum in Rom).

Eine Liste deutscher Museen zur römischen Geschichte findet man unter: *www.nfhdata.de/premium/datenbasisrecherche/pages/Links-Deutsch/Museen/Römische_Geschichte/index.shtml*

Den römischen Limes in Deutschland erschließen Wanderführer von Karlheinz Eckardt.

Zwischen Wien und Bratislava liegt Carnuntum, die Hauptstadt der römischen Provinz Oberpannonien. In dem heutigen archäologischen Park wird römischer Alltag im Freilichtmuseum Petronell und im Amphitheater Bad Deutsch-Altenburg lebendig.

BLEICKEN, JOCHEN: *Geschichte der römischen Republik.* München [5]1999. ▪ CHRIST, KARL: *Geschichte der römischen Kaiserzeit. Von Augustus bis zu Konstantin.* München [3]1995.

Royalisten [von französisch roi »König«]: allgemein Bezeichnung für Anhänger des Königs und des Königtums, v.a. in Frankreich seit 1789 Bezeichnung für die Anhänger des Hauses Bourbon (im Gegensatz zu Republikanern und Bonapartisten); die R. spalteten sich 1830 bis 1873 in **Legitimisten** (Anhänger der legitimen älteren Linie der Bourbonen, die mit KARL X. bis 1830 regierte) und **Orleanisten** (die Anhänger von LOUIS PHILIPPE, der seit 1830 regierenden jüngeren Linie des Hauses Bourbon-Orléans). Aus der Ablehnung der Republik heraus schloss sich die Mehrheit der R. ab 1898 der ↑Action française an.

Ruandatribunal: ↑Kriegsverbrecherprozesse.

Rubikon: Grenzfluss zwischen dem antiken Italien und der römischen Provinz Gallia Cisalpina, der nordwestlich von Rimini in die Adria mündet. Als CÄSAR 49 v.Chr. entgegen römischen Gesetzen den Fluss mit einer kleinen Streitmacht überschritt und nach Italien einmarschierte, eröffnete er damit den Bürgerkrieg gegen POMPEJUS.

Rückversicherungsvertrag: der am 18. Juni 1887 zwischen dem Deutschen Reich und Russland geschlossene Geheimvertrag, mit dem BISMARCK als Ersatz für den ↑Dreikaiserbund eine Sicherung gegen einen drohenden Zweifrontenkrieg zu gewinnen suchte (siehe auch ↑Bismarcks Bündnissystem). Mit dem R. verpflichteten sich die Vertragspartner zur Neutralität, falls Deutschland von Frankreich oder Russland von Österreich-Ungarn angegriffen werden sollte. Bei einem von einer der beiden vertragschließenden Parteien provozierten Krieg sollte jedoch das beiderseitige Neutralitätsversprechen nicht gelten. Ein Zusatzprotokoll erkannte die russischen Interessen in Bulgarien und am Bosporus an, widersprach daher dem Geist des deutsch-österreichischen ↑Zweibunds, des ↑Dreibunds und der von BISMARCK unterstützten ↑Mittelmeerabkommen. Der R. hatte eine Laufzeit von drei Jahren, wurde aber 1890 von Deutschland nicht mehr erneuert, was Zar ALEXANDER III. zum Bündnis mit Frankreich bewog.

Ruhrkampf: Im Zuge der Auseinandersetzungen um die Zahlung der deutschen Reparationen und im engen Zusammenhang mit der französischen Sicherheitspolitik besetzten im Januar 1923 französische und belgische Truppen das Ruhrgebiet, nachdem die Reparationskommission gegen die britische Stimme ein schuldhaftes Versagen Deutschlands bei Holz- und Kohlelieferungen festgestellt hatte (französische Politik der »produktiven Pfänder«). Die Reichsregierung reagierte darauf mit passivem Widerstand, dessen Finanzierung (Entschädigung der Bergleute und Unterstützung der Arbeiter und Beamten) die Inflation zum Höhepunkt brachte. Die katastrophale wirtschaftliche Situation zwang die deutsche Regierung unter G. STRESEMANN zum Einlenken. Mit amerikanischer Unterstützung schuf der ↑Dawesplan 1924 die Voraussetzungen für die Beendigung der Besetzung des Ruhrgebiets.

Ruhrstatut: Abkommen vom 28. April 1949, mit dem die USA, Großbritannien, Frankreich und die Beneluxstaaten die Errichtung der **Internationalen Ruhrbehörde** beschlossen. Diese internationale Kontrollbehörde sollte die Produktion des Ruhrgebiets an Kohle, Koks und Stahl auf den deutschen und internationalen Markt verteilen und übermäßige wirtschaftliche Konzentration verhüten. Das R. beruhte auf Überlegungen, das Ruhrgebiet als Zentrum der deutschen Rüstungsindustrie einer Kontrolle zu unterwerfen. Mit der Errichtung der Europäischen Gemeinschaft für Kohle und Stahl (Montanunion) wurde die Ruhrbehörde bis 1953 aufgelöst.

Rurikiden: russische Dynastie, als deren Begründer RURIK, seit 859 bzw. 862 Herrscher von Nowgorod, gilt. Sein Haus regierte im Kiewer Reich bis zu dessen Vernichtung durch die Mongolen im 13. Jh. und danach im Moskauer Staat

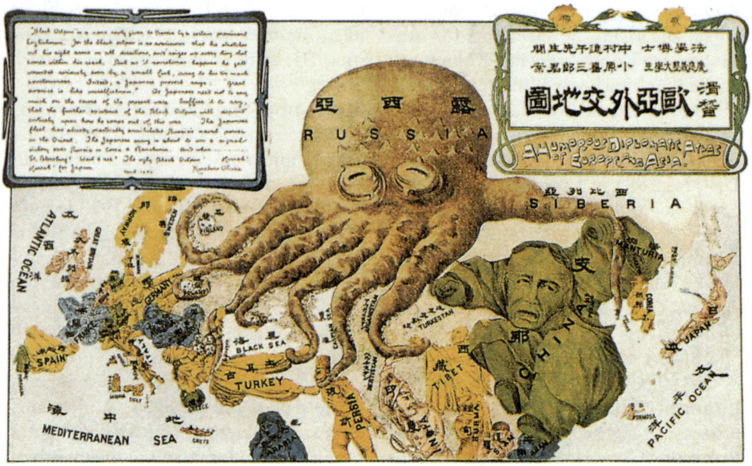

Russisch-Japanischer Krieg (1904/05): während des Kriegs in Japan entstandene japanische Karikatur, die Russland als schwarzen Polypen zeigt

bis 1598. Hier trat 1613 die Dynastie ↑Romanow die Herrschaftsnachfolge an.

Russisch-Japanischer Krieg (1904/1905): Das Übergreifen des russischen ↑Imperialismus auf die Mandschurei und Korea und das japanische Großmachtstreben in Ostasien hatten bereits im letzten Jahrzehnt des 19. Jh. schwere Spannungen ausgelöst. Die russische Weigerung, Korea dem japanischen Einfluss zu überlassen, führte Anfang 1904 zum Abbruch der diplomatischen Beziehungen durch Japan und am 8./9. Februar 1904 zur Zerstörung der russischen Kriegsflotte in Port Arthur. Nach einer Reihe von Niederlagen musste Russland im Frieden von Portsmouth am 5. September 1905 Japan den Südteil der Insel Sachalin sowie das Protektorat über Korea und die Südmandschurei mit Port Arthur überlassen. Mit dem Krieg wurde die russische Machtstellung im Fernen Osten beeinträchtigt, v. a. aber führte er eine schwere innenpolitische Krise und die Stärkung der revolutionären Bewegung in Russland herbei.

Russisch-Türkischer Krieg (1877/1878): Die Zuspitzung der ↑orientalischen Frage durch das nationale Bewusstwerden der Balkanvölker und das immer machtvollere Ausgreifen Russlands nach den Meerengen führte am 24. April 1877 zum R.-T. K. (siehe auch ↑Türkenkriege). Nach Anfangserfolgen lief sich die russische Offensive vor der Festung Plewen fest. Mit der Kapitulation der Festung am 10. Dezember war der Krieg jedoch zugunsten Russlands entschieden, das nach dem Fall von Sofia und Adrianopel (heute Edirne) am 31. Januar 1878 dem Osmanischen Reich einen Waffenstillstand und am 3. März den Vorfrieden von ↑San Stefano diktierte.

Rütlischwur: ↑Eidgenossenschaft.

S

SA, Abk. für **S**turm**a**bteilung: uniformierte und bewaffnete politische Kampf- und Propagandatruppe der NSDAP, 1920 als Versammlungsschutz der Partei gegründet, seit 1921 von ehemaligen Freikorpsoffizieren zu einer paramilitärischen Kampforganisation umgeformt. Nach dem gescheiterten ↑Hit-

lerputsch zunächst verboten, wurde sie 1925 neu aufgebaut. Die SA wurde als Massenheer (1931: 77000, 1933: etwa 700000 jugendliche Mitglieder) im Straßenkampf und zur Terrorisierung politischer Gegner und der Staatsgewalt eingesetzt, ab 1933 z.T. als Hilfspolizei zur Ausschaltung des politischen Widerstands gegen die ↑Machtergreifung.
SA-Stabschef E. Röhm (1931–34) verfolgte militärisch und gesellschaftspolitisch weitgehende Ziele: die Bildung eines Milizheeres aus der SA, in dem die Reichswehr aufgehen sollte, letztlich den »SA-Staat«. Hitler unterband diese Entwicklung, die nicht in sein Konzept der Machtstabilisierung passte, im so genannten ↑Röhm-Putsch und nahm damit der SA ihre politische Bedeutung.

Saarstatut: Bezeichnung für zwei vertragliche Vereinbarungen über das Saargebiet:
1) Die Art. 45–50 des ↑Versailler Vertrags unterstellten das Saargebiet für 15 Jahre der treuhänderischen Verwaltung des Völkerbundes; nach Ablauf dieser Frist war eine Volksabstimmung vorgesehen, bei der sich am 13. Januar 1935 etwa 90% der Bevölkerung des Saargebiets für den Anschluss an Deutschland aussprachen.
2) Im Rahmen der ↑Pariser Verträge 1954 schlossen Frankreich und die Bundesrepublik Deutschland ein Abkommen, das eine Europäisierung des Saargebiets (Saarlandes) im Rahmen der Europäischen Union vorsah. Diese Europäisierung wurde jedoch am 23. Oktober 1955 von der Bevölkerung mit Zweidrittelmehrheit abgelehnt.

Saarvertrag: am 27. Oktober 1956 geschlossener deutsch-französischer Vertrag über die Eingliederung des Saarlandes in die Bundesrepublik Deutschland. Der S. (mit Folgegesetzen) gliederte politisch das Saarland ab 1. Januar 1957 der Bundesrepublik Deutschland ein, wahrte für eine Übergangszeit seinen wirtschaftlichen Zusammenhang mit Frankreich und regelte u.a. den Kohleabbau an der saarländisch-französischen Grenze.

Sacco di Roma ['sakko di 'ro:ma; italienisch »Plünderung Roms«]: Während des Krieges zwischen Kaiser Karl V. und Franz I. von Frankreich plünderten 1527 die kaiserlichen Söldnertruppen Rom und den Vatikan, da die Soldzahlungen ausgeblieben waren.

Sacerdotium [lateinisch »Priestertum«]: im Mittelalter Bezeichnung für die geistliche Gewalt, d.h. konkret das Papsttum, im Gegensatz zur weltlichen, d.h. zum Königtum (Regnum) bzw. Kaisertum (Imperium). Während für das Frühmittelalter ein Zusammenwirken von Regnum und Sacerdotium charakteristisch ist, begann im 11. Jh. die Auseinandersetzung zwischen beiden Gewalten um die Führung der Christenheit. – Siehe auch ↑Investiturstreit.

Sachsenhäuser Appellation: das Vorgehen König Ludwigs IV., des Bayern, in Sachsenhausen bei Frankfurt am Main am 22. Mai 1324 gegen die Anfechtung seiner Wahl durch Papst Johannes XXII. und gegen den von diesem über ihn verhängten Bann. Ludwig bezichtigte den Papst in der S. A. der Ketzerei und strebte die Einberufung eines allgemeinen Konzils an. Die S. A. wurde zwar in allen Reichsstädten bekannt gemacht, dem Papst aber nicht offiziell zugestellt. Dieser verhängte Bann und Interdikt über alle Anhänger des Königs.

Sachsenkriege: Versuch des fränkischen Königtums in der Zeit Karls des Grossen seit 772, die Sachsen zu missionieren und zu unterwerfen. Dabei kamen Karl dem Grossen soziale Spannungen innerhalb des Sachsenstammes zu Hilfe, der sich nur teilweise unter Widukind zum Widerstand bereit fand. Die Auseinandersetzungen zogen sich über Jahrzehnte hin und wurden mit äußerster Härte geführt; so ließ Karl der Grosse im so genannten Blutbad bei Verden an der Aller 782 angeblich 4500 Anhänger Widukinds niedermetzeln. Die militärischen Aktionen waren erst 804 abgeschlossen; Sachsen wurde in die

S

fränkische Kirchenverfassung und in das Reich eingegliedert.

Sachsenspiegel: die erste umfassende mittelalterliche Rechtsaufzeichnung in deutscher Sprache, um 1224–31 von EIKE VON REPGOW zusammengestellt. Der S. gliedert sich in das ↑Landrecht, eine Zusammenfassung des geltenden Gewohnheitsrechts der freien Sachsen aller Stände, und das ↑Lehnsrecht, das besondere Rechtsfragen des Adels behandelt. Er fand weite Verbreitung und beeinflusste nachhaltig spätere Zusammenstellungen (z.B. den ↑Schwabenspiegel).

Saint-Germain-en-Laye, Friedensvertrag von: ↑Pariser Vorortverträge.

Saint-Simonismus [französisch sɛ̃simo'nɪsmʊs]: nach dem französischen Sozialphilosophen C. H. DE ROUVROY, Graf VON SAINT-SIMON benannte frühsozialistische Bewegung. Sie kritisierte das Privateigentum an Produktionsmitteln, forderte Verstaatlichungen und Genossenschaften sowie Bildungsmaßnahmen für die Bevölkerung.

Säkularisation: die Einziehung kirchlichen Besitzes durch weltliche Gewalten. In Deutschland fand die erste große S. im Zuge der Reformation statt, als in den protestantischen Gebieten die Fürsten den geistlichen Territorialbesitz ihren Staaten einverleibten. 1803 kam es dann aus Anlass der Entschädigung weltlicher Fürsten für ihre an Frankreich abgetretenen linksrheinischen Gebiete zu einer großen, durch den ↑Reichsdeputationshauptschluss verfügten S. aller geistlichen Staaten: 25 Fürstbistümer und 44 Reichsabteien wurden aufgehoben, enteignet und damit ca. 10000 km^2 bzw. mehr als 3 Mill. Untertanen den weltlichen Territorien zugeschlagen.

Sali|er: fränkisches Adelsgeschlecht; sein Name wird von althochdeutsch sal (»Herrschaft«) abgeleitet. Durch die Heirat eines Vorfahren mit den ↑Ottonen verwandt, traten die S. nach dem Tode des kinderlosen HEINRICH II. mit KONRAD II. die Nachfolge in der Königsherrschaft an und regierten bis 1125 das Reich. Erben des salischen Hausguts wurden die ↑Staufer.

Salland (Fronland): Land, das in der mittelalterlichen ↑Grundherrschaft (v.a. vom 8. bis zum 12. Jh.) unmittelbar zum ↑Fronhof gehörte und das ursprüngliche Familiengut des Grundherrn war.

Salpeterkrieg: Krieg Chiles 1879–83 gegen Peru und Bolivien um die reichen Salpetervorkommen in der Wüste Atacama. Im Vertrag von Ancón 1883 mussten Peru und Bolivien ihre Gebiete mit Salpetervorkommen an Chile abtreten, das damit das Weltmonopol für Salpeter gewann. Bolivien verlor mit der Gebietsabtretung den Zugang zum Meer.

SALT [sɔ:lt], Abk. für englisch **S**trategic **A**rms **L**imitation **T**alks »Gespräche über die Begrenzung strategischer Waffen«: In der ersten Verhandlungsrunde (**SALT I**) beschlossen die USA und die UdSSR 1972 in einem auf fünf Jahre befristeten Interimsabkommen die Beschränkung von Interkontinentalraketen und ihrer Abschussvorrichtungen. 1979 beschlossen beide Staaten ein weiteres bis 1985 befristetes Abkommen (**SALT II**) über denselben Gegenstand. Wegen des Einmarsches sowjetischer Truppen in Afghanistan (Dezember 1979) ratifizierten die USA SALT II nicht.

Salzburger Exulanten: die im Zuge der ↑Gegenreformation vom Salzburger Erzbischof LEOPOLD ANTON VON FIRMIAN durch das Emigrationsedikt (1731) bis 1733 aus dem Erzbistum Salzburg vertriebenen Lutheraner. Dem größten Teil der etwa 22000 S. E. ermöglichte FRIEDRICH WILHELM I. von Preußen die Ansiedlung in Ostpreußen.

Samurai [japanisch »Dienstmann«]: in Japan ursprünglich Bezeichnung für bewaffnetes Begleitpersonal der kaiserlichen Familie oder des Adels, vom 13. Jh. an Bezeichnung für direkte Vasallen der Heerführer und der Territorialfürsten, ab dem 17. Jh. die oberste Klasse, aus der sich Militär, Beamte, Lehrer, Ärzte und Priester rekrutierten. Die S. unterstanden besonderen Gerichten und waren einem strengen Ehrenkodex verpflichtet. Ab etwa 1750 verloren sie zunehmend an Einfluss und wurden in der zweiten Hälfte des 19. Jh. ihrer Privilegien enthoben.

Sanktion [von lateinisch sancire »heiligen«, »unverbrüchlich festsetzen«]: Bezeichnung für die Inkraftsetzung bzw. Bestätigung einer Norm sowie Bezeichnung für den Teil eines Gesetzes, in dem die Folgen eines Verstoßes dagegen festgelegt werden. Früher wurden auch wichtige Gesetze selbst als S. bezeichnet (z. B. ↑Pragmatische Sanktion). – Im Völkerrecht wird der Begriff S. für wirtschaftliche und politische Zwangsmaßnahmen gegen einen Staat verwendet, die ihn zu einer bestimmten Verhaltensweise veranlassen sollen.

Sansculotten [sãsky'lɔtən; französisch »ohne Kniehosen«]: ursprünglich Spottbezeichnung französischer Revolutionäre, die keine Kniehosen (französisch: culottes) wie die Adligen trugen, sondern die langen Hosen (französisch: pantalons) der niederen Stände. Als S. wurden die radikalsten Revolutionäre (Republikaner) bezeichnet, die sich v. a. aus kleinen Geschäftsleuten, Händlern, Handwerkern, Gesellen und Arbeitern zusammensetzten. Die S. gewannen besonders in der Zeit der Schreckensherrschaft ROBESPIERRES (1793/94) eine entscheidende Rolle.

San Stefano, Vorfriede von: am 3. März 1878 in San Stefano geschlossener Vorfriede zur Beendigung des ↑Russisch-Türkischen Krieges 1877/78. Da er die russische Position an den Meerengen festigte (Unabhängigkeit Serbiens, Montenegros und Rumäniens, russische Besetzung des erheblich vergrößerten Bulgarien), kam es auf britischen und österreichischen Einspruch zum ↑Berliner Kongress.

Sarajevo, Attentat von: ↑Erster Weltkrieg, ↑Schwarze Hand.

Satellitenstaat: Bezeichnung für einen Staat, der trotz völkerrechtlicher Unabhängigkeit unter bestimmendem Einfluss einer Großmacht steht. Als S. wurden z. B. die zwischen 1944/45 und 1989/90 im Einflussbereich der UdSSR stehenden kommunistischen Staaten Europas bezeichnet.

Satrap [altpersisch-griechisch »Landesbeschützer«]: Titel der Statthalter der Provinzen, der **Satrapien,** im Achämenidenreich (↑Achämeniden). Die S. befehligten die einheimischen Truppen, besaßen das Münzrecht und waren weitgehend selbstständig. In Aufständen versuchten besonders kleinasiatische S. ganz unabhängig zu werden. Von ALEXANDER DEM GROSSEN und den Seleukiden wurden die S. auf die zivile Macht beschränkt.

Saturnalilen: Fest des Gottes Saturnus, das in Rom ursprünglich am 17. Dezember gefeiert, später auf mehrere Tage ausgedehnt wurde. Da Saturnus als Herrscher eines goldenen Zeitalters allgemeiner Freiheit galt, waren an den S. alle Standesunterschiede aufgehoben, und Herren bedienten ihre Sklaven.

Säuberung: im politischen Sprachgebrauch die undemokratische massenhafte Entfernung (oft auch physische Vernichtung) politischer Gegner aus ihren Positionen v. a. in Staat und Partei, wodurch (neue) politische Machthaber ihre Macht und die alleinige Geltung ihrer Zielvorstellungen abzusichern suchen.
Als Folgeerscheinung eines nichtdemokratischen politischen Machtwechsels hat die S. weit zurückreichende historische Vorläufer (z. B. ↑Proskription); sie trat v. a. im 20. Jh. in einer Vielzahl von Formen auf, so u. a. in der Sowjetunion, in den von ihr abhängigen Staaten und in der Volksrepublik China.

Schah: persische Bezeichnung des Herrschers; **Schahinschah** (»König der Könige«) war der Titel des iranischen Kaisers.

Schauprozesse: Bezeichnung für von einem meist diktatorisch herrschenden Regime gegen dessen politische Gegner inszenierte Gerichtsverfahren, die propagandistisch ausgewertet werden. Der

S

Verlauf von S. ist meist zwischen Anklage und Gericht abgesprochen; die Öffentlichkeit im Gerichtssaal wird durch ein ausgesuchtes, regimetreues Publikum nur scheinbar hergestellt; die vom Regime abhängige Justiz verhängt zur Abschreckung unangemessen hohe Strafen. Im engeren Sinne ist von S. die Rede, wenn sich die Angeklagten selbst der Staatsverbrechen bezichtigen; die in der Haft durch Drohung oder Folterung erzwungenen Geständnisse sind meist einziges Indiz für ihre Tat. In diesem Sinne werden v.a. eine Reihe von Gerichtsverfahren in der UdSSR in der Zeit des ↑Stalinismus als S. bezeichnet.

Schenk (Mundschenk): eines der vier germanischen Hausämter, dessen Inhaber für die Versorgung des Hofes mit Getränken verantwortlich war. Entsprechend der allgemeinen Entwicklung der Hausämter wurde auch das Amt des S. zum erblichen ↑Erzamt. Seit Beginn des 12. Jh. erschien der Herzog, später König von Böhmen als S. des Reichs.

Scherbengericht: ↑Ostrazismus.

Scherif [arabisch »der Hochgeehrte«]: Titel der Nachkommen des Propheten MOHAMMED, v.a. der seines Enkels HASAN, wozu u.a. die in Marokko und Jordanien herrschenden Dynastien gehören. Als Oberhaupt der S. galt seit dem 10. Jh. der S. von Mekka, der die Aufsicht über die heiligen Stätten des Islams führte.

Schießbefehl: schlagwortartige Bezeichnung für die von den Grenzsoldaten der Nationalen Volksarmee (NVA) der DDR geübte Praxis, »illegale« Grenzübertritte v.a. von Bürgern der DDR durch Schusswaffengebrauch zu verhindern. Bis 1982 war dieser nur in streng geheimen, nur mündlich ausgegebenen Dienstvorschriften geregelt. Er erhielt 1982 im Grenzgesetz eine förmliche Rechtsgrundlage.

Nach dem Beitritt der DDR zur Bundesrepublik Deutschland gemäß Art. 23 GG (1990) wurden Strafverfahren gegen Mitglieder des Nationalen Verteidigungsrates der DDR, u.a. gegen E. HONECKER, sowie gegen Grenzsoldaten der DDR durchgeführt.

Schisma [griechisch »Trennung«]: Spaltung der kirchlichen Einheit, d.h. der Gemeinschaft in der Leitung der Kirche, in Disziplin und Rechtsordnung, im Unterschied zur Aufhebung der Glaubenseinheit. Schismen mit weit reichenden Folgen waren die Spaltung der Kirche in eine östlich-byzantinische und eine westlich-lateinische im 11. Jh. (↑Morgenländisches Schisma) sowie das ↑Abendländische Schisma im 14. Jahrhundert.

Schlagschatz: ↑Münzgewinn.

Schlesische Kriege: Bezeichnung für drei österreichisch-preußische Kriege zwischen 1740 und 1763 um den Besitz Schlesiens.

Der **1. Schlesische Krieg** (1740–42) begann mit dem Einfall FRIEDRICHS II., DES GROSSEN, von Preußen in Schlesien am 16. Dezember 1740, wobei ihm als Rechtfertigung juristisch durchaus zweifelhafte Erbverträge des 16. Jh. dienten. Eigentliche Triebfeder war der Machtzuwachs für Preußen, den der Gewinn Schlesiens versprach; nach dem Tod Kaiser KARLS VI. (20. Oktober 1740) schien die Situation für einen derartigen Übergriff günstig, da von seiner Tochter MARIA THERESIA wenig Widerstandskraft erwartet wurde. Nach militärischen Erfolgen (Sieg bei Mollwitz 1741) profitierte Preußen auch davon, dass sich die Auseinandersetzung zum ↑Österreichischen Erbfolgekrieg ausweitete (Bündnis mit Frankreich 1741). Der preußische Sieg bei Chotositz (1742) führte unter britischer Vermittlung am 28. Juli 1742 zum Frieden von Berlin, der ganz Niederschlesien, große Teile Oberschlesiens und Glatz unter preußische Herrschaft brachte.

In Anbetracht der österreichischen Erfolge 1743 im Erbfolgekrieg, die FRIEDRICH II. um den Besitz Schlesiens fürchten ließen, begann er im August 1744, wiederum im Bündnis mit Frankreich, den **2. Schlesischen Krieg** (bis 1745). Obwohl Preußen zunächst von Österreich

eine Reihe von Niederlagen hinnehmen musste, konnte es dennoch mit den militärischen Erfolgen bei Hohenfriedeberg und bei Kesselsdorf 1745 den Besitz Schlesiens verteidigen, der durch den ↑Dresdner Frieden bestätigt wurde.
Der **3. Schlesische Krieg** (1756–63), der den preußischen Erwerb Schlesiens noch einmal infrage stellte, wird als ↑Siebenjähriger Krieg bezeichnet.

Schlieffenplan: von Generalstabschef A. Graf VON SCHLIEFFEN 1905 entwickelter Plan, der für den Fall eines Zweifrontenkriegs vorsah, die französischen Streitkräfte durch einen raschen Schlag zu vernichten, um sich dann gegen Russland wenden zu können. Unter Bruch der belgischen, luxemburgischen und niederländischen Neutralität sollten die deutschen Truppen nach Nordfrankreich vorstoßen, dort nach Süden und Osten umschwenken und so die auf Deutschland zumarschierenden französischen Truppen umfassen und vernichten. Der S. bildete die Grundlage für den deutschen Aufmarsch im Westen zu Beginn des Ersten Weltkriegs, scheiterte jedoch an der mangelnden Truppenstärke, die eine Umfassung von Paris verhinderte.

Schlussakte von Helsinki: ↑KSZE.

Schmalkạldische Artikel: Aus Anlass eines von Papst PAUL III. für 1537 in Mantua geplanten Konzils forderte Kurfürst JOHANN FRIEDRICH I. von Sachsen LUTHER auf, die grundlegenden Aussagen des christlich-reformatorischen Glaubens darzulegen. Zwar stimmten die meisten evangelischen Theologen (u.a. S. AGRICOLA und PH. MELANCHTHON) der Bekenntnisschrift zu, doch wurden die S. A. vom ↑Schmalkaldischen Bund nicht als Diskussionsgrundlage für das Konzil verabschiedet. Sie gingen jedoch 1580 in das ↑Konkordienbuch ein.

Schmalkạldischer Bund: zur Abwehr der ↑Reichsexekution in Glaubenssachen, die der Augsburger Reichsabschied 1530 androhte, 1531 geschlossener Bund der evangelischen Reichsstände. Bereits 1530 hatten sich Kursachsen, Hessen, Anhalt, Mansfeld, Braunschweig sowie Magdeburg und Bremen auf einen Bundesvertrag geeinigt, der am 27. Februar 1531 unter Beitritt der von Straßburg geführten oberdeutschen Städte formell abgeschlossen wurde. Die Bundesurkunde sah ein Heer von 2000 Reitern und 10000 Fußsoldaten vor, die neun Kriegsräten unterstanden; die Hauptmannschaft übernahmen Hessen und Kursachsen. Der für sechs Jahre geschlossene Bund wurde bereits 1535 um weitere 10 Jahre verlängert. Er entwickelte sich zu einem europäischen Machtfaktor, der v.a. von Frankreich, England und Dänemark umworben wurde. Geschwächt durch die Doppelehe des hessischen Landgrafen PHILIPP I., die diesen zwang, dem Kaiser 1541 in einem bundeswidrigen Geheimvertrag Unterstützung zu versprechen, sowie durch die Vertreibung HEINRICHS DES JÜNGEREN von Braunschweig-Wolfenbüttel durch die Bundesfürsten 1542, die das Misstrauen der Städte weckte, wurde der S. B. im ↑Schmalkaldischen Krieg 1546/47 zerschlagen.

Schmalkạldischer Krieg: der von Kaiser KARL V. 1546/47 gegen die im ↑Schmalkaldischen Bund organisierten protestantischen Mächte geführte Religionskrieg, ausgelöst durch die ↑Reichsexekution an Kursachsen und Hessen wegen ihres Überfalls auf Braunschweig-Wolfenbüttel (1542). Trotz zahlenmäßiger Überlegenheit erwies sich die Organisation der Truppen des Schmalkaldischen Bundes als zu schwerfällig; so behielt Kaiser KARL V. im Donaufeldzug bei Regensburg die Oberhand. Entscheidend wurde, dass Kurfürst JOHANN FRIEDRICH I. von Sachsen seine Truppen nach Thüringen abzog, um sein von seinem Vetter MORITZ von Sachsen besetztes Land zurückzuerobern. Dadurch wurde das Heer des Schmalkaldischen Bundes erheblich geschwächt, sodass die süddeutschen Territorien und die Reichsstädte in die Hand des Kaisers fielen. In der Schlacht bei Mühlberg an der Elbe

S

(25. April 1547) wurde Kurfürst Johann Friedrich I. von Sachsen auf der Flucht gefangen genommen und anschließend jahrelang – gemeinsam mit Landgraf Philipp I. von Hessen – in niederländischem Gewahrsam gehalten. Durch die Niederlage im S. K. wurde der deutsche Protestantismus stark geschwächt; auf dem anschließenden »geharnischten« Reichstag zu Augsburg, der das Augsburger ↑Interim verabschiedete, stand der Kaiser auf dem Gipfel seiner Macht.

schnurkeramische Kultur: nach der mit Abdrücken von gedrehten Schnüren verzierten Keramik benannte Kulturgruppe, die sich in der späten Jungsteinzeit (etwa zweite Hälfte des 3. Jt. v. Chr.) in Mittel- und Nordeuropa ausbreitete. Ihre Funde stammen überwiegend aus Gräbern (Einzelbestattung in Hockstellung); kennzeichnend sind Amphoren, Becher, Schalen, Streitäxte und Keulen aus Felsgestein, Kupfergeräte und Kupferschmuck. Die frühere Auffassung, die Träger der s. K. seien Hirtennomaden gewesen, ist wegen der zunehmenden Belege von intensivem Ackerbau (mit Viehzucht) revidiert worden.

Schöffen: im Frühmittelalter die vom ↑Thing bestimmten Urteilsfinder, die einen Vorschlag machten, der erst nach Zustimmung (Vollbort) der Gerichtsgemeinde zum Urteil wurde. Seit der Gerichtsreform Karls des Grossen existierten ständige Schöffenkollegien, deren Mitglieder von den ↑Grafen oder Königsboten unter den einflussreichen Thingpflichtigen ausgewählt wurden. Die Voraussetzung des Grundbesitzes zur wirtschaftlichen Unabhängigkeit der S. führte zur Herausbildung eines eigenen Schöffenstandes (**Schöffenbarfreie**) und zur Erblichkeit des Schöffenamtes (im 13. Jh.). Nachdem die S. gegen Ende des Mittelalters in die Niedergerichtsbarkeit zurückgedrängt worden waren (mit Ausnahme der ↑Femgerichte), sanken sie mit der Rezeption des ↑römischen Rechts zur Bedeutungslosigkeit herab oder wurden von rechtsgelehrten Richtern verdrängt. Eine Ausnahme bildeten das Stadt- und Dorfgericht. In der Strafgerichtsbarkeit wurden S. als Laienrichter im 19. Jh. wieder eingeführt.

Scholastik: Sammelbezeichnung für die Wissenschaften des Mittelalters seit dem 9. Jh., v. a. für Philosophie, Theologie, die schulmäßig betriebene Rechtswissenschaft und die Medizin.

Kennzeichen der S. sind ihre Abhängigkeit von der Theologie, ihre Text- und Autoritätsgebundenheit sowie – zumindest während der **Frühscholastik** (9. bis 12. Jh.) – ihre Bindung an die Dom- und Klosterschulen. Diese drei charakteristischen Merkmale änderten sich während der **Hochscholastik** (12.–14. Jh.): Die Textgrundlage der S. erweiterte sich; seit der Mitte des 12. Jh. wurden v. a. neben den logischen auch die naturwissenschaftlichen Schriften des Aristoteles und Schriften der arabischen und jüdischen Philosophen und Wissenschaftler (v. a. der Medizin und Astronomie) bekannt. Durch die Gründung von Universitäten und den Zusammenschluss der dort Lehrenden und Lernenden zu einer sich selbst organisierenden Gemeinschaft (zuerst in Paris und Bologna, dann auch in anderen Städten Italiens, Spaniens, Englands und Deutschlands) wurde der Lehrbetrieb aus seiner Bindung an das Kloster oder den Bischofssitz befreit. Der »weltliche« Einfluss wurde durch die in das wissenschaftliche Leben eintretenden ↑Franziskaner und ↑Dominikaner verstärkt, die schon von ihren Ordensidealen her ihr Wirken nicht auf die Klöster beschränkten, sondern »in der Welt« lehren und predigen wollten. Diese drei Faktoren stellten die S. vor die Aufgabe, die neuen naturwissenschaftlichen Ansätze und Methoden mit den theologischen Dogmen in Einklang zu bringen. Erst die **Spätscholastik** (spätes 14. und 15. Jh.) brachte eine Ablösung des wissenschaftlichen Denkens von den theologischen Dogmen und leitete damit über zum »säkularisierten« Wissenschaftsbegriff der Neuzeit.

Schollenpflichtigkeit: ↑Erbuntertänigkeit.

Schönbrunn, Friede von: am 14. Oktober 1809 zwischen Frankreich und Österreich geschlossener Friede, der die Erhebung Österreichs gegen die napoleonische Vorherrschaft in Mitteleuropa (siehe auch ↑Napoleonische Kriege) beendete. Österreich verlor Westgalizien und Krakau an das Herzogtum Warschau, einen Teil Ostgaliziens an Russland, Salzburg, Berchtesgaden und das Innviertel an Bayern sowie Illyrien an Frankreich. Darüber hinaus musste es eine hohe Kriegsentschädigung an NAPOLEON zahlen und wurde gezwungen, der ↑Kontinentalsperre beizutreten und sein Militär auf 150000 Mann zu reduzieren. Mit dem F. v. S. wurde Österreich (ähnlich wie Preußen durch den Frieden von ↑Tilsit) zu einer zweitrangigen Macht.

Schultheiß (Schulze): im Fränkischen Reich etwa seit dem Ende des 8. Jh. der vom ↑Grafen ernannte Unterbeamte, später dessen Vertreter. Nach dem Wegfall der Grafschaftsverfassung (etwa seit dem 12. Jh.) wurde als S. das Dorfoberhaupt mit richterlichen und oft auch administrativen Aufgaben bezeichnet.

Schutzgebiete: ↑deutsche Kolonien.

Schutzjuden: Juden, die im Mittelalter in Deutschland im Besitz eines **Schutzbriefes** waren, der sie vom 13. Jh. an unter den Schutz des Kaisers und später der Territorialherrscher stellte (↑Kammerknechtschaft).

Schutzstaffel: ↑SS.

Schutzzölle: zum Zweck der Abschirmung und Förderung der einheimischen Wirtschaft gegenüber (den überlegenen) ausländischen Konkurrenten erhobene Abgaben auf Einfuhren. Die Erhebung von S. wurde nach Anfängen im ↑Merkantilismus v. a. wieder im 19. Jh. vor dem Hintergrund der ↑Großen Depression als wirtschaftspolitisches Instrument von vielen kontinentaleuropäischen Staaten angewendet. Die Schutzpolitik steht im Gegensatz zum ↑Freihandel.

Schwabenspiegel: das führende, vom ↑Sachsenspiegel ausgehende Rechtsbuch des süddeutschen Raums im Spätmittelalter, um 1280 von einem Augsburger Franziskaner verfasst. Im S. wurde das geltende Land- und ↑Lehnsrecht in zwei Abteilungen aufgezeichnet.

Schwäbischer Bund: am 14. Februar 1488 zu Esslingen am Neckar als Landfriedenseinung des schwäbischen Adels und der Reichsstädte sowie der »zugewandten« Fürsten (zunächst Württemberg und Tirol) v. a. gegen die ausgreifende Territorialpolitik der bayrischen Herzöge gegründeter »kaiserlicher Bund in Schwaben«; ihm traten später auch Franken und (notgedrungen) Bayern bei. Von den Habsburgern zunehmend ihren politischen Sonderinteressen dienstbar gemacht, trat die ursprüngliche Idee des Bundes, Instrument der Friedenswahrung zu sein, zurück; entsprechend gewann er auch als Möglichkeit einer Neuorganisation des Reichs für die ↑Reichsreform keine Bedeutung. Aufgrund der Gegensätze zwischen den einzelnen Bundesmitgliedern und wegen der seit der Reformation auftretenden konfessionellen Differenzen wurde der Bund im Januar 1534 nicht mehr erneuert.

Schwäbischer Städtebund: Zusammenschluss von zunächst 14 schwäbischen Städten unter Führung von Ulm am 4. Juli 1376 zur Sicherung ihrer ↑Reichsunmittelbarkeit. Der S. S. griff nach Franken, Bayern, ins Elsass und an den Mittelrhein aus und ging 1381 ein Bündnis mit dem ↑Rheinischen Städtebund ein. Nach der Niederlage bei Döffingen 1388 gegen EBERHARD II. von Württemberg wurde der S. S. im Landfrieden von ↑Eger 1389 aufgelöst.

Schwarze Hand: Am 9. Mai 1911 gegründeter serbischer Geheimbund, dem v. a. Offiziere angehörten und der die Befreiung der unter österreichisch-ungarischer und osmanischer Oberhoheit stehenden Serben zum Ziel hatte. Folgenschwerste Aktion der S. H. war das Attentat von Sarajevo, dem am 28. Juni 1914 der österreichische Thronfolger FRANZ FERDINAND zum Opfer fiel und das zum äußeren Anlass für den Ausbruch des ↑Ersten Weltkriegs wurde.

Schwarzer Freitag: ↑Weltwirtschaftskrise.

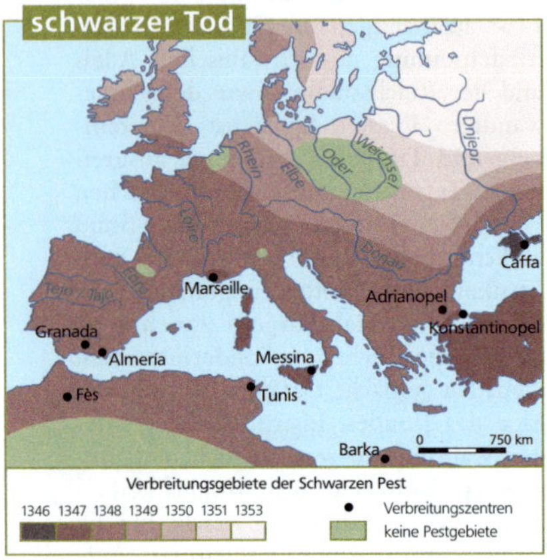

schwarzer Tod: im Mittelalter Bezeichnung für die Pest, eine akute, fieberhafte Infektionskrankheit, ausgelöst durch den Pestbazillus, der von Ratten oder durch Einatmen übertragen wird. Seit dem Altertum war die Pest eine der schwersten und häufigsten Epidemien. 1347–52 wurde Europa von der schwersten Epidemie der Geschichte (etwa 25 Mill. Tote) heimgesucht. Mit Handelsschiffen nach Venedig, Genua und Ragusa eingeschleppt, verbreitete sich der s. T. über Europa. Oft wurden Juden und als Hexen diskriminierte Frauen als vermeintliche Urheber verfolgt. Mithilfe von Pestsäulen, Pestkreuzen, Pestaltären, die man den Pestheiligen errichtete, versuchte man, den s. T. abzuwehren. In Venedig wurden bereits während der großen Epidemien des 14. und 15. Jh. seuchenhygienische Maßnahmen (Quarantäne, Isolierung von Kranken) eingeführt.

Schwarzhandel: Verkauf von Waren unter Umgehung gesetzlicher Vorschriften oder üblicher Handelswege, z. B. der Absatz von Schmuggelware. Besonders verbreitet ist der S. in warenknappen Zeiten mit Bewirtschaftung und Rationierung durch den Staat, z. B. durch Ausgabe von Bezugsscheinen für bestimmte Waren. Als Folge eines dabei vorhandenen Nachfrageüberhangs entsteht ein **schwarzer Markt** für die betreffenden Waren mit stark überhöhten Preisen.

Schwellenländer: ↑Entwicklungsländer.

SEATO, Abk. für englisch **S**outh **E**ast **A**sia **T**reaty **O**rganization (Südostasienpakt): am 8. September 1954 in Manila unterzeichnetes, am 19. Februar 1955 in Kraft getretenes Verteidigungsbündnis zwischen Australien, Frankreich, Großbritannien, Neuseeland, Pakistan, den Philippinen, Thailand und den USA. Anlass für die Gründung der SEATO war das seit Beendigung der ersten Phase des ↑Vietnamkriegs und das nach dem Rückzug Frankreichs aus Indochina drohende Machtvakuum in Südostasien; die SEATO sollte den v. a. im Zusammenhang mit der Eindämmungspolitik (↑Containment) der USA gegenüber der UdSSR aufgebauten militärischen Gürtel vervollständigen. Seit dem Rückzug der USA aus Vietnam verlor die SEATO an Bedeutung; 1972 traten Pakistan, 1974 Frankreich, 1975 Thailand und die Philippinen aus. Am 30. Juni 1977 löste sich die SEATO auf.

Secẹssio Plẹbis [lateinisch]: der Auszug der ↑Plebejer aus Rom, mehrfach während des Ständekampfs als Kampfmaßnahme zur Durchsetzung eigener Forderungen angewendet. Erstmals kam es zu einer S. P. 494 v. Chr., als sich die Plebejer durch die ↑Patrizier unterdrückt fühlten. Anlass des Auszugs 449 v. Chr. war die Beseitigung des Volkstribunats durch die ↑Dezemvirn. Die letzte S. P. fand 287 v. Chr. statt; sie wurde durch die Lex Hortensia beendet, die den ↑Plebisziten Gültigkeit für das gesamte Volk verlieh.

Sechstagekrieg: ↑Nahostkonflikt.

Sejm: Der polnische Reichstag, bestehend aus einer unteren Kammer und einem Oberhaus; der S. tagte seit dem 14. Jh. regelmäßig und wurde 1493 zum obersten Gesetzgebungsorgan des Landes. In der Republik Polen 1919–39 bildete der S. die zweite Kammer neben dem Senat. 1947–89 war der S. ein Einkammerparlament.

Sekundogenitur: in der Erbfolgeordnung fürstlicher Häuser die von einem nachgeborenen Sohn begründete Nebenlinie sowie Bezeichnung für die zu deren Ausstattung bestimmten Vermögens- oder Landesteile. – Siehe auch ↑Primogenitur.

Selbstbestimmungsrecht der Völker: Die politische Forderung des S. d. V. entwickelte sich im Gefolge der Französischen Revolution. Dabei wurde das von der Aufklärung geforderte und individuell verstandene Recht auf freie Entfaltung der Persönlichkeit auf die Nationen übertragen. Jede Nation sollte das Recht haben, einen eigenen und geeinten Staat zu bilden, sich in ihm zu verwirklichen und frei von fremdnationaler Bestimmung zu sein.

Diese Forderungen beherrschten das 19. und beginnende 20. Jh. als politisches Programm. Sie führten u.a. zur Einigung Deutschlands und Italiens, bedrohten aber zugleich die Existenz der Vielvölkerstaaten (v.a. die Donaumonarchie, das Osmanische Reich und das zaristische Russland). Die militärische Beteiligung der USA aufseiten der Ententemächte im Ersten Weltkrieg wurde u.a. damit begründet, dem S.d. V. zum Sieg verhelfen zu wollen (↑Vierzehn Punkte des amerikanischen Präsidenten W. Wilson). Im ↑Versailler Vertrag 1919 wurden einige Entscheidungen über territoriale Fragen von Abstimmungen der Bevölkerung abhängig gemacht (↑Abstimmungsgebiete), andererseits jedoch auch Gebietsabtretungen ohne oder gegen Volksabstimmungen durchgeführt (z.B. in Elsass-Lothringen und Oberschlesien) sowie Anschlussverbote gegen den Willen der Bevölkerung ausgesprochen (z.B. im Sudetenland und in Österreich). Nachdem im Zweiten Weltkrieg von Deutschland, Italien und Japan Annexionen ohne Beachtung des S.d. V. durchgeführt worden waren, erfolgte die Lösung vieler dadurch entstandener territorialer Fragen durch Absprachen der Alliierten (Konferenz von ↑Teheran, ↑Jalta-Konferenz), ohne dass der betroffenen Bevölkerung die Möglichkeit zur Abstimmung gegeben wurde.

Semstwo [russisch]: Organ der lokalen Selbstverwaltung auf Gouvernements- und Kreisebene in Russland 1864–1917. Gewählte Vertreter des Adels, der das Übergewicht hatte, sowie der Städter und Bauern bildeten unter Vorsitz des Adelsmarschalls die Semstwoversammlung und -verwaltung, der die Förderung des Verkehrs, Gewerbe, Gesundheits- und Volksschulwesen oblag. Die S. wurde zur organisatorischen Basis des russischen Liberalismus.

Senat [von lateinisch »Rat der Ältesten«]:

◆ offizielles Beratungsgremium des römischen Staates. Der S. bestand in der Königszeit aus den Häuptern der patrizischen Geschlechter (↑Patrizier); etwa vom 5. Jh. v. Chr. an wurden auch angesehene ↑Plebejer (zunächst jedoch mit minderen Rechten) zugelassen. Die Mitglieder des S., die **Senatoren,** wurden in frührepublikanischer Zeit von den Konsuln, ab 312 v. Chr. von den ↑Zensoren gewählt; seit dem 2./1. Jh. hatten ehemalige ↑Magistrate Anspruch auf Aufnahme. Die Zugehörigkeit zum S. bestand lebenslang. Die Senatoren durften jedoch Italien nicht ohne Genehmigung verlassen und keinen Handel treiben (seit 218 v. Chr.), d.h., die Mitgliedschaft im S. war v.a. an Grundbesitz gebunden. Die Einberufung des S. oblag Magistraten mit ↑Imperium, ab 287 v. Chr. auch ↑Volkstribunen.

Die rechtliche Stellung und die Befugnisse des S., besonders im Verhältnis zu den Magistraten, sind im Einzelnen unklar, doch bewirkte das hohe Ansehen des S., dass die Senatsbeschlüsse (**senatus consulta**) bindend waren. Neben seiner Funktion als Berater der Magistrate spielte der S. eine wichtige Rolle bei der Vorbereitung der den ↑Komitien vorzulegenden Gesetzesvorschläge, bei Kriegserklärungen, Friedensschlüssen, Einrichtung von Provinzen, Aufstellung und Ausrüstung des Heeres sowie Bewilligung von Triumphen. Dazu kam die Kontrolle der Beamten, die Verwaltung des ↑Aerariums und die Verhängung des Ausnahmezustands (**senatus consultum ultimum**; erstmals 121 v. Chr.). Die Entwicklung des S. zur Interessengruppe (siehe auch ↑Optimaten) führte im 2. Jh. v. Chr. zur Ignorierung des S. durch die ↑Popularen.

In der Kaiserzeit bestimmte der Prinzeps Funktion und Zusammensetzung des S. (erbliche Mitgliedschaft und kaiserliche Ergänzung aus dem Ritterstand). Mehr und mehr geriet der S. in Abhängigkeit vom Kaiser und wurde den senatorischen Ämtern der kaiserliche Verwaltungsapparat gegenübergestellt. Seit Tiberius vollzog sich im S. die Wahl der Magistrate, ferner die Wahl des Kaisers (zumindest deren nachträgliche Legitimierung). Im 2. Jh. n. Chr. erhielten die Senatsbeschlüsse Gesetzeskraft.

◆ seit dem Mittelalter die Regierungsorgane bedeutender Städte nach römischem Vorbild (z. B. in Venedig vom 13. Jh. bis 1797, in verschiedenen Reichs- und Hansestädten). – In der Bundesrepublik Deutschland werden die Landesregierungen der Stadtstaaten Bremen, Hamburg und Berlin S. genannt.

◆ in politischen ↑Zweikammersystemen Bezeichnung für die erste Kammer des Parlaments, in Bundesstaaten häufig Bezeichnung für die Kammer der Vertretung der Einzelstaaten. – In den USA Bezeichnung für die zweite Kammer des ↑Kongresses, die aus je zwei vom Volk gewählten Vertretern der Einzelstaaten besteht; die Amtszeit der Senatoren beträgt sechs Jahre, für je ein Drittel findet alle zwei Jahre eine Neuwahl statt.

Senatus Populusque Romanus [lateinisch »Senat und römisches Volk«], Abk. S.P.Q.R.: zur Zeit der römischen Republik und des frühen ↑Prinzipats Formel zur Kennzeichnung der den römischen Staat tragenden Kräfte.

Sendgericht: ein bischöfliches Sittengericht, das bis zu dreimal jährlich in jeder Pfarrkirche abgehalten wurde; während des Mittelalters ging es vom Bischof weitgehend an nachgeordnete Instanzen über. V. a. in der Reformationszeit rief sein Missbrauch heftige Proteste hervor.

Seneschall [althochdeutsch eigentlich »der Älteste der Dienerschaft«]: am fränkischen Hof der für das Verpflegungswesen zuständige Amtsträger (entspricht dem ↑Truchsess). Unter den Kapetingern wurde der S. in Frankreich zum mächtigsten Kronbeamten (Aufgaben in Verwaltung, Heerwesen und Gerichtsbarkeit). Seit 1191 wurde dieses Amt nicht mehr besetzt, der S. blieb der lokale königliche Beamte eines Verwaltungsbezirks der Krondomäne.

Separatismus [von lateinisch separatus »getrennt«]: Bezeichung für die Abspaltungsbestrebungen eines bestimmten Teils eines Staatsgebiets zum Zweck der Gründung eines neuen Staates oder zum Anschluss an einen anderen Staat, besonders in Grenzgebieten mit starken politisch-kulturellen Minderheiten.

Sepoy [englisch ˈsiːpɔɪ]: Eingeborener Soldat des früheren britischen Heeres in Indien; der Aufstand 1857/58 gegen Großbritannien, der **Sepoyaufstand,** wurde durch die Meuterei der S. ausgelöst.

Septembermorde: Bezeichnung für die während der Französischen Revolution u. a. durch J. P. Marat veranlassten Massenmorde vom 2. bis 6. September 1792 an vermeintlich konterrevolutionären Häftlingen. Die S. verhalfen der ↑Bergpartei im Nationalkonvent zum Wahlsieg, wirkten sich aber negativ auf die Haltung des Auslands gegenüber dem revolutionären Frankreich aus.

Septennat: Im Deutschen Reich 1874, 1880 und 1887 vom Reichstag auf Vorlage der Regierung beschlossene siebenjährige Geltungsdauer des Militäretats und der Friedensstärke des Heeres. Ab 1893 wurde das Militärbudget für fünf Jahre festgelegt.

Serenissimus [lateinisch »Durchlauchtigster«]: bis ins 19. Jh. Anrede für regierende Fürsten.

Servitium Regis [lateinisch »Königsdienst«]: im Mittelalter Bezeichnung für die an den König als Grundherrn zu leistenden Dienste. In karolingischer Zeit sind dies v.a. Naturalleistungen und Abgaben, jährliche Geschenke sowie Beherbergung und Versorgung des Königs und seiner Hofhaltung während der Reisen durch das Reich. Bis zum 12. Jh. wurden aufgrund der bevorzugten Aufenthalte der Könige in Bischofsstädten und nicht mehr in eigenen ↑Pfalzen die Leistungen zunehmend in Geld erbracht.

Sèvres, Friedensvertrag von [sɛ:vr]: ↑Pariser Vorortverträge.

Sezession:

- im antiken Rom ↑Secessio Plebis.
- die Verselbstständigung von Staatsteilen.

Sezessionskrieg (Amerikanischer Bürgerkrieg): Bezeichnung für den 1861 bis 1865 ausgetragenen Bürgerkrieg in den USA; er wurde verursacht durch den Gegensatz zwischen den Nord- und Südstaaten, der in der Frage der Sklaverei seinen Höhepunkt erreichte. Während im Norden die Sklaverei aus moralischen und ökonomischen Gründen abgelehnt

Sezessionskrieg

S

wurde (siehe auch ↑Abolitionismus), glaubte der Süden, dessen Wirtschaft auf Großgrundbesitz und Plantagenbau (Baumwolle) aufgebaut war, aus ebenfalls ökonomischen Gründen nicht auf die Sklaverei verzichten zu können. Als A. LINCOLN, der die Sklaverei entschieden ablehnte, 1860 zum Präsidenten der USA gewählt wurde, sahen sich die Südstaaten zum Austritt (Sezession) aus der Union veranlasst und schlossen sich 1861 unter Präsident J. DAVIS zu den ↑Konföderierten Staaten von Amerika zusammen.

Da die Nordstaaten auf der Unauflösbarkeit der Union beharrten, war der Anlass zum Konflikt gegeben, der nach vier Jahren mit der völligen Zermürbung des Südens endete, der wegen seiner einseitigen Agrarwirtschaft fast alle Kriegsgüter einführen musste. Dagegen produzierten die industrialisierten Unionsstaaten ihr Kriegsmaterial weitgehend selbst, hatten größere finanzielle Reserven, hervorragend ausgebaute Nachschubwege und waren in der Bevölkerungszahl (22 Mill. gegenüber 5,5 Mill. weißen Einwohnern) dem Süden überlegen. Als die Südstaaten am 9. April 1865 in Appomatox kapitulierten, war ihre Wirtschafts- und Sozialstruktur zerstört. Dem Ende des Krieges folgten der Wiederaufbau (Reconstruction) und die Wiedereingliederung des Südens in den Unionsverband.

Sheriff [englisch ˈʃɛrɪf]: In England ursprünglich ein hoher königlicher Beamter mit richterlichen und administrativen Funktionen, der allmählich den ↑Earl verdrängte und höchster Richter und Verwaltungsbeamter einer Grafschaft wurde. Da das Sheriffsamt teilweise erblich und von den örtlichen Ständen abhängig wurde, schränkte der König zunächst seine richterlichen Befugnisse ein, 1361 ging seine Polizeigewalt auf den Friedensrichter über. Heute ist der S. in Großbritannien und Nordirland der von der Krone ernannte Verwaltungsbeamte sowie Exekutivorgan der hohen Gerichte. – In den USA ist der S. der oberste, auf Zeit gewählte Vollzugsbeamte eines Bezirks mit friedensrichterlichen Befugnissen.

Sicherheitsrat: ↑UN.

Siebenjähriger Krieg: Bezeichnung für den **3. Schlesischen Krieg** und die gleichzeitigen Auseinandersetzungen zwischen Frankreich und Großbritannien in den Kolonien 1756–63.

Ursachen: Nachdem 1754 der im ↑Österreichischen Erbfolgekrieg nicht beendete Machtkampf zwischen Großbritannien und Frankreich in kolonialen Streitigkeiten erneut aufgeflammt war, schloss Großbritannien ein Bündnis mit Preußen (Westminsterkonvention vom 16. Januar 1756). Daraufhin verbündete sich Frankreich mit Österreich (1. Mai 1756). Der österreichische Minister W. A. Graf KAUNITZ hoffte, mit diesem »renversement des alliances« (»Umkehrung der Bündnisse«) die im 1. und 2. Schlesischen Krieg (↑Schlesische Kriege) verlorenen Gebiete wiedererobern zu können.

Kriegsverlauf: Der Beitritt Russlands zur Allianz zwischen Frankreich und Österreich veranlasste FRIEDRICH II. von Preußen, in Kursachsen einzufallen (29. August 1756), um eine Aufmarschbasis gegen Österreich zu haben. Daraufhin beschloss der Reichstag die Reichsbewaffnung und Reichsexekution gegen Preußen; Frankreich versprach 1757 Österreich seine aktive Hilfe. FRIEDRICH II. versuchte durch offensive Feldzüge, die Kampfhandlungen von Preußen fern zu halten und eine rasche Entscheidung zu erzwingen, doch standen den preußischen Erfolgen bei Roßbach (5. November 1757) gegen Franzosen und Reichstruppen, bei Leuthen (5. Dezember 1757) gegen die Österreicher und bei Zorndorf (25. August 1758) gegen Russland Niederlagen bei Hochkirch (14. Oktober 1758) durch die Österreicher und bei Kunersdorf (12. August 1759) durch die Russen gegenüber. Die Verluste waren groß, und Preußen stand am Ende

seiner Kräfte. Zusätzlich verschlechterte sich die Lage noch dadurch, dass nach dem Tod König GEORGS II. (25. Oktober 1760) die britischen ↑Subsidien eingestellt wurden.
Die *entscheidende Wende* brachte der Tod der Zarin ELISABETH (5. Januar 1762) und die Nachfolge PETERS III. Dieser schloss mit Preußen am 5. Mai 1762 Frieden und im Juni 1762 ein Bündnis. Zwar wurde nach dem frühen Tod PETERS III. das Bündnis von der Zarin KATHARINA II. nicht fortgeführt, der Frieden aber gewahrt. Nach der Verständigung zwischen Großbritannien und Frankreich im Vorfrieden von Fontainebleau (3. November 1762) war auch Kaiserin MARIA THERESIA zum Frieden bereit, der unter Vermittlung Sachsens am 15. Februar 1763 unterzeichnet wurde (↑Hubertusburg, Friede von).
Die Friedensschlüsse dieses weltweiten Kriegs festigten Preußens Rolle als Großmacht v.a. gegenüber Österreich und bestätigten seine Erwerbungen in den Schlesischen Kriegen. Russland erwies sich als ernst zu nehmender Faktor im Konzert der europäischen Mächte. Den größten Gewinn verbuchte jedoch Großbritannien, das seine Führungsrolle gegenüber Frankreich als Kolonialmacht ausbauen konnte.

sieben Weltwunder: Bezeichnung für sieben berühmte Bau- und Kunstwerke des Altertums: 1) die ägyptischen Pyramiden; 2) die Hängenden Gärten der Semiramis in Babylon, Terrassengärten, die vermutlich von NEBUKADNEZAR II. (605–562 v. Chr.) für seine Gemahlin AMYTHIS angelegt wurden; 3) der Tempel der Artemis in Ephesus (6. Jh. v. Chr.); 4) das Kultbild des Zeus in Olympia (von PHIDIAS um 430 v. Chr.); 5) das Mausoleum (Grabmonument des MAUSOLOS, der 353 v. Chr. starb) in Halikarnassos; 6) der Koloss von Rhodos (Statue des Helios an der Hafeneinfahrt, um 285 v. Chr.); 7) der Leuchtturm der ehemaligen Insel Pharus bei Alexandria (vollendet 279 v. Chr.). Mitunter wurden auch der Pergamonaltar, die Arche Noah und die Stadt Rom zu den s. W. gezählt.

Siebzehnter Juni: Verkürzende Bezeichnung für den Aufstand in der DDR am 17. Juni 1953. Gegen die am 28. Mai verfügte Erhöhung der Arbeitsnormen um durchschnittlich 10% streikten und demonstrierten am 16. Juni die Bauarbeiter der Berliner Stalinallee. Daraus entwickelte sich am 17. Juni ein die ganze DDR erfassender Arbeiteraufstand. Die ursprünglichen wirtschaftlichen Forderungen schlugen in politische um (z.B. Rücktritt der Regierung und freie Wahlen). Der Aufstand wurde noch am sel-

Siebzehnter Juni: Die durch Berlin rollenden sowjetischen Panzer, eingesetzt um den Aufstand am 17. Juni 1953 niederzuwerfen, wurden von der Bevölkerung mit Steinen beworfen.

S

ben Tag von sowjetischen Truppen niedergeschlagen. Als »Tag der deutschen Einheit« war der S.J. 1954–90 offizieller Feiertag in der Bundesrepublik Deutschland.

Siegfriedlinie (Siegfriedstellung): im Ersten Weltkrieg durch deutsche Truppen in Frankreich angelegte begradigte Verteidigungslinie von Arras über Saint Quentin bis La Fère (Aisne). Sie wurde ab Februar 1917 bezogen, diente als Basis für die deutsche Frühjahrsoffensive 1918 und wurde bis Oktober 1918 gehalten. - Im Zweiten Weltkrieg auch Bezeichnung für den ↑Westwall.

Signatarstaaten: im diplomatischen Sprachgebrauch die Staaten, die einen internationalen Vertrag unterzeichnet (signiert) haben und durch ihre Unterschrift die Garantie für dessen Einhaltung übernehmen.

Signoria [zɪnjoˈriːa; italienisch »Herrschaft«]: in den italienischen Stadtstaaten die monarchisch-autokratische Herrschaft eines Einzelnen oder eines Geschlechts. Mit dem Versagen der kommunalen Kollegialregierungen setzte sich seit dem 13./14. Jh. die Herrschaft eines Einzelnen, eines **Signore,** durch, der durch die Übernahme der entscheidenden städtischen Ämter und durch den Abbau republikanischer Institutionen zum weitgehend uneingeschränkten monarchischen Herrscher wurde. Die S., die sich bis zum 15. Jh. in den meisten Stadtstaaten Ober- und Mittelitaliens durchgesetzt hatte, leitete über zur Bildung fürstlicher Flächenstaaten. – Im republikanischen Florenz und oligarchischen Venedig Bezeichnung für die leitende Behörde als den eigentlichen Träger der politischen Macht.

Silberflotte: spanische Handels- und Kriegsschiffe, die vom 16. bis zum 18. Jh. jährlich einmal Bergwerkserträge, v. a. Silber, aus den spanischen Kolonien nach Spanien transportierten.

Sinaifeldzug: ↑Nahostkonflikt.

Sinn Féin [ˈʃɪn ˈfeɪn; irisch »wir selbst«]: ↑IRA.

Sizilianische Vesper: In Palermo kam während des Vesper-(Abend-)Läutens am Ostermontag (30. März) 1282 der Aufstand gegen die französische Herrschaft über Sizilien zum Ausbruch und griff auf die ganze Insel über. KARL I. VON ANJOU musste PETER III. von Aragonien, der wegen seiner Erbansprüche als Schwiegersohn des Staufers MANFRED zugunsten der Aufständischen intervenierte, Sizilien überlassen; entscheidende Voraussetzung für den Aufstieg des späteren Spanien zur Weltmacht.

Sklave [zu mittellateinisch sclavus, slavus »Unfreier«, von mittelgriechisch sklabos, eigentlich »Slawe« (da im Mittelalter die S. im Orient meist Slawen waren)]: ein in völliger persönlicher Abhängigkeit stehender Mensch; Eigentum seines Herrn, rechtlich eine Sache. – Siehe auch ↑Sklaverei.

Sklavenkriege: Zusammenfassende Bezeichnung für mehrere große antike Sklavenaufstände im 2. und 1. Jh. v. Chr.: In Sizilien führte EUNUS 136–132 v. Chr. einen Aufstand an und errichtete unter dem Namen ANTIOCHOS einen Sklavenstaat, in dem zwischen 70 000 und 200 000 Sklaven lebten (Hauptstadt Enna). 104–101 v. Chr. kam es zu einem weiteren Aufstand in Sizilien. 133–130 v. Chr. führte ARISTONIKOS, ein unehelicher Sohn ATTALOS' II. von Pergamon, einen Freiheitskrieg in Kleinasien an. Er erhob 133 v. Chr., nach dem Tod ATTALOS' III., der das Pergamenische Reich testamentarisch den Römern übertragen hatte, Herrschaftsansprüche. In den Städten abgewiesen, aber unterstützt von Sklaven und armer Landbevölkerung, führte ARISTONIKOS einen Sklavenaufstand mit deutlich sozialen Zügen. Er gründete den Staat Heliopolis, in dem alle Einwohner gleichberechtigt leben sollten. Erst 130 gelang den Römern seine Vernichtung.

SPARTAKUS, ein römischer Sklave thrakischer Herkunft, entfesselte in Italien einen Sklavenaufstand. Er entfloh im Jahre

73 aus einer Gladiatorenschule in Capua und fand großen Zulauf unter den Sklaven sowie anderen sozial niedrigen Schichten, die sich eine Verbesserung ihrer Lage erhofften; er konnte sich mit seinen Anhängern (zuletzt wahrscheinlich 60000) zunächst behaupten, wurde aber schließlich 71 v.Chr. geschlagen.
Die S. hatten ihre Ursache in der Regel in einer sehr harten Behandlung der Sklaven durch ihre Herren; die Aufständischen erstrebten die persönliche Freiheit, nicht aber die grundsätzliche Abschaffung der Sklaverei.

Sklaverei: Zustand der völligen rechtlichen und wirtschaftlichen Abhängigkeit eines Menschen. Begründet wurde die bereits auf die altorientalischen Hochkulturen zurückgehende S. durch Geburt (von einer Sklavin), Kriegsfolge (Gefangenschaft, Verschleppung, Menschenraub), Bestrafung oder totale Verschuldung. Beendet werden konnte die S. u.a. durch Freilassung und Loskauf.

Sklavenhandel als Tausch von Kriegsgefangenen gegen Güter war schon in den Hochkulturen des Altertums üblich. Im Alten Orient waren Sklaven (v.a. Kriegsgefangene und Schuldner) zunächst oft nur für begrenzte Zeit vermögensrechtlich Eigentum ihrer Herren und gleichzeitig selbst beschränkt rechtsfähig. In Ägypten blieben Sklaven bis ins 2. Jt. v.Chr. Staatseigentum. Erst danach gab es Privateigentum an Sklaven, die verkauft oder durch einfache Willenserklärung freigelassen werden konnten. Im antiken Griechenland gab es erst seit dem 6. Jh. v.Chr. einen Sklavenhandel größeren Stils. Die Sklaven, die z.B. in Athen im 4.Jh. v.Chr. ein Viertel der Bevölkerung bildeten, wurden im Gewerbe, im Bergbau und in der Landwirtschaft, aber auch als Haussklaven (Diener, Erzieher, Ärzte, Musiker) eingesetzt. Neben dem Privateigentum an Sklaven gab es Staats- und Tempelsklaven. In Rom, das die Rechtsstellung der Unfreien bereits im 5. Jh. v.Chr. im Zwölftafelgesetz geregelt hatte, begann der Sklavenhandel in größerem Umfang erst seit dem 4.Jh. v.Chr.; mit den vielen kriegsgefangenen Sklaven aus den Kriegen Roms vom 3. bis 1. Jh. v.Chr. erreichte die antike S. ihren Höhepunkt. Der damalige Bevölkerungsanteil der Sklaven, die v.a. auf ↑Latifundien und im Gewerbe arbeiten mussten, wird auf 33–75% geschätzt. Die oft unmenschliche Behandlung neu versklavter Kriegsgefangener löste im 2. und im 1. Jh. v.Chr. große ↑Sklavenkriege aus. In der Kaiserzeit verminderte sich die Anzahl der Sklaven erheblich, da weniger Eroberungskriege geführt und viele Freilassungen vorgenommen wurden.
Der Preis eines Sklaven hing vom Umfang des Angebots auf dem **Sklavenmarkt** ab und wurde ebenfalls bestimmt von den Fähigkeiten und der Spezialausbildung des Sklaven. Für einen ausgebildeten Handwerker oder für einen Arzt musste man mehr bezahlen als für einen berufslosen Sklaven. Sklaven konnten untereinander Ehen schließen und Familien gründen, deren Kinder wieder dem Herrn der Eltern gehörten.
Die S. hielt sich als wichtige gesellschaftliche Institution bis in die Neuzeit v.a. in Afrika und Vorderasien. Obgleich durch die osmanischen Eroberungen in Europa wie auch durch die nordafrikanischen Seeräuber seit dem 15.Jh. viele europäische Kriegsgefangene versklavt wurden, wurde der ständige Bedarf an Sklaven bis zur Mitte des 19.Jh. v.a. in Afrika gedeckt. Mit der Entdeckung und Erschließung Amerikas durch die Europäer bekam die S. allerdings besonderen Auftrieb. Die Europäer begannen, an den afrikanischen Küsten von eingeborenen Sklavenjägern Sklaven zu kaufen, nachdem der afrikanische Sklavenhandel zuvor allein von Arabern betrieben worden war. Ca. 7,5 Mill. Sklaven wurden über den Atlantik nach Amerika verschifft und bildeten dort die Grundlage der Plantagenwirtschaft.
Im Kampf gegen die unmenschliche S. entstand 1765 in England, dann auch in

S

den USA die moderne **Antisklavereibewegung** (siehe auch ↑Abolitionismus). Der Sklavenhandel wurde auf dem Wiener Kongress 1815 verboten, die S. selbst im 19. Jh. von den Kolonialmächten (u. a. von Großbritannien 1833) und den Staaten Amerikas (USA 1862/65, Brasilien 1888) abgeschafft (siehe auch ↑Sezessionskrieg). Die internationale Zusammenarbeit zur Bekämpfung der S. wurde 1926 vom Völkerbund durch die Verabschiedung einer Antisklavereiakte verstärkt. Trotz Ächtung der S. in der UN-Menschenrechtskonvention (1948) gibt es v. a. in der Dritten Welt moderne Formen der S. im Teufelskreis von Armut und Gewalt (z. B. Kindersklaverei bei der Teppichherstellung in Indien oder bei der Arbeit in Goldminen in Peru).

Skupschtina: 1807–1941 Name des Parlaments in Serbien bzw. (seit 1921) Jugoslawien.

Slawophile: Name für russische Geschichtsphilosophen der Romantik in der ersten Hälfte des 19. Jh., die sich, im Gegensatz zum so genannten »Westlertum«, nicht an Europa, sondern an romantisierten Idealen der russischen Vergangenheit orientierten. In der Stärkung der patriarchalischen Dorfgemeinschaft (↑Mir) und der Orthodoxie sowie in der bedingten Bejahung der zaristischen Herrschaft sahen sie ein Mittel zur Rettung Russlands vor den »verderblichen Einflüssen des verfaulten Westens«.

SMAD, Abk. für **S**owjetische **M**ilitär-**A**dministration in **D**eutschland: ↑Sowjetische Kontrollkommission.

Socii [von lateinisch socius »Bundesgenosse«, »Verbündeter«]: Bundesgenossen des römischen Volks; sie waren mit Rom durch einen Vertrag verbunden, der die tatsächliche Ungleichheit der Bündnispartner jedoch nicht hervorhob. Die S. behielten innere Autonomie mit eigener Verwaltung, verzichteten jedoch auf eine eigene Außenpolitik, verpflichteten sich zu bedingungsloser Waffenhilfe und erkannten Rom als Vormacht an. Nach dem Bundesgenossenkrieg 91–89 v. Chr. (↑Bundesgenossenkriege) wurden alle S. römische Bürger.

Soldatenkaiser: Bezeichnung für die römischen Kaiser des 3. Jh. n. Chr. Nach dem Ende der Dynastie der Severer (235) begann mit der Erhebung des aus kleinbäuerlichen Verhältnissen stammenden MAXIMINUS THRAX durch die Legionen die Epoche der Militäranarchie der etwa 40 stets vom Heer ausgerufenen Kaiser, die in gegenseitigen Kämpfen um die Reichseinheit oder um die Bewahrung ihrer Teilgebiete das Reich politisch und wirtschaftlich an den Rand des Abgrunds brachten. Die S. wurden durch die Kaiser des ↑Dominats (284–476) abgelöst.

Soldatenräte: ↑Arbeiter-und-Soldaten-Räte.

Söldner: geworbene Krieger, die losgelöst von staatlichen oder lehnsrechtlichen Bindungen gegen Bezahlung (Sold) Kriegsdienste leisteten. Söldnerheere spielten seit dem Mittelalter (↑Landsknechte) bis zur Französischen Revolution eine beherrschende Rolle im Kriegswesen. Erst mit der Konskription (Truppenaushebung) und der allgemeinen Wehrpflicht verloren die S. an Bedeutung.

Solidarność [-nɔɕtɕ; polnisch »Solidarität«]: Im Zuge einer landesweiten Streikbewegung (mit Zentrum in Danzig) kam es 1980 in Polen unter Führung von L. WAŁĘSA zur Gründung von S., einer unabhängigen Gewerkschaftsorganisation. Sie entwickelte sich zunehmend zu einer politischen Bewegung, die nach Verhängung des Kriegsrechts (ab 13. 12. 1981) von der kommunistischen Regierung verboten wurde. Sie arbeitete illegal weiter. Nach ihrer Wiederzulassung 1989 erreichte sie in Verhandlungen mit der Regierung die Abhaltung von Parlamentswahlen, bei denen sie die Mehrheit gewann und die demokratisch-parlamentarische Umwandlung Polens durchsetzte. Danach gingen aus ihr verschiedene Parteien hervor.

Sonderbund: Am 11. Dezember 1845

S

gegründetes Schutzbündnis der schweizerischen konservativen Kantone Luzern, Uri, Schwyz, Unterwalden, Zug, Freiburg und Wallis, um dem Druck der freisinnig-radikalen bzw. liberalen Kantone der Eidgenossenschaft standzuhalten. Der S. war eine gegenseitige Beistandsverpflichtung für den Angriffsfall; er gründete einen Kriegsrat der Sonderbundkantone mit weitgehenden Vollmachten. Diesen Verstoß gegen den Bundesvertrag von 1815 verurteilte die Tagsatzung der übrigen Kantone 1847. Unter Führung General G. H. DUFOURS wurde das Heer des S. im **Sonderbundkrieg** in den Schlachten von Honau, Gisikon und Meierskappel (Kanton Luzern) im November 1847 besiegt; der S. wurde aufgelöst.

Souveränität [von französisch souveraineté zu lateinisch superanus »darüber befindlich«, »überlegen«]: Bezeichnung für die höchste unabhängige Herrschafts- und Entscheidungsgewalt eines Staates, die dessen oberste Hoheitsgewalt auf seinem Territorium sowie dessen Recht einschließt, seine Gesellschafts- und Staatsordnung, sein Verfassungs- und Rechtssystem frei und unabhängig zu gestalten sowie die Richtlinien seiner Innen- und Außenpolitik selbst zu bestimmen. Es wird zwischen innerer und äußerer S. unterschieden: Die **äußere Souveränität** (**Staatssouveränität**), ist ein Grundprinzip des Völkerrechts (Art. 2 der UN-Charta); sie schließt Fremdherrschaft aus und Unabhängigkeit von anderen Staaten ein. Mit dem Begriff der **inneren Souveränität** wird die Staatsgewalt als rechtlich höchste Gewalt im Staat gekennzeichnet, die von keiner anderen Gewalt abhängig ist; in Demokratien wird sie durch die Form der ↑Volkssouveränität legitimiert und begrenzt.

Die politische Forderung nach S. entstand mit der Bildung neuzeitlicher Territorialstaaten, als die Fürsten etwa seit dem 13. Jh. Unabhängigkeit von Kaiser und Papst forderten. Zum grundlegenden Begriff wurde die S. in der Staatslehre J. BODINS: Merkmal der S., die er den Fürsten zuerkannte, war v.a. deren Recht, über Krieg und Frieden zu entscheiden, Gesetze zu erlassen und selbst über den Gesetzen zu stehen, ihrerseits allerdings gebunden an göttliches Recht und das ↑Naturrecht. Der Staatstheoretiker des Absolutismus, TH. HOBBES, führte diese Fürstensouveränität auf den ↑Gesellschaftsvertrag zurück und befreite sie von allen Beschränkungen durch eine übergeordnete Rechtsidee. Als Gegenposition dazu entwickelte sich bereits seit dem Mittelalter die Forderung nach Volkssouveränität, als deren wichtigster Theoretiker J.-J. ROUSSEAU gilt.

Die deutschen Fürsten hatten volle S. weder im Heiligen Römischen Reich (im ↑Westfälischen Frieden wurde lediglich eine innere S. in Form der ↑Landeshoheit anerkannt) noch im ↑Deutschen Bund. Nur 1806–15 besaßen alle deutschen Fürsten die volle S., während diese 1866–70/71 nur den Landesherren von Baden, Bayern, Hessen-Darmstadt und Württemberg zukam. Im Deutschen Reich 1871–1918 waren Kaiser und Fürsten nach der Verfassung gemeinsam Träger der S.; nach dem Sturz der Monarchie wurde in der Weimarer Reichsverfassung von 1919 der Grundsatz der Volkssouveränität verankert.

Sowjet [russisch »Rat«]: ursprünglich in der russischen Revolution von 1905 entstandene Arbeiterselbstverwaltungsorgane (Arbeiterausschüsse), die sich rasch zu Zentren des revolutionären Kampfs entwickelten. In der russischen ↑Februarrevolution von 1917 wurde der S. als politische Massenorganisation und als provisorisches Machtorgan der Arbeiter und Soldaten (S. der Arbeiter- und Soldatendeputierten) unter Führung gemäßigter Sozialisten wieder belebt. Nach der Machtübernahme der Bolschewiki im Oktober 1917 (↑Oktoberrevolution) war der Begriff S. bis in die Umbruchszeit (1990/91) die Bezeichnung für die formell beschließenden Organe der Sowjetunion und ihrer Untergliederun-

S

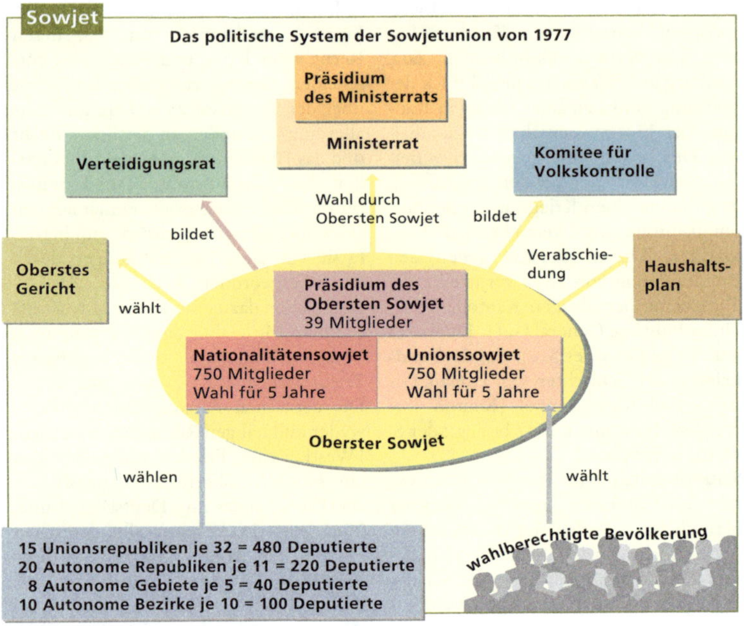

gen. – Siehe auch ↑Arbeiter-und-Soldaten-Räte, ↑Rätesystem.

Sowjetische Kontrollkommission: Nach Gründung der DDR am 7. 10. 1949 löste die sowjetische Besatzungsmacht in Deutschland die **Sowjetische Militär-Administration in Deutschland** zugunsten der neu eingerichteten S. K. als oberstem Kontrollorgan ab; 1953 in die **Hohe Kommission** umgewandelt.

Sozialdarwinismus: Bezeichnung für Theorien, die die naturgesetzlichen Prinzipien der biologischen Evolutionstheorie C. R. Darwins – v. a. Auslese, Kampf ums Dasein, Anpassung an die Umwelt, Vererbbarkeit erlernter Fähigkeiten – auf den sozialen Bereich übertragen. Die vom S. behauptete »natürliche« Ungleichheit der Menschen wurde u. a. von der Rassenideologie des Nationalsozialismus übernommen, um die Überlegenheit der »arischen Rasse« zu untermauern, die Ausmerzung »rassenfremder« Bevölkerungsteile und den Kampf um »Lebensraum im Osten« zu rechtfertigen.

Sozialdemokratie: in der Mitte des 19. Jh. entstandene Bewegung, die die liberaldemokratischen Forderungen nach Freiheit und Gleichheit (↑Liberalismus) auch im wirtschaftlichen und gesellschaftlichen Leben zu verwirklichen suchte und daher neben dem allgemeinen Wahlrecht grundlegende soziale Veränderungen, soziale Gerechtigkeit und eine solidarische Gesellschaft anstrebte (siehe auch ↑Sozialismus).

1863 schlossen sich in Deutschland die Mitglieder von Arbeitervereinen in dem von F. Lassalle gegründeten ↑Allgemeinen Deutschen Arbeiterverein und 1869 in der von A. Bebel und W. Liebknecht in Eisenach gegründeten Sozialdemokratischen Arbeiterpartei zusammen. Beide Organisationen verschmolzen 1875 in Gotha (↑Gothaer Programm) zur Sozialistischen Arbeiterpartei Deutschlands (seit 1890 Sozial-

demokratische Partei Deutschlands, SPD).
Unter maßgeblicher Beteiligung von V. Adler entstand 1888/89 die Sozialdemokratische Abeiterpartei Österreichs als »föderale Partei« für alle Länder der österreichischen Reichsteile Österreich-Ungarns. Seit 1896 im Reichsrat vertreten, zerfiel sie im Ersten Weltkrieg in ihre nationalen Bestandteile.
Reformerische Tendenzen vertrat u.a. die britische ↑Fabian Society, revolutionäre Ziele vertrat der südeuropäische ↑Syndikalismus.
In der SPD gewann aufgrund der Verfolgung unter dem ↑Sozialistengesetz 1878–1890 die marxistisch-revolutionäre Komponente an Bedeutung. Dies schlug sich im ↑Erfurter Programm von 1891 nieder, dessen theoretischer Teil sich stark an marxistische Vorstellungen anlehnte, während der praktische Teil tagespolitische Reformforderungen erhob. (Revolutionäre) Theorie und (reformerische) Praxis der SPD versuchte in den folgenden Jahren E. Bernstein durch einen Verzicht auf die marxistische Doktrin zu versöhnen (↑Revisionismus). Er stieß dabei jedoch auf erbitterten Widerstand v.a. des linken Flügels der Partei. Schon vor dem Ersten Weltkrieg wurde die SPD die stärkste Partei in Deutschland. Ihre Unterstützung der Kriegspolitik der Reichsregierung führte 1917 zur Abspaltung einer die Kriegskredite verweigernden Gruppe (Unabhängige Sozialdemokratische Partei [USPD], bis 1922); ihr Eintreten für die parlamentarische Republik hatte die Abspaltung des revolutionären, kommunistisch orientierten ↑Spartakusbunds zur Folge. Zusammen mit der Deutschen Demokratischen Partei und dem Zentrum war die SPD die Schöpferin der Weimarer Republik. Der Verlust der Mehrheit für diese Weimarer Koalition schon 1920 vereitelte jedoch die Möglichkeit, die Republik nach den Vorstellungen der S. zu gestalten. Die SPD wurde im Reich über Jahre hinaus Oppositionspartei. 1933 stimmte sie als einzige Partei gegen das ↑Ermächtigungsgesetz und wurde im Zuge der nationalsozialistischen Gleichschaltung aufgelöst; der Parteivorstand emigrierte, ihre Mitglieder gingen z.T. in den Widerstand.
Neuanfang nach 1945: 1945 in den Besatzungszonen wieder aufgebaut, wurde die SPD in der sowjetisch besetzten Zone bereits 1946 mit der Kommunistischen Partei Deutschlands zur Sozialistischen Einheitspartei Deutschlands (SED) zwangsweise vereinigt. In Westdeutschland schlug sie dagegen unter K. Schumacher verfassungspolitisch einen parlamentarisch-demokratischen und gesellschaftspolitisch einen sozialreformerischen Kurs (»demokratischer Sozialismus«) ein. Sie entwickelte sich von einer sozialistischen Arbeiterpartei zu einer sozialen Volkspartei (Godesberger Grundsatzprogramm, 1959). 1966–69 im Rahmen einer großen Koalition an der Regierung beteiligt, stellte sie 1969 bis 1982 den Bundeskanzler (W. Brandt, H. Schmidt). Im Zuge der friedlichen Revolution in der DDR bildete sich im Herbst 1989 dort eine sozialdemokratische Gruppierung, die sich 1990 mit der SPD vereinigte. Seit 1998 stellt sie mit G. Schröder den Bundeskanzler. Die SPD ist die mitgliederstärkste Partei Deutschlands. Viele Vorstellungen der S. (z.B. soziale Sicherheit, Mitbestimmung) sind heute Allgemeingut aller demokratischen Parteien.

sozialdemokratische und sozialistische Parteien: Neben der Sozialdemokratischen Partei in Deutschland und im österreichischen Teil der Donaumonarchie (↑Sozialdemokratie) gingen aus der ↑Arbeiterbewegung gegen Ende des 19. Jh. auch im übrigen Europa ideologisch oft unterschiedliche Arbeiterparteien hervor. Die grundlegende Frage: soziale Reform und soziale Revolution spaltete sie schon früh (↑Internationale) und führte nach dem Ersten Weltkrieg zur Abspaltung der kommunistischen Parteien (↑Kommunismus). Während

S

sich in der schwedischen Sozialdemokratie von Anfang an ein reformistischer Kurs durchsetzte und seit den 1930er-Jahren die schwedische Gesellschaft stark veränderte, vollzog sich diese Entwicklung in Frankreich – über den Zweiten Weltkrieg hinaus – mit der Umwandlung der SFIO (französische Abk. für »Französische Sektion der Arbeiterinternationale«) 1969 in die »Sozialistische Partei«. In Italien kam es zu ständigen Spaltungen und Zusammenschlüssen zwischen unterschiedlichen reformistischen Parteien.

Nach dem Zusammenbruch der kommunistischen Herrschaftssysteme in Mittel- und Osteuropa (1989/90) gingen aus den früheren allein bestimmenden Staatsparteien unter Anerkennung des Parteienpluralismus sozialistische Gruppierungen hervor (in Deutschland die »Partei des Demokratischen Sozialismus«, PDS).

soziale Frage (Arbeiterfrage): Die Entstehung der s. F. hängt eng mit der Industrialisierung zusammen, die zwar auch für die Landwirte und den gewerblichen Mittelstand negative Folgen hatte, jedoch für die neu entstandene Industriearbeiterschaft besonders schwere Probleme mit sich brachte.

Die Auflösung der traditionellen Ordnungen sowie der Agrar- und Zunftverfassung führten – verstärkt durch Auswüchse des kapitalistischen Wirtschaftssystems – zu krassen sozialen Missständen, da der besitzlose Industrie- und Landarbeiter bei Beeinträchtigung seiner Arbeitskraft oder bei Entlassung regelmäßig in Not geriet. Die s. F. verschärfte sich zudem durch Bevölkerungsexplosion und Landflucht, die das Angebot an Arbeitskräften in den industriellen Zentren vermehrte, was wiederum die Löhne drückte und zur Ausnützung der billigeren Frauen- und Kinderarbeit führte, sodass nur die Tätigkeit mehrerer Personen einer Familie das Existenzminimum sichern konnte. Die Folge waren Armut, mangelhafte Wohnverhältnisse, fehlende Ausbildung sowie physische und psychische Schäden der Arbeiter.

Insbesondere die Gewerkschaften, die Sozialdemokratie und die Kirchen machten sich die Forderungen nach Verbesserung der wirtschaftlichen Lage und Lebensumstände wie auch nach wirtschaftlicher und politischer Gleichheit zu Eigen. Seit der Sozialgesetzgebung BISMARCKS (ab 1883) ist die s. F. Gegenstand staatlicher Sozialpolitik. – Siehe auch ↑soziale Sicherheit.

sozialer Wandel: Bezeichnung für grundlegende Veränderungen von Gesellschaften, z. B. im Übergang von der Agrar- zur Industriegesellschaft, aber auch von der altsteinzeitlichen Jäger- und Sammlerkultur zur Bauernkultur der Jungsteinzeit.

Schon im 18. Jh. erkannte man, dass Gesellschaften und Kulturen einem Wandel unterliegen, und versuchte allgemein gültige historische Gesetzmäßigkeiten für diesen Vorgang zu finden. Auf diesen Versuchen einer an der Idee des Fortschritts orientierten Universalgeschichtsschreibung fußen die **Evolutionstheorien** des 19. Jh., die, v. a. angeregt durch das Vorbild der Biologie (CH. DARWINS »Die Entstehung der Arten...« 1859), Gesetze für die Fortentwicklung der Menschheit zu immer höheren Formen menschlichen Daseins aufstellten. Man nahm an, dass diese Entwicklung von bestimmten (z. B. wirtschaftlichen) Ursachen hervorgerufen werde und bestimmte Phasen oder Stufen durchlaufe. Die bekannteste dieser Theorien ist der ↑historische Materialismus.

Von ihnen unterscheiden sich die Theorien des s. W. im 20. Jh. dadurch, dass sie ohne ein vorgefasstes Entwicklungskonzept den vielfältigen Ursachen und Formen des s. W. nachgehen. Dabei werden innere (z. B. im Konfliktcharakter einer Gesellschaft liegende) und äußere Ursachen (z. B. Veränderungen der Umwelt, Eroberungen, Erfindungen) unterschieden sowie die unter Umständen innerhalb verschiedener Bereiche einer Gesellschaft unterschiedliche Geschwindigkeit des s. W. analysiert (z.B. schnelle wirtschaftliche Entwicklung, aber langsame Anpassung der politisch-gesellschaftlichen Entwicklung).

Von besonderer Bedeutung für die Erfassung des s. W. sind die **Modernisierungstheorien:** Sie versuchen zu erklären, wie es in den traditionsverhafteten Agrargesellschaften Europas v.a. seit dem 18. Jh. zur Erscheinung der »Modernisierung« kam und in welcher Weise dieser Prozess verlief. Als charakteristisch gelten dabei im sozialen Bereich die Bevölkerungsexplosion seit dem 19. Jh., das Ansteigen der sozialen Mobilität (horizontal, z.B. Landflucht, und vertikal, z.B. das Durchbrechen der Standesschranken, Zunahme sozialer »Aufsteiger«) sowie die allgemeine Verstädterung; im technisch-ökonomischen Bereich der technische Fortschritt, die Industrialisierung mit Kapitalbildung und Wirtschaftswachstum sowie der Übergang zum Massenkonsum; im staatlichen Bereich die Veränderung der Herrschaftsstrukturen, Bürokratisierung und Demokratisierung.

Bei der Gestaltung des s. W. standen sich im 20. Jh. demokratische, auf Vielgestaltigkeit (↑Pluralismus) ausgelegte Gesellschaftsformen und diktatorische Gesellschaftsmodelle (↑Kommunismus) feindlich gegenüber. Um die Wende zum 21. Jh. wird die Vielfalt unterschiedlicher Entwicklungsmöglichkeiten, besonders in der ↑Dritten Welt, größer.

soziale Sicherheit: die Gesamtheit der Hilfen und Regelungen, die in einer Gesellschaft vorhanden sind, um den Menschen vor einer Verschlechterung seiner Lebenslage – insbesondere vor materieller Not – zu schützen.

In den vormodernen Gesellschaften fand der Einzelne s. S. besonders in der eigenen Familie; diese hatte ihre Mitglieder etwa bei Krankheit und Alter zu unterstützen. Die Dorfgemeinschaft leistete ebenso Nachbarschaftshilfe wie auch in den Städten die Berufsgruppen, z.B. die Zünfte, für ihre Mitglieder. Versagten diese Hilfen, sprangen Kirche oder mildtätige Stiftungen ein. Bei Hungersnöten, Seuchen und Kriegen brach dieses System der s. S. aber meist bald zusammen. Der absolutistische Staat des 18. Jh. bemühte sich, s. S. durch umfassende gesetzliche Regelungen zu geben, mit denen der Untertan in allen Lebensbereichen gegängelt wurde. Gegen dieses System der Bevormundung forderte der Liberalismus im 19. Jh. den Vorrang der Selbstverantwortung des mündigen Staatsbürgers. Er lehnte eine staatliche Gewährleistung der s. S. ab. Jedoch zeigte sich im Verlauf der Industrialisierung, dass große Teile der Unterschichten gar nicht in der Lage waren, die notwendige Daseinsvorsorge zu treffen. Jeder Arbeitsunfall, jede längere Krankheit, jede Arbeitslosigkeit des Ernährers hatte katastrophale Folgen für die ganze Familie. Durch gegenseitige Hilfsmaßnahmen, z.B. durch Bildung von Gewerkschaften und Konsumgenossenschaften (Prinzip der Solidarität) suchte man diese Missstände zu beheben.

Staatliche Maßnahmen: Daneben griff der Staat mit gesetzlichen Regelungen ein. Nachdem Großbritannien mit Fabrikinspektionen zur Untersuchung der Arbeitsbedingungen und mit Arbeitszeitregelungen vorangegangen war, wirkte Deutschland beispielgebend durch die bismarcksche Sozialgesetzgebung (Krankenversicherung 1883, Unfallversicherung 1884, Invalidenversicherung 1889). Die anfänglich noch völlig ungenügenden Versicherungsleistungen wurden in den folgenden Jahrzehnten verbessert (Einführung der Arbeitslosenversicherung 1927). Zu entsprechenden gesetzgeberischen Maßnahmen in anderen europäischen Staaten und in den USA kam es zum Teil erst viel später. Nach dem Zweiten Weltkrieg bemühte man sich, das »Netz der s. S.« noch enger zu knüpfen (z.B. Dynamisierung der Altersrente 1957).

Zur s. S. rechnet man heute: die Sozialversicherung, Sozialleistungen für beson-

S

dere Fälle wie z.B. die Kriegsopferversorgung und die Sozialhilfe. Dazu kommen noch eine Vielzahl weiterer sozialer Hilfeleistungen, die der Staat besonders Bedürftigen oder aus besonderem Anlass gewährt (z.B. im sozialen Wohnungsbau, Wohngeld, Kindergeld, Subventionen für die Landwirtschaft). All dies führt neuerdings zur Frage der Finanzierbarkeit einer so ausgedehnten sozialen Sicherung; auch wird die Frage gestellt, inwieweit dies nicht zur Verkümmerung der Eigeninitiative führe und einen angepassten, auf staatliche Unterstützung bedachten und von ihr abhängigen Menschentyp hervorbringe.

Sozialfaschismus: 1924 geprägter Kampfbegriff zur politisch-ideologischen Abwertung der Sozialdemokratie; wurde 1935 durch die Politik der ↑Volksfront abgelöst.

Sozialismus: eine Bewegung, die ursprünglich auf eine grundsätzliche Aufhebung des Privateigentums an Produktionsmitteln zielte, indem sie deren Sozialisierung, d.h. ihre Überführung in genossenschaftliches Eigentum der Arbeiter oder in Staatseigentum verlangte und meist auch eine staatlich gelenkte Produktion vorsah (Planwirtschaft).

Forderungen des S. kamen in Europa in der 1. Hälfte des 19. Jh. angesichts des Elends der Unterschichten im Frühkapitalismus auf. Sie waren meist religiös oder ethisch begründet, propagierten eine allgemeine menschliche Solidarität und richteten sich gegen die Förderung von Egoismus und Konkurrenzwirtschaft im frühen Liberalismus sowie gegen die Ausbeutung der Lohnarbeiterschaft. Träger der Ideen des S. waren v.a. Intellektuelle, die Modelle einer sozialistischen Wirtschaft ohne Rücksicht auf ihre Realisierbarkeit entwarfen (z.B. SAINT-SIMON, C. FOURIER, E. CABET). Daher wird dieser Frühsozialismus auch **utopischer Sozialismus** genannt. Die Übergänge zum ↑Kommunismus sind fließend.

Über diese Ansätze hinausgehend versuchten K. MARX und F. ENGELS in der 2. Hälfte des 19. Jh. einen **wissenschaftlichen Sozialismus** zu begründen. Gegenstand ihrer Untersuchungen war nicht die Organisation der sozialistischen Gesellschaft, sondern der Versuch eines wissenschaftlichen Nachweises, dass die durch Privateigentum und Klassengegensätze gekennzeichnete kapitalistische Produktionsweise infolge der ihr innewohnenden Widersprüche notwendigerweise zugrunde gehen müsse und einer sozialistischen Gesellschaft Platz machen werde.

Der Marxismus erlangte weltweite Bedeutung v.a. in der von LENIN geschaffenen Form des ↑Marxismus-Leninismus. Die Abkehr vom revolutionären S. und die Hinwendung zu einem auf Reform der bestehenden Gesellschaft gerichteten S. fand ihren ersten Niederschlag im Streit um den ↑Revisionismus in der deutschen ↑Sozialdemokratie, in der SPD. Über sie hinaus bestimmte diese kontroverse Diskussion auch die Gegensätze in den Parteien der Zweiten ↑Internationale. Nach dem Ersten Weltkrieg spalteten sich die revolutionär bestimmten Kräfte im Rahmen der ↑Komintern als kommunistische Parteien ab (↑Kommunismus).

Deutschland, Österreich und Schweiz: Während sich die deutsche Sozialdemokratie 1918/19 gegen den Gedanken der sozialistischen Revolution wandte und eine Zusammenarbeit mit nichtsozialistischen demokratischen Kräften anstrebte, hielt die österreichische Sozialdemokratie am Marxismus fest, gab ihm aber eine eigene Deutung (**Austromarxismus**). Sie geriet dabei aber in der Zeit der Ersten Republik Österreichs (1918–1938) in scharfen Gegensatz zu den konservativen Kräften. Unter diesem Eindruck entschlossen sich die österreichischen Sozialisten nach Begründung der Zweiten Republik (1945) zur Zusammenarbeit mit der bürgerlichen Österreichischen Volkspartei (ÖVP). Nachdem der Marxismus immer stärker in den Hintergrund getreten war, war die SPÖ 1969–2000 führende Regierungspartei und stellte den Bundeskanzler, u.a. B. KREISKY und F. VRANITZKY. In der Sozialdemokratischen Partei der Schweiz (SPS) setzte sich nach dem Ersten Weltkrieg der reformistische Kurs durch.

Schweden: Stark beeinflusst durch die innerparteilichen Diskussionen in der deutschen Sozialdemokratie, entwickelte die schwedische Sozialdemokratische Arbeiterpartei von sich die Vorstellung einer »Volkspartei«, die mit liberalen und anderen sozial orientierten Parteien zusammenarbeitet. In der Zeit der Weltwirtschaftskrise entwarf sie ein reformsozialistisches Grundsatzprogramm, auf dessen Grundlage sozialdemokratische Regierungen (u.a. unter P. A. HANSSON, T. ERLANDER, O. PALME) die schwedische Gesellschaft im Sinne einer sozial verstandenen »Volksgemeinschaft« umgestalteten.

Großbritannien: Reformerische Ziele vertrat die ↑Fabian Society, Ziele, die später die ↑Labour Party übernahm.

Der Konflikt zwischen sozialer Reform und revolutionärer Umgestaltung entfachte große innerparteiliche Sprengkraft, sogar über den Zweiten Weltkrieg hinaus. In der sozialistischen Partei *Frankreichs,* der Section française de l'Internationale Ouvrière (SFIO; Französische Sektion der Arbeiterinternationale), gewannen Persönlichkeiten wie J. JAURÈS und L. BLUM, die die Idee eines »humanistischen S.« vertraten, eine starke politische Stellung in der Führung der Partei. BLUM leitete 1936–37 eine Volksfrontregierung. Unter G. MOLLET, der die Partei wieder stärker auf marxistischer Basis führte, war die SFIO eine maßgebliche Kraft in der Vierten Republik (1946–58). In der Fünften Republik trat mit der Gründung des Parti Socialiste (PS; Sozialistische Partei) unter F. MITTERRAND der Marxismus in den Hintergrund.

In Italien, besonders jedoch in Spanien entwickelte sich der S. seit dem 19.Jh. in Auseinandersetzung mit dem ↑Anarchismus. In *Italien* bildeten sich in einem ständigen Prozess von Spaltungen und Zusammenschlüssen im republikanischen Parteienspektrum nach 1945 der betont sozialistisch auftretende, mit den Kommunisten meist zusammenarbeitende Partito Socialista Italiano (PSI) und der sozialdemokratische, im Ost-West-Konflikt stark antikommunistische Partito Socialista Democratico Italiano (PSDI). In *Spanien* war der Partido Socialista Obrero Espanol (PSOE; Spanische Sozialistische Arbeiterpartei) eine der tragenden politischen Kräfte in der Zweiten Republik (1931–39); in der Diktatur F. FRANCO BAHAMONDES verboten, wurde er 1976 im Zuge der Demokratisierung Spaniens 1976 wiedergegründet.

Nach dem Zusammenbruch der kommunistischen Herrschaftssysteme in *Mittel- und Osteuropa* suchten sich die früher allein bestimmenden Staatsparteien, oft im Zuge von Neugründungen (Ungarn, Polen) und unter Anerkennung des Parteienpluralismus, demokratisch-sozialistischen Positionen zu nähern, in Deutschland z.B. die Partei des Demokratischen Sozialismus (PDS).

Sozialistengesetz: Bezeichnung für das nach zwei von BISMARCK den Sozialdemokraten zu Unrecht angelasteten Attentaten auf Kaiser WILHELM I. am 21. Oktober 1878 vom Reichstag verabschiedete Ausnahmegesetz »gegen die gemeingefährlichen Bestrebungen der Sozialdemokratie«. Durch dieses S., das sozialdemokratische, sozialistische und kommunistische Vereine, Versammlungen und Druckschriften verbot, sollten die sozialdemokratische Parteiorganisation zerschlagen und auch die sozialistischen Gewerkschaften getroffen werden; darüber hinaus ermöglichte das Gesetz für einzelne Bezirke und Ortschaften eine verschärfte polizeiliche Kontrolle. Ausgenommen von den Regelungen des S., das für zweieinhalb Jahre galt, bis 1890 aber regelmäßig verlängert wurde,

S

war die sozialdemokratische Reichstagsfraktion, ihre parlamentarische Arbeit wie auch die Teilnahme der Partei an Wahlen.
Trotz des massiven Drucks auf Funktionäre (Gefängnisstrafen, Entzug des Aufenthaltsrechts an bestimmten Orten u.a.) erreichte das S. sein Ziel nicht. Einerseits organisierten sich Partei und Gewerkschaften im Untergrund, andererseits wurde gerade durch die Verfolgung die Solidarität der Arbeiter geweckt: Die Sozialdemokratie konnte 1878–90 ihren Wähleranteil verdreifachen. Das S. erschwerte jedoch nachhaltig die Integration der Arbeiter und der Sozialdemokratie in Gesellschaft und Staat und belastete politisch das Leben in Deutschland auch nach seiner Aufhebung.

Sozialrevolutionäre: aus der Vereinigung von Gruppen der ↑Narodniki 1901 entstandene russische Partei. Im entschiedenen Gegensatz zum Marxismus sahen die S. nicht im Industrieproletariat, sondern im landlosen Bauerntum die Basis für ihre sozialistischen Vorstellungen. Ähnlich wie die Anarchisten bekämpften sie staatliche Institutionen durch direkten Terror (Attentate, Bombenanschläge). Die S. hatten großen Anteil an der russischen ↑Februarrevolution und bekämpften seit der Oktoberrevolution von 1917 die ↑Bolschewiki, denen es bis 1922 gelang, die S. völlig auszuschalten.

sozialrevolutionärer Terrorismus: ↑Terrorismus.

Spanisch-Amerikanischer Krieg: Zwischen Spanien und den USA geführter Krieg (April bis August 1898) mit dem Ergebnis, dass die bisherigen spanischen Kolonien Kuba, Puerto Rico, die Philippinen und einige andere pazifische Inseln dem Einflussbereich der USA unterstellt wurden (↑Pariser Friede vom 10. Dezember 1898).
Im Hintergrund des S.-A. K. standen die gegen Ende des 19. Jh. aufkommenden imperialistischen Neigungen der USA (↑Imperialismus), verbunden mit wirtschaftlichen Interessen. Die USA nahmen Gräuelpropaganda über die Verhältnisse auf Kuba (seit 1895 im Aufstand gegen die spanische Kolonialmacht mit dem Ziel der Unabhängigkeit) und die Versenkung des amerikanischen Kriegsschiffs »Maine« im Hafen von Havanna zum Anlass, Spanien den Krieg zu erklären. Spanien, das bereit war, einzulenken und Kuba Unabhängigkeit zu gewähren, war militärisch zu schwach, um der amerikanischen Flotte Widerstand zu leisten, die erfolgreich auf Kuba, aber auch auf den Philippinen landete. Mit dem S.-A. K. begann der Ausbau eines amerikanischen Kolonialreichs (Kuba blieb bis 1902 Protektorat der USA und wurde 1903 nominell unabhängig) und ein verstärkter Einfluss im karibischen und pazifischen Raum.

Spanischer Bürgerkrieg: kriegerische Auseinandersetzung in Spanien 1936–39, entstanden in der Folge der von nationalistischen, traditionalistischen, klerikalen und faschistischen Kräften getragenen und von den Militärs geführten Erhebung gegen die Republik.
Ursachen waren tief greifende politische, ideologische und soziale Spannungen zwischen den politischen und sozialen Gruppierungen des Landes. Die Aufständischen, die so genannten Nationalisten, sahen in der Republik und in den Versuchen der Jahre 1931–33 und ab 1936 (in der Zwischenzeit bestand eine konservativ-klerikale Regierung), durch politische und soziale Reformen Spanien der Entwicklung in den westeuropäischen Demokratien anzugleichen (z.B. durch staatliche Schulaufsicht, Landreform, Sozialgesetzgebung u.a.), einen Bruch mit der spanischen Tradition und befürchteten v.a. eine Minderung ihrer eigenen politischen und sozialen Vorrechte. Dieser Gegensatz zur Republik verschärfte sich, als die Linksparteien einschließlich der Kommunisten eine Volksfront bildeten und bei den Wahlen im Februar 1936 die Mehrheit erhielten.
Anlass und Verlauf: Unmittelbar auslösendes Moment des S. B. war eine Militärre-

volte am 17./18.Juli 1936 in Spanisch-Marokko, die rasch auf das Mutterland übergriff. Entgegen den Erwartungen führte sie jedoch nicht zu einem sofortigen Machtwechsel, sondern zu militärischen Auseinandersetzungen zwischen den aufständischen Nationalisten und den Republikanern. Die Führer des Aufstands bildeten noch im Juli 1936 in Burgos eine Junta, die im September General F. Franco zum Chef der nationalspanischen Regierung ausrief. Bereits im November wurde seine Regierung von Deutschland und Italien anerkannt.

Im Verlauf der militärischen Auseinandersetzungen gelang es den Aufständischen, von den Gebieten aus, in denen die Erhebung von Anfang an gelungen war (Spanisch-Marokko, Teile Andalusiens, Altkastilien, Navarra, León, Galicien), nach und nach die republikanischen Gebiete zu erobern: 1937 die Provinz Estremadura, das Baskenland (Luftangriff durch Bomber der ↑Legion Condor auf Guernica 1937) und Asturien, ab 1938 Aragonien und Katalonien und die so genannte Spanische Levante (das Gebiet um Valencia). Mit der Besetzung Madrids am 28. März 1939 durch die Truppen Francos (den Versuchen im Herbst 1936 und Frühjahr 1937 hatte die Hauptstadt zunächst mithilfe der ↑internationalen Brigaden widerstanden) war der Bürgerkrieg faktisch beendet. Die Zahl der im S. B. Getöteten beläuft sich wahrscheinlich auf mehr als 500000.

Die Haltung des Auslands: Von Anfang an hatte der S. B. in der europäischen und amerikanischen Öffentlichkeit heftige Anteilnahme erregt. Internationale Dimension gewann er aber v.a. durch das Eingreifen ausländischer Mächte. Das Deutsche Reich und Italien unterstützten die Aufständischen, die UdSSR half der Republik, die auch Unterstützung durch die internationalen Brigaden fand; Großbritannien, Frankreich und die USA bekannten sich zum Prinzip der Nichteinmischung mit dem Ziel, die Ausweitung des S. B. zum europäischen Konflikt zu verhindern. Der Sieg Francos, der sowohl durch die deutsch-italienische Unterstützung als auch durch die Politik der Nichteinmischung und die innere Zerrissenheit der politischen Kräfte der Republik ermöglicht wurde, bedeutete für Spanien den Beginn einer fast 40-jährigen Diktatur, für Tausende von Flüchtlingen jahrzehntelanges Exil.

Spanischer Erbfolgekrieg: Konflikt (1701–13/14) um das spanische Erbe nach dem Tod des letzten spanischen Habsburgers Karl II. (1700).

Vorgeschichte: Bereits nach dem Tod seines Vaters Philipp IV. 1665 hatten Kaiser Leopold I. und König Ludwig XIV. von Frankreich, die beide mit Töchtern Philipps IV. verheiratet waren, Ansprüche auf die Nachfolge gestellt. Da Karl II. kinderlos blieb, war die Erbfolgefrage v.a. angesichts des habsburgisch-bourbonischen Gegensatzes weiterhin ein belastender Faktor für die europäischen Verhältnisse (siehe

S

auch ↑Devolutionskrieg). Nach dem Tod 1699 des zuerst vorgesehenen Erben, des bayerischen Kurprinzen JOSEPH FERDINAND, eines Enkels Kaiser LEOPOLDS I., schlossen der Kaiser, Frankreich und England folgenden Kompromiss: Die Thronfolge sollte Erzherzog KARL, der zweite Sohn LEOPOLDS I., antreten, dafür sollten aber die spanischen Besitzungen in Italien an Frankreich abgetreten werden. Um die Aufteilung der spanischen Erblande zu verhindern, setzte KARL II. testamentarisch PHILIPP VON ANJOU, einen Enkel LUDWIGS XIV., zum Erben ein. Daraufhin ließ LUDWIG XIV. seinen Enkel nach dem Tod KARLS II. zum König von Spanien ausrufen und bestätigte zugleich – entgegen KARLS Testament – PHILIPPS Ansprüche auf den französischen Thron. Daraufhin betrieb England zur Wahrung des Mächtegleichgewichts in Europa und der englischen Interessen in Übersee die Bildung der Haager Großen Allianz (1701) mit dem Kaiser und den Niederlanden gegen Frankreich, das nur die wittelsbachischen Kurfürsten von Bayern und Köln sowie (bis 1703) Savoyen auf seiner Seite hatte.

Kriegsverlauf: Während der Krieg bis 1704 zugunsten Frankreichs verlief, setzte sich 1704–09 Zug um Zug die Allianz durch (1704 Schlacht bei Höchstädt an der Donau, 1706 bei Turin, 1708 bei Oudenaarde und 1709 bei Malplaquet). Der politische Umschwung trat ein, als 1710 Großbritannien die Allianz verließ und Erzherzog KARL (seit 1706 als König von Spanien anerkannt) 1711 die Nachfolge auf dem Kaiserthron (als KARL VI.) antrat und damit eine neue Machtkonzentration, nun unter österreichischer Führung, befürchten ließ.

Nachdem PHILIPP VON ANJOU auf die Erbfolge in Frankreich verzichtet hatte, kam es am 11. April 1713 zu dem (von Kaiser und Reich nicht anerkannten) Frieden von Utrecht, der PHILIPP Spanien und die spanischen Kolonien, Österreich und Savoyen die europäischen Nebenländer und Großbritannien Gibraltar, Menorca und umfangreichen französischen Kolonialbesitz in Nordamerika zusprach, wodurch Großbritannien zum eigentlichen Sieger des S. E. wurde. Der Kaiser und die Reichsstände traten dem Utrechter Frieden in den Friedensschlüssen von Rastatt (6. März 1714) und Baden (7. September 1714) bei.

spanische Thronkandidatur: Bezeichnung für die Kandidatur des Erbprinzen LEOPOLD von Hohenzollern-Sigmaringen auf den spanischen Thron 1870, der ihm durch den spanischen Ministerpräsidenten J. PRIM Y PRATS angeboten wurde. Gegen das Widerstreben des preußischen Königs als Haupt des Hauses Hohenzollern setzte BISMARCK in Geheimverhandlungen die Annahme der s. T. durch LEOPOLD durch. Das Bekanntwerden der s. T. Anfang Juli 1870 verschärfte die französisch-preußischen Spannungen und führte über die ↑Emser Depesche zum Ausbruch des ↑Deutsch-Französischen Kriegs von 1870/71.

Spartakusbund: seit 11. November 1918 Bezeichnung für den früheren äußersten linken Flügel der SPD, am 1. Januar 1916 von K. LIEBKNECHT, R. LUXEMBURG und F. MEHRING aus Opposition gegen den ↑Burgfrieden von 1914 als **Gruppe Internationale** konstituiert. Zwischen April 1917 und Dezember 1918 der USPD angeschlossen, gründete der S. am 30. Dezember 1918 mit anderen linken Gruppen die KPD. Das von R. LUXEMBURG verfasste Programm zielte im Unterschied zur Konzeption LENINS auf eine kommunistische Partei, in der ein Höchstmaß innerparteilicher Demokratie herrschen sollte. Der **Spartakusaufstand,** eine Massendemonstration von Berliner Arbeitern am 5./6. Januar 1919 gegen den ↑Rat der Volksbeauftragten, wurde von Freikorps blutig niedergeschlagen und bildete den Anlass für die Ermordung R. LUXEMBURGS und K. LIEBKNECHTS.

Spartiaten: im antiken Sparta die vollberechtigten Bürger im Gegensatz zu den ↑Periöken. Voraussetzung für die Aufnahme unter die S. war die spartiatische Abstammung, Landbesitz, der durch ↑Heloten bearbeitet wurde, und die staatlich geregelte, v.a. militärische Erziehung nach dem 7. Lebensjahr.

Spätantike: Bezeichnung für die ausgehende Antike, deren Dauer unterschiedlich datiert wird: Sie beginnt mit dem Regierungsantritt DIOKLETIANS (284 v.Chr.), gelegentlich auch früher, und endet mit dem Tod JUSTINIANS (565), teils auch später (Beginn der arabischen Invasion im 7. Jh.).

In der S. bildete sich auf der Grundlage der antiken Kultur der christliche Staat heraus. Der Absolutismus des römischen Kaisertums erfuhr seine Vollendung, die Verwaltung wurde bürokratisiert, das römische Recht kodifiziert (↑Corpus Iuris Civilis), und es entstand eine geschlossene Gesellschaft.

Speaker ['spi:kər; englisch »Sprecher«]: in englischsprachigen Ländern der Parlamentsvorsitzende. In Großbritannien der Vorsitzende des Oberhauses (Lord Chancellor) und der des Unterhauses, in den USA der Vorsitzende des Repräsentantenhauses.

Spiegelaffäre: innenpolitische Krise in der BRD, die durch eine Polizeiaktion gegen das Nachrichtenmagazin »Der Spiegel« wegen der in Nr. 41 vom 10. Oktober 1962 veröffentlichten militärstrategischen Analyse »Bedingt abwehrbereit« ausgelöst wurde. Unter dem Vorwurf des Landesverrats wurden der Herausgeber R. AUGSTEIN und mehrere Redakteure verhaftet und die Redaktion längere Zeit polizeilich besetzt. Die Zielscheibe der heftigen öffentlichen Reaktionen war Verteidigungsminister F. J. STRAUSS, der schließlich zurücktreten musste. Juristisch blieb die Aktion ohne Ergebnis.

Spießrutenlaufen (Gassenlaufen): etwa seit Ende des 16. Jh. überlieferte (im 19. Jh. abgeschaffte) Militärstrafe, bei der der Verurteilte einmal oder mehrmals durch eine von bis zu 300 Mann gebildete Gasse laufen musste und dabei Rutenhiebe auf den entblößten Rücken erhielt.

Spiritualilen: Bezeichnung für »geistige Sachen« in der katholischen Kirche, z.B. Sakramente, kirchliche Ämter. Die Unterscheidung von geistlichem und weltlichem Bereich (siehe auch ↑Temporalien) schuf die Voraussetzung für die Lösung des ↑Investiturstreits: Die könig-

Spießrutenlaufen: Während das Gassenlaufen (im Vordergrund) als »ehrlich« galt, d.h. keinen Ehrverlust für den Bestraften bedeutete, wurde die Stäupung (im Hintergrund links) als »unehrlich« angesehen (Kupferstich, 18. Jh.).

liche Investitur galt den Temporalien, daher verzichtete der König auf die geistlichen Investitursymbole (Ring und Stab) bei der Einsetzung eines Bischofs.

Splendid Isolation ['splendɪd aɪsə'leɪʃən; englisch »glanzvolles Alleinsein«]: Schlagwort für die britische Außenpolitik im 19. Jh., die Bündnisse vermied, um sich politische Handlungsfreiheit zu bewahren; sie endete mit dem britisch-japanischen Bündnis 1902 und der ↑Entente cordiale 1904.

Spoli|enrecht: Anspruch des Eigenkirchenherrn (↑Eigenkirche) auf den beweglichen Nachlass (**Spolien,** z. B. Hausgerät, Kostbarkeiten, Bücher, Gewänder usw.) eines Geistlichen; für die niederen Kirchen seit der zweiten Hälfte des 9. Jh. nachweisbar, im Rahmen der ↑ottonisch-salischen Reichskirche bald auf die höheren Kirchen übergreifend (Anspruch des Königs auf den Nachlass eines Bischofs). Seit Kaiser FRIEDRICH I. kämpfte die Kirche gegen das S.; endgültig verzichtete FRIEDRICH II. 1213/20 darauf, allerdings wurde es weiterhin durch Landesherren und vom Papst wahrgenommen.

S.P.Q.R.: ↑Senatus Populusque Romanus.

SS, Abk. für **S**chutz**s**taffel: 1925 zum Schutz A. HITLERS und anderer NSDAP-Führer geschaffene Organisation, die sich nach 1933 zum wichtigsten politischen Sicherheits- und Terrorinstrument des nationalsozialistischen Regimes entwickelte. Seit 1929, als H. HIMMLER »Reichsführer SS« geworden war, wuchs die Organisation von 280 auf (1933) 209 000 an. Ungeachtet der formalen Unterstellung unter die oberste SA-Führung betrachtete sich die SS als HITLERS persönliches Instrument und wurde nach dem so genannten ↑Röhm-Putsch 1934 als selbstständige Gliederung innerhalb der NSDAP HITLER unmittelbar unterstellt. Mit der Ernennung HIMMLERS zum »Reichsführer SS und Chef der deutschen Polizei« 1936 wurde die Polizei bei Weiterbenutzung ihrer staatlichen Verwaltungsorganisation praktisch aus dem Bereich des Staates herausgelöst und mit der SS gekoppelt und somit ebenfalls in ein Instrument der Führergewalt umgeformt.

Ab 1933 stellte die SS-Führung aus der allgemeinen SS militärisch ausgebildete und bewaffnete kasernierte Verbände auf: die **SS-Verfügungstruppe** und die **SS-Totenkopfverbände** zur Bewachung der ↑Konzentrationslager. Nach Kriegsbeginn gingen die Kadergruppen in der **Waffen-SS** auf. Die ebenfalls während des Krieges aufgestellten **Einsatzgruppen** waren verantwortlich für die Ermordung von Hunderttausenden von Juden, Partisanen und politischen Gegnern. In den ↑Nürnberger Prozessen wurde die SS 1946 mit all ihren Untergliederungen zur verbrecherischen Organisation erklärt.

Staat: Herrschaftsordnung, durch die ein Personalverband (Volk) auf abgegrenztem Gebiet durch hoheitliche Gewalt zur Wahrung gemeinsamer Güter verbunden ist.

Das Altertum kannte zahlreiche Stadtstaaten, aber auch größere Staatsbildungen in den frühen Hochkulturen. Die Frage der Entstehung des S. wird unterschiedlich beantwortet: So wird u. a. auf die Unterwerfung sesshafter Bauern durch Nomadenstämme hingewiesen, die zu einer staatlich organisierten Klassenherrschaft geführt habe (so genannte Überlagerungstheorie), oder auf die Organisationsnotwendigkeiten, die sich bei der planvollen Ausnutzung der Wasserkraft in Flusslandschaften (z. B. des Nils, des Euphrat oder Tigris) ergaben. Sowohl Herrschafts- als auch Ordnungs- und Gesichtspunkte des Gemeinwohls sind dem S. zu Eigen. Nach der Zahl der an der Herrschaft Beteiligten pflegt man seit ARISTOTELES die Staatsformen der ↑Monarchie, ↑Aristokratie und ↑Demokratie zu unterscheiden, in neuerer Zeit setzte sich die (auf MACHIAVELLI zurückgehende) Unterscheidung zwischen ↑Monarchie und ↑Republik durch.

Der moderne Staat: Als S. im engeren Sinne bezeichnet man nur die politischen Organisationen, die sich zuerst in Europa im Spätmittelalter und in der frühen Neuzeit aus den feudalen mittelalterlichen Verhältnissen herausgebildet haben. Der moderne S. unterscheidet sich von seinen Vorläufern durch eine strikte Trennung von Person und Amt sowie von öffentlichen und privaten Mitteln. Er ist charakterisiert durch das Bestreben, über ein größeres Territorium eine einzige Herrschaftsgewalt zu errichten (↑Territorialstaat) und, gestützt auf den besonderen öffentlichen Stand der ↑Beamten (siehe auch ↑Bürokratie, ↑Verwaltung), Rechtssetzung und Strafgewalt bei sich zu vereinen (Gewaltmonopol), um auf diese Weise den öffentlichen Frieden zu garantieren. Auch wenn die Staatsgewalt zunächst durch Mitbestimmungsrechte der ↑Stände, der überkommenen gesellschaftlichen Machtträger, beschränkt war, zielte die Entwicklung doch eindeutig auf die Durchsetzung einer zentralen Herrschaftsgewalt in den Händen eines Monarchen (↑Absolutismus).

Die weitere Entwicklung des modernen S. ist gekennzeichnet: 1) durch die feste Einbindung der in den neuen staatlichen Großterritorien zusammengefassten, zum Teil ethnisch und kulturell verschiedenen Bevölkerungsteile im Nationalstaat (↑ Nation); 2) durch die Beschränkung der Staatsgewalt in Form einer ↑Verfassung (Verfassungsstaat mit ↑Grundrechten und ↑Gewaltenteilung); 3) durch eine allmähliche Demokratisierung der Staatsgewalt und damit eine Teilnahme immer größerer Bevölkerungsschichten an Wahlen und parlamentarischer Gesetzgebung (↑Demokratie, ↑Parlamentarismus). Die Gründung der USA 1776 und die Französische Revolution zeigten, dass moderne Großstaaten auch in Form von Demokratien und Republiken möglich sind, wenn man sie als Repräsentativsysteme und Parteienstaaten organisiert. Die Gründung der USA wurde überdies vorbildlich für moderne Staatszusammenschlüsse zu einem ↑Bundesstaat. – Siehe auch ↑Föderalismus.

Entwicklungen in Technik und Industrie sowie damit zusammenhängende Veränderungen in der Bevölkerungsstruktur und Probleme der ↑sozialen Sicherheit führten im Laufe des 19. Jh. zu einer verstärkten Staatstätigkeit. Um seine Ordnungsaufgabe im Sinne der sozialen Gerechtigkeit zu erfüllen, wurde der S. mehr und mehr zum wirtschaftlichen und sozialen Interventionsstaat (↑Wohlfahrtsstaat), nachdem noch im 19. Jh. Liberale wie Kommunisten und Anarchisten eine Zurückdrängung der staatlichen Tätigkeit bzw. ein »Absterben« des S. erhofft oder gar seine Abschaffung mit Gewalt propagiert hatten. Einen Ausgleich zwischen staatlicher Interventionstätigkeit und den Freiheitsforderungen des Verfassungsstaats versucht heute der soziale ↑Rechtsstaat zu schaffen.

Staatenbund (Konföderation): ein auf Gleichberechtigung beruhender Zusammenschluss von Staaten. Die einzelnen Staaten behalten ihre eigenständige Staatsgewalt und handeln nach außen selbstständig. Es gibt aber gemeinsame Gremien, die in bestimmtem Umfang eine gemeinschaftliche Politik für die Mitgliedstaaten verbindlich festlegen. Diese Beschlüsse müssen dann teils von den Mitgliedstaaten in innerstaatliches Recht umgesetzt werden, damit sie gegenüber den Bürgern verbindlich werden, teils können sie für die Bürger unmittelbar gelten. – Siehe auch ↑ Bundesstaat.

Staatskirchentum: Bezeichnung für ein kirchenpolitisches System, wie es sich nach antiken und spätmittelalterlichen Vorformen (z.B. ↑Cäsaropapismus) in Europa vom 16. bis 18. Jh. im Zusammenhang mit Reformation, Gegenreformation und Absolutismus herausbildete. Im S. ist die einzige oder vorrangig zugelassene Kirche Staatsanstalt, das Staatsoberhaupt in der Regel höchster kirchlicher Würdenträger; der Staat übt die Gesetzgebung für die Kirche aus, greift administrativ in Kirchensachen ein, besetzt die höheren Kirchenämter und organisiert das konfessionelle Schulwesen und die kirchlichen Finanzen. Die Säkularisierung des Staates und die Durchsetzung der Neutralität des Staates gegenüber den Konfessionen besonders seit der Französischen Revolution haben nach und nach das S. überwunden. Elemente bestehen jedoch bis heute im griechisch-orthodoxen Raum, in Skandinavien und Großbritannien (↑Anglikanische Kirche). – Siehe auch ↑Staat und Kirche.

Staatspräsident: das Staatsoberhaupt einer Republik, das in der Regel direkt vom Volk oder vom Parlament (in Deutschland von der ↑Bundesversammlung) gewählt wird. – Siehe auch ↑Bundespräsident, ↑Präsidialsystem.

Staatsräson: Prinzip, nach dem die Verwirklichung des Staatswohls Maßstab und Ziel staatlichen Handelns sei. Es geht zurück auf staatsrechtliche Vorstellungen der italienischen Renaissance, insbesondere auf N. Machiavelli, dem zufolge der Staat berechtigt, ja sogar verpflichtet ist, je nach den gegebenen Umständen keine Rücksicht auf das geltende Recht oder die herrschende Moral zu nehmen. Das Prinzip der S. wurde schon früh kritisiert, v. a. von den neuzeitlichen Naturrechtslehrern. Dennoch beeinflusste es stark das politische Denken bis ins 20. Jh. Erst der moderne ↑Totalitarismus (Nationalsozialismus, Stalinismus) hat die Problematik verdeutlicht, die aus einer schrankenlosen Anwendung der S. entstehen kann.

Staatsrat: Seit dem 16./17. Jh. Bezeichnung für die oberste Regierungsbehörde in verschiedenen europäischen Ländern mit unterschiedlichen Kompetenzen und Aufgaben; auch Bezeichnung für die Angehörigen dieses Kollegiums. Der S. verlor in den folgenden Jahrhunderten Kompetenzen zugunsten anderer Behörden und bestand seit dem 19. Jh. nur noch in einzelnen Ländern mit vorwiegend beratenden Funktionen fort, so z. B. in Österreich bis 1848.

In *Preußen* wurde 1817 ein S. aus Prinzen, Ministern, anderen hohen Beamten und Generälen eingerichtet, der bei der Gesetzgebung mitwirkte und ein Vetorecht gegen Landtagsbeschlüsse besaß. Nach 1848 hatte auch er nur noch Beratungs- und Begutachtungsfunktion. 1920–33 hatte der preußische S. als Vertretung der Provinzen das Recht zur Gesetzesinitiative und Begutachtung sowie das Recht zu einem beschränkten aufschiebenden Veto in der Gesetzgebung.

Der S. der *Deutschen Demokratischen Republik* (wie auch anderer kommunistischer Staaten) galt als kollektives Staatsoberhaupt. Der von der Volkskammer gewählte und ihr verantwortliche S. regelte die grundsätzlichen Aufgaben, die sich aus den Gesetzen und Beschlüssen der Volkskammer ergaben, durch Erlasse und legte die Verfassung und die Gesetze verbindlich aus, soweit dies nicht durch die Volkskammer selbst erfolgte.

Staatssekretär: seit 1919 in Deutschland Bezeichnung für den nach bzw. unter dem Minister ranghöchsten Beamten eines Ministeriums. Neben dem **beamteten Staatssekretär,** der als politischer Beamter bei einem Regierungswechsel in den einstweiligen Ruhestand versetzt werden kann, gibt es in der Bundesrepublik Deutschland seit 1967 auch das Amt des **parlamentarischen Staatssekretärs,** der zugleich Mitglied des Bundestags sein muss und der einen Bundesminister bei dessen Regierungsaufgaben, v. a. gegenüber Parlament, Fraktion und Öffentlichkeit, unterstützt.

Staatssicherheitsdienst: ↑Stasi.

Staatsstreich: gewaltsame Veränderung der Verfassung durch die Inhaber der Regierungsgewalt oder deren Vertreibung durch andere hohe Staatsfunktionäre (z. B. Militär). – Siehe auch ↑Putsch.

Staatsterror: ↑Terrorismus.

Staat und Kirche: Kurzformel für das historisch immer wieder neu zu bestimmende Verhältnis von weltlicher und geistlicher Gewalt, das seit der Verknüpfung des Römischen Reichs mit dem Christentum die Geschichte Europas entscheidend bestimmt hat.

Varianten des Verhältnisses: Formal lassen sich vier grundsätzliche Möglichkeiten, das Verhältnis zwischen S. u. K. zu regeln, unterscheiden: 1) Der Staat herrscht über die Kirche und ordnet sich die Kirche unter (↑Staatskirchentum); 2) die Kirche herrscht über den Staat, der Staat ist der Kirche untergeordnet (Hierokratie, Priesterherrschaft); 3) beide Mächte stehen gleichberechtigt nebeneinander und finden auf dieser Grundlage zu beiderseitiger Rücksichtnahme und Zusammenarbeit; 4) beide Mächte stehen getrennt einander gegenüber, zwischen staatlichem und kirchlichem Bereich gibt es keine Berührungspunkte.

Ausbildung einer Reichskirche: Für das Christentum der ersten Jahrhunderte bestand ein Verhältnis zwischen S. u. K. nur einseitig, nämlich in der Form von Duldung oder Verfolgung durch den römischen Staat. Erst im 4. Jh. wurde das Christentum den anderen Religionen gleichgestellt, dann bevorzugte und 391 alleinige Staatsreligion. Beide Seiten, S. u. K., zogen Vorteile aus dieser Verbindung: Während das Römische Reich den äußeren Rahmen für die Ausbreitung des Christentums bot, gab dieses dem Vielvölkerstaat eine einheitliche religiöse Basis. Diese enge Verbindung zwischen S. u. K. wurde im Mittelalter unter den Karolingern und Ottonen, die in ihrem Anspruch, legitime Erben des römischen Kaisertums zu sein, auch von den Päpsten bestätigt wurden, nicht infrage gestellt. Sie führten die Tradition des Staatskirchentums erfolgreich weiter (siehe auch ↑ottonisch-salische Reichskirche) und zogen die Kirche zunehmend als Stütze von Herrschaftsinteressen heran.

Auflösung der Einheit von Staat und Kirche: In der Folgezeit wurde jedoch diese Verbindung von S. u. K. Hauptursache des Konflikts zwischen den Repräsentanten beider Mächte: Im ↑Investiturstreit des 11. Jh. brach der Kampf um die Vorherrschaft durch. Die Päpste jener Zeit entwickelten ihre Lehre von der »Überordnung« der kirchlichen Gewalt über die des weltlichen Herrschers (↑Dictatus Papae) und versuchten, diese Lehre auch in der Praxis durchzusetzen. Im Gegensatz zur ↑Zweigewaltenlehre GELASIUS' I., der von zwei gleichberechtigten, selbstständigen Gewalten in S. u. K. gesprochen hatte, musste die päpstliche Weiterformung dieser Lehre, ausgedrückt im Bild der Sonne (Papst), die dem Mond (Kaiser) das Licht verleiht, ein ausgewogenes Verhältnis der beiden Mächte zueinander gefährden.

Die beginnende Neuzeit beendete nicht nur den universalen Anspruch des Kaisers, sondern auch den des Papstes, bereits vor der Reformation. Für das Verhältnis von S. u. K. bedeutete die Entstehung von National- und Territorialstaaten ein neuerliches Staats- oder Territorialkirchentum, das vom König bzw. von den jeweiligen Landesfürsten getragen wurde.

In der zweiten Hälfte des 18. Jh. setzte ein *Säkularisierungsprozess* ein, der in vielen Bereichen die Trennung von S. u. K. herbeiführte (z. B. im Schulwesen), auch wenn im Zuge der Restauration nach 1815 noch einmal ein enges Bündnis von ↑Thron und Altar beschworen wurde. V. a. seit 1918 versuchen die Kirchen durch Verträge (↑Konkordat), ihre Interessen gegenüber dem Staat zu wahren. In *Deutschland* ist das Verhältnis von S. u. K. durch die Anerkennung der gegenseitigen Unabhängigkeit gekennzeichnet und durch die aus der Weimarer Reichsverfassung (Art. 136 ff.) in das Grundgesetz (Art. 140) übernommenen »Weimarer Kirchenartikel« abgesichert. Während es einerseits dem Staat untersagt ist, sich mit einem bestimmten Bekenntnis zu identifizieren oder es besonders zu begünstigen, sind andererseits die Kirchen gehalten, nur innerhalb der gesetzlichen Regelung ihre Aufgaben in Seelsorge, Verkündigung, Organisation und Sozialdienst zu verrichten. Aufgrund ihres Status als Körperschaften des öffentlichen Rechts haben sie jedoch über das Recht privater Vereine hinausgehende Befugnisse (z.B. das Besteuerungsrecht, das Recht auf Vertretung in bestimmten staatlichen Organen oder Verwaltungsträgern, ein Mitspracherecht im Schul- und Hochschulbereich).

Stadt: Siedlung von einer gewissen Größe und einer meist hohen Bebauungsdichte, gekennzeichnet durch Arbeitsteiligkeit ihrer Bevölkerung und ihre Bedeutung für Wirtschaft, Verwaltung und Kultur eines Gebietes. Voraussetzungen für die Entstehung von S. waren ein gewisser technischer Entwicklungsstand, eine ausreichende Bevölkerungszahl sowie arbeitsteilige Wirtschaftsformen, die meist zur Ausbildung von Schriftlichkeit und Geldverkehr führten.

Frühgeschichte und Antike: Die Stadtentwicklung setzte im 9./8. Jt. v. Chr. in Palästina (Jericho), seit dem 5. Jt. in den Tälern von Nil, Indus, Euphrat und Tigris sowie Jangtsekiang ein; sie begann in Europa im 2. Jt. v. Chr. im östlichen Mittelmeerraum und erreichte bis zum 1. Jh. n. Chr. den Rhein. Die antiken griechischen und römischen S. waren v. a. organisatorische Mittelpunkte des öffentlichen Lebens, Sitz der Priester und Magistrate, politische, kulturelle und wirtschaftliche Zentren. Das Ende des Römischen Reichs brachte (v. a. im Westen) auch den Niedergang der antiken Stadtkultur mit sich, wenn auch urbane Traditionen in Oberitalien die Entstehung der mittelalterlichen Stadtstaaten begünstigten. Die germanischen und slawischen Völker übernahmen erst allmählich im Mittelalter die städtischen Lebensformen.

Mittelalter: Als frühmittelalterliche Vorformen können die Kaufmannsniederlassungen (Wik) und Märkte einerseits, Siedlungen im Schutz von Klöstern, Bischofssitzen, Königspfalzen und Burgen andererseits gelten, die durch Ummauerung zur S. zusammengeschlossen wurden. Abgeschlossen wurde der Prozess der Stadtwerdung durch die rechtliche Sonderstellung der S. (↑Stadtrecht). Neben die gleichsam gewachsenen S. traten seit dem 13./14. Jh. verstärkt Gründungsstädte, im Zusammenhang mit der fortschreitenden Territorialisierung durch die Staufer, Zähringer, Welfen, Wettiner u. a. planmäßig gegründete und geförderte S. Die Bildung der Stadtgemeinde erfolgte auf der Grundlage von Nachbarschaft, Pfarr- und Gerichtsgemeinde sowie von Schwureinungen (meist gegen den Stadtherrn gerichtete Zusammenschlüsse) der Bürger; ein gewisses Maß an Selbstverwaltung und städtischer Gerichtsbarkeit wurde teils durch Privilegierung, teils in Auseinandersetzungen mit dem Stadtherrn erworben. Einer herrschaftlichen Frühphase folgte eine stärker genossenschaftlich (↑Gilde, ↑Zünfte, Ratskollegium usw.) geprägte Hochphase (siehe auch ↑Bürgertum).

Im Vergleich zu den antiken und neuzeitlichen S. waren die mittelalterlichen S. relativ klein. Von den rund 3 000 S. des Heiligen Römischen Reichs am Ende des Mittelalters erreichten nur 25 die mittelalterliche Großstadtgrenze von 10 000 Einwohnern. 90–95 % waren Kleinstädte mit weniger als 2 000 Einwohnern. Alle S. waren wegen Dezimierung der Einwohner durch Seuchen auf Zuwanderung angewiesen. Die persönliche Freiheit (»Stadtluft macht frei«) und die besseren wirtschaftlichen Möglichkeiten in der S. übten eine außerordentliche Anziehungskraft auf die Landbevölkerung aus. Die Leistung der mittelalterlichen S. bestand im Aufbau einer umfassenden Markt- und Verkehrswirtschaft, in der Konzentration von Handel und Gewerbe, in einer planmäßigen Wirtschaftspolitik, in der wirtschaftlichen Beherrschung des Umlands und der Erschließung neuer Absatzräume. Die politische

Bedeutung der mittelalterlichen S. beruhte besonders auf ihrer überlegenen Finanzkraft. ↑Städtebünde sicherten einen Einfluss auf die Reichs- und Territorialpolitik. Die ↑Reichsstädte nahmen ab 1489 als geschlossene Kurie an den Reichstagen teil.

In der *frühen Neuzeit* war der entstehende moderne Staat auf die Steuerleistung der S. immer stärker angewiesen. Daher drängte er seit dem 15./16. Jh. die S. zurück, beschnitt ihre Autonomie und gliederte sie immer stärker in den Staatsverband ein. In der Sozialstruktur der S. ergaben sich Veränderungen: Die Beamten, die gelehrten Räte drangen in die alten Führungsschichten ein. Die S. wurde Amts- und Verwaltungsstadt im institutionellen Flächenstaat. Eine gewisse Bedeutung behielt sie jedoch als Landstand (↑Landstände). Andererseits brachte die Förderung durch Fürsten und Landesherren neue Stadttypen (Residenz-, Universitäts-, Garnisonsstädte) hervor. Die Städteneugründungen dieser Epoche (z. B. Mannheim) unterscheiden sich von den organisch gewachsenen älteren Stadtbildern durch einen rationalen, meist schachbrettförmigen Grundriss. Bereits im 18. Jh. finden sich Ansätze zu einheitlichen Städteordnungen, wenn auch die Grundlage der neueren kommunalen Selbstverwaltung zuerst 1808 mit der preußischen Städteordnung geschaffen wurde (siehe auch ↑stein-hardenbergsche Reformen).

Die moderne S. des *Industriezeitalters* ist das Ergebnis der politischen, sozialen und technischen Umwälzungen des 19. Jh. Industrialisierung, Entwicklung des Verkehrswesens und Bevölkerungszuwachs führten zusammen mit den liberalen Agrarreformen, der Gewerbefreiheit und Freizügigkeit zu einer ungeheuren Ausdehnung der S. und zu einer Verstädterung ganzer Landschaften (z. B. des Ruhrgebiets). Die S. wuchsen über die nun meist niedergerissenen Befestigungen weit in das Umland hinein. Im Zeichen lebhafter Bodenspekulation entstanden dicht bebaute Wohnviertel mit hohen Mietskasernen. Selbst Dörfer im weiteren Einzugsbereich der S. änderten infolge des Zuzugs von Arbeiterbevölkerung ihren Charakter. An Industriewerken, Zechen und Eisenhütten bildeten sich, häufig durch Werkswohnungsbau, ganz neue Siedlungen. Um dieses ungezügelte Wachstum durch eine einheitliche Verwaltung planmäßig zu ordnen und die Bevölkerung gleichmäßig mit Dienstleistungen zu versorgen, kam es

Stadt

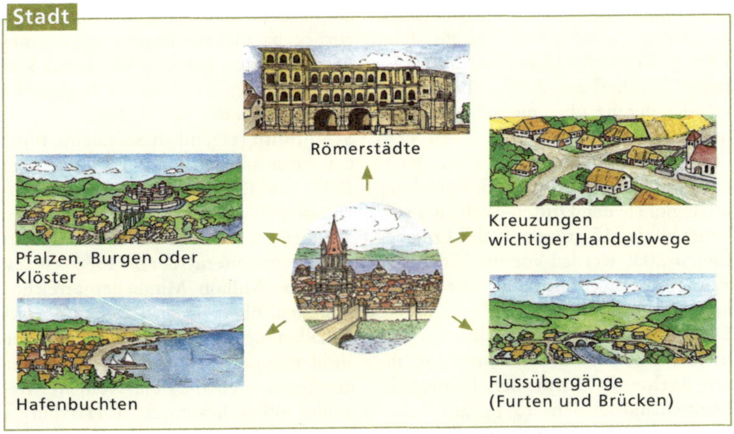

seit 1880 überall zu Eingemeindungen des städtischen Umfeldes. Gleichzeitig vermehrten sich die öffentlichen Aufgaben der S. (Wasser- und Energieversorgung, Kanalisation, Müllabfuhr, Nahverkehr, Gesundheits- und Bildungswesen, kulturelle Angebote), sodass seit Beginn des 20. Jh. v.a. in Ballungsräumen überörtliche Verbandslösungen und Regionalstadtmodelle erprobt wurden. Die Probleme der heutigen S. zeigen sich besonders ausgeprägt in den Millionenstädten (Metropolen): Massenverkehr, Versorgungs- und Entsorgungsprobleme, Luftverschmutzung, soziale Gegensätze, u.a. Getto- und Slumbildung, insbesondere in den Metropolen der Entwicklungsländer, und wachsende Kriminalität. Angesichts dieser Entwicklung fand 1976 in Vancouver (Kanada), 1996 in Istanbul (Türkei) und 2000 in Berlin eine UN-Konferenz über menschliche Siedlungen statt. Heute (2000) leben 47% der Weltbevölkerung, d.h. 2,9 Mrd. Menschen, in S., rund 40% der S.-Bewohner in Regionen der Dritten Welt, wo sich heute elf der 15 größten S. der Erde befinden. 2030 werden Vorausschätzungen zufolge fast zwei Drittel der Weltbevölkerung in S. leben.

Städtebünde: im Mittelalter Zusammenschlüsse von Städten zum Schutz ihrer Rechte in Form der Einung; in Deutschland ab dem 13. Jh. zur Sicherung des ↑Landfriedens, zum Teil auch unter Einbeziehung von König und Fürst gebildet, v.a. aber gegen fürstliche Territorialpolitik und gegen die Beeinträchtigung städtischer Rechte gerichtet. Bedeutendste S. waren der ↑Lombardenbund, der ↑Schwäbische Städtebund, der ↑Rheinische Städtebund und die ↑Hanse.

Stadtrecht: das innerhalb einer Stadt (innerhalb der Mauern oder der ↑Bannmeile) geltende Recht, das vom Mittelalter zum Teil bis ins 19. Jh. das Zusammenleben der Stadtbewohner und die Beziehungen zwischen Stadt und Stadtherrn regelte. Wurzeln des S. waren Gewohnheits-, Kaufmanns- und Marktrecht sowie, besonders in den Gründungsstädten, stadtherrliche Privilegierung. Später traten Satzungen der städtischen Obrigkeiten (Willküren, Rats- oder Schöffensprüche, Einungen) in den Vordergrund. Eine der wichtigsten Regelungen betraf den Zuzug Unfreier (»Stadtluft macht frei«, meist »nach Jahr und Tag«). Durch die Übertragung des Rechts älterer Städte auf die Gründungsstädte entstanden **Stadtrechtsfamilien,** v.a. im Rahmen der ↑deutschen Ostsiedlung (z.B. die Lübecker und Magdeburger Stadtrechtsfamilie mit mehreren hundert Tochterstädten bis nach Russland, für die Magdeburg bis ins 17. Jh. Oberhof blieb). Die Bedeutung des S. ging seit dem Ausgang des Mittelalters zurück, parallel zur Entstehung des modernen Staates; beseitigt wurde das S. in Deutschland jedoch erst zu Beginn des 19. Jahrhunderts.

Stahlhelm (eigentlich Stahlhelm, Bund der Frontsoldaten): am 25. Dezember 1918 von F. Seldte gegründeter Zusammenschluss von Soldaten des Ersten Weltkrieges (seit 1924 auch von Nichtkriegsteilnehmern), der bis 1930 etwa eine halbe Million Mitglieder erreichte. Nominell überparteilich, neigte der nationalkonservative S. zunehmend den antidemokratischen Rechtsparteien zu, mit denen er ab 1929 die Weimarer Republik offen bekämpfte (↑Harzburger Front). Ab Juli 1933 wurden die Mitglieder bis zum Alter von 35 Jahren in die SA eingegliedert, der Rest des S. wurde im April 1934 in **Nationalsozialistischer Deutscher Frontkämpferbund** umbenannt; im November 1935 wurde der S. aufgelöst, 1951 in der Bundesrepublik Deutschland neu gegründet.

Stahlpakt: Bezeichnung für den Bündnisvertrag zwischen Deutschland und Italien vom 22. Mai 1939. Der S. formalisierte die ↑Achse Berlin–Rom und erweiterte sie zur uneingeschränkten Offensivallianz (gegenseitige militärische Unterstützung und kriegswirtschaftliche Zusammenarbeit im Kriegsfall). Er bildete neben dem ↑Deutsch-Sowjetischen Nichtangriffspakt das wichtigste diplomatische Instrument zur Vorbereitung des deutschen Angriffs auf Polen.

Stalingrad, Schlacht um: Die Schlacht um S. (Sommer 1942 bis Anfang Februar 1943) wurde zum Wendepunkt des Zweiten Weltkriegs an der Ostfront. Nachdem die 6. Armee bis Mitte November den größten Teil der Stadt erobert hatte, gelang es der Roten Armee im Zuge einer Gegenoffensive (ab dem 22. November), diese Armee und ihre Verbündeten einzukesseln und nach blutigem Häuserkampf am 31. Januar/2. Februar 1943 zur Kapitulation zu zwingen. Mindestens 110000 Soldaten gerieten in sowjetische Gefangenschaft, aus der nur etwa 6000 zurückkehrten.

Stalinismus: das von J. W. STALIN in der Sowjetunion entwickelte, auch über seinen Tod hinaus in den kommunistischen Staaten wirksame Herrschaftssystem. Die totalitäre Diktatur STALINS beruhte auf einer Ausschaltung der politischen Freiheit in Gesellschaft, Staat und Partei. Sie führte zu einer Konzentration der Macht in der Spitze der KPdSU, zur Anwendung von Terror gegen prinzipiell jeden, der als Abweichler und Feind (darunter auch zahlreiche enge Mitarbeiter LENINS) sowie als potenzieller Gegner (Intellektuelle, technische Intelligenz) angesehen wurde. Der Terror wurde im Zuge großer Säuberungsaktionen durchgeführt, die zu Massenverhaftungen, ↑Schauprozessen und zur Errichtung von Zwangsarbeitslagern führten. Weitere Kennzeichen des S. waren Unterdrückung nichtrussischer Nationalitäten (u.a. umfangreiche Deportationen) und straffe Führung des Weltkommunismus durch die UdSSR (↑Komintern). Gerechtfertigt wurde diese Politik mit der Theorie einer Verschärfung des Klassenkampfs beim Übergang zum Sozialismus, der drohenden Einkreisung der UdSSR als dem »Vaterland aller Werktätigen« durch die kapitalistischen Mächte und mit der Notwendigkeit einer umfassenden planwirtschaftlichen Industrialisierung der UdSSR. Mit der Kritik N. S. CHRUSCHTSCHOWS auf dem XX. Parteitag der KPdSU 1956 begann die Phase der ↑Entstalinisierung.

Stalinnote: Bezeichnung für den Vorschlag der UdSSR vom 10. März 1952 an die westlichen Siegermächte des Zweiten Weltkriegs, gemeinsam über die Bedingungen eines Friedens mit Deutschland zu beraten. Die S., die die Wiederherstellung eines einheitlichen, souveränen und neutralen, blockfreien Deutschland und die völkerrechtliche Fixierung der Oder-Neiße-Grenze vorsah, wurde abgesandt, als Verhandlungen über die Bildung einer ↑Europäischen Verteidigungsgemeinschaft (EVG) vor dem Abschluss standen. Die Regierung Adenauer und die Westalliierten sahen daher in der S. den Versuch, den europäischen Integrationsprozess zu stören. Die S. scheiterte vor dem Hintergrund des gegenseitigen Misstrauens im Ost-West-Konflikt nicht zuletzt an den von den westlichen Besatzungsmächten zur Voraussetzung gemachten freien Wahlen in ganz Deutschland als erstem Schritt zur Lösung der deutschen Frage. Unter Historikern ist die Frage nach der Ernsthaftigkeit der S. bis heute umstritten.

Stamm: in der Völkerwanderungszeit entstandene germanische Siedlungseinheiten, die im 3.–6. Jh. politische Strukturen schufen (Herzogtum, Königtum). Die S. waren weniger ethnische Gemeinschaften als Verbände, die gemeinsame politische Traditionen ausbildeten und von diesen zusammengehalten wurden. Der Begriff S. (lateinisch gens) ist ein Produkt der deutschen Romantik.

Stände: in einem hierarchisch gegliederten Gesellschaftssystem, v.a. im ↑Feudalismus, abgeschlossene gesellschaftliche Großgruppen, die jeweils durch ihre Abstammung (Geburt), durch ihre besonderen Rechte, Pflichten, Privilegien und gesellschaftlichen Funktionen (Beruf) gekennzeichnet waren und sich voneinander durch ihre soziale Position

S

(Rang) innerhalb der Hierarchie, durch ihre Lebensführung und sittlich-moralischen Anschauungen (Standesethik) abgrenzten.

Die **Ständegesellschaft** als Herrschaftssystem der Über- und Unterordnung wurde rechtlich und ideologisch legitimiert durch religiöse und staatstheoretische Ordnungsvorstellungen; danach akzeptierte jeder S. die bestehende Ordnung als sinnvoll und die Erfüllung der ihm zugeteilten gesellschaftlichen Funktion als wesentlich für das Wohl des Ganzen und der eigenen Person. Die mittelalterliche Ständeordnung (siehe auch ↑Ständestaat) beruhte auf der grundlegenden Unterscheidung von Freien und Unfreien (mit breiten Übergangszonen), Herrschenden und Dienenden. Auf dieser Basis wurden verschiedene hierarchische, häufig dreigliedrige Ständemodelle entwickelt, z.B. erster S.: Klerus, zweiter S.: Adel, dritter S.: Volk; die Unterscheidung zwischen Bürgern und Bauern wurde erst im Spätmittelalter getroffen (zur ständischen Gliederung im Heiligen Römischen Reich: ↑Heerschildordnung, ↑Reichsstände, ↑Landstände). Nach dieser Dreiteilung war in Frankreich auch die politische Vertretung der Stände (↑Generalstände) gegliedert. Die aufgrund der zentralen Rolle des ↑dritten Standes während der Französischen Revolution im 19. Jh. aufgekommene Bezeichnung der Arbeiterschaft als ↑vierter Stand übergeht die Tatsache, dass die Forderungen der unterprivilegierten Arbeiterklasse nach Änderung der sozialen Verhältnisse den Rahmen ständischer Auseinandersetzungen bereits sprengten.

Ständekampf: ↑Plebejer, ↑römische Geschichte.

Standesherren: 1815–1918 Bezeichnung für die 1803/06 mediatisierten reichsfürstlichen und reichsgräflichen Häuser; ihre Besitzungen bildeten **Standesherrschaften.** Die Deutsche Bundesakte 1815 und spätere Bundesbeschlüsse gewährten den S. zahlreiche Privilegien (u.a. Zugehörigkeit zum Hochadel, eigener Gerichtsstand, niedere Gerichtsbarkeit), die nach 1848 allerdings abgebaut wurden. Zumeist besaßen sie die erbliche Landstandschaft in der ersten Kammer.

Ständestaat: Bezeichnung für den europäischen Staat des Spätmittelalters und der frühen Neuzeit, in dem die ↑Stände Inhaber vom Staat unabhängiger Herrschaftsgewalt waren und selbst politische Rechte hatten. Die sich daraus ergebende europäische Staats- und Sozialordnung war bestimmt durch den sich in ständischen Repräsentativorganen (↑Landtag, ↑Reichstag) manifestierenden ↑Dualismus von Obrigkeit und Ständen.

Im Rückgriff auf den historischen S. entstand gegen Mitte des 19. Jh. ein Konzept staatlicher Ordnung, in der die Berufsstände als Vertreter der realen gesellschaftlichen Interessen Träger des Staates sein sollten (**berufsständische Ordnung**). Impulse für diese Konzeption gingen v.a. von der katholischen Soziallehre sowie vom Konservatismus aus. Durch Zusammenarbeit von Arbeitgebern und Arbeitnehmern in Berufsständen sollte der Klassenkampf überwunden werden.

Stapelrecht: im Mittelalter das vom Landesherrn manchen Städten gewährte Recht, auf bestimmten Straßen heranreisende – oder in gewissem Umkreis vorbeireisende Kaufleute zu zwingen, ihre Ware eine Zeit lang (**Stapeltage**) in der Stadt zum Verkauf anzubieten. Häufig besaßen die Bürger daran ein Vorkaufsrecht, manchmal wurde den örtlichen Fuhrleuten oder Schiffern das Recht zum Weitertransport (**Umschlagrecht**) eingeräumt. Der **Stapelzwang** war durch Zahlung einer Abgabe ablösbar.

START [sta:t], Abk. für englisch **St**rategic **A**rms **R**eduction **T**alks »Gespräche über die Verringerung strategischer Waffen«: 1982–91 verhandelten die USA und die UdSSR über die Verringerung ihrer strategischen Waffen (über 5500 km Reichweite). Im **START-I-Vertrag**

(1991) verringerten sie ihre nuklearen Trägersysteme (d.h. ihre land- und seegestützten Raketen und ihre strategischen Bomber) auf eine Obergrenze von je 1600 innerhalb von sieben Jahren nach In-Kraft-Treten des Vertrages.

Im **START-II-Vertrag** zwischen den USA und Russland vereinbarten beide Staaten 1993, bis 2003 die strategischen Gefechtsköpfe auf 3500 (USA) bzw. 3000 (Russland) zu senken und die entsprechenden Trägersysteme zu zerstören; außerdem verbietet START II alle landgestützten Interkontinentalraketen mit Mehrfachsprengköpfen. 1997 begannen Verhandlungen zwischen beiden Mächten über weitere Verringerungen der nuklearen Sprengköpfe (**START III**).

Stasi, Abk. für **Sta**ats**si**cherheit: eine verbreitete Bezeichnung für den **Staatssicherheitsdienst** bzw. für das **Ministerium für Staatssicherheit** der DDR, das 1957–89 von E. MIELKE geleitet wurde. Aufgabe der Stasi war die Sicherung der SED-Herrschaft nach innen und außen; sie verband Aufgaben einer politischen Geheimpolizei mit einer Untersuchungsbehörde für politische Strafsachen und einem geheimen Nachrichtendienst. Die Stasi wurde ausgebaut zu einem Instrument repressiver Gewalt zur umfassenden Überwachung der Bevölkerung (1989: etwa 85000 hauptamtliche und über 100000 inoffizielle Mitarbeiter, Abk. IM).

1989/90 wurde die Stasi zunächst von Bürgerkomitees der DDR, dann von der Volkskammer der DDR aufgelöst. Mit der deutschen Vereinigung übernahm der Sonderbeauftragte der Bundesregierung und seine Behörde die Verantwortung für die Aufbewahrung der **Stasiakten.** Das **Stasi-Unterlagen-Gesetz** (20. Dezember 1991) gewährt jedem Einzelnen das Recht der Einsichtnahme in seine personenbezogenen Unterlagen.

Statutum in favorem principum: ↑Fürstenprivilegien.

Staufer: in der älteren Literatur **Hohenstaufen** genanntes schwäbisches Adelsgeschlecht, als dessen Stammvater FRIEDRICH VON BÜREN († vor 1094) gilt. Dessen Sohn FRIEDRICH I. erhielt von seinem Schwiegervater, dem salischen Kaiser HEINRICH IV., 1079 das Herzogtum Schwaben und erbaute die Burg Staufen, nach der sich sein Geschlecht fortan nannte. Nach dem Aussterben der ↑Salier traten die S. deren Erbe an. Herzog FRIEDRICH II. erhob 1125 auch Anspruch auf die Nachfolge im Königtum. Die stattdessen betriebene Wahl LOTHARS III. und dessen verwandtschaftliche Verbindung zu den ↑Welfen begründeten den staufisch-welfischen Gegensatz. Blieb die Erhebung KONRADS (III.) zum Gegenkönig 1127 zunächst noch erfolglos, so setzte er 1138 nach dem Tod LOTHARS III. seine Wahl zum König durch. Unter FRIEDRICH I. BARBAROSSA und HEINRICH VI. gelangte die Dynastie auf den Höhepunkt ihrer Geltung. Der Erbanfall Siziliens und der Machtverfall des Königtums im staufisch-welfischen Thronstreit (1198–1214/15) verlagerte unter dem späteren Kaiser FRIEDRICH II. das Schwergewicht ihrer Herrschaft in den Normannenstaat. Mit dem Tod KONRADS IV. (1254) und dem Untergang MANFREDS (1266) und KONRADINS (1268) war die glanzvolle Geschichte der S. beendet.

stehendes Heer: Im Unterschied zum Aufgebot aller freien wehrfähigen Männer des Frühmittelalters wurde mit dem s. H. ein ständig kampfbereites Instrument der Kriegführung bereits im Mittelalter geschaffen. Die Mitgliedschaft im s. H. wurde durch Sold vergütet (↑Söldner). Neben die so geschaffenen Berufsheere – im absolutistischen Staat durch Werbung ausländischer Söldner und Aushebung eigener Staatsangehöriger rekrutiert – traten v.a. in der Folge der Französischen Revolution die auf der ↑Wehrpflicht beruhenden Volksheere.

stein-hardenbergsche Reformen: nach dem schnellen militärischen, politischen und wirtschaftlichen Zusammen-

S

bruch Preußens im Krieg gegen Frankreich 1806/07 durchgeführte Reformen, die die Existenz des verbliebenen Staates sichern sollten. K. Freiherr VOM UND ZUM STEIN vereinfachte als leitender Minister (1807–08) nicht nur die *Staatsverwaltung* durch Einführung von Fachministerien für Inneres, Finanzen, Krieg, Auswärtiges und Justiz, er beschleunigte v.a. den Prozess der ↑Bauernbefreiung (Aufhebung der Leibeigenschaft durch das Oktoberedikt von 1807). Ziel STEINS war es, die Entmündigung der Untertanen im absolutistischen Staat aufzuheben und ihre dadurch bedingte Gleichgültigkeit gegenüber dem Schicksal des Staates zu beseitigen. Diesem Ziel diente auch die *Städteordnung* von 1808, mit der den Stadtbürgern ein großes Maß an Mitwirkung bei der Regelung städtischer Angelegenheiten eingeräumt wurde. Die Kontrolle der Verwaltung durch gewählte Stadtverordnete und das Wahlbeamtentum des Magistrats gelten seitdem als Grundsätze der kommunalen Selbstverwaltung.

Unter K. A. Fürst VON HARDENBERG als leitendem Minister (1810–22) wurde das *Wirtschaftsleben* in Preußen grundlegend umgestaltet. Die Vorrechte der Zünfte und die staatliche Gängelung der Volkswirtschaft löste man durch die Einführung der ↑Gewerbefreiheit ab. Grundsätzlich bestand seit 1810/11 Freiheit in der Berufswahl und freie Konkurrenz. HARDENBERG konnte zwar noch nach den Befreiungskriegen die Verwaltung nach modernen Gesichtspunkten ausbauen, er scheiterte aber bei dem Versuch, eine Volksvertretung für Preußen (einen Allgemeinen Landtag) durchzusetzen.

Die Reform der *Wehrverfassung* gelang hingegen. G. J. D. SCHARNHORST propagierte bereits nach 1806 die Volksbewaffnung in Form der allgemeinen Wehrpflicht, die dann im Befreiungskrieg 1814 eingeführt wurde, und setzte die Abschaffung entehrender Strafen (Prügelstrafe, ↑Spießrutenlaufen) durch, um auch die Gebildeten für das bisher verachtete Militär zu gewinnen. Neben dem stehenden Heer wurde die Landwehr mit selbstgewählten bürgerlichen Offizieren eingeführt.

Ebenso wichtig wie die Reform von Verwaltung und Heer war die Umgestaltung des **Bildungswesens.** In den Volksschulen begann man den starren Drill durch freiheitlichere Bildungsmethoden zu ersetzen. Die 1809 gegründete Berliner Friedrich-Wilhelm-Universität (heute Humboldt-Universität) errang sehr schnell eine führende Stellung in Europa. Die s.-h. R. trugen nicht unbeträchtlich zu Preußens führender Stellung in Deutschland bei.

Steinzeit: Aus Stein gefertigte Faustkeile gaben der Epoche der Vor- und Frühgeschichte ihren Namen.

Steinzeit: erste Epoche der Vor- und Frühgeschichte. Sie wird unterteilt in **Altsteinzeit** (**Paläolithikum**), die vor 2,5 Mill. Jahren begann und bis etwa 8000 v. Chr. reichte, die **Mittelsteinzeit** (**Mesolithikum**), deren Ende regional unterschiedlich datiert wird, und die **Jungsteinzeit** (**Neolithikum**), die in Europa etwa 2400–1800 v. Chr. endete. Hauptfunde sind namengebende Steingeräte, die immer weiter verfeinert wurden (Faustkeile). Seit der Mittelsteinzeit gab es auch die Mikrolithen, besonders kleine, bereits bearbeitete Steine. Die Menschen hatten noch keine festen Wohnsitze und lebten vom Jagen und Sammeln. Dies änderte sich erst in der

Jungsteinzeit (in Mitteleuropa etwa seit dem 5. Jt. v. Chr.), die durch den Übergang zur sesshaften Lebensweise auf der Grundlage von Ackerbau und Viehzucht einen Wandel brachte, der in seiner Bedeutung nur mit der neuzeitlichen Industriellen Revolution vergleichbar ist.

Stempelakte (englisch Stamp Act): britisches Steuergesetz von 1765, durch das erstmals eine direkte Besteuerung von Dokumenten und Druckschriften aller Art in den nordamerikanischen Kolonien eingeführt wurde. Die S. löste den Protest der Kolonisten aus, die sich auf dem **Stempelsteuerkongress** auf den Grundsatz »No taxation without representation« (Keine Besteuerung ohne Parlamentsvertretung) beriefen. Zwar hob das britische Parlament 1766 unter Behauptung seines Gesetzgebungsanspruchs für die Kolonien die Steuer auf, doch markiert die S. den Beginn des Widerstands der nordamerikanischen Kolonien gegen das Mutterland Großbritannien. – Siehe auch ↑Amerikanischer Unabhängigkeitskrieg.

Stephanskrone: die Krone des ersten christlichen Ungarnkönigs STEPHAN I., DES HEILIGEN. Sie wurde 1270 nach Böhmen entführt (seit 1279 verschollen) und durch die heute erhaltene S. ersetzt, die 1526 an die Habsburger überging (bis 1945 und wieder seit 1978 in Budapest aufbewahrt).

Steuern: Abgaben, die dem einzelnen Bürger vom Staat auferlegt werden; im Unterschied zu Gebühren sind S. nicht an eine bestimmte Gegenleistung gebunden, sondern dienen zur Gewährleistung staatlicher Aufgaben.

Im weitesten Sinne lässt sich bereits in der *Antike* die Erhebung von S. nachweisen, wenn auch die Abgaben meist nicht der ganzen Bevölkerung, sondern nur den mit keinen oder nur minderen politischen Rechten ausgestatteten Gruppen auferlegt und auch nicht regelmäßig erhoben wurden. Als außerordentliche Leistungen waren solche Abgaben eher den persönlichen Dienstleistungen für das Gemeinwesen, besonders dem Kriegsdienst, vergleichbar, entwickelten sich zum Teil auch als Ersatz für solche Dienstleistungen. Im antiken Rom wurde die Deckung des Finanzbedarfs durch Kriegsbeute und Tributzahlungen unterworfener Völker, erst in der Kaiserzeit in nennenswertem Umfang durch steuerähnliche Abgaben ergänzt. Wurden bis dahin Abgaben ausschließlich durch Steuerpächter eingezogen, so traten nun an ihre Stelle besondere staatliche Beamte.

Im *Mittelalter* waren S. als Einnahmequelle zunächst noch unbedeutend, da die Einnahmen aus Grundbesitz, Regalien und Zöllen in den Vordergrund traten. In Deutschland kam außerdem die relative Schwäche der Zentralgewalt hinzu, sodass erste Versuche, eine Reichssteuer einzuführen (↑Gemeiner Pfennig) im 15. Jh. scheiterten. In England und Frankreich dagegen entwickelte sich in dieser Zeit bereits ein Steuersystem, das sowohl direkte als auch indirekte S. umfasste. Die wichtigsten S. im französischen Absolutismus waren die Salzsteuer (Gabelle) und eine Art Kopfsteuer. In England überwogen die indirekten S. (Verbrauchsbesteuerung), doch wurden auch direkte S. in Form einer Fenstersteuer (1696) bzw. Haussteuer (1747) erhoben. Wesentliche Voraussetzung für die Entwicklung des Steuerwesens war die Herausbildung der Geldwirtschaft. Da dies zuerst in den Städten geschah, entwickelte sich in Deutschland auch dort zuerst ein Steuersystem, an dessen Anfang v. a. die Umlegung der an den Landesherrn abzuführenden Pauschalsteuern stand. Neben direkten S., v. a. Vermögensteuer, wurden in den Städten auch zahlreiche indirekte S. erhoben (↑Akzise).

Neuzeit: Mit der Ausweitung des Steuerwesens wurde auch die Frage nach dem Steuererhebungsrecht der Fürsten und nach dem Steuerbewilligungsrecht der Stände zum Bestandteil des allgemeinen Staatsrechts; der Anspruch der Stände auf

S

das Steuerbewilligungsrecht bildete innerhalb des ständisch-fürstlichen Gegensatzes eine ständige Quelle der Auseinandersetzungen, die im Zuge des Absolutismus unterdrückt wurde, in der konstitutionellen Bewegung des 19. Jh. jedoch erneut zum Vorschein kam und schließlich in das parlamentarische ↑Budgetrecht mündete.
Während in der Zeit des ↑Ancien Régime, in dem der Adel weitgehend von Steuerlasten befreit war, und auch noch im 19. Jh. oft ohne Rücksicht auf die Leistungsfähigkeit der Steuerpflichtigen Steuersätze festgelegt wurden, ist der Staat heute gesetzlich verpflichtet, bei der Steuergesetzgebung den Grundsatz der Gleichmäßigkeit im Sinne einer Besteuerung nach der Leistungsfähigkeit zu beachten. Mit der seit dem 19. Jh. stark gestiegenen Zahl der Aufgaben des Staates hat sich nicht nur das Steueraufkommen im Verhältnis zum Volkseinkommen erhöht, sondern sind auch Umfang und Art der Besteuerung zu den Wirtschaftsprozess stark beeinflussenden Faktoren geworden, die von der Steuerpolitik zur Erreichung meist wirtschafts- und finanzpolitischer Ziele eingesetzt werden.

Straßburger Eide: Bündnisschwüre Karls des Kahlen und Ludwigs des Deutschen, die gegen ihren älteren Bruder, Kaiser Lothar I., gerichtet waren. Nach dem Tod Kaiser Ludwigs des Frommen (840) kämpften seine Söhne um die Herrschaft im Fränkischen Reich. Nach einem Sieg über ihren Bruder Lothar bekräftigten Karl der Kahle und Ludwig (II.) der Deutsche am 14. Februar 842 in Straßburg ihr Bündnis. Karl schwor, um vom Heer Ludwigs verstanden zu werden, in althochdeutscher, Ludwig umgekehrt in altfranzösischer Sprache; anschließend schworen beide Heere jeweils in ihrer eigenen Sprache. Die S. E. sind das erste schriftsprachliche Zeugnis der altfranzösischen Sprache.

Stratege [griechisch »Heerführer«]: im antiken Griechenland der jährlich gewählte Befehlshaber des Militäraufgebots der Stadtstaaten. Seine Stellung ermöglichte ihm oft auch die Übernahme der politischen Gewalt. Seit etwa 500 v. Chr. bestand in Athen ein aus zehn S. bestehendes Kollegium. In hellenistischer Zeit standen sie als Gouverneure oder höchste Provinzbeamte an der Spitze eines Verwaltungsbezirks.

Stuart [englisch 'stʊət, 'stju:ət]: schottisches Geschlecht, dessen Anfänge bis ins 11. Jh. zurückzuführen sind. Nach dem Aussterben des Hauses Bruce wurde Robert S. als Neffe seines Vorgängers 1371 schottischer König (als Robert II.). Die männliche Linie endete 1542, als Maria S. die Nachfolge ihres Vaters Jakob V. antrat. Ihr Sohn Jakob VI. wurde nach dem Aussterben des Hauses ↑Tudor 1603 als Jakob I. auch König von England. Nach der Absetzung Karls I. durch O. Cromwell 1646 und Jakobs II. durch Wilhelm III. von Oranien 1689 und der Spaltung in eine protestantische und eine katholische Linie wurde Letztere 1701 von der Thronfolge ausgeschlossen (↑Act of Settlement). 1714 endete der protestantische Zweig mit Anna I., deren Nachfolge Georg I. von Hannover (Urenkel Jakobs I.) antrat. Nebenlinien bestehen bis heute fort.

Sturmabteilung: ↑SA.

Subsidien [von lateinisch subsidium »Schutz«, »Hilfe«]: Gelder, seltener auch Truppen- oder Kriegsmaterial, die ein Staat an Bündnispartner oder Parteigänger gibt. Wichtigste Subsidiengeber in der frühen Neuzeit waren Frankreich und seit 1650 auch die Generalstaaten und England.

Sudetenkrise: politische Krise in Europa 1938. In Hitlers Plan einer Zerschlagung der Tschechoslowakei bildeten die Sudetendeutschen, die gegen ihre innerstaatliche Diskriminierung kämpften, eine Schlüsselrolle. Der nach deutschen Kriegsdrohungen im ↑Münchener Abkommen ohne tschechoslowakische Beteiligung vereinbarte Anschluss des überwiegend deutschbesiedelten böhmischen Grenzgebiets (Sudetenländer) an das Deutsche Reich wurde von der Tschechoslowakei auf britisch-französischen Druck hin kampflos hingenommen.

Suezkrise: politisch-militärische Nahostkrise, die nach dem Abzug der britischen Truppen aus der Suezkanalzone (Juni 1956) durch die Verstaatlichung der Suezkanalgesellschaft durch Ägypten (Juli 1956) ausgelöst wurde. Die Proteste Großbritanniens (das über 44% der Kanalaktien verfügte), Frankreichs und der USA wies Ägypten zurück. Aufgrund einer geheimen Absprache mit Israel, das am 29. Oktober 1956 den Sinaifeldzug auslöste (↑Nahostkonflikt), und unter Ausnutzung der sowjetischen Bindung durch den ungarischen Volksaufstand intervenierten Großbritannien und Frankreich militärisch (Bombardement der Kanalzone und Landung von Truppen bei Port Said), mussten jedoch am 6. November unter dem Druck der USA und der UdSSR der Forderung der UN nach einem Waffenstillstand nachgeben.

Suffragetten: ↑Frauenbewegung.

Suffragium: Abstimmung, die Einzelstimme in der römischen Volksversammlung und im Geschworenengericht, auch das Stimmrecht selbst (**ius suffragii**).

Sukzessionskriege: ↑Erbfolgekriege.

Sultan [arabisch »Herrscher«]: Herrschertitel in islamischen Ländern seit dem 11. Jh. Seit dem 14. Jh. bis 1922 offizieller Titel des Oberhaupts des Osmanischen Reichs.

Summ|episkopat: ↑landesherrliches Kirchenregiment.

Suprematsakte (englisch Act of Supremacy): englisches Parlamentsgesetz von 1534, das eine von Rom unabhängige englische Nationalkirche begründete (↑Anglikanische Kirche). König HEINRICH VIII. und seine Nachfolger wurden durch die S. zum Oberhaupt der Kirche erklärt. Der König hatte fortan im Sinne des »göttlichen Rechts der Könige« das Recht, in Organisation und Lehre der Kirche einzugreifen.

Symmachie [griechisch »Kampfbund«]: in der Antike militärisches Bündnis zwischen zwei oder mehreren Staaten. S. konnten für eine unbegrenzte oder eine bestimmte Zeit geschlossen werden. S. konnten nach einer militärischen Niederlage eines Partners unter Zwang zustande kommen oder auf freiwilliger Basis eingegangen werden.

Syndikalismus: Ende des 19. Jh. entstandener Zweig der Arbeiterbewegung, der in gewerkschaftlichen Zusammenschlüssen der Lohnarbeiter (**Syndikate**) und nicht in einer politischen Partei den Träger revolutionärer Bestrebungen sah. Dem lag die Auffassung zugrunde, dass der politisch-parlamentarische Kampf, wie er von den sozialdemokratischen Parteien geführt wurde, als Umweg, verbunden mit der Gefahr eine Eingliederung der Arbeiter in die bürgerliche Gesellschaft, abzulehnen sei. Der Klassenkampf müsse vielmehr in dem die Klassengegensätze verursachenden ökonomischen Bereich, im einzelnen Betrieb durch Boykott, Sabotage und Generalstreik geführt werden. In Theorie und Praxis eng mit dem ↑Anarchismus verflochten, war Ziel des S. eine Gesellschaft ohne (staatliche) Zentralgewalt. Entsprechend sollte die Wirtschaft auf einer losen Zusammenarbeit der genossenschaftlichen Betriebe mit Arbeiterselbstverwaltung aufbauen. Der S. entwickelte sich zuerst in Frankreich und erreichte seine Hauptwirkungszeit von der Jahrhundertwende bis zum Ersten Weltkrieg. Über längere Zeit blieb er von Bedeutung in den weniger industrialisierten Ländern Südamerikas und Spaniens.

Synedrium [griechisch »Sitzung«, »Versammlung«, »Rat«]:

- Bezeichnung für antike Beratungs- und Entscheidungsgremien eines Staatenbundes, einer Stadt oder eines Gerichtshofs.
- (Hoher Rat): oberste religiöse, gerichtliche und politische Behörde des Judentums in römischer Zeit; bestand bis 425 n. Chr.

T

T

Tabakskollegium: Bezeichnung für die Herrenabende König FRIEDRICH WILHELMS I. von Preußen, zu denen sich außer den engeren Vertrauten des Königs auch in Berlin weilende prominente Gäste einfanden. Politische Bedeutung erlangte das T. durch die Teilnahme von österreichischen Agenten, die den König im Sinne der habsburgischen Außenpolitik zu beeinflussen suchten.

Taboriten: nach ihrer Siedlung Tábor benannte nationalrevolutionäre Gruppe der ↑Hussiten, die sich v.a. aus unteren Sozialschichten zusammensetzte. Dem Urchristentum ideell verbunden, bekämpften die T. den Reichtum der Kirche, das Mönchswesen und die Heiligenverehrung und traten für eine Lebensweise ohne Privateigentum ein.

Taille [französisch ta:j]: in Frankreich seit 1439 bis zur Französischen Revolution vom König erhobene allgemeine und regelmäßige Abgabe vom Vermögen oder Einkommen. Adel und Geistlichkeit waren von der Abgabe befreit, sodass das Bürgertum und v.a. die Bauern die Hauptlast an dieser wichtigsten Einnahmequelle des Königs trugen.

Talent [von griechisch »die Waage«, »das Gewogene«]: antike Gewichtseinheit, bei HOMER eine kleine Goldmenge, sonst je nach Ort 20–39 kg schwerer Metallbarren. Als Recheneinheit auch im Münzwesen entsprach einem T. das Gewicht von 6000 Drachmen.

Täufer: Anhänger einer uneinheitlichen und später unterdrückten Nebenbewegung der Reformation; die T. bestritten die Gültigkeit der Kindertaufe und forderten die Erwachsenentaufe (daher auch **Wiedertäufer** genannt). Die Bewegung ging von Zürich aus und verbreitete sich über die Schweiz, Deutschland, Österreich, Mähren und Ungarn. Die Verknüpfung sozialrevolutionärer Bestrebungen (Forderung nach Gütergemeinschaft, Ablehnung der staatlichen, sozia-

Tabakskollegium: König Friedrich Wilhelm I. von Preußen mit seinem Tabakskollegium (Gemälde, 1737/38)

T

len und kirchlichen Gegebenheiten) und Endzeitvorstellungen mit den Forderungen der Bauern im ↑Bauernkrieg – so v.a. bei den um TH. MÜNTZER gescharten Zwickauer Propheten – führte zu ihrer Verfolgung durch die Obrigkeit. Ihren Höhepunkt und zugleich ihr Ende erreichte die Bewegung, als sie 1534/35 eine Schreckensherrschaft, das **Täuferreich von Münster,** errichtete. Seitdem hatten die T. in Deutschland keine Bedeutung mehr.

Tauroggen, Konvention von: am 30. Dezember 1812 in der Mühle von Poscherun bei Tauroggen (heute Taurage͂, Litauen) von dem preußischen General J. D. L. Graf YORCK VON WARTENBURG und dem russischen General J. Graf DIEBITSCH unterzeichneter Neutralitätsvertrag, der das preußische Hilfskorps NAPOLEONS I. dem französischen Oberbefehl entzog. Die ohne Zustimmung des preußischen Königs vereinbarte Regelung ermöglichte den in Litauen von den französischen Truppen abgeschnittenen Verbänden die Rückkehr nach Ostpreußen und enthielt die Zusage des Zaren, für die Wiederherstellung Preußens einzutreten. Gleichzeitig führte die Konvention zum Bruch mit Frankreich und gab den Auftakt zu den ↑Befreiungskriegen.

Tausendjähriges Reich: von den Nationalsozialisten verwendeter Begriff zur propagandistischen Überhöhung ihres Staates. Hiermit sollte auf die unabsehbare Dauer der nationalsozialistischen Herrschaft und ihrer rassistischen Ideologie hingewiesen und darüber hinaus Endzeit- und Erlösungsgefühle (↑Chiliasmus) ausgelöst werden.

Teheran, Konferenz von: erste gemeinsame Konferenz der »großen Drei« der Anti-Hitler-Koalition (W. CHURCHILL, F. D. ROOSEVELT und J. W. STALIN) vom 28. November bis 1. Dezember 1943 in der Hauptstadt des Iran. Im Mittelpunkt des Gipfeltreffens standen konkrete militärische Vereinbarungen über die Errichtung einer von STALIN geforderten zweiten Front in Europa, die später (6. Juni 1944) durch die Landung alliierter Truppen in der Normandie zustande kam.
Die Behandlung politischer Themen (u.a. die Organisation der Vereinten Nationen, der Kriegseintritt der Türkei und die polnische Frage) führte eher zu Entwürfen als zu festen Absprachen. Dies galt auch für die Erörterung der Deutschlandfrage mit einer Ausnahme: Seit der Konferenz von T. war die »Westverschiebung« Polens, d.h. seine Wiedererrichtung auf Kosten Deutschlands bei Gebietsverlusten in Ostpolen zugunsten der UdSSR, zu einem Bestandteil der alliierten Deutschlandpolitik geworden.

Tempelwirtschaft: zu Beginn des 3. Jt. v. Chr. im Zweistromland (Mesopotamien) auftretende Wirtschafts- und Gesellschaftsform. Von der Vorstellung geleitet, dass das Land rings um eine Stadt der Gottheit gehöre, wurde es an die Bevölkerung nur zur Bearbeitung abgegeben; auch Werkzeuge und Zugtiere waren Besitz der Gottheit. Das Hauptgebäude der Stadt war ein Tempel von oft monumentalem Ausmaß, in dem der Produktionsüberschuss an Getreide und anderen Gütern verwahrt wurde. Eine Priesterkörperschaft (später ein oberster Priester) verwaltete Einnahmen und Ausgaben. Dazu wurde ein System von Zeichen, die Schrift, entwickelt.

Templerorden: 1119 von HUGO VON PAYENS gegründeter geistlicher ↑Ritterorden, dessen Mitglieder sich zu Armut, Ehelosigkeit, Gehorsam und zum Schutz der Jerusalempilger verpflichtet hatten. Der Name **Templer (Tempelherren)** leitete sich von ihrem Domizil auf dem Tempelberg in Jerusalem her. Die Templer unterstanden einem Großmeister und gliederten sich in die drei Klassen der Ritter, Kapläne und dienenden Brüder. Durch die Eroberung weiter Ländereien im Orient sowie durch den Erwerb von umfangreichen Gebieten auch in Europa gewann der T. Reichtum und politischen Einfluss. Mit Billigung des Paps-

T

tes durfte er als unabhängiger Geldverleiher auftreten, nahm trotz des für Christen bestehenden Verbots Zinsen und wurde damit zum Bankier des Vorderen Orients und später der europäischen Höfe. Die starke Verschuldung der französischen Krone und weiterer europäischer Fürsten veranlasste den französischen König PHILIPP IV., die Templer der Ketzerei und der Unmoral zu beschuldigen. 1307 wurde ihnen mit Unterstützung des Papstes der Prozess gemacht, die erwünschten Geständnisse wurden durch Folter erpresst und 1312 wurde auf dem Konzil von Vienne der T. aufgehoben. Sein Besitz wurde dem ↑Johanniterorden zugewiesen, zum großen Teil aber vom französischen König und von anderen weltlichen Großen eingezogen.

Temporalilen: Bezeichnung für den weltlichen Besitz und die weltlichen Hoheitsrechte der Bischöfe und Äbte. Die Abgrenzung gegenüber den ↑Spiritualien erfolgte im Investiturstreit; dadurch wurde erreicht, dass die T. nach weltlichem, d.h. nach Lehnsrecht vergeben wurden. Im ↑Wormser Konkordat 1122 wurde die Temporalienweihe verselbstständigt, die mit dem Symbol des Zepters vorgenommen wurde. – Siehe auch ↑Zepterlehen.

Territorialitätsprinzip: Rechtsgrundsatz, nach dem sich die Hoheitsgewalt eines Staates auf alle Personen und Sachverhalte im eigenen Gebiet erstreckt, auch auf Staatsfremde, deren Rechtsgeschäfte oder Straftaten den Gesetzen und der Gerichtsbarkeit des Staates unterliegen, sofern die Betroffenen nicht mit dem Privileg der ↑Exterritorialität ausgestattet sind (z.B. Diplomaten). Der Übergang vom Personalitätsprinzip, dem zufolge sich die Staatsgewalt auf einen bestimmten Personenkreis bezog, zum T. erfolgte im 12./13. Jahrhundert.

Territorialstaat: allgemein ein Staat, dessen Hoheitsrechte sich auf ein fest umrissenes Territorium erstrecken. Der T. steht im Gegensatz zu dem im Mittelalter vorherrschenden ↑Personenverbandsstaat. Im Besonderen werden die fürstlichen Teilstaaten des Heiligen Römischen Reichs als T. bezeichnet. Sie entstanden als Folge der Übertragung königlicher Hoheitsrechte für ein bestimmtes Gebiet an einen Feudalherrn seit dem 12. Jh. Das Recht zur Ausübung der Regalien begründete die Landesherrlichkeit (↑Landeshoheit), eine den übrigen Herrschaften innerhalb des Territoriums übergeordnete Rechtsstellung. Nach und nach konnten die Landesherren ihre Rechte zu staatlicher Souveränität erweitern und diese bis zur Reichsgründung 1871 beibehalten.

Im Innern wurde der T. vom Landesherrn und den ↑Landständen getragen. Beide Gewalten waren in ihrer Rechtsstellung voneinander unabhängig und wirkten selbstständig an der Gesetzgebung und Verwaltung des T. mit (dualistischer Ständestaat). Erst seit dem 16. Jh. gelang es den Landesherren, den ständischen Einfluss zurückzudrängen.

Terrorismus [zu lateinisch terror »Schrecken«]: politisch motivierte Anwendung von Gewalt durch extremistische Gruppen. Im Unterschied zur planmäßigen Anwendung von Gewalt in einem diktatorischen Regierungssystem (**Staatsterror**) verfügen subversive, gewaltbereite Gruppen nicht über staatliche Machtmittel, sondern suchen durch Attentate, Sabotage und Entführungen die herrschende Staats- und Gesellschaftsordnung zu stürzen. Bereits in den 1790er-Jahren, in der Zeit der Französischen Revolution, gab es sowohl die Erscheinungsform des Staatsterrors (die Diktatur des »Wohlfahrtsausschusses«) als auch die gewalttätige Minderheitsgruppe um den Agrarrevolutionär F. N. BABEUF. Seine theoretische Grundlage fand der T. in Europa während des 19. Jh. im revolutionären ↑Anarchismus. Im 20. Jh., besonders in seiner zweiten Hälfte, fächerte sich der T. in seinen Erscheinungsformen stark auf: Der **sozialrevolutionäre T.,** z.B. die ↑RAF (Deutschland), die »Roten Brigaden« (Italien) und die »Direkte Aktion« (Frankreich), betrachtete den Verfassungsstaat (mit seiner Wirtschaftsordnung) als eine zu beseitigende Klassenherrschaft. Im **nationalrevolutionären T.** suchen gewaltbereite Gruppen die Gesellschaft in fremdenfeindlichem und antisemitischem Sinne zu beeinflussen. Ein **ethnisch-separatistischer T.** zeigt sich in Gestalt von ↑ETA und ↑IRA.

Mit dem Angriff auf hochempfindliche Schaltstellen der heutigen Informations- und Dienstleistungsgesellschaft am 11. September 2001 erreichte der T. eine bis dahin unbekannte Dimension. Der Anschlag mit entführten Flugzeugen (einschließlich ihrer Besatzung und ihrer Fluggäste) auf das Welthandelszentrum in New York und Teile des US-Verteidigungsministeriums in Washington durch Selbstmordattentäter aus dem Umfeld des saudi-arabischen Islamisten U. BIN LADEN bezog eine größtmögliche Zahl von Opfern auf engstem Raum ein (ca. 3 000 Tote). Dieser terroristische Angriff löste eine starke Krise besonders des Sicherheitsbewusstseins der USA aus und führte zu einem als ↑Anti-Terrorismuskrieg bezeichneten Kampf, der mit militärischen, wirtschaftlichen und geheimdienstlichen Mitteln den weltweiten T. auszuschalten sucht.

Dem **Bioterrorismus,** d.h. einem T. mit biologischen Waffen wie Viren und Bakterien, ist das Auftreten von Anthraxerregern (Milzbrand) unmittelbar nach den Anschlägen in New York zuzuordnen. Auch die Gefahr eines **Atomterrorismus,** d.h. eine Terrorform, die auf Plutonium oder hochangereichertes Uran zurückgreift, trat ins allgemeine Bewusstsein.

Teststoppabkommen: 1963 unterzeichneten Großbritannien, UdSSR und USA einen Vertrag über die Einstellung von Atomwaffenversuchen in der Atmosphäre, im Weltraum und unter Wasser. Im Auftrag der UN kam es 1994 zu Verhandlungen, 1996 zu einem Vertrag, der auch das Verbot aller unterirdischen Versuche einschloss. Indien und Pakistan lehnten die Unterzeichnung dieses Vertrages ab und führten 1998 Atomtests durch.

Terrorismus: Bei dem Terroranschlag am 11. September 2001 wurde in New York zuerst der Nordturm des World Trade Centers von einem zuvor gekaperten Passagierflugzeug gerammt, wenige Minuten später raste ein zweites Flugzeug in den Südturm.

Theokratie [griechisch »Gottesherrschaft«]: Staatsform, in der religiöse und weltliche Ordnung deckungsgleich sind und der Wille einer Gottheit die Gesetze des Staates bestimmt. Die Staatsgewalt liegt entweder in der Hand einer einzigen Person, die selbst als Gott bzw. dessen Stellvertreter angesehen wird, oder wird von der Priesterschaft ausgeübt. Beispiele einer T. sind im Alten Orient Ägypten, die Staaten in Mesopotamien und das alttestamentliche Israel, in der Neuzeit der Lamaismus in Tibet. Viele Päpste des Mittelalters (etwa GREGOR VII., ALEXANDER III. und INNOZENZ III.) versuchten im Kampf mit dem Kaisertum, eine theokratische Herrschaftsform zu verwirklichen.

T

Theten: im antiken Athen Bürger, die zwar frei waren, aber der sozial niedrigsten Klasse angehörten, da sie keinen Grundbesitz hatten und als Lohnarbeiter oder Handwerker ihr Einkommen fanden. Die T. gewannen durch die Seemacht- und Flottenpolitik unter THEMISTOKLES und PERIKLES wegen ihres Einsatzes auf den Schiffen an innenpolitischer Bedeutung und waren von ihrer Interessenlage seither Träger des demokratischen Gedankens.

Thing: in germanischer Zeit die Volks-, Heeres- und Gerichtsversammlung, auf der alle Rechtsangelegenheiten des Stammes (auch die Entscheidung über Krieg und Frieden) behandelt wurden. Das T. fand unter Vorsitz des Stammes- oder Sippenoberhaupts unter freiem Himmel an bestimmten Orten (**Mal-** oder **Thingstatt**) nur bei Tag statt. Es begründete für alle Freien (d.h. Waffenfähigen) die Pflicht zum Erscheinen mit den Waffen (**Thingpflicht**). Entscheidungen wurden einstimmig getroffen. Der **Thingfriede** folgte aus der Hegung (Bekanntmachung des Friedens bei gleichzeitiger Anrufung der Götter), die auf den sakralen Ursprung des T. deutet. Die Verletzung des Thingfriedens wurde streng bestraft.

Vom **echten Thing,** das zu bestimmten Zeiten stattfand, ist das **gebotene Thing** zu unterscheiden, das in der Zwischenzeit nach Bedarf einberufen wurde. In fränkischer Zeit wandelte sich das T. immer mehr zur Gerichtsversammlung; den Vorsitz übernahm nun der ↑Graf. Obgleich das T. teilweise noch bis ins 18. Jh. bestand, verlor es bereits im Mittelalter die anfängliche Bedeutung. An seine Stelle traten die Gerichte der Städte und Territorien. Dagegen blieb das T. im skandinavischen Raum länger von Bedeutung; das Wort findet sich dort noch heute in den Bezeichnungen für das Parlament (Althing, Folketing, Storting).

Thorner Frieden: ↑Deutscher Orden.

Thronfolge (Sukzession): Übernahme der Rechte und Pflichten eines Monarchen durch dessen Nachfolger, der durch Wahl oder Erbrecht bestimmt wird. – Im germanischen Recht vollzog sich die T. meist nach dem ↑Geblütsrecht. Der das Thronfolgerecht des Mittelalters kennzeichnende Dualismus von Wahl und ↑Erbfolge begünstigte jedoch Doppelwahl und Gegenkönigtum. Erst seit dem Ende des 12. Jh. und endgültig seit dem Interregnum setzte sich in Deutschland das Wahlprinzip durch (↑Königswahl, ↑Goldene Bulle 1356). Dagegen wurde in den weltlichen Fürstentümern und in den meisten europäischen Monarchien die T. nach dem Prinzip der Erbfolge geregelt.

Thron und Altar: auf die sakrale Wurzel der Monarchie verweisende Formel der französischen Geistlichkeit des Ancien Régime; sie diente zur Kennzeichnung der engen Zusammenarbeit und gegenseitigen Abhängigkeit des monarchischen Staates und der Kirche. Im 19. Jh. Schlüsselbegriff christlich-konservativer Staatsauffassung, wurde T. u. A. im Preußen der Restauration zur Losung eines den Staat stützenden antirevolutionären Denkens erhoben. Die Formel wandelte sich in den 30er-Jahren des 19. Jh. zum Schlagwort des Liberalismus und Sozialismus gegen das den monarchischen Obrigkeitsstaat charakterisierende enge Bündnis von Monarchie und Staatskirche.

Tilsit, Friede von: zwischen Frankreich und Russland (7. Juli 1807) sowie zwischen Frankreich und Preußen (9. Juli 1807) in Tilsit geschlossener Friede, der den 4. Koalitionskrieg (1806/07; ↑Koalitionskriege) beendete. Russland verpflichtete sich zur Vermittlung eines französisch-britischen Friedens (und für den Fall des Scheiterns in einem Geheimartikel zu einem gegen Großbritannien gerichteten Bündnis mit NAPOLEON I.). Preußen musste sich der ↑Kontinentalsperre anschließen und auf mehr als die Hälfte seines Territoriums verzichten: Der Großteil seiner Gebiete zwischen Rhein und Elbe wurde dem neu gebildeten Königreich Westfalen zugeschlagen, aus den durch die Polnischen Teilungen preußisch gewordenen Gebieten das Herzogtum Warschau gebildet, aus Danzig wurde eine freie Stadt; Sachsen erhielt den preußischen Kreis Cottbus. Eine am 12. Juli in Königsberg unterzeichnete Zusatzvereinbarung machte die Räumung der dem König verbliebenen Gebiete durch die französischen Truppen von der Zahlung von Kriegsentschädigungen und Kontributionen abhängig.

Timokratie [griechisch »Herrschaft nach Abschätzung des Vermögens«]: Staatsverfassung, in der die Staatsbürgerrechte (v.a. das Wahlrecht) nach dem Vermögen oder Einkommen abgestuft werden, um die Herrschaft der Besitzenden zu sichern. Beispiel für eine timokratische Ordnung ist die 594 v.Chr. von SOLON in Athen eingeführte Staatsverfassung; eine ähnliche Regelung bestand im antiken Rom, aber auch das ↑Zensuswahlrecht im 19. und 20. Jh. (siehe auch ↑Dreiklassenwahlrecht) entsprach diesem Prinzip.

Tiroler Freiheitskampf: Österreich hatte im Frieden von ↑Preßburg 1805 Tirol an Bayern abtreten müssen, dessen Verwaltungsmaßnahmen und Säkularisierungsbestrebungen Unzufriedenheit v.a. bei der ländlichen Bevölkerung hervorriefen. In Absprache mit Österreich begann der Aufstand unter Führung A. HOFERS, J. Freiherr VON HORMAYRS u.a. (1. Schlacht am Bergisel am 11. und 12. April 1809); der bayerischen Herrschaft in Tirol wurde damit ein Ende bereitet. Zwei Gegenoffensiven, eine bayerische und eine mit 40000 Mann der Rheinbundstaaten, wurden am Bergisel zurückgeschlagen (25. und 29. Mai, 13. August). HOFER beherrschte nun Tirol, bis nach dem Frieden von ↑Schönbrunn Österreich – entgegen seinen Zusagen – auf Tirol erneut verzichten musste. Dennoch dauerte der T. F. an, bis am 1. November 1809 bayerische, französische und italienische Truppen die Tiroler am Bergisel schlugen. Das Land wurde zwischen dem Königreich Italien, Frankreich und Bayern aufgeteilt, die Anführer des Aufstands erschossen (HOFER auf ausdrücklichen Befehl NAPOLEONS I. 1810 in Mantua). Trotz des Scheiterns fand der T. F. in Deutschland als Zeichen des Widerstands gegen die napoleonische Fremdherrschaft Sympathien.

Friede von Tilsit: Zum Abschluss des französisch-preußischen Friedensvertrags empfing Napoleon Königin Luise und König Friedrich Wilhelm III. in Tilsit (zeitgenössisches Gemälde).

Toleranz [von lateinisch tolerare »ertragen«, »erdulden«]: die politisch, ethisch oder religiös motivierte Haltung, die Ansichten und Handlungen anders Denkender anzuerkennen und gelten zu lassen. Die Forderung nach T. entstand in Verbindung mit den Glaubenskämpfen nach der Reformationszeit und ist eng mit der Geschichte der Grund- und Menschenrechte verbunden. Begründet in der Annahme, dass kein Mensch im Vollbesitz der Wahrheit ist, bildet sie die Grundlage öffentlicher Kritik, freier Meinungsäußerung und Diskussion und ist wesentlicher Bestandteil demokratischer und pluralistischer Gesellschaften.

Tordesillas, Vertrag von [- tɔrde'siʎas]: Vertrag vom 7. Juni 1494, mit dem Spanien und Portugal auf der Grundlage eines Schiedsspruchs Papst ALEXANDERS VI. ihre Einflusssphären in bisherigen Besitzungen und noch zu entdeckenden Gebieten abgrenzten. Die Demarkationslinie verlief 370 Seemeilen westlich der Kapverdischen Inseln von Pol zu Pol; alle Gebiete westlich dieser Linie sollten Spanien, alle östlich davon Portugal zufallen.

Tories [englisch 'tɔ:rɪz]: Der ursprünglich irisch-katholische Wegelagerer bezeichnende Begriff wurde erstmals während der Auseinandersetzungen um den Ausschluss des katholischen JAKOB II. von der englischen Thronfolge (1679 bis 1681) zur Benennung derjenigen parlamentarischen Gruppierungen verwendet, die für die uneingeschränkte monarchische Erbfolge, die ungeschmälerten Vorrechte der Krone und die Vorrangstellung der englischen Staatskirche eintraten. Nachdem sie die Revolution von 1688 (↑Glorious Revolution) noch mitgetragen hatten, gerieten die T. nach 1714 für 80 Jahre in die Opposition zu den politisch herrschenden ↑Whigs. Unter W. PITT DEM JÜNGEREN und dem ehemaligen Whig E. BURKE führten die T. dann Großbritannien bei seinem konsequenten Widerstand gegen das revolutionäre Frankreich. Nach der Parlamentsreform 1832, der sie sich lange Zeit widersetzt hatten, ging aus den T. die englische konservative Partei hervor, die heute noch umgangssprachlich als Partei der T. bezeichnet wird (↑Konservatismus).

totaler Krieg: eine Kriegführung, die möglichst alle menschlichen und materiellen Reserven zu erfassen und zu mobilisieren sucht, um den Gegner nicht nur zu besiegen, sondern zu vernichten. Die Theorien vom t. K. reichen zurück bis vor den Ersten Weltkrieg, wurden jedoch erstmals während des Zweiten Weltkriegs in Deutschland verwirklicht, als seit 1942/43 angesichts der Aussichtslosigkeit, den Krieg gewinnen zu können, extreme Anstrengungen unternommen wurden, doch noch eine Wende herbeizuführen (»totale Mobilisierung« der männlichen und weiblichen Arbeitskräfte für die Rüstungsproduktion, Erhöhung der Arbeitszeiten, Reglementierung des Privatlebens).

Totalitarismus: Bezeichnung für ein Herrschaftssystem, das alle gesellschaftlichen und persönlichen Lebensbereiche reglementiert und daher eine Autonomie der Einzelbereiche (z. B. Wirtschaft, Erziehung, Religion) und einen staatsfreien Bereich des Einzelnen nicht anerkennt. Der Begriff »totalitär« ist eine Wortschöpfung der Neuzeit und wurde erstmals von B. MUSSOLINI 1925 propagandistisch für das faschistische Italien benutzt. Im englischen Sprachraum wurde er auch für die Beschreibung der UdSSR unter STALIN und dann des nationalsozialistischen Deutschland verwendet.

Merkmale totalitärer Herrschaft sind: ein Einparteiensystem, die Ausschaltung der politischen Opposition, die überragende Stellung eines Führers (Diktators), eine verbindliche Weltanschauung (Ideologie), die dementsprechende Manipulation der Bevölkerung und deren Mobilisierung zur scheindemokratischen Legitimation der herrschenden Elite durch Akklamationen (z. B. durch gesteuerte Wahlen), die Ausübung von Terror gegen Andersdenkende sowie die tendenzielle Unterwerfung aller Lebensbereiche unter die herrschende Gewalt.

Unterschiede zwischen den totalitären Systemen im Hinblick auf ihre historische Herkunft, ihre Ideologie, ihre Gewaltträger und die sie unterstützenden Bevölkerungsgruppen haben zu der Frage geführt, ob ihre einheitliche Behandlung in einer allgemeinen **Totalitarismustheorie** zweckmäßig ist. Insbesondere wird hervorgehoben, dass die unter dem Begriff des T. zusammengefassten Erscheinungen des Faschismus und des Kommunismus sich nicht einfach miteinander vergleichen lassen. Trotz ihrer Verschiedenheit im Einzelnen ist ihnen die Ablehnung einer pluralistisch-freiheitlichen Ordnung und demokratisch-rechtsstaatlicher Prinzipien und damit ein totalitärer Herrschaftsanspruch gemeinsam.

tote Hand: 1. Bezeichnung für den nach altem deutschen Recht ganz oder teilweise an den Herrn fallenden Nachlass eines Unfreien; 2. Bezeichnung für einen Vermögensträger, der sein Vermögen nicht veräußern oder vererben (»von Hand zu Hand geben«) konnte und damit für das Wirtschaftsleben praktisch tot war, der häufig aber Steuerfreiheit besaß oder nur geringfügigen Sondersteuern unterlag (im Mittelalter v.a. die Kirche).

Transitabkommen: ↑Ostpolitik.

Translatio imperi|i [lateinisch »Übertragung der Herrschaft«]: mittelalterliche Vorstellung von der Übertragung des Kaisertums von Byzanz auf KARL DEN GROSSEN (800) durch den Papst. Hieraus leiteten die Päpste, besonders INNOZENZ III., ihren Anspruch auf Verfügungsgewalt über das Kaisertum ab.

Treuga De|i [mittellateinisch »Gottesfriede«]: besondere Form des ↑Gottesfriedens, der von der Kirche zu Beginn des 11. Jh. in Südfrankreich und Nordspanien als Mittel eingesetzt wurde, die Fehden des Adels und die infolge der Schwäche des Königtums zunehmende Rechtlosigkeit einzuschränken. Die T. D. bedeutete ein absolutes Fehdeverbot für bestimmte, »heilige« Zeiten (z.B. Donnerstag bis Sonntag als Passionstage, Advents- und Fastenzeit), dessen Bruch v.a. mit kirchlichen Strafen (u.a. Bann oder ↑Interdikt) geahndet wurde.

Trianon, Friedensvertrag von [tria'nɔ̃]: ↑Pariser Vorortverträge.

Triaspolitik: eine Politik, die einen vorhandenen Dualismus durch Bildung einer dritten Kraft zu neutralisieren sucht. Ansätze zu einer zunächst gegen den Kaiser gerichteten T. sind noch im 18. Jh. der ↑Deutsche Fürstenbund und später der zweite ↑Rheinbund. Als T. werden jedoch insbesondere die politischen Bestrebungen im Deutschen Bund bezeichnet, durch ein aus den Klein- und Mittelstaaten gebildetes »drittes Deutschland« dem österreichisch-preußischen Dualismus entgegenzuwirken.

Tribun: Amtsbezeichnung im römischen Staats- und Militärwesen; bedeutend war v.a. das Amt des ↑Volkstribunen (tribunus plebis). Den **Aerartribunen** (tribuni aerarii) der republikanischen Stadtverwaltung oblag die Auszahlung des Soldes an die Soldaten ihrer ↑Tribus. Die **Militärtribune** (tribuni militum) waren Offiziere der Legion, in der Kaiserzeit Anwärter auf die senatorische oder ritterliche Beamtenlaufbahn. Die **Konsulartribune** (tribuni militum consulari potestate) waren ein Kollegium mit konsularischen Befugnissen, die im 5./4. Jh. v. Chr. häufig anstelle von ↑Konsuln deren Amtsgewalt und Amtsgeschäfte ausübten.

Tribunicia Potestas [lateinisch »tribunizische Gewalt«]: Amtsgewalt des römischen ↑Volkstribuns. Im ↑Prinzipat wurde die T. P. ein wesentlicher Teil der kaiserlichen Amtsgewalt. 23 v. Chr. erhielt AUGUSTUS die volle T. P., nachdem er 36 v. Chr. bereits die Sacrosanctitas (Unverletzlichkeit) und 30 v. Chr. das Ius auxilii (Hilferecht) des Volkstribuns erhalten hatte.

Tribus: Gliederungseinheit der römischen Bürgerschaft (ähnlich den griechischen ↑Phylen); jeder römische Bürger gehörte zu einer der 35 Tribus. Diese Einteilung bildete die Grundlage für die Truppenaushebung, für die Besteuerung und Organisation der Wahlen. Die Zugehörigkeit war erblich, die Zuweisung von Neubürgern war Sache des ↑Zensors. Jede T. hatte bei der Abstimmung in der Volksversammlung nur eine Stimme.

Trichterbecherkultur: eine jungsteinzeitliche Kultur des 4./3. Jt. v. Chr. im nördlichen und östlichen Mitteleuropa sowie in Südskandinavien. Sie wurde nach der für sie typischen Gefäßform,

T

Trichterbecher mit Tiefstichverzierung, benannt. Kennzeichnend sind u.a.: Ackerbau, Viehhaltung, Feuersteinbeile, Streitäxte und Bestattung in Großsteingräbern (deshalb früher auch »Megalithkultur« genannt).

Trichterbecherkultur: ein Trichterbecher mit Bauchfransenzier aus einem Fund bei Gadesland (Kreis Segeberg)

Tridentinum (Trienter Konzil, Tridentinisches Konzil): 1542 von Papst PAUL III. einberufenes Konzil, das mit Unterbrechungen von 1545 bis 1563 in Trient tagte und eine Reform der (katholischen) Kirche verwirklichen sollte. Die ebenfalls eingeladenen Protestanten nahmen nicht teil, da ihre Forderungen, den Papst von der Leitung des Konzils auszuschließen und die Bibel zur einzigen Grundlage der Verhandlungen zu machen, abgelehnt wurden. Das T. strebte keine Versöhnung mit den Protestanten an, sondern eine Erneuerung der katholischen Kirche und die Wiedergewinnung ihrer durch die ↑Reformation verlorenen Positionen. Die katholische Lehre wurde deutlich von den reformatorischen Lehren LUTHERS, ZWINGLIS und CALVINS (↑Kalvinismus) abgegrenzt: Die Autorität des Papstes wurde bestätigt, die kirchliche Tradition (päpstliche Erlasse und Schriften der Kirchenväter) als gleichberechtigte Quelle des Glaubens neben die Bibel gestellt, LUTHERS Sakramenten- und Rechtfertigungslehre zurückgewiesen. Reformdekrete (Verbot der Ämterhäufung und des Ablasshandels, Residenz- und Visitationspflicht der Kirchenfürsten, Reform der Liturgie und der Priesterausbildung) sollten eine innere Reform der Kirche bewirken und eine ↑Gegenreformation einleiten.

Trikolore: seit 1790 die Nationalflagge von Frankreich, entstanden, als LUDWIG XVI. am 17. Juli 1789 das rotblaue Abzeichen der Aufständischen von Paris entgegennahm und mit seinem weißen (monarchischen) Abzeichen verband; seit 1794 blau-weiß-rot senkrecht gestreift.

Tripelentente ['tripəlãtãt] (Dreiverband): Bezeichnung für das seit dem Petersburger Vertrag (1907 von Großbritannien und Russland geschlossen) bestehende britisch-französisch-russische Bündnis, das gegen den deutsch-österreichisch-italienischen ↑Dreibund gerichtet war. Die T. ergänzte die britisch-französische ↑Entente cordiale (1904) und den französisch-russischen ↑Zweiverband (1892). Deutschland fühlte sich durch die T. eingekreist und bedroht, obwohl es zu ihrer Bildung durch seine Abkehr von ↑Bismarcks Bündnissystem, durch seine Flottenpolitik und seine Haltung in der 1. Marokkokrise 1906 (↑Marokkokrisen) entscheidend beigetragen hatte. Im Ersten Weltkrieg wurde die T. durch den Londoner Geheimvertrag 1915 mit Italien erweitert.

Triumph: Siegeszug eines erfolgreichen römischen Feldherrn nach beendetem Krieg zum Tempel des Jupiter in Rom. Im T., an dem auch die Soldaten teilnahmen, wurden die Kriegsbeute und die Gefangenen mitgeführt. Der T. bedurfte der Genehmigung des Senats. In republikanischer Zeit war er nur Trägern des Imperiums, in der Kaiserzeit nur den Kaisern erlaubt.

Triumvirat [lateinisch »Dreimännerbund«]: moderne Bezeichnung für zwei politische Bündnisse im römischen Bürgerkrieg des 1. Jh. v. Chr.:

Das 60 v. Chr. vereinbarte **1. Triumvirat** zwischen CÄSAR, GNAEUS POMPEJUS MAGNUS und MARCUS LICINIUS CRASSUS war eine private Vereinbarung zur Durchsetzung ihrer politischen Interessen. CÄSAR wollte 59 v. Chr. zum Konsul gewählt werden, für POMPEJUS war es wichtig, dass die Maßnahmen, die er nach den Kriegen im Osten des Reichs dort getroffen hatte, vom Senat bestätigt und dass seine Veteranen aus diesen Kriegen mit Land versorgt wurden.

Das **2. Triumvirat,** 43 v. Chr. bei Bononia (heute Bologna) zwischen OKTAVIAN (AUGUSTUS), MARCUS AEMILIUS LEPIDUS und MARCUS ANTONIUS geschlossen, war gegen den Senat und die Cäsarmörder gerichtet. Es wurde durch die Lex Titia für zunächst fünf Jahre als außerordentliches Staatsamt bestätigt mit dem Ziel, die Ordnung in dem nach dem Tod CÄSARS in sich zerrissenen Staat wiederherzustellen, wofür die drei Triumvirn mit außergewöhnlichen Machtbefugnissen ausgestattet wurden. Nach dem Tod des LEPIDUS 36 v. Chr. und der Erklärung des ANTONIUS zum Staatsfeind 32 v. Chr. blieb OKTAVIAN als einziger der Triumvirn übrig.

Trojanischer Krieg: von HOMER und VERGIL geschilderter zehnjähriger Krieg zwischen den verbündeten Griechenfürsten und der Stadt Troja (Ilion) an der heutigen türkischen Westküste; er wurde ausgelöst durch die Entführung Helenas, der Frau des spartanischen Königs Menelaos, durch den trojanischen Prinzen Paris und endete mit der Zerstörung Trojas. Die Frage nach der Geschichtlichkeit des T. K. wie auch die, ob die von H. SCHLIEMANN ausgegrabene Fundstätte mit HOMERS Troja zu identifizieren ist, sind bis heute umstritten.

Truchsẹss: Inhaber des vornehmsten der germanischen Hausämter (↑Hofämter), zuständig für die ganze Hausverwaltung und betraut mit der Aufsicht über die Tafel. Entsprechend der Entwicklung im Reich zu mit bestimmten Territorien verbundenen ↑Erzämtern wurde das Amt des **Erztruchsess** zum Ehrenamt im Besitz des Pfalzgrafen bei Rhein (seit dem 12. Jh.).

Truman-Doktrin [englisch 'tru:mən]: außenpolitische Leitlinie der USA im ↑Kalten Krieg, wonach die USA bereit waren, anderen »freien« Völkern auf deren Ersuchen hin militärische und wirtschaftliche Hilfe gegen eine Gefährdung ihrer Freiheit nach innen oder außen zu leisten. Die T.-D. fand ihren Ausdruck in einer Rede des amerikanischen Präsidenten H. S. TRUMAN vor dem Kongress am 12. März 1947, in der er um die Zustimmung zu einer Militär- und Wirtschaftshilfe für die Türkei und für die nichtkommunistischen Kräfte im griechischen Bürgerkrieg ersuchte. In der T.-D. fand die neue Politik des ↑Containment gegenüber der UdSSR ihren Ausdruck.

Tschetschenienkrieg: Im November 1994 erklärte Tschetschenien, eine Teilrepublik der Russischen Föderation im Kaukasus, seine staatliche Unabhängigkeit. Von Dezember 1994 bis August 1996 (**1. Tschetschenienkrieg**) suchte Russland (Präsident B. JELZIN) in einem von beiden Seiten erbittert geführten Krieg die tschetschenischen Unabhängigkeitsbestrebungen zu unterdrücken; zahlreiche Städte und Dörfer wurden völlig zerstört. Nach Angaben einer russischen Menschenrechtskommission starben allein bei der Einnahme der Hauptstadt Grosnyj ca. 24 000 Zivilisten; Hunderttausende flohen in die Nachbarländer (z. B. Dagestan). Die seitdem ungelöste politische Frage der Unabhängigkeit Tschetscheniens führte 1999 zum erneuten Einmarsch russischer Truppen (**2. Tschetschenienkrieg**).

Tudor [englisch 'tju:də]: seit dem 13. Jh. nachweisbares walisisches Geschlecht, das in den ↑Rosenkriegen für das Haus Lancaster (↑Plantagenet) kämpfte. Mit dieser Dynastie entfernt verwandt, wurde HEINRICH T. nach seinem Sieg über RICHARD III. bei Bosworth (1485) englischer König (als HEINRICH VII.). Durch Heirat erreichte er die Aussöhnung mit dem Haus York. Sein Sohn HEINRICH VIII. erlangte Berühmtheit v. a. durch seine sechs Ehen und die Begründung der ↑anglikanischen Kirche. Seine drei nacheinander regierenden Kinder blieben ohne Nachkommen: Dem früh verstorbenen EDUARD VI. folgte die katholische MARIA I.; ELISA-

T

BETH I. schuf die Grundlagen für das britische Empire. Kurz vor ihrem Tod 1603 erkannte sie den bis dahin erfolgreich abgewehrten Thronanspruch des verwandten Hauses ↑Stuart an.

Türkenkriege: Mit der Schlacht am Kahlenberg 1683 wurde Wien von der türkischen Belagerung befreit.

Türkenkriege: die Kriege der europäischen christlichen Staaten gegen die seit dem 14. Jh. in Südosteuropa eindringenden osmanischen Türken. Nachdem die Türken im 14. und 15. Jh. Serbien (Schlachten auf dem Amselfeld 1389 und 1448) und das Byzantinische Reich (Eroberung Konstantinopels 1453) vernichtet hatten, eroberten sie den größten Teil Ungarns (Schlacht bei Mohács 1526), Siebenbürgen und Gebiete an der adriatischen Küste und wurden damit auch für Mitteleuropa zur Bedrohung (erste Belagerung Wiens 1529). Bis zum Ende des 17. Jh. blieb die Grenze zwischen türkischem Einflussbereich und den angrenzenden christlichen Staaten (v. a. Österreich, Venedig und teilweise auch Polen und Russland) im Wesentlichen unverändert, wenn auch beide Seiten in zahlreichen Kriegszügen versuchten, die eigene Stellung zu verbessern.

Venezianisch-Türkische Kriege: Venedig als führende Seemacht im östlichen Mittelmeer sah in der osmanischen Expansion v. a. eine Bedrohung seiner Handelsinteressen. In den Kriegen des 15.–17. Jh. mit dem Osmanischen Reich konnte Venedig zwar immer wieder seine Handelsprivilegien sichern – oft durch Separatfriedensschlüsse zum Nachteil seiner Bündnispartner –, musste aber territoriale Verluste hinnehmen. Der gemeinsame Sieg der Heiligen Liga (Venedig, der Kirchenstaat und Spanien) über die Osmanen zur See bei Lepanto am 7. Oktober 1571 – zunächst durch einen erneuten Alleingang Venedigs ungenutzt –, leitete den Niedergang der osmanischen Vorherrschaft im Mittelmeer ein. Nach dem Verlust der letzten venezianischen Stützpunkte im östlichen Mittelmeer mit dem Frieden von ↑Passarowitz 1748 schied Venedig aus der Reihe der führenden Mächte in den T. aus.

Türkenkriege der Habsburger und ihrer Verbündeten: Die Habsburger sahen sich in ihrem Kampf gegen die Türken des öfteren vor die gefährliche Verbindung innerer Opposition mit dem äußeren Feind wie auch die Verbindung zwischen dem Habsburg feindlich gesonnenen Frankreich und den Osmanen gegenübergestellt. Nach den wechselvollen Auseinandersetzungen des 16. und 17. Jh. erlitten die Türken den ersten entscheidenden Rückschlag im **Großen Türkenkrieg** (1683–99). Die zweite Belagerung Wiens (erste Belagerung: 1529) endete mit der Niederlage der Türken in der Schlacht am Kahlenberg 1683. Ein Waffenstillstand mit Frankreich und ein Bündnis mit Polen und Venedig (Heilige Liga von 1684) ermöglichten Österreich die Konzentration auf die Türkenfront; in einer Reihe von siegreichen Feldzügen (u. a. unter Prinz EUGEN) gelang die Vertreibung der Osmanen aus Südosteuropa.

Im Frieden von ↑Karlowitz (26. Januar 1699) mussten sie Siebenbürgen sowie Ungarn (mit Ausnahme des Banats, jedoch einschließlich des größten Teils Kroatiens mit Slawonien) abtreten. Ein weiteres Ausgreifen der österreichischen Macht in den Balkan hinein (Friede von ↑Passarowitz 1718) wurde durch türkische Erfolge in den 30er-Jahren des 18. Jh. zunächst gebremst (Friede von ↑Belgrad 1739). Danach blieb die Grenze zwischen Österreich und dem Osmanischen Reich bis 1878 weitgehend stabil. Österreich, in den T. zur europäischen Großmacht aufgestiegen und mit der Sicherung seines Besitzes beschäftigt, überließ die Initiative in der Folgezeit dem aufstrebenden Zarenreich, das nach Landerwerb und freiem Zugang zum Mittelmeer strebte.

Russisch-Türkische Kriege: Russland erwarb in dem Türkenkrieg 1735–39 zunächst den Zugang zum Schwarzen Meer, den es in den Kriegen 1768–74 und 1787–92 weiter absichern konnte. Neben kleineren Landgewinnen hatten die Russen freie Handelsschifffahrt in osmanischen Gewässern erreicht und 1783 auch die Krim annektiert. Der Russisch-Türkische Krieg von 1806–12 brachte Russland Bessarabien und die östliche Moldau, nach den Auseinandersetzungen von 1828/29 erhielt es die Inseln an der Donaumündung und erreichte für die Donaufürstentümer Moldau und Walachei eine halbsouveräne Stellung im Osmanischen Reich (Friede von Adrianopel vom 14. September 1829).

Im 19. Jh. wurde das Osmanische Reich mehr und mehr zu einem Spielball der Politik der europäischen Großmächte, da Großbritannien, Frankreich und Österreich den russischen Expansionsbestrebungen mit wachsendem Misstrauen gegenüberstanden und deshalb geneigt waren, den »Kranken Mann am Bosporus« vor größeren Verlusten zu bewahren, andererseits aber dessen Schwäche zum eigenen Vorteil zu nutzen suchten. So bildete die ↑orientalische Frage, verbunden mit den nationalen Erhebungen der Balkanvölker und der ↑Meerengenfrage, später dann die ↑Balkanfrage einen zentralen europäischen Interessenkonflikt bis hin zum Ersten Weltkrieg.

Turnier: ritterliches Kampfspiel; der Scheinkampf zweier Reitermannschaften, das **Tournoy,** war das T. im engeren Sinne. Der **Tjost** galt als Nachahmung von Einzelkämpfen; der **Buhurt** führte die Geschicklichkeit im Reiten und in der Waffenführung vor. Da die mit Kriegswaffen durchgeführten Spiele oft blutig oder gar tödlich endeten, wurden ab dem 13. Jh. die Waffen abgestumpft; dennoch waren auch diese Waffen nicht ungefährlich.

Tyrạnnis: im antiken Griechenland die unumschränkte Herrschaft eines Einzelnen, der, gestützt auf die breite Volksmasse, den Demos, oder auf Söldnertruppen, meist gewaltsam zur Macht gelangte. Von der **älteren Tyrannis** (7. und 6. Jh. v. Chr.), die die Demokratie des 5. Jh. vorbereitete und die Städte vielfach zu kultureller und wirtschaftlicher Blüte führte, wird die **jüngere Tyrannis** (4. und 3. Jh. v. Chr.; z. B. Syrakus) unterschieden. Nach ARISTOTELES ist die T. als entartete ↑Monarchie zu sehen.

U

U

U-Bootkrieg: Form der Seekriegführung mit Unterseebooten in erster Linie als Wirtschaftskrieg (Bekämpfung der feindlichen Handelsschifffahrt).
Im *Ersten Weltkrieg* unternahm das Deutsche Reich bald den Versuch, durch Angriffe auf die britische Handelsflotte mit U-Booten das vom Seetransport abhängige Großbritannien zu schädigen. Trotz politisch begründeter Beschränkungen (Rücksicht auf Neutrale) zeigte der U-Bootkrieg bald beachtliche Wirkungen. Der **uneingeschränkte U-Bootkrieg** ab 1. Februar 1917 brachte eine sprunghafte Steigerung der (nun ohne Vorwarnung) versenkten Schiffe, wurde aber andererseits zum auslösenden Faktor für den Eintritt der USA in den Krieg gegen Deutschland.
Auch im *Zweiten Weltkrieg* begann Deutschland den U-Bootkrieg mit Rücksicht auf die Neutralen zunächst mit erheblichen Einschränkungen. Nachdem die Besetzung Norwegens und der französischen Atlantikküste günstige Voraussetzungen geschaffen hatten, erreichte der U-Bootkrieg 1940–43 seine größte Wirkung. Erst durch den Einsatz neuer Mittel zur U-Bootbekämpfung konnten die Alliierten ab Mitte 1943 die Schlacht im Atlantik für sich entscheiden. Im Pazifik konnten die U-Boote der USA die japanische Handelsflotte bis zum Kriegsschluss fast völlig vernichten.

Ukas [russisch]: in Russland seit dem Ende des 16. Jh. Bezeichnung für eine Verordnung der Regierung.

Ulanen [von polnisch zu türkisch oğlan »Knabe«, »Bursche«]: mit Lanzen bewaffnete Reiter, die im 16. Jh. in Polen als leichte Kavallerie aufgestellt wurden, gegen Mitte des 18. Jh. auch Eingang in andere europäische Heere fanden (1734 z.B. in Preußen).

Ultramontanismus [von lateinisch ultra montes »jenseits der Berge« (d.h. der Alpen)]: seit dem frühen 18. Jh. in Frankreich Bezeichnung für diejenige Richtung innerhalb des Katholizismus, die im Gegensatz zum ↑Gallikanismus den Anspruch auf Oberhoheit des Papstes innerhalb der Kirche verfocht. Die Frontstellung des Papsttums, u.a. PIUS IX., gegen Aufklärung, Protestantismus, Liberalismus, Laizismus und nationalstaatliche Souveränität im 19. Jh. machte U. zu einem Schlagwort, das v.a. im ↑Kulturkampf weite Verbreitung fand. Es enthielt den Vorwurf der Parteinahme für den Machtanspruch des Papstes und der Unterordnung nationaler Interessen unter die internationalen Interessen der römischen Kurie. In diesem Sinne wurde U. noch in den 20er-Jahren des 20. Jh. und besonders während des Nationalsozialismus zur Diffamierung des politischen Katholizismus verwendet.

Umweltschutzbewegung: eine politisch-soziale Bewegung, die eine grundlegende Umgestaltung der Industriegesellschaft anstrebt. Ihr Ziel ist eine umweltverträglich (ökologisch) und sozial verpflichtete Wirtschafts- und Gesellschaftsordnung. Politische Fragen sollen von allen Mitgliedern einer Gruppe, d.h. an der Basis entschieden werden (Basisdemokratie).
Unter der Bezeichnung »Grüne« bildeten sich in den parlamentarischen Demokratien in den 1970er-Jahren Bürgerinitiativen, in den 1980er-Jahren Parteien, die sich in den Auseinandersetzungen um Umweltbelastung und Umweltgefährdung u.a. gegen die wirtschaftlich oder militärisch genutzte Großtechnologie (besonders Kernenergie) oder verkehrspolitische Großprojekte wandten. Die erste grüne Partei in der BRD, die »Grüne Aktion Zukunft« (GAZ), entstand bereits 1978. Mit ihren Grundwerten »ökologisch – sozial – basisdemokratisch – gewaltfrei« wurde die Partei »Die Grünen« die einflussreichste politische Gruppe. Seit 1993 mit der Gruppe »Bündnis 90« verbunden (Bürgerrechtsbewegung), gehört sie als »Bündnis 90/Die Grünen« seit 1998 der Regierungs-

koalition mit der SPD an. In Konkurrenz zu ihr entstand 1981 die Ökologisch-Demokratische Partei (ÖDP).

In fast allen europäischen Demokratien entstanden in den 1980er-Jahren grüne Parteien: in Österreich die Vereinigte Grüne Österreichs (VGÖ) und Die Grünen – Die Grüne Alternative, in der Schweiz die Grüne Partei der Schweiz, in Frankreich Les Verts (Die Grünen; seit 1997 Mitglied der französischen Regierung), in Italien Federazioni dei Verdi (Verband der Grünen).

UN: siehe S. 494.

Unabhängigkeitserklärung: ↑Amerikanische Unabhängigkeitserklärung.

Unam sanctam [lateinisch »die eine heilige (Kirche)«]: nach ihren Anfangsworten benannte Bulle Papst BONIFATIUS VIII. vom 18. November 1302 gegen den französischen König PHILIPP IV., DEN SCHÖNEN. Der Papst beanspruchte darin den absoluten Vorrang der geistlichen vor der weltlichen Macht. Der durch die Bulle ausgelöste Konflikt mit dem französischen Königtum führte zum ↑Avignonesischen Exil des Papsttums.

Unfreie: im Mittelalter in der Verfügungsgewalt eines Herren stehende, je nach dem Grad der Abhängigkeit zu unterschiedlichen Diensten und Leistungen verpflichtete Personen (siehe auch ↑Hörigkeit, ↑Leibeigenschaft). Sie stellten in der ↑Grundherrschaft den Hauptteil der Arbeitskräfte. Die Unfreiheit hatte viele Ursachen: Verknechtung durch Unterwerfung, Schuldknechtschaft, Geburt.

Die Möglichkeit des sozialen Aufstiegs gab es durch ↑Freilassung und besonderen Dienst (↑Ministerialen).

ungarischer Volksaufstand: Bezeichnung für die Ereignisse in Ungarn vom 23. Oktober bis Mitte November 1956. Nach dem XX. Parteitag der KPdSU im Februar 1956, auf dem N. CHRUSCHTSCHOW mit dem ↑Stalinismus abrechnete, wurden auch in Ungarn Reformforderungen laut. Aus einer Studentenkundgebung in Budapest am 23. Oktober entwickelte sich eine breite öffentliche Bewegung, die eine unabhängige nationale Politik, beruhend auf den Prinzipien des Sozialismus und der Gleichheit aller Staaten, wirtschaftliche und demokratische Reformen sowie freie Wahlen forderte. Noch in derselben Nacht wurde I. NAGY zum Ministerpräsidenten ernannt. Armee und Polizei unterstützten die aufständische Bewegung, die binnen zwei Tagen das ganze Land beherrschte. Die Sowjetunion erklärte sich bereit, über die Forderung nach dem Abzug ihrer Truppen aus Ungarn zu verhandeln.

Mit Wiederzulassung der Parteien bildete I. NAGY ein Koalitionskabinett (30. Oktober) und versprach freie Wahlen. Am 1. November kündigte er den ↑Warschauer Pakt und proklamierte Ungarns Neutralität. Daraufhin intervenierte die Sowjetunion militärisch und schlug den Aufstand blutig nieder. Es folgte die Bildung einer prosowjetischen Regierung durch J. KÁDÁR. Zahllose Aufständische wurden verhaftet, NAGY und andere führende Männer des Aufstands wurden von den Sowjets hingerichtet. Die militärische Zurückhaltung der Westmächte beruhte einerseits auf der Anerkennung des sowjetischen Einflussbereichs, andererseits auf dem Engagement in der ↑Suezkrise.

UN-Generalsekretär: ↑UN.

Union: nach der ↑Donauwörther Exekution am 14. Mai 1608 geschlossenes Bündnis der süd- und westdeutschen protestantischen Reichsstände. Als katholisches Gegenbündnis bildete sich 1609 die ↑Liga. Durch chronischen Geldmangel, Streitigkeiten zwischen Lutheranern und Kalvinisten, durch das Fernbleiben Kursachsens und der norddeutschen protestantischen Fürsten in ihrer Handlungsfähigkeit von Anfang an eingeschränkt, war die U. dennoch ein Bezugspunkt aller antikatholischen und antihabsburgischen Bestrebungen. Bei Ausbruch des Dreißigjährigen Krieges in Böhmen ▸ *Fortsetzung auf S. 496*

Die von **U**nited **N**ations abgeleitete Abkürzung ist eine Staatenverbindung, der alle Staaten angehören können, sofern sie fähig und willens sind, die Pflichten der **UN-Charta** anzuerkennen.

Das Emblem der Vereinten Nationen

Die Organisation ist auch unter der englischen Bezeichnung »United Nations Organization« sowie den deutschen Bezeichnungen »Vereinte Nationen« und »Organisation der Vereinten Nationen« (Abk. UN) bekannt. Die UN (2002: 190 Mitglieder) haben ihren Hauptsitz in New York, Nebenzentren sind Genf, Wien und Nairobi.

Die Ziele

In einer Charta sind die Ziele der UN niedergelegt: Wahrung des Weltfriedens und der internationalen Sicherheit durch gemeinschaftlichen Beistand gegen Angriffskriege oder Gewaltanwendung, friedliche Schlichtung von Streitigkeiten, Schutz der Menschenrechte, Hilfe für Flüchtlinge und Verfolgung von Kriegsverbrechen. Die UN bekennen sich zum Grundsatz der Gleichheit aller Staaten und zum Selbstbestimmungsrecht der Völker. Ihre Mitglieder sind verpflichtet, die von den UN angeordneten Maßnahmen zu unterstützen. In Angelegenheiten, die in die innerstaatliche Zuständigkeit eines Mitgliedstaats fallen, dürfen die UN nicht eingreifen.

Die Organe

Mindestens einmal im Jahr tritt die **Generalversammlung,** in der jedes Mitglied vertreten ist, zusammen. Sie kann über alle Gegenstände beraten, die in der UN-Charta erfasst sind. Der **(Welt-)Sicherheitsrat** ist vorrangig zuständig für die Aufrechterhaltung des Friedens, er kann zu diesem Zweck Empfehlungen oder bindende Entscheidungen treffen. Er hat fünf ständige und zehn nichtständige, alle zwei Jahre von der Generalversammlung gewählte Mitglieder. Jeder der fünf ständigen Mitglieder (Volksrepublik China, Frankreich, Großbritannien, Russland und USA) hat das Recht, eine Entscheidung des Sicherheitsrates zu blockieren (Vetorecht).

Der **Wirtschafts- und Sozialrat** soll auf der Basis friedlicher Zusammenarbeit den wirtschaftlichen und sozialen Fortschritt in der Völkergemeinschaft fördern. Das Sekretariat ist unter der Leitung des **Generalsekretärs** oberstes Verwaltungsorgan der UN.

Die Entstehung

Gestützt auf die ↑Atlantikcharta, schlossen sich am 1. Januar 1942 26 gegen die ↑Achsenmächte kämpfende Staaten zu den United Nations zusammen. 1944 entwarf die Konferenz von Dumbarton Oaks bei Washington (D. C.) eine Satzung für die seit 1943 geplante Organisation. Die ↑Jalta-Konferenz klärte im Februar 1945 die bis dahin noch strittigen Fragen (u. a. Abstimmungsmodus, Vetorecht). Am 26. Juni 1945 verabschiedeten 51 Nationen die UN-Charta. Am 24. Oktober 1945 trat sie in Kraft. Die Mächte, die im Zweiten Weltkrieg nicht der Anti-Hitler-Koalition angehört hatten, sollten von den UN ausgeschlossen bleiben und sich nicht auf die UN-Charta berufen dürfen (Feindstaatenklausel). Die UN ersetzten den ↑Völkerbund.

UN-Generalsekretäre

1946–53	T. H. Lie (Norwegen)
1953–61	D. Hammarskjöld (Schweden)
1961–71	S. U. Thant (Birma)
1971–81	K. Waldheim (Österreich)
1982–91	J. Perez de Cuellar (Peru)
1992–96	B. B. Ghali (Ägypten)
seit 1997	K. Annan (Ghana)

Im Schatten des Ost-West-Konflikts

Im Sicherheitsrat verhinderte v.a. die Rivalität der beiden Weltmächte UdSSR und USA gemeinsames, gleichgerichtetes Handeln. Der Beschluss des Sicherheitsrats, den Angriff Nord-Koreas auf Süd-Korea (1950) als UN militärisch abzuwehren, geschah in Abwesenheit des sowjetischen Delegierten (↑Koreakrieg). Die Generalversammlung wurde seit den 1950er-Jahren zu einem Forum ideologisch geprägter Kampfreden, mit denen nach 1955 v.a. die ↑blockfreien Staaten für die eigenen Ziele gewonnen werden sollten. Erst das nukleare Gleichgewicht zwischen den USA und der UdSSR und die ↑Entspannungspolitik führten zu gemeinsamen Vorschlägen der Weltmächte, etwa zur Nichtweitergabe von atomaren Waffen (↑Abrüstung).

Der Prozess der ↑Entkolonialisierung verdreifachte die Zahl der Mitglieder und minderte das Gewicht der Industriestaaten gegenüber den Entwicklungsländern. Letztere benutzten die UN als Plattform, um auf die ungleiche Verteilung des Wohlstands auf der Welt hinzuweisen (Nord-Süd-Konflikt, ↑Dritte Welt). Mit dem Ausschluss der Republik China (Taiwan) und der Aufnahme der Volksrepublik China in die UN als ständiges Mitglied erfuhr die UN 1971 eine bedeutende Veränderung.

Bei ihrer Aufgabe, den Weltfrieden zu fördern, sahen sich die UN – die, obwohl von der Charta vorgesehen, bis heute über keine eigene Streitmacht verfügen –, lange Zeit auf vermittelnde, Frieden erhaltende Aktionen beschränkt: z.B. Entsendung von Militärbeobachtern oder Friedenstruppen (»Blauhelme«) als Puffer zwischen feindlichen Gruppen. Nach dem Ende des Ost-West-Konflikts gewannen die UN an Bedeutung besonders bei sog. Frieden schaffenden Missionen (2.↑Golfkrieg), blieben aber an die Interessen der Großmächte gebunden. Die Kritik an der Zusammensetzung des Sicherheitsrats, an dem Ein-Staat-eine-Stimme-Prinzip in der Generalversammlung, an der starken Bürokratie und an der Finanzkrise der UN ließ Forderungen nach einer Reform laut werden.

1993 verabschiedete der Sicherheitsrat das Statut eines internationalen Kriegsverbrechertribunals (↑Kriegsverbrecherprozesse). Zu Bevölkerungs-, Frauen- und Klimafragen (↑Weltklimakonferenzen) hielten die UN bedeutende Konferenzen ab. ■

Die Gründungskonferenz der UN fand am 25. April 1945 in San Francisco im Opernhaus des Civic Center statt.

Die Deutsche Gesellschaft für die Vereinten Nationen ist eine Anlaufstelle für Fragen zur UN (*www.dgvn.de*). Weitere Informationen gibt es unter *www.uno.de* und *www.un.org*

Charta der Vereinten Nationen. Kommentar, hg. v. Bruno Simma und Hermann Mosler. München 1991. ■ Czempiel, Ernst-Otto: *Die Reform der UNO. Möglichkeiten und Mißverständnisse.* München 1994. ■ Unser, Günther: *Die UNO. Aufgaben und Strukturen der Vereinten Nationen.* München 61997.

U

◂ *Fortsetzung von S. 493* (↑Böhmischer Aufstand) erwies sich die U. als der Liga nicht gewachsen; sie versagte ihrem Führer, dem zum böhmischen König gewählten pfälzischen Kurfürsten FRIEDRICH V., die Unterstützung, schloss ein Neutralitätsabkommen mit der Liga und löste sich im Mai 1621 auf.

Unitarismus [von lateinisch unitas »Einheit«]: Bezeichnung für Bestrebungen innerhalb eines Staatenverbands, die Befugnisse der zentralen Instanzen zulasten der Kompetenzen der einzelnen Glieder zu erweitern (im Gegensatz zum ↑Föderalismus oder ↑Regionalismus).

UN-Sicherheitsrat: ↑UN.

Unterhaus: allgemein Bezeichnung für die zweite Kammer eines Parlaments (↑Zweikammersystem), besonders für das britische **House of Commons,** das zusammen mit dem Monarchen und der ersten Kammer, dem **House of Lords** (↑Oberhaus), das britische Parlament bildet. Seit dem 13. Jh. wurden in England zu den Beratungen des Königs mit dem Adel auch gewählte Vertreter der 39 Grafschaften sowie zahlreicher städtischer Gemeinden hinzugezogen. Seit der Mitte des 14. Jh. tagte dieses U. getrennt vom Oberhaus, 1407 erhielt es das alleinige Recht der Steuerbewilligung, sein Recht auf Mitwirkung an der Gesetzgebung festigte es im Zusammenhang mit der englischen Reformation. Durch die Revolutionen des 17. Jh. wurde es zum politischen Zentrum des Staates, wobei sich seit dem Ende des 18. Jh. das parlamentarische Regierungssystem herausbildete. Mit den Wahlrechtsreformen des 19. und frühen 20. Jh. erhielt es endgültig repräsentativen Charakter (↑Repräsentativsystem).

Urbar: mittelalterliches Güter- und Abgabenverzeichnis großer Grundherrschaften. Das U. enthielt u. a. ausführliche Besitzbeschreibungen (↑Salland und abhängige ↑Hufen) und verzeichnete die einzelnen Abgaben und Dienste sowie die Inhaber der Ländereien.

Urfehde: Von den Beteiligten bei Beendigung der ↑Fehde im Sühnevertrag gegenseitig durch Eid beschworenes Versprechen, künftig Frieden zu halten. Im Mittelalter auch Bezeichnung für den eidlichen Verzicht des Freigesprochenen oder Freigelassenen auf Rache gegenüber Ankläger und Gericht. Die U. wurde schriftlich festgehalten (**Urfehdebrief**), ihr Bruch streng bestraft.

Urnenfelderkultur: von Ost- bis Westeuropa verbreitete Kultur der Bronzezeit vom 13. bis 8. Jh. v. Chr., die in die ↑Hallstattkultur überging; benannt nach der Sitte, die Asche der Toten in Urnen zu bergen und diese zu größeren Feldern (Friedhöfen) zusammenzustellen. Kennzeichen der U. ist eine hoch entwickelte Bronzeverarbeitung von Schwertern, Messern, Waffen und Kultgeräten, eine bereits ausgeprägte Landwirtschaft, die Herausbildung neuer religiöser Vorstellungen und eine weitere gesellschaftliche Differenzierung (weit verbreitete Errichtung befestigter Siedlungen, Spezialisierung im Handwerk).

Usurpation [von lateinisch usurpare »durch Gebrauch an sich reißen«, »rauben«]: widerrechtliche Inbesitznahme, gesetzeswidrige Machtergreifung. Als **Usurpator** wird bezeichnet, wer widerrechtlich die Staatsgewalt an sich reißt.

Utrecht, Friede von ['y:trɛxt]: am 11. April 1713 zwischen Frankreich und Großbritannien, den Generalstaaten, Preußen, Portugal und Savoyen geschlossener Friedensvertrag, der den ↑Spanischen Erbfolgekrieg beendete. PHILIPP V. wurde unter der Bedingung des Verzichts auf eine spanisch-französische Personalunion als König von Spanien anerkannt; Savoyen erhielt Sizilien (als Königreich), die Generalstaaten sicherten sich das Besatzungsrecht über eine Reihe von Festungen in den (bisher) spanischen Niederlanden. Großbritannien erreichte die Anerkennung der Thronfolge des Hauses Hannover und baute seine überseeische Machtstellung durch den Erwerb Neufundlands, Neuschottlands, der Hudsonbai sowie Gibraltars und Menorcas aus. Der F. v. U. beendete in Anerkennung des Systems eines politischen ↑Gleichgewichts der europäischen Mächte zunächst die Vormacht Frankreichs in Europa.

V

Vaganten: im Mittelalter Studierende (**Scholaren**) oder Studierte, die entweder unterwegs zu Studienorten oder nach abgeschlossenem Studium auf der Suche nach einer Anstellung waren, aber auch solche, die aus Abenteuerlust und aus Gefallen am ungebundenen Leben auf Wanderschaft blieben. Das Vagantentum entstand mit den Universitäten v. a. in Frankreich und artete teilweise in Landstreicherei aus.

Varusschlacht (Schlacht im Teutoburger Wald, Hermannsschlacht): Schlacht 9 n. Chr., bei der drei römische Legionen unter ihrem Befehlshaber VARUS von den unter der Führung des Cheruskerfürsten ARMINIUS (HERMANN) vereinten Germanen geschlagen wurden. Danach gaben die Römer ihren Plan einer Grenzverlegung an die Elbe auf.

Vasall: Bezeichnung für den einem Herrn lehnsrechtlich untergeordneten und unter dessen Schutz stehenden Gefolgsmann. Der V. erhielt ein Lehen von seinem Herrn (in der Regel Land) und war dafür seinem Herrn zu Treue und Hilfeleistung verpflichtet. Ihren Ursprung hatte die **Vasallität** in der frühen Karolingerzeit (8. Jh.), ihr Ende fand sie mit dem Aufkommen eines Beamtentums und einer landesherrlichen Territorialverwaltung im spätmittelalterlichen bzw. frühneuzeitlichen Europa. – Siehe auch ↑ Lehnswesen.

verbrannte Erde: Bezeichnung für eine Kriegstaktik, die die Vernichtung der gesamten Lebensgrundlage der beim Rückzug geräumten Gebiete beabsichtigt (Tötung oder Deportation der Bevölkerung, Zerstörung von Verkehrsverbindungen, Industrie- und Versorgungsanlagen, gegebenenfalls auch der Ernte sowie privater und öffentlicher Gebäude). Ziel dieser Taktik ist es, den Vormarsch des Gegners aufzuhalten und ihm keine militärisch verwertbaren Güter und Einrichtungen zu hinterlassen.

Vereinigter Landtag: von König FRIEDRICH WILHELM IV. einberufene Versammlung der preußischen Provinzialstände. Die ↑stein-hardenbergschen Reformen hatten das angestrebte Ziel einer ständischen Vertretung des preußischen Gesamtstaates nicht verwirklicht. Nur im Bereich der einzelnen Provinzen waren durch das Gesetz vom 6. Juni 1823 ↑Provinzialstände (gewählte Vertreter des adligen [50 %], des städtischen [33⅓ %] und des bäuerlichen [16⅔ %] Bevölkerungsanteils) eingerichtet worden, trotz des Versprechens des preußischen Königs von 1815, »eine Repräsentation des Volkes« zuzulassen. Erst als notwendige Staatsverschuldungen aus Anlass des Eisenbahnbaus die Einberufung einer gesamtpreußischen Vertretung erforderten, berief FRIEDRICH WILHELM IV. am 3. Februar 1847 sämtliche 613 Mitglieder der acht Provinzialstände als V. L. nach Berlin. Da er nicht bereit war, dieser Versammlung das Recht des regelmäßigen Zusammentretens zu gewähren, ging der Landtag am 26. Juni auseinander, ohne eine Anleihe bewilligt zu haben.

Vereinigtes Wirtschaftsgebiet: Unter Bezug auf die Forderung des ↑Potsdamer Abkommens, das besetzte Deutschland als wirtschaftliche Einheit zu behandeln, schlossen die USA und Großbritannien ihre Besatzungszonen mit Wirkung vom 1. Januar 1947 zur **Bizone** zusammen. Unter der politischen Kontrolle der beiden Besatzungsmächte hatte das V. W. seit Februar 1948 folgende Organisationsstruktur: Oberstes Organ war der Wirtschaftsrat, eine parlamentarische Versammlung aus Vertretern der acht Länderparlamente der Bizone. Daneben bestand ein Länderrat aus je zwei Delegierten der acht Landesregierungen in-

V

nerhalb der Bizone. Die Exekutive bildeten sechs Verwaltungen (Ernährung und Landwirtschaft, Verkehr, Wirtschaft, Finanzen, Post- und Fernmeldewesen sowie Arbeit) unter der Leitung von Direktoren. Erst am 8. April 1948 vollzog Frankreich den Beitritt seiner Zone zum V.W. (»Trizone«), das zur Keimzelle der Bundesrepublik Deutschland wurde. Die Sowjetische Militäradministration hatte den Beitritt seiner Besatzungszone zur Bizone von Anfang an abgelehnt.

Verfassung: allgemein das Verhältnis von Teilen eines Ganzen zueinander, besonders im staatlichen Bereich die Machtverteilung und Art der Organisation der staatlichen Gewalt.

Sinn und Ziel: Seit dem 18. Jh. hat es sich eingebürgert, dass Staaten ihre V. schriftlich festlegten. Diese enthielten meist eine Neuregelung der staatlichen Organisation, besonders der politischen Willensbildung, und eine Grenzziehung der Staatsgewalt gegenüber ihren Bürgern. Im Sinne der liberalen Vorstellungen von einem freiheitlichen ↑Rechtsstaat wurde von einer V. gefordert, dass sie eine Trennung der staatlichen Gewalten (↑Gewaltenteilung) und mindestens ein Mitbestimmungsrecht des Volkes bei der Gesetzgebung (↑Parlament) sowie die Garantie von ↑Menschenrechten vorsah (**Verfassungsstaat** im engeren Sinne).

Dementsprechend gliedern sich V. bis heute in der Regel in einen Grundrechtsteil und einen Teil, der die Staatsorganisation in Grundzügen festlegt. Es gibt aber auch Staaten, die diesen Prinzipien folgen, ohne sie schriftlich in einer Urkunde festzuhalten (z.B. Großbritannien). Schriftliche V. gelten in der Regel als das höchste Gesetz in einem Staat, nach dem sich auch der Gesetzgeber zu richten hat. Änderungen des Verfassungstextes sind daher meist nur unter erschwerten Umständen (z.B. nur mit einer qualifizierten Mehrheit, etwa der Zweidrittelmehrheit), zum Teil aber auch gar nicht möglich.

Geschichtliche Entwicklung: Die Forderung nach schriftlich festgelegten, zwischen den Ständen vertragsähnlich vereinbarten Regeln staatlichen Zusammenlebens (↑Gesellschaftsvertrag) entstand erst im Zusammenhang mit den politischen Emanzipationsbestrebungen des Bürgertums im 18. Jh., nachdem jedoch bereits im Mittelalter und in der frühen Neuzeit die Durchsetzung ständischer Forderungen und Rechte zu verfassungsähnlichen Vorformen geführt hatte (z.B. die ↑Magna Charta oder die ↑Grundgesetze des Heiligen Römischen Reichs). V. in kodifizierter Form entstanden zuerst in den USA (Unionsverfassung von 1787), dann in Frankreich (1791). In Deutschland erhielten zuerst die süddeutschen Staaten (z.B. Bayern und Baden 1818, Württemberg 1819) Verfassungen. Diese V. wurden in der Regel vom Monarchen als freiwillige Beschränkung seiner Staatsgewalt erlassen (oktroyiert). Sie stellen den Übergang vom Absolutismus zum Konstitutionalismus dar.

Die erste V. in Deutschland, die dem Prinzip der ↑Volkssouveränität folgte, war die Reichsverfassung von 1849. Sie wurde von einer verfassunggebenden ↑Nationalversammlung (siehe auch ↑Frankfurter Nationalversammlung) gegeben. An diesen Entwurf knüpfte 1919 die Weimarer Reichsverfassung (↑Weimarer Republik) an. Die V. der Bundesrepublik Deutschland ist das 1949 entstandene ↑Grundgesetz.

Verkehrsvertrag: ↑Ostpolitik.

Verlagssystem: eine frühe Unternehmensform, die im 14. und 15. Jh. in Norditalien und in Flandern entstand. Im V. gerieten ehemals selbstständige Handwerker in Abhängigkeit von Großkaufleuten, die ihnen die Rohstoffe zur Produktion in Heimarbeit »vorlegten« und dafür die Abnahme des Produkts garantierten. Mit der Zeit erstreckte sich der »Verlag« auch auf die Arbeitsgeräte, sodass die Heimarbeit der Beschäftigten als dezentralisierte Fabrikarbeit verstanden werden kann. Die so entstehenden

Hausgewerbe standen außerhalb des Zunftzwangs und wurden später vorwiegend nicht mehr von Handwerkern, sondern von »versteckten« Lohnarbeitern ausgeübt. Vom absolutistischen Staat des 17. und 18. Jh. gefördert, stand das V. jedoch einer weiteren Entwicklung der industriellen Produktion im Wege. Die Zerstörung des V. im 19. Jh., z. B. bei den Webern, rief beträchtlichen Widerstand der Betroffenen hervor und war eine der Quellen der sozialen und politischen Unruhen. – Siehe auch ↑ Weberaufstand.

Vernichtungslager: ↑Konzentrationslager.

Vernunftrecht: ↑Naturrecht.

Versailler Vertrag [vɛrˈzajər -]: wichtigster der ↑Pariser Vorortverträge von 1919/20, mit denen der Erste Weltkrieg beendet wurde. Der V. V. wurde am 28. Juni 1919 im Spiegelsaal des Versailler Schlosses (dem Ort der Kaiserproklamation 1871) durch Vertreter des Deutschen Reichs einerseits und von 26 alliierten und assoziierten Mächten andererseits unterzeichnet und trat am 20. Januar 1920 in Kraft. Der Text des V. V. war auf der Pariser Friedenskonferenz am 18. Januar 1919 als Kompromiss zwischen G. B. Clemenceau (Frankreich), D. Lloyd George (Großbritannien) und W. Wilson (USA) ohne Beteiligung deutscher Vertreter ausgearbeitet und am 7. Mai 1919 der Reichsregierung zugestellt worden. Deren schriftliche Gegenvorschläge hatten die Alliierten nahezu vollständig abgelehnt und am 16. Juni 1919 mit dem Ultimatum beantwortet, den Vertrag innerhalb von fünf Tagen zu akzeptieren. Angesichts der drohenden Besetzung des gesamten Deutschen Reichs änderte die Mehrheit der Weimarer Nationalversammlung (↑Weimarer Republik) ihre bisher ablehnende Haltung und stimmte mit einer Mehrheit von 99 Abgeordneten am 22. Juni 1919 der Unterzeichnung zu.

Inhalt: Der V. V. umfasste 440 Artikel in 15 Teilen und war zunächst bestimmt durch die Bedingungen des Waffenstillstands von ↑Compiègne vom 11. November 1918. Teil I enthielt die Satzung des ↑Völkerbunds, in den das Deutsche Reich – im Unterschied zu den anderen Unterzeichnerstaaten des V. V. – jedoch nicht aufgenommen wurde. Eine Revision des V. V. war gemäß § 19 der Satzung möglich.

Die Teile II und III legten v. a. die neuen Grenzen des Deutschen Reichs fest; die Gebietsabtretungen wurden zum Teil entgegen dem ↑Selbstbestimmungsrecht der Völker, wie es die ↑Vierzehn Punkte gefordert hatten, ohne Abstimmung der Bevölkerung vorgenommen (↑Abstimmungsgebiete). Dazu gehörten Elsass-Lothringen, Nordschleswig, Posen und Westpreußen sowie das Hultschiner Ländchen, Teile Ostpreußens (Memelgebiet) und Oberschlesiens. Der ↑Polnische Korridor trennte Ostpreußen vom Reichsgebiet, Danzig wurde als »freie Stadt« dem Völkerbund unterstellt und die Eingliederung ↑Deutschösterreichs verboten. Das Deutsche Reich verlor durch die Gebietsabtretungen (unter Ausschluss der Kolonien) 70 579 km² (von 540 787 km²) seines Territoriums mit 6,5 Mill. Einwohnern (1910). Teil IV legte den Verlust der Kolonien des Deutschen Reichs und ihren Übergang als Mandatsgebiete (↑Mandat) an den Völkerbund fest. Teil V bestimmte die fast vollständige Entwaffnung des Deutschen Reichs; das Landheer wurde auf 100 000 Mann zur Erhaltung der inneren Ordnung und zur Wahrnehmung der Funktion einer Grenzpolizei, die Marine auf 1 500 Offiziere und 15 000 Mannschaften beschränkt. Allgemeine Wehrpflicht, Generalstab, Kriegsakademie und Militärschulen wurden abgeschafft. Die Teile VIII und IX behandelten die deutschen ↑Reparationen, ohne deren endgültige Höhe oder Laufzeit festzulegen, und enthielten den in Deutschland besonders umstrittenen Art. 231 (»Kriegsschuldartikel«), der im Sinne einer deutschen Alleinschuld am Ersten Weltkrieg verstanden wurde.

V

Die Teile X bis XII bestimmten den Verlust des deutschen Eigentums im Ausland (etwa 10 Mrd. Goldmark), die Einräumung des Meistbegünstigungsrechts für die alliierten Staaten ohne Gegenseitigkeit, die Privilegierung der Alliierten in der Luftfahrt, in deutschen Häfen, auf deutschen Flüssen und auf dem Nord-Ostsee-Kanal. Teil XIV legte als Bürgschaft für die Durchführung des V. V. fest, dass das Saargebiet und das linke Rheinufer mit Brückenköpfen in Köln, Koblenz und Mainz vorläufig 15 Jahre von alliierten Truppen besetzt werden sollten und ihre Räumung alle fünf Jahre, bei erwiesener Vertrauenswürdigkeit des Reichs auch vorzeitig, erfolgen sollte.

Auswirkungen: Der V. V. besiegelte zunächst klar den militärischen Verlust der Weltmachtposition des Deutschen Reichs. Mit den Gebietsabtretungen in Verbindung mit den Lieferungsverpflichtungen für Kohle wurde der deutschen Wirtschaft nahezu die Hälfte ihres Kohlepotenzials, ihres wichtigsten Rohstoffs und Energieträgers, entzogen. Dem lag der französische Plan zugrunde, das ökonomische Übergewicht des Deutschen Reichs zugunsten Frankreichs zu beseitigen und damit wirtschaftlich die Gefahr einer Wiederherstellung der deutschen Vorkriegsposition zu bannen.

Diese von Clemenceau auch weiterhin verfolgte Politik eines harten Friedens stieß jedoch bald auf den Widerspruch Großbritanniens, das in der Tradition der britischen Gleichgewichtspolitik einer französischen Hegemonie seine Zustimmung versagte und außerdem in hohem Maße daran interessiert war, das Deutsche Reich als eine Schutzmauer gegen den russischen Bolschewismus zu stabilisieren. Hinzu kam, dass sich sowohl in Großbritannien als auch in den USA bald ökonomische Interessen gegen die finanziellen und wirtschaftlichen Klauseln des V. V. Geltung verschafften.

Die Revisionspolitik der Weimarer Republik erreichte die vorzeitige Räumung des Rheinlands 1930, das faktische Ende der Reparationen 1931/32, die formelle Anerkennung des Großmachtstatus mit der Aufnahme in den Völkerbund 1926 und die prinzipielle Zubilligung der Gleichberechtigung auf dem Rüstungssektor 1932. Dennoch konnte sie nicht verhindern, dass die rechts-, aber auch die linksradikalen Kräfte im V. V. das entscheidende Element in ihrer Agitation zur Zerstörung der parlamentarischen Demokratie fanden. Mangelnde Bereitschaft, die Grenzen der Möglichkeiten deutscher Welt- und Großmachtpolitik einzusehen, und damit das Unvermögen, die militärische Entscheidung von 1918 hinzunehmen (siehe auch ↑Dolchstoßlegende), trugen zur Entstehung eines Versaillestraumas bei, das dann nach 1933 den Bruch und die gewaltsame Revision des V. V. durch Hitler begünstigte. Aufseiten der ehemaligen Alliierten haben die inneren Widersprüche des V. V. schließlich die Bereitschaft gefördert, seine Zerschlagung durch das Deutsche Reich seit 1933 hinzunehmen. – Siehe auch ↑Appeasement.

Vertreibung: ↑Heimatvertriebene.

Verwaltung: die Wahrnehmung bestimmter Tätigkeiten für andere, v.a. die Wahrnehmung von Staatsaufgaben durch einen besonderen Stand, die ↑Beamten (**öffentliche Verwaltung**).

Entwicklung: Ansätze zu einer solchen V. gab es bereits in den Staaten des Altertums. Von einer modernen öffentlichen V. sprechen wir aber erst seit dem Aufkommen des Beamtenstaates in der frühen Neuzeit, wenn sich auch eine von Beamten wahrgenommene Staatsverwaltung schon im 13. Jh. im Normannenstaat Sizilien unter FRIEDRICH II., später in Burgund und Frankreich sowie in Deutschland seit der Reichsreform Kaiser MAXIMILIANS I. um 1500 findet. Die Staaten des Absolutismus organisierten zuerst die Finanz- und Kriegsverwaltung. Andere Bereiche traten später hinzu. Eine Aufgliederung der Staatsverwaltung in feste Sachbereiche gibt es erst seit dem 19. Jh. Seit dieser Zeit wurden auch, der Idee der ↑Gewaltenteilung folgend, die Bereiche der Gesetzgebung, Regierung und Rechtsprechung aus der V. ausgegliedert. V. wurde nunmehr als reine Exekutivtätigkeit verstanden, die ihre Richtlinien von der Legislative erhält (Prinzip der Gesetzmäßigkeit der V.), politisch von der Regierung geführt wird und der Kontrolle der Rechtsprechung unterliegt (Prinzip der rechtsstaatlichen V.).

Im Zuge der Entwicklung vom liberalen ↑Rechtsstaat zum ↑Wohlfahrtsstaat (siehe auch ↑soziale Sicherheit) änderte auch die moderne V. ihren Charakter. Aus einer auf die Einhaltung einer bestimmten Ordnung bedachten (polizeilichen) **Eingriffsverwaltung** wurde mehr und mehr eine soziale Leistungen (Fürsorge, Subventionen, Wirtschaftsförderung) erbringende **Leistungsverwaltung**. Das Anwachsen und die Spezialisierung der Staatstätigkeit und damit auch der V. ließen ihre Kontrolle als immer schwieriger und dringlicher erscheinen. Versuche des 19. Jh., das Übermaß staatlicher V. zu vermindern und zu rationalisieren, führten bis heute zu immer wieder neu ansetzenden Verwaltungsreformen sowie zur **Selbstverwaltung** ehrenamtlich tätiger Bürger oder von ihnen kontrollierter Sonderverwaltungen (z.B. Kommunalbeamte) entweder auf lokaler Ebene oder in Sonderbereichen wie z.B. der Sozialversicherung. – Siehe auch ↑Bürokratie.

Vẹsta: bei den Römern die Göttin des häuslichen Herdes und des heiligen Herdfeuers, das in einem Tempel am Fuß des Palatins von den **Vestalinnen,** aus vornehmen römischen Familien stammenden Jungfrauen, gehütet wurde und den Bestand des Staates symbolisierte und sicherte. Im privaten Kultleben spielte die V. keine nennenswerte Rolle.

Veteranen [von lateinisch vetus »alt«]: allgemein altgediente, erfahrene Soldaten. In der römischen Antike die Soldaten, die ihre Dienstzeit vollendet hatten und entlassen worden waren. Während in republikanischer Zeit im Kriegsfall ein Bürgerheer ausgehoben und nach Beendigung des Kriegszuges sofort wieder aufgelöst wurde, setzte sich seit dem 2./1. Jh. v. Chr. nach und nach das Berufsheer durch (Heeresreform des GAJUS MARIUS); die für eine bestimmte Zeit verpflichteten Berufssoldaten erhielten nach Beendigung ihrer Dienstzeit Ackerland in den Provinzen zugeteilt. Da die Versorgung der V. durch die jeweiligen Feldherren garantiert wurde, betrachteten die V. sich als zu seiner Klientel (↑Klient) gehörig und bildeten damit einen Machtfaktor, der v.a. in den Bürgerkriegen an Bedeutung gewann.

Vetorecht [von lateinisch veto »ich verbiete«]: das Recht, durch Einspruch (Veto) das Zustandekommen eines Beschlusses endgültig (**absolutes Veto**) oder aufschiebend (**suspensives Veto**) zu verhindern. Historisches Vorbild war das V. des römischen ↑Volkstribuns. Das V. existiert im neuzeitlichen Verfassungsrecht 1. in vielen deutschen konstitutionellen Monarchien des 19. Jh. als Recht des Staatsoberhaupts in der Form des absoluten V. gegenüber parlamentarischen Gesetzesbeschlüssen oder in den USA als Recht des Präsidenten in Form des suspensiven V. gegenüber dem Kongress; 2. in ↑Zweikammersystemen als Recht der einen Kammer gegenüber der anderen oder beider Kammern gegeneinander.

Vichy-Regierung [französisch viˈʃi...]: Nach der militärischen Niederlage Frankreichs und dem Abschluss eines Waffenstillstands mit dem Deutschen Reich am 22. Juni 1940 zog sich die französische Regierung unter Marschall PH. PÉTAIN in den noch unbesetzten Süden Frankreichs zurück; neue Hauptstadt wurde Vichy. Von der Nationalversammlung mit verfassunggebenden und exekutiven Vollmachten ausgestattet, begründete PÉTAIN ein autoritäres Regime, den **État Français;** durch eine (begrenzte) Zusammenarbeit mit HITLER versuchte er, die koloniale und maritime Herrschaft Frankreichs zu sichern, eine Politik, die spätestens mit dem Einmarsch deutscher und italienischer Truppen in das nicht besetzte Frankreich 1942 gescheitert war. Das freie Frankreich (↑Résistance) unter Führung General DE GAULLES betrachtete die V.-R. von Anfang an als nationalen Verrat. Nach der Befreiung Frankreichs 1944 durch die Alliierten wurden die Mitglieder der V.-R. als Kollaborateure zum Tode oder zu langen Freiheitsstrafen verurteilt.

Vierkaiserjahr: in der römischen Geschichte das Jahr 69 n. Chr., als nach dem Tod NEROS (68 n. Chr.) GALBA, OTHO und VITELLIUS Kaiser waren, auf die noch im selben Jahr VESPASIAN folgte.

Viermächteabkommen über Berlin: ↑Berlinfrage.

vierter Stand: im 19. Jh. in Analogie zu ↑dritter Stand geprägte Bezeichnung für die als Folge der Industriellen Revolution unterhalb der Schicht des Bürgertums entstandene Schicht der lohnabhängigen Arbeiter. – Siehe auch ↑Stände.

Vierzehn Punkte: das Friedensprogramm des amerikanischen Präsidenten W. WILSON vom 8. Januar 1918, das als Grundlage für eine dauerhafte Friedensordnung dienen sollte. Die V. P. enthalten allgemeine Grundsätze, die den zwischenstaatlichen Verkehr bestimmen sollten (keine Geheimdiplomatie, Freiheit der Schifffahrt und des Handels, umfassende Abrüstung und unparteiische Regelung der kolonialen Ansprüche), sowie gezielte Vorschläge, um einen für alle Parteien des Ersten Weltkriegs annehmbaren Friedensschluss zu erreichen. Hierzu gehörte die Forderung nach Räumung und Rückgabe der besetzten russischen, belgischen und französischen Gebiete einschließlich Elsass-Lothringens, die Vorstellung einer generellen Neuordnung Europas und der politischen Zugehörigkeit der Völker nach dem Prinzip des Selbstbestimmungsrechts (d. h. Unabhängigkeit für die unter russischer, österreichisch-ungarischer und türkischer Herrschaft lebenden Völker), Pläne für verschiedene Grenzregulierungen zugunsten von Verbündeten der ↑Entente (Verschiebung der österreichisch-italienischen Grenzlinie nach Norden, Adriazugang für Serbien, Ostseezugang für ein neu zu schaffendes Polen). Schließlich gehörte zu den V. P. auch der Vorschlag, einen ↑Völkerbund zu gründen, der die Unabhängigkeit und territoriale Unversehrtheit der Staaten garantieren sollte. Die V. P. fanden international ein starkes Echo; sie wurden von den Alliierten mit gewissen Modifikationen gebilligt, ohne aber den ↑Versailler Vertrag maßgeblich zu bestimmen.

Vietcong [viɛtˈkɔng; vietnamesische Kurzform für »vietnamesische Kommunisten«]: seit 1957 in Süd-Vietnam, dann auch in der westlichen Welt gebräuchliche Bezeichnung für die südvietnamesischen Guerillakämpfer. Ihre Bewegung knüpfte organisatorisch, zum Teil auch personell an den ↑Vietminh an. Der V. errichtete 1960 als Dachorganisation unter kommunistischer Führung die **Nationale Befreiungsfront von Süd-Vietnam,** die 1969 eine provisorische Revolutionsregierung bildete und nach dem Ende des ↑Vietnamkriegs 1975 die Regierungsgewalt übernahm.

Vietminh [viɛtmin; vietnamesische Kurzform für »Liga für die Unabhängigkeit Vietnams«]: 1941 von Ho Chi Minh gegründete kommunistische Bewegung gegen den japanischen Imperialismus und den französischen Kolonialismus. Ihre Guerillaverbände kämpften bis 1945 gegen die Japaner und 1946–54 gegen die nach Indochina zurückgekehrten Franzosen.

Vietnamkrieg: die bewaffneten Kampfhandlungen in Indochina 1946 bis 1975, die ihren Ursprung und Hauptschauplatz in Vietnam hatten.

Die erste Phase (1946–54): Am 2. September 1946 hatte Ho Chi Minh die unabhängige Demokratische Republik Vietnam (DRV) ausgerufen, der durch ein französisch-vietnamesisches Abkommen 1946 der Status eines »freien Staates« innerhalb der Französischen Union zuerkannt wurde. Die dennoch einsetzende Rekolonialisierungspolitik Frankreichs rief den politischen und militärischen Widerstand des ↑Vietminh hervor und führte nach dem Haiphong-Zwischenfall (Beschießung der Stadt durch französische Kriegsschiffe am 23. November 1946) zum offenen Konflikt, in dem sich das französische Expeditionskorps den Vietminh-Truppen jedoch bald als unterlegen erwies. Als das kommunistische China den Vietminh militärisch und politisch unterstützte, sahen die von den USA geführten Westmächte – vor dem Hintergrund des Ost-West-Konflikts – den **Indochinakrieg** als Teil des Kampfs gegen den »Weltkommunismus« an, der, wie man fürchtete, nach einem Sieg in Vietnam auch die benachbarten Regime nacheinander umstürzen könnte (so genannte Dominotheorie). Daher entsprach die amerikanische Regierung seit Mai 1950 dem französischen Hilfeersuchen durch Entsendung amerikanischer Militärberater nach Saigon und durch umfangreiche Finanzhilfe (1954: 78 % der französischen Rüstungsausgaben).
Nach der Niederlage des französischen Expeditionskorps bei Diên Biên Phu (7. Mai 1954) schlossen die französische Regierung und die Regierung der DRV auf der Genfer Indochinakonferenz 1954 ein Waffenstillstandsabkommen, das die Teilung Vietnams in eine nördliche Zone, in die sich die Truppen des Vietminh, und eine südliche, in die sich das französische Expeditionskorps zurückziehen sollte, vorsah; die provisorische Grenze sollte der 17. Breitengrad bilden.

Vietnamkrieg: Ab 1964 engagierten sich die USA direkt aufseiten Süd-Vietnams in dem Krieg; im Bild Soldaten der US-Infanterie in südvietnamesischem Hügelgelände.

Die zweite Phase (1957/58–73): Da jedoch Großbritannien und v. a. die USA bereits vor der Konferenz deutlich gemacht hatten, sie würden keine Abmachung unterstützen, die Laos, Kambodscha und den verbleibenden Teil Vietnams unter kommunistische Herrschaft geraten lassen könnte, wurde in den folgenden Jahren mit politischer und finanzieller Unterstützung der USA die Republik Süd-Vietnam als antikommunisti-

V

scher Vorposten aufgebaut. Wachsende Opposition in Süd-Vietnam selbst und die zunehmenden Guerillaaktivitäten des ↑Vietcong südlich des 17. Breitengrades seit 1957/58 führten in den folgenden Jahren zu einer kontinuierlichen Verstärkung der amerikanischen Militärberater in Süd-Vietnam.

Der nie ganz aufgeklärte Tongking-Zwischenfall (die angebliche Beschießung von zwei amerikanischen Zerstörern durch nordvietnamesische Kriegsschiffe im Golf von Tongking im August 1964) bot den Anlass für das direkte militärische Eingreifen der USA. Trotz Bombardements gegen Ziele in Nord-Vietnam und des Einsatzes von (bis 1968) 500 000 Mann Land- und Luftstreitkräften konnten die amerikanischen und südvietnamesischen Truppen nicht den entscheidenden militärischen Sieg über die von der UdSSR und China unterstützten Truppen des Vietcong und der DRV erreichen. Zunehmend wurde Kritik in den USA und der westlichen Welt an der amerikanischen Vietnampolitik, ihren Mitteln und den Begleiterscheinungen (Bomben auf die Zivilbevölkerung, Ausschreitungen von Truppen wie das Massaker von My Lai, Einsatz von Napalm und Entlaubungsmitteln u.a.) wie auch an ihren Zielen laut.

Die Einstellung der Bombardierung des Nordens im März 1968 war die wichtigste Vorbedingung für die Aufnahme von Verhandlungen (ab Mai 1968 in Paris). Die USA verfolgten nunmehr das Ziel, sich aus diesem Engagement in Süd-Vietnam u.a. durch die »Vietnamisierung« des Konflikts, d.h. den massiven Aufbau einer südvietnamesischen Armee, zu lösen. Das am 27. Januar 1973 unterzeichnete Waffenstillstandsabkommen, das auf einer anschließenden internationalen Konferenz bestätigt und garantiert wurde, bestimmte den Abzug des gesamten militärischen Personals der USA, ohne jedoch über die im Süden befindlichen nordvietnamesischen Truppen etwas auszusagen.

Die dritte Phase (1973–75): Die anschließenden Verhandlungen zwischen den vietnamesischen Kriegsparteien zur Bildung eines »Nationalen Versöhnungsrats« blieben ergebnislos, vielmehr versuchten beide Seiten, ihre Gebiete mit Waffengewalt zu vergrößern. Diese Kriegsphase endete Anfang Mai 1975 mit dem Zusammenbruch der südvietnamesischen Armee. Am 2. Juli 1976 wurde die Sozialistische Republik Vietnam als gesamtvietnamesischer Staat gegründet.

Viktorianisches Zeitalter: die Regierungszeit von Königin Viktoria 1837 bis 1901, in der Großbritannien seine höchste politische Machtentfaltung erlebte und wirtschaftlich eine führende Rolle übernahm, in der allerdings auch negative Aspekte im gesellschaftlichen Bereich (z.B. kulturelle Verflachung und verlogene Prüderie) sowie soziale Spannungen deutlich hervortraten.

Virilstimme: Recht eines Einzelnen, bei Abstimmung in Kollegien eine eigene Stimme zu führen (im Gegensatz zur ↑Kuriatstimme). Im ↑Reichsfürstenrat des Heiligen Römischen Reichs verfügten die regierenden Fürsten über Virilstimmen.

Vogt [entlehnt von lateinisch (ad)vocatus »Sachwalter«]: 1. im Mittelalter Vertreter von Klerikern oder kirchlichen Institutionen in weltlichen Angelegenheiten, besonders vor Gericht. Von Karl dem Grossen verbindlich vorgeschrieben, wurde die **Vogtei,** das Amt und die Rechte des V., im Laufe des 10./11. Jh. als Lehen im Hochadel erblich: In den Eigenkirchen übernahm der Eigenkirchenherr selbst die Vogtei. 2. In bestimmten Gebieten des Reichs der ministerialische Reichsbeamte, der seit dem 11. Jh. das Reichsgut verwaltete (**Reichsvogt**). 3. Im Spätmittelalter auch Titel für landesherrliche Verwaltungsbeamte.

Völkerbund (französisch Société des Nations, englisch League of Nations): internationale Organisation, die 1920 auf Anregung des amerikanischen Präsidenten W. Wilson (↑ Vierzehn Punkte) gegründet wurde; 1946 nach der Bildung der ↑UN aufgelöst.

Grundlage des V. bildeten die 26 Artikel der **Völkerbundsatzung** in der Einleitung des ↑Versailler Vertrags (gleichzeitig auch Bestandteil der anderen ↑Pariser Vorortsverträge), mit dem sie gemeinsam am 10. Januar 1920 in Kraft trat. Ursprüngliche Mitglieder waren die 32 alliierten Kriegsgegner der Mittelmächte sowie 13 neutrale Staaten; nicht im V. vertreten waren u.a. die USA, die die Pariser Vorortverträge und damit auch die Völkerbundsatzung nicht ratifizierten. Zwischen 1920 und 1937 erwarben weitere 21 Staaten die Mitgliedschaft, darunter das Deutsche Reich 1926 (Austritt: Oktober 1933) und die UdSSR 1934; bis 1942 schieden wiederum 20 Staaten aus dem V. aus (darunter die UdSSR, die 1940 ausgeschlossen wurde).

Sitz des V. war Genf. Seine Hauptorgane waren 1) die **Bundesversammlung,** die jährlich in Genf tagte und in der jeder Mitgliedsstaat mit einer Stimme und maximal drei Delegierten vertreten war; 2) der **Rat,** dem die Großmächte Frankreich, Großbritannien, Italien, das Deutsche Reich (ab 1926), Japan (bis 1933) und die UdSSR (ab 1934) als ständige Mitglieder sowie zuletzt neun nichtständige, von der Bundesversammlung jeweils auf drei Jahre gewählte Mitglieder angehörten; 3) das ständige **Sekretariat,** geleitet von einem **Generalsekretär.**

Als Zweck der Organisation nannte die Präambel der Völkerbundsatzung die »Förderung der Zusammenarbeit unter den Nationen«, die »Gewährleistung des internationalen Friedens und der internationalen Sicherheit«. An der Verwirklichung dieser Aufgabe scheiterte der V. jedoch immer, wenn die Interessen von Großmächten berührt wurden, so bei der japanischen Expansion in der Mandschurei 1931, beim italienischen Einfall in Äthiopien 1935 und bei der Zerschlagung der Tschechoslowakei 1939 durch Hitler. Die im Vetorecht jedes Mitglieds von Bundesversammlung und Rat institutionalisierte Ohnmacht des V. wurde endgültig in dessen internationaler Einflusslosigkeit beim Ausbruch und im Verlauf des Zweiten Weltkriegs deutlich.

Völkerrecht: Die Entwicklung des V. als Grundlage der Beziehungen zwischen unabhängigen Staaten reicht bis in das Altertum zurück (z.B. von den Römern Ius gentium genannt). Die mittelalterliche Welt unter der gemeinsamen Führung von Papst und Kaiser bildete eine im christlichen Glauben begründete Einheit der europäischen Völker (communitas christiana). Das Bewusstsein dieser Einheit blieb auch nach der Entstehung der souveränen europäischen Staaten erhalten und bestimmte ihre rechtlichen Beziehungen untereinander.

Entsprechend diesem Bewusstsein blieb das V. bis ins 19. Jh. jedoch ein nur regionales christlich-europäisches Recht, dem nur die christlichen Staaten Europas und der Heilige Stuhl, später auch die amerikanischen Staaten unterworfen waren. Die von so genannten »Wilden« bewohnten Gebiete Amerikas, Afrikas und Asiens blieben ausgeschlossen. Erst im Pariser Frieden von 1856 wurde das Osmanische Reich als erster nichtchristlicher Staat in das europäische V. einbezogen. Zur Zeit der Gründung des Völkerbunds hatte sich der Geltungsbereich des V. dann auf fast alle existierenden Staaten der Erde erweitert.

Gemäß seiner im 17. Jh. von H. Grotius formulierten Rechtsidee, die internationalen Beziehungen in Krieg und Frieden auf der Grundlage der Souveränität und Gleichheit der Staaten und nach dem Grundsatz der Gegenseitigkeit zu gestalten, regelt das V. in erster Linie die Rechtsbeziehungen zwischen voneinander rechtlich unabhängigen Staaten und Staatenverbindungen. Völkerrechtliche Normen entstehen aus Gewohnheitsrecht und allgemeinen Rechtsgrundsätzen (**allgemeines Völkerrecht**), aus Vertragsrecht und, darauf gestützt, Be-

schlussrecht internationaler Staatenorganisationen, das die einzelnen Parteien bindet (**besonderes Völkerrecht**). Da das allgemeine V. der universalen Anerkennung bedarf, ist seine Bildung und Weiterentwicklung nicht zuletzt wegen der ideologischen Gegensätze der Staatenwelt oftmals ein schwerfälliger, mit Unsicherheiten belasteter Vorgang. Über vertragliche Kodifikation z.B. des allgemeinen Vertragsrechts, des Seerechts, des Kriegsrechts (↑Haager Landkriegsordnung), der Friedenssicherung (↑Friede), der ↑Menschenrechte, des diplomatischen und konsularischen Verkehrs wird versucht, diesem Mangel abzuhelfen. V.a. die internationalen Organisationen haben im 20. Jh. die Entwicklung des V. weiter beschleunigt.

Völkerwanderung: die Wanderungen germanischer Stämme vom 3. bis 6. Jh. n. Chr., die im Zusammenhang mit der Krise und dem Untergang des Römischen Reichs sowie dem Übergang zum mittelalterlichen Europa gesehen werden.

Als *Ursache* der V. werden Klimaverschlechterung im Norden, Überbevölkerung sowie die Anziehungskraft des wirtschaftlich und kulturell hoch stehenden Römischen Reichs angesehen.

Mit den Einbrüchen der Alemannen in den südwestdeutschen Raum (um 260 n. Chr.) und den Gotenkriegen an der unteren Donau verstärkte sich im 3. Jh. der Druck auf die römischen Grenzen, die zum Teil zurückgenommen werden mussten. Ganze germanische Völkerschaften wurden als römische Bundesgenossen angesiedelt.

Auslöser der eigentlichen V. war der Einbruch der Hunnen (um 375), durch die die Goten in Bewegung gerieten. Das Reich der Ostgoten in Südrussland wurde von den Hunnen zerstört, die Westgoten errichteten das Tolosanische Reich (in Südfrankreich um das heutige Toulouse und in Nordspanien). Der Zusammenbruch der römischen Nord- und Rheinfront führte zum Einbruch der von den Hunnen aus dem Osten verdrängten Burgunder, der Sweben und der Vandalen, die in Nordafrika das erste selbstständige Germanenreich auf römischem Boden errichteten. Britannien wurde in der zweiten Hälfte des 5. Jh. von Angeln, Jüten und Sachsen erobert. Ein halbes Jahrhundert später entstand auf dem Boden des Weströmischen Reichs das Reich der Ostgoten in Italien. Um 570 gründeten die Langobarden ein Reich in Nord- und Mittelitalien. Die verschiedenen germanischen Reiche der Völkerwanderungszeit verfielen jedoch verhältnismäßig rasch, die eingewanderte Erobererschicht ging in der einheimischen Bevölkerung auf. Am längsten Bestand hatte das ↑Fränkische Reich, das als neues politisches Zentrum in Westeuropa aufstieg.

Volksbewegung für Einheit und gerechten Frieden: ↑Deutscher Volkskongress.

Volksdemokratie: von den kommunistischen Staatsführungen in Europa bis 1989/90 verwendeter Begriff, der die politische Form des Übergangs von der kapitalistischen zur sozialistischen Gesellschaft kennzeichnen soll. Sie beruht nach dieser Auffassung auf einem Bündnis fortschrittlicher Kräfte (Arbeiter, Bauern, Intelligenz u. a.) zur Beseitigung des Kapitalismus und zum Aufbau des Sozialismus. Das Bündnis der fortschrittlichen Kräfte zeigt sich in einem formalen Mehrparteiensystem, das unter der Führung der kommunistischen Partei als Vorkämpferin der fortschrittlichen Klasse, der Arbeiterklasse, steht. Parteien und Massenorganisationen (z. B. Gewerkschaften) werden zu einem Block zusammengefasst (**Blockpolitik**) und nach einer **Einheitsliste** gewählt. Parteienkonkurrenz findet nicht statt, Opposition ist verboten.

Volksfront: Wahl- und Regierungskoalition zwischen bürgerlicher Linke, Sozialisten, Sozialdemokraten und Kommunisten. 1935 schlug der Generalsekretär der ↑Komintern G. M. Dimitrow vor, die politisch-ideologische Abwertung der Sozialdemokratie und anderer sozialistischer Parteien (↑Sozialismus) zugunsten einer Zusammenarbeit mit ihnen in einer V. aufzugeben, um so eine kommunistische Herrschaft besser vorbereiten zu können.
1936 wurde eine V. als »Front populaire« in Frankreich praktiziert, als L. Blum eine Regierungskoalition von Sozialisten, linksbürgerlichen Radikalen und Kommunisten führte. Im selben Jahr wurde auch in Spanien eine Volksfrontregierung (»Frente popular«) gebildet. Nach dem Zweiten Weltkrieg entstanden Volksfrontbildungen unter anderen Begriffen wie »Nationale Front« oder »Volksdemokratische Bewegung« und dienten in den von der UdSSR abhängigen Staaten als Basis des Modells der ↑Volksdemokratie.

Volksgerichtshof: durch Gesetz vom 24. April 1934 als Provisorium geschaffenes und durch Gesetz vom 18. April 1936 in ein Dauerorgan umgewandeltes Gericht, das in erster und letzter Instanz die Aufgaben des ↑Reichsgerichts bei Hoch- und Landesverrat und anderen politischen Delikten übernahm. Die Mitglieder des V. wurden von Hitler ernannt. Präsident des V. war 1942–45 R. Freisler. Der V. war in erster Linie ein politisches Werkzeug, um den nationalsozialistischen Anschauungen von politischen Straftaten Geltung zu verschaffen. Er diente zur Unterdrückung politischer Gegner und im Krieg besonders zur Bekämpfung von »Wehrkraftzersetzung« und »Feindbegünstigung« durch Deutsche und Personen aus den besetzten Gebieten. Vor dem V. fanden auch die Verfahren gegen die Mitglieder der deutschen Widerstandsbewegung vom ↑Zwanzigsten Juli 1944 statt.

Volkskammer: das Parlament in der DDR, nach der Verfassung »das oberste staatliche Machtorgan«; es besaß jedoch bis zum Spätherbst 1989 tatsächlich kein Gewicht bei der politischen Willensbildung. Im Zuge der Wahlen vom 18. März 1990 ein eigenständiges Beschlussorgan geworden, löste sie sich im Prozess der Wiedervereinigung Ende 1990 zugunsten des Bundestages auf.

Volkskommissar: 1917–46 Bezeichnung für die Mitglieder der Regierung der UdSSR und ihrer Gliedstaaten.

Volksrechte: ↑germanische Volksrechte.

Volkssouveränität: Grundprinzip der Legitimation demokratischer Herrschaft, festgelegt in dem Verfassungssatz, dass alle Staatsgewalt vom Volke ausgeht. Die Herrschaftsausübung soll letztlich auf die Zustimmung des Volkes – geäußert in unmittelbarer Sachentscheidung (↑Plebiszit) oder Wahl- und Kompetenzzuweisung (↑Parlamentarismus) – zurückführbar sein.

Das Prinzip der V. ist von der Naturrechtsphilosophie entwickelt worden, die von der Idee ausgeht, dass der Mensch ein Wesen sei, das das Recht habe, über sich selbst zu bestimmen. Hieraus folgte die Forderung, dass ein solches Recht nicht nur der einzelnen Person, sondern auch einer Vielzahl von Personen und damit einem Volk insgesamt zustehen müsse.

Ihre klassische Formulierung fand die Idee der V. bei J.-J. Rousseau; nach der in seinem Werk »Du contrat social« 1762 entwickelten Theorie ist der wahre Volkswille nicht einfach der Wille der jeweiligen Mehrheit (**Volonté de tous**), sondern setzt die Annahme eines objektiven, durch Vernunft erfassbaren Allgemeinwohls voraus, in dessen Dienst sich die Individuen stellen und einen Staatskörper mit einem Gemeinwillen (**Volonté générale**) bilden.

Als revolutionäres Prinzip siegte die Idee der V. in der Amerikanischen und in der Französischen Revolution gegen die (absolute) Monarchie und setzte sich im 19. und endgültig im 20. Jh. gegen die monarchische Souveränität durch. In der modernen Demokratie westlicher Prägung verbindet sich die Idee der V. mit der Lehre vom liberalen Verfassungsstaat, wodurch die Grund- und Menschenrechte der Verfügungsgewalt der V. entzogen bleiben.

Volkssturm: durch Erlass vom 25. September 1944 aus allen nicht der deutschen Wehrmacht angehörigen waffenfähigen Männern zwischen 16 und 60 Jahren gebildete Kampforganisation, die in unmittelbar bedrohten Heimatgebieten zur Verstärkung der Wehrmacht eingesetzt werden sollte.

Volkstribun: römischer Magistrat zur Wahrung der Interessen der ↑Plebejer. Das **Volkstribunat,** das durch zehn von den Tributkomitien (↑Komitien) für ein Jahr gewählten V. ausgeübt wurde, hatte seine Machtstellung in den Ständekämpfen des 5. Jh. v. Chr. entwickelt. Die Kompetenzen der durch Sacrosanctitas (Unverletzlichkeit, d. h. jeder, der den V. angriff oder ihn in der Amtsausübung behinderte, wurde vogelfrei) geschützten V. bestanden u. a. im Ius Auxilii (Hilferecht) und im Ius Intercessionis (Interzessionsrecht, d. h. Einspruchsrecht mittels Veto) gegen magistratische Akte, Gerichtsentscheidungen, Gesetzesanträge und Senatsbeschlüsse; ferner waren die V. berechtigt, ↑Plebiszite herbeizuführen. Voraussetzung für Beschlüsse und Veto war Übereinstimmung der zehn V. Seit 149 v. Chr. wurden die V. nach ihrer Amtszeit in den Senat aufgenommen. Seit Augustus war das Volkstribunat wesentlicher Teil der kaiserlichen Amtsgewalt (↑Tribunicia Potestas).

Volksversammlung: das Zusammentreten aller stimmberechtigten Bürger (Vollbürger) eines Gemeinwesens zur Wahrnehmung ihrer politischen Rechte, besonders zu einer durch Abstimmung erfolgenden Entscheidung über grundsätzliche Fragen. In der griechischen ↑Polis lag bei der V. die staatliche Gewalt. In Athen war seit 372 v. Chr. jeder Vollbürger (über 20 Jahre) teilnahmeberechtigt mit Rede- und Antragsrecht, während bei V. in Sparta Anträge nicht diskutiert werden konnten. Die V. in Rom, die ↑Komitien, wählten die Beamten, stimmten über Gesetze und über Krieg und Frieden ab. Seit der Zeit CÄSARS verloren sie jedoch an Bedeutung.

Vormärz: Epoche der deutschen Geschichte zwischen dem ↑Wiener Kongress 1815 und der ↑Revolution von 1848/49. Der V. ist gekennzeichnet durch äußeren Frieden und gewaltsam erzwungene innere Ruhe, durch Zersplitterung in zeitweise 39 Einzelstaaten, die im Rahmen des ↑Deutschen Bundes nur locker verbunden waren, durch die Unterdrückung aller nationalen und liberalen Bewegungen im ↑metternichschen System (↑Restauration), durch eine nur zögernd einsetzende Industrialisierung und ein (besonders seit etwa 1830) verbreitetes Massenelend (↑Pauperismus). Die Forderungen nach Pressefreiheit, Bauernbefreiung und Reform frühkonstitutioneller Verfassungen blieben weitgehend unerfüllt. Nur in einigen Mittel- und Kleinstaaten gewann das Bürgertum im Rahmen des Frühkonstitutionalismus begrenzten Einfluss auf die Politik, während es in Preußen und Österreich keine nennenswerte politische Mitsprache errang.

W

Wahlkapitulation: im Mittelalter und in der Neuzeit ein schriftlicher Vertrag, durch den die Wähler einem zu Wählenden Bedingungen für seine künftige Regierung stellten. Die Notwendigkeit der Bindung des Herrschers an das Recht führte seit dem 9. Jh. zu Königsversprechen und Krönungsgelübden. Während diese in Frankreich vom frühen Mittelalter bis zur Französischen Revolution im Wesentlichen unverändert blieben, wuchsen sie sich z. B. in England im Spätmittelalter zu einem langen Katalog von Zusagen aus. In Ungarn bestätigte der König vor der Krönung die Privilegien des Landes im Inauguraldiplom. Im Heiligen Römischen Reich wurde es seit Beginn des 13. Jh. in den geistlichen Territorien üblich, dass die ↑Domkapitel ihre starke Stellung bei der Wahl zur Vorlage von W. nutzten, in denen es v. a. um ständische Forderungen ging. Diese Praxis wurde auch auf das Kaisertum übertragen: Erstmals musste KARL V. 1519 einer solchen W. zustimmen, die seit 1711 zur ständigen Einrichtung wurde. Diese W. enthielten in erster Linie Bestimmungen zum Schutz der ↑Libertät der deutschen Fürsten; sie galten als ↑Grundgesetze des Heiligen Römischen Reichs und gründeten sich nach 1648 im Wesentlichen auf die Bestimmungen des ↑Westfälischen Friedens.

Wahlrecht: Mit der Einführung des modernen ↑Repräsentativsystems, der Übertragung gesetzgeberischer Entscheidungen auf parlamentarische Abgeordnete in Europa seit dem Ende des 18. Jh., erhielt das W. eine zentrale politische Bedeutung. Der Kampf um das **allgemeine Wahlrecht,** d. h. das **aktive** (das Recht zu wählen) und das **passive Wahlrecht** (das Recht, gewählt zu werden) für alle Bürger, stand seitdem im Mittelpunkt der Bemühungen um eine Demokratisierung von Staat und Gesellschaft; daneben wurde auch eine Periodizität der Wahlen gefordert, d. h. die Kontrolle der Gewählten durch die Wähler in Form einer regelmäßigen Wiederholung der Funktionsübertragung oder aber deren Verweigerung.

Anfänglich war das W. an Besitz bzw. ein bestimmtes Steuereinkommen gebunden unter Hinweis darauf, dass nur der, welcher mit seinem Geld den Staat finanziert, zur Mitbestimmung und Kontrolle staatlicher Tätigkeit befähigt und berechtigt sei (↑Zensuswahlrecht). Die Wahl erfolgte zunächst mittelbar: Die Wahlberechtigten wählten **Wahlmänner,** die dann erst die eigentlichen Amtsträger bestimmten. Diesem Verfahren lag die Idee zugrunde, dass der kleinere Kreis der Wahlmänner eher als die ge-

Wahlrecht: Die Kritik an dem bestehenden Wahlrecht in England führte 1832 zur Einführung des Verhältniswahlrechts. Vorher konnte in den »Rotten Boroughs«, stark entvölkerten Wahlkreisen, mit wenigen Stimmen ein Abgeordneter ins Unterhaus gewählt werden, während große Städte dort nicht vertreten waren.

samte Wählerschaft befähigt sei, eine sinnvolle Auswahl unter den Kandidaten für ein Amt zu treffen. Dieses Verfahren der **mittelbaren** oder **indirekten Wahl** wird heute noch formal bei der Wahl des Präsidenten der USA angewandt.

Das allgemeine W. für Männer wurde in Deutschland für kurze Zeit in der Deutschen Revolution von 1848 eingeführt, dann im Norddeutschen Bund 1867 und im Deutschen Reich 1871. Frauen wurden in Deutschland erst 1919 zur Wahl zugelassen. Eine Übergangsentscheidung in dieser Entwicklung stellte das allgemeine, aber ungleiche W. dar, das in einer Abstufung der Zahl der Stimmen, die ein Wähler hat, bestehen konnte oder in einer Aufteilung der Wählerschaft in Steuerklassen mit stimmenmäßiger Bevorzugung der großen Steuerzahler (wie z.B. im ↑Dreiklassenwahlrecht in Preußen 1849 bis 1918). Dieses widersprach jedoch der demokratischen Forderung »ein Mann – eine Stimme«. Mit der Einführung des allgemeinen W. war meist auch der Übergang von der öffentlichen zur geheimen Stimmabgabe verbunden, um eine Beeinflussung der Wähler durch Ausübung gesellschaftlichen oder politischen Drucks zu verhindern. Geheime Stimmabgabe und Kandidatenkonkurrenz sind Voraussetzung freier Wahlen.

Ähnlich umkämpft wie das allgemeine W. war auch die Frage, ob nach dem **Mehrheitswahlrecht** oder dem **Verhältniswahlrecht** gewählt werden solle. Historisch älter ist die Mehrheitswahl von Abgeordneten in Wahlkreisen, in denen sie die relative oder absolute Mehrheit der Stimmen erringen müssen (was unter Umständen einen zweiten Wahlgang, eine **Stichwahl,** notwendig macht). Dieses Prinzip der Wahlkreisrepräsentation geriet jedoch mit dem Aufkommen der Parteien im Laufe des 19. Jh. zunehmend in Verruf, weil es häufig solche Parteien, die viele Wählerstimmen aufwiesen, aber in keinem Wahlkreis ihre Kandidaten durchbringen konnten, von einer parlamentarischen Vertretung ausschloss. Die Ungleichgewichtigkeit der Wahlkreise nahm im Lauf der Industrialisierung zu: Der explosionsartigen Bevölkerungszunahme in den neuen Industriezentren stand die Verödung der ländlichen Wahlbezirke gegenüber (z.B. ↑Rotten Boroughs in England). Aus diesen Gründen wurde die Einführung des Verhältniswahlrechts gefordert, bei dem jede Partei gemäß dem Anteil der für sie abgegebenen Stimmen Mandate im Parlament erhält.

Der Übergang zum Verhältniswahlrecht in der Weimarer Republik förderte allerdings auch eine starke Parteienzersplitterung, sodass die Bildung einer stabilen Regierung immer schwieriger wurde. Um diesen negativen Effekt zu verhindern, wurde in der Bundesrepublik Deutschland die **Fünfprozentklausel** eingeführt, nach der die Parteien mit einem Anteil von unter 5% der Stimmen von der parlamentarischen Repräsentation ausgeschlossen sind.

Währung: ↑Geld.

Währungsmonopol: ↑Geld.

Währungsreform: allgemein die Neuordnung des Geldwesens durch gesetzgeberische Maßnahmen, im engeren Sinn die Umstellung von Reichsmark auf Deutsche Mark in den drei westlichen Besatzungszonen Deutschlands (ohne Saargebiet) am 21. Juni 1948. Die W. erfolgte auf der Grundlage der von den westlichen Besatzungsmächten erlassenen Gesetze. Notwendig wurde die W. durch die Inflation, die durch die Kriegsfinanzierung ausgelöst worden war. Durch die W. wurden Verbindlichkeiten und Guthaben im Verhältnis 10:1, Löhne, Mieten und Renten im Verhältnis 1:1 umgestellt. Am Stichtag der W. erhielt jede natürliche Person ein Kopfgeld von 40 DM, im August 1948 erneut 20 DM; die Arbeitgeber wurden für jeden Arbeitnehmer mit 60 DM ausgestattet.

Die Sowjetische Besatzungszone war wegen grundsätzlicher Differenzen zwischen den Besatzungsmächten nicht in die W. einbezogen worden und folgte am 23. Juni 1948 mit einer eigenen W. Damit war ein wesentlicher Schritt zur Entstehung zweier deutscher Staaten getan.

Wannseekonferenz: am 20. Januar 1942 in Berlin-Wannsee abgehaltene Konferenz von Spitzenvertretern der obersten Reichs- und Parteidienststellen unter Vorsitz von R. HEYDRICH; Ziel der W. war es, grundsätzliche Fragen der sog. ↑Endlösung der Judenfrage zu klären und die Zusammenarbeit aller Instanzen zu sichern. Die jüdische Bevölkerung sollte anstelle der bis dahin betriebenen Auswanderung in den Osten deportiert und vernichtet werden.

Warschauer Aufstand: Bezeichnung für zwei Aufstände während der deut-

Warschauer Aufstand: Nachdem der Aufstand der polnischen Juden im April/Mai 1943 blutig niedergeschlagen worden war, ergaben sich die Überlebenden der SS.

W

Warschauer Pakt: Die Sowjetunion duldete in den Staaten des Warschauer Pakts keine Liberalisierungs- und Demokratiebestrebungen. Im Januar 1968 beendete der Einmarsch der Truppen der UdSSR, Polens, der DDR, Ungarns und Bulgariens den »Prager Frühling«.

schen Besetzung Polens im Zweiten Weltkrieg.

Der **1. Warschauer Aufstand** von 1943 brach aus, nachdem die SS aus dem von etwa 400000 Juden bewohnten Getto in Warschau ab Juli 1942 täglich bis zu 12000 Menschen in das Vernichtungslager Treblinka abtransportierte. Eine von 2000 Mann der Waffen-SS und Polizei am 19. April 1943 unternommene Aktion zur Auflösung des Gettos konnte von den schlecht bewaffneten 1100 Mitgliedern der jüdischen Kampforganisation ZOB bis zum 16. Mai 1943 hinausgezögert werden. Die Kämpfe des W. A. kosteten 12000 Menschen das Leben, 7000 Juden wurden nach Abschluss der Kämpfe vergast, etwa 30000 Menschen wurden erschossen.

Der **2. Warschauer Aufstand** wurde von der polnischen Heimatarmee, die der Londoner Exilregierung unterstand, am 1. August 1944 mit dem Versuch ausgelöst, mit anfangs 14000, bald 36000 Mann Warschau vor dem Eintreffen der anrückenden Roten Armee zu befreien. Die Aufständischen konnten die Stadt gegen den deutschen Widerstand, ohne den erwarteten, aber nicht erfolgten sowjetischen Entlastungsangriff und mit nur geringer alliierter Luftversorgung bis zu ihrer Kapitulation am 2. Oktober kontrollieren und halten. Warschau wurde auf Befehl HITLERS weitgehend zerstört.

Warschauer Pakt (Warschauer Vertragsorganisation): Militärbündnis, das am 14. Mai 1955 in Warschau mit der Unterzeichnung des »Vertrags über Freundschaft, Zusammenarbeit und gegenseitigen Beistand« (Warschauer Vertrag) sowie mit dem Beschluss eines Vereinten Oberkommandos der Streitkräfte gegründet wurde. Mitglieder des W. P. waren Albanien (bis 1968), Bulgarien, die DDR (bis 1990), Polen, Rumänien, die Tschechoslowakei, die UdSSR und Ungarn.

Im Gegensatz zur ↑NATO entstand der W. P. aus bilateralen Abkommen der UdSSR mit den einzelnen osteuropäischen Staaten. Unter der Dominanz der UdSSR sah sich der W. P. als Gegengewicht zur NATO. Mit dem Zerfall des Ostblocks (↑Ostblockstaaten) löste sich der W. P. am 1. Juli 1991 auf.

Warschauer Vertrag: am 7. Dezember 1970 in Warschau zwischen der Bundesrepublik Deutschland und der damaligen Volksrepublik Polen geschlossener Vertrag. Die Vertragspartner bekräftigen die Unverletzlichkeit ihrer beiderseitigen

Grenzen jetzt und in Zukunft. Der Vertrag trat am 3. 6. 1972 in Kraft. – Siehe auch ↑Ostpolitik.

Wartburgfest: Zusammenkunft von etwa 500 Studenten aus elf deutschen Universitäten auf der Wartburg am 18./19. Oktober 1817 zur Erinnerung an das Reformationsjahr 1517 und die Völkerschlacht bei Leipzig 1813 (↑Befreiungskriege). Das Fest sollte zugleich eine politische Demonstration für die deutsche Einheit sein. Neben patriotischen Gedenkreden, gemeinsamem Festmahl und Turnspielen kam es auch zu der von einer Minderheit veranstalteten Bücherverbrennung (Schriften der politischen Gegner der deutschen Freiheits- und Nationalbewegung, aber auch das napoleonische Gesetzbuch Code Napoléon). Einerseits förderte das Fest die Ausbreitung der ↑Burschenschaft, andererseits erfolgten nun die ersten Überwachungsmaßnahmen und Verbote, v.a. seitens der preußischen Regierung.

Wasa: seit der Mitte des 13. Jh. bezeugtes schwedisches Herrschergeschlecht, das 1523 mit GUSTAV I. auf den schwedischen Thron gelangte, der 1544 dem Haus W. vom schwedischen Reichstag erblich zugebilligt wurde. Der Thronverzicht CHRISTINES, der Tochter GUSTAVS II. ADOLF, beendete 1654 die Herrschaft der W. in Schweden.

Watergate-Affäre [englisch 'wɔːtəgeɪt-]: politischer Skandal in den USA 1972–74, ausgelöst durch den vom Komitee für die Wiederwahl Präsident R. M. NIXONS veranlassten Einbruch in das Hauptquartier des demokratischen Präsidentschaftskandidaten in den Watergate-Apartments in Washington. Der Mittäterschaft und der Behinderung der Aufklärung bezichtigt, trat NIXON 1974 zurück, um einem Amtsenthebungsverfahren (↑Impeachment) zuvorzukommen.

Weberaufstand: Hungerrevolte der schlesischen Weber in Peterswaldau und Langenbielau vom 4. bis 6. Juni 1844 als Folge der durch Konkurrenzdruck und ungünstige Zolltarife bewirkten jahrzehntelangen Verschlechterung der Erwerbs- und Lebensbedingungen. 3000 Aufständische zerstörten Maschinen und Bücher der Fabrikanten und Verleger. Der W. wurde von preußischen Truppen blutig niedergeschlagen.

Warschauer Vertrag: Bei seinem Besuch in Polen anlässlich der Unterzeichnung des Warschauer Vertrags ehrte Bundeskanzler Willy Brandt am 7. Dezember 1970 am Mahnmal des Warschauer Gettos die Opfer der nationalsozialistischen Gewaltherrschaft. Die unerwartete Geste des Kniefalls setzte ein Zeichen der Versöhnung.

Wehrmacht: amtliche Bezeichnung für die Streitkräfte des Deutschen Reichs 1935–45 nach Einführung der allgemeinen Wehrpflicht. A. HITLER stand seit 1938 als Oberbefehlshaber der W. mit dem ↑Oberkommando der Wehrmacht an der Spitze der Streitkräfte. Mit dieser Umorganisation der Wehrmachtführung setzte sich HITLER über gewisse Vorbehalte der Heeresführung gegenüber den Methoden und Fernzielen seiner Außenpolitik hinweg. Die W., die sich schon vorher aufgrund übereinstimmender Interessen (Aufrüstung, starker Staat) dem nationalsozialistischen Regime angepasst hatte, wurde nun immer mehr zum Instrument der aggressiven Expansionspolitik HITLERS.

Wehrpflicht: die öffentlich-rechtliche Pflicht aller wehrfähigen Bürger, **Wehrdienst** (bzw. **Zivildienst**) zu leisten.
Im republikanischen Rom war es bis zum Ende des 2. Jh. v. Chr. Pflicht eines jeden Bürgers mit einem bestimmten Mindestvermögen, zwischen dem 17. und dem 46. Lebensjahr Waffendienst im Kriegsfall zu leisten. Bei den Germanen bestand eine ähnliche Verpflichtung für alle Freien (↑Gefolgschaft). Im Mittelalter galt eine Art W. des unfreien Bauern gegenüber dem Grundherrn sowie des Lehnsmannes gegenüber dem Lehnsherrn (↑Heerfahrt, ↑Landfolge). Die Bildung von Söldnerheeren seit dem ausgehenden Mittelalter löste die W. auf. In der Zeit der Französischen Revolution wurde in Verbindung mit der ↑Levée en Masse die W. 1798 in Frankreich gesetzlich verankert; Preußen folgte 1808/14, Österreich-Ungarn und Bayern 1868. Der Versailler Vertrag untersagte dem Deutschen Reich die W., die vom nationalsozialistischen Regime 1935 wieder eingeführt wurde. In der Bundesrepublik Deutschland wurde die allgemeine W. 1956 durch das **Wehrpflichtgesetz** geregelt. In der DDR bestand 1962–90 Wehrpflicht.

Weimarer Koalition: Bezeichnung für das Regierungsbündnis zwischen SPD, Zentrum und Deutscher Demokratischer Partei (DDP) in der Weimarer Nationalversammlung und im Reichstag, das in der Anfangsphase der Weimarer Republik ein Element republikanischer Stabilität darstellte.

Weimarer Nationalversammlung: ↑Weimarer Republik.

Weimarer Reichsverfassung: ↑Weimarer Republik.

Weimarer Republik: siehe S. 516.

Weißes Haus: der Amts- und Wohnsitz des Präsidenten der USA in Washington; das Gebäude wurde im Jahre 1800 bezogen, später weiß verputzt und trägt deshalb seit 1902 offiziell diesen Namen. Die Bezeichnung W. H. wird auch für die Exekutive der USA gebraucht.

Weistum [von mittelhochdeutsch »weisen«, »kundtun«]: mündlich überliefertes ↑Gewohnheitsrecht, das von Rechtskundigen in Form von Urteils- und Rechtssprüchen gewiesen und erst später aufgezeichnet wurde. Auf W. beruhten die fränkischen Volksrechte und die Rechtsspiegel (↑Sachsenspiegel, ↑Schwabenspiegel) des 13. Jh.; einige Rechte des Reiches sind auch als W. überliefert (z. B. das Rhenser W. über die Königswahl von 1338). Im engeren Sinn bezeichnet W. das schriftlich fixierte Recht einer ↑Grundherrschaft oder ↑Markgenossenschaft, besonders Grenzbeschreibungen und Nutzungsvorschriften für Feld und Wald.

Welfen: fränkisches Adelsgeschlecht aus dem karolingischen Kernraum um Maas und Mosel, wo es seit der Mitte des 8. Jh. nachweisbar ist. Unter KONRAD I. stiegen die W. zu einer der bedeutendsten Adelsdynastien mit umfangreichem Allodial- und Lehnsbesitz in Schwaben, Rätien und Bayern auf. Nacheinander bekleidete das Geschlecht die herzogliche Würde in Kärnten und Bayern. Die Ehe HEINRICHS X., DES STOLZEN (um 1080 bis 1139), mit der Tochter Kaiser LOTHARS III. begründete die Herrschaft der W. über das Herzogtum Sachsen. Der staufisch-welfische Gegensatz (↑Staufer) führte jedoch 1180 (Sturz HEINRICHS DES LÖWEN) zur Zerschlagung des welfischen Machtkomplexes durch FRIEDRICH I. BARBAROSSA. Nach dem Königtum OTTOS IV. spielten die W. in der Reichspolitik keine bedeutende Rolle mehr und blieben auf das 1235 geschaffene Herzogtum Braunschweig-Lüneburg beschränkt. Nur eine Teillinie gelangte mit der Begründung des Kurfürstentums Hannover 1692 und der Personalunion mit Großbritannien 1714 zu europäischer Bedeutung.

Weltklimakonferenzen: seit 1972 (in Stockholm) Beratungen auf UN-Ebene über Maßnahmen zur Verringerung des Ausstoßes von Treibhausgasen in die Atmosphäre, die für das Weltklima äußerst schädlich sind.
Auf dem »Erdgipfel von Rio de Janeiro« unterzeichneten 1992 159 Staaten eine völkerrechtlich verbindliche **Rahmenkonvention** zum globalen **Klimaschutz.** Auf der W. von Kyoto einigten sich 1997 die Industriestaaten, den Ausstoß von Treibhausgasen bis 2012 gegenüber 1990 um durchschnittlich 5,2% zu senken (**Kyotoprotokoll**); dabei verpflichtete sich Japan auf ein Verringerungsverhältnis von 6%, USA von 7% und die (Staaten der) EU von 8%. Obwohl sich die USA 2001 von ihren Zusagen in Kyoto distanzierten, trat das Protokoll am 1. Juni 2002 in Kraft.

Weltkrieg: ein die meisten Staaten und Völker der Erde umfassender kriegerischer Konflikt, wobei sich die Kriegshandlungen auf alle Kontinente und Meere erstrecken. Waren auch bereits der ↑Spanische Erbfolgekrieg (1701 bis 1713/14) und der ↑Siebenjährige Krieg (1756–63) erdumspannende Konflikte, so hatten sich die kriegerischen Auseinandersetzungen der europäischen Mächte in Übersee doch nur auf wenige, kurze und punktuelle Schlachten und Gefechte beschränkt. Erstmals waren 1914–18 die meisten Völker der Erde direkt an einem Krieg beteiligt, indirekt von ihm betroffen waren alle. – Siehe auch ↑Erster Weltkrieg, ↑Zweiter Weltkrieg.

Weltmacht: allgemein ein Staat, der eine wirtschaftliche, militärische oder politische Vormachtstellung in einem Teil der Welt ausübt. Der Staat, der als W. anerkannt ist, kann selbst oder im Zusammenspiel mit anderen W. **Weltpolitik** betreiben. Am Ende des 19. Jh. waren Russland, Frankreich und besonders Großbritannien mit seinem kolonialen Weltreich die beherrschenden W. Nach dem Ersten Weltkrieg verlagerte sich das Schwergewicht der internationalen Politik zu den USA. Im Ersten und Zweiten Weltkrieg versuchte Deutschland – im Zweiten Weltkrieg auch Japan – eine Weltmachtstellung zu erringen. Im Zuge des Zweiten Weltkriegs entwickelten sich die UdSSR und die USA zu W., die auch innerhalb ihrer jeweiligen Bündnissysteme (↑NATO und ↑Warschauer Pakt) eine unbestrittene Führungsstellung bzw. Vorherrschaft besaßen. Seit etwa 1960 bemüht sich China um die Position einer asiatischen W. Nach dem Zerfall der UdSSR (1990/91) strebt Russland deren Nachfolge als W. an.

Weltsicherheitsrat: ↑UN.

Weltwirtschaftskonferenz (Weltwirtschaftsgipfel): eine seit 1975 jährlich stattfindende Zusammenkunft der Staats- bzw. Regierungschefs der führenden westlichen Industrienationen: Deutschland, Frankreich, Großbritannien, Italien, Japan, Kanada und die USA **(G 7).** Seit 1978 nimmt auch der Präsident der Kommission der Europäischen Gemeinschaften teil. 1997 wurde Russland als Vollmitglied aufgenommen, wodurch sich die **G 7** zur **G 8** erweiterte. Die W. beschäftigen sich u. a. mit der Koordinierung der Wirtschafts- und Währungspolitik, der Energie- und Rohstoffsicherung, der Bekämpfung der Arbeitslosigkeit, der Auslandsverschuldung sowie der Unterstützung der marktwirtschaftlichen Reformen in den osteuropäischen Staaten.

Weltwirtschaftskrise: allgemein Bezeichnung für eine Wirtschaftskrise, die weltweit zumindest die wichtigsten Wirtschaftsmächte erfasst. Im engeren Sinne Bezeichnung für die Wirtschaftskrise, die sich nach dem New Yorker Börsenkrach am »Schwarzen Freitag« des 24. Oktober 1929 global ausweitete, auf ihrem Höhepunkt zur Arbeitslosigkeit von rund 30 Mill. Menschen führte und zum Teil erst im Gefolge der Aufrüstung der zweiten Hälfte der 1930er-Jahre überwunden ▸ *Fortsetzung auf S. 519*

Die nach ihrem ersten Tagungsort benannte erste deutsche Republik entstand 1918 nach dem Sturz der Monarchie in der ↑Novemberrevolution. Sie endete 1933 mit der »Machtergreifung« A. HITLERS.

Krisenreicher Anfang: 1918 bis 1923

Nach den ersten Novembertagen des Jahres 1918, in denen sich in vielen Städten Deutschlands die Revolution ausgebreitet hatte, zeichnete sich die vom ↑Spartakusbund und revolutionären Obleuten, d.h. angesehenen Arbeiterführern aus Berliner Großbetrieben, geforderte Räterepublik (↑Rätesystem) ab. Um diese zu verhindern, bemühte sich F. EBERT (SPD), dem Prinz MAX VON BADEN als parlamentarischen Mehrheitsführer das Amt des Reichskanzlers übertragen hatte, erfolgreich um eine Verständigung mit der USPD (↑Sozialdemokratie). Mit dem am 10. November zusammengetretenen ↑Rat der Volksbeauftragten unter dem Vorsitz EBERTS wurde eine provisorische Regierung gebildet, die der Reichskongress der ↑Arbeiter- und Soldatenräte am 16.–20. Dezember 1918 bestätigte. Der Kongress sprach sich ferner mehrheitlich für die repräsentative Demokratie aus und setzte als Termin für die Wahl zur Nationalversammlung den 19. Januar 1919 fest. Gegen einen Aufstand des Spartakusbunds vom 5. bis 12. Januar 1919 ging EBERT im Bündnis mit den von der ↑Obersten Heeresleitung aufgestellten Freiwilligenverbände, vor.
Die Nationalversammlung, die nach dem damals als fortschrittlich geltenden Verhältniswahlrecht gewählt wurde – eine Wahl, bei denen Frauen erstmals das aktive und passive Wahlrecht besaßen –,

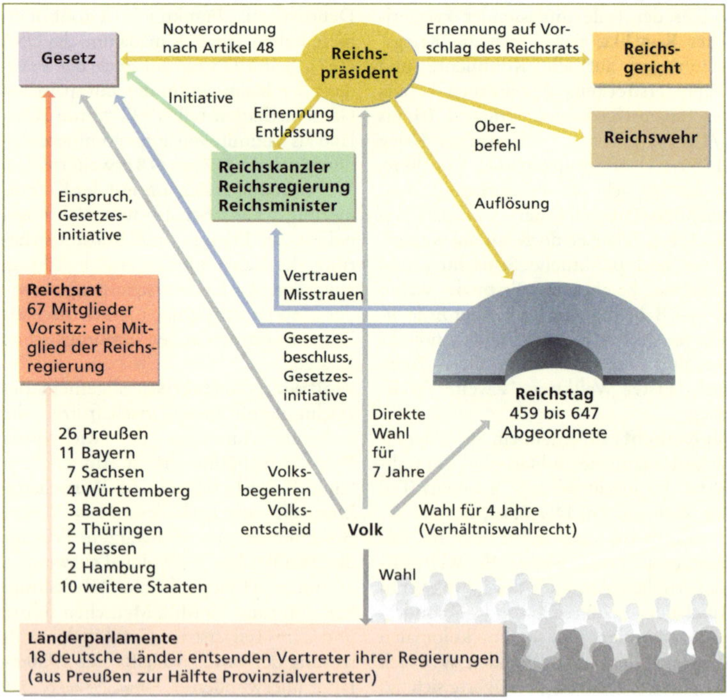

tagte wegen Unruhen in Berlin zunächst im Weimarer Nationaltheater. Sie wählte EBERT zum Reichspräsidenten und verabschiedete im Juli 1919, getragen von der ↑Weimarer Koalition, die Weimarer Reichsverfassung. Sie hatte einen umfangreichen Grundrechtekatalog und wies dem ↑Reichstag eine zentrale Rolle im Gesetzgebungsverfahren zu. Das dazu als Gegengewicht geschaffene Amt des vom Volk gewählten ↑Reichspräsidenten verknüpfte Elemente des ↑parlamentarischen Regierungssystems mit Elementen des Präsidialsystems. Den ↑Versailler Vertrag nahm sie erst auf ein Ultimatum der Siegermächte des Weltkriegs hin an. Viele Deutsche empfanden sowohl die großen Gebietsverluste als auch die Zuweisung der alleinigen Kriegsschuld (↑Kriegsschuldfrage), mit der die Sieger die hohen Reparationsforderungen begründeten, und die militärische Besetzung des Rheinlands als demütigend.
Die junge Republik wurde Ende Februar 1920 durch den rechtsextremen ↑Kapp-Lüttwitz-Putsch belastet. In der Folge kam es zu Unruhen in der Arbeiterschaft in Sachsen, Thüringen und im Ruhrgebiet. Sie wurden von der Reichswehr, die sich im Kapp-Lüttwitz-Putsch abwartend verhalten hatte, ebenso niedergeschlagen wie bereits die Münchener Räterepublik 1919. Bei den ersten Reichstagswahlen 1920 verlor besonders die SPD, von der sich viele Wähler wegen ihrer Zusammenarbeit mit den alten Kräften abwendeten. Die sich zur Republik bekennenden Politiker M. ERZBERGER (1921) und W. RATHENAU (1922) fielen Attentaten der Freikorps-Nachfolgeorganisation Consul zum Opfer. Im Herbst 1923 schlug HITLERS Versuch, die Macht an sich zu reißen, fehl (↑Hitlerputsch).
Wirtschaftlich betrachtet belastete die ↑Inflation, die die Regierung in Kauf nahm, um die Reparationsforderungen zu unterlaufen, die Bevölkerung stark. Als Deutschland im Dezember 1922 mit den Holz- und Kohlelieferungen im Rückstand war, marschierten französische und belgische Truppen ins Ruhrgebiet ein. Der von der Reichsregierung geförderte ↑Ruhrkampf trieb die Staatsverschuldung weiter in die Höhe. Durch die erneut angeworfene Notenpresse entstand eine Hyperinflation, die erst 1923 durch eine Währungsreform beendet wurde.

Phase der Konsolidierung: 1924 bis 1929

Gestützt auf eine Mehrparteienkoalition aus SPD, DDP, Zentrum und DVP, brach G. STRESEMANN den Ruhrkampf Ende September ab und ging zu einer Politik der Verständigung über. Ab 1924 regelte der ↑Dawesplan (ab 1929 der ↑Youngplan) die Reparationslasten; die Besetzung des Ruhrgebiets wurde 1925 beendet. In außenpolitischer Hinsicht setzte STRESEMANN eine eigenständige Politik fort, die bereits 1922 mit dem ↑Rapallovertrag eingesetzt hatte. Mit dem ↑Locarnopakt (1925) und der Aufnahme Deutschlands in den Völkerbund (1926) war seine Isolierung überwunden. Dennoch sprach die politische Rechte (wegen Elsass-Lothringen und den Ostgebieten) von einer Fortsetzung des Versailler »Schandvertrags«.
Trotz Gebietsabtretungen erreichte Deutschland 1928 mithilfe von US-Krediten ein Volkseinkommen, das 12% über dem von 1913 lag. Neben sozialen Verbesserungen wie der Einführung des bezahlten Erholungsurlaubs und der Arbeitslosenversicherung (1927) waren die 20er-Jahre von einem reichen Kulturleben geprägt, die ihnen die Bezeichnung »Goldene Zwanziger« eintrug.

Wirtschafts- und Staatskrise

Zu dem Ende 1928 einsetzenden Konjunkturrückgang, der immer mehr Arbeitslose zur Folge hatte, kam 1929 eine ↑Weltwirtschaftskrise hinzu, die in Deutschland zu einer drastischen Verschlechterung der Lebensverhältnisse führte. 1932 waren 6,1 Mill. Menschen arbeitslos. An der Frage des Beitragssatzes zur Arbeitslosenversicherung scheiterte

schließlich auch die letzte von einer parlamentarischen Mehrheit getragene Regierung unter Reichskanzler H. Müller (1928–30).
Ab März 1930 regierten sog. Präsidialkabinette (↑Präsidialsystem), die nur vom Vertrauen des – 1932 erneut gewählten – Reichspräsidenten Hindenburg, nicht vom Reichstag abhängig waren: Die Reichskanzler H. Brüning, F. von Papen und K. Schleicher stützten sich dabei auf ↑Notverordnungen. Im Juli 1932 beraubte von Papen mit der Absetzung der preußischen Regierung (sog. Preußenschlag) das Reich seiner letzten demokratisch regierten Stütze.

Links ein Plakat der Zentrumspartei, rechts eines der SPD im Wahlkampf des Jahres 1932.

Die NSDAP, die sich mit dem von der republikfeindlichen Rechten eingeleiteten »Volksbegehren gegen den Youngplan« (September 1929) mit großem agitatorischem Aufwand profiliert hatte, erhielt hingegen seit 1930 starken Zulauf: Nach einem beispiellosen Wahlkampf konnte sie bei den für den 14. September 1930 angesetzten Neuwahlen 6,4 Mill. Menschen für sich gewinnen und rückte damit zur zweitstärksten Reichstagsfraktion nach der SPD auf. Nach dem Wahlerfolg am 31. Juli 1932, der die NSDAP zur stärksten Fraktion werden ließ, forderte Hitler das Amt des Reichskanzlers für sich. Bedrängt von Industrie- und Reichswehrkreisen sowie von von Papen ernannte Hindenburg am 30. Januar Hitler zum Reichskanzler.

Warum scheiterte die Weimarer Republik?

- Der Versailler Vertrag wurde von weiten Teilen der Deutschen als »Diktatfrieden« empfunden. Fälschlich wurde die junge Republik für ihn verantwortlich gemacht (↑Dolchstoßlegende).
- Die Weimarer Reichsverfassung wies einige Schwächen auf: Da sie wertneutral war, ließ sie, verfassungsfeindliche Parteien des rechten und linken Spektrums zu. Da sie keine Sperrklausel vorsah, zersplitterte die Parteienlandschaft, die zudem von Parteien getragen war, die sich als Weltanschauungs-, nicht als Integrationsparteien verstanden (mit Ausnahme des Zentrums und der NSDAP). Artikel 48 gab dem Reichspräsidenten eine äußerst starke Stellung. Er schwächte mit Notverordnungen – die eigentlich für den Fall eines Putschs oder von Unruhen vorgesehen waren – die parlamentarische Praxis. Das Parlament, das vom Reichspräsidenten aufgelöst werden konnte, und der Reichskanzler, der durch ein einfaches Misstrauensvotum gestürzt werden konnte, hatten eine vergleichsweise schwache Stellung. Republikfeindliche Kräfte nutzten Volksbegehren und Volksentscheid zum Schaden der Republik aus.
- Inflation und Weltwirtschaftskrise wurden der Republik angelastet. Viele Deutsche trauerten auch der Monarchie nach (»Republik ohne Republikaner«).
- Die Reichswehr war eine Art »Staat im Staate«.
- SPD und KPD bündelten nicht ihre Kräfte (↑Sozialfaschismus). ■

Der Publizist und Historiker Sebastian Haffner beschreibt in »Leben eines Deutschen« (2001) plastisch den Alltag nach der »Machtergreifung«.

Kolb, Eberhard: *Die Weimarer Republik.* München [4]1998. ■ Winkler, Heinrich August: *Weimar 1918–1933. Die Geschichte der ersten deutschen Demokratie.* München 15.–20. Tausend 1998.

◂ *Fortsetzung von S. 515* wurde. Weltweite Ausbreitung, Auswirkung und Dauer der W. waren v.a. auf die mangelnde Fähigkeit Großbritanniens und die Abneigung der USA zurückzuführen, die Weltwirtschaft durch Erhaltung eines relativ offenen Markts, durch die antizyklische Bereitstellung langfristiger Kredite und ausgiebige Diskontgewährung zu stabilisieren. Hinzu kamen eine von den USA ausgehende Agrarkrise (Überproduktion) und die destabilisierenden Wirkungen der Reparationen und interalliierten Schulden aus der Zeit des Ersten Weltkriegs. Die W. führte zu einer weitgehenden Auflösung der Weltwirtschaft in einzelne Nationalwirtschaften mit Autarkietendenzen, begünstigte das Anwachsen radikaler Massenbewegungen (in Deutschland des Nationalsozialismus) und trug erheblich zur Diskreditierung der liberalen Demokratie und des kapitalistischen Wirtschaftssystems bei.

Weltwunder: ↑sieben Weltwunder.

Wendenkreuzzug: mit polnischer und dänischer Hilfe 1147 durchgeführtes Unternehmen sächsischer Fürsten zur Missionierung der Elbslawen (Obodriten und Liutizen) und zur Eroberung ihrer Territorien. Das Vorhaben wurde von Papst EUGEN III. als Kreuzzug anerkannt und der erwünschte Kreuzzugsablass gewährt. Die Kreuzzugspredigt BERNHARDS VON CLAIRVAUX (Vernichtung des heidnischen Gemeinwesens, Einbeziehung in den christlichen Herrschaftsverband) kam den materiellen Interessen der Kreuzfahrer entgegen.

Wergeld [zu althochdeutsch wer »Mann«]: nach germanischem Recht die der Sippe eines Getöteten vom Täter oder dessen Sippe zu zahlende Geldbuße. Die Höhe des W. entsprach dem sozialen Rang des Getöteten; es sollte die Blutrache zurückdrängen.

Wesir [arabisch]: seit dem 8.Jh. Titel für den obersten Würdenträger islamischer Staaten; seit dem 14.Jh. Titel des höchsten Staatsbeamten im Osmanischen Reich.

Westeuropäische Union, Abk. WEU: im Oktober 1954 abgeschlossener, im Mai 1955 in Kraft getretener kollektiver Beistandspakt im Rahmen der ↑NATO, dem Großbritannien, Frankreich, die Beneluxstaaten sowie die Bundesrepublik Deutschland und Italien angehören. Ausgangspunkt der WEU war der zwischen Großbritannien, Frankreich und den Beneluxstaaten geschlossene ↑Brüsseler Pakt von 1948, der der wirtschaftlichen, sozialen und kulturellen Zusammenarbeit sowie der kollektiven Selbstverteidigung dienen sollte. Durch die ↑Pariser Verträge von 1954 wurden Italien und die Bundesrepublik Deutschland in den Brüsseler Pakt aufgenommen, der damit zur WEU erweitert wurde. Seit 1989 gehören Spanien und

Weltwirtschaftskrise: Die Weltwirtschaftskrise führte auch in Deutschland zu sozialen Problemen, die der Maler und Grafiker George Grosz in seinen Werken aufgriff.

W

Westfälischer Friede: Mit dem Friedensschwur in Münster 1648 wurde der Dreißigjährige Krieg zwischen kaiserlicher Seite und Frankreich mit seinen Verbündeten beendet.

Portugal, seit 1992 Griechenland der WEU an. Seit 1993 besteht als militärische Formation ein **Eurokorps.**

Westfälischer Frieden: Bezeichnung für die in Münster und Osnabrück am 24. Oktober 1648 geschlossenen Friedensverträge, die den ↑Dreißigjährigen Krieg beendeten. Die in vielen Passagen gleich lautenden Friedensverträge des Kaisers und der Reichsstände mit Schweden und mit Frankreich enthielten neben vielen Einzelregelungen infolge der Wiedereinsetzung und Amnestie geächteter Reichsstände drei Hauptkomplexe:

1) In der *konfessionellen Frage* blieb in Anlehnung an den Augsburger Religionsfrieden von 1555 das Recht der Fürsten bestehen, die Religion ihrer Untertanen nach dem Grundsatz »cuius regio, eius religio« (»wessen das Land, dessen die Religion«) zu bestimmen. Wie Katholizismus und ↑Augsburger Bekenntnis erhielt nun auch der ↑Kalvinismus den Status einer im Reich anerkannten Konfession.

2) In der *Verfassungsfrage* scheiterten die Versuche zur Errichtung einer Universalmonarchie im Heiligen Römischen Reich Deutscher Nation durch den Kaiser. Die deutschen Fürsten und die anderen Reichsstände erhielten die innere Souveränität in Form der vollen ↑Landeshoheit für ihre Territorien (Steuerhoheit, Gesetzgebungsrecht, Rechtsprechung, Bewaffnungsrecht, Bündnisrecht und das Recht der Entscheidung über Krieg und Frieden) mit der Einschränkung, dass ihre Bündnisse und Kriege nicht gegen Kaiser und Reich gerichtet sein dürften. In Gestalt des ↑Corpus Catholicorum und des ↑Corpus Evangelicorum konnten die Stände geistliche Dinge sowie mit dem zuerkannten Bündnis- und Bewaffnungsrecht die weltliche Reichspolitik beeinflussen. Damit wurde der Kaiser bei den Reichsgeschäften und der Gesetzgebung im Reich an die Zustimmung der Reichsstände gebunden. Bayern behielt die im Böhmisch-Pfälzischen Krieg gewonnene Kurwürde, für die Pfalz wurde eine achte Kur eingerichtet.

3) Die wesentlichen *territorialen Veränderungen*: Schweden erhielt Vorpommern

mit Stettin und der Odermündung, Wismar sowie die Herzogtümer Bremen und Verden (und damit die ↑Reichsstandschaft), Frankreich die österreichischen Gebiete und Hoheitsrechte im Elsass und die Besitzbestätigung für die Bistümer Metz, Toul und Verdun; Brandenburg erhielt u.a. Minden, Halberstadt und Hinterpommern. Die Schweiz und die Niederlande schieden aus dem Reichsverband aus.

Der W. F. kennzeichnet die beginnende Säkularisierung des Völkerrechts, wurde er doch ohne direkte Vermittlung des Heiligen Stuhls durchgeführt. Er blieb bis zum Ende des Heiligen Römischen Reichs Deutscher Nation 1806 die Basis der Politik des europäischen Gleichgewichts.

Westintegration (Westbindung): Unter dem Eindruck zweier Weltkriege, in deren Zentrum der jahrhundertealte deutsch-französische Gegensatz stand, stellte der erste Bundeskanzler der Bundesrepublik Deutschland, K. ADENAUER, die Aussöhnung zwischen Deutschland und Frankreich in den Mittelpunkt seiner Außenpolitik; sie sollte zugleich der Kern einer politischen Einigung Europas sein. In diesem Sinne setzte er im Bundestag den Beitritt der BRD zur Montanunion (1952) und die Annahme der ↑Römischen Verträge (1957) durch.

Über die Förderung der europäischen Integration hinaus strebte die Bundesrepublik Deutschland eine enge Zusammenarbeit mit den USA an. Unter dem Eindruck des ↑Koreakriegs bot ADENAUER den USA und ihren europäischen Verbündeten einen deutschen militärischen Beitrag zur Verteidigung der westlichen Demokratien an. Innenpolitisch entwickelte sich daraufhin angesichts des von Deutschland begonnenen Zweiten Weltkriegs eine leidenschaftliche Diskussion über eine deutsche »Wiederbewaffnung«, die 1955 in der Paulskirchenbewegung gipfelte. Nachdem ADENAUERS Bestrebungen, deutsche Streitkräfte im Rahmen einer übernational organisierten ↑Europäischen Verteidigungsgemeinschaft aufzustellen, 1954 am Widerstand Frankreichs gescheitert war, erreichte sie 1954 in den ↑Pariser Verträgen die Souveränität der Bundesrepublik Deutschland sowie die Eingliederung deutscher Streitkräfte in das westliche Verteidigungssystem. Höhepunkt der Aussöhnung mit Frankreich war 1963 der Abschluss des ↑Deutsch-Französischen Vertrags.

Westunion: ↑Brüsseler Pakt.

Westwall: 1938/39 erbaute deutsche Befestigungsanlage an der Westgrenze des Deutschen Reichs von Aachen bis Basel. Der W. behinderte im Frühjahr 1945 kaum den alliierten Vormarsch.

Whigs [englisch wɪgz; ursprünglich Bezeichnung für Viehdiebe]: Bezeichnung zweier Parteien:

◆ politische Gruppierung im englischen bzw. britischen Parlament vom späten 17. bis ins frühe 19. Jh., die den ↑Tories gegenüberstand. Sie übernahm das Schimpfwort W., das in der Revolutionszeit des 17. Jh. zunächst auf die Presbyterianer, dann im Streit um die katholische Thronfolge 1678/79 gegen sie verwendet wurde. Die W. brachten mit GEORG I. 1714 das Haus Hannover auf den englischen Thron und bestimmten im 18. Jh. die Politik ihres Landes. In der Beurteilung der Französischen Revolution spalteten sie sich in eine konservativere und eine liberalere Richtung. Aus Letzterer entwickelte sich die moderne liberale Partei Großbritanniens, die den Beinamen W. weiterführte (↑Liberalismus).

◆ (Whig Party): 1834–56 bedeutende föderalistische Partei in den USA. Sie war Sammelpartei der Gegner des Präsidenten A. JACKSON. Sie beschuldigte ihn der »exekutiven Tyrannei« und verfocht die Rechte der südlichen Bundesstaaten.

Widerstand im Dritten Reich: die Gesamtheit der Kräfte, die in Deutschland Widerstand gegen das nationalsozialistische Regime leisteten. Der Widerstand umfasste ein breites Spektrum von organisierten und nichtorganisierten Kräften aus Gewerkschaften, SPD, KPD und konser-

W

vativ-nationalen Kreisen sowie ehemaligen Sympathisanten und Funktionären des Regimes. Seine Zahl ist schwer zu fassen. Die Zahl der Regimegegner, die zwischen 1933 und 1945 ohne Gerichtsverfahren zeitweilig oder dauernd in Konzentrationslagern festgehalten wurden, betrug nach Schätzungen 1,1 Mill., darunter wenigstens 100000 Deutsche. Zwischen 1933 und 1944 wurden aufgrund regulärer Gerichtsurteile 11881 Todesurteile vollstreckt, ein großer Teil davon für politische Delikte.

In den ersten Jahren nach 1933 versuchten v.a. die politischen Gegner der Linken, ihre verbotenen Organisationen aufrechtzuerhalten. Die Zusammenarbeit zwischen Vertretern der KPD, SPD und Gewerkschaften blieb jedoch auf einzelne Ansätze (Gruppe Neu Beginnen) beschränkt. Führende Sozialdemokraten wie z.B. W. LEUSCHNER und J. LEBER sowie Vertreter der christlichen Arbeiterbewegung (J. KAISER) wandten sich stärker den Vertretern des bürgerlichen Widerstands und dem geheimen Diskussionsforum des ↑Kreisauer Kreises zu, in dessen Zusammensetzung sich die gesellschaftliche Breite der deutschen Widerstandsbewegung (mit Ausnahme der Kommunisten) widerspiegelte. Für Angehörige der Kirchen, des Bürgertums und des Adels ergaben sich erste Motive für den Widerstand vielfach aus ihrer beruflichen Tätigkeit mit dem Einblick in die verantwortungslose Politik des Nationalsozialismus (J. POPITZ, U. VON HASSELL).

Widerstand im Dritten Reich: Mitglieder der Weißen Rose forderten in Flugblattaktionen zum Widerstand gegen den Nationalsozialismus auf; am 22. Februar 1943 wurden (von links) Hans Scholl, Sophie Scholl und Christoph Probst zum Tode verurteilt.

Widerstand im Dritten Reich: Der Mitbegründer des Kreisauer Kreises, Peter Yorck von Wartenburg, wurde nach einem rechtsstaatswidrigen Verfahren vor dem Volksgerichtshof am 8. August 1944 in Berlin-Plötzensee hingerichtet.

Neben den Kräften, die aus einer defensiven Position heraus handelten, gab es solche in der Widerstandsbewegung, die als Beamte, Diplomaten und Offiziere Zugang zu den Machtmitteln des Regimes hatten und entschlossen waren, diese als die entscheidende Voraussetzung für einen Staatsstreich zu nutzen. Ihr Mittelpunkt wurde der 1937 zurückgetretene Oberbürgermeister von Leipzig, C. F. GOERDELER. Vom zivilen Bereich knüpften sich Beziehungen zum militärischen Widerstand, in dessen Zentrum der 1938 zurückgetretene Generalstabschef des Heeres L. BECK stand. HITLERS militärische Siege von 1940 und 1941 entzogen jedoch allen Umsturzplänen zunächst den Boden. 1941/42 war die Rote Kapelle tätig. Ihr innerer Kreis um A. VON HARNACK im Reichswirtschaftsministerium und H. SCHULZE-BOYSEN im Luftfahrtministerium stand dem Kommunismus nahe und hatte enge Verbindung mit dem sowjetischen Geheimdienst. Nach der Wende des Krieges – die auch die studentische Oppositionsgruppe Weiße Rose (der u.a. die Geschwister SCHOLL angehörten) aktivierte – wuchsen die

Bemühungen, das verbrecherische System HITLERS zu beseitigen; sie gipfelten in dem Staatsstreichversuch vom ↑Zwanzigsten Juli 1944.

Widerstandsrecht: religiös oder humanitär begründetes höheres Recht und letztes Mittel zur Auflehnung gegen äußerstes, anders nicht zu bekämpfendes staatliches Unrecht. Im Unterschied zu der auf eine (gewaltsame) Änderung des bestehenden (gesellschaftlichen oder politischen) Systems gerichteten Revolution wird das W. im Rahmen der bestehenden Ordnung ausgeübt und zielt auf deren Erhaltung oder Wiederherstellung. Nach germanischem Recht folgte die Begründung des W. aus dem Grundsatz der gegenseitigen Treue, die Herrscher und Volk verband. Es resultierte aus der gegenseitigen Verpflichtung von Herr und Vasall (↑Lehnsrecht) für den Fall, dass der Herr seinen Schutzverpflichtungen nicht nachkam. Aus einer Zusammenfügung christlicher und germanischer Vorstellungen ergab sich seit dem Investiturstreit das Recht der Untertanen, Widerstand gegen tyrannische, unfähige oder nicht rechtgläubige Herren zu leisten. Ein solches, auch von der Kirche gebilligtes W. wurde schließlich in bedeutende Verfassungsaufzeichnungen des 13. Jh. (↑Magna Charta, 1215) übernommen. Während sowohl der absolutistische Staat der frühen Neuzeit als auch totalitäre Regime bis in die Gegenwart das W. einzuschränken bzw. zu leugnen versuchten, fand es rasch Eingang in demokratische Verfassungen des 18./19. Jh. sowie in die Formulierung der Menschenrechte.

Wiederbewaffnung: ↑Westintegration.

Wiedergutmachung: im *Völkerrecht* der Schadenersatz für den Geschädigten eines völkerrechtlichen Delikts (↑Reparationen).

Im *Staatsrecht* der Bundesrepublik Deutschland die Entschädigung der Opfer nationalsozialistischer Verfolgung. Nach dem Bundesentschädigungsgesetz ist Opfer der nationalsozialistischen Verfolgung, wer aus Gründen politischer Gegnerschaft gegen den Nationalsozialismus oder aus Gründen der Rasse, des Glaubens oder der Weltanschauung durch nationalsozialistische Gewaltmaßnahmen verfolgt worden ist; Verfolgter ist, wer hierdurch Schaden an Leben, Körper, Gesundheit, Freiheit, Eigentum, Vermögen, in seinem beruflichen oder wirtschaftlichen Fortkommen erlitten hat. Je nach Qualität des erlittenen Schadens wird W. in Form von Heilverfahren, Rente, Kapitalentschädigungen, Darlehen oder Geld gewährt. – Mit der Vereinigung der beiden deutschen Staaten gewann die Wiedergutmachungsproblematik mit der W. von SED-Unrecht eine neue Dimension.

Wiedervereinigung: siehe S. 526.

Wiener Kongress: im ↑Pariser Frieden vom 30. Mai 1814 vereinbarte Zusammenkunft der europäischen Monarchen und Staatsmänner zum Zweck der politischen Neuordnung Europas nach dem Sturz NAPOLEONS I., die von September/Oktober 1814 bis zum 9. Juni 1815 in Wien stattfand. Dem W. K. präsidierte der österreichische Staatskanzler K. W. Fürst VON METTERNICH; eine bedeutende Rolle spielte ferner neben dem russischen Zaren ALEXANDER I. der französische Vertreter CH. M. DE TALLEYRAND, dessen diplomatisches Geschick seinem Land eine nahezu gleichberechtigte Position zurückgewann. Die Arbeit des W. K. war gekennzeichnet durch das Spannungsverhältnis zwischen dem grundlegenden Ziel des ↑Gleichgewichts der europäischen Mächte, das auf einer Restauration vorrevolutionärer Zustände und dem Grundsatz dynastischer Legitimität beruhen sollte, und den Großmachtrivalitäten. Hinzu kamen Beharrungskräfte, so wie sie im Gefolge der napoleonischen Herrschaft entstanden waren.

Territoriale Neuordnung: Im Zentrum der durch die Rückkehr NAPOLEONS I. von Elba am 1. März 1815 (↑Hundert Tage) schließlich beschleunigten Verhandlungen standen die Probleme der territorialen Neuordnung Europas. Insbesondere der russische Anspruch auf Polen und die preußische Kompensationsforderung nach der Annexion Sachsens, dessen König bis zur Völkerschlacht bei Leipzig 1813 auf französischer Seite verblieben war, provozierten eine von Kriegsdrohungen begleitete Krise, die bis zu einem Geheimbündnis Österreichs, Großbritanniens und Frankreichs gegen Russland und Preußen führte (3. Januar 1815). Erst das Einlenken Russlands, das den größten Teil des Herzogtums Warschau als Königreich in Personalunion erhielt (Kongresspolen), und die Abtretung der Nordhälfte Sachsens an Preußen beendeten die Krise. Preußen wurden ferner die Rheinlande, Westfalen und das restliche Schwedisch-Vorpommern zugesprochen. Österreich erhielt seinen Besitz restauriert: im Südwesten Vorarlberg, Tirol und Salzburg, im Südosten Kärnten, Krain und Istrien, Galizien und in Oberitalien Lombardo-Venetien, Toskana und Modena, was ihm die Vormachtstellung in Italien sicherte. Es verzichtete jedoch auf den Breisgau sowie auf die österreichischen Niederlande, die dem neu gebildeten Königreich der Vereinigten Niederlande angeschlossen wurden. Die Schweiz gewann mit dem Wallis, Neuenburg und Genf drei Kantone und erhielt die Garantie ihrer immer währenden Neutralität.

An die Stelle des 1806 aufgelösten Heiligen Römischen Reichs Deutscher Nation trat als neue staatsrechtliche Form Deutschlands der Deutsche Bund, dessen Bundesakte Bestandteil der Wiener Kongressakte vom 9. Juni 1815 wurde. Ferner trat der W. K. durch die Ächtung des Sklavenhandels, eine Übereinkunft über die Freiheit der internationalen Flussschifffahrt und die Kodifikation des Gesandtschaftsrechts (Wiener Reglement) hervor. Das Werk des W. K. wurde schon früh von nationaler und von liberaler Seite heftig kritisiert.

Wiener Schlussakte: Im Anschluss an die ↑Karlsbader Beschlüsse von 1819 wurden von November 1819 bis Mai 1820 in Wien Konferenzen abgehalten, in denen eine Reihe von Ergänzungen für die ↑Deutsche Bundesakte beraten wurden. Diese, in der W. S. zusammengefasst, erhielten aufgrund eines Beschlusses des Bundestags vom 20. Mai 1820 neben der Bundesakte den Charakter eines zweiten Bundesgrundgesetzes. In der W. S. wurden ausführlich Wesen und Aufgaben des ↑Deutschen Bundes beschrieben, die ↑Bundesexekution so-

Wiener Kongress: Die zeitgenössische Karikatur nimmt die Aufteilung Europas durch die Teilnehmer des Wiener Kongresses aufs Korn.

wie das Schiedsverfahren bei Streitigkeiten zwischen den Bundesgliedern geregelt. Darüber hinaus legte sie das ↑monarchische Prinzip als Grundlage für die einzelstaatlichen Verfassungen fest.

Wikinger: skandinavische Kriegerscharen, die mit dem Überfall auf die Abtei Lindisfarne in Nordengland am 8. Juni 793 beginnend bis ins 11. Jh., v. a. jedoch im 9. und 10. Jh. ganz Europa und Russland mit Plünderungsfahrten überzogen. Die Züge der Norweger führten v. a. zu den Britischen Inseln (8. Jh.), nach Island (um 860), nach Grönland (Entdeckung 982 durch ERICH DEN ROTEN) und Nordamerika (Entdeckung um 1000 durch LEIF ERIKSSON). Die Dänen wandten sich dagegen seit 834 dem Kontinent zu, besetzten Friesland, plünderten u. a. Hamburg (845) und Paris (845 und 885/886), richteten ihre Fahrten nach 866 gegen England, suchten ab 879 das gesamte Schelde-, Maas- und Rheinland heim und setzten sich 911 in der Normandie (↑Normannen) fest. In den Jahren nach 840 hatten sie Spanien und das Mittelmeer erreicht. Im Ostseeraum und in Russland waren seit dem 9. Jh. besonders die Schweden, als Rus oder Waräger bezeichnet, aktiv.

Wilhelmstraße: Name einer Berliner Straße, 1964–93 Otto-Grotewohl-Straße genannt. In der W. befanden sich in der Zeit des Kaiserreichs, der Weimarer Republik und des Dritten Reichs neben anderen Reichs- und preußischen Ministerien das Auswärtige Amt und die Reichskanzlei, sodass W. als Synonym für die Leitung der deutschen Außenpolitik bis 1945 gebraucht wird. Im **Wilhelmstraßenprozess,** der im Rahmen der ↑Nürnberger Prozesse geführt wurde, versuchten die Siegermächte des Zweiten Weltkriegs die Mitschuld der deutschen Diplomatie an der Vorbereitung des Angriffskriegs und an der Ausübung von Kriegsverbrechen in den besetzten Ländern nachzuweisen.

Winterhilfswerk, Abk. WHW: eine 1933 von der Nationalsozialistischen Volkswohlfahrt errichtete Hilfsorganisation. Mit massenwirksam inszenierten Sammlungen von Geld und Naturalien sollten materielle Not beseitigt, im Krieg auch direkte und indirekte Kriegslasten finanziert werden. Das WHW, das durch vom Arbeitgeber abzuführende Lohn- und Gehaltsabzüge finanziert wurde, wurde von der nationalsozialistischen Propaganda als Realisierung der »Volksgemeinschaft« ausgegeben.

Wirtschafts- und Sozialrat: ↑UN.

Wirtschaftswunder: Schlagwort zur Beschreibung des raschen wirtschaftlichen Aufschwung in der Bundesrepublik Deutschland nach der Währungsreform 1948; auch Bezeichnung für bestimmte Phasen rascher wirtschaftlicher Entwicklung in anderen Ländern.

Wittelsbacher: deutsches Fürstengeschlecht, seit etwa 1120 nach einer Burg bei Aichach Grafen von Wittelsbach genannt und 1180 mit dem Herzogtum Bayern belehnt, über das sie bis 1918 die Herrschaft ausübten. 1214–1806 regierten die W. auch in der Pfalzgrafschaft bei Rhein (Kurpfalz). Mit LUDWIG IV., DEM BAYERN, RUPRECHT VON DER PFALZ und KARL VII. ALBRECHT gelangten W. zur Königs- bzw. Kaiserwürde.

Wochenblattspartei: Bezeichnung für die von M. A. VON BETHMANN HOLLWEG geführte konservativ-liberale Fraktion, die sich 1851 von der preußischen konservativen Partei abspaltete (Name nach dem »Preußischen Wochenblatt zur Besprechung politischer Tagesfragen«, 1851–61). Von großem politischem Einfluss während der ↑Neuen Ära 1858–61, löste sie sich in der Polarisierung des ↑preußischen Verfassungskonflikts auf.

Wohlfahrtsausschuss (französisch Comité de Salut Public): in der Französischen Revolution das am 6. April 1793 eingesetzte Exekutivorgan des ↑Nationalkonvents mit zunächst neun, zuletzt zwölf Mitgliedern. Unter M. DE ROBESPIERRES Führung (27. Juli 1793 bis 27. Juli 1794) ► *Fortsetzung auf S. 529*

Die deutsche Wiedervereinigung, d.h. die Schaffung der staatlichen Einheit der deutschen Nation, umfasst das Gebiet der früheren Bundesrepublik Deutschland und das der ehemaligen Deutschen Demokratischen Republik. Nach der Niederlage des Deutschen Reichs im Zweiten Weltkrieg hatten die Alliierten im ↑Potsdamer Abkommen die Aufteilung Deutschlands in vier Besatzungszonen beschlossen. Doch erst aufgrund der Gegensätzlichkeit der Ordnungssysteme der Siegermächte entstanden 1949 zwei deutsche Staaten (↑deutsche Frage).

Konfrontation

Der Alleinvertretungsanspruch (↑Hallsteindoktrin) K. Adenauers und aller demokratischer Parteien der BRD, sie als einzig gewählte Vertreter des deutschen Volks seien befugt, auch für jene Teile des deutschen Volks zu sprechen, die ihre politischen Vertreter nicht frei wählen könnten, griff das sich auf dem Antifaschismus gründende Selbstverständnis der DDR an. Die DDR erhob wiederum den Anspruch darauf, Modell für ein demokratisches und friedliebendes Deutschland zu sein, das nach den Vorstellungen von Politikern der Sowjetunion und DDR ein kommunistisches Gesamtdeutschland sein musste. Der bedeutendste Vorstoß in diese Richtung war die ergebnislose ↑Stalinnote (1952).

Entspannungspolitik

Zwei Krisen von weltpolitischer Bedeutung, der Bau der ↑Berliner Mauer (1961) und die ↑Kubakrise (1962), zeigten, dass in der internationalen Politik und in Fragen der deutsch-deutschen Beziehungen neue Wege begangen werden mussten. Diese neue Politik wurde mit der ↑Ostpolitik, einer Politik des »Wandels durch Annäherung« (E. Bahr), eingeleitet. Zum ersten Mal wurde sie mit dem Passierscheinabkommen für Berlin (1963) umgesetzt. Als Außenminister (1966–69), v.a. als Bundeskanzler (1969–74) strebte W. Brandt einen Ausgleich mit den Staaten des Warschauer Pakts und besonders mit der DDR an, was allerdings bei der DDR-Regierung auf Ablehnung stieß: Sie reagierte mit Verschärfungen v.a. im Transitverkehr. Den Durchbruch brachte der ↑Moskauer Vertrag (1970), der Brandts Erkenntnis Rechnung trug, dass der Weg zu Verhandlungen mit der DDR nur über die UdSSR führen könne. Nun war auch der Weg für innerdeutsche Verträge frei. Ein Meilenstein ist v.a. der ↑Grundvertrag (1972), in dem sich beide Vertragspartner als gleichberechtigt anerkannten. Die BRD hob aber die Besonderheit der Beziehungen zur DDR hervor, die nicht mit denen zu anderen Staaten vergleichbar seien. Der im Grundgesetz festgelegte Auftrag zur Wiedervereinigung wurde also beibehalten. Die DDR indes legte den Vertrag als Anerkenntnis zweier Nationen in zwei Staaten aus. 1973 wurde die internationale Anerkennung der DDR in der Aufnahme beider deutscher Staaten in die UN offenkundig.

Innerstaatliche Kritik in der DDR

Entscheidenden Anteil an der Wiedervereinigung hatte eine eigentlich auf Reformen innerhalb der DDR setzende Bewegung, die seit der 2. Hälfte der 1970er-Jahre ihren Widerstand gegen das DDR-Regime artikulierte. Die Menschen- und Bürgerrechtler beriefen sich dabei auf die auch von der DDR unterschriebene Schlussakte von Helsinki (↑KSZE). Friedensgruppen wendeten sich gegen die Aufrüstung von NATO und Warschauer Pakt sowie gegen eine Militarisierung der Gesellschaft, die sie z.B. in der Einführung des sog. Wehrunterrichts an allen Schulen (1978) sahen. Den sich unter dem Dach der evangelischen Kirche in der DDR sammelnden Bürgerrechts-, Friedens- und Umweltschutzbewegungen gelang vor dem Hintergrund zunehmender staatlicher Unterdrückung und wachsender wirtschaftlicher Probleme eine Solidarisierung der

In der Nacht vom 2. auf den 3. Oktober 1990 wurde vor dem Reichstag in Berlin in einem Festakt die Fahne der Bundesrepublik Deutschland gehisst; die staatliche Einheit Deutschlands war wieder hergestellt.

Bevölkerung mit der Opposition. Diese sah sich durch die Reformpolitik M. GORBATSCHOWS, der seit 1985 Generalsekretär der KPdSU war, bestärkt (↑Perestroika, ↑Ost-West-Konflikt).

Die friedliche Revolution von 1989

Im Sommer 1989 nutzten viele Bürger der DDR ihren Urlaubsaufenthalt in Ungarn, dessen Demokratisierung neben der in Polen (↑Solidarność) am fortgeschrittensten war, zur Flucht. Andere Menschen erwirkten ihre Ausreise durch die Besetzung der Botschaften der BRD in Prag, Warschau und Budapest sowie der Ständigen Vertretung in Ost-Berlin. Zur gleichen Zeit organisierten sich aktive Oppositionelle in Vereinigungen, z.B. im ↑Neuen Forum. Seit Anfang September fanden regelmäßig ↑Leipziger Montagsdemonstrationen statt. Während das Regime in selbstgefälliger Verkennung der Lage den 40. Jahrestag der DDR feierte und selbst GORBATSCHOWS Warnung für Reformen zu sorgen (»Wer zu spät kommt, den bestraft das Leben.«) ungehört blieb, gingen Einheiten der Polizei und der ↑Stasi gegen friedliche Demonstranten in Berlin (Ost), Leipzig, Dresden und anderen Städten vor. Von entscheidender Bedeutung war die Montagsdemonstration zwei Tage später am 9. Oktober 1989. Als in Leipzig mehr als 70000 Menschen für die Erneuerung demonstrierten, schritten Volkspolizei und Sicherheitskräfte trotz Einsatzbefehls nicht ein. Der letzte Befehl zur gewaltsamen Auflösung der Proteste blieb aus. Der Rücktritt HONECKERS als SED-Generalsekretär am 18. Oktober (am 24. Oktober als Staatsratsvorsitzender) und der Rücktritt des gesamten Politbüros am 8. November zeigten den Machtverfall der SED an. Am 9. November 1989 ließ die neue Führung unter E. KRENZ als letztes Mittel des Machterhalts die Grenzübergänge zur BRD öffnen. Es kam zu volksfestartigen Wiedersehensfeiern in den grenznahen Städten und v.a. in Berlin. Alle führenden Politiker traten zurück. Im Januar 1990 wurde schließlich das Gebäude der Stasi gestürmt und aufgelöst.

Auf dem Weg zur Einheit

Der am 13. November neu gewählte Ministerpräsident H. MODROW strebte unter Beteiligung der Bürgerbewegung einen reformierten sozialistischen Staat an. Die SED musste ihre »führende Rolle« aufgeben. Die Demonstranten forderten unterdessen jedoch nicht nur mehr De-

Wahlen zur Volkskammer am 18. 3. 1990[1]

Partei/Wahlbündnis	%	Mandate
Christlich-Demokratische Union Deutschlands (CDU)[2]	40,59	163
Sozialdemokratische Partei Deutschlands (SPD)	21,76	88
Partei des Demokratischen Sozialismus (PDS)	16,32	66
Deutsche Soziale Union (DSU)[2]	6,27	25
Bund Freier Demokraten[3]	5,28	21
Bündnis 90[4]	2,90	12
Demokratische Bauernpartei Deutschlands (DBD)	2,17	9
Grüne Partei/Unabhängiger Frauenverband (UFV)	1,96	8
Demokratischer Aufbruch (DA)[2]	0,93	4
National-Demokratische Partei Deutschlands (NDPD)	0,38	2
Demokratischer Frauenbund Deutschlands (DFD)	0,33	1
Aktionsbündnis Vereinigte Linke (AVL)[5]	0,18	1
Andere	0,45	–

[1] Amtl. Endergebnis. – [2] Wahlbündnis ›Allianz für Deutschland‹ ohne gemeinsame Liste. – [3] Wahlbündnis von Freier Demokratischer Partei (FDP), Liberal-Demokratischer Partei Deutschlands (LDP) und Deutscher Forum-Partei (DFP). – [4] Wahlbündnis von Neuem Forum, Demokratie Jetzt und Initiative für Frieden

mokratie (»Wir sind das Volk!«), sondern die Einheit der deutschen Nation (»Wir sind ein Volk!«).
Bundeskanzler H. Kohl förderte diese Entwicklung mit dem »Zehn-Punkte-Programm«, das Demokratisierungsschritte in der DDR festlegte, die – ohne zeitliche Festlegung – in eine Wiedervereinigung münden sollten. Die ersten freien Wahlen zur ↑Volkskammer der DDR am 18. März 1990 gewann die CDU bzw. ein konservatives Wahlbündnis, das die Politik Kohls unterstützte. L. de Maizière (CDU), der letzte Regierungschef der DDR, bildete mit den Liberalen und Sozialdemokraten eine Koalitionsregierung.
Die beiden deutschen Regierungen vereinbarten eine Wirtschafts-, Währungs- und Sozialunion (ab 1. Juli 1990 in Kraft) zur Vorbereitung der endgültigen Wiedervereinigung. Durch den ↑Einigungsvertrag trat die DDR der BRD am 3. Oktober 1990 bei, nachdem sich Deutschland mit den Siegermächten des Zweiten Weltkriegs in dem am 12. September 1990 geschlossenen ↑Zwei-plus-vier-Vertrag über seinen Status in Europa und sein Verhältnis zu der Welt verständigt hatte.

Schwierige Gegenwart

Die in 40-jähriger Planwirtschaft geführten Staatsbetriebe waren unter marktwirtschaftlichen Bedingungen nicht mehr haltbar. Viele Arbeitsplätze gingen verloren und zahlreiche, v. a. jüngere Menschen wechselten in die alten Bundesländer über. Die Erneuerung der Infrastruktur der neuen Länder erforderte große finanzielle Anstrengungen. Und bis heute zeitigt die Wiedervereinigung psychologische Probleme: Die Anpassung an die neuen Lebensumstände aufseiten der neuen Bundesbürger und die Akzeptanz ihrer berechtigten Erwartungen seitens der alten Bürger der BRD. ■

Aufschlussreich sind die Memoiren »Der Absturz« (1992) des früheren Politbüromitglieds Günter Schabowski. Die Räume 36 bis 38 des Deutschen Historischen Museums in Berlin (Unter den Linden 2) geben Auskunft zur Geschichte der BRD von 1945 bis 1990 und der DDR (*www.dhm.de*).
Das Haus am Checkpoint Charlie in Berlin *(www.mauer-museum.com)* präsentiert das Leben der geteilten Stadt nach 1945.

Die Gestaltung der deutschen Einheit – Geschichte, Politik, Gesellschaft, hg. v. Eckhard Jesse. Bonn 1992. ■ *Zehn Jahre deutsche Einheit,* hg. v. Konrad Löw. Berlin 2001.

◂ *Fortsetzung von S. 525* wurde der W., dem u.a. G. Couthon und L. A. L. Saint-Just angehörten, zu einem der wichtigsten Organe der berüchtigten Schreckensherrschaft der ↑Jakobiner, die den Bestand der Revolution innen- wie außenpolitisch sichern wollten. Nach Robespierres Sturz verlor der W. seine Macht.

Wohlfahrtsstaat: allgemein jeder Staat, dessen Ziel es ist, die materielle Wohlfahrt seiner Bürger zu fördern. Im heutigen Sinne bezeichnet W. – mehr als der Sozialstaat (↑soziale Sicherheit) – einen umfassend fürsorgenden und auch bevormundenden Staat.

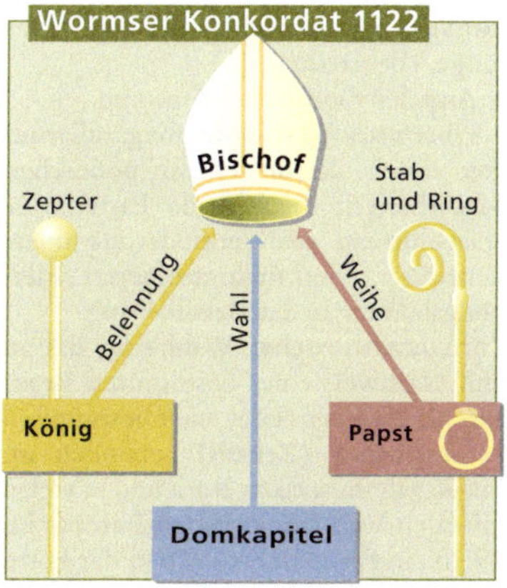

Wormser Konkordat: am 23. September 1122 bei Worms zwischen Kaiser Heinrich V. und Legaten Papst Kalixts II. unter Mitwirkung der Reichsfürsten getroffene Vereinbarung, durch die der ↑Investiturstreit beigelegt wurde. Heinrich V. verzichtete auf die Bischofsinvestitur mit ihren Symbolen Ring und Stab, Papst Kalixt II. gestattete ihm die Anwesenheit bei den Bischofswahlen, den Empfang der Lehnshuldigung durch die Reichsbischöfe (↑Lehnswesen) und die Investitur für die weltlichen Herrschaftsrechte eines Bischofs durch ein Zepter. Dieses Zugeständnis war zunächst nur für Heinrich V. gedacht, wurde aber zum Gewohnheitsrecht im mittelalterlichen deutschen Reich.

Y

Youngplan [englisch jʌŋ]: internationales Abkommen über die Zahlung der deutschen ↑Reparationen nach dem Ersten Weltkrieg. Er wurde am 21. August 1929 angenommen und löste den ↑Dawesplan ab. Der nach O. D. Young benannte Plan setzte die Reparationsschuld des Deutschen Reiches auf 34,5 Mrd. Goldmark fest, die in 59 Jahresraten (bis 1988) zahlbar sein sollten. Zur Abwicklung wurde die Bank für Internationalen Zahlungsausgleich geschaffen. Zugleich mit der Annahme des Y. wurde die vorzeitige Räumung des Rheinlandes vereinbart. In der Zeit der Weltwirtschaftskrise zeigte sich jedoch die Unmöglichkeit, die Bestimmungen des Y. zu erfüllen; 1931 wurden auf der Grundlage des ↑Hoover-Moratoriums die Zahlungen bereits eingestellt, 1932 der Y. durch das Lausanner Abkommen aufgehoben. Die Rückzahlung der im Zusammenhang mit dem Y. vom Deutschen Reich aufgenommenen **Younganleihe** erfolgte im Rahmen des Londoner Schuldenabkommens 1953 (↑Londoner Konferenzen, Protokolle und Verträge). Innerhalb Deutschlands führte der Y. zu heftigen innenpolitischen Auseinandersetzungen (Ablehnung durch KPD und die nationalistische Opposition; Volksbegehren gegen den Y.) und verstärkte die Krise der Weimarer Republik.

Z

Zabern-Affäre: Verfassungskrise im Deutschen Reich 1913, ausgelöst durch das z. T. gesetzwidrige Vorgehen des Militärs gegen die Bevölkerung im elsässischen Zabern (französisch Saverne), wo es wegen der Beschimpfung der Elsässer durch einen deutschen Offizier zu Unru-

Z

hen gekommen war. Nachdem der preußische Kriegsminister FALKENHAYN und der Reichskanzler BETHMANN HOLLWEG das Verhalten des Militärs öffentlich gutgeheißen hatten, nahm der Reichstag am 4. Dezember 1913 mit allen Stimmen außer denen der Konservativen einen – verfassungsrechtlich folgenlosen – Missbilligungsantrag gegen den Reichskanzler an. Daran, dass BETHMANN HOLLWEG den zivilen Rechtsstandpunkt gegenüber der Armee nicht durchzusetzen vermochte, zeigte sich das Übergewicht der Militärs in der deutschen Politik.

Zar [slawisch zu lateinisch Caesar]: slawischer Herrschertitel; u.a. in Bulgarien (von der Annahme durch SIMEON I. im Jahre 918 bis ins 14. Jh. und wiederum 1908–46) und Russland seit der Krönung IWANS IV. (1547) bis 1917.

Zehnt: etwa seit dem 5. Jh. von der Kirche unter Berufung auf das Alte Testament (z.B. 3. Mose 27) geforderte Vermögensabgabe der Laien an die Bischöfe zum Unterhalt des Klerus. Seit karolingischer Zeit unterstützten die fränkischen Könige diesen Anspruch (Zehntgebot KARLS DES GROSSEN 779). Seit dem 9. Jh. erhielten auch weltliche Grundherren als Inhaber von ↑Eigenkirchen den Z., der durch Belehnung oder Verpfändung auch in Laienbesitz kam. Anfänglich vom Gesamtbesitz zu erbringen, umfasste der Z. schon früh nur Erträge aus Grundbesitz, wobei die Höhe jedoch selten 10% des Gesamtertrags erreichte. Die Leistung erfolgte ursprünglich in Naturalien, etwa seit dem 13. Jh. auch in Geld. Er bestand bis zur Französischen Revolution bzw. bis zur Bauernbefreiung.

Zeitgeschichte: ↑Neuzeit.

Zeloten [von griechisch zēlos »Eifer«]: radikale römerfeindliche Gruppierung im palästinensischen Judentum des 1. Jh. n. Chr.; sie waren u.a. mitverantwortlich für den Aufstand 66–70 gegen die römische Herrschaft, der mit der Zerstörung des Tempels in Jerusalem endete.

Zensor [von lateinisch censere »schätzen«]: Wie das Konsulat wurde auch die **Zensur,** das Amt des Z., grundsätzlich zweifach besetzt (Kollegialitätsprinzip); die Z. wurden alle fünf Jahre durch Wahl für eine Amtszeit von höchstens 18 Monaten bestimmt. Ihre Aufgabe war die Erstellung von Bürgerlisten zum Zweck der Vermögenseinschätzung und der Einweisung der Bürger in die ↑Zenturien. Darüber hinaus übten die Z. die Sittengerichtsbarkeit aus. Obwohl ohne ↑Imperium, war die Zensur ihrer Funktion nach von höchster Würde und in der Regel früheren Konsuln vorbehalten. Gegen Ende der Republik verfiel das Amt und wurde zu Beginn des Prinzipats als selbstständige Magistratur aufgegeben.

Zensur [von lateinisch censura »Prüfung«, »Beurteilung«]:

- Amt der römischen ↑Zensoren.
- Überwachung von Meinungsäußerungen durch die in einem politischen Machtbereich herrschende Partei oder Staatsführung zur Verhinderung unerwünschter oder unkontrollierter Meinungsbildung in der Bevölkerung.

Zensuswahlrecht: Wahlrecht, das an den Nachweis eines bestimmten Besitzes, Einkommens oder einer bestimmten Steuerleistung (**Zensus**) gebunden ist. Ein Z. galt im antiken Rom und in vielen liberalen Verfassungsstaaten Europas im 19. Jh., in Preußen bis 1918 in der Form des ↑Dreiklassenwahlrechts.

Zentgericht [von lateinisch centum »hundert«]: mittelalterliches Gericht, das ursprünglich nur für die ↑niedere Gerichtsbarkeit, später auch für die ↑hohe Gerichtsbarkeit in mehreren Ortschaften (**Zent**) zuständig war. Vorsitz in diesem Schöffengericht hatte der **Zentgraf.**

Zentralismus: Organisations- und Leitungsprinzip eines Staates (auch von kommunistischen Parteien), gekennzeichnet durch die Konzentration aller Kompetenzen bei einer zentralen, obersten Instanz.

Zentralkomitee, Abk. ZK: nominelles Führungsorgan kommunistischer Parteien und zwischen den Parteitagen höchstes Parteiorgan. Das ZK wählt aus seinen

Mitgliedern das ↑Politbüro und das Sekretariat, bei denen die eigentliche politische Führung liegt.

Zentrum: allgemein auf die Sitzordnung der französischen Deputiertenkammer nach 1814 (aus der Blickrichtung des Präsidenten) zurückgehende Bezeichnung für die Parlamentarier, die im Parlament die Plätze zwischen der ↑Rechten und der ↑Linken einnehmen und eine mittlere politische Linie verfechten.

Seit 1858 nannte sich die 1852 gegründete Katholische Fraktion im preußischen Landtag »Fraktion des Z.«. Nach deren Zerfall (ab 1862) schlossen sich im Zeichen der Gründung des vom protestantischen Preußen beherrschten Deutschen Reichs und des beginnenden ↑Kulturkampfs katholische Abgeordnete im preußischen Landtag und im Reichstag 1870/71 zur Fraktion des Z. (**Deutsche Zentrumspartei**) zusammen. Ihre Wählerbasis war die katholische Bevölkerungsminderheit. Sie wurde daher zur politischen Repräsentanz der kirchlich-kulturellen, wirtschaftlich-sozialen und politischen Interessen des deutschen Katholizismus (Mandatsanteil im Reichstag 1871: 15,2%, 1890: 26,7%, 1920 [nach Abspaltung der Bayerischen Volkspartei 1918]: 15,0%, 1933: 11,2%).

In der Weimarer Republik spielte das Z. (im Durchschnitt 60–70 Mandate) eine wichtige Rolle und war in fast allen Regierungskoalitionen und Minderheitsregierungen vertreten. 1933 löste es sich auf. Nach dem Zweiten Weltkrieg als »Deutsche Zentrumspartei« neu gegründet, blieb die Partei ohne Bedeutung.

Zenturi|e [von lateinisch centuria »Hundertschaft«]:

- die von einem **Zenturio** geführte kleinste Abteilung der ↑Legion.
- Im antiken Rom war die Bürgerschaft in 193 nach Vermögensklassen abgestufte Z. eingeteilt, die die Grundlage der Zenturiatskomitien (↑Komitien) waren.

Zepterlehen: Bezeichnung für die seit 1122 (↑Wormser Konkordat) als Lehen vergebenen weltlichen Herrschaftsrechte (↑Temporalien) der geistlichen Reichsfürsten, benannt nach dem Belehnungssymbol des Zepters (vor 1122: Ring und Stab).

Zimmerwalder Konferenz: erste internationale sozialistische Konferenz mit 38 Delegierten des linken Flügels europäischer sozialistischer und sozialdemokratischer Parteien vom 5. bis 8. September 1915 im schweizerischen Zimmerwald (Kanton Bern). Das von der Konferenz beschlossene Manifest an die »Proletarier Europas« verwarf den ↑Burgfrieden, forderte den Kampf gegen die Regierungen zur Erzwingung eines Friedens »ohne Annexionen und Kontributionen« (Kriegsentschädigungen) und sprach sich für das Selbstbestimmungsrecht der Völker aus. Der russische Revolutionär W. I. LENIN, der auf der Konferenz sieben Delegierte zur »Zimmerwalder Linken« um sich gesammelt hatte, konnte sich mit seinen radikalen Forderungen, besonders der Umwandlung des Burgfriedens in einen Bürgerkrieg, nicht durchsetzen und stimmte schließlich dem Manifest der Konferenz zu.

Auf einer zweiten Konferenz (**Kienthal-Konferenz**) vom 24. bis 30. April 1916 im schweizerischen Kienthal (Kanton Bern) wurde die Arbeiterschaft weltweit aufgefordert, dem Krieg sofort und mit allen Mitteln ein Ende zu bereiten.

Zionismus [nach dem Tempelberg Zion in Jerusalem]: politische und soziale Bewegung zur Errichtung eines jüdischen Staates in Palästina. Die Anfänge des Z. liegen im 19. Jh. und sind im Zusammenhang mit dem Aufkommen des Nationalismus unter den Völkern Europas zu sehen. Der jüdische Nationalismus war im Wesentlichen dadurch gekennzeichnet, dass sich religiöse Vorstellungen – Verheißung des Landes Israel – in säkularisierter Form mit politischen Forderungen verbanden. Ferner war der in vielen europäischen Staaten im 19. Jh. aufkommende moderne ↑Antisemitismus eine entscheidende Ursache für das Entstehen der zionistischen Bewegung.

Als Vorläufer des Z. sind v.a. Zvi Hirsch Kalischer und M. Hess zu nennen. Besonders im zaristischen Russland fanden Forderungen nach einer Rückkehr in das Land der Väter Widerhall, da Juden dort – anders als in Westeuropa – rechtlich nicht emanzipiert und Pogromen ausgesetzt waren. Zwischen 1881 und 1914 verließen etwa 2,5 Mill. Juden Osteuropa und wanderten meist in die USA aus. Die Besiedlung Palästinas wurde in dieser Zeit aktiv von der russischen jüdischen Bewegung Chibbat Zion betrieben. Diese in der Folgezeit als »praktischer Z.« bezeichnete Bewegung fand ihre Ergänzung durch das Auftreten Th. Herzls, der den Z. als politische Kraft organisierte und ihm durch die ab 1897 einberufenen **Zionistenkongresse** eine wichtige Plattform schuf.

Mächtigen Aufschwung erhielt die Bewegung durch die ↑Balfour-Deklaration. In der ersten Hälfte des 20. Jh. verlagerte sich das Schwergewicht der Aktivitäten der zionistischen Exekutive von Köln und Berlin nach London, zumal Großbritannien seit 1919 Mandatsmacht in Palästina war. Die in den 20er-Jahren verstärkt einsetzende Einwanderung in Palästina führte u.a. 1922 zur Gründung der Jewish Agency sowie zur Ausbildung von Parteien. Der wachsende Widerstand der palästinensischen Araber gegen die jüdische Besiedlung verstärkte sich nach 1933, als – bedingt durch die nationalsozialistische Judenverfolgung – die legale und illegale Einwanderung sprunghaft zunahm. Unter dem Eindruck der Vernichtung des europäischen Judentums wurde insbesondere seit 1942 die Errichtung eines »jüdischen Staatswesens« verlangt. Mit dem Teilungsplan der UN vom 29. November 1947, der von den arabischen Staaten abgelehnt wurde, v.a. aber mit der Ausrufung des Staates Israel am 14. Mai 1948 wurde das von Herzl 1897 proklamierte Ziel der »Gründung eines Judenstaates« erreicht.

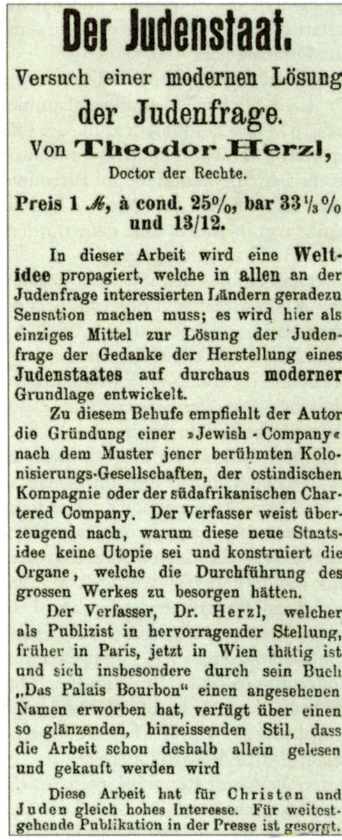

Der Judenstaat.

Versuch einer modernen Lösung der Judenfrage.

Von Theodor Herzl,

Doctor der Rechte.

Preis 1 ℳ, à cond. 25%, bar 33 1/3 % und 13/12.

In dieser Arbeit wird eine **Weltidee** propagiert, welche in **allen** an der Judenfrage interessierten Ländern geradezu Sensation machen muss; es wird hier als einziges Mittel zur Lösung der Judenfrage der Gedanke der Herstellung eines **Judenstaates** auf durchaus **moderner** Grundlage entwickelt.

Zu diesem Behufe empfiehlt der Autor die Gründung einer »Jewish - Company« nach dem Muster jener berühmten Kolonisierungs-Gesellschaften, der ostindischen Kompagnie oder der südafrikanischen Chartered Company. Der Verfasser weist überzeugend nach, warum diese neue Staatsidee keine Utopie sei und konstruiert die Organe, welche die Durchführung des grossen Werkes zu besorgen hätten.

Der Verfasser, Dr. Herzl, welcher als Publizist in hervorragender Stellung, früher in Paris, jetzt in Wien thätig ist und sich insbesondere durch sein Buch „Das Palais Bourbon“ einen angesehenen Namen erworben hat, verfügt über einen so glänzenden, hinreissenden Stil, dass die Arbeit schon deshalb allein gelesen und gekauft werden wird

Diese Arbeit hat für Christen und Juden gleich hohes Interesse. Für weitestgehende Publikation in der Presse ist gesorgt.

Zionismus: In seiner Schrift »Der Judenstaat« (1896) propagierte Th. Herzl die Gründung eines jüdischen Staates, da die Juden eine Nation seien.

Zisterzi|enser: Angehörige des 1098 von Robert von Molesmes in Cîteaux (lateinisch: Cistercium) begründeten benediktinischen Reformordens, der im 12. Jh. besonders durch Bernhard von Clairvaux einen großen Aufschwung nahm (daher auch **Bernardiner** genannt). Verfassungsrechtliches Merkmal der Z. ist die patriarchalische Überordnung des Mutterklosters über alle Tochtergründungen. Der Orden betont die Innerlichkeit und Einfachheit von Kult und Kunst, das Bibelstudium und die praktische (Hand-)Arbeit, die jedoch ausschließlich von den Laienmönchen erbracht wurde. Durch ihre herausragenden Leistungen in der Landwirtschaft wurden die Z. zu bedeutenden Trägern der ↑deutschen Ostsiedlung. Dem Orden angeschlossen ist der um 1132 gegründete weibliche Zweig der **Zisterzienserinnen.** Einer langen Blütezeit folgte eine Periode des Verfalls. Gegen Ende des 19. Jh. spalteten sich die **Trappisten** ab.

Zivilkabinett: dem heutigen Bundespräsidialamt vergleichbare, bis 1918 in Preußen bestehende Behörde, die unmittelbar dem König unterstand und für die persönliche Regierungstätigkeit des Monarchen zuständig war.

Zünfte: im Mittelalter entstandene, von der jeweiligen Obrigkeit anerkannte Organisationen von Handwerkern, Handel Treibenden, Transportarbeitern, Musikern u. a. zu dem Zweck, den Mitgliedern die Ausübung eines bestimmten Gewerbes zu ermöglichen und deren wirtschaftliche Verhältnisse zu regeln. Die Entwicklung der Z. erfolgte in engem Zusammenhang mit der Entwicklung der ↑Stadt; neben den wirtschaftlichen Aufgaben übernahmen sie schon früh politische Funktionen. In Mitteleuropa ist die Herkunft der Z. aus den frühen ↑Gilden und religiösen Bruderschaften anzunehmen.

Die Zugehörigkeit zu einer Z. war an gewisse Voraussetzungen gebunden: überprüfte Kenntnisse und Fertigkeiten, freier Stand, guter Leumund. Nur der Meister war Vollgenosse; Gesellen und Lehrlinge befanden sich häufig in gedrückter sozialer und wirtschaftlicher Lage, sodass sich im 14. Jh. so genannte Gesellenbruderschaften bildeten. Entscheidungen wurden von den Meisterversammlungen (oft Morgensprachen genannt) getroffen. Die **Zunftordnungen (Zunftstatuten, Schragen),** von der Stadtobrigkeit bestätigt oder auch erlassen, regelten wirtschaftliche und organisatorische Fragen wie Betriebsgröße, Arbeitszeit, Rohstoffbezug. Ihr Grundgedanke war die Garantie ausreichender und gesicherter Einkünfte, die durch den **Zunftzwang** geregelt war, d. h., nur Mitgliedern der Z. war es gestattet, innerhalb der Stadt und ihres Umfeldes ein bestimmtes Gewerbe oder Handwerk auszuüben und ihre Waren hier zu verkaufen; Menge, Güte und Preis der Produkte wurden durch die Z. kontrolliert und reguliert.

Die Z., auch tragende Kraft der städtischen Bürgerwehr, erstritten vielerorts in der Auseinandersetzung mit dem herrschenden ↑Patriziat (siehe auch ↑Bürgertum) Zutritt zum Stadtrat, gelegentlich auch das alleinige Stadtregiment. Unter dem Zwang veränderter Produktions- und Absatzbedingungen gingen die Z. seit dem 14. Jh. dazu über, die Z. zu »schließen«, d. h. die Zahl der Meisterstellen festzulegen bzw. deren Erlangung zu erschweren. In der Neuzeit verloren die Z. ihre Bedeutung. Durch die Einführung der ↑Gewerbefreiheit wurden sie in Deutschland endgültig aufgehoben bzw. durch Innungen ersetzt.

Zwangsarbeiter: Im Zweiten Weltkrieg deportierte das nationalsozialistische Regime aus den besetzten Ländern Arbeitskräfte in das Deutsche Reich (einschließlich in die seit 1938 annektierten Gebiete) und zwang sie (Mitte 1944 etwa 7,6 Mill.) unter entwürdigenden Bedingungen in allen Bereichen der Wirtschaft, besonders aber in der Rüstungsindustrie, zu arbeiten.

In Deutschland trat 2000 die Stiftung »Erinnerung, Verantwortung und Zukunft«, in Österreich das »Versöhnungsfondskomitee« ins Leben, um die noch lebenden Z. zu entschädigen; die deutsche Stiftung wurde mit einer Summe von 10 Mrd. DM ausgestattet, von der die öffentliche Hand und die in einer Stiftungsinitiative zusammengeschlossenen deutschen Unternehmen je die Hälfte aufzubringen hatten. In Österreich steht dem Komitee ein Betrag von umgerechnet 850 Mill. DM zur Verfügung.

Nur eine Minderheit jener rund 2500 Unternehmen, die seinerzeit Z. ausgebeutet hatten, beteiligten sich an den Entschädigungsfonds. Nachdem die Frage der Rechtssicherheit für die Unternehmen (d.h. die tatsächliche Zurückweisung bereits anhängiger Sammelklagen von Z.) von den parlamentarischen Gremien in Deutschland und Österreich für gegeben erklärt worden war, begann 2001 die Auszahlung von Entschädigungen.

Zwangsarbeiter

auf dem Gebiet des Deutschen Reichs, August 1944

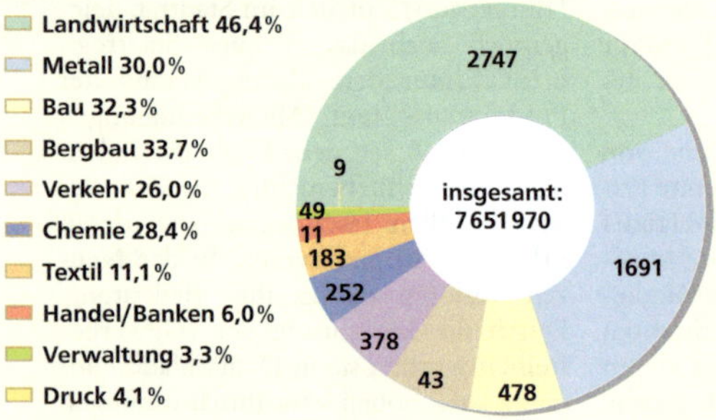

Angaben der jeweiligen Berufsgruppen in Tausend (% der Gesamtbeschäftigten des Berufszweigs)

Zwanzigster Juli 1944: Datum des versuchten Attentats auf Hitler, der den Höhepunkt des Widerstands militärischer und bürgerlich-konservativer Kreise markiert (↑Widerstand im Dritten Reich).

Nachdem 1938/39 Pläne führender Heeresoffiziere (u.a. L. Beck, F. Halder, E. von Witzleben) zum Sturz Hitlers fehlgeschlagen waren, erhielt 1943 der Widerstand neue Impulse durch C. Graf Schenk von Stauffenberg, seit 1943 Stabschef beim Allgemeinen Heeresamt. Der Plan der Verschwörer ging dahin, durch Auslösung des Alarmplans »Walküre«, der eigentlich für eine Mobilisierung des Ersatzheeres bei inneren Unruhen im Reich vorgesehen war, nach Hitlers Tod eine vom Widerstand gebildete Staatsführung an die Macht zu bringen. Stauffenberg, der seit dem 1. Juli 1944 Stabschef beim Befehlshaber des Ersatzheeres war, kam bei der Verwirklichung des Umsturzplans in der Hauptstadt eine zentrale Rolle zu. Er hatte als einer der wenigen Verschwörer direkten Zugang zu Hitler in dessen Hauptquartier in Rastenburg (Ostpreußen). Nach zwei missglückten Anläufen am 11. und 15. Juli zündete er am 20. Juli die Bombe, die er in einer Aktentasche ins Hauptquartier mitgebracht hatte, und verließ die Lagebesprechung vorzeitig. Hitler wurde nur leicht verletzt.

Die Nachricht, dass Hitler überlebt habe, löste in Berlin Unentschlossenheit bei verschiedenen Eingeweihten, aber auch Gegenmaßnahmen regimetreuer Kräfte aus, sodass das Unternehmen am Abend zusammenbrach. Die führenden Verschwörer – Offiziere, Bürgerliche, Konservative und Sozialisten – endeten in den Tagen und Monaten nach dem Umsturzversuch durch Selbstmord, durch militärische Standgerichte oder durch das Todesurteil des ↑Volksgerichtshofs unter R. Freisler. Die Zahl der Verhafteten betrug etwa 1000, die der Hingerichteten etwa 200.

Zweibund: defensiver Bündnisvertrag zwischen Österreich-Ungarn und dem Deutschen Reich vom 7. Oktober 1879 (veröffentlicht am 3. Februar 1888). Beide Mächte verpflichteten sich bei einem Angriff Russlands (auf Österreich-Ungarn) oder dessen Unterstützung für eine andere angreifende Macht (Frankreich gegen Deutschland) zu wechselseitigem Beistand. Der politische Hintergrund des Vertrages lag im Ergebnis des Deutsch-Französischen Kriegs von 1870/71 und in der russisch-österreichischen Rivalität auf dem Balkan (↑Berliner Kongress).

Mit dem Verfall von ↑Bismarcks Bündnissystem unter seinen Nachfolgern wurde der Z. zum Fundament der Außenpolitik des Deutschen Reichs.

Zweigewaltenlehre (Zweischwertertheorie): mittelalterliche Theorie vom Verhältnis zwischen Kirche und Staat, von Papst Gelasius I. (492–496) entwickelt. Während das Papsttum aufgrund seiner Stellvertreterschaft Christi auf Erden seinen Vorherrschaftsanspruch über weltliche Gewalten v.a. seit dem ↑Investiturstreit betonte, leiteten die mittelalterlichen Monarchien, v.a. das deutsche Kaisertum, ihre Herrschaftsansprüche aus der direkten Verleihung weltlicher Macht durch Gott ab. Im Hochmittelalter, v.a. in der Stauferzeit, wurde die Z. durch ein geistliches und ein weltliches Schwert verbildlicht.

Zweikammersystem: Form des ↑Parlamentarismus, bei der die Befugnisse des ↑Parlaments, v.a. die Gesetzgebung, von zwei parlamentarischen Körperschaften (**Kammer, Haus**) wahrgenommen werden. Nach demokratischer Vorstellung wird mindestens eine Kammer unmittelbar vom Volk gewählt. Diese unmittelbare Volksvertretung ist im Zuge der Entwicklung des Parlamentarismus als zweite, ergänzende Kammer entstanden, besitzt aber heute das entscheidende Gewicht im Z. Die Zusammensetzung und Funktion der ersten Kammer ist von der historischen Entwicklung abhängig und daher im Einzelnen recht unterschiedlich: 1) Die Adelsvertretung entstand zur Sicherung der überkommenen Gesellschaftsordnung und später, bis ins 19. Jh., als Gegengewicht zur demokratisch gewählten Kammer; 2) Die Länderkammer kann als Vertretung der Gliedstaaten in einem Bundesstaat entweder direkt vom Volk oder von den Landesparlamenten gewählt werden; Landesregierungen können auch Mitglieder entsenden; 3) Die Ständekammer vertrat das nach Berufsständen gegliederte Volk v.a. in neuzeitlichen Korporationsverfassungen.

Zwei-plus-vier-Vertrag: im Zuge der deutschen Einigung geschlossener völkerrechtlicher Vertrag über die äußeren Aspekte der deutschen Einheit, geschlossen am 12. September 1990 zwischen der Bundesrepublik Deutschland und der DDR sowie den Siegermächten des Zweiten Weltkriegs (USA, UdSSR, Großbritannien und Frankreich); das vereinte Deutschland erhielt die volle Souveränität über ▸ *Fortsetzung auf S. 540*

Zwei-plus-vier-Vertrag: Am 12. September 1990 unterzeichneten die Vertreter der vier Siegermächte des Zweiten Weltkriegs und der beiden deutschen Staaten das Abschlussdokument; im Bild von links nach rechts: J. Baker (USA), D. Hurd (Großbritannien), E. Schewardnadse (UdSSR), R. Dumas (Frankreich), L. de Maizière (DDR) und H.-D. Genscher (Bundesrepublik Deutschland).

Der von 1939 bis 1945 andauernde Zweite Weltkrieg wurde ausgetragen zwischen den ↑Achsenmächten Deutschland, Italien, Japan, Ungarn, Rumänien, Bulgarien, zeitweise Finnland und einigen weiteren Staaten sowie der Anti-Hitler-Koalition, der zunächst Frankreich und Großbritannien, ab 1941 auch die USA und UdSSR angehörten.

Vorgeschichte

Die ↑Pariser Vorortverträge von 1919/20 führten nicht die erwünschte Stabilität in Europa herbei. In Japan, Italien und Deutschland setzten sich Kräfte mit expansiven außenpolitischen Vorstellungen durch: in Japan Kreise der Armee, in Italien der ↑Faschismus, in Deutschland der ↑Nationalsozialismus. Japan besetzte 1931 die Mandschurei und löste 1937 einen Krieg mit China aus. Italien eroberte 1935/36 Äthiopien. Mit dem Regierungsantritt A. HITLERS gab Deutschland 1933 die Politik einer friedlichen Revision des ↑Versailler Vertrags auf: Es verließ den Völkerbund und die Genfer Abrüstungskonferenz, leitete 1934 die Aufrüstung ein und übertrat mit der ↑Rheinlandbesetzung 1936 internationales Recht. Mit ihrer Unterstützung der antirepublikanischen Aufständischen im ↑Spanischen Bürgerkrieg begründeten Deutschland und Italien eine auf Expansion gerichtete Partnerschaft: Bildung der ↑Achse Berlin-Rom (1936) und Abschluss des ↑Stahlpakts (1939). Italien erstrebte die Vorherrschaft im Mittelmeerraum, Deutschland die Vormacht in Mitteleuropa als Basis für die Eroberung neuen »Lebensraums« im Osten.

Der Gewaltbereitschaft auf der einen Seite stand auf der anderen eine von Großbritannien (Premierminister A. N. CHAMBERLAIN) und Frankreich verfolgte Politik der Beschwichtigung (↑Appeasement) gegenüber. Vor diesem Hintergrund erreichte Deutschland 1938 den ↑Anschluss Österreichs und im Rahmen des ↑Münchener Abkommens (↑Sudetenkrise) die Angliederung des Sudetenlands. Die USA unter Präsident F. D. ROOSEVELT und die UdSSR unter Generalsekretär STALIN blieben neutral. Mit der Errichtung des ↑Protektorats Böhmen und Mähren nach dem deutschen Einmarsch in Prag im März 1939 berührte Deutschland den kritischen Punkt britisch-französischer Sicherheitsinteressen. Während diese Staaten noch mit der UdSSR über ein kollektives Sicherheitssystem in Europa verhandelten, wurde am 23. August 1939 der ↑Deutsch-Sowjetische Nichtangriffspakt abgeschlossen.

»Blitzkriege« im Westen und Krieg im Mittelmeerraum

Am 1. September 1939 überfiel die deutsche Wehrmacht ohne Kriegserklärung Polen. Mit dem von der SS am 31. August inszenierten, angeblich von polnischen Freischärlern unternommenen Überfall auf den Sender Gleiwitz hatte es sich dafür ein Alibi geschaffen. Großbritannien, seit März 1939 Garantiemacht der Unabhängigkeit Polens, und Frankreich erklärten nun dem Deutschen Reich den Krieg, wenig später folgten die Staaten des Commonwealth. Innerhalb weniger Wochen wurde Polen als Staat aufgelöst und entsprechend dem geheimen Zusatzprotokoll des Deutsch-Sowjetischen Nichtangriffspakts in eine deutsche und sowjetische Interessensphäre aufgeteilt. Am 12. Oktober wurde in einem Teil Polens das sog. »Generalgouvernement« eingerichtet, in dem die polnische Führungsschicht gezielt liquidiert wurde. Die westlichen Gebiete wurden als »Warthegau« und »Reichsgau Danzig-Westpreußen« mit dem Deutschen Reich vereint. Die dort ansässigen Polen wurden in das »Generalgouvernement« ausgewiesen. Als Vorstufe zur späteren Ermordung der Juden in den Vernichtungslagern (↑Konzentrationslager) wurden diese in Großgettos (u.a. in Warschau) konzentriert.

Um die Zufuhr schwedischen Eisenerzes zu sichern sowie Luft- und Seestützpunkte zu gewinnen, besetzte die Wehrmacht von April bis Juni 1940 Dänemark

und Norwegen. Nach Verletzung der belgischen, niederländischen und luxemburgischen Neutralität griffen deutsche Truppen im Mai 1940 Frankreich an, um mit dessen Zerschlagung den Rücken frei zu bekommen für den Krieg im Osten. Bis Juni 1940 zur Aufgabe gezwungen, wurde Frankreich mit dem Waffenstillstand von ↑Compiègne (22. Juni 1940) in ein von der deutschen Militärregierung verwaltetes Gebiet um Paris und die Atlantikhäfen sowie in ein bis 1942 unbesetztes Gebiet (↑Vichy-Regierung) geteilt. Bereits am 18. Juni 1940 hatte der französische General C. DE GAULLE von London aus zum Widerstand gegen Deutschland aufgerufen (↑Résistance). Nach dem Ende der Kämpfe in Frankreich trat Italien (unter B. MUSSOLINI) in den Krieg an der Seite Deutschlands ein. Im Dreimächtepakt sicherten sich Deutschland, Italien und Japan im September 1940 Unterstützung gegen einen Angriff der USA zu. In der Luftschlacht über England konnte Großbritannien, seit Mai 1940 geführt von Premierminister W. CHURCHILL, deutsche Luftangriffe abwehren und eine deutsche Landung

verhindern. Seit 1941 fanden die britischen Kriegsanstrengungen Unterstützung der USA (↑Leih-Pacht-System).
Nachdem Italien bei der Verfolgung eigener Ziele im Herbst 1940 in Nordafrika und Griechenland gescheitert war, griffen deutsche Truppen zu seinen Gunsten in Nordafrika (↑Afrikafeldzug) und auf dem Balkan (Angriff auf Jugoslawien und Griechenland) ein. Mit der britischen Landung in Griechenland und einem möglichen Verlust der Balkanhalbinsel sah HITLER die rückwärtigen Linien des geplanten Angriffs auf die UdSSR gefährdet.

Der Vernichtungskrieg im Osten

Am 22. Juni 1941 fiel die Wehrmacht in die UdSSR ein, Finnland, Rumänien, Ungarn und Italien schlossen sich an. Bis Ende 1941 drangen deutsche Truppen bis kurz vor Moskau vor, im Sommer 1942 bis zur Krim und zum Kaukasus. Neben dem Gewinn von »Lebensraum« (↑Generalplan Ost) standen die Ermordung der kommunistischen Führungsschicht, der Völkermord an den Juden und die Dezimierung der slawischen Bevölkerung im Vordergrund. Ausführende Organe waren die Einsatzgruppen der Sicherheitspolizei, die SS sowie einheimische Milizen und Einheiten der Wehrmacht.
Die Katastrophe von ↑Stalingrad im Januar 1943 sowie die Schlacht am Kursker Bogen im Sommer 1943 leitete die deutsche Niederlage ein. Partisanenverbände fügten den deutschen Truppen mit der Taktik der ↑verbrannten Erde anwandten, schwere Verluste zu. Unter Forcierung ihrer Rüstungsindustrie konnte die Rote Armee bis Ende 1944 Russland befreien.

Vom Krieg im ostasiatisch-pazifischen Raum zum Weltkrieg

Der japanische Überfall auf die amerikanische Pazifikflotte in ↑Pearl Harbor am 7. Dezember 1941 und die anschließenden Kriegserklärungen der europäischen Achsenmächte an die USA verbanden die Kriege in Europa und im pazifischen Raum endgültig zu einem Weltkonflikt. Die USA griffen nun auch militärisch in den Krieg in Europa ein und drängten nach ihrem bei den Midway-Inseln (7. Juni 1942) die Japaner bis nach Okinawa zurück.
Auf den Konferenzen von ↑Casablanca (1943) und ↑Jalta (Februar 1945) stimmten die »Großen Drei«, F. D. ROOSEVELT, W. CHURCHILL und STALIN, ihre Kriegspläne und v.a. ihre Deutschlandpolitik miteinander ab: Die Landung der Westalliierten in Süditalien (1943) und in der Normandie (1944) verwickelte Deutschland in einen Zweifrontenkrieg, das mit der Deportation von ↑Zwangsarbeitern erneut gewaltige Rüstungsanstrengungen machte. Ab 1943 nahm Frankreich wieder mit eigenen Kräften am Krieg gegen Deutschland teil. Nach der Verhaftung MUSSOLINIS (1943) wechselte Italien die Kriegsfront, ebenso – unter sowjetischem Druck – 1944 Finnland, Rumänien und Bulgarien.

Das Kriegsende

Ab 1943 verwandelten alliierte Bomberverbände Deutschland in ein Kriegsgebiet, in das seit Ende 1944 sowjetische Truppen im Osten und westalliierte Verbände im Westen eindrangen. Mit einer Großoffensive im Januar 1945 drängte die Rote Armee die Reste des deutschen Ostheeres über die Oder und schloss im April Berlin ein. Nach dem Selbstmord HITLERS (30. April 1945) und der Eroberung Berlins durch die sowjetischen Streitkräfte kapitulierte die Wehrmacht vor Vertretern der USA, der UdSSR, Großbritanniens und Frankreichs in Reims und Berlin-Karlshorst (7./9. Mai). Nach Übernahme der obersten Regierungsgewalt in Deutschland am 5. Juni 1945 errichteten die Oberkommandierenden der vier Siegermächte den ↑Alliierten Kontrollrat. Auf der ↑Potsdamer Konferenz legten die USA, Großbritannien und die UdSSR (ohne Frankreich) die Bestimmungen für die zukünftige Behandlung Deutschlands fest.

Nach der Eroberung von Okinawa durch amerikanische Streitkräfte und den Atombombenabwürfen auf Hiroshima (6. August) und Nagasaki (9. August) kapitulierte Japan am 2. September 1945. Am 8. August war die UdSSR in den Krieg gegen Japan eingetreten und annektierte Südsachalin und die südlichen Kurilen. Der Zweite Weltkrieg forderte unter Zivilbevölkerung und Soldaten insgesamt mindestens 62 Mill. Tote, davon entfielen auf die UdSSR mindestens 27 Mill., auf Deutschland 5,2, auf Polen 4,5–6, auf Jugoslawien 1,7 und auf Japan 1,8 Mill.; die Toten anderer Nationen gingen in die Hunderttausende. Zu den grundlegenden politischen Veränderungen gehört, dass Deutschland und Japan, aber auch Großbritannien und Frankreich ihre weltpolitische Stellung einbüßten. Die USA und die UdSSR stiegen zu Weltmächten auf. In Europa und Asien entstanden zwei ideologisch-machtpolitische Blöcke (↑Kalter Krieg), die sich erst mit dem politischen Wandel in Osteuropa und v.a. dem Zusammenbruch der Sowjetunion 1991 auflösten. ■

Der bereits 1919 gegründete Volksbund Deutsche Kriegsgräberfürsorge e.V. (Bundesgeschäftsstelle: Werner-Hilpert-Straße 2, 34112 Kassel) führt Jugendliche verschiedener Nationen zusammen. Walter Kempowskis Buch »Das Echolot. Barbarossa 1941« (München 2002) dokumentiert deutsche und russische Stimmen zur Grausamkeit des deutschen Angriffskriegs.
Unter *www.hco.hagen.de/history/* gibt es einen anspruchsvollen Linkkatalog.

GILBERT, MARTIN: *Der Zweite Weltkrieg. Eine chronologische Gesamtdarstellung.* München 1991. ■ HILLGRUBER, ANDREAS: *Der Zweite Weltkrieg. 1939–1945. Kriegsziele und Strategie der großen Mächte.* Stuttgart [6]1996. ■ *Der Zweite Weltkrieg. Analysen, Grundzüge, Forschungsbilanz,* hg. v. WOLFGANG MICHALKA. Lizenzausgabe Weyarn 1997.

Z

◄ *Fortsetzung von S. 535* seine inneren und äußeren Angelegenheiten; es umfasst die Gebiete der Bundesrepublik Deutschland, der DDR und Berlins; es erhebt keinerlei Gebietsansprüche gegen andere Staaten, verzichtet auf Herstellung und Besitz von atomaren, chemischen und biologischen Waffen und reduziert seine Streitkräfte auf 370000 Mann. Der Vertrag trat am 15. März 1991 in Kraft.

Zwei-Staaten-Theorie: Nachdem die Führung der DDR zunächst an der gesamtdeutschen Staatskonzeption festgehalten hatte, ging sie im Zuge der Z.-S.-T. (seit 1955) mit dem Staatsbürgergesetz (1967) und der DDR-Verfassung (1968) von der staatlichen Eigenständigkeit der DDR aus. 1974 schrieb sie ferner in der Verfassung die Existenz einer eigenständigen »sozialistischen Nation« in der DDR fest. Mit der Wiedervereinigung (1990) fand diese Politik ihr Ende.

Zweiter Deutscher Volksrat: ↑Deutscher Volkskongress.

Zweiter Weltkrieg: siehe S. 536.

Zweiverband: Bezeichnung für die französisch-russische Allianz, die durch den Notenwechsel vom August 1891 und die Militärkonvention vom 17. August 1892 begründet wurde. Mitveranlasst durch die Nichterneuerung des deutsch-russischen ↑Rückversicherungsvertrags von 1890, gehörte der Z. in die Bündniskonstellation des Ersten Weltkriegs und wurde in Deutschland als Kernstück der »Einkreisung« begriffen.

Zwölf Artikel der Bauernschaft in Schwaben: Bezeichnung für das Ende Februar 1525 verfasste Programm der aufständischen oberschwäbischen Bauern, das zum Manifest der Bauernbewegung in Deutschland wurde (↑Bauernkrieg). Neben alten Forderungen (Freiheit der Jagd, des Fischens, der Holzung u.a.) und neueren (z.B. Unparteilichkeit der Rechtsprechung, Abschaffung ungerechter ↑Fronen), die seit 1524 erhoben worden waren, forderte die Schrift unter Berufung auf die Bibel auch neue Freiheiten (u.a. Aufhebung der ↑Leibeigenschaft).

Zwölftafelgesetz (Zwölf Tafeln, lateinisch lex duodecim tabularum): ältestes bekanntes römisches Gesetzgebungswerk, das auf zwölf Tafeln aus Holz oder Bronze für jeden öffentlich zugänglich war. Der Überlieferung nach wurden 451 v. Chr. die patrizischen ↑Dezemvirn zur Aufzeichnung des Werks, das in den Zusammenhang des Ständekampfs gehört, eingesetzt. Im Jahre 450 beendete ein zweites, patrizisch-plebejisches Kollegium die Arbeit der Kodifikation.

Zypernkonflikt: Auseinandersetzung zwischen der Türkei und Griechenland um den politischen Einfluss auf der Insel Zypern, deren Bevölkerung zu etwa 80% griechischer und zu etwa 20% türkischer Herkunft ist. In seinen geschichtlichen Ursachen reicht der Z. bis 1571 zurück, als die Insel unter osmanische Herrschaft kam und eine Türkisch sprechende muslimische Minderheit dort angesiedelt wurde. Die Griechisch sprechende orthodoxe Mehrheit fühlte und fühlt sich den Festlandgriechen zugehörig, woraus im 19. Jh. die Enosis-Bewegung (griechisch enosis, »Vereinigung«) resultierte. Seit der Unabhängigkeit im Jahre 1960 ließen die Auseinandersetzungen über den Status Zyperns (Anschluss an Griechenland, Souveränität und Unteilbarkeit oder Teilung) und über eine Regelung der Volksgruppenprobleme nicht nach. Nach einem Putsch griechisch-zyprischer Offiziere gegen Erzbischof MAKARIOS III. (Staatspräsident seit 1960) besetzte 1974 die Türkei den nördlichen und östlichen Teil der Insel; 1975 wurde einseitig ein türkisch-zyprischer Teilstaat, 1983 die (international nicht anerkannte) unabhängige »Türkische Republik Nord-Zypern« ausgerufen.

Im Januar 2002 begannen Gespräche zwischen Vertretern beider Volksgruppen zur Lösung des Z. Im Rahmen der Osterweiterung der EU soll die Teilung der Insel möglichst überwunden werden. Kommt sie nicht zustande, tritt nur der griechisch kontrollierte Süden der Insel der EU bei.

Weiterführende Literatur

Nachschlagewerke, Handbücher, Lexika, Atlanten

Deutsche Geschichte, hg. v. Joachim Leuschner, 10 Bde. Taschenbuchausgabe Göttingen $^{2-7}$1982–2001.

dtv-Lexikon der Antike, 13 Bde. München $^{1-3}$ 1971–78.

Encyclopedia of European social history. From 1350 to 2000, hg. v. Peter N. Stearns, 6 Bde. Detroit, Mich., 2001.

Fuchs, Konrad u. Raab, Heribert: Wörterbuch Geschichte. München ^{12}2001.

Geschichte der deutschen Länder. Territorien-Ploetz, hg. v. Georg W. Sante, 2 Bde. Freiburg im Breisgau 1971-78.

Geschichtliche Grundbegriffe. Historisches Lexikon zur politisch-sozialen Sprache in Deutschland, hg. v. Otto Brunner u. a., 7 Bde. u. 2 Register-Bde. Stuttgart $^{1-5}$1982–98, teilw. Nachdruck.

Der grosse Ploetz. Die Daten-Enzyklopädie der Weltgeschichte, CD-ROM. Düsseldorf 2002.

Großer historischer Weltatlas, bearb. v. Hermann Bengtson u. a., 4 Bde. u. 4 Erläuterungsbände. München $^{1-6}$1978–96, teilw. Nachdruck.

Haberkern, Eugen u. Wallach, Joseph Friedrich: Hilfswörterbuch für Historiker, 2 Bde. Tübingen ^{8}1995.

Handbuch der deutschen Geschichte, hg. v. Herbert Grundmann, 22 Bde. Taschenbuchausgabe der 9. Aufl. München $^{7-16}$1999.

Handbuch der deutschen Wirtschafts- und Sozialgeschichte, hg. v. Hermann Aubin u. a., 2 Bde. Stuttgart 1971–76, Bd. 1 Nachdr. 1978.

Handbuch der europäischen Geschichte, hg. v. Theodor Schieder, 7 Bde. in 8 Tlen. Stuttgart $^{1-4}$1968-98.

Handbuch der europäischen Wirtschafts- und Sozialgeschichte, hg. v. Wolfram Fischer u. a., 6 Bde. Stuttgart 1980–93.

Kinder, Hermann u. Hilgemann, Werner: dtv-Atlas zur Weltgeschichte. Sonderausgabe München ^{2}2001.

Kroeschell, Karl: Deutsche Rechtsgeschichte, 3 Bände. Opladen $^{3-11}$1992–2001.

Sachwörterbuch zur deutschen Geschichte, hg. v. Hellmuth Rössler u. a. München 1958.

Sautter, Udo: Biographisches Lexikon zur deutschen Geschichte. München 2002.

Biographisches Lexikon zur Weltgeschichte. Vom Mittelalter bis zur Gegenwart, hg. v. Otfried Dankelmann u. a. Frankfurt 2001.

Volks-Ploetz. Auszug aus der Geschichte. Neuausgabe Freiburg im Breisgau ^{5}1995.

Weltgeschichten, Überblicksdarstellungen

Bedürftig, Friedemann u. Gödeke, Peter: 2002 Jahre – eine Chronik. Köln 2001.

Boockmann, Hartmut: Mitten in Europa. Deutsche Geschichte von den Anfängen bis zur Gegenwart. Taschenbuchausgabe München 1999.

Deutsche Geschichte in Schlaglichtern, bearb. v. Mathias Münter-Elfner u. Johannes-Ulrich Wening. Leipzig 2002.

Die Deutschen u. ihre Nation, 7 Bde. Taschenbuchausgabe Berlin 1998–2000.

Fenske, Hans: Deutsche Geschichte. Vom Ausgang des Mittelalters bis heute. Darmstadt 2002.

Fischer-Weltgeschichte, 36 Bde. Frankfurt am Main 1965–95. Einzelne Bde. in Neuausgabe.

Görtemaker, Manfred: Kleine Geschichte der Bundesrepublik Deutschland. München 2002.

Greyerz, Kaspar von: Religion u. Kultur. Europa 1500–1800. Lizenzausgabe Darmstadt 2000.

Neue deutsche Geschichte, hg. v. Peter Moraw u. a., auf 11 Bde. berechnet, München $^{1-2}$1989 ff.

Panorama der Weltgeschichte, hg. v. Heinrich Pleticha, 3 Bde. Neuausgabe Gütersloh 2002.

Propyläen-Geschichte Deutschlands, hg. v. Dieter Groh u. a., auf 10 Bde. in

11 Tlen. berechnet, bisher 9 Bde. in 10 Tlen. erschienen. Berlin 1983 ff.

Propyläen-Geschichte Europas, 6 Bde. Neudruck Frankfurt am Main 1998.

Propyläen-Weltgeschichte. Eine Universalgeschichte, hg. v. Golo Mann u. Alfred Heuß, 10 Bde. Sonderausgabe Berlin 1991, CD-ROM-Ausgabe 2000.

Schulze, Hagen: Kleine deutsche Geschichte. München 106.–110. Tsd. 2002.

Weber, Hermann: Geschichte der DDR. München 1999.

Allgemeine Einführungen

Arnold, John H.: Geschichte. Eine kurze Einführung. Stuttgart 2001.

Bloch, Marc: Apologie der Geschichte oder der Beruf des Historikers, hg. v. Lucien Febvre. Stuttgart ³1992.

Bloch, Marc: Aus der Werkstatt des Historikers. Zur Theorie u. Praxis der Geschichtswissenschaft. Frankfurt am Main 2000.

Carr, Edward H.: Was ist Geschichte? Stuttgart ⁶1981.

Demandt, Alexander: Ungeschehene Geschichte. Ein Traktat über die Frage: Was wäre geschehen, wenn ...? Göttingen ³2001.

Geschichte. Ein Grundkurs, hg. v. Hans-Jürgen Goertz. Reinbek ²2001.

Geschichte heute. Positionen, Tendenzen u. Probleme, hg. v. Gerhard Schulz. Göttingen 1973.

Hillenbrand, Mike: Allgemeinbildung Geschichte & Politik. Von der Vorzeit bis zur Gegenwart. Sonderausgabe München 2002.

Hobsbawm, Eric J.: Wieviel Geschichte braucht die Zukunft? München 2001.

Internationale Geschichte. Themen – Ergebnisse – Aussichten, hg. v. Wilfried Loth u. a. München 2000.

Internet-Handbuch Geschichte, hg. v. Stuart Jenks u. a. Köln 2001.

Jenks, Stuart u. Tiedemann, Paul: Internet für Historiker. Eine praxisorientierte Einführung. Lizenzausgabe Darmstadt ²2000.

Schieder, Theodor: Geschichte als Wissenschaft. Eine Einführung. München ²1968.

Wegweiser durch das Internet für den Geschichtsunterricht (CD-ROM), bearbeitet v. Klaus Fieberg, hg. v. Verband der Geschichtslehrer Deutschlands u. a. 2001.

Wittram, Reinhard: Das Interesse an der Geschichte. Zwölf Vorlesungen über Fragen des zeitgenössischen Geschichtsverständnisses. Göttingen ³1968.

Zu historischen Epochen

1. Vorgeschichte

Encyclopedia of human evolution and prehistory, hg. v. Eric Delson. New York ²2000.

Die ersten Menschen. Die Ursprünge des Menschen bis 10 000 vor Christus, hg. v. Göran Burenhult. Lizenzausgabe Augsburg 2000.

Felgenhauer, Fritz: Einführung in die Urgeschichtsforschung. Freiburg im Breisgau ²1979.

Müller-Karpe, Hermann: Einführung in die Vorgeschichte. München 1975.

Palmer, Douglas: Der grosse Atlas der Urgeschichte. In Bildern, Daten u. Fakten. München 2001.

Smolla, Günther: Epochen der menschlichen Frühzeit. Freiburg im Breisgau 1967.

2. Antike

Bleicken, Jochen: Die athenische Demokratie. Paderborn ⁴1995.

Bleicken, Jochen: Geschichte der römischen Republik. München ⁵1999.

Bringmann, Klaus: Römische Geschichte. Von den Anfängen bis zur Spätantike. München ⁶2001.

Dahlheim, Werner: Die Antike. Griechenland u. Rom von den Anfängen bis zur Expansion des Islam. Paderborn ⁵2001.

Dahlheim, Werner: Geschichte der

Römischen Kaiserzeit. München ²1989.
Gehrke, Hans-Joachim: Geschichte des Hellenismus. München ²1995.
Geschichte der Antike. Ein Studienbuch, hg. v. Hans-Joachim Gehrke. Stuttgart 2000.
Heuß, Alfred: Römische Geschichte. Paderborn ⁸2001.
Lauffer, Siegfried: Kurze Geschichte der Antiken Welt. Neuausgabe Augsburg 2001.
Lotze, Detlef: Griechische Geschichte. Von den Anfängen bis zum Hellenismus. München ⁴2000.
Martin, Jochen: Spätantike u. Völkerwanderung. München ⁴2001.
Pekáry, Thomas: Die Wirtschaft der griechisch-römischen Antike. Wiesbaden ²1979.
Schuller, Wolfgang: Griechische Geschichte. München ⁵2002.
Söllner, Alfred: Einführung in die römische Rechtsgeschichte. München ⁵1996.

3. Mittelalter

Boockmann, Hartmut: Einführung in die Geschichte des Mittelalters. München ⁷2001.
Borst, Arno: Lebensformen im Mittelalter. Taschenbuchausgabe Berlin ²1999.
Bosl, Karl: Europa im Mittelalter. Weltgeschichte eines Jahrtausends. Bayreuth ²1978.
Bosl, Karl: Staat, Gesellschaft, Wirtschaft im deutschen Mittelalter. Taschenbuchausgabe München ⁹1999.
Bumke, Joachim: Höfische Kultur. Literatur u. Gesellschaft im hohen Mittelalter. München ⁹1999.
Duby, Georges: Krieger u. Bauern. Die Entwicklung der mittelalterlichen Wirtschaft u. Gesellschaft bis um 1200. Frankfurt am Main ²1986.
Ennen, Edith: Die europäische Stadt des Mittelalters. Göttingen ⁴1987.
Ennen, Edith: Frauen im Mittelalter. München ⁶1999.
Fuhrmann, Horst: Einladung ins Mittelalter. Neuausgabe München 2000.
Goetz, Hans-Werner: Proseminar Geschichte: Mittelalter. Stuttgart ²2000.
Haller, Johannes: Das Papsttum. Idee u. Wirklichkeit, 5 Bde. Neuausgabe Reinbek 1965.
Hunke, Sigrid: Allahs Sonne über dem Abendland. Unser arabisches Erbe. Lizenzausgabe Frankfurt am Main 2001.
LeGoff, Jacques: Kultur des europäischen Mittelalters. München 1970.
Das Mittelalter. Die Welt der Bauern, Bürger, Ritter u. Mönche, hg. v. Dieter Hägermann. Lizenzausgabe München 2001.
Pitz, Ernst: Wirtschafts- u. Sozialgeschichte Deutschlands im Mittelalter. Wiesbaden 1979.
Quirin, Heinz: Einführung in das Studium der mittelalterlichen Geschichte. Stuttgart ⁵1991.
Sprandel, Rolf: Verfassung u. Gesellschaft im Mittelalter. Paderborn ⁵1994.
Ullmann, Walter: Individuum u. Gesellschaft im Mittelalter. Göttingen 1974.
Vogt-Lüerssen, Maike: Der Alltag im Mittelalter. Mainz-Kostheim 2001.
Zimmermann, Harald: Das Mittelalter, 2 Bde. Braunschweig ²1986–88.

4. Neuzeit

Böckenförde, Ernst-Wolfgang: Recht, Staat, Freiheit. Studien zur Rechtsphilosophie, Staatstheorie u. Verfassungsgeschichte. Frankfurt am Main ²1992.
Craig, Gordon A.: Geschichte Europas 1815–1980. Vom Wiener Kongreß bis zur Gegenwart. München 36.–41. Tsd. 1995.
Deutsche Geschichte der neuesten Zeit. Vom 19. Jahrhundert bis zur Gegenwart, hg. v. Martin Broszat u. a., auf 30 Bde. berechnet, bisher 29 erschienen. München ¹⁻⁷1986 ff. Einzelne Bde. in Neuausgabe.
Dokumente zur Geschichte der europäischen Expansion, hg. v. Eberhard Schmitt u. a., auf 7 Bde. berechnet, bis

1995 4 Bde. erschienen. München 1984 ff.
Enzyklopädie des Nationalsozialismus, hg. v. Wolfgang Benz u.a. Stuttgart ³1998.
Geschichte der Weltwirtschaft im 20. Jahrhundert, hg. v. Wolfram Fischer, Bde. 2–6 (Bd. 1 nicht erschienen). München ¹⁻³1973–84.
Gruner, Wolf D.: Die deutsche Frage in Europa 1800–1990. München 1993.
Hassinger, Erich: Das Werden des neuzeitlichen Europa, 1300–1600. Braunschweig ²1964, Nachdruck Braunschweig 1976.
Hinrichs, Ernst: Einführung in die Geschichte der Frühen Neuzeit. München 1980.
Huber, Ernst R.: Deutsche Verfassungsgeschichte seit 1789, 7 Bde. u. Register-Bd. Stuttgart ¹⁻³1957–90. Teilw. Nachdruck.
Osterhammel, Jürgen: Kolonialismus. Geschichte – Formen – Folgen. München ³2001.
Reinhard, Wolfgang: Geschichte der europäischen Expansion, 4 Bde. Stuttgart 1983–90.
Salewski, Michael: Deutschland. Eine politische Geschichte von den Anfängen bis zur Gegenwart, 2 Bde. München 1993.
Schulz, Gerhard: Einführung in die Zeitgeschichte. Lizenzausgabe Darmstadt 1997.
Wehler, Hans-Ulrich: Deutsche Gesellschaftsgeschichte, auf 4 Bde. berechnet, bisher 3 Bde. erschienen. München ¹⁻³1987 ff.
Winkler, Heinrich August: Der lange Weg nach Westen, 2 Bde. München 2000.
Zeitgeschichte in Film und Fernsehen. Analyse, Dokumentation, Didaktik, hg. v. Karl Friedrich Reimers u.a. München 1982.

Geschichtstheorie und Geschichtsmethode

Faber, Karl-Georg: Theorie der Geschichtswissenschaft. München ⁵1982.
Iggers, Georg G.: Deutsche Geschichtswissenschaft. Eine Kritik der traditionellen Geschichtsauffassung von Herder bis zur Gegenwart. München ³1976.
Kocka, Jürgen: Sozialgeschichte. Begriff – Entwicklung – Probleme. Göttingen ²1986.
Nipperdey, Thomas: Gesellschaft, Kultur, Theorie. Gesammelte Aufsätze zur neueren Geschichte. Göttingen 1976.
Rüsen, Jörn: Rekonstruktion der Vergangenheit. Göttingen 1986.

Schriftenreihen

Oldenbourg Grundriß der Geschichte, hg. v. Jochen Bleicken u.a. München 1979 ff.
Kontroversen um die Geschichte, hg. v. Arnd Bauerkämper u.a. Darmstadt 2002 ff.

Bei gleich lautenden Namen von Päpsten, Fürsten sowie Familiennamen von bürgerlichen Personen (z.B. Kaiser Hadrian und Papst Hadrian IV. bzw. Ludwig XIV. und Otto Ludwig) stehen die weltlichen Herrscher vor den Päpsten, diese vor den Personen mit bürgerlichem Namen. Die Namen der weltlichen Herrscher sind, wenn dies erforderlich war, zunächst territorial nach Herrschaftsgebieten in alphabetischer Reihenfolge und innerhalb der Herrschaftsgebiete zeitlich geordnet; das Heilige Römische Reich und das Deutsche Reich sind vorangestellt. Personennamen – v.a. des Mittelalters –, die entweder aus Vornamen oder Vornamen und Beinamen bestehen (z.B. Thomas von Aquin, Marsilius von Padua), wurden unter dem Vornamen eingeordnet.

Die in Normalschrift angegebenen Seitenzahlen beziehen sich auf Personennamen, die im Text genannt sind; in kursiver Schrift sind Personennamen angegeben, die in Bildunterschriften, Karten oder Grafiken vorkommen.

A

B

G

K

L

M

N

Abkürzungen

Abb.	Abbildung
Abk.	Abkürzung
Art.	Artikel
Ausg.	Ausgabe
Bd., Bde.	Band, Bände
bzw.	beziehungsweise
ca.	circa
CDU	Christlich-Demokratische Union
CSU	Christlich-Soziale Union
DDP	Deutsche Demokratische Partei
DDR	Deutsche Demokratische Republik
d.h.	das heißt
DNVP	Deutschnationale Volkspartei
DVP	Deutsche Volkspartei
f., ff.	folgende
FDP	Freie Demokratische Partei
GG	Grundgesetz
hg.	herausgegeben
Jh.	Jahrhundert
Jt.	Jahrtausend
KP	Kommunistische Partei
KPD	Kommunistische Partei Deutschland
KPdSU	Kommunistische Partei der Sowjetunion
Mill.	Millionen
Mrd.	Milliarden
Nachdr.	Nachdruck
n. Chr.	nach Christus
NSDAP	Nationalsozialistische Deutsche Arbeiterpartei
S.	Seite
SED	Sozialistische Einheitspartei Deutschlands
SPD	Sozialdemokratische Partei Deutschlands
Tle.	Teile
u.a.	und andere(s); unter anderem
UdSSR	Sowjetunion (**U**nion **d**er **S**ozialistischen **S**owjet**r**epubliken)
UN	Vereinte Nationen (**U**nited **N**ations)
USA	Vereinigte Staaten von Amerika (**U**nited **S**tates of **A**merica)
usw.	und so weiter
v.	von
v. a.	vor allem
v. Chr.	vor Christus
z.B.	zum Beispiel
ZK	Zentralkomitee

Angaben zur Betonung und Aussprache

Fremdwörtliche und fremdsprachliche Stichwörter weisen als Betonungshilfe einen Punkt (Kürze) oder seinen Strich (Länge) auf. Die getrennte Aussprache wird durch einen Trennstrich angezeigt (z.B. Li|li|e).
In den Fällen, in denen die Aussprache nicht oder nur unvollkommen aus dem Stichwort erschlossen werden kann, wird in eckigen Klammern die Aussprache mit den folgenden Zeichen wiedergegeben:

a	helles bis mittelhelles a	hạt [hat], Rạd [ra:t]
ã	nasales a	blanc *frz.* [blã]
ɑ	dunkles a	fạther *engl.* [ˈfɑ:ðə]
æ	sehr offenes ä	catch *engl.* [kætʃ]
ʌ	abgeschwächtes dunkles a	butler *engl.* [ˈbʌtlə]
aɪ	ei-Diphthong	re̲i̲t! [raɪt]
aʊ	au-Diphthong	Ha̲u̲t [haʊt]
β	Reibelaut b	Habanera *span.* [haβaˈnera]
ç	Ichlaut	ich [ɪç]
ð	stimmhafter englischer th-Laut	fa̲ther *engl.* [ˈfɑ:ðə]
dʒ	dsch-Laut (»weich«)	Gịn [dʒɪn]
e	geschlossenes e	le̲bt [le:pt]
ɛ	offenes e	hặtte [ˈhɛtə]
ɛ̃	nasales [ɛ]	Teint [tɛ̃ˈ]
ə	Murmellaut	hạlte [ˈhaltə]
g	g-Laut	Gạns [gans]
ɣ	geriebenes g	Tarragona *span.* [taraˈɣona]
i	geschlossenes i	Elịsa [eˈli:za]
i̯	unsilbisches [i]	Ma̲rio *italien.* [ˈma:ri̯o]
ɪ	offenes i	bi̲st [bɪst]
i	zwischen [i] und [u] ohne Lippenrundung	Gromỵko *russ.* [graˈmi kɐ]
ʎ	lj-Laut	Sevịlla *span.* [seˈβiʎa]
ŋ	ng-Laut	lạng [laŋ]
ɲ	nj-Laut	Champạgne *frz.* [ʃãˈpaɲ]
o	geschlossenes o	Lo̲t [lo:t]
õ	nasales o	bon [bõ:]
ɔ	offenes o	Pọst [pɔst]
ø	geschlossenes ö	Hö̲hle [hø:lə]

œ	nasales ö	Parfum [parˈfœ:]
ɔɪ	eu-Laut	he̲u̲te [ˈhɔʏtə]
θ	stimmloser englischer th-Laut	Cọmmonwealth *engl.* [ˈkɔmənwɛlθ]
ts	z-Laut	Zẹlt [tsɛlt]
tʃ	tsch-Laut	Mạtsch [matʃ]
u	geschlossenes u	Ku̲r [ku:r]
u̯	unsilbisches [u]	Ca̲pua *italien.* [ˈka:pu̯a]
ʊ	offenes u	Pụlt [pʊlt]
v	w-Laut	Wạrt [vart]
w	halbvokalisches w	Wịnston *engl.* [ˈwɪnstən]
x	Achlaut	Bạch [bax]
y	ü-Laut	Tü̲te [ty:tə]
ʏ	offenes ü	rụ̈sten [ˈrʏstən]
ɥ	konsonantisches ü	Suịsse *frz.* [sɥis]
z	s-Laut (»weich«)	Ha̲se [ˈha:zə]
ʒ	sch-Laut (»weich«)	Geni̲e̲ [ʒeˈni:]
:	Längezeichen, bezeichnet Länge des unmittelbar davor stehenden Vokals	ba̲den [ˈba:dən]
ˈ	Hauptbetonung, steht unmittelbar vor der betonten Silbe; wird nicht gesetzt bei einsilbigen Wörtern und nicht, wenn in einem mehrsilbigen Wort nur ein silbischer Vokal steht	Ạcker [ˈakər], Apothe̲ke [apoˈte:kə]; Ha̲u̲s [haʊs]; Jọhnson *engl.* [dʒɔnsn]

akg-images, Berlin: *11, 21, 28, 40, 42, 66, 76f., 81, 89, 104, 128, 136, 153, 161, 166–169, 177f., 202, 210, 217, 219, 231, 239, 263, 308, 327, 339, 353, 356, 360, 380, 404f., 410, 418–420, 426, 431, 436, 438, 480, 485, 490, 495, 513, 518, 520.* – theartarchive, London: *510.* – R. Berger, Kunstverlag, Köln: *194.* – Bibliographisches Institut & F. A. Brockhaus, Mannheim: *19, 33, 37, 41, 48, 71, 75, 79, 82, 111, 122f., 125f., 131, 135, 137, 138, 143, 147f., 163, 173, 197, 201, 206, 215, 223, 234, 238, 240, 245, 275, 291, 294, 300, 313, 319, 323, 328, 333f., 338, 346, 351, 359, 371, 375, 377, 381, 386, 392, 406, 427, 433, 446, 449, 456, 463, 471, 494, 500, 506, 516, 519, 529, 532, 534, 537, 539.* – Bibliothèque Nationale de France, Paris: *23, 174, 212, 331.* – Bildarchiv Preußischer Kulturbesitz, Berlin: *39, 95, 142, 159, 196, 247, 286, 389, 417, 465, 518.* – The Bridgeman Art Library, London: *280.* – Britisches Museum, London: *57, 350.* – British Library, London: *64, 183.* – Bundesarchiv, Koblenz: *278.* – BURGERBIBLIOTHEK, Bern: *156.* – J.-L. Charmet, Paris: *524.* – Corbis, London und Frankfurt am Main: *204.* – Deutsches Historisches Museum, Berlin: *232.* – dpa Bildarchiv, Frankfurt am Main: *31, 51, 149, 198, 273, 284, 296, 335, 364, 451, 483, 503, 512.* – EKDOTIKE ATHENON, Athen: *322.* – Germanisches Nationalmuseum, Nürnberg: *249.* – Dr. G. Gerster, Zumikon, Schweiz: *176, 229.* – Photographie Giraudon, Paris: *52, 264.* – Imperial War Museum, London: *144.* – State of Israel, Government Press Office, Jerusalem: *332.* – Keystone Pressedienst, Hamburg: *181, 522, 535.* – Kooperationsgemeinde, Luzern: *187.* – Landesbildstelle Baden-Württemberg, Karlsruhe: *64.* – Verlag Langewiesche-Brandt, Ebenhausen bei München: *402.* – Lichtbildatelier Schafgans, Bonn: *291.* – Lotos-Film, Kaufbeuren: *434f.* – A. de Luca, Rom: *436.* – Bildagentur Mauritius, Mittenwald: *281.* – The Meyji Memorial Picture Gallery, Tokio: *265.* – Musée Cantonal des Beaux-Arts, Lausanne: *54.* – Musée Carnavalet, Paris: *172, 524.* – Museo Correr e Quadreria Correr, Venedig: *118.* – Nationalbibliothek, Neapel: *8.* – Photographies M. et G. Dagli Orti, Paris: *429.* – Österreichisches Staatsarchiv, Haus-, Hof- und Staatsarchiv, Wien: *197.* – Fotostudio Otto, Wien: *197.* – L. Pedicini, Archivio dell'arte, Neapel: *203.* – SCALA, Florenz: *393.* – Prof. Dr. G. Smolla, Königstein: *476.* – Staatliche Antikensammlungen, München: *358.* – Stiftung Schleswig-Holstein. Landesmuseen Schloss Gottorf-Archäologisches Landesmuseum, Schleswig: *488.* – Süddeutscher Verlag Bilderdienst, München: *29, 394, 511, 522.* – ullstein bild, Berlin: *44, 255, 527.*